走遍全球 GLOBE-TROTTER TRA

澳大利

Australia

日本《走遍全球》编辑室 编著

中国旅游出版社

澳大利亚全图

0 100 200 300 400 500 600km

N

帝汶海
TIMOR SEA

达尔文
DARWIN
Adelaide River
卡卡杜
国家公园
Kakadu NP
Pine Creek

Melville Is.
Bathurst Is.

凯瑟琳
Katherine

JOSEPH
BONAPARTE
GULF

Wyndham
库努纳拉
Kununurra

Timber Creek
Mataranka

Daly Waters

金伯利
THE KIMBERLEY

德比
Derby

霍尔斯克里克
Halls Creek

邦格尔邦格尔
(普尔努卢卢国家公园)
Bungle Bungle
(Punnululu NP)

北部地区
NORTHERN
TERRITORY

布鲁姆
Broome

菲茨罗伊克罗辛
Fitzroy Crossing

大沙沙漠
Great Sandy Desert

塔纳米沙漠
Tanami Desert

Barrow Creek
Ti Tree

黑德兰港
Port Hedland

Dampier

吉布森沙漠
Gibson Desert

Glen Helen
Palm Valley

埃克斯茅斯
Exmouth

Onslow

Wittenoom

卡瑞吉尼国家公园
Karijini NP

Tom Price

Newman

西澳大利亚州
WESTERN AUSTRALIA

宁格罗暗礁群国家公园
Ningaloo Reef NP

皮尔巴拉
THE PILBARA

艾尔斯岩石(乌卢鲁)
Ayers Rock (Uluru)

乌卢鲁—卡塔
楚塔国家公园
Uluru-Kata
Tjuta NP

卡那封
Carnarvon

Warburton

芒基米亚
Monkey Mia

Meekatharra

维多利亚大沙漠
Great Victoria Desert

卡尔巴里国家公园
Kalbarri NP

Kalbarri

Mullewa

Mt.Magnet

纳拉伯平原
Nullabor Plain

杰拉尔顿
Geraldton

Leonora

印度洋
INDIAN OCEAN

尖峰石阵
(南邦国家公园)
The Pinnacles
(Nambung NP)

卡尔古利&博尔德
Kalgoorlie & Boulder

Coolgardie

尤克拉
Eucla

塞杜纳
Ceduna

珀斯
PERTH

Northam
York

Hyden

Norseman

班伯里
Bunbury

Narrogin

玛格丽特河
Margaret River

Pemberton

奥尔巴尼
Albany

埃斯佩兰斯
Esperance

大澳大利亚湾
GREAT AUSTRALIAN BIGHT

南印度洋
SOUTHERN OCEAN

原住民的土地
国家公园
主要国道
铁路

阿拉弗拉海
ARAFURA SEA

阿纳姆地
ARNHEM LAND

卡奔塔利亚湾
GULF OF
CARPENTARIA

约克角半岛
Cape York Peninsula

珊瑚海
CORAL SEA

大堡礁海洋公园
GREAT BARRIER REEF MARINE PARK

库克敦 Cooktown
道格拉斯港 Port Douglas
库兰达 Kuranda
凯恩斯 Cairns

Karumba

Georgetown

巴克利台地
Barkly Tableland

腾南特克里克
Tennant Creek

魔鬼大理石
Devil's Marbles

艾丽斯斯普林斯
Alice Springs

辛普森沙漠
Simpson Desert

Mt.Isa 芒特艾萨

Hughenden

昆士兰州
QUEENSLAND

Winton

Longreach   Barcaldine

Bedourie

Windorah

库伯佩迪
Coober Pedy

南澳大利亚州
SOUTH AUSTRALIA

arcoola

奥古斯塔港
Port Augusta

Eyer
Peninsula

林肯港
Port Lincoln

Yorke
Peninsula

袋鼠岛
Kangaroo Is.

阿德莱德
ADELAIDE

弗林德斯山脉
Flinders Ranges NP

布罗肯希尔
Broken Hill

Peterborough

巴罗萨谷
Barossa Valley

米尔迪拉
Mildura

Murray Bridge

Swan Hill

维多利亚州
VICTORIA

Horsham

Mt.Gambier 芒特甘比尔

Warrnambool 瓦南布尔

大洋路
Great Ocean Road

King Is.

Hamilton

本迪戈
Bendigo

巴拉腊特 Ballarat

Geelong

墨尔本
MELBOURNE

巴斯海峡 BASS STRAIT

Flinders Is.

Burnie

德文波特
Devonport

Queenstown

塔斯马尼亚州
TASMANIA

朗塞斯顿 Launceston

Swansea

霍巴特 HOBART

南太平洋
SOUTH
PACIFIC OCEAN

任务海滩
Mission Beach
Tully

汤斯维尔
Townsville

Charters Towers

艾尔利海滩 Airlie Beach
圣灵群岛 Whitsunday Group
汉密尔顿岛 Hamilton Is.
海曼岛 Hayman Is.
白日梦岛 Daydream Is.

Mackay 麦凯

大克佩岛
Great Keppel Is.

罗克汉普顿 Rockhampton
赫伦岛
Heron Is.

Emerald Yeppoon

格拉德斯通
Gladstone

卡那封峡谷国家公园
Carnarvon Gorge NP

班达伯格
Bundaberg

弗雷泽岛 Fraser Is.
赫维湾 Hervey Bay
Maryborough

Charleville

Roma

Cunnamulla

St.George

图文巴
Toowoomba

Noosa 努萨
马卢其多尔
Maroochydore

阳光海岸
Sunshine Coast

布里斯班 BRISBANE

绍斯波特 Southport
冲浪者天堂
Surfers Paradise

黄金海岸
Gold Coast

拜伦湾 Byron Bay

Bourke

Moree

大分水岭山脉

新南威尔士州
NEW SOUTH WALES

Armidale

Tamworth 塔姆沃思

Dubbo

猎人谷
Hunter Valley

Grafton

科夫斯港
Coffs Harbour

麦考里港
Port Macquarie

斯蒂芬斯港 Port Stephens
纽卡斯尔 Newcastle

巴瑟斯特
Bathurst

Cowra 考拉

Wagga
Wagga

奥尔伯里
Albury

蓝山
Blue Mountains

Goulburn

Gosford

悉尼 SYDNEY

伍伦贡 Wollongong

澳大利亚首都领地
AUSTRALIAN CAPITAL TERRITORY

豪勋爵岛
Lord Howe Is.

伊丘卡
Echuca

Shepparton

堪培拉
CANBERRA

Cooma

贝加 Bega
Eden

巴特曼斯贝
Batemans Bay

Lakes Entrance

塔斯曼海
TASMAN SEA

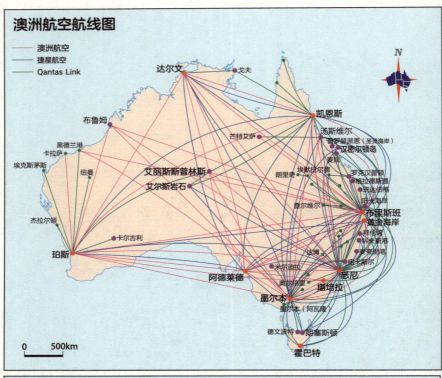

澳洲航空航线图

- 澳洲航空
- 捷星航空
- Qantas Link

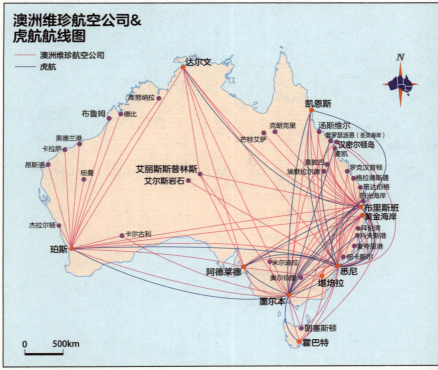

澳洲维珍航空公司&
虎航航线图

- 澳洲维珍航空公司
- 虎航

澳大利亚长途汽车线路图

图例：
- 澳大利亚灰狗巴士及其下属巴士公司
- Integrity Coach Lines巴士
- Nullarbor Traveller巴士
- AAT King巴士
- V Line巴士

N

达尔文　贾比鲁
凯瑟琳　克因达
库努纳拉　马塔兰卡
德比　霍尔斯克里克
布鲁姆　滕南特克里克
菲茨罗伊克罗辛　巴罗克里克
黑德兰港　芒特艾萨
纽曼　艾丽斯普林斯
埃克斯茅斯　国王峡谷　厄尔丹达
珊瑚湾　艾尔斯岩石度假村　科尔盖拉
卡那封
芒基米亚　库伯佩迪
杰拉尔顿　尤克拉
珀斯　诺斯曼　开刚那　皮姆巴
玛格丽特河　埃斯佩兰斯　塞杜纳　奥古斯塔港
奥尔巴尼

凯恩斯
任务海滩
查特斯堡　汤斯维尔
休恩登　艾尔利海滩
麦凯
朗里奇　罗克汉普顿
布莱科尔　格拉德斯通　1770/小镇
查尔维尔　班达伯格　赫维湾
多尔比　努萨
图文巴　布里斯班
塔姆沃思　冲浪者天堂
辛格尔顿　拜伦湾
科夫斯港
瓦加瓦加　麦夸里港
贝里　米尔迪拉　纽卡斯尔
巴拉腊特　悉尼
阿德莱德　堪培拉
斯托厄尔　墨尔本
瓦南布尔　坎贝尔港

0　500km

澳大利亚铁路图

N

达尔文
凯瑟琳
凯恩斯
汤斯维尔
芒特萨普林茨　普罗瑟派恩
芒特艾萨　麦凯
滕南特克里克
朗里奇　罗克汉普顿
艾丽斯普林斯　格拉德斯通
班达伯格
查尔维尔　布里斯班
图文巴　献威伦巴
格拉夫顿
卡尔古利　莫里　阿米代尔
塔库拉　塔姆沃思
珀斯　奥古斯塔港　布罗肯希尔　巴瑟斯特　纽卡斯尔
班伯里　皮里港　斯旺希尔　悉尼
克里斯特尼布罗肯　堪培拉
阿德莱德
本迪戈
墨尔本

0　500km

使用本书之前

本书中所使用的主要图标

住	地址
电	电话号码
Free	澳大利亚国内的免费电话号码
FAX	传真号码
URL	网址
开	开放时间
营	营业时间
休	休息日
时	旅游团的报名时间/交通机构的运营时间

在介绍大城市和有名的观光地时,其首页标题用小地图标明了该地的大致位置,还写明了其所在的州名和州外电话区号,侧栏里是该城市的实用信息介绍。

凯恩斯 *Cairns*

昆士兰州 Queensland　　区号(07)

实用信息

凯恩斯 & 热带雨林北部游客信息中心 Cairns & Tropical North Visitor Information Centre　p.61/3B
住 51 The Esplanade., 4870
电 (07) 4051-3588
Free 1800-093-300
URL www.cairnsgreatbarrierreef.
org.au
营 周一〜周五 8:30~18:00,
周末及节假日 10:00~18:00
休 新年、耶稣受难日、圣
诞节

主要航空公司的联络方式

澳洲航空
Qantas Airways
13-13-13
捷星航空 Jetstar

凯恩斯是澳大利亚的北部大门,也是前往大堡礁、北昆士兰等地的始发地。另外环绕澳大利亚一周、雄踞全球最长国道之首的一号公路(全长约 1.4 万公里 / 如今一部分属于州道),其东北岸的出发点也是凯恩斯。
即使到了今天,凯恩斯也是澳大利亚首屈一指的度假胜地,但历史比较短暂。最早在这里留下足迹的是 1770 年到达的西欧库克船长一行,

在介绍中小城市时,首页的侧栏中会介绍从主要城市到达该地的交通方式。

交通方式

班达伯格
一般会选择乘坐布里斯班 - 凯恩斯的长途车,长途车站位于市中心附近的塔芬尼戈大街(Targo St.)。另外还可以乘坐布里斯班 - 罗克汉普顿 - 凯恩斯的澳洲式列车。
澳洲航空、澳新维珍航空从布里斯班有直飞这里的航班。班达伯格机场(BDB)距离城市有 6 公里远,可以乘坐出租车前往市区。

达瑟城市巴士车 Duffy's City Buses
以班达伯格为中心,前往巴加拉、伯内特赫兹有 11 条线路。所有线路仅在周一〜周六运行,每天 4~6 班。价

弗雷泽海岸 *Fraser Coast*

景点、旅游团和活动等的详细信息。

热带雨林自然公园
住 Kennedy Hwy. (P.O.Box 54), Kuranda, 4872
电 (07) 4085-5008
FAX (07) 4085-5016
URL www.rainforest.com.au
营 每天 9:00~16:00
休 圣诞节
费 包含所有入园费用:成人$49 儿童$24.50 家庭$122.50/仅水陆两用车:成人$25 儿童$12.50 家庭$62.50/考拉 & 野生动物园:成人$17 儿童$8.50

体验热带雨林的魅影
热带雨林自然公园 Map p.59/3B
Rainforestation Nature Park

位于库兰达郊外的一座热带雨林主题公园。园内分为 3 个部分,除了可以整体游览外,也可以单独参观其中一部分。
其中人气最高的是水陆两用车。可以坐在 20 世纪 40 年代美军制造的可乘坐 30 人的大型水

乘坐水陆两用车在丛水上观赏热带雨林

●关于各种信息
CC ......可以使用的信用卡
A：美国运通
D：大来
J：JCB
M：万事达
V：VISA

●关于旅游团
时 ......旅游团 & 活动的开始・结束时间以及所需时间。

●关于旅游团 & 活动和主题公园的价格
成人 成人价格 儿童 儿童价格
家庭 通常为 2 个成人 +2 个儿童的家庭优惠价

●关于酒店信息
D	宿舍
S	单人间
T	标准间
W	大床房
1B	一卧室客房
2B	二卧室客房
3B	三卧室客房
WiFi	Wi-Fi 收费 / 免费

●关于餐馆的信息
酒 ......是否有酒类执照和能否 BYO(自带酒水)
※ 关于 BYO → p.600

凯恩斯中心购物商城
Cairns Central 购物

Dundee's Restaurant

凯恩斯购物中心
Cairns Central Shopping Centre

酒店、餐馆、商店用不同颜色来区分表示。

奇数页的右上角标有州名
（用不同颜色区分）和城市
名。方便读者更加快速地找
到目的地。

●地名缩写

St. .... Street
Sts. .... Streets
Rd. .... Road
Rds. .... Roads
Ave. .... Avenue
Tce. .... Terrace
Blvd. .... Boulvard
Hwy. .... Highway
Mwy. .... Motorway
Drv. .... Drive
Cnr. .... Corner of ~
Bldg. .... Building
NP .... National Park
CP .... Conservation Park

地图的符号

🏨 酒店
🍴 餐馆
SC 购物中心
S 商店
♪ 夜店
🏛 博物馆/美术馆
ℹ 旅游咨询处
⛳ 高尔夫球场
✆ 邮局
🚗 租车公司
● 轻轨（路面地铁）站
🚌 巴士总站
🤿 潜水店
🐠 浮潜地点
🏊 潜水地点
🎇 观景点
🎬 电影院
⊕ 医院
💱 货币兑换处
⛪ 教堂
🏫 学校
🪦 墓地
N 方向标
※N所指的方向是北
※颜色变换的部分是地图
区域代表的州

●建筑物的颜色区分

　酒店
　购物中心
　上述以外的建筑

■关于书内信息的使用

　　编辑部会尽最大努力提供最新、最准确的信息，但由于当地的规则、手续等可能会发生改变，此外，对于某些条款的具体解释也有可能出现认识上的分歧。基于这种原因，在本社没有重大过失的情况下，因使用本书而造成的损失与不便，本社将不予以承担，敬请谅解。另外，使用本书之前，对书中所刊登的信息和建议是否适合自身情况，请读者根据切身情况做出正确的判断。

■关于数据

　　本书以本书编辑期间的考察数据为基础进行编辑。但随着时间的推移，数据可能会发生变化。尤其是当地的旅游团、酒店、餐馆等的价格，由于旅行时间的不同很多都会产生变化。因此，敬请读者将本书所登载的数据作为参考依据，在抵达当地后务必通过旅游咨询处等获取最新的信息。

■关于电话号码

　　本书介绍的当地电话号码，括号里表示的号码是州外长途区号。即使是在同一个州内，如果想往市外拨打电话，为了保险起见还请加拨州外区号。另外当地的免费电话都是1800或大部分1300开头的10位电话号码。当地统一的收费电话（澳大利亚国内或者从同一州内任何地方拨打电话至少50￠）是以13开头的6位号码和部分以1300开头的10位号码。但不管是当地免费电话还是当地统一的收费电话从中国均无法拨打。

走遍全球 GLOBE-TROTTER TRAVEL GUIDEBOOK

澳大利亚
AUSTRALIA

旅行的准备与技巧
TRAVEL TIPS **567**

Column & Topics

国旗

国旗的左上方是代表英联邦的英国国旗图案。左下方的大七角星象征着组成澳大利亚联邦的六个州（昆士兰、新南威尔士、维多利亚、塔斯马尼亚、南澳大利亚、西澳大利亚）和两个领地（北领地和澳大利亚首都领地），右边的五颗星代表南十字星座。

旅行会话→ p.605

正式国名

澳大利亚联邦
The Commonwealth of Australia

国歌

《前进，澳大利亚》
Advance Australia Fair

面积

约 769.2 万平方公里

人口

约 2413 万（根据澳大利亚统计局截至 2016 年 6 月的数据推测）

首都

堪培拉 Canberra，人口约 39 万。

国家元首

英国女王伊丽莎白二世（Elizabeth Ⅱ）是澳大利亚的国家元首。女王根据国民的选举，任命澳大利亚总督（Governor-General）。澳大利亚总督需经过联邦总理同意才能任命各大臣。总理是斯科特·莫里森。2018 年 12 月 16 日，戴维·赫尔利被总理提名为新任澳大利亚总督。在 2019 年取代科斯格罗夫正式上任。

国家政体

议会制民主主义。联邦议会由女王（澳大利亚总督为其代表）、众议院和参议院组成。

民族构成

英国及爱尔兰后裔占 74%。亚裔占 5%，原住民占 2.7%，其他民族占 18.3%。

宗教

约 63.9% 的居民信仰基督教，5.9% 的居民信仰佛教、伊斯兰教、印度教等其他宗教。无宗教信仰或宗教信仰不明人口占 30.2%。

语言

官方语言为英语。

货币与汇率

通行的货币为澳元 A$ 和澳分 A ¢（本书以 $ 和 ¢ 表示）。纸币面额为 $5、10、20、50、100（全部为塑料钞票），硬币分为 5、10、20、50 ¢、$1、2 共 6 种。$1=100 ¢。2018 年 12 月 4 日 $1=5.0519 元。

1 澳元　　　2 澳元　　　　5 澳元

10 澳元　　　　　　20 澳元

50 澳元　　　　　　100 澳元

5 澳分　　10 澳分　　20 澳分　　50 澳分

主要的节日

有些节日的日期每年有所不同（印有 ★ 的）。即使节日日期固定的，如果赶上周末的话，一般会改成周一休息，这样就变成 3 天连休了。具体的节日可以查询 URL www.australia.gov.au 进行确认。

节日名称	时间
新年 New Year's Day	1/1
澳大利亚国庆节 Australia Day	1/26

节 日 名 称	时 间
耶稣受难日Good Friday★	4/12（2019年）
复活节前夜Easter Saturday★	4/20（2019年）
复活节周一Easter Monday★	4/22（2019年）
澳新军团日Anzac Day	4/25
女王日Queens Birthday★	6/10（2019年）
每年6月的第二个星期日（昆士兰州、西澳大利亚州除外）	6/9（2019年）
圣诞节Christmas Day	12/25
节礼日Boxing Day	12/26

营业时间

以下提供的正常的营业时间仅供参考。各店铺会有30分钟~1小时的差别。复活节、圣诞节前后至新年的休假期间，景区、商店和餐馆等地方大多休息。
●**普通企业·政府**：周一～周五9:00~17:00。
●**银行**：周一～周四9:30~16:00、周五9:30~17:00。※ 也有9:00开始营业的银行。
●**邮局**：周一～周五9:00~17:00。※中心部地区有周六上午也营业的邮局。
●**商店**：一般为周一～周五9:00~17:30。但是凯恩斯、黄金海岸等观光地大部分全年无休，部分纪念品商店营业到21:00。另外在主要城市中

每周都会有一天在晚间营业。那一天大多数的商店都会营业到21:00。
●**餐馆**：午餐12:00~14:30、晚餐18:00~22:00
※ 因店而异

电压和插头

标准电压是220/240V、50Hz。插头的形状为O形。因为是高压电，如果不打开插座上的开关是没有电流的。

插座的插口为三孔　　　插头为O形

录像制式

澳大利亚的DVD区域代码为4区，蓝光光碟为B区，电视、录像为PAL制式。中国的DVD区域代码为6区，蓝光光碟为C区，电视、录像制式与澳大利亚相同。在澳大利亚购买的大多数光盘均无法在中国国内的机器上使用。

网络

主要的酒店都会提供Wi-Fi，手机、平板电脑、笔记本电脑都可以连接（通常会收取费用，但也有一部分酒店提供免费服务）。另外，在主要城市中心的咖啡馆和快餐店等都有对外开放的Wi-Fi。

小费

在澳大利亚虽然没有给小费的习惯，但是在悉尼或墨尔本等大城市的高档酒店和餐馆等

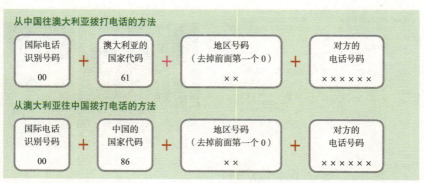

从中国往澳大利亚拨打电话的方法

国际电话识别号码	+	澳大利亚的国家代码	+	地区号码（去掉前面第一个0）	+	对方的电话号码
00		61		××		×××××××

从澳大利亚往中国拨打电话的方法

国际电话识别号码	+	中国的国家代码	+	地区号码（去掉前面第一个0）	+	对方的电话号码
00		86		××		×××××××

→电话、互联网与邮政 p.603

场所，如果感觉服务十分周到，一般都会付些小费。

●**出租车**：将车费的个位数进到十位当作小费。如果有帮忙搬运行李的话，小费要稍微多给一些。

●**餐馆**：在高档餐馆，如果没有将服务费计算进去，需要给 10% ~ 15% 的小费。在账单的总额上，自己写上相应的小费并支付即可。

●**酒店**：提出房间服务等特殊要求时，要支付 $2 ~ 5 的小费。

小费与礼仪→ p.602

饮用水

虽然水管的水可以直接饮用，但肠胃不好的人最好还是买矿泉水喝。600 毫升 $2 ~ 4。

气候

地域辽阔的澳大利亚有着各种各样的气候。北部沿岸为热带，分为雨季和旱季；中、南部沿岸为温带~寒温带，四季分明；大陆中央地区是干燥的沙漠气候。由于全年日照强烈，所以墨镜和防晒霜是出行必带的东西。

旅行季节→ p.569

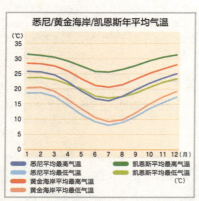

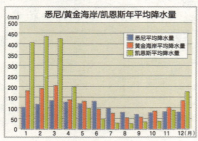

从中国飞往澳大利亚所需时间

在中国多座城市有航班直飞澳大利亚。以从北京出发为例，到达悉尼约 12 小时，到达墨尔本需 11.5 小时。

购买机票→ p.578

时差和夏令时

澳大利亚分为 3 个时区。东海岸各州与中国相差 2 小时（北京时间加 2 小时）；中心地区与东部地区相差 30 分钟（北京时间加 1 小时 30 分钟）；西部（西澳大利亚州）与东部地区相差 2 小时（与北京时间相同）。另外，原则上从 10 月的最后一个周日到 4 月的第一个周日，新南威尔士、维多利亚州、澳大利亚首都领地（堪培拉）、塔斯马尼亚州（从 10 月的第一个周日开始）、南澳大利亚州实行夏令时（日光节约时制）。

邮政

邮局（Australia Post）用红色的 P 作为标志。窗口的营业时间为周一 ~ 周五 9:00 ~ 17:00，周末、节假日休息（中心地区有周六上午仍营业的邮局）。邮票除了可以从窗口处购买外，还可以在邮局设置的自动售卖机、酒店的前台等地方购买。航空货运到中国需要两周左右时间。

普通的信件投到红色邮筒，黄色邮筒是特快专用

邮费

到中国的航空邮寄费用（2017年9月），信件（包括明信片）不超过50g的$2.1，重量50～250g的$5.75，重量250～500g的$13.00。

电话、互联网与邮政→ p.603

出入境

护照
● 护照有效期最好是出发日期之后半年以上。

签证
● 中国人前往澳大利亚应事先申请并办妥签证。

航空税
● 如果乘坐飞机离开澳大利亚，需要支付离境税$55，以及各个机场的机场税，原则上这些税金在购买机票时已经包含。关于机场税和手续费可以参考下面的表格。

关税·检疫
● 免税范围包括：旅行者自己携带的随身物品、非商业用途以外的日常用品和个人使用的体育用品、每个成人可以带入50支或50g香烟，2.25L的酒类，价值最高达$900的普通物品（包括纪念品、皮革制品、电子设备、照相机、珠宝等）。另外检疫十分严格，食品类是绝对禁止携带入境的。详细信息可以参考下面的网址。

URL china.embassy.gov.au

出发前需要准备的手续→ p.576

主要机场　离境税·机场税（包括各种手续费）一览（随着时间推移可能发生改变）					
机场名称	国际线出发		国际线到达	国内出发	国内到达
	离境税	机场税	机场税	机场税	机场税
凯恩斯	$55.00	$31.58	$25.08	$16.61	$13.51
汉密尔顿岛	—	—	—	$29.22	$26.50
布里斯班	$55.00	$27.45	$27.45	$11.61	$11.61
黄金海岸	$55.00	$16.10	$15.83	$9.31	$5.85
悉尼	$55.00	$29.77	$29.77	$4.66	$4.66
墨尔本	$55.00	$25.22	$21.00	$8.02	$4.07
阿德莱德	$55.00	$27.02	$21.45	$13.41	$10.00
艾尔斯岩石	—	—	—	$35.97	$33.00
达尔文	$55.00	$31.10	$17.65	$31.73	$17.65
珀斯	$55.00	$23.94	$17.50	$10.68	$5.51

※ 各家航空公司的机场税有所不同。表内为澳洲航空公司的税金价格

离境税·机场税追加费用的计算例子

以北京→凯恩斯→汉密尔顿岛→悉尼→北京的机票为例

凯恩斯国际线到达…………$25.08
凯恩斯国内线出发…………$16.61
汉密尔顿岛国内线到达……$26.50
汉密尔顿岛国内线出发……$29.22
悉尼国内线到达……………$4.66
悉尼国内线出发……………$29.77
澳大利亚离境税……………$55.00

合计 $186.84

此费用以及离境税、燃油附加费需与机票费用一起支付。

出入境手续→ p.580

税金

在澳大利亚购买的所有商品都要收取10%的消费税，即GST。游客需在30天内出境，随身携带的物品不得擅自开封，在同一家店内购买的商品合计$300以上的，回国时在机场的TRS柜台完成各项手续后，可以退还税金。

治安与纠纷

虽说澳大利亚的治安相对较好，但是仍有偷盗情况及与海水浴、冲浪、潜水等相关的事故发生。请注意。

警察、消防、救护车电话 000
旅行中的突发事件及安全对策→ p.605

年龄限制

在澳大利亚未满18岁是不可以购买酒精类饮品和香烟的。年轻人在购买这些东西时，可能需要出示护照，因此有计划购买的游客不要忘记随身携带。租赁汽车同样有年龄限制（有租车公司规定的年龄为25～60岁），如果没有护照可以提供信用卡。如果没有信用卡则需要交付押金（预存金）。

度量衡

长度：米（m）　　重量：千克（kg）
距离：公里（km）

其他

礼仪
乘坐扶梯时左侧站立，右侧通行。排成一列，按顺序前进。招停出租车时要把手横向抬起。

令人向往的澳大利亚
行驶在大洋路上

坎贝尔港多边的大洋路而我景色美不胜收

为应对突发情况而修建的大洋路

GREAT OCEAN ROAD

大洋路即 B100 号公路，从吉朗一直延伸到瓦南布尔，全长 243 公里，是澳大利亚首屈一指的自驾公路。在第一次世界大战后，澳大利亚遭遇大萧条，许多回国的士兵被分配从事与公共事业相关的工作，以此为契机开始了这条公路的建设。除了使用炸药打通岩石，这里基本上都是靠人力使用铲子和尖镐作业，是一项极其困难的工程，耗时 16 年才最终完成。公路的两个方向基本上都只有一条车道，

右：汹涌的海浪冲向贝尔斯海滩
下：B100 号公路就是大洋路

蜿蜒通向海岸。这也是为什么可以欣赏到美景的原因。

前往冲浪者们向往的托尔坎吧

GREAT OCEAN ROAD

从墨尔本沿 M1 高速公路行驶约 1 小时，经过吉朗后便会出现前往托尔坎的出口。出了高速之后，按指示牌进入名为冲浪海岸高速公路（Surf Coast Hwy.）的 B100 号公路。这条公路如今已经是大洋路的一部分了。如果时间不是特别紧张，是一次难得的自驾游机会，不妨就从这里进入大洋路。

托尔坎是冲浪海岸高速公路、水银路的发源地，城市入口处以水银路为开端，是一个聚集有各种冲浪品牌店铺的冲浪城市广场（Surf City Plaza）。位于广场一角的是澳大利亚国家冲浪博物馆（Australian National Surfing Museum），同时还可以咨询旅游信息，因此如果是冲浪爱好者一定要来这里。另外，托尔坎郊外的贝尔斯海滩（Bells Beach）

变幻莫测的美丽海岸线
以及屹立海上的奇石绝景……
大洋路是
澳大利亚代表性的观光自驾公路。
也可以参加从墨尔本出发的旅游团，
但如果想体验那独特的美丽，
建议还是自己掌握方向盘，
花上 1~2 天的时间尽情地享受。

将成为 3 月国际冲浪大会 Quicksliver 的主场地。在波涛汹涌的海滩，如果喜欢冲浪的话一定不要错过。顺便提一下，虽然这里是知名的海滩，但是周边空无一物，请做好相应的准备。

穿过纪念拱门，前往大洋路的中心地区 GREAT OCEAN ROAD

从托尔坎出发，首先经过的是海岸沿线上几个小型度假城镇。接着道路变得曲折起来，道路旁设有一些观景台。选择自己喜欢的观景台边看风景边休息，尽情享受自驾的乐趣吧。

龙恩市的海滩，后面的森林是考拉的栖息地

穿过较大的安吉西市（Anglesea）后再行驶一段时间，便是大洋路纪念拱门（Great Ocean Road Memorial Arch）。为了纪念回国士兵们用双手开拓出这条公路的伟业，在公路上架起了这座拱门作为纪念碑，以此歌颂士兵们的辛勤工作。路旁有停车空间，作为拍摄纪念照的地点具有很高的人气。

穿过大洋路纪念拱门，景点会逐渐增多

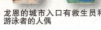

龙恩的城市入口有救生员和游泳者的人偶

每当转弯时美景就会映入眼帘

舒适宽阔的阿波罗湾沙滩

穿过这里，便是大洋路上景点聚集的地方。

龙恩、阿波罗湾是大洋路的代表性度假城镇

GREAT OCEAN ROAD

想悠闲体验大洋路之旅的游客，大多数人都会选择住在龙恩（Lorne）、阿波罗湾（Apollo Bay）以及坎贝尔港（Port Campbell）。如果要住2晚以上，可以选择在龙恩或阿波罗湾先住一宿，再在坎贝尔港居住一宿；如果只是一晚，推荐选择住在阿波罗湾或坎贝尔港。

龙恩和阿波罗湾的主路（大洋路的一段）两旁有许多咖啡馆、餐馆和酒店，城镇里还有大面积的白色海滩，是一个可以悠闲停留的度假胜地。另外，周边的森林（奥特韦国家公园 Great Otway NP）

在肯尼特河寻找考拉，经常很轻松便能发现一只

是考拉的一大栖息地，如果在行驶途中看到考拉也不必惊讶。在行驶途中靠边停一两次车，抬头看树上的人不在少数。遇到这种场景，肯定是在看考拉，不妨加入他们的行列。

在阿波罗湾中心地区的阿波罗湾·面包房可以吃到有名的扇贝派

如果想确保能看到野生考拉，可以去龙恩和阿波罗湾之间的肯尼特河（Kennett River）小村庄。这里的考拉数量非常多，沿着露营地附近的道路，应该能发现数只考拉。如果运气好的话，它们会出现在近到几乎可以触摸到的地方。

景点聚集
坎贝尔港周边

GREAT OCEAN ROAD

大洋路的景点主要集中在坎贝

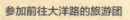

参加前往大洋路的旅游团

在墨尔本几家旅游公司都有2天1晚的旅游团，包括住宿，但导游只会讲英语。

主要旅行社安排的有英语导游的2天1晚旅游团
AAT Kings 🖳 www.aatkings.com
Sightseeing Tours Australia
🖳 greatoceanroadmelbournetours.com.au
Melbourne Private Tours
🖳 www.melbprivatetours.com.au
Around and about 🖳 ww.aroundandabout.com.au

GREAT OCEAN ROAD

道路旁如果有人停车，就证明这里有考拉

经常能在道路旁看到可爱的考拉

时间充裕的话可以到奥特韦海角灯塔看一看

尔港周边。主要景点包括十二使徒岩（Twelve Apostles），这里经常被当作大洋路的标志照；吉布森石阶（Gibson Steps），可以从悬崖下到海滩；洛克阿德大峡谷（Loch Ard Gorge）以及壮美的断裂拱桥——伦敦桥（London Bridge）等，每一个地方都值得花时间慢慢地游览。

从吉布森石阶下到海滩可以欣赏到绝佳的景色

　　另外还有需要花上几天时间才能走完的，适合徒步爱好者的大洋路步道 Great Ocean Walk（从阿波罗湾到坎贝尔港，沿海岸长达 100 多公里的步行路）。

前往奥特韦海角灯塔的路上独特的恶搞道路标识

体验一下在大洋路步道上行走的感觉

大洋路最著名的美景——十二使徒岩

在十二使徒岩的观景台入口处可以乘坐直升飞机进行空中游览。从空中换个角度欣赏美景吧

洛克阿德大峡谷还残留着开拓时期移民船遇难时悲剧的痕迹

1990年之前还未断裂的伦敦桥

而且这条步道还通向坎贝尔港周边的各个景点。尤其是以洛克阿德大峡谷为起点，前往拱门岛（The Island Arch）、剃刀背奇石（The Razorback）、雷公洞（Thunder Cave）和伤心石（Broken Head）等地的线路，大约需1小时。这条线路比较平缓，景色极佳，推荐徒步体验。

在坎贝尔港～瓦南布尔之间也有不少美景。要是还想再住一晚走完大洋路全程的话，可以选择住在瓦南布尔。如果时间富裕，从坎贝尔港出发往东北方向行走，再从克拉科（Colac）上到A1公路（王子高速公路 Princes Hwy.），从这里回墨尔本的路况很好，也不耽误时间。

坎贝尔港的 12 岩石餐馆

如果想在大洋路喝啤酒的话强烈推荐这里！
普瑞克里摩西（奥特韦庄园 & 酿酒厂）

普瑞克里摩西是大洋路内陆城镇克拉科附近生产的一种当地啤酒（位于制作红酒的奥特韦庄园一角）。因为周边地区空气清新，自然景色优美，所以使用雨水生产啤酒。营业额的一部分会捐献给地方用于自然保护等，可以说是考虑到人与自然的啤酒。标签上画的针鼹鼠图案（只有叫作斯珀特德耶鲁的啤酒上是斑袋貂的图案）十分醒目，啤酒的种类也非常丰富，有清淡型啤酒、麦芽酒、淡麦芽酒、皮尔森酒、黑啤酒甚至苹果酒，各种口感的啤酒应有尽有。在阿波罗湾和坎贝尔港的餐馆、酒吧内除了瓶装啤酒外，都可以喝到鲜啤。

普瑞克里摩西（奥特韦庄园 & 酿酒厂）
Prickly Moses (Oyway Estate & Brewery)
www.pricklymoses.com.au
10 Hoveys Rd,, Barongarook, VIC 3249
(03)5233-8400

大洋路上值得推荐的酒店

可以看到斑袋鼬的保护活动的情况
大洋生态旅馆 & 生态保护中心
The Great Ocean Ecolodge & The Conservation Ecology Centre

从阿波罗湾出发需 20 分钟的车程，位于前往奥特韦海角灯塔的途中，旅馆共有 5 间客房。区域内拥有森林和草原，如果既想感受澳大利亚大自然，又想参观大洋路的话，这里是最理想的地方。

这家旅馆每天 16:30 有面向客人的下午茶 & 导游步行团。一边听生态向导的讲解，一边享受下午茶时光，随后可以在草原、森林观赏袋鼠、沙袋鼠和考拉。最后可

导游步行团工作人员是这片区域的自然专家

以在保护区内喂食并仔细观赏斑袋鼬（袋鼬科 / IUCN 红皮书的准濒危灭绝物种）和东袋鼬（袋鼬科 /IUCN 红皮书濒危物种）。

DATA
- www.greatoceanecolodge.com
- www.conservationecologycentre.org
- P.O. Box 296, Apollo Bay, VIC 3233
- (03)5237-9297
- 生态体验：16:30 开始的下午茶 & 导游步行团，包含早餐。Ⓦ①T$380（标准间）、$410（带阳台）※ 最少入住两晚
- 可选项目 野外午餐一人 $25，使用当地食材制作的晚间套餐 1 人 $55
- CC MV

导游徒步前的下午茶

在保护区内可以看到近在眼前的斑袋鼬

区域内有很多野生的袋鼠

如果以坎贝尔港作为起点
南洋别墅度假村
Southern Ocean Villas

度假村位于大洋路上景点最多的坎贝尔港周边。如果以坎贝尔港作为起点参观大洋路的话，强烈推荐南洋别墅度假村。度假村位于坎贝尔港的入口处，别墅带有 2~3 间卧室，特别适合家庭或团队旅行游客。每座别墅里的客厅和餐馆都十分宽敞，非常适合放松休息。距离坎贝尔港中心的餐馆、咖啡厅和商店步行 5 分钟即可到达。

在 3 间卧室的别墅客厅区域。还带有小庭院

漂亮的卧室，色调温馨，家具统一

区域内一排排的别墅

DATA
- www.southernoceanvillas.com
- 2-6 McCue St., Port Campbell, VIC 3269
- (03)5598-4200
- Standrd Villa(3 间卧室)$280、Deluxe Villa(3 间卧室) $300、Luxury Villa(2 间卧室 +2 间浴室)$320
- CC AMV

和座头鲸一起游泳！

"和座头鲸一起游泳"——如今澳大利亚最热门的活动体验就是和鲸鱼一起游泳。亲眼目睹海洋中巨大的座头鲸，是一次仿佛梦境般的体验，将成为你一生中珍贵的回忆。现在世界上可以同座头鲸一起畅游的仅有汤加和大溪地的离岛，数量非常少。
向着座头鲸静候的大海，出发吧！

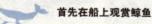

首先在船上观赏鲸鱼

每年 7~10 月，南极附近的座头鲸为了到温暖的海域生育、喂养幼崽，会来到澳大利亚沿岸。在澳大利亚东岸直到凯恩斯附近，座头鲸会北上。阳光海岸的海上，会成为北上的座头鲸和再次返回南极的座头鲸双方的必经之路，座头鲸不仅数量很多，持续的时间也很长。

圣勒弗旅行社位于阳光海岸南部的度假胜地穆鲁拉巴海滩。这里的海港在座头鲸洄游期间每天都有半日游（约 4 小时）的旅游团出发。乘坐的是双体型的潜水工作船，最多可以承载 20 人。通常在出航后 30 分钟左右便会发现座头鲸。可以看到很多座头鲸喷水、跳跃（跃出海面），在这些座头鲸中寻找最想与之游泳的那一头吧。到此为止有足够的时间尽情观赏鲸鱼。

有时也会有座头鲸主动靠近

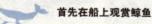

令人兴奋的与鲸鱼一起游泳

通常每 10 个人会分为两组，由导游带领交替进入海中。根据澳大利亚环境保护法规规定，船需要与座头鲸保持 100 米的距离，不能停留在座头鲸的前进线路上。因此，一般船都会停在座头鲸前进方向的斜前方，然后游客们戴着呼吸管跃入海中。跟着最前面的向导不断地游。船上会随时大声通知座头鲸的动向。

穆鲁拉巴的海水十分清澈，通常可以看到 10~30 米深处。如果运气好，刚下水就会有比较亲近人类的座头鲸主动靠近。9 月中旬以后有很多成年鲸鱼带着小鲸鱼，其中小鲸鱼的好奇心比较强，经常会主动接近人类。但是不管座头鲸靠得有多近，

可以看到很多鲸鱼跃出海面的场景

在海中遇到的座头鲸，巨大的身影令人震憾

都是绝对不可以触摸鲸鱼的。

座头鲸海中悠然游泳的姿态，令人感到震憾。母鲸为了保护小鲸鱼而靠近的姿势也令人欣慰。也许是人们擅自的揣摩，在游的过程中还会感觉到有一瞬间和鲸鱼对视了。虽然会游相当远的距离，但是却不会让人感到疲惫，真的是一项令人感到兴奋的体验活动。

9 月左右经常可以看到成年鲸鱼带着小鲸鱼游过

阳光海岸上与鲸鱼同游的旅游团
圣勒弗·穆鲁拉巴
Sunreef Mooloolaba

🖥 www.sunreef.com.au
🏠 Shop 11 & 12, The Wharf Mooloolaba, 123 Parkyn Pde., Mooloolaba, QLD 4557
☎ (07)5444-5656
🕐 7 月 7 日(预订)-10 月 23 日(预订)，每天 8:00~12:00（ 学校放假期间和周末，根据情况下午可能会增加团期，不过随着时间的推移可能会发生改变 ）
※ 参团条件：会游泳
※ 根据海洋状况，可能会中止发团，因此建议在当地停留 2~3 天

💵 1 人 $149
※ 虽然可以和座头鲸一起游泳的概率很高，但因为是野生鲸鱼，不能 100% 保证。此外如果在船上没有发现座头鲸的话，下次报名预约时有半价优惠

限乘 20 人的潜水工作船

🖥 线上旅游公司 VELTRA，可以使用中文，接受旅行团的报名预约。
🖥 www.veltra.com

戴着呼吸管在座头鲸旁边游泳

在西澳大利亚的宁格罗海岸也可以体验和鲸鱼一起游泳

西澳大利亚州世界遗产地区宁格罗海岸的埃克斯茅斯、珊瑚湾也有同鲸鱼游泳的旅游团（ 详细 → p.553~554 ）。从珀斯每天都有航班飞往作为起点的埃克斯茅斯。

Underwater Photo © Sunreef Mooloolaba

AUSTRALIA FOOD GUIDE

在澳大利亚就吃
这个吧！

由塔斯马尼亚州朗塞斯顿近郊的葡萄酒酿造厂——
赫罗米酒庄旗下的餐馆制作的安格斯牛排

牛排 Beef Steak

最高级的澳大利亚和牛——黑安格斯牛，还有很多产地限定的特选牛肉等澳大利亚牛肉。除了牛外脊、牛里脊、牛臀肉，还有分量十足的T骨牛排（T骨的两侧分别是外脊和里脊肉），还有牛排配大虾的海陆大餐等也一定要品尝一下。

黄金海岸的 BMB 诺斯克利夫救生支援者俱乐部的 bmb 海滩汉堡

羊排
Lamb Chop

澳大利亚的羊肉没有很大的膻味，所以不喜欢羊腥味的人吃起来也没有问题。带着骨头的羊排是澳大利亚的标准食材。

汉堡 Humberger

在澳大利亚有很多好吃的汉堡，汉堡的种类十分丰富。不同的店铺，大都会精心选择食材。一般都是牛肉饼加上生菜、甜菜根（红芜菁的糖浆汁）奶酪。

肉饼 Meat Pie

肉饼是澳大利亚的国民食物。一般是将炖好的牛肉加入到饼皮中。

凯恩斯的希腊餐馆——
费拉茨·希腊的羊排

黄金海岸郊外的亚拉塔·馅饼店
做的肉饼在澳大利亚非常有名

澳大利亚的
红酒和啤酒
Australia Wines & Beers

在世界上都具有很高评价的澳大利亚红酒。猎人谷、巴罗萨谷、亚拉谷、玛格丽特河等产地很多，各自的气候和土壤适合生产出不同品种的红酒。另外，各州都有各自的代表性啤酒品牌，还有戈拉夫特啤酒等，种类非常丰富。

从左开始依次是：维多利亚州的伯贝啤酒、昆士兰州的黄金 XXXX 啤酒、南澳大利亚州的库伯斯耶鲁啤酒

澳大利亚 No.1 的红酒——奔富葛兰许

在凯恩斯的加巴盖原住民文化公园内的咖啡馆里可以吃到的加巴盖·拼盘

澳大利亚动物肉类拼盘
Aussie Animal Meats

使用在澳大利亚栖息生活的动物的肉做成，是澳大利亚独有的菜肴。但是澳大利亚当地人一般都不太喜欢，主要是面向游客。在提供大杂烩的餐馆或者团餐中可以吃到。在黄金海岸和凯恩斯不妨尝试一次，回国后可以自豪地说："我吃了××"！

袋鼠。红肉且脂肪低。没有什么特殊吃法，正常食用即可。在高档餐馆大多会做成肉排等，浇上酱汁来遮掩野性之味。

鳄鱼。澳大利亚北部是鳄鱼的重要栖息地，也成了食用的养殖物。味道比较接近鸡胸肉，没有异味。

鸸鹋。形态近似鸵鸟，是世界上第二大不会飞的鸟类。是高蛋白、低脂肪的红肉。虽然有一股独特的腥臭味，但用了调味品之后可以放心地食用。

澳大利亚肺鱼。属于鲈形目尖吻鲈科的一种大型河鱼，在澳大利亚北部是一种很受欢迎的食材。图中做成了炸鱼饼，除此之外还可以做成烤全鱼、煎鱼块等各种形式。

炸鱼薯条
Fish 'n' Chips

在深受英国影响的澳大利亚，炸鱼配上满满的薯条同样具有很高的人气。在英国一般会配着醋和盐食用，而在澳大利亚一般会撒满盐，配着塔塔酱或番茄酱吃。

凯恩斯海上的格林岛度假酒店内的天篷餐馆制作的炸鱼薯条

牡蛎
Oyster

澳大利亚南部是世界知名的牡蛎产地。尤其是悉尼郊外、塔斯马尼亚州和南澳大利亚州艾尔半岛的养殖繁盛。在一年之中都可以吃到鲜牡蛎，烤牡蛎也十分美味。

锯缘青蟹
Mud Crab

锯缘青蟹居住在昆士兰州的红树林。钳子很大，身上的肉丰满而富有弹性，好像蘑菇，烤起来吃也很美味。尤其是中华风味的锯缘青蟹是绝品美味。

煮过的锯缘青蟹按照海鲜处理，在大部分餐馆都可以吃到

塔斯马尼亚布鲁尼岛上的牡蛎农场直营店——牡蛎闪客的鲜牡蛎

悉尼岩石区的 Fish At The Rocks 餐馆制作的烤塔斯马尼亚三文鱼

塔斯马尼亚三文鱼
Tasmanian Salmon

塔斯马尼亚是新鲜水产的宝库，而其代表性食材便是塔斯马尼亚三文鱼。可以以烧烤或焖肉的形式做成主菜，也可以做成烟熏三文鱼当作前菜或开胃菜食用。

15

AUSTRALIA SOUVENIR GUIDE

在澳大利亚就选它
作为纪念品吧！

可以折叠的海伦·卡明斯基的代表之作，普罗旺斯$220~

用酒椰纤维制作而成的包同样具有很高的人气。最新设计的样式也能用合适的价格买到。$280~

海伦·卡明斯基 Helen Kaminski

从悉尼的自然和生活方式中获取灵感，制作出的非常雅致的帽子。希拉里·克林顿等名人也是这个品牌的忠实拥趸。尤其是用马达加斯加产的酒椰纤维制作而成的拉菲草帽非常有名，这让全世界知道了海伦·卡明斯基这个品牌。用酒椰纤维制作的包也有很高的人气。

澳大利亚小野人的标准背包 $165

UGG 雪地靴 UGG Boots

在中国也具有很高人气的 UGG（雪地靴的总称）。光在澳大利亚 UGG 的厂商就有 80 多家。

在中国广为人知的 UGG Australia 是美国的德克斯公司在中国制造生产的。在澳大利亚除了德克斯公司的 UGG Australia 以外，还有很多仅允许在澳大利亚国内销售的其他 UGG Australia 公司（均为澳大利亚产）。

人气品牌 EMU 的迷你雪地靴 $160~、低筒靴 $190~、高筒靴 $230~

另外，在和德克斯公司的 UGG Australia 齐名的高档 UGG 雪地靴 EMU，也能买到仅在澳大利亚国内出售的澳大利亚产白金系列（标签为金属制）。

除了这些大品牌以外，澳大利亚产的 UGG Australian made、Shearers UGG、Jumbo UGG Boots、Chic Empire、UGG Premium 等也很有人气。每个品牌的设计、颜色、靴子的质量、重量等都有所不同，货比三家之后再做决定吧。

澳大利亚小野人
Crumpler

挎包品牌公司，创立于墨尔本。面向女士的时尚背包等，在国外也具有很高的人气。

环保包
Envirosax

源于黄金海岸的环保包。卡梅隆·迪亚茨非常喜欢这种包，这也引起了对这个品牌的追捧热潮。提手处很宽，包的容量很大，使用起来非常顺手。以澳大利亚的各个城市为主题图案进行设计的包很有人气。在当地买完之后当作沙滩包来使用也是一个不错的选择。

黄金海岸的 UGG Australian made 可以自己 DIY 各个部分，制作出属于自己的原创靴子 $269~

Envirosax 的凯恩斯版环保包 $11.50。仅限在凯恩斯富士店出售

茱莉蔻 Jurlique

澳大利亚有代表性的纯天然护肤品牌。是由出生于德国而定居在南澳大利亚的一对夫妇选择天然草本植物研制而成的。这里生长的有机草本植物，作为护肤产品可以使皮肤变得非常润滑。

茱莉蔻的薰衣草保湿花卉水 $39、护手霜 $50 等

荷荷巴油的主要成分跟人类的肌肤成分接近，具有美肌、保湿、抗菌、预防肌肤衰老的功效。这款大品牌的荷荷巴蜂蜜油 $19.95~

天然护肤品
Natural Body Care Goods

使用澳大利亚特有的自然原材料制成的肥皂，作为礼品送人很受欢迎。万能的护肤油荷荷巴油，有着很好的抗衰老和美白效果的羊胎素都是澳大利亚的特产。

从羊的胎盘中提取羊胎素，如今成了备受关注的护肤品。护肤和护发用的羊胎素霜 $22

在澳大利亚各地的超市都能买到 TimTam。1 袋 $4.02，打折时 $3.00 左右

绿碧茶园的澳大利亚限定风味香茶，每 50g$14.80

TimTam

澳大利亚巧克力中的经典。除了原味之外，还有双层巧克力和白巧克力等各种口味。

绿碧茶园 LUPICIA

澳大利亚限定的风味香茶。乌卢鲁是柠檬香桃味，南十字星是桉树味。

拜伦湾咖啡 200g$13~

咖啡 Coffee

澳大利亚作为高质量的咖啡产地而备受关注。但是由于收成不多，因此基本上只在国内销售。主要的产地有新南威尔士州和昆士兰州。拜伦湾、凯恩斯近郊马里巴的沃克斯咖啡在纪念品商店都可以买到。

在凯恩斯的纪念品商店可以买到沃克斯咖啡 250g$14~

蜂蜜 Honey

自然资源优越的澳大利亚是蜂蜜爱好者的天堂。有着许多口味，有些店还提供试吃。另外叫作麦卢卡蜂蜜的新南威尔士产的杰里布什蜂蜜和西澳大利亚产的杰拉蜂蜜都有着很好的抗菌功效，是上好的品种。

左：杰拉蜂蜜 $36.90~
右：杰里布什蜂蜜 $26.50~

各种口味的澳大利亚坚果，每盒 $9~

肉干 Jerky

牛肉干自不必说，还有袋鼠肉干、鳄鱼肉干等澳大利亚独有的口味。

澳大利亚坚果 Macadamia Nuts

澳大利亚坚果原产地为澳大利亚。有芥末味和鲍鱼味等。

肉干每包 $10~

乘坐澳洲航空的直飞航班前往
澳大利亚之旅

每天，澳洲航空都有从北京飞往悉尼的航班。有"上飞机后很快就到达澳大利亚"这样的评价。澳航的国内线也非常密集，可以尽情地游览澳大利亚。这里就介绍一下乘坐澳洲航空公司的旅行吧。

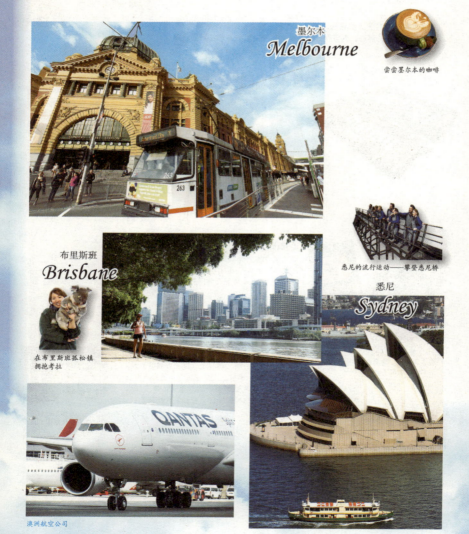

墨尔本
Melbourne

尝尝墨尔本的咖啡

悉尼的流行运动——攀登悉尼桥

布里斯班
Brisbane

悉尼
Sydney

在布里斯班孤松镇拥抱考拉

澳洲航空公司

布里斯班
墨尔本
悉尼

去看澳网比赛吧！

澳大利亚网球公开赛会在20多座球场展开。这是其中之一的露天2号比赛场

正在参加比赛的选手

1月份在墨尔本进行的备受世界瞩目的赛事

澳大利亚网球公开赛是网球四大满贯赛事之一。举办时间在每年1月份的最后2周，大赛期间约有来自全球各地的70万名观众聚集于此，是世界上著名的大型体育赛事。云集了穆雷、德约科维奇、纳达尔、费德勒等世界顶尖选手。每天都有激战上演。

大赛举办期间，有前往墨尔本公园球场的免费电车，市中心还设有公共观赛区等，大赛期间墨尔本市中心就成了澳网的天堂。

如果喜欢网球的话
可以在1月份前往澳大利亚游览3座城市

作为澳网的前哨站，1月的第一周在布里斯班会举办布里斯班国际锦标赛，第二周在悉尼会举办悉尼国际锦标赛。如果喜爱网球的话，通过观看这些锦标赛，可以了解顶尖选手们的比赛状态。国内许多城市都有航班直飞前往悉尼和布里斯班。而且澳洲航空公司有许多航班往返于布里斯班、悉尼和墨尔本之间，游览2～3座城市不成问题。

※ 本文中提到的澳网参赛选手是按照2017年实际成绩列出的。原则上世界排名前30的选手必须要参加大满贯赛事，如果没有伤病或身体不佳等突发情况，世界的顶尖选手都会聚集在此

墨尔本公园网球中心的主要球场——罗德·拉沃尔球场，可以容纳1.5万人

前往澳大利亚的超值机票
超级澳航

从北京可以直飞悉尼，也可以将悉尼作为前往珀斯、阿德莱德的中转站。有可以自由组合的往返机票，机票的价格很划算，可以通过网络轻松预订前往澳大利亚的机票。也可以查看从国内各个城市出发的票价。

通过便利的换乘周游澳大利亚
Walkabout 巴士

可以自由地选择澳大利亚20多座城市之间的国内线，制订自己特有的旅游计划。需要同时购买超级澳航的国际航班和优质澳航航班才能乘坐（详见→ p.583）。

※ 超级澳航、Walkabout 巴士的预约、购买可以上 qantas. com 或者到旅行社进行咨询

在菲利普岛的萨默兰海滩上每晚都能看到许多小蓝企鹅

邂逅各种各样的野生动物
大自然之旅

可以喂食每天晚上来到莫顿岛栈桥附近的海豚

从菲利普岛中心高斯出发的游船可以看到成群的海狗

接触可爱的动物 & 观赏

众所周知，在澳大利亚生活着许多可爱的动物。尤其是在墨尔本和布里斯班，可以遇到许多动物。

墨尔本近郊的菲利普岛人气颇高。在这座岛上可以看到企鹅家族中体形最小的小蓝企鹅归巢的场面，这座岛也因此而知名，另外，如果参加了周围的团队活动，还有可能看到成群的海狗，以及保护区内近乎野生的袋鼠。除此以外，千万不要错过始于墨尔本的绝佳观景胜地——大洋路。在被大自然环绕的国家公园遇到袋鼠和考拉的概率也非常高。而在莫宁顿半岛还有可以和海豚一起游泳的旅游团。

而在布里斯班，不如出发去海上的莫顿岛吧。这里是全世界都少见的可以给海豚喂食的地方。另外布里斯班近郊的黄金海岸和阳光海岸地区还有可以看到野生考拉的场所。而且深入世界遗产——冈瓦纳雨林还能看到可爱的小型沙袋鼠和袋鼠。另外，在布里斯班、黄金海岸和阳光海岸的主要动物园还可以抱考拉，十分有趣。

在黄金海岸近郊的自然保护区内有大量野生袋鼠

在大洋路遇到考拉的概率很高

国家航空公司才有的
周到的机内服务

澳大利亚空姐提供的友好的机内服务

有多种机内餐可供选择

澳洲航空的服务十分周到。

即便是在经济舱也可以品尝到澳大利亚红酒、啤酒等饮料，飞机餐都装在小碟里，很有自己独特的风格。分量十足。

另外，机上娱乐设施里有 100 多部电影（一部分有中文配音）、800 余首歌曲等超过 1500 个选项供乘客选择。

旅行推荐 3

布里斯班
悉尼
墨尔本

QANTAS
Spirit of Australia

愉快地周游城市 & 度假地

拥有美丽夜景的墨尔本市中心

布里斯班的标志性建筑——布里斯班市政厅

游览 3 大城市 + 黄金海岸或阳光海岸

悉尼、墨尔本和布里斯班是澳大利亚的 3 大城市。受英国殖民时期影响留下的历史建筑物和新的建筑楼群交相呼应，形成了鲜明的对比。漫步街头、咖啡馆小憩、畅享美食、在购物中心和商场尽情买买买……在这 3 座城市，你可以得到最大的满足感。

从布里斯班前往世界首屈一指的度假地黄金海岸以及澳大利亚当地人气颇高的度假地阳光海岸，交通十分简单便利。

布里斯班南部的黄金海岸有着一望无垠的白色沙滩，是世界数一数二的度假胜地。在海滩可以悠闲地放松身心，还可以冲浪、体验摩托汽艇和滑翔伞等娱乐活动，十分有趣。

布里斯班北部的阳光海岸沿岸分布着许多美丽的海滩，还连接着许多具有特色的度假城镇。北部的努萨，是一个建筑物不得高于椰子树的度假小镇，既有一种高级感还有着亚热带特有的开放气氛，也是一个超人气的度假地。南部穆鲁拉巴是一个建有许多高层公寓的度假地，还可以观赏鲸鱼，与鲸鱼一同游泳。

在城市观光后再前往黄金海岸、阳光海岸，体验澳大利亚丰富多样的风土人情。

悉尼海湾大桥因作为纪念照拍摄地而具有超高的人气

阳光海岸努萨镇前的主要海滩

黄金海岸中心地区的海滩——冲浪者天堂

孤独星球出版丛书
涵盖世界70个国家和地区

Beautiful Surf Beach
Burleigh Heads, Gold Coast, Queensland

澳大利亚
旅行计划

面积

全球土地面积第六大的国家

澳大利亚四面环海，是世界上唯一国土覆盖一整个大陆的国家。澳大利亚的国土面积居全球第六，南北长约 3700 公里、东西跨度 4000 公里。澳大利亚国内就存在着时差。另外，内陆部和西北部的自然条件恶劣，几乎处于未开发状态，和国家面积相对的城市却不是很多。目前的人口有近 2400 万。而且大部分人口都集中在气候宜人的东海岸地区。

地点不同
差距巨大！

内陆地区是干燥而辽阔的红土大陆（奥尔加岩山／艾尔斯岩石（乌卢鲁—卡塔楚塔国家公园）

澳大利亚的国土面积很大，东西南北的气候也有所差异，最北端属于热带气候，南部则是寒温带气候，气候类型多种多样。另外还有世界上最为干燥的陆地，大陆中央是沙漠地带。正因为这个国家气候如此多变，所以不管什么时候来此旅游都会留下完全不同的回忆。

气候

⇒各主要城市的平均气温、降水量→ P.570
右侧地图中各个城市的颜色大体表示了其气候。
各种气候特征如下。

热带气候
热带气候分为旱季（5～11 月）和雨季（12 月～次年 4 月）。推荐旱季时前往，此时天气不会很热而且比较稳定。雨季时有一部分地区不对外开放。

亚热带气候
全年气候温暖，晴天率高，无论何时都很适合旅行。但是南部在 5～9 月不适合海水浴。

温带气候
四季与中国相反。春季到秋季（10 月～次年 5 月）是最适合旅行的时节。6～9 月山里会下雪，可以滑雪。

寒温带气候
即便是夏季（12 月～次年 3 月）也很冷，冬季（6～9 月）更是严寒。如果旅行的话一定要在夏季时前往。冬天当地有很多旅游团都无法发团。

沙漠气候
大陆内陆地区大部分都是干燥的沙漠气候。11 月～次年 4 月之间气温很高，切记一定要时刻补充水分。6～9 月比较适合旅行，但是夜间会比较寒冷，一定要带好防寒衣物。

邦格尔邦格尔山脉
位于澳大利亚的秘境金伯利，是此地最吸引人眼球的景点，山脉规模很大。

埃克斯茅斯
位于海上的宁格罗海岸，3 月中旬～6 月上旬因为会有鲸鲨出没而被人熟知。

芒基米亚
世界上少有的可以喂食野生海豚的地方，同时还是世界稀有的儒艮栖息地。

珀斯
气候宜人、城市优美，可以称得上是全球最适宜居住的地方。周边还有许多充满生气的自然景点。

西澳大利亚州（WA）

在塔斯马尼亚可以充分体验绿色的大自然

8 个独立的国家？

因为地域辽阔，18 世纪后半叶开始，这里逐一成为英国的殖民地。脱离殖民统治后，澳大利亚如今共分为 6 个州和 2 个领地。每一个州和领地都有着很强的自治权，好像各自为一个国家。

在世界最大的珊瑚礁群——大堡礁，享受浮潜的乐趣吧

最快 9 小时，令人意外的距离不是很远

从广州飞往悉尼大约 9 小时，和前往瑞典、荷兰等地的距离相当。从北京、上海、广州都有航班直飞悉尼和墨尔本，因此前往澳大利亚各个地方都很方便。

从中国出发

约4000公里（赤道的1/10）

达尔文
从这里前往世界遗产卡卡杜国家公园等地十分便利。

卡卡杜国家公园
在原始的大自然之中，还保存着许多澳大利亚原住民曾经留下的壁画。

北领地
(NT)

艾尔斯岩石
被列为世界遗产的世界上最大的岩石，是澳大利亚的标志之一。

南澳大利亚州
(SA)

昆士兰州
(QLD)

● 澳大利亚的首都
● 各州州府
● 主要观光地

大堡礁
南北绵延伸展达2000公里，是世界上最大的珊瑚礁群。这里是潜水、浮潜、钓鱼的胜地，度假岛屿也很多。

凯恩斯
作为前往世界遗产大堡礁和热带雨林的起点，也是感受澳大利亚自然风光的最佳场所。

汉密尔顿岛
在众多的度假岛屿中，是唯一建有机场的。周围一带是圣灵群岛，有许多度假岛屿。

布里斯班
澳大利亚的第三大城市。

黄金海岸
澳大利亚有代表性的度假胜地。这里不仅有长达30多公里的冲浪海滩，还有列入世界遗产的亚热带雨林等，在这里可以体验畅游大海和森林的乐趣。除此之外还有不少主题公园。

新南威尔士州
(NSW)

澳大利亚首都领地
(ACT)

维多利亚州(VIC)

阿德莱德
从这里前往野生动物宝库袋鼠岛和澳大利亚最大的红酒产地巴罗萨谷十分方便。

墨尔本

塔斯马尼亚州
(TAS)

霍巴特
是观赏塔斯马尼亚州自然风光的始发站。

悉尼
澳大利亚最大的城市。拥有美丽的港口，新老城区协调并存，是一座充满魅力的都市。世界遗产悉尼歌剧院、蓝山、红酒产地猎人谷等旅游资源十分丰富。

堪培拉
澳大利亚的首都。
滑雪场的数量众多，距离大雪山也很近。

澳大利亚第二大城市。街道充满英式风情，是澳大利亚的文化中心。因小蓝企鹅而知名的菲利普岛以及风景胜地大洋路都在其周边。

25

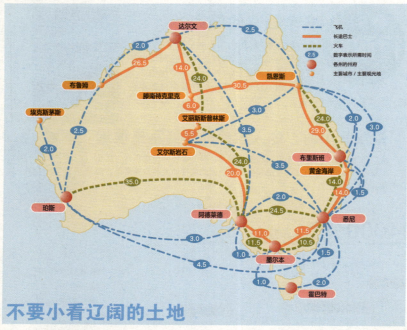

图例：
- 飞机
- 长途巴士
- 火车
- 2.5 数字表示所需时间
- 各州的州府
- 主要城市 / 主要观光地

地图标注城市：达尔文、布鲁姆、埃克斯茅斯、珀斯、滕南特克里克、艾丽斯斯普林斯、艾尔斯岩石、凯恩斯、布里斯班、黄金海岸、悉尼、阿德莱德、墨尔本、霍巴特

不要小看辽阔的土地

虽然表面上知道了澳大利亚的国土面积很大，但实际上把握城市之间的距离和所需时间还是很困难的。以悉尼和墨尔本这两座大城市为例。从地图上看感觉两座城市很近，但乘坐飞机也需要 1.5 个小时，乘坐长途巴士或者火车则需要更长的时间。悉尼~珀斯横跨整个大陆，乘坐火车或巴士需要 3～4 天时间。在出发前制订计划时，要考虑到时间、交通费用以及交通工具的便利，决定好在哪个区间段乘坐何种交通工具是非常有必要的。

短时间内长距离移动
飞机

→当地交通 / 飞机　P.583

澳大利亚国内线除了澳洲航空公司以外，还有捷星航空、维珍澳洲航空和虎航等廉价航空运营。如果乘坐廉价航空有可能因廉价而需要移动很长的距离。

优点
▲ 在有限的时间内更有效率地旅行。
▲ 尽早购买主要线路的机票，有可能价格比其他交通工具更便宜。

缺点
▼ 根据线路不同，价格相比其他交通工具更高。
▼ 有些线路的航班数少，可能无法在短时间内出行。

感叹陆地辽阔的同时享受地面之旅
长途巴士

→当地交通 / 长途巴士　P.590

澳大利亚灰狗长途巴士线路遍布全国各地。这种长途的旅途很适合背包客。

红色车身的灰狗巴士

优点
▲ 通常价格比较便宜。使用巴士通票会更便宜。
▲ 线路很多，可以去任何地方。

缺点
▼ 比较花费时间，长时间乘坐会令人感到疲惫。
▼ 主要城市之间以外的班次非常少。

交通 + 观光的组合
移动型旅游巴士

→长途巴士（移动型旅游巴士） P.591

在城市之间景点颇多的塔斯马尼亚、南澳大利亚、北领地和西澳大利亚，这种兼顾移动和观光的旅行方式很受欢迎。

优点

▲移动和观光可以同时进行。
▲包含住宿费，价格适中。
▲可以和来自世界各地的旅行者成为朋友。

缺点

▼很少有每天出发的线路，大部分都是一周只出发 2～3 回。
▼巴士的座位比较狭窄，旅行途中会比较混乱，长时间乘坐的话会比较疲惫。

西澳大利亚流行的移动型旅游巴士——金伯利野生探险

悠闲奢侈的交通手段
火车

→当地的交通工具 /
铁路 P.593

澳大利亚有着世界知名的横跨大陆的印度洋太平洋号火车和纵贯南北的甘号火车等长距离豪华火车。一等座有床位，并且乘车过程中还提供餐食。如同行进的酒店。

世界上唯一纵贯大陆的甘号火车

优点

▲移动本身便是旅行的精华。
▲安全舒适，有很多豪华列车。

缺点

▼线路较少。
▼豪华列车的票价比普通机票要贵。

自由的在城市周边环游
租车自驾

→当地交通 / 租车   P.585

澳大利亚各个城市之间的距离很远，租车并不适合这种长距离的移动。但是在凯恩斯、黄金海岸和悉尼等主要城市租车的话，游览周边地区会变得十分高效。

优点

▲享受自驾的乐趣。

缺点

▼在观光地没有导游服务。
▼野生动物等可能会突然出现，驾驶时要格外小心。

COLUMN

能够在中国预约的
澳大利亚移动型旅游巴士

澳大利亚的移动型旅游巴士深受背包客喜爱。其中最有人气的是 Contiki Tour 和 G Adventures。有很多年轻人参加，交通工具是专用巴士，住宿设施则是面向年轻人的寝室小屋。就算一个人参加也能很快结识新朋友，度过愉快的时光。

旅行时间为 5 天～2 周，线路遍布澳大利亚全境。旅行中，还有徒步游览、潜水、骑马等各种自选项目。虽然要求具备一定的英语能力，但考虑到内容和乐趣程度，这是非常划算的一种旅行方式。

● Contiki Tour www.contiki.com
● G Adventures www.gadventures.com

Contiki 巴士还有前往艾尔斯岩石的旅游线路

自然奇观的标志——艾尔斯岩石（乌鲁鲁岩石）

景点大多集中在大自然之中

在地球还仅有北方大陆劳亚大陆和南方大陆冈瓦纳大陆的时代，最早从冈瓦纳大陆分离出来的便是如今的澳大利亚大陆。因此有许多只能在澳大利亚才可以看到的动植物，自然资源相当丰富。虽然澳大利亚大陆的历史非常悠久，但只在英国殖民后才开始接受西欧文明，历史短暂，仅仅220年左右。也就是说澳大利亚没有像欧洲或亚洲各国那样的历史遗迹可供人们参观。许多景点都是乘坐交通工具才能艰难抵达，甚至无法到达，都存在于大自然之中。

传递自然的魅力
当地导游

　　以世界遗产艾尔斯岩石（乌卢鲁岩石）为例，无论是谁站在跟前都可以感受得到。走在岩石周围也可以看到澳大利亚原住民留在岩石上的壁画。

　　但是，仅此而已。

　　而如果跟随当地导游参观艾尔斯岩石，不仅会有关于地质学层面的岩石讲解，为何这里会成为原住民崇敬的圣地，还会知道相关的神话、壁画又都包含怎样的意义等，通过这些可以更加深入地了解艾尔斯岩石。了解这些内容后，你才能意识到艾尔斯岩石是多么重要的存在。

跟随导游一同前进，可以更深刻地感受森林

　　森林也同样如此。如果没有相关的知识，看到的仅仅是一棵棵茂盛的大树，而听过导游的讲解，我们可以发现这里集中着各种特性鲜明的植物；用心听、用眼看，许多生物的巢穴便会出现在眼前。

　　为了享受观赏大自然的乐趣，也需要具备一定的相关知识。而能帮助我们更好地了解、产生更加浓厚兴趣的正是当地的导游们。

导游甚至可以发现这种非常稀少的昆虫

参加城市往返的旅游团
澳大利亚的旅行方式

凯恩斯、黄金海岸和艾尔斯岩石自不必说，悉尼、墨尔本、霍巴特、阿德莱德和珀斯等主要观光城市都有以"享受自然"为目的的各种旅游团组团出发。乘坐同样的交通工具前往目的地，悠哉地欣赏自然风光，畅游大自然，在旅游团可以体验丰富多样的活动。

不仅能到达自由行很难前往的地方，还有具有专业讲解知识的导游，如果参团人数少的话，游客们还有可能成为很好的朋友，参加旅游团的好处真是数不胜数。

到达当地的城市之后，首先找到一个自己感兴趣的旅游团报名参加吧，这才是澳大利亚的旅行方式。

前往大堡礁的旅游团是凯恩斯的必备项目

参团的游客们热热闹闹，在大自然中享受着活动的乐趣

参加从凯恩斯出发的动物探险团，可以和野生动物接触，充满乐趣

自己游览景点的话
飞机 & 自驾

驾车前往郊外一定要注意野生动物的突然出现，特别是清晨和傍晚

如果自由行去往缺少公共交通的观光地，那就选择租车吧。尤其是去往主题公园这种不需要专业讲解就可以玩得十分开心的地方，或者是目的地有提供导游服务的情况下，选择租车旅行的方式有很多优点。

北部地区的卡卡杜国家公园和新南威尔士州的蒙哥湖国家公园等一部分国家公园都有由护林员组成的正规导游。如果对自己的英语有自信的话，参加这样有导游带领的旅游团和从城市出发的旅游团一样可以听到详细的讲解。如果租车的话，可以只前往自己感兴趣的地方，还能选择旅游线路等，旅行的自由度大大地提高了。

但因为澳大利亚地域辽阔，城市之间相隔较远，如果租车开较长距离的话会比较疲惫，而且很危险，一定要考虑清楚。如果想安全地利用自驾的优势，还是推荐乘坐飞机＋自驾的形式。长距离的移动可以乘坐飞机，再以到达的机场为起点开车自驾游览。

如果想花上一周的时间悠闲地旅行，推荐租一辆房车

旅游团都很难到访的地方，如果租车自驾的话有线路可以到达

Lovely Quokka
Rottnest Island, Western Australia

澳大利亚 百科

澳大利亚的
动物

澳大利亚同中国一样地域辽阔，但由于地处南半球，季节、气候、风土人情等都和中国有所不同。在这里栖息的动物和鸟类，有许多都是在世界其他地方无法看到的珍稀物种。在澳大利亚本土动物中几乎没有进化程度很高的有胎盘类哺乳动物，主要栖息的是袋鼠、考拉等有袋类哺乳动物和鸭嘴兽等单孔目生物。这是因为从地理学角度来讲，澳大利亚从很久以前便是一个"单独的岛屿"。在遇到这些珍稀动物时，如果能了解其名字和生活状态，整个旅途会更加有趣。

有袋类哺乳动物

有袋类哺乳动物会较早将幼崽产出，幼崽会待在母体的育儿袋里长大。

袋鼠
Kangaroo

在岩石地区生活的岩袋鼠

运气好的话可以看到树袋鼠

有着可爱样貌的鞭尾袋鼠（侧面沙袋鼠）

最常见的灰袋鼠

在澳大利亚的动物中最广为人知的便是袋鼠了。袋鼠其实是一种泛指，实际上共有60多种，其中比较常见的袋鼠就有40种以上。包括一般体长为1～1.5米的灰袋鼠、最长可达2米的红袋鼠、中等体型的岩袋鼠、小袋鼠和生活在树上的树袋鼠等，外表看起来都有所不同。不过它们的共同点是前肢都较短，后肢没有腓肠肌，几乎全是阿基里斯腱（因此弹跳力出众）。另外大型袋鼠的尾巴粗壮有力，十分发达，是夜行性动物。野生的灰袋鼠一般10～12头过着群居生活，其中只有2～3头为成年雄性。同考拉一样，灰袋鼠的幼崽在出生后的6～8个月都会在母袋鼠的育儿袋中成长，在这之后还会偶尔进进出出，直到完全独立。

关于袋鼠英文名字的由来有各种说法，其中最有名的是下面这一种。

这是一个发生在库克船长一行人在澳大利亚原住民的带领下进行探索时发生的故事。在探险期间，库克船长一行人突然发现了一种珍奇的动物，便问当地原住民"这是什么动物"，原住民回答说"康嘎鲁尔"。于是库克一行就将"康嘎鲁尔"作为这种动物的名字记录了下来。但其实由于当地的原住民不懂英语，回答的"康嘎鲁尔"是"我不知道你在说什么"的意思。所以袋鼠的英文名字"Kangaroo"一词实际上是由澳大利亚土语"不知道"而来的。

但是还没有足够的证据可以证明这种说法。最近在澳大利亚东北海岸的原住民部落发现，他们部落里"噶乌鲁 ga-urru"一词意为"灰色后背的生物"，发音很接近袋鼠的英文发音，这种说法也很有说服力。

袋鼠在澳大利亚大部分的动物园都有放养，很容易找到可以投喂食物的地方。如果去郊外，在早晚时分也有可能会遇到野生的袋鼠。在澳大利亚的国徽上还有着袋鼠和鸸鹋这两种动物的形象。为了表达澳大利亚是一个不断向前的国家，因此选择了这两种只能前进的动物作为代表。

抱考拉拍纪念照，可以留下很好的旅行记忆

考拉
Koala

最具人气的考拉

考拉被形容为一种活生生的玩偶，这是一种十分可爱的动物。英文名字源于古代的原住民文字，意思是"不喝水"。实际上考拉并非完全不喝水，每天会吃 1 千克桉树叶（除此之外不吃别的东西，而且在 500 多种桉树中，考拉只吃其中的数十种），而这种叶子中含有大量的水分，因此没有必要再喝水。由于桉树本身缺少营养成分，还含有油脂等各种原因，使得考拉基本不会活动。一天中考拉有 20 小时都处在睡眠状态，而在清醒的时候，大部分的时间都会花在进食桉树叶上。考拉一般会在夜里醒来，姑且算作夜行性动物，但实际上它在夜晚的大部分时间也是处于睡眠状态的，所以应该算是薄暮型动物。

考拉的栖息地只在澳大利亚大陆的东海岸。居住在北部的考拉体形较小，灰色短毛；南部的考拉体形更大，褐色长毛。按照考拉的大小可以分为昆士兰考拉（体重约 6.5 千克）、新南威尔士考拉（体重约 9 千克）和维多利亚考拉（体重约 13.5 千克）三种。

刚出生的考拉会在育儿袋中度过 6 个月的时间。育儿袋中长大的小考拉，会在母考拉的背上或者被母考拉抱在腹部继续生活，经过大约 1 年时间可以完全独立。

如果去澳大利亚，想必很多人都想抱一抱考拉吧。但是能否抱考拉取决于各个州不同的规定。现在允许在动物园抱考拉的有昆士兰州、南澳大利亚州和西澳大利亚州。尽管州政府同意，但有些动物园还是不允许抱考拉的，这一点还请大家注意。

与考拉相关
澳大利亚原住民的传说

过去在一个部落中，有一个叫作库伯的孤儿，人们几乎不给他水和食物。有一天，趁着部落的人们外出狩猎的间隙，库伯带着部落的水和食物逃到了一棵大树上。狩猎的人们回来发现后十分愤怒，将库伯从树上赶了下来。见此情景的精灵将摔在地上无法动弹的库伯变成了小动物的形态，并将他引导到了桉树上。精灵让小动物吃别的动物都不会吃的桉树叶，这样就不会再饿肚子了。这只小动物便是考拉。

可以抱考拉的动物园和主题公园

城市名称	设施名称	本书位置
昆士兰州		
凯恩斯	哈特利鳄鱼探险公园	P.78
	凯恩斯室内穹顶野生动物园	P.79
库兰达	热带雨林自然公园	P.78
	库兰达考拉园	P.80
道格拉斯港	野生动物栖息地	P.80
汤斯维尔	比拉邦野生保护区	P.111
马格内蒂克岛	邦格罗湾考拉动物园	P.114
汉密尔顿岛	汉密尔顿野生动物园	P.122
耶蓬	库伯利公园野生生物保护区	P.127
阳光海岸	澳大利亚动物园	P.141
布里斯班	龙柏考拉动物园	P.151
黄金海岸	天堂农庄	P.173
	梦幻世界 & 激浪世界	P.173
	可伦宾野生动物园	P.174
南澳大利亚州		
阿德莱德山区	克莱兰德野生动物园	P.414
	峡谷野生动物园	P.415
袋鼠岛	保罗农场	P.432
	袋鼠岛野生动物园	P.432
西澳大利亚州		
珀斯	科胡务考拉公园	P.528

袋熊
Wombat

袋熊体长 70 ~ 120 厘米，体重 30 ~ 40 千克。性格温和，夜间会从洞穴里出来，以青草、根茎、树皮和蘑菇为食。袋熊的爪子健壮，十分善于挖掘洞穴。不论多么艰险的路，袋熊都会像战车一样前进。腹部的育儿袋为了防止进土，袋口是向后开的。袋熊通常喜欢独立生活，但繁殖期时会一起生活。乍一看感觉袋熊十分慵懒，但它跑起来速度可以达到 40 公里／小时。袋熊主要分为栖息在澳大利亚东南部至塔斯马尼亚之间的塔斯马尼亚袋熊和南澳大利亚及昆士兰内陆栖息的毛鼻袋熊。另外，关于袋熊名字的由来也有诸多说法，其中在原住民语言中"拥有扁平鼻子的生物"这一说法是最有说服力的。

罕见的毛鼻袋熊

很受欢迎的塔斯马尼亚袋熊

负鼠
Possum

负鼠的种类多达十余种。最常见的是在澳大利亚东海岸生活的刷尾负鼠。负鼠白天生活在树上，晚间有时会下到地面。负鼠会以树洞作为巢穴，主要的食物有树叶、树皮和树上结的果实。幼崽在育儿袋生活一段时间后，会继续在成年负鼠的背后继续发育成长。在市区和公园也能看到负鼠。体长约为 40 厘米。在热带雨林中，还有很多稀少的环尾负鼠和金色负鼠。

经常能看到野生的刷尾负鼠

考拉和袋熊的祖先
双门齿兽

在南澳大利亚博物馆中可以看到双门齿兽的骨化石

不为人知的是考拉和袋熊其实是近亲。它们的祖先是双门齿兽，上新世前期（约 1000 万 ~ 360 万年前）~ 更新世后期（9 万 ~ 1 万年前）在澳大利亚南部栖息的史上最大的有袋目动物。四足行走，体长约 3 米，臀高 2 米，体重超过 1 吨。性格温和，主要以盐水湖周边草原的草为食。

双门齿兽的样貌和身姿更接近于袋熊。双门齿兽在进化的过程中，为了能在树上生活，身体变得越来越轻巧的是考拉；而为了能适应地上生活逐渐小型化的是袋熊，这样想的话感觉更加合情合理。

蜜袋鼯
Sugar Glider

在澳大利亚东部森林中栖息着一种小型有袋类动物，叫蜜袋鼯。体长 20 厘米左右，体重仅为数百克，体形非常小，四肢之间有皮薄膜，这样使得蜜袋鼯可以在树与树之间做长距离的飞行。

从一棵树飞向另一棵树

袋狸
Bandicoot

与负鼠相比，在澳大利亚能看见更多的袋狸，这是一种体长 30 ~ 40 厘米的小型有袋类动物。乍一看感觉就是大号的老

在热带雨林的度假酒店周围也能看到袋狸

鼠，有些人可能不太喜欢，但其实它还是一款名为《古惑狼三部曲》的游戏的原型，卡通形象十分可爱。在凯恩斯周边经常可以看到北袋狸和长鼻袋狸。

袋食蚁兽
Numbat

袋食蚁兽（有袋的食蚁动物）仅分布在西澳大利亚州南部的个别森林之中。包括尾巴身体全长 35 ~ 50 厘米。用长长的舌头舔食白蚁。

主要栖息在西澳大利亚州

虽然属于有袋类动物，但育儿袋已经退化，刚生下来的幼崽吸附在母亲的乳头上生活。另外，袋食蚁兽是澳大利亚的有袋类动物中唯一的昼行性动物。白天出来觅食，晚上睡在倒下的树中或挖好的巢穴里。

个体数逐渐减少，能看到的野生袋獾越来越少

袋獾（塔斯马尼亚恶魔）
Tasmanian Devil

Devil 就是大家都知道的恶魔的意思。曾经原住民听到这种动物在抢夺腐肉时发出的鸣叫声，感到是"这个岛上的恶灵附体了"，因而给它起了这样的名字。确实当袋獾露出牙齿的时候会令人感到恐惧，但其实性格十分乖巧，惹人喜爱。袋獾体长 60 厘米左右，虽然看起来又矮又胖，但牙齿十分尖锐，在进食时，它们会将猎物的毛皮、羽毛、骨头吃得一干二净。但它们基本上不会自己去捕食猎物。

如今塔斯马尼亚州内栖息的袋獾很多都患有传染性皮肤病（癌症的一种），有灭绝的危险。

哺乳类胎盘动物

和人类一样拥有胎盘的哺乳类动物。幼崽直到一定大小前都会在腹中发育。

澳大利亚野狗
Dingo

据说澳大利亚野狗是由 8000 年前左右被原住民一起带到澳大利亚的犬类演变而来的（还有一种说法，由 4000 年前左右来自亚洲的海商带着的家犬演变而来，如今这种说法更具有说

在弗雷泽岛等地能看到很多野生的澳大利亚野狗

服力）。看上去跟普通的犬类相差无几，但牙齿十分锋利，属于肉食动物，叫声跟狼接近。栖息在澳大利亚全境，是比较容易看到的一种野生动物。

眼镜狐蝠
Flying-fox

澳大利亚栖息着许多不同种类的蝙蝠。尤其在东海岸一带有一种以水果为主食的巨型蝙蝠叫眼镜狐蝠，通称飞狐，可以通过眼睛直接看而非超声波来进行飞行。体长 20 ~ 30 厘米，翅膀展开能达到 1 米以上。白天会成群地倒挂在树上。

哺乳类
单孔目动物

单孔目动物虽然属于哺乳类，但是仅靠产卵来繁殖下一代，并通过母乳进行饲养，是非常珍稀的物种。"单孔"指的是排泄、排卵、生殖都是在一个孔内进行。世界上只有两种这样的动物。

鸭嘴兽
Platypus

鸭嘴兽是仅栖息在澳大利亚的一种珍稀物种。体长30～40厘米，有着跟鸭子一样的长嘴和扁平的长尾巴，拥有脚蹼，水陆两栖。在鸭嘴兽标本第一次被带到英国时，人们看到其奇特的外形甚至猜想"这到底是由几种动物组合而成的"。鸭嘴兽会在水岸附近筑巢，早晚会从巢穴里出来觅食，主要吃小龙虾、虾、贝类和水生昆虫等。在水中会闭上眼睛，用嘴当触角来寻找食物。鸭嘴兽一般每次产卵2个，孵化出来的幼崽通过吸食母亲腹部的乳腺发育。雄性鸭嘴兽后肢的小趾带有毒素。因为鸭嘴兽是一种十分胆小的动物，所以很难见到野生的鸭嘴兽。

鸭嘴兽是无论如何都想看到的珍稀动物之一

针鼹
Echidna

全身覆有硬刺，遇到危险时会卷成一个刺球保护自己，如果还不能脱离危险，能很快地向地下挖进，藏入土中，仅将背部的硬刺露在外面。虽然名字中带有鼹鼠的鼹，但它也仅在这种危急关头才会钻入土中。针鼹生活在草原或森林中，属于夜行性动物，入夜后会从巢穴里出来，通过敏锐的嗅觉来取食白蚁。雌性每次只产1个卵，繁殖期时雌性的腹部会长出一个育儿袋用于养育幼崽。体长40～50厘米。分布于澳大利亚全境。

黄昏时在森林中经常可以看到针鼹

鳄鱼
Crocodile

吻部狭窄的澳大利亚淡水鳄

主要生活在北部水域。大体上可以分为生活在淡水中的澳大利亚淡水鳄和生活在海水、微咸水、淡水域中的湾鳄（又名食人鳄、河口鳄、咸水鳄、马来鳄）这两大类。澳大利亚的鳄鱼并非群居，虽然目前还没有袭击人类的事件发生过，但身长可达7米的巨型湾鳄性情凶猛，会袭击任何可能成为食物的动物（包括人类）。

爬虫类

在澳大利亚以蜥蜴为主，生活着许多种爬虫类动物。

蜥蜴
Lizard

澳大利亚是蜥蜴的宝库。从体长数厘米的小型蜥蜴到超过2米的巨型蜥蜴，种类极多。其中人气颇高的是伞蜥（栖息在北部地区和西澳大利亚州）。颈部四周有伞状领圈，平时不会张开，但在求偶或受威胁时，这种颈部薄膜会张开，伸展到最大。当感觉没有胜算时，伞蜥会站立起来用两只脚飞快地逃跑。

经常会停留在树上的伞蜥

海龟
Sea Turtle

海龟虽然属于世界濒危灭绝动物，但澳大利亚大堡礁海域和宁格罗暗礁群海域是海龟的产卵地，因此在这里经常可以看到它们的身影。尤其是遇到绿海龟的概率非常高。

绿海龟浮潜时也经常可以看到

另外，栖息在热带雨林中的鬣蜥的近亲——雨林蜥、水蜥，栖息在艾尔斯岩石附近内陆体形较小的索尼戴维尔等，均因其独特性有着很高的人气。除此之外，体长超过1米，通称为巨蜥的动物在整个大陆上经常可以看到。

鸸鹋
Emu

是世界上仅次于非洲鸵鸟的第二大鸟类(体长 1.6 ~ 1.9 米),但因为翅膀已经退化到只有 20 厘米,所以无法飞行。取而代之的可以以 50 公里 / 小时的速度奔跑。生性好水,还可以游泳。雌性在繁殖期时会产下 7 ~ 18 个蛋,孵蛋的责任由雄鸟承担。雏鸟出壳后,仍由雄鸟照料。鸸鹋的叫声是像擂鼓一样的隆隆声。除了北部的热带雨林外,分布在澳大利亚各个地方。

雄性鸸鹋负责喂养幼崽

笑翠鸟
Laughing Kookaburra

澳大利亚全境都可以看到笑翠鸟

笑翠鸟的体形很大,分布在澳大利亚东部、西南部和塔斯马尼亚的部分地区。因其鸣声似狂笑而得名。笑翠鸟是群居生活的,通过有些沙哑的鸣叫声来声明自己的地盘。喜爱捕食蛇和老鼠,因此在澳大利亚被当作益鸟。笑翠鸟还是新南威尔士州的州鸟。并且在昆士兰州北部还栖息着珍稀的有蓝色翅膀的蓝翠鸟。

鹤鸵多是群体行动

鹤鸵
Cassowary

鹤鸵是一种不会飞行的大型鸟类(体长 1.2 ~ 1.5 米),生活在澳大利亚东北部热带雨林中。头顶有坚硬的角质盔,头颈为鲜艳的蓝色,后颈为鲜红色。鹤鸵有着一身黑色的羽毛,爪子粗壮尖锐。是一种珍稀的鸟类,如果能见到野生的鹤鸵是十分幸运的。分布在凯恩斯近郊,任务海滩、苦难角和阿瑟顿高原也有。

鸟类

澳大利亚有很多珍稀鸟类。尤其是鹦鹉的种类有很多。

深红玫瑰鹦鹉
Crimson Rosella

即便在森林深处依然十分显眼的深红色外表

深红玫瑰鹦鹉分布于澳大利亚东南部沿岸。通常是成群活动,在黄金海岸山间地区的拉明顿国家公园和春溪国家公园内栖息着大量的深红玫瑰鹦鹉。体长 30 ~ 35 厘米。

虹彩吸蜜鹦鹉
Rainbow Lorrikite

鲜艳的羽毛给人很深的印象

澳大利亚栖息着很多种类的鹦鹉,看到野生鹦鹉也并不稀奇。其中广为人知的是虹彩吸蜜鹦鹉(经常用英文名 Rainbow Lorikeet 或者通称的七彩鹦鹉进行说明介绍)。虹彩吸蜜鹦鹉栖息于澳大利亚东海岸的亚热带地区至热带地区,如同名字一样,其身上的羽毛五颜六色,有蓝色、绿色和橙色等。在动物园等地可以喂食。

澳大利亚国王鹦鹉
Australian King Parrot

澳大利亚国王鹦鹉分布在澳大利亚东南部沿岸的森林地带中,是一种大型鹦鹉,体长 40 ~ 45 厘米。雄性和雌性的颜色差异很大,雄鸟头部至胸腹部为红色,羽毛为绿色,雌鸟全身为绿色,只有腹部为红色。

雄性(左)和雌性(右)的澳大利亚国王鹦鹉

葵花凤头鹦鹉
Sulphur-crested Cockatoo

葵花凤头鹦鹉分布于澳大利亚东海岸和最北端（Top End），是一种白色鹦鹉。头顶有像角一样的黄色冠羽。在悉尼等地也能频繁地看到，但叫声比较嘈杂。

在汉密尔顿岛上也可以看到葵花凤头鹦鹉

茶色蟆口鸱
Tawny frogmouth

因为嘴像蛤蟆一样大，所以得名蟆口鸱。属于夜鹰类，体长35～45厘米。因为身体的一半都是头，看起来十分搞笑，在游客中也有着很高的人气。因为属于夜鹰，是完全的夜行性鸟类。白天几乎一动不动。

在夜行性动物探险之旅时可以看到茶色蟆口鸱

黑天鹅
Blackswan

在澳大利亚几乎看不到白天鹅，却栖息着不少黑天鹅。它还是西澳大利亚州的州鸟，人气可见一斑。

大小和白天鹅相差无几

丛冢雉
Australian Brush-turkey

外表酷似火鸡，但其实是不同种类，是澳大利亚仅有的一种冢雉科鸟类。因有用枯草建成巨大的土冢当巢穴的习性，故而得名丛冢雉。会把卵放在巢穴60厘米左右深的位置，将巢穴保持在一定温度上（33～35℃），然后等待蛋被孵化出来。丛冢雉的喙可以感应温度，时不时地会把喙伸入土冢里测量温度。这些工作均由雄鸟负责。

白天在热带雨林中经常可以看到走来走去的丛冢雉

澳大利亚鹈鹕
Australia Pelican

澳大利亚鹈鹕是全世界7种鹈鹕中最大的一种。体长160～190厘米。遍布于除澳大利亚中央地区的各个地方，凯恩斯的三圣湾、黄金海岸的布罗德沃特等地的数量有很多。

经常可以看到野生的澳大利亚鹈鹕

小蓝企鹅
Little Penguin (Fairy Penguin)

让人直观地感到澳大利亚就在南极旁的，就是这里还生活着企鹅。如今在澳大利亚已经确认了11种企鹅，在大陆本土和塔斯马尼亚可以看到的便是小蓝企鹅。维多利亚州的菲利普岛和维克多港、西澳大利亚州的罗金厄姆都有很方便就可以看到企鹅的场所。尤其在菲利普岛，夕阳西下时海滩上的企鹅归巢游行十分出名。

企鹅家族中体形最小的小蓝企鹅

海洋哺乳类

澳大利亚沿岸海域是海洋哺乳类动物的宝库，在许多地点都可以观赏到野生海洋动物的身影。

海豚
Dolphin

澳大利亚沿岸最常见的是宽吻海豚（Bottlenose Dolphin），体长 2 ~ 4 米，十分亲人。澳大利亚沿岸有无数可以观赏海豚

可以近距离欣赏海豚的地方有很多

的场所。昆士兰州南部的莫顿岛和西澳大利亚州中部沿岸的芒基米亚可以喂食海豚。另外，在西澳大利亚州的罗丁汉姆、班伯里，维多利亚州的莫宁顿半岛，南澳大利亚州的格雷尔还可以同海豚一起游泳。

儒艮
Djugon

因雌性儒艮有怀抱幼崽于水面哺乳的习惯，故儒艮常被误认为"美人鱼"。儒艮体长约3米，体重约400千克，全球仅存数十万头（其中澳大利亚沿岸栖息着 8 万 ~ 10 万头），属于珍稀保护动物。在昆士兰州的莫顿岛和欣钦布鲁克岛周边、西澳大利亚州芒基米亚有很高的概率可以观赏到儒艮。

海狮 / 海豹 / 海狗
Sealion / Seal / Fur-seal

它们大量栖息在澳大利亚南岸。其中最常见的澳大利亚海狮可以在南澳大利亚的袋鼠岛，西澳大利亚的罗丁汉姆、卡纳克岛和奥尔巴尼等地近距离观赏到。另外，在维多利亚州南岸至塔斯马尼亚可以观赏到澳大

袋鼠岛的海狮湾保护公园是澳大利亚海狮的一大栖息地

利亚海狗，在南澳大利亚南岸和西澳大利亚的埃斯佩兰斯周边可以看到新西兰海狗。

鲸鱼
Whale

每到夏天，南极海域栖息的鲸鱼会为了交配、养育小鲸鱼而来到澳大利亚沿岸海域。在澳大利亚东岸和西岸等地经常可以观赏到座头

近距离观赏到座头鲸的身姿令人感到震撼

鲸。维多利亚州、南澳大利亚州、西澳大利亚州南岸可以见到南露脊鲸。另外在大堡礁可以观赏到小鳁鲸。

澳大利亚是世界上最大的儒艮栖息地

昆虫

尤利西斯
Ulysses

北昆士兰的蓝色标志性蝴蝶，展开翅膀可达 11 厘米，体形较大。因为动作灵活，所以很难被发现，在澳大利亚原住民中还有着"如果能见到一次的话，就会变得幸福"这样的传说。它们大量栖息在凯恩斯的周边。

在从凯恩斯出发的热带雨林之旅中有可能看到

萤火虫
Glowworm

仅在澳大利亚和新西兰某些特定湿度环境下的森林或洞穴中栖息，和苍蝇、蚊子、牛虻等一样属于

黄金海岸近郊的自然桥，是观赏萤火虫的知名地点

双翅科昆虫。幼虫时期为了吸引可以成为食物的小虫子才会发光，会连续发出蓝绿色的光芒。

澳大利亚的 植物

同动物一样，澳大利亚拥有许多原生种的植物。远在遥远的一亿数千万年前就存在的森林分布在这片大陆的各个地方，可以看到许多珍贵的自然景观。在这里介绍其中的一些有代表性的植物。

绵延不断的茂密桉树林

桉树
Eucalyptus

说起澳大利亚的植物，首先出现在嘴边的便是桉树（在当地一般被叫作 Gum Tree）。简单来说，仅在澳大利亚就有超过 500 种桉树（包含亚种的话超过 1000 种）。原产地即为澳大利亚，已经确认了 95% 以上的种类都存在于澳大利亚，简直就是桉树大国。值得一提的是，以桉树叶为食的考拉在这么多种类的桉树中，仅吃其中数十种桉树的树叶。原来种类不同，树叶的味道也会有所不同。

桉树几乎遍布澳大利亚全境。包括气候温暖的东海岸南部，年降水量 50 毫米的沙漠、超过 5000 毫米的热带以及冬天冰雪覆盖的严寒高地。一边适应多样的自然环境，一边不断进化，甚至让人很难判断出眼前的树是否属于桉树。因为有近 100 米高的花楸、树皮单薄的白千层属、高 30 米左右笔直生长的蓝桉树、看起来像枯树的玛丽、内陆部干旱地上树皮看起来像刷了白漆的高斯特树、小树叶会散发清香的茶树……桉树的形状各不相同。

有的桉树还会开出这样奇特的花

所有桉树的大致共同特征是叶子中含有充分的油脂，而由于光合作用这些油脂会蒸发掉，因此在桉树林中充满了可以引发火灾的气体。另外因为是常绿树种，全年都会有新叶子不断发芽生长，而枯叶则会不断在地上堆积。到了夏天，气温如果超过了 30℃，充满气体的森林会使干巴巴的枯叶冒起烟来。这会引起丛林火，但也算得上是澳大利亚夏天的一道风景。虽说是丛林火，实际燃烧的也只有树底下的部分，很少会烧到树的中心。因此数周之后桉树就会恢复原貌。

维多利亚州和塔斯马尼亚州等南部地区的桉树很高，种类很多

而从桉树中提取的油脂，可以用于制作药品、保健品和香薰油等。具有抗菌、抗病毒的作用，对于治疗感冒等症状有着良好的效果。另外，桉树本身既重又坚硬，是建筑材料中非常重要的一种木材。

草树
Grasstree

发黑的树干上会长出成簇的茂盛绿叶，形状独特，是属于百合科的一种植物。树干上覆盖着带有坚硬外壳的种子。丛林火会使种子飞走，以便长出新芽。

干枯的叶子就像洋装一样将草树的树干包裹起来

红千层（瓶刷子树）
Bottlebrush

就像名字一样，开出的花的形状跟刷瓶子、玻璃杯用的刷子很像，是属于桃金娘科的一种植物。共有25种类型，原产地均为澳大利亚。

虽然红千层有各种颜色，但最亮眼的还是鲜红色

被称作活化石的
瓦勒迈杉

1994年在悉尼近郊的瓦勒迈国家公园（世界遗产大蓝山山脉的一角）发现了瓦勒迈杉。其所属的南洋杉科一度已被认定灭绝，只残留有化石，同2亿年前中生代的侏罗纪时期的许多物种相似（是否完全一致有待今后的研究结果）。在瓦勒迈国家公园仅存100棵左右的野生瓦勒迈杉，这一地点一般不会公开。

悉尼的植物园中也种有这种树木，如果想感受一下远古时期的植物，一定不要错过。

悉尼的植物园中可以看到瓦勒迈杉

斑克木
Banksia

原产地为澳大利亚的山龙眼科植物，已确认的达70种（除澳大利亚外，还有少数生长在新几内亚）。圆筒状的花是其特色，花的颜色根据种类而异。顺便一提，英文名"Banksia"是由和

随处可见的斑克木

库克船长一同航海，同样十分著名的英国植物学家Joseph Banks的名字而得来的。

勒颈无花果树
Strangler Fig Tree

雨林地区的代表性附生植物。鸟和一些小动物会吃树的种子，然后在其他树上将种子和粪便一同排出。之后会在这里长出新芽，树根会向地面伸展，从地表摄取养分，树干则会将附着的树缠绕起来。

已知最大的勒颈无花果树——帘状无花果树

桫椤
Tree Farn

茎干很高，很像树木。多见于雨林地区。是从恐龙时代开始一直存活至今的植物之一。

曾是草食性恐龙的食物

■ 澳大利亚的世界遗产（按列入年份排序）
1. 1981 年卡卡杜国家公园（文化与自然双重遗产）
2. 1981 年大堡礁（自然遗产）
3. 1981 年威兰德拉湖区（文化与自然双重遗产）
4. 1982 年塔斯马尼亚荒原（文化与自然双重遗产）
5. 1982 年豪勋爵群岛（自然遗产）
6. 1986 年澳大利亚冈瓦纳雨林地区（自然遗产）
7. 1987 年乌卢鲁—卡塔楚塔国家公园（文化与自然双重遗产）
8. 1988 年昆士兰温热带雨林（自然遗产）
9. 1991 年沙克湾（自然遗产）
10. 1992 年弗雷泽岛（自然遗产）
11. 1994 年澳大利亚哺乳动物化石产地＜瑞沃斯莱／纳拉阔特＞（自然遗产）
12. 1997 年赫德岛和麦克唐纳群岛（自然遗产）
13. 1997 年麦夸里岛（自然遗产）
14. 2000 年大蓝山山脉（自然遗产）
15. 2003 年普尔努卢卢国家公园（自然遗产）
16. 2004 年皇家展览馆和卡尔顿园林（文化遗产）
17. 2007 年悉尼歌剧院（文化遗产）
18. 2010 年澳大利亚监狱遗址（文化遗产）
19. 2011 年宁格罗海岸（文化遗产）

■ 有关世界遗产的详细信息
🌐 whc.unesco.org（英语）

澳大利亚的
世界自然遗产

澳大利亚保留着很多世界上十分珍贵的自然遗产。因此截至 2017 年 6 月，澳大利亚共拥有 4 个文化与自然双重遗产、12 个世界自然遗产以及 3 个世界文化遗产。其中双重遗产和自然遗产作为观光地也是澳大利亚的热门景点。下面就介绍一下 14 个双重·自然遗产，方便游客参观游览。

❷ 大堡礁
Great Barrier Reef

澳大利亚东海岸北部，绵延约 2000 公里的大珊瑚礁地带便是大堡礁（实际上是由约 250 个珊瑚礁连接而成）。面积达 35 万平方公里，栖息着 350 种珊瑚和 1500 余种鱼类。

对于喜爱大海的人来说大堡礁简直就是天堂。潜水和浮潜的地点数不胜数，另外作为拖钓旗鱼的垂钓点也是世界知名的。大堡礁一带有 600 余座岛屿，其中几座已经被开发成了度假型岛屿。凯恩斯是前往大堡礁北部的起点城市。此外还有适合度假旅行的海曼岛、圣灵群岛的汉密尔顿岛，世界潜水爱好者憧憬的赫伦岛、坎普里科恩—邦克群岛的埃里奥特夫人岛等，都分布着面向游客的设施。

绵延不绝的珊瑚礁一角还有一个心形礁

❽ 昆士兰温热带雨林
Wet Tropics of Queensland

详细 →P58~114

昆士兰温热带雨林以凯恩斯为中心，从南部的汤斯维尔到北部的库克敦之间零散地分布着包括 11 个国家公园在内的 9000 平方公里的热带雨林。这里从冈瓦纳大陆开始延续至今，是世界上最古老的森林，起源最早可追溯到一亿几千万年前。这里是珍稀动植物的宝库，其中有许多物种已经濒临灭绝。有许多从凯恩斯出发的半日游／一日游。其中最受欢迎的是乘坐世界第二长的循环式缆车俯瞰下方的热带雨林。

温热带雨林中的一大看点——窗状无花果树

※ 名称前的序号是按照登记年份排序的，并标记在了本页的小地图上

⑩ 弗雷泽岛
Fraser Island
详细→P133~136

弗雷泽岛中央具有梦幻般美景的麦肯奇湖

　　弗雷泽岛位于凯恩斯州南部，全长122公里，最宽可达20公里，总面积1620平方公里，是世界上最大的沙岛。大陆东岸的暴雨使沙子流入海洋中，在信风和海流的作用下又集中在这里（如今还在以每年几毫米的速度移动）。所到之处全是沙丘，经过长年累月的变化还形成了亚热带雨林。

　　从赫维湾等地出发到这里可以当天往返，但如果想充分领略这座岛屿的魅力，建议在这里住上一宿。弗雷泽岛上有一些住宿设施，其中包括澳大利亚最具代表性的生态度假地——翠鸟湾度假酒店，有各种从酒店出发的游览线路。另外，8～10月弗雷泽岛海域的赫维湾会成为座头鲸的栖息地，还可以观赏鲸鱼，乐趣多多。

⑥ 澳大利亚冈瓦纳雨林地区
Gondwana Rainforest of Australia
详细→P158~189、263～268

格林山一带有很多完善的徒步旅行线路

　　包括从新南威尔士州东部至昆士兰州东南部的50个国家公园和自然保护区，总面积达366455平方公里。在新南威尔士州东北岸的城市以及黄金海岸有许多旅游团来这里游览。其中比较方便游客参观的是黄金海岸近郊的拉明顿国家公园。在格林山和宾纳巴两个地方都设有观光设施。其中格林山更受欢迎。游客可以在树顶漫步，给野鸟喂食，为游客准备了许多条徒步线路。还设有旅馆，夜晚跟随导游徒步游览的话，还有可能看到负鼠、袋鼠等夜行性动物的生活状态。

⑭ 大蓝山山脉
Greater Blue Mountains Area
详细→P229~234

蓝山的象征——三姐妹峰

　　大蓝山山脉位于距悉尼以西约100公里处，开车需1小时左右，是一片海拔在1500米左右的连绵山脉的总称。这里有茂盛的桉树林，由于桉树所含的油脂挥发，使得这一带看上去像是覆盖着蓝色滤镜，蓝山也因此而得名。这一地区生长的桉树约有90种，占全世界总量的13%，还栖息着许多野生动物。另外，这里的地形变化丰富，有壮观的大峡谷、瀑布和洞穴等很多景点。从悉尼出发的一日游很受欢迎，在蓝山设有可以俯瞰壮丽峡谷的空中缆车，还有世界倾斜角度最大的观光火车等设施。徒步线路规划完善，非常适合徒步游览。

⑤ 豪勋爵群岛
Lord Howe Island Group
详细→P271~272

豪勋爵群岛的象征——高尔山和居柏德山

　　豪勋爵群岛是由大约700万年前隆起的海底火山喷发而形成的。该群岛由大大小小28个岛屿组成，存在着241种植物，其中113种是此地特有的品种；还可以观赏到包括候鸟在内的130余种鸟类，拥有着珍贵的生态体系。另外，这里的沿岸处是世界最南端的珊瑚礁，范围宽广，在珊瑚海的暖流和塔斯曼海的寒流交汇的海域中，有热带鱼、洄游鱼等500种鱼类和90种珊瑚。在这里可以进行潜水、垂钓、观鸟等活动，是热爱自然的人们的乐园。

❸ 威兰德拉湖区
Willandra Lakes Region

详细→P352

威兰德拉湖区是古老的湖泊遗址，位于澳大利亚内陆地区。这是从更新世时期开始，经由 200 万年以上形成的一系列湖泊，如今已经干涸的湖底有一处因为风化，远观很像是万里长城。并且还有 4 万年前的人骨化石和沙丘，还有约 2.6 万年前世界最古老的女性火葬化石等，可以了解一些古人过去的生活样貌。作为观光地仍有待开发，游客一般都会选择在维多利亚州的米尔迪拉参加旅游团前来此地。

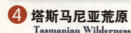
威兰德拉湖区奇观

❹ 塔斯马尼亚荒原
Tasmanian Wilderness

详细→P354~399

塔斯马尼亚是漂浮在澳大利亚南部的岛屿。这座岛至今还保留着许多太古时期的自然景观。由于冰川而形成的险峻山脉、河谷、湖泊以及覆盖大陆的冷温带雨林……尤其是这里的冷温带雨林，生长着澳大利亚和南极特有的植被，杉树以及羊齿类植物形成了茂密的森林。岛中央的摇篮山/圣克莱伊湖国家公园是世界遗产观光的中心。从霍巴特、朗塞斯顿均有旅游团出发前往这里。有些旅游团在冬季的 6～8 月可能不发团。

从达布湖遥望雷德尔山

⓫ 澳大利亚哺乳动物化石产地（里弗斯利/纳拉库特）
Australian Fossil Mammal Sites (Riversleigh / Naracoorte)

详细→P191~192、438~439

在瑞沃斯莱（昆士兰州）和纳拉阔特（南澳大利亚州）发现了很多重要的哺乳类化石，这对于揭开澳大利亚大陆的历史有着极其重要的作用。尤其是纳拉阔特，从阿德莱德驱车到这里仅需 4 小时左右的时间，位于维多利亚州的州境附近，是一个便于观光的场所。纳拉阔特的世界遗产地区位于城外，被称作纳拉阔特洞窟群，其中心是维多利亚洞窟，这里挖掘出了袋狮的完整骨骼化石、巨大的袋鼠骨骼化石以及考拉和袋熊的祖先双门齿兽的化石等。每天都有导游带领游客参观以维多利亚洞窟为主的纳拉阔特洞窟群。

维多利亚洞窟内展示的袋狮化石复制品

❼ 乌卢鲁—卡塔楚塔国家公园
Uluru-Kata Tjuta National Park

详细→P450~462

在大陆中央突兀地耸立着一块巨大的岩石，这便是艾尔斯岩石（原住民语中的乌卢鲁，意为背阴的场所）。这块巨石因作为澳大利亚的象征而广为人知，在它西侧约 45 公里的地方由 36 块岩石组成的奥尔加岩山（原住民语中 Kata Tjuta 意为许多脑袋）一带，不仅拥有宝贵的自然资源，同时还是原住民的圣地，也被列为了文化与自然双重遗产。如今这里对于原住民来讲仍是一个非常重要的地方，因此游客只能停留在距离艾尔斯岩石约 30 公里的度假地，可以跟随旅游团或自驾进行参观。据说这块岩石的表面，在阳光的照射下，一天会呈现出 7 种不同的颜色，其中最好看的当数早上的淡粉色和傍晚时分的深红色。

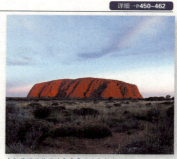
夕阳西下时壮观的乌卢鲁（艾尔斯岩石）

❶ 卡卡杜国家公园
Kakadu National Park

详细→P476~480

诺兰吉岩上保留着原住民的壁画

卡卡杜国家公园位于北部地区的最北端，占地面积约 2 万平方公里。这里有红树林、大湿地、热带雨林、草原以及断崖绝壁 5 种风格迥异的自然景观；可以观赏到湾鳄、澳大利亚淡水鳄、水牛、袋鼠等许多动物；还有黑颈鹳、冠水雉、澳大利亚鹤等很多珍贵的鸟类。

这个地区曾是原住民生活的地方。在诺兰吉岩和尤比尔岩上还保留着许多以狩猎和采集为生的原住民描绘的独特壁画。从达尔文出发，有 1～3 天的旅游团到这里游览。但是在 11 月～次年 4 月雨季期间，一部分的道路会被水淹没，因此一些景点可能无法参观。

❾ 沙克湾
Shark Bay

详细→P551~552

沙克湾位于珀斯以北约 800 公里处，这里有着可以揭开地球生命起源的世界上最大的叠层岩群生地。叠层岩是由蓝藻等微生物将海中的沙粒聚集而形成的。人们认为在叠层岩形成的过程中，向大气中提供了氧气，这对陆地生物的进化起着至关重要的作用。

沙克湾同时也是海洋生物的宝库。这里是世界最大的儒艮栖息地，儒艮数量共有 1 万头左右，8～10 月座头鲸也会造访此地。另外，在沙克湾上突出的半岛一角的芒基米亚，还可以喂食野生的海豚。

不断向大气输送氧气的叠层岩

❶❾ 宁格罗海岸
Ningaroo Coast

详细→P553~559

位于西澳大利亚州中北部的一座岛屿。岛西侧的开普山脉国家公园和南北全长约 260 公里的巨大珊瑚群——宁格罗珊瑚礁被一同指定为世界遗产。尤其是宁格罗珊瑚礁，生长着超过 200 种珊瑚，并有 300 多种鱼类生活在此，是一片十分珍贵的海域。每年 3 月中旬～7 月上旬世界最大的鱼类鲸鲨会洄游至此，还可以同它们一起游泳。并且全年都可以和蝠鲼一起游泳。这是世界上潜水和浮潜爱好者都十分向往的地方。

这是世界少有的可以在固定季节和世界上最大的鱼类鲸鲨一起游泳的珍稀海域

❶❺ 普尔努卢卢国家公园
Purnululu National Park

详细→P563

普尔努卢卢国家公园最吸引人的便是邦格尔邦格尔的奇石山脉

普尔努卢卢国家公园位于西澳大利亚州北部的金伯利地区，是澳大利亚秘境中的秘境。其中心邦格尔邦格尔山脉，是 3.5 亿年前堆积的砂岩隆起后，经过长时间风雨的侵蚀而逐渐形成的奇特山脉。虽然如今已被列为世界自然遗产，但因为这一带还有许多地方保留着原住民的文化，因此也在积极准备申请双重遗产。一般会选择从布鲁姆或库努纳拉出发的旅游团前往普尔努卢卢国家公园（雨季时会停止发团）。

澳大利亚的 星空
IIIIIIIIIIII Stars in Southern Hemisphere

南半球的星座

难得来到南半球，一定不要错过在北半球看不到的星座。澳大利亚的空气澄澈，稍稍抬头便能看到美丽的星空，用肉眼就能看清银河。如果远离都市的话，会因为星星太多而难以分辨星座。

在南半球，恒星是围绕南天极做周日运动的，因此与在中国所看到的星体形状不同，季节和时间也是相反的。由于季节也是相反的，以人马座为例，在中国只有夏夜南部的低空才能看到，而在南半球则是冬季的高空才能看到。

如何寻找南十字星

首先一定要看的当数南十字星了。与北半球的北极星不同，南十字星并非在正南的位置上，由于它偏离南天极很远，位于南侧天空，找起来相当困难。起到指引作用的是半人马座中的alpha（α）星和beta（β）星这两颗一等星。这两颗星星间隔距离2倍的远处，便是南十字星。而在南十字星和α星、β星之间的是天文爱好者通过肉眼就可以看到著名的散光星团——船底座星云（因为颜色发红，很好辨别）。也可以用它作为标记。

通过南十字星找到南天极就简单多了。将南十字星中一竖一直向下划下去，直到约四倍于这一竖长度的一点，便是南天极了。另外十字的正中央有一颗5等星。需要很好的视力，才能用肉眼观察到。

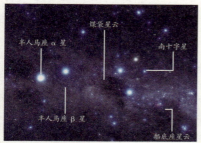

银河中左端耀眼的两颗星是半人马座的α星和β星，其右侧是南十字星。南十字星左侧的黑色部分是煤袋星云。南十字星右侧的红色星团是船底座星云。

星座照片提供：星空写真馆

在寻找南十字星时，还有一个伪十字星，属于船帆座和船底座，跟南十字星相比更大，很容易弄错。还是要以半人马座的α星和β星作为标记。十字的左侧有两颗一等星才是真正的南十字星。另外南十字星的旁边是叫作煤袋星云的暗星云，这部分是一片漆黑。银河中只有这一部分是完全漆黑的，所以也可以当作是一处标记。在出发前提前看一看南十字星的照片，并记住它的形状，这也是可以快速找到南十字星的一个窍门。另外，在没有月光的新月时期，是最适合观测星空的。满月的时候整晚都能看到月亮；半月中上弦月的时候，月亮上半夜出来，而下弦月的时候，月亮下半夜出来。半月出现在新月和满月的7～8天后。

南十字星介绍

中文的正式说法是南十字座。1627年法国的天文学家Augustin Royer首次将南十字座设定为星座。是全天88个星座中最小的星座，由4颗星组成，其中2颗二等星，1颗一等星和一颗三等星，非常明亮。在银河中漆黑、星星少的部分有煤袋星云和珠宝盒星团（NGC4755）。原住民将南十字星比作"红鲟鱼"、煤袋星云比作"鸸鹋孵蛋的姿势"、半人马座的α星和β星比作"鲨鱼"。

星云——大小麦哲伦云

在郊外仰望美丽的夜空时，可以看到两块大小不一的云团飘浮在空中，这边是南半球的奇观——大麦哲伦云和小麦哲伦云。它们实际上是银河系的两个伴星系（类似地球和月亮的关系），相距分别为15万光年和17万光年。因为是航海家麦哲伦环球航行时首次对它们做了精确的描述，所以便以他的名字命名了。

看懂南半球星座图

下面的这张星座图，展示的是南半球南侧的星空。内侧圆圈中是南纬35°附近（悉尼附近），全年都在地平线以上的星空部分。

外围标示的春夏秋冬，是在南半球这个季节（与中国相反）夜晚看到的星空。

例如，秋季（中国的春季）时仰望星空，把秋字放在下方，面向南方站立，可以一边对

卿筒座
半人马座
豺狼座
南十字座
船帆座
γ δ
矩尺座
β
圆规座
煤袋星云 α
伪十字星
苍蝇座
船底座
船尾座
天蝎座
南三角座
变色龙座
飞鱼座
老人星
天坛座
天燕座
山案座
望远镜座
南极座
南天极
大麦哲伦云
绘架座
南冕座
剑鱼座
天鸽座
人马座
孔雀座
水蛇座
网罟座
雕具座
小麦哲伦云
显微镜座
杜鹃座
时钟座
印第安座
水委
波江座
南鱼座
天鹤座
凤凰座
天炉座
玉夫座

夏12月～次年2月

秋3～5月

照星座图，一边进行实际观测。此时，在内侧圆圈的下方画一条线，可以当作南部的地平线。线以下的部分就是地平线下方，看不到这下面的星座。而圆圈上侧附近的星座，需要与南地平线呈70°角才能观测到。因为头顶正上方就是90°，所以70°给人感觉就几乎是在头顶上了。

从再现的秋夜星空图中，可以看到南十字座、半人马座和银河几乎都在头顶的正上方，而大、小麦哲伦云则在相对较低的位置，在地平线附近则可以看到波江座的水委一。相反，

如果是在春夜，在地平线附近可以看到南十字座，大、小麦哲伦云则跑到了高空中。

星座都是做周日运动的，以南天极为中心，以每小时15°的速度顺时针旋转。因此傍晚看不到的夜晚，随着时间推移也会慢慢看到，只需要稍微转一下书就能看懂了。

并且这张图中，圆圈越大，其所表示的星越亮。小型的暗星云、银河和大、小麦哲伦云等，在城市有霓虹灯或街灯照明的情况下，都有可能看不到。

大麦哲伦云

小麦哲伦云

澳大利亚的 热门体育运动
Popular Sports of Australia

澳大利亚是一个体育十分盛行的国家。人们除了做自己喜欢的运动，也非常热爱观看体育赛事。下面介绍一下澳大利亚几个热门的体育项目。

■体育赛事的门票
大部分赛事的门票都可以在票务公司 Ticketek 买到。如果有信用卡的话，可以通过网站预约和购买，一部分门票是通过邮箱来发送电子门票的。
● Ticketek 🖳 premier.ticketek.com.au

■ 网球 ATP Australian Open & Other Tournaments

　　每年 1 月份，赛季最初的世界四大满贯赛事之一都会在澳大利亚举办。澳网拥有着百年历史，举办场地是墨尔本市内的墨尔本公园，主要球场有罗德·拉沃尔球场（中心球场，可容纳 1.5 万人）、玛格丽特·考特球场（可容纳 7500 人）和海信球场（可容纳 9600 人）这 3 个拥有可伸缩式屋顶的室内球场，另外还有 2 个表演球场以及 20 个室外球场。重要赛事在国内的 CCTV5 等频道也都会有直播。世界网球好手齐聚一堂，令人紧张兴奋。每年这个时候，从全球各地约有 68 万人会去了观看澳网而前往墨尔本。

　　作为大满贯赛事之一的举办地，澳大利亚本身也是世界网球的强国。20 世纪 60 年代，两次在一年中拿到全满贯（该纪录至今仍未被打破）的罗德·拉沃尔；获得过 12 次大满贯冠军、夺冠次数排名第四位的罗伊·爱默生；2016 年在澳网期间退役、前世界排名第一的莱顿·休伊特等，澳大利亚的网球选手人才辈出。

　　除了澳网之外，作为拉开新赛季序幕的澳网的前哨站，1 月上旬～中旬也将在各地举办。布里斯班国际赛（举办地是昆士兰网球中心/男子赛事级别：ATP 世界巡回赛 250 赛、女子赛事级别：WTA 顶级巡回赛）、澳网赛前举行的悉尼国际赛

罗德·拉沃尔球场举行的澳网决赛

（举办地是悉尼奥林匹克公园/男子赛事级别：ATP 世界巡回赛 250 赛、女子赛事级别：WTA 顶级巡回赛），顶尖选手会以热身、调整为目的的参加。相比澳网更容易买到球票，观赛氛围也相对轻松。

● 网球·澳大利亚（联盟）
🖳 www.tennis.com.au
● 澳大利亚网球公开赛
🖳 www.australianopen.com

■ 澳式橄榄球 AFL

　　澳式橄榄球（又称为澳式足球）源自澳大利亚，是澳大利亚独有的运动项目。19 世纪 50 年代在维多利亚州，为了让球员运动员在冬季也能保持良好的身体状况而创立的一项运动（诸多说法中的一种）。如今也是以维多利亚州为中心在举行的比赛。

　　比赛在板球场或差不多大小的草地球场上进行，18 位队员能够参与比赛，每场比赛分为四小节，每节为 25 分钟。球场两端各立着 4 根球杆，球进了两根杆之间可以得分。澳式橄榄

澳式橄榄球中经常可以看到激烈的身体对抗

● AFL 🖳 www.afl.com.au

AFL 参赛队伍	
VIC	北墨尔本袋鼠队
	墨尔本恶魔队
	里士满老虎队
	科林伍德喜鹊队
	艾森顿轰炸机队
	圣基尔达圣徒队
	西部牛头犬队
	霍桑雄鹰队
	吉朗猫队
SA	阿德莱德港乌鸦队
	阿德莱德港强力队
	西海岸鹰队
WA	弗里曼特码头工队
	悉尼天鹅队
NSW	西悉尼巨人队
	布里斯班雄狮队
QLD	黄金海岸太阳队

※P.51~P.52 有澳大利亚网球公开赛的专辑介绍

球有两种传球方式，脚踢球和拳击球。持球选手的跑动距离不能超过 15 米，并且如果持球选手被对方拦截抢断，球权就转到了对方，所以要尽早传球。

澳式橄榄球 AFL 目前全国共有 18 支球队。每年 3 月下半旬～8 月下半旬，每周末都有联赛赛事。9 月中旬开始，排名前 6 的球队之间会展开最后的系列赛。2017 年的最终冠军是里士满老虎队。

▦ 橄榄球联盟 NRL

新西兰、巴布亚新几内亚共同举办了第 15 届世界杯。

澳式橄榄球以维多利亚州为中心，而英式橄榄球则主要盛行于新南威尔士州和昆士兰州。19 世纪 90 年代，英国橄榄球联合会的球员因不满协会对受伤球员的补偿，单独创立了这项职业赛事。如今在欧洲各地、大洋洲以及南非等地也十分盛行。

与英国橄榄球联合会的规则不同，每队上场人数为 13 人。攻击方在不被阻截的情况下，可以连续进攻 5 次，利用这 5 次机会去触地得分。在被擒抱等导致比赛暂停为止，记为一次进攻。这种快节奏的比赛有着很高的人气。

NRL 联盟中以新南威尔士州为主，共有 16 支球队（其中一支是新西兰的球队）。比赛时间是 3 月下旬～9 月上旬的每周末，排名前 6 的球队可以进入决赛阶段，争夺最后的冠军，比赛时间是 9 月下旬的周末。

放眼全世界，澳大利亚也是属于橄榄球强国，代表队袋鼠队在 5 年一次的世界杯上，夺得了过去 14 届比赛中的 10 次冠军，实力可见一斑。2017 年 10 月 26 日～12 月 2 日澳大利亚、

| ● NRL | URL www.nrl.com |
| ● 橄榄球国际联盟 | URL www.rlif.com |

NRL 参加队伍	
NSW	悉尼公鸡队
	坎特伯雷－班克斯敦斗牛犬队
	圣乔治伊拉瓦拉屠龙者队
	曼利－华令加海雕队
	西悉尼老虎队
	帕拉马塔鳗鱼队
	彭里斯黑豹队
	克罗纳拉－萨瑟兰鲨鱼队
	南悉尼兔子队
	纽卡斯尔骑士队
ACT	Canberra Raiders 队
QLD	Brisbane Broncos 队
	北昆士兰牛仔队
	黄金海岸泰坦队
VIC	墨尔本暴风队
NZ	新西兰勇士队

▦ 超级橄榄球联赛 & 橄榄球冠军锦标赛 Super Rugby & The Rugby Championship

澳大利亚袋鼠队是世界上最强的球队之一，在过去 7 次世界杯中曾两次获得冠军。

超级橄榄球联赛是世界最顶尖的职业联赛。原本是由澳大利亚、新西兰、南非派出职业球队参赛。每年 2 月中旬～7 月上旬的周末进行常规赛（各个地区规则有所不同），7 月中旬常规赛排名前 6 的队伍进入最终的系列赛（锦标赛）。而从 2018 年开始计划采取新的规则，将 2017 年属于南非一区的太阳狼队分到澳大利亚区（为保证澳大利亚区有 5 支球队，将减少一支来自澳大利亚国内的球队）。

另外，在 8～10 月，澳大利亚、新西兰、南非、阿根廷四个国家会派出代表队参加橄榄球冠军锦标赛（四国对抗），此项赛事为主客场赛制，备受橄榄球球迷瞩目。澳大利亚袋鼠队和新西兰全黑队的对决尤其引人关注。

| ● 澳大利亚·橄榄球协会 | URL www.aru.com.au |
| ● 超级橄榄球联赛 | URL www.sanzarugby.com/superrugby |

2017 年超级橄榄球联赛的澳大利亚参赛队伍	
NSW	新南威尔士帝王花队
ACT	ACT 野马队
QLD	昆士兰红队
VIC	墨尔本叛军队
WA	西部力量队

足球 A League

身着红黑上衣的是西悉尼流浪者队

在橄榄球大国澳大利亚，足球的人气如今也是越来越高，将来很有可能成为澳大利亚最受欢迎的运动。

2015 年的亚洲杯，最终获得冠军的便是东道主澳大利亚。澳大利亚国家男足实力不俗，给国内球迷也留下了很深刻的印象。

澳大利亚足球职业联赛称作 A 联赛，国内俗称澳超。A 联赛会在每年 10 月 ~ 次年 3 月之间的周末举行常规赛，联赛现时共有 10 支球队，来自澳大利亚和新西兰的不同地区，常规赛为循环积分赛，为三循环赛制，4 ~ 5 月常规赛结束后排名靠前的 6 支队伍晋级季后赛。目前参加亚洲冠军联赛的名额为 2+1，联赛冠军和季后赛冠军（如果为同一支球队则改为亚军球队）将获得一个直接晋级正赛的名额。足总杯冠军将优先获得一个预选赛名额，随后是常规赛亚军。

- A 联赛 URL www.a-league.com.au
- 澳大利亚足球协会 URL www.footballaustralia.com.au

A 联赛参赛队伍

NSW	悉尼 FC 队
	西悉尼流浪者队
	中央海岸水手队
	纽卡斯尔喷气机队
QLD	布里斯班狮吼队
VIC	墨尔本胜利队
	墨尔本城队
SA	阿德莱德联队
WA	珀斯光荣队
NZ	惠灵顿凤凰队

板球 Cricket

板球被称作棒球的原型，起源于英国，是英联邦各国的国球（全世界参与板球运动的人数仅次于足球）。作为夏季运动在澳大利亚具有极高的人气。澳大利亚板球国家队一直是板球运动的霸主。在 4 年一届的板球世界杯上共获得过 5 届冠军，次数最多。尤其是在 2015 年 2 ~ 3 月，作为东道主的澳大利亚在决赛中击败了宿敌新西兰。

板球比赛时间长短不一，传统上需要 3 ~ 4 天（顶级板球赛事），也有缩短了时间的单日比赛。澳大利亚国内从 1982 年开始，持续举办了谢菲尔德盾洲际大赛（顶级板球赛事：10 月 ~ 次年 3 月），此项赛事人气颇高。

假日中有很多孩子参与到板球运动中

- 澳大利亚板球协会 web www.cricket.com.au

冲浪 World Surf League (WSL)

澳大利亚是世界知名的冲浪大国。澳大利亚的冲浪选手可以说是人才济济，有 2007、2009、2013 年男子冠军米克・范宁，2012 年男子世界冠军朱尔・帕金森，2007 ~ 2010 年连续 4 年以及 2012、2014 年女子世界冠军斯蒂芬妮・吉尔莫，还有曾获 7 次世界冠军的（已退役）女子冲浪选手莱恩・比齐利等。

澳大利亚举办的冲浪大赛非常之多，其中不可错过的当数世界顶尖选手齐聚一堂的世界冲浪联赛（WSL）。每年作为揭幕战的 Quiksilver Pro（男子）/ ROXY Pro（女子）都将在昆士兰州的黄金海岸上演；而第二站比赛 Drug AwarePro（男子・女子）会在西澳大利亚州的玛格丽特河举办；第三站比赛 RIP CURL Pro（男子・女子）则是在维多利亚州的贝尔斯海滩进行。

- 世界职业冲浪协会 ASP URL www.worldsurfleague.com

高尔夫 Golf

往年著名的高尔夫球手格雷格・诺曼、格翰・马殊，以及最近女子高尔夫的凯里・韦伯等，有许多来自澳大利亚的高尔夫选手活跃在世界高尔夫舞台上。重要赛事有 2 月初举办的女子国际锦标赛、RACV 女子大师赛（黄金海岸）以及 11 ~ 12 月举行的男子 Emirates 澳大利亚公开赛（悉尼），等等。

RACV 女子大师赛的比赛场地是在皇家松林度假村的高尔夫球场

- 高尔夫・澳大利亚 URL www.golf.org.au

赛车运动 F1 Australian Grand Prix & Others

在澳大利亚赛车也十分流行。尤其在 3 月份，F1 大奖赛的揭幕战澳大利亚大奖赛会在墨尔本举行，揭幕战可检测各个车队季前的准备情况，备受世界车迷的关注。另外，10 月份在黄金海岸还将举行 V8 超级房车黄金海岸 600 赛事。另外，10 月在维多利亚州的菲利普岛还会举行世界超级摩托车锦标赛和 GP 澳大利亚摩托车大奖赛，同样具有很高的关注度。

- F1 澳大利亚大奖赛 URL www.grandprix.com.au
- 超级房车黄金海岸 600 赛事 URL www.v8supercars.com.au/gold-coast
- GP 澳大利亚摩托车大奖赛 URL www.motogp.com.au

在墨尔本阿尔伯特公园赛道举办的 F1 大奖赛

聚集来自世界各地的网球迷
澳大利亚网球公开赛
australian open

每年 1 月中旬～下旬，持续 2 周的澳大利亚网球公开赛都将在墨尔本举行。澳网是国际网球大赛（ATP/WTA）的巅峰、四大满贯赛事之一，每年约有 70 万人为了观看这项盛大赛事而聚集于此。澳网拥有百年历史，可以看到德约科维奇、穆雷、费德勒、纳达尔等世界顶尖选手的比赛，在国际赛场中为自己喜爱的选手加油助威吧！

世界顶尖的拥有可伸缩式屋顶的球场——罗德·拉沃尔球场

澳网赛事举办地
墨尔本公园

在盛夏时举办的澳大利亚网球公开赛。从市中心的联邦广场到大赛会场墨尔本公园充满了节日的气氛，有比赛区、美食区以及公共观赛区等区域。

在墨尔本公园内，主要球场有中心球场罗德·拉沃尔球场（中心球场，可容纳 1.5 万人）、玛格丽特·考特球场（可容纳 7500 人）和海信球场（可容纳 9600 人），这 3 个球场均为拥有可伸缩式屋顶的室内球场，还有 2 个室外表演球场，这两个球场四周也都设有座位，另外，还有 20 个只设有很少座位的室外球场（一部分室外球场也作为选手练习使用）。此外还有公共观赛区、餐馆、官方商店等各种设施，在会场内待上一整天也不会感到无聊。大赛期间，墨尔本中心地区弗林德斯大街～澳网会

场之间有专门的免费有轨电车（Route 70a）。沿雅拉河步行 10 ~ 15 分钟也可以轻松到达。

会场内的注意事项

首先严禁带入会场内的物品有：电脑、摄像机、镜头超过 200 毫米的望远镜、单脚架和三脚架以及酒和瓶子等玻璃制品。可以使用手机和小于 200 毫米的镜头拍照、摄像。会场内有官方赞助提供酒精类饮品，可以正常购买。

只有在比赛前和交换场地时才能出入比赛场馆。去洗手间或购买食物、饮品等需要中途离席的情况下，除指定座位的球场外，都会在门口领到一张卡片，保证你在 30 分钟以内可以回到座位。如果是在即将满座的球场中的话，没有携带卡片则必须要排队等待进入。

大赛时间表和球票

大赛持续时间为两周，共有 128 名选手参加男女单打，另外还有双打比赛进行。分组情况会在比赛开始前 3 ~ 4 天公布，比赛分为上下半区，上半区比赛在第一天进行，第二天进行下半区的比赛。上午的比赛从 11:00 开始，每个球场最多 3 场比赛，晚间的比赛从 19:00 或 19:30 开始，共有 2 场。

球票方面，海信球场内的非指定座位或室外球场可以使用 1 日通票，另外还有罗德·拉沃尔球场、

使用外场场地票可以观看 2 号表演球场的比赛。许多种子选手的比赛也将会在这里举行

玛格丽特·考特球场和海信球场的指定座位球票（早间比赛或者晚间比赛/海信球场部分早晚场）。另外进入第二周后，大部分室外球场的比赛均为青年组大满贯赛事。

会场内有许多临时展台，感觉就像是一场节日盛会

何时可以买到球票?

澳网的球票从前一年10月开始由澳大利亚的票务公司Ticketek发售。如果是狂热的网球迷，一定要尽早购买球票，因为八强~决赛的比赛门票在澳网正式开始前就会基本售罄。

但如果只是想观看自己所支持、喜爱的球员比赛的话，购买球票时就很难做出决断，因为哪位选手的比赛会在哪个球场进行，通常都是在比赛前一天晚上才公布出来的。大部分情况下，1、2号种子选手的比赛都会在罗德·拉沃尔球场、3~8号种子选手的比赛也都在3个主球场进行，9~32位选手的比赛则有可能是在玛格丽特·考特球场、海信球场和2个表演球场中的一个进行。首回合~第四回合的比赛球票，包括各个主球场在内，基本不会提前售罄。因此在第四回合之前，观看前一天晚上公布了自己关注的选手比赛日程和球场后，立即购买球票是一个不错的选择。当然如果当天还有空位的话，也有可能买到主球场的球票，可以将通票进行升级。但是前一天或当天购买也都存在着售罄的风险。可以通过网上购票，或者在联邦广场和墨尔本公园内的售票点购买球票。

正在观看比赛的观众

澳网上表现活跃的网球选手

澳大利亚网球公开赛　参考球票价格
Ticketek 澳大利亚网球公开赛 ticketek.com.au/australianopen

罗德·拉沃尔球场			
	1档	2档	3档
首回合（第一周的周一·周二） 早间比赛	$204	$107	$87
晚间比赛	$214	$117	$92
第二回合（第一周的周三·周四） 早间比赛	$214	$117	$92
晚间比赛	$229	$128	$102
第三回合第一比赛日（第一周的周五） 早间比赛	$250	$148	$122
晚间比赛	$280	$163	$128
第三回合第二比赛日（第一周的周六） 早间比赛	$301	$184	$138
晚间比赛	$301	$184	$138
第四回合第一比赛日（第一周的周日） 早间比赛	$290	$184	$148
晚间比赛	$290	$184	$148
第四回合第二比赛日（第二周的周一） 早间比赛	$240	$153	$122
晚间比赛	$275	$178	$143
8强（第二周的周二·周三） 早间比赛	$296	$184	$133
晚间比赛	$341	$214	$173
半决赛第一比赛日（第二周的周四） 早间比赛	$306	$184	$133
半决赛第二比赛日（第二周的周五） 晚间比赛	$448	$306	$255
	黄昏时段	$448	$306	$255
决赛第一比赛日（第二周的周六） 黄昏时段	$407	$275	$209
决赛第二比赛日（第二周的周日） 黄昏时段	$662	$469	$413

玛格丽特·考特球场			
	1档	2档	3档
首回合·第二回合（第一周的周一~周三） 早间比赛	$97	$82	$66
晚间比赛	$72	$61	$51
第三回合（第一周的周五·周六） 早间比赛	$102	$87	$72
晚间比赛	$87	$77	$66
第四回合第一比赛日（第一周的周日） 晚间比赛	$102	$87	$72
第四回合第二比赛日（第二周的周一）	$87	$77	$66

海信球场（指定座位）	
首回合·第二回合（第一周的周一~周三）	$97
第三回合（第一周的周五·周六）	$102
第四回合第一比赛日（第一周的周日）	$87
第四回合第二比赛日（第二周的周一）	$72

通票	
第一周的周一~周五	$45
第一周的周六日	$60
第二周的周一~周三	$45
第二周的周四~周日	$30

※ 随着时间推移，价格可能会发生改变
※ 澳网比赛期间购买球票的话，各个室内球场的指定座位会追加 $10，通票追加 $5
※ 也有多日通票出售
※ 罗德·拉沃尔球场和玛格丽特·考特球场设有儿童票价

Field of Light
Uluru (Ayers Rock), Northern Territory
This Event will be held until 31 March 2018

澳大利亚
地区指南

昆士兰州

洒满阳光的澳大利亚旅游中心地

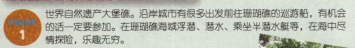

观光 POINT

POINT 1
世界自然遗产大堡礁。沿岸城市有很多出发前往珊瑚礁的巡游船，有机会的话一定要参加。在珊瑚礁海域浮潜、潜水、乘坐半潜水艇等，在海中尽情探险，乐趣无穷。

POINT 2
北部地区凯恩斯周边的热带雨林和南部地区黄金海岸周边的亚热带雨林都是世界自然遗产。这里有很多可以参观古老森林的旅游团，一定不要错过哦。当然，在这里还有可能看到各种夜行性动物。

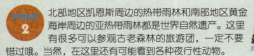
凯恩斯近郊的世界遗产

POINT 3
昆士兰州的另外一个特点就是在很多动物园都可以抱考拉。其中位于布里斯班郊外的龙柏考拉动物园拥有 130 多只考拉，居世界之最，同时历史也十分悠久。

基本信息			
面积	173.062 万平方公里	州兽	考拉
人口	约 482 万	州花	库克城兰花
首府	布里斯班（人口约 230 万）	电话	长途电话区号 07
时差	澳大利亚东部标准时间（比中国早 2 小时）。不实行夏令时。		

主要的节日（2018 年 7 月～2019 年 6 月）

●●● **2018 年** ●●●

7 月	凯恩斯表演节 Cairns Show Day （仅凯恩斯地区）
8 月	昆士兰皇家表演节 Royal Queensland Show Day （仅布里斯班地区）
9 月	黄金海岸表演节 Gold Coast Show Day （仅黄金海岸地区）
10 月 1 日	女王日 Queen's Birthday
12 月 25 日	圣诞节 Christmas Day
12 月 26 日	节礼日 Boxing Day

●●● **2019 年** ●●●

1 月 1 日	新年 New Year's Day
1 月 26 日	澳大利亚国庆节 Australia Day
4 月 12 日	耶稣受难日 Good Friday
4 月 20 日	复活节前夜 Easter Saturday
4 月 22 日	复活节周一 Easter Monday
4 月 25 日	澳新军团日 Anzac Day
5 月 6 日	劳动节 Labour Day

昆士兰州主要观光地的平均气温·降水量

	1月	2月	3月	4月	5月	6月	7月	8月	9月	10月	11月	12月
凯恩斯												
平均最高气温（℃）	31.5	31.2	30.6	29.2	27.6	26.0	25.7	26.6	28.1	29.6	30.7	31.4
平均最低气温（℃）	23.7	23.8	23.1	21.6	19.9	17.9	17.1	17.4	18.7	20.6	22.3	23.4
平均降水量（mm）	391.8	451.8	421.7	197.4	91.4	45.6	29.2	26.7	33.4	46.0	93.7	175.9
汉密尔顿岛（圣灵群岛）												
平均最高气温（℃）	30.4	30.1	28.8	27.1	24.8	22.4	21.9	22.9	25.4	27.6	29.1	30.0
平均最低气温（℃）	24.9	24.9	24.0	22.6	20.8	18.4	17.6	18.1	19.8	21.8	23.3	24.4
平均降水量（mm）	247.9	336.1	282.5	200.0	125.4	87.3	63.5	42.4	26.5	44.9	112.1	192.6
阳光海岸												
平均最高气温（℃）	28.9	28.8	27.8	25.9	23.3	21.3	20.9	22.0	24.2	25.6	27.0	28.2
平均最低气温（℃）	21.3	21.2	20.0	16.9	13.6	11.3	9.5	9.9	12.9	15.6	17.9	19.7
平均降水量（mm）	150.2	198.1	159.1	164.6	160.1	119.1	67.7	79.1	55.9	72.9	84.0	150.0
布里斯班												
平均最高气温（℃）	30.2	29.9	28.9	27.1	24.4	21.9	21.9	23.2	25.7	27.1	28.0	29.3
平均最低气温（℃）	21.5	21.3	20.0	17.3	13.5	11.7	10.1	10.7	13.7	16.3	18.7	20.3
平均降水量（mm）	153.9	142.5	109.2	65.8	58.5	57.6	24.7	42.1	28.8	72.5	106.6	138.7
黄金海岸												
平均最高气温（℃）	28.7	28.6	27.8	25.9	23.4	21.3	21.1	21.9	23.9	25.3	26.7	27.8
平均最低气温（℃）	21.9	21.8	20.8	18.3	15.3	13.1	12.0	12.5	14.8	16.9	18.9	20.5
平均降水量（mm）	139.9	177.7	110.8	125.8	112.2	112.8	48.8	62.6	44.4	91.5	119.0	139.3

昆士兰州概况

　　昆士兰州的面积仅次于西澳大利亚州,是澳大利亚的第二大州。

　　州内景点众多,有大堡礁、世界最古老的热带雨林和亚热带雨林、国际度假胜地黄金海岸和阳光海岸,等等,旅游业十分发达。整个州均属于热带、亚热带地区,因此也被称作阳光州。昆士兰州充分利用气候条件,在沿岸地区大力发展甘蔗、热带水果等农业;利用宽广的土地大力发展畜牧业;另外,内陆地区的铝土矿、铀、铜等矿业也是澳大利亚经济的一大支柱。

　　昆士兰州原本是新南威尔士州的一部分。

　　1859 年由北上至布里斯班河口为止的人们掀起革命,正式从新南威尔士州独立出来。

　　澳大利亚最著名的航空公司——澳洲航空也是在昆士兰州创立的,在英文名 QANTAS 中,各个字母的意思:Q 指昆士兰州;A 指 AND,和的意思;NT 指新南威尔士州;AS 指 AIR Services 航空公司。中西部地区的朗里奇建设于 1922 年,初衷是为了连接新南威尔士州,用于输送、救援。朗里奇机场旁如今还有澳洲航空的机库,也是澳大利亚最初制造飞机(6 架 DH50 型)的场所。

建在黄金海岸中心部白色沙滩上的高档公寓群

交通方式

州际间的交通方式

 飞机　　北部的凯恩斯、圣灵群岛中的汉密尔顿岛、首府布里斯班、南部的黄金海岸都有国内线连接其他州(前往凯恩斯的交通方式→P.58、63/ 前往汉密尔顿岛的交通方式→P.116/ 前往布里斯班的交通方式→P.143~144/ 前往黄金海岸的交通方式 P.158、161)。澳洲航空、捷星航空、维珍澳洲航空和虎航都有许多航班连接这些城市与其他州的主要城市。

 长途巴士　　悉尼~布里斯班这条线路除了有澳大利亚灰狗长途巴士运营之外,还有许多小型的巴士公司在运营。灰狗长途巴士还有艾丽斯斯普林斯/达尔文~芒特艾萨~汤斯维尔的线路。

火车　　悉尼~布里斯班之间每天有一班 XPT 高速火车往返。除此之外,从悉尼还可以乘坐 XPT 前往星港城,这里距离新南威尔士州北部很近,每天都有 1 班往返两地。从星港城再乘坐 1 小时左右的摆渡巴士就能到达黄金海岸了。

州内各地之间的交通方式

飞机　　澳洲航空公司(包含 Qanta-slink)、捷星航空、维珍澳洲航空有往返于东海岸沿岸各个城市之间以及汉密尔顿岛的航班。内陆部分,有从布里斯班和凯恩斯飞往芒特艾萨的航班。因为陆路有一些线路比较花费时间,所以乘坐飞机的话效率会更高。

 长途巴士　　因为游客众多,所以灰狗长途巴士每天有 3 ~ 4 趟长途巴士往返于黄金海岸~凯恩斯。可以中途下车参观主要旅游胜地,从经济角度上考虑也十分划算,值得推荐。

火车 昆士兰州铁路每周有5趟昆士兰精神号高速列车往返于布里斯班~凯恩斯,这列火车有着像飞机商务舱、豪华经济舱一样的座位。除此之外,从布里斯班~罗克汉普顿之间有摆式列车;汤斯维尔~芒特艾萨之间有夜间列车内地大陆号等。

行程安排建议

从凯恩斯出发

在凯恩斯近郊的阿瑟顿高原可以给可爱的小袋鼠喂食

凯恩斯的景点基本上以大堡礁的观光船、周边茂密的热带雨林为主。如果时间充裕,可以选择在大堡礁的度假地、格林岛、邓克岛、蜥蜴岛、近郊的度假城镇棕榈湾、道格拉斯港、热带雨林丹翠国家公园和阿瑟顿高原等地的度假酒店住宿。

在莫顿岛可以体验给野生海豚喂食的乐趣

从黄金海岸出发

在黄金海岸首先要去的一定是那美丽的沙滩。然后不妨参加旅游团或自驾前往黄金海岸西侧高原地带的亚热带雨林国家公园。另外也可以参加很受欢迎的莫顿岛的短途旅行。在这里,还有机会参加充满乐趣的喂食野生海豚活动,并且可以当天往返,时间充裕的话不妨住上1~2晚。另外从黄金海岸出发的旅游团或自驾游的首个目的地都会选择新南威尔士州北部的度假胜地拜伦湾。

周游昆士兰州

昆士兰州有许多沿岸度假城市,这些城市都有观光船前往海上的度假岛屿。凯恩斯、布里斯班有许多航班飞往这些沿岸城市。当然乘坐长途巴士或火车也将是同样充满乐趣的旅途。其中汉密尔顿岛、海曼岛所属的圣灵群岛地区,是前往大堡礁著名景点白天堂沙滩和心形礁的起点,一定要前去参观哦。

昆士兰州交通图

凯恩斯 *Cairns*

昆士兰州 Queensland　　　　　　　　　　　区号（07）

实用信息

■ 凯恩斯＆热带雨林北部游客信息中心 Cairns & Tropical North Visitor Information Centre 🗺 p.61/3B
🏠 51 The Esplanade，4870
☎（07）4051-3588
📠 1800-093-300
🌐 www.cairnsgreatbarrierreef.org.au
🕐 周一～周五 8:30~18:00、周末及节假日 10:00~18:00
🚫 新年、耶稣受难日、圣诞节

主要航空公司的联络方式
● 澳洲航空
Qantas Airways
☎ 13-13-13
● 捷星航空 Jetstar
☎ 13-15-38
● 澳洲维珍航空
Virgin Australia
☎ 13-67-89
● 虎航 Tigerair
☎ 1300-174-266
● 国泰航空
Cathay Pacific Airways
☎ 13-17-47
● 胜安航空 Silk Air
☎ 13-10-11
● 新几内亚航空 Air Niugini
☎ 1300-361-380
● 菲律宾航空
Philippine Airlines
☎ 1300-887-822
● 中国南方航空
China Southern
☎ 1300-889-628
● 香港航空
Hongkong Airlines
☎（02）9009-7988

■ 凯恩斯机场
🌐 www.cairnsairport.com.au

■ Sun Palm Transport Group
☎（07）4099-1191
🌐 sunpalmtransport.com.au
● Airport Transfer
🚌 凯恩斯单程：成人 $15 儿童 $7.50／棕榈湾单程：成人 $20

凯恩斯是澳大利亚的北部大门，也是前往大堡礁、北昆士兰等地的始发地。另外环绕澳大利亚一周，雄踞全球最长国道之首的一号公路（全长约 1.4 万公里／如今一部分属于州道），其东北岸的出发点也是凯恩斯。

即使到了今天，凯恩斯也是澳大利亚首屈一指的度假胜地，但历史比较短暂。最早在这里留下足迹的是 1770 年到达的西欧库克船长一行，而从 19 世纪末作为糖业港口才真正发展起来。如今到凯恩斯郊外，仍能看到大片的甘蔗地。另外郊外还种植着大量香蕉、杧果、菠萝等热带水果。

说到凯恩斯，不得不提的就是两处世界自然遗产了。其中之一是人尽皆知的世界最大珊瑚礁群大堡礁（G.B.R）。每天从梅林码头有许多观光船出发前往大堡礁，令游客大饱眼福。另外一处世界遗产则是世界最古老的热带雨林——昆士兰温热带雨林，位于连接城市西部的大分水岭一带，面积辽阔。可以参加旅游团漫步于热带雨林中，还可以乘坐世界上最长的缆车俯瞰雨林等，观光方式多种多样。漂流、热气球、骑马、高尔夫、跳伞等活动的种类丰富多样。

那么出发前往凯恩斯吧，拥抱大自然，尽情地体验各种娱乐项目。

凯恩斯 交通方式

◎ 前往方式

➡ 从中国出发

目前国内仅有广州和香港有航班直飞凯恩斯。

➡ 从澳大利亚国内出发

凯恩斯与以布里斯班、黄金海岸为主的昆士兰州沿岸城市之间有频

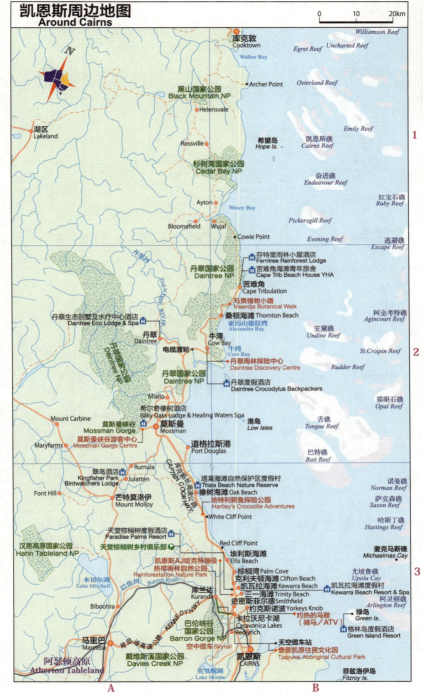

凯恩斯周边地图
Around Cairns

0   10   20km

库克敦
Cooktown

Williamson Reef

Walker Bay

Egret Reef   Uncharted Reef

黑山国家公园
Black Mountain NP

• Archer Point   Osterland Reef

• Helensvale

湖区
Lakeland

Rossville

希望岛
Hope Is.

凯恩斯礁
Cairns Reef

Emily Reef

1

杉树湾国家公园
Cedar Bay NP

奋进礁
Endeavour Reef

Ayton

红宝石礁
Ruby Reef

Bloomefield   Wujal

Weary Bay

Pickersgill Reef

逃避礁
Escape Reef

• Cowie Point

Evening Reef

丹翠国家公园
Daintree NP

芬特里雨林小屋酒店
Ferntree Rainforest Lodge
苦难角海滩青年旅舍
Cape Trib Beach House YHA
苦难角
Cape Tribulation
马贾植物小路
Maardja Botanical Walk
桑顿海滩 Thornton Beach
亚历山德拉湾
Alexandra Bay

阿金考特礁
Agincourt Reef

丹翠生态别墅及水疗中心酒店
Daintree Eco Lodge & Spa

丹翠
Daintree

电缆渡轮

牛湾
Cow Bay
牛湾
Cow Bay
丹翠雨林探险中心
Daintree Discovery Centre

安黛礁
Undine Reef

St.Crispin Reef

Rudder Reef

2

丹翠国家公园
Daintree NP

丹翠国家公园
Daintree NP

丹翠度假酒店
Daintree Crocodylus Backpackers

猫眼石礁
Opai Reef

Miallo

希尔奇橡树酒店
Silky Oaks Lodge & Healing Waters Spa

Mount Carbine

莫斯曼峡谷
Mossman Gorge
莫斯曼峡谷游客中心
Mossman Gorge Centre

莫斯曼
Mossman

洛岛
Low Isles

舌礁
Tongue Reef

Maryfarms

道格拉斯港
Port Douglas

巴特礁
Batt Reef

Rumula

翠鸟酒店
Kingfisher Park
Birdwatchers Lodge   Julatten

塔莱海滩自然保护区度假村
Thala Beach Nature Reserve
橡树海滩 Oak Beach
哈特利鳄鱼探险公园
Hartley's Crocodile Adventures

诺曼礁
Norman Reef

Font Hill

芒特莫洛伊
Mount Molloy

White Cliff Point

萨克森礁
Saxon Reef

哈斯丁礁
Hastings Reef

天堂棕榈树度假酒店
Paradise Palms Resort
天堂棕榈树乡村俱乐部

汉恩高原国家公园
Hann Tableland NP

Red Cliff Point

麦克马斯礁
Michaelmas Cay

埃利斯海滩
Ellis Beach

3

米切尔湖
Lake Mitchell

凯恩斯AJ哈克特蹦极
Rainforestation Nature Park
库兰达
Kuranda

棕榈湾 Palm Cove
克利夫顿海滩 Clifton Beach
凯瓦拉海滩 Kewarra Beach
三一海滩 Trinity Beach
史密斯菲尔德 Smithfield
约克斯诺波 Yorkeys Knob

尤坡鲁礁
Upolu Cay

凯瓦拉海滩度假村
Kewarra Beach Resort & Spa

阿灵顿礁
Arlington Reef

Biboohra

巴伦峡谷
国家公园
Barron Gorge NP

卡拉沃尼卡湖
Caravonica Lakes
Redlynch

热的马鞍
（骑马/ATV）

绿岛
Green Is.

马里巴
Mareeba

空中缆车 Skyrail

格林岛度假酒店
Green Island Resort

天空缆车站

阿瑟顿高原
Atherton Tableland

戴维斯溪国家公园
Davies Creek NP

热带雨林自然公园

凯恩斯
CAIRNS

查普凯原住民文化园
Tjapukai Aboriginal Cultural Park

莫里斯湖
Lake Morris

菲兹洛伊岛
Fitzroy Is.

A   B

凯恩斯
Cairns

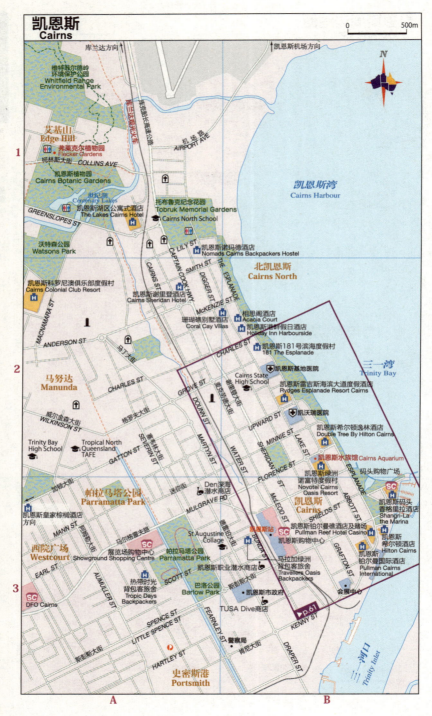

0   500m

N

库兰达方向

凯恩斯机场方向

维特菲尔德岭
环境保护公园
Whitfield Range
Environmental Park

机
场
路
AIRPORT AVE

凯恩斯湾
Cairns Harbour

艾基山
Edge Hill

弗莱克尔植物园
Flecker Gardens
柯林斯大街
COLLINS AVE

凯恩斯植物园
Cairns Botanic Gardens

世纪湖
Centenary Lakes

GREENSLOPES ST

托布鲁克纪念花园
Tobruk Memorial Gardens

凯恩斯湖公寓式酒店
The Lakes Cairns Hotel

Cairns North School

沃特森公园
Watsons Park

LILY ST

CAPTAIN COOK HWY

SMITH ST

DIGGER ST

凯恩斯诺玛德酒店
Nomads Cairns Backpackers Hostel

THE ESPLANADE

北凯恩斯
Cairns North

凯恩斯科罗尼澳俱乐部度假村
Cairns Colonial Club Resort

MACNAMARA ST

凯恩斯谢里登酒店
Cairns Sheridan Hotel

MCKENZIE ST

珊瑚礁别墅酒店
Coral Cay Villas

相思阁酒店
Acacia Court

凯恩斯港畔假日酒店
Holiday Inn Harbourside

凯恩斯181号滨海度假村
181 The Esplanade

ANDERSON ST

乌丁大街

CHARLES ST

CHARLES ST

三一湾
Trinity Bay

马努达
Manunda

GROVE ST

DOUNN ST

凯恩斯基地医院

凯恩斯雷吉斯海滨大道度假酒店
Rydges Esplanade Resort Cairns

凯沃瑞医院

Cairns State
High School

威尔金森大街
WILKINSON ST

格罗夫大街

MARTYN ST

UPWARD ST

MINNIE ST

SHERIDAN ST

LAKE ST

凯恩斯希尔顿逸林酒店
Double Tree By Hilton Cairns

Trinity Bay
High School

Tropical North
Queensland
TAFE

GATTON ST

SEVERIN ST

赛弗林大街

WATER ST

FLORENCE ST

凯恩斯水族馆 Cairns Aquarium

帕拉马塔公园
Parramatta Park

加顿大街

MANN ST

MULGRAVE RD

Den深海
潜水商店

凯恩斯绿洲
诺富特度假村
Novotel Cairns
Oasis Resort

码头购物广场

西院广场
Westcourt

列治文大街

St Augustine
Collage

马克劳德大街

MCLEOD ST

SHIELDS ST

凯恩斯
Cairns

凯恩斯码头
香格里拉酒店
Shangri-La
the Marina

展览场购物中心
Showground Shopping Centre

帕拉马塔公园
Parramatta Park

凯恩斯站

凯恩斯铂尔曼礁酒店及赌场
Pullman Reef Hotel Casino

凯恩斯购物中心

凯恩斯
希尔顿酒店
Hilton Cairns

EARL ST

AUMULLER ST

热带时光
背包客旅舍
Tropic Days
Backpackers

凯恩斯职业潜水商店

SCOTT ST

巴洛公园
Barlow Park

马拉加绿洲
背包客旅舍
Travellers Oasis
Backpackers

ABBOTT ST

GRAFTON ST

THE ESPLANADE

铂尔曼国际酒店
Pullman Cairns
International

DFO Cairns

SPENCE ST

LITTLE SPENCE ST

TUSA Dive商店

凯恩斯市政府

会展中心

p.61

KENNY ST

HARTLEY ST

FEARNLEY ST

DRAPER ST

警察局
青石大街

史密斯港
Portsmith

口门湾
Trinity Inlet

A   B

1

2

3

60

凯恩斯中心地区
Central Cairns

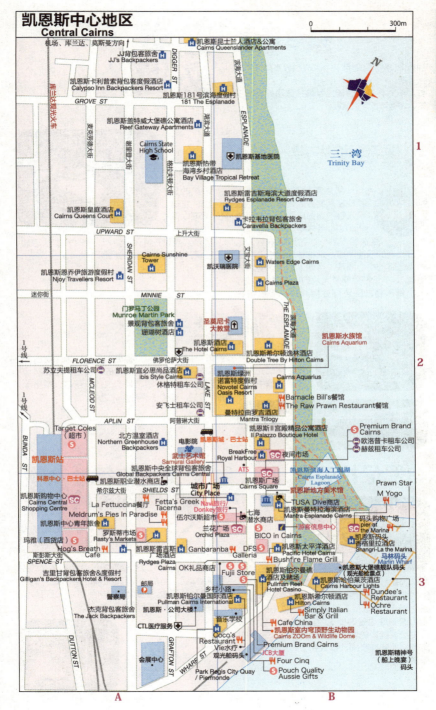

0   300m

机场、库兰达、莫兰曼方向→

JJ背包客旅舍
JJ's Backpackers

凯恩斯昆士兰人酒店&公寓
Cairns Queenslander Apartments

凯恩斯卡利普索背包客度假酒店
Calypso Inn Backpackers Resort

DIGGER ST

采茵大道

ESPLANADE

凯恩斯181号滨海度假村
181 The Esplanade

GROVE ST

湖滨大道

凯恩斯盖特威大堡礁公寓酒店
Reef Gateway Apartments

麦克劳德大街

谢里登大街

格拉夫顿大街

三一湾
Trinity Bay

1

Cairns State High School

凯恩斯热带海湾乡村酒店
Bay Village Tropical Retreat

凯恩斯基地医院

凯恩斯雷吉斯海滨大道度假酒店
Rydges Esplanade Resort Cairns

凯恩斯皇庭酒店
Cairns Queens Court

UPWARD ST

上升大街

卡拉韦拉背包客旅舍
Caravella Backpackers

SHERIDAN ST

文宝大街

Cairns Sunshine Tower

凯沃瑞医院

Waters Edge Cairns

凯恩斯恩乔伊旅游度假村
Njoy Travellers Resort

MINNIE ST

Cairns Plaza

迷你街

门罗马丁公园
Munroe Martin Park

THE ESPLANADE

东埃斯普兰纳大道

1号线

景观背包客旅舍
珊瑚树酒店

圣莫尼卡大教堂

凯恩斯水族馆
Cairns Aquarium

2

FLORENCE ST

佛罗伦萨大街

凯恩斯酒店
The Hotel Cairns

凯恩斯希尔顿逸林酒店
Double Tree By Hilton Cairns

1号线

苏立夫提租车公司

MCLEOD ST

凯恩斯宜必思尚品酒店
ibis Style Cairns

LAKE ST

诺富特凯恩斯绿洲度假村
Novotel Cairns Oasis Resort

Cairns Aquarius

休格特租车公司

Barnacle Bill's餐馆
The Raw Prawn Restaurant餐馆

APLIN ST

安飞士租车公司

阿普琳大街

曼特拉曲要吉酒店
Mantra Trilogy

Target Coles
(超市)

北方温室酒店
Northern Greenhouse Backpackers

电影院

凯恩斯城·巴士站

II Palazzo Boutique Hotel

Premium Brand Cairns

欧普普卡租车公司

赫兹租车公司

凯恩斯购物中心
Cairns Central Shopping Centre

武士艺术馆
Samurai Gallery

凯恩斯中央全球背包客旅舍
Global Backpackers Cairns Central

BreakFree Royal Harbour

夜间市场

凯恩斯滨海人工温湖
Cairns Esplanade Lagoon

BUNDA ST

凯恩斯站

科顿中心·巴士站

凯恩斯职业潜水商店

SHIELDS ST

希尔兹大街

城市广场
City Place

凯恩斯广场
Cairns Square

SC

ATS

SC

Prawn Star

M Yogo

La Fettuccina餐厅

Fetta's Greek Tacerna

Navii旅行／Donkey旅行

七海潜水商店

TUSA Dive潜水商店

凯恩斯曼特拉海滨酒店
Mantra Esplanade Cairns

码头购物广场
pier II at the Marina

凯恩斯购物中心
Cairns Central Shopping Centre

Meldrum's Pies In Paradise

伍尔沃斯超市

兰花广场
Orchid Plaza

SC

BICO in Cairns

游客信息中心

SC

香格里拉酒店
Shangri-La the Marina

凯恩斯中心青年旅舍

玛雅(百货店)

罗斯蒂市场
Rasty's Markets

Ganbaranba

DFS Galleria

凯恩斯太平洋酒店
Pacific Hotel Cairns

马林码头
Marlin Wharf

SPENCE ST

斯彭斯大街

Hog's Breath Cafe

凯恩斯雷吉斯酒店
Rydges Cairns

OK礼品商店

Bushfire Flame Grill

凯恩斯大堡礁舰队码头

观光船检票点

吉里甘背包客旅舍&度假村
Gilligan's Backpackers Hotel & Resort

Fujii Store

凯恩斯铂尔曼礁石赌场酒店
Pullman Reef Hotel Casino

凯恩斯希尔顿酒店
Hilton Cairns

凯恩斯哈伯莱茨灯塔
Cairns Harbour Lights

警察局

邮局

乡村小路

凯恩斯铂尔曼国际酒店
Pullman Cairns International

Simply Italian Bar & Grill

Dundee's Restaurant
Ochre Restaurant

3

DUTTON ST

杰克背包客旅舍
The Jack Backpackers

CTL医疗服务

凯恩斯·公司大楼

音乐学校

Cafe China

凯恩斯室内穹顶野生动物园
Cairns ZOOm & Wildlife Dome

凯恩斯精神号
(船上晚宴)
码头

GRAFTON ST

WHARF ST

Coco's Restaurant
Vie水疗

观光船码头

JCB大厦

Premium Brand Cairns

会展中心

Park Regis City Quay / Piermonde

Four Cinq

Pouch Quality Aussie Gifts

A   B

凯恩斯之 必看！必做！

拥有大堡礁和温热带雨林两处世界自然遗产的凯恩斯。

城市中有许多旅游团出发前往这两处世界遗产，游客可以大饱眼福。

大堡礁观光船

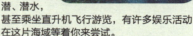
乘坐大型观光船时会以浮岛一样的平底船为基地进行娱乐活动

凯恩斯首屈一指的观光胜地还是要数大堡礁。其中最具人气的是由珊瑚礁一点点堆积而成的格林岛。从凯恩斯乘坐快船不到一小时即可到达，是当日往返的最佳选择。从格林岛继续向前便是大堡礁的中心地带（当地人也称这里为外堡礁）。不论哪里都是大片的珊瑚礁，颜色、大小各不相同的鱼群穿梭其中，简直就是海洋的乐园。在这里可以浮潜、潜水，甚至乘坐直升机飞行游览，有许多娱乐活动在这片海域等着你来尝试。

凯恩斯著名的空中缆车

库兰达一日游

乘坐空中缆车俯瞰被列为世界遗产的热带森林、乘坐复古的库兰达观光火车进入森林，包含这两种项目的旅游团一定要参加体验。途中在库兰达还可以感受一下市场的气氛，还可以乘坐水陆两用车，穿梭于热带雨林之中。

很有历史感的库兰达观光火车

帕罗尼拉公园

很有历史感的库兰达观光火车

从凯恩斯往南开车1.5小时左右，即可到达帕罗尼拉公园，这里的气氛令人联想到宫崎骏的动画电影《天空之城》，甚至有人猜测这里便是电影的原型（说到底也是谣传）。在公园内还可以看到由废墟构成的城堡遗迹和周围郁郁葱葱的庭院。尤其在夜间，华灯初上时的样子非常受游客喜爱。

夜行性动物的探险之旅

给小袋鼠喂食十分有趣

澳大利亚是独特的动物宝库，而且其中大部分都是夜行性动物。在凯恩斯的不少旅游团可以观察到夜行性动物生动的生活样貌。当然动物们都栖息于世界遗产森林里及其周边。在观赏动物的同时，还可以游览最古老的热带雨林。

遇见负鼠的概率很大

繁的航班来往。另外与悉尼、墨尔本、达尔文、艾丽斯斯普林斯、艾尔斯岩石之间都有直飞航班。凯恩斯还是长途巴士灰狗巴士北部的折返点。从布里斯班每周还有 5 趟昆士兰精神号火车到达凯恩斯。

前往市内十分便利的 Airport Transfer

◎ 机场↔市内

由国际线和国内线两个航站楼构成的凯恩斯机场 Cairns Airport（CNS）位于市区北部 8 公里处。从机场到市内一般可以乘坐 Airport Transfer（Sun Palm Transport Group 运营）和 Airport Connections（Coral Reef Coaches 运营）。在国际线和国内线的到达大厅前都有车站，可以前往市区内的指定场所。到达市区大概需要 20 分钟。而从市内前往机场时，可以在酒店进行电话预约（至少提前半天预约）。

也推荐乘坐出租车。从机场打车到市中心大概 $30 ～ 35，如果 3 人以上的话打车比较划算。

◎ 巴士车站↔市内

滨海大道至大堡礁舰队码头方向的公园沿路是灰狗长途巴士的站点。巴士站距离酒店广场很近，距离城市稍远的背包客旅舍一般也都有接送巴士。

◎ 火车站↔市内

凯恩斯站（Cairns Station）坐落在麦克劳德大街（McLeod St.）的凯恩斯购物中心（Cairns Central）内。距离繁华街道的城市景点步行仅需 5 分钟。而前往滨海大道的平价酒店步行也仅需 10 分钟左右。另外火车站也有出租车上车点，前往市区外的酒店，大约需要 $10。

位于凯恩斯购物中心的凯恩斯站

凯恩斯 市内交通

如果只在市内游览的话完全可以徒步，但如果要去郊区或者海滩的话最好还是乘坐巴士。

最便利的是蓝色车身的 Translinkbus。其两个主要巴士站是城市广场旁的湖滨大道靠近阿普琳大街一侧的凯恩斯城巴士站（Cairns City Bus Station）和凯恩斯购物中心前（Cairns Central）。乘坐这种巴士前往查普凯原住民文化园、凯恩斯热带·夜间动物园等著名的主题公园和棕榈湾等北部海滩地区十分方便。价格按区间收取。运行线路被划分为 10 个区域，根据经过了几个区域而收取不同的费用。另外 Translinkbus 有一日通票（Daily Ticket），

Translinkbus 醒目的蓝色车身

◧ $10/ 道格拉斯港单程
◭ $36 ◭ $18

■ Coral Reef Coaches
☎（07）4098-2800
🔗 www.coralreefcoaches.com.au
● 凯恩斯单程
Coral Reef Coaches
◧ $17 ◭ $8.5/ 棕榈湾单程 ◭ $44 ◧ $22/ 莫斯曼（希尔奇橡树园店）◧ $57 ◭ $38.50

■ 凯恩斯的出租车
● 凯恩斯的出租车
Cairns Taxis
☎ 13-10-08
🔗 www.cairnstaxis.com.au
💰 起步价周一～周五 7:00～19:00 为 $2.90、周末 5:00～24:00、每天 19:00～24:00 和 5:00～7:00 均为 $4.30，每天 0:00～5:00 为 $6.30，之后每公里 $2.26。另外等候费为每分钟 $0.82。如果用电话叫车的话还要加收 $1.5

在背包客中深受欢迎的灰狗巴士

■ 凯恩斯站　🗺 p.61/2·3A
■ Translinkbus
☎ 13-12-30
🔗 translink.com.au/cairns
🕐 大部分线路的运营时间为周一～周六，从早到晚每 30 分钟～1 小时一趟。周五、周六的部分线路都运营至深夜。另外周日的班次会大幅度减少，请多加注意。
💰 1区 ◧ $2.20 ◭ $1.10～10区 ◧ $7.70 ◭ $3.80。推荐游客购买一日通票，可以不限次数乘坐。覆盖凯恩斯中心地区～棕榈湾 6 个区域的通票价格为 ◧ $11.00 ◭ $5.40

■ Trans North Bus & Coach Service
☎（07）4095-8644
🔗 www.transnorthbus.com
💰 凯恩斯～库兰达：单程 ◧ $6.7 ◭ $3.40/
※ 凯恩斯的车站位于凯恩斯站和艾宝大街的兰花广场前

■ Sun Palm Transport Group
☎（07）4099-1191
🔗 sunpalmtransport.com
💰 凯恩斯～棕榈湾：单程 ◧ $20 ◭ $10/凯恩斯～道格

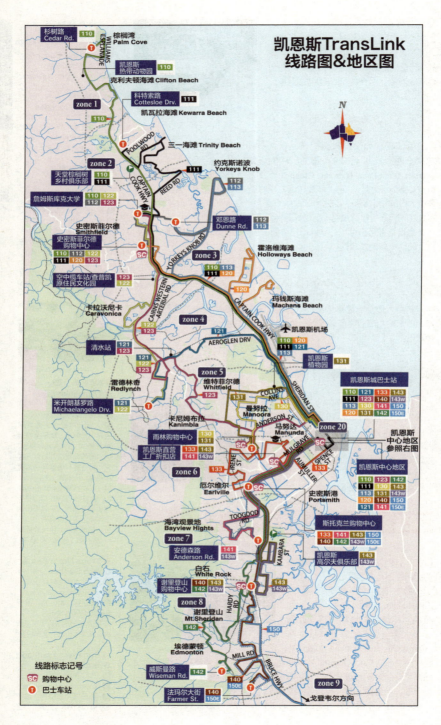

凯恩斯TransLink
线路图&地区图

杉树路
Cedar Rd. 110
棕榈湾
Palm Cove

WILLIAMS ESPLANADE

凯恩斯
热带动物园 110
克利夫顿海滩 Clifton Beach

zone 1

科特索路
Cottesloe Drv. 111
凯瓦拉海滩 Kewarra Beach

110

FOOLWOOD

zone 2

三一海滩 Trinity Beach

约克斯诺波
Yorkeys Knob

111

天堂棕榈树
乡村俱乐部 110
111

CAPTAIN COOK HWY

REED RD.

112
113

詹姆斯库克大学 110 122
112 123

邓恩路
Dunne Rd. 112
113

SC

史密斯菲尔德
Smithfield
史密斯菲尔德
购物中心
110 112 122
111 120 123

YORKEYS KNOB RD.

zone 3

霍洛维海滩
Holloways Beach

110 113
111 120

空中缆车站/查普凯
原住民文化园 123
122

CAIRNS WESTERN ARTERIAL RD

120

玛钱斯海滩
Machans Beach

卡拉沃尼卡
Caravonica

zone 4

121

122
123

AEROGLEN DRV

CAPTAIN COOK HWY

凯恩斯机场

110 120
111 121
113

清水站 121
123

121
123

zone 5

凯恩斯
植物园 131

雷德林奇
Redlynch

维特菲尔德
Whitfield
123

131

COLLINS AVE

SHERIDAN ST

凯恩斯城巴士站
110 121 133 143
111 123 130 141 150
113 130 131 142 150E
120 131 142

米开朗基罗路
Michaelangelo Drv. 121
122

曼努拉
Manoora

130

ANDERSON ST

卡尼姆布拉
Kanimbla

130
131

马努达
Manunda

zone 20

凯恩斯
中心地区
参照右图

雨林购物中心

MULGRAVE RD

SC

SPENCE ST

ABBOTT ST

凯恩斯直营
工厂折扣店 133 143
141 143w

GRENE ST

SC

133

凯恩斯中心地区
110 123 142
111 130 143
113 131 143w
120 140 150
121 141 150E

zone 6

133

厄尔维尔
Earlville

SC

史密斯港
Portsmith

TOOGOOD RD

海湾观景地
Bayview Hights

斯托克兰购物中心
133 141 143 150
140 143 143w 150E

zone 7

安德森路
Anderson Rd. 141
143w

KAMBARA ST

凯恩斯
高尔夫俱乐部 143
143w

白石
White Rock

143
143w

谢里登山
购物中心 140 143
142 143w

SC

HARDY RD

zone 8

谢里登山
Mt.Sheridan

142

150

埃德蒙顿
Edmonton

MILL RD

BRUCE HWY

zone 9

威斯曼路
Wiseman Rd. 142

140
150E

戈登韦尔方向

线路标志记号

SC 购物中心

T 巴士车站

法玛尔大街
Farmer St. 140
150E

64

可以 24 小时使用，方便那些想一整天都乘坐巴士的游客（可以通过司机购买）。

覆盖内陆地区阿瑟顿高原以及北部的丹翠国家公园和库克敦可以选择 Trans North Bus & Coach Service。除了可以到达阿瑟顿高原所在的库兰达之外，还有通往马里巴、阿瑟顿、云加布拉等地的线路，而其中库兰达线路的价格便宜，使用起来也很方便。除此之外，Sun Palm Transport Group 和 Coral Reef Coaches 还有从凯恩斯中心途经机场，前往棕榈湾、道格拉斯港的线路。Coral Reef Coaches 还有到达莫斯曼峡谷的线路。

拉斯港：单程 🚌 $36 🚌 $18
※ 酒店接送需提前预约

■ **Coral Reef Coaches**
☎（07）4098-2800
🌐 www.coralreefcoaches.com.au
🚌 凯恩斯～棕榈湾：单程 🚌 $25 🚌 $12.50/ 凯恩斯～道格拉斯港：单程 🚌 $44 🚌 $22/ 凯恩斯～莫斯曼峡谷：单程 🚌 $50 🚌 $25
※ 酒店接送需提前预约

凯恩斯中心地区（北部线路）

110 121
111 123
113 130
120 131

凯恩斯城・巴士车站
凯恩斯购物中心
SC T

凯恩斯中心地区（南部线路）

凯恩斯城・巴士车站
凯恩斯购物中心
SC T

140 143 150E
141 143W
142 150
133

凯恩斯 漫步

到达凯恩斯后，首先要收集信息。凯恩斯有着各种各样的旅行线路和娱乐活动，如何游览是很关键的，因此获取信息十分必要。市内多处都设有兼顾游客信息中心功能的旅行社，在凯恩斯停留期间关于旅游线路的问题可以尽管咨询，多多利用这些方便的设施吧。

在马林码头停靠的观光船

城市概貌

凯恩斯市中心是位于希尔兹大街（Shields St.）和湖滨大道（Lake St.）交叉处的城市广场（City Place）。广场一部分是砖建的购物街，凯恩斯巴士车站也在这附近。从城市广场到码头街（Wharf St.）之间，集中着许多购物中心和餐馆。而艾宝大道（Abbott St.）上建有许多免税店和高档酒店。

海岸边的海滨大道（The Esplanade）是餐馆和酒店的汇聚地，对于游客来说是一条主要街道。海滨大道和希尔兹大街的交叉点附近是主广场（Main Plaza），这里有一个巨大的人工湖——凯恩斯盐水湖。另外沿海滨大道的步行道修缮整齐，非常适合散步。夜间购物的中心——夜间市场（Night Market）也在这条大道上。

滨海大道是游客们的中心地区

■ **凯恩斯租车公司**
● 赫兹 Hertz
☎ 13-30-39
● 安飞士 AVIS
☎ 13-63-33
● 百捷乐 Budget
☎ 13-27-27
● 苏立夫提 Thrifty
☎ 1300-367-227
● 欧洛普卡 Europcar
☎ 13-13-90
■ "住在凯恩斯"
网站上有相同的信息，在到达凯恩斯前可以灵活运用这些信息。
🌐 www.livingincairns.com.au

凯恩斯大堡礁舰队码头

夜间依旧繁华的夜间市场

前往大堡礁 G.B.R. 的观光船也都位于海滨大道东侧的马林码头（Marlin Wharf）。大公司的观光船则都位于马林码头前面的大堡礁舰队码头（Reef Fleet Terminal）。

凯恩斯 主要景点

时间充裕的话不要犹豫，一直往前走

凯恩斯滨海人工潟湖
Cairns Esplanade Lagoon

Map p.61/2•3B

滨海大道渐渐成为了市民们的休息场所

位于滨海大道边上占地 4.8 公顷的巨大人工潟湖。湖边有沙滩，湖水深 80 厘米~1.6 米，并且周边有救生员，全家出游也大可放心，大人、小孩在这里都可以尽情地游玩。在湖周边还准备了免费的 BBQ 烧烤专用区。滨海大道的木板路是很多凯恩斯市民休息的场所。途中还有体育场和面向孩子的穆迪游乐场（Muddy's Playground）等。木板路还是赏鸟的好地方，经常可以看到澳大利亚鹈鹕和岩鹭等鸟类。另外每周六还有滨海市场（Esplanade Markets）开放。人工潟湖前还有许多露天摊位，不光有游客，当地市民也经常光顾。喜欢购物的人一定要来这里逛逛哟。

在木板路上可以近距离观赏到澳大利亚鹈鹕

凯恩斯市民的"厨房"

罗斯蒂市场
Rusty's Markets

Map p.61/3A

有大量新鲜的蔬菜和水果

周五和周末开放的罗斯蒂市场，向市民们提供新鲜的食材，还可以在这里享用早餐和下午茶。在 1975 年开业时仅有 6 家露天摊位，而如今入驻的店铺数量已经超过了 180 家。在这里可以用低价购买到刚刚从阿瑟顿高原收获的应季水果（香蕉、杧果、荔枝等）。

去看看世界最大的主题花窗玻璃吧

圣莫尼卡大教堂
St Monica's Cathedral

Map p.61/2B

第二次世界大战时，在凯恩斯海面上爆发了珊瑚海海战，为纪念战役中的死者而修建了这座教堂。教堂拥有世界最大的"讲述故事的主题花窗玻璃"。入口东侧是和平之窗（Peace Window），是为了纪念第二次世界大战胜利 50 周年而创作的。而在其两侧占据整整一面的便是世界最大的创造之窗。花窗北侧从创世纪开始至天地创造，在一个类似凯恩斯的大地上出现了袋鼠和鹤鸵。

人工潟湖旁的草坪上有许多晒日光浴的人

令人想仔细观赏的花窗玻璃

■ 凯恩斯滨海人工潟湖
☎ (07) 4044-3715
🖳 www.cairns.qld.gov.au/esplanade
🕐 每天 6:00~21:00
🈵 因维护每周三 6:00~12:00
💰 免费

■ 滨海大道
☎ (07) 4044-3715
🖳 www.cairns.qld.gov.au/esplanade/whats-on/markets
🕐 周六 8:00~16:00

滨海大道上人来人往，十分热闹

■ 罗斯蒂市场
🏠 57-89 Grafton St., Cairns, QLD 4870
☎ (07) 4040-2705
🖳 www.rustysmarkets.com.au
🕐 周五 · 周六 5:00~18:00、周日 5:00~15:00

■ 圣莫尼卡大教堂
🏠 183 Abbott St., Cairns, QLD 4870
☎ (07) 4046-5620
🖳 www.cairns.catholic.org.au
🕐 周一~周五 7:00~17:00、周六 7:00~20:00、周日 6:00~18:00

凯恩斯植物园
Cairns Botanic Gardens

Map p.60/1A

凯恩斯植物园占地面积约38公顷，位于市中心以北4公里的艾基山（Edge Hill）一带。植物园的面积很大，其中心是弗雷克尔植物园（Flecker Gardens），1886年作为保护区对外开放，1971年作为植物园重新开放。园内生长着多种蕨类植物的门罗·马丁蕨类温室（Munro Martin Fern House）、生长着兰花的乔治沃特金斯兰花温室（George Watkins Orchid House）等许多温室。从柯林斯大街（Collins Ave.）至世纪湖（Centenary Lakes）有一段热带雨林木板路；另外在这里还能观赏到湖中的鹈鹕、黑天鹅和白鹭等。

弗雷克尔植物园内生长着许多热带植物

■凯恩斯植物园
⊞ Collins Ave., Edge Hill, Cairns, QLD 4870
☎（07）4032-6650
🖳 www.cairns.qld.gov.au/cbg
开 游客信息中心：周一～周五 8:30～16:00、周末 8:30～13:00/ 弗莱克尔花园：每天7:30～17:30/ 世纪湖：每天24小时开放
费 免费
● 弗雷克尔植物园免费导游服务
时 周日～周五 10:00～11:00
※ 从城市广场乘坐 Translinkbus 的 131 路，约 10 分钟即可到达

凯恩斯 近郊的城镇和岛屿

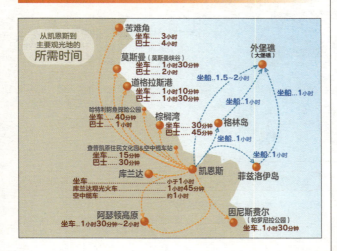

从凯恩斯到主要观光地的 **所需时间**

苦难角
坐车...3小时
巴士...4小时

莫斯曼（莫斯曼峡谷）
坐车...1小时30分钟
巴士...2小时

道格拉斯港
坐车...1小时10分钟
巴士...1小时30分钟

哈特利鳄鱼探险公园
坐车...40分钟
巴士...1小时

棕榈湾
坐车...30分钟
巴士...45分钟

查普凯原住民文化园＆空中缆车站
坐车...15分钟
巴士...30分钟

外堡礁（大堡礁）
坐船...1.5～2小时

坐船...1小时
坐船...1小时
坐船...1小时

格林岛
坐船...1小时

菲兹洛伊岛
坐船...1小时

库兰达
坐车...小于1小时
库兰达观光火车...1小时45分钟
空中缆车...约1小时

凯恩斯

因尼斯费尔（帕罗尼拉公园）
坐车...1小时30分钟

阿瑟顿高原
坐车...1小时30分钟～2小时

交通方式

● 棕榈湾和北部沙滩
从凯恩斯中心地区到北部沙滩可以乘坐 Translinkbus 的 110～113 路和 120 路。前往棕榈湾则只能乘坐 110 路。

棕榈湾和北部沙滩　　Palm Cove & Northern Beach

棕榈湾和北部沙滩

凯恩斯中心地区虽然没有沙滩，但北侧被称作北部沙滩地区的地方有几个沙滩。距离凯恩斯最近的是玛钱斯海滩（Machans Beach），随后是霍洛维海滩（Holloways Beach）、约克斯诺波（Yorkeys Knob）、三一海滩（Trinity Beach）、凯瓦拉海滩（Kewarra Beach）、棕榈湾（Palm Cove）、埃利斯沙滩（Ellis Beach）。北部沙滩的海面平稳，但在海中游泳时仍要多加小心，因为在夏季时盒水母（也称海黄蜂）

安静的棕榈湾沙滩

棕榈湾
Palm Cove

0   200m

栈桥

塞贝尔棕榈湾珊瑚海岸
度假酒店
The Sebel Palm Cove
Coral Coast

棕榈湾大臣酒店
Grand Chancellor
Palm Cove

高级水疗
CEDER RD.
邮局

凯恩斯胡椒海滩温泉俱乐部酒店&棕榈湾水疗Spa
Peppers Beach Club & Spa Palm Cove
棕榈湾购物村
Palm Cove Shopping Village
SC Villa
Paradiso
The Reef House & Spa-MGallery Collection
礁石别墅&美棕榈度假酒店
Melaleuca Resort
The Reef Retreat

TEREBRA ST.
曼特拉安菲拉酒店
Mantra Amphora
VEIVERS RD.

棕榈湾美蕴酒店
Grand Mercure Rockford Esplanade
智利咖啡

阿拉曼达棕榈兰斯摩尔酒店
Alamanda Palm Cove by Lancemore
努努餐馆
阿拉曼达水疗

铂尔曼棕榈湾海神庙度假酒店及水疗中心
Pullman Palm Cove Sea Temple Resort & Spa
Vie水疗

WILLIAMS ESPLANADE
CAPTAIN COOK HWY.
DEEP ACRES DRV.
ARGENTEA BLVD.
N

棕榈湾威廉姆斯海滨大道上的购物中心

和伊鲁坎吉水母两种毒水母经常出没。这些水母有剧毒，要是被蜇可致人死亡。为此在沙滩一角设有防护网将水母拦在外面，一定注意不要游到防护网之外。

人气度假胜地——棕榈湾

棕榈湾在马林海岸众多沙滩中也是极具人气，从凯恩斯开车仅需30分钟左右。原本是作为仅次于凯恩斯的度假地而开发的，规模较小，但在这里令人感觉悠闲自得。比较繁华的地方是沙滩边聚集了餐馆和公寓的威廉姆斯海滨大道。虽然沙滩上的人零零散散，但是海上娱乐项目的种类十分齐全。

格林岛
Green Is.

凯恩斯人气排名 No.1 的岛屿

格林岛是凯恩斯海面上一座由珊瑚礁碎片堆积而成的岛屿。步行绕岛一周仅需40分钟，面积很小，但覆盖着大片的绿色植物。1770年库克船长一行人乘坐奋进号北上前往澳大利亚东海岸途中发现了这座岛屿。当时船上还有英国王室地理学会的天文学家格林，于是以他的名字命名了这座岛屿。但比起这个名字的历史由来，人们会以为是因为这座岛上郁郁葱葱的树林，才起了格林（Green，绿色的意思）这个名字吧。另外岛的周围是一大片盐水湖，可以尽情地享受浮潜、潜水等海上项目的乐趣。这里还有高级的格林岛度假酒店（→ p.100），如果想充分体验岛上度假酒店的轻松气氛，那就住在这里吧。

交通方式

● 格林岛
一般会选择从凯恩斯乘坐当天往返的观光船（→ p.81）。当天往返的观光船均由 Great Adventures Cruises 运营。如果是格林岛度假酒店的房客，酒店的住宿费中已经包含了 Great Adventures Cruises 的往返观光船票。

■ 格林岛的海上滑翔伞之旅
海上滑翔伞之旅大约7分钟，可以从空中看到不一样的美景。

2人乘坐的海上滑翔伞

从空中俯瞰格林岛又是另外一番美景

探索海洋世界吧！

海上娱乐活动
Marine Activities

最简单的项目是浮潜（岛上的潜水商店可以租赁装备）。栈桥附近有很多珊瑚，鱼也非常多，是一个很好的浮潜点。很多潜水商店都有浮潜之旅，可以去到更美丽的珊瑚附近进行浮潜。当然鱼的数量也更多。

栈桥附近是浮潜的绝佳地点

除此之外，潜水商店还有潜水体验和潜水娱乐。潜水体验会先在泳池进行讲解，之后再真正进入大海，让人心里更加有底。在海中教练员会牵着我们的手，即使是初次体验的人也大可放心，可以尽情享受海洋世界的乐趣。另外

可以悠闲地享受海洋世界的海底漫步

还为不会游泳的人准备了玻璃船底的船，同样可以欣赏到美丽的海洋世界。

在潜水店旁的小亭子可以报名参加另外一项很受欢迎的项目——海底漫步。从沙滩乘坐5分钟专用船，在一个漂亮的珊瑚地进行海中漫步，完全不会弄湿头发哦。

观赏喂食鳄鱼的表演

美拉尼西亚海洋公园
Marineland Melanesia　　　Map p.69

公园入口处有一个迷你水族馆，里面陈列了一些南太平洋地区的工艺美术品，但最吸引人的还是海龟池和湾鳄的饲养场。每天10:30、13:30有给海龟和湾鳄喂食的表演，其中，鳄鱼大口咬到棒子上悬挂的饲料的场景十分壮观。

另外表演时还可以抱着小鳄鱼拍纪念照。这里饲养的鳄鱼有50多条，其中推测年龄超过110岁，人工饲养中世界上最大的湾鳄（体长5.5米）——卡修斯也在其中。

可以抱着小鳄鱼拍纪念照

菲兹洛伊岛　　　Fitzroy Is.

热带雨林岛屿

从凯恩斯前往菲兹洛伊岛交通便利，跟格林岛齐名。距离大陆仅6公里，位于凯恩斯东南方向26公里。与珊瑚堆积形成的格林岛不同，菲兹洛伊岛上生长着茂盛的热带雨林，更像是一座山岛。因此除了水上运动之外，

平静的海面和由珊瑚碎片堆积而成的沙滩

格林岛
Green Is.
0　　200m

大冒险潜水商店
沙滩租赁
Boolean
观光船码头
美拉尼西亚海洋公园
Marineland Melanesia
乘坐海上滑翔伞的集合地
格林岛度假酒店
Green Island Resort
凯恩斯诺曼礁、摩尔礁方向
欧一路德格林岛
格林岛游客信息中心
直升机停机坪
N

■潜水商店
🌐 www.greatadventures.com.au
💰 浮潜装备：1天$18/乘船的浮潜之旅：（成人）$48（儿童）$32/潜水体验：1次$164/潜水娱乐：1次$114、2次$164（包含所有装备）/玻璃船：（成人）$19（儿童）$9.50

有教练员陪同的潜水体验

■海底漫步
💰 1人$175（12岁以上）

■美拉尼西亚海洋公园
🌐 www.greenislandcrocs.com.au
🕐 每天9:30~16:00
💰（成人）$19（儿童）$9
● 表演
📅 10:30~11:15、13:30~14:15

■在格林岛 & 菲兹洛伊岛也能体验的放松项目
在格林岛度假酒店入口旁有一个水疗SPA中心。环境舒适，有各种按摩服务。菲兹洛伊岛也有同样的设施。
● 欧一路德格林岛
Oiled Green Island
☎ 格林岛：（07）4052-0243/菲兹洛伊岛：（07）4044-6700
🌐 www.oiled.com.au
🕐 每天9:30~21:00（16:00以后为酒店房客专用）
💰 足部按摩：20分钟$20/全身按摩：30分钟$40、60分钟$80 等

澳大利亚地区指南
● 昆士兰州 凯恩斯

69

交通方式

● **菲兹洛伊岛**
凯恩斯的舰队码头有 3 家公司航行的渡轮（所需时间 45 分钟）。

● **菲兹洛伊岛·快猫 Fast Cat**
☎ (07) 4044-6700
💻 www.fitzroyisland.com
🕐 凯恩斯出发 8:00、11:00、13:30/ 菲兹洛伊岛出发：9:30、12:15、17:00
💰 往返 🧑 $78/ 🧒 $39 👪 $205/ 包含浮潜或乘坐玻璃底观光船的往返：🧑 $91 🧒 $47 👪 $235

● **菲兹洛伊飞行者 Flyer**
☎ (07) 4030-7900
💻 www.ragingthunder.com.au
🕐 凯恩斯出发 9:00/ 菲兹洛伊岛出发 16:30
💰 往返 🧑 $78 🧒 $51/ 包含浮潜或乘坐玻璃底观光船 & 晚餐的往返：🧑 $108 🧒 $67

● **阳光恋人巡航 Sunlover**
☎ (07) 4050-1333
💻 www.sunlover.com.au
🕐 凯恩斯出发 9:30/ 菲兹洛伊岛出发 16:30
💰 往返 🧑 $79 🧒 $39

■ **浮潜**
在度假区可以租赁浮潜装备
💰 1 天 $18

■ **娱乐活动旅游团**
☎ (07) 4030-7900
组团社为 Raging Thunder

● **独木舟旅游团**
🕐 凯恩斯 往返：每天 8:30~17:30 🧑 $149

交通方式

● **库兰达和阿瑟顿高原**
一般会选择先坐从凯恩斯郊外卡拉沃尼卡湖出发的空中缆车，从缆车上可以俯瞰热带雨林；然后乘坐 19 世纪 80 年代制造的库兰达观光火车这样的交通方式出行。还可以在凯恩斯乘坐 Trans North Bus & Coach Service（→ p.65）运营的巴士，每天都有数趟车次。

■ **库兰达·游客信息中心**
🗺 p.71 上 /B
🏠 Therwine St.，Kuranda，4881 ☎ (07) 4093-9311
💻 www.kuranda.org 🕐 每天 10:00~16:00 🚫 圣诞节

■ **库兰达传统市场**
Kuranda Heritage Market 🗺 p.71 上 /A
🏠 2 Rob Veivers Drv.，Kuranda，

在这里还可以徒步穿越森林，观赏鸟类等。

玩转菲兹洛伊岛

从凯恩斯出发的双体船会停靠在岛屿西侧，欢迎湾（Welcome Bay）突出的栈桥旁。欢迎湾对面是度假区域，集中了餐厅、活动中心等，岛上还有设施完善的四星级酒店菲兹洛伊岛度假酒店（→ p.101）。另外沙滩是由珊瑚细小的碎片构成，浅滩还零星有一些珊瑚礁，如果想浮潜的话，这里是最佳的地点。

菲兹洛伊岛有浮潜、乘坐玻璃底观光船、海上独木舟等娱乐项目。如果想一日游，选择参加包含这些项目的、凯恩斯当天往返的旅游团比

较划算。其中小菲兹洛伊岛或纽迪沙滩（Nudie Beach）等地的海上独木舟之旅（Sea Kayak Tour）颇受欢迎。

灯塔前的展望台上看到的风景也同样壮观

另外徒步游览也值得尝试。善于健走的人可以选择灯塔 & 山顶线（Lighthouse & Peak Circuit），这条线路会途经相对北部灯塔，然后到达岛的最高点，随后再返回度假区；当然也可以选择相对轻松的秘密花园线（The Secret Garden），同样可以感受到热带雨林的非凡之处。

如果时间充裕，不妨到凯恩斯海龟疗养中心（Cairns Turtle Rehabilitation Centre）看一看。这个中心内的海龟大多是因为被船的螺旋桨打到或遭到鲨鱼的攻击而受伤，为了让它们重回大海而帮助它们治疗和康复，每天都有志愿者导游为大家讲解，可以更好地观察治疗中心的海龟。

菲兹洛伊岛
Fitzroy Is.

0   500m

凯恩斯方向
欢迎湾
Welcome Bay
娱乐活动中心
栈桥
纽迪沙滩
Nudie Beach
230米
秘密花园漫步
菲兹洛伊岛度假酒店
Fitzroy Island Resort
小菲兹洛伊岛
Little Fitzroy Is.
灯塔 & 山顶线
灯塔
观景台（269米）
凯恩斯海龟疗养中心
菲兹洛伊岛
Fitzroy Is.
N

库兰达和阿瑟顿高原　　　Kuranda & Atherton Tableland

被热带雨林环绕的库兰达

库兰达位于凯恩斯西北部约 30 公里远的地方（开车 40~50 分钟），是一个仅有 760 人的小镇。这里曾经是原住民居住的地区，库兰达在原住语中意思是热带雨林的村庄。19 世纪因矿山而繁荣起来，1886 年为那些在矿山工作的人们修建了铁路。如今这条铁路成了观光用的库兰达观光火车（→ p.89）。一般前往库兰达都会选择乘坐观光火车和世界为数不多的可以俯瞰热带雨林的空中缆车（→ p.89）这样一个组合。

乘坐库兰达观光火车前往库兰达

库兰达小镇停止矿山铁路的使用后，20 世纪 60 年代嬉皮士为了寻求自由又纷纷聚集在了这里。

如今小镇上居住着很多艺术家，在库兰达传统市场（Kuranda Heritage Market）和库兰达原始雨林市场（Kuranda Original Rainforest Market）

库兰达
Kuranda

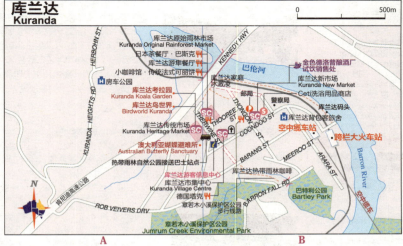

库兰达原始雨林市场
Kuranda Original Rainforest Market
日本茶餐厅·巴欧克
库兰达游隼餐厅
小咖啡馆·传统法式可丽饼
房车公园
库兰达考拉园
Kuranda Koala Garden
库兰达鸟世界
Birdworld Kuranda
库兰达传统市场
Kuranda Heritage Market
澳大利亚蝴蝶避难所
Australian Butterfly Sanctuary
热带雨林自然公园接送巴士站点
库兰达市集中心
Kuranda Village Centre
德国塔克

章若木小溪保护区公园
步行线路
章若木小溪保护区公园
Jumrum Creek Environmental Park

巴伦河
金色德洛普酿酒厂
试饮销售处
库兰达新市场
Kuranda New Market
Ceti洗浴用品商店
库兰达家庭
冰激凌
邮局
警察局
库兰达码头
库兰达背包客旅舍
空中缆车站
跨栏大火车站
库兰达热带雨林咖啡
巴特利公园
Bartley Park

A   B

阿瑟顿高原
Atherton Tableland

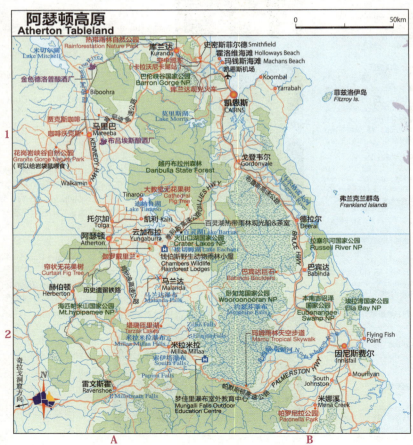

米切尔湖
Lake Mitchell
热带雨林自然公园
Rainforestation Nature Park
库兰达
Kuranda
空中缆车
（卡拉沃尼卡湖站）
巴伦峡谷国家公园
Barron Gorge NP
库兰达观光火车
史密斯菲尔德 Smithfield
霍洛维海滩 Holloways Beach
玛钱斯海滩 Machans Beach
凯恩斯机场
Koombal
Yarrabah
菲兹洛伊岛
Fitzroy Is.

金色德洛普酿酒厂
Biboohra

贾克斯咖啡
咖啡沃克斯
马里巴
Mareeba
布吕埃斯酿酒厂
凯恩斯
CAIRNS

花岗岩峡谷自然公园
Granite Gorge Nature Park
（可以给岩袋鼠喂食）
Waikamin

莫里斯湖
Lake Morris

戈登韦尔
Gordonvale

越丹布拉州森林
Danbulla State Forest

弗兰克兰群岛
Frankland Islands

Tinaroo
大教堂无花果树
Cathedral Fig Tree
迪纳鲁湖
Lake Tinaroo

托尔加
Tolga
凯利 Kairi
云加布拉
Yungaburra
火山口湖国家公园
Crater Lakes NP
伊查姆湖
Lake Eacham
钱伯斯野生动物雨林小屋
Chambers Wildlife
Rainforest Lodges

百灵湖热带雨林观光船&茶室
Lake Barrine

德拉尔
Deeral

拉塞尔河国家公园
Russell River NP

阿瑟顿
Atherton

帘状无花果树
Curtain Fig Tree

赫伯顿
Herberton
历史遗留铁路
海匹帕米山国家公园
Mt.hypipamee NP

马兰达
Malanda
马兰达瀑布
Malanda Falls

卧如龙国家公园
Wooroonooran NP
约瑟芬瀑布
Josephine Falls

巴宾吉巨石
Babinda Boulders

巴宾达
Babinda

埃拉湾国家公园
Ella Bay NP

塔瑞匹里瀑布
Tarzari Lakes
米拉米拉瀑布
Millaa Millaa Falls
米拉米拉
Millaa Millaa
Zillie Falls
Ellinjaa Falls
索伊拉瀑布
South Falls
Papina Falls

本南吉巴泽
Eubenangee
Swamp NP

玛姆雨林天空步道
Mamu Tropical Skywalk

Flying Fish
Point

因尼斯费尔
Innisfail

雷文斯霍
Ravenshoe
Millstream Falls

梦佳里瀑布室外教育中心
Mungalli Falls Outdoor
Education Centre

帕默斯顿国家公园
PALMERSTON HWY

帕罗尼拉公园
Paronella Park

South
Johnston

Mourllyan

米娜溪
Mena Creek

奇拉戈洞窟方向

A   B

71

4872　☎ (07) 4093-8060
🌐 kurandamarkets.com
🕐 每天 9:30~15:30

■库兰达原始雨林市场
Kuranda Original Rainforest Market
📖 p.71 上 /B
🏠 7/13 Therwine St., Kuranda, 4872　☎ (07) 4093-9400
🌐 www.kurandaoriginal rainforestmarket.com.au
🕐 每天 9:30~15:00

被评为美食街的 Therwine Street 上的一家冰激凌店

■花岗岩峡谷自然公园
📖 p.71 下 /1A
🏠 332 Peglietta Rd., Chewko via Mareeba, QLD 4880
☎ (07) 4093-2259
🌐 www.granitegorge.com.au
💰 $12 成年 / $6（大学生）、$3（中小学生）/ 袋鼠饲料 $1

■咖啡沃克斯
📖 p.71 下 /1A
🏠 136 Mason St., Mareeba, QLD 4880　☎ (07) 4092-4101
🌐 coffeeworks.com.au
🕐 每天 9:00~16:00（咖啡世界 ~15:00）　喝咖啡比拼（咖啡世界）成 $19 儿 $10

■贾克斯咖啡
📖 p.71 下 /1A
🏠 137 Leotta Rd., Mareeba, QLD 4880　☎ (07) 4093-3284
🌐 www.jaquescoffee.com
🕐 每天 10:00~16:00
💰 咖啡之旅 成 $15 儿 $8

■金色德洛普酿酒厂
📖 p.71 下 /1A
🏠 227 Billwon Rd., Mareeba, QLD 4880　☎ (07) 4093-2750
🌐 www.goldendrop.com.au
🕐 每天 9:00~17:30

■布吕埃斯酿酒厂
📖 p.71 下 /1A
🏠 189 Fichera Rd., Mareeba, QLD 4880　☎ (07) 4092-4515
🌐 www.debrueys.com.au
🕐 每天 10:00~17:00

■伽罗戴里兰
📖 p.71 下 /2A
🏠 1 Malanda Rd., Atherton, QLD 4883　☎ (07) 4095-2388
🌐 gallodairyland.com.au
🕐 每天 9:30~16:30

库兰达传统市场有很多工艺品

可以欣赏到他们的作品。另外还有饲养着蝴蝶、鸟类的小型动物园（→p.79），很适合悠闲地散步。另外从库兰达开车 5 分钟可以到达热带雨林自然公园（→p.78）。在这里可以乘坐广受好评的水陆两用车 DUKW、抱着考拉拍合纪念照、欣赏原住民表演，是一个人气很高的热带雨林主题公园。

可以享受高原和热带雨林的乐趣——阿瑟顿高原

库兰达西侧被大分水岭隔开的高原地区便是阿瑟顿高原。这一地区的气候十分复杂，当我们猜测会不会有跟库兰达一样的热带雨林存在时，还没走几公里就变成了降雨稀少的干燥气候。但充分利用了这样特殊的气候条件和海拔高度，这里的畜牧业、农业（咖啡、红茶、杧果、荔枝、香蕉等）非常发达。

在原始雨林市场内还可以吃到铜锣烧

景点零星分布，游客一般都会选择租车前往这里，从凯恩斯出发的旅游团也很多。比较知名的景点有马里巴（Mareeba）近郊的花岗岩峡谷自然公园（Granite Gorge Nature Park）。这里栖息着特有的马里巴岩袋鼠，在入口处可以购买饲料，每个人都能简简单单地给袋鼠喂食。

另外马里巴镇上有咖啡沃克斯（The Coffee Works）、贾克斯咖啡（Jaques Coffee Plantation）等咖啡农场；还有金色德洛普酿酒厂（Golden Drop Winery）和布吕埃斯酿酒厂（de Brueys Boutique Wine）等水果型酿酒厂，可以试饮品尝。

在云加布拉（Yungaburra）村外有一棵巨大的帘状无花果树（Curtain Fig Tree）和一棵大教堂无花果树（Cathedral Fig Tree）；澳洲航空广告中出现过的热带雨林中美丽的

绝对不容错过的帘状无花果树

米拉米拉瀑布（Millaa Millaa Falls）也让你感到不虚此行。

另外还可以在火山湖之一的百灵湖（Lake Barrine）上乘坐游船享受百灵湖茶室的下午茶、在阿瑟顿近郊的伽罗戴里兰（Gallo Dairyland）购买奶酪和巧克力、在塔瑞匹里湖（Tarzali Lakes）观赏海鸥，这些景点也不要落下哦。除此以外，凯恩斯水源地迪纳鲁湖（Lake Tinaroo）的水上运动也有着极高人气。周末可以参观历史悠久，连接着阿瑟顿（Atherton）~ 赫伯顿（Herberton）~ 雷文斯霍（Ravenshoe）的蒸汽火车和奇拉戈钟乳洞穴（Chillagoe Caves）。

阿瑟顿高原首屈一指的米拉米拉瀑布

因尼斯费尔和卧如龙国家公园　Innisfail & Wooroonooran NP

拥有众多意大利裔移民的因尼斯费尔

　　因尼斯费尔位于凯恩斯以南约90公里的位置。是阿瑟顿高原南部入口，并且有船开往因漂流而知名的徒利（Tully）和邓克岛，是前往任务海滩的起点小镇。小镇人口仅8000人左右，虽然不是一座大城市，但近郊的帕罗尼拉公园（→p.80）历史悠久，人气颇高，因此造访这里的游客也是络绎不绝。

因尼斯费尔有很多意式咖啡馆

　　因尼斯费尔镇中居住着许多经历过两次世界大战的意大利移民，城镇也是在此基础上建设起来的。直到今日，城镇上仍有许多意大利人，还有不少意式美食餐厅。

极受欢迎的世界遗产——卧如龙国家公园

　　凯恩斯南部至因尼斯费尔的大分水岭区域，便是卧如龙国家公园。公园实际面积有798平方公里。昆士兰州的两大高山——巴特弗里山（Mt.Bartle Frere，1622米）和贝伦敦克尔（Mt.Bellenden Ker，1592米）均位于这个公园内，这一带的热带雨林也被列为世界遗产。

如果想戏水游玩一定要来约瑟芬瀑布

　　公园内比较著名的景点有3处。第一处是巴宾达巨石（Babinda Boulders）——Babinda在原住民语中有"瀑布"的意思——凯恩斯市民在休假时都会经常来这里郊游。在热带雨林环绕下的美丽湖泊和从这里流淌出来的湖水，经过巨石形成湍急的水流。湖水非常清澈，很多人还会选择来这里游泳。

巴宾达巨石构成的不可思议的溪谷

　　卧如龙国家公园第二个著名的景点是约瑟芬瀑布（Josephine Falls）。走过美丽的热带雨林线路，前方就是呈阶梯状的约瑟芬瀑布。从台阶一般的岩石上可以乘坐像水滑板一样的东西滑到下面。

　　从因尼斯费尔至马拉米拉会经过帕默斯顿高速公路，沿公路修建的用于观察热带雨林的玛姆雨林天空步道（Mamu Tropical Skywalk）也不容错过。卧如龙国家公园南部的热带雨林中不仅有地面步行道，还有树顶步道，可以观察到平时很难看到的森林顶部的样子。在天空步道最后的折

玛姆雨林天空步道

返点还有一座高37米的塔，可以将约翰斯顿溪谷的美景尽收眼底。

道格拉斯港　Port Douglas

充满高级感的成人度假城镇

　　道格拉斯港位于凯恩斯北部70公里处，4英里沙滩（4 Mile Beach，长4英里约等于6.4公里）就在这个港口小镇上。城镇位于太平洋和迪克

视野开阔的 4 英里沙滩

道格拉斯港
Port Douglas

0   500m

海边的圣玛丽

安扎克公园
Anzac Park   灯塔
周日市场
Sunday Markets

道格拉斯港游客信息中心

萨尔萨酒吧   弗莱格斯塔夫山观景台

礁石码头
The Reef Marina
（银梭号出发地）

港口村
Port Village

木槿度假酒店&水疗
Hibiscus Resort & Spas

雷蒂娅梦想水疗Spa

道格拉斯港胡椒海滩
俱乐部酒店
Peppers Beach Club
Port Douglas

高级水疗

道格拉斯港青年旅舍
Port DouglasYHA
Backpackers Hostel

道吉斯背包客度假酒店
Dougies Backpackers
Resort

墓地

道格拉斯港喜来登大酒店
Sheraton Grand Mirage
Port Douglas

晨景乡村俱乐部
（俱乐部小屋）

4 Mile Beach

QT道格拉斯港酒店
QT Port Douglas

尼拉马亚别墅酒店&SPA
Niramaya Villas & SPA

道格拉斯港华美达度假酒店
Ramada Resort Port Douglas

道格拉斯港铂尔曼
海神庙度假酒店
Pullman Port Douglas
Sea Temple Resort & Spa
Vie水疗

道格拉斯港天堂高尔夫度假酒店
Paradise Links Resort Port Douglas

野生动物栖息地
The Wildlife Habitat

帕尔默海雅
高尔夫球场

凯恩斯方向

莫斯曼方向

WHARF ST
道格拉斯路
戴维森大街
4英里沙滩
PORT DOUGLAS RD

森海峡所夹的一座半岛上，有前往大堡礁北部的游船码头，曾经还是知名的捕鱼地。另外这里还有许多豪华酒店和高档公寓，是澳大利亚数一数二的高级度假地。

从凯恩斯来到道格拉斯港，首先给人留下深刻印象的是沿道格拉斯港路旁整齐排列的椰子树。路两旁有野生动物栖息地（→p.80）、澳大利亚顶级的豪华地，以道格拉斯港喜来登大酒店为主的高档酒店＆公寓以及高尔夫球场等，直到戴维森大街才渐渐进入市区。

市中心为麦克罗森大街

市中心是连接4英里沙滩和戴维森大街的麦克罗森大街（Macrossan St.）。道路两旁有精品店、咖啡馆、餐馆和纪念品商店等。其中港口村（Port Village）是道格拉斯港最大的购物中心，里面还有科尔斯超市，不论是当地人还是游客都会光顾这里，十分热闹。可以获取各种观光信息的道格拉斯港游客信息中心也在这条大街上。

麦克罗森大街靠近戴维森大街一侧有一个小公园叫安扎克公园（Anzac Park）。这里立有在两次世界大战中阵亡的澳大利亚士兵纪念碑，来献花的人络绎不绝。公园旁还有一座可以看到大海的小教堂，叫海边的圣玛丽（St Mary's by the sea），是澳大利亚有名的婚礼举办地。另外公园每周日还会举办周日市场（Sunday Markets），一定记得去看一看。

各种游船出发停靠的礁石码头

走过安扎克公园旁的戴维森大街便是码头大街（Wharf St.）。道格拉斯港的高档购物中心，同时也是码头的礁石码头就在这里。礁石码头停靠着前往大堡礁的银梭号等很多观光船，还有许多潜水游艇，一定要去看看哦。

虽然道格拉斯港没有什么特别的景点，但在半岛尽头的弗莱格斯塔夫山观景台（Flagstaff Hill Lookout）还是非常值得一去的。尤其早上，可以看到朝阳下闪闪发光的南太平洋，景色美不胜收，令人流连忘返。

■道格拉斯港游客信息中心

   p.74

23 Macrossan St., Port Douglas, 4871

（07）4099-4588

www.visitportdouglasdaintree.com.au

每天 8:30~17:30

停靠高级游艇的礁石码头

交通方式

●莫斯曼和丹翠国家公园
从凯恩斯出发，可以乘坐由Trans North Bus & Coach Service（→p.65）运营，前往莫斯曼、丹翠和苦难角的巴士。另外可以从道格拉斯港乘坐由Cape Trib Adventure 巴士公司运营的，

莫斯曼和丹翠国家公园   Mossman & Daintree NP

在莫斯曼峡谷清澈的小溪中戏水

进入最古老的热带雨林地区

从凯恩斯出发可以当日往返，如果想体验更纯粹的热带雨林，那就一定要前往道格拉斯港北部，被列为世界遗产热带雨林之一的丹翠国家公园。公园被丹翠河划分成南北两侧，南侧的中心是莫斯曼，北侧则是苦难角（Cape Tribulation）。虽然可以租车自驾游览，但最好还是参加旅游团，通过导游的讲解可以更深入地了解这一片森林。

以莫斯曼峡谷游客中心为起点漫步热带雨林

从莫斯曼市往西
15公里左右，莫斯曼
峡谷前约2公里的地
方是莫斯曼峡谷游客中
心（Mossman Gorge
Centre）。如果想游览
莫斯曼峡谷，必须要
先到这里（普通车辆
只能开到这里）。游

森林漫步的起点——莫斯曼游客中心

客中心内有展示库库亚兰吉族艺术作品的美术馆，还有咖啡馆、餐馆等。
从游客中心前往莫斯曼峡谷，可以选择步行或乘坐摆渡车（Shuttle Bus）。

从莫斯曼峡谷一侧的摆渡车车站开始，铺设好了几条木板路方便游
客徒步游览。在30分钟1圈的短途线路，可以看到很多热带植物，途中
的莫斯曼河还有可以游泳的地方。对森林很感兴趣的人，可以选择走2.4
公里的雨林环路（Rainforest Circuit）。

参加梦想时光峡谷之行，观赏热带植物

另外除了热带雨林，如果还对原住民文化感兴趣的话，可以参加
库库亚兰吉族的导游带领的梦想
时光峡谷之行（Dreamtime Gorge
Walks）。在进入森林之前，会有一
个仪式，随后会进入一个只有参加
这个导游服务才能进入的森林，导
游会向大家介绍如何在这片森林中
生活，如何得到植物的恩惠等。还
可以体验叫作欧卡的项目。

可以尽情探索热带雨林，娱乐活动丰富的苦难角

莫斯曼再往北，丹翠的村庄中，丹翠河
的游船深受游客喜爱。河中栖息着湾鳄，观
光船大约会游览1小时。

从丹翠河向北，丹翠国家公园北部便是
苦难角，凯恩斯有很多旅游团前往这里，但
当日往返的话，路上会耽误很多时间，并不
推荐。如果时间允许的话最好还是能在这里
住上几晚，慢慢体验苦难角的魅力。

到达苦难角首先要去的是位于南部牛湾
（Cow Bay）的丹翠雨林探险中心（Daintree
Discovery Centre）。探险中心有一座高23米
的5层塔楼，从每个楼层可以参观不同高

丹翠雨林探险中心的塔楼

度的热带雨林样貌。穿梭于热带雨林中的步行道，可以观赏到各种植物。

另外桑顿海滩（Thornton
Beach）附近的马贾植物小
路（Maardja Botanical Walk）
也是必去的地方。板根状大
树、各种蕨类植物、附生植
物、勒颈无花果树等，除了
这些热带特有的植物外，在
海边还有红树森林，带有一

在苦难角沙滩悠然自得

每天一趟的往返巴士。凯恩
斯还有许多前往莫斯曼的旅
游团，推荐大家报名参加。
另外前往苦难角时，根据道
路状况巴士有可能停运。

● Trans North Bus &
Coach Service
☎（07）4095-8644
🌐 www.transnorthbus.com
🚌 凯恩斯～莫斯曼 单程：
🚹 $50 🚸 $25/凯恩斯～苦
难角单程：🚹 $51.70 🚸 $26

● Cape Trib Adventure Bus
☎ 0488-425-968 🌐 www.
capetribadventure.bus.com
🚌 道格拉斯港～苦难角往
返：1人 $100

■ 莫斯曼峡谷游客中心
📍 p.59/2A
🏠 212r Mossman Gorge Rd.,
Mossman 4873
☎（07）4099-7000
🌐 www.mossmangorge.com.
au 🕐 每天 8:00~18:00

● 摆渡车
🕐 每天 8:00~17:30，每隔
15分钟一趟
💰 🚹 $9.50 🚸 $4.70 🏠
$23.50
※ 同一天内可以反复乘坐

● 梦想时光峡谷之行
🕐 每天 10:00~13:00 每隔1
小时一次，15:00 开始一次
（所需时间 1小时 30分钟）
💰 🚹 $68 🚸 $34 🏠 $169
※ 含摆渡车费

■ 丹翠河观光船
多家旅行社均有此项活
动，大体相同。

● 布鲁斯贝尔卡斯河流观光船
☎（07）4098-7717 🌐 www.
daintreerivercruises.com.au
🕐 每天 9:30、11:00、12:00、
13:30、14:30、16:00（所需
时间 1小时）
💰 🚹 $27 🚸 $12 🏠 $70

● 丹翠河流观光船中心
☎（07）4098-6115 🌐 www.
daintreerivercruisecentre.com
🕐 每天 9:30、9:50、11:00、
11:30、12:00、13:30、14:30~
15:30 之间每隔 30分钟一趟
💰 🚹 $28 🚸 $14 🏠 $70

■ 丹翠雨林探险中心
📍 p.59/2A
🏠 Cnr. Cape Tribulation &
Tulip Oak Rds., Cow Bay,
4873
☎（07）4098-9171
🌐 discoverthedaintree.com
🕐 每天 8:30~17:00

休 圣诞节
費 成人 $32 儿童 $16 家庭 $78

■ 苦难角荒野旅行
☎ 045-773-1000
🌐 www.capetribcruises.com
🕐 白天、夜间、季节不同，时间有所变化，参加前请提前电话确认
費 白天旅行: 成人 $30 儿童 $22/
夜间旅行: 成人 $30 儿童 $22

■ 从苦难角出发的外堡礁游船半日游
● 海洋冲浪 Ocean Safari
☎ （07）4098-0006
🌐 www.oceansafari.com.au
🕐 苦难角每天 8:00~12:30、
12:00~16:30
費 成人 $139 儿童 $89 家庭 $415

交通方式

● 库克敦
从凯恩斯出发可以乘坐 Trans North Bus & Coach Service 运营的巴士，途经库兰达和马里巴的内陆线路每周三、周五、周日发车（所需时间 5 小时）；途经苦难角的海岸线（根据道路状况有可能停运）每周一、周三、周五发车。另外从凯恩斯还可以搭乘 Hinterland Aviation 公司的飞机，每天有 2~3 航班。

● Trans North Bus & Coach Service
☎ （07）4095-8644
🌐 www.transnorthbus.com
費 凯恩斯~库克敦单程: 成人 $84.30 儿童 $42.50

● Hinterland Aviation
☎ （07）4040-1333
🌐 www.hinterlandaviation.com.au

■ 库克敦 & 约克角游客信息中心
Cooktown & Cape York Visitor Information Centre
🏠 Finch Bay Rd., Botanic Garden, Cooktown, 4895
☎ （07）4069-6004 🌐 www.cooktownandcapeyork.com
🕐 每天 9:30~16:00（各个季节略有变化）

■ 詹姆斯·库克博物馆
🏠 Cnr. Helen & Furneaux Sts., Cooktown, 4895
🌐 www.nationaltrust.org.au/places/james-cook-museum
☎ （07）4069-5386
🕐 每天 9:00~16:00（10~4 月仅周二~周五）
休 圣诞节、节礼日、每年的最后一天
費 成人 $10 儿童 $3 家庭 $23

乘坐游船欣赏河边茂盛的红树森林

条 800 米左右的步行道。

之后可以参加苦难角荒野旅行（Cape Tribulation Wilderness Cruises）。旅游团白天 2 次，晚上 1 次（所需时间 1 小时）。尤其晚间跟白天的气氛完全不同，看到灯光反射下湾鳄的眼睛，不禁让人害怕会不会遭到攻击。

接着就是苦难角了。苦难角是海上突出的一个小海岬，1770 年 6 月 11 日，库克船长的奋进号在这附近两次触礁，几乎沉船，所以把这里取名为苦难角（Cape Tribulation），因为这里是这次航行中困难的地方。

苦难角的北部有一片美丽的白色沙滩。沿着海岬修有步行道，途中有观景台，可以将沙滩对面海湾的珊瑚礁尽收眼底。在澳大利亚本土的海岸线中，很少有像这里一样能看到如此美丽的珊瑚礁。但是这里所看到的珊瑚礁并非大堡礁，而是紧靠陆地边缘生长的岸礁。

库克敦 Cooktown

库克船长登陆地附近矗立的库克铜像

库克敦位于凯恩斯以北 200 公里，约克角的入口位置，是北昆士兰最古老的城镇，镇名以詹姆斯·库克船长的名字来命名。

1768 年，库克船长一行人为探索南太平洋而出航，1770 年 8 月 17 日，在一片珊瑚礁海海域靠岸停留。为了休息船只而登陆的地方便是库克敦。100 年之后，于 1872 年在库克敦的近郊帕尔玛河发现了金矿，由于引发了黄金热，库克敦的人口也随之激增，超过了 3 万人，是当时昆士兰州规模第二大的城镇。但如此热闹的景象仅持续了几年，加上 1907 年和 1949 年两次大型飓风的破坏，城镇也逐渐衰落了。

如今这里是一座拥有 1600 人口的安静小镇。一边看着黄金热时期遗留下来的建筑，一遍幻想着当年繁荣的场景。来到这里就一定要去詹姆斯·库克博物馆（James Cook Museum）看一看。博物馆是由 1888 年建造的修道院改修而成，建筑本身就很有参观价值。馆内陈列着有关库克船长生平和航海的东西、黄金热时期的遗物、还有有关来这里挖掘金矿的中国人的资料。如果想了解过去的库克敦也一定要来这里。

蜥蜴岛 Lizard Is.

被美丽的海水包围的蜥蜴岛

蜥蜴岛位于大堡礁群岛的最北端，是许多潜水和钓鱼爱好者十分向往的地方。可以当天往返人气很高的鳕鱼洞潜水点；在近海还可以钓到黑枪鱼。每年 9~12 月的钓鱼季节，海内外的钓鱼爱好者都会来到这座岛上。

蜥蜴岛在 1770 年库克船长一行从大堡礁北上时起着至关

重要的作用。因为很难找出从大堡礁向外洋航行的航线，而在蜥蜴岛的顶端眺望海域时，发现了通向外洋的线路。关于这座岛的命名也有一个小故事，当时船上一位叫作约瑟夫·邦克的医生在岛上发现了许多大蜥蜴，这座岛也因此而得名。

蜥蜴岛还有着大堡礁地区少有的顶级度假酒店——蜥蜴岛度假酒店。岛上仅有这一家酒店，各种服务也基本仅供房客使用。有一些潜水观光船能到达此岛。

交通方式

●蜥蜴岛
面向在蜥蜴岛住宿的游客，有凯恩斯～蜥蜴岛的小型飞机运营。航线经过大堡礁，因此还可以当作飞行游览。详情请查询下方网址。
www.lizardislandtours.com.au

凯恩斯 和它周边的主题公园

凯恩斯近郊的主题公园，有的可以在周围的热带雨林中尽情玩乐，有的可以与澳大利亚特有的动物亲密接触，有的还可以了解远古时期便存在的原住民文化……说到底基本上都是比较亲近自然的。正因如此，希望大家花些时间，慢慢地逐一去游玩。

体验原住民文化

查普凯原住民文化园　　　　　　Map p.59/3B
Tjapukai Aboriginal Cultural Park

绝对值得一看的创作型故事表演

原住民查普凯族从古代就开始生活在今天的凯恩斯近郊地区。这座主题公园通过表演剧和野外露营的形式向大家介绍他们长达4万年的历史和文化，公园位于卡拉沃尼卡湖的空中缆车站旁。

公园有两个室内剧场，在鹤鸵剧场会上演有关于原住民文化及艺术的表演。讲述查普凯族对于季节和狩猎理解的大型艺术表演一定不要错过。而在故事水剧场有最新的视听装备加上查普凯族人的表演而构成的创作型故事演出，通过表演可以了解查普凯族的创世传说（这两个剧场仅有英语表演）。户外的查普凯舞蹈剧场也是一大特色。在带有屋顶的舞台上，上演澳大利亚传统舞蹈歌舞会。表演后半段还有托雷斯海峡的岛民出场。表演结束后去野外露营地看看吧。在这里可以体验投掷回旋镖、长矛、演奏迪吉里杜管，还可以学习如何食用野草以及一些药物知识。可以按顺序观看每个节目，全部看完大概需要2小时。

查普凯主题公园在夜间还会上演查普凯夜火仪式（Night Fire by Tjapukai）。在火把的照耀下，使开放仪式显得更具有神圣感，晚宴表演中的原住民舞蹈和歌曲简单易懂，中间还穿插着一些滑稽的内容。晚餐自助也十分美味。

■查普凯原住民文化园
住 P.O.Box 816, Smithfield, 4878
☎ (07) 4042-9999
www www.tjapukai.com.au
开 每天 9:00~17:00
休 新年、圣诞节
费 成人 $62 儿童 $42 家庭 $166
※ 凯恩斯市中＆北部地区
接送 成人 $21 儿童 $12 家庭 $24
※ 凯恩斯市中有很多空中缆车＋库兰达观光火车组合的旅游团
交通 乘坐Translink bus 巴士 122路、123 路

■查普凯夜火仪式
时 每天 19:00~21:30
费 不含接送：成人 $123 儿童 $75 家庭 $321/包含接送：成人 $150 儿童 $90 家庭 $390
免 1800-242-500
www www.dokidokitours.com
时 每天 18:30~21:40
费 成人 $155 儿童 $105

舞蹈剧场表演的澳大利亚传统歌舞

舞蹈剧场的取火仪式也不容错过

梦幻般的查普凯夜火仪式

哈特利鳄鱼探险公园

Hartley's Crocodile Adventures

`Map p.59/3A`

■ **哈特利鳄鱼探险公园**

住 Captain Cook Hwy., Wangetti Beach（P.O.Box 171, Palm Cove），4879

☎ (07) 4055-3576

FAX (07) 4059-1017

网 www.crocodileadventures.com

开 每天 8:30~17:00

休 圣诞节

费 成人 $39 儿童 $19.50 家庭 $97.50/ 抱考拉拍照 $22/ 抱小鳄鱼拍照 $20

● **动物全接触之旅（含入园门票 / 需提前预约）**

开 每天 9:30、13:30 开始

费 1 人 $130/ 包含凯恩斯接送 1 人 $165/ 包含棕榈湾接送 1 人 $152

● **鳄鱼大冒险（含入园门票 & 凯恩斯接送 / 需提前预约）**

开 每天 10:30、13:00 开始

费 1 人 $130/ 包含凯恩斯接送 1 人 $165/ 包含棕榈湾接送 1 人 $152

● **和考拉一起吃早餐（含入园门票 & 凯恩斯接送 / 需提前预约）**

开 每天 8:30 开始

费 成人 $105 儿童 $52.50

交通 从凯恩斯、道格拉斯港中可以乘坐 Sun Palm Transport Group 和 Coral Reef Coaches（→ p.65）运营的巴士，十分便利

● **Doki Doki 半日考拉观光之旅**

从凯恩斯市中心出发，前往哈特利鳄鱼探险公园的旅游团。

FREE 1800-242-500

网 www.dokidokitours.com

时 每天 9:00~13:00、13:45~17:45

费 包含抱考拉拍照：成人 $95 儿童 $65 家庭 $255/ 不含抱考拉拍照：成人 $85 儿童 $55 家庭 $225

■ **热带雨林自然公园**

住 Kennedy Hwy.（P.O.Box 54），Kuranda，4872

☎ (07) 4085-5008

FAX (07) 4085-5016

网 www.rainforest.com.au

开 每天 9:00~16:00

休 圣诞节

费 包含所有入园费用：成人 $49 儿童 $24.50 家庭 $122.50/ 仅水陆两用车：成人 $12.50 儿童 $25 家庭 $62.50/ 考拉 & 野生动物园：成人 $17 儿童 $8.50

抱着考拉拍纪念照

这座动物园有着澳大利亚仅有的动物，环境也非常接近真正的大自然。园区位于凯恩斯和道格拉斯港之间，以 20 世纪 30 年代的鳄鱼农场为基础，之后引进了鳄鱼以外的许多动物，大幅增加了园区面积，发展至了如今的规模。园区以哈特利人工潟湖（几乎为野生状态，是湾鳄的栖息地）为中心，分为野生探险之旅（可以观赏到考拉和澳大利亚特有的鸟类、爬虫类）；冈瓦纳大陆之门（可以看到考拉、袋鼠、袋熊等可爱的动物）；鹤鸵之路（可以看到鹤鸵和热带植物）。园区的大部分地区都是被列为世界遗产的森林。在观察动物的同时，可以在世界遗产的森林中漫步。当然也可以抱着考拉或小鳄鱼拍纪念照（一天数次，允许使用个人相机拍摄）。在袋鼠的喂食区还可以给袋鼠进行喂食。

一天之中园区内有各种不同的表演和加演节目，其中最具人气的是乘坐游船观看鳄鱼跃出水面。除此之外还有给鳄鱼喂食的表演、参观鳄鱼农场等活动。另外在动物全接触之旅 Zootastic5 中可以与动物园中最受欢迎的五种动物进行亲密接触，包括抚摸袋熊、给鹤鸵喂食、抱考拉等。还可以参加鳄鱼大冒险（Big Croc Experience），在这项活动中游客可以自己给大型湾鳄喂食。

早上在可以望到哈特利鳄鱼探险公园的餐馆，还可以和考拉一起吃早餐。

在游船之旅中观看跃出水面的鳄鱼，令人兴奋

（左）动物全接触之旅其中的一项——与袋熊亲密接触
（中）早上的乐趣，和考拉一起吃早餐。自助形式的早餐
（右）饲养员在为大家讲解鹤鸵的生活习性

热带雨林自然公园

Rainforestation Nature Park

`Map p.59/3B`

位于库兰达郊外的一座热带雨林主题公园。园内分为 3 个部分，除了可以整体游览外，也可以单独参观其中一部分。

其中人气最高的是水陆两用车。可以坐在 20 世纪 40 年代美军制造的可乘坐 30 人的大型水

乘坐水陆两用车在水上观察热带雨林

陆两用车（名称代码 DUKW/ 通称达克）上，穿梭于热带森林的河流中，充满了冒险感（所需时间 45 分钟）。车上有生态导游陪同，遇到植物、动物时导游还会详细地进行说明。另外在水陆两用车出发地的旁边，还有果树园，种植着各种不同的热带水果，不要忘记去看一看哦。

帕玛吉里原住民体验中表演的澳大利亚传统歌舞

除此以外还可以参加帕玛吉里原住民体验（Pamagirri Aboriginal Experience）以导游服务的形式参观，所需时间 1 小时，有观赏原住民舞蹈，吹奏迪吉里杜管（原住民的木管乐器），投掷回旋镖和长矛等活动。另外还有考拉 & 野生动物园（Koala & Wildlife Park），园内除了考拉，还有袋鼠、鳄鱼等动物，可以给考拉和袋鼠喂食，此外额外付钱可以抱考拉拍纪念照。

抱着可爱的考拉拍下充满回忆的照片

如果想进一步了解大堡礁的话

凯恩斯水族馆
Cairns Aquarium
Map p.61/2B

2017 年 9 月，凯恩斯水族馆在凯恩斯市中心正式开放。水族馆中有许多栖息在大堡礁和凯恩斯周边热带雨林的鱼类，每个大水槽都再现了不同的生态环境。一部分水槽设计成了有机玻璃隧道，令人仿佛真的置身于海中，可以更好地观察。

可以近距离观察大堡礁的鱼类

体育活动 & 动物园

凯恩斯室内穹顶野生动物园
Cairns ZOOm & Wildlife Dome
Map p.61/3B

凯恩斯中心地区的凯恩斯铂尔曼礁酒店及赌场的屋顶上，是一个带有高 20 米的玻璃穹顶，重现了热带雨林的动物园。这里的特色是有室内索道、绳网迷宫、蹦床、穹顶漫步等空中娱乐项目。根据每个人的情况准备了两种线路——中等线路（高度中等的线路）和高等线路（高度接近屋顶的线路）。坐索道从湾鳄的池塘上方通过，在蹦床中体验自由落体的感觉，乐趣无限。

十分刺激的索道滑行

动物园位于市中心，深受市民喜爱，在园中随时都可以抱考拉拍纪念照。另外走在园内的步行道上，可以看到许多接近自然环境下饲养的鸟类、两栖类、爬虫类和有袋类等动物。共有 60 余种动物，以热带鸟类居多。

绳网迷宫同样富有刺激性

在库兰达和动物亲密接触

库兰达野生动物体验
Kuranda Wildlife Experience
Map p.71 上 /A

库兰达野生动物体验包括 3 个动物园，在库兰达传统市场的内部及

家 $42.50/ 帕玛吉里原住民体验（成人）$21（儿童）$10.50 家$52.50/ 抱考拉拍照：$20~
交 库兰达的澳大利亚蝴蝶避难所前 10:45~14:45 每 30 分钟一趟接送巴士（往返）（成人）$12（儿童）$6 家（$30）

● 4 园通票

通票包含热带雨林自然公园的全部入园费用和澳大利亚蝴蝶避难所、野生动物栖息地、凯恩斯室内穹顶野生动物园的门票。（成人）$90（儿童）$45 家$225

在考拉 & 野生动物园内可以给袋鼠喂食

■ 凯恩斯水族馆
住 163 Abbott St.（Cnr. Abbott, Florence & Lake Sts.），4870
☎（07）4044-7300
网 www.cairnsaquarium.com.au
开 每天 9:00~17:30（最后入馆时间为 16:30）
费（成人）$40（儿童）$28 家$125

■ 凯恩斯室内穹顶野生动物园
住 c/- The Reef Hotel Casino, 35-41 Wharf St.，4870
☎（07）4031-7250
网 cairnszoom.com.au
开 每天 9:00~18:15
休 圣诞节
费 室内（包含野生动物园门票）：单项活动 $45、2 项 $55、4 项 $75、6 项 $95/ 野生动物园：（成人）$24（儿童）$12 家$60/ 含抱考拉拍照（成人）$40（儿童）$28/ 超值的 4 园通票（→见上文）※ 门票从首次入园起 4 天内均有效

■ 库兰达野生动物体验
费 有包含 3 个设施的组合票（成人）$49.50（儿童）$24.75
交 从库兰达站前到公园所在传统市场前，10:30~15:00 每隔 15 分钟一趟接送巴士。

● 库兰达考拉园
☎（07）4093-9953
网 www.koalagardens.com
开 每天 9:00~16:00
休 圣诞节
费（成人）$19（儿童）$9.50/ 抱考拉拍照 1 人 $20

●**库兰达鸟世界**
☎Fax（07）4093-9188
URL www.birdworldkuranda.
com 开每天 9:00~16:00
休圣诞节 费 $18 儿童
$9

●**澳大利亚蝴蝶避难所**
☎（07）4093-7575
URL www.australianbutterflies.
com 开每天 9:45~16:00
休圣诞节 费成人 $19.50
$9.75 儿童 家庭 $48.75
※包含在超值的4园通票内
（→p.79 边栏）

尤利西斯有时会落在白色衣服上

■**野生动物栖息地**
住 Port Douglas Rd., Port
Douglas, 4871
☎（07）4099-3235
Fax（07）4099-3100
URL www.wildlifehabitat.com.
au
开每天 8:00~17:00
休圣诞节
费成人 $34 儿童 $17 家庭 $85/
抱考拉拍纪念照（10:45~）:
$20~/ 和鸟儿一起吃早餐：
成人 $54 儿童 $27 家庭 $135/ 和
吸蜜鹦鹉一起吃午餐：
$57 $28.50 儿童 $142.50
※包含在超值的4园通票内
（→p.79 边栏）
交位于道格拉斯港入口，
乘坐 Sun Palm Transport Group
的巴士前往十分方便。如
果住在道格拉斯港，可以
乘坐市内循环的 Sun Palm
Transport Group 巴士卡

和鸟儿一起吃早餐会成为旅行
中不错的回忆

■**帕罗尼拉公园**
住 1671 Japoonvale Rd.,
Mena Creek, QLD 4871
☎（07）4065-0000
URL www.paronellapark.com.au
开每天 9:00~19:30
休圣诞节
费成人 $45 儿童 $24 家庭 $128
（2 年内有效）
交从凯恩斯没有公共交通
到达，可以租车自驾或参加
旅游团

旁边。

●**库兰达考拉园 Kuranda Koala Garden**
考拉园位于库兰达传统市场内，可以抱考
拉拍纪念照以及给袋鼠喂食。

●**库兰达鸟世界 Birdworld Kuranda**
同样位于库兰达传统市场内。75 种，共计
450 只鸟饲养在澳大利亚最大的鸟舍（大型鸟
笼，可以看到鸟儿自由行走、飞行）。鹦鹉、园丁鸟等澳大利亚原产的 56
种鸟类都可以在这里观赏到。

●**澳大利亚蝴蝶避难所 Australian Butterfly Sanctuary**
库兰达传统市场旁建造的世界上最大的蝴蝶
园。在温室内以尤利西斯为主，可以观赏到各种蝴蝶。10:00~15:15 每隔一小时有导游讲解团。

在库兰达考拉园可以抱考拉拍照　　　在鸟世界可以给各种鸟类喂食

在热带雨林中和动物亲密接触
野生动物栖息地　　　Map p.74
The Wildlife Habitat

接近自然状态下饲养的袋鼠

野生动物栖息地位于道格拉斯
港的入口，园内再现了热带雨林、
湿地和草地等地貌，可以看到动物
原始的生活姿态。栖息地由运营温
热带雨林的管理机构负责，所以设
施也十分齐全。园内有超过 140 种
动物，袋鼠、五颜六色的鸟类等都
处于放养状态。另外也有抱考拉拍
照的服务。并且在园内的鸟类放养区可以参加"和鸟一起吃早餐""和吸
蜜鹦鹉一起吃午餐"这种活动组合。餐食均为自助形式，进餐时总会感
觉鹦鹉会飞到自己旁边。

西班牙移民建造的梦幻庭院
帕罗尼拉公园　　　Map p.71 下 /2B
Paronella Park

和鸟儿一起吃早餐会成为旅行中不错的回忆

帕罗尼拉公园位于凯恩斯南部
约 126 公里的因尼斯费尔郊外，是
一个拥有热带雨林庭院和城堡遗迹
的主题公园。森林中残留的小城堡
跟宫崎骏的动画《天空之城》中的
城堡非常相似，吸引了许多动漫爱
好者（事实上好像并非是创作原
型）。就算不是动漫迷，这里的建筑、以热带雨林为基础修建的园林以及
瀑布也一定会让你觉得不虚此行。

这座城堡和庭院是由西班牙移民何塞·帕罗尼拉于 1929 年开始耗时 6 年，在无数劳动者和技术家的协助下才修建完成的。庭院内除了凯恩斯地区的热带植物之外，还种植着枫树、松树、橡树等。

夜晚灯光照耀下的帕罗尼拉公园是最好看的

城堡由于洪水和火灾的破坏显得比较破旧，但正是这种年代感在郁郁葱葱的森林中更显出一种独特的风情。公园内有瀑布、连接山丘上下的台阶、喷泉声不绝于耳的快餐厅遗址、巨大的贝壳杉树组成的林荫道、蝙蝠巢穴的通道等，景点非常多。可以自由参观，也可以选择面向个人的导游讲解团（所需时间 45 分钟 / 出发时间需提前确认），每天发团数次，推荐参加。

的观光和娱乐活动

从凯恩斯出发的旅游团和娱乐活动项目大多以大堡礁（G.B.R.）、昆士兰温热带雨林这两大世界自然遗产为目的地。

前往大堡礁基本都是乘坐当日往返的观光船。在大堡礁可以进行浮潜和潜水活动。如果乘坐大型游船，会前往大堡礁海面上的一个巨大浮岛（平底船），在这里可以尝试各种不同的娱乐活动。

前往温热带雨林的旅游团中，最受欢迎的是包含库兰达观光火车和空中缆车的库兰达一日游。另外下午出发前往阿瑟顿高原，观赏可爱的夜行性动物的旅游团也有着很高的人气。除此以外还有去往世界知名的徒利河进行漂流、在热带雨林中骑马、乘坐热气球等许多娱乐活动。

如果犹豫不决，不知道选哪条线路好，可以去凯恩斯市中心的旅行社进行咨询，工作人员会进行详细的线路说明，并且可以进行预约（在一些旅行社进行预约报名的话，会有一定的优惠）。

只有参加旅游团才有机会和野生动物亲密接触

■ EMC

一部分观光船，除了船票以外还有可能会另外收取 EMC 费用。EMC 是大堡礁的环境保护税，每人每天 $6.50。但大多数情况下，会和港湾税一同收取，合计每人每天 $7~10。另外，在 p.81~88 中所列一日观光船价格中全部包含了 EMC 费用。

大堡礁观光船	Lizard Is.

轻松前往大堡礁

格林岛观光船
Green Island Cruises

● 大冒险观光船

大堡礁上的格林岛（→ p.68）作为一日游观光目的地很受欢迎。大冒险观光船与岛上的度假酒店为同一家公司经营，属于凯恩斯最大的船舶企业银梭公司旗下。使用高速双体船，凯恩斯～格林岛约需 50 分钟。

栈桥旁美丽的海水

格林岛上有格林岛探险（Green Island Discovery）和格林岛生态冒险（Green Island Eco Adventure）两条线路。格林岛探险包含了玻璃底游船、浮潜、度假酒店游泳池和沙滩包。如果想用更低的价格在格林岛游玩，可以选择格林岛生态冒险，

■ **大冒险（银梭号）**

住 Reef Fleet Terminal，1 Spence St.，4870

☎（07）4044-9944

🖥 www.greatadventures.com.au

🚌 凯恩斯出发 8:00、10:30、13:00 任选其一，返回凯恩斯 12:50、15:20、17:20 任选其一

● **格林岛探险**

玻璃底观光船、浮潜套餐、附送沙滩包

💰 成人 $118 儿童 $62 家庭 $298

● **格林岛生态冒险**

玻璃底观光船或浮潜套餐、附送沙滩包

💰 成人 $93 儿童 $48 家庭 $234

● **自费项目**

💰 潜水体验 1 次 $164、娱乐性潜水 1 次 $116（包含全部装备）、海底漫步 $175、直升机飞行游览 10 分钟 $198

● **接送**

💰 凯恩斯市内 成人 $26 儿童 $17/北部沙滩地区 成人 $31 儿童 $17

■ **大猫号格林岛之旅**

住 Reef Fleet Terminal，1 Spence St.（P.O.Box 7577），4870

☎（07）4051-0444

🖥 greenislandcairns.com

● **格林岛 1 日游**

🕐 凯恩斯出发 9:00~17:00 或 11:00~17:00

💰 Pack1：成人 $94 儿童 $47 家庭 $235/Pack2：成人 $119 儿童 $59.50 家庭 $297.50/Pack3：成人 $114 儿童 $57 家庭 $285/Pack4：成人 $139 儿童 $69.50 家庭 $347.50

※Pack2：Pack1+午餐/Pack3：Pack1+半潜水艇/Pack4：Pack1+午餐＋半潜水艇

● **格林岛半日游**

凯恩斯出发 9:00~13:00 或 13:00~17:00

💰 Pack5：成人 $94 儿童 $47 家庭 $235/Pack6：成人 $114 儿童 $57 家庭 $285

※Pack6：Pack5+半潜水艇

● **自费项目**

💰 潜水体验 1 次 $164、娱乐性潜水 1 次 $116（包含全部装备）、海底漫步 $175

● **接送**

💰 凯恩斯 成人 $18 儿童 $9/北部沙滩地区 成人 $22 儿童 $11

在平浅的海中即使是第一次浮潜也不用担心

乘船前往最佳的潜水地点

在格林岛的沙滩放松身心

包含玻璃底游船或浮潜 2 选 1，另外可以使用度假酒店游泳池。这两种线路均不包含午餐，但在岛上可以吃到价格合理的自助餐，也可以买到三明治、热狗等快餐食品。前往格林岛每天有 3 艘往返的船，可以自由选择合适时间出发的船，和其他的观光活动合理搭配，充分利用好一天的时间。

● **大猫号格林岛之旅**

　　大猫号有前往格林岛的一日游和半日游。根据选择的娱乐项目不同，价格有所区别，最基本的套餐（一日游为 Pack1，半日游为 Pack5）为浮潜或乘坐玻璃底游船 2 选 1。在此基础上还有加上午餐或乘坐半潜水艇等套餐。如果想乘坐半潜水艇，建议选择浮潜套餐产品。另外自费项目还有海底漫步、潜水体验和娱乐性潜水。

大猫的半日游产品中使用的高速游艇

格林岛上知名的黄色半潜水艇

前往外堡礁的超人气之旅

格林岛 & 大堡礁冒险（大冒险）
Green Island & G.B.R Adventure/Great Adventure

诺曼礁上漂浮的平底船

　　银梭公司旗下的游船公司经营的外堡礁之旅。包含 2 种线路，更受欢迎的是格林岛 & 大堡礁冒险。这条线路在格林岛会停留 2 小时。在岛上可以挑战乘坐海上滑翔伞、观看美拉尼西亚海洋公园的喂食鳄鱼表演、在沙滩游玩。另外，如果申请了

外堡礁的潜水体验，在格林岛的泳池会提前进行简单的讲解，令人放心。

11:30 左右再从格林岛出发前往外堡礁。根据当天的海洋情况，选择前往北部的诺曼礁（Norman Reef）或者南部的摩尔礁（Moore Reef），均需 1 小时的时间。外堡礁上建有一个两层的大型水上平台，可以进行浮潜、潜水体验＆娱乐、半潜水艇等海上项目，还可以乘坐直升机空中游览。水上平台旁边是巨大的苏眉鱼栖息地，通过浮潜可以和它们进行近距离接触。在水上平台中极受欢迎的一个项目是海底摩托车。这个车带有可以输送空气的头盔，比起浮潜可以更好地体验海底世界。在水上平台有 3.5 小时的游玩时间。

另外还有不在格林岛停留直接前往外堡礁的大堡礁冒险之旅。推荐有格林岛一日游计划的游客选择这条线路。

极具人气的海底摩托车

水上平台周边栖息的苏眉鱼，十分亲近人类

水上平台周边清澈的珊瑚海

乘坐半潜水艇观赏珊瑚礁

可以长时间停留在大堡礁

摩尔礁之旅（阳光恋人号）
Moore Reef Cruise/Sunlover Reef Cruises

轻松体验海洋乐趣的海底漫步

摩尔礁上位置极佳的水上平台

凯恩斯往返，早上 9:30 出发，时间充裕。到达摩尔礁的水上平台大约需 1.5 小时，这里的珊瑚礁生活着许多鱼类。水上平台可以进行浮潜、乘坐半潜水艇、玻璃底游船、直升机，乐趣无穷。在水上平台上还有接触池，可以触摸海参和海星。另外在珊瑚礁中还有海龟，有时会进入浮潜区。还可以体验海底漫步＆娱乐性潜水（收费）。

另外还有一条线路是摩尔礁＆菲兹洛伊岛之旅，8:00 从凯恩斯出港，会在菲兹洛伊岛停留 1 小时。

■ 大冒险（银梭号）
🏠 Reef Fleet Terminal, 1 Spence St., 4870
☎ (07) 4044-9944
🌐 www.greatadventures.com.au

● 格林岛 & 大堡礁冒险
🕐 凯恩斯往返 8:30~17:30
💰 成人 $258.50 儿童 $139.50
👨‍👩‍👧 $663

● 大堡礁冒险之旅
🕐 凯恩斯往返 10:30~17:30
💰 成人 $238.50 儿童 $127.50
👨‍👩‍👧 $611

● 自费项目
💰 海底摩托车 $165、潜水体验 1 次 $164、娱乐性潜水 1 次 $116（包含全部装备）、浮潜导游 成人 $62 儿童 $32、直升机空中游览 10 分钟 $179

● 接送
💰 凯恩斯市内 成人 $26 儿童 $17/ 北部沙滩地区 成人 $31 儿童 $17

■ 阳光恋人号
🏠 Reef Fleet Terminal, 1 Spence St., (P.O.Box 835), 4870
☎ (07) 4050-1333
📠 1800-810-512
🌐 www.sunlover.com.au

● 摩尔礁之旅
🕐 凯恩斯往返 9:30~17:30
💰 成人 $212 儿童 $106 家庭 $530

● 摩尔礁 & 菲兹洛伊岛之旅
🕐 凯恩斯往返 8:00~17:30
💰 成人 $239 儿童 $126

● 自费项目
💰 海底漫步 $155、潜水体验 1 次 $145、娱乐性潜水一次 $95（包含全部装备）、浮潜导游 成人 $49 儿童 $35、直升机飞行游览 10 分钟 $179

● 接送
💰 凯恩斯市内 1 人 $22、北部沙滩地区 1 人 $32

■梦幻丽礁号
🏠 Reef Fleet Terminal, 1 Spence St., 4870
☎ (07) 4031-1588
🌐 www.reefmagic.com.au

●海洋世界之旅
🕐 凯恩斯往返 9:00~17:00
💰 成人 $210 儿童 $105 家庭 $525

●自费项目
💰 潜水体验 1 次 $125、娱乐性潜水 1 次 $75（包含全部装备）、带头盔的潜水 $125、浮潜导游 成人 $35 儿童 $25、直升机飞行游览 5 分钟 $105

●接送
💰 凯恩斯市内 成人 $18 儿童 $9、北部沙滩地区 成人 $22 儿童 $11

●观鲸之旅
🕐 凯恩斯往返 9:00~13:00（7 月中旬~8 月末）
💰 成人 $99 儿童 $79 家庭 $277

■银梭号
🏠 The Reef Marina, Port Douglas, 4871
☎ (07) 4087-2100

●外堡礁之旅
🌐 www.quicksilver-cruises.com
🕐 凯恩斯往返 8:00~18:00/道格拉斯港往返 10:00~16:30
💰 成人 $252.50 儿童 $130.50 家庭 $642

●外堡礁之旅自费项目
💰 海底漫步 $168、潜水体验 1 次 $168、娱乐性潜水 1 次 $120•2 次 $170（包含全部装备）、直升机游览飞行 10 分钟 $179

阿金考特礁的美令人叹为观止

通过海底漫步可以轻松地体验海底世界的乐趣

有人数限制，更加悠然自得

海洋世界之旅（梦幻丽礁号）
Marine World Cruise/Reef Magic Cruises

停泊在热门的潜水地

在水上平台周边栖息的苏眉鱼

乘坐中型的高速双体船梦幻丽礁 Ⅱ 号（Reef Magic Ⅱ）前往 2 层的"海洋世界"水上平台。船上共有 300 个座位，但最多仅承载 190 人，有着充足的空间，当然在水上平台也几乎没有拥挤的时候。在水上平台一共可以停留 5 小时，可以尽情地游玩。

浮潜区域十分大，而且这一带的珊瑚礁有许多漂亮的鱼类。水上平台周边能看到栖息在这里的苏眉鱼，前往珊瑚顶或珊瑚边缘还能看到许多种小丑鱼等。另外，还有玻璃底船和海中观测室，很适合不擅长游泳的人。当然还有体验 & 娱乐性潜水。5 分钟的直升机游览是其他地方没有的。

另外，梦幻丽礁号在冬季（每年 7 月中旬~8 月末）还有观鲸之旅。

目的地是最北端最适合一日游的地方

外堡礁之旅（银梭号）
Outer Barrier Reef Cruise/Quicksilver Cruises

高速双体船——穿浪号

银梭公司的主要船只往返于道格拉斯港。如果在凯恩斯报名参加，会有接送的巴士。巡航乘坐的船可以说是银梭公司的代名词，使用喷气引擎的高速双体船穿浪号。航速在 30 海里以上，可以在海上急速前进。

航行前往的阿金考特礁（Agincourt Reef）是凯恩斯出发的 1 日游中可以到达的最北部（所需时间 90 分钟）。这里的海水清澈度和珊瑚的美丽程度在凯恩斯近海中都是数一数二的，也是知名的浮潜和潜水胜地。银梭公司在阿金考特礁上建造了两个拥有 2 层楼、全长 50 米的世界最大型的水上平台（北平台和南平台）。

浮潜用的甲板很大

根据日期或所乘船舶不同，所去的水上平台不同，但是这两个平台都可以进行浮潜、乘坐半潜水艇观测海底、乘坐直升机游览大堡礁。当然还有潜水体验、娱乐性潜水以及佩戴面罩进行海底漫步等。

从道格拉斯港出发的悠闲之旅

浪舞号洛岛之旅
Wavedancer Low Isles Cruise

洛岛周边非常适合浮潜

乘坐银梭公司的大型双体船浪舞号，可以前往道格拉斯港海域的洛岛（Low Isles）。航行中会前往洛岛，一个仅建有一个灯塔的小珊瑚礁岛；还会去到被红树林覆盖的伍迪岛这两座岛屿，其中洛岛周边的珊瑚礁状态极佳，非常适合浮潜。此外，还有玻璃底游船、珊瑚礁漫步等活动。并且从道格拉斯港出发仅需 1 小时即可到达，晕船的人也不用太担心。

广为人知的大型双体船

海洋精神号
Ocean Spirit Cruises

麦克马斯礁周围清澈的海水

由银梭公司运营，凯恩斯往返，乘坐的是大型双体船海洋精神号，在船上就有着许多乐趣。航线的目的地麦克马斯礁（Michaelmas Cay）距离凯恩斯航行需要 2 小时的时间。

麦克马斯礁周边的珊瑚礁既美丽面积又很大，沙滩是由珊瑚细小的碎片组成。因此不管日照多强，沙滩都不会变热，可以光着脚走在上面。海鸟的筑巢地属于保护区，除了沙滩之外，岛上的大部分区域都禁止游客进入。这里也是成千上万的海鸟自由翱翔的自然乐园。

大型双体船停泊在麦克马斯礁海面上，再乘坐叫作沙滩婴儿车的玻璃底游船上岸。在岛上有 4 小时的游玩时间，在此期间可以多次乘坐沙滩婴儿车往返于沙滩和精神号之间（在精神号用餐或上洗手间时需回到船上）。

在麦克马斯礁清澈的海水区域进行潜水体验

登陆麦克马斯礁乘坐的玻璃底游船

● 洛岛之旅
URL wavedancer.lowisles.com
时 凯恩斯往返 8:00~18:00/
道格拉斯港往返 10:00~16:30
费 成人 $200.50 儿童 $102.50
家庭 $510

● 接送
费 凯恩斯 & 北部沙滩地区
成人 $30 儿童 $16 家庭 $76、道格拉斯港 成人 $14 儿童 $7 家庭
$35

大型双体船——浪舞号

■ 海洋精神号（银梭公司）
住 Reef Fleet Terminal，1 Spence St.，4870
☎ (07) 4044-9944
URL oceanspirit.com.au
● 麦克马斯礁之旅
时 凯恩斯往返 8:30~17:00
费 成人 $208.50 儿童 $107.50
家庭 $531
● 自费项目
费 潜水体验 1 次 $126、浮潜导游 成人 $62 儿童 $32 家庭
$156
● 接送
费 凯恩斯市内 成人 $26 儿童
$17/ 北部沙滩地区 成人 $32
儿童 $17

大型双体船海洋精神 I 号

如果运气好，在麦克马斯礁浮潜的时候能看到海龟

澳大利亚地区指南

● 昆士兰州 凯恩斯

85

岛上的时间可以自由利用。既可以悠闲地享受日光浴，也可以尽情地探索海洋世界。可以通过浮潜、潜水或者乘坐半潜水艇，在珊瑚礁密集的海中，看到小鼻绿鹦嘴鱼、苏眉鱼、蝴蝶鱼，还有海龟等海洋生物。
　　午餐是以海鲜、鸡肉为主的自助餐，评价都很不错。返航时还有红酒提供。

在美丽的无人岛度过 1 天

弗兰克兰群岛之旅
Frankland Islands Cruises

乘坐小船登陆诺曼比岛

清澈的珊瑚海

距离凯恩斯南部 30 分钟车程的德拉尔（Deeral），其海面上的 4 个岛屿便是弗兰克兰群岛。航行前往的是北边第二个岛屿——诺曼比岛（Normanby Is.）。从德拉尔出发，经过 30 分钟航行便到了马尔格雷夫河（Mulgrave River），河的两岸都是热带雨林，还有鳄鱼偶尔出没；进入大海后，再航行大约 30 分钟便到达诺曼比岛了，这是一座无人岛，绕岛步行一圈仅需 30 分钟左右。岛上的游玩时间也很自由。提供浮潜装备，可以在珊瑚礁海域浮潜，也可以在沙滩上享受日光浴……另外还可以参加有导游陪同的浮潜或岛上漫步。12 月～次年 2 月这里还是海龟产卵的场所，这期间在岛上漫步的话，可以看到海龟产卵的痕迹。

使用最新的高速双体船

银色系列潜水 & 浮潜
Silver Series Dive & Snokel

安装了防晃装置的舒适的银色系列游船

银梭公司的高速双体船往返于凯恩斯 & 道格拉斯港（限乘 80 人）。如果你特别喜欢浮潜或潜水，推荐参加。如果是从凯恩斯出发，可以乘坐银燕号前往米林礁（Millin Reef）、弗林礁（Flynn Reef）以及塞特福德礁（Thetford Reef），这几个地方的珊瑚礁在凯恩斯近郊区域都是数一数二的。而从道格拉斯港出发乘坐的是银色索尼克号，根据当天海况从阿金考特礁 No.1~No.4 的 40 个地点中选择 3 个最佳点前往。

在很多地方都能遇到小丑鱼（尼莫）

■弗兰克兰群岛之旅
住 159-161 Newell St.,
Bungalow, 4870
☎（07）4031-6300
网 www.franklandislands.com.au
时 凯恩斯往返 7:15~17:00
费 $169 儿童 $99 家庭 $437
●自费项目
费 潜水体验 1 次 $132、娱乐性潜水 1 次 $99（包含全部装备）
●接送
费 凯恩斯市内 1 人 $18（如果不自驾租车的话，基本上都需要申请接送服务）

在小岛漫步时可以看到许多栖息在海岸的珍稀物种

■银色系列潜水 & 浮潜
☎（07）4044-9944
网 www.silverseries.com.au
●银燕号
时 凯恩斯往返 8:30~16:30
费 成人 $222.50 儿童 $168.50/包含 1 次潜水体验：1 人 $299.50/包含 3 次娱乐性潜水（包含全部装备）：1 人 $314.50
●银色索尼克号
时 道格拉斯港往返 8:30~16:30
费 成人 $245.50 儿童 $174.50/包含 1 次潜水体验：1 人 $312.50/包含 3 次娱乐性潜水（包含全部装备）：1 人 $331.50
●接送
费 银燕号：凯恩斯 1 人 $24、北部地区沙滩 1 人 $30/银色索尼克号：凯恩斯 & 北部沙滩地区 1 人 $30（包含道格拉斯港内接送）

魅力在于地点之多

TUSA 潜水 & 浮潜之旅
TUSA Dive Dive & Snorkeling Cruise

乘坐的是潜水 & 浮潜专用的双体游船，无论是出海和入港都充满着
乐趣。出发前往的潜水地点很多，
包括诺曼礁、萨克森礁（Saxon
Reef）、哈斯丁礁（Hastings Reef）、
麦克马斯礁、弗林礁、米林礁、塞
特福德礁等 15 个地点，在这其中每
天会根据海况前往 3 个状况最好的
场所。浮潜 3 件套、潜水服的租借
均免费（准备了带度数的面罩）。

潜水使用的豪华游艇 TUSA

轻松充实的旅行

Den 深海潜水礁石探险号
Deep Sea Divers Den Reef Quest

由凯恩斯大型潜水商店 Den 深海潜水运营
的潜水 & 浮潜之旅。乘坐的是潜水专用的礁石
探险号双体船，目的地为诺曼礁、萨克森礁和
哈斯丁礁（每天会前往 2 个地方，最多也可能
去到 3 个潜水点）。从凯恩斯出港后到达外堡
礁大概需要 1.5 小时。前往的地点会根据当天
海况来严格筛选，因此潜水、浮潜的满足度非
常高。

推荐非常喜爱浮潜或潜水的人
们选择此次航行

在 1 日游中最北端的地点进行潜水 & 浮潜

波塞冬浮潜 & 潜水
Poseidon Snorkel & Dive

从道格拉斯港出发的航行之旅，乘坐的是高
速潜水专用的双体船。前往的潜水 & 浮潜目的
地是凯恩斯出发的 1 日游中最北端的阿金考特礁
（Agincourt Reef）区域内，会航行至 3 个地点。
因为是浮潜和娱乐性潜水使用的船，所以船内的
空间很大。根据海况，娱乐性潜水中的漂流潜水
也会变得十分有趣。

阿金考特礁附近清澈的珊瑚海

潜水

凯恩斯市内的潜水商店所处可见。从一日游到数日的游艇潜水旅游
线路，多种多样。在时间充裕，经
济允许的条件下，可以参加航行
前往鳕鱼洞（Cod Hole）和带状礁
（Ribbon Reef）给石斑鱼喂食，或
者可以去透明度达 40 米以上的珊瑚
海。一般前往鳕鱼洞和带状礁的行
程从凯恩斯出发 3~4 晚，前往珊瑚

热门地点鳕鱼洞

■ TUSA 潜水 & 浮潜之旅
☎ (07) 4047-9101
FAX (07) 4047-9110
URL www.tusadive.com
时 凯恩斯往返 8:00~16:00
费 成人 $210 儿童 $135/ 包含 1
次潜水体验：1 人 $280/ 包含
3 次娱乐性潜水（包含全部
装备 & 水下导游）：1 人 $295
● 接送
费 凯恩斯 1 人 $15、北部沙
滩地区 1 人 $20

TUSA 游艇船尾的潜水甲板很
大，方便实用

■ Den 深海潜水礁石探险号
住 319 Draper St., 4870
☎ (07) 4046-7333
URL www.diversden.com.au
时 凯恩斯往返 8:00~16:30
费 成人 $195 儿童 $145/ 包含
1 次潜水体验：1 人 $265/ 包
含 3 次娱乐性潜水（包含全
部装备）：1 人 $290（水下
导游需另付费，一次 $15）

礁石探险号的设计便于浮潜、
潜水

■ 波塞冬浮潜 & 潜水
☎ (07) 4087-2100
URL www.poseidon-cruises.com.
au
时 凯恩斯往返 8:30~16:30、
道格拉斯港往返 8:30~16:30
费 成人 $242 儿童 $172.50/ 包
含 3 次娱乐性潜水（包含全
部装备）：1 人 $326.50
● 接送
费 凯恩斯 & 北部沙滩地区
$30 $26（包含道格
拉斯港接送）

海则是 4~5 晚。费用大概为 $1700~2900，在栖息着世界稀有海洋生物的地方潜水，乐趣无穷。

另外，6~8 月在凯恩斯近海还有很多机会看到鲸鱼，一些潜水游程中还有和小须鲸一起游泳的项目。并且在 11 月的夜间潜水，如果运气好还能看到珊瑚虫产卵。夏天 10

和小须鲸一起游泳

月~次年 3 月水温在 28℃左右，冬季为 22℃左右。

提供贴心细致服务的潜水商店

七海潜水商店
Dive 7 Seas
Map p.61/3B

七海潜水商店提供私人潜水服务，深受好评，提供的服务包括酒店接送、导游指导、潜水导游、潜水结束后还有详细记录，服务礼貌周到。难得到凯恩斯潜水，谁都想到更加清澈、珊瑚礁鱼群更多的地方，那就

经验丰富的员工正在水中细心地指导讲解

一定要去北部的阿金考特礁了（乘坐道格拉斯港往返的潜水专用船——卡里普索号）。

另外还有潜水学校（GBR 潜水学院），想考取执照的人可以报名参加。

极高的潜水教育水平

Den 深海潜水商店
Deep Sea Drivers Den
Map p.60/3A

运营礁石探险号（→ p.87）的 Den 深海潜水公司，其 PADI 教育水平成绩也是世界顶尖的。这里还拥有职业培训中心，从业余到专业，拥有各种等级的课程。

凯恩斯老牌潜水商店

凯恩斯职业潜水商店
Pro Dive Cairns
Map p.60/3B

凯恩斯职业潜水商店拥有 16 个潜水点，包括距离凯恩斯外海最近的弗林礁、米伦礁、佩罗礁、塞特福德礁等。航行使用的是豪华潜水用游艇职业潜水号（Scubapro），行程为 2 晚 3 天。基本上每天都会出港，十分方便。另外还有先进的教学设施，可以报名参加课程。

豪华游艇职业潜水号

■潜水之旅
● 自由精神（TUSA 潜水）
Spirit of Freedom（TUSA Dive）
☎（07）4047-9101
📠（07）4047-9110
🖥 www.spiritoffreedom.com.au
🛏 4 晚 5 天珊瑚海 & 带状礁（周四出发）$2145~3045/3 晚 4 天鳕鱼洞 & 带状礁（周一出发）$1770~2570

● 麦克波尔潜水远游
Mike Ball Dive Expeditions
☎（07）4053-0500
📠（07）4041-2700
🖥 www.mikeball.com
🖥 www.mikeball.com
🛏 3 晚 4 天鳕鱼洞 & 带状礁（周一出发）$1882~2699/4 晚 5 天鳕鱼洞 & 珊瑚海（周四出发）$2135~2984

■七海潜水商店
🏠 Shop 41, Level 1, Orchid Plaza, 58 Lake St., 4870
☎（07）4041-2700
📠（07）4041-2711
🖥 www.dive7s.com
🛏 一日游 3 次潜水 $365（包含所有装备·导游费用）/潜水体验 1 次 $340/开放水域课程：3 天 $820（需咨询出发日期）
※ 网课＋手册＋日志另收 $200（网课必须在到达凯恩斯之前自学完成）💳 AJMV

在大堡礁潜水是最棒的

■ **Den 深海潜水商店**
🏠 319 Draper St., 4870
☎（07）4046-7333
🖥 www.diversden.com.au
🛏 开放水域课程：2 天海洋实习，每天往返 $665、1 晚 2 天船上海洋实习 $755
💳 AJMV

■凯恩斯职业潜水商店
🏠 116 Spence St., 4870
☎（07）4031-5255
📠（07）4051-9955
🖥 www.prodivecairns.com.au
🛏 2 晚 3 天潜水船（周三~次周一出发）：$835（最多可进行 11 次潜水）/开放水域课程：5 天（船上 2 晚）：$995
💳 AJMV

在凯恩斯考取潜水执照吧！

先在泳池中培训

在海外想报名参加潜水认定课程时，最让人头疼的应该就是语言关了吧，但凯恩斯有很多的中文指导员，因此你大可放心。下面以PADI为例，向外介绍一下课程流程。NAUI和SSI的流程内容也大致相同。

开放水域课程（OW）需要2~5天可以全部修完结业。一般情况下需要4天时间，前两天为理论知识学习，并在泳池中进行基础训练。最开始的训练包括10分钟踩水以及200米游泳。比较严格的潜水店，如果无法完成这两项会直接被劝退。在第二天课程结束后会有考试，50道题需

答对38道才算合格。在这期间还必须要到指定的医院进行健康测试（$60左右）。请提前准备好2张照片用于报名申请。

接下来就是盼望已久的在大堡礁进行潜水。不同的潜水店，会分为2天每天往返（一共4次潜水）和1晚2天在船上过夜（一共5次潜水），这两种课程安排。在这期间进行4次以上潜水，刚开始几次都是在海水中复习或是在泳池中做练习。这样轻松的课程结束后，便可以获得开放水域课程的证书。

3天的课程安排则是第一天为理论知识学习，第2~3天为泳池训练和实际潜水。另外仅在格林岛和菲兹洛伊岛有两日课程班。包括租赁潜水器材和餐食在内的总费用为$700~1000。详细信息请到各个潜水店咨询。

热带雨林旅游团

可以从空中俯瞰世界最古老热带雨林的丹翠国家公园

空中缆车
Skyrail　　　　　　　　　　　　　　　Map p.71 下 /1A

可以俯瞰热带雨林

缆车连接的是史密斯菲尔德（Smithfield），在尽头处的是卡拉沃尼卡湖和库兰达。缆车位于被列为世界遗产的热带雨林上方，总长7.5公里，位居世界之首，为了方便换乘，途中还经停两站。在红峰站（Red Peak Station）有热带雨林散步用的木板路，定期还会组织导游带领的旅游团。

在巴伦瀑布站（Barron Falls Station）有热带雨林信息中心，可以通过对话形式的展品了解热带雨林的动植物。另外1~2月雨季的时候，可以在观景台欣赏巴伦瀑布飞流直下的壮观景象。

缆车行驶安静平稳，你可以看到树顶像鸟巢一样茂盛的蕨类植物以及盘旋于森林上方色彩鲜艳的各种鸟类。包含中途停站时间，单程约90分钟。你还可以选择付费升级缆车，乘坐底部由强化玻璃做成的透明的"钻石景观缆车"；或者直接替换掉吊舱型缆车，选择乘坐全开放式缆车"飞越雨林"。

穿越热带雨林的历史铁路

库兰达观光火车
Kuranda Scenic Railway　　　　　　Map p.71 下 /1A・B

火车车身为红白色，使用的是19世纪后半期的木质材料，很有复古风，牵引车头为内燃机车，上面绘有栖息于热带雨林的地毯蟒的图案，是属于原住民的画。

牵引车头上画着地毯蟒的图案

底部透明的"钻石景观"缆车

■空中缆车
🏠 Cnr. Captain Cook Hwy. & Cairns Western Arterial Rd., Smithfield, 4878
☎ （07）4038-5555
🌐 www.skyrail.com.au/ja
🕐 9:00~17:15（根据时期不同，时间会略有调整）
🎫 单程（成人）$51（儿童）$25.50（家庭）$127.50/往返（成人）$77（儿童）$38.50（家庭）$192.50/空中缆车单程＋库兰达观光火车单程（成人）$101（儿童）$50.50（家庭）$252.50
※钻石景观缆车单程：成人追加$15 儿童追加$7.50/飞越雨林1人追加$100（红峰顶出发9:15、库兰达出发13:45）

●接送
🚐 空中缆车往返：凯恩斯＆北部沙滩地区接送（成人）$49（儿童）$24.50/空中缆车单程＋库兰达观光火车单程：凯恩斯＆北部沙滩地区接送（成人）$23（儿童）$11.50（家庭）$57.50

■库兰达观光火车
🏠 P.O.Box 930（Cairns Railway Station, Bunda St.），4870
☎ （07）4036-9333
📠 1800-577-245

🚆🕐 凯恩斯～库兰达：凯恩斯出发 8:30、9:30，到达弗雷什沃特：10:25、11:25/库兰达→凯恩斯：凯恩斯出发 14:00、15:30，弗雷什沃特出发：15:32、17:02，到达凯恩斯：15:55、17:25

💰 单程：成人 \$50 儿童 \$25 家庭 \$125/ 往返：成人 \$76 儿童 \$38 家庭 \$190

※ 空中缆车单程＋库兰达观光火车单程的价格请参照上方空中缆车的信息

■ **可以优雅地享受火车之旅的金卡座车厢**

9:30 凯恩斯出发，15:30 库兰达出发的火车上连接的一节改造过的豪华车厢。提供饮料和快餐服务，还会获赠精质领带别针，以及精美的明信片。

💰 单程价格一般 1 人需追加 \$49

■ **杰桑的豪华库兰达之旅**
组团社：Mighty Aussie Adventures
🏠 3-5 Warrego St., Paramatta Park, 4870
☎ (07) 4041-2583
📠 1800-444-154
🌐 www.mightyaussie.com
🕐 每天 8:35~17:25
💰 成人 \$220 儿童 \$110/ 包含午餐 & 冰激凌 1 人追加 \$12

■ **Doki Doki 库兰达一日豪华游**
组团社：Doki Doki Tours
🏠 P.O.Box 4854, Cairns, 4870
☎ (07) 4031-4141
📠 1800-242-500
🌐 www.dokidokitours.com
🕐 每天 9:00~17:25
💰 成人 \$230 儿童 \$130
※ 棕榈湾接送 1 人追加 \$30、道格拉斯港接送 1 人追加 \$60

■ **四驱车悍马冒险**
组团社：Doki Doki Tours
🏠 P.O.Box 4854, Cairns, 4870
☎ (07) 4031-4141
📠 1800-242-500
🌐 www.dokidokitours.com

悍马早间之旅
🕐 每天 9:00~13:00/13:30~17:30
💰 成人 \$125 儿童 \$90

悍马夜游
🕐 每天 18:20~22:30
💰 成人 \$145 儿童 \$105

乘坐悍马穿梭于黑暗的森林

铁路原本是为了向阿瑟顿高原输送物资才开始铺设的，是一项耗费了 5 年时间，牺牲了 29 人的生命才建造完成的困难工程。如今行驶的凯恩斯～库兰达这一段，长 34 公里，只是当年的其中一部分路段。火车全程 1 小时 45 分钟，透过窗户可以不断地看到许多美丽的景色。尤其是经过斯托尼溪谷（Stoney Creek Valley）上的大桥时，可以看到桥旁 45 米落差的瀑布。另外在到达库兰达前，在巴伦瀑布还会停留一站，从这里的月台或者旁边的观景台都可以看到壮观的巴伦瀑布。

空中缆车＋库兰达观光火车的经典旅游线路

库兰达一日游
Kuranda 1 Day Tour

库兰达的市场十分有趣

乘坐水陆两用车将成为你珍贵的回忆

凯恩斯近郊代表性的观光地库兰达，通常游客都会选择乘坐单程空中缆车＋单程库兰达观光火车进行游览。另外热带雨林自然公园（→ p.78）也是热门景点。

● **杰桑的豪华库兰达之旅**

前往热带雨林自然公园，参观考拉 & 野生动物园，乘坐水陆两用车。基本上所有行程都不包含午餐，但会推荐几家不错的餐馆。

● **Doki Doki 库兰达一日豪华游**

前往热带雨林自然公园，首先会乘坐水陆两用车。之后可以从抱考拉拍照、考拉 & 野生动物园、帕玛吉里原住民体验（原住民舞蹈、体验原住民文化、彩绘回旋镖，3 选 1）中选择一项参加。包含午餐。

乘坐超大型四驱车进入热带雨林

四驱车悍马冒险
4WD Hummer Adventure Day & Night

四驱车悍马 H1 穿越小河流

乘坐超大型的悍马 H1，在紧邻世界遗产丹翠国家公园的热带雨林中飞驰。因为悍马 H1 很大，往返凯恩斯的路上也是将它作为巴士使用。光是坐上去就很有意思。

白天的悍马半日游，会在国家公园旁的私有用地内伴随着越野的轰鸣声飞速行驶。之后一边听着导游幽默地讲解，一边在雨林中散步，还可以体验投掷回旋镖。而晚上的悍马夜游，在全黑的环境下行驶会更加刺激，也是这个行程的魅力所在。另外仅使用手电筒照明漫步热带雨林也充满了神秘感。包含晚餐。天气晴朗的话还可以欣赏美丽的星空。

悍马夜游的晚餐示例

観察澳大利亚的夜行性野生动物

夜行性动物探险之旅
Wild Animal Watching Tour

在巨大的蚂蚁堆前拍纪念照

无论是谁都会喜欢的给岩袋鼠喂食活动

这是前往热带雨林的旅行中最热门的一个。来到阿瑟顿高原的热带雨林、高原地区接触大自然，与野生动物偶遇，甚至有时还可以抚摸它们。许多家旅行社都有此条线路。

● Doki Doki 夜行性动物探险之旅 / 杰桑的世界遗产和动物探险之旅

在夜行性动物探险之旅中，比较受欢迎的是"Doki Doki"和"杰桑"两家，他们的产品线路大致相同。下面就为你介绍一下具体的行程。

从凯恩斯经过库兰达，首先到达的是散布巨大蚂蚁堆的阿瑟顿高原。参观完蚂蚁堆后前往马里巴。杰桑的行程中在这里会前往高尔夫球场观赏袋鼠；Doki Doki 则是到草原使用双筒望远镜观赏袋鼠。接着会来到花岗岩峡谷自然公园（→ p.72），体验第一个特色行程——给马里巴岩袋鼠喂食。

喂食之后，在湿地观察野生鸟类，在道路旁观察突然出现的小动物，同时将阿瑟顿高原的湖水、草地、果树园等变化多端的景色游览一遍。尤其是 Doki Doki 的行程中还包含了哈斯提斯沼泽，这里以聚集大量野鸟而知名。当然两个行程都会参观阿瑟顿高原最重要的景点——帘状无花果树（→ p.72）。

帘状无花果梦幻般的样子令人触动

如果在黄昏前到达露营地，还能在附近的河边看到野生的鸭嘴兽。虽然是野生鸭嘴兽，但遇到的概率很大，这可是连许多澳大利亚人都没有见到过的珍稀动物。杰桑的行程中还会前往露营地旁的广场投掷回旋镖。

日落后还会在露营地 BBQ 烧烤，享用晚餐。如果运气好的话还会碰到负鼠、袋狸和沙袋鼠。晚餐后，夜间可以在热带雨林一边漫步一边探索动物。最后观测完星空后（仅限天气晴朗的时候）返回凯恩斯。

● 大冒险！动物探险之旅

阿瑟顿高原的中心地区马兰达周边，是只有在澳大利亚才能体验到的动物探险之旅。

在热带雨林中的马兰达瀑布游玩放松后，前往栖息着大量鸭嘴兽的塔札丽湖进行探索。如果没有发现鸭嘴兽，会退还一半的团费，可见遇到鸭嘴兽的概率非常之高。

之后到私人用地寻找树袋鼠（能看到的概率约为60%）。遇到负鼠、袋狸的概率也很高。晚餐在云加布拉的人气意大利餐馆——尼可餐馆（Nick's）就餐。能在地方气氛浓郁的地方享用美食同样会成为你难忘的一段回忆。

有机会遇到树袋鼠

澳大利亚地区指南 ●昆士兰州 凯恩斯

■ Doki Doki 夜行性动物探险之旅
组团社：Doki Doki Tours
住 P.O.Box 4854, Cairns, 4870
☎ （07）4031-4141
Fax 1800-242-500
URL www.dokidokitours.com
时 每天 14:00～21:30
费 成人 $155 小孩 $95 家庭 $405
※ 棕榈湾接送 1 人追加 $30、
道格拉斯港接送 1 人追加 $60

■ 杰桑的世界遗产和动物探险之旅
组团社：Mighty Aussie Adventures
住 3-5 Warrego St., Paramatta Park, 4870
☎ （07）4041-2583
Fax 1800-444-154
URL www.mightyaussie.com
时 周二、周四、周五、周日 13:15～21:30
费 成人 $155 小孩 $95

露营地附近的喂食台上经常有负鼠前来

露营地中澳式 BBQ 烧烤晚餐

有机会看到野生的鸭嘴兽

大冒险！动物探险之旅的组团社 True Blue 的经营者——西恩先生

■ 大冒险！动物探险之旅
组团社：True Blue Tours
☎ 0401-491-598
URL www.truebluetours.com
时 每天 13:20～21:30
费 以团体为单位：1～4 人 $710、5～7 人 $1098

野外生态之旅

野外生态之旅
- ☎ （07）4033-7614
- 🌐 wildernessecosafaris.com
- 🕐 每天 7:00~18:00
- 💰 1 人 $189

在茂密的森林中还能看到巨大的国王蕨

---

1 天仅限 7 人报名参加，漫步于神秘的森林

野外生态之旅
Wilderness Eco Safaris

拥有压倒性存在感的勒颈无花果树

如果你对森林很感兴趣，推荐你选择这个行程。目的地是阿瑟顿高原。百灵湖的贝壳杉大树（俗称夫妻松）、云加布拉的著名景点帘状无花果树，参观完这些后就会前往一般旅游团都不包含的行程景点。漫步于尤拉莫湖（Lake Euramo）周边的热带雨林，一边眺望湖一边享用午餐。接着乘坐只有四驱车才能通过的丹布拉国家公园（Danbullah NP）、丁丹国家公园（Dinden NP）内的越野路段。最多能长到 5 米的巨型国王蕨、气氛庄严的勒颈无花果树等，从古代开始便存在的森林魅力令人赞叹。

星空 & 野生动物探险之旅
- 组团社：Doki Doki Tours
- 🏠 P.O.Box 4854, Cairns, 4870
- ☎ （07）4031-4141
- 📠 1800-242-500
- 🌐 www.dokidokitours.com
- 🕐 每天 19:30~22:00/含晚餐 18:30~22:00
- 💰 成人 $50 儿童 $30/含晚餐 成人 $95 儿童 $65

观赏南半球的星空和动物

星空 & 野生动物探险之旅
Southern Nightsky & Wild Animal

南半球的星空美得令人窒息。推荐参加新月日期附近的旅游团

晚餐后参加的凯恩斯特有的旅行线路。在行程里首先会参观凯恩斯郊外栖息着的袋鼠。即便是在住宅区附近也能看到野生动物这一点着实令人惊叹。之后在戈登韦尔郊外的甘蔗地附近观测南半球的星空，这也是这条线路上的最大亮点。仰望辽阔的星空，可以看到银河、南十字星以及与季节对应的星座。还可

以了解一些关于星星的传说。另外有些行程线路包含餐食，这种情况下会带你去当地人都会选择的餐馆用餐。

《天空之城》帕罗尼拉公园和神秘热带雨林之旅
- 组团社：Mungalli Falls
- 🏠 P.O.Box 278, Edge Hill, 4870
- ☎ （07）4097-2219
- 🕐 每天 14:20~21:45（DFS 免税店前出发，回程返回各自酒店）
- 💰 成人 $175 儿童 $130
- ● 接送
- 💰 凯恩斯市内 1 人 $10、北部沙滩地区 1 人 $20

夜晚的灯火 帕罗尼拉公园之旅
- 组团社：Global Travel Services
- ☎ （07）4041-3122
- 🌐 www.fig-gts.com
- 🕐 每天 16:15~22:00
- 💰 成人 $165 儿童 $115
- ※ 北部沙滩地区接送 1 人追加 $40

在热门主题公园沉浸于动漫世界之中

帕罗尼拉公园之旅
Paronella Park Tour

在热带雨林中可以看到已经腐朽的快餐厅遗址

从凯恩斯开车 1 小时即可到达帕罗尼拉公园（→ p.80）。如果想充分感受这里的独特魅力，推荐你选择下列的行程线路。

●《天空之城》帕罗尼拉公园和神秘热带雨林之旅

出发时间为下午，约 16:15 到达帕罗尼拉公园。好像动画片《天空之城》中的主人公希达和巴鲁走过小桥进入拉普达中心一样，你也会走过一座吊桥，然后走向帕罗尼拉公园内部。之后会有导游带领着你，参观园内的古城和热带雨林。并且会对帕罗尼拉公园的历史以及园内的植物等进行详细的讲解。

游览完帕罗尼拉公园后会前往阿瑟顿高原的梦佳里瀑布，并在这里享用晚餐。有时会在黄昏到达这里，运气好的话可以看到小河边出没的

鸭嘴兽。吃完饭后导游会带领大家参观瀑布附近栖息着的神秘的萤火虫。另外在回程路上，还会顺便参观树龄超过500年的巨大的大教堂无花果树，行程内容丰富多彩。

●**夜晚的灯火 帕罗尼拉公园之旅 / 杰桑的帕罗尼拉之夜**

　　两家旅行社的线路行程基本相同（"夜晚的灯火 帕罗尼拉公园之旅"在夜间会租下整个园区）。晚上的帕罗尼拉公园又会展现出和白天不一样的景色。你可以一边听着导游的讲解，一边拿着手电筒在园内散步。行程中最令人兴奋的是点亮灯光的快餐厅遗址。另外，在杰桑的行程中，在回程的路上还会顺便参观卧如龙国家公园的著名景点约瑟芬瀑布。最后在因尼斯费尔享用的意大利自助餐同样十分美味。

●**杰桑的阿瑟顿高原和帕罗尼拉公园之旅**

　　行程为一日游，主要游览的是阿瑟顿高原的景点和晚上的帕罗尼拉公园。在阿瑟顿高原的行程主要有：在花岗岩峡谷自然公园给岩袋鼠喂食，参观梦幻的帘状无花果树和热带雨林中美丽的米拉米拉瀑布。之后会前往参观夜间灯火辉煌的帕罗尼拉公园，回程路上会在因尼斯费尔的意大利餐厅用餐。

充分体验热带雨林和道格拉斯港的魅力

莫斯曼峡谷漫步和道格拉斯港一日游
Mossman Gorge Rainforest Walk & Port Douglas

欢迎仪式结束后可以跟原住民员工留影纪念

　　行程中包括道格拉斯港和被列为世界自然遗产的莫斯曼峡谷。

　　中午之前会去道格拉斯港充分游玩。在观景台赏景后，有约1小时的自由活动时间。周日的话不妨去周日市场看一看。自费前往野生动物栖息地（→p.80）游玩时间也来得及。午餐是在野生动物栖息地内的餐馆，可以一边看着鹦鹉一边享用自助餐。

　　午餐后便会前往莫斯曼峡谷了。在莫斯曼峡谷游客中心旁的森林，原住民工作人员会举办一个欢迎烟火仪式，这样你才获得进入森林的许可。仿佛净化了身体之后，再乘坐摆渡车前往溪谷边的热带雨林步行道。莫斯曼峡谷的小河中水声不断，令人感到神清气爽，夏天的时候，如果时间还有富余可以戏水玩耍。

　　回程时还会再次路过道格拉斯港，在道格拉斯港喜来登大酒店的大堂休息室优雅地享受下午茶时间，之后再返回凯恩斯。

阿瑟顿高原上的美食

阿瑟顿高原和美食之旅
Atherton Tableland & Gourmet Tour

　　一天的行程中包括阿瑟顿高原、热带雨林漫步、野生动物探险以及在凯恩斯近郊品尝特产，这是很独特的一条旅游线路。

　　行程第一站是阿瑟顿高原南部的百灵湖。沿湖边的小路走上一小会儿，就可以看到有1100年树龄的大贝壳杉树。之后在茶室品尝被评价为凯恩斯近郊排名No.1的烤饼。参观完百灵湖后，前往热门景点帘状无花果树，并在附近的河川寻找鸭嘴兽。感受完大自然的魅力后会在奶酪 &

■**杰桑的旅行**
组团社：Mighty Aussie Adventures
住 3-5 Warrego St., Paramatta Park, 4870
☎ (07) 4041-2583
🖷 1800-444-154
🖳 www.mightyaussie.com

●**帕罗尼拉之夜**
时 周二·周三·周五·周日 15:10~22:00
费 大人 $165 小孩 $115

●**阿瑟顿高原和帕罗尼拉园之旅**
时 周一·周四·周六 13:10~22:00
费 大人 $195 小孩 $145

经过吊桥进入园区内

导游在详细地介绍帕罗尼拉公园

■**世界遗产莫斯曼峡谷漫步和道格拉斯港一日游**
组团社：Port Douglas Connections
住 9 Plath Close, Cairns, 4870
☎ (07) 4051-9167
🖳 www.portdouglas-c.com
时 每天 9:30~17:00
费 大人 $170 小孩 $95 家庭 $515/ 自费前往野生动物栖息地 大人 $25 小孩 $12.50

在莫斯曼峡谷还可以戏水游玩

■**阿瑟顿高原和美食之旅**
组团社：True Blue Tours
☎ 0401-491-598
🖳 www.truebluetours.com
时 每天 8:15~17:15
费 大人 $165 小孩 $95 家庭 $445
※ 北部沙滩地区接送 大人 追加 $20 家庭 追加 $40（与成人同行的儿童无追加费用）

白领湖畔的大贝壳杉树

■雷霆极速
年龄限制：13岁以上
住 59-63 The Esplanade, Cairns，4870
☎（07）4030-7990
网 www.ragingthunder.com.au
●漂流
时 徒利河1日游：每天6:30~18:00/巴伦河半日游：每天 14:00~18:00
费 徒利河1日游：1人 $209/巴伦河半日游：1人 $138
※ 冬天水温较低，最好穿上风衣
※ 道格拉斯港往返需提前咨询

每次通过激流后，都会变得更加喜悦

●溪降
时 每天 7:30~13:00
费 1人 $169
※ 溪降时禁止携带手表、首饰、相机等，请提前确认

在国外有着超高人气的溪降运动

■灼热的马鞍
住 Lot 1，154 Yorkeys Knob Rd.，Yorkeys Knob，4878
☎（07）4055-7400
网 www.blazingsaddles.com.au
时 每天 8:45~12:00、10:45~14:00、12:45~16:00
※ 骑马 + ATV 8:45~14:00，或 10:45~16:00
※ 包含凯恩斯接送

在伽罗戴里兰品尝各种奶酪

巧克力工厂伽罗戴里兰享用午餐。当地的美食自然不容错过，但也别忘记品尝这里的奶酪拼盘。另外肯定会给大家留下充足的时间来选购巧克力当作礼物或纪念品。在试吃过各种口味的花生之后，前往花岗岩峡谷进行动物探险。在和可爱的岩袋鼠亲密接触后，可以到马里巴的布吕埃斯酿酒厂品尝果酒，还能在沃克斯享受咖啡畅饮（收费）。在返回凯恩斯的路上，不光有着对动物们的珍贵回忆，肚子也是饱饱的，是一个非常独特的旅行体验。

漂流

大家合力冲下激流

漂流项目在凯恩斯也很受欢迎。雷霆极速（Raging Thunder）公司提供有导游陪同的线路。需要1天时间游玩的凯恩斯南部的徒利河 Tully River（开车约2小时），作为世界为数不多的业余漂流线路广为人知。这一带是在国家公园内，所以没有钓鱼者和露营者，水也非常清澈。漂流线路全长13公里，有44个激流点，全部玩下来要5小时的时间。漂流等级分为1~6级，徒利河的等级为4级，是业余爱好者可以参加的最高等级，十分刺激。如果不能挤出一天时间，还可以选择参加巴伦河（Barron River）的半日漂流（3级），从凯恩斯出发全程只需要4小时。和徒利河相比刺激程度略逊一筹，但好玩的激流很多，玩下来也绝对会让你大呼过瘾。并且旁边的巴伦峡谷国家公园的景色也非常不错。是非常热门的半日游娱乐之选。

溪降

由刚才提到过的雷霆极速公司组织的溪降活动，地点在凯恩斯近郊的热带雨林中水晶瀑布的溪流地带。从30米高的悬崖垂直下降、35米的索道滑翔、从10米高处跳入瀑布中等活动都十分刺激，充满挑战性。

骑马 & ATV

在大自然中体验骑马 & ATV
灼热的马鞍
Blazing Saddles

在热带雨林中悠闲地前进

从凯恩斯向北开车15分钟到达约克斯诺波，这里有一个观光牧场，叫作灼热的马鞍。牧场占地范围内除了牧草地，还有热带雨林、甘蔗地、湖泊等，还铺设了越野道路，可以欣赏这些丰富多彩的美景。在这里可以骑马、开 ATV（大型四驱越野车），无论是初学者还是高手都有相对应的工作人员陪同指导。

这里的马匹都经过专业的训练，即便是初学者也不用担心，在骑马前还会有简单的练习。教学结束后，指导者会检查你相关技巧的掌握情况，然后选择最合适的线路，如果是有一定骑马经验的人，还可以骑马小跑。

如果是驾驶 ATV 的高手，可以开250cc、时速80公里／小时的专业 ATV。指导者会根据当天参团游客技巧掌握的情况，选择最合适的线路。可以充分体验爽快、刺激、令人激动的驾驶感受。当然首先会有指导者细心地教授驾驶方法，请你放心。骑马或驾驶 ATV 后，还可以品尝乡村风格的快餐。

ATV 在家庭旅行中也有着很高的人气

在热带雨林中体验骑马

山间骑行冒险
Mount-n-Ride Adventures

此项旅程每天在 3 个时间点发团，有半天体验骑马的时间。目的地是凯恩斯南部，戈登韦尔郊区小马格瑞夫河附近的观光农场。农场周边的森林已被列为世界遗产，1小时的骑马体验正是在这片森林之中。途中会骑马经过溪流，进行一些冒险体验。另外有一定骑马经验

穿过热带雨林的溪流

的人，可以挑战一下骑马小跑，这是一次十分开心的体验。

水上娱乐项目

北昆士兰水上运动（North Queensland Water Sports）有海上滑翔伞、水上摩托艇、Bumper Tube Rides 3 种娱乐项目，地点是在凯恩斯的三一湾，如果 3 种项目都玩的话，可以享受优惠价格。这里也有专业的指导，初学者也大可放心。

蹦极

新西兰和澳大利亚最早经营蹦极运动的都是 AJ 哈克特蹦极公司（AJ Hackett Bungy）。这一值得纪念的蹦极地点位于凯恩斯北部的半山腰，开车仅需 10 分钟左右。这里建有高44 米的蹦极专用塔，塔的周围是热带雨林，以塔下的水池为目标进行蹦极。

鼓起勇气蹦极

成功完成蹦极的人，还会获得一个证书，以表彰其勇敢。在蹦极塔上除了蹦极以外，还有一个叫作丛林秋千的娱乐项目。将 1~3 个人吊起，然后体验在每小时 100 公里时速下穿越雨林的快感（可以想象成荡秋千）。

●骑马
包含快餐食品 $130 $100
● ATV
年龄限制：14 岁以上
※ 行驶过程中会扬起灰尘，最好穿一些不怕脏的衣服（可以租借鞋和头盔）
1 人 $140
●骑马 + ATV
$210 $180
■山间骑行冒险
60 Irvin Access, Littele Mulgrave, Gordonvale, 4865
（07）4056-5406
www.mountnride.com.au
●骑马半日游
每天 7:45~12:00、12:00~16:30、14:00~18:30
包含快餐 $130 $100
※ 所有行程均包含凯恩斯接送
■北昆士兰水上运动
0411-739-069
www.nqwatersports.com.au
每天 9:00、11:00、13:00、15:00 从马林码头出发
1 人乘坐：海上滑翔伞$90、水上摩托艇$90、Bumper Tube Rides $35、3 项通票$185/2人乘坐：海上滑翔伞$160、水上摩托艇$160、Bumper Tube Rides$70、3 项通票 $290
※ 包含凯恩斯接送

太空漫步般的海上滑翔伞运动

■ AJ 哈克特蹦极公司
End of Mcgregor Rd., Smithfield, 4878
（07）4057-7188
1800-622-888
www.ajhackett.com/cairns
每天 10:00~16:30
蹦极（含 T 恤衫）：$179/丛林秋千 1 人 $129/ 蹦极 + 丛林秋千：$269
※ 还有包含拍照、摄影的套餐组合
※ 包含凯恩斯 & 北部沙滩地区接送

惊险刺激的丛林秋千项目

参加了杰桑旅行的动物探险之旅（→ p.91）和骑马的半日游，骑马参加的是山间骑行冒险（→见上文），使用了优惠的价格。

■ 海鹰飞行
☎ 0448-531-704
💻 www.seaeagleadventures.com/tour-ja.html
🕐 每天 7:00～随时（每天飞行出发时间有所不同，尽可能提前一天进行预约）
💰 30 分钟飞行：1 人 $175/45 分钟飞行：1 人 $220

飞行游览后可以和飞行员一起拍照留念

■ 大堡礁直升机
📮 P.O.Box 84N，North Cairns，4870
☎ （07）4081-8888
☎ 1300-359-427
💻 www.gbrhelicopters.com.au
💰 30 分钟飞行探险 $399/40 分钟高级飞行探险 $499/各个游船 & 飞行组合 $482~

■ 双人高空跳伞
☎ 1300-759-348
💻 tandemcairns.com.au
💰 1 万英尺（254 米）$244、1.4 万英尺（355.6 米）$295 ※ 跳伞过程中的照片 $99、DVD $120、照片 +DVD $129

小型飞机飞行游览

乘坐赛斯纳飞机游览外堡礁
海鹰飞行
Fly Sea Eagle

阿灵顿礁内的考拉礁

乘坐赛斯纳公司的小型飞机从凯恩斯出发的飞行游览。出发航站楼位于国内、国际航站楼跑道的对侧，走到飞机前就已经令人心情澎湃了。比较热门的是 45 分钟飞行。起飞后飞越格林岛上空，进入大堡礁区域，经过阿灵顿礁、麦克马斯礁、哈斯丁礁、弗拉索夫礁、牡蛎礁和尤坡鲁礁上空。经过阿灵顿礁时，可以看到一个酷似考拉脸型的珊瑚礁，俗称考拉礁。

乘坐直升机游览外堡礁
大堡礁直升机
GBR Helicopter Group

从空中俯瞰大堡礁的景色令人赞不绝口

乘坐码头购物广场旁的专用直升机进行空中游览。30 分钟的飞行探险是最热门的选择，价格划算并且可以鸟瞰美丽的景色。途经格林岛、尤坡鲁礁、麦克马斯礁、弗拉索夫礁、阿灵顿礁。另外大冒险、银梭、海洋世界（梦幻丽礁）的单程、回程或者往返线路也都可以选择乘坐直升机游览。

双人高空跳伞

双人高空跳伞是有教练陪同的，即使是初学者也不用担心。凯恩斯坦蒂姆公司（Tandem Cairns）主要经营这项娱乐项目。一般是从 1.4 万英尺（约 4000 米）的高空中两人一起跳下，经过约 60 秒的自由落体后打开降落伞，落到地面。

实际上整个全程体验下来只有 4 分钟，但在国内很少有这种项目。如果预约的话，凯恩斯市内可以接送。

热气球

　　早晨，坐着热气球，在朝阳的映照下远眺阿瑟顿高原的一座座高山。凯恩斯的两家热气球公司 Hotair Cairns 和 Cairns Hot Air Balloon（雷霆极速）的行程内容大致相同。

　　所有行程都是日出前 1.5 小时从酒店出发。开车经过 1 小时时间，到达阿瑟顿的出发地。在寒冷的空气中漫步于天空，甚至让人忘记了这里地处热带。还可以在空中拍照留念。

　　快速行程的飞行体验结束后，参加者全员还可以体验折叠打包热气球。另外，夏天时上空也很冷，最好多穿一些衣物。

有的热气球图案是考拉（Hotair）

钓鱼

　　如果想在凯恩斯钓鱼的话可以到 All Tackle Sportfishing 咨询。工作人员的态度十分友好，从挂鱼饵到抛鱼竿都会进行细心地讲解，初学者也可大胆尝试。从价格合理的半日湾内钓鱼之旅到外海的拖网捕鱼、假饵钓鱼，甚至包船进行钓鱼比赛都可以安排。

高尔夫

　　凯恩斯近郊有许多高尔夫球场，无论是初学者还是老手都可以找到合适的球场。比较知名的球场有棕榈湾附近的天堂棕榈树乡村俱乐部（Paradise Palms Country Club）、道格拉斯港的帕尔默海礁高尔夫球场（Palmer Sea Reef Golf Course）和蜃景乡村俱乐部（Mirage Country Club）。这三个球场都有 18 洞的冠军赛线路，景色很像南国度假地。

　　负责这些高尔夫球场预约、接送的是 Port Douglas Connections。如果没有车的话很难到达高尔夫球场，不妨多使用接送服务吧。

凯恩斯最具人气的天堂棕榈树乡村俱乐部

■ 热气球体验
年龄限制：5 岁以上
● Hotair Cairns
☎（07）4039-9900
🖥 www.hot-air.cn
費 30 分钟（5:00~9:30）成人
$250 小人 $219/30 分钟快速
（5:00~8:00）成人 $280
$229/60 分钟（5:00~9:30）
$340 小人 $260
※ 包含凯恩斯 & 北部沙滩地区接送

● Cairns Hot Air Balloon
（雷霆极速）
☎（07）4030-7900
🖥 www.ragingthunder.com.au
費 30分钟（4:00~10:00）成人
$260 小人 $200/30 分钟快速
（4:00~8:30）成人 $290
$220/1 小时（4:00~10:15）
成人 $360小人 $280
※ 包含凯恩斯 & 北部沙滩地区接送

■ All Tackle Sporfishing
☎ 0414-185-534
🖥 www.alltacklesportfishing.com.au
費 内海半日钓鱼之旅（7:30~12:00、13:00~17:30）成人 $95
小人 $85
※ 有假饵钓鱼 & 飞钓、拖网捕鱼、包船

■ Port Douglas Conn-ections
🏠 9 Plath Close，Cairns，4870
☎（07）4051-9167
🖥 www.portdouglas-c.com
費 包含凯恩斯往返：天堂棕榈树乡村俱乐部 $185/ 帕尔默海礁高尔夫球场 $235/ 蜃景乡村俱乐部 $220

在凯恩斯近郊体验
水疗 SPA

在凯恩斯近郊的度假酒店中，
最近都新增加了 SPA 设施。
目前大多数仅对房客开放，
但也欢迎其他游客到来（当然必须提前预约）。
在这里，先为你介绍其中一些具有代表性的地方。

阿拉曼达水疗
Alamanda Spa

　　位于棕榈湾高级公寓式
酒店——阿拉曼达棕榈湾兰
斯摩尔酒店内。室内外都有
水疗室。

　　凉爽的时候在屋外的水
疗室按摩，是极佳的享受。

在安静的氛围中悠闲地享受水疗

DATA

📍 Alamanda Palm Cove by
Lancemore, 1 Veivers Rd., Palm
Cove, 4879
☎ (07)4059-5529　　🗺 P.68
🌐 www.lancemore.com.au/
alamanda/spa.html
💰 面部 60 分钟 $140/ 招牌按摩 60
分钟 $140、90 分钟 $190/ 热石疗法
90 分钟 $190~ 等
💳 ADJMV

室外清风拂过，阿拉曼达 SPA 的人气
水疗房间

高级水疗
Exclusive Spas

　　使用的水疗产品是融合
了澳大利亚原住民草药概念
制成的水疗用品 Li'Tya（原
住语中是"地球"的意思）。
位于凯恩斯近郊棕榈湾的胡
椒海滩温泉俱乐部酒店和道
格拉斯港的胡椒海滩俱乐部
酒店内。

DATA

💰 面部 30 分钟 $101~/ 全身按摩
45 分钟 $124~/ 梦幻水疗套餐 180
分钟 $444 等
🌐 www.exclusivespas.com.au
💳 ADJMV
● 棕榈湾　　　　　　　🗺 P.68
📍 Peppers Beach Club & Spa, 123
Williams Esplanade, Palm Cove,
4879
☎ (07)4059-9206

● 道格拉斯港　　　　　🗺 P.74
📍 Peppers Beach Club, 20-22
Davidson Ave., Port Douglas, 4877
☎ (07)4087-1000

使用 Li'Tya 的水疗室

Vie 水疗
Vie Spa

　　位于澳大利亚高档酒
店——铂尔曼酒店内的豪华
水疗。包括凯恩斯市中心的
凯恩斯铂尔曼国际酒店、棕
榈湾和道格拉斯港的铂尔曼
海神庙度假酒店 & 水疗中心。
这里使用的水疗产品艾丽美
在欧洲一流的水疗地和亚洲
的曼达拉水疗都有着极高的
人气，人们对于这里按摩的
评价也非常高。

DATA

🌐 www.viespa.com.au
💰 面部 50 分钟 $125/ 按摩 60 分钟
$140~/ 各种套餐 120 分钟 $280~
等
💳 ADJMV
● 凯恩斯　　　　　　　🗺 P.61/3B
📍 Pullman Cairns International , 17
Abbott St., Cairns, QLD 4870
☎ (07)4050-2124
● 棕榈湾　　　　　　　🗺 P.68
📍 Pullman Palm Cove Sea Temple
Resort & Spa, 5 Triton St., Palm
Cove, QLD 4879
☎ (07)4059-9613
● 道格拉斯港　　　　　🗺 P.74
📍 Pullman Port Douglas Sea
Temple Resort & Spa, Mitre St.,
Port Douglas, QLD 4877
☎ (07)4084-3515

双人使用的水疗室非常宽敞

凯恩斯的酒店
Accommodation

凯恩斯市中心

凯恩斯中心青年旅舍
Cairns Central YHA　　平价酒店

◆这家青年旅舍位于凯恩斯市中心购物中心旁。干净整洁，氛围安静。有公用的淋浴和卫生间。全部房间都有空调。

可以在泳池悠闲地放松

舒适之选　　Map p.61/3A
- 🔗 www.yha.com.au
- 🏠 20-26 McLeod St., 4870
- ☎ 4051-0772　📶 免费
- 💰 Ⓓ $25~33、Ⓢ $59.50 Ⓣ Ⓦ $71~86
- ※ 非 YHA 会员需支付附加费用
- 💳 M V

凯恩斯哈伯莱茨酒店
Cairns Harbour Lights　　公寓式酒店

◆凯恩斯为数不多的高档公寓，对于参加游船旅行的游客来说是绝佳的住宿地。房间宽敞舒适。

客厅区域非常宽敞

紧邻大堡礁舰队码头　　Map p.61/3B
- 🔗 www.accorhotels.com
- 🏠 1 Marin Pde., 4870
- ☎ 4057-0800　📠 4057-0899
- 📶 免费
- 💰 酒店式：Ⓦ $129/1B $259~299、2B $449　💳 A D J M V

凯恩斯港畔假日酒店
Holiday Inn Harbourside　　高档酒店

◆从酒店步行至市中心需 20 分钟，但每天 10:00~22:00,每隔一小时都有一班免费摆渡巴士，不会令你感到出行不便。酒店建有两栋楼，一栋为海边的海景楼，一栋为山边的山景楼，餐馆、泳池都位于海景楼一侧。房间宽敞明亮，很有现代感，所有房间带有阳台。

泳池紧挨滨海大道

带有飘窗的房间宽敞舒适

适合悠闲派　　Map p.60/2B
- 🔗 www.ihg.com.au
- 🏠 209-217 The Esplanade, 4870
- ☎ 4080-3000
- 📶 收费（IHG 会员免费）
- 💰 Ⓣ Ⓦ $149~224
- 💳 A D J M V

凯恩斯太平洋酒店
Pacific Hotel Cairns　　高档酒店

◆凯恩斯的老牌高档酒店。酒店旁是 DFS 免税店，对面是铂尔曼礁酒店赌场，地理位置优越。酒店大堂有 3 层楼高，放置着藤质沙发，很有南国气氛。房间具有现代感，明亮舒适。

比较普通的房间内貌

铂尔曼礁酒店赌场对面　　Map 61/3B
- 🔗 www.pacifichotelcairns.com
- 🏠 43 The Esplanade（Cnr. Spence St.）, 4870
- ☎ 4051-7888
- 📶 免费
- 💰 Ⓣ Ⓦ $249~350
- 💳 A D J M V

凯恩斯希尔顿逸林酒店
Double Tree By Hilton Cairns　　高档酒店

◆建于滨海大道的圆形酒店。酒店中央建造的热带公园令人眼前一亮，内部有水池，种植着热带植物。办理入住时还会收到独创的饼干，服务贴心周到。

泳池也是出乎意料的宽敞

服务周到，设施齐全　　Map p.61/2B
- 🔗 doubletree3.hilton.com
- 🏠 122-123 The Esplanade（Cnr.Florence St.）, 4870
- ☎ 4050-6070　📠 4031-3770
- 📶 收费（希尔顿会员免费）
- 💰 Ⓣ Ⓦ $225~265　💳 A D J M V

从中国往凯恩斯拨打电话
00 + 61（国家代码）+ 7（去掉前面第一个 0 的区号）+ 对方的电话号码

凯恩斯码头香格里拉酒店
Shangri-La Hotel the Marina

高档酒店

码头旁的五星级酒店　Map p.61/3B

◆酒店建于凯恩斯大堡礁舰队码头的旁边。房间格高，内饰统一。所有房间都带有分开式的浴缸和淋浴，并且带有宽敞的阳台。尤其是地平线俱乐部房间，更是宽敞，在蜜月旅行中有着很高的人气。另外1层面朝马林码头的地方，是凯恩斯最佳的就餐区域。

URL www.shangri-la.com
住 Pierpoint Rd.（P.O.Box7170），4870
☎ 4031-1411　FAX 4031-3226　WiFi 免费
费 ⓉⓌ $200~370　CC A D J M V

安静的泳池区，非常适合放松

极具高人气的地平线俱乐部房间

棕榈湾和北部沙滩地区

凯瓦拉海滩度假村
Kewarra Beach Resort & SPA

私密的度假酒店　Map p.59/3B

◆从凯恩斯开车到酒店大概需要20分钟。面朝沙滩，用地内有大片的热带雨林。客房都是独栋的木质小屋，窗帘、床罩等织物上都配有原住民或岛民的艺术作品，很有异国情调。酒店内还有日常的白莲水疗。

房间内充满了木质的温暖感

URL www.kewarra.com
住 Kewarra St., Kewarra Beach, Smithfield 4871
☎ 4058-4000　FAX 4057-7525
WiFi 免费　费 ⓉⓌ $299~646
CC A D J M V

铂尔曼棕榈湾海神庙度假酒店及水疗中心
Pullman Palm Cove Sea Temple Resort & SPA

棕榈湾屈指可数的豪华公寓式酒店　Map p.68

◆酒店面积很大，共有3层楼，泳池围绕其修建，还有庭院、餐馆、日常水疗等设施，环境舒适。大部分酒店的房间都是公寓式的、亚洲风格的室内装饰，带有水疗的浴室房间等，可以让人优雅地度过大好时光。

棕榈湾为数不多的大规模酒店

URL www.pullmanhotels.com
住 5 Triton St., Palm Cove, 4879
☎ 4059-9600　FAX 4059-9699
WiFi 收费
费 公寓套房 $199 1B $219~259、2B $299~359
CC A D J M V

阿拉曼达棕榈湾兰斯摩尔酒店
Alamanda Palm Cove by Lancemore

极具人气的豪华水疗设施　Map p.68

◆设有人气阿拉曼达水疗中心的最高档公寓式度假酒店。最小的单人间面积也足有85平方米。在努努餐馆可以吃到棕榈湾最好的欧式美食。

无比宽敞的卧室

URL www.lancemore.com.au/alamanda
住 1 Veivers Rd., Palm Cove, 4879
☎ 4055-3000　FAX 4059-0166
WiFi 免费　1B $403~641、2B $513~624
CC A D J M V

期待入住
凯恩斯郊外的度假胜地

珍珠般的珊瑚礁度假地
格林岛度假酒店
Green Island Resort

大堡礁地区首屈一指的豪华度假胜地。入住这里，黄昏和清晨时可以聆听拍打沙滩的海浪声，夜晚还能仰望漫天星空，如果当日往返会错过不少大自然的美景。

　　度假地的客房区域建有2层的住宿酒店、专用泳池、放松区等，设施十分完备。木质的房间内饰，令人感到舒心。早餐和正餐均在翡翠美食餐馆享用，尤其是正餐可以品尝到正宗的现代澳大利亚菜。

　　面向房客的娱乐活动也是应有尽有。栈桥钓鱼、日落时免费的日落酒吧、晚上还有导游带领的星空观测，都十分有趣。对非住宿客人收费的岛内娱乐项目，其中一部分对入住这里的房客则是免费的。

位于美丽的珊瑚礁岛上

（左上）宽敞的酒店房间
（右上）一边免费畅饮，一边欣赏夕阳西下时的美景

DATA　Map P.69
URL www.greenislandresort.com.au
住 P.O.Box 898, Cairns, 4870
☎ 4031-3300　FAX 4052-1511
WiFi 免费　费 ⓉⓌ $525~745
CC A D J M V

礁石别墅 & 美憬阁度假酒店
The Reef House & SPA-MGallery Collection

◆ 酒店房间均为大床房，基本入住的都是情侣。全部房间都配有 DVD&CD 播放器。一部分房间的床带有华盖式纱缦。除此以外也设有水疗中心。

带有纱缦的床是一大亮点

情侣一定要入住一次的地方　Map p.68
URL www.reefhouse.com.au/
住 99 Williams Esplanade, Palm Cove, 4879
☎ 4080-2600　FAX 4055-3305
WiFi 免费
费 ⓣⓦ $215~401、①B $351、②B $515
CC A D J M V

菲兹洛伊岛

菲兹洛伊岛度假酒店
Fitzroy Island Resort

◆ 酒店面朝菲兹洛伊岛的沙滩而建，从大部分房间都可以直接眺望到大海。房间类型一应俱全，既有最普通的房型，又有设置简易厨房的客房，能够满足你的各种住房需求。泳池、餐馆、酒吧、游戏房等设施也十分完备。

在度假酒店的泳池放松也是一个不错的选择

建于热带雨林中的四星度假酒店　Map p.70
URL www.fitzroyisland.com.au
住 P.O.Box 3058, Cairns, 4870
☎ 4044-6700
FAX 4044-6790
WiFi 收费
费 ⓣⓦ $150~370、②B $525/露营地 $35
CC A J M V

道格拉斯港

道格拉斯港喜来登大酒店
Sheraton Grand Mirage Port Douglas

◆ 很多各界名流都会入住这里。酒店前是一片巨大的游泳池，建筑外壁为白色，内部装饰也很大气时尚。除了酒店客房以外，还可以入住带小厨房的别墅。

豪华的度假酒店

澳大利亚有代表性的高档度假酒店　Map p.74
URL www.sheratonportdouglas.com
住 Port Douglas Rd., 4877
☎ 4099-5888
Free 1800-818-831
WiFi 收费（大堂区域免费）
费 ⓣⓦ $300~633/ 别墅 $716~1016
CC A D J M V

丹翠国家公园

丹翠生态别墅及水疗中心酒店
Daintree Eco Lodge & SPA

◆ 酒店建于热带雨林之中，仅有15间客房，是一个小型度假酒店。客房全部为独栋小屋。水疗设施也很齐全，宾客络绎不绝。

小屋内装饰令人出人意料的豪华

建于丹翠地区的中心部位　Map p.59/2A
URL www.daintree-ecolodge.com.au
住 3189 Mossman-Daintree Rd., Daintree, 4873
☎ 4098-6100
WiFi 免费
费 ⓣⓦ $345~385　※ 含早餐
CC A D J M V

蜥蜴岛

大堡礁蜥蜴岛酒店
Lizard Island Great Barrier Reef

◆ 被珊瑚礁海包围，大堡礁上首屈一指的度假酒店。大气的房间内饰、贴心细致的服务、包含全部餐食的住宿费用等，无论哪点都做到了极致。正宗的水疗设施也十分完善。

在蜥蜴岛上任时光静静流逝

大堡礁最北端的高级度假酒店
URL www.lizardisland.com.au
住 PMB 40, Cairns, 4870
Free 1800-837-168（预约）
WiFi 免费
费 ⓣⓦ $1899~2899
※ 包含住宿期间所有餐食
CC A D J M V

凯恩斯郊外的
度假胜地

可以在世界遗产的热带雨林中散步
希尔奇橡树酒店
Silky Oaks Lodge & Healing Waters SPA

面朝莫斯曼河而建的酒店

别墅内的现代风格装饰

在环境优美的餐馆中享用上好的美食

酒店位于离莫斯曼不远处被列为世界遗产的热带雨林旁。沿莫斯曼河建造的主楼，内部包括了别墅小屋、餐馆、酒吧、图书馆，另外还有日常水疗中心（希尔林沃特斯水疗）和泳池等设施。别墅内的风格既自然又现代。阳台上还安有吊床。

面向客人还组织有夜行性动物探险之旅、莫斯曼溪谷漫步（有导游陪同）、莫斯曼河划船等各种娱乐项目。

从餐馆可以看到热带雨林，不光视野好，餐饮的水准也相当之高。午后还可以品尝下午茶。

DATA
URL www.silkyoakslodge.com.au　Map P.59/2A
住 Lot 3, Finlayvale Rd.（P.O.Box 396），Mossman, 4871 ☎ 4098-1666 FAX 4098-1983
WiFi 免费　费 ①①W$440～998 ※含早餐
CC A D J M V

酒店名称	住宿 /URL	TEL/FAX	参考价格
凯恩斯市中心			
平价酒店			
卡拉韦拉背包客旅舍 Caravella Backpackers P.61/1B	149 The Esplanade,4870 www.caravella.com.au	☎ 4051-2431	① $21~26 ①W $63~88
凯恩斯卡利普索背包客度假酒店 Calypso Inn Backpackers Resort P.61/2A	5-9 Digger St., 4870 www.calypsobackpackers.com.au	☎ 4031-0910 FAX 4051-7518	① $24~25 W $62
凯恩斯中央全球背包客旅舍 Global Backpackers Cairns Central P.61/3B	9b Sheridan St., 4870 www.globalbackpackers.com.au	☎ 4031-7921	① $15~ W $60~
凯恩斯诺玛德酒店 Nomads Cairns Backpackers Hostel P.60/1A	341 Lake St., 4870 nomadsworld.com	☎ 4040-7777	① $15~27 W $40~75
凯恩斯恩乔伊旅游度假村 Njoy Travellers Resort P.61/2A	141 Sheridan St., 4870 njoy.net.au	☎ 4031-1088 FAX 4051-7110	① $24~25 W $62~75
北方温室酒店 Northern Greenhouse Backpackers P.61/2A	117 Grafton St., 4870 www.friendlygroup.com.au	☎ 4047-7200 FAX 4041-6822	① $28~30 W $95
杰克背包客旅舍 The Jack Backpackers P.61/3A	Cnr.Spence&Sheridan Sts.,4870 thejack.com.au	☎ 4051-2490	① $24~28 ①W $58~80
热带时光背包客旅舍 Tropic Days Backpackers P.60/3A	26-28 Bunting St.,4870 tropicdays.com.au	☎ 4041-1521 FAX 4031-6576	① $26~27 ①W $64~74
JJ 背包客旅舍 JJ's Backpackers P.61/1A	11-13 Charles St., 4870 jjsbackpackers.com	☎ 4051-7642 FAX 4051-7223	① $22 W $58
马拉加绿洲背包客旅舍 Travellers Oasis Backpackers P.60/3B	8 Scott St., 4870 travellersoasis.com.au	☎ 4052-1377 FAX 4041-7456	① $28~30 W $68~78
中高档酒店＆公寓式酒店			
凯恩斯皇庭酒店 Cairns Queens Court P.61/1A	167-173 Sheridan St.,4870 www.queenscourt.com.au	☎ 4051-7722	①W $105~211 ※含早餐

酒店名称	住宿 /URL	TEL/FAX	参考价格
凯恩斯谢里登酒店 Cairns Sheridan Hotel 📍 P.60/2A	295 Sheridan St., 4870 🌐 www.cairnssheridan.com.au	☎ 4031-6500 📠 4031-6226	Ⓣ Ⓦ $220~295
凯恩斯科罗尼澳俱乐部度假村 Cairns Colonial Club Resort 📍 P.60/2A	18-26 Cannon St., 4870 🌐 www.cairnscolonialclub.com.au	☎ 4053-8800 📠 4053-7072	Ⓣ Ⓦ $104~134
凯恩斯皇家棕榈酒店 Palm Royale Cairns 📍 P.60/3A 外	7-11 Chester Court, 4870 🌐 www.palmroyale.com.au	☎ 4032-6400 📠 4032-2800	Ⓣ Ⓦ $94~145
凯恩斯昆士兰人酒店 & 公寓 Cairns Queenslander Apartments 📍 P.61/1A	267 Lake St., 4870 🌐 www.queenslanderhotels.com.au	☎ 4051-0122 📠 4031-1867	Ⓣ Ⓦ $135~190 1Ⓑ $270 2Ⓑ $345
凯恩斯湖区公寓式酒店 The Lakes Cairns Resort 📍 P.60/1A	2 Greenslopes St., 4870 🌐 www.thelakescairns.com.au	☎ 4053-9400 📠 4053-9401	1Ⓑ $225~ 2Ⓑ $270~310
凯恩斯宜必思尚品酒店 ibis Style Cairns 📍 P.61/2A	15 Florence St.,4870 🌐 www.accorhotels.com	☎ 4051-5733	Ⓣ Ⓦ $139~154
凯恩斯热带海湾乡村酒店 Bay Village Tropical Retreat 📍 P.61/1A	Cnr. Lake & Grafton Sts., 4870 🌐 www.bayvillage.com.au	☎ 4051-4622 📠 4051-4057	Studio $150~135 1Ⓑ $165~ 2Ⓑ $295~
库兰达 & 阿瑟顿高原			
钱伯斯野生动物雨林小屋 Chambers Wildlife Rainforest Lodges 📍 P.71 下 /2A	Lake Eacham,Atherton Tablelands,4884 🌐 www.chamberslodges.com.au	☎📠 4095-3754	1Ⓑ $140
道格拉斯港			
道格拉斯港青年旅舍 Port Douglas YHA Backpackers Hostel 📍 P.74	Cnr.Port St.&Craven Close, Port Douglas,4871 🌐 www.yha.com.au	☎ 4099-5422	Ⓓ $29~32 Ⓦ $98
道吉斯背包客度假酒店 Dougies Backpackers Resort 📍 P.74	111 Davidson St.,Port Douglas.4871 🌐 www.dougies.com.au	☎ 4099-6200	Ⓓ $28 Ⓣ Ⓦ $75
道格拉斯港华美达度假酒店 Ramada Resort Port Douglas　📍 P.74	316 Port Douglas Rd., Port Douglas,4871 🌐 www.ramadaportdouglas.com.au	☎ 4030-4333	Ⓣ Ⓦ $199~219
道格拉斯港铂尔曼海神庙度假酒店 Pullman Port Douglas Sea Temple Resor & SPA　📍 P.74	316 Port Douglas Rd.,Port Douglas,4871 🌐 www.pullmanhotels.com	☎ 4084-3500 📠 4084-3599	Studio$229~ 1Ⓑ $299~ 2Ⓑ $479~
丹翠国家公园			
丹翠度假酒店 Daintree Crocodylus Backpackers　📍 P.59/2A	Lot 5,Buchanan Creek Rd.,Cow Bay,4873 🌐 www.daintreecrocodylus.com.au	☎ 4098-9166 📠 4098-9131	Ⓓ $28 Ⓦ $79~125
苦难角海滩青年旅舍 Cape Trib Beach House YHA 📍 P.59/2B	152 Rykers Rd.,Cape Tribulation, 4873 🌐 www.yha.com.au	☎ 4098-0030	Ⓓ $27~36 Ⓦ $144~165

凯恩斯的餐馆
Restaurant

凯恩斯市中心

Ochre Restaurant
Ochre Restaurant

◆澳大利亚原住民利用大自然赐予的馈赠，创造出了具有现代风格的菜肴。使用的食材包括金合欢、澳大利亚坚果等，鳄鱼、袋鼠、鸸鹋等肉类，近海打捞的鱼类。

可以吃到难得一见的袋鼠佳肴（$40）

这才是澳大利亚的味道　Map p.61/3B

🌐 ochrerestaurant.com.au
🏠 Cairns Harbour Lights，Shop 6，1 Marlin Pde.，4870
☎ 4051-0100
🕐 周一~周五11:30~14:30、周末 11:00~14:30、每天 17:30~21:30
CC ADJMV 酒 许可经营

Dundee's Restaurant
Dundee's Restaurant

◆可以品尝到各种只有在澳大利亚才能吃到的名菜。其中知名的菜肴有岩烤牛排（$36.90）、澳大利亚拼盘（$41），包括水牛牛排、袋鼠肉和鳄鱼肉烤串、鸸鹋肉香肠、烤鲈鱼，是一场肉类盛宴。

岩烤牛排的肉汁吱吱作响

挑战鳄鱼肉、袋鼠肉、鸸鹋肉烧烤　Map p.61/3B

🌐 www.dundees.com.au
🏠 Cairns Harbour Lights，Shop 3，1 Marlin Pde.，4870
☎ 4051-0399
🕐 每天 9:30~（下午茶时间）、11:30~14:00、17:30~21:30
CC ADJMV 酒 许可经营

Prawn Star
Prawn Star

◆ 停泊在马林码头的船只，既是餐馆也是批发海鲜的地方。这里作为当地出售新鲜海鲜的地方而很有名气。船上可以拼桌，用适当的价格就可以品尝到美味的海鲜。人气的巨大拼盘分量足够 4 个人吃。最小的鲜虾拼盘（$25）也有 800g。

在浓郁的本地环境里品尝美味的海鲜　Map p.61/3B

住　Marlin Marina, E31 Berth, Pier Point Rd., 4870
☎　0456-421-172
営　每天 10:00~20:00
休　圣诞节
CC　M V
酒　BYO

分量十足的巨大海鲜拼盘

Coco's Restaurant
Coco's Restaurant

◆ 餐厅位于凯恩斯铂尔曼国际酒店内。早晚为自助餐，中午是单点的午餐。尤其晚上有许多新鲜海鲜供应（1 人 $79）。喜爱海鲜的人一定不要错过。另外，下午茶时段提供的三层点心瓷盘也很有人气。

超人气的海鲜晚餐自助　Map p.61/3B

URL　www.pullmancairnsinternational.com.au
住　17 Abbott St., 4870
☎　4050-2101
営　周一~周五 6:00~10:00、周六·周日 6:00~10:30、每天 12:00~15:00、18:00~22:00（下午茶每天 11:00~16:00）
CC　A J M V　酒　许可经营

晚餐时的海鲜食品非常丰盛

Hog's Breath Cafe
Hog's Breath Cafe

◆ 澳大利亚连锁家庭餐馆，主营牛排。烤牛上肋（$44.95）共有 11 种类型，浇有蒜泥虾仁和墨鱼圈等的澳式牛排比较有人气。

极具人气的家庭连锁牛排餐馆　Map p.61/3A

URL　www.hogsbreath.com.au
住　64 Spence St., 4870
☎　4031-7711
営　每天 11:30~14:30、17:00~22:30
CC　A D J M V　酒　许可经营

人气的烤牛上肋

Cafe China
Cafe China

◆ 位于凯恩斯铂尔曼礁酒店及赌场 1 层。午餐时有茶点，有 45~50 种茶点餐车服务。晚上提供超值的套餐。除此以外还能吃到特色菜涮鲍鱼。另外，在艾宝大街一侧、码头购物广场和凯恩斯雷吉斯广场酒店都有同一系列的面馆，可以品尝到中国 & 亚洲各国的面条，价格合理。

凯恩斯为数不多的中国餐馆　Map p.61/3B

URL　www.cafechina.com.au
住　Main Foyer, Pullman Reef Hotel Casino, 35-41 Wharf St., 4870
☎　4041-2828
FAX　4051-2818
営　每天 11:00~14:30、17:00~21:30
休　节假日　CC　A D J M V
酒　许可经营

在这里可以品尝到正宗的中华美食

Column

充满时尚气息的海上晚餐
凯恩斯精神号

上船时的迎宾酒也令人喜悦

晚餐游船的自助餐有很多海鲜

在凯恩斯的海面上，一边享受游船的乐趣，一边品尝美味佳肴。你将乘坐的是一艘大型双体船，在几乎没有波浪的地方欣赏凯恩斯的夜景。船内提供自助美食，还有现场演奏等娱乐活动。上船时还提供迎宾酒，非常适合想在船上优雅、时尚地度过海上美食之旅的人。

另外周日中午也有午餐游船出发。

DATA

■ 凯恩斯精神号 Spirit of Cairns
URL　www.spiritofcairns.com
☎　4047-9170
时　晚餐游船：周三~周六；18:30~21:00/ 午餐游船：周日 12:30~15:00
费　晚餐游船：成人 $95 儿童 $50/ 午餐游船：成人 $69 儿童 $45
CC　A D J M V　酒　许可经营

凯恩斯唯一的美食游船

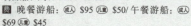

Fujii Store
Fujii Store

◆ 在这里可以快速买齐澳大利亚的人气品牌。海伦·卡明斯基的拉菲草帽和包、可清洗的高级 UGG 品牌 EMU、人气工作靴品牌 Blundstone、诞生于澳大利亚的挎包品牌 Crumpler、100% 植物原料的家居清

如果想在凯恩斯买到海伦卡明斯基的帽子或包那就来这里吧

人气 MOR 澳大利亚限定款在这里也都可以买到

洁品牌 Murchison Hume，以及化妆品 & 肌肤护理品牌 Jurlique、MOR、Bloom，人气的环保包品牌 Envirosax 等，种类非常丰富。当然还可以买到阿瑟顿高原产的咖啡、红茶、荷荷巴油、羊胎素等一些适合作为礼品的东西。

汇集了当地极具人气的品牌　Map p.61/3B

URL www.fujiistore.com
住 Shop 2/13 Spence St.，4870
☎ 4041-0554
FAX 4041-0559
營 每天 9:00~21:00
CC A D J M V

EMU 的白金系列和 Blundstone 的工作靴等产品应有尽有

OK 礼品商店
OK Gift Shop

◆ 出售很多澳大利亚的经典 & 独特的纪念品。凯恩斯当地设计师创作的倒立考拉产品（T 恤、钱包、环保袋、徽章等）、水果味的身体喷雾和肥皂品牌 Evodia 使用最高级天然成分和精油的香薰 & 护肤品牌 ECOYA、时尚的袋鼠皮包品牌 TEMOLE、澳大利亚当地限定的人偶伴手礼（海贼王、HelloKitty、丘比的袋子和文具）等，在凯恩斯有许多商品只能在这里买到。当然羊胎素、荷荷巴油等澳大利亚特有的护肤品，澳大利亚坚果，鳄鱼肉干、蜂胶、服饰、珠宝首饰等纪念品种类也是一应俱全。另外在 12 月～次年 2 月还能买到从阿瑟顿高原收获的高级杧果。

OK 礼品商店限定的倒立考拉商品之——环保袋

OK 礼品商店里当地限定的人偶伴手礼也很受欢迎

很多仅在这里才能买到的纪念品　Map p.61/3B

URL www.okgift.com.au
住 61 Abbott St.，4870
☎ 4031-6144
營 每天 9:00~21:00
CC A D J M V

杧果是凯恩斯的夏季特产

诞生于澳大利亚的箱包品牌——TEMOLE

Pouch Quality Aussie Gifts
Pouch Quality Aussie Gifts

◆ 这家精品店里汇集了许多凯恩斯近郊生产制造的商品。既有咖啡、红茶、巧克力、蜂蜜等有机产品，也有椰子油、椰子香油等护肤品，以及特有的杧果炒茶等，无论哪个都想买来当作纪念品。店内还可以美甲（需要预约），每天有不同的美容服务（面部按摩、接假睫毛等）等。

有很多凯恩斯特色的商品　Map p.61/3B

URL pouch-australia.com
住 Shop 11，Village lane，20 Lake St.，4870
☎ 4028-3670
營 周二～周六 11:00~18:30
休 周一、周日
CC M V

Rainforest Heart Powder，既可以泡茶也可以当作调料，使用方法很多

敏感肌肤也可以使用的有机护肤品牌 MyGypsy

具有排毒效果的入浴剂

店内的特色商品都很精美

Premium Brand Cairns
Premium Brand Cairns

◆中国最具人气的 UGG 品牌 UGG
Australia（属于美国的德克斯公司旗下），
在凯恩斯只有这么一家专卖店。除了
UGG Australia 外，澳大利亚 No.1 的品牌
EMU 的 UGG 靴也很齐全。在宽敞明亮
的店内，有很多设计样式丰富的 UGG。
如果想买 UGG 的话就先来这家店吧。

如果喜欢 UGG 的话，一定要来的
一家店

UGG 专卖店　　　　　　Map p.61/3B
URL www.pb-australia.com
住 53 Abbott St.，4870
☎ 4028-3573
营 周一～周六 9:00~21:30、周日 14:00~
21:30
CC A F J M V
※ 在凯恩斯广场（Shop 9，42-52 Abbott
St.）上有分店

BICO in Cairns
BICO in Cairns

◆BICO 饰品的专卖店。可以买到方
便加工不会生锈的白镴和纹银吊坠。
设计中加入了希腊神话的图案。新品
也可以很快买到。

有很多最新设计的吊坠

澳大利亚有代表性的首饰品牌　Map p.61/3B
URL www.bico.com.au
住 Shop 1A，36 Abbott St.，4870
☎ 4052-1037
营 每天 12:00~21:30　CC A F J M V
※ 在库兰达也有店。Bico in Kuranda：
2/15 Therwine St.，Kuranda，4881

DFS Galleria
DFS Galleria

◆路易·威登、菲拉格慕、古驰、蔻
驰、罗意威、巴宝莉、芬迪、拉尔
夫·劳伦、宝格丽、施华洛世奇等都
入驻其中。除此以外各种手表、化妆
品、时尚服饰、澳大利亚红酒、纪念
品等，大部分商品都可以买到。并且
建筑本身，也是由凯恩斯历史建筑之一的邮局改建而成，外观也
很有看点。

入口处有 LV 的精品店

凯恩斯最大的免税店　　　　Map p.61/3B
URL www.dfs.com　住 Cnr. Abbott &
Spence Sts. 4870　☎ 4031-2446
营 每天 12:00~20:00　CC A F J M V

凯恩斯购物中心
Cairns Central Shopping Centre

◆和凯恩斯站复合形成的购物中心。
中心内有玛雅百货、Target 商店、
Coles 超市以及各种专卖店，共有约
180 家店铺。二层有美食广场。

宽敞的购物中心

当地人也经常光顾，非常热闹　Map p.61/3A
URL www.cairnscentral.com.au
住 Cnr. McLeod & Spence Sts. 4870
☎ 4041-4111　FAX 4041-4100
营 普通商店：周一～周六·节假日 9:00~
17:30（周四~21:00）、周日 10:30~16:00/
超市：周一～周六 8:00~21:00·周日·节
假日 9:00~21:00　CC 各个商家不同

DFO Cairns
DFO Cairns

◆从凯恩斯市中心乘坐巴士，约 10 分
钟即可到达。有化妆品专卖店，还有
拉尔夫·劳伦（Ralph Lauren）、匡威
（Converse）、添柏岚（Timberland）
等运动品牌以及很多澳大利亚的当地
品牌。

可以买到很多运动品牌

凯恩斯奥特莱斯
URL dfocairns.com.au
住 274 Mulgrave Rd.，4870
☎ 4051-7444
营 周一～周六 9:30~17:00、周日 10:00~
16:00/ 超市（Coles）周一～周五 8:00~
21:00、周六 8:00~17:00、周日 9:00~
18:00
CC 各个商家不同

大堡礁的
各个区域

在以汉密尔顿岛为起点进行飞
机游览时，可以看到心形礁

因动画片《海底总动员》而一跃
成为明星的小丑鱼

纵贯昆士兰州的东部沿海，北从托雷斯海峡，南至班达伯格，绵延伸展约 2000 多公里的珊瑚礁群，这便是大堡礁（简称 G.B.R.）。

大堡礁形成于 1.5 万年前，据说是由于珊瑚不断成长变成了如今的样子。在这里可以看到 350 多种珊瑚种类，这些珊瑚周边总是有五颜六色的鱼群出没，因此创造出了一个神秘的世界。

对于喜爱大海的人来说，大堡礁绝对是梦寐以求的地方。潜水点数不胜数；追逐 1000 多磅的黑枪鱼钓鱼比赛也很盛行。大堡礁的内侧漂浮着 700 多座岛屿，其中的一部分因作为度假胜地深受游客喜爱。

大堡礁作为与澳大利亚古老的艾尔斯岩石相齐名的著名景点，许多游客都会来到这里感受其独特的魅力。无论是谁，都可以进入这片由珊瑚和鱼群创造出的"乐园"中一探究竟。

北部区域
Far Northern Section

从蜥蜴岛的北部至托雷斯海峡一带。这里的游客不是很多，但曾经采集珍珠的人居住的星期四岛就在这片区域。

凯恩斯区域
Cairns Section

从大堡礁的起点凯恩斯至北部的库克敦一带。观光设施十分完备。起点城市除了凯恩斯，还有道格拉斯港和库克敦。主要的度假岛屿有格林岛、菲兹洛伊岛和蜥蜴岛。

海中美丽的珊瑚森林

中心区域
Central Section

从任务海滩开始至圣灵群岛海域为止的一大片区域。任务海滩、汤斯维尔、艾尔利海滩、汉密尔顿岛都可以作为起点。尤其以艾尔利海滩和汉密尔顿岛为起点的圣灵群岛，是大堡礁的最佳度假区域，除了汉密尔顿岛外，还有海曼岛、长岛、白日梦岛等多个度假胜地。除此以外还有马格内蒂克岛、欣钦布鲁克岛、邓克岛等度假岛屿。

麦凯 / 摩羯海岸区域
Mackay & Capricorn Section

大堡礁最南部的南回归线附近至麦凯海面一带。起点城市麦凯、罗克汉普顿、格拉德斯通、班达伯格附近的度假岛屿有埃里奥特夫人岛、赫伦岛、大克佩岛等。

食火鸡海岸
Cassowary Coast

交通方式

● **任务海滩**
　　灰狗长途巴士的凯恩斯~汤斯维尔线，途中经停任务海滩。

在任务海滩随处可见的注意鹤鸵标识

宽阔的任务海滩

　　位于凯恩斯南部约110公里，从任务海滩至英厄姆（Ingham）一带处，位于世界第二大岛，并因栖息着大量仅生活在北昆士兰和新几内亚岛部分地区的鹤鸵（食火鸡）。海岸因此而得名。其中著名的景点有任务海滩、邓克岛、贝达拉岛。与凯恩斯周边相比，这里的度假氛围闲适恬静，是最适合放松享受日光浴的场所。

从任务海滩可以清晰地看到邓克岛

任务海滩　　　　　　　　　　　　　Mission Beach

　　任务海滩从北至南依次是宾吉尔海滩（Bingil Bay）、任务海滩（Mission Beach）、翁家林海滩（Wongaling Beach）、南任务海滩（South Mission Beach），被分为4个地区。背包客旅舍在巴士枢纽站都有提供免费的接送服务，因此不论住在哪里都很方便。当然也可以沿着海滩步行游览，海滩沿线全长14公里，大约花费3小时可以走完全程。

交通方式

● **邓克岛 & 贝达拉岛**
　　从任务海滩乘坐水上出租车可以到达邓克岛。如果是在野营地住宿的话，提前告知返回的时间，到时就会有人前来迎接你。而从任务海滩前往贝达拉岛可以乘坐贝达拉岛大堡礁度假酒店房客专用的渡轮。

贝达拉岛的海滩一如既往的平静

邓克岛 & 贝达拉岛　　　　　　Dunk Is. & Bedarra Is.

　　家庭群岛位于任务海滩海域，其中心便是邓克岛和贝达拉岛。两座岛都有白色的沙滩和热带雨林，并且建有设备完善的高级度假设施。
　　邓克岛的度假设施（现在只有当日往返的度假设施和露营地）主要集中在岛屿北侧的布拉默海湾（Brammo Bay）上。岛屿面积很大，其余大部分地方都是郁郁葱葱的热带森林。岛上还能看到很多尤利西斯蝴蝶，也是这座岛的标志性象征。
　　贝达拉岛比邓克岛稍小一些，岛的南侧是大堡礁为数不多的高级度假酒店——贝达拉岛大堡礁度假酒店。因受英国王室为首的世界各

国上流人士喜爱而广为人知，原则上如果不是酒店房客是无法前往贝达拉岛的。

欣钦布鲁克岛　　　　　　　　　　　　Hinchinbrook Is.

　　欣钦布鲁克岛面积 393 平方公里，是澳大利亚最大的"岛屿"国家公园。岛上有以昆士兰州的第三高峰鲍恩山（海拔 1121 米）为主的崇山峻岭，还有茂密的热带雨林、热带桉树林，海边还有延绵不断的红树林。

　　从卡德韦尔（Cardwell）有当日往返的游船，喜爱大自然的人也可以花上 3~7 天的时间挑战一下徒步游览。岛上有 6 个露营地。

邓克岛布拉默海湾的沙滩

交通方式

●欣钦布鲁克岛
　　距离凯恩斯南部约 230 公里远的卡德韦尔市，每天都有旅游团兼渡轮服务前往欣钦布鲁克岛，乘坐的是欣钦布鲁克岛游船（Hinchinbrook Island Cruises）。

●欣钦布鲁克岛游船
☎ 0499-335-383
URL www.hinchinbrookislandcruises.com.au
费 卡德韦尔～欣钦布鲁克岛：单程 成人 $110～ 儿童 $90～

徒步爱好者们钟爱的岛屿

食火鸡海岸的酒店
Accommodation

任务海滩

斯科蒂海滨别墅酒店
Scotty's Beach House
步行至翁家林海滩仅需 1 分钟

◆ 大型泳池、干净的厨房、网络设备、旅游中心等设施齐全的人气背包客旅舍。酒店大堂还有酒吧。

URL www.scottysbeachhouse.com.au
住 167 Reid Rd., Mission Beach, 4852
☎ 4068-8676　免费 1800-665-567
FAX 4068-8520　WiFi 收费
费 D $24~29、W $71　CC A J M V

任务海滩青年旅舍
Mission Beach YHA
设施完善

◆ 距离翁家林海滩仅 50 米，地理位置极佳。泳池周边是茂密的椰树，使酒店整体看上去很有南国风情。游戏房、BBQ 区、自行车租赁等设施十分齐全。

URL www.yha.com.au　住 76 Holland St., Wongaling Beach, 4852　☎ 4068-8676　WiFi 免费　费 D $22.50~26、W $55.50~69　※ 非 YHA 会员需支付附加费用　CC M V

贝达拉岛

贝达拉岛度假酒店
Bedarra Island Resort
被热带雨林环绕的豪华岛屿度假酒店

◆ 世界各界名流都希望入住的度假地。在岛上可以游玩帆船航海、划桨等不需要使用发动机的娱乐活动。大部分客房都是 2 层带有阳台的别墅。部分房型还带有可以观海的私人泳池。住宿费中所包含的餐食也非常豪华，酒吧的所有饮品也全部免费。

URL www.bedarra.com.au
住 Bedarra Is., Mission Beach, 4852
☎ 4068-8233　WiFi 免费
费 W $1025~2075（任务海滩接送，往返 1 人 $390）　※ 含入住期间所有餐食
CC A D J M V

汤斯维尔和马格内蒂克岛
Townsville & Magnetic Is.

从城堡山眺望汤斯维尔市区

澳洲航空、捷星航空、维珍澳洲航空在布里斯班、凯恩斯、悉尼、墨尔本等地有航班飞往汤斯维尔。汤斯维尔机场（Townsville Airport, TSV）距离市中心约6公里。机场至市内（主要酒店）有汤斯维尔摆渡车服务（Townsville Shuttel Service）。乘坐出租车前往市中心约$30。

● 汤斯维尔机场厂
www.townsvilleairport.com.au
● 汤斯维尔摆渡车服务
shuttletsv.com.au
费 1人$10、2~3人$15、4人$20
※ 需要预约

■ 通过陆路方式前往汤斯维尔

从布里斯班~凯恩斯之间所有的长途巴士，和内陆地区芒特艾萨驶出的长途巴士都可以到达堤坝渡船码头，从这个码头乘坐渡轮可以到达马格内蒂克岛。另外从码头步行到市中心仅需5分钟时间。如果乘坐火车昆士兰精神号的话，汤斯维尔车站就位于市中心以南5分钟车程的弗林德斯大街上。从这里前往市中心可以乘坐汤斯维尔阳光巴士的红色大巴车。

■ 游客信息中心
　　　　　　　 p.112/2A
📍 Bulletin Square，334A Flinders St.，4810
☎ （07）4721-3660
1800-801-902
www.townsvillenorthqueensland.com.au
开 周一~周五 9:00~17:00、周末 9:00~13:00
休 圣诞节、耶稣受难日

汤斯维尔市内的交通机构是汤斯维尔阳光巴士（Townsville Sunbus）。巴士枢纽站位于市中心弗林德斯大街的购物街一侧。车票为区域制，仅中心地区$1.70~、5个区域$4.70。有1日券。

● 汤斯维尔阳光巴士
☎ （07）4771-9800
www.sunbus.com.au

■ 汤斯维尔的出租车
● Townsville Taxi
● 13-10-08
www.tsvtaxi.com.au

在昆士兰州首府布里斯班以北，最大的城市便是汤斯维尔（约18.9万人口）。1864年作为北部开发的根据地，由罗伯特·唐尼着手建设。如今维多利亚街11号还留有不少古代的建筑，被指定为史迹纪念物（一般家庭入住，因此无法参观内部）。

城市主要有甘蔗、矾土（铝的原材料）、牛肉等出口业务。另外因为有军队驻守，也为这座城市带来了很多财富。

马格内蒂克岛是汤斯维尔海域的一座浮岛。岛中央是海拔494米高的库克山，沿岸处分布着一些村落。度假资源仍有待开发，但正因如此，可以更好地体验原始的大自然风光。

汤斯维尔　　　　　　　　　　　　Townsville

购物街上的游客信息中心

汤斯维尔沿罗斯河（Ross Creek）建设，城市西侧是城市的中心地区。主街是弗林德斯大街（Flinders St.）。街道的一部分是购物街，也是最繁华的地方，购物街中央设有游客信息中心（Visitor Information Centre）。商业街和斯托克斯大街（Stokes St.）交会处是阳光巴士的站台。

再现大堡礁的巨大水槽
HQ 大堡礁水族馆　　　　　　　　Map p.112/1·2B
Reef HQ G.B.R. Aquarium

这家水族馆是由大堡礁海洋公园机构（GBRMPA）运营的。在长18米、宽37米、深5米的巨大水槽内，生活着从大堡礁搬运来的珊瑚礁，在供人观赏的同时，也可以进行珊瑚的研究。这里生活着约120种

（左）圆筒形的外观很吸人眼球　（右）透过隧道可以清楚地看到水槽内部

硬珊瑚，约 30 种软珊瑚，还有 150 种、1000 多条鱼在其周边活动。这里还有 1 天 2 次涨潮，让珊瑚和鱼尽可能地像在海中一样生活。水槽内部是有机玻璃隧道，可以更好地观赏珊瑚礁。

从海事到动植物，展品丰富

昆士兰热带博物馆　　　　　　　Map p.112/1·2B
Museum of Tropical Queensland

　　博物馆位于 HQ 水族馆旁，主要展出的是 1791 年于大堡礁海域搁浅的 HMS 潘多拉号的相关物品，实物大小的船艇、遗留品、船板等很有参观价值。除此以外还陈列了北昆士兰的动植物、大堡礁的鱼类、鸟类，甚至恐龙的化石等。

实物大小的潘多拉号船艇

游近知名潜水点，了解扬格拉号之谜

汤斯维尔海事博物馆　　　　　　Map p.112/2B
Maritime Museum of Townsville

　　沿罗斯河修建的小型博物馆，由 3 个展厅和 1 个古老的灯塔（建于 1886 年）构成。展厅内是有关汤斯维尔近海的各种展示。尤其是世界知名潜水地的 SS 扬格拉号沉船（于 1911 年在汤斯维尔的南艾尔 Ayr 海域沉没）的相关展品很有吸引力。

走近澳大利亚的独特动物

比拉邦野生保护区　　　　　　　Map 地图外
Billabong Sanctuary

　　从汤斯维尔沿布鲁斯高速公路往南 17 公里便是比拉邦野生保护区。园区内重现了热带雨林、桉树林、湿地，在每个区域都可以遇到接近原始状态的澳大利亚动物。

　　因为袋鼠是放养的，所以可以随意喂食，每天 11:15、16:00 这两个时间可以和考拉拍纪念照。除

难得有与袋熊合影的机会

此之外，每天还设有时间可以抱袋熊，接触小鳄鱼和蟒蛇（可以拍照留念）。每天 13:00 还有湾鳄喂食表演，紧张刺激，不容错过。

起步价周一～周五 7:00~19:00 为 $2.90，周六、周日 5:00~24:00、每天 19:00~24:00、5:00~7:00 为 $4.30，每天 0:00~5:00 为 $6.30；之后每公里 $2.26。等待时间每分钟 $0.82。电话叫车需追加 $1.50

■汤斯维尔的租车公司
●赫兹 Hertz
☎（07）4728-9530
●安飞士 AVIS
☎（07）4799-2022
●百捷乐 Budget
☎（07）4762-7433
●欧洛普卡 Europcar
☎（07）4762-7050
●苏立夫提 Thrifty
☎（07）4725-4600

■HQ 大堡礁水族馆
住 2-68 Flinders St.，4810
☎（07）4750-0800
www.reefhq.com.au
开 每天 9:30~17:00
休 圣诞节
费 成人 $28 儿童 $14 家庭 $70

■昆士兰热带博物馆
住 70-102 Flinders St.，4810
☎（07）4726-0600
www.mtq.qm.qld.gov.au
开 每天 9:30~17:00
休 耶稣受难日、澳新军团日、圣诞节、节礼日
费 成人 $15 儿童 $8.80 家庭 $38

■汤斯维尔海事博物馆
住 42-68 Palmer St.，South Townsville，4810
☎（07）4721-5251
www.townsvillemaritime-museum.org.au
开 每天 10:00~15:00
费 成人 $6 儿童 $3 家庭 $15

■比拉邦野生保护区
住 17km South of Townsville，Bruce Hwy.，Nome，4816
☎（07）4778-8344
billabongsanctuary.com.au
开 每天 9:00~17:00
休 圣诞节
费 成人 $36 儿童 $23 家庭 $105/与动物合影 $24~（抱考拉 11:15~、16:00~/抱袋熊 10:45~、15:45~/与爬行类动物合影 12:00~、16:00~/与澳大利亚野狗合影 14:45~）
CC A J M V

可以眺望汤斯维尔和马格内蒂克岛

城堡山
Castle Hill

　　汤斯维尔西侧的城堡
山是热门的观景地。可以
开车上山，这里还为喜欢
爬山的人准备了爬山道。
登山口（步行线路）位于
斯坦顿路（Stanton Tce.）。
从登山口到山顶（海拔 286
米）一般仅需 1 小时。从山
顶可以俯瞰整齐排列的汤
斯维尔市区和海上的马格内蒂克岛。

城堡山上的观景台视野绝佳

交通方式

● 马格内蒂克岛
　　Sealink 每天有 16~18 趟
轮渡，从汤斯维尔的堤坝码
头出发，到达内利湾，所需
时间 25 分钟。另外还可以
从南汤斯维尔的汽车轮渡码
头，乘坐 Fantasea Cruising 的
轮渡，每天 7~8 趟。

马格内蒂克岛
Magnetic Is.

马格内蒂克岛上的主要村庄

　　从汤斯维尔乘坐 Sealink 船运公司的轮渡可以到达位于内利湾（Nelly
Bay），马格内蒂克岛港口（Magnetic Harbour）的内利湾码头（Nelly Bay

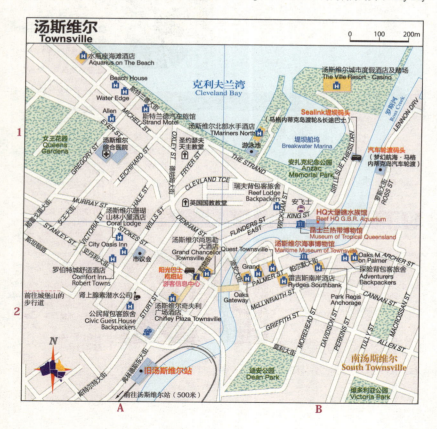

汤斯维尔
Townsville

0　　100　　200m

水瓶座海滩酒店
Aquarius on The Beach

Beach House

Water Edge

Allen

克利夫兰湾
Cleveland Bay

汤斯维尔城市度假酒店及赛场
The Ville Resort · Casino

斯特兰德汽车旅馆
Strand Motel

汤斯维尔北部水手酒店
TMariners North

游泳池

Sealink 堤坝码头
（马格内蒂克岛渡轮 & 长途巴士）

堤坝船坞
Breakwater Marina

汽车轮渡码头
（梦幻航海 · 马格
内蒂克岛汽车轮渡）

1

女王花园
Queens
Gardens

汤斯维尔
综合医院

安扎克纪念公园
Anzac
Memorial Park

瑞夫背包客旅舍
Reef Lodge
Backpackers

英国国教堂

安飞士

HQ大堡礁水族馆
Reef HQ G.B.R. Aquarium

MURRAY ST

汤斯维尔珊瑚
山林小屋酒店
Coral Lodge

City Oasis Inn

市议会

罗伯特城舒适酒店
Comfort Inn
Robert Towns

前往城堡山的
步行道

肾上腺素潜水公司

公民背包客旅舍
Civic Guest House
Backpackers

汤斯维尔尚思耐
大酒店
Grand Chancellor
Townsville 酒

阳光巴士
候车站
游客信息中心

汤斯维尔奇夫利
广场酒店
Chifley Plaza Townsville

昆士兰热带博物馆
Museum of Tropical Queensland

汤斯维尔海事博物馆
Maritime Museum of Townsville

Quest Townsville

Grand

帕尔默橡树
Oaks M ARCHER ST
on Palmer

探险背包客旅舍
Adventurers
Backpackers

雷吉斯南岸酒店
Rydges Southbank

Oaks
Gateway

Park Regis
Anchorage

2

迪安公园
Dean Park

旧汤斯维尔站

前往汤斯维尔站（500米）

南汤斯维尔
South Townsville

维多利亚公园
Victoria Park

N

A　　　　　　　B

适合海水浴的阿卡迪亚阿尔玛湾

Terminal）。马格内蒂克岛的中心村庄位于内利湾，有各种超市、银行和学校等。这个村庄的人口也是岛上最多的。拥有长2公里的美丽沙滩，非常适合休闲放松。沙滩边既有一流的度假酒店，也有普通的背包客旅舍，住宿设施齐全，能满足所有人的需求。

内利湾的南侧是野餐湾（Picnic Bay）。酒店、餐馆等专门为游客准备的设施较多。内利湾东侧是阿卡迪亚（Arcadia），这是一个安静祥和的小村庄，建有几座中档酒店，海边有美丽的沙滩（乔弗里湾Geoffrey Bay）。和内利湾齐名，来访客比较多的是岛屿北侧的马蹄湾（Horseshoe Bay）。在美丽的沙滩边建有酒店、餐馆和咖啡馆，在湾内可以体验各种海上娱乐项目。

体验徒步游览的乐趣

如果想体验马格内蒂克岛的氛围，就一定要去徒步游览。单程600米~8公里的几条线路，依据各自的体力享受丛林探险的乐趣吧。

不论哪条线路都是起伏不定，越过山坡，可以将绿色的岛屿和周围环绕的大海的美景尽收眼底。

岛上的人气交通工具——莫克越野车

● Sealink
住 Breakwater Terminal, Sir Leslie Thiess Drv., Townsville, 4810
☎ （C7）4726-0800
URL www.sealinkqld.com.au
费 往返：$33 $16.50
船 $76

● Fantasea Cruising
住 Ross St., Southe Townsville, 4810
☎ （07）4796-9300
URL www.fantaseacruisingmagnetic.com.au
费 往返：一辆车（最多4人）$193、$26
船 $14 童$62

马格内蒂克岛的岛上交通

岛上的公共交通由马格内蒂克岛阳光巴士（Magnetic Is. Sun Bus）运营。配合轮渡的往返，有内利湾~阿卡迪亚~马蹄湾、内利湾~野餐湾的线路运营。车票为区域制（1~4区），1区$1.70~4区$3.50。全区1日券$5.60。

● 马格内蒂克岛阳光巴士
☎ （07）4778-5130
URL www.sunbus.com.au

令人向往的潜水地
扬格拉沉船
Yongala Wreck

大堡礁的人气潜水地——扬格拉沉船。1911年，遭遇暴风的SS扬格拉号（船身全长110米），沉没于汤斯维尔南部的艾尔海域。如今这座船仿佛变成了鱼儿们的巨型住宅区。船横卧于水深12~30米的地方，周边有苏眉鱼、土豆鳕鱼、石斑鱼，甚至还有海龟、蝠鲼、燕鱼、蝴蝶鱼等，大堡礁的人气海洋生物都成群结队地生活在这里。因为水深和海流的关系，比较适合中级以上的潜水爱好者前来。

汤斯维尔的肾上腺素潜水公司，每周有2次扬格拉沉船潜水一日游。另外，距离扬格拉沉船最近的艾尔，有扬格拉潜水公司组织的潜水一日游。从这里坐船，单程只需30分钟左右即可到达。

DATA

■ 肾上腺素潜水公司 Adrenalin Dive
MAP p.112/2A　住 252 Walker St., 4810
☎ （07）4724-0600　☎ 1300-664-600
URL adrenalinedive.com.au
费 扬格拉沉船一日游（周三、周六）：2次潜水$319（包含全部装备，水下导游$10）

■ 扬格拉潜水公司 Yongala Dive
MAP 无　住 56 Narrah St., Alva Beach, Ayr, QLD 4807
☎ （07）4783-1519　URL yongaladive.com.au
费 2次潜水$272/2天4次潜水$524（包含全部装备）
※ 扬格拉潜水公司有面向潜水者的酒店，价格便宜。D $29、STW $68

113

■ MI Wheels
在内利湾的轮渡码头附近，可以租到莫克（Moke）和敞篷车 Topless Car（手动挡），在来马格内蒂克岛的游客中人气较高的两款车型（需持有国际驾照）。
- 🏠 138 Sooning St., Nelly Bay, 4819
- ☎ （07）4758-1111
- 🌐 www.miwheels.com.au
- 🕐 每天 8:00~17:00
- 💰 莫克 1 天 $104、敞篷车 $89

■ 邦格罗湾考拉动物园
- 🏠 40 Horseshoe Bay Rd., Horseshoe Bay, 4819
- ☎ （07）4778-5577
- 🌐 www.bungalowbay.com.au
- 🕐 每天 10:00~12:00、12:00~14:00、14:30~16:30
- 💰 $29 📗 $13 抱考拉拍纪念照 $18

■ 肾上腺素水上摩托艇之旅
- 🏠 9 Pacific Drv., Horseshoe Bay, 4819
- ☎ （07）4778-5533
- 🕐 9:30~13:00（发团日期需提前咨询）
- 💰 1~2 人：90 分钟 $195、3 小时 $395
- 💳 MV

■ 马蹄湾牧场
- 🏠 38 Gifford St., Horseshoe Bay, 4819
- ☎ （07）4778-5109
- 🌐 horseshoebayranch.com.au
- 🕐 每天 8:30~10:30、14:30~16:30
- 🚫 圣诞节
- 💰 2 小时 $120

比较推荐的线路是经过岛屿东北侧的堡垒之路（The Forts Walk）。上坡路比较艰辛，往返全程 2 小时。在这条路上有可能会遇到野生的考拉。线路的最高点有一块仿佛三层蛋糕的岩石，这块岩石上留有第二次世界大战时炮台的痕迹。以这里作为观景台，可以将雷迪卡尔湾、佛罗伦萨湾等美景一览无遗。

可以抱考拉的野生动物园
邦格罗湾考拉动物园 `Map p.114`
Bungalow Bay Koala Park

动物园位于马蹄湾邦格罗湾考拉村国际青年旅舍用地内。只有参加每天 3 次的，由护林员带领的旅游团，才可以近距离观察、接触考拉、沙袋鼠、蟒蛇、淡水鳄等动物。可以抱考拉拍纪念照。此外还可以在原始森林中了解原住民的相关生活。

体验马格内蒂克岛未知的魅力
肾上腺素水上摩托艇之旅 `Map p.114`
Adrenalin Jet Ski Tours

驾驶水上摩托艇环游交通不便的北部的猎区湾（Huntingfield Bay）、西部的博尔格湾（Bolger Bay）、克利夫兰湾（Cleveland Bay）、科克湾（Cockle Bay）和培根湾（Bacon Bay）。可以游览瀑布，还可以海边游泳、浮潜等，内容丰富多彩。马蹄湾往返。

在海边肆意地骑马飞奔
马蹄湾牧场 `Map p.114`
Horseshoe Bay Ranch

马蹄湾上举办的骑马之旅。介绍和说明均为英语，初学者也可以骑马体验。最开始是在矮树丛和海岸骑行，之后会骑着马直奔海中，正是这种爽快的感觉吸引了无数人前来体验。因为会弄湿衣服，所以最好准备好换洗衣物或着泳装参加。另外如果不穿长裤是无法参加的，请一定要注意。

马格内蒂克岛
Magnetic Is.

0 1 2km

五滩湾 Five Beach Bay
西部要点 West Point
马格内蒂克岛国家公园 Magnetic Island NP
库克山 Mt.Cook（494米）
蓝色胡椒度假酒店 Peppers Blue on Blue Resort
马格内蒂克岛美爵大酒店 Grand Mercure Magnetic Is.

肾上腺素水上摩托艇之旅
马蹄湾 Horseshoe Bay
马蹄湾牧场 Horseshoe Bay Ranch
邦格罗湾考拉动物园 Bungalow Bay Koala Park
邦格罗湾考拉村国际青年旅舍 Bungalow Bay Koala Village YHA
Arcadia Village
内利湾 Nelly Bay
野餐湾 Picnic Bay
Cockle Bay
Rocky Bay
野餐湾 Picnic Bay

Balding Bay
雷迪卡尔湾 Radical Bay
佛罗伦萨湾 Florence Bay
亚瑟湾 Arthur Bay
阿尔玛湾 Alma Bay
阿卡迪亚 Arcadia
内利湾 Nelly Bay

前往汤斯维尔

N

汤斯维尔和马格内蒂克岛的酒店
Accommodation

汤斯维尔

瑞夫背包客旅舍
Reef Lodge Backpackers　　平价酒店

◆厨房、冰箱、洗衣房、厕所、淋浴为公共使用。距离轮渡码头很近，方便前往马格内蒂克岛。乘坐轮渡还可以买到优惠的船票。

很有南国氛围的背包客旅舍

轮渡码头附近	Map p.112/1B
URL www.reeflodge.com.au	
住 4 Wickham St.，4810	
☎ 4721-1112　FAX 4721-1405	
WiFi 收费	
费 D $23~35、T W $62~80	
CC A D J M V	

探险背包客旅舍
Adventurers Backpackers　　平价酒店

◆从这里步行至市中心仅需 10 分钟左右，可以眺望到南汤斯维尔的罗斯河。房间整洁，厨房宽敞。有游戏房和屋顶泳池等，设施齐全。24 小时接待，晚间入住也不用担心。

设施齐全，舒适整洁的旅舍	Map p.112/2B
URL www.adventurersresort.com	
住 79 Palmer St.，South Townsville，4810　☎ 4721-1522　WiFi 免费　费 D $30、S $52、T $75、W $68　※ VIP 可享受优惠　CC M V	

汤斯维尔珊瑚山林小屋酒店
Coral Lodge　　平价酒店

◆2 层楼的殖民时期风格酒店。二层的房间带有厨房、淋浴，住在一层的房客可以使用公共设施。

北昆士兰风格的建筑外观	Map p.112/2A
URL escapetownsville.com　住 32 Hale St.，4810　☎ 4771-5512　Free 1800-614-613　FAX 4771-6461　WiFi 免费	
费 S $85、W $95　※ 含早餐　CC M V	

汤斯维尔奇夫利广场酒店
Chifley Plaza Townsville　　高级酒店

◆酒店位于弗林德斯购物街和史丹利大街交会处。24 小时接待，晚上入住也不用担心。酒店设施包括室内游泳池、水疗、桑拿等。

价格公道，品位颇高	Map p.112/2A
URL www.theplazahotel.com.au	
住 409 Flinders St.，4810	
☎ 4772-1888　WiFi 免费	
费 T W $139~189　CC A D J M V	

汤斯维尔尚思勒大酒店
Grand Chancellor Townsville　　高级酒店

◆酒店建于弗林德斯购物街正中央的公告广场（Bulletin Square），购物、观光都十分方便，酒店共 20 层，圆柱形设计，对面是游客信息中心。餐馆、酒吧、泳池、健身房、洗衣房等设施非常完善。

地理位置极佳的高级酒店	Map p.112/2A
URL www.grandchancellorhotels.com	
住 334 Flinders Mall，4810	
☎ 4729-2000　FAX 4721-1263	
WiFi 收费　费 T W $200~215、1B $258	
CC A D J M V	

汤斯维尔城市度假酒店及赌场
The Ville Resort-Casino　　高级酒店

◆面朝克利夫兰湾而建的一家高档酒店，同时设有赌场。客房大海一侧是马格内蒂克岛，陆地一侧是城堡山。泳池，健康中心、水疗、桑拿、网球场等设施完备。

设施齐全的大型酒店

汤斯维尔首屈一指	Map p.112/1B
URL www.the-ville.com.au	
住 Sir Leslie Thiess Drv.，4810	
☎ 4722-2333	
WiFi 免费	
费 T W $215~365	
CC A D J M V	

马格内蒂克岛

邦格罗湾考拉村国际青年旅舍
Bungalow Bay Koala Village YHA

◆位于邦格罗考拉动物园（→ p.114）内的一家独特的背包客旅舍。房型均为别墅小屋，泳池、酒吧、餐馆、夜店、网络、售货亭等设施非常齐全。提供前往利湾轮渡码头的免费接送服务。

可以抱到考拉的背包客旅舍	Map p.114
URL www.bungalowbay.com.au	
住 40 Horseshoe Bay Rd.，Horseshoe Bay，4819　☎ 4778-5577	
WiFi 免费　费 D $30~33、T W $75~95	
※ YHA 会员有优惠	

从中国往汤斯维尔和马格内蒂克岛拨打电话
00+61（国家代码）+7（去掉前面第一个 0 的区号）+ 对方的电话号码

交通方式

● 艾尔利海滩
■ 陆路交通前往艾尔利海滩
灰狗长途巴士布里斯班~凯恩斯的线路，大部分都经过艾尔利海滩。艾尔利海滩的长途汽车站位于市区外，小酒店基本上都有免费接送巴士运营，可以乘坐。

■ 空中交通前往艾尔利海滩
圣灵群岛的主要机场是汉密尔顿岛机场。除此以外，在普罗瑟派恩也有圣灵海岸机场，别名普罗瑟派恩机场（PPP），顺带一提，这里还有火车站。捷星航空从布里斯班、墨尔本，澳洲维珍航空从布里斯班，虎航从悉尼有航班到达。从机场前往艾尔利海滩可以乘坐Whitsunday Transit 承运的摆渡车（→见下文）。

艾尔利海滩

从普罗瑟派恩机场和火车站可以乘坐 Whitsunday Transit 的摆渡车前往艾尔利海滩 & 舒特港。另外这个地区的巴士也是由这家公司承运的。

● **Whitsunday Transit**
☎ (07) 4946-1800
🖳 www.whitsundaytransit.com.au
🚌 普罗瑟派恩机场~艾尔利海滩 & 舒特港单程：(成人) $20 (小孩) $10/普罗瑟派恩火车站艾尔利海滩 & 舒特港单程 (成人) $15 (小孩) $7.50/1日券（艾尔利海滩~舒特港；2区）：(成人) $6.80 (小孩) $3.40

多家公司的游船停靠在舒特港

交通方式

● 汉密尔顿岛
■ 空中交通前往汉密尔顿岛
澳洲航空从凯恩斯、布里斯班、悉尼，捷星航空从悉尼、墨尔本，澳洲维珍航空从布里斯班、悉尼、墨尔本，有航班飞往汉密尔顿岛机场（HTI）。

■ 海上交通前往汉密尔顿岛
汉密尔顿岛和艾尔利港口、舒特港之间有 Cruise Whitsundays 公司航行的轮

艾尔利海滩、汉密尔顿岛及圣灵群岛
Airlie Beach, Hamilton Is. & Whitsunday Group

壮观而美丽的白天堂沙滩

圣灵群岛是大堡礁中心地区首屈一指的观光地。群岛由74个热带岛屿构成，以世界知名的度假胜地汉密尔顿岛、海曼岛为主，有多个度假岛屿。还可以参观大堡礁有代表性的景点——白天堂沙滩和心形礁。

汉密尔顿岛和艾尔利海滩是圣灵群岛停留、观光的主要据点。汉密尔顿岛上有喷气式飞机机场，是空运的大门。而艾尔利海滩则是位于大陆一侧的度假城镇，是陆路的枢纽城市。汉密尔顿岛和艾尔利海滩有很多前往各个度假地的游轮航行。

艾尔利海滩   Airlie Beach

艾尔利海滩是一个面朝先锋湾（Pioneer Bay）的小城镇，沿着贯穿小镇的舒特港路（Shute Harbour Rd.），建有信息中心兼旅行社、背包客旅舍、中高档酒店、纪念品商店、潜水商店等。旅行社可以帮助你安排前往圣灵群岛的游轮以及酒店的预约。尤其预约酒店时，各个度假酒店的Standby 价格（入住前仍有空房时的优惠价格）可以申请2~5 折的优惠。

城镇人流集中的地方是艾尔利海滩人工湖（Airlie Beach Lagoon）。沿海而建的巨大人工湖中无论何时都有大批人群聚集。人工湖分为儿童区和普通区，周围还有儿童玩耍的草坪。另外湖边还有沙滩步行道，走在这里心情也很舒畅。

前往圣灵群岛的游轮和游船码头分别位于城镇西侧的艾尔利港口（Port of Airlie），东侧的亚伯角船坞（Abelpoint Marina），以及距离艾尔利海滩东部8公里远的天然港口舒特港。艾尔利港口或舒特港可以坐船前往汉密尔顿岛和白日梦岛。

气氛开放的艾尔利海滩人工湖

汉密尔顿岛   Hamilton Is.

大堡礁地区有代表性的岛屿是汉密尔顿岛。这里是澳大利亚唯一一个拥有喷气式飞机机场的度假岛屿，除了酒店房客之外，这里每天还迎接着大批一日游游客。实际上这座岛屿还是高档别墅区，居民很多，还有街道市区。繁华程度是在艾尔利海滩之上的（详细介绍→ p.121）。

亚伯角船坞、舒特港、船坞村（Marina Village）是汉密尔顿岛上的

圣灵群岛
Whitsunday Group

0　　10　　20km

N

蓝珍珠湾

海曼岛　唯逸海曼岛度假村
Hayman Is.　One & Only Hayman Is.
北兰福德礁
西黑礁

胡克岛
Hook Is.

白日梦岛　Border Is.
Daydream Is.　白日梦岛
　　　　　　度假酒店&水疗
艾尔利海滩　Daydream Is.　圣灵岛
Airlie Beach　Resort & Spa　Whitsunday Is.　Harold Is.
坎诺瓦尔　　　　　　　　　　　　　　Edward Is.
Cannonvale　南莫尔岛　　　　　　　白天堂沙滩
　　　　　　South Molle Is.　　　Whitehaven Beach
德吕安德尔
国家公园
Dryander
NP

舒特港　长岛
Shute Harbour　Long Is.
　　　　　　汉密尔顿岛度假村
普罗瑟派恩　Hamilton Is. Resort
Proserpine　汉密尔顿岛
前往普罗瑟派恩机场　Hamilton Is.
康韦国家公园　Paradise Bay Is. Resort
CONWAY NP
　　　　林德曼岛
康韦　　Lindeman Is.
Conway
浅水湾
Repulse Bay
　　　　　Thomas Is.
拉古纳圣灵群岛度假酒店
Laguna Whitsundays Resort
米吉角　South Repulse Is.
Midge Point
　　　　　　　Black Smith Is.
　　　　　希尔斯伯勒海峡　Linne Is.
　　　　　Hillsborough Channel　Goldsmith Is.

坎伯兰群岛
Cumberland Group

Carlisle Is.

宾顿岛
Brampton Is.

前往麦凯

东布鲁斯高速公路
BRUCE HWY.

渡往返（1天10班）。另外这家公司还有接续飞机的轮渡，上船的地方就位于汉密尔顿岛机场栈桥。

● Cruise Whitsundays
☎ (07) 4946-7000
🌐 www.cruisewhitsundays.com
🚢 汉密尔顿岛~艾尔利港口或舒特港单程：(成人) $61 (儿童) $39/汉密尔顿岛机场栈桥~白日梦岛单程：1人 $53.50
※ 白日梦岛于2018年上半年改建，因此轮渡也停止运营

（上）很有南国氛围的船坞村
（下）度假酒店一侧面朝猫眼湾

汉密尔顿岛度假区域的猫眼沙滩

小镇。建有纪念品商店、超市、各种餐馆、面包房、酒吧。

　　船坞村距离度假区域 Resort Side 仅有5分钟路程，也可以乘坐岛上的环线汉密尔顿岛摆渡车（Hamilton Island Shuttle Bus）。当天往返的游客也可以使用度假区域的泳池和其他娱乐设施。推荐给想停留在艾尔利海滩，又想体验屿岛度假的游客。

艾尔利海滩 & 圣灵群岛的旅游团 & 娱乐项目
Tours & Activities in Airlie Beach & Whitsunday Group

艾尔利海滩的旅游团 & 娱乐项目

尽情享受水上摩托艇的乐趣
圣灵群岛水上摩托艇之旅
Whitsunday Jetski Tours

　　亚伯角船坞出发的水上摩托艇之旅。玩起来比较轻松的是艾尔利冒险（Airlie Adventure），在艾尔利海域驾驶1.5小时水上摩托艇的环游之旅。比这个刺激一些的是两岛游。围绕白日梦岛和南莫尔岛，驾驶2.5小时的水上摩托艇。有教练耐心教授驾驶技巧，初学者也可以大胆参加。

发现野生鳄鱼！
圣灵群岛鳄鱼探险之旅
Whitsunday Crocodile Safari

　　行程前往的是亚热带雨林——康韦国家公园（Conway NP）南侧的

■ 圣灵群岛水上摩托艇之旅
🏠 Shop 3, Abel Point Marina, Airlie Beach, 4802
☎ 0459-538-754
🌐 www.jetskitour.com.au
⏰ 艾尔利冒险：每天 9:00~11:30、14:00~16:30/两岛游：每天 9:00~12:30、13:00~16:30
💰 艾尔利冒险：2人 $190/两岛游：2人 $280

■ 圣灵群岛鳄鱼探险之旅
☎ (07) 4948-3310
☎ 0408-071-544
🌐 www.crocodilesafari.com.au
⏰ 每天 9:15~17:00
💰 (成人) $129 (儿童) $69（5~17岁）$39（1~4岁）

■圣灵群岛游船
Ⓔ Maritime Terminal, Port
of Airlie, Airlie Beach, 4802
☎ (07) 4946-7000
🌐 www.cruisewhitsundays.
com
🕐 艾尔利港口往返每天
8:00~18:10/汉密尔顿岛往返
9:00~17:00
💰 (成人) $245 (儿童) $120/潜水
体验 $139/娱乐潜水（包含
全部装备）1 次 $99/导游浮
潜团 $55 $30/ 直升
机飞行游览 10 分钟 $149/按
摩 10 分钟 $25

●白天堂沙滩、希尔湾 &
观景台 1 日游
🕐 艾尔利港口往返每天
7:00~18:20/汉密尔顿岛往返
8:20~17:00
💰 (成人) $220 (儿童) $110
●白天堂沙滩半日游
🕐 艾尔利港口往返每天
7:00~13:40、11:15~18:20/ 汉
密尔顿岛往返 8:20~12:30、
12:55~17:00
💰 (成人) $99 (儿童) $50
●卡米拉航行冒险之旅
🕐 艾尔利港口往返每天
8:00~17:45

普罗瑟派恩河。这里是有名的湾鳄栖息地。以普罗瑟派恩河周边湿地设置好的露营地为基地，进行河川探险之旅，可以一边找寻湾鳄，一边观察青蟹。另外在露营地周边还能看到小袋鼠和各种野生鸟类，十分有趣。

圣灵群岛 & 外堡礁之旅

丰富多彩的游船之旅
圣灵群岛游船
Cruise Whitsundays

●大堡礁冒险

从艾尔利港往返，途经汉密尔顿岛的外堡礁游船之旅，住在白日梦岛的人也可以乘坐汉密尔顿岛的接续轮渡参加。目的地是哈迪礁（Hardy Reef）或指节暗礁（Knuckle Reef）海域上名为珊瑚世界（Reefworld）的 2 层水上平台。从艾尔利出发需要 2 小时~2 小时 15 分钟（汉密尔顿出发需要约 1 小时 30 分钟）。

大堡礁冒险之旅使用较多的高速双体船——海洋飞行号

以水上平台为起点，可以浮潜、潜水、乘坐半潜水艇观察海洋动态。另外还有潜水体验和娱乐潜水。

在水上平台附近看到苏眉鱼的概率有很大，这里是娱乐潜水的最大乐趣（25~30 分钟）。另外如果参加直升机飞行游览，可以俯瞰到心形礁（世界少有的心形珊瑚礁）。

●白天堂沙滩游船之旅

白天堂沙滩位于圣灵岛东侧，是一片绵延 8 公里、由硅沙构成的洁白沙滩，美丽的程度堪称澳大利亚之最。同一家旅行社有 3 种白天堂沙滩游船之旅的行程。

从珊瑚世界出发的飞行游览可以俯瞰到心形礁

大堡礁的水上平台——珊瑚世界

最热门的是白天堂沙滩、希尔湾 & 观景台 1 日游（Whitehaven Beach, Hill Inlet & Lookout）。行程中，在白天堂沙滩停留时，可以在海斯伍德岛的白垩沙滩浮潜（白天堂沙滩附近没有珊瑚礁），以及前往希尔湾观景台眺望美景。当然在沙滩的停留时间也绝对充足，你可以同工作人员和游客一起玩沙板球、橄榄球，度过一段难忘的时光。另外一个行程是白天堂沙滩半日游（Whitehaven Half Day Cruise）。上午 / 下午出发，不包括希尔湾观景台和浮潜之旅。第三个行程是乘坐全长约 2 米的大型双体游艇——卡米拉号，以白天堂沙滩为目的地的卡米拉航行冒险之旅（Camira Sailing Adventure）。游艇最高时速可达 30 海里，不仅可以享受高速行进的快感，还能在圣灵岛周边的珊瑚礁进行浮潜。白天堂沙滩的停留时间也十分充足。

拥有白沙和清澈海水的白天堂沙滩

绝对刺激的
圣灵群岛海洋漂流
Whitsundays Ocean Rafting

在珊瑚世界享受浮潜的乐趣

乘坐准乘 25 人、带有船外机的漂流船，在圣灵海域极速驾驶的一趟

在海面上高速行进

旅行。最高时速65公里/小时，可以感受到船擦着水面高速行进。有两种行程每天交替。

北国风云（Northern Exposure）线路包括了胡克岛和海曼岛之间的蓝珍珠湖、兰福德礁、鳐鱼湾、娜拉湾等原住民洞穴的游览，很受欢迎。第二种线路是南国之光（Southern Lights），行程主要是周游圣灵岛（在白天堂沙滩有游玩时间）。

从汉密尔顿岛乘坐高速游艇前往白天堂沙滩

瑞夫赖德
Reef Ryder

汉密尔顿岛水上运动公司在岛上开展了许多水上娱乐项目，使用的是高转速引擎快艇——瑞夫赖德号。共有两种线路。其一是圣灵冒险者（Whitsunday Explorer）。可以在圣灵岛对面的海斯伍德岛的白垩沙滩浮潜，从希尔湾展望台欣赏白天堂沙滩的全貌。之后前往白天堂沙滩享受悠闲时光。之后会在胡克岛度假酒店享用美味的午餐自助，并进行浮潜，这是非常充实的一日游活动。如果时间不太充裕的游客，也可以参加浮潜＋白天堂沙滩的二合一半日游。

从希尔湾观景台眺望白天堂沙滩的美景

卡米拉号的游船之旅同样乐趣无穷

■ **圣灵群岛海洋漂流**
☎ （07）4946-6848
URL www.oceanrafting.com.au
⏰ 亚伯角船坞往返 每天 8:45~15:30

● **北国风云／南国之光**
费 成人 $149 儿童 $96 家庭 $446/ 午餐 $15
※ 北国风云＋南国之光 成人 $268 儿童 $172

■ **瑞夫赖德**
组团社：
Hamilton Island Watersports
☎ （07）4946-9934
URL www.hiwatersports.com.au

● **圣灵冒险者**
⏰ 汉密尔顿岛往返：周一、周三、周五 9:30~16:30
费 成人 $165 儿童 $125 家庭 $530

■ **二合一半日游**
⏰ 汉密尔顿岛往返：每天 9:00~12:00、13:30~16:30
费 成人 $90 儿童 $75 家庭 $310

艾尔利海滩的酒店
Accommodation

艾尔利海滩青年旅舍
Airlie Beach YHA 　平价酒店
◆ 位于艾尔利海滩西侧的一家青年旅舍。酒店前便是前往舒特港的巴士车站，对于参加游船行的人来说十分便利。

便于前往舒特港
URL www.yha.com.au　住 394 Shute Harbour Rd.，4802　☎ 4946-6312　WiFi 免费　费 D $29.50~32、TW $83.50~94.50　※ 非 YHA 会员需支付附加费用　CC M V

艾尔利海滩马格努姆斯酒店
Magnums Airlie Beach 　平价酒店
◆ 酒店位于艾尔利海滩城镇的正中央。茂盛的椰子树下是一栋栋小木屋。各个木屋都配有 TV、厨房、淋浴、卫生间。酒店还带有餐馆 & 酒吧，价格便宜，每天晚上都很热闹。

木屋风格的背包客旅舍
URL www.magnums.com.au　住 366 Shute Harbour Rd.，4802　☎ 4964-1199　Free 1800-624-634　FAX 4946-5980　WiFi 免费　费 D $26、TW $58~63　CC A J M V

海湾背包客旅舍
Backpackers by the Bay 　平价酒店
◆ 从艾尔利海滩市区向舒特港方向步行 7~8 分钟即可到达酒店。设有泳池和 BBQ 设备，价格划算。有到艾尔利海滩巴士站的接送服务。

干净！舒适！便宜！
URL www.backpackersbythebay.com
住 12 Hermitage Drv.，4802　☎FAX 4946-7267　Free 1800-646-994　WiFi 收费　费 D $27~31、TW $83　※ YHA、VIP 会员可享受优惠　CC M V

艾尔利海滩酒店
Airlie Beach Hotel 　高档酒店
◆ 紧挨主街道，酒店内还有沙滩。客房分为酒店房型和汽车旅馆房型两种。酒店有免费 Wi-Fi，可以尽情上网。一层是艾尔利海滩的著名餐馆 Capers on the Esplanade。

地理位置出众
URL www.airliebeachhotel.com.au
住 16 The Esplanade，4802
☎ 4946-1999　Free 1800-466-233　WiFi 免费　费 TW $145~295
CC A D J M V

建于艾尔利海滩中心位置

艾尔利苑假日酒店
Airlie Court Holiday Units 高档酒店

◆虽然是仅有 6 间客房的公寓式酒店，但房间带有客厅和卧室，十分宽敞，带有厨房、淋浴、卫生间、TV。价格根据季节有所浮动。距离舒特港和海滨大道的出路口很近。距离对面的购物街、海滩也仅有 100 米的距离。

宽敞的房间，悠哉闲趣
🔗 www.whitsundayunits.com
🏠 382 Shute Harbour Rd.，4802
☎ 4946-6218 FAX 4948-2999
WiFi 收费 费 T W $99~159
CC A D J M V

圣灵岛沙滩酒店
Whitsunday on the Beach 高档酒店

◆迎宾的椰树和酒店庭院都很有热带风情。如果住在面朝沙滩的房间，可以眺望艾尔利湾湛蓝的海水。酒店共有 18 间客房，厨房等设施齐全。

沙滩酒店
🔗 www.whitsundayonthebeach.com
🏠 269 Shute Harbour Rd.，4802
☎ 4946-6359 FAX 4946-7995
WiFi 免费 费 T W $140~150
CC A D J M V

艾尔利海滩珊瑚海度假酒店
Coral Sea Resort 高档酒店

◆建于沙滩边的度假型酒店。远离舒特港路的喧嚣，酒店的环境舒适安静。餐馆、酒吧、泳池等设施都建在海边，是这家酒店独有的特色。

沉浸在高雅的度假氛围中

紧靠海边的度假酒店
🔗 www.coralsearesort.com 🏠 25 Oceanview Ave.，4802 ☎ 4964-1300
Free 1800-075-061 FAX 4946-6516
WiFi 免费 费 T W $195~294、1B $292~、2B $395~ CC A D J M V

地中海度假村
Mediterranean Resort 高档酒店

◆建于可以俯瞰艾尔利海滩的高台之上，是一家豪华公寓式度假酒店。拥有宽敞的客厅和干净整洁的卧室，当然厨房、洗衣机等设施十分完备。所有房间均有 2 张以上的床，非常适合全家游和团体旅行。

高档公寓式酒店
🔗 www.medresorts.com.au
🏠 14 Golden Orchid Drv.，4802
☎ 4946-6391 Free 1800-802-089
FAX 4946-5566 WiFi 免费
费 1B $205~215、2B $275~285
CC A D J M V

殖民地棕榈汽车旅馆
Colonial Palms Motor Inn

◆距离艾尔利海滩市区 700 米，环境安逸。以白色为基调的客房明亮现代，令人心情豁然开朗，二层的房间更可以在阳台上眺望大海。泳池和水疗中心周边种着椰树，很有度假氛围。还设有以澳大利亚现代菜自居的餐馆。

悠闲地欣赏海景
🔗 www.colonialpalmsmotorinn.com.au
🏠 2 Hermitage Drv.（P.O.Box 571），4802 ☎ 4946-7166
FAX 4946-7522 WiFi 免费
费 T W $140~160
CC A D J M V

艾尔利海滩的餐馆
Restaurant

Capers on the Esplanade
Capers on the Esplanade

◆位于艾尔利海滩酒店一层的美食餐馆，氛围开放。使用新鲜食材的南欧菜是其特色。酒吧区的面积也很大，鸡尾酒种类丰富。

超人气的培根意面

氛围轻松融洽的人气餐馆
🔗 www.airliebeachhotel.com.au
🏠 16 The Esplanade，4802
☎ 4964-1777
营 每天 7:00~12:00、12:00~14:30、17:30~21:30（周五·周六 ~22:00）
CC A D J M V
酒 许可经营

The Cliper Restaurant & Lounge
The Cliper Restaurant & Lounge

◆位于珊瑚海度假酒店，艾尔利海滩的代表性美食餐馆。这里的主厨曾多次获奖，主菜是海鲜美食，非常美味。

艾尔利海滩上的顶级美食餐馆
🔗 www.coralsearesort.com 🏠 25 Oceanview Ave.，4802 ☎ 4964-1310
FAX 4946-6516 营 每天 7:00~10:30、12:00~15:00、18:00~21:00 CC A D J M V
酒 许可经营

汉密尔顿岛
Hamilton Is.

汉密尔顿岛是大堡礁度假岛屿中唯一一个可以乘坐喷气式飞机抵达的大型岛屿。因为交通优势，所以从世界各地来到大堡礁游玩的客人都会到访汉密尔顿岛，在中国游客中也是非常知名的旅游目的地。由于拥有大型机场，汉密尔顿岛也成了从圣灵群岛前往其他地区的根据地。

岛上观光选择

汉密尔顿岛的面积很大，推荐租一辆沙滩车游玩（需持有国际驾照。1 小时 $46、24 小时 $87）。另外每天上下午都有岛上沙滩车观光游（一人 $10），会有岛上的工作人员向你介绍景点，这也是一个不错的选择。如果对自己的驾驶技术没有太大的信心，还可以乘坐岛上摆渡车，也能够到达主要景点。

岛上的景点 & 娱乐活动丰富多彩

可以看到大海美景的独树山（One Tree Hill）是一定要去的地方。尤其日落时，鸡尾酒吧开始营业，在夕阳下品尝美酒实在惬意。

参加岛上沙滩车观光游，可以获得汉密尔顿岛的最新旅游信息

汉密尔顿岛
Hamilton Is.

0   1km

亨宁岛 Henning Is.

圣灵岛 Whitsunday Is.

圆石滩 Pebble Beach

Fitzalan Is.

大堡礁夸里阿酒店 Qualia Great Barrier Reef

夸里阿水疗

游艇俱乐部别墅酒店 Yacht Club Villas

泰坦岛 Titan Is.

丹特岛 Dent Is.

诸圣教堂

独树山 One Tree Hill

棕榈邦格罗酒店 Palm Bungalows

度假区域

猫眼湾 Catseye Bay

迪道峰 Passage Peak (239米)

珊瑚景观酒店 Reef View Hotel

船坞村

汉密尔顿岛

沙滩俱乐部酒店 Beach Club

圣灵群岛公寓酒店 Whitsunday Apartments

度假酒店观景地 (195米)

汉密尔顿岛机场

汉密尔顿岛航空 飞行游览出发地

俱乐部小屋

俱乐部小屋餐馆&酒吧

汉密尔顿岛高尔夫俱乐部商店

汉密尔顿岛高尔夫俱乐部

珊瑚峡谷 Coral Cove

汉密尔顿岛 Hamilton Is.

毅力岛 Perseverance Is.

Dungurra Is.

螃蟹湾 Crab Bay

浮木湾 Driftwood Bay

逃亡沙滩 Escape Beach

断点 Broken Pt.

海龟岛 Turtle Is.

棕榈峡谷·娱乐项目 （四轮车观光游/卡丁车/高尔夫练习场）

121

汉密尔顿岛野生动物园抱考拉拍照留念

在猫眼岛可以挑战各种海上
娱乐项目

白天堂沙滩是飞行游览的
热门选择

阳光帅气的飞行员

另外，汉密尔顿岛野生动物园（Wildlife Hamilton Is.）(成人$25 儿童$15)也是一大热门景点。园内有考拉、袋鼠、袋熊、湾鳄、伞蜥等许多动物。在公园入口前可以抱着考拉拍摄纪念照（$40~），还可以只拍照不进动物园。

岛上的娱乐活动也是多种多样。在猫眼岛上可以体验滑翔伞、Tube Riding、水上摩托艇等，在岛上住宿的客人更是可以免费体验乘船、划桨的乐趣。除此之外，还可以驾驶卡丁车、四轮沙滩车 ATV，打网球，前往丹特岛打高尔夫球等，无论待上几天都不会感到乏味。

很多前往这两处的游船之旅和飞行游览。圣灵群岛游船（→ p.118）、汉密尔顿岛水上运动（瑞夫赖德→ p.119）都是从汉密尔顿岛出发，停留期间一定要参加。

另外直升机和水上飞机的飞行游览也不妨体验一下。其中人气较高的是圣灵群岛游船的大堡礁冒险之旅中，可以选择飞越大堡礁之旅（Great Barrier Reef Fly & Cruises）(成人$440 儿童$399)，还有可以俯瞰到心形礁、哈迪礁、白天堂沙滩的心形礁 & 白天堂沙滩直升机之旅（一人 $699）等。

汉密尔顿岛的游船 & 飞行游览

汉密尔顿岛还是前往大堡礁的代表性观光景点白天堂沙滩、心形礁的交通据点。有

在沙滩无所事事地放
松，十分惬意

在汉密尔顿岛旁边的丹特岛上
有着圣灵群岛最好的高尔夫球
场。喜欢高尔夫的人一定要来
这里打上一场

汉密尔顿岛中心地区
Central of Hamilton Is.

0 500m

游艇俱乐部别墅酒店
Yacht Club Villas
前往独树山
派派思・鱼&薯条
鲍伯的面包房
船坞酒店
雅酒商店
波米餐馆
游艇俱乐部
灯塔
蝙蝠咖啡馆
罗马诺斯餐馆
汉密尔顿岛、探险家潜水商店
9瓶保龄球馆
水手餐馆
水上运动
小屋
邮局
珠宝店
汉密尔顿岛设计品商店
水激流餐厅
船坞村
诸圣教堂
汉密尔顿港
HamiltonHarbour
沙滩车租赁
佩茨商家（便利店・纪念品商店）
前往机场

猫眼湾
Catseye Bay
水疗・Wumurdaylin
约克乔餐馆
沙滩车租赁
塞尔斯牛排・海鲜
度假中心
澳大利亚纪念品商店
沙滩俱乐部餐馆
沙滩俱乐部 Beach Club
珊瑚景观酒店
Reef View Hotel
棕榈
邦格罗酒店
Palm Bungalows
运动俱乐部
泳池平台餐馆
游客服务中心
汉密尔顿岛野生动物园
度假区域
集会中心
圣灵群岛公寓酒店
Whitsunday
Apartments

N

宽敞的游泳池

猫眼沙滩对面林立的主要住宿设施

从高档独家酒店到小木屋

拥有各种级别的住宿设施也是汉密尔顿岛的一大魅力。沙滩俱乐部酒店仅接待18岁以上的成人入住，酒店58间客房全部面朝沙滩。酒店私密性极佳，很适合来这里度蜜月。

另外值得推荐的是珊瑚景观酒店。酒店共有19层，386间客房，可以俯瞰猫眼沙滩。其中5~19层的珊瑚景观房风景最好。高层有各种风格的房型。

棕榈邦格罗酒店以木屋房间为主，被椰树层层包围。除此以外还有公寓式酒店和别墅房型。

而在汉密尔顿岛的最北端，是大堡礁地区最高档的度假酒店——大堡礁夸里阿酒店。所有房型均为高级别墅，一部分还带有私人泳池。除了夸里阿酒店的房客外，禁止一切外人出入，非常注重保护客人的隐私。

度假区域 & 船坞村美食聚集地

因为岛屿面积很大，因此也建有不少餐馆。度假区域内，珊瑚景观酒店一层的泳池平台美食餐馆气氛融洽，分量十足的牛排 & 海鲜烧烤（Sails Steak & Seafood Grill）是必点菜品之一。

而在船坞村，以比萨 & 意面著称的蝠鲼咖啡馆（Manta Ray Cafe）、以海鲜 & 澳洲现代菜著称的水手餐馆（Mariners），以及正宗的意大利餐馆——罗马诺斯餐馆都很受欢迎。另外海岬尖端的

在蝠鲼咖啡馆可以一边品尝美食，一边眺望游艇港口

游艇俱乐部内的波米餐馆（The Bommie）更是岛上数一数二的美食餐馆。如果是蜜月旅行，不妨来感受一下这里的氛围，再品尝一下这里的美味佳肴。

带孩子也大可放心的珊瑚景观酒店的游泳池

珊瑚景观酒店宽敞的客房

波米餐馆提供可以品尝到各式名菜的小量拼盘，很受欢迎

DATA

■汉密尔顿岛 Hamilton Island

☎（07）4946-9999　☎（02）9007-0009（预约）

FAX（07）4946-8888　WiFi 免费

URL www.hamiltonisland.com.au

¥ Palm Bungalow：TW $390/Reefview Hotel：TW $370~680、TW $770、2B $990~1295/Beach Club：TW $700/Qualia G.B.R.：TW $1200~4250

※ 仅 Qualia G.B.R. 包含住宿期间的餐饮

CC A D J M V

交通方式

澳洲航空从凯恩斯、布里斯班、悉尼，捷星航空从悉尼、墨尔本，澳洲维珍航空从布里斯班、悉尼、墨尔本，有直飞航班到达汉密尔顿岛。另外艾尔利海滩、舒特港每天有13班圣灵群岛轮渡开往汉密尔顿岛（所需时间40分钟）。在圣灵群岛内的其他度假岛屿，有前往汉密尔顿岛机场栈桥的轮渡服务。

海曼岛
Hayman Is.

海曼岛是圣灵群岛中最靠北的岛屿，于20世纪50年代开始建造度假设施，并被英国王室的相关人士评价为"皇家海曼"，也因此为大众所熟知。如今这里成了唯逸集团旗下的豪华度假胜地，唯逸集团在迪拜、马尔代夫、巴哈马等世界各地都拥有最高级的度假地，在海曼岛也会用最高标准的服务迎接每一位贵宾的到来。

入住高雅的度假胜地

海曼岛分为3个大的区域，分别是泳池区、海曼区和中央区。在泳池区中，海曼岛最上镜的巨大海曼泳池对面的建筑物内全部是酒店套房。从全部房间阳台都能看到海曼泳池，尤其一层的客房，更是可以从阳台直接进入泳池。海曼区的酒店面朝阿克阿祖尔泳池，房间内饰显得更加明亮。中央区则集中了服务中心、餐馆、酒吧、超市和精品店等设施。另外还有私密的沙滩别墅、带有管家的顶层公寓，住在这里感觉更加奢华。

岛上共有6家餐馆，可以品尝到澳大利亚现代菜、正宗的意大利菜、亚洲现代菜等各国美食。餐饮水平也不会令你失望。

泳池区的客房

享受大堡礁的乐趣

除了岛上的娱乐项目（不使用发动机的项目全部免费）外，从海曼岛出发的旅游团也很受欢迎。可以免费参加的是带导游的漫步 & 蓝珍珠湾浮潜之旅（Guided Walk & Snorkel to Blue Pearl Bay）。从度假设施区域同生态导游一起，步行至拥有美丽珊瑚的蓝珍珠湾（单程约1小时）。随后在蓝珍珠湾尽情地享受浮潜的乐趣。

泳池区1层是直通泳池的客房

房客专享的私人沙滩

拥有大量珊瑚的蓝珍珠湾

海曼岛
Hayman Is.

0   500m

海豚角
Dolphin Pt.

山羊沙滩
Goat Beach
Rescue Pt.

蓝珍珠湾
Blue Peal Bay

库克观景地

Mt.Carousel▲

圣灵群岛观景地

船坞观景地

唯逸海曼岛度假村
One & Only Hayman Island

船港

施塔夫沙滩
Staff Beach

Arkhurst Is.

前往汉密尔顿岛、舒特港、兰福德礁

石斑鱼角

124

宽敞舒服的阿克阿祖尔泳池　美味的晚餐盛宴

在唯逸水疗中心放松

　　另外还有以游船为主，乘坐水上飞机、直升机参观外堡礁的行程。推荐的行程有珊瑚礁探索之旅（Reef Discovery，一人 $899），可以乘坐直升机前往珊瑚世界进行浮潜等娱乐活动；另外还有白天堂纵情野餐之旅 Whitehaven Indulgence Picnic（一人 $449），乘坐直升机俯瞰圣灵群岛后，在白天堂沙滩着陆，并度过悠闲的岛上时光。

　　唯逸集团在各个度假地设置的水疗中心也是一大特色。除了专用理疗室外，还可以选择在花园内的凉亭或沙滩等室外理疗室享受服务。

DATA
■唯逸海曼岛度假村
One & Only Hayman Island
🏠 Great Barrier Reef，QLD 4801
☎ （02）9308-0510（预约）
🅿 免费
🌐 www.oneandonlyresorts.com
💰 ⓉⓌ $880～4000
※ 包含早晚餐
💳 A D J M V

交通方式

从汉密尔顿岛可以乘坐专用高速船，约 1 小时即可到达（单程 🄰 $210 🄲 $105）；乘坐直升机仅需 15 分钟。

🔲 圣灵群岛的度假岛屿

白日梦岛
Daydream Is.

　　圣灵群岛中距离本土最近的一座小岛——白日梦岛。岛上处处洋溢着轻松的氛围，是热门的家庭、情侣、蜜月旅行之选。岛上分为南北两大区域，北区有酒店、餐馆和水疗中心；南区则以咖啡馆、商店为主，游客相对较多。两区相隔约 10 分钟路程。岛上还栖息着袋鼠、袋狸等动物，无论哪里都可以看到朝霞和夕阳，充满了大自然的气息。

　　白日梦岛·水疗恢复中心深受女性游客和情侣档的喜爱。中心拥有崭新的设备，并有多达 16 间的理疗室。另外岛上的娱乐活动除了滑翔伞、水上摩托艇、浮潜之外，还可以参加圣灵群岛游船之旅（→ p.118）。

双体帆船是热门的娱乐项目

果是情侣的话，推荐入住带有阳台的海景房，景色非常美丽。

DATA
■白日梦岛度假酒店 & 水疗
Daydream Island Resort & SPA
🏠 PMB 22，Mackay，QLD 4740
☎ （07）3259-2350　📞 1800-075-040
🅿 免费　📠（07）3259-2399
🌐 www.daydreamisland.com
💳 A D J M V

交通方式

在度假酒店营业期间，可以从汉密尔顿岛机场、艾尔利海滩乘坐圣灵群岛轮渡抵达白日梦岛。

客房十分宽敞，家庭入住的话房间内还可以加床或婴儿吊床，空间充足。如

明亮开放的客房

●麦凯

澳洲航空从凯恩斯、汤斯维尔、罗克汉普顿、布里斯班，捷星航空从布里斯班，澳洲维珍航空从布里斯班、悉尼，都有飞往麦凯机场（MKY）的航班。机场位于城市南部约 3 公里远的地方，前往市区可以乘坐出租车（单程 $25~30）。另外可以乘坐灰狗长途巴士运营的布里斯班~凯恩斯线路。长途客运站位于市区外的戈登大街和维多利亚大街之间。一部分巴士途经麦凯机场。此外还可以乘坐布里斯班~凯恩斯的火车。

■麦凯游客信息中心

地 The Mill, 320 Nebo Rd., Mackay, 4740
电 1300-130-001
网 www.mackayregion.com
开 周一～周五 9:0~17:00、周末 9:00~15:00

■麦凯的出租车
●麦凯出租车
Mackay Taxi
电 13-10-08
网 www.mackaytaxi.com.au
■珊瑚林冒险一日游
电 (07) 4959-8360
电 1800-500-353
网 www.reeforest.com
●鸭嘴兽 & 雨林生态之旅
时 周三、周日 11:00~17:30
费 1 人 $130~320（根据参加人数而定）交通 $425

●布兰普顿岛

2017 年 5 月开始，布兰普顿岛的度假酒店大幅整修，正处于停业状态，再次营业时间待定。

●罗克汉普顿

澳洲航空从布里斯班、凯恩斯，澳洲维珍航空从布里斯班，都有直飞航班到达罗克汉普顿机场（ROK）。罗克汉普顿机场～市内可以乘坐摩羯阳光巴士。出租车费 $20 左右。另外长途巴士在南乔治大街（George St.）的车站发车、到达。此外，乘坐火车的话十分便利。布里斯班每天都有高速火车开往罗克汉普顿，火车站位于城市中心南部。

■罗克汉普顿的出租车
Rocky Cabs: 电 13-10-08
■南回归线游客信息中心
地 The Spire, 176 Gladstone Rd., 4700
电 1800-676-701

摩羯海岸 *Capricorn Coast*

大克佩岛的渔夫海滩

昆士兰州中部、南回归线（南纬 23° 26′ 30″）附近的海岸地带通称为摩羯海岸。以罗克汉普顿为中心的一带，海面上有几座度假岛屿，是不少澳大利亚人都喜爱的旅游目的地。虽然没有圣灵群岛度假地那般的奢侈豪华，但各个岛屿上美丽的自然风光也丝毫不会逊色。拥抱自然，感受大自然的丰富多彩，享受美好的度假时光。

麦凯　　　　　　　　　　　　Mackay

圣灵群岛以南，是由约 70 个岛屿构成的坎伯兰群岛。而群岛的大门正是著名的麦凯市。城市拥有 8 万人口，位于先锋河（Pioneer River），河川绵延到麦凯港（Mackay Harbour），是这个地区少有的城镇，这一带收获的甘蔗也都集中在麦凯港，是重要的出口港。

在伊加拉国家公园见到鸭嘴兽的概率很大

近郊有几个值得一去的国家公园。其中伊加拉国家公园（Eungella NP，原住语中意为"云落下的地方"）是昆士兰规模最大的亚热带雨林，也是一个茂盛的自然宝库（位于麦凯西侧约 80 公里）。公园内有几条完善的步行路，最为推荐的是布鲁克根河游客地区（Broken River Visitor Area）。这里的短途线路途中，有着澳大利亚为数不多的鸭嘴兽观赏地，因此这里非常知名。原则上推荐租车自驾，但也可以参加珊瑚林冒险一日游（Reeforest Adventure Tours）和鸭嘴兽 & 雨林生态之旅（Platypus & Rainforest Eco Safari）。参加旅游团也有很高概率遇到野生的鸭嘴兽。

另外，位于麦凯西北部 50 公里——芙蓉海岸（Hibiscus Coast）的希尔斯伯勒角国家公园（Cape Hillsborough NP）也很值得一去。亚热带雨林一直绵延到沙滩，在早上和晚上，有许多袋鼠会来到这片沙滩。

布兰普顿岛　　　　　　　　　Brampton Is.

布兰普顿岛是坎伯兰群岛的中心，面积约 900 公顷，岛上大部分被亚热带森林所覆盖。岛屿北侧的度假区从 2017 年 5 月开始，精品度假酒店全面整修，处于停业状态。另外度假区前与海相隔 100 米的地方就是卡莱尔岛（Carlisle Is.）。

罗克汉普顿　　　　　　　　　Rockhampton

摩羯海岸的中心城市罗克汉普顿（约 6.5 万人口）。南回归线经过

城市北侧，当地人亲切地称这座城市为"罗克"（Rockys）。由于 1858 年在近郊开采出黄金，城市迎来黄金热，促进了这里的发展，而如今在郊区牧养着 250 万~300 万头牛，使得这里成了澳大利亚的牛肉之都（Beef Capital）。

市中心的旧邮局。内部还设有名为 FLOW 的博物馆，可以体验人机对话，了解菲兹洛伊河地区的地质及历史信息

罗克汉普顿位于菲兹洛伊河畔（Fitzroy River），道路呈棋盘形状，很好辨别方向。提供摩羯海岸整体旅游咨询的南回归线游客信息中心（The Spire Visitor Information Centre）位于城市郊区布鲁斯高速公路旁的南回归线上，这里建有南回归线的石碑（Tropic of Capricorn Spire）。

罗克汉普顿必去景点之一是梦幻时光文化中心（Dreamtime Cultural Centre），位于南回归线石碑北侧。在中心的博物馆内展示了昆士兰中部的生活、传说等相关信息。室外建有原住民曾居住的房屋模型，里面还放入了过去的用具，重现了他们曾经的生活。另外还有展示海洋原住民生活的儒艮馆。每天 10:30 有导游服务，如果参加的话，可以练习投掷回旋镖。

在城市南侧——穆雷湖（Murry Lagoon）对面的罗克汉普顿植物园（Rockhampton Botanic Gardens）也强烈推荐你参观。园内还有罗克汉普顿动物园（Rockhampton Zoo）。动物园内有考拉、袋鼠、袋熊、淡水鳄等澳大利亚特有的动物。

耶蓬　　　　　　　　　　　　　Yeppoon

耶蓬位于罗克汉普顿以东 40 公里处，是一座拥有美丽沙滩的度假小镇。附近建有这一地区规模最大的高档度假酒店——耶蓬摩羯度假酒店，另外距离前往大克佩岛的罗斯林湾也很近。

城镇北部山间的库伯利公园野生生物保护区（Cooberrie Park Wildlife Sanctuary）是一座利用自然森林建成的动物园。园内饲养着 300 多只动物，在这里可以抱考拉拍拍纪念照、喂食放养的袋鼠等。此外还能看到鸸鹋、鹤鸵、澳大利亚野狗、鳄鱼等各种动物。

大克佩岛　　　　　Great Keppel Is.

从罗斯林湾出发，40 分钟可以到达大克佩岛。岛屿面积达 1400 公顷，周围比较有特色的沙滩多达 17 个。其中比较知名的是渔夫沙滩（Fisherman's Beach），附近有

热门的香蕉船

---

www.capricornholidays.com.au
开 每天 9:00~17:00
休 耶稣受难日、圣诞节

■梦幻时光文化中心
住 Bruce Hwy., North Rockhampton, 4700
☎ (07) 4936-1655
www.dreamtimecentre.com.au
开 周一~周五 9:00~15:30
费 成人 $15.50 儿童 $7.50

■罗克汉普顿植物园
住 100 Spencer St., 4700
☎ 1300-225-577
www.rockhampton.qld.gov.au
开 每天 6:00~18:00

●罗克汉普顿动物园
☎ 1300-225-577
开 每天 8:30~16:30
费 免费（最好捐赠 $5）

交通方式

●耶蓬
罗克汉普顿有巴士开往耶蓬，所需时间 1 小时。

■摩羯海岸游客信息中心
住 Ross Creek Roundabout, Scenic Hwy., Yeppoon, 4703
1800-675-785
www.capricornholidays.com.au
开 每天 9:00~17:00

■库伯利公园野生生物保护区
住 9 Stone St., Cooberrie, 4703
☎ (07) 4939-7590
www.cooberriepark.com.au
开 每天 10:00~15:00
费 成人 $30 儿童 $15 家庭 $75/抱考拉合影 $20
※ 每天 13:00 开始有动物表演

大克佩岛
Great Keppel Is.

0　　1　　2km

半潮礁 Half Tide Rocks
鲼鱼湾 Butterfish Bay
Little Peninsula
Big Peninsula
大沙丘海滩 Big Sandhill Beach
沉船沙滩 Wreck Beach
Svendsens Beach
中岛 Middle Is.
Passage Rocks
Second Beach
大克佩岛 Great Keppel Is.
里克斯沙滩 Leekels Beach
沉船湾 Wreck Bay
红树森林湿地
农庄
里克斯溪谷 Leekels Creek
Bald Rocks
海洋观测馆
普特尼沙滩 Putneys Beach
码头
大克佩岛假日酒店 Holiday Village
渔夫沙滩 Fisherman's Beach
大克佩岛度假酒店（施工中）Great Keppel Is. Resort
温德姆山 Mt.Wyndham (175米)
克拉姆湾 Clam Bay
温德姆海湾 Wyndham Cove
灯塔
红滩 Red Beach
猴子沙滩 Monkey Beach
长滩 Long Beach
小猴子角 Little Monkey Point
中途岛 Halfway Is.
猴子角 Monkey Point
骆驼岛 Humpy Is.

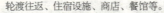

交通方式

● **大克佩岛**

可以乘坐从耶蓬市旁罗斯林湾（Rosslyn Bay）出发的自由快猫（Freedom Fast Cat）轮渡。

● **自由快猫**

☎（07）4933-6688

🖥 www.freedomfastcats.com

🕐 罗斯林湾（克佩湾码头）出发：周三～周日 9:15、周一·周二 10:30/大克佩岛出发：周三·周四·周六～周一 15:45、周二·周五 14:30

💰 往返：成人 $55 儿童 $35 家庭 $160/游船一日游（包括乘坐玻璃底观光船）成人 $78 儿童 $50 家庭 $220

交通方式

● **格拉德斯通**

前往格拉德斯通机场（GLT）可以从布里斯班乘坐澳洲航空或澳洲维珍航空。从机场到市区，打车约 $25。另外灰狗长途巴士的布里斯班～凯恩斯线路全部经停这里。长途站设在距离市中心 300 米远的加油站。

■ **格拉德斯通游客信息中心**

🏠 Marine Ferry Terminal, 72 Bryan Jordan Drv., 4680

☎（07）4972-9000

🖥 www.gladstoneregion.info

🕐 周一～周五 8:30～16:30、周末 9:00～13:00

❌ 圣诞节

交通方式

● **赫伦岛**

格拉德斯通的轮渡码头有高速游船开往赫伦岛（拉德斯通机场～轮渡码头有免费接送）。所需时间 2 小时，单程票价 成人 $62 儿童 $31。周一、周三、周日从格拉德斯通出发 14:00、从赫伦岛出发 10:00。

另外还可以从拉德斯通机场乘坐水上飞机前往赫伦岛（单程约 30 分钟）。单程 1 人 $338。

🖥 www.heroisland.com

美丽的珊瑚之岛——赫伦岛

轮渡往返、住宿设施、商店、餐馆等。

在娱乐中心可以参加水上摩托艇、滑翔伞、香蕉船、双体帆船等项目。另外，骑骆驼更是这里的一大特色。喜欢浮潜的人可以去猴子沙滩（Monkey Beach），这里的浅滩有大量的珊瑚礁，非常适合浮潜。想在宽阔的沙滩上悠闲放松的游客，可以去距离稍远的长滩（Long Beach）。

格拉德斯通 · Gladstone

拉德斯通约有 2.6 万人口，拥有天然的港口，作为这一地区重要的农作物出口地而繁荣起来。这里不仅是前往知名观光地赫伦岛的起点，近郊的沙滩也有冲浪、钓鱼、潜水等水上娱乐项目。

城镇建于山丘之上，从市中心向各个方向走都是缓缓的斜坡。前往赫伦岛的轮渡码头距离市中心 1.5 公里，码头上设有格拉德斯通游客信息中心（Gladstone Visitor Information Centre）。

赫伦岛 · Heron Is.

赫伦岛是全世界潜水爱好者都十分向往的地方，距离大克佩岛有 80 公里，是大堡礁海域的珊瑚岛，步行一周仅需 45 分钟。在小岛周围面积达 24 平方公里的海域里，海龟、蝠鲼、鲨鱼和各种珊瑚鱼畅游其中。夏季 11 月～次年 2 月这里会变成海龟产卵的地方，你可以亲眼看到大自然的神奇。赫伦岛的英文名 Heron 是鹭的意思，由此也不难明白，这里还是野生鸟类的乐园了。

赫伦岛主要的娱乐项目包括潜水、浮潜、乘坐半潜水艇 & 玻璃底观光船、海底漫步、岛屿漫步等。尤其要尝试的就是潜水、浮潜。虽然岛四周全都是浮潜点，但如果想看到更多、更好看的鱼，一定要参加游艇浮潜之旅。根据当天海况，会从多个浮潜点中选择最佳地点。各个点之间坐船仅需 5～15 分钟，不必担心晕船。有很大概率可以遇到海龟和蝠鲼。另外初学者也可以参加潜水体验。

摩羯海岸的酒店
Accommodation

麦凯

Gecko 背包客旅舍
Gecko's Rest

◆ 位于市中心，周围有多家餐馆。屋顶平台是放松的好去处。

位于中心地区的背包客旅舍
URL www.geckosrest.com.au 住 34 Sydney St., Mackay, 4740 ☎ 4944-1230 WiFi 收费 费 D $28、S $45、TW $65 CC M V

罗克汉普顿

标准酒店
The Criterion Hotel

◆ 酒店所使用的大楼建于 1889 年，是国家信托指定产业。楼内分为历史酒店和近代客房类型。

位于市区内的超值酒店
URL thecriterion.con.au 住 150 Quay St., 4701 ☎ 4922-1225 WiFi 免费 费 历史酒店: W $65~90/ 汽车旅馆房: W $65~135 CC A D J M V

罗克汉普顿青年旅舍
Rockhampton YHA

◆ 沿市区至菲兹洛伊河的 Queen Elizabeth Rd. 向北，步行 20 分钟。

正好位于南回归线之上
URL www.yha.com.au 住 60 MacFalane St., North Rockhampton, 4701 ☎ 4927-5288 Free 1800-617-194 WiFi 免费 费 D $22~23.50、TW $60
※ 非 YHA 会员需支付附加费用 CC M V

罗克汉普顿旅客之家酒店
Travelodge Rockhampton

◆ 酒店距离老民房、旧邮局等历史建筑很近，观光便利。现代化的客房，还设有泳池和餐馆等设施。

菲兹洛伊河边的高档酒店
URL www.thehotels.com 住 86 Victoria Pde., 4700 ☎ 4994-5000 WiFi 免费 费 TW $139~199 CC A D J M V

耶蓬

耶蓬摩羯度假村
Capricorn Resort Yeppoon

◆ 酒店占地面积达 1 万公顷，有丰富的自然资源，拥有高尔夫球场，还可以在酒店内骑马、打高尔夫、体验水上运动。还有南半球最大的淡水泳池，并设有水疗、桑拿、餐馆、酒吧等设施。

拥有巨大的湖水泳池

大自然的乐园
URL www.capricornresort.com
住 Farnborough Rd.（P.O.Box 350）, Yeppoon, 4703 ☎ 4925-2525 Free 1800-075-902 WiFi 免费
费 TW $299~479 CC A D J M V

大克佩岛

大克佩岛假日酒店
Great Keppel Island Holiday Village

◆ 酒店房型从帐篷到木屋别墅，种类很多，能满足各类人群的需求。酒店没有餐馆，厨房设施齐全，可以自己做饭需要自己携带食材。

从帐篷到公寓式酒店　　Map p.127
URL gkiholidayvillage.com.au
住 Community Mail Bag, Great Keppel Island, 4700 ☎ 4939-8655 Free 1800-537-735 WiFi 无 费 D $40、TW $70~210 CC M V

格拉德斯通

格拉德斯通雷吉斯酒店
Rydges Gladstone

◆ 酒店位于市中心。房间舒适明亮。另外酒店内的 CBD 餐馆 & 酒吧制作的炭火牛排和海鲜深受当地人喜爱。

市区的地标性建筑
URL www.rydges.com 住 100 Goondoon St., Gladstone, 4680 ☎ 4970-0000 WiFi 免费 费 TW $129~169 CC A D J M V

赫伦岛

赫伦岛大堡礁酒店
Heron Island Great Barrier Reef

◆ 大堡礁中少有的，建于纯珊瑚岛上的豪华度假酒店。有导游带领的自然之旅等房客可以免费参加。另外还有正宗的水疗中心。住宿费中包含了自助早餐。

在美丽的白沙上放松

适合喜爱自然的人　　Map p.128
URL www.heronisland.com
住 via Gladstone, 4680
☎ 4972-9055 Free 1800-837-168 WiFi 收费 费 TW $330~840
※ 包含早餐 CC A D J M V

● 班达伯格

一般会选择乘坐布里斯班~凯恩斯的长途车。长途车站位于市中心附近的塔尔戈大街（Targo St.）。另外还可以乘坐布里斯班~罗克汉普顿~凯恩斯的摆式列车。

澳洲航空、澳洲维珍航空从布里斯班有直飞这里的航班。班达伯格机场（BDB）距离城市有 6 公里远，可以乘坐出租车前往市区。

■ 达非城市巴士车
Duffy's City Buses

以班达伯格为中心，前往巴加拉、伯内特赫兹有 11 条线路。所有线路仅在周一~周六运行，每天 4-6 班。价格为区域制。班达伯格和其周边一共被划分成为 8 个区域，以跨越区域的数量来决定车费（最多为 6 个区域的价格）。

☎ 1300-383-397
🖥 www.duffysbuses.com.au
🎫 1 区 (成人) $2.30 $1.20，6 区 (成人) $5.50 $2.70

波旁大街上矗立的安扎克纪念碑

■ 班达伯格游客信息中心
🏠 271 Bourbong St., Bundaberg, 4670
☎ （07）4153-8888
🖥 1300-722-099
🖥 www.bundabergregion.org
🕐 每天 9:00~17:00（假日 9:00~14:00）
🚫 耶稣受难日、澳新军团日、圣诞节

■ 玛斯格列夫人岛
● 玛斯格列夫人岛体验之旅
☎ 0427-009-922
🖥 www.ladymusgraveexperience.com.au
🚢 班达伯格船坞往返：每天 7:30~17:00
🎫 (成人) $215 (儿童) $115.50 家庭装
$599/ 潜水体验 1 次（包含全部装备）$95、娱乐潜水 1 次（包含全部装备）$70

弗雷泽海岸 *Fraser Coast*

弗雷泽岛热门观光地——麦肯齐湖

从大堡礁最南部阳光海岸北端开始的海岸沿线，通称弗雷泽海岸。而这一带的中心正是弗雷泽岛。在澳大利亚的几个世界之最中，这里就占了一个。弗雷泽岛是世界最大的沙之岛，南北长约 124 公里，东西宽 20 公里，面积达 18.4 万公顷。广阔的沙丘、延绵不绝的沙滩、郁郁葱葱的亚热带雨林以及湛蓝的湖水等，喜爱大自然的你一定不要错过。

弗雷泽岛周边的景点，也是富饶的自然资源。比如大堡礁南端的埃里奥特夫人岛。绕道步行一周仅需 1 小时，周围则是被许多的珊瑚礁所覆盖。同大堡礁其他地区的度假地不同，所有船只都无法到达，必须要乘坐小型飞机前往这里。从飞机上俯瞰这座岛时会发现，这里距离其他岛屿相当的远，仿佛远海上的孤岛一般。另外，弗雷泽岛和埃里奥特夫人岛之间的鸭嘴兽湾，是澳大利亚少有的观鲸之地。每年 7 月下旬~10 月之间，从南极北上而来的座头鲸会在这个海湾休息。除了鲸鱼之外，这里全年都可以看到成群的海豚。

班达伯格   Bundaberg

弗雷泽海岸北部城市班达伯格（约 4.5 万人口），以甘蔗产业、农业、渔业为主，被称作昆士兰的色拉盘，是澳大利亚的糖镇，在旅游中更是大堡礁南部大门。

班达伯格市沿伯内特河（Burnett River）而建，市中心位于河流南侧 1 公里处，较为狭窄。

另外从城市中心沿波旁大街（Bourbong St.）向西，街道两旁有许多家中高档酒店。班达伯格游客信息中心（Bundaberg Visitor Information Centre）同样位于波旁大街上。此外班达伯格北部约 120 公里，是 1770 年库克船长首次在昆士兰州境内上岸的地方。这里也因此被命名为 1770 小镇（Town of 1770），最近作为度假地备受关注。

大堡礁 1 日游
玛斯格列夫人岛
Lady Musgrave Is. Cruises

　　赫伦岛和埃里奥特夫人岛之间散落的几座岛屿合称为班克群岛（Banker Group），位于其南端的是玛斯格列夫人岛。岛屿面积不大，绕岛步行 1 周仅需 30 分钟的时间，但岛四周的珊瑚礁非常美丽，在大堡礁海域中也是难得一见的。前往玛斯格列夫人岛的游船之旅，有班达伯格郊外的班达伯格船坞往返的玛斯格列夫人岛体验之旅（Lady Musgrave Experience）和 1770 小镇往返的玛斯格列夫人岛珊瑚礁之旅（Lady Musgrave Barrier Reef Cruise）。无论参加哪种旅行，除了能够体验浮潜之外，也都可以自费参加潜水体验或娱乐潜水。

在玛斯格列夫人岛周围进行浮潜

航行时使用的高速双体船

能够看到海龟产卵
蒙利普斯保护公园
Mon Repose Conservation Park

　　位于班达伯格郊外，距离市区 12 公里远的蒙利普斯保护公园，每年 11 月～次年 3 月上旬之间海龟都会来到这里产卵。这期间会有导游带领的观看海龟产卵的旅游团（蒙利普斯海龟体验之旅）。可以在市内的游客中心购买门票。

在班达伯格取得潜水资格证吧
班达伯格 Aqua Scuba
Bundaberg Aqua Scuba

　　全澳大利亚考取潜水资格证最便宜的地方就是班达伯格。开放水域、开放水域进阶的等级考试价格都很便宜。

参观澳大利亚 No.1 的朗姆酒品牌的酿酒厂
班达伯格朗姆酒酿酒厂
Bundaberg Rum Distillery

　　班达伯格盛产甘蔗，班达伯格朗姆酒也被盛赞为 No.1。酿酒厂距离市区稍远，可以参观朗姆酒的制作工艺。最后还有朗姆酒的试饮。

埃里奥特夫人岛　　Lady Eilliot Is.

　　位于大堡礁最南端的岛屿。岛屿由珊瑚堆积而成，除了飞机跑道外，这里大部分都是候鸟的栖息地。岛屿四周的珊瑚礁保护极其完好，海水也非常清澈透明。在大堡礁的度假岛屿中，这也是最为充满自然气氛的一个。

　　这里比较热门的娱乐活动是水肺潜水，潜水点超过 20 个。岛的主题图案就是蝠鲼，所以在这里全年都可以见到蝠鲼。并且在大部分潜水点

●玛斯格列夫人岛珊瑚礁之旅
☎ (07) 4974-9077
🖷 1800-63-1770
🔗 1770reefcruises.com/DayCruise.aspx
🕐 1770 小镇往返：每天 8:30～17:00
💰 大人 $190 小孩 $90 $560／潜水体验 1 次（包含全部装备）$95、娱乐潜水 1 次（包含全部装备）$60～80

■蒙利普斯保护公园
🏠 P.O.Box 1735, Bundaberg, 4670
☎ (07) 4159-1652
🔗 www.nprsr.qld.gov.au/parks/mon-repos/
💰 大人 $12 小孩 $6.25 家庭 $28.75

想亲眼看一次海龟产卵

■班达伯格 Aqua Scuba
🏠 239 Bourbong St., Bundaberg, 4670
☎ (07) 4153-5761
🖷 (07) 4151-2110
🔗 www.aquascuba.com.au
💰 开放水域 4 天课程 $349／开放水域进阶 3 天课程 $375
※ 指南 $80～90、潜水医学（健康证明）另外收费

■班达伯格朗姆酒酿酒厂
🏠 Bundaberg Rum Distilling Company，Hills St.，4670
☎ (07) 4131-2999
🖷 (07) 4131-2966
🔗 www.bundabergrum.com.au
🕐 酿酒厂之旅：周一～周五 10:00～15:00、周六·周日及假日 10:00～14:00 每小时
💰 酿酒厂之旅：大人 $71.25 小孩 $14.25

交通方式

●埃里奥特夫人岛
　　从赫维湾、班达伯格可以乘坐 Seair Pacific，每天 3 班，飞往埃里奥特夫人岛机场（LYT）。从赫维湾飞行时间为 45 分钟，班达伯格为 30 分钟。往返机票价格 大人 $375 小孩 $220。另外同一家

航空公司从黄金海岸出发，每天往返的一日游。价格为 ✈ $749 ⛴ $449。

● **Seair Pacific（埃里奥特夫人岛经济度假村）**
☎（07）5536-3644
📠 1800-072-200
🖥 www.ladyelliot.au

在埃里奥特夫人岛有很大概率可以遇到蝠鲼

交通方式

●**赫维湾**
澳洲航空从布里斯班、悉尼，澳洲维珍航空从悉尼，都有前往赫维湾机场（HVB）的航班。陆路方面，则可以乘坐布里斯班～罗克汉普顿的高速火车。另外澳洲灰狗公司运营的布里斯班～凯恩斯之间的长途巴士，基本都会停靠这里。无论乘坐哪种交通工具，往返地都是位于皮尔巴镇外的海湾中央购物中心（Bay Central Shopping Centre）。大部分的背包客旅舍都有到长途车站的免费接送服务。

■**赫维湾游客信息中心**
Hervey Bay Visitor Information Centre
🏠 227 Maryborough – Hervey Bay Rd., Hervey Bay, 4655
📠 1800-811-728
🖥 www.visitfrasercoast.com
🕘 每天 9:00～17:00
🚫 耶稣受难日、圣诞节

■**主要的观鲸·海豚 游船公司**
●**赫维湾精神**
Spirit of Hervey Bay
☎（07）4125-5131
📠 1800-642-544
🖥 www.spiritofherveybay.com
📅 3/4 日观鲸之旅：季节上旬或下旬，每天 8:30～14:00/观鲸半日游：季节中旬，每天 8:30～12:30、13:30～17:30
💰 3/4 日观鲸之旅：✈ $120 ⛴ $60 👶 $330/观鲸半日游：1 人✈ $110 ⛴ $60 👶 $300
●**鲸鱼歌游船**
Whalesong Cruises
☎（07）4125-6222
📠 1800-689-610
🖥 www.whalesong.com.au

还能看到海龟的身影。当然各式的珊瑚礁也十分美丽，可爱的蝴蝶鱼等数量也很多。在岛四周随处都可以进行浮潜，甚至还有可能遇到蝠鲼和海龟。此外还有玻璃底观光船、海底漫步等娱乐项目。而 11 月～次年 2 月之间，海龟会在夜色降临时从四面八方来到这里产卵。

从空中俯瞰仿佛远海的一座孤岛

赫维湾 {#hervey-bay}
Hervey Bay

位于弗雷泽岛对岸，拥有 4.5 万人口的城镇便是赫维湾。城镇东西狭长，西起皮尔巴（Pialba）、斯卡尼斯（Scarness）、托基（Torquay）、尤兰根（Urangan）等小镇。酒店、餐馆的数量较多、交通更为便利的斯卡尼斯和托基是中心地区。这里风平浪静，很适合海水浴。

造访这座城镇的大部分人都是为了前往弗雷泽岛。从这里出发既有当日往返，也有两三天的行程；既有高档的度假酒店，还有露营设施，你可以任意挑选。

尤兰根港口安置的鱼叉发射器，诉说着这里过去捕鲸的历史

在赫维湾城镇入口处的游客信息中心，或者在酒店前台都可以咨询旅游信息，选择适合自己的行程。另外每年 8~10 月，这里作为观赏鲸鱼的游船之旅往返港口，会迎来大量的游客，十分热闹。赫维湾海面的鸭嘴兽湾（Platypus Bay），冬天水温也有 25℃，非常温暖，湾内水深 200 米左右，大陆架 3~5 公里宽，是最适合座头鲸休息的地方。在南半球的夏天时，鲸鱼会在南冰洋寻找食物，冬季时则会来到这里孕育新的生命。

感受大自然的伟大
观鲸之旅
Whale Watching

每天有 10 艘以上的游船从赫维湾出航，能看到座头鲸喷潮、拍打尾巴、浮窥、跳跃等各种场景。从保护鲸鱼和自然环境的角度出发，船只需与鲸鱼保持最少 100 米的距离，另外一头鲸鱼周边 300 米范围内，最多只能有 4 条船进入。并且禁止开船追逐鲸鱼。除了周末，当天早上也可以预约。当然，如果周末还有

可以看到充满力量的腾跃场面

空余也可以报名参加，但由于游客较多，最好提前一天进行预约。可以在赫维湾的各个酒店进行预约。半日游价格为 $110~130。根据餐食的种类、船的大小等因素价格有所不同。

最多可以看到 3 种海豚

观赏海豚之旅
Dolphin Watch

　　赫维湾栖息着 3 种海豚（真海豚 Common Dolphin、宽吻海豚 Bottlenose Dolphin、印度太平洋驼背豚 Indo Pacific Humpback Dolphin）。海豚的好奇心旺盛，经常会主动靠近船只。只有在限定期间内才会发团观赏可爱的海豚。有些游船之旅会在观看完海豚后前往弗雷泽岛进行海水浴。

弗雷泽岛　　　　　　　　　　　　　　　　Fraser Is.

从空中俯瞰更能感受到弗雷泽岛的壮美

　　世界最大的沙之岛——弗雷泽岛，其起源可以追溯到 14 万年前。当时澳大利亚大陆东海岸遭遇暴雨，大分水岭的沙土流失至沿岸地区。由于受信风、海流的影响，沙土慢慢堆积形成了现在的弗雷泽岛。如今虽然岛屿表面有着茂盛的亚热带雨林，但其土壤却完全是沙子。从这里绵延不绝的沙滩，以及随处可见的沙丘就可以了解到它原本的样子。另外，森林则是野生动物的天堂。稍微踏进森林就有机会看到澳大利亚野狗、负鼠、袋鼠，以及超过 240 种的野鸟等。正是基于这里宝贵的自然资源，才被列入了世界自然遗产。

　　推荐参加旅游团在岛上进行观光。从伊龙 Eurong、翠鸟湾 King-fisher Bay 出发，有专业生态导游带领的四驱车之旅以及漫步之旅。

岛上巡游就从这里开始

75 英里海滩　　　　　　　　Map p.133
75 Miles Beach

　　在岛的东侧，面朝一望无际的大海是一片美丽的沙滩。其中南部超过 100 公里的 75 英里沙滩也是弗雷泽岛主要的观光景点，在海浪拍打海岸时，驾驶四驱车的娱乐项目深受

曾经作为轰炸机练习用的标靶的马希诺号

鯨魚半日游：期间每天 8:00~13:00、14:00~18:00/ 观赏海豚之旅：6 月中旬~7 月上旬每天 8:30~14:00

鯨魚半日游：大人 $100 小人 $55 观赏海豚之旅：大人 $90 小人 $50 家庭 $260

● 蓝色海豚海洋之旅 Blue Dolphin Marine Tours
☎ (07) 4124-9600
🖥 www.bluedolphintours.com.au
观鲸之旅：期间每天 7:30~15:30
观鲸之旅：大人 $150 小人 $120 家庭 $480

● 塔斯曼冒险 Tasman Venture
☎ (07) 4128-1847
📞 1800-620-322
🖥 www.tasmanventure.com.au
期间每天 8:30~12:30、13:30~17:30
大人 $115 小人 $60 家庭 $310

交通方式

● 弗雷泽岛
　　岛上没有公共交通设施，一般都会选择参加旅游团在岛上观光。另外，可以

弗雷泽岛
Fraser Is.
0　　　20km

Sandy Cape

N

Lake Marong
Lake Wanhar

马尔号遇难船

鸭嘴兽湾
Platypus Bay

大沙国家公园
Great Sandy NP

Bimjella Hill (174m)
Bowarrady (244m)

75英里沙滩

教堂岩
The Cathedrals

马希诺号遇难船
The Wreck of the Maheno

Moon Point

赫维湾
Hervey Bay

伊莱溪
Eli Creek
Lake Garawongera

Happy Valley

美居翠鸟湾度假村
Mercure Kingfisher Bay Resort & Village

河口
River Heads

瓦比湖 Lake Wabby
白沙湖
Lake McKenzie

Boomanjin Hill (211m)

Eurong

伊龙沙滩度假酒店
Eurong Beach Resort

波曼湖
Lake Boomanjin

中央站
Central Station

Yankee Jack Lake

Figtree Lake

Poona

Hook Point

Inskip Point

133

在翠鸟湾 Kingfisher Bay 乘坐往返轮渡，然后参加旅游团。一般都会选择从赫维湾出发，这里的旅游团种类最多，一日游包含午餐 $165~。1 晚 2 天，根据酒店不同 $279~（包含餐费，住宿费）。2 日游 3 天 $396~。

如果自驾四驱车，可以在河口、英斯基普乘坐车辆轮渡。但需要在昆士兰州环境保护局的网站提前申请，获取许可。

■ 昆士兰州环境保护局
Environmental Protection Agency QLD
🔗 www.nprsr.qld.gov.au

既是跑道又是沙滩

适合游泳的伊莱溪

在教堂崖可以看到由堆积层构成的五颜六色的沙

大家喜爱。岛上没有铺设道路，最好的"路"便是海边。

另外在沙滩沿岸，还有不少景点，包括从森林流向大海的伊莱溪 Eli Creek（河水较浅，儿童也可安心游泳）、由黏土构成的色彩绚丽的教堂崖（The Cathedrals）、被冲到海边的马希诺号遇难船（The Wreck of the Maheno）等。

另外弗雷泽岛航空（Air Fraser Island）利用 75 英里沙滩作为跑道，组织观光旅游。以伊龙（Eurong）或欢乐谷（Happy Valley）作为往返地，享受约 10 分钟的飞行旅程。从空中俯瞰延绵不绝的沙滩，郁郁葱葱的亚热带雨林、美丽的湖水等，其规模之大、美丽程度不言而喻。大部分的岛上之旅，都可以选择自费参加这个飞行旅途。

前往由硅沙和不断涌出的水组成的湖泊

白沙湖　`Map p.133`
Lake Mckenzie

■ 前往弗雷泽岛的注意事项
● 不要给野生动物喂食
● 禁止携带宠物
● 禁止在指定区域外住宿
● 不得污染岛上所有的水域

■ 翠鸟湾出发的生态之旅
（风景区之旅）
一天中可以参观 75 英里沙滩的主要景点，以及中央站和白沙湖。
☎ (07) 4194-9300
📠 1800-072-555
🌐 www.kingfisherbay.com
🕐 每天 9:00~17:00
💰 (成人) $185 (儿童) $120 (家庭)
$570（12 月 26 日~1 月 8 日
(成人) $199 (儿童) $130 $595）

■ 弗雷泽岛航空
☎ 1300-172-706
🌐 www.airfraserisland.com.au
💰 一人 $80（15 分钟）

弗雷泽岛上有几个湖泊，其中最具代表性的是南部的白沙湖、波曼金湖（Lake Boomanjin）、拜拉比恩湖（Lake Birrabeen），中部有加拉翁尔湖（Lake Garawongera）、瓦比湖（Lake Wabby）。所有的湖泊都有着纯白的沙滩，清澈的湖水仿佛画作一般。

弗雷泽岛人气 No.1 的湖泊——白沙湖

其中尤为美丽的是白沙湖。白天来到这里，首先会感叹的是白色与蓝色所呈现出来的反差。如果在湖中游泳，你更会被湖水的清澈所震惊。

漫步于亚热带雨林

漫步之旅　`Map p.133`
Walking Trail

岛上建有几条步行道，自己便可以漫步于亚热带雨林之中。尤其是以距离白沙湖很近的中央站（Central Station）为中心铺设的道路两侧有贝壳杉大树、石松植物等。

在中央站可以看到美丽的森林

弗雷泽海岸的酒店
Accommodation

班达伯格中心地区

北班达伯格背包客旅舍
North bundaberg Backpackers

◆班达伯格有名的背包客旅舍，不少打工度假者都会住在这里。当然也会帮忙介绍工作。大部分的房间都带有淋浴和卫生间，并且带有泳池，设施非常完备。距离市中心步行约10分钟。

位于巴尼特河北侧
- URL northbundybackpackers.com.au
- 住 12 Queen St., Bundaberg, 4670
- ☎ 4151-2463/042-779-5276（手机）
- WiFi 收费　费 Ⓓ $30~　CC M V

联邦背包客旅舍
Federal Backpackers

◆建筑物虽然古旧，但内部装饰十分精美，令人心情愉悦。厨房等设备一应俱全。有打工度假者长期居住在这里，也会帮忙介绍工作。

车站旁的人气背包客旅舍
- URL www.federalbackpackers.com.au
- 住 221 Bourbong St., Bundaberg, 4670
- ☎ 4153-3711　FAX 4151-0266
- WiFi 收费　费 Ⓓ $30~　CC M V

城市中心背包客旅舍
City Centre Backpackers

◆紧邻火车站，是一家由老酒馆改建而成的老牌背包客旅舍，内部有便利店。同样会介绍兼职工作。

位于城市正中心
- 住 216 Bourbong St., Bundaberg, 4670
- ☎ 4191-9818　WiFi 收费
- 费 Ⓓ $30~　CC M V

班达伯格凯富乡村酒店
Country Comfort Bundaberg

◆距离机场、市中心都仅有5分钟的车程。泳池（冬天为温水）、投币式洗衣机、餐馆&酒吧等设施齐全。

班达伯格有名的高档酒店
- URL www.countrycomfortbundaberg.com.au
- 住 73 Takalvan St., Bundaberg, 4670
- ☎ 4151-2365　FAX 4153-1866　WiFi 免费
- 费 ⓉⓌ $155~190　CC A D J M V

班达伯格近郊

巴加拉蔚蓝度假村
Bargara Blue Resort

◆建于瓦卡拉和凯利沙滩之间的公寓式度假村。紧邻着瓦卡拉高尔夫球场，喜爱高尔夫的游客不妨选择入住这里。度假村内有游泳池（冬天为温水）、水疗、桑拿、健身房等各类设施。

位于高尔夫球场前
- URL www.bargarablue.com.au　住 4 Baxter St., Bargara, 4670　☎ 4159-1691　Free 1800-823-916　WiFi 免费
- 费 ⒈Ⓑ $185、⒉Ⓑ $210~245、⒊Ⓑ $275~335
- ※ 旺季最少入住两晚　CC A D J M V

凯利
Kellys Beach Resort

◆位于巴加拉的别墅风格的公寓式度假村。酒店占地内种植着许多亚热带植物，另外还带有泳池、水疗、桑拿、网球场等设施。在酒店内的餐馆内还可以品尝到美味的海鲜盛宴。

紧邻高人气的巴加拉沙滩
- URL www.kellysbeachresort.com.au
- 住 6 Trevors Rd., Bargara Beach, 4670
- ☎ 4154-7200　Free 1800-246-141
- WiFi 收费　费 ⒉Ⓑ $172~177　CC A J M V

埃里奥特夫人岛

埃里奥特夫人岛生态度假村
Lady Elliot Island Eco Resort

◆酒店客房类型很多，既有公用淋浴·卫生间的大型帐篷样式的经济客房，也有带双层床或大床的珊瑚房型，还有适合蜜月夫妻入住的浪漫岛屿房。

岛屿四周清澈的海水

面朝大海而建的珊瑚房

充满自然气氛的岛屿度假村
- URL www.ladyelliot.com.au
- 住 P.O.Box 348, Runaway Bay, 4216
- ☎ 4156-4444　Free 1800-072-200
- FAX 4156-4400
- 黄金海岸总公司 ☎ 5536-3644
- WiFi 无　费 Ⓢ $250~420、Ⓦ $350~658、⒉Ⓑ $738~768　※ 包含早·晚餐
- CC A D J M V

赫维湾青年旅舍
Harvey Bay YHA

◆从旅舍前往观鲸之旅的出发港口或沙滩，步行仅需 5~6 分钟。在占地面积巨大的用地内建造的客房十分整洁。泳池、咖啡餐馆、互联网、租赁自行车等各类设施完备。

舒适整洁的 YHA

广袤的占地内散落着客房
URL www.yha.com.au　住 820 Boat Harbour Drv., Hervey Bay, 4655
☎ 4125-1844　Free 1800-818-280
WiFi 免费　费 Ⓓ $22~26.50、Ⓣ Ⓦ $52~81
※ 非 YHA 会员需支付附加费用
CC M V

下一站背包客旅舍
Next Backpackers

◆距离沙滩约 50 米。建筑物、设施都很有现代气息的一家背包客旅舍。提供免费的 Wi-Fi，还有类似网咖的电脑可以使用。

还有出发前往弗雷泽岛的旅程
URL www.nextbackpackers.com.au
住 10 Bideford St., Hervey Bay, 4655
Free 1800-063-168　FAX 4124-0455
WiFi 免费　费 Ⓓ $25~32　CC M V

羊毛乐园背包客旅舍
Woolshed Backpackers

◆距离沙滩 100 米，外观类似羊牧场小屋，别有一番风味。旅舍内还装饰着各种牧场使用的道具，更是平添了一丝乐趣。附近还有超市和餐馆，做什么都很方便。

牧场风格的羊毛乐园背包客旅舍

具有农家气氛
URL www.woolshedbackpackers.com
住 181 Torquay Rd., Hervey Bay, 4655
☎ 4124-0677　WiFi 免费
费 Ⓓ $25~30、Ⓣ Ⓦ $58~64
CC M V

友好青年旅舍
The Friendly Hostel

◆全部是 2~3 人的房间，没有双层床。最多能入住 21 人，是一家规模较小的旅舍。还建有适合团队、家庭入住的公寓式客房。步行至沙滩仅需 5 分钟，地理位置优越。

卓越的性价比
URL www.friendlyhostel.com.au
住 182 Torquay Rd., Pialba, 4655
☎ 4124-4107　Free 1800-244-107
WiFi 免费　费 Ⓓ $26、Ⓣ Ⓦ $57、2B $150、
3B $175~190　CC M V

弗雷泽旅行家公园酒店
Fraser Coast Top Tourist Park

◆除了露营地之外，还建有许多小屋风格的单元楼。单元内部类似酒店，干净舒适。徒步至沙滩仅需 5~6 分钟，地理位置优越。

设备完善的露营酒店
URL www.frasercoasttouristpark.com.au
住 21 Denman Camp Rd., Scarness, 4655　☎ 4124-6237　Free 4128-1484
WiFi 免费　费 Ⓣ Ⓦ $60~115、露营地 $34~37　CC M V

美居翠鸟湾度假村
Mercure Kingfisher Bay Resort & Village

◆为了不破坏环境，考虑周全建造起来的最高级生态度假酒店。建筑物外观为绿色，高度不超过周边树木，与大自然完美融合。每天从度假村都有岛上四驱车一日游出发，此外早上还可以参加专职导游带领的赏鸟之旅。而在 8 月中旬 ~10 月上旬期间，还有从度假村出发的观鲸之旅（成人 $120 儿童 $70）。每天从赫维湾有数班轮渡出发到达这里。

全年都可以游泳的温水泳池

与自然完美融合的酒店外观

世界瞩目的生态度假村　Map p.133
URL www.kingfisherbay.com
URL www.kingfisherbay.cn（中文）
住 PMB1, Urangan, 4655
☎ 4120-3333　Free 1800-072-555
FAX 4127-9333　WiFi 收费
费 酒店房间：Ⓣ Ⓦ $155~332/ 别墅：
1B $240~335、2B $250~445、3B $400~495（别墅房型最少入住 2 晚）
CC A D J M V

伊龙沙滩度假酒店
Eurong Beach Resort

◆位于岛屿东侧的大型度假村，既有汽车旅馆，也有公寓式酒店客房，房型种类很多。大部分公寓式客房，一间屋子最多可以入住 4 人，适合亲子游和团体旅行。泳池、餐馆等设施也很完备。另外还有酒店往返的岛上四驱车之旅。

价格合理，人气极佳

面朝 75 英里海滩　Map p.133
URL www.eurong.com.au
住 P.O.Box 7332, Hervey Bay, 4655
☎ 4120-1600　Free 1800-111-808
FAX 4120-1644　WiFi 收费
费 Ⓣ Ⓦ $122~203、2B $233~259
CC M V

阳光海岸 *Sunshine Coast*

努萨的梅恩沙滩

阳光海岸是一个沐浴着太阳光辉的海岸。海岸始于布里斯班北部110公里的博来比岛（Bribie Is.），绵延150公里一直至锡罐湾（Tin Can Bay），景色优美。茂密的森林从海岸边一直延伸到大分水岭的腹地。阳光海岸拥有着绝佳的大海和森林，作为度假地虽然没有黄金海岸般华丽，但正因如此，这里的气氛更加令人安心放松，可以更好地体验沙滩和自然生活。

阳光海岸的起点，沿海岸从南开始依次是卡伦德拉、马卢其（管辖观光中心穆鲁拉巴和行政中心马卢其多尔），努萨，内部地区为楠伯、扬迪纳、尤姆迪、蒙特维尔（布莱克尔山脉）。沿海城镇大多建有度假风格的公寓，并且这里很适合冲浪。内陆地区仍保留着亚热带雨林，一定要去参观壮丽的玻璃屋山等自然景观。

卡伦德拉和马卢其   Caloundra & Maroochy

阳光海岸南岸的观光中心是卡伦德拉和马卢其。这两座小镇之间仅有15分钟的车程，美丽的沙滩延绵不绝。

卡伦德拉在原住语中意为"美丽的地方"，是一座拥有7万人口的小城。市中心的布尔柯克大街（Bulcock St.）上林立着商店、咖啡馆、餐馆，白天非常热闹。

国王沙滩很适合亲子游

海边有几个冲浪沙滩，其中最具人气的是国王沙滩（King Beach）和黄金沙滩（Golden Beach）。沙滩周边有很多公寓式酒店等住宿设施。

在卡伦德拉北部便是马卢其（约5万人口），市中心为马卢其多尔（Maroochydore），南部有穆鲁拉巴（Mooloolaba）、亚历山德拉岬角（Alexandra Headland），北部有马库拉（Marcoola）、库伦（Coolum），由这些美丽的沙滩共同构建了这座小城。尤其在穆鲁拉巴，沙滩边建有公寓式酒店，还有着多家商店和餐馆，是阳光海岸南部首屈一指的观光地区。充分享受沙滩生活，在环境优美的餐馆中品尝美味的海鲜，冬天时还可以参加观鲸之旅，乐趣颇多。另外位于游艇港口，昆士兰州为

交通方式

● 阳光海岸

■ 航空

捷星航空、澳洲维珍航空从悉尼、墨尔本有直飞航班飞往阳光海岸机场（MCY），机场位于马库拉。如果前往努萨方向，可以乘坐亨利巴士（Henrys Shuttle）；而前往马卢其、卡伦德拉方向，可以乘坐阳光空气巴士（Sun-air Bus Service）。到马卢其所需时间约15分钟，到努萨约30分钟。

另外亨利巴士和阳光空气巴士每天有8~9班从布里斯班国际机场出发，开往阳光海岸各个地方的巴士服务。到达马卢其需1.5小时，到达努萨约2小时。

● 亨利巴士

☎ （07）5474-0199

🌐 www.henrys.com.au

🚌 阳光海岸机场：努萨单程 🔴 $30 🔵 $16 🟦 $80、库伦单程 🔴 $18 🔵 $12 🟦 $55/ 布里斯班机场：马卢其单程 🔴 $43 🔵 $31 🟦 $105、努萨单程 🔴 $49 🟦 $36 🟦 $124

● 阳光空气巴士

☎ （07）5477-0888

🌐 www.sunair.com.au

🚌 阳光海岸机场：马卢其单程 🔴 $18 🔵 $9 🟦 $45/ 布里斯班机场：单程 🔴 $53~58 🔵 $35 🟦 $135~143

■ 陆路

灰狗长途公司运营的从布里斯班出发的巴士，大部分会经停阳光海岸的主要城市。

阳光海岸的市内交通

Translink 公司负责阳光海岸的巴士运营。包括布里斯班近郊的巴士线路，共分为10~23个区域。当然可以使用 GO 卡（→ p.145）。

● Translink

☎ 13-12-30

🌐 translink.com.au

数不多的水族馆——海底世界海洋生物馆（Underwater World Sea Life）也一定要前去参观。从穿梭于水槽中的隧道可以看到珊瑚礁、洞窟、鲨鱼。此外每天还有5次海狮表演，内容丰富，乐趣无穷。

在马卢其多尔的小镇上，建有这一地区最大的购物中心——阳光广场（Sunshine Plaza）。另外在库伦建有综合高档度假酒店——库伦高尔夫&水疗酒店等大型酒店，还有公寓式酒店等，住宿设施齐全。

海底世界海洋生物馆的海狮表演

如果是家庭出游，一定要去M1高速路旁的澳大利亚世界（Aussie World），从卡伦德拉或穆鲁巴出发，开车往内陆地区行驶

位于马卢其多尔的大型购物中心——阳光广场

■阳光海岸的出租车
Suncoast Cabs：☎ 13-10-08
🖥 www.suncoastcabs.com.au

■卡伦德拉路游客信息中心
Caloundra Road Visitor Information Centre
🏠 7 Caloundra Rd.，Caloundra，4551
☎ (07) 5458-8846
☎ 1300-847-481
🖥 www.visitsunshinecoast.com.au
🕐 周一～周五 9:00～16:00、周六、周日及节假日 9:00～15:00

■马卢其的游客信息中心
☎ 1300-847-481
🖥 www.visitsunshinecoast.com.au
●马卢其多尔
🏠 Cnr. Six Ave. & Melrose Pde.，Maroochydore，4558
🕐 周一～周五 9:00～16:00、周末及节假日 9:00～15:00
●穆鲁拉巴
🏠 Cnr，Brisbane Rd. & First Ave.，Mooloolaba，4557
🕐 每天 9:00～15:00
●库伦
🏠 Tickle Park，David Low Way，Coolum，4573
🕐 每天 9:00～15:00

■马卢其是指？
原住语中意为"黑天鹅"。

■海底世界海洋生物馆
🔲 p.138
🏠 Parkyn Pde.，Mooloolaba，4557
📠 1800-618-021
🖥 www.underwaterworld.com.au
🕐 每天 9:00～17:00（最晚入场 16:00）
🈹 圣诞节
💰 (成人)$39 (儿童)$26 (家庭)$130

马卢其首屈一指的观光地——游艇码头

阳光海岸
Sunshine Coast

努萨河国家公园
Noosa River NP
库鲁拉国家公园
Cooloola NP
努萨
拉古纳湾
Laguna Bay
Alexandra Bay
Lake Cooribah
特旺汀
Tewantin
努萨路口
Noosa Junction
Woorol State Forest
努萨维尔
Noosaville
努萨岬
Noosa Heads
阳光沙滩
Sunshine Beach
威芭湖
Lake Weyba
努萨国家公园
Noosa NP
马库斯沙滩
Marcus Beach
佩里吉安沙滩
Peregian Beach
尤姆迪
Eumundi
尤姆迪集市
Eumundi Market
南佩里吉安沙滩
Peregian Beach South
马卢其
库伦沙滩
Coolum Beach
扬迪纳
Yandina
姜厂
Ginger Factory
阿克莱特岬
Point Arkwright
雅鲁姆巴
Yaroomba
马库拉
Marcoola
马卢其（阳光海岸）机场
马库姆巴
Mudjimba
楠伯
Nambour
布利布利
Bli Bli
亚历山德拉岬角
Alexandra Headland
乌姆拜
Woombye
帕默伍兹
Palmwoods
大菠萝种植园
Big Pineapple Sunshine Plantation
HQ野生动物园
Wildlife HQ
马卢其多尔
Maroochydore
穆鲁拉巴
Mooloolaba
海底世界海洋生物馆
Underwater World Sea Life
布德林姆
Buderim
布迪那
Buddina
尤德罗溪谷国家公园
Eudlo Creek NP
塔纳华 Tanawha
瓦拉纳 Warana
博卡里那
Bokarina
布莱克尔山脉
澳大利亚世界
Aussie World
克里穆迪
Currimundi
姆鲁拉
Mooloolah
前往澳大利亚动物园·玻璃屋山
昆士兰航空博物馆
QLD Air Museum
卡伦德拉
Caloundra

0 5 10km

约 15 分钟即可到达。乘坐观览车、略带刺激感的交通工具等进行游览，是一座充满欢笑的乐园。

努萨　　　　　　　　　　　　　　　Noosa

阳光海岸中风景最佳的就要数努萨了。城镇中约有 4 万人口，规定建筑物高度不得超过树木，造就了城镇美丽的景观。高档酒店、公寓式酒店、汽车旅馆、背包客旅舍等住宿设施齐全，也有不少美食餐馆和购物中心。努萨镇分为 4 个区域，分别是努萨岬（Noosa Heads）、努萨路口（Noosa Junction）、努萨维尔（Noosaville）和特旺汀（Tewantin）。而位

努萨岬的梅恩沙滩游客众多，十分热闹

于其中心的是努萨岬，是一座面朝梅恩沙滩（Main Beach）的精致度假小镇。在哈斯丁大街（Hastings St.）上建有游客信息中心、精品店、餐馆、咖啡馆、高档度假酒店等各类设施。

从拉古纳观景台看到的风景

城镇东侧是努萨国家公园（Noosa NP），这里铺设有桉树林的步行道，并且栖息着野生考拉，不妨前来参观。

在国家公园的另外一角是拉古纳观景台（Laguna Lookout），可以开车上去。从这里可以眺望到努萨市区、大沙国家公园库鲁拉景区（Great Sandy NP Cooloola Section）等地。此外努萨岬南部的阳光沙滩（Sunshine Beach）也是著名的冲浪胜地。

从努萨维尔出发有湿地野生探险 BBQ 午餐旅行（Everglades BBQ Lunch Wilderness Cruise），旅行前往的是努萨河上流的库鲁拉湿地（大沙国家公园库鲁拉景区）。河水两侧种植红树林，有 44% 澳大利亚鸟类栖息的湿地、森林……热爱大自然的人一定要参加这样的一趟旅程。会在途中的上岸地品尝澳式 BBQ，并在亚热带雨林中漫步。

在特旺汀可以体验少有的沙滩 & 树丛骑马之旅（Horse Riding Beach & Bush）。

哈斯丁大街上有不少时尚的咖啡馆和餐馆

游客众多的穆鲁拉巴沙滩

■澳大利亚世界
　　　　　　　　　　p.138
住 73 Frizzo Rd., Bruce Hwy., Palmview, 4553
☎ (07) 5494-5444
URL www.aussieworld.com.au
開 每天 10:00~17:00（10:00 交通设施开始运营）
休 圣诞节
费 1 人 $40 家庭 $144

■努萨游客信息中心
Noosa Visitor Information Centre
住 61 Hastings St., Noosa Heads, 4567
☎ (07) 5430-5000
☎ 1300-066-672
URL www.visitnoosa.com.au
開 每天 9:00~17:00

梅恩沙滩上有人气的刨冰

■湿地野生探险 BBQ 午餐旅行
组团社：Discovery Group
☎ (07) 5449-0393
URL www.thediscoverygroup.com.au
開 每天 10:00~16:00
费 成人 $110 儿童 $75 家庭 $335

■沙滩 & 树丛骑马之旅
住 The Esplanade, Noosa North Shore, 4565

体验同鲸鱼一起游泳！

位于穆鲁拉巴码头的圣勒弗旅行社，在每年 7 月上旬至 10 月中旬都会组织和鲸鱼一起游泳的特色旅游团。在世界范围内都很少有可以和鲸鱼一起游泳的地方，一定不要错过这个机会。详细信息可以参照卷首特辑（→ p.12~13）。

☎（07）5474-2665/0448-
889-316（需预约）
🌐 www.equathon.com
🕐 每天 9:30～11:30、13:00～
15:00
💰 2 小时树丛 & 沙滩骑马：
$175

非常特别的海边骑马

■ 大菠萝种植园   p.138
🏠 76 Nambour Connection
Rd., Woombye, 4559
● HQ 野生动物园
☎ 0428-600-671
🌐 www.whqzoo.com
🕐 开ев 9:00～16:00
🚫 圣诞节
💰（成人）$29（儿童）$15（家庭）$79
● 大菠萝市场
☎（07）5442-3102
🌐 www.bigpineapple.com.au
🕐 周六 6:30～13:00

HQ 野生动物园深受亲子游游
客的喜爱

■ 姜厂   p.138
🏠 50 Pioneer Rd., Yandina,
4561
☎（07）5447-8431
📠 1800-067-686
🌐 www.gingerfactory.com.au
🕐 每天 9:00～17:00
🚫 圣诞节
💰 免费入园，部分项目自
费。可以全部体验的超级
通票价格：（成人）$43（儿童）$36
（家庭）$166

■ 尤姆迪集市   p.138
🏠 80 Memorial Drv., Eumundi,
4562
☎（07）5442-7106
🌐 www.eumundimarkets.
com.au
🕐 周三 8:00～13:30、周六
7:00～14:00
● 交通方式
可以乘坐楠伯～努萨的
Translink 巴士，此外还可以从
努萨乘坐亨利巴士（Henry's
Shuttle）前往尤姆迪。

楠伯及其周边   Nambour & around

　　楠伯在原住语中意为"开着红色的茶树"，是
一座拥有 1 万人口的商业之都。因为从布里斯班
出发的城市火车在这里停靠，因此这里也成了
内陆部和海岸部的交界处。楠伯南部的乌姆拜
（Woombye）建有阳光海岸标志性的观光种植园——
大菠萝种植园（Big Pineapple Sunshine Plantation）。
在巨大的波萝模型内，展示着波萝的生长过程。从
顶部可以俯瞰整个种植园，不妨去欣赏一下。在种
植园的一角是 HQ 野生动物园（Wildlife HQ），在这
里可以看到考拉、袋熊、袋鼠等动物。饲养员介绍完动物后，可以抱着袋獾
等动物拍纪念照（要收费）。另外周六还会开办市场，深受大家喜爱。

有名的大菠萝

扬迪纳 & 尤姆迪   Yandina & Eumundi

在尤姆迪集市时，林荫大
道两侧会搭建起许多露天
摊位

尤姆迪集市上有人气的德式热狗店

　　位于布鲁斯高速
公路旁，从布里斯班
出发的城市火车经由
此地。前往库伦方向
岔路口就位于扬迪
纳，是一个从 19 世纪
70 年代开始垦荒的古
镇。热门景点是姜厂
（Ginger Factory）。
　　虽然是一个制造、
售卖生姜制品的地方，
但园内还有汽车博物
馆、甘蔗小火车等设施。
　　另外在尤姆迪被称作"树下市场"的
尤姆迪集市（Eumundi Market）也深受民
众喜爱。
　　在隧道一般的林荫大道两侧，有超过 500 家摊铺售卖工艺品、服装
等物品，还有不少咖啡馆、快餐店等，一天之中人流不息，十分热闹。
如果时间合适，不妨去看一看。

布莱克尔山脉和玻璃屋山脉 Blackall Range & Glasshouse Mountains

　　阳光海岸内陆部的丘陵地带是布
莱克尔山脉。丰富的自然资源和舒适的
气候环境，使得这里成了布里斯班附
近最好的避暑胜地。从楠伯驶入曲折
的山路，从南向北依次经过梅普尔顿
（Mapleton）、弗莱克斯顿（Flaxton）、
康德里亚（Kondalilla）、蒙特维尔
（Montville）、马莱尼（Maleny）等小村
庄。其中蒙特维尔从 1887 年开始垦荒，是一座古村庄，但如今却有不少
时尚的餐馆、咖啡馆、美术馆和酒店等设施。

蒙特维尔的街道

马莱尼的北部是玻璃屋山脉（Glasshouse Mountains），由火山岩形成，是一座海拔超 300 米的奇妙山峰，几处景色十分夺人眼球。如果开车自驾的话，可以看到各个大山中不同的景色，十分有趣。另外从毕尔瓦（Beerwah）登上丘陵地带的话，可以从玻璃屋山观景台（Glasshouse Mountains Lookout）眺望玻璃屋山脉壮美的景色。

玻璃屋山脉的景色

这一地区另一处不容错过的地方是澳大利亚动物园（Australia Zoo）。这家动物园属于因澳大利亚纪录片《鳄鱼猎手》热播成名的斯蒂夫·欧文。园内饲养着考拉、袋鼠、鸸鹋、鹤鸵、鳄鱼等 750 余种动物。

澳大利亚动物园的鳄鱼喂食表演，不负"鳄鱼猎手"之名，有着超高的人气值

不要错过饲养员的动物讲解

一天之中有许多表演，包括用手喂食鳄鱼、在老虎园看工作人员和老虎互相接触等。还可以给放养的袋鼠喂食、抱考拉拍纪念照（11:30、12:45、13:15、14:00、14:45）、和袋熊散步（10:30~10:45）、抚摸袋熊（14:30~15:00），各种娱乐项目十分充实。

库鲁拉海岸　　　　　　Cooloola Coast

在锡罐湾可以给野生的海豚喂食

阳光海岸北侧，正好位于赫维湾对面。弗雷泽岛的大沙国家公园南区，库鲁拉景区的部分位于这里，自然资源丰富，观光中心为彩虹沙滩（Rainbow Beach）和锡罐湾（Tin Can Bay）。

驾驶 4WD 的游客会从彩虹沙滩前往弗雷泽岛（有汽车轮渡开往弗雷泽岛，距离英斯基普 10 公里）。需要从昆士兰州环境保护局获取弗雷泽岛上许可证。城镇的住宿设施齐全，酒店类型很多，另外在距离英斯基约 10 公里的地方有一大片冲浪海滩。

锡罐湾镇，顾名思义位于内海的锡罐湾（Tin Can Inlet），是一座小规模的度假城镇，因为在这里可以遇到野生的海豚，也因此被人熟知。位于城镇一端诺曼角船坞坡道（Norman Point Boat Ramp）的巴纳科尔斯海豚中心（Barnacles Dolphin Centre）前，每天早上 7:30 左右都会有数只野生海豚出现。在这里可以按照工作人员的指示给海豚喂食（没有人数限制）。并且在彩虹沙滩还有配合海豚喂食时间，经过锡罐湾的游船之旅出发。想一边体验沙滩度假气氛，一边给野生海豚喂食的人，不妨选择入住彩虹沙滩，并参加这趟游船之旅。

从阳光海岸出发前往库鲁拉海岸，上岸的地方叫作金皮（Gympie），是这个地区的中心城市。这里曾经开采出黄金，在金皮黄金开采 & 历史博物馆（Gympie Gold Mining & Historical Museum）中可以了解到这里曾经的样子。另外历史铁路，玛丽峡谷遗产铁路 Mary Valley Heritage Railway 在亲子游中也有着很高的人气。

● 亨利巴士
☎ (07) 5474-0199
🖳 www.henrys.com.au
💰 努萨往返：成人 A$25 儿童 A$15

■ 澳大利亚动物园　　　　🅿 p.138
🏠 1638 Steve Irwin Way, Beerwah, 4519
☎ (07) 5436-2000
🖳 www.australiazoo.com.au
🕐 每天 9:00~17:00
🚫 圣诞节
💰 成人 A$59 儿童 A$35 家庭 A$172/动物奇遇：抱考拉拍纪念照 A$39、和袋熊散步 A$39、抚摸袋熊 A$39
🚃 乘坐布里斯班城市火车，布里斯班~阳光海岸线路，在毕尔瓦（Beerwah）站下车，这里有澳大利亚动物园的接送巴士，发车频繁

◇◇◇◇ 交通方式 ◇◇◇◇

● 库鲁拉海岸
　　一般选择自驾前往。从努萨开车到彩虹沙滩或锡罐湾都需要 1.5 小时左右。另外可以乘坐灰狗长途的布里斯班~赫维湾线路，在彩虹沙滩经停。

■ 巴纳科尔斯海豚中心
🏠 Norman Point, Tin Can Bay, 4580
☎ (07) 5486-4899
🖳 www.barnaclesdolphins.com.au
🕐 每天 7:00~17:00（海豚喂食 8:00~）
💰 捐赠 A$5

● 从彩虹沙滩出发的游船之旅
组团社：Dolphin Ferry Cruise
☎ 0428-838-836
🖳 dolphinferrycruises.com
🕐 每天 7:00~9:30
💰 成人 A$35 儿童 A$20 家庭 A$90

并不嘈杂的彩虹沙滩

阳光海岸的酒店
Accommodation

马卢其

穆鲁拉巴海滩背包客酒店
Mooloolaba Beach Backpackers　　平价酒店

◆步行至穆鲁拉巴沙滩约10分钟，到码头仅5分钟，地理位置优越。

令人想长期居住的地方
URL www.mooloolababackpackers.com
住 75 Brisbane Rd., Mooloolaba, 4557
☎ 5444-3399　WiFi 免费　费 D $30~34、
W $85　CC MV

马卢其多尔塞贝尔酒店
The Sebel Maroochydore　　高档公寓＆酒店

◆客房高档，很显品位，全部房间带有温泉浴缸，另外室内外游泳池（常年温水）、餐馆、咖啡馆等酒店内的设施十分完备。

面朝马卢其多尔沙滩
URL www.thesebel.com　住 14-20 Aerodrome
Rd., Maroochydore, 4558　☎ 5479-8000
FAX 5479-8100　WiFi 收费　费 1B $269~309、
2B $339~509　CC ADJMV

努萨

努萨河口青年旅舍
Noosa Heads YHA　　平价酒店

◆位于梅恩沙滩旁小高台上的昆士兰风格建筑。内部有酒吧、餐馆。

殖民风格的平台式建筑
URL www.yha.com.au　住 2 Halse Lane,
Noosa Heads, 4567　☎ 5447-3377
Free 1800-242-567　WiFi 免费　费 D $32、
TW $78　※ 非 YHA 会员需支付附加
费用　CC MV

努萨塞贝尔度假酒店
The Sebel Resort Noosa　　高档公寓＆酒店

◆宽敞的起居室，所有房间配备温泉浴缸，设施齐全，居住性极佳。

努萨的豪华公寓式酒店
URL www.thesebel.com　住 32 Hastings
St., Noosa Heads, 4567　☎ 5474-
6400　FAX 5447-2410　WiFi 收费　费 1B
$309~369、2B $469~559　CC ADJMV

索菲特努萨太平洋度假村
Sofitel Noosa Pacific Resort　　高档公寓＆酒店

◆酒店位于市区附近，但内部仿佛另外一个世界，十分优雅美丽。游泳池、水疗、桑拿、健身中心等设施完备。

充满度假氛围的索菲特度假村

努萨最高档的度假村
URL www.sofitel.com
住 14-16 Hastings St., Noosa Heads, 4567
☎ 5449-4888　FAX 5449-4753
WiFi 收费　费 TW $375~675
CC ADJMV

阳光海岸其他的主要酒店

酒店名称	住宿／URL	TEL／FAX	参考价格
马卢其			
公寓式酒店			
Pacific Beach Resort Mooloolaba	95 The Esplanade, Mooloolaba, 4557 URL www.pacificbeach.com.au	☎ 5444-4733	1B $235~260 2B $248~290
The Peninsular Beachfront Resort	13 The Esplanade, Mooloolaba, 4557 URL www.peninsular.com.au	☎ 5444-4477 FAX 5444-3544	1B $225~430 2B $300~360
Mantra Mooloolaba Beach	7 Venning St., Mooloolaba, 4557 URL www.mantramooloolababeach.com.au	☎ 5452-2600 FAX 5452-2888	1B $222~263 2B $325~403
努萨			
平价酒店			
Noosa Backpackers Resort	9-13 William St., Noosaville, 4566 URL www.noosabackpackers.com	☎ 5449-8151	D $38 W $90
Dolphins Beach Resort	14-16 Duke St., Sunshine Beach, 4567 URL www.dolphinsbeachhouse.com	☎ 5447-2100 FAX 5473-5392	D $26~36 TW $90~100
公寓式酒店			
The Emerald Resort Noosa	42 Hastings St., Noosa Heads, 4567 URL www.emeraldnoosa.com.au	☎ 5449-6100 FAX 5449-6196	2B $300~340 3B $300~595
Mantra French Quarter Premier Resort	62 Hastings St., Noosa Heads, 4567 URL www.mantrafrenchquarter.com.au	☎ 5430-7100 FAX 5474-8122	1B $236~ 2B $320~374

布里斯班 *Brisbane*

昆士兰州 Queensland

区号（07）

实用信息

■ **布里斯班游客信息 & 预约中心 Brisbane Visitor Information & Booking Centre** p.149/2A

The Regent, 167 Queen St. Mall, 4000

☎ （07）3006-6290

✉ www.visitbrisbane.com.au

开 周一～周四 9:00~17:30、周五 9:00~19:00、周六 9:00~17:00、周日 10:00~17:00、节假日 9:00~16:30

休 耶稣受难日、圣诞节

■ **中国驻布里斯班总领事馆**

Level 9, 79 Adelaide St. Brisbane

☎ 0406318178

开 周一～周五 9:00~12:00（节假日除外）

主要航空公司的联络方式

● 澳洲航空 Qantas Airways
☎ 13-13-13

● 捷星航空 Jetstar
☎ 13-15-38

● 澳洲维珍航空 Virgin Australia
☎ 13-67-89

● 虎航 Tigerair
☎ 1300-174-266

● 新加坡航空 Singapore Airlines
☎ 13-10-11

● 国泰航空 Cathay Pacific Airways
☎ 13-17-47

● 马来西亚航空 Malaysia Airlines
☎ 13-26-27

● 泰国国际航空 Thai Airways International
☎ 1300-651-960

● 大韩航空 Korean Air
☎ （07）3860-5222

● 中国南方航空 China Southern
☎ （07）3860-5611

● 新几内亚航空 Air Niugini
☎ 1300-361-380

　　布里斯班地处亚热带地区，是昆士兰州首府。拥有人口 230 万，是澳大利亚的第三大城市，同时也是前往著名度假胜地黄金海岸和阳光海岸的要冲。但如果你只是途经而不参观这里，那就实在太可惜了，布里斯班本身也是一座极具魅力的城市。

　　城市街道沿布里斯班河修建，中心城区近代建筑林立，现在仍保留着许多文艺复兴风格、哥特式风格、殖民风格的建筑。城市的街道名也跟很多地方有所不同。南北走向的大街用女性名字命名，比如爱丽丝、玛格丽特、玛丽、夏洛特、伊丽莎白、奎因、阿德莱德、安等女性名字。奎因大街的一部分路段是购物街，全天都是熙熙攘攘的人群。东西走向则是用男性名字。

　　在布里斯班停留的话，一定要去的地方是位于城外西部郊区无花果树谷的龙柏考拉动物园。这里是澳大利亚最好的观赏考拉的地方，共饲养着 130 余只考拉，也是澳大利亚所有动物园中拥有考拉数量最多的。1988 年澳大利亚建国 200 年之际，布里斯班还承办了世界博览会，如今这里改建成了南岸公园，是市民平时休息放松的地方。

布里斯班 交通方式

 前往方式

➡ **从中国出发**

　　从中国内地的北京、上海和广州有航班直达布里斯班。开辟这些航线的航空公司为中国国际航空、中国东方航空、中国南方航空和澳洲航空。

国际航站楼到达大厅的信息中心

■ **Con-x-ion**
☎ 1300-266-946
🌐 www.con-x-ion.com
每天 6:30~20:30 之间，每 30 分钟~1 小时一班。
🚌 机场~换乘中心 & 各酒店：
单程 🚹$20 🧒$10 👨‍👩‍👧$50/
往返 🚹$40 🧒$20 👨‍👩‍👧$90

到达市区最快的 Airtrain

■ **Airtrain**
☎（07）3216-3308
🌐 www.airtrain.com.au
🕐 5:04~22:04 之间，每 30 分钟（高峰时期每 15 分钟）一班。从国内航站楼至罗马大街约 26 分钟
🚆 两个航站楼之间：1 人 $5/机场~市区单程：🚹$18 🧒免费 / 机场~市内往返：🚹$34 🧒免费
※ 儿童在有成人陪同下才可享受免费票价

■ **布里斯班换乘中心**
🌐 p.149/2A
🌐 www.brisbanetransitcentre.com.au

■ **布里斯班的出租车**
Black & White：☎ 13-32-22
Yellow Cab：☎ 13-19-24（仅限昆士兰州内）
🚕 每公里起步价周一~周五 7:00-19:00 为 $2.90、周六·周日 5:00-24:00、每天 19:00-24:00、5:00~7:00 为 $4.30、每天 0:00~5:00 为 $6.30。之后每公里 $2.17。等待时间每分钟 $0.82。电话叫车需另付 $1.50

■ **Translink**
☎ 13-12-30
🌐 translink.com.au

➡️ **澳大利亚国内出发**

各个州首府出发均可到达，另外凯恩斯、汤斯维尔等昆士兰州沿岸城市也有航班抵达，运营这些航线的航空公司有澳洲航空、捷星航空、澳洲维珍航空、虎航等。悉尼~凯恩斯的长途巴士、火车也在布里斯班经停。

🎯 机场 ↔ 市内

布里斯班国际机场（Brisbane International Airport，BNE）距离市中心约 13 公里，有国际、国内两个航站楼。两座航站楼相距 2.5 公里，国际线~国内线转乘的客人在各个航站楼的到达大厅的换乘柜台办理手续的话，可以免费领取车票，乘坐航站楼摆渡车。

从布里斯班国际机场出发，可以乘坐巴士前往市区、黄金海岸及阳光海岸。

● **机场巴士**
Con-x-ion 运营的 Skytrans 巴士前往市内主要酒店、布里斯班转乘中心，所需时间 25~40 分钟。从市区前往机场的话，可以通过电话预约，巴士会到酒店接载。

● **火车**
从机场至市内最快的交通方式是 Airtrain 火车（到达市区约 26 分钟）。火车驶入机场内，两个航站楼前都有站。

● **出租车**
到市区约 $40，所需时间 25~40 分钟。

🎯 巴士枢纽站·火车站 ↔ 市内

长途巴士、火车站均位于罗马大街的布里斯班换乘中心（Brisbane Transit Centre），火车站名为罗马大街站（Roma St. Station）。从这里步行至市中心仅需 5 分钟左右。

布里斯班 市内交通

灵活搭乘 Translink 公司管辖的市巴士车、轮渡、火车的话，可以前往大部分的景点。车票可以通用，价格为区域制。

以布里斯班为中心，北至阳光海岸，南到黄金海岸共分为 8 个区域，布里斯班市内为 1~3 区。依据经过区域数量决定最后的车费。车票有效时间为 2 小时，在此期间可以自由换乘。

布里斯班 巴士 / 火车 / 轮渡价格					
通过区域	单程价格 Go 卡		普通价格 Go 卡		非高峰价格	
	成人	儿童	成人	儿童	成人	儿童
1	$4.60	$2.30	$3.20	$1.60	$2.56	$1.28
2	$5.70	$2.80	$3.90	$1.95	$3.12	$1.56
3	$8.60	$4.30	$5.96	$2.98	$4.77	$2.38
4	$11.40	$5.70	$7.85	$3.93	$6.28	$3.14
5	$15.00	$7.50	$10.32	$5.16	$8.26	$4.13

（随着时间推移会发生改变）

● Go 卡（go card）

一种可以充值的智能卡，使用它乘车可以享受 7 折优惠。上下车时在机器上刷卡即可，十分便利，建议到达布里斯班后尽早购买，省时省力。

平日 8:30~15:30、19:00~ 次日 3:00 以及周末全天使用非高峰时段价格（Off Peak fare），是正常价格的六折。另外从每周一起，在下一个周日前乘车 8 次，之后车票均为半价。另外要特别提醒你注意的是，下车时一定不要忘记刷卡，一旦忘记刷卡将无法使用各种优惠。虽然办卡时需要交纳押金，但如果要多次乘坐公共交通，还是很有必要办一张的。

■ **购买 Go 卡时的注意事项**

购买 Go 卡时需付 $10 押金。分为成人用、儿童用、学生用（面向澳大利亚国内学生）3 种。可以在主要的火车站或便利店购买、充值。退卡时余额需小于 $50，才可以将钱返还给你。

■ **SeeQ 卡**

面向短期停留者办理的 Go 卡的期间限定 Translink 无限次数卡。从开始使用的第一天起算。可以乘坐两次特殊价格的 Airtrain（也就是可以往返）。可以在车站购买。

3 日卡： $79 $40/
5 日卡： $129 $65

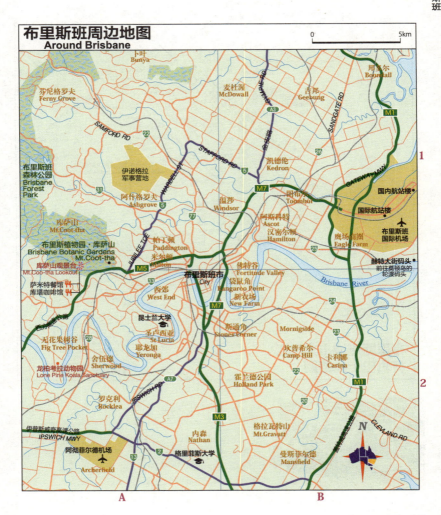

布里斯班周边地图
Around Brisbane

0　　　　　5km

卜叶 Bunya
罗尼格罗夫 Ferny Grove
麦杜渥 McDowall
青邦 Geebung
邦尔 Boondall
SAMFORD RD
布里斯班森林公园 Brisbane Forest Park
STAFFORD RD
凯德伦 Kedron
图姆比 Toombul
国内航站楼
国际航站楼
库萨山 Mt.Coot-tha
阿休格罗夫 Ashgrove
温莎 Windsor
阿斯科特 Ascot
汉密尔顿 Hamilton
鹰场阴阳 Eagle Farm
布里斯班国际机场
布里斯班植物园·库萨山 Brisbane Botanic Gardens Mt.Coot-tha
帕丁顿 Paddington 米尔顿 Milton
福特谷 Fortitude Valley
赫特大街码头 前往莫顿岛的轮渡码头
库萨山观景台 Mt.Coo-tha Lookout
萨米特餐馆 库塔咖啡馆
布里斯班市 City
西区 West End
袋鼠角 Kangaroo Point 新农场 New Farm
昆士兰大学
圣卢西亚 St.Lucia
耶龙加 Yeronga
斯通角 Stones Corner
莫宁赛德 Mornigside
无花果树谷 Fig Tree Pocket
合伍德 Sherwood
坎普希尔 Camp Hill
卡利娜 Carina
龙柏考拉动物园 Lone Pine Koala Sanctuary
霍兰德公园 Holland Park
罗克利 Rocklea
格拉瓦特山 Mt.Gravatt
IPSWICH MWY
内森 Nathan
曼斯菲尔德 Mansfield
阿彻菲尔德机场 Archerfield
格莱菲斯大学
Brisbane River
N
CLEVELAND RD

A　　　　　　　B

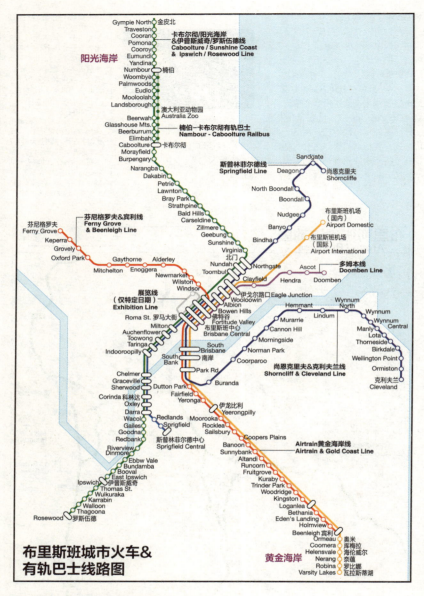

Gympie North 金皮北
Travestone
Cooran
Pomona
Cooroy
Eumundi
Yandina
Numbubye 楠伯
Woombye
Palmwoods
Eudlo
Mooloolah
Landsborough
澳大利亚动物园
Beerwah Australia Zoo
Glasshouse Mts.
Beerburrum 楠伯-卡布尔彻有轨巴士
Elimbah Nambour - Caboolture Railbus
Caboolture 卡布尔彻
Morayfield
Burpengary
Narangba
Dakabin
Petrie
Lawnton
Bray Park
Strathpine
Bald Hills
Carseldine
Zillmere
Geebung
Sunshine
Virginia
北门
Nundah
Toombul

阳光海岸

卡布尔彻/阳光海岸
&伊普斯威奇/罗斯伍德线
Caboolture / Sunshine Coast
& Ipswich / Rosewood Line

斯普林菲尔德线 Sandgate
Springfield Line Deagon
North Boondall 尚恩克里夫
Boondall Shorncliffe
Nudgee
Banyo 布里斯班机场
（国内）
Bindha Airport Domestic
布里斯班机场
（国际）
Northgate Airport International

芬尼格罗夫&宾利线
Ferny Grove 芬尼格罗夫
& Beenleigh Line Ferny Grove
Keperra
Grovely
Oxford Park Gaythorne Alderley
Mitchelton Enoggera
Newmarket
Wilston
Windsor

展览线
（仅特定日期）
Exhibition Line
Roma St. 罗马大街
Milton
Auchenflower
Toowong
Taringa
Indooroopilly

Clayfield
Ascot 多姆本线
Hendra Doomben Doomben Line

伊戈尔路口 Eagle Junction
Wooloowin
Albion
Bowen Hills
福特谷 Hemmant Wynnum
Fortitude Valley Lindum North
布里斯班中心 Wynnum
Brisbane Central Murarrie Wynnum
South Cannon Hill Central
Brisbane Morningside Manly
南岸 Norman Park Lota
South Thorneside
Bank Coorparoo Birkdale
Park Rd 尚恩克里夫&克利夫兰线 Wellington Point
Shorncliff & Cleveland Line Ormiston
Buranda 克利夫兰
Cleveland

Chelmer
Graceville
Sherwood
Corinda 科林达
Oxley Dutton Park
Darra Fairfield
Wacol Yeronga
Gailes
Goodna Redlands
Redbank Sprigfield
Riverview
Dinmore 斯普林菲尔德中心
Sprigfield Central

伊龙比利
Yeerongpilly

Moorooka
Rocklea
Sailsbury
Coopers Plains
Banoon Airtrain黄金海岸线
Sunnybank Airtrain & Gold Coast Line
Ebbw Vale Altandi
Bundamba Runcorn
Booval Fruitgrove
East Ipswich Kuraby
伊普斯威奇 Trinder Park
Ipswich Woodridge
Thomas St. Kingston
Wulkuraka Loganlea
Karrabin Bethania
Walloon Eden's Landing
Thagoona Holmview
Rosewood 罗斯伍德 Beenleigh 宾利
Ormeau 奥米
Coomera 库梅拉
Helensvale 海伦威尔
Nerang 奈蕾
Robina 罗比娜
Varsity Lakes 瓦拉斯蒂湖

黄金海岸

布里斯班城市火车&
有轨巴士线路图

奎因大街的 Busway 出入口

◎ 城市巴士

　　Translink 巴士在市内的交通网络十分发达。在市中心建
有 Busway，是地下巴士专用道，在市政厅所在的乔治国王广
场地下和奎因购物街（玛雅中心）地下两处设有类似火车站
的巴士站台。主要的巴士线路均通过这两处。此外阿德莱德
大街上也有不少主要巴士线路经过。

另外还有两条环线 The Loop 免费巴士。城市环线 City Loop 40 路和 50 路（每天 7:00~18:00 之间每隔 10 分钟一趟）从市中心始发，开往伊戈尔大街码头、河畔中心等繁华地段，十分便利。斯普林希尔环线 30 路（周一～周五 6:00~18:57 每隔 10~15 分钟一趟）连接的是罗马大街公园、斯普林希尔和市中心等地区。

◎ 轮渡

布里斯班河两岸建有几个轮渡码头。有仅往返于两岸的轮渡服务（Ferry Service），还有一种叫作城市猫（City Cats）的往返轮渡，一端为市区东部位于汉密尔顿的布雷斯码头（Bretts Wharf），途经市区中心轮渡码头，另一端为市区西部的昆士兰大

十分便利的城市猫轮渡

学（University of Queensland）。此外还有 City Hopper 免费轮渡，一端是维多利亚桥旁的北码头，途经南岸花园、伊戈尔大街码头等地，另一端为新农场的悉尼大街。

◎ 城市火车

布里斯班市内和近郊地区共有 6 条线路。所有线路的火车在罗马大街站、中央站、佛特谷站全部经停。在这三站换乘巴士车也最为便利。

布里斯班 漫 步

全天熙熙攘攘的奎因商业街

布里斯班市中心是位于乔治国王广场的市政厅（Brisbane City Hall）所在地。布里斯班市政厅建于 1930 年，带有一个 92 米高的钟塔，是一座典型的新古典主义派建筑。下面就以这里为中心向你介绍一下市区。

热闹的奎因商业街

乔治国王广场对面是阿德莱德大街（Adelaide St.），而与这里相隔一个街区的便是购物中心奎因大街（Queen St.）。乔治大街（George St.）和爱德华大街（Edward St.）之间有一条商业街，全天人络绎不绝。奎因商业街一角的丽景旧剧场如今已改造成了布里斯班游客信息 & 预约中心（Brisbane Visitor Information & Booking Centre）。另外，澳大利亚规格最高的赌场金库赌场（Treaury Casino）位于购物街旁的乔治大街上。赌场由旧财政部大楼改建而成，很有参观价值。

奎因大街东侧，紧邻布里斯班河的地方是河畔中心（Riverside Centre）和伊戈尔大街码头，这里聚集着不少时尚的餐馆。另外沿布里斯班河修建的布里斯班市植物园（Brisbane City Botanic Gardens）是市民们休息放松的场所，面积达 20 公顷。这座植物

游客信息中心所在的建筑本身就很有看点

免费的 City Hopper 轮渡

■ **城市火车**
☎ 13-12-30
🖥 www.translink.com.au

市中心附近有很多自行车点，使用起来也十分方便

■ **城市自行车**
CityCycle
如果长时间停留在澳大利亚，并且有自行车头盔，不妨利用城市自行车（租赁自行车）出行。市内每 300~500 米便有一个自行车点，在任何一个站点取还都可以。在网上登录后，使用信用卡支付即可。
☎ 1300-229-253
🖥 www.citycycle.com.au

夜间美丽的布里斯班市政厅

■ **金库赌场**
🏠 Top of the Queen St. Mall, 4000
☎ (07) 3306-8888
🖥 www.treasurybrisbane.com.au
🕐 24 小时
● 着装要求：商务休闲。未满 18 岁不得进入。

澳大利亚最有古典氛围的赌场

■ 布里斯班市植物园
　　　　　　p.149/3B
🖥 www.brisbane.qld.gov.au

■ 罗马大街公园
　　　　　　p.149/1・2A
🖥 www.visitbrisbane.com.
au/Roma-Street-Parkland-and-
Spring-Hill

■ 威克姆大街 & 老风车
　　　　　　p.149/2A

■ EKKA 嘉年华（昆士兰
皇家嘉年华）
　EKKA 嘉年华与悉尼的
皇家复活节嘉年华、墨尔本
皇家嘉年华并称为澳大利亚
3 大农业节日。牛、马等家
畜，以及各种农作物齐聚布
里斯班。嘉年华期间，会场
内还有赛马、烟花、杂技表
演、世界美食、游戏等。
🖥 www.ekka.com.au
📅 2017 年 8 月 11~20 日

■ 佛特谷　　　p.145/2B
　从市区阿德莱德大街乘
坐巴士车最为快捷。乘坐城
市火车的话，在中央站的下
一站佛特谷站下车即可。

■ 新农场　　　p.145/2B
　从阿德莱德大街乘坐
196 路、199 路。所需时间
10~15 分钟。

■ 袋鼠角　　　p.145/2B
　可以从市区北码头、伊
戈尔大街码头乘坐轮渡（City
Hopper、城市猫）前往。

■ 故事桥攀爬冒险之旅
🏠 170 Main St., Kangaroo
Point, QLD
☎ 1300-254-627
🖥 www.sbac.net.au
🕐 所需时间约 2.5 小时
💰 白天：平日 1 人 $99、周
六・周日 🔺 $119 儿童 $102/ 日
落时：每天 $139 儿童 $119/
夜间：每天 $129 儿童 $110
※ 儿童：12 岁以上不满 16
岁 / 未满 12 岁不能参加
※ 价格根据季节 / 日期不同
略有浮动，需提前确认

■ 帕丁顿　　　p.145/1A
　从乔治国王广场巴士站
乘坐 61 路、385 路可以到达。
所需时间 10~15 分钟。

园是在 1825 年建造的政府花园基础上改
造而成的，颇有历史年代感。
　　城市西北部是罗马大街公园 (Roma
St. Parklands)，位于罗马大街站后，占
地面积 16 公顷。公园内的威克姆大街
（Wickham Tce.）有多条林荫小道，遮阳
避日，是有名的散步线路，对面的老风
车（Old Windmill）也很值得一看。建于
1829 年，本来是一座利用风力工作的研磨
厂，但是设计并不成功，最后改为利用犯
人踩脚踏车进行工作。14 个犯人每天工作
14 小时，中间没有休息。此后改为天文台
（Observatory），也就是如今的样子。

布里斯班富有历史感的老风车

集中于布里斯班河南侧的景点
　　沿奎因商业街向南，跨过架于布里斯班河上的维多利亚大桥
（Victoria Bridge），便是南岸布里斯班南岸（South Bank）。昆士兰博物馆
（Queensland Museum）、昆士兰美术馆 & 现代美术馆 Queensland Art Gallery
& Gallery of Modan Art（QAGOMA）、昆士兰表演艺术中心（Queensland
Performing Arts Centre）、南岸花园（South Bank Parklands）等城市景点均位
于这一地区。南岸再向南是背包客施舍较为集中的西郊地区（West End）。

唐人街佛特谷和年轻人喜爱的新农场
　　城市北部的佛特谷（Fortitude Valley）是中餐馆聚集的唐人街。中心街
道是威克姆大街（Wickham St.）、中华门
所在的邓肯商业大街（Duncan St. Mall）以
及不伦瑞克商业大街（Brunswick St. Mall）。
紧邻佛特谷和布里斯班河的是新农场
（New Farm），不伦瑞克主街两侧有许多家
便宜好吃的餐馆，深受当地年轻人喜爱。
此外还有多家背包客酒店，适合预算有限
的游客。

可以在故事桥体验爬桥的乐趣

公寓式酒店繁多的袋鼠角
　　长 1072 米、宽 24 米的故事大桥
横跨布里斯班河，连接佛特谷和袋鼠角
（Kangaroo Point）。袋鼠角地区有不少汽
车旅馆和公寓式酒店，是游客们很喜欢的地方。

一定要体验的爬桥之旅

　　另外，故事桥是开放的，可以攀爬，不妨参加爬桥活动故事桥攀爬
冒险之旅（Story Bridge Adventure Climb）。全程共 2.5 小时，指挥员带领
你登上距离河面 79 米高的故事桥上，在桥的顶峰位置，可以欣赏到布里
斯班的景观。攀爬途中导游不仅会讲故事桥的历史，还会详细地介绍布
里斯班的历史和建筑。

其他值得留意的地区
　　首先是市区西侧的帕丁顿（Paddington）。这里是高人气的时尚街区，
吉文路（Given Tce.）、拉特罗布路（Latrobe Tce.）有许多精品店、古董
店、咖啡馆和餐馆等设施。市区南侧的斯通角也是一个人气地区。有许
多时尚的咖啡馆、餐馆，还有不少澳大利亚的休闲品牌，如 Sportsgirl、

布里斯班
Brisbane

0   500m

维多利亚高尔夫球场

N

St Joseph's Collage

格雷戈里大街
GREGORY TCE

Brisbane
Grammer School

佛特谷
Fortitude Valley

佛特谷站
Fortitude Valley Station

WARRY ST

KENNIGO ST

WICKHAM ST

WATER ST

ST PAULS TCE

QUARRY ST

WARREN ST

万主之王
海鲜餐厅

SC 唐人街
Chinatown

世纪广场
Centenary Place

24小时日本语
医疗中心

布里斯班水印酒店
Watermark Hotel Brisbane

斯普林希尔
Spring Hill

圣安德鲁战争纪念医院
St Andrew's War
Memorial Hospital

布里斯班
相思内城酒店
Acacia Inner City Inn

界因街

布里斯班诺富特酒店
Novotel Brisbane

曼特拉奎因酒店
Mantra on Queen

BOUNDARY ST

LEICHHARDT ST

WHARF ST

ANN ST

ADELAIDE ST

EAGLE ST

罗马大街公园
Roma St. Parklands

布里斯班
阿斯特公寓
The Astor Apartments

布里斯班
总理大酒店
Hotel Grand Chancellor

ASTOR TCE

安妮山顿旅馆
Annies Shandon Inn

布里斯班万豪酒店
Brisbane Marriott

故事大桥

塔磨坊地铁店
Metro Tower Mill
Brisbane Private
Hospital

WICKHAM TCE

TURBOT ST

布里斯班索菲特酒店
Sofitel Brisbane

汇景水岸餐馆

鲁姆斯华纳公园
James Warner
Park

罗马大街站
Roma St. Station

老风车

布里斯班中央站
Brisbane Central Station

联合教堂

安扎克公园

河群中心

故事大桥攀爬
冒险之旅

布里斯班今旅酒店
Hotel Jen Brisbane

布里斯班博物馆
Museum of Brisbane

布里斯班游牧民族旅舍
Nomads Brisbane Hostel

圣蒂芬大教堂

铂尔曼布里斯班乔治国王广场酒店
Pullman Brisbane King George Square

辛格尔市政厅餐馆

奎因广场
Queens Plaza

乔治国王
广场

SC

邦邦肖尔餐厅

伊戈尔大街码头

伊尔桑德罗餐厅

乔治威廉斯酒店
George Williams Hotel

宜必思布里斯班酒店
Ibis Brisbane

布里斯班
市政厅

乔治国王广场

SC

季季花园
Winter garden

布里斯班希尔顿酒店
Hilton Brisbane

布里斯班游客信息&预约中心

布里斯班美居酒店
Mercure Brisbane

奎因大街巴士站

樱花家庭诊所

布里斯班盛隆夏洛特塔酒店
Oaks Charlotte Towers

昆士兰美术馆&
现代美术馆
QAGOMA

迈尔中心
Myer Centre

SC

ELIZABETH ST

布里斯班
塞贝尔
公寓式酒店
The Sebel Brisbane

慕幕酒吧&烤肉

布里斯班坦福广场酒店
Stamford Plaza Brisbane

维多利亚大桥

金库赌场

CHARLOTTE ST

EDWARD ST

昆士兰博物馆
Queensland Museum

胖面条餐馆

金库赌场和酒店
Treasury Hotel & Casino

MARY ST

ALBERT ST

ALICE ST

皇家公园酒店
Royal on the Park

布里斯班大南部酒店
The Great Southern Brisbane

MARGARET ST

St Vincent's Private
Hospital

昆士兰艺术表演中心
Queensland Performing Arts Centre

GEORGE ST

WILLIAM ST

布里斯班西码头公寓酒店
Quay West Suites Brisbane

布里斯班河
Brisbane River

南布里斯班站
South Brisbane Station

南布里斯班
South Brisbane

布里斯班市植物园
Brisbane City
Botanic Gardens

City Hopper码头

布里斯班会展中心
Brisbane Convention & Exhibition Centre

文化中心巴士站

城市猫轮渡

昆士兰工科大学
Queensland Univ.
of Technology

城市猫轮渡

City Hopper

南岸公园
South Bank Parklands

街滩沙滩

Busway
（Translink巴士专用线）

CORDELIA ST

MERIVALE ST

LITTLE STANLEY ST

GREY ST

PACIFIC MOTORWAY

RIVER TCE

MAIN ST

LLEWELLYN ST

WALMSLEY ST

袋鼠角
Kangaroo Point

壳牌大街

南岸站
South Bank Station

VULTURE ST

昆士兰海事博物馆
Queensland Maritime Museum

A

B

XXXX 啤酒工厂参观之旅

前往昆士兰州的代表建筑,参观 XXXX 啤酒制作过程。参观后可以试喝 4 种啤酒(均是大瓶啤酒),喜欢啤酒的话一定不要错过。在米尔顿站下车即到。

● XXXX 啤酒工厂参观之旅
住 Cnr. Black & Paten Sts., Milton
☎ (07) 3361-7597(需预约)
🖥 www.xxxx.com.au
时 周一～周五 11:00～17:00 每 2 小时一次;周六 11:00～14:00 每 30 分钟一次,以及 15:00、17:00(所需时间 1 小时)
休 周日及节假日、12/23～1/5
费 成人 $32 10～17岁$18(啤酒换成软饮)、10 岁以下免费

■斯通角　　p.145/2A·B
从乔治国王广场巴士站乘坐 61 路、222 路,约 15 分钟可以到达。

■库萨山　　→ p.152

■圣卢西亚　　p.145/2A
乘坐城市猫轮渡前往昆士兰大学十分便利。乘坐巴士的话,可以从乔治国王广场巴士站乘坐 66 路,或从罗马街乘坐 66 路、412 路均可到达,所需时间 20 分钟。

■昆士兰大学　　p.145/2A
☎ (07) 3365-1111
🖥 www.uq.edu.au
于 1910 年创立的一所历史悠久的大学。

■龙柏考拉动物园　　→ p.151

■布里斯班博物馆
住 Level 3, Brisbane City Hall, King George Sq., Cnr. Adelaide & Ann Sts., 4000
☎ (07) 3399-0800
🖥 www.museumofbrisbane. com.au
开 每天 10:00～17:00
费 免费
● 市政厅之旅
时 每天 10:30、11:30、13:30、14:30 开始
● 钟塔之旅
时 每天 10:15～16:45 之间,每 15 分钟一次

■南岸公园
🖥 www.visitbrisbane.com.au
● 南岸游客中心
South Bank Visitor Centre
住 Stanley St. Plaza, South Bank, 4101
☎ (07) 3156-6366

新通角有多家时尚咖啡馆

Country Road 的折扣店。
　　布里斯班西侧的库萨山(Mt.Coot-tha)是一个能够眺望市区的著名景点。从库萨山往南,是占地 114 公顷的昆士兰大学所在的圣卢西亚(St Lucia),以及龙柏考拉动物园所在的无花果树谷(Fig Tree Pocket)。

布里斯班　市内的主要景点

可以参观市政厅钟塔
布里斯班博物馆　　Map p.149/2A
Museum of Brisbane

　　位于市区象征性建筑布里斯班市政厅 3 层的一家博物馆。馆内展示了布里斯班的历史·多样性等相关主题资料。另外还可以参加博物馆组织的免费的市政厅之旅(City Hall Tour)和市政厅钟塔之旅(Clock Tower Tour)。市政厅之旅会由导游带领参观这座建于 1920 年的新古典主义派建筑,并且会为大家带来详尽的介绍。而参加钟塔之旅,可以乘坐电梯到达位于 76 米处的观景台,欣赏布里斯班的美景。

博物馆内简单易懂的介绍着布里斯班的历史

利用世博会旧址改建而成
南岸公园　　Map p.149/3A·B
South Bank Parklands

　　南岸公园位于城市西侧,布里斯班河南岸,由维多利亚大桥与市区相连,是一处集公园、文化设施于一身的休闲场所。旧址为 1988 年占地 16 公顷的世博会会场,如今园内绿意盎然,可以沿河散步,十分惬意。另外还建有人造街道沙滩(Streets Beach),面积相当于

夏天非常热闹的街道沙滩

5个奥运会标准的泳池，周末来这里的人非常多，热闹非凡。另外小丹尼街（Little Stanley St.）上分布着餐馆、酒吧、商店。周五晚上，以及周末白天还会举办工艺美术市场。

南岸热门的拍照胜地

●昆士兰博物馆 Queensland Museum

馆内介绍了原住民及托雷斯海峡民族的传统文化，并陈列着昆士兰栖息的动物、昆虫标本，甚至还可以看到恐龙化石。博物馆内的科学中心（Sciencentre）内设置了许多人机对话机器，以一种更加有趣的方式来学习科学知识，深受小朋友的喜欢。

●昆士兰美术馆 & 现代美术馆 Queensland Art Gallery & Gallery of Modan Art（QAGOMA）

与博物馆相邻的两家美术馆，合称为 QAGOMA。主要收藏的是澳大利亚艺术家的作品，作品很多，可以慢慢地欣赏。馆内有免费导游服务可以参加。

●昆士兰海事博物馆 Queensland Maritime Museum

博物馆在布里斯班河上展示了蒸汽船佛西福尔号、澳大利亚海军的迪亚曼泰号等实物，另外还可以参观 1883 年建于库克镇的灯塔（迁移而来，可以进入内部参观）、船的引擎等，可以了解到许多昆士兰州的海上历史。

饲养的考拉数量为澳大利亚之最

龙柏考拉动物园
Lone Pine Koala Sanctuary

`Map p.145/2A`

动物园位于市区西南方向约 11 公里处，于 1927 年开园，是世界上最大、最早的考拉园（吉尼斯世界纪录认定）。园内饲养着超过 130 只的考拉。

在园中央最大的考拉馆中有详细的考拉生态介绍，还可以和考拉拍纪念照（要收费）。在考拉王国中可以看到放养在桉树上的考拉，更加贴近大自然的状态。

只有在龙柏考拉动物园才能看到的可爱的亲子考拉

除考拉之外，还可以看到袋熊、袋獾、负鼠、袋鼠、鸭嘴兽等超过 80 种澳大利亚特有的动物。在动物园内部还放养着袋鼠、鸸鹋，可以给它们喂食。另外还有虹彩吸蜜鹦鹉的喂食表演、剪羊毛秀、牧羊犬表演，以及由工作人员进行的袋鼠、袋熊访谈活动，全天都充满了乐趣。

袋鼠喂食区域很大，可以慢慢与它们接触

开 每天 9:00~17:00
休 耶稣受难日、圣诞节
●街道沙滩
开 夏季：每天 7:00~19:00
冬季：每天 9:00~17:00

●昆士兰博物馆
住 Cnr. Grey & Melbourne Sts, South Bank, 4101
☎ (07) 3840-7555
网 www.southbank.qm.qld.gov.au
开 每天 9:30~17:00
费 免费/科学中心：成人 $14.50 儿童 $11.50 家庭 $44.50

●昆士兰美术馆 & 现代美术馆
住 Stanley Place, Cultural Precinct, South Bank, 4101
☎ (07) 3840-7303
网 www.qagoma.qld.gov.au
开 每天 10:00~17:00
费 免费

●昆士兰海事博物馆
住 412 Stanley St., South Brisbane, 4101
☎ (07) 3844-5361
网 www.maritimemuseum.com.au
开 每天 9:30~16:30
休 耶稣受难日、圣诞节、节礼日
费 成人 $16 儿童 $7 家庭 $38

■龙柏考拉动物园
住 708 Jesmond Rd., Fig Tree Pocket, 4069
☎ (07) 3378-1366
网 www.koala.net
开 每天 9:00~17:00（澳新军团日 13:30~17:00/圣诞节 9:00~16:00）
费 成人 $36 儿童 $22 家庭 $85、学生 $24
※ YHA、VIP 卡可以享受优惠
※ 园内有免费 Wi-Fi
●抱考拉拍纪念照
费 $20~
●交通方式
从奎因大街巴士站 B4 乘坐 430 路、威克姆街乘坐 445 路（3 区）。所需时间 30 分钟。打车费用为 $35~45。
●龙柏野生生物之旅
到达龙柏的布里斯班河游船之旅。
☎ 0412-749-426
网 www.mirimar.com
时 10:00 市区出发，11:15 到达龙柏；14:15 龙柏出发，15:30 到达市区
费 往返：成人 $75 儿童 $45 家庭 $210

■库萨山观景台
Sir Samuel Griffith Drv.,
Mt. Coot-tha Lookout, 4066
www.brisbanelookout.com
●交通方式
可以从阿德莱德大街的
巴士站乘坐 471 路，所需时
间 35~40 分钟。打车单程
$25~30。
●库塔咖啡馆 & 萨米特餐馆
→ p.157
●布里斯班库萨山植物园
Mt. Coot-tha Rd.,
Toowong 4066
（07）3403-2535
www.brisbane.qld.gov.au
每天 8:00~17:30（4~8 月~
17:00）

交通方式

●莫顿岛
布里斯班东部，盖特威
大桥附近的霍尔特大街码头
（Holt St. Wharf），每天都有
高速游艇前往天阁露玛野生
海豚度假村（约 75 分钟）。
布里斯班市中心巴士接送，
单程 1 人 $12.50、黄金海岸
接送 1 人 $30（→ p.162）。
（07）3637-2000
1300-652-250
www.tangalooma.com
霍尔特大街码头出发：每
天 7:00、10:00、12:00、17:00/
天阁露玛出发：每天 8:30、
14:00、16:00、19:00 以后（*）
（* 春秋 19:30 左右，夏季 20:00
左右，冬季 19:00 左右）
酒店房客：往返 $80
$45/ 沙滩一日游 $89 $49 $235/ 经典
一日游 $129 $89
$395/ 包含喂食海豚的一
日游 $199 $149
※ 经典一日游和包含喂食海
豚的一日游除含午餐外，还
可以从滑沙之旅、海洋探险
之旅、观鲸之旅中任选其一
参加
※ 一日游的出发地为霍尔特
大街码头，出发时间为 7:00
和 10:00（在天阁露玛的回
程中，只有海豚喂食一日游
的回程时间为 19:00 以后）

天阁露玛野生海豚度假村的工
作人员服务热心周到

欣赏优美的风景

库萨山观景台
Mt.coot-tha Lookout

Map p.145/1A

从观景台欣赏到的美景

从库萨山可以清晰地看到蛇行的布里斯班河。既可以从观景台欣赏美景，也是一个漫步散心的好去处。

观景台旁库塔咖啡馆（Kuta Cafe）的德文郡茶不妨品尝一下。这里的夜景也十分美丽，明亮的街道，蜿蜒的河水一直流向远处的莫顿湾。可以一边欣赏夜景，一边在萨米特餐馆（Summit Restaurant）享用晚餐，这会是一段不错的旅途纪念。

在库萨山脚下还建有占地 52 公顷的布里斯班库萨山植物园（Brisbane Botanic Gardens Mt. Coot-tha）。植物园内共有超过 2.5 万株植物，如果有时间的话不妨顺路参观一下，并且周一~周六 11:00 和 13:00 都有免费的导游服务带领大家参观。

布里斯班 近郊的城镇和岛屿

莫顿岛
Moreton Is.

莫顿岛面积约 20 平方公里，仅次于澳大利亚的弗雷泽岛和北斯特拉布罗克岛，是世界上第三大沙岛。海岸线上是绵延不断的白色沙滩，中央还有一个 280 米高的巨大沙丘。

在沙滩上可以挑战各种各样的娱乐项目

岛上的天阁露玛野生海豚度假村（Tangalooma Wild Dolphin Resort，→ p.156）内，除了住宿设施外，还有游泳池、餐馆、酒吧、水疗、活动桌、壁球室、网球场等。度假村面向所有客人开放，但如想充分体验度假村的魅力，一定要在这里住上一晚。可以体验的活动有沉船点附近的浮潜、潜水、驾驶四驱车的沙丘之旅、滑沙、莫顿岛国家公园徒步游览等，样样俱全。

而这里最有名的，还是黄昏时在栈桥附近出没的野生海豚，并且可以用度假村的工作人员拿来的鱼饵亲自给它们喂食。但是过度触碰海豚是绝对禁止的。另外给每天早上来到沙滩的鹈鹕喂食也很有意思。

莫顿岛上最大的乐趣

喂食野生海豚
Wild Dolphin Feeding

世界上稀有的可以喂食野生海豚的地方。1992 年 4 月一只名叫"美人"的海豚偶然间吃掉了工作人员扔出的鱼，由此开始了喂食的活动。如今每晚约有 8 只海豚会造访这里。为了保护野生海豚，喂食的鱼饵量有一定的限制，因此喂食的人数也是有上限的。原则

令人激动的喂食海豚体验

上，酒店的房客可以参加喂食海豚的活动（住宿期间只能参加 1 次）。海豚一般会在日落时来到栈桥旁，按照工作人员的指示进行喂食，海豚可爱的身姿令人动容。工作人员会拍摄喂食的过程，第二天会在岛上的照相馆出售。

在飞行游览时可以看到海豚湖

在广袤的沙丘上体验滑沙的乐趣

滑沙之旅

Desert Safari Tour

让人重拾童心的滑沙体验

乘坐大型四驱车，前往度假村南侧的天阁露玛沙漠（Tangalooma Desert）进行一趟滑沙的旅程。途中导游会介绍这里的沙漠，看起来白色的沙子实际上却混合着各种颜色的沙子，之后还会介绍莫顿岛上 500 余种植物。

备受世界各地自然爱好者关注

海洋探险之旅

Marine Discovery Cruise

莫顿岛周边是世界稀有动物儒艮的重要栖息地（约 600 只）。参加这个探险之旅有 90% 的概率可以遇到这种珍稀动物，深受大家喜爱。如果运气好的话，还能赶上数百只儒艮在船的四周出没。

有很大的概率遇到稀有的儒艮

另外，既然叫作海洋探险之旅，自然也可以看到许多其他的海洋生物。尤其有很高的概率可以在船周围看到海豚和海龟。

在平稳的海中尽情玩耍

海上娱乐活动

Marine Activities

潜水、浮潜、滑翔伞、香蕉船、双体船航行、皮划艇等多种娱乐项目等着你来挑战。其中比较值得推荐的是有导游带领的浮潜之旅。在天阁露玛度假村附近海域有着 12 艘沉船，如今已全部成了鱼礁。参加浮潜之旅可以到达沉船地观看鱼群，数量多到令人难以置信。

■海豚教育中心

位于栈桥前，除了会介绍每天游来的海豚外，还展示了大量栖息于莫顿岛的各种海洋生物的资料图片。

■滑沙之旅

时 每天发团 4 次（时间需提前咨询 / 所需时间 1.5 小时）

费 成人 $43 儿童 $25

■直升机飞行之旅

有多条线路可以选择，可以看到海豚湖的线路全程 18 分钟。

费 6 分钟飞行线路：1 人 $90/12 分钟飞行线路：$160/ 18 分钟飞行线路：$230

乘坐大型四驱巴士前往天阁露玛沙漠

■海洋探险之旅

时 每天 9:45~11:45、12:45~14:45（时间根据海潮状况有所变化）

费 成人 $65 儿童 $45

■海上娱乐活动

时 各个项目的出发时间均根据当天气候而定

费 滑翔伞：单人 $95、双人 $170/ 香蕉船：$25/ 带导游的遇难船浮潜：1 人 $55/ 乘透明划艇前往遇难船：1 人乘坐 $69、2 人乘坐 $99/ 潜水体验 $149/ 遇难船娱乐潜水 $129（包含全部装备）/ 海底脚踏车：1 人 $99/ 儿童潜水体验：儿童 $89/ 双体船航行：1 小时 $79

在岛上可以体验滑翔伞的乐趣

COLUMN

还可以享用美食的天阁露玛度假村

天阁露玛野生海豚度假村（→ p.152）的餐馆设施也十分齐全。尤其是在主餐厅火 & 石餐馆可以吃到的炭烤牛排堪称一绝。另外沙滩咖啡馆气氛更加休闲，可以吃到各种汉堡、薯条等快餐，味道也很不错。

观鲸之旅
Whale Watching Cruise

■观鲸之旅
时 6月中旬~10月下旬每天：
天阁露玛出发 12:00~15:30/
霍尔特大街码头出发 10:00~
16:45
费 天阁露玛出发：成人 $75
儿童 $55/布里斯班出发：成人
$129 儿童 $89 家庭 $395

6月中旬~10月中旬，座头鲸从南极游来会经过莫顿岛海域。这期间度假村每周会有3个观鲸团出发，千万不要错过。能看到鲸鱼的概率为70%~80%。如果运气好的话，鲸鱼会游经船附近，看到鲸鱼跃出海面的壮观景象。

鲸鱼的巨大身姿令人惊叹

北斯特拉布罗克岛　　　　North Stradbroke Is.

在岛上驾驶四驱车也别有一番风味

交通方式
●北斯特拉布罗克岛
从布里斯班乘坐城市火车前往克利夫兰（Cleveland），在这里下车换乘巴士到达轮渡码头。再从轮渡码头乘坐斯特拉布罗克岛飞行人号（Stradbroke Flyer）或汽车轮渡大红猫号（Big Red Cat）所需时间25分钟。
●斯特拉布罗克飞行人号
☎（07）3821-3821
网 www.flyer.com.au
时 克利夫兰出发时间 4:55~19:25，每隔1小时或1.5小时一趟/登威治出发时间 5:25~19:55，每隔1小时或1.5小时一趟
费 单程：成人 $10 儿童 $5/往返：成人 $19 儿童 $50
●斯特拉布罗克轮渡
☎（07）3488-5300
网 www.stradbrokeferries.com.au
时 克利夫兰出发 5:30、7:00~17:00之间，每小时一趟/登威治出发 6:30、8:00~18:00之间，每小时一趟
费 一辆车往返 $110~190/乘船往返不含车 成人 $10 儿童 $5
北斯特拉布罗克岛的岛上交通
斯特拉布罗克岛巴士车每天运营11班，往返于登威治~爱米提角~波因特卢考特。另外，在波因特卢考特可以租车，四驱车一天 $100 左右。租车的话最为便利。
●北特拉布罗克岛巴士车
☎（07）3415-2417
网 www.stradbrokeislandbuses.com.au
费 登威治~波因特卢考特单程：成人 $4.70 儿童 $2.30

位于莫顿岛南侧的世界第二大沙岛。而这座岛的南侧是南斯特拉布罗克岛，从黄金海岸出发的游船经常光顾这里。直到1896年为止，两座岛之间还有陆地相连，但由于大风的原因，沙子都已被吹走，变成了如今的样子。

虽说是一个巨大的沙岛，但岛上却被桉树、玻璃树、斑克木等森林覆盖，还栖息着野生的考拉和袋鼠。另外岛上还拥有2300常住人口，分布着一些小镇和村庄。因为是沙岛的缘故，沙滩自然很好。尤其是岛屿东侧的沙滩，长达30公里，面朝太平洋，是绝佳的冲浪地点，同时也是知名的钓鱼胜地。

以波因特卢考特为起点出发

有轮渡往返的地方包括登威治（Dunwich）、岛屿北端可以眺望莫顿岛的爱米提角（Amity Point）、岛屿东北端波因特卢考特（Point Lookout）这三座城镇。

观光中心是波因特卢考特。周围是绵延的美丽沙滩，冬季还可以看到座头鲸游过海面。波因特卢考特周边的住宿设施也相对较多。

另外波因特卢考特市外的断崖绝壁（名字也叫作波因特卢考特）是一个不错的观景地。这里铺设着步行道，很有可能可以看到海龟、鲟鱼、蝠鲼、海豚在海中游动的身姿。另外波因特卢考特南部的梅恩沙滩（Main Beach）也是知名的冲浪胜地。

从波因特卢考特眺望美景

布里斯班的酒店
Accommodation

布里斯班

布里斯班市青年旅舍
Brisbane City YHA 平价酒店

◆距离换乘中心步行 7~8 分钟。一栋宿舍楼和一栋 2~3 人间的住宿楼，所有房间带有空调。

布里斯班的人气之选	Map 地图外

URL www.yha.com.au 住 392 Upp. Roma St., 4000 ☎ 3236-1004 WiFi 收费
费 D $28~37.50、TW $113~135
※ 非 YHA 会员需支付附加费用 CC M V

布里斯班游牧民族旅舍
Nomads Brisbane Hostel 平价酒店

◆建于中央站前，位置极佳。殖民时期的建筑风格，地下有酒吧，1 层有咖啡馆，复古电梯。有免费的接送服务往返于换乘中心。

位于市区正中	Map p.149/2A

背包客酒店使用的建筑，风格独特

URL www.nomadsworld.com
住 308 Edward St（Cnr. Ann St.），4000
☎ 3211-2433 WiFi 免费
费 D $20~28、TW $70~105

安妮山顿旅馆
Annies Shandon Inn 平价酒店

◆床罩颜色柔和，飘窗用花盆进行了装饰，客房的家具也都彰显出可爱的氛围。早餐餐厅、大堂也是一样的装饰风格。

拥有 120 年历史	Map p.149/2A

布里斯班老牌家庭旅馆

URL anniesbrisbane.com
住 405 Upp. Edward St., Spring Hill, 4000 ☎ 3831-8684 FAX 3831-3073
WiFi 免费 费 S $79、TW $89~99
※ 含早餐 CC J M V

乔治威廉斯酒店
George Williams Hotel 高档酒店

◆距离乔治国王广场、换乘中心步行都仅需 5 分钟。餐馆、旅游服务台等设施齐全。

价格合理，带有浴缸	Map p.149/2A

URL www.georgewilliamshotel.com.au
住 317-325 George St., 4000
☎ 3308-0700 Free 1800-064-858
WiFi 免费 费 TW $280~450
CC A D J M V

布里斯班阿斯特公寓
The Astor Apartments 高档酒店

◆位于阿斯特街，周围还有多家酒店。房间干净整洁，令人心情舒畅。

安静舒适的环境	Map p.149/2A

URL www.astorapartments.com.au
住 35 Astor Tce., Spring Hill, 4000
☎ 3839-9022 FAX 3229-5553
WiFi 收费 费 1B $159~179、2B $200~400 CC A D J M V

布里斯班总理大酒店
Hotel Grand Chancellor Brisbane

◆位于威克姆街高台上的四星级酒店。步行至市中心约 10 分钟。客房装潢现代化，视野极佳。浴室仅有淋浴，但在亚热带的布里斯班冲个澡也十分爽快。餐馆、酒吧、泳池、健身房等各种设施齐全。

令人舒心的客房环境

视野极佳	Map p.149/1A

URL www.grandchancellorhotels.com
住 23 Leichhardt St.（Cnr. Wickham Tce.），Spring Hill, 4000
☎ 3831-4055
Free 1800-753-379
FAX 3831-5031
WiFi 免费 费 TW $175~229
CC A D J M V

布里斯班美居酒店
Mercure Brisbane

◆大部分房间仅有淋浴，但环境整洁卫生，住起来让人感觉很舒服。餐馆、酒吧、泳池、桑拿等设施齐全。

眺望布里斯班河	Map p.149/2A

URL www.mercurebrisbane.com.au
住 85-87 North Quay, 4000
☎ 3237-2300 Free 1300-656-565
FAX 3236-1035 WiFi 收费
费 TW $179~259 CC A D J M V

布里斯班希尔顿酒店
Hilton Brisbane

◆酒店位于市中心，紧邻奎因商业街，冬季花园购物中心也建于酒店内部。一踏入酒店首先映入眼帘的就是高83米，大洋洲最大、最高的前厅。餐厅的红酒酒吧＆烤肉也是布里斯班顶级的美食餐厅。

很有特色的开放式大厅

地理位置优越　Map p.149/2A

- URL hiltonhotels.com
- 住 190 Elizabeth St.，4000
- ☎ 3234-2000
- FAX 3281-3199
- WiFi 收费　費 ①Ⓦ $299~619
- CC A D J M V

布里斯班索菲特酒店
Sofitel Brisbane Central

◆酒店与中央站相连，入口位于蒂博大街一侧。酒店大堂宛如美术馆一般，客房时尚精致，是布里斯班极具代表性的一家酒店。酒店内还设有普莱姆249餐馆，泳池、健身房等设施也十分完备。

入住经典酒店　Map p.149/2A

- URL www.sofitelbrisbane.com.au
- 住 249 Turbot St.，4000
- ☎ 3835-3535
- FAX 3835-4960　WiFi 收费
- 費 ①Ⓦ $265~415　CC A D J M V

金库酒店和赌场
Treasury Hotel & Casino

◆酒店大楼为布里斯班19世纪后期的代表性历史建筑。酒店与赌场大楼之间还相隔一个奎因公园，安全方面也大可放心。酒店内外都尽可能地保留了原来的面貌，想要体验古老气氛一定要选择入住这里。客房内部也是过去的建筑风格，天花

天花板的高度令人惊讶

板很高。室内装饰、电梯、大堂都十分复古。酒店大楼内有一家餐馆，位于赌场的餐馆有提供将餐食送到房间的服务，十分方便。

入住经典酒店　Map p.149/2A

- URL www.treasurybrisbane.com.au
- 住 Topof Queen St. Mall，4000
- ☎ 3306-8888
- Free 1800-506-889
- FAX 3306-8880
- WiFi 免费
- 費 ①Ⓦ $248~468
- CC A D J M V

莫顿岛

天阁露玛野生海豚度假村
Tangalooma Wild Dolphin Resort

◆可以喂食海豚的超人气度假村。度假村内有餐馆、咖啡馆、度假商店、BBQ、2个游泳池等。房型从酒店客房到别墅、公寓，种类丰富。

天阁露玛野生海豚度假村宽敞的泳池

最适合家庭入住的酒店　Map p.160/1B

- URL www.tangalooma.jp
- 住 P.O.Box 1102，Eagle Farm，4009
- ☎ 3637-2000　☎ 1300-652-250
- FAX 3408-2232　WiFi 免费
- 費 ①Ⓦ $209~289、别墅 $399~
- CC A D J M V

布里斯班其他的主要酒店

酒店名称	住宿／URL	TEL／FAX	参考价格
高档酒店			
布里斯班水印酒店 Watermark Hotel Brisbane 📖 p.149/1A	551 Wickham Tce., Spring Hill, 4000 ✉ www.watermarkhotelbrisbane.com.au	☎3088-9333 FAX3058-9350	①Ⓦ$170 ~ 235
布里斯班斯坦福广场酒店 Stamford Plaza Brisbane 📖 p.149/2B	Cnr. Edward & Margaret St., 4000 ✉ www.stamford.com.au	☎3221-1999 FAX3221-6895	①Ⓦ$215 ~ 365
布里斯班今旅酒店 Hotel Jen Brisbane 📖 p.149/2A	159 Roma St., 4000 ✉ www.hoteljen.com	☎3238-2222 FAX3238-2288	①Ⓦ$159 ~ 309
铂尔曼布里斯班乔治国王广场酒店 Pullman Brisbane King George Square 📖 p.149/2B	Cnr. Ann & Roma Sts., 4000 ✉ www.pullmanbrisbanekgs.com.au	☎3229-9111 FAX3229-9618	①Ⓦ$175 ~ 285
布里斯班塞贝尔公寓式酒店 The Sebel Brisbane 📖 p.149/2B	Cnr. Albert & Charlotte Sts., 4000 ✉ www.thesebelbrisbane.com	☎3224-350	套房 189 ~ ①B$219~269

曼塔潜水中心青年旅舍
Manta Lodge YHA & Scuba Centre

◆位于波因特卢考特的一家青年旅舍兼潜水店。除了潜水外，还组织各种岛上旅游。

推荐背包客、潜水爱好者入住 Map p.160/1B
URL www.stradbrokeislandscuba.com.au
URL www.yha.com.au 住 132 Dickson Way, Point Lookout, 4183 ☎ 3409-8888 FAX 3409-8588 WiFi 免费 ⓓ $30.50~34、Ⓣ Ⓦ $77 ※ 非 YHA 会员需支付附加费用 CC M V

布里斯班的餐馆
Restaurant

布里斯班

辛格尔市政厅店餐馆
Shingle Inn City Hall

◆1936 年开业，位于爱德华大街，是一家兼有面包房的咖啡餐馆。如今以布里斯班的 4 家餐馆为中心，连锁店遍布全澳大利亚。其中市政厅店仍保留着当时复古的装饰，深受大众喜爱。这里的下午茶最为出名，但是苹果派、蛋糕、饼干等甜点也都非常美味。

时光穿梭，回到过去 Map p.149/2A
URL www.shingleinn.com
住 City Hall. King George Sq., 4000
☎ 3210-2904
营 每天 9:00~16:00
CC M V

复古的辛格尔市政厅店餐馆

汇景水岸餐馆
La Vue Waterfront

◆即便是位于美食林立的布里斯班河沿岸，这家法式餐馆依旧好评如潮。午晚餐均为单点形式，没有套餐，摆盘十分精美。前菜 $24 左右，主菜 $39 左右，甜点 $15。

一边眺望着布里斯班碰河一边享用精致法餐 Map p.149/2B
URL lavuerestaurant.com.au
住 1/501 Queen St., 4000
☎ 3831-1400
营 周五 12:00~15:30、每天 17:30~21:30
CC J M V 酒 许可经营

一边欣赏美景，一边品尝正宗的法式大餐

胖面条餐馆
Fat Noodle

◆位于金库赌场内的一家超人气亚洲面馆。中午永远都排着大长队。超辣的新加坡叻沙面值得推荐。

亚洲面馆 Map p.149/2A
URL www.treasurybrisbane.com.au/casino-restaurants/fat-noodle 住 Top of Queen St. Mall, 4000 ☎ 3306-8888
营 周日~周四 11:30~23:00、周五·周六 11:30~24:00 CC M V
酒 许可经营

人气之选新加坡叻沙面

库塔咖啡馆 & 萨米特餐馆
Kuta Cafe & Summit Restaurant

◆位于库萨山观景台，同时经营的咖啡馆 & 餐馆。推荐在库塔咖啡馆享用午餐或下午茶，同时可以欣赏到布里斯班的美景。萨米特是一家美食餐馆，有 3 种套餐，每人 $80（不含酒水）。周日可以品尝高茶（$35~45/15:00~17:00）。

眺望布里斯班全景 Map p.145/1A
URL www.brisbanelookout.com
住 1012 Sir Samuel Griffith Drv., Mt. Coot-tha Lookout, 4066 ☎ 3369-9922
● 库塔咖啡馆
营 周一~周四 8:00~22:00、周五 8:00~23:00、周六 7:00~23:00、周日 7:00~22:00（圣诞节~17:00、新年前夜~13:00）
● 萨米特餐馆
营 每天 11:30~14:30、17:00~21:00
CC A D J M V 酒 许可经营

一边欣赏美景，一边在库塔咖啡馆享用午餐

黄金海岸 *Gold Coast*

昆士兰州 Queensland　　　　　　　　　　区号（07）

　　从布里斯班坐车向南约 1 小时即可到达黄金海岸，全长约 60 公里，是世界首屈一指的度假胜地。南太平洋的海浪不断地拍向沙滩，沿沙滩建起的高层酒店、公寓看上去十分气派。而比这里更受澳大利亚人喜爱的是流向外洋的运河边修建的别墅区。各个别墅都有专用栈桥，可以驾驶自己的游艇出海，非常惬意。

　　来到黄金海岸，最不能错过的地方就是大海了。这里一年 365 天之中有 300 天都是晴天，是最适合享受日光浴的沙滩。虽然和大部分冲浪沙滩一样并不太适合游泳，但是和拍打而来的海浪嬉戏也别有一番风趣。适合冲浪的地点有很多，在海边能看到很多大人、小孩都抱着冲浪板跃跃欲试。职业冲浪赛事——世界冠军锦标赛的揭幕战和 Quiksilver Pro 的比赛都会在黄金海岸举办。

　　除冲浪外，其他娱乐活动也是丰富多彩，滑翔伞、水上摩托艇等大部分海上活动在这里都可以体验。另外还有不少老少皆宜的主题公园、动物园，另外前往世界遗产拉明顿国家公园也十分便捷。

　　无论几天都玩不腻，每天都有新的乐趣出现，在魅力无限的黄金海岸尽情享受美好时光吧。

黄金海岸 交通方式

◎ 前往方式

➡ 从中国出发

　　香港航空 HX 开通了香港直飞黄金海岸的航班，从国内可经香港转机去往黄金海岸。

黄金海岸之 必看！必做！

黄金海岸拥有超过 60 公里的冲浪沙滩，是澳大利亚首屈一指的度假胜地。既可以充分体验沙滩生活和海上娱乐项目，也可以在海岸腹地的世界遗产森林中体验森林浴和高原城镇的趣味。家庭出行的话主题公园则是绝佳选择。

天气好的时候许多人都会来到沙滩玩乐

沙滩 & 海上娱乐项目

难得来到黄金海岸，首先要前往的必然是沙滩了。在美丽的沙滩上，每个人都很享受漫步于此。黄金海岸拥有完美的沙滩和大海，海上娱乐项目也是十分丰富。只有在拥有众多冲浪沙滩的黄金海岸，才会有细心的教练指导初学者进行冲浪、划艇。另外在海面平稳的内海，还可以体验滑翔伞、水上摩托艇以及水肺潜水。

（上）即便是初学者，参加训练后也可以感受到冲浪的乐趣
（右）黄金海岸的经典娱乐项目——滑翔伞

感受世界遗产森林的趣味

蓝光萤火虫实际的样子

黄金海岸背后的腹地是被列为世界遗产的森林。可以参加旅游团前往这里。最热门的是前往自然桥观赏蓝光萤火虫的行程。蓝光萤火虫仅能在澳大利亚、新西兰的少数地区看到，夜间会发出神秘的蓝白色光亮，十分梦幻。白天也有很多前往拉明顿国家公园和春溪国家公园的旅游团。可以在亚热带雨林中一边漫步，一边观赏曾经还与南极大陆相连时就存在的植物。

（上）在拉明顿国家公园还可以给野鸟喂食
（下）证明了曾与南极大陆相连的南青冈

主题公园巡游

海洋世界的动物表演人气极高

黄金海岸的主题公园非常之多，拥有许多澳大利亚特有动物的可伦宾野生动物园、牧场主题公园天堂农庄、可以欣赏到海豚、海狮表演的海洋世界，还有电影主题公园华纳电影世界，以及将游乐园、动物园融为一体的梦幻世界 & 激浪世界。非常适合带小朋友前来。

159

黄金海岸周边地图
Around Gold Coast

0   10km

桑德盖特
Sundgate

国内航站楼
布里斯班国际机场
国际航站楼

温纳姆
Wynnum

天阁露玛野生海豚度假村
Tangalooma Wild Dolphin Resort

莫顿岛
Moreton Is

爱米提角
Amity Point

蓝特威尔大桥
布里斯班
BRISBANE

墨尔特大街码头
（天阁露玛野生海豚度假村轮渡）

惠灵顿
Wellington Point

莫顿湾
Moreton Bay

曼塔潜水中心青年旅舍
Manta Lodge YHA & Scuba Centre

波因特卢考特
Point Lookout

1

格拉瓦特山
Mt.Gravatt

克利夫兰
Cleveland

登威治
Dunwich

布朗湖保护区
Brown Lake Cp

蓝湖国家公园
Blue Lake Np

希尔梅葡萄酒

维多利亚角
Victoria Point

北斯特拉布罗克岛
North Stradbroke Is

卢林思餐厅

红陆湾
Redland Bay

洛刊赫尔姆
Loganholme

南太平洋
South Pacific Ocean

2

宾利
Beenleigh

亚塔拉派店

亚塔拉
Yatala

奥米 Ormeau

梦幻世界&激浪世界
Dreamworld & White Water World

华纳电影世界
Warner Bros.Movie World

辣椒鲁菲斯温泉旅舍
Peppers Ruffy
Lodge & Spa

库梅拉
Coomera

洲际神仙湾度假酒店
InterContinental Sanctuary Cove Resort

金步巴
Jimboomba

狂野水世界
Wet'n'Wild Water World

神仙湾高尔夫球场

天堂农庄
Paradise Country

南斯特拉布罗克岛
South Stradbroke Is

澳野奇观

奥克森福德
Oxenford

神仙湾
Sanctuary Cove

坦伯林 Tamborine

夜市 NightQuarter

Cav's牛排店

坦伯林雨林天空步道
Tamborine Rainforest Skywalk

海伦威尔
Helensvale

海港城
Harbour Town

海洋世界 Sea World

女巫奶酪加工&佛特酿酒厂

比格拉沃特斯
Biggera Waters

海洋世界度假酒店及水上乐园
Sea World Resort & Water Park

北坦伯林
North Tamborine

南港 Southport

梅恩沙滩 Main Beach

雪松溪酒庄

奈蕴
Nerang

帕克伍德国际
高尔夫球场

冲浪者天堂
Surfers Paradise

萤火虫洞穴
Glow Worm Cave

梅森葡萄酒

坦伯林山
Mount Tamborine

皇家松树度假村
RACV Royal Pines Resort

冲浪者天堂皇冠假日酒店
Crowne Plaza Surfers Paradise

卡伦格拉
Canungra

皇家松树度假村高尔夫球场

四季风暴360°旋转餐厅

布罗德沙滩 Broadbeach

翡翠湖湖高尔夫俱乐部

卡拉拉集市
Carrara Markets

黄金海岸美居度假酒店 Mercure Gold Coast Resort

棕榈牧场高尔夫球场

罗比娜
Robina

UGG澳大利亚制造

欧富伊里卡伦格拉
山谷酒庄

玛吉拉巴 Mudgeeraba

比克蒙特
Beechmont

罗比娜购物中心
Robina Town Centre

伯罗酿酒厂

伯利岬
Burleigh Heads

娱乐盖尔原住民文化中心

大卫·弗利野生动物园
David Fleay Wildlife Park

碧纳布拉山中木屋
Binna Burra Mountain Lodge

那明巴山谷
Numinbah Valley

可伦宾
Currumbin

可伦宾野生动物园
Currumbin Wildlife Sanctuary

库伦加塔
Coolangatta

欧雷伊里雨林度假村酒店
O'Reilly's Rainforest Retreat,
Villas & Lost World Spa

拉明顿国家公园
Lamington Np

自然桥
Natural Bridge

春溪国家公园
Springbrook Np

春溪
Springbrook

黄金海岸机场

堤维德岬
Tweed Heads

新南威尔士州
NEW SOUTH WALES

3

➡从澳大利亚国内出发

捷星航空开通了凯恩斯、悉尼、墨尔本、阿德莱德、珀斯、纽卡斯尔的直飞航班；澳洲航空和虎航均开通了悉尼、墨尔本的直飞航班；澳洲维珍航空开通了悉尼、墨尔本、阿德莱德、珀斯、朗塞斯顿的直飞航班。从其他城市可以乘坐飞机到达布里斯班机场。另外以灰狗长途公司为主，还有多家长途巴士有悉尼～黄金海岸的长途线路。

◎ 机场↔市内

➡黄金海岸机场出发

黄金海岸机场位于新南威尔士州边境附近的古兰加塔市，跑道跨越了两州。这里距离冲浪者天堂约30公里。

●机场巴士

由黄金海岸观光摆渡车（Gold Coast Tourist Shuttle）和Con-X-ion运营机场接送 Airport Transfers 服务。到冲浪者天堂约30分钟，可以在预约的酒店前停车。

●公共交通机构

Surfside 快速巴士777路往返于黄金海岸机场和布罗德沙滩南，全程约30分钟。布罗德沙滩南还有轻轨站，从这里换乘至冲浪者天堂也十分便利。在黄金海岸机场内的游客信息中心可以买到 Go Explorer 卡（→ p.162），价格 $10，可以坐车到冲浪者天堂，之后一天内可以任意乘坐其他巴士、轻轨线路。

➡从布里斯班国际机场出发

布里斯班国际机场是国际、国内航班进出的重要机场。正因如此，与黄金海岸机场相比，各个城市到达布里斯班机场的航班更多。

●机场巴士

由Con-X-ion运营机场接送 Airport Transfers 服务。所需时间 1 小时 15 分钟～1 小时 30 分钟，在预订的酒店前停车。

由 Con-X-ion 运营布里斯班机场接送服务

●火车

Airtrain 火车（布里斯班市内的城市火车线路延伸线）经过市中心，到达黄金海岸（所需时间90分钟）。途经站点为内陆地区的海伦威尔（Helensvale）、奈蕴（Nerang）、罗比娜（Robina）。另外前往酒店的黄金海岸门到门（Gold Coast Door to Door）的服务十分便利，指的是可

奈蕴站使用的 Airtrain 火车

以在奈蕴、罗比娜各站乘坐 Con-X-ion 运营的接续迷你巴士。此外在奈蕴站可以乘坐 Translink 巴士前往冲浪者天堂。

澳洲灰狗等长途巴士往返于冲浪者天堂中心沙滩路的巴士换乘中心（Bus Transit Centre）。大部分背包客酒店都有免费接送巴士往返换乘中心。

黄金海岸机场到达航站楼旁的黄金海岸观光摆渡车停车场

■黄金海岸机场
■ www.goldcoastairport.com.au

■黄金海岸观光摆渡车
☎（07）5552-2760
☎ 1300-655-655
■ gcshuttle.com.au

●机场接送（终点为冲浪者天堂）
費 单程：成人 $25 儿童 $15 家庭
$56／往返：成人 $43 儿童 $22 家庭
$102

■ Con-X-ion
☎ 1300-266-946
■ www.con-x-ion.com

●黄金海岸机场接送（终点为冲浪者天堂）
費 单程：成人 $22 儿童 $13
往返：成人 $57 儿童 $41 儿童 $22
家庭 $110

●布里斯班机场接送（终点为冲浪者天堂）
費 单程：成人 $54 儿童 $28
家庭 $136／往返：成人 $99
儿童 $50 家庭 $248

777 路通常是双层巴士

■ Airtrain 火车
☎（07）3216-3308
☎ 1800-119-091
■ www.airtrain.com.au
時 5:00～22:00，每小时1～3班
●到奈蕴站
費 单程：成人 $33 儿童 $7／往返：成人 $64 儿童 $15
●门到门 Door to Door
費 单程：成人 $56 家庭 $25 家庭
$130／往返：成人 $110 儿童 $50
家庭 $250

■从机场乘坐出租车
从黄金海岸机场乘坐出租车到达冲浪者天堂约 $50。

■冲浪者天堂巴士换乘中心
▶ p.166/2A

■布里斯班～黄金海岸
从布里斯班罗马大街站（换乘中心）乘坐城市火车到达奈蕴站（约1小时）。

如果乘坐 Translink 巴士，可以到达布罗德沙滩和冲浪者天堂。

🏠 translink.com.au
🕐 白天每 30 分钟 1 班
💰 布里斯班市～奈蕴（13区）：成人 $16.20 儿童 $8.10/布里斯班市～冲浪者天堂（14区）：成人 $17.50 儿童 $8.70/布里斯班市～布罗德沙滩（15区）：成人 $18.90 儿童 $9.40
※ 使用 Go 卡（平时、非高峰时段）都有大幅优惠

■ Surfside 巴士
🕐 13-12-30
🏠 www.surfside.com.au
💰 和布里斯班市内的价格体系相同（→ p.144~146）

■ Go 卡 & Go Explorer 卡
购买 Go 卡时需交付 $10 押金，可以在便利店购买、充值。Go Explorer 卡（成人 $10 儿童 $5）可以在游客信息中心和主要酒店前台购买。

黄金海岸 市内交通

黄金海岸的市内交通被规划为布里斯班郊外线路，价格系统和布里斯班一样（→ p.144~147）。黄金海岸地区被划分至 4~7 区，根据通过的区域数量决定最后的车费（上车后 2 小时内可以随意换乘）。和布里斯班一样，可以使用 Go 卡，可享 7 折优惠（其他优惠参考→ p.145）。另外还为短期停留的游客准备了 Go Explorer 卡，一天之中可以任意乘坐黄金海岸内的 Translink 巴士和轻轨。使用完 1 天后，还可以当作 1 日卡再次充值。

黄金海岸重要的 Translink 巴士

便利的 Go Explorer 卡

Translink 巴士

Translink 巴士公司运营市内的巴士线路（有时巴士运营公司也会用 Surfside Bus 的名字）。

黄金海岸 巴士 / 火车 / 轮渡价格					
通过区域	单程价格 Go 卡		普通价格 Go 卡		非高峰价格
	成人	儿童	成人	儿童	成人	儿童
1	$4.60	$2.30	$3.20	$1.60	$2.56	$1.28
2	$5.70	$2.80	$3.90	$1.95	$3.12	$1.56
3	$8.60	$4.30	$5.96	$2.98	$4.77	$2.38
4	$11.40	$5.70	$7.85	$3.93	$6.28	$3.14

（随着时间推移，可能会发生改变）

■ 轻轨的具体信息
🏠 www.goldlinq.com.au

巴士线路最北端为梦幻世界、海伦威尔，南端为古兰加塔和堤维德岬。部分 Translink 巴士线路途经黄金海岸内陆部的奈蕴（Nerang）、玛吉拉巴（Mudgeeraba）等地，可以在南港的澳大利亚购物中心旁以及布罗德沙滩南换乘这些线路。

轻轨

黄金海岸轻轨（通称 G 线，G:link）便于游客乘坐。从黄金海岸大学医院出发，途经南港、梅恩沙滩、冲浪者天堂、布罗德沙滩，沿黄金海岸高速路一直到终点，布罗德沙滩南（太平洋购物中心前）。南港和布罗德沙滩南都是巴士车换乘地点。

黄金海岸大学医院
Gold Coast University Hospital

格里菲斯大学
Griffith University

奎因大街
Queen Street

黄金海岸医院
Gold Coast Hospital

南港
Southport

澳大利亚购物中心旁
Southport

南港南
Southport South

布罗德沃特公园
Broadwater Parklands

梅恩沙滩
Main Beach

曼特拉太阳城酒店前
Surfers Paradise North
冲浪者天堂北

安德莲娜公园前
Cypress Avenue
赛普拉斯大街

希尔顿冲浪者天堂酒店前
Cavill Avenue
卡维尔大街

Q1 温泉度假村前
Surfers Paradise
冲浪者天堂

诺斯克利夫
Northcliffe

皇冠假日酒店前
Florida Gardens
佛罗里达花园

黄金海岸会展中心前
Broadbeach North
布罗德沙滩北

太平洋购物中心前
Broadbeach South
布罗德沙滩南

黄金海岸
轻轨线路图
G:link

便利的轻轨

162

Translink巴士
黄金海岸地区
主要线路图

Zone 4

库梅拉站
720

梦幻世界＆
激浪世界
720 TX1 TX3

神仙湾
711

天堂角
711 713 719

华纳电影世界＆
狂野水世界
720 TX1 TX2

海伦威尔站
704 720

逍遥湾·购物中心
711 712 713 719

海港城

704 713 719

黄金海岸大学医院
（G线换乘站）
719 739

海洋世界
704 705

黄金海岸
市政厅
735 736 740

南港（轻轨换乘站）
704 711 712 713 719
731 735 741 747

735 739 740
743 744 745

奈蕴站

冲浪者天堂
705 731 740 TX2 TX3

麦伊中心·
奈蕴
739 743 744

705 731 TX2 TX3

布罗德沙滩南（轻轨换乘站）
700 731 736 741 743
744 745 750 751 753
777 TX2 TX3

Zone 5

747 750
751 N750

700 777 TX1

罗比娜站

罗比巴市中心
747 750 751 760 N750

伯利岬
700 753 TX1

瓦拉斯蒂湖站
753 760

700 701 777 TX1

派恩斯埃拉诺拉
购物中心
760

Zone 6

黄金海岸机场
760 777

堤维德岬·购物中心
700 760 TX1

Zone 7

— 700	堤维德岬～布罗德沙滩南
— 704	海洋世界～海港城～海伦威尔站
— 705	布罗德沙滩南～海洋世界
— 711	神仙湾～海洋世界
— 712	库姆巴巴～海港城～南港
— 713	天堂角～海港城～南港
— 719	天堂角～南港
— 720	库梅拉～海伦威尔站（途经主要主题公园）
— 731	布罗德沙滩南～南港
— 735	南港～奈蕴站
— 736	黄金海岸大学医院～奈蕴站
— 739	
— 740	冲浪者天堂～奈蕴站
— 743	布罗德沙滩南～奈蕴站
— 744	布罗德沙滩南～奈蕴站
— 745	布罗德沙滩南～奈蕴站
— 747	南港～罗比娜站
— 750	罗比娜站～布罗德沙滩
— 751	布罗德沙滩南～罗比娜站
— 753	布罗德沙滩南～伯利岬
— 760	堤维德岬～罗比娜站（途经机场）
— 777	黄金海岸机场～布罗德沙滩南
— TX1	堤维德岬～主要主题公园
— TX2	布罗德沙滩～主要主题公园
— TX3	布罗德沙滩～梦幻世界＆激浪世界

主题公园摆渡车（→见下文）价格				价格		
公司名称	车票种类			成人	儿童	家庭
黄金海岸观光摆渡车 ☎ (07)5552-2760 ☎ 1300-655-655 🌐 gcshuttle.com.au ※ 表中所示价格为冲浪者天堂～布罗德沙滩的往返价格	海洋世界往返			$16	$9	$41
	梦幻世界＆激浪世界/电影世界/狂野水世界/天堂农庄/可伦宾野生动物园 往返			$22	$12	$56
	自由通 ※ 含黄金海岸机场接送 ※ 期间可以随意乘坐主题公园的接送车 ※ 期间可以随意乘坐 Translink 巴士	3 天		$79	$39	$199
		5 天		$105	$55	$269
		7 天		$129	$65	$325
		10 天		$149	$75	$375
	金色通 ※ 期间可以随意乘坐主题公园的接送车 ※ 期间可以随意乘坐 Translink 巴士	3 天		$59	$29	$149
		5 天		$89	$45	$225
		7 天		$109	$59	$279
		10 天		$129	$69	$329
Con-x-ion ☎ 1300-266-946 🌐 www.con-x-ion.com	海洋世界往返			$16	$8	$40
	梦幻世界/激浪世界/电影世界/狂野水世界/可伦宾野生动物园/海港城 往返			$22	$11	$55
	Roo 通 （含布里斯班国际机场往返） ※ 有效期 30 天	1 个主题公园接送		$115	$60	$290
		2 个主题公园接送		$130	$66	$326
		3 个主题公园接送		$143	$72	$358
		4 个主题公园接送		$151	$77	$389
		5 个主题公园接送		$169	$82	$420
		6 个主题公园接送		$177	$87	$441
		7 个主题公园接送		$185	$92	$462
	Roo 通（含黄金海岸机场往返） ※ 有效期 30 天	1 个主题公园接送		$60	$30	$150
		2 个主题公园接送		$70	$33	$173
		3 个主题公园接送		$79	$39	$197
		4 个主题公园接送		$91	$44	$226
		5 个主题公园接送		$105	$55	$265
		6 个主题公园接送		$116	$59	$291
		7 个主题公园接送		$129	$65	$323

黄金海岸观光摆渡车显眼的橙色车身

■ **冲浪者天堂的出租车**
Gold Coast Cabs
☎ 13-10-08
🌐 www.gccabs.com.au
🚕 每公里起步价周一～周五 7:00～19:00 为 $2.90，周末 5:00～24:00、每天 19:00～24:00、5:00～7:00 为 $4.30，每天 0:00～5:00 为 $6.30。之后每公里 $2.17。另外等待时间每分钟加收 $0.82。电话叫车需追加 $1.50

■ **冲浪者天堂的租车公司**
● **赫兹 Hertz**
☎ 13-30-39
● **安飞士 AVIS**
☎ 13-63-33
● **百捷乐 Budget**
☎ 13-27-27

主题公园摆渡车

● 黄金海岸观光摆渡车
Gold Coast Tourist Shuttle

　　在各个酒店都有往返主题公园的接送服务。自由通（Freedom Pass）包括黄金海岸机场接送、主题公园摆渡车、Translink 巴士的全部线路一定期间内可以随意乘坐；金色通（Gold Pass）则不包含黄金海岸机场接送，其他和自由通一样。可以在机场或网上购买。

● Con-X-ion 主题公园换乘 &Roo 通
Con-X-ion Theme Park Transfer & Roo Pass

　　Con-X-ion 除了有各个主题公园的接送服务外，还发行了 Roo 通（Roo Pass）超值车票。价格根据主题公园的接送次数（1~7 次）而定，并且可以选择布里斯班 / 黄金海岸的机场接送服务。有效期长达 30 天。可以在布里斯班国际机场、黄金海岸机场、通过网络或到达黄金海岸后电话购买。

黄金海岸 漫 步

黄金海岸的中心——冲浪者天堂

　　黄金海岸最大的魅力就是有美丽的沙滩。其中冲浪者天堂是这一地区中最为热闹的地方。海边有救生员看护，可以放心地享受海水浴。沙滩上什么垃圾都没有，无论何时都有许多游客以及澳大利亚当地人赤足在沙滩

上漫步。另外沙子非常细，在人少的地方，一个人走在沙滩上，可以听到踩在沙子上发出的声音。

从卡维尔商业街出发，了解城镇

冲浪者天堂的繁华街面积并不大，可以很好地掌握城镇的大致面貌。可以以卡维尔商业街（Cavill Mall）为起点出发。商业街是卡维尔大街（Cavill Ave.）的其中一段，连接海滨大道（The Esplanade）和兰花大街（Orchid Ave.），是一条步行街天国，总是挤满了想要体验度假气氛的人们。道路两侧是冲浪者天堂的老牌大型购物中心——冲浪者天堂购物中心（Centro Surfers Paradise）及各种纪念品商店、货币兑换处、快餐店等。

在卡维尔商业街和兰花大街交会处，步行街西侧是冲浪者天堂游客信息 & 预约中心（Sufers Paradise Information & Booking Centre, →p.158）。在这里可以获取各种旅游手册、购买到 Translink 的 Go Explorer 卡。

在冲浪者天堂大道和兰花大街购物

兰花大街和冲浪者天堂大道（Sufers Paradise Blvd.，黄金海岸高速公路的其中一段）之间，林立着许多购物商场。这一带和卡维尔大街 & 卡维尔商业街、埃尔克霍恩大街（Elkhorn Ave.）建有许多纪念品商店和餐馆。

冲浪者天堂大道附近有两家商场，分别是卡维尔圈购物中心（Circle on Cavill）和雪佛龙复兴购物中心（Cheveron Renaissance）。卡维尔圈购物中心以室外带有大型银幕的广场为中心，建有多家餐馆和商店。而位于其旁边的雪佛龙复兴购物中心以冲浪品牌为主，有多家时尚店铺、咖啡馆、餐馆，以及大型超市。

冲浪者天堂大道旁还建有超高的 Q1 温泉度假村，酒店的 78 层设有天空观景台（Skypoint Observation Deck），可以欣赏冲浪者天堂的全景。在观景台上面是天空攀岩（Skypoint Climb），喜欢刺激的话一定要来挑战一下。

冲浪者天堂的入口

熙熙攘攘的卡维尔大街

天空观景台

从天空观景台眺望黄金海岸

卡维尔圈购物中心是热门的约会地点

●苏立夫提 Thrifty
☎ 13-61-39
●欧洛普卡 Europcar
☎ 13-13-90

■在冲浪者天堂兑换货币
下面推荐的这家货币兑换处汇率好，不收手续费。
●国王货币兑换处 Kings Currency Exchange
📍 p.166/2B
🏠 Shop 1, Monte Carlo Arcade, 38 Orchid Ave., Surfers Paradise, 4217
☎ (07) 5526-9599
🌐 www.crowncurrency.com.au
🕐 周一～周五 8:30~20:00、周六 9:00~20:00、周日 10:00~18:00

■冲浪者天堂海滩前市场
海滨大道边每周会举办 3 次夜市。将会有 120 余家店铺出售工艺纪念品。
🌐 www.surfersparadise.com/things-to-do/beachfrontmarkets
🕐 周三 · 周五 · 周日 16:00~20:00（夏令时为 17:00~21:00）

■天空观景台
📍 p.166/3B
🏠 Level 77 of Q1 Resort, 9 Hamilton Ave., Surfers Paradise, 4217
☎ (07) 5582-2700
🌐 www.skypoint.com.au
🕐 周日～周四 7:30~21:00、周五 · 周六 9:00~24:00
💰 大人 $24 小孩 $14 家庭 $62/早晚通票（可以入场 2 次）：大人 $34 小孩 $19 家庭 $87
●天空攀岩
☎ (07) 5580-7700
💰 白天：大人 $74 小孩 $54/黎明：大人 $94 小孩 $74/早晨（周五～周日）：大人 $94 小孩 $74

■斯皮特
📍 p.167/A
从冲浪者天堂乘坐 Translink 巴士 705 路可以直达。约 10 分钟。

■南港
📍 p.160/3B
从冲浪者天堂乘坐轻轨直达。约 10 分钟。

■比格拉沃斯特
📍 p.160/3B
从南港乘坐 Translink 巴士 704 路直达。从冲浪者天堂出发约 40 分钟。

冲浪者天堂
Surfers Paradise

0   250m

冲浪者天堂北
Surfers Paradise North

冲浪者天堂万豪度假酒店及水疗中心
Surfers Paradise Marriott Resort & Spa

米泰诺日式牛排餐厅
红宝石水疗

黄金海岸阿尔法星座度假酒店
Australis Sovereign

黄金海岸曼特拉
太阳城酒店
Mantra Sun City

BIRT AVE

黄金海岸天堂度假村
Paradise Resort
Gold Coast

冲浪与太阳海滨背包客旅舍
Surf 'n' Sun Beachside Backpackers

NORFOLK AVE

奈蕴河
Nerang River

QT黄金海岸酒店
QT Gold Coast

PINE AVE

STAGHORN AVE

福卡斯酒店
Forcus

RIVER DRV

PALM AVE

OAK AVE

曼特拉皇冠塔酒店
Mantra Crown Towers

清迈泰国餐厅

CYPRESS AVE

百捷乐
安士七

国际沙滩度假村
International Beach Resort

飞翔过山车
极限蹦床
火速飞天
博马特龙

安德莲娜公园

赛普拉斯大街
Cypress Avenue

RIVERVIEW PDE

警察局

曼特拉美景酒店
Mantra on View

贝克弗瑞摩罗根度假村
BreakFree Moroccan

DARRAMBAL ST

STANHILLS DRV

海外保险
医疗中心

林荫大道广场
Piazza On The Boulevard

布姆布姆汉堡酒吧
（约100米）

THOMAS DRV

国王货币兑换处

JTB澳大利亚
JCB大厦

雪佛龙岛
Chevron Is.

雪佛龙复兴购物中心
Cheveron Renaissance

ELKHORN AVE

黄金海岸艾博酒店
Vibe Hotel Gold Coast

Chevron Tower Resort

The Sands

UGG澳大利亚制造

WEEMALA ST

澳大利亚精神馆

The Forum

OK礼品店商店

曼特拉圈卡维尔酒店
Mantra Circle on Cavill

ORCHID AVE

阿佩尔公园
Appel Park

Circle on Cavill

蜂蜜岛

广场

Grosvenor Beachfront

猫眼石馆
卡维尔大街

卡维尔大街
Cavill Avenue

冲浪者天堂希尔顿酒店
Hilton Surfers Paradise

Navi旅行/Donkey旅行

硬石咖啡厅

CAVILL AVE

热辣灵魂冲浪者天堂公寓式酒店
Peppers Soul Surfers Paradise

布鲁森林仓库餐厅

商业街

冲浪者天堂希腊大街烧烤餐馆

佩里公园
Perry Park

冲浪者天堂诺富特酒店
Novotel Surfers Paradise

冲浪者天堂购物中心
Centro Surfers Paradise

冲浪者天堂游客信息&
预约中心

WATSON ESPLANADE

LEONARD AVE

冲浪者天堂巴士搭乘中心
The Island Gold Coast

黄金海岸天堂岛度假村

HANLAN ST

天堂中心公寓酒店
Paradise Centre

冲浪者天堂·沙滩集市

背包客天堂旅馆
Backpackers Inn Paradise

Surfers International

黄金海岸背包客就寝酒店
度假村
Sleeping Inn Surfers
Backpackers Resort

REMEMBRANCE DRV

TRICKETT ST

比奇科默度假村
Beachcomber Surfers Paradise

PENINSULAR DRV

短日背包客旅舍
Couple O'Days
Backpackers

贝克弗瑞天堂岛度假酒店
BreakFree Paradise Island Resort

APPEL ST

曼特拉传奇酒店
Mantra Legends Hotel

LAYCOCK ST

烂枫亭
欧珀卡

克利福德烧烤酒吧
乐库瓦水疗

CLIFORD ST

冲浪者天堂
Surfers Paradise

黄金海岸水印酒店
Watermark Hotel & Spa Gold Coast

Q1温泉度假村
Q1 Resort & Spa

天堂岛
Paradise Is.

艾弗弗雷斯科意式餐馆
Wyndham Surfers Paradise

HAMILTON AVE

Q1水疗

天空观景台

奈蕴河
Nerang River

约翰弗雷泽
纪念公园
John Fraser
Memorial Park

MARKWELL AVE

黄金海岸背包客旅舍
Gold Coast Backpackers

苏立夫提

ENDERLEY AVE

VISTA ST

BMB诺斯克利夫
SLS支持者俱乐部

诺斯克利夫
Northcliffe

THORNTON ST

bmb诺斯克利夫
SLS支持者俱乐部

A   B

1

2

3

ⒸOLUMN

体验节日气氛
夜市 NightQuarter

当地人经常光顾这里

在黄金海岸北部的海伦威尔站旁，仅周五、周六才会举办的夜市十分热闹。为数众多的美食摊、酒吧，汇集了地中海美食的塔帕斯街，各国美食荟萃的霍克大街，带有现场乐队的酒吧&法式餐馆的后院区，可以欣赏各种表演的帕多克区等。当然还有服装店、首饰店、天然护肤品店等。

DATA
Map p.160/3B

🏠 1 Town Centre Drive, Helensvale, 4212
📠 1800-264-448
URL nightquarter.com.au
🕐 周五·周六 16:00~22:00（现场表演为 18:00~）
💰 门票 1 人 $3
※ 从南港乘坐 704 路直达。另外还可以乘坐 Con-X-ion 的机场接送往返（1 人 $22/☎ 13-33-86）。

冲浪者天堂北部地区

冲浪者天堂北部梅恩沙滩（Main Beach）一带被叫作斯皮特区（The Spit）。在这一区域内有海洋世界主题公园和面朝布罗德沃特（内海），融游艇港口&购物中心&美食餐厅为一体的复合设施海市蜃楼码头（Marina Mirage）及水手湾（Mariner's Cove）。

布罗德沃特对岸是黄金海岸的行政中心南港，市中心的澳大利亚购物中心（Australia Fair）是当地人经常光顾的地方，除购物中心外还有电影院，是一家大型综合商场。由此继续向北依次是海港城奥特莱斯（Harbour Town）所在的比格拉沃斯特（Biggera Waters）、高档度假村&别

高级游艇港口&购物中心的海市蜃楼码头

■神仙湾 Map p.160/2B
从南港乘坐 Translink 巴士 711 路直达。从冲浪者天堂出发约 1 个小时。

■奥克森福德 Map p.160/2B
从冲浪者天堂乘坐 Translink 巴士 TX2 路，可以直达华纳电影世界、狂野水世界。所需时间 40 分钟。

■库梅拉 Map p.160/2B
从冲浪者天堂乘坐 Translink 巴士 TX3 路，可以直达梦幻世界。所需时间 50 分钟。

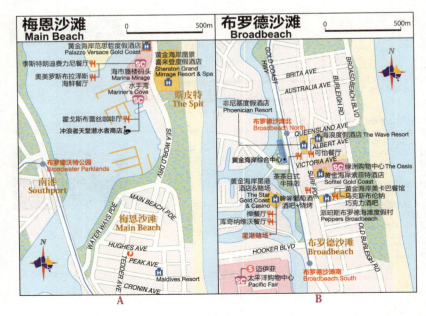

■布罗德沙滩 　 p.167/B
从冲浪者天堂乘坐轻轨
可以直达。约 10 分钟。

■罗比娜 　 p.160/3B
从布罗德沙滩南乘坐
Translink 巴士 750 路、751
路可以直达。从冲浪者天堂
出发约 40 分钟。

■伯利岬 　 p.160/3B
从布罗德沙滩南乘坐
Translink 巴士 700 路、753 路
可以直达。从冲浪者天堂出
发约 25 分钟。

■伯利酿酒厂 　 p.160/3B
🏠 2 Ern Harley Drv., Burleigh
Heads, 4220
☎（07）5593-6000
🖥 burleighbrewing.com.au
📅 周三、周四 15:00~18:00、
周五 15:00~20:30、周日
14:00~20:00（冬季周日 12:00~
18:00）

■可伦宾 　 p.160/3B
从布罗德沙滩南乘坐
Translink 巴士 700 路、753 路
可以直达。从冲浪者天堂出
发约 50 分钟。

■库伦加塔和堤维德岬 　 p.160/3B
从布罗德沙滩南乘坐
Translink 巴士 700 路、753 路
可以直达。从冲浪者天堂出
发约 1 小时。

交通方式

●坦伯林山
因为坦伯林当地交通必
须要自驾，所以一般会选择
在黄金海岸租车或参加旅游
团。租车的话从黄金海岸途
经奈蕴到达坦伯林大约 45
分钟。

■坦伯林山游客信息中心
🏠 Doherty Park, North
Tamborine, 4272
☎（07）5545-3200
🖥 www.tamborinemtncc.org.
au
📅 每天 10:00~16:00

■女巫奶酪加工厂 & 佛特
酿酒厂 　 p.160/3A
🏠 165-185 Long Rd., North
Tamborine, 4272
☎（07）5545-2032
🖥 witcheschasecheese.com.au
📅 每天 10:00~16:00/酿酒厂周
一~周四：11:00~16:00、周五
11:00~18:00、周末 10:00~18:00

墅区所处的神仙湾（Sanctuary Cove）、华纳电影世界和狂野水世界所在的奥克森福德（Oxenford）、梦幻世界 & 激浪世界所属的库梅拉（Coomera）。

冲浪者天堂南部地区

冲浪者天堂南侧是布罗德沙滩（Broadbeach）。这里的沙滩游人相对较少，建有不少时尚的度假村，轻轨的最南端布罗德沙滩南站也设于这里。

主街冲浪大道（Surf Pde.）两旁，以及派珀斯布罗德海滩度假村所在的奥尔可街（Oracle Blvd.）上，林立着许多时尚餐馆和咖啡馆。尤其奥尔可街是非常有名的美食区。

入驻多家高档精品店，位于布罗德沙滩的太平洋购物中心　　从伯利岬可以看到大海对面的冲浪者天堂

此外这一地区的热门设施还有：以赌场闻名的星港酒店、绿洲购物中心 The Oasis（星港酒店～绿洲购物中心之间有单轨电车运行），以及大型复合购物中心——太平洋购物中心（Pacific Fair）。

而内陆地区罗比娜市内的购物中心，入驻了许多家澳大利亚本土品牌商店。喜欢购物的人千万不要错过这里。

从布罗德沙滩再往南，是世界知名的冲浪胜地，澳大利亚当地热门度假城镇——伯利岬（Burleigh Heads）。附近有州政府运营的大卫·弗利野生动物园以及可以品尝美味啤酒的伯利酿酒厂（Burleigh Brewing Co.）。

伯利岬南部依次是可伦宾（Currumbin），巨大的野鸟园 & 动物园——可伦宾野生动物园位于此地；黄金海岸机场所在的州境城市库伦加塔 Coolangatta（QLD 一侧）；以及堤维德岬 Tweed Heads（NSW 一侧）。

每当周末夜幕降临，当地人都会聚集在伯利岬酿酒厂

黄金海岸 近郊的城镇和岛屿

坦伯林山 　 Tamborine Mountain

黄金海岸内陆地区是被称作腹地（Hinterland）的一片丘陵地带，其中心便是坦伯林山，位于冲浪者天堂以西 30 公里远，是这片丘陵地区的统称，分为鹰岗（Eagle Heights）、北坦伯林（North Tamborine）、坦伯林山（Mount

坦伯林山热门景点——艺术走廊

Tamborine）三个城镇。这里作为高原、森林一日游很受欢迎。

坦伯林山的城镇

名气最大的是鹰岗镇，这里因居住着许多艺术家而被大家所熟知。在长约 500 米的艺术走廊（Gallery Walk）上，有着出售自制陶器、工艺

品的画廊，以及不少时尚的咖啡馆。无论哪家咖啡馆都配得上坦伯林山招牌的称号，这里非常适合想优雅地度过下午茶时间的客人。在艺术走廊入口处的女巫奶酪加工厂＆佛特酿酒厂（Witches Chase Cheese Company & Fortitude Brewing Co.）也有着极高的人气。可以购买新鲜出炉的奶酪，品尝精酿的啤酒。

在亚热带雨林中步行10分钟左右，就可以看到柯蒂斯瀑布

坦伯林山游客信息中心（Tamborine Mountain Visitor Information Centre）位于北坦伯林，可以获取这一地区的详细资料。从黄金海岸（奈蕴）方向出发最先经过的城镇便是坦伯林山，这里的观景台是眺望黄金海岸的最佳地点。

在女巫奶酪加工厂＆佛特酿酒厂享受奶酪和啤酒

鹰岗和坦伯林山之间是约哈国家公园（Joalah NP），美丽的亚热带雨林柯蒂斯瀑布（Curtis Falls）就在这里。步行道一直延伸至瀑布边，强烈推荐在此漫步。另外沿约哈国家公园森林向北是坦伯林雨林天空步道（Tamborine Rainforest Skywalk），在这里可以体验树顶漫步的乐趣。天空步道高30米，长300米，途中可以在山谷突出的区域观赏森林景色，十分壮观。在入口处的雨林生态馆（Rainforest Eco Gallery）中，陈列了这一地区自然、动植物的相关资料，这里同样精彩不容错过。

在高原城镇品尝葡萄酒
腹地酿酒厂
Hinterland Wineries

环境舒适的雪松溪酒庄品酒室

黄金海岸腹地地区是昆士兰州首屈一指的葡萄酒产地。酿酒厂集中在北坦伯林、卡伦格拉（Canungra）周边。简单介绍几个评价不错的酿酒厂。另外想主要体验美酒旅行的人可以参加库尔克福尔克葡萄酒之旅（含英语导游）。

● 雪松溪酒庄 Cedarcreek Estate
位于北坦柏林的人气酿酒厂。同时建有美丽的庭院和美食餐厅。
高品质的霞多丽最受大家喜爱。在这里品酒是要收取费用的。其中带有奶酪拼盘的豪华套餐最具有人气。另外庭院内的一角是人工开凿的萤火虫洞穴（Glow Worm Cave），里面饲养有萤火虫。

● 梅森葡萄酒 Mason Wines
位于雪松溪酒庄附近。梅森葡萄酒不光在坦伯林山地区，在昆士兰州最大的葡萄酒地区格兰纳特贝尔和阳光海岸都拥有葡萄园。这里的霞多丽、西拉最受好评。

● 欧雷伊里卡伦格拉山谷酒庄
O'Reilly's Canungra Valley Vineyards
从卡伦格拉沿拉明顿国家公园路（Lamington NP Rd.）行驶8公里左右，即

欧雷伊里卡伦格拉山谷酒庄的标志性建筑

■坦伯林雨林天空步道
　　　　　p.160/3A
🏠 333 Geissmann Dre., North Tamborine 4272
☎（07）5545-2222
🖥 www.rainforestskywalk.com.au
開 每天 9:30～17:00（最晚入园时间 16:00）
休 圣诞节
费（成人）$19.50（儿童）$9.50（家庭）$49

在天空步道上可以慢慢地观察亚热带森林的样貌

■库尔克福尔克葡萄酒之旅
☎ 0415-454-313
🖥 corknforktours.com
费 半日游$140、一日游$175

■雪松溪酒庄
　　　　　p.160/3A
🏠 104-144 Hartley Rd., North Tamborine, 4272
☎（07）5545-1666
🖥 www.cedarcreekestate.com.au
開 每天 10:00～16:00／餐馆：每天 11:00～15:00
休 耶稣受难日、圣诞节
● 萤火虫洞穴
🖥 www.glowwormcavetamborinemountain.com.au
時 每天 10:00～16:00（每30分钟有导游带领参观）
费（成人）$12（儿童）$6

梅森葡萄酒选用了很多格兰纳特贝尔产的葡萄

■梅森葡萄酒　　p.160/3A
🏠 32 Hartley Rd., North Tamborine, 4272
☎（07）5545-2000
🖥 www.masonwines.com.au
開 周四～周一 10:00～16:00
休 周二、周三、耶稣受难日、圣诞节

给野鸟喂食十分有趣

拉明顿国家公园早晚都可以看
到沙袋鼠

从最佳观景台眺望沃宁山

可到达，1998 年开业，相对较晚。这里上好的西拉是最佳人气之选。另外，在葡萄园对面是 1858 年建造的昆士兰风格的餐馆 & 品酒室。在每周末的午餐的时间，餐馆前还有爵士乐的现场表演。

拉明顿国家公园 　　　　　Lamington NP

位于腹地一角，是被列为世界自然遗产的拉明顿国家公园。黄金海岸的沙滩地区有很多旅游团前往这里，观光十分便利。绿山（Green Mountains）作为拉明顿国家公园的观光起点十分有名，欧雷伊里雨林度假村酒店（→ p.185）也位于这里，因此不少人也管这里叫作欧雷伊里。

在绿山享受自然风情

到达绿山之后，迎接你的是成群的澳大利亚国王鹦鹉和深红玫瑰鹦鹉。在欧雷伊里咖啡馆前的广场上，可以给五颜六色的野鸟喂食。另外不妨在长 2 公里的雨林环形步道上走一走。途中在大树之间还架有木桥，距离地面 16 米，可以体验树顶漫步（Tree Top Walk）。平时只能在下面仰视森林，如今却可以用鸟类的视角俯视。爬木梯时仰望树顶，可以感觉到距离天空越来越近，可以欣赏到更加美丽的景色。另外，绿山铺设了多条步行道，从 1.3 公里到 24 公里应有尽有，满足了不同人的需求。在欧雷伊里住宿的话，还可以参加早晚的雨林漫步，能看到沙袋鼠、负鼠、萤火虫。

这里基本上只面向酒店房客，但欧雷伊里组织的各种活动，只要还有余位就都可以报名参加。喜爱自然的话，不妨参加四驱之旅。乘坐四驱巴士进入亚热带雨林，可以造访几个景色不错的观景台。走在步行道不光能看到澳大利亚国王鹦鹉和

一定要体验一次的树顶漫步

深红玫瑰鹦鹉，还有很大的概率可以遇到欧雷伊里标志性的摄政园丁鸟（Regent Bowerbird）。

春溪国家公园 　　　　　Springbrook NP

黄金海岸腹地南部与新南威尔士州接壤的地方就是春溪国家公园。地处 2300 万年前火山（沃宁山）喷发形成的巨大破火山口北端，海拔 700 米。园内有亚热带雨林、亚热带桉树林、悬崖峭壁、瀑布流水、澳大利亚国王鹦鹉、深红玫瑰鹦鹉等野鸟以及负鼠等有袋类生物，自然资源极其丰富。

在最佳观景台可以看到南青冈

可以欣赏美景的观景台不计其数

国家公园内乐趣之一，就是在破火山口突出地形上建造的观景台欣赏美景，再在周边的步道漫步，十分惬意。其中人气较高的是最佳观景台（Best of All Lookout）。位于春溪国家公园最南部，以沃宁山为中

心，可以眺望整个破火山口地形。前往观景台的步道两旁的森林也很值得一看。因为海拔较高，所以这一地区的森林同时拥有亚热带和寒温带雨林的特征，十分茂密，并且还可以看到南青冈——一种证实了南极曾与其他大陆相连的植物。此外在沁泉瀑布观景台（Purlingbrook Falls Lookout）、峡谷观景台（Canyon Lookout）周边的步道，可以看到亚热带雨林和温带雨林，周末大批当地的自然爱好者都会来到这里，十分热闹。

黄金海岸著名的萤火虫洞穴

从黄金海岸出发，途经奈蕴和那明巴山谷，开车约1小时。位于春溪国家公园另一部分的自然桥（Natural Bridge），因栖息着大量蓝光萤火虫（Glowworm）而广为人知。蓝光萤火虫仅栖息于新西兰和澳大利亚的个别地域。从停车场步行至此仅需10分钟左右，途中可以看到瀑布，瀑布背后便是萤火虫栖息的洞穴。日落之后才可以看到洞穴顶部萤火虫发出的光芒。路上记得带上手电筒照明，但是到达洞穴后请关闭手电筒。

黄金海岸 的主题公园

黄金海岸有各种游乐场、动物园，国内外游客众多。大部分都可以从冲浪者天堂出发直达，如果想节省更多时间，可以利用主题公园摆渡车（→p.164）。

精彩的海豚、海狮水上表演

海洋世界
Sea World

Map p.160/3B

●有许多不容错过的表演

位于斯皮特地区，以大海为主题的黄金海岸标志性乐园。园内一天之中有多场表演。

其中在人工湖上演的海豚秀是最不能错过的。海豚精彩的表演，使得观众席永远是满员的状态。园区大门正面的水域，有水上摩托特技表演，同样也是精彩绝伦。此外还有海狮警长奇趣表演，深受小朋友喜爱的海绵宝宝大巡游等。

最具人气的海豚表演

沙克湾也有很高的人气。在这个人工水域中，可

在海狮警长奇趣表演中的聪明可爱的海狮

以参加热带珊瑚浮潜，体验和性格温顺的蝠鲼（豹纹鲨、乌翅真鲨）一同浮潜的乐趣。此外还可以看到给凶猛的鲾鲼喂食的表演。除了可以接触蝠鲼，还可以提前预约，有机会抚摸海豚、海狮。

另外还有暴风过山车、摩托过山车等惊险刺激的娱乐设施。如果想亲子游的话，可以在漂流湾体验战船游戏，孩子们一定会爱不释手。另外，从海洋世界出发的直升机飞行游览价格不贵，时间有5~30分钟不等，线路很多。

惊险刺激的摩托过山车

■自然桥　■🖼 p.160/3A
没有公共交通设施前往，可以自驾或参加旅游团。黄金海岸有多家旅行社发团前往（→p.179）。

蓝光萤火虫发出的梦幻般的光芒

海洋世界的热门项目——亲密接触海豚

■海洋世界
🏠 Sea World Drv.，The Spit, Main Beach，4210
☎（07）5588-2222
🌐 seaworld.com.au
开 每天9:30~17:00（各个表演项目10:00开始）
休 圣诞节
费 🎟 $79.99 🎟 $69.99
CC ADJMV
※ 各个表演的时间根据季节不同略有变动

●海洋生物接触体验
费 热带珊瑚浮潜：1人$59.99/遭遇鲨鱼：1人$194.99/海豚接触体验：5~13岁$144.99、14岁以上$244.99（根据年龄不同，内容有所差异）/海狮接触体验：1人$154.99

●海洋世界直升机
Sea World Helicopters
☎（07）5588-2224
费 5分钟海洋世界上空飞行游览：🎟 $69 🎟 $59/10分钟冲浪者天堂 & 布罗德沙滩飞行游览：🎟 $99 🎟 $79
CC ADJMV

紧张刺激的水上摩托特技表演

乘坐直升机飞行游览欣赏美景

最新的绿灯侠过山车

■华纳电影世界
🏠 Pacific Moterway, Oxenford, 4210
☎ 13-33-86
🌐 movieworld.com.au
🕐 每天 9:30~17:00（各个过山车 10:00 开始）
🚫 澳新军团日、圣诞节
💰 (成人) $79.99 (儿童) $69.99
💳 A D J M V

拥有惊人加速度的超人逃亡过山车

■狂野水世界
🏠 Pacific Motorway, Oxenford, 4210
☎ (07) 5556-1660
🌐 wetnwild.com.au
🕐 每天 10:00~17:00（根据季节闭馆时间略有调整。通常 5~8 月平日为 15:30、周末为 14:00）🚫 圣诞节
💰 (成人) $79.99 (儿童) $69.99
💳 A D J M V

黄金海岸的好莱坞

华纳电影世界
Warner Bros. Movie World

Map p.160/3B

位于奥克森福德市的电影世界，是喜欢电影的人绝对不可错过的主题公园。园内再现了《警察学校》《蝙蝠侠》《卡萨布兰卡》等电影中出现的街道场景。

园内有各种娱乐设施、游行、表演等。尤其是超级火爆的超人逃亡过山车，出发后仅需 2 秒时速就可以达到了 100 公里 / 小时，非常刺激。另外还有 60 米高的蝙蝠侠跳楼机，进入超人、蝙蝠侠所在正义联盟世界的视觉、体感 3D 之旅，以及以蝙蝠侠阿卡姆疯人院为背景的过山车，南半球倾斜角度最大的绿灯侠过山车等，令人尖叫的娱乐设施数不胜数。

另外由特技车手表演的好莱坞特技骑行也同样不容错过。还有由兔八哥、蝙蝠侠、超人等卡通角色组成的明星大游行同样值得期待。此外园区中央广场还会上演各种表演，一天之中可以和许多华纳电影的人偶合影，非常值得纪念。

豪华的明星大游行

可以见到电影卡通角色

速度代表的水滑道！？

狂野水世界
Wet 'n' Wild Water World

Map p.160/3B

狂野水世界紧邻华纳电影世界。有巨浪池、儿童泳池以及各种水滑道设施。

在 H_2O 终极地带，可以体验拥有 70° 斜面的"神风特攻队"水滑道（最高时速约 50 公里 / 小时）、15 米高的疯狂"龙卷风"水滑道……令人

令人尖叫的水滑道

Ⓒolumn

周到！实惠！主题公园之旅

黄金海岸拥有众多主题公园。如果你本来就有计划前往海洋世界、华纳电影世界、狂野水世界、天堂农庄这 4 个地方，那就赶快购买优惠通票吧。在指定期间内，可以任意选择游玩 2~4 个公园的超级通票，另外还有自购买之日最多一年内可以无限进出的 VIP 魔法通票（VIP Magic Pass）。价格超值，如果游玩 3 天以上，不要犹豫，请选择 VIP 魔法通票吧。

DATA
🌐 themeparks.com.au
💰 2 日超级通票（2 个主题公园）：1 人 $89.99/ VIP 魔法通票：1 人 $99.99
※ 往年 7 月 1 日价格变更

尖叫的娱乐设施数不胜数。其他区域还有新颖的循环水滑道
（AQUALOOP）、可以乘坐6人的大型长毛象瀑布水滑道也
都有着超高的人气。此外，超级8号赛池等惊险刺激的竞速
娱乐项目也有不少。适合全家的游乐设施也有很多，巨浪池、
海贼船为背景的海盗湾游乐场等，简直就是戏水天堂。并且
夏季的夜晚在巨浪池还会上映电影。

总是热闹非凡的巨浪池

轻松愉快的农场体验

天堂农庄
Paradise Country

Map p.160/3B

　　位于狂野水世界后面的天堂农庄，是一个以"牧场"为主题的游乐
设施，占地面积很大。在闲适恬静的气氛之中，可以体验各种娱乐项目。
推荐的项目有：牧羊犬赶羊、剪羊毛、挤牛奶、比利茶和丹麦面包的下
午茶时间，以及澳大利亚飞镖表演等。此外还有抱考拉拍纪念照、给袋
鼠、鸸鹋喂食、寻找沙金等活动。园内的澳式BBQ午餐也十分美味，同
时还有现场的乡村音乐演出，充满了澳大利亚风情。

观赏最具经验的牧场工人表演
剪羊毛

澳大利亚首屈一指的游乐园

梦幻世界 & 激浪世界
Dreamworld & White Water World

Map p.160/2B

　　游乐园位于黄金海岸北部的库梅拉市，占
地面积达20万平方公里。游乐园兼动物园的
梦幻世界与激浪世界相连，这儿走走，那儿看
看，很快一天就过去了。
　　梦幻世界比较热门的区域是歌舞会区
（Corroboree）。再现了澳大利亚4种代表性自
然环境，可以在其中观赏澳大利亚特有的动
物。当然也可以抱考拉拍纪念照。另外还有
澳大利亚特有的澳式牧场秀，十分有趣。此外在老虎岛还有能看到世界稀

与袋鼠亲密接触

■ 天堂农庄
🏠 Entertainment Drv.,
Oxenford, 4210
☎ 13-33-86
🖥 paradisecountry.com.au
🕐 每天 9:30~16:30（最后入
院时间 15:00）
🚫 圣诞节
💰 🧑$25 👶$15/ 含 BBQ
午餐 的 门票：🧑$39 👶
$29/ 含 BBQ 午餐 + 沙金探
索的门票：🧑$45 👶$35/
抱考拉拍纪念照：$20/ 沙金
探索$10
💳 ADJMV
※ 黄金海岸观光摆渡车
（→ p.164）负责黄金海岸主
要地区的接送服务

澳大利亚仅有的晚间表演
澳野奇观
Australian Outback Spectacular

一边观看由饲养员进行的表演，一边享
受美食

　　澳野奇观
展现了澳大利
亚内陆的牛仔
文化，在精彩
的表演过程中，
同时可以享用
澳大利亚三道
式晚餐，前菜
是沙拉，主菜
是多汁烧烤牛排配丹麦面包，分量十足，甜点则
是澳大利亚名产奶油蛋白水果蛋糕。
　　表演内容每1~2年更新一次，截至2017年
5月上演的是《马王传奇》（Salute to the Light
Horse）。表演内容精彩绝伦，绝对让人大饱眼
福。地点在华纳电影世界和狂野水世界之间。

DATA　　　　Map p.160/3B
🏠 Entertainment Drv., Oxenford, QLD 4210
☎（07）5573-3999　☎ 13-33-86
🖥 outback spectacular.com.au
🕐 周二·周三·周五·周六·周日 19:30~21:00（表
演时间约 1.5 小时）
🚫 周一·周四·圣诞节（根据季节周三·周日也
有可能休息）
💰 普通座席 🧑$99.99 👶$69.99/ Top Rail 座席
（正面座位 + 纪念照、晚餐饮料免费）🧑$139.99
👶$109.99/The Summit座席（Top Rail 所含内容 +
后台巡礼）1 人$249.99　💳 A D J M V
※ 利用 Con-X-ion 的往返接送服务最为便利（1 人
$22/☎ 13-33-86）。此外也可以从冲浪者天堂中心
地区乘坐 Translink 巴士 TX2 路

最惊险刺激的娱乐设施

开园后随时都可以抱考拉拍纪念照

● 保护区集市
可伦宾野生动物园旁每周五 16:00～21:00 开设的市场。市场内有美食店铺。推荐晚上参加完虹彩吸蜜鹦鹉喂食活动后前往这里。

少的白虎，欣赏 3D 电影《马达加斯加》等表演的动漫演出基地，以及各种令人尖叫的高速过山车，游乐设施丰富多彩。

而激浪世界中则拥有许多刺激的水滑道设施。其中世界仅有的两个过山车式水滑道的其中之一就位于激浪世界中，拥有着超高的人气。此外还有 8 条滑道可以竞速的章鱼赛车、三叶草形状的大型水滑道等，可玩的设施非常多。当然也有造浪池、水管乐园等设施，可以满足小朋友们的愿望。

澳大利亚规模最大的绿宝水滑道

给虹彩吸蜜鹦鹉喂食
可伦宾野生动物园
Currumbin Wildlife Sanctuary　Map p.160/3B

给虹彩吸蜜鹦鹉喂食极具特色　喂养的袋鼠十分亲近人类

可伦宾野生动物园位于冲浪者天堂以南 18 公里，内有超过 1400 种动物和鸟类，整个园区都被指定为国家文化遗产。占地面积达 27 公顷，在园内粗略地走上一圈最少也要半天时间。园内有免费的环游迷你火车可以乘坐，中途可在考拉园和袋鼠喂食区这两个地方停车。

不容错过的鸟类表演

考拉园中除了考拉之外，还可以看到袋熊、澳大利亚野狗等动物。从袋鼠喂食区前往鳄鱼、鹤鸵、树袋鼠等热带动物所在区域十分方便。

在保护区集市享用美食

一天之中有很多表演以及与动物亲密接触的机会。其中千万不要错过的是 8:00～9:30 和 16:00～17:30 给虹彩吸蜜鹦鹉的喂食（这个区域不用购买入园门票也可进入，需捐赠 $2）。拿着给鹦鹉喂食的器皿，鹦鹉就会蜂拥而至。可以花钱请专业人士拍纪念照。另外开园之后就可以抱考拉拍纪念照了。

园内的迷你火车

另外还有鸮、猴头鹰等鸟类表演，在澳式农场欣赏剪羊毛表演、湾鳄喂食表演、原住民舞蹈表演等。还有 20 世纪 30 年代开始流行的考拉卡通人偶的表演，以及有趣的小动物表演也不容错过。

可以参观园内的动物医院，观察如何给野生动物治疗

园内的树顶挑战也十分热门。利用园内的自然资源，在桉树林内设置了吊桥，以及150米长的索道，充满挑战性。另外还有由导游带领的平衡车园区之旅，以及参观动物医院，观察如何给受伤的野生动物进行治疗和康复。

动物们会主动凑到面前
大卫·弗利野生动物园
David Fleay Wildlife Park

`Map p.160/3B`

园区紧邻伯利岬国家公园，再现了桉树林、湿地、热带雨林、红树林4种澳大利亚典型自然环境。园区内铺设了步道，沿步道行进可以看到考拉、袋鼠、袋熊、鸸鹋、鳄鱼等多种动物。

步道遍布整个园区

这里最不容错过的就是表演活动。在园区门口领取的地图上标有表演的时间和集合地点。工作人员会进行详细介绍，同时还有机会触摸动物。这座动物园的创始人弗利博士，在50年前曾成功地完成了鸭嘴兽的人工交配，也因此名声大振。在园区的夜行性动物馆内，有鸭嘴兽、蜜袋鼯、兔耳袋狸等濒危保护动物。

栽培的果实种类令人震惊
热带水果世界
Tropical Fruit World

`Map 地图外`

地处黄金海岸南部，新南威尔士州堤维德峡谷的大型水果园。有香蕉、杧果、波罗蜜、木瓜、榴莲、石榴、百香果……按照原产地划分区域，共种植了500多种水果，可以乘坐由导游带领的拖拉机火车参观园区。另外还设有儿童游乐场和迷你动物园，也可以在园内租车自由参观。另外还有各种关于水果的展示活动。其中奇迹水果秀还有试吃活动，不妨参加。

乘坐拖拉机火车参观园区

一定要参加的奇迹水果秀

黄金海岸 的观光和娱乐活动

黄金海岸有许多海洋和世界遗产亚热带森林的观光和娱乐活动。

■大卫·弗利野生动物园
住 West Burleigh Rd., Burleigh Heads, 4220
☎ (07) 5576-2411
URL www.nprsr.qld.gov.au/parks/david-fleay
开 每天 9:00~17:00
休 圣诞节
费 (成人) $21.50 (儿童) $9.85 (家庭) $54.90
CC M V

栖息在澳大利亚热带雨林中，十分罕见的鸸鹋

■热带水果园
住 29 Duranbah Rd., Duranbah, Tweed Valley, NSW 2487
☎ (02) 6677-7222
URL www.tropicalfruitworld.com.au
开 每天 10:00~16:00（最后入园时间为 15:00）
※ 入院时间为昆士兰州时间
休 圣诞节
费 (成人) $47 (儿童) $25 (家庭) $115
※ 没有公共交通可以到达，最好开车自驾前往。不少拜伦湾一日游中包含了热带水果园，可以选择报名参加（→ p.179）。

■天阁露玛海豚冒险
组团社：JPT Tours
☎（07）5630-1580
📠 1300-781-362
🖥 www.jpttours.com
🕐 周日～周五 7:30~21:30
💰 (成人) \$299 \$239/ 包
含观鲸之旅：(成人) \$299 (儿童)
\$239
※ 另外还有包含天阁露玛野
生海豚度假村住宿的行程。
详细信息需提前咨询

体验畅快的滑沙活动

■大水鸭之旅
☎（07）5539-0222
🖥 www.aquaduck.com.au
🕐 每天 10:00~17:30，每 75
分钟一班（所需时间 1 小时）
🚫 圣诞节
💰 (成人) \$38 (儿童) \$30（5~16 岁）
(家庭) \$120

■超级鸭冒险之旅
☎（07）5527-6361
🖥 www.superduck.com.au
🕐 每天 10:00~12:20，14:00~
17:30，每 70 分钟一班（所
需时间 1 小时）
💰 (成人) \$35 (儿童) \$25 (家庭) \$90

■水上娱乐项目
主办者：Shanes Watersports
（Maritime 18）
☎ 0404-445-000
🖥 shaneswatersports.com.au
💰 滑翔伞 \$88/ 水上摩托艇
30 分钟 \$88/ 快艇 (成人) \$88
(儿童) \$55/2 项 (成人) \$148 (儿童)
\$128/3 项 (成人) \$208 (儿童) \$178
※ 酒店免费接送

海洋观光 & 娱乐活动

如果想体验给野生海豚喂食的话

天阁露玛海豚冒险
Tangalooma Dolphin Adventure

　　莫顿岛（→ p.152）因可以喂食野生海
豚而广为人知。行程中除了喂食海豚之外，
还包含了滑沙活动，通过一整天的时间充
分感受莫顿岛的魅力。另外在天阁露玛野
生海豚度假村还可以参加自费项目，包括
滑翔伞、ATV 之旅、海洋生态之旅等各种
娱乐活动。
　　在 7~10 月还可以参加天阁露玛海豚冒
险 + 观鲸之旅。

令人心动的海豚喂食体验

乘坐大型水陆两栖巴士环绕黄金海岸

大水鸭之旅 / 超级鸭冒险之旅
Aquaduck Tours/Super Duck Adventure Tours

　　乘坐大型
水陆两栖巴士
游览黄金海岸，
体验布罗德沃
特 & 运河游船
的陆路、水路
观景之旅。
　　这两家旅
行社的行程大
致相同。线路
是从冲浪者天
堂出发，沿海

非常适合家庭出游

岸线驶向斯皮特区，在这里的内海码头下水变身观光船。随后在奈蕴河
航行一小段便上岸，返回冲浪者天堂。

体验滑翔伞和水上摩托艇

水上娱乐项目
Marine Activities

　　体验滑翔伞、水上摩托艇以及时速接近 80 公里 / 小时的快艇。活动
地点在海面平静的内海布罗德沃特区域。
　　滑翔伞有两人使用的保护带（将降落伞直接固定在身体上），可以

和情侣、朋友一同体验天空漫步。
最高距离地面 50 米，全程 10 分
钟。在教练的指导下，大家都可
以充分地享受游玩的乐趣。

翱翔太空的滑翔伞之旅

在黄金海岸学习冲浪
冲浪 & 卧板冲浪课程
Surfing & Body Board Lesson

由澳大利亚冲浪协会认定的阳光州立冲浪学校（Sunshine State Surfing School，简称4S）面向冲浪初学者所开设的课程。在安全的水域，由专业的教练指导教学冲浪和卧板冲浪（约1小时）。想快速掌握的话，可以连续报名参加上下午的课程。

初学者也可放心学习的课程

在黄金海岸考取潜水执照
水肺潜水
Scuba Diving

在黄金海岸周边海域，栖息着亚热带~热带多种鱼群。潜水点很多，可以满足从初学者到专业潜水人士的不同要求，鱼群数量也非常之多。

通过体验潜水感受黄金海岸的海洋魅力

冲浪者天堂潜水家（Surfers Paradise Divers，SPD）是一家黄金海岸的潜水店。店面位于水手湾，既有面向初学者的潜水体验，也有前往布罗德沃特、黄金海岸周边人气地点的娱乐潜水之旅，并且可以考取潜水执照。

乘坐四驱车巡游巨大的沙之岛
北斯特拉布罗克岛之旅
North Stradbroke Is. Tour

乘坐四驱车造访世界第二大沙之岛——北斯特拉布罗克岛的一趟旅程。行程包括在布朗湖戏水、在沙丘地带和海滩驾驶四驱车，还有冲浪、BBQ烧烤。此外在波因特卢考特还可以探寻海龟、海豚，还有机会发现野生的考拉和袋鼠。冬季还有很大的概率可以看到鲸鱼。

乘四驱车在沙之岛上飞驰，行程丰富多彩

在黄金海岸接近座头鲸
观鲸之旅
Whale Watching Cruises

冬季前往黄金海岸海域的观鲸半日游拥有极高的人气。仅需航行30分钟~1小时即可到达外洋的观鲸地点。如果运气好的话，会有对船感

来到黄金海岸的座头鲸

海洋世界观鲸之旅的游船

在海上飞驰的快艇

■冲浪 & 卧板冲浪课程
主办者：Sunshine State Surfing School（4S）
☎（07）5520-0198
📱 0408-022-544
🖥 www.sunshinestatesurfingschool.com
🕐 每天 9:00~13:00、14:00~18:30
💰 1人 $59
※ 学生优惠

■冲浪者天堂潜水家
Surfers Paradise Divers
📍 E Arm, Mariner's Cove, Sea World Drv., Main Beach, 4217
☎（07）5591-7117
🖥 www.spd-au.com
💰 潜水体验（包含全部装备）$132/ 娱乐潜水 $66~260（价格根据潜水点而定 / 装备价格另算）/ 4天潜水执照课程 $450（健康诊断费用另算）

在波因特卢考特合影留念

■北斯特拉布罗克岛之旅
组团社：Coastal Island Safaris
☎（07）5574-4120
🖥 www.coastalislandsafaris.com.au
🕐 每天 7:00~17:30
🚫 圣诞节
💰 成人 $195 儿童 $145 家庭 $680

■观鲸之旅
发团日期一般为每年的6月上旬~11月上旬
●黄金海岸冒险
Sea World Whale Watch
☎（07）5591-6061
📱 1800-056-156
🖥 seaworldwhalewatch.com.au
🕐 海洋世界往返：期间每天 10:00~12:30、周末 14:00~16:30
💰 成人 $99 儿童 $77 家庭 $275

兴趣的鲸鱼主动凑近，并排前进，甚至在眼前跃出海面。在这期间，有90%的超高概率可以遇到鲸鱼。如果不幸真的没有看到鲸鱼，还可以参加下一回的观鲸游船。

大堡礁埃里奥特夫人岛一日游
Lady Elliot Is. G.B.R Day Tours

潜水、冲浪爱好者憧憬的大堡礁。乘坐Seair Pacific 航空公司包机，前往大堡礁最南端的埃里奥特夫人岛（→ p.131）的一日游行程。适合在黄金海岸停留，又想前往大堡礁的游客。埃里奥特夫人岛四周珊瑚礁分布广泛，可以看到大量海龟、蝠鲼频繁出没。岛上还有专门用于浮潜的船只，以及玻璃底船之旅等活动，当然也可以在沙滩上尽情地放松。

在大堡礁进行浮潜

山中观光 & 娱乐活动

萤火虫之旅
Glowworms Tour

仿佛漫天星光的蓝光萤火虫群

黄金海岸经典的夜间旅行。观赏仅栖息于澳大利亚和新西兰的蓝光萤火虫。其中最热门的地区当数春溪国家公园自然桥一带（→ p.170），这里不仅被列为了世界自然遗产，同时也是澳大利亚少有的蓝光萤火虫栖息地，有许多旅行社都发团前往这里。无论哪个行程，如果赶上天气好的时候，都可以观赏到美丽的星空。行程一般均不含餐，请在出发前自行解决。

萤火虫和野生动物生态探险之旅
Eco Safari Tour

旅途中的瀑布令人神清气爽

此行程在出发观看蓝光萤火虫前，增加了野生动物的探险之旅。从冲浪者天堂出发，乘车 30 分钟左右到达库姆巴自然保护区，然后徒步 2 公里穿越丛林，在途中可以四处搜寻袋鼠和考拉的踪迹。因为是野生动物，虽然不能保证 100%遇见，但概率还是非常之高的。享用过澳式晚餐后，再前往自然桥参观蓝光萤火虫。

漫步于世界自然遗产森林

世界自然遗产春溪国家公园奇迹之旅
World Heritage Springbrook NP Hiking Tour

可以看到大量成群的袋鼠

　　造访世界遗产地区之一的春溪国家公园，漫步 2 公里穿越森林，感受自然的魅力。前往春溪国家公园 4 个最具代表性的观景台，欣赏壮丽的溪谷美景。其中在最佳观景台还可以看到稀有的南青冈植物。导游的讲解不仅详细，还十分风趣幽默。在旅途中一边切身体会大自然的魅力，一边学习了解有关森林的知识。

　　在返回黄金海岸的途中，前往私立的梦幻森林自然保护区，可以给深红玫瑰鹦鹉等野鸟喂食，行程非常充实。

运气好的话可以看到野生的考拉

■世界自然遗产春溪国家公园奇迹之旅
组团社：Crest Tours
☎ (07) 5564-0922
🖷 (07) 5591-6770
🖳 cresttours.com
🕐 每天 7:45~15:30
💰 含午餐：(成人) $150 (儿童) $75

感受高原地区的魅力

拉明顿国家公园 & 坦伯林山之旅
Lamington NP & Mount Tamborine Tour

树顶漫步时可以欣赏亚热带雨林的美景

　　探访黄金海岸内陆地区腹地的世界遗产森林（拉明顿国家公园绿山地区）和高原城镇坦伯林山的人气旅程。

　　可以在坦伯林山的艺术走廊自由活动，逛一逛当地艺术家开的工艺品和艺术馆，喝上一杯咖啡。随后前往郁郁葱葱的拉明顿国家森林公园（绿山）。在亚热带的森林之中，由生态导游带领一起漫步其中。可以参加带导游的树顶漫步，以及给野鸟喂食（收费）等项目，乐趣极多。返程中还会顺道去羊驼农场（周二羊驼农场休息，改为前往卡曼观景台）。

■拉明顿国家公园 & 坦伯林山之旅
组团社：JTP Tours
☎ (07) 5630-1580
🖷 1300-781-362
🖳 www.jpttours.com
🕐 每天 8:45~16:30
💰 含午餐：(成人) $140 (儿童) $80/ 不含午餐 (成人) $110 (儿童) $70

前往拜伦湾，感受地方特色

拜伦湾一日游
Byron Bay Tour

建于大陆最东端的拜伦湾灯塔

　　澳大利亚大陆最东部的拜伦湾（→ p.265），还保留着过去的波希米亚风格。这里虽然隶属新南威尔士州，但从黄金海岸驱车仅需 1.5 小时即可到达，是黄金海岸热门的一日游观光地。下面介绍其中两家旅行社的产品。

● Rippa！拜伦湾之旅

　　"Rippa"在澳大利亚有"绝佳"的意思，旅途的主题就是"在绝佳的拜伦湾镇享受快乐"。每个人会领取一份拜伦湾的徒步地图，可以像当地人一样在城镇中散步（约 1.5 小时），逛一逛当地的各类商店。还可以去往最东端的拜伦湾

可爱有趣的羊驼

■ Rippa！拜伦湾之旅
组团社：Crest Tours
☎ (07) 5564-0922
🖷 (07) 5591-6770
🖳 cresttours.com
🕐 每天 7:45~15:30
💰 含午餐：(成人) $160 (儿童) $80

■拜伦湾一日游漫步
组团社：JPT Tours
☎ (07) 5630-1580
🖷 1300-781-362
🖳 www.jpttours.com
🕐 每天 8:00~16:30
💰 含午餐：(成人) $140 (儿童) $80/ 不含午餐 (成人) $110 (儿童) $70

年轻人众多的拜伦湾主海滩

充满度假气氛的拜伦湾

灯塔，欣赏南太平洋的美丽风景（运气好的话甚至可以看到海豚和鲸鱼）。另外还可以体验澳大利亚独有的草地滚球运动，造访热带水果园，试吃应季水果，行程十分充实。

● 拜伦湾一日游漫步

这个行程比较适合想在拜伦湾悠闲享受的人。在拜伦湾灯塔附近漫步过后，有近4小时的自由活动时间。返回黄金海岸的途中，还会顺路前往热带水果园。

其他娱乐项目

初学者也可以放心参与的骑马体验
佳米斯丛林之旅
Gummies Bush Tours

前往位于黄金海岸腹地一角——卡伦格拉近郊，黑脉金斑蝶峡谷的一个观光农场。农场面积很大，用地内有桉树林、亚热带雨林、山丘、河流等，可以骑马体验变化丰富的自然美景。行程分为两种，一种是适合想纯粹体验骑马乐趣的纯骑马线路（2小时），另一种是骑马（1小时）+农场内娱乐活动（投掷回旋镖、给羊喂食等）的线路，都很有意思。骑马后还可以享受特别的下午茶时间。另外还有一日游的行程，上午乘坐四驱车穿越越野路段到达拉明顿国家公园，随后在码头品尝葡萄酒，并于农场享用BBQ午餐，之后再体验骑马或农场娱乐活动，适合想玩上一整天的游客。

在亚热带雨林骑马也非常有趣

在天空中欣赏日出
热气球之旅
Ballooning Tour

奈蕴地区有两家公司组织热气球之旅，行程大致相同，分别是Balloon Down Under和Balloon Aloft。坐上热气球，可以欣赏到朝阳照射下闪耀着金黄色的黄金海岸市区，以及披上朝霞的腹地山区景色，这些一定能让你大饱眼福。另外坦伯林地区的Hot Air公司拥有着全球最大的热气球，可以俯瞰世界遗产拉明顿森林公园及坦伯林山的高原地区，运气好的话还可以看到成群的袋鼠。Hot Air热气球之旅还包含了香槟早餐，另外两家公司则需另外付费。

早晨体验空中漫步令人神清气爽

■ 佳米斯丛林之旅
住 400 Biddaddaba Creek Rd., Canungra, 4275
（07）3613-9716
www.gummies.org.au
时 每天 7:30~12:30、12:30~17:00
费 纯骑马线路：成人 $90 儿童 $70/ 骑马＋农场娱乐：成人 $100 儿童 $80/1 日 游 4WD+ 骑马＋农场娱乐：成人 $185 儿童 $130
※ 含接送
※ 一定穿长裤参加

农场内和羊群亲密接触

■ 热气球之旅
● Balloon Down Under
（07）5500-4797
www.balloondownunder.com
时 每天 5:00~9:30
费 30分钟：成人 $250 儿童 $204/60 分钟：成人 $299 儿童 $254/香槟早餐 成人 $25 儿童 $20
● Balloon Aloft
1800-246-422
www.balloonaloft.net/
时 每天 5:30~9:30
费 30分钟：成人 $250 儿童 $204/60 分钟：成人 $299 儿童 $254/ 香槟早餐 成人 $25 儿童 $20
※ 3~14 岁乘坐需有成人陪同
● Hot Air
（07）5636-1508
www.hot-air.cn
时 每天 5:00~10:30
费 30分钟：成人 $280 儿童 $229/60 分钟：成人 $330 儿童 $279
※ 含香槟早餐
※ 可以布里斯班接送

欣赏美景的同时体验自由落地的快感

双人高空跳伞
Tandem Sky Diving

在黄金海岸还可以体验由教练带领的高空跳伞项目。于黄金海岸机场乘坐赛斯纳公司的飞机出发。在空中可以俯瞰到黄金海岸连绵不断的沙滩。经过十几秒的自由落体后，打开降落伞缓缓落下。着陆点在基拉沙滩，是一个知名的冲浪地点。

在国际级赛场体验高尔夫的乐趣

高尔夫
Golf

黄金海岸上建有多座国际级高尔夫球场。下面简单地介绍几个比较具有人气的球场。

●棕榈牧场高尔夫球场 Palm Meadows
从冲浪者天堂开车到此约10分钟。球场由著名的澳大利亚高尔夫设计大师格翰·马殊精心设计，从球场可以眺望到远处的腹地山区。初学者、高尔夫达人都可以来此挑战。

●皇家松树度假村高尔夫球场 Royal Pines
球场位于阿什莫尔内陆地区，距离冲浪者天堂约10分钟车程，球场是每年2月的澳大利亚女子职业高尔夫球ALPG大师赛的比赛场地。球场线路分为18洞、标准杆72杆和9洞、标准杆36杆两种。

皇家松树度假村高尔夫球场是女子大师赛的比赛场地

●帕克伍德国际高尔夫球场 Parkwood International
位于南港和海伦威尔之间的一座高尔夫锦标赛球场。各个球洞前都有针对性地布置了水坑和桉树林障碍区。

●翡翠湖高尔夫俱乐部 Emerald Lakes Golf Club
知名的高尔夫职业锦标赛举办地。可以打后9洞的夜场。

■双人高空跳伞
主办者：Gold Coast Skydive
☎（07）5599-1920
🖥 www.goldcoastskydive.com.au
💰 双人高空跳伞（1.2万英尺，约305米）$375/ 摄影、拍照2选1 $495/ 含摄影和拍照 $550

■高尔夫
●棕榈牧场高尔夫球场
🏠 Plam Meadow Drv., Carrara, 4211
☎（07）5594-2450
🖥 www.palmmeadows.com.au
💰 场地费 $79（平日）、$89（周末）（含高尔夫球车）

●皇家松树度假村高尔夫球场
🏠 Ross St., Ashmore, 4214
☎（07）5597-8700
🖥 www.royalpinesresort.com.au
💰 场地费：游客 $149（含高尔夫球车）、酒店房客 $99（含高尔夫球车）

●帕克伍德国际高尔夫球场
🏠 76-122 Napper Rd., Parkwood, 4214
☎（07）5563-3342
🖥 www.parkwoodgc.com.au/golf
💰 场地费：平日 $39（含高尔夫球车 $59）、周末 $45（含高尔夫球车 $65）

●翡翠湖高尔夫俱乐部
🏠 Cnr. Nerang-Broadbeach Rd. & Alabaster Drv., Carrara, 4211
☎（07）5594-4400
🖥 www.emeraldlakesgolf.com.au
💰 场地费：$72（含高尔夫球车）

COLUMN 云集世界各地的参赛者——黄金海岸马拉松

2018年第40届澳大利亚首屈一指的黄金海岸马拉松赛事，于2018年6月30日开幕，首先进行5.7公里、10公里、青少年4公里的比赛，7月1日进行半程、全程马拉松比赛。每年约有3万人参加，公路平坦，景色优美，人气非常之高。赛程长度不一，整个家庭都可以参与其中，这也是黄金海岸赛事的一大特点。喜欢跑步的人自不必说，抱有"想跑一次马拉松""增强锻炼""创造家庭的美好回忆"等想法的话，请不要犹豫，快报名参加吧。

DATA
黄金海岸马拉松官网
🖥 goldcoastmarathon.com.au

澳大利亚地区指南 昆士兰州 黄金海岸

181

在黄金海岸体验
水疗 SPA

在黄金海岸的主要度假酒店中，
大多数都同时设置了水疗设施。
酒店房客之外的游客也可以使用。
找到一家自己喜欢的水疗馆，
享受悠闲自在的大好时光吧。

Q1 水疗
Qi SPA
(Exclusive SPAS Australia)

　　由澳大利亚著名的高级水
疗集团 Exclusive SPAS 经营。
使用融合了原住民草药概念制
作而成的，仅能在澳大利亚体
验到的护肤产品 Li' Tya。产
品成分也是纯天然的，并且吸
取了原住民的技术，可以享受
到最棒的休闲时光。

配有维琪浴，设施完备的情侣
理疗室

※ 维琪浴，是一种比较时尚的
水疗，它是针对人体背部曲线设
计的一种冲击疗法。通过水珠拍
打，对背部进行按摩，以达到舒
张血管、加快血液循环的功效。

DATA　　　　　　　　p.166/3B
住 Q1 Resort & Spa, Hamilton
Ave., Surfers Paradise, QLD
4217
☎ (07) 5539-9293
URL www.exclusivespas.com.au
营 每天 9:00~20:00
费 面部 30 分钟 $99~、60 分钟
$158~/ 按摩 30 分钟 $101~/ 套餐
3 小时 $444
CC A D J M V

乐库瓦水疗
L'aqua Day SPA

　　位于水印水疗酒店二层。
是采用海水浴疗法的水疗产
品，有面部水疗、全身按摩、
手 & 足护理、维琪浴等服务。

DATA　　　　　　　　p.166/3B
住 Level 2, Watermark Hotel &
Spa Gold Coast, 3032 Surfers
Paradise Blvd., Surfers Paradise,
QLD 4217
☎ (07) 5588-8368
URL www.watermarkhotelgol-
dcoast.com.au
营 周二 ~ 周日 11:00~19:00
休 周一
费 面部 60 分钟 $150~/ 按摩 50
分钟 $115~120、80 分钟 $159~
175/ 套餐 130 分钟 $250~
CC A D J M V

情侣理疗室设施完备

红宝石水疗
Ruby SPA

　　位于冲浪者天堂万豪度假
酒店及水疗中心内。拥有宽敞
的理疗室和休息空间。还设有
理发店、健身房等设施。

DATA　　　　　　　　p.166/1A
住 Surfers Paradise Marriott Resort
& Spa, Level 1, 158 Ferny Ave.,
Surfers Paradise, QLD 4217
☎ (07) 5592-9796
URL www.rubyspa.com.au
营 周一 ~ 周六 9:00~18:00、周
日 10:00~17:00
费 面部 30 分钟 $75~/ 全身按摩
45 分钟 $90~/ 石疗按摩 60 分钟
$140/ 角质护理 45 分钟 $90~
CC A D J M V

在舒适的环境下享受按摩服务

黄金海岸的酒店
Accommodation

冲浪者天堂

黄金海岸背包客就寝旅舍度假村
Sleeping Inn Surfers Backpackers Resort　　　平价酒店

◆ 从冲浪者天堂中心地区，沿奈菲河向南即可到达。各个单元配有厨房、浴室、洗手间。另外还有泳池和游戏房，每周六还有 BBQ 聚会。

环境明亮的旅舍度假村

位于冲浪者天堂的背包客酒店街上　Map p.166/3A
URL www.sleepinginn.com.au
住 26 Peninsula Drv., Surfers Paradise, 4217 ☎ 5592-4455 FAX 5592-5266
WiFi 免费 费 D $30~34、TW $78~88
※ 含早餐 ※ YHA、VIP 会员可享受优惠 CC A D J M V

曼特拉圈卡维尔酒店
Mantra Circle on Cavill　　　公寓式酒店

◆ 酒店地处霏尔尼大街和卡维尔大街交会处，拥有两栋大楼，南楼高 49 层，北楼高 69 层。客房内饰采用现代风格，阳台视野极佳。

宽敞的泳池区

地处冲浪者天堂黄金地段　Map p.166/2A
URL www.mantracircleoncavill.com.au
住 9 Ferny Ave., Surfers Paradise, 4217
☎ 5582-2000 FAX 5582-2020 WiFi 收费 费 1B $270~、2B $349~366、3B $741 ※ 至少入住两晚 CC A D J M V

热辣灵魂冲浪者天堂公寓式酒店
Peppers Soul Surfers Paradise　　　公寓式酒店

◆ 面朝冲浪者天堂沙滩的超高层公寓式酒店。从所有房间均能看到沙滩，以白色、米色为主色调的房间内饰，令人心情舒畅。还配有全新的 40 英尺液晶电视和蓝光播放器等设备。

地理位置绝佳的热辣灵魂冲浪者天堂公寓式酒店

面朝沙滩的豪华公寓式酒店　Map p.166/2B
URL www.peppers.com.au
住 8 The Esplanade, Surfers Paradise, 4217 ☎ 5635-5700
☎ 1300-987-600
WiFi 免费 费 1B $299、2B $428~498、3B $598~1298 CC A D J M V

冲浪者天堂诺富特酒店
Novotel Surfers Paradise　　　公寓式酒店

◆ 和天堂中心公寓酒店构成的大型综合酒店。客房全部位于 6 层以上，其中八成都是海景房。位于二层的汉伦餐厅，其海鲜晚餐广受好评。泳池、健身房等设施也很齐全。

室外的泳池景致也极好

位于冲浪者天堂正中心　Map p.166/2B
URL www.accorhotels.com
住 Cnr. Surfers Paradise Blvd. & Hanlan St., Surfers Paradise, 4217
☎ 5579-3499 FAX 5592-0026
WiFi 免费 费 TW $195~315
CC A D J M V

黄金海岸天堂度假村
Paradise Resort Gold Coast　　　公寓式酒店

◆ 度假村的占地面积很大，内部有带滑梯的泳池、儿童俱乐部、活动场地等设施，方便全家人一起游玩。酒店内每天举办的活动也深受小朋友喜爱。

一整天都可以听到孩子们爽朗的笑声

热门的家庭度假之选　Map p.166/1A
URL www.paradiseresort.com.au
住 122 Ferny Ave., Surfers Paradise, 4217 ☎ 5579-4444 Fee 1800-074-111
FAX 5579-4492 WiFi 免费
费 TW $229~359
CC A D J M V

曼特拉传奇酒店
Mantra Legends Gold Coast　　　公寓式酒店

◆ 从明亮的酒店大堂可以看到庭院中的泳池和瀑布。面朝酒店设有餐馆、咖啡馆、健身俱乐部、桑拿等设施。客房全部带有阳台，颜色时尚鲜明。

房间干净整洁，十分舒适

地理位置优越　Map p.166/3B
URL www.mantralegends.com.au
住 25 Laycock St.（Cnr.Surfers Paradise Blvd.）, Surfers Paradise, 4217
☎ 5588-7888 FAX 5588-7885
WiFi 收费 费 TW $132~230、2B $347~
CC A D J M V

冲浪者天堂皇冠假日酒店
Crowne Plaza Surfers Paradise 公寓式酒店

◆位于冲浪者天堂和布罗德沙滩之间的一家4.5星级酒店。酒店前就是佛罗里达花园轻轨站，无论是前往冲浪者天堂还是布罗德沙滩都十分方便。客房宽敞明亮，内饰时尚整洁。从阳台可以眺望到沙滩和黄金海岸的美景。酒店内还有水疗（触摸疗法水疗 Touch Therapy SPA）、巴尔萨泽酒吧＆餐馆（Balthazar）、施福中华美食餐厅 Shifu。此外主餐厅还有 Relish Grill Bar，和黄金海岸地区唯一的旋转餐厅——四季风 360° 旋转餐厅（→p.186）。泳池、健身房、小教堂等设施也很完善。

泳池一侧十分安静，令人心情放松

设施完善	Map p.160/3B

- URL www.crowneplazasurfersparadise.com.au
- 住 2807 Gold Coast Hwy., Surfers Paradise, 4217 ☎ 5592-9900
- FAX 5592-1519 WiFi 免费
- 费 ⊤Ⓦ $184~784
- CC A D J M V

宽敞的客房营造出令人安心的环境

冲浪者天堂万豪度假酒店及水疗中心
Surfers Paradise Marriott Resort & SPA 公寓式酒店

◆酒店远离冲浪者天堂市中心的喧嚣，是一座高 28 层的豪华度假村。酒店的人工湖中还有热带鱼穿梭其中，在这里可以浮潜、潜水。泳池周边还有按摩浴缸、水滑梯，这在黄金海岸十分少见。房间宽敞明亮，卫生间干湿分离，十分整洁。餐厅、水疗（→p.182）等设施也很齐全。

饲养着热带鱼的人工泳池

优雅的酒店氛围	Map p.166/1A

- URL www.marriott.com.cn
- 住 158 Ferny Ave., Surfers Paradise, 4217
- ☎ 5592-9800
- FAX 5592-9888
- WiFi 免费
- 费 ⊤Ⓦ $319~674
- CC A D J M V

斯皮特区

黄金海岸范思哲度假酒店
Palazzo Versace Gold Coast

◆由范思哲集团打造的，面朝布罗德沃特的一家高档"宫殿酒店"。酒店内的装饰充满了奢华感，客房内的纺织品、小摆件也均是由范思哲制造。另外全部的房间都带有浴缸，非常奢侈。

进入大堂就会感叹其奢华

由范思哲集团建设	Map p.167/A

- URL www.palazzoversace.com.au
- 住 94 Sea World Drv., Main Beach, 4217 ☎ 5509-8000
- WiFi 免费 费 ⊤Ⓦ $359~1609、1Ⓑ $809、2Ⓑ $1379~1579、3Ⓑ $1679~1879
- CC A D J M V

黄金海岸厦景喜来登度假酒店
Sheraton Grand Mirage Resort & SPA

◆酒店最吸引人眼球的当数水池和人工湖的美景。宽敞的客房，洋溢着明亮的气氛。酒店内的水疗设施规模，在黄金海岸也是数一数二的。

酒店对面美丽的水池

面朝沙滩而建的最高档度假酒店	Map p.167/A

- URL www.sheratongrandmiragegoldcoast.com 住 71 Seaworld Drv., Main Beach, 4217 ☎ 5577-0000
- WiFi 免费 费 ⊤Ⓦ $359~479、1Ⓑ $809
- CC A D J M V

黄金海岸其他的主要酒店

酒店名称	住宿 / URL	TEL / FAX	参考价格
平价酒店			
冲浪者天堂			
冲浪与太阳海滨背包客旅舍 Surf 'n' Sun Beachside Backpackers p.166/1B	3323 Surfers Paradise Blvd., Surfers Paradise, 4217 www.surfnsunbackpackers.com	☎5592-2363	Ⓓ$30
短日背包客旅舍 Couple O'days Backpackers p.166/3A	18 Penninsular Drv., Surfers Paradise, 4217 www.coupleodays.com.au	☎5592-4200	Ⓓ$25 ⊤Ⓦ$70
公寓式酒店			
曼特拉皇冠塔酒店 Mantra Crown Towers p.166/1A・B	5-19 Palm Ave., Surfers Paradise, 4217 www.mantracrowntowers.com.au	☎5555-9999 FAX5555-9998	1Ⓑ$219~ 2Ⓑ$260~275
黄金海岸曼特拉太阳城酒店 Mantra Sun City p.166/1B	3400 Gold Coast Hwy., Surfers Paradise, 4217 www.mantrasuncity.com.au	☎5584-6000 FAX5584-6666	⊤Ⓦ$194 1Ⓑ$214~ 2Ⓑ$307~
天堂中心公寓酒店 Paradise Centre Apartments p.166/2B	3 Halan St., Surfers Paradise, 4217 www.paradisecentre.com.au	☎5579-3399 FAX5570-2077	1Ⓑ$210~ 2Ⓑ$295~
布罗德沙滩			
非尼基度假酒店 Phoenician Resort p.167/B	24-26 Queensland Ave., Broadbeach, 4218 www.phoenician.com.au	☎5585-8888 FAX5585-8890	1Ⓑ$190~ 2Ⓑ$250~
海浪度假酒店 The Wave Resort p.167/B	88-91 Surf Pde., Broadbeach, 4218 www.thewaveresort.com.au	☎5555-9200	1Ⓑ$240~255 2Ⓑ$270~315

从中国往黄金海岸拨打电话
00+61（国家代码）+ 7（去掉前面第一个 0 的区号）+ 对方的电话号码

神仙湾

洲际神仙湾度假酒店
Intercontinental Sanctuary Cove Resort

◆ 在复古的澳式乡村风格酒店内，客房装饰则彰显出现代时尚感。酒店内建有巨大的人工湖，可以感受私人海滩的气氛。另外神仙湾内还有码头、两个高尔夫球场、购物中心、餐馆等设施。

顶级的设施·环境·服务	Map p.160/2B

URL www.ihg.com
住 Manor Circle, Sanctuary Cove, 4212 ☎ 5530-1234
WiFi 收费（IHG 会员免费）
费 ⓉⓌ $195~896
CC A D J M V

左／酒店拥有巨大的人工湖
右／客房内饰时尚简约，令人心情舒畅

布罗德沙滩

黄金海岸索菲特酒店
Sofitel Gold Coast

◆ 位于布罗德沙滩繁华街区，旁边就是绿洲购物中心。客房以棕色为基调，很有品位。另外酒店的 Room81 也是黄金海岸知名的美食店厅之一。

紧邻绿洲购物中心	Map p.167/B

URL www.sofitelgoldcoast.com.au
住 81 Surf Pde., Broadbeach, 4218
☎ 5592-2250　Free 1800-074-465
FAX 5570-0393　WiFi 收费
费 ⓉⓌ $320~620
CC A D J M V

派珀斯布罗德海滩度假村
Peppers Broadbeach

◆ 布罗德沙滩地区首屈一指的公寓式度假村。客房采用现代风格装饰，设有以"和"为主题的禅庭院、迷你剧场、高档水疗等设施，入住这里让人感到轻松自在。穿过酒店的甲骨文大街就是黄金海岸数一数二的美食街区。

地处美食区的高档公寓式度假村	Map p.167/B

URL www.peppersbroadbeach.com
住 21 Elizabeth Ave., Broadbeach, 4218
☎ 5635-1000　WiFi 免费
费 ①B $406、②B $501~637、③B $1132~1187　CC A D J M V

亚热带雨林中最适合散步的
欧雷伊里雨林度假村酒店
O'Reilly's Rainforest Retreat&Villas

期待入住
黄金海岸的森林度假胜地

（上）房间设计便于观赏风景的山间别墅
（右）山间别墅的客厅

DATA Map p.160/3A
URL www.oreillys.com.au
住 Lamington NP, via Canungra 4275 ☎ 5502-4911
Free 1800-688-722　WiFi 免费　ⓉⓌ $149~179、①B $396~436、②B $473~513　CC A J M V

1926 年在绿山地区开业的酒店。休息区有餐馆、酒吧，采用复古的昆士兰式建筑风格。客房内采用的也是山林小屋的装饰风格。从酒店步行 5 分钟到达山间别墅区，拥有完善的停车场，可以看到亚热带雨林的按摩浴缸，并且带有阳台等，设施非常齐全。大型泳池和高档的遗失世界水疗中心也位于这一侧。住宿期间的娱乐活动也十分丰富，有导游带领的亚热带雨林漫步之旅、四驱车之旅、夜间漫步之旅等（部分活动收费）。

遗失世界水疗中心的理疗室

黄金海岸的餐馆
Restaurant

冲浪者天堂

艾尔弗雷斯科意式餐馆
Alfresco Italian

◆黄金海岸一家经营了 20 多年的意大利老牌餐馆，由一个来自那不勒斯的家族经营。菜单有那不勒斯风味的比萨和意面。人气菜品有番茄罗勒意面（$29.90）、艾尔弗雷斯科比萨（普通 $18.90、大号 $26.90）。

番茄罗勒意面很受欢迎

在当地很有人气的意大利餐馆　Map p.166/3B
URL alfrescogc.com.au
住 Shop 2/3，3018 Surfers Paradise Blvd.，Surfers Paradise，4217
☎ 5538-9333
营 每天 17:00~22:00
CC M V
酒 许可经营

克利福德烧烤酒吧
Clifford's Grill & Lounge

◆餐馆位于水印酒店一层，在开放式厨房制作的牛排广受好评。尤其是这里 1 千克的 T 骨牛排更是招牌，2~3 人刚好可以吃完。

充满诱惑力的 T 骨牛排

可以吃到豪华的牛排　Map p.166/3B
URL www.watermarkhotelgoldcoast.com.au
住 Watermark Hotel & Spa Gold Coast, 3032 Surfers Paradise Blvd.，Surfers Paradise，4217 ☎ 5588-8400
营 周二~周四 18:00~22:00，周五~周日 12:00~15:00、18:00~22:30
休 周一 CC A D J M V 酒 许可经营

布姆布姆汉堡酒吧
Boom Boom Burger Bar

◆距离冲浪者天堂中心地区徒步 10 分钟的距离，位于雪佛龙岛繁华街区一角的汉堡店。店主曾是法国主厨，这里的创意汉堡非常好吃。比较推荐的有和牛牛排汉堡、烟熏汉堡（$16）。

招牌烟熏汉堡

精彩的厨师表演　Map p.166/2A 外
URL www.boomboomburgers.com.au
住 9 Burra St.，Chevron Island，4217
☎ 5538-3718
营 每天 11:00~22:00
CC A D J M V
酒 BYO（仅限葡萄酒）& 许可经营

冲浪者天堂希腊大街烧烤餐馆
Greek Street Grill Surfers Paradise

◆位于热辣灵魂冲浪者天堂公寓式酒店一层面朝海滨大道的美食街区。主菜是希腊风味美食，羊肉串（$9.50~），美食拼盘（$16.50~），还可以品尝到希腊啤酒。另外也可以外带。布罗德沙滩的太平洋购物中心设有分店。

种类丰富的美食拼盘

极具人气地中海美食　Map p.166/2B
URL www.greekstreet.com.au
住 Shop T105/4 The Esplanade，Surfers Paradise，4217 ☎ 5504-6474
营 周日~次周四 11:30~21:00、周五·周六 11:30~22:00 CC M V
酒 许可经营

四季风 360° 旋转餐厅
Four Winds 360°

◆位于皇冠假日酒店 26 层的旋转餐厅。这里的景致相当出色，令人赞叹不已。菜单有牡蛎、虾等海鲜、炒饭、炒面、春卷、点心、咖喱等中华美食。甜点的种类也十分丰富。

在欣赏美景的同时享受美食

可以欣赏到黄金海岸的美景　Map p.160/3B
URL www.fourwindsrestaurant.com.au
住 Crowne Plaza Surfers Paradise，2807 Gold Coast Hwy.，Surfers Paradise，4217
☎ 5592-9906 营 每天 12:00~14:30、18:00、17:30~19:00、20:00~22:00（周五·周六~22:30）CC A D J M V 酒 许可经营 午餐：周一~周六 $61、周日 $71/晚餐：周一~周四 $71、周五·周六 $81/儿童午餐、晚餐均为 $30

Cav's 牛排店
Cav's Steakhouse

◆自1984年开业以来深受当地澳大利亚人喜爱的一家老牌牛排店。虽说是餐馆，但实际上是从店内入口旁的玻璃柜中自选已经处理过的肉类。除了澳式牛排，也有羊肉和鸡肉。其中菲力牛排、后臀牛排、T骨牛排非常美味，1块250g以上（$25.90~46.90）。采用炭火烧烤，可以自己选择生熟度。还可以花$8.90在牛排上加BBQ烤虾。

牛排分量十足

高人气的牛排店   Map p.160/3B

URL cavssteakhouse.com
住 30 Frank St., Labrador, QLD 4215
☎ 5532-2954
营 每天 12:00~14:30、18:00~21:00
CC A D J M V
酒 许可经营

茶茶日式牛排店
Cha-Cha Japanese Steak House

◆位于部落的中心地区，人气非常之高，室外的座位也都是满座状态。推荐的菜品有各种日式牛排（$20.90）、茶茶牛排盖饭（$19.90）等。不但美味而且分量十足。

有很多日本的定食风格菜品

深受当地人喜爱的休闲日式餐馆   Map p.167/B

住 Shop 6, 2705 Gold Coast Hwy., Broadbeach, 4218
☎ 5538-1131
营 周二 ~ 周日 17:00~22:00（最后点餐）
休 周一、圣诞节
酒 BYO

哞哞葡萄酒酒吧 + 烧烤
Moo Moo Wine Bar + Grill

◆店名以牛的叫声命名，在这里可以品尝到考究的澳大利亚牛排。牛排种类丰富，有高档的神户牛（澳大利亚产）牛排、澳大利亚和牛后臀牛排霜降牛排（在澳大利亚脂肪含量用MB表示）等。人气的霜降神户牛排（MB9+）200g价格$72。澳大利亚和牛霜降牛排（MB3+）200g价格$39。另外午餐时段提供套餐，2道菜（含1个饮料）$45、3道菜（含1个饮料）$55。

前菜可以品尝到一口牛肉，主菜可以选择牛排。

    Map p.167/B

URL www.moomoorestaurant.com
住 Shop 2, Broadbeach on the Park Resort, 2685 Gold Coast Hwy., Broadbeach, 4218
☎ 5539-9952
营 周一~周五 12:00~15:00、每日 17:30~22:00（最后点餐）
CC A D J M V
酒 许可经营 & BYO（仅红酒）

黄金海岸美卡巴餐馆
Mecca Bah Gold Coast

◆位于黄金海岸屈指可数的美食区，派珀斯布罗德海滩度假村用地内的甲骨文街。菜单是以摩洛哥菜和土耳其菜为主的地中海沿岸美食。招牌菜是塔金锅。海鲜、鸡肉、羊肉、牛肉、素食等种类十分丰富。餐前小菜种类也很丰富，可以当作下酒菜。因为餐馆非常火爆，晚餐一定要提前预约。

可以品尝到有名的塔金锅

高人气的摩洛哥餐馆   Map p.167/B

URL www.meccabah.net
住 3 Oracle Bvd., Broadbeach QLD 4218
☎ 5504-7754
营 每天 11:00~22:30
CC A M V
酒 许可经营

亚塔拉派店
Yatala Pie Shop

◆位于黄金海岸北部亚塔拉的M1高速公路出口附近的一家知名派店。招牌是牛排派（$5.40），炖煮过的牛肉十分美味。此外还有加入蘑菇的牛排派、咖喱味派、蔬菜派、苹果派等。开车自驾的话一定不要错过。

澳大利亚的人气派店

当地知名的派餐馆   Map p.160/2A

URL www.yatalapies.com.au
住 48 Old Pacific Hwy., Yatala, 4207
☎ 3287-2468
营 每天 7:00~20:30
CC M V
酒 无

从中国往黄金海岸拨打电话
00+61（国家代码）+ 7（去掉前面第一个0的区号）+ 对方的电话号码

OK 礼品店商店
OK Gift Shop

◆ 位于兰花大街上的一家综合纪念品商店。有高人气的拉菲草帽品牌海伦·卡明斯基，以 Emu 为主的各种雪地靴品牌，100% 植物性香皂、护手霜品牌 Urban Rituelle 以及源于黄金海岸的环保包品牌 Envirosax 等。还能买到 OK 礼品商店限定的当地人偶玩具、手机链、海贼王马克杯，澳大利亚限定的 Lupicia 茶，以及蜂胶、蜂王浆、甜点等。

丰富的人气纪念品	Map p.166/2B

URL www.okgift.com.au
住 Shop 1, 25 Orchid Ave., Surfers Paradise, 4217
☎ 5527-5055
營 每天 11:00~21:00
CC A D J M V

海伦·卡明斯基的帽子，种类十分丰富

源于黄金海岸的环保包品牌 Envirosax，样式种类丰富多彩

店内摆放着满满的商品

澳大利亚橄榄球袋鼠队的复刻球衣

2 层有葡萄酒品酒室

澳大利亚限定的海贼王马克杯

UGG 澳大利亚制造
UGG Australian Made

◆ UGG Australian Made 在黄金海岸迈阿密地区建有工厂。因此可以按照客人要求专门定制 UGG 雪地靴。你可以自行选择雪地靴的材质、颜色、搭配，制作出一双仅属于自己的雪地靴。从预订到制作完成最短仅需要 24 小时（周六·周日工厂休息），低筒靴 $380~、中筒靴 $400~、高筒靴 $530~。另外在冲浪者天堂的黄金海岸大道两边也有分店。如果前往迈阿密的工厂，在特价区还能买到非常便宜的 UGG 雪地靴。

可以定制专属 UGG	Map p.166/2B

URL uggsince1974.com.au
CC J M V
● 兰花大街店
住 36 Orchid Ave., Surfers Paradise, 4217
☎ 5504-6127
營 周一～周六 11:30~18:30
● 冲浪者天堂大道店
住 Shop 3, 3171 Surfers Paradise Blvd., Surfers Paradise, 4217
☎ 5526-9441
營 每天 11:00~21:30

兰花大街店

可以改变任意部分，制作出任何你想要的雪地靴

亲切的亚洲店员

蜂蜜岛
Honeyland

◆ 店内有澳大利亚和新西兰的原创健康食品、天然化妆品，如蜂蜜、蜂王浆、蜂胶、使用羊胎素或麦卢卡蜂蜜制作的肥皂等。蜂蜜种类很多，可以试吃。

想购买蜂蜜等健康食品来此	Map p.166/2B

URL honeyland.net.au
住 Shop 3, The Fourm, 26 Orchid Ave., Surfers Paradise, 4217
☎ 5526-2937
FAX 5575-9385
營 每天 10:30~20:00
CC A D J M V

麦卢卡蜂蜜制作的肥皂也是人气商品

澳大利亚精神馆
Spirit of Australia Gallery

◆这里有 4 家 UGG 品牌商店，尤其以 Emu 品牌引以为傲，设计、颜色、儿童靴等，可选择的范围非常广泛。另外这里也有与原住民相关的商品，如原住民的乐器迪吉里杜管、狩猎用具回旋镖、使用传统技法的画作等，商品种类多种多样。

汇集了各种 UGG 品牌不同设计的雪地靴

UGG 和原住民工艺品 Map p.166/2B

URL www.spiritofaustraliagallery.com
住 Shop 5，3171 Surfers Paradise Blvd.，Surfers Paradise，4217
☎ 5561-0330
營 每天 9:30～21:00
CC A J M V

回旋镖的种类也很丰富

猫眼石馆
Opal Gallery

◆黄金海岸有代表性的猫眼石专卖店，二层是猫眼石博物馆。陈列的猫眼石每个品质都很好，尤其是珍贵的黑猫眼石种类丰富。另外还有深受女性喜爱的亮猫眼石制成的耳钉、耳坠，还有南十字星座、心形礁形状的耳饰，都非常具有人气。

同时设有猫眼石博物馆 Map p.166/2A
URL www.opalgallery.net
住 45 Cavill Ave.，Surfers Paradise，4217
☎ 5538-0666
營 每天 11:00～19:00
CC A D J M V

布罗德沙滩

太平洋购物中心
Pacific Fair

◆黄金海岸首屈一指的大规模购物中心。其中入驻了香奈儿、路易·威登、蒂芙尼等高档品牌店，也有 T2 红茶、护肤品牌优方等专卖店，以及迈伊亚、K 市场、科尔斯、标靶、玩具反斗城等大型商店。美食区还有澳大利亚包括黄金海岸等地的人气餐厅。

可以购买到大品牌商品

大牌奢侈品店云集 Map p.167/B
URL www.pacificfair.com.au
住 Hooker Blvd.，Broadbeach，4218
☎ 5581-5100 營 周一～周三·周五·周六 9:00～17:30、周四 9:00-21:00、周日 10:00～16:00（各个店铺营业时间略有不同）
CC 可以使用信用卡（各个店铺有不同）

中央的庭院适合在购物间隙进行休息

其他地区

海港城
Harbour Town

◆巨大的奥特莱斯购物中心，内部入驻了欧美品牌、澳大利亚当地品牌等 70 多家店铺。既有耐克、阿迪达斯、康纳贝利等运动休闲品牌，也有 RALPH LAUREN、思捷、CK、DKNY、D&G、艾斯卡达、UGG，还有儿童折扣店（Oshukosh、Oilliy 等），各种商店汇集于此。面向游客的服务也很周到，游客休息室、冷饮服务、行李寄存等均免费。另外在休息室领取的旅行卡在主要店铺均可享受优惠。从南港乘坐 Translink 巴士 704 路约 15 分钟直达。也可以乘坐 Con-X-ion 公司的主题公园摆渡车前往这里。

规模逐年扩大的海港城奥特莱斯

折扣店云集 Map p.160/3B
URL www.harbourtown.com.au
住 147-189 Brisbane Rd.，Biggera Waters，4216
☎ 5529-1734 FAX 5529-2459
營 周一～周三·周五·周六 9:00～17:30、周四 9:00～19:00、周日 10:00～17:00（各个店铺营业时间略有不同）
休 耶稣受难日、澳新军团日、圣诞节
CC 可以使用信用卡（各个店铺略有不同）

罗比娜购物中心
Robina Town Centre

◆黄金海岸规模最大的购物中心，内部有高档的大卫·琼斯商场、主卖杂货的 K 市场，以及超过 300 家的各种澳大利亚品牌专卖店等。

在当地拥有高人气的购物中心 Map p.160/3B
URL www.robinatowncentre.com.au
住 Robina Town Centre Drv.（off Robina Parkway），Robina，4230 ☎ 5575-0481
營 周一～周三·周五·周六 9:00～17:30、周四 9:00～21:00、周日 10:00～16:00（各个店铺营业时间略有不同） CC 可以使用信用卡（各个店铺略有不同）

从中国往黄金海岸拨打电话
00+61（国家代码）+7（去掉前面第一个 0 的区号）+ 对方的电话号码

备受关注的葡萄园区

格兰纳特贝尔
Granite Belt

昆士兰州最大的葡萄酒之乡

格兰纳特贝尔位于大分水岭东侧内陆地区，是一片紧邻新南威尔士州的花岗岩地区的总称。一般意义上昆士兰州南部属于亚热带地区，并不适合酿造葡萄酒，但这一地区海拔在 600~1000 米，春冬凉爽，夏季炎热，气候环境十分适合栽培葡萄。因为意大利的移民较多，从 1965 年这里便开始酿酒产业，如今已有超过 30 家酿酒厂，葡萄酒的品质也都极佳。当然其中大部分都有品鉴店，可以品酒。

白葡萄酒的种类主要以赛美蓉和华帝露为主，红酒中赤霞珠和西拉的评价最好。其中赤霞珠更是澳大利亚其他葡萄酒产区中难得一见的品种，一定品尝一下。

斯坦索普小镇

可以欣赏到奇景的
吉拉温国家公园

在格兰纳特贝尔最南部的吉拉温国家公园（Girraween NP），可以观赏到这一地区有代表性的花岗岩地形景观。在桉树林对面可以看到几座由花岗岩堆积而成的岩山，从半山腰到山顶之间，到处都是让人感觉随时有可能掉落下来的岩石。早晚在国家公园内还有可能看到袋鼠等野生动物。

寻找美味的葡萄酒

在吉拉温国家公园可以看到不可思议的景观

以斯坦索普为中心巡游
葡萄酿酒厂

沿新英格兰高速公路（New England Hwy.）行驶 60 公里，可以看到几个村庄，酿酒厂也分布在这一地带，其中心便是斯坦索普（Stanthorpe）。这里有游客信息中心，可以获取这一地区的旅游资讯。并且酿酒厂比较集中的地方是从斯坦索普南侧的格伦阿普林（Glen Aplin）至巴伦丁（Ballandean）一带。

DATA

● 格兰纳特贝尔葡萄酒 & 斯坦索普游客信息中心
Granite Belt Wine & Tourism Stanthorpe Visitor Information Centre
⌂ 28 Leslie Parade，Stanthorpe，4380
☎ 1800-762-665
(07) 4681-2057
www.granitebeltwinecountry.com.au
southerndownsandgranitbelt.com.au
开 每天 9:00~16:00
休 耶稣受难日、圣诞节

● 前往格兰纳特贝尔的交通方式
灰狗长途公司运营的一部分布里斯班~悉尼段巴士经停斯坦索普。但是到达小镇后，当地没有公共交通设施、游玩起来并不方便。因此一般都会选择自驾游览格兰纳特贝尔地区。黄金海岸距此车程约 3.5 小时，布里斯班约 3 小时。

昆士兰州内陆地区
Outback Queensland

图文巴   Toowoomba

图文巴位于布里斯班以西约118公里处，是前往昆士兰州内陆地区的大门。因每年9月著名的花展得名"花园之都"。近郊有乌鸦巢瀑布国家公园（Crows Nest Falls NP）、雷文斯本国家公园（Ravensbourne NP）、邦亚山国家公园（Bunya Mountains NP）等多个国家公园。市内的景点有植物园（Botanical Gardens）、Cobb+Co博物馆、野餐角等。在野餐角可以欣赏到被群山环绕的城镇，体验简单的徒步游览。

在野餐角放松

卡那封峡谷国家公园   Carnarvon Gorge NP

在卡那封峡谷国家公园徒步游览

卡那封峡谷国家公园位于布里斯班西北600公里、罗克汉普顿西南方向400公里处。公园内悬崖全长32公里，最高处可达183米。梅恩溪谷两边的岩墙间隔达数百米，但溪流却十分狭窄。因此溪流至岩壁之间的带状地带，土地肥沃，日照充足，生长着棕榈等亚热带植物。另外溪谷内及其周边因受近100米的海拔差、水量、土质等因素的影响，生长的植物类型完全不同。

从卡那封峡谷国家公园入口处的游客信息中心到梅恩溪谷之间有一条13公里长的步道，途中分布多个景点。在游客中心可以领取地图供参观园区。

芒特艾萨   Mt.Isa

芒特艾萨是昆士兰州~北领地的中继地。这里是世界数一数二的矿山城镇，主要矿产有铜、银、锌等，周边建有多个烟囱，黑烟不断升起。作为一个城镇，其面积达到了4.1万平方公里，相当于瑞士的国土面积。

芒特艾萨的黄昏光景

交通方式
● 图文巴
布里斯班的换乘中心有灰狗长途巴士公司运营的车辆前往图文巴（每天15~20班）。但考虑到图文巴当地的交通设施情况，一般游客都会选择自驾出行。
☎ 13-14-99

■ 图文巴游客信息中心
Toowoomba Visitor Information Centre
🏠 86 James St.（Cnr. Kitchener St.），Toowoomba, 4352
📠 1800-331-155
🖥 www.southernqueenslandcountry.com.au
🕐 每天9:00~17:00
🚫 耶稣受难日、圣诞节

■ 图文巴花展
Toowoomba Carnival of Flowers
🖥 www.tcof.com.au
🕐 9月中下旬，持续两周

交通方式
● 卡那封峡谷国家公园
一般选择从布里斯班、图文巴、罗克汉普顿乘坐巴士前往。租车自驾的话，从图文巴出发沿沃里戈高速公路（Warrego Hwy.）行驶至罗马地区，再沿卡那封高速公路（Carnarvon Hwy.）北上，最后从罗尔斯顿（Rolleston）前未铺设的一段道路向西行驶即可到达。

交通方式
● 芒特艾萨
从布里斯班、汤斯维尔开往北领地的长途巴士全部经停芒特艾萨。从布里斯班出发约24小时、汤斯维尔约10小时。另外还可以乘坐从汤斯维尔出发，每周两班的内地大陆号火车（所需时间20小时）。

■ 里弗斯利化石 & 游客信息中心
🏠 19 Marian St.，Mt.Isa, 4825
☎（07）4749-1555
📠（07）4743-6269
🖥 www.outbackatisa.com.au
🕐 每天8:30~17:00（1~2月为9:00~16:00）
🚫 耶稣受难日、圣诞节、节礼日

- **里弗斯利化石中心**
  🎫 $15 🎫 $6 家庭 $33
- **艰苦时代矿井之旅**
  ⏰ 每天发团（预约时确认具体时间）
  🎫 成人 $79 儿童 $35 家庭 $199

　　推荐大家参加艰苦时代矿井之旅（Hardtime Mine）。芒特艾萨虽然拥有 2.7 万人口，但其中有 4700 人都是矿工。参加这趟行程可以参观地下长达 1 公里的坑道。可以在里弗斯利化石中心（Riversleigh Fossils Centre）的游客信息中心报名参加。里弗斯利（冈瓦纳古陆时代的化石地区）是位于昆士兰西北部的一处世界遗产，展示了澳大利亚特有动物群的各个进化阶段。

昆士兰州内陆地区的酒店
Accommodation

图文巴

唐斯汽车旅馆
Downs Motel
◆ 位于城镇中心。全部房间带有淋浴、卫生间、空调、电视。咖啡馆、旅游咨询处前台、洗衣房、活动区等设施齐全。

性价比高，环境舒适
🌐 www.downsmotel.com.au
🏠 669 Ruthven St., Toowoomba, 4352
☎ 4639-3811　📶 免费
🎫 ⓉⓌ $106～139、家庭 $149
💳 A D J M V

乔达尔扬酒店
Jondaryan Woolshed
◆ 酒店位于图文巴 40 公里远的乔达尔扬郊外，曾是一个建于 1859 年，具有历史价值的羊牧场。除了露营地外，还有利用历史建筑改建而成的住宿设施，价格便宜，还能让人体会农家乐趣。另外这里还不定期举行剪羊毛、赶羊等表演（一般在周末或学校假期举行）。住宿需预约，提前一天可以安排接送酒店。

在乔达尔扬观看剪羊毛表演

体验农场生活
🌐 www.jondaryanwoolshed.com.au
🏠 264 Jondaryan-Evanslea Rd., Jondaryan, 4403
☎ 4692-2229
📶 免费
🎫 ⓉⓌ $110、5 人房 $55～155、6 人房 $85
💳 A D J M V

卡那封峡谷国家公园

卡那封峡谷荒野小屋
Carnarvon Gorge Wilderness Lodge
◆ 在大自然中分布的旅游营地。各个房间里有淋浴、洗手间、冰箱等设备。

位于公园入口
🌐 www.carnarvon-gorge.com
🏠 4043 O'Briens Rd., Carnarvon Gorge, 4702
☎ 4984-4503　📠 1800-644-150
📶 收费　🎫 ⓉⓌ $220～260
💳 A D J M V

芒特艾萨

宜必思尚品维罗纳酒店
ibis Styles Verona Hotel
◆ 由 20 世纪 60 年代的建筑改建而成的酒店，共有 4 层。地处城镇中心，位置极佳。酒店内的餐馆广受好评。

极具殖民时期风格
🌐 www.accorhotels.com.au
🏠 Cnr. Rodeo Drv. & Camooweal St., Mt.Isa, 4825　☎ 4743-3024
📠 4743-8715　📶 收费
🎫 ⓉⓌ $155～175　💳 A D J M V

旅行者天堂背包客旅舍
Travellers Haven Backpackers
◆ 距离长途巴士车站兼游客中心 400 米。旅舍有泳池，客房干净整洁。

芒特艾萨的平价背包客旅舍
🌐 travellershaven.com.au
🏠 75 Spence St., Mt.Isa, 4825
☎ 4743-0313　📶 免费
🎫 Ⓓ $30、ⓉⓌ $75　💳 M V

192　从中国往昆士兰州内陆地区拨打电话
00+61（国家代码）+ 7（去掉前面第一个 0 的区号）+ 对方的电话号码

以有 500 万人口的大城市悉尼作为首府，是澳大利亚的第一个州

观光 POINT

POINT 1
拥有 220 多年历史的悉尼是澳大利亚最早建立的城市。在古今混合的美丽港城，以岩石区为中心，如今城市各处还保存着过去古老的建筑。在这样的城市中悠然地漫步，周末前往自由市场……另外还有港口游艇、购物、潜水等各种活动，充满乐趣。

POINT 2
从悉尼前往蓝山游览，可以当天往返，还能欣赏原始桉树林及美丽的峡谷景观。既可以徒步游览，也可以乘车欣赏美景。另外，世界上最古老的钟乳洞——珍罗兰钟乳石洞也位于这一地区。虽然旅途较远，但如果时间充裕，一定要来参观。

蓝山山脉

POINT 3
斯蒂芬斯港、麦夸里港等沿海城市，全年都有观赏海豚的游船之旅。另外冬季还有可能看到鲸鱼的身影。

基本信息			
面积	80.94 万平方公里	**州兽**	鸭嘴兽
人口	约 770 万	**州花**	特洛皮
首府	悉尼（人口约 500 万）	**电话**	长途电话区号 02
时差	澳大利亚东部标准时间（比中国早 2 小时）。实行夏令时，一般从 10 月最后一个周日，到 4 月第一个周日，时间提前一小时（比中国早 3 小时）。		

主要的节日（2018 年 7 月～2019 年 6 月）	
●●● **2018 年** ●●●	4 月 12 日　耶稣受难日 Good Friday
8 月 7 日　银行假日 Bank HoliDay	4 月 20 日　复活节前夜 Easter Saturday
10 月 1 日　劳动节 Labour Day	4 月 22 日　复活节周一 Easter Monday
12 月 25 日　圣诞节 Christmas Day	4 月 25 日　澳新军团日 Anzac Day
12 月 26 日　节礼日 Boxing Day	6 月 10 日　女王日 Queen's Birthday
●●● **2019 年** ●●●	
1 月 1 日　新年 New Year's Day	
1 月 26 日　澳大利亚国庆节 Australia Day	

新南威尔士州

新南威尔士州主要观光地的平均气温、降水量

	1月	2月	3月	4月	5月	6月	7月	8月	9月	10月	11月	12月
悉尼												
平均最高气温（℃）	25.9	25.8	24.8	22.4	19.5	17.0	16.3	17.8	20.0	22.1	23.6	25.2
平均最低气温（℃）	18.7	18.8	17.6	14.7	11.6	9.3	8.1	9.0	11.1	13.6	15.6	17.5
平均降水量（mm）	101.6	117.6	129.2	127.1	119.9	132.0	97.4	80.7	68.3	76.9	83.9	77.6
卡通巴（蓝山）												
平均最高气温（℃）	23.3	22.4	20.3	16.7	13.1	10.0	9.4	11.2	14.6	17.7	20.3	22.4
平均最低气温（℃）	12.8	12.9	11.4	8.7	6.1	3.7	2.6	3.3	5.4	7.7	9.9	11.7
平均降水量（mm）	162.4	176.7	165.8	121.3	100.8	119.2	83.0	79.2	71.8	91.3	109.1	123.1
猎人谷（塞斯诺克）												
平均最高气温（℃）	30.1	29.0	27.2	24.1	20.6	17.8	17.3	19.4	22.6	25.2	26.8	28.8
平均最低气温（℃）	16.8	16.8	14.5	10.4	7.4	5.7	4.0	4.5	7.0	9.6	13.0	14.9
平均降水量（mm）	72.9	102.9	72.1	49.6	41.4	58.2	29.3	34.9	45.0	51.3	74.3	77.2
拜伦湾（假日海岸）												
平均最高气温（℃）	27.9	27.5	26.4	23.9	21.2	19.3	18.7	20.0	22.1	23.6	25.1	26.4
平均最低气温（℃）	21.2	21.0	19.9	17.6	14.9	13.1	12.0	13.1	15.3	16.8	18.6	19.8
平均降水量（mm）	167.3	174.8	127.7	185.1	95.7	158.2	98.3	77.2	43.8	100.5	86.8	139.6
斯雷博德（大雪山）												
平均最高气温（℃）	21.4	21.0	18.1	13.8	10.0	6.5	5.4	6.6	9.8	13.3	16.5	19.1
平均最低气温（℃）	7.3	7.0	4.7	1.6	-0.5	-2.4	-3.7	-2.5	-0.5	1.7	3.8	5.4
平均降水量（mm）	105.7	87.7	116.0	109.8	150.1	163.3	161.1	194.3	213.1	181.9	162.7	123.9

新南威尔士州概况

1788年1月26日，亚瑟·菲利普率领关押犯人的舰队登陆杰克逊港，即如今的悉尼，这也是澳大利亚作为英国殖民地的历史开端。最初这里是罪犯流放地，直到1851年在巴瑟斯特内陆地区发现沙金，以此为契机迎来了黄金热。相较于白种人，更多的是中国等亚洲地区移民至此，推动了这里的发展。

另外从非洲南部进口的美利奴羊，经过改良得以适应澳大利亚当地的环境，因此牧羊产业发展迅速。

在悉尼的岩石区矗立的
亚瑟·菲利普登陆纪念碑

1813 年，人们发现了可以翻越澳大利亚东部蓝山山脉的线路，这是黄金热、牧羊业发展的契机。越过山头是一大片开阔的绿地，如今这里成了巨大的牧场，牧羊业、蔬菜水果、小麦、大米等农业发展良好，这是澳大利亚首屈一指的农牧地区。但是农牧区前的内陆是大片的红土地，寸草不生，这也导致向内陆地区的开发毫无进展。相反，有许多移民前往了沿岸地区，建了许多城镇。

新南威尔士州的历史几乎就是整个澳大利亚的历史。正因如此，新南威尔士州的民众认为"是自己的州带动了澳大利亚的发展"。当然这一点也不仅仅体现在群众的想法之中，新南威尔士

州拥有澳大利亚最多的人口，经济、金融的发展也处于国内的领先地位。

野生考拉的数量也很多

交通方式

州外交通方式

飞机 新南威尔士州的大门是悉尼，这里有州内唯一的国际机场，规模在澳大利亚也是首屈一指的。另外与其他州之间也有很多航班往来（前往悉尼的交通方式→ p.202 ）。此外从布里斯班前往纽卡斯尔、麦夸里港、科夫斯港，从黄金海岸前往纽卡斯尔，从墨尔本前往纽卡斯尔、科夫斯港、拜伦湾也都有航线运行。

长途巴士 悉尼～库兰达～墨尔本、悉尼～黄金海岸～布里斯班、悉尼～塔姆沃思～布里斯班等线路，有灰狗长途巴士等多家巴士公司运营。每条线路都是主干线，因此巴士班次很多。

火车 XPT 每天都有悉尼～卡西诺（黄金海岸）～布里斯班、悉尼～墨尔本的火车。另外每周还有 2 趟悉尼～阿德莱德～珀斯的豪华印度洋太平洋号火车。

州内的交通方式

飞机 以悉尼国际机场为起点，可以飞往纽卡斯尔、科夫斯港、麦夸里港、拜伦湾及内陆的达博、布罗肯希尔等地。主要运营的航空公司有澳洲航空、澳洲维珍航空、区域快线航空等。但实际上有时乘坐长途巴士更有效率。

长途巴士 & 火车 NSW 州铁路，NSW Tra-inlink 运营的高速火车连接州内各个主要城市。在途中的车站可以乘坐中途巴士，覆盖车站周边区域，利用好的话在州内移动会变得十分轻松方便。尤其是前往大城市之外的地方，乘坐火车 & 巴士的组合是最好的交通手段。有火车和巴士的通票。

租车 东海岸城市密集，城市之间的距离较短，道路状况良好。另外前往猎人谷、斯蒂芬斯港、蓝山等观光地的公共交通很难得到保证。如果要游览新南威尔士州距离悉尼较远的地方，租车自驾是最佳选择。

悉尼市中心林立的高楼大厦

在远离城市的地方要多加注意有野生动物出没

行程安排建议

从悉尼出发

蓝山地区有世界上最古老的珍罗兰钟乳石洞

澳大利亚最大的城市也充满了无限的乐趣。在悉尼最少也要待上 2~3 天，城市漫步、观光（历史建筑物、水族馆·动物园）、购物、美食应有尽有。

另外还可以攀爬著名的悉尼海港大桥，在悉尼塔上体验空中漫步。

从悉尼还有很多前往蓝山、斯蒂芬港、猎人谷等郊外旅游胜地的观光团。参加这类旅游团时间上也更加有保障。另外如果时间比较充裕，可以在蓝山、猎人谷、斯蒂芬斯港等地的酒店、度假村多停留几天。

位于澳大利亚著名的葡萄酒产地猎人谷的精致酒店

周游新南威尔士州

建于澳大利亚最东部海岬的拜伦湾灯塔

可以通过长途巴士、火车、租车等方式游览东海岸沿线的悉尼～黄金海岸，以及内陆的悉尼～库兰达～墨尔本。

另外面向背包客的移动型巴士之旅也非常不错，主要游览的是澳大利亚东海岸的沿线景点，包含了新南威尔士州主要的观光地。经营这种模式的公司有很多。价格超值，还不会错过主要的景点，不妨体验一下。主要的移动型巴士旅行公司有以下几家。

- **OZ 体验**
  ☎ 1300-300-028
  🖳 www.ozexperience.com
- **冒险之旅**
  ☎ 1300-654-604
  🖳 www.adventuretours.com.au
- **G 冒险**
  ☎ 1300-853-325
  🖳 www.gadventures.com

新南威尔士州交通图

布罗肯希尔
黄金海岸
卡西诺 1.0
拜伦湾 2.0 1.5
科夫斯港 3.5
12.0
达博 塔姆沃思 麦夸里港 2.5 1.5
考拉 4.5 猎人谷 斯蒂芬斯港 1.5
米尔迪拉 沃加沃加 蓝山 纽卡斯尔 2.5 3.0
2.5 15.5 15.5
堪培拉 3.0 悉尼 5.5 1.0
诺玛 4.5 伍伦贡 4.0 2.0
斯万希尔 大雪山 阿勒达拉 1.5

🟠 巴士
🟢 火车
🔵 飞机

🟠 内的数字为所需时间：
以小时为单位

地处斯蒂芬斯港的斯托克顿沙丘

196

悉尼 *Sydney*

新南威尔士 New South Wales　　区号（02）

实用信息

■悉尼游客中心
Sydney Visitor Centre
　　在岩石区和达令港，设有悉尼市营的游客中心。
☎ 1800-067-676
🌐 www.sydney.com/visitor-information-centres
🕙 每天 9:30~17:30
🚫 耶稣受难日、圣诞节
◆岩石区　Map p.209/2A
🏠 Level 1, Cnr. Playfair & Argyle Sts., The Rocks, 2000
◆达令港　Map p.219/1B
🏠 33 Wheat Rd., Darling Harbour, 2000

■中国驻悉尼总领事馆
🏠 39 Dunblane Street, Camperdown, NSW 2050, Australia
☎ （02）9550-5519
🌐 sydney.china-Consulate.org

主要航空公司的联络方式
●澳洲航空 Qantas Airway ☎ 13-13-13
●捷星航空 Jet star ☎ 13-15-38
●澳洲维珍航空 Virgin Australia ☎ 13-67-89
●虎航 Tigerair ☎ 1300-174-266
●新加坡航空 Singapore Airlines ☎ 13-10-11
●国泰航空 Cathay Pacific Airways ☎ 13-17-47
●马来西亚航空 Malaysia Airlines ☎ 13-26-27
●中国国际航空 Air China ☎ （02）9232-7277
●亚洲航空长途公司 Air Asia X ☎ （02）8188-2133

　　悉尼拥有超过 500 万人口，是澳大利亚首屈一指的大都市。英式风格的街道，现代化的高楼大厦，绿意盎然的公园，海面上来来往往的轮渡、游艇……城市景色协调美观。

　　悉尼是英国在澳大利亚最早的殖民地，有很多遗留下来的历史建筑。尤其是开拓者最先建设的岩石区、殖民政府所在地等，在漫步街道的同时参观历史建筑，会有一种穿越时空，回到过去的感觉。

　　当然，在悉尼购物、品尝美食也是一大乐趣。悉尼集中了澳大利亚各地最出色的食材、最优秀的厨师，有着各种类型的餐馆。这里除了欧美的 DC 品牌店，还有不少澳大利亚当地的精品设计店。周末在市区各地还会开设自由市场。此外悉尼郊外还有不少澳大利亚知名的观光胜地，可以在悉尼参加游览世界自然遗产蓝山，可以看到海豚、鲸鱼的斯蒂芬斯港，葡萄酒之乡猎人谷等地的短途旅行。

　　现在，请尽情享受悉尼这座城市的无限魅力吧！愿你留下美好的回忆！

悉尼周边地图
Around Sydney

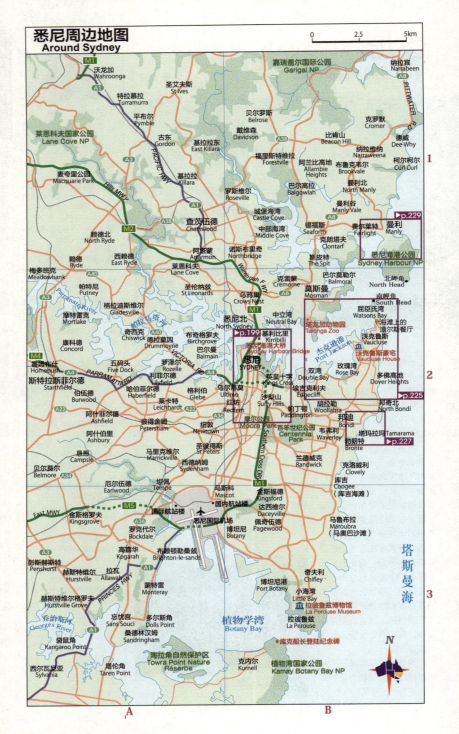

0   2.5   5km

M1 沃龙加 Wahroonga
A1 特拉慕拉 Turramurra
圣艾夫斯 St Ives
平布尔 Pymble
古东 Gordon
莱恩科夫国家公园 Lane Cove NP
麦夸里公园 Macquarie Park
赖德北 North Ryde
A3
M2 直茨伍德 Chatswood
赖德 Ryde
梅多班克 Meadowbank
A40 帕特尼 Putney
摩特雷克 Mortlake
A3
康科德 Concord
M4 霍姆布什 Homebush
斯特拉斯菲尔德 Strathfield
A4
PARRAMATTA RD
A22 伯伍德 Burwood
A4
阿什菲尔德 Ashfield
阿什伯里 Ashbury
A22
恩星 Campsie
A34 贝尔莫尔 Belmore
East MWY 金斯格罗夫 Kingsgrove
M5
彭赫斯特 Penshurst
A3 赫斯特维尔 Hurstville
高嘉华 Kogarah
拉瓦 Allawah
赫斯特维尔格罗夫 Hurstville Grove
PRINCES HWY
忘忧宫 Sans Souci
乔治斯河 Georges River
A1 袋鼠角 Kangaroo Point
桑德林汉姆 Sandringham
西尔瓦尼亚 Sylvania
塔伦角 Taren Point

贝尔罗斯 Belrose
戴维森 Davidson
福兰斯特维拉 Forestville
城堡海湾 Castle Cove
中部海湾 Middle Cove
阿卡蒙 Artarmon
诺斯布里奇 Northbridge
莱恩科夫 Lane Cove
圣伦纳兹 St Leonards
乌鸦巢 Crows Nest
悉尼北 North Sydney
五码头 Five Dock
奇西克 Chiswick
德拉莫因 Drummoyne
布奇格罗夫 Birchgrove
巴尔曼 Balmain
罗泽尔 Rozelle
利菲尔德 Lilyfield
哈伯菲尔德 Haberfield
莱卡特 Leichhardt
彼得舍姆 Petersham
格莱伯 Glebe
乌尔蒂莫 Ultimo
红坊 Redfern
纽敦 Newtown
圣彼得斯 St Peters
马里克维尔 Marrickville
西德纳姆 Sydenham
厄尔伍德 Earlwood
坦佩 Tempe
马斯科 Mascot
国内航站楼
悉尼国际机场
国际航站楼
罗克代尔 Rockdale
布赖顿勒桑兹 Brighton-le-sands
蒙特雷 Monteray
多尔斯角 Dolls Point

嘉瑞盖尔国家公园 Garigal NP
比肯山 Beacon Hill
阿里比高地 Allambie Heights
曼利谷 Manly Vale
锡福斯 Seaforth
克朗塔夫 Clontarf
斯皮特 The Spit
克雷蒙 Cremorne
中立湾 Neutral Bay
双湾 Double Bay
玫瑰湾 Rose Bay
英皇十字 Kings Cross
沙梨山 Surry Hills
帕丁顿 Paddington
摩尔公园 Moore Park
百年世纪公园 Centennial Park
韦弗利 Waverley
兰德威克 Randwick
金斯福德 Kingsford
达西维尔 Daceyville
佩奇伍德 Pagewood
博坦尼 Botany
博坦尼港 Port Botany
植物学湾 Botany Bay
库克船长登陆纪念碑
克内尔 Kurnell

纳拉宾 Narrabeen
A8
克罗默 Cromer
德威 Dee Why
纳维纳 Narraweena
柯尔柯尔 Curl Curl
曼利北 North Manly
费尔莱特 Fairlight
曼利 Manly
▶p.229
悉尼海港公园 Sydney Harbour NP
北岬角 North Head
莫斯曼 Mosman
巴尔莫勒尔 Balmoral
南岬角 South Head
屈臣氏湾 Watsons Bay
塔龙加动物园 Taronga Zoo
沃克鲁斯 Vaucluse
沃克鲁斯康宅 Vaucluse House
多佛高地 Dover Heights
埃吉克利夫 Edgecliff
胡拉勒 Woollahra
邦奇北 North Bondi
邦迪 Bondi
塔玛拉玛 Tamarama
勃朗特 Bronte
克洛威利 Clovelly
库吉 Coogee (库吉海滩)
马鲁布拉 Maroubra (马奥巴沙滩)
奇夫利 Chifley
小海湾 Little Bay
拉彼鲁兹博物馆 La Perouse Museum
拉彼鲁兹 La Perouse
▶p.199
基利比里 Kirribilli
悉尼海港大桥 Sydney Harbour Bridge
悉尼 SYDNEY
▶p.225
▶p.227

塔斯曼海

陶拉角自然保护区 Towra Point Nature Reserve
植物湾国家公园 Kamay Botany Bay NP

N

198

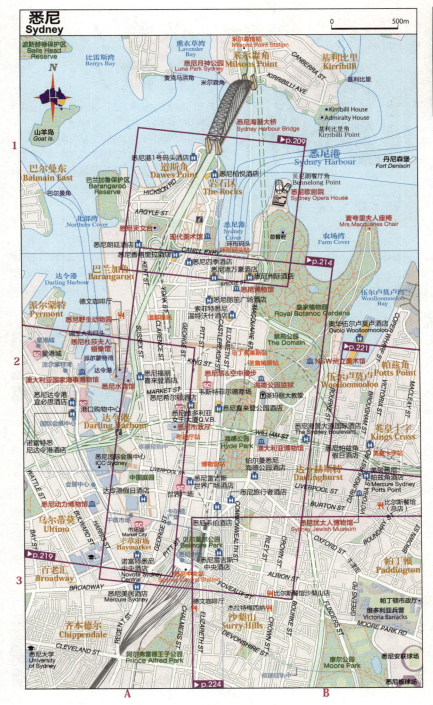

悉尼
Sydney

0　　　　　500m

波斯赫德保护区
Balls Head
Reserve

比雷斯湾
Berrys Bay

薰衣草湾
Lavender
Bay

米尔森角站
Milsons Point Station

悉尼月神公园
Luna Park Sydney

米尔森点
米克马洪角

米尔森角
Milsons Point

坎培拉
CANBERRA ST

KIRRIBILLI AVE

基利比里
Kirribilli

基利比里

Kirribilli House
Admiralty House

基利比里角
Kirribilli Point

山羊岛
Goat Is.

N

悉尼海湾大桥
Sydney Harbour Bridge

▶ p.209

悉尼港
Sydney Harbour

丹尼森堡
Fort Denison

1

巴尔曼东
Balmain East

巴尔曼角

巴兰加鲁保护区
Barangaroo
Reserve

悉尼港1号码头酒店

道斯角
Dawes Point

HICKSON RD

悉尼柏悦酒店

岩石区
The Rocks

贝尼朗餐厅角
Bennelong Point

悉尼港
Sydney
Cover

环形码头

悉尼歌剧院
Sydney Opera House

麦夸里夫人座椅
Mrs.Macquaries Chair

ARGYLE ST

北部湾
Northern Cover

悉尼天文台

现代美术馆

CAHILL EXPW

总督府

农场湾
Farm Cover

巴兰加鲁
Barangaroo

悉尼朗廷酒店

悉尼香格里拉酒店

KENT ST

悉尼四季酒店

悉尼港万豪酒店

BRIDGE ST

悉尼洲际酒店

皇家植物园
Royal Botanoc Gardens

伍尔卢莫卢卢
Woolloomooloo
Bay

派尔蒙特
Pyrmont

悉尼野生动物园

YORK ST

CLARENCE ST

德文咖啡厅

温斯顿站

温特沃什酒店

悉尼博物馆

索菲特悉尼

悉尼笙华广场酒店

MACQUARIE ST

ELIZABETH ST

PITT ST

CASTLEREAGH ST

GEORGE ST

奥华伍尔卢莫卢卢酒店
Ovolo Woolloomooloo

▶ p.214

2

星港城

SC 星港城

派尔蒙特湾

达令港
Darling Harbour

澳大利亚国家海事博物馆

悉尼水族馆

KING ST

悉尼塔＆空中漫步

马丁广场站

禁苑公园
The Domain

NSW州立美术馆

▶ p.221

海德公园监狱

圣玛丽大教堂

圣詹姆斯站

帕兹角
Potts Point

伍卢卢莫卢卢
Woolloomooloo

VICTORIA ST

MACLEAY ST

悉尼达令港
宜必思酒店

H

港口购物中心

SC

国际会展中心

诺富特悉
尼达令港酒店

达令港
Darling Harbour

悉尼希尔顿酒店

MARKET ST

悉尼福朋
喜来登酒店

维多利亚
女王大厦 Q.V.B.

悉尼市政厅

市政厅站

海德公园
Hyde Park

悉尼希尔顿公园酒店

悉尼港景大道国际酒店
The Sydney Boulevard

悉尼帕兹角
假日酒店

英皇十字
Kings Cross

英皇十字站

BROUGHAM ST

BOURKE ST

美居悉尼
Mercure Sydney
Potts Point

WATTLE ST

HARRIS ST

悉尼国际会议中心
ICC Sydney

会展中心

悉尼动力博物馆

LIVERPOOL ST

中国园地

澳大利亚博物馆

悉尼帕丁顿
假日酒店

达令赫斯特
Darlinghurst

比尔斯餐馆
(总店)

达令港假日酒店

世界广场酒店

悉尼雷吉斯

世界
世界广场

悉尼旅行者酒店

COMMONWEALTH ST

RILEY ST

CROWN ST

LIVERPOOL ST

DARLINGHURST RD

VICTORIA ST

OXFORD ST

帕丁顿
Paddington

BOUNDARY ST

BROWN ST

乌鲁蒂莫
Ultimo

BAY ST

悉尼中央站

贝尔莫尔公园
Belmore Park

悉尼韦伯酒店

悉尼犹太人博物馆
Sydney Jewish Museum

BURTON ST

PITT ST

GEORGE ST

市政市场
Market City

干草市场
Haymarket

诺富特悉尼
中央酒店
Novote Sydney
Central

悉尼雷吉斯
中央酒店

悉尼中央
Sydney Central Station

ALBION ST

FLINDERS ST

GREENS RD

帕丁顿市政厅

维多利亚兵营
Victoria Barracks

▶ p.219

百老汇
Broadway

BROADWAY

悉尼美居酒店
Mercure Sydney

德文咖啡厅

比尔斯餐馆沙丘山店

COMMONWEALTH ST

FOVEAUX ST

CROWN ST

BOURKE ST

MOORE PARK RD

齐本德尔
Chippendale

REGENT ST

CLEVELAND ST

悉尼大学
University
of Sydney

CHALMERS ST

ELIZABETH ST

阿尔弗雷德王子公园
Prince Alfred Park

杰拉特梅西纳

沙梨山
Surry Hills

DEVONSHIRE ST

帕丁顿水库中心

摩尔公园
Moore Park

悉尼安联球场

悉尼板球场

▶ p.224

A

B

悉尼之 必看！必做！

澳大利亚最大的城市悉尼，是一座拥有着世界三大美丽港口的城市。

面朝美丽的海岸，林立着从开拓时代的建筑到近代的高楼大厦。你既可以在悉尼市内享受城市漫步的乐趣，也可以前往近郊的世界遗产蓝山感受自然风采，这里充满了无限的魅力。

岩石区及其周边

在岩石区可以看到悉尼过去古老而美好的景象。这一地区保留着开拓时代的许多建筑，走在这里就如同穿越时光，回到了过去。另外沿着海岸线步行 10 分钟左右，就是世界文化遗产悉尼歌剧院的所在地。歌剧院内部有导游服务，可以报名参加游览歌剧院。

攀爬大桥如今已成了悉尼的经典活动之一

海港游船

如果想一睹世界上三大港口的美丽景色，最好的办法就是参加游船之旅。在环形码头和达令港有很多游船出港航行。

最大的库克船长游船

攀爬大桥 / 悉尼空中漫步

从高处俯视悉尼市区别有一番风味，更别说这还是在悉尼地标性的建筑之上了。在悉尼可以攀爬著名的海港大桥，欣赏市区的美景。还可以在悉尼市中心的悉尼塔观景台上体验空中漫步，将城区的景色尽收眼底。

游览蓝山

蓝山距离城区约有 1.5 小时的车程。游客可以欣赏茂密的桉树林、大溪谷，体验丛林漫步令人神清气爽的乐趣。悉尼有很多观光团前往这里。

从蓝山著名的回声角观景台欣赏到的景色

EVENTS

不可错过的悉尼的
活动

悉尼全年都有着各种娱乐活动举行。这里为大家精选出了一些最不容错过的活动。不妨将这些活动排进旅游行程之中。

狂欢节游行中有着形形色色的装扮

2月 3月 悉尼同性恋狂欢节
Sydney Gay & Lesbian Mardi Gras
2019年2月中旬~3月

持续3周，世界上规模最大的同性恋节日，每年共有超40万人参加。由国内外艺术家表演的戏剧、音乐会，活动中还有展览会举办，而最后一天由1400个团体组成的游行表演将在牛津街上进行。

www.mardigras.org.au

聚集了世界各地参与者的狂欢游行

3月 4月 悉尼皇家复活节嘉年华
Sydney Royal Easter Show
2019年3月下旬~4月中旬

复活节假期期间（每年时间略有变动，大致为3月下旬~4月中旬），在悉尼奥林匹克公园举办的，澳大利亚规模最大的农业、畜牧业嘉年华活动（每年有超过90万人参加）。设有迷你游乐场，牛、马表演，还有许多演出家的才艺表演同样值得期待。

www.eastershow.com.au

在农业庆典上与动物们亲密接触

悉尼灯光音乐节是一场光影与音乐的盛典

悉尼灯光音乐节
Vivid Sydney
2019年5月下旬~6月中旬 5月 6月

悉尼歌剧院、环形码头、岩石区、达令港等地上演的灯光音乐秀，持续3周时间。尤其悉尼歌剧院和环形码头的色彩音乐效果最为出彩。

www.vividsydney.com

出发后不久便会经过海港大桥

9月 悉尼跑步节
Sydney Running Festival
2019年9月

为纪念2000年悉尼奥运会而举行的南半球最大的马拉松赛事（超过3.3万人参加）。

www.sydneyrunningfestival.com.au

12月 新年前夜烟火表演
New Year's Eve Fireworks
2019年12月31日

伴随着新年倒计时，在悉尼海港大桥进行的跨年烟火表演。

www.sydneynewyearseve.com

Photo : James Morgan, Destination NSW

■悉尼国际机场

📖 p.198/3A

🌐 www.sydneyairport.com.au

■国际航站楼 ↔ 国内航站楼巴士（T巴士）

🎫 (大人) $5.50 (小人) 2.60（单程）

国际航站楼到达大厅有手机SIM卡出售（Optus、Vodafone）

国际航站楼出发大厅于2017年装修完毕，购物、餐馆的设施非常齐全

■从机场前往邦迪，以及市内最便宜的交通方式

悉尼市巴士车400路往返于机场（国际＆国内航站楼）~邦迪，单程所需时间50分钟。乘坐400路巴士车还可到达，从这里再乘坐悉尼城铁可以到达市中心。这种乘坐方法的价格是最便宜的。

🎫 邦迪单程：(大人) $4.50 (小人) $2.25/ 悉尼城铁 ~ 马斯科单程：(大人) $2.10 (小人) $1.05/ 马斯科 ~ 悉尼市中心单程：(大人) $2.36 (小人) $1.18

■ Airport Link

☎ (02) 8337-8417

🌐 www.airportlink.com.au

🎫 国际航站楼 ~ 国内航站楼：(大人) $5.28 (小人) $3.59/ 国际航站楼 ~ 市区：(大人) $18 (小人) $14.50/ 国内航站楼 ~ 市区：(大人) $17.18 (小人) $14.09

※ 到悉尼国际机场后一定要购买悉尼澳宝（Opal）卡，在国际航站楼到达大厅的WHSmith商店可以买到

■机场摆渡车

● Redy2Go

☎ 1300-246-669

🌐 www.redy2go.com.au

🕐 每天 6:00~21:00

🎫 单程：(大人) $22 (小人) $11

● 金斯福德·史密斯机场巴士＆悉尼机场人

☎ (02) 8339-0155（需预约）

🌐 www.kst.com.au

🕐 每天 21:00

🎫 单程：(大人) $17 (小人) $12

🎯 前往方式

➡ 从中国出发

北京可以乘坐中国国际航空、澳洲航空，上海可以乘坐中国国际航空、中国东方航空、澳洲航空，广州可以乘坐中国国际航空、澳洲航空、厦门航空、南方航空直飞前往悉尼。

➡ 从澳大利亚国内出发

悉尼与各州首府以及黄金海岸、凯恩斯、艾尔斯岩石、布鲁姆等主要观光地之间有密集的国内航线，运行的航空公司主要有：澳洲航空、捷星航空、澳洲维珍航空。悉尼也是澳大利亚许多国内长途巴士、火车的始发站，连接着国内多座城市。

🎯 机场↔️市内

悉尼国际机场（Sydney Airport, SYD），亦称作金斯福德·史密斯国际机场（Kingsford Smith Airport），位于市区以南约10公里的位置。机场分为国际航站楼（T1）和国内航站楼（T2、T3），两个航站楼间隔2公里远。T3国内航站楼为澳洲航空专用，捷星航空、虎航、澳洲维珍航空的国内航班位于T2航站楼。另外国际航站楼与国内航站楼之间有橙色的巴士车（T巴士）运营，单程约10分钟。如果是经停换乘的旅客，在到达大厅的换乘中心办理手续即可免费乘坐。

T2是主要的国内航站楼

● 城铁

由悉尼铁路公司运营的 Airport Link（T2线的一段）可以到达悉尼市区。大体线路是国际航站楼 ~ 国内航站楼 ~ 悉尼中央站，中间经停博物馆站、圣詹姆斯站、环形码头站、温耶德站、市政厅站。另外 Airport Link 也是悉尼城铁的一部分，可由此到达/转乘悉尼市内或郊区的大部分地方（机场 ~ 市内，以及市中心地区为地下行驶）。国际航站楼 ~ 悉尼中央站最快仅需9分钟。行李较少的话推荐乘坐。

T 巴士方便游客往返各个机场航站楼

● 机场摆渡车

运营机场摆渡服务的有多家公司，其中可以在机场到达大厅（国际、国内）安排的仅有 Redy2Go 公司。其他公司（金斯福德·史密斯机场巴士＆悉尼机场

位于国际航站楼到达大厅的 Redy2Go 服务台

机场摆渡车会停在酒店大门口

人 Kingsford Smith Airport Bus & Sydney Airporter、悉尼空中客车 Air Bus Sydney 等）均需提前预约（到达后可以通过电话预约）。如果前往市区的话，可以直接到达酒店或指定地点。各个摆渡车服务的出发地点都位于到达大厅外的摆渡车停车场。摆渡车在市内要经停各个酒店，所需时间 20 分钟~1 小时。从市内前往机场的话，需提前一天预约。

● 出租车 Taxi

到达市中心需 $45~55。3 个人的话，价格相当于乘坐机场摆渡车和 Airport Link。所需时间 15~20 分钟。

换乘中心 ↔ 市内

悉尼中心地区南端的悉尼火车站已经成了悉尼的换乘中心（Sydney Transit Centre）。长途巴士的始发、终点站位于悉尼站北侧 1 层的艾迪大街（Eddy Ave.）。悉尼站旁是悉尼城铁中央站，站台四周是各个市内巴士的始发站。无论前往何处都十分方便。

悉尼站已经成了市区的换乘中心

悉尼 市内交通

悉尼巴士、悉尼城铁、悉尼轮渡、悉尼轻轨均由 NSW 交通局 Transport for NSW 管辖，交通网络遍布市区。

澳宝卡

澳宝卡适用于巴士、城铁、轮渡、轻轨，是一种可充值反复使用的智能卡（分为成人卡、儿童卡、学生卡）。到达悉尼后一定尽早购买。在主要的便利店、站内服务台等地均可买到。巴士卡是免费的，但购买时必须要充值（在悉尼叫作 Top-Up）。

如果你在悉尼停留时间较长，推荐上网申请办理澳宝卡，注册用户后可以绑定信用卡，如果你卡里的余额不足 $10，将会自动从你的信用卡中扣钱充值。

使用方法十分简单。乘坐市巴士车或轻轨上下车时在读卡机上刷卡即可。乘坐城铁、轮渡的话，进出检票口时刷卡即可。如果下车时忘记刷卡，会按照最远乘车距离扣费，请一定注意。

并且澳宝卡除了悉尼外，还能在蓝山、纽卡斯尔、伍伦贡等地方使用。

澳宝卡的折扣

● 每日乘车封顶价为 $15（儿童 $7.50）。同一天中无论乘坐多少回，都不会超过这个价格。另外从每周一起算，1 周乘车封顶价为 $60（儿童 $30）。
● 周日（早晨 4:00~ 次日早晨 3:59）封顶价 $2.50（成人、儿童均适用）。
● 每周从周一算起，刷够 8 次卡，本周剩余时间（到周日为止）车费半

● 悉尼空中客车
☎ (02) 8339-0155（需预约）
🖥 www.airbussydney.com.au
🕐 机场 ~ 市区：每天 6:00~21:00 / 市区 ~ 机场：每天 5:00~19:00
💰 单程：成人 $16 儿童 （2 名成人 +2 名儿童）$45/ 往返：成人 $30 儿童 （2 名成人 +2 名儿童）$85

■ 悉尼出租车
起步价 $3.60（周五、周六及节假日前 22:00~6:00 为 $6.10），之后每公里 $ 2.19（22:00~ 第二天 6:00 为 $2.63）。等候时间每分钟 94.4 ¢（$56.68/ 小时）。出租车预约费为 $2.50。另外机场往返加收 $4.10。出租车公司很多，可拨打下面的电话叫车或预约出租车。
● 各个出租车公司电话不同。以下是几家比较常见的出租车公司电话：13-10-01/13-14-51/13-16-68/13-10-17
🖥 www.nswtaxi.org.au

■ 悉尼站
悉尼首列火车是从如今的铁路广场（市内巴士站），即 1855 年建成的雷德凡站到西侧的帕拉马塔站。如今的悉尼站修建完成于 1906 年，是一座保留着开发当时状况极具历史价值的建筑。

■ 澳宝卡的详细信息
🖥 www.opal.com.au

■ 澳宝卡充值注意事项
离开悉尼时，退取澳宝卡内的余额手续十分烦琐。如果余额在 $5 以上，原则上需要有澳大利亚国内的银行账号才可以。一般游客都不太可能具备这样的条件，因此充值时一定不要一次性充太多钱。
这里有一个小技巧，在上车时余额只要大于最低乘车费用，下车时余额不足也没有关系。利用这一点，回国时可以用很低的价格乘坐机场线。

■ 公共交通机构的相关信息
巴士车、城铁、轮渡、澳宝卡的相关信息可通过下列方式查询。
☎ 13-15-00（每天 6:00~22:00）
🖥 www.transportnsw.info

■ 悉尼租车公司
● 赫兹 Hertz
☎ 13-30-39
● 安飞士 AVIS
☎ 13-63-33

■ **悉尼巴士车**
🖥 www.sydneybuses.info
- ● 巴士 1（0~3 公里）
  🚍 $2.10 🚍 $1.05
- ● 巴士 2（3~8 公里）
  🚍 $3.50 🚍 $1.75
- ● 巴士 3（8 公里以上）
  🚍 $4.50 🚍 $2.25

上下车时一定不要忘记在读卡机上刷卡

■ **悉尼中心地区的巴士线路**
悉尼中央站~环形码头路段受轻轨修建影响，没有巴士车经过乔治大街。并且在施工期间，乔治大街部分的十字路口也禁止通行，因此悉尼中心地区的巴士线路有可能进行调整。

● **悉尼观光巴士**
经营：Big Bus Tours
☎（02）9568-8400
🖥 www.bigbustours.com
💰 1 日票：🚍 $50 🚍 $33
🚍 $133/2 日票：🚍 $70
🚍 $46 🚍 $186

● **悉尼观光巴士**
🕐 每天 8:30~18:30，间隔 15~20 分钟一班

● **邦迪观光巴士**
🕐 每天 9:30~18:30，每 30 分钟一班
※ 可以上车找司机购买车票

■ **悉尼轮渡**
🖥 www.sydneyferries.info
💰 ● 0~9 公里：🚍 $5.74
🚍 $2.87
● 9 公里以上：🚍 $7.18
🚍 $3.59

■ **悉尼城铁**
🖥 www.sydneytrains.info
💰 乘车距离
● 不足 10 公里 🚍 $3.38
（$2.36）🚍 $1.69（$1.18）
● 不足 20 公里 🚍 $4.20
（$2.94）🚍 $2.10（$1.47）
● 不足 35 公里 🚍 $4.82
（$3.37）🚍 $2.41（$1.68）
● 不足 65 公里 🚍 $6.46
（$4.52）🚍 $3.23（$2.26）

价。如果在市内进行观光，1~2 天基本就要乘坐 8 次以上的巴士、城铁、轮渡，非常超值。并且适用于澳宝卡涵盖的全部区域，乘坐 8 次后，悉尼~蓝山的往返价格都变得非常便宜了。唯独悉尼机场站的上下车费用另算（🚍 $13.80 🚍 $12.40）。

另外在周一~周五 7:00~9:00、周六·周日 16:00~18:30 之外的非高峰时间乘坐城铁的话，票价还有 30% 的折扣。

◎ 市巴士车

市巴士车是悉尼市内最方便的交通工具

悉尼巴士车（Sydney Bus）车身以蓝色·淡蓝色为主。在温耶德站（Wynyard）、约克街站 York St.（维多利亚女王大厦前）、铁路广场站（中央站旁）、环形码头站（青年街）这几个主要站点（大部分巴士都始发自这 4 个站点之一）都设有悉尼巴士换乘商店（Sydney Bus Transit Shop），内部有售票处、时刻表、线路图等。如果不清楚自己应该坐哪趟车，可以到这里咨询。

巴士车为无人售票车，从前门上车，前、中门下车。车门旁都设有读卡机，上下车时一定记得刷卡。如果忘记刷卡，下次乘车时会扣除上次的全程票价。另外悉尼巴士车是不报站的，如果不知道应该在哪站下车，最好在上车时跟司机提前沟通一下，或者问一问周围的其他乘客。

◎ 悉尼观光巴士

在悉尼市内乘坐观光巴士（由巴士之旅公司运营）游览的效率是最高的，你可以随时上下车，并且不限次数乘坐（车票有效期间）。观光巴士为敞篷式双层巴士，天气晴朗的话坐在二层

双层敞篷式悉尼观光巴士

非常舒适。观光线路分为两种，一种是悉尼观光巴士（Sydney Explorer），经停市内 26 个景点；另一种是邦迪观光巴士（Bondi & Bays Explorer），共有 11 站，在帕丁顿、邦迪海滩、玫瑰湾、双湾等地经停。并且每个座位上都有多语言讲解器，可以选择中文。车票自首次使用后 24 小时内（可选 48 小时）有效。

◎ 悉尼轮渡

悉尼轮渡（Sydney Ferry）从中央环形码头出发（共有 NO.2~NO.6 五个栈桥码头），有去往曼利（Manly）、北悉尼、莫斯曼，直至帕拉玛塔河上游深处各地的航班。可以使用澳宝卡乘船，上下船时在各个码头安置的读卡机刷卡即可。

悉尼轮渡也是重要的通勤工具

◎ 悉尼城铁

悉尼城铁（Sydney Train）大部分为双层设计，部分路段是地铁形

悉尼城铁线路图

T1 里士满 Richmond
East Richmond
Clarendon
Windsor
Mulgrave
Vineyard
Riverstone

中央海岸方向
T1 贝罗拉 Berowra
Mt.Kuring-gai
Mt.Colah
Asquith

T1 霍恩斯比 Hornsby
Normanhurst
Thornleigh
Pennant Hills
Beecroft
Cheltenham

Waitara
Wahroonga
Warrawee
Turramurra
Pymble
Gordon
Killara
Lindfield
Roseville
Chatswood
Artarmon
St Leonards
Wollstonecraft
Waverton
Milsons Point

斯科菲尔德 T5 Schofields
Quakers Hill
Marayong

蓝山方向
←

T1 佩里斯 Penrith
艾缪平原 Emi Plains
彩虹路 Kingswood
Werrington
St Marys
Mt Druitt
Rooty Hill
Doonside
Blacktown
Seven Hills
Toongabbie
Pendle Hill
Wentworthville
Westmead
帕拉马塔 Parramatta
Harris Park

卡林福德 T6
Carlingford
Telopea
Dundas
Rydalmere
Camellia
Rosehill

埃平 T1
Epping
Eastwood
Denistone
West Ryde
Meadowbank

Macquarie University
Macquarie Park
North Ryde

环形码头 Circular Quay
马丁广场 Martin Place
圣詹姆斯 St James

温恩亚德 Wynyard 温姆德
市政厅 Town Hall
中央站 Central 中央站
红坊 Redfern 红坊

Rhodes
Concord West
North Strathfield

T7 奥林匹克公园 Olympic Park

Merrylands
Guildford
Yennora
Fairfield
Canley Vale
Cabramatta 卡布拉玛塔
Warwick Farm
Liverpool 利物浦
Casula

Granville
Clyde 克莱德
Auburn
Lidcombe

利兹库姆 Lidcombe
奥本 Auburn

Flemington
Homebush
Strathfield
Burwood
Croydon
Ashfield
Summer Hill
Lewisham

西德纳姆 Sydenham

埃斯金维尔 Erskineville
St Peters
Newtown
Macdonaldtown

博物馆 Museum
Green Square
Mascot
国内航站楼 Domestic Airport ✈
国际航站楼 International Airport ✈

金十字 Kings Cross
邦迪枢纽 Bond Junction T4
埃奇克利夫 Edgecliff

Berala
Regents Park
Birrong 比龙
Yagoona
Bankstown
Punchbowl
Wiley Park
Lakemba

Villawood
Leightonfield
Chester Hill
Sefton

Hurlstone Park
Canterbury
Campsie
Belmore
Dulwich Hill
Marrickville

Tempe

Turrella
Bardwell Park
Bexley North
Kingsgrove
Beverly Hills
Narwee

Wolli Creek
Arncliffe
Banksia
Rockdale
Kogarah
Carlton
Allawah
赫斯特维尔 Hurstville
Penshurst
Mortdale
Oatley
Como
Jannali

格伦菲尔德 T2 Glenfield

Holsworthy
East Hills
Panania
Revesby 里夫斯比
Padstow
Riverwood

Macquarie Fields
Ingleburn
Minto
Leumeah

莱平顿 Leppington T2
Edmondson Park

萨瑟兰 Sutherland

Kirrawee
Gymea
Miranda
Caringbah
Woolooware
Cronulla 克罗纳拉 T4

坎贝尔镇 Campbelltown T5 T2
麦克阿瑟 Macarthur T2

南部高地方向 ↓

Loftus
Engadine
Heathcote
瓦布 Waterfall T4

南部高地方向 ↓

悉尼城铁（近郊城铁）线路名称

	线路			线路
T1	北海岸、北线&西线 North Shore, Norlern & Western Line		T5	坎伯兰线 Cumberland Line
T2	机场、内外西线&南线 Airport, Inner West & South Line		T6	卡林福德线 Carlingford Line
T3	班克斯镇线 Bankstown Line		T7	奥林匹克公园线 Olympic Park Line
T4	东郊及伊拉瓦拉线 Eastern Suburbs & Illawarra Line			

城际火车线路名称

南部海岸线 South Coast Line
南部高地线 Southern Highlands Line
蓝山线 Blue Mountains Line
中央海岸线 Central Coast Line

悉尼轮渡线路图

F3 帕拉马塔 Parramatta
麦麦米尔 Rydalmere
梅多班克 Meadowbank
悉尼奥林匹克公园 Sydney Olympic Park
Kissing Point
Bayview Park
Chiswick
Huntleys Point
Cabarita
Abbotsford
Drummoyne
Woolwich Cockatoo Island
Birchgrove
巴尔曼 Balmain
Balmain East
派尔蒙特湾 Pyrmont Bay
达令港（水族馆） Darling Harbour (Aquarium) F4

中立湾 Neutral Bay
North Sydney F5
基利比里 Kirribilli
Kurraba Point
McMahons Point
米尔森角 Milsons Point

摩斯曼湾 Mosman Bay F6
Old Cremone
South Mosman
Cremone Point
塔龙加动物园 Taronga Zoo F2

曼利 Manly F1

玫瑰湾 Rose Bay
双湾 Double Bay
花园岛 Garden Island
屈臣氏湾 Watsons Bay F7

从环形码头出发 超过9公里 Ferry 2
从环形码头出发 不足9公里 Ferry 1

达令港（水族馆） Darling Harbour (Aquarium) F4
达令港 Darling Harbour (King St.Wharf)

5号码头 4号码头 3号码头 2号码头
环形码头轮渡站

悉尼轻轨线路图

约翰大街广场
John St. Square

星港城
The Star

派尔蒙特湾
Pymont Bay

莱卡特北
Leichhardt North

罗泽尔湾
Rozelle Bay

鱼市
Fish Market

文特沃思公园
Wentworth Park

会议中心
Convention

展览中心
Exhibition Centre

首都广场
Capital Square

霍桑
Hawthorne

利利菲尔德
Lilyfield

银禧公园
Jubilee Park

格勒贝
Glebe

帕迪集市
Paddy's Market

中央站
Central

马里昂
Marion

塔沃纳斯山
Taverners Hill

刘易舍姆西
Lewisham West

特洛皮米尔斯
Waratah Mills

阿灵顿
Arlington

达利奇格罗夫
Dulwich Grove

达利奇山 Dulwich Hill

L1 达利奇山线 Dulwich Hill Line

● **超过 65 公里** (成人) $8.30
（$5.81）(儿童) $4.15（$2.90）
※（）内为非高峰时段价
格 / 周一~周五 9:00~16:00、
18:30~第 二 天 7:00、 周
六·周日及节假日全天

曼利轮渡比其他线路的轮渡更大

■ **悉尼轻轨**
🖥 www.transportnsw.info
💰 0~3 公里为 (成人) $2.10（
$1.05、3~8 公里为 (儿童) $3.50
(儿童) $1.75

悉尼城铁车内共有 2 层

悉尼城铁站检票口处
的读卡机

式。中心是悉尼中央站，
旁边的悉尼站是长途、郊
外城铁的始发站。

悉尼城铁市政厅站是
非常便利的换乘站，位于
乔治大街地下二、三层，
除了长途火车之外，所有
城铁全部经停这里。市区的地下铁路段共有 5 站，形状为一个马蹄形。

◎ 轻轨

悉尼轻轨（Sydney Light Rail）是小型的城铁线路，一部分行驶在
地面上。从中央站始发，途经唐人街、达令港以及鱼市、悉尼艺术大
学所在的利利菲尔德（Lilyfield），终点是西部的达利奇山（Dulwich
Hill）。可以在各个车站的自动售票机或找车上的列车员购买车票。轻
轨 24 小时运营。

COLUMN

适合悉尼自由行游客的
悉尼无限娱乐通票
Sydney Unlimited Attraction Pass

包含了悉尼市内经
典的旅游行程、海上游
船、博物馆、动物园等
热门项目门票的通票。
共有悉尼歌剧院的 1 小
时观光（英语导游）、悉尼水族馆、悉尼野生动
物园、塔龙加动物园、库克船长游船探险之旅、
蓝山观光巴士、珍罗兰钟乳石洞等 30 种娱乐项
目涵盖其中。

DATA
☎ （02）9263-1100
🖥 www.iventurecard.com/au/sydney
💰 3 日通票 (成人) $225 (儿童) $165/7 日通票 (成人) $325
(儿童) $205
※ 巴士的有效期为 12 个月，在有效期间内可以分
散日期乘坐，直到达到指定天数
※ 可以在网上或者环形码头站、达令港的 iVenture
卡中心购买

悉尼 漫 步

悉尼市区概貌

北部是悉尼港的交通要塞环形码头（Circular Quay），南部从海德公园至悉尼站一带通称为市区（City）。其中市政厅（Town Hall）及北部的乔治大街（George St.）、皮特大街（Pitt St.）、卡斯尔雷大街（Castlereagh St.）、伊丽莎白大街是 CBD 商业中心（Central Business District）。

环形码头西侧便是澳大利亚的发祥地——岩石区（The Rocks）。这里有很多利用古建筑修建而成的酒店、餐馆、商店，是悉尼的观光中心。从岩石区跨越杰克逊港，连接至北悉尼的是悉尼海港大桥（Sydney Harbour Bridge）。环形码头的东侧位于贝尼朗角（Bennelong Point）上的就是著名的悉尼歌剧院（Sydney Opera House）。顺带一提，由岩石区、环形码头、悉尼歌剧院围成的悉尼港（Sydney Cove），是距今 225 年前、亚瑟·菲利普所率领的英国船队最先登陆的地点。

悉尼歌剧院南侧是占地 26 公顷的皇家植物园（Royal Botanic Gardens）。从植物园东北端的麦夸里夫人角（Mrs. Macquaries Point）可以将悉尼歌剧院和海港大桥拍摄到一张照片之中。

岩石区有很多利用历史建筑物改建而成的餐馆和商店

中华门是唐人街的醒目标志

在市区西侧可以尽享美食和购物的乐趣

市区南侧，市政厅和悉尼站之间是被称作干草市场（Haymarket）的区域。这一地区的乔治大街路段是悉尼的电影街。电影街西侧是唐人街（Chinatown），其中心是和乔治大街平行的迪克森大街（Dixson St.），建有华丽的中华门，道路两侧有许多中餐馆和杂货店。

唐人街再往西便是达令港（Darling Harbour）。悉尼水族馆（Sea Life Sydney Aquarium）、悉尼野生动物园（Wild Life Sydney Zoo）等著名景点，以及全年无休的海滨购物中心（Harbourside）、设有赌场的星港城（The Star）都位于达令港地区，全天都热闹非凡。

如果想拍出这样的照片，就请前往麦夸里夫人角

巴兰加鲁新的购物中心和餐馆正逐步建设完成

达令港的北侧是处于二次开发状态的巴兰加鲁（Barangaroo）。新的办公大楼正一栋栋拔地而起，沿海建有许多餐厅。

达令港地区的餐馆数量繁多，即使到了晚上也是十分热闹

市区东侧是闹市和高档住宅街

市区东侧的威廉大街（William St.）两侧，是伍尔卢莫卢区

（Woolloomooloo）和达令赫斯特区（Darlinghurst）。这一带道路两旁有很多餐馆和咖啡馆。紧邻这里的英皇十字区（Kings Cross）则是集中了咖啡馆、餐馆、酒吧、卡巴莱餐馆等设施的闹市区，这里也是很多背包客选择碰面的地点。

位于东悉尼，达令赫斯特以南，从海德公园向东南延伸的牛津街上是各个国家的美食餐厅。有名的同性恋区也在这里，每年2~3月的悉尼同性恋狂欢节（→ p.201）期间，世界最大规模的同性恋游行就是在牛津街上进行的。牛津街的南侧是沙梨山区（Surry Hills），这里时尚的咖啡馆＆餐馆深受大众喜爱。而从牛津街往东，穿过维多利亚兵营（Victoria Barracks）是高档住宅街所在的帕丁顿区（Paddington）。以此往东的区域通称湾区（Bay Area），有胡拉勒（Woollahra）、埃吉克利夫（Edgecliff）、双湾（Double Bay）、玫瑰湾（Rose Bay）、沃克鲁斯（Vaucluse）等高档住宅区。穿过这里便是悉尼有代表性的海滩——邦迪海滩（Bondi）。

英皇十字区有许多时尚的咖啡馆和餐馆

伍尔卢莫卢建有酒店、餐馆

悉尼人气No.1的海滩——邦迪海滩

市区南侧是充满波希米亚风格的学生街

悉尼站南侧是悉尼大学（University of Sydney），还有很多古建筑。此外这一地区还是学生街所在的格利伯区（Glebe）。街道两旁除了时尚的咖啡馆和餐馆外，还有好吃的外卖店、天然食品店、书店等。

悉尼 市区主要景点

环形码头＆岩石区　　　　Circular Quay & The Rocks

交通方式
●环形码头＆岩石区
从中央站乘坐城市环线City Circle 前往环形码头仅需 5 分钟。从环形码头步行即可到达岩石区。

环形码头是悉尼的海上关口。码头共有 5 个栈桥，轮渡、游船来来往往，港口上的人络绎不绝。另外这里还是悉尼巴士、城铁、轮渡的换乘点，也是悉尼交通的要塞。在环形码头的西侧，海港大桥前便是岩石区，这里是澳大利亚的发祥地。1788 年 1 月，亚瑟·菲利普率领英国船队进入了杰克逊港（悉尼港），并在这里竖起了英国国旗，宣布这片土地归英国统治，最先被开发的地方正是岩石区。因为这一地区以砂岩为主，因此被称作岩石区。如今这里还保存着大量殖民、开拓时期的历史建筑，是悉尼著名的观光景区。

环形码头的轮渡站

环形码头也是豪华邮轮停泊的地方

悉尼地标性建筑

悉尼歌剧院　　　　　　　　　　　Map p.209/1B
Sydney Opera House

悉尼歌剧院是世界文化遗产、悉尼的地标性建筑。由丹麦的建筑师约恩·乌松（Jorn Utzon）设计，外形酷似帆船，极具创意。1956 年在为

环形码头&岩石区
Circular Quay & The Rocks

悉尼歌剧院是"最年轻"的文化遗产

和中文导游一起参观歌剧院内部

了建造悉尼歌剧院而举办的国际设计大赛中脱颖而出的正是当年 38 岁的年轻建筑家乌松。

乌松的设计方案建筑费用最低，工程耗时也仅需 3 年左右的时间，这两点也起到了决定性作用。但是 1959 年开始施工后，工程难度却超过了预期，建筑费用也大大超过了当时的预算，完工时间更是一拖再拖，乌松与政府未能达成一致，最终选择回到了丹麦。此后由 3 名澳大利亚建筑师组成的团队接手，终于在 1973 年历经 14 年后竣工。落成仪式中邀请了英国女王亲临现场，而乌松谢绝出席，此后他也从未踏上过澳大利亚这片土地。

歌剧院的墙壁瓷砖来自瑞典，共有 105.6 万块，外观造型给人留下深刻的印象，内部有歌剧厅、音乐厅、4 个剧场、5 个彩排厅以及餐馆、酒吧等。馆内有中文导游服务，不妨参加。

当然，每天都有歌剧、音乐会、音乐剧等各种表演进行。可以提前查询表演节目，在世界遗产建筑中沉浸于艺术魅力之中。

■ 悉尼歌剧院
☎ （02）9250-7250
URL www.sydneyoperahouse.com
● 导游服务（中文）
时 每天
※ 具体时间根据季节而定
● 歌剧、音乐会
座位价格最高的是包厢台座 $200~、其次是 D 座 $60、站票 $40。站票当天早上 9:00 开始发售。并且为了不破坏现场表演的气氛，站票数量有限。

悉尼歌剧院的人气打包产品

悉尼歌剧院之旅 & 美食品鉴
Opera House Tour & Tasting Plate

　　悉尼歌剧院中有几个餐馆 & 酒吧，其中最受欢迎的当数歌剧院美厨餐馆（Opera Kitchen）。餐馆位于地平线上，可以看到悉尼港和达令港，汇集了各国的美食厨房于此。另外还有在悉尼美食杂志中获得极高评价的 KENJI 日式餐馆，味道非常不错。

　　推荐你选择悉尼歌剧院的导游服务和美食拼盘品鉴的套餐（两人以上）。参加导游服务当天，在餐馆营业期间可以随时享用美食拼盘。参加上午的导游服务，下午可以继续进行市内观光。参加晚上的导游服务，可以一边欣赏海港大桥的夜景，一边享用美食拼盘（需要提前订位）。

DATA

☎（02）9250-7250
🖳 www.sydneyoperahouse.com
💰 歌剧院之旅 & 美食拼盘 (成人) $68 (儿童) $59（可以和歌剧院的导游服务一起申请）

汇集了各式美食的美食拼盘

■悉尼海港大桥
　　乘坐城铁或步行 / 骑自行车通过大桥时免费的，但开车从桥上驶入市区需交 $3 的过桥费。

■桥塔观景台　🗺 p.209/1A
☎（02）9240-1100
🖳 www.pylonlookout.com.au
🕐 每天 10:00~17:00
休 圣诞节
💰 (成人) $15 (儿童) $8.50
※ 参加攀爬大桥活动的游客免费

在桥塔观景台自拍

■悉尼海港隧道
Sydney Harbour Tunnel
　　悉尼海港大桥下的隧道全长 2280 米，可以通往植物园、卡希尔高速公路和北悉尼。工程由外国公司承包，将海港大桥的桥塔作为排气塔修建等想法颇有创意。

■岩石区漫步之旅
The Rocks Walking Tours
　　钟塔广场商店 4A 处，可以报名参加英语导游服务，徒步游览岩石区（所需时间 90 分钟）。
☎（02）9247-6678
🖳 www.rockswalkingtours.com.au
🕐 每天 10:30、13:30 开始
休 新年前夜、新年、耶稣受难日、圣诞节、节礼日
💰 (成人) $28 (儿童) $12 (家庭) $68

悉尼港上另一个地标建筑

悉尼海港大桥
Sydney Harbour Bridge　　　　　　　Map p.209/1A

　　悉尼海港大桥被当地居民称为"衣服架"，是跨越海湾连接悉尼市区的大动脉。最近因为新增设了大桥攀爬（→ p.200）的娱乐项目而备受关注。大桥于 1923 年动工，1932 年 3 月 19 日竣工通车，

跨越悉尼港的悉尼海港大桥

历时 8 年。是世界第二长的单孔拱桥（1149 米），仅比纽约的贝永大桥短了 60 厘米。从海面到桥顶高达 134 米，桥面宽 49 米，共有 8 条车道，外加城铁铁路，以及两侧的步道 / 自行车道。

桥塔观景台 Pylon Lookout
　　海港大桥两端共有 4 个桥塔，其中距离悉尼歌剧院最近的一个改建成了博物馆兼观景台。馆内细致地展示了大桥建设时的照片、构造图等。另外在 87 米高处设置的观景台绕桥塔一周，可以看到海港大桥、悉尼歌剧院、悉尼市区的高楼大厦（到观景台有 200 个台阶）。楼梯口位于岩石区的坎伯兰大街（Cumberland St.）。

漫游历史建筑

遗迹漫步
Heritage Walk

　　漫步岩石区的乐趣所在就是在各个历史建筑之间穿梭。
　　首先是位于阿盖尔大街（Argyle St.）上的阿盖尔百货商店（Argyle Department Store）。商店曾经是保税货物仓库，如今店内还保留着过去的建筑风格。商店旁的普莱菲路（Playfair St.）是一条通向乔治大街的商业小道，路旁竖立了纪念第一条移民船登陆的纪念碑（First Impressions），

适合悠闲散步的普莱菲大街

岩石区漫步之旅也会参观首次登陆的纪念碑

虽然规模不大，但很有历史价值的格雷森教堂

是热门的拍照地。另外道路两侧是由过去的双层公寓改建而成的咖啡馆和纪念品商店。另外悉尼游客中心（→p.197）位于岩石区购物中心（Rocks Centre）的2层。

阿盖尔大街靠近悉尼港一侧是建于1816年的卡德曼小屋（Cadman's Cottage），它也是最后一个政府舵手约翰·卡德曼曾经居住的宅第。当时小屋紧邻海岸，但19世纪后半期受环形码头的施工影响，小屋与海岸有了100米的间隔。

将岩石区分为东西两个区域的阿盖尔通道（Argyle Cut）也是一处历史场所。在海港大桥修建前，囚犯们就被带到这里使用铁锤等工具开凿岩石，直到1843年耗时10年才竣工。

穿过阿盖尔通道后，可以到岩石西区（West Rocks）看一看。这一侧主要是安静的住宅区，以19世纪40年代建造的双层公寓为主，很有历史韵味。岩石西区不可错过的景点是驻军教堂（The Garrison Church），属于英国国教会。教堂建于1844年，因为这座教堂是为当时英国殖民时期的驻军修建的，其英文名"Garrison"正是"驻军"的意思。教堂的彩色玻璃非常美丽，这在整个悉尼也是屈指可数。

另外岩石西区的尼尔森公爵酒店（The Lord Nelson Brewery Hotel）也很有参观价值。酒店于1841年建成，内部还残留着砂岩和木头的古朴气息。这里自酿的啤酒也是一大招牌，还曾多次获奖。

现代美术馆
Museum of Contemporary Art (MCA)　　Map p.209/2A

现代美术馆的展示

现代美术馆位于环形码头的港口处，这里云集了各种类别、题材，来自全球各地的最新艺术作品。美术馆共有3层。作品基本上2~3个月更替一次。另外位于一层中央的MCA商店也很有看点，出售着许多出自著名设计家之手的工艺品、摆件、画作、写真集等。

苏珊娜家庭博物馆
Susannah Place Museum　　Map p.209/2A

博物馆由建于1844年的双层公寓改建而成。再现了过去的杂货铺，

不容错过的景点——卡德曼小屋

■卡德曼小屋
🗺 p.209/2A
🏠 110 George St., 2000
🌐 www.nationalparks.nsw.gov.au

■岩石区集市
The Rocks Markets
　　阿盖尔大街、普莱菲路每周末都有集市。有许多售卖手工艺品的小摊。

岩石区集市悠闲的气氛

■驻军教堂
🗺 p.209/2A
🏠 60 Lower Fort St., Millers Point, 2000
☎ (02) 9247-1071
🌐 www.churchhillanglican.com
🕐 每天 9:00~17:00（周日 9:30、16:00 有弥撒仪式）
💰 免费

■尼尔森公爵酒店
🗺 p.209/2A
🏠 19 Kent St., The Rocks 2000
☎ (02) 9251-4044
🌐 www.lordnelsonbrewery.com
🍺 酒吧：周一~周六 11:00~23:00、周日 12:00~22:00

■现代美术馆
🏠 140 George St., The Rocks, 2000
☎ (02) 9245-2400
🌐 www.mca.com.au
🕐 周四~次周周二 10:00~17:00、周三 10:00~21:00
🚫 圣诞节
💰 免费

■ **苏珊娜家庭博物馆**

🏠 58-64 Gloucester St., The Rocks, 2000

☎ (02) 9241-1893

🖥 sydneylivingmuseums.com.au

🕐 每天 14:00~17:00/ 每 30 分钟有一次导游带领的参观

🚫 耶稣受难日、圣诞节

💰 成人 $12 儿童 $8 家庭 $30

■ **司法和警察博物馆**

🏠 Cnr. Albert & Phillip Sts., Circular Quay, 2000

☎ (02) 9252-1144

🖥 sydneylivingmuseums.com.au

🕐 周六、周日 10:00~17:00/ 导游服务 11:00、14:00

🚫 圣诞节

💰 成人 $12 儿童 $8 家庭 $30

■ **前往历史遗迹：悉尼博物馆通票**
Sydney Museum Pass

包含苏珊娜家庭博物馆、司法和警察博物馆、悉尼博物馆（→p.217）、海德公园监狱（→p.216）、伊丽莎白海湾洋房（→p.222）、沃克鲁斯豪宅（→p.225）等悉尼 12 个历史名所的入馆通票。可以在各个设施前购买。

● **咨询：悉尼生活博物馆**
Sydney Living Museums

☎ (02) 8239-2288

🖥 sydneylivingmuseums.com.au/sydney-museums-pass

💰 4 处：成人 $24 儿童 $16 家庭 $50（有效期 1 个月）

■ **悉尼天文台**

🏠 Observatory Hill, 1003 Upper Fort St., The Rocks, 2000 ☎ (02) 9217-0111

🖥 www.maas.museum/Sydney-observatory

🕐 每天 10:00~17:00/3D 空间剧院：每天 11:15、13:13、15:15/ 天象馆：10:15~16:15 每 2 小时/ 夜间活动：每天 20:15/ 面向家庭的夜游活动：每天 18:15

🚫 耶稣受难日、圣诞节、节礼日

💰 博物馆：免费 /3D 空间剧院或天象馆：成人 $10 儿童 $8 $26/ 夜间活动：周一~周四 成人 $20 儿童 $16 家庭 $60、周五、周六 成人 $22 儿童 $17 家庭 $65

摆放着过去的食品、饮料和生活用品等。家具、日用品都保留着过去的样子，还有视频和老照片，忠实还原了过去劳动人民的生活场景。

讲述犯罪的历史

司法和警察博物馆
Justice & Police Museum　　Map p.209/2B

过去曾是水上警察局和法院，很有历史价值。馆内讲述了过去 200 年间发生的许多犯罪案件，令人震惊。另外陈列了警察曾经使用过的道具、审讯时使用的器具、缴获的凶器，以及罪犯的面部照片等。

司法和警察博物馆的建筑外观

观察南半球特有的星空景象

悉尼天文台
Sydney Observatory　　Map p.209/2A

悉尼天文台建于 1857 年，位于一个山顶之上。受大气污染和市区照明的影响，观测起来比较困难，如今作为博物馆对外开放。另外在馆内的 3D 空间剧院和天象馆还有活动可以参加。晚上还有用望远镜观测星空 + 天象馆的夜游活动。感兴趣的话必须提前预订。

市区　　City

从环形码头至以市政厅所处的乔治大街为中心的一带，是悉尼的 CBD 区（Central Business District），经济和政治的中心。在众多现代的高楼大厦之间还分布着许多具有维多利亚等风格的古老建筑。市政府的中心市政厅、位于麦夸里大街的州政府中心 NSW 州议会大厦也在这一地区，此外还有不少历史建筑物也在麦夸里大街上。

建于马丁广场的中央邮局

市区也是最适合购物的地方。乔治大街（George St.）、皮特大街（Pitt St.）、卡斯尔雷大街（Castlereagh St.）两旁建有不少百货商店、购物中心，欧洲、澳大利亚的知名品牌，还有纪念品等在这里都能买到。拱廊商业街的建筑本身也很值得一看。

地标建筑兼交通枢纽

市政厅
Town Hall　　Map p.214/2A

塔楼是市政厅（悉尼市政府）的标记，建筑风格为 19 世纪下半期的维多利亚巴洛克风格。市政厅内还时常举行音乐会。位于地下的市政厅站，除了长途车站之外，还可以换乘各条线路，是一个非常便利的换乘站。

成为市区中心的市政厅

澳大利亚最古老的教堂

圣安德烈教堂
St Andrew's Cathedral

`Map p.214/2A`

位于市政厅旁的新哥特式大教堂。1819年开工，1868年竣工，是澳大利亚最古老的教堂。正因如此，教堂老化十分严重，于1999~2000年花费了300万美元对外观、内饰、彩色玻璃等进行了重新装修，恢复了往日辉煌的气势。

圣安德烈教堂前是市民休息的地方

慢慢地欣赏建筑

悉尼维多利亚女王大厦
Queen Victoria Building (Q.V.B)

`Map p.214/2A`

乔治大街上最醒目的购物中心大楼。1898年将过去的市集建筑物进行了大规模装修，使得这里恢复了往日的风采。大厦为罗马建筑风格，外墙为玄武岩，内部的台阶采用的是大理石质马赛克瓷砖，处处都彰显着奢华的气息。建筑顶端悬挂质

值得慢慢欣赏的悉尼维多利亚女王大厦

Q.V.B. 威风凛凛的外观

两个大钟也极具特色。南侧的"皇家之钟"（Royal Clock）在9:00~21:00的整点，钟上的两扇小门就自动开启，里面有机械装置的人物故事，引得顾客们驻足观看。而北侧的"伟大的澳大利亚之钟"（Great Australia Clock），重4吨，高10米，是世界上最大的钟表，并使用了黄金进行装饰。另外Q.V.B.还有提供建筑物内部观光的导游服务。

欣赏360°美景

悉尼塔 & 空中漫步
Sydney Tower Eye & Skywalk

`Map p.214/2A`

韦斯特菲尔德商场（Westfield）位于皮特大街，商场上的悉尼塔高324.8米，仅次于新西兰的奥克兰塔，是南半球的第二高塔。

乘坐2层式的电梯到达位于250米处的观景台仅需40秒。在观景台可以欣赏到东侧的太平洋、西侧的蓝山、北侧的棕榈湾沙滩以及南侧的伍伦贡。另外还可以在3层（悉尼塔的电梯前）观看4D电影（4D Cinema）。座椅与3D影像联动，可以像小鸟一样以空中视角欣赏

作为澳大利亚最高的建筑高耸入云

悉尼的街道、沙滩、森林等的虚拟体验。另外观景台上（室外）的空中漫步活动（→ p.243）惊险刺激，但可以欣赏到悉尼的全景，深受游客喜爱。

此外观景台还设有旋转餐厅，在欣赏风景的同时还可以享用美食大餐（→ p.254）。

从观景台可以环视悉尼全景

交通方式

● 市区
可以乘坐悉尼城铁到达市区环线中的任意一站。市政厅站、温耶德站、马丁广场站、博物馆站、中央站都属于市区内。另外温耶德站、市政厅站、中央站旁都紧邻悉尼市巴士车站。

■ 市政厅
住 483 George St. 2000
☎ (02) 9265-9189
🌐 www.sydneytownhall.com.au
开 周一～周五 8:00~18:00/10:30 开始有导游服务（捐赠 $5）

■ 圣安德烈教堂
住 Cnr. George & Bathurst Sts. 2000
☎ (02) 9265-1661
🌐 www.sydneycathedral.com

■ 悉尼维多利亚女王大厦
住 455 George St. 2000
☎ (02) 9265-6800
🌐 www.qvb.com.au
圏 1层&地下：周一～周三·周五·周六 9:00~18:00、周四 9:00~21:00、周日 11:00~17:00/2·3层：周一～周三·周五·周六 10:00~18:00、周四 10:00~21:00、周日及节假日 11:00~17:00

● 导游服务
☎ (02) 9264-9209（需预约）
时 周二·周四·周六 11:30~12:15　圏 1人 $15

■ 悉尼塔 & 空中漫步
住 Westfield Sydney，Podium Level，100 Market St. 2000
📞 1800-258-693
🌐 www.sydneytowereye.com.au　每天 9:00~22:00（4/26~10/2 为 9:00~21:30）
圏 (大人) $28 (儿童) $19/ 空中漫步+观景台+4D电影 $70 (儿童) $49

● 悉尼无限通票 & 悉尼娱乐通票
悉尼无限通票包含悉尼塔 & 空中漫步、悉尼水族馆、悉尼野生动物园、悉尼杜莎夫人蜡像馆、曼利海洋生物保护区。悉尼娱乐通票则可以自由组合想参观的设施。网上购买可享受大幅优惠。
圏 悉尼无限通票（有效期30天）：(大人) $99（$217）(儿童) $70（$151.50）/悉尼娱乐通票 2 种设施组合：(大人) $60（$70）(儿童) $42（$48.50）/悉

市区（悉尼中央商务区）
City (C.B.D.)

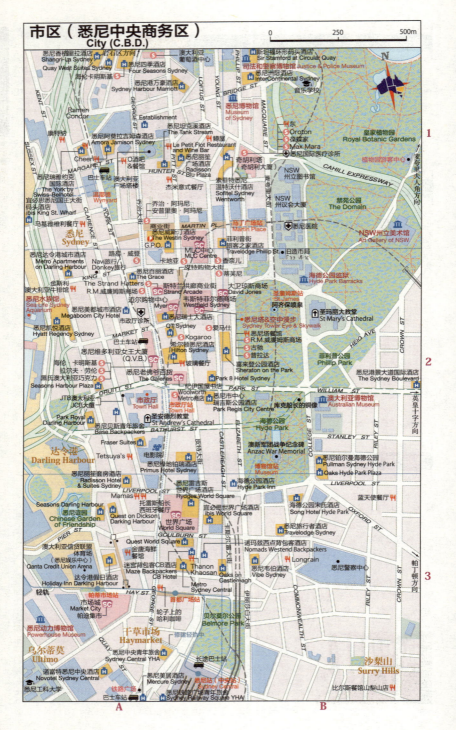

尼娱乐通票 3 种设施组合：🅰️ $70（$112）🅻 $49（$78）/ 悉尼娱乐通票 4 种设施组合：🅰️ $80（$154）🅻 $56（$107.50）/ 悉尼娱乐通票 5 种设施组合：🅰️ $90（$179）🅻 $63（$124.50）
※（）内为售票窗口的价格

绝对不容错过的购物区
皮特大街商业街周边
Around Pitt.St. Mall   `Map p.214/2A`

充满复古气息的斯特兰拱廊商业街

市区南北走向的皮特大街的其中一段是商业街区（步行街）。道路两旁是极具匠心的拱廊商业街和百货商店，一整天都是络绎不绝的人群。

其中最受民众喜爱的是斯特兰拱廊商业街（Strand Arcade），这里至今还保留着过去维多利亚时期的建筑风格（1891 年开业），内部有很多注重历史和传统、极具个性的小店。另外设有悉尼塔的韦斯特菲尔德商场也位于皮特商业街上，商场地下 2 层～地上 6 层分布着许多商店和餐馆。不仅有普拉达、古驰、香奈儿等奢侈品牌，还有 GAP、扎拉、蔻凯等人气时尚品牌，另外美食广场上的咖啡馆、餐馆也是深受大众好评。

商业街两旁还有多家百货商店。尤其是传统的大卫·琼斯商场（世界最美的百货店）。店内的装饰、造型十分吸引人。另外与皮特大街平行的卡斯尔雷大街上有多家欧美的知名品牌旗舰店。

皮特大街上既有历史拱廊商街，又有最新的购物中心

■斯特兰拱廊商业街
📖 P214/2A
🏠 412-414 George St.，2000
☎ (02) 9265-6800
🖥 www.strandarcade.com.au
🕐 周一～周三、周五 9:00～17:30、周四 9:00～21:00、周六 9:00～17:00、周日 11:00～16:00

位于市中心，绿意盎然的公园
海德公园
Hyde Park   `Map p.214/2B`

海德公园建造于 1810 年，历史悠久，如今成了大众的午餐休息地点。海德公园被公园大街分为了南北两个部分。其中南侧的澳新军团战争纪念碑（Anzac War Memorial）、库克船长铜像都很值得一看。公园北侧以建于 1932 年的阿齐保喷泉（Archibald Fountain）为中心的林荫路十分美丽，非常适合散步。

澳新军团战争纪念碑

白天的海德公园是人们休息放松的场所

深入了解澳大利亚
澳大利亚博物馆
Australian Museum   `Map p.214/2B`

澳大利亚博物馆紧邻海德公园，外观庄严厚重。馆内陈列了澳大利亚大陆特有的动物模型、原住民的美术、工艺品，以及海洋、陆地、地下的地质资料等，内容十分充实，是了解澳大利亚相关知识的绝佳场所。

■澳大利亚博物馆
🏠 1 William St.，2010
☎ (02) 9320-6000
🖥 www.australianmuseum.net.au
🕐 每天 9:30～17:00
🚫 圣诞节
🎫 🅰️ $15 🅻 $8 免费 $30
※ 特别展示需支付附加费用

澳大利亚博物馆会举行各种类型的展览

澳大利亚天主教徒们的主教堂
圣玛丽大教堂
St Mary's Cathedral   `Map p.214/2B`

大教堂位于海德公园旁，始建于 1821 年，而天主教神父正式来到澳大利亚是在 1820 年，因此圣玛丽大教堂又被称为"澳大利亚天主教堂之

海德公园监狱内再现了囚犯们居住的吊床房间

母"（Mother Church of Australian Catholicism）。1865 年修建中的大教堂毁于大火。重建工程于 1865 年开始，耗时 60 多年，于 1928 年完成。但当时由于建设资金不足，没有建造正面的 2 座尖塔，于 1998 年才重新修建，耗时 2 年，在 2000 年建造完成。在历史建筑众多的这个区域中，大教堂也是最为美丽、威严的。教堂内部可以自由参观。建筑内规模宏大，气氛庄重。

规模宏大的圣玛丽大教堂

成排的历史建筑物
麦夸里大街
Macquarie St.

`Map p.214/1·2B`

圣玛丽大教堂北侧的麦夸里大街上，至今仍保留着许多英国殖民时期的 19 世纪风格建筑。

首先是紧邻圣玛丽大教堂的海德公园监狱（Hyde Park Barracks）。该监狱建于 19 世纪初期，起初是囚犯住宿的地方，通过陈列的物品和图片可以了解囚犯悲惨的生活以及建筑物的变迁。这里也是世界文化遗产"澳大利亚监狱遗址"的其中一座。

在海德公园监狱回顾开拓时期的生活情景

海德公园监狱北侧是旧造币局（The Mint）。如今这里虽然改建成咖啡馆和餐馆，但仍有公共区域对外开放，可以参观建筑内部。旧造币局旁的悉尼医院也是一座历史建筑，同样具有参观价值。医院现在仍正常使用，还出现在了电影《小猪进城》中。在医院前矗立着疣猪的铜像，据说摸了鼻子可以实现愿望。接下来是 NSW 州议会大厦（Parliament House of NSW）。大厦内有博物馆，在不召开议会的工作日对外开放。议会大厦旁庄严的建筑物是 NSW 州立图书馆（State Library of NSW），拥有着 400 余万册的藏书。

悉尼医院前的疣猪铜像

在公园中悠闲地漫步
皇家植物园 & 禁苑公园
Royal Botanic Gardens & The Domain

`Map p.214/1B`

公园面朝农场湾（Farm Cove），位于市区东侧，占地面积达 30 公顷，建于 1816 年，是澳大利亚最古老的植物园。

园内以澳大利亚为主，种植着超过 4000 种来自世界各地的植物，一年到头都是绿色的世界。植物园的东侧是麦夸里夫人角（Mrs. Macquaries Point），在这里可以将海港大桥和悉尼歌剧院拍进一张照片之中，是热门的纪念照拍摄地点。海岬的一角是曾经的总督妻子——伊丽莎白·麦夸里钟爱的场所，为此工匠们特意在这里雕刻了石椅，即著名的麦夸里夫人座椅（Mrs.Macquaries Chair）。

热门摄影地点——麦夸里夫人角

在 NSW 州立美术馆鉴艺术之美

皇家植物园旁便是禁苑公园，园内有大片的草坪，NSW 州立美术馆（Art Gallery of NSW）也建于其中。美术馆里的展品年代涵盖从中世纪到现代，数量很多。收藏有委拉斯开兹、保罗·塞尚、文森特·威廉·梵·高、毕加索等著名大师的艺术作品。另外还有原住民和亚洲的艺术作品，展品内容丰富多彩，如果认真参观的话，至少需要半天以上的时间。

市区中心的绿化带

用岩石雕刻而成的麦夸里夫人座椅

通过全新的设计讲述悉尼的历史

悉尼博物馆
Museum of Sydney

`Map p.214/1B`

可以花上一些时间来慢慢参观悉尼博物馆

博物馆位于靠近环形码头的一条商业街上，外观装饰极具匠心。馆内设计也打破了常规博物馆给人留下的刻板印象，很多地方都是通过影像、声音交织的方式进行展示。主题为悉尼的历史。主要展出的是 1788~1850 年间，殖民时期的生活风俗等，大多是与百姓相关的话题。一层的 MOS 咖啡馆，是附近的上班族经常光顾的地方。

达令港和唐人街　　Darling Harbour & Chinatown

岩石区是悉尼的历史观光地区，而达令港则是象征着悉尼的现代化地区。这里曾经是繁华的贸易港口，后来残留下了大量工厂、造船厂的废墟，于 1988 年澳大利亚建国 200 年之际，将这里重新进行了大规模开发。如今围绕着科克湾（Cockle Bay）建起了博物馆、水族馆、购物中心、大型展览会场、综合大楼等多种设施。尤其是悉尼水族馆 & 悉尼野生动物园（作为主题公园介绍→ p.238~239）更是悉尼有名的旅游景点，吸引着大量来自世界各地的游客。

达令港上飘风飘扬的澳大利亚国旗

达令港靠近市区一侧，面朝科克湾和达令港等岸边都铺设了游步道。从达令港一直到位于达令港北侧的国王大街码头和二次开发的巴兰加鲁（Barangaroo）地区，还是悉尼数一数二的美食天堂。

达令港旁便是唐人街。这一区域除了中国元素外，还有亚洲各个国家的餐馆、杂货店等，充满了异国风情，街道上也大多是东方面孔。

位于达令港的科克湾有多家人气餐馆

■ 皇家植物园
住 Mrs. Macquaries Rd., 2000
☎ (02) 9231-8111
🖥 www.rbgsyd.nsw.gov.au
开 每天 7:00~/闭园时间: 6~7 月为 17:00、5·8 月为 17:30、4·9 月为 18:00、11 月~次年 3 月为 18:30

● 游客中心
开 每天 9:30~16:30/免费导游服务每天 10:30、周一~周五（3~11 月）13:00 开始（所需时间 1 小时）
休 耶稣受难日、圣诞节、节礼日

■ NSW 州立美术馆
📍 p.214/1B
住 Art Gallery Rd., The Domain, 2000
📞 1800-679-278
🖥 www.artgallery.nsw.gov.au
开 每天 10:00~17:00（周三~22:00）
休 耶稣受难日、圣诞节
💰 免费（特别展览收费）

■ 悉尼博物馆
住 Cnr. Phillip & Bridge Sts., 2000
☎ (02) 9251-5988
🖥 sydneylivingmuseums.com.au
开 每天 10:00~17:00
休 耶稣受难日、圣诞节
💰 $12 🎟 $8 👪 $30
※ 包含于悉尼博物馆通票范围内（→ p.212 边栏）

交通方式

● 达令港
从悉尼市中心乘坐轻轨前往达令港十分便利。另外也可以从环形码头乘坐轮渡。要是步行的话，沿市区的 Q.V.B. 旁的市场大街向西即可到达。

■ 达令港的最新资讯
🖥 www.darlingharbour.com

■悉尼杜莎夫人蜡像馆
住 1-5 Wheat Rd., Darling Harbour, 2000
电 1800-205-851
网 www.madametussauds.com/Sydney
开 每天 9:30~18:00（最后入馆时间为 17:00）
费 成人 $55 儿童 $45
※ 可以与悉尼塔＆空中漫步、悉尼水族馆、悉尼野生动物园组合，购买通票（→p.213 边栏）

■澳大利亚国家海事博物馆
住 2 Murray St., Darling Harbour, 2000
电 （02）9298-3777
网 www.anmm.gov.au
开 每天 9:30~17:00（1 月～18:00）
休 圣诞节
费 普通展览免费／参观室外的驱逐舰、潜水艇、帆船需额外付费。全部参观的话，成人 $32 儿童 $20 家庭 $79

难得一见的潜水艇内部参观

■动力博物馆
住 500 Harris St., Ultimo, 2007
电 （02）9217-0111
网 maas.museum/powerhouse-museum
开 每天 10:00~17:00
休 圣诞节
费 成人 $15，16 岁以下免费，16 岁以上的学生 $8

■星港城
住 80 Pyrmont St., Pyrmont, 2009
电 （02）9777-9000
网 www.star.com.au/sydney
营 商场：各个商家营业时间不同，大多数是每天 11:00~12:00 开始营业，周日～次周周四 22:00 关门，周五、周六 24:00 关门／赌场：24 小时营业（18 岁以下禁止入内）

世界知名的蜡像馆
悉尼杜莎夫人蜡像馆
Madame Tussauds Sydney
`Map p.219/1B`

杜莎夫人蜡像馆在约 200 年前建于英国伦敦，随后开设了多家分馆，悉尼便是其中之一。蜡像馆位于悉尼动物园旁（入口相同）。馆内的名人蜡像有妮可·基德曼、休·杰克曼、F1 车手马克·韦伯等澳大利亚本土明星，同时也不乏 Lady Gaga、迈克尔·杰克逊、莱昂纳多·迪卡普里奥等国际巨星，还有更多政坛要人、体育传奇明星和历史人物，可以让你在此"重温"全世界津津乐道的历史事件和经典瞬间。

与妮可·基德曼的蜡像合影留念吧

了解自殖民时期开始的澳大利亚海上历史
澳大利亚国家海事博物馆
Australian National Maritime Museum
`Map p.219/1A`

博物馆位于派尔蒙特桥旁，规模庞大。博物馆展示了殖民时期航海中使用的道具、资料以及曾真实使用的航海船只、船模型等。室内室外均有展览，市内陈列了大航海时代的相关资料、海洋原住民使用的船只和道具以及澳大利亚的海军史，收藏物品十分丰富。室外展览则更为精彩，有库克船长航海时使用的"奋进"号原型复制品、澳大利亚海军的"吸血鬼"号驱逐舰、海军的"昂斯洛"号潜水艇。游客均可上船游览，参观船内设施（船内有导游服务，进行详细的介绍说明）。

可以实际航行的"奋进"号复制品

令人感叹科技的进步
动力博物馆
Powerhouse Museum
`Map p.219/2B`

悉尼动力博物馆由发电厂改造而成。博物馆内的收藏五花八门，包括有科学、宇宙、机械、艺术等，向人们展示了人类进步的过程，以及对未来的展望。尤其是蒸汽机、早期的飞机模型、航天飞机、太空实验站等尤为引人关注。另外馆内还有独特的特别展出，万万不可错过。

馆内有许多实物展品

以赌场为中心的娱乐场所
星港城
The Star
`Map p.219/1A`

位于达令港北侧的星港城，是一个集购物、美术、赌场、娱乐设施为一体、24 小时营业的综合性场所（内部还入驻了五星级酒店）。古驰、菲拉格慕、香奈儿、葆蝶家等一流品牌都入驻其中，与市中心不同，即便过了 22:00 仍然可以在这里购物。

这里的美食也不可错过。悉尼的美食杂志《悉尼先驱晨报美食指南》的评

星港城的赌场入口装饰奢华

鉴类似米其林评鉴，只不过与米其林不同，不是评"星星"，而是用厨师帽来评级，而在星港城就集合了5家厨师帽餐馆。

赌场占据了整个2层楼，有轮盘赌、21点、百家乐等160多种游戏桌，更有1500多台老虎机，还有不少澳大利亚当地特有的赌博游戏，规模宏大，玩法应有尽有。

更拥有歌词剧场（Lyric Theatre），提供一流的音响场地与舞台表演，24小时不停提供顶级的娱乐，此外还有夜店、酒店、水疗SPA入驻其中。

星港城的购物街虽然入驻店铺不多，但各个都是精品

中国本土之外规模最大的广式庭园

中国友谊园
Chinese Garden of Friendship

Map p.219/2B

1988年澳大利亚建国200年之际，由广州园林局负责设计、指导营

■ 中国友谊园
🏠 Pier St.，Darling Harbour, 2000
☎ （02）9240-8888

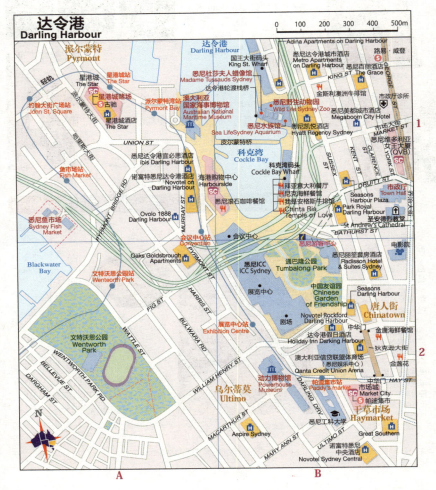

达令港
Darling Harbour

www.chinesegardens.com.au
每天 9:30~17:00（实行夏令时期间 ~17:30）
耶稣受难日、圣诞节
成人 $6 儿童 $3 家庭 $15

■ 市场城

9-13 Hay St., Haymarket, 2000
（02）9288-8900
www.marketcity.com.au
一般店铺：每天 10:00~19:00（周四 ~20:00）/ 美食广场：每天 10:00~20:00/ 帕迪集市：周三~周日 10:00~18:00

1 层入驻了帕迪集市的市场城

帕迪集市洋溢着亚洲风情

■ 悉尼鱼市场

Pyrmont Bridge Rd.（Cnr. Bank St.），Pyrmont, 2010
（02）9004-1100
www.sydneyfishmarket.com.au
每天 7:00~16:00
圣诞节

● 拍卖之旅

（02）9004-1108
周一·周三·周四·周五 6:40~8:30（6:35 多伊尔海鲜餐馆集合 / 最多 12 人，需提前预约）
成人 $35 儿童 $10（10 岁以上可以参加）

造。园内有池塘、高塔、中式风格的回廊等。庭园寄托了两国人民对友谊长存的愿望，同时展现了基于儒家理论的庭园哲学的精巧与艺术性。

绕庭园一周大约需 30 分钟

唐人街的中心
狄克逊大街 & 市场城　　Map p.219/2B
Dixon St. & Market City

　　狄克逊大街处在两个中华门之间，全长不足 200 米，道路两旁有许多家中式餐馆和商店。而与其平行的萨塞克斯大街（Sussex St.）、相交会的古尔本大街（Goulburn St.）和干草大街（Hay St.）也都十分热闹。除了正宗的中餐馆外，还有日本、泰国、马来西亚等各国美食。

与悉尼氛围截然不同的狄克逊大街

　　市场城是一座大型的购物中心，内部除了超市、餐馆、美食广场之外，还有多家国际大牌商店。3 层是奥特莱斯，喜欢购物的话一定不要错过。另外在一层，每周末都会开设悉尼知名的帕迪集市（→ p.257）。

充满异国风情的唐人街

丰富的鱼贝类水产品，数量惊人
悉尼鱼市场　　Map p.219/1A
Sydney Fish Market

海湾对面有许多鱼类批发市场

零售区域的海鲜拼盘很受欢迎。龙虾拼盘 $36.50

鱼市场也进行零售贩卖

专门为经营者提供新鲜水产品的批发市场。除了悉尼知名的牡蛎外，还有龙虾、螃蟹、虾、墨鱼、金枪鱼等，种类丰富，数量极多，堆积成山。

　　普通市民也可以在市场内买到新鲜的海鲜产品，因此悉尼当地居民也经常光顾这里。另外市场内还有多家海鲜餐馆，价格公道实惠，海鲜味美肉厚。此外如果对实际的拍卖感兴趣的话，不妨参加周一、周三、周四、周五举行的拍卖之旅（Auction Tours）。

英皇十字、达令赫斯特 & 伍尔卢莫卢
Kings Cross，Darlinghurst & Woolloomooloo

英皇十字区可以说是南半球最大的娱乐街区。这一区域位于高地之上，街道两旁有很多殖民时期留存下来的住宅。进入20世纪50年代，有很多欧洲人移民至此，其中有不少作家、音乐家等，街区也一下子变得充满了艺术气息。但是到

英皇十字区混杂着成人用品店、咖啡馆和餐馆

了20世纪60年代，参加完越南战争的士兵们来到了这里，伴随而来的是情趣商店、夜店等大量增加，于是变成了现在的不夜城。从市区的威廉大街（William St.），以及达令赫斯特路（Darlinghurst Rd.）的北侧，属于英皇十字。

英皇十字区有许多成人用品店，也有不少餐馆和咖啡馆。达令赫斯特路西侧的维多利亚大街（Victoria St.）则截然不同，这里显得十分安静舒适，有许多背包客旅舍和咖啡馆。这一带虽然不用太担心治安问题，但是街道深处还是比较危险，一定要提高警惕。

而威廉大街的南侧（这一带属于达令赫斯特区）还保留着过去的双层公寓，外观没有变化，但内部进行了重新装修，改建成了咖啡馆和餐馆。在英皇十字区与市区之间的是伍尔卢莫卢区，近来游客数量大幅增加。尤其是由旧游客站台改建而成的码头综合大楼（The Wharf）有着很高的人气，内部有酒店、餐馆、私人游艇、快艇等。

达令赫斯特时尚的咖啡馆

每周六在阿尔阿拉曼喷泉周边会开设自由市场

交通方式

● 英皇十字、达令赫斯特 & 伍尔卢莫卢

可以从市区乘坐悉尼城铁在英皇十字站下车。从威廉大街步行至伍尔卢莫卢区大约15分钟。此外还可以在约克大街乘坐324路、325路、327路巴士车，或在铁路广场、约克大街乘坐311路巴士车。311路还途经达令赫斯特和伍尔卢莫卢。

英皇十字、达令赫斯特&伍尔卢莫卢
Kings Cross, Darlinghurst & Woolloomooloo

0   100   200m

Simpsons Hotel Potts Point
码头综合大楼 The Wharf
奥华伍尔卢莫卢公寓酒店 Ovolo Woolloomooloo
CHALLIS AVE
Chateau Sydney
帕兹角 Potts Point
伊丽莎白湾 Elizabeth Bay

轮子上的哈利咖啡 COWPER WHARF RWY
悉尼华尔伍尔卢莫卢水岸酒店式公寓
Woolloomooloo Waters Waldorf
圣文森特大学
伊丽莎白海湾洋房 Elizabeth Bay House
蔚蓝公寓酒店 Azure Apartments

伍尔卢莫卢湾酒店（酒吧&餐厅）
FORBES ST
伍尔卢莫卢 Woolloomooloo
MACLEAY ST
英皇十字 Kings Cross
ONSLOW
悉维尔酒店 De Vere
Blue Parrot Backpackers
GREENKNOWE AVE

悉尼中心背包客旅舍 Sydney Central Backpackers
HUGHES ST
餐馆&商业街

维多利亚庭院酒店 Victoria Court
HARMER ST
ORWELL ST
菲兹洛伊花园 Fitzroy Gardens
阿尔阿拉曼喷泉 El Alamein Fountain
ELIZABETH RD

背包客旅舍街 All Seasons New Hampshire
ROSLYN ST

悉尼秦格智利客酒店 Zing Backpackers
悉尼奥瑞吉诺背包客酒店 Original Backpackers
海菲尔德酒店
悉尼斯普林菲尔德酒店 Springfield Lodge
CATHEDRAL ST
Backpacker Head Quarter
帕兹角客思酒店 Quest Potts Point
美爵悉尼帕兹角酒店 Mercure Potts Point
Funk House Backpackers
Mad Monkey Backpackers Kings Cross
KELLETT ST
圣加大医院

市区方向 →
悉尼帕兹角假日酒店 Holiday Inn Potts Point
BAYSWATER RD
圣凯尔克西斯教堂
埃吉克斯夫双矮方向
2

威廉大街 WILLIAM ST
英皇十字站（地下）Kings Cross
安飞士
悉尼贝斯沃特酒店 The Bayswater

N
达令赫斯特 Darlinghurst
VICTORIA ST
KINGS CROSS RD
（隧道）
SURRY ST
WOMERAH AV
CRAIGEND ST
过街天桥

泰勒广场方向 →
美食街
悉尼拉蒙特兰蒙尔酒店 Lamont Sydney by Lancemore

A   B

■阿尔阿拉曼喷泉

　　位于英皇十字区的中心，菲兹洛伊花园的入口处。1942年，第二次世界大战期间，在北非的阿尔阿拉曼伤亡了大量澳大利亚士兵，这座喷泉正是为纪念他们而建造的纪念碑（建于1961年），设计师是当时著名的建筑家罗伯特·伍德沃德（Robert Woodward）。

■伊丽莎白海湾洋房

🏠 7 Onslow Ave., Elizabeth Bay, 2011

☎ (02) 9356-3022

🖥 sydneylivingmuseums.com.au

🕐 周五～周日 10:00～16:00

🚫 周一～周四、耶稣受难日、圣诞节

💰 成人 $12 儿童 $8 家庭 $30

※包含于悉尼博物馆通票范围内（→p.212边栏）

■悉尼犹太人博物馆

🏠 148 Darlinghurst Rd., Darlinghurst, 2010

☎ (02) 9360-7999

🖥 sydneyjewishmuseum.com.au

🕐 周日～次周周四 10:00～16:00、周五 10:00～14:00

🚫 周四、犹太教的节日

💰 成人 $15 儿童 $9 家庭 $32

保留着英国殖民时期风格的豪华建筑

伊丽莎白海湾洋房
Elizabeth Bay House

Map p.221/1B

　　1835~1839年期间，这里曾是澳大利亚殖民大臣亚历山大·麦克利（Alexander Macleay）的住所。但由于有巨额的负债，一家人在入住6年后便不得不离开这处房产。住宅内原本

位于住宅区的伊丽莎白海湾洋房

拥有一个占地面积巨大的庭园，如今已经破败不堪。宅邸按照希腊复兴风格建筑设计，各个房间的窗户、门等均是左右对称的。房间内摆放的生活用品也都是在1835~1950年间曾经使用过的真品，很有参观价值。

伊丽莎白海湾洋房内摆设的日常用品十分精美

追寻移民至澳大利亚的犹太人的足迹

悉尼犹太人博物馆
Sydney Jewish Museum

Map p.199/3B

　　博物馆位于达令赫斯特路旁。馆内以"毁灭"（第二次世界大战时，德国纳粹分子制造的惨剧）和"犹太人的文化与继承"这两大主题进行展出。另外还记录了犹太人首次登陆澳大利亚至今的过往历程，感兴趣的话一定不要错过。

Column

澳大利亚最知名的馅饼店
轮子上的哈利咖啡
Harry's Café de Wheels

　　哈利咖啡于1938年便开始在伍尔卢莫卢区的码头旁营业，最初是在一个移动式的售货摊，卖一些肉饼。第二次世界大战期间曾短暂歇业，如今店中仍保留着过去的风格持续营业（现在已经不是移动式的小摊了）。美味的馅饼不仅吸引来了许多澳大利亚的名人，连许多国际明星也会光顾这里。例如有弗兰克·辛纳屈、艾尔顿·约翰、肯德基的创始人哈兰·山德士上校、罗素·克劳等，人气爆棚。

　　这家店的招牌是"老虎"（Tiger，$7.60），在加入了鸡肉和牛肉的馅饼上浇上土豆、青豆泥和肉汁，味道浓厚，美味至极，来到悉尼的话一定不能错过这款美食。另外在悉尼市中心有分店，不必特意跑到伍尔卢莫卢区。

DATA

🔗 www.harryscafedewheels.com.au

●伍尔卢莫卢总店　　Map p.221/1A

🏠 Cnr. Cowper Wharf Roadway & Brougham Rd., Woolloomooloo, 2011

☎ (02) 8346-4100

🕐 周一、周二 8:30～次日 2:00、周三·周四 8:30～次日 3:00、周五 8:30～次日 4:00、周六 9:00～次日 4:00、周日 9:00～次日 1:00

伍尔卢莫卢总店已经成了知名旅游景点

●干草市场店（悉尼市中心）　　Map p.214/3A

🏠 Hay St.（near Cnr.George St.），Outside Entrance of Capitol Square SC，Haymarket, 2000

☎ (02) 9281-6292

🕐 周一·周二 9:00～22:00、周三·周四 9:00～24:00、周五 8:30～深夜、周六 9:00～第二天 2:00、周日 9:30～22:00

沙梨山 & 帕丁顿　Surry Hills & Paddington

悉尼东侧一带被称作东部郊区（Eastern Suburbs）。其中牛津街（Oxford St.）一带，在整个悉尼也算得上是最具潮流的地方。而最为突出的两个中心便是沙梨山区和帕丁顿区。

市区东侧的沙梨山是 19 世纪 50 年代劳动阶级的住宅区，建有许多双层公寓。因为这里距离市中心不远，因此第二次世界大战后，许多欧洲移民都选择了在这里定居。如今的街道依旧整洁安静，皇冠大街（Crown St.）两旁的咖啡馆、餐馆都有着极高的人气，还有不少年轻艺术家的美术馆可以参观。每到周末这里便成了年轻人们聚会的地方，十分热闹。

沙梨山的皇冠大街两旁有许多咖啡馆

建于帕丁顿区边上的市政厅

从泰勒广场（Taylor Sq.）沿牛津大街往东过五个十字路口便是帕丁顿之。这里是时尚流行的最前沿，市民们还给这里起了一个爱称，叫作"帕顿"。殖民时期这里曾建有许多高档的宅邸，但 19 世纪 50 年代的黄金热使得人口激增，这里也变成了普通的双层公寓住宅区。

公寓的价格便宜，许多年轻艺术家都选择居住在这里，这里也给人留下了"国际艺术家之街"的印象。

从牛津街延伸过来的主要街道上有许多精品店、餐馆和咖啡馆。此外还有电影院、书店、设计师商店等，充满了艺术气息。每周六晚上，在牛津街旁的联合教堂，还会开设悉尼最具人气的自由市场——帕丁顿集市（→p.257）。

精致的双层公寓街区

仅在周六开设的帕丁顿集市

维多利亚兵营　Victoria Barracks
澳大利亚最长的建筑物
Map p.224/B

1840 年作为英国殖民部队的兵营而建造，现在由澳大利亚陆军使用。这里的 2 层兵营全长 227 米，是澳大利亚横向最长的建筑物。可以参观占地内的军事博物馆（Army Museum of NSW）。另外每周四 10:00，可以参观伴随陆军乐队演奏的升旗仪式，随后可以参加免费的导游服务，游览兵营内部。

如果对军事感兴趣，一定要到维多利亚兵营看一看

● 沙梨山 & 帕丁顿

从环形码头附近的阿弗雷德大街、伊丽莎白大街乘坐 301 路、303 路、X03 路，或者从铁路广场乘坐 372 路、393 路、395 路均可到达沙梨山的皇冠大街。前往帕丁顿可以从阿尔弗雷德大街、伊丽莎白大街乘坐 333 路、380 路。如果时间充裕的话，也可以从市区步行前往，从海德公园途经沙梨山，再到帕丁顿，大约 1 小时。

■ 关注悉尼同性恋狂欢节
每年 2 月在悉尼都会举行"悉尼同性恋狂欢节"（Sydney Gay & Lesbian Mardi Gras）。活动的中心是牛津大街，街道整个变成了同性恋者们的天堂。节日最大的亮点是在 3 月第一个周六举行的游行活动。在牛津大街可以看到精心设计的服装、花车经过眼前，极力推荐。
🌐 www.mardigras.org.au

■ 军事博物馆
🏠 Oxford St.，Paddington，2021
☎ （02）8335-5330
🌐 www.armymuseumnsw.com.au
📅 周四 10:00~13:00、每月第一个周日 10:00~16:00/ 导游服务：仅周四 10:00~12:30
💰 成人 $2 儿童 $1
※ 入馆前必须出示护照证件

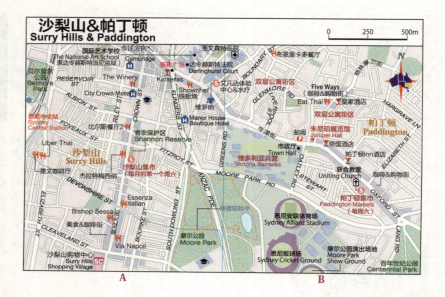

沙梨山&帕丁顿
Surry Hills & Paddington

0　　250　　500m

市区方向

国际艺术学校
The National Art School
原悉尼赫斯特洛矶监狱

Cambridge

达令赫斯特法院
Darlinghurst Court

布恩里卡多餐厅

RESERVOIR ST

The Winery

City Crown Motel

Kinseras

Showchef
铁板烧

罗维纳

艾儿达体验中心&水疗

双层公寓住宅区

Five Ways
（咖啡&购物街）

Eat Thai

皇家酒店

贝尔蒙尔公园
Belmore Park

ALBION ST

比尔斯餐厅2

FOVEAUX ST

悉尼中央站
Sydney
Central Station

Uber Thai

香农保护区
Shannon Reserve

Manor House
Boutique Hotel

FITZROY ST

沙梨山
Surry Hills

CROWN ST

FLINDERS ST

RILEY ST

GLENMORE RD

LIVERPOOL ST

双层公寓街区

朱尼珀展览馆
Juniper Hall

邮局

帕丁顿
Paddington

帝国酒店

市政厅
Town Hall

维多利亚兵营
Victoria Barracks

联合教堂
Uniting Church

帕丁顿Inn酒店

咖啡&购物街

德文咖啡厅

沙梨山集市
（每月的第一个周六）

MOORE PARK RD

ANZAC PDE

GREENS RD

OATLEY RD

OXLEY ST

STEWART ST

ELIZABETH ST

HARGRAVE LN

帕丁顿集市
Paddington Markets
（每周六）

DEVONSHIRE ST

Bishop Sessa

美食&咖啡街

Essenza
Italian

修建轻轨中

悉尼安联体育场
Sydney Allianz Stadium

CLEVELAND ST

ELIZABETH ST

BOURKE ST

SOUTHDOWN ST

Via Napoli

摩尔公园
Moore Park

悉尼板球场
Sydney Cricket Ground

摩尔公园演出场地
Moore Park
Show Ground

LANG RD

百年世纪公园
Centennial Park

沙梨山购物中心
Surry Hills
Shopping Village

A　　　　　　　　　　　　　　　**B**

■留有宅邸街余韵的朱尼珀展览馆 Juniper Hall

展览馆斜对着市政厅。1824 年为酿酒家罗伯特·库伯一家建造的乔治亚风格的建筑，也是当年建造的豪宅中唯一一个保存下来的。经常作为展览室对外开放，届时可以进入内部参观。

朱尼珀展览馆优美的外观

■到老村庄 Old Village 散步吧

维多利亚兵营对面，是建设帕丁顿区和兵营的工人曾居住的地方。这里的房屋大多是建于 19 世纪 40 年代，比双层公寓的建设还要早了 30 年。

■百年世纪公园

🏛 Between Alison Rd. & Oxford St., Centennial Park, Paddington, 2021

☎ （02）9339-6699

🌐 www.centennialparklands.com.au

🕐 10 月～次年 4 月（夏令时期间）6:00～20:00、4 月·9 月～10 月 6:00～18:00、5～8 月

在开阔的公园内挥洒汗水吧

百年世纪公园
Centennial Park

Map p.198/2B

百年世纪公园位于帕丁顿南侧，总占地面积达 220 公顷。公园建于 1888 年，用以纪念澳大利亚建国 100 周年。如今这里也成了市民休闲放松的好去处。尤其周末，有许多人在园内的专用道路上慢跑、骑车、骑马，还有在草坪上打橄榄球、踢足球的，也有全家郊游野餐的……在这里可以看到悉尼市民日常生活的真实状态。

在百年世纪公园内骑马

另外百年世纪公园与其旁边的摩尔公园（Moore Park）、奎恩公园（Queens Park）合称为"百年世纪公园群"（Centennial Parklands）。实际总面积更是达到了 385 公顷。

湾区　　　　　　　　　　　Bay Area

从英皇十字区沿悉尼港向东北方向延伸，是连绵的几个小海湾。这一带被称作湾区，在错综复杂的海岸线和起伏较大的陆地上，建有许多高档住宅区，从这里的宅邸可以俯瞰海港美景。

在街道中便能感受到富有气氛的双湾地区

穿过拥有美丽游艇港口的拉什卡特斯湾（Rushucutters Bay），便是悉

尼最高档的住宅区——双湾区（Double Bay）。

从沃克鲁斯眺望玫瑰湾

悉尼人爱说"Double Bay is Double Pay"，从这句话中就能感受到双湾地区的奢侈和豪华。双湾区的繁华地段是由海湾大街（Bay St.）、威廉大街（William St.），以及巴士车行驶的新南部路所围成的三角形区域。许多知名的大牌商店、悉尼顶级的高档餐馆和时尚的咖啡馆都位于这一地区。

双湾地区的东侧是玫瑰湾（Rose Bay）。这里是纯粹的高档住宅区，没有繁华街区，相比双湾十分安静祥和。在这里可以看到海湾上的游船、快艇，还有以鲨鱼岛为背景，交错行驶的轮渡。

在海湾对面宽阔的莱恩公园内（Lyne Park），还有一家知名餐馆，叫作 Catalina Rose Bay。

美景与高档住宅的和谐

经过玫瑰湾后，是新南部路的上坡路段，从左手边可以眺望到如画卷般美丽的悉尼港和市区景色。沃克鲁斯（Vaucluse）北侧，悉尼港西侧，处在狭长海峡的便是屈臣氏湾（Watsons Bay）。巴士车站前的公园占地面积很大，有大片的草坪，公园前还有一个小型的沙滩。你可以在 Doyles on the Beach 餐馆一边享用美食，一边欣赏远处若隐若现的市区景色，很多城里人都会来这里用餐。

屈臣氏湾所在海岬的另外一侧，面向太平洋的海岸线边上，是将近100米高的悬崖峭壁，海浪不时拍打过来，这里就是人们常说的裂缝崖（The Gap Bluff），悬崖边铺设了游步道。从这里可以看到对岸曼利区的北岬角。

在历史宅邸和庭园中漫步

沃克鲁斯豪宅
Vaucluse House

Map p.225

沃克鲁斯豪宅正位于悉尼屈指可数的高档住宅区沃克鲁斯，是一栋拥有悠久历史的哥特式建筑，被美丽的庭园所包围。在19世纪，澳大利亚联邦成立之前，这里曾是新南威尔士殖民政治家、探险家威廉·文特沃思的宅邸。NSW殖民地宪法也是在这里制定出来的。建筑物内部至今仍保留着过去的家具等。

带有塔楼的建筑在19世纪十分流行

6:30～17:30/ 游客信息中心：周一～周五9:00～16:00、周末10:00～14:00

交通方式

●湾区
从岩石区的沃尔什湾（Walsh Bay）乘坐324路、325路，途经市区（约克大街）、英皇十字，到达湾区，终点站是位于湾区新南部路（New South Head Rd.）的屈臣氏湾。此外从环形码头乘坐轮渡也是十分方便。

从屈臣氏湾眺望悉尼市中心

■沃克鲁斯豪宅
🏠 Wentworth Rd., Vaucluse, 2030
☎ (02) 9388-7922
🖳 sydneylivingmuseums.com.au
🕐 周三～周日10:00～16:00（1月和NSW州学校放假期间每天都开放）
🈺 周一、周二、耶稣受难日、圣诞节
💰 (成人)$12 (儿童)$8 (家庭)$30
※ 包含于悉尼博物馆通票范围内（→p.212边栏）

●沃克鲁斯豪宅·茶室
☎ (02) 9388-8188

湾区
Bay Area

0   2km

南岬角
South Head

军用基地

小姐湾游海滩
Lady Bay Beach

裂缝崖
The Gap Bluff

莫斯曼
Mosman

Doyles on the Beach
Fishermans Lodge

塔龙加动物园
Taronga Zoo

沃克鲁斯角
Vaucluse Pt.
鲨鱼海滩
Shark Beach

屈臣氏湾
Watsons Bay

轮渡码头

屈臣氏湾
Watsons Bay

悉尼港国家公园
Sydney Harbour NP

尼尔森公园
Nielsen Park

海角公园
The Gap Park

杰克逊港
Port Jackson

沃克鲁斯豪宅
Vaucluse House
沃克鲁斯豪宅·茶室

麦考里灯塔

鲨鱼岛
Shark Is

克拉克岛
Clarke Is

波普尔角
Point Poper

玫瑰湾
Rose Bay

沃克鲁斯
Vaucluse

双湾
Double Bay

悉尼双湾洲际酒店
InterContinental Sydney Double Bay

莱恩公园
Lyne Park

轮渡码头

多佛高地
Dover Heights

轮渡码头

玫瑰湾
Rose Bay

北邦迪
North Bondi

双湾
Double Bay

乌拉拉高尔夫俱乐部

悉尼皇家高尔夫俱乐部

邦迪海滩方向

225

URL www.vouclusehousetearooms.com.au
营 周三～周五 10:00~16:30、周六·周日 8:00~16:30（1月和 NSW 州学校放假期间每天都开放）
休 周一、周二、耶稣受难日、圣诞节
● **交通方式**
从约克大街乘坐 325 路巴士车可以直达

参观完建筑物内部后，一定不要忘记再到庭园和庭园内茶室（Tea Rooms）散步休息。在绿意盎然的环境中品尝德文郡茶更是别有一番风味。另外这里的烤饼也是悉尼一绝，在热乎乎的烤饼上加上足量的果酱和奶油，口味极佳。

邦迪海滩 & 南部海滩 Bondi Beach & Southern Beachs

邦迪海滩勾勒出的美丽弧形

说起悉尼的夏天，让人不得不提的便是沙滩了。从悉尼市区乘坐巴士车，在20~30分钟车程的距离，有众多的冲浪沙滩和海水浴场。在悉尼港的南侧，太平洋塔斯曼海岸边的沙滩合称南部海滩，其中心便是邦迪海滩。

南部海滩之冠——邦迪海滩

夏天的周末，沙滩前的公园十分热闹

邦迪在原住语中意为“拍打在岩石上变成水花的波浪”。正如这个名字，蔚蓝的大海与白色的浪花所呈现出来的画面美不胜收。

邦迪海滩面朝太平洋，长度将近1公里，夏天自不必说，就连冬季天气好的时候，周末都会有很多人到这里享受日光浴或者前来野餐。顺带一提，邦迪海滩还是澳大利亚首个允许不穿上装进入的海滩浴场。另外这里更是冲浪者的天堂，全年的海浪都很适合冲浪。

沿沙滩修建的主要街道坎贝尔街（Campbell Pde.），充满了度假氛围。道路两旁都是开放式的餐馆、咖啡馆、外卖店、服装店等各种设施。街道宽敞，没有拥挤的感觉。周末，在坎贝尔街北侧的学校内还有集市开放，是一个淘货的好去处。

另外请一定做好防晒措施。澳大利亚由于受臭氧层空洞的影响，紫外线照射十分强烈。

在当地的大众沙滩浴场畅玩

邦迪沙滩以南是连绵的南部沙滩，这里虽然不及邦迪沙滩热闹，但更加具有当地特色。有很多的家庭、朋友来这里进行野餐和聚会。

虽然规模不大，但在年轻人之间有着不小人气的塔玛拉玛沙滩

塔玛拉玛沙滩（Tamarama Beach）两侧被海岬所环绕，虽然乘坐巴士车无法直达，但绝对是一个值得前往的好地方。这里的海浪较大，所以很少有家庭到此，但深受年轻人的喜爱。勃朗特沙滩（Bronte Beach）虽然可以乘坐巴士车直达，但是来这里的人不多，在年轻人中间却有着很高的人气。

再往南的库吉海滩（Coogee Beach），有着邦迪海滩也无法媲美的沙滩环境。海面比较平稳，也没有邦迪海滩那般嘈杂。在沙滩前的库吉湾酒店内，偶尔会有知名歌手进行现场演出。此外这里的午餐也很值得推荐。

交通方式

● **邦迪海滩**
从约克大街乘坐 333 路、380 路、389 路巴士车可以直达邦迪海滩。或者乘坐悉尼城铁在邦迪枢纽站 Bondi Junction 下车，然后再换乘上述巴士车。

■ **海岸漫步道 Coastal Walk**
邦迪沙滩～塔玛拉玛沙滩～勃朗特沙滩之间，在海岸边铺设了游步道。单程全长 3.5 公里，步行需 1 个小时左右，可以欣赏到塔斯曼海绝佳的景色。

铺设十分完善的海岸漫步道

■ **潮水坑**
在悉尼大多数的海滩旁都设置了潮水坑。邦迪海滩的潮水坑位于艾斯伯格，这里还有不少咖啡馆和餐馆。

前往塔玛拉玛沙滩的交通方式
从邦迪海滩沿海岸漫步道步行 30 分钟即可到达。

前往勃朗特沙滩的交通方式
从邦迪海滩乘坐 361 路巴士车可以直达。大约 15 分钟。

勃朗特沙滩有很多冲浪爱好者

在悉尼市民中有着很高人气的库吉海滩

库吉海滩南侧的马鲁巴沙滩（Maroubra Beach）也有着极高的人气，冲浪者们都盛赞这里的海浪非常适合冲浪。再往南，是位于植物学湾的小岛——拉彼鲁兹半岛（La Perouse）。岛上的拉彼鲁兹博物馆很有看点，里面展示了法国探险家拉彼鲁兹的航海记录，感兴趣的话不妨来此参观。这里还有裸体沙滩。拉彼鲁兹对岸的海岬，正是库克船长首次登陆澳大利亚的上岸地点。这里的植物学湾国家公园（Kamay Botany Bay NP）内还矗立着库克船长登陆纪念碑。

曼利 Manly

杰克逊港（悉尼港）是一个天然港口，位于两个从大陆突出的半岛

前往库吉海滩的交通方式

从伊丽莎白大街乘坐373路、X73路巴士皆可以直达。或者乘坐悉尼城铁在格林广场站下车，随后换乘370路巴士车。

前往勃朗特沙滩的交通方式

从环形码头的阿尔弗雷德大街乘坐377路、396路可以直达，或者从铁路广场乘坐376路直达。

前往拉彼鲁兹的交通方式

从环形码头的阿尔弗雷德大街乘坐394路、L94路可以直达，或者从铁路广场乘坐393路直达。

前往库克船长登陆纪念碑的交通方式

从悉尼城铁Cronulla站乘坐987路直达。巴士车每小时只有一班。

邦迪海滩
Bondi Beach

0 250 500m

曼利海洋沙滩深受冲浪者青睐

交通方式

●曼利
可以从环形码头乘坐轮渡，或者快艇前往。从环形码头的3号码头乘坐轮渡大约30分钟即可到达。

■曼利游客信息中心
Manly Visitor Information Centre p.229/A
The Forecourt, Manly, 2095
(02) 9976-1430
www.hellomanly.com.au
周一～周五 9:00~17:00、周六·周日及节假日 10:00~16:00（夏季~17:00）
圣诞节
游客中心位于曼利码头。可以免费领取曼利和南部沙滩的详细地图和旅游信息杂志。另外巴士车站也位于游客信息中心附近。

■曼利海洋生物保护区
与悉尼水族馆为同一系列，可以和鲨鱼一起游泳（详细信息参考→p.239）。

■艺术 & 工艺品市场
Arts & Crafts Market
地图外
北斯丹恩（North Steyne）每周末9:00~17:00开设的市场。有许多手工饰品、皮革制品、小玩意儿等出售。没准可以淘到你心仪的物品。
Cnr.Sydney Rd. & Market Lane, Manly, 2095
0435-388-410

■曼利美术馆 & 博物馆
West Esplanade Reserve, Manly, 2095
(02) 9976-1420
www.manly.nsw.gov.au
周二～周日 10:00~17:00
周一及节假日
免费（特别展出1人$5）

■北岬角
从曼利轮渡码头乘坐135路巴士可以直达。

■旧检疫站 p.229/B
1 North Head Scenic Drv., 2095
(02) 9466-1511
www.quarantinestation.com.au

之间。在两个半岛中，北侧为北岬角，南侧为南岬角，两处均为悬崖，地处南太平洋。

曼利是一座位于北岬角根部的度假城镇。1788年首支移民船队登陆，到达这片地区的探险队，将这里原住民无所畏惧 "Manly"（有男子气概）的性格，用来命名该区域。1852年后这里开始作为度假村进行开发。从轮渡码头至沙滩的科尔索大道（The Corso），名字取自罗马的一条道路。

如今科尔索大道两旁遍布餐馆和纪念品商店，是一条充满独特氛围的主干道。周边还林立着许多可以俯瞰沙滩的酒店、公寓等。曼利的魅力就在于它同时兼具了度假城镇和城郊住宅区这两种要素。

南部沙滩的代表——曼利海洋沙滩

面向太平洋的曼利海洋沙滩全长1.5公里。从科尔索大道出来是曼利海滩（Manly Beach），北侧是北斯丹恩沙滩（North Steyne Beach）。要想游泳的话建议前往曼利沙滩，北斯丹恩沙滩则适合潜水。

海岸边是一排杉树，下面铺设了游步道。从早到晚都有很多人在这里散步、慢跑。另外沿海岸旁还有三明治等快餐外卖店，也有可以欣赏海景的美食餐馆。

复古、怀旧的
曼利美术馆 & 博物馆　　Map p.229/A
Manly Art Gallery & Museum

位于轮渡码头旁的一个小型博物馆。内部陈列了澳大利亚的绘画、插图、版画、照片等，其中大部分的内容都是穿着泳衣的情侣、在沙滩上玩耍的小孩儿等，展现了20世纪初期到中期的沙滩风景。充满了复古情怀。

在美丽的自然风光中，追溯澳大利亚的历史
北岬角　　Map p.198/2B
North Head

城镇南侧的悉尼港国家公园中的一部分，突出的悬崖便是北岬角。虽然可以坐巴士车直达，但更推荐你从铺设的游步道步行前往（单程1小时）。

绿树与蔚蓝的海水交织而成的画面美不胜收，令人神清气爽。

位于北岬角的旧检疫站（Quarantine Station）曾是悉尼外来船只的检疫场所。在澳大利亚开发初期，不断出现传染病患者。因此外来船只一律要先到这里进行检疫检查。一旦发现传染病患者，

（下）冲浪者间人气极高的北斯丹恩沙滩
（左）北岬角突出的观景台

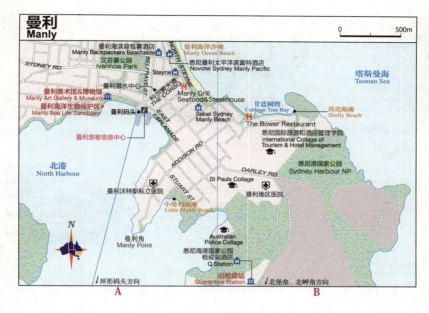

曼利
Manly

0   500m

曼利海滨背包客酒店
Manly Backpackers Beachside
艾芬豪公园
Ivanhoe Park
SYDNEY RD
曼利海洋沙滩
Manly Ocean Beach
悉尼曼利太平洋诺富特酒店
Novotel Sydney Manly Pacific
Steyne
塔斯曼海
Tasman Sea
曼利潜水中心
THE CORSO
曼利美术馆＆博物馆
Manly Art Gallery & Museum
曼利海洋生物保护区
Manly Sea Life Sanctuary
曼利码头
Manly Grill
Seafood&Steakhouse
Sebel Sydney
Manly Beach
甘蓝树湾
Cabbage Tree Bay
The Bower Restaurant
贝壳海滩
Shelly Beach
曼利游客信息中心
EAST ESPLANADE
悉尼国际旅游和酒店管理学院
International Collage of
Tourism & Hotel Management
北港
North Harbour
ADDISON RD
DARLEY RD
悉尼港国家公园
Sydney Harbour NP
St Pauls Collage
STUART ST
曼利沃特斯私立医院
曼利地区医院
小曼利海滩
Little Manly Beach
曼利角
Manly Point
Australian
Police Collage
悉尼海港国家公园
检疫站酒店
Q Station
旧检疫站
Quarantine Station
↙环形码头方向
↘北堡垒、北岬角方向
A   B

立即送往检疫站旁的医院进行隔离。如今这里已经改建成了博物馆，供人参观，并且提供导游服务。另外旧检疫站后方便是悉尼海港国家公园检疫站酒店。

占据北岬角大部分区域的是北岬角保护区（North Head Sanctuary），这里曾是第二次世界大战期间，军队进行炮击训练的场所。如今这里生长着茂密的欧石南属和斑克木属植物，保留下了当初的景象，成了一个讲述历史的保护区。在入口处的游客中心（The Gatehouse Visitor Centre）可以领取散步地图。

漫步欣赏悉尼港风景

曼利观光步道
Manly Scenic Walkway

步道全长 10 公里，沿海岸建设，从曼利西侧的斯皮特大桥（Spit Bridge）绕过克朗塔夫（Clontarf），再延伸至曼利地区。在以不同角度欣赏悉尼港美景的同时，还可以观赏到许多野生的动植物。徒步单程需 4 小时，很有挑战性。在曼利游客中心可以得到线路图。

悉尼 郊外主要景点

蓝山　　　　　　　　　　　　　Blue Mountains

蓝山山脉（大分水岭）与悉尼市区接壤，在悉尼以西 70 公里，北起昆士兰州，南至维多利亚州，全长 4000 多公里。蓝山山脉的海拔最高点仅 1000 米左右，但连绵的山脉却是一道屏障，几乎无法翻越。山脉的内陆一侧是大面积的干燥土地。蓝山国家公园是山脉的其中一部分。公园内

蓝山探险巴士

历史之旅：周末 14:00~16:00/ 码头奇遇：每天 11:00~11:45、周六·周日 16:30~17:15/ 面向家庭的幽灵之旅：周五、周六 19:00~21:00（冬季 18:00~20:00）/ 幽灵之旅：周三～周日 20:00~22:30

历史之旅：成人 $35 儿童 $25/ 码头奇遇：成人 $18 儿童 $10/ 面向家庭的幽灵之旅：成人 $38 儿童 $29 家庭 $125/ 幽灵之旅：成人 $49（周六 $55）

■ 北岬角保护区 ➤ 地图外
住 Scenic Drv., North Head, 2095
☎ (02) 8962-2100
🖥 www.harbourtrust.gov.au
🕐 每天 10:00~16:00
休 新年、耶稣受难日、圣诞节

● 蓝山

想当日往返的话参加旅游团是最好的选择（→ p.244~246）。如果想在蓝山深度游，可以选择租车自驾或乘坐火车。乘坐火车的话，从悉尼中央站上车，到卡通巴大约 2 小时。

■ 蓝山探险巴士

途经卡通巴周边的 29 个观光景点。

☎ 1300-300-915
🖥 www.explorerbus.com.au
🕐 每天 8:50、9:00、9:45~16:45 每 30 分钟一班
💰 (大人) $44 (儿童) $22 (家庭) $110/ 含蓝山绝景世界 (大人) $83 $43/ 含蓝山绝景世界 + 瓦拉达原住民文化中心 (大人) $100 (儿童) $55

■ 蓝山观光电车
Blue Mountains
Trolley Tours

有电气风格的探险巴士运营，途经卡通巴周边 29 处观光景点。

📠 1800-801-577
🖥 www.trolleytours.com.au
🕐 平日 9:45~16:45，每小时一班，周六·周日 9:45~15:45，每小时 1 班
💰 (大人) $30 (儿童) $20/ 含蓝山绝景世界 (大人) $69 $40

在回声角眺望三姐妹峰和贾米森山谷

有瀑布、溪谷，是悉尼首屈一指的观光胜地，也被列为了世界自然遗产。除了著名的三姐妹峰外，还有在文特沃思瀑布、布莱克思的徒步之旅，参观世界最古老的珍罗兰钟乳石洞等，吸引了国内外众多游客前来游玩。

从悉尼出发到蓝山的一日游行程很受欢迎，每家旅行社的行程各有特色。如果想慢慢地游览，也可以选择自己乘坐火车或自驾前往。

在卡通巴站前可以乘坐蓝山的两种观光巴士，蓝山探险巴士（Blue Mountains Explorer Bus）和蓝山观光电车（Bluse Mountains Trolley Tours），自由行游客也可以去到主要的观光景点。

经典的蓝山观光电车

观光起点——卡通巴

卡通巴（Katoomba）作为蓝山的玄关，同时也是旅游的中心地区，十分热闹。19 世纪初期，在卡通巴开采出了煤炭，城市也因此繁荣起来，此后居住在悉尼的许多上流社会人士都选择到这里避暑、保养。车站周边还分布着一些过去的房屋和酒店，现在也仍然作为酒吧和民宿正常经营。其中车站旁的卡林顿酒店（The Carrington Hotel）因其优雅的外观而格外引人注意。

从车站向南延伸出去的是卡通巴大街（Katoomba St.），路旁有不少从英国殖民时期遗留下来的美术馆、古董店、咖啡馆等设施，十分繁华。不妨在这里找到一家心仪的咖啡馆品尝德文郡茶，十分惬意。其中帕拉贡咖啡馆因其古朴的风格有着很高的人气。卡通巴大街西侧是蓝山文化中

心（Blue Mountains Cultural Centre）。内部的美术馆陈列了居住在这一地区的年轻艺术家们的作品，另外还有世界遗产展览馆，展现了蓝山独特的魅力风采。

卡通巴市区南侧是蓝山观光的重要场所。蓝山最大的观景台——回声角（→p.232）、蓝山著名的旅游设施，可以饱览自然风光的绝景世界（→p.242），以及庄园式风格的蓝山卡通巴莉莉安费尔斯度假酒店（→p.251）等都汇集在这里。此外还有多条步道也很值得推荐，例如可以欣赏到贾米森山谷（Jamson Valley）的亨利王子悬崖步道（Prince Henry Cliff Walk），以及穿越悬崖下的桉树林和热带雨林，观赏卡通巴瀑布的联邦通道（Federal Pass）等。

充满复古气息的帕拉贡咖啡馆

蓝山文化中心内的世界遗产展览馆

■蓝山文化中心
Bule Mountains Cultural Centre
🌐 p.231/A
🏠 30 Parke St., Katoomba, 2780
☎ （02）4780-5410
🌐 bluemountainscultural-centre.com.au
🕐 周一～周五 10:00~17:00、周六・周日 10:00~16:00、节假日 10:00~14:00
🚫 耶稣受难日、圣诞节
💰 仅世界遗产展览馆：成人$5 儿童 免费

蓝山其他城镇

卡通巴东侧是有着"王冠上的宝石"（The Jewel in the Mountains Crown）之称的卢拉镇（Leura）。小镇主街上的咖啡馆、餐馆、工艺品店，其精

卡通巴&卢拉
Katoomba & Leura
0 500m

飞狐酒店 The Flying Fox
电影院
卡通巴站
弗兰克沃尔福德公园 Frank Wolford Park
文化遗产山庄酒店 The Mountain Heritage
卢拉站
咖啡&购物街
卡林顿酒店 The Carrington Hotel
帕拉贡
咖啡&购物街
WILSON ST
GOVETT ST
LOVEL ST 洛弗尔大街
迈石龙大街
MEGALONG ST
蓝山文化中心 Blue Mountains Cultural Centre
Katoomba Mountain Lodge
LETTS ST
CRAIGEND ST
LEICHHARDT ST
WARATA ST
蓝山国际青年旅舍 Blue Mountains YHA
皇家宫殿酒店 Palais Royale
卢拉公园 Leura Park
蓝山度假酒店 Blue Mountains Getaways
CASCADE ST
MERRIWA ST
Jamison Guest House
Kurrara Historic Guest House
卢拉瀑布 Leura Cascades
LURLINE ST
LEURA MALL
Three Sisters Motel & Cottages
卡通巴公园 Katoomba Park
KATOOMBA ST
MARTIN ST
CLIFF DRV
卡通巴高中
蓝山绝景世界 Scenic World
卡通巴瀑布 Katoomba Falls
Avonleigh Country House
奥尔凡岩石
观光缆车
回声精品酒店 Echoes Boutique Hotel
RAYMOND RD
莉莉安费尔斯度假酒店 Lilianfels Blue Mountains Resort & Spa
观光铁路
瓦拉达原住民文化中心 Waradah Aboriginal Centre
Echo Point Motor Inn
游客信息中心 观景台 回声角 Echo Point
巨星之路
三姐妹峰 The Three Sisters
贾米森山谷 Jamison Valley
观光缆车
N

A   B

■蓝山遗产中心
Blue Mountains Heritage Centre

设施位于布莱克希思的戈贝茨瀑布观景台旁，由国家公园事务所运营。除了展示动植物的相关资料外，还可以获取一些关于徒步旅行的建议。

🏠 end of Govetts Leap Rd., Blackheath, 2785
☎ (02) 4787-8877
🌐 www.nationalparks.nsw.gov.au
🕐 每天 9:00~16:30
🚫 圣诞节

卢拉镇整洁的中心地区

美程度甚至在卡通巴之上。从悉尼出发的旅游团，有不少都包含了在卢拉镇散步的行程。

卢拉镇往东是文特沃思瀑布（Wentworth Falls），也是热门的徒步旅行之选。这里是蓝山知名的国家通道（National Pass）步道的起点。比较有名的弗莱彻观景台（Fletchers Lookout）和维多利亚女王观景台（Queen Victoria Lookout）都在这里。另外文特沃思瀑布郊外的国王悬崖（Kings Tableland）更是一处人气爆棚的观景地，一定不要错过。

位于卡通巴西北方向，相距 10 公里远的布莱克希思（Blackheath），也是一处热门的徒步旅行之地。附近还有许多观景台，景色宜人。从卡通巴、卢拉、文特沃思瀑布周边的观景台都只能看到蓝山南侧的贾米森山谷，而在布莱克希思则可以看到北侧的戈贝茨山谷（Govetts Gorge）的美景。

其中最著名的是戈贝茨瀑布观景台（Govetts Leap Lookout），眼前所呈现出来的戈贝茨山谷的壮观景象令人叹为观止。此外从埃文斯观景台（Evans Lookout）还可以同时欣赏到戈贝茨

（左）文特沃思瀑布的弗莱彻观景台
（右）从布莱克希思郊外的戈贝茨瀑布观景台欣赏到的壮观景象

山谷和大峡谷（Grand Canyon）这两处景色。

■关于三姐妹峰的传说

除本文记载的传说外，还流传着许多不同的版本。

■瓦拉达原住民文化中心
🗺 p.231/A
🏠 World Heritage Plaza, 33-37 Echo Point Rd., Katoomba, 2780
☎ (02) 4782-1979
🌐 waradahaboriginalcentre.com.au
🕐 每天 9:00~17:00/表演：每天 10:30、11:30、13:30，以及 10:00~16:00 每小时一次（表演时间 25 分钟）
💰 表演（成人）$20（儿童）$15
🎫 $55

※莉莉安费尔斯度假酒店的房客凭收据可以免费领取门票

蓝山首屈一指的观景胜地

回声角和三姐妹峰
Echo Point & The Three Sisters
Map p.231/A

位于卡通巴镇以南 1.5 公里处便是回声角。想要欣赏蓝山壮观的景色，这里是最佳的选择，也是人气最高的观景地。在陡峭的悬崖前，是郁郁葱葱的桉树原始森林所在的贾米森山谷，东侧威严耸立着的便是三姐妹峰。

左／回声角观景台。从 2 层向下走，会感觉三姐妹峰突然间就逼近了
右／架设于三姐妹峰的小桥

三姐妹峰这个名字源自于原住民的一个传说。相传这里曾居住着美丽的三姐妹和她们的父亲——一名祈祷师，生活过得十分平和。突然有一天，本耶普（澳大利亚民间传说、神话中的生物）袭击了三姐妹，于是父亲便将她们变成岩石隐藏了起来。本耶普知道了这些后，便改为攻击父亲。父亲使用魔法将自己变成了华丽的琴鸟，躲进了岩洞之中。但是变身后的父亲却无法再度变回人形，他的女儿们也变不回去了，就这样成了三姐妹峰，永远矗立于此。

从回声角到三姐妹峰之间有一条平坦的步道，往返大约需要 30 分钟。三姐妹峰的其中一座用桥连接了起来，可以真的摸到三姐妹峰。并且从这里向贾米森山谷方向前进，向下走约 900 个台阶便是巨星之路（Giant

Starways），联邦通道铺设得十分完善。从联邦步道沿悬崖边向西，便可以走到绝景世界。这条线路比较适合喜欢健走的游客（所需时间2.5 小时）。

回声角建有游客信息中心，可以咨询关于蓝山国家公园内的徒步旅行。另外在回声角附近的瓦拉达原住民文化中心（Waradah Aboriginal Centre）可以欣赏原住民舞蹈和的迪吉里杜管的演奏（设有原住民工艺品商店）。

在瓦拉达原住民文化中心可以学习了解原住民文化和风俗习惯

可以体验保存下来的稀有的"之"字形铁路

蓝山"之"字形观光铁路
Zig-Zag Railway

Map p.230/A

观光铁路往返于蓝山西部利斯戈附近的克拉伦斯站。建设于 1866~1869 年，起初是为了翻越山岭，1975 年由志愿者修复，成了一处观光设施。观光铁路全年都可以乘坐，周三、周末、NSW 节假日、学校假期期间，使用的是蒸汽火车头，可以尽量安排在此期间前往。

保存良好的蓝山"之"字形观光铁路

参观世界上已知最古老的钟乳洞

珍罗兰钟乳石洞
Jenolan Caves

Map p.230/A

珍罗兰钟乳石洞位于卡通巴西南方向，相距 80 公里，开车大约 1.5 小时，是一个规模巨大的钟乳洞群。钟乳洞实际形成于 3.4 亿年前，而世界第二古老的钟乳洞——位于美国新墨西哥州的卡尔斯巴德洞穴形成于 9000 万年前，由此可见这里的历史价值非同一般。

到达珍罗兰钟乳石洞后，首先令人感到震惊的是被称作"大拱门"（Grand Arch）的巨大隧道。这里本身也曾是钟乳洞，如今成了几个洞穴参观的入口。从"大拱门"旁的步道还可以看到叠层石（即蓝藻，在地球初期氧气的产生过程中起到了至关重要的作用）。

梦幻的卢卡斯洞穴内部

一般带导游可以参观的洞穴有卢卡斯洞穴（Lucas Cave）、帝国洞穴（Imperial Cave）、奇夫利洞穴（Chifley Cave）、东方洞穴（Orient Cave）、巴力神庙洞穴（Temple of Baal Cave）、河洞穴（River Cave）、朱比利洞穴（Jubilee Cave）、瑞本洞穴（Ribbon Cave）、地狱犬洞穴（Pool of Cerberus Cave）。

每个洞穴的内部构造各不相同，其中最具人气的当数卢卡斯洞穴。壮美的钟乳

东方洞穴内有着各种各样美丽的钟乳石

■ 蓝山"之"字形观光铁路
住 P.O.Box 1, Lithgow, 2790
☎ 1300-944-924
URL www.zjgzagrailway.com.au

■ 珍罗兰钟乳石洞
☎（02）6359-3911
☎ 1300-763-311
URL www.jenolancaves.org.au
开 每天 9:00~20:00（冬季~17:00）
费 卢卡斯洞穴、帝国洞穴、奇夫利洞穴其中之一：成人 $40 儿童 $27 家庭 $85/ 东方洞穴、钻石洞穴其中之一：成人 $45 儿童 $31.50 家庭 $95/ 巴力神庙洞穴：成人 $45 儿童 $31.50/ 上述之外的洞穴：1人 $50

● 从卡通巴出发的旅游团
卡通巴站前每天有运营蓝山观光电车的公司组织的旅游团前往珍罗兰钟乳石洞。
☎（02）4782-7999
FAX 1800-801-577
URL www.trolleytours.com.au
时 每天 10:35~17:00
费 往返：成人 $60 儿童 $43/含卢卡斯洞穴参观：成人 $96 儿童 $77/ 含东方洞穴参观：成人 $102 儿童 $82
※ 也可以参加往返于卡通巴的 IEC 大洋洲旅行社的珍罗兰钟乳石洞之旅（→ p.244）。

■ 珍罗兰钟乳石洞名字的由来
珍罗兰在这个地区的原住语中意为"高山"。并且这个洞穴群还曾被原住民称作"比诺美拉"（黑暗的地方）。

洞内，在被叫作大教堂的一角，巨大的钟乳石从顶部垂下，美得令人窒息。另外在被评价为拥有澳大利亚最美钟乳石的东方洞穴，可以看到珍罗兰钟乳石洞最具代表性的完美钟乳石。

此外珍罗兰钟乳石洞周边还有多条徒步线路，推荐你住在拥有住宿设施的洞穴中，悠闲地体验森林漫步的乐趣。

从悉尼北部的霍克斯伯里河（Hawkesbury River）起始，到麦夸里湖（Lake Macquarie）前的凯瑟琳希尔湾（Catherine Hill Bay）为止，这段延绵80公里的海岸线被通称为中央海岸。在这片美丽的沙滩上，可以进行冲浪、钓鱼、潜水等活动，在霍克斯伯里河还可以参加游船之旅，参观国家公园，充分感受大自然的魅力。此外人气的澳大利亚爬行动物园（→ p.241）也位于中央海岸地区。这一地区的中心是拥有17万人口的戈斯福德（Gosford），从悉尼乘坐火车需1.5小时。在戈斯福德站前的戈斯福德游客中心（Gosford Visitor Centre）可以领取地图和旅游手册。

通过骑马、ATV 感受大自然的魅力
骏域谷   Map p.234/A
Glenworth Valley

骏域谷位于中央海岸的皮特斯岭（Peats Ridge）附近，占地面积达到了 3000 英亩（约 12 平方千米）。在这里不仅可以亲近大自然，还可以参加多种娱乐活动，在悉尼的年轻人中间有着很高的人气。每到周末或学校放假期间，这里的露营地会变得非常热闹。

交通方式

●中央海岸

悉尼中央海站～戈斯福德站之间每小时有 2~3 班火车。在戈斯福德可以乘坐由当地红色巴士服务 Red Bus Services 运营的巴士线路（可以使用澳宝卡），只是巴士车班次较少。因此在当地也可以考虑租车自驾。

■红色巴士服务

☎ （02）4332-8655
🖥 www.redbus.com.au

■戈斯福德游客中心

🏠 200 Mann St., Gosford, 2260
☎ （02）4343-4444
🖥 www.visitcentralcoast.com.au
🕐 周一～周五 9:30~16:00、周六 9:30~13:30
🚫 周日、耶稣受难日、圣诞节

■骏域谷

🏠 69 Cooks Rd., Glenworth Valley, 2250
☎ （02）4375-1222
🖥 www.glenworth.com.au

中央海岸-纽卡斯尔-斯蒂芬斯港
Central Coast - Newcastle-Port Stephens

20km

猎人谷 Hunter Valley
格雷塔 Greta
梅特兰 Maltland
斯蒂芬斯港 Port Stephens
尼尔森湾 Nelson Bay
波科宾 Pokolbin
橡树谷农场&动物世界 Oakvale Farm & Fauna World
安娜湾 Anna Bay
p.238
卡里卡里 Kurri Kurri
纽卡斯尔机场
塞斯诺克 Cesnock
斯蒂芬斯港 4WD 之旅
沃伦比 Wollombi
瓦塔甘斯 Watagans NP
纽卡斯尔 Newcastle
斯托克顿海滩沙丘 Stockton Beach Dune
武士海滩别墅-斯蒂芬斯港青年旅舍 Samurai Beach Bungalows YHA
延戈国家公园 Yengo NP
库兰邦 Coorabong
穆雷酿酒厂&斯蒂芬斯港酿酒厂 Murray's Brewery & Port Stephens Winery
斯蒂芬斯港拉曼德海岸宜必思尚品酒店 ibis Styles Salamander Shores
澳大利亚爬行动物园 Australian Reptile Park
卧龙 Wyong
美爵库英达水域中央海岸酒店 Mercure Kooindah Waters Central Coast
入口镇 The Entrance
达拉阁国家公园 Dharug NP
骏域谷 Glenworth Valley
戈斯福德 Gosford
中央海岸 Central Coast
蓝山国家公园 Blue Mountains NP
马拉马拉国家公园 Marramarra NP
沃伊沃伊 Woy Woy
布里斯班水上国家公园 Brisbane Water NP
里士满 Richmond
布鲁克林 Brooklyn
库灵盖狩猎地国家公园 Ku-ring-gai Chase NP
霍克斯伯里河巡游 Hawkesbury River Cruise
霍姆斯比 Hornsby
梦娜维尔 Mona Vale

A   B

到骏域谷后，一定要骑马感受一下大自然的独特魅力。

这里可以说是悉尼近郊中最棒的骑马地点了。在占地内有多条骑行线路（总长度约 50 公里），可以根据每个人的个人情况选择最适合自己的线路，尽情地体验骑马的乐趣。途中会经过森林里的小河，在开阔的区域策马奔腾……此外还可以欣赏一下马道旁的原住民族壁画。

此外，还可以在两岸森林茂密的小溪上划船，驾驶 ATV（四驱车）探索峡谷（驾驶前有工作人员悉心指导）。喜欢冒险刺激的朋友还可以挑战悬崖游绳速降项目。

在骑马的同时，可以欣赏多种多样的自然景色

邮轮之旅

霍克斯伯里河巡游
Hawkesbury River Cruise　　　　Map p.234/A

最终汇入布罗肯湾（Broken Bay）的霍克斯伯里河两岸是布里斯班水上国家公园（Brisbane Water NP）和库灵盖狩猎地国家公园（Ku-ring-gai Chase NP），这两处的风景都非常美丽。最独特的是这里海岸边居民们的交通工具是船而非汽车。另外因为没有马路，所以也是用船来给海岸边的住户送信的。与负责霍克斯伯里河送信的邮递员一起乘船，巡游霍克斯伯里河的旅程有着很高的人气，游览直至霍克斯伯里河上游的塔鲁尔国家公园（Dharug NP）。塔鲁尔是居住在这一地区的原住民部落的名称，公园内还残留着他们的壁画。

乘坐游船可以到达国家公园深处

纽卡斯尔　　　　Newcastle

纽卡斯尔站旁优美的海关大楼

从中央海岸继续北上（与悉尼相距 150 公里），从猎人河（Hunter River）起始的一片区域被称作猎人区。其中心便是 NSW 的第二大城市——纽卡斯尔。自 19 世纪中期以后，这里作为煤炭港口迅速发展成了一座工业城市。澳大利亚鲜有地震发生，然而在 1982 年，纽卡斯尔却遭受了澳大利亚历史上最严重的地震，造成 12 人死亡。此外纽卡斯尔还是知名的冲浪胜地，有澳大利亚数一数二的冲浪节日举行。

纽卡斯尔市区东侧有多处历史建筑物，也是热门的观光景点。在信息中心的地图上有线路图，不妨尝试一下。

你也可以乘坐"著名的有轨电车"Famous Tram，绕行这些历史建筑物一周大约需要 45 分钟。另外不可错过的还有斯卡切瑞城堡（Fort Scratchley）。城堡建于 1882 年，目的是为了防止俄罗斯人入侵，但第一次真正使用是在 1942 年日军的潜水艇出现在纽卡斯尔海面上时（也是澳大利亚唯一真正经历过实战的城堡）。如今这里已成为历史博物馆面向公众开放。这里有导游服务，想要详细了解这段历史的游客不妨参加。

● 骑马之旅
时 周一～周五 10:00、14:00、周六·周日及节假日 9:00、11:00、14:00（所需时间 2 小时）
费 1 人 \$95

● 划船之旅
时 每天 10:00、14:00（所需时间 2.5 小时）

● ATV（四驱车）之旅
时 每天 10:00、11:30、14:00、15:30（所需时间 1.5 小时）
费 1 人 \$105

● 悬崖游绳速降之旅
时 每天 10:00、14:00（所需时间 2.5 小时）
费 1 人 \$90

初学者也可以轻松地体验 ATV

■ 霍克斯伯里河巡游
● Hawkesbury Cruises
☎ 0400-600-111（需预约）
URL www.riverboatpostman.com.au

● 河流邮递员游船
时 周一～周五 10:00～13:15
休 周六、周日及节假日
费 大 \$55 小 \$15 家庭 \$125

交通方式

● 纽卡斯尔
从悉尼中央站乘坐悉尼城铁可以直达（所需时间 2~3 小时）

■ 纽卡斯尔游客信息中心
Newcastle Visitor Centre
住 The Maritime Centre, 3 Honeysuckle Drv., Newcastle, 2300
☎ (02) 4929-2588
URL www.visitnewcastle.com.au
开 周二～周日及节假日 10:00～16:00
休 周一、耶稣受难日、圣诞节

■ 著名的有轨电车
☎ 0418-307-166
URL famous-tram.com.au
时 每天 10:30、12:00 在女王码头前出发
休 周日及节假日、学校假期
费 大 \$20 小 \$5

斯卡切瑞城堡

- 🏠 Nobbys Rd., Newcastle, 2300
- ☎ (02) 4974-2027
- 🌐 www.fortscratchley.org.au
- 🕐 周三～次周周一 10:00～16:00/ 10:30～14:30 随时提供导览服务
- 休 周二、新年、复活节假期、圣诞节
- 💰 免费/隧道之旅 $12.50 儿童 $6.50 家庭 $32/全区游览 $16 儿童 $8 家庭 $38

交通方式

● **斯蒂芬斯港**

悉尼中央站前每天有1班直达巴士到达尼尔森湾。另外纽卡斯尔每天有3~9班巴士车（130路）也可以直达。

■ **斯蒂芬斯港游客信息中心**
Port Stephens Visitors Information Centre
- 🏠 60 Victoria Pde., Nelson Bay, 2315
- ☎ 1800-808-900
- 🌐 www.portstephens.org.au
- 🕐 每天 9:00～17:00
- 休 圣诞节

■ **斯蒂芬斯港四驱车之旅**
- ☎ (02) 4984-4760
- 🌐 www.portstephens4wd.com.au
- 🕐 1小时行程：10:00～15:30 每30分钟一次（从安娜湾的沙丘入口出发）
※ 1.5小时、2小时行程根据当天的预约情况安排出发时间
- 💰 1小时行程：成人 $28 儿童 $20 家庭 $78.50/1.5小时行程：成人 $52 儿童 $31 家庭 $137.50/3小时行程：成人 $90 儿童 $50 家庭 $235

■ **沙丘冒险**
- ☎ (02) 4033-8808
- 🌐 www.sandduneadventures.com.au
- 🕐 1小时行程：10:00、11:30、13:00、14:30/1.5小时行程：9:30、13:00/2小时行程：10:00、13:00；从位于尼尔森湾路（Nelson Bay Rd.）的姆洛克原住民文化中心（Murock Aboriginal Cultural Centre）出发
- 💰 1小时行程：成人 $110 儿童 $65/1.5小时行程：成人 $135 儿童 $90/2小时行程：成人 $165 儿童 $110

斯蒂芬斯港　　　　Port Stephens

斯蒂芬斯港距离悉尼有2.5小时的车程，是位于纽卡斯尔近郊的一处度假胜地。斯蒂芬斯港是以尼尔森湾为中心的海湾和半岛一带的总称。入海口处可以看到大群鹈鹕和野鸟，在尼尔森湾时常还有野生海豚游过。这里的牡蛎养殖业发达，可以品尝到新鲜的海产品。另外半岛上的图莫瑞国家公园（Tomaree NP）和周边地区还是知名的野生考拉栖息地，漫步在步道上经常可以看到可爱的考拉。因为这里距离悉尼比较远，周末的时候有不少悉尼市民都会选择到这里放松休息。

斯蒂芬斯港栖息着大量野生考拉

体验滑沙和 ATV 的乐趣
斯托克顿海滩沙丘　　Map p.234/B
Stockton Beach Dune

乘坐大型四驱车在沙丘上飞驰

体验刺激的滑沙活动

从纽卡斯尔至安娜湾（Anna Bay），是沿太平洋绵延32公里的斯托克顿海滩沙丘。过去这里就是原住民获取贝类等食物的地方，现在也仍由他们管理这片地区。沙丘的一部分现在作为娱乐场地开放使用，有多家公司进行沙丘之旅的活动。其中比较热门的项目是斯蒂芬斯港四驱车之旅（Stephens 4WD Tour）。乘坐大型四驱车飞驰游览，途中还有滑沙、参观原住民的贝塚、挖掘沙丘并观察冒出来的含铁的水等活动。由管理沙丘的原住民团体举行的ATV沙丘冒险（Sand Dune Adventures）也有着很高的人气。在这个行程中你可以亲自驾驶汽车，在辽阔的沙丘上自由

以50公里/小时的时速在沙丘上飞驰

驰骋，十分畅快。途中也有滑沙（1.5小时以上的行程才包括此项活动）和参观贝塚的活动。

与野生的海豚和鲸鱼相遇
观赏海豚和鲸鱼的游船之旅
Dolphin & Whale Watching Cruise

据说这片海域栖息着约70只海豚，如果参加游船之旅，有95%以上的概率可以看到海豚。这里经营游船的公司有很多家，大型游船公司在夏天还有叫作"繁荣网"（Boom Netting）的娱乐项目，一定要记得带上泳衣。另外幻想游船公司（Imagine

有时海豚会主动靠近船只

Cruises）在周末还有和海豚一起游泳的游船活动，戴上呼吸管、潜水镜，抓着系在船上的绳索，近距离地观察海豚游动的身姿。

这片海域还是座头鲸洄游的地方，因此观鲸活动也很盛行。在 5 月下旬~8 月前后可以看到北上的鲸鱼，9~10 月上旬可以看到南下游回南极的鲸鱼。届时有观赏海豚行程的游船公司也会组织观鲸游船旅行。

悠闲自在的动物园
橡树谷农场 & 动物世界 　　Map p.234/B
Oakvale Farm & Fauna World

大袋鼠、小袋鼠、袋熊、考拉、鸸鹋，以及兔子、骆驼、马和羊，还有吸蜜鹦鹉、笑翠鸟、鸭子等 74 种动物悠闲自在地生活在这片占地面积辽阔的区域之中。

猎人谷 　　　　　　　　　　Hunter Valley

猎人谷的丘陵地带上种植的大片葡萄园

猎人谷位于悉尼西北方向约 160 公里处，是澳大利亚最具代表性的葡萄酒产地。这里既有大型的葡萄酒公司，又有家族经营的精品酿酒厂，大大小小共有 150 多家酿酒厂分布于此。猎人谷最南侧是中心城镇塞斯诺克（Cessnock），另外这一地区还分为以波科宾（Pokolbin）为中心的下猎人谷和以登曼（Denman）为中心的上猎人谷，其中下猎人谷的人气更高。此外这里还饲养着大量纯种马匹，你可以在这里骑马，另外还有热气球、自行车骑行等多种娱乐项目。

品尝美酒，寻找自己的最爱
探索葡萄酒庄 　　　　　　Map p.238
Exploring Wineries

19 世纪 60 年代波科宾便开始酿造葡萄酒，酒庄的数量非常之多，是最适合进行葡萄酒巡礼的地方。下面就为你介绍几家知名度极高的酒庄。

● 天瑞酒庄 Tyrrell's Vineyard
1858 年开业，是猎人谷最古老的酒庄。可以参观工厂。霞多丽、赛美蓉、西拉等种类的好酒有很多。

■ 观赏海豚和鲸鱼的游船之旅
● 月影游船
Moonshadow Cruises
☎（02）4984-9388
🌐 www.moonshadow.com.au
🕐 每天 10:30、13:30 发出发 / 观赏海豚行程所需时间为 1.5 小时 / 观鲸之旅：5 月下旬~11 月上旬，所需时间 3 小时
💰 观赏海豚：(成人) $28 (儿童) $14.50 (家庭) $70.50/ 观鲸之旅：(成人) $63 (儿童) $27 (家庭) $153

● 幻想游船公司
Imagine Cruises
☎（02）4984-9000
🌐 www.imaginecruises.com.au
🕐 观赏海豚：11 月~次年 3 月每天 11:00 出发（所需时间 2 小时）/4・5 月 10:30、12:30、14:30 出发（所需时间 1.5 小时）/ 观赏海豚 & 鲸鱼：5 月中旬~11 月中旬每天 10:30、14:00 出发（所需时间 3 小时）/ 海豚游泳：9 月~次年 5 月周末 6:00~10:00
💰 观赏海豚：(成人) $29 (儿童) $15 (家庭) $72/ 观赏海豚 & 鲸鱼：(成人) $63 (儿童) $30 (家庭) $156/ 海豚游泳：1 人 $289

■ 橡树谷农场 & 动物世界
🏠 3 Oakvale Drv., Salt Ash, 2318
☎（02）4982-6222
🌐 www.oakvalefarm.com.au
🕐 每天 10:00~17:00
💰 (成人) $28.50 (儿童) $16.50 (家庭) $80

交通方式

● 猎人谷
当地公共交通不完善，推荐自驾或参加旅行团。

■ 猎人谷葡萄酒 & 游客中心
Vintage Hunter Wine & Visitors Centre 　　　p.238
🏠 455 Wine Country Drv., Pokolbin, Hunter Valley, 2320
☎（02）4993-6700

酒店名称	住宿 / URL	电话号码	营业时间	
泰姆勒兰酒庄 Tamburlaine Wines	358 McDonalds Rd., Pokolbin, 2321 🌐 www.mywinery.com	(02)4998-4200	每天	9:00~17:00
辣椒树酒庄 Pepper Tree Wines	89 Halls Rd., Pokolbin, 2320 🌐 peppertreewines.com.au	(02)4909-7100	周一~周五 周六、周日及节假日	9:00~17:00 9:30~17:00
毕巴乔酒庄 Bimbadgen Estate	790 McDonalds Rd., Pokolbin, 2321 🌐 www.bimbadgen.com.au	(02)4998-4650	周日~次周周四 周五、周六	10:00~17:00 10:00~19:00
斯卡伯勒酒庄 Scarborough Wine	179 Gillards Rd., Pokolbin, 2320 🌐 www.scarboroughwine.com.au	1300-888-545	每天	9:00~17:00
布肯木酒庄 Brokenwood Wines	401-427 McDonalds Rd., Pokolbin, 2320 🌐 www.brokenwood.com.au	(02)4998-7559	周一~周六 周日及节假日	9:30~17:00 10:00~17:00
塔洛克酒庄 Tulloch Wines	Cnr. Mcdonalds & DeBeyers Rd., Pokolbin, 2320 🌐 tullochwines.com.au	(02)4998-7580	每天	10:00~17:00

猎人谷其他的主要酒庄

●麦格根酒庄 McGuigan Wines

在 19 世纪 80 年代开始葡萄酒酿造的老牌酒庄之一。同时设有葡萄酒酿制的博物馆和奶酪工厂。西拉起泡酒、霞多丽、黑皮诺最受好评。

●利达民酒庄 Lindeman's

拥有超过 170 年历史的知名葡萄酒制造商，在澳大利亚各地都建有葡萄园。在猎人谷主要生产西拉、赛美蓉和霞多丽。并设的餐馆也有着很高的人气。

天瑞酒庄里爽朗的工作人员

修建精致的大庭园

猎人谷花园
Hunter Valley Gardens
Map p.238

位于波科宾中心地区的一座占地面积 25 公顷的大花园。在这里可以看到英式庭园、意式庭园、东方庭园等各种风格的花园美景。并且从布罗肯路到花园入口之间还有多家精致的纪念品商店和咖啡馆。

在猎人谷花园可以欣赏到各种风格的庭园

悉尼 的主题公园

在悉尼市内及郊区的水族馆和动物园可以看到很多澳大利亚特有的动物。此外在蓝山地区的世界遗产森林中也设有娱乐设施。

观赏澳大利亚近海鱼类

悉尼水族馆
Sea Life Sydney Aquarium
Map p.219/1B

位于达令港，是世界上规模最大的水族馆。这里有着超过 1.3 万种栖息于澳大利亚近海和河流中的水生动物。馆内共分为 14 个主题区域。在河流＆死水潭区可以近距离地观赏到活泼的鸭嘴兽。接着在悉尼港区域，可以看到因电影《海底总动员》而被越来越多人喜欢的小丑鱼。而在儒艮岛区可以看到经常被误认为美人鱼的儒艮，这个区域也有着极高的人气。全世界仅有 5 头儒艮饲养于水族馆中，而其中有 2 头都在悉尼水族馆。从鲨鱼谷开始的 4 个区域可以看到栖息于澳大利亚近海的海龟。这里的设施实际上是与大海相连的，还能看到各种鲨鱼

观赏珍稀的儒艮

在鲨鱼谷可以看到许多种类的鲨鱼

和鳕鱼等海洋生物。最后参观的是大堡礁区。这里重现了大堡礁的海底世界，有着五颜六色的珊瑚礁鱼类、拿破仑鱼、海龟、礁鲨等，可以看到多种多样的珊瑚礁海域的海洋生物。

在市中心与澳大利亚的动物们相遇

悉尼野生动物园
Wild Life Sydney Zoo

Map p.219/1B

　　位于悉尼水族馆旁，是一座3层高的室内动物园。野生动物园共有9个展馆，再现了澳大利亚特有的9种生态环境。彩蝶飞舞区再现了亚热带雨林的环境，色彩缤纷的蝴蝶甚至会停留在你的肩膀或头上；而袋鼠漫步区则重现了澳大利亚内陆地区的样貌，在这里你可以近距离观察大

提前确认好喂食时间，有机会投喂针鼹

小袋鼠，稀有的袋熊等。在屋顶上的考拉区可以和考拉一起合影留念（要收费）。

甚至可以看到种类稀少的黄足岩袋鼠

　　另外丹翠雨林馆重现了热带雨林的环境，透过巨大的玻璃窗你可以看到鹤鸵；而在卡卡杜峡谷馆中可以观赏到在池塘中等待喂食的大型湾鳄。周末，在动物园屋顶的考拉饲养区，还有同考拉共进早餐的活动，是全家出游的好去处。

观赏鲨鱼喂食，和鲨鱼一起游泳

曼利海洋生物保护区
Manly Sea Life Sanctuary

Map p.229/A

　　曼利海洋生物保护区是一座位于曼利渡海码头附近的水族馆。水族馆的最大亮点是长110米的海底隧道，你可以看到栖息于悉尼近海的多种鲨鱼和海龟。此外在企鹅湾你可以看到可爱的小蓝企鹅；在悉尼水下世界区

在海底隧道中观赏栖息于悉尼港的鱼群吧

的触摸池中有海马和章鱼，非常适合带孩子前来。另外每天还有2~7回鲨鱼潜水极限体验（Shark Dive Xtreme），你可以自由地选择潜水体验或娱乐潜水。如果想近距离观看鲨鱼的话，不妨参加这项活动。

有些惊险刺激的鲨鱼潜水极限体验

可爱的动物与美丽的水景风光

塔龙加动物园
Taronga Zoo

Map p.225

　　塔龙加在原住语中意为"美丽的水上景色"。正如其名字一样，优越的地理环境让你在这里可以眺望到悉尼港和对岸市区的美景。动物园于1916年开放，是悉尼最古老的动物园，在整个澳大利亚也有着极高的知

■悉尼的动物园禁止抱考拉
　　根据NSW州法律的规定是禁止抱考拉的。有些动物园允许抚摸考拉拍纪念照。

■悉尼水族馆
住 1-5 Wheat Rd., Darling Harbour, 2000
電 1800-199-657
網 www.sydneyaquarium.com.au
開 每天 9:30~18:00
費 成人 $42 兒童 $29.50

■悉尼野生动物园
住 1-5 Wheat Rd., Darling Harbour, Sydney, 2000
電 1800-206-158
網 www.wildlifesydney.com.au
開 每天 9:00~17:00/和考拉共进早餐：周末 7:30~
費 成人 $42 兒童 $29.50/和考拉合影：1 人$20、2 人$25/和考拉共进早餐：成人 $65 兒童 $55

■悉尼无限通票 & 悉尼娱乐通票
　　悉尼无限通票包含悉尼塔&空中漫步、悉尼水族馆、悉尼野生动物园、悉尼杜莎夫人蜡像馆、曼利海洋生物保护区。悉尼娱乐通票则可以自由组合想参观的设施。
費 悉尼无限通票（有效期30天）：成人 $99（$217）兒童 $70（$151.50）/悉尼娱乐通票 2 种设施组合：成人 $60（$70）兒童 $42（$48.50）/悉尼娱乐通票 3 种设施组合：成人 $70（$112）兒童 $49（$78）/悉尼娱乐通票 4 种设施组合：成人 $80（$154）兒童 $56（$107.50）/悉尼娱乐通票 5 种设施组合：成人 $90（$179）兒童 $63（$124.50）
※（ ）内为售票窗口的价格

可以抚摸考拉拍纪念照的区域

■曼利海洋生物保护区
住 West Esplanade, Manly, 2095
電 1800-199-742
網 www.manlysealifesanctuary.com. au
開 每天 9:30~17:00（售票截止时间为 16:30）
休 圣诞节
費 成人 $25 兒童 $17

※ 包含于悉尼无限通票 & 悉尼娱乐通票（→p.239边栏）
CC AJMV

■鲨鱼潜水极限体验
☎ 1800-078-446
费 鲨鱼潜水 $299、投喂鲨鱼潜水 $395
※ 14 岁以上

■塔龙加动物园
住 Bradley's Head Rd., Mosman, 2088
☎ (02) 9969-2777
网 taronga.org.au
开 5～8 月：每天 9:30～16:30/
9 月～次年 4 月：每天 9:30～17:00/ 考拉相遇（可以和考拉拍纪念照）11:00～14:45
费 〈成人〉$46〈儿童〉$26〈家庭〉$129.60/
考拉相遇：最多 4 人 $24.95
●交通方式
从环形码头的 2 号码头乘坐轮渡可以直达，每 30 分钟一班（所需时间 12 分钟）。塔龙加动物园在轮渡码头附近有一个入口，在山丘上的则是正面入口。从码头有对应轮渡时间的巴士到达正面入口。另外还可以乘坐空中缆车。

■野生绳索
时 每天 9:30～15:30
费 2 条线路〈成人〉$69〈儿童〉$45/4 条线路〈成人〉$94〈儿童〉$65
※ 含入园门票

■澳大利亚野生体验
时 每天 10:15、14:00 开始（必须提前 48 小时预约）
费〈成人〉$129 儿童 83
※ 价格已包含入园门票、咖啡 / 红茶

■塔龙加动物园 + 往返轮渡优惠套票 Taronga Zoo Combo Pass
●库克船长号·动物园通票
库克船长号（→p.247）的塔龙加轮渡往返或轮渡上下船 1 日券 + 入园门票的套票。
费〈成人〉$62〈儿童〉$30
●悉尼港 EcoHopper 号 + 塔龙加动物园套票
EcoHopper 号（→p.248）24 小时船票 + 入园门票的套票。
费〈成人〉$55〈儿童〉$30

■悉尼费瑟戴尔野生动物园
住 217-229 Kildare Rd., Doonside, 2767
☎ (02) 9622-1644
网 www.featherdale.com.au
开 每天 9:00～17:00
休 圣诞节
费〈成人〉$31〈儿童〉$17〈家庭〉$85
●交通方式
从市内乘坐悉尼城铁 T1 西线到达布莱克顿（Blacktown）大约 40 分钟。再从城铁站前的巴士站换乘 729 路巴士可以直达，约 10 分钟。

名度。除了澳大利亚固有的动物外，还有狮子、老虎、大象、长颈鹿、大猩猩等来自世界各地的动物，种类多达 380 种，共计 2200 头动物。动物园占地面积达 29 公顷，位于山丘之上，按照动物们的栖息环境分为不同区域。

澳大利亚本土动物饲养于正面入口附近，包括袋鼠、鸸鹋、考拉等，你还可以在这里近距离的与考拉拍摄合影（要收费）。另外在山脚旁的南大洋区还可以近距离观赏到海狮、海狗、企鹅、鹈鹕等动物。在大型剧场内，你可以欣赏到精彩的海豹表演。此外每天进行 2 次的自由飞鸟表演同样不容错过，你可以看到虎头海雕、长尾林鸮、鹦鹉等澳大利亚特有的鸟类优雅飞行的身姿。

充满历史感的公园大门

饲养区内可爱的袋鼠

喜欢刺激项目的游客可以选择野生绳索（Wild Rope）项目。在园内设置的网绳设施上攀爬，十分刺激。此项活动根据高度分为不同难度的线路，设有 2 条高难度线路和 2 条低难度线路。

在塔龙加动物园内还有多种与动物互动的游戏旅程。其中澳大利亚野生体验（Wild Australia Experience）在游客中有着很高的人气。饲养员会带领你参观园区，详细地介绍考拉的生态习性，之后可以和考拉合影留念，还能够投喂袋鼠，与负鼠等夜行性动物亲密接触……此外还能够进入一般游客无法进入的动物园内部，参观饲养员平时是如何给动物们准备食物的。

亚洲区中心饲养着的亚洲象

悠闲自在的气氛
悉尼费瑟戴尔野生动物园 **Map** 地图外
Featherdale Wildlife Park

悉尼费瑟戴尔野生动物园位于布莱克顿近郊。这里饲养着澳大利亚的多种动物（30 多种有袋类动物、230 多种鸟类，以及众多爬行类动物），园内有考拉保护区和袋鼠世界等区域。

人气最高的还是和考拉一起拍纪念照的环节，开园后随时可以前往（要收费）。此外这里还饲养着袋鼠、鸸鹋等动物，购买食饵后就可以投喂它们。当然还可以近距离地观察袋熊、袋獾等深受大家喜爱的动物。在 9 月～次年 4 月之间还有刺激的鳄鱼喂食表演。

许多袋鼠都十分亲近人类

在园内可以与袋熊亲密接触

热门的体验项目

澳大利亚爬行动物园
Australian Reptile Park

Map p.234/A

入口处巨大的伞蜥

　　动物园位于中央海岸地区。这里虽然是爬行动物园，公园大门口上也是一个巨大的伞蜥造型，但园内也饲养着考拉、袋鼠、袋熊、袋獾、澳大利亚野狗、鸸鹋、鹤鸵等澳大利亚人气动物（还有一些由饲养员进行介绍的动物表演）。不论哪种动物所处的饲养区域都很宽敞，可以在更接近自然的环境下观察动物。此外你还可以投喂袋鼠，伞蜥和蟒蛇等爬行类动物的展示也十分有趣。

　　动物园在游客与动物之间的互动方面注入了很多心血。其中最具人气的是 VIP 幕后之旅（Vip Behind The Scenes Tours）。行程大约 90 分钟，由专职导游带领参观动物园以及平常不对外开放的动物园内部。途中会进入饲养区，为象龟清洗身体，喂食考拉桉树叶，还可以抱一抱袋熊，当然还少不了同考拉拍纪念照。正因是爬行动物园，所以你还可以在动物园内给小型的蜥蜴喂食，被蛇缠绕拍纪念照。要是小朋友的话也可以参加儿童饲养员体验（Kids Zoo keepers），可以说是低龄安全版的 VIP 幕后之旅。

稀少的黄尼岩袋鼠

悉尼最具历史的动物园

悉尼考拉公园保护区
Koala Park Sanctuary

Map 地图外

　　这里因建有澳大利亚首家考拉医院（设立于 1930 年）而被大众所熟知。每天会有 4 次（10:20、11:45、14:00、15:00）由工作人员进行的喂食 & 脱口秀表演，之后还可以一同拍纪念照。园内还饲养着袋鼠、鸸鹋，可以投喂。当然这里也少不了袋熊、澳大利亚野狗、针鼹等澳大利亚独特的动物。

当然也可以投喂袋鼠

饲养的考拉数量很多

悠闲地与动物相处

西姆比欧野生动物园
Symbio Wildlife Park

Map p.259/A

　　西姆比欧野生动物园位于悉尼与伍伦贡之间，紧邻皇家国家公园。除了澳大利亚特有的动物之外，这里还饲养着老虎、小熊猫、环尾狐猴、

■澳大利亚爬行动物园

住 Pacific Hwy., Somersby, 2250
☎ (02) 4304-1022
✉ reptilepark.com.au
开 每天 9:00～17:00
休 圣诞节
费 $35 儿童 $19 家庭 $95

● **VIP 幕后之旅**
费 4 人 $500（含入园门票）
※ 需预约

● **儿童饲养员体验（13～18 岁）**
费 儿童 $120（含入园门票）

● **儿童饲养员体验（7～12 岁）**
费 儿童 $80（含入园门票）
※ 儿童饲养员体验的日期需提前咨询

● **交通方式**
　一般先从悉尼中央站乘坐城铁到戈斯福德站，之后再打车到达园区。

参加 VIP 幕后之旅可以抱着袋熊合影留念

■悉尼考拉公园保护区

住 84 Castle Hill Rd., West Pennant Hills, 2125
☎ (02) 9484-3141
✉ www.koalapark-sanctuary.com
开 每天 9:00～17:00
休 圣诞节
费 成人 $27 儿童 $15

● **交通方式**
　从市区的肯特大街乘坐 642X 路巴士车可以直达，大约 30 分钟。此外也可以乘坐悉尼城铁 T1 北海岸线、北线（途经麦夸里大学，开往霍恩斯比方向）在彭南特希尔斯站（Pennant Hills）下车，换乘 632 路巴士车（所需时间 1 小时）。

饲养员与狐獴的互动表演十分有趣

241

🏠 7-11 Lawrence Hargrave Drv., Helensburgh, 2508
📞（02）4294-1244
💻 symbiozoo.au
🕐 每天 9:30~17:00/ 和考拉合影留念：周一～周五 12:15、周六·周日 11:15
休 圣诞节
💰（大人）\$32.50（小人）\$17.50 \$89/ 和考拉合影留念 1 人 \$20、2 人 \$35

● 交通方式
　从市区乘坐悉尼城铁的南部海岸线，在海伦斯堡站 Helensburgh 下车，然后换乘开往斯坦威尔峰（Stanwell Tops）方向的 15 路巴士车，所需时间 1 小时 20 分钟。

■蓝山绝景世界
🏠 Cnr. Violet St. & Cliff Drv., Katoomba, 2780
📞（02）4780-0200
📠 1300-759-929
💻 www.scenicworld.com.au
🕐 每天 9:00~17:00
💰 1 日交通工具无限乘坐：（大人）\$39（小人）\$21（家庭）\$99/ 也可单独购买空中观光缆车或观光索道缆车的单程票。（大人）\$21（小人）\$15（家庭）\$57

● 交通方式
　从卡通巴站前乘坐蓝山探险巴士、蓝山观光电车均可直达。在悉尼市内可以参加蓝山的旅游团，行程中大部分都包含绝景世界。

■观光铁路也有上行线路
　也可以从山谷一侧乘坐火车返回。只是上行的速度没有向下快，娱乐性稍差。

狐獴等动物。园内的空间开阔，还散养着袋鼠，你可以给它们喂食。园内与动物的互动项目以及由饲养员带来的各种动物表演十分丰富，其中最具人气的还是和考拉拍纪念照。顺带一提，据说英国人登陆殖民后首次发现考拉的地方就是在这座动物园周边。

与考拉亲密接触时可以尽情自拍

从蓝山眺望壮丽的自然美景

蓝山绝景世界　Map p.231/A
Scenic World

　蓝山首屈一指的娱乐设施景点，可以乘坐交通工具欣赏蓝山全貌，在步道上欣赏温带雨林美景。
　首先向你推荐的是距离谷底 270 米，单程约 720 米的往返空中观光缆车（Scenic Skyway），可以在卡通巴瀑布站下缆车。在缆车上可以看到

在空中观光缆车上可以眺望到三姐妹峰

三姐妹峰，飞流直下的卡通巴瀑布以及贾米森山谷美丽的树海风景。缆车底部有一部分还是透明的，十分有趣。
　其次向你推荐的是从海拔 415 米高处向下行驶的货运火车观光铁路（Scenic Railway），52° 的倾斜角也是世界之最。到达山谷一侧的缆车站后，可以在温带雨林中铺设的观光步道（Scenic Walkway）上漫步游览。途中还残留着过去煤炭坑的痕迹。这里曾蕴藏着丰富的煤矿资源，观光铁路原本也是为了工人们搬运煤炭而铺设的。在观光步道上步行 10~15 分钟后，便会到达山谷一侧观光索道缆车（Scenic Cableway）。缆车最多可承载 84 人，透过巨大的窗户可以眺望到贾米森山谷郁郁葱葱的桉树林。

急速下降的观光铁路火车

使用大型吊舱的观光索道缆车

悉尼 的观光和娱乐活动

　悉尼往返的旅游团一般除了悉尼市内游览外，还有前往世界自然遗产蓝山之旅、可以看到野生海豚的斯蒂芬斯港旅行、葡萄酒之乡猎人谷之旅、悉尼港游船之旅等。你可以根据个人情况选择最合适的旅游行程。

悉尼市内的人气行程

悉尼最令人兴奋的活动
大桥攀爬
Bridge Climb Sydney

快速攀爬大桥内拱，景色相对完整版略逊一筹

攀爬悉尼标志性建筑海港大桥的娱乐项目如今深受海内外游客的喜爱。从靠近岩石区一侧的桥塔开始攀爬，沿着桥梁预留的攀登线路前进，从桥东侧上，到达中间最高点（海拔134米）后从西侧下桥，返回基地。一组最多12~14人，每组都有一个导游在前面带队。登顶之后极目远眺，360°无死角观赏悉尼美景。全程步行距离1.5公里左右，大约需要3.5小时。另外还有快速攀爬项目，全程大约2小时15分钟，时间不太富余的话可以选择此项。攀爬线路略有不同，仅往返西侧内拱，在桥顶处登上东侧外拱欣赏风景。

攀爬大桥外拱欣赏美景，如果时间充裕一定选择此项

为安全起见，出发前会进行酒精检测（饮酒者禁止参加），穿戴专业设备。行程中禁止携带随身物品（相机、钱包在出发前也需要保存）。行程结束后可以领取攀爬证书和一张桥顶合影。另外还有更加令人兴奋的夜间攀爬项目。原则上必须预约，并需要在预约时间前15分钟到达出发地点进行登记。如果人数不满也可以直接参加。

夜间攀爬项目可以饱览悉尼美丽的夜景

饱览悉尼全景风貌
悉尼空中漫步
Sydney Skywalk

在悉尼塔观景台（高度268米）铺设了空中步道，在这里你可以眺望到悉尼的全景风貌。步道周长31米，使用铁网铺设，途中还会前往塔外侧的平台，平台为玻璃底设计，十分刺激。参加空中漫步需穿戴专业设备，并佩带安全绳索与栏杆连接，还有专业的导游陪同引导。参加行程前禁止饮酒。另外报名参加空中漫步的费用中包含了悉尼塔观景台（→p.213）的门票。

在悉尼的制高点领略城市美景

澳大利亚地区指南

● 新南威尔士州　悉尼

■ 大桥攀爬
住 3 Cumberland St.，2000
☎ (02) 8274-7777
网 bridgeclimb.com
时 每天7:00~深夜任意时间。所需时间约3小时
费 白天：(成人) $293　儿童（12~16岁）$193（周六·周日 $308 儿童 $208)/ 夜间：(成人) $253 $173（周六·周日 (成人) $268 儿童 $188）/ 黄昏：(成人) $358 $248（周末 $378 儿童 $268）/ 黎明（需提前确认日期）：(成人) $378 儿童 $268
※ 快速攀爬价格同上
※ 包含桥塔观景台门票
※ 12月25日~1月8日为高峰时段，另外收取$20~30的费用（根据参加时间而定）
※ 必须穿着防滑鞋

在悉尼塔顶360°欣赏市区景色

■ 悉尼空中漫步
住 Level 5，Westfield Centre，100 Market St.，Sydney，NSW 2000
☎ 1800-258-693
网 www.sydneytowereye.com.au/skywalk
时 每天10:00~20:00（5~9月~19:00）（行程从预约到结束需要45~60分钟）
费 含悉尼塔观景台+4D电影 (成人) $70 儿童（11~15岁）$49/ 含悉尼塔观景台+4D电影+悉尼塔观景台+悉尼塔纪念照 空中漫步+观景台+4D电影 (成人) $149.95 儿童（11~15岁）$129.95
※ 包含于悉尼无限通票 & 悉尼娱乐通票（→p.239 边栏）

243

东方洞穴内令人窒息的美景

与袋鼠近距离接触

■ 杰克先生旅行社
☎ (02) 9420-8055
📠 1800-626-787
📠 0034-800-400-742
🖥 www.jacksan.com
● 珍罗兰钟乳石洞和蓝山 +
国王悬崖和野生袋鼠探险
🕐 每天 6:50~19:00
💰 (成人) $155 (儿童) $120 家庭 $500
● 蓝山 + 国王悬崖 & 动物园或水族馆
🕐 每天 7:20~14:00（随后各自参观动物园或水族馆）
💰 (成人) $105 (儿童) $90
● 蓝山 + 国王悬崖 & 卢拉半日游
🕐 每天 7:20~14:00
💰 (成人) $80 (儿童) $70
● 杰克先生旅行社 / 蓝山 & 卢拉 + 国王悬崖 & 原住民舞蹈
🕐 每天 7:20~17:00
💰 (成人) $120 (儿童) $105

■ IEC 大洋洲旅行社
☎ (02) 8214-6410
🖥 www.iec-oceania.com.au
● 蓝山 "山" 生态旅行
🕐 周四～次周周二 7:00~19:00（4~7月为周一、周二、周四、周五、周日）
🚫 圣诞节
💰 (成人) $210 (儿童) $160/ 不含午餐：(成人) $188 (儿童) $138

蓝山观光

有多家旅行社都有蓝山观光的行程，内容上有一些不同。下面为你简单地介绍一下。

探访世界上最古老的钟乳洞

蓝山 & 珍罗兰钟乳石洞之旅
Blue Mountains & Jenolan Caves Tours

难得来到蓝山，那就一定不要错过珍罗兰钟乳石洞。在这里自由行并不方便，不如参加旅游团。下面为你推荐的两家旅行社的行程都是从卡通巴出发，参观三姐妹峰和珍罗兰钟乳石洞中最漂亮的东方洞穴。在珍罗兰钟乳石洞可以看到地球上现存

在回声角以三姐妹峰为背景拍摄纪念照

最古老的生物——蓝藻（因为是细菌生物，无法用肉眼判断是否存活）。另外行程中还有观赏袋鼠等活动，可以用一天的时间充分感受蓝山的自然魅力。

● 杰克先生旅行社 / 珍罗兰钟乳石洞和蓝山 + 国王悬崖和野生袋鼠探险

杰克先生旅行社最大的特点是有澳大利亚当地的导游全程陪伴。

行程中除了前往蓝山知名的国王悬崖观景台外，在中午前后还会参观三姐妹峰，另外在绝景世界会留出充足的时间让你游玩各个设施（需自费）。如果在绝景世界所有游客都参加自费项目，导游则会同行陪伴并进行详细的介绍说明。行程中不包含午餐，在参观珍罗兰钟乳石洞前有自由活动时间方便大家就餐。

● IEC 大洋洲旅行社 / 蓝山 "山" 生态旅行

IEC 大洋洲旅行社引以为傲的是其优秀的导游讲解。在行程中不仅能欣赏到蓝山的美景，还能学习到许多关于珍罗兰钟乳石洞的知识。在中午前首先参观的是国王悬崖，以及在回声角欣赏三姐妹峰。随后在前往珍罗兰钟乳石洞路上的一家酒店享用午餐。随后在巴力神庙洞穴享受音乐灯光盛宴。参观完钟乳石洞后是在蓝湖周边漫步（有可能看到鸭嘴兽）等活动。

欣赏经典景点，体验趣味项目

蓝山 1 日游 & 半日游
Blue Mountains 1 Day & Harf Day Tours

● 杰克先生旅行社 / 蓝山 + 国王悬崖 & 动物园或水族馆

行程中包含了蓝山的热门观光景点——回声角、绝景世界（乘坐交通工具需自费），此外还会前往国王悬崖和艾莉希安岩观景台欣赏美景。蓝山的行程约半天时间，随后回到悉尼达令港解散，你可以自由选择游览悉尼水族馆或悉尼野生动物园，行程包含了其中一项的门票。

另外也有不含动物园或水族馆参观的半日游行程。

● 杰克先生旅行社 / 蓝山 & 卢拉 + 国王悬崖 & 原住民舞蹈

除了经典的蓝山行程外（回声角欣赏三姐妹峰、绝景世界、国王悬崖），还会前往瓦拉达原住民文化中心观赏原住民舞蹈，在戈贝茨瀑布和迈戈龙山谷周边漫步，以及游览卢拉小镇，内容丰富。绝景世界内的交

通设施需自费。

● doa 澳大利亚旅行社 /
世界遗产蓝山体验之旅

前往回声角，在简单
的徒步旅行之后，到达三
姐妹峰，可以亲自触摸这
里的岩石。此外还会参观
瓦拉达原住民文化中心，
欣赏原住民舞蹈，巡游
几个蓝山绝胜景点，行
程为半日游。

在国王悬崖欣赏美景也是一项刺激的挑战

● 城堡旅行社 / 喜爱大自然！轻松游蓝山

早上在蓝山享用完上午茶后，进行野生袋鼠探险之旅。随后前往国
王悬崖欣赏绝景，在回声角远眺三姐妹峰。在绝景世界可以自由选择参
加的娱乐项目（要自费），花费半天的时间充分感受蓝山的魅力。

包含参观神秘的萤火虫的旅游行程

蓝山 & 萤火虫之旅
Blue Mountains & Glowworm Tours

可以选择城堡旅行社的"喜爱大自然！乘坐四驱车参观蓝山和萤火
虫"这条线路。中午前参观蓝山的三姐妹峰和绝景世界（各种娱乐设施
需自费），午后前往瓦勒迈国家公园，在废坑中观赏萤火虫，可以看到隧
道顶上爬满了萤火虫，散发出蓝白色的光芒，十分漂亮。

斯蒂芬斯港 & 猎人谷之旅

斯蒂芬斯港的经典

野生海豚观赏游船
Wild Dolphin Watching Cruise

● IEC 大洋洲旅行社 / 斯蒂芬斯港"海"生态旅游

斯蒂芬斯港的一家老牌旅行社，行程中景点很多。首先是在斯蒂芬
斯港乘坐游船观赏海豚，有 95% 以上的概率可以看到海豚。夏季时还有
"繁荣网"（Boom Netting）项目，一定要记得带上泳衣。吃过午餐后前往
斯托克顿海滩沙丘，乘坐四驱车，并进行滑沙体验。回程途中在酒庄 &
酿酒厂品尝葡萄酒，于橡树谷农场 & 动物世界与考拉、袋鼠亲密接触，
是非常充实的一日游行程。另外每年秋天（6~7 月）和春天（9~11 月）
在斯蒂芬斯港还有鲸鱼出现。这一时期可以选择赏鲸替代观赏海豚。

● 杰克先生旅行社 / 观赏海豚之旅

此条观赏海豚的游船线路
价格相对较低，也有着很高的
人气。游船之后是在船内享用
午餐，随后游览斯蒂芬斯港的
周边景点。另外只需自费 $30，
就可以安排前往斯托克顿海滩
体验四驱车之旅。

野生的海豚会主动靠近船只

■ doa 澳大利亚旅行社
☎ （02）9248-6100
🖥 www.doa.com.au
● 世界遗产蓝山体验之旅
🕐 每天 7:20~13:15（在 DFS
或 Kogaroo 解散）
💰 成人 $100 儿童 $65

■ 城堡旅行社
☎ （02）9439-6555
✉ castle@castleweb.com.au
● 喜爱大自然！轻松游蓝山
🕐 每天 7:00~13:45（在 DFS
解散）
💰 1 人 $220
● 喜爱大自然！乘坐四驱
车参观蓝山和萤火虫
🕐 每天 6:45~16:30（在 DFS
解散）
💰 1 人 $300

废坑顶部散发着美丽光芒的萤
火虫

■ IEC 大洋洲旅行社
☎ （02）8214-6410
🖥 www.iec-oceania.com.au
● 斯蒂芬斯港"海"生态
旅游
🕐 周一·周三·周四·周五
7:00~19:15
休 圣诞节
💰 成人 $230 儿童 $160 家庭
$620/ 安排赏鲸活动需追加
费用 成人 $40 儿童 $30

驾驶 ATV 从沙丘上飞驰而下，十分刺激

杰克先生推荐的特洛克酒庄

● **斯蒂芬斯港（4 驱沙滩车）生态之旅**
⏰ 周二・周四・周五・周日 7:00~17:00
休 圣诞节
💰 1 人 $310

■ **杰克先生旅行社**
☎ （02）9420-8055
☎ 1800-626-787
📠 0034-800-400-742
💻 www.jacksan.com

● **猎人谷葡萄酒之旅**
⏰ 每天 8:00~17:30
💰 成人 $135 儿童 $105

● **观赏海豚之旅**
⏰ 每天 7:00~18:00
💰 成人 $175 儿童 $150

■ **1 晚 2 天猎人谷火车之旅**
主办者：猎人谷度假村 Hunter Valley Resort
☎ （02）4998-7777
💻 www.hunterresort.com.au
⏰ 每天发团（悉尼中央站往返 9:29~ 次日 16:38）
💰 2 人 $429~568（根据房间类型价格有所差异）
● **主要的自费项目**
骑马之旅（1 小时）：$65/ 平衡车之旅（1 小时）：$70/ 租赁电动自行车（1 小时）：$30/ 猎人谷 iHop 巴士（💻 www.ihophuntervalley.com.au）成人 $49 儿童 $25

自由活动期间可以利用 iHop 巴士，可以选择前往距离更远的酒庄

在斯蒂芬斯港体验冒险旅程

斯托克顿海滩 ATV 之旅
Stockton Beach ATV Tour

可以参加 IEC 大洋洲旅行社于 2016 年开始策划的"斯蒂芬斯港（4 轮沙滩车）生态之旅"。行程包括在斯蒂芬斯港著名的斯托克顿海滩沙丘上驾驶 ATV（4 驱沙滩车）驰骋，有导游和当地原住民陪同。

充满童趣的滑沙

当然途中也有超人气的滑沙挑战。随后前往当地知名的酒庄 & 酿酒厂品尝美食、畅饮啤酒、葡萄酒，参观工厂，最后再返回悉尼。

猎人谷观光之选

猎人谷葡萄酒之旅
Hunter Valley Wine Tasting Tour

猎人谷是澳大利亚历史最为悠久的葡萄酒产地，你可以选择杰克先生旅行社的旅游线路。中午前，参观芒特普莱森特和特洛克酒庄，并且会根据游客们的偏好选择其中一家品尝美酒。品酒前导游会介绍葡萄酒的特性以及品酒的方法。午餐是在猎人谷度假村中享用的。午餐后在度假村内继续品尝葡萄酒和啤酒。午后还会品尝起泡酒，前往巧克力工厂。如果时间允许还会顺道去奶酪工厂，这是一趟实实在在的美食之旅。

体验充满当地气氛的旅程

1 晚 2 天猎人谷火车之旅
Train it to Hunter Valley 2 day 1 night

此条线路为英语导游，但是独特的行程内容也是广受好评。从悉尼乘坐火车往返 [悉尼中央站 ~ 辛格尔顿（Singlton），单程约 3 小时]。在体验独特的铁路旅程的同时，前往猎人谷，入住猎人谷度假村，感受当地的独特魅力。在度假村以及徒步 & 自行车范围内都有酒庄，另外也可以乘坐 iHop 巴士（猎人谷地区的巡游巴士）前往其他酒庄。此外还可以

有趣的火车之旅

在度假村内的葡萄酒剧场学习品酒知识，参观葡萄园（包含于行程中）。此外，在度假村内还可以骑马、体验平衡车，在酒庄内品尝精酿啤酒……娱乐活动的种类非常丰富。早晚在度假村内还能看到野生的袋鼠。

在葡萄酒剧场可以学习品酒常识

悉尼港游船之旅

悉尼港被誉为世界三大美丽的海港之一，想要充分感受这里的独特魅力，最好的方式便是参加游船旅行。悉尼有着多家游船公司，内容、

库克船长号游船

时间、价格、船的种类和线路都不尽相同。所有的游船都是在悉尼港内进行，海面平静，也不用担心晕船的问题。但是因为海风较大，日晒比较强烈。一定要随身携带好防晒霜，另外日落后即便是夏天气温也比较低，最好多穿一件外套。

Hop On Hop Off 使用的游船

晚餐游船上的正宗美食

■ 库克船长号游船
☎ （02）9206-1111
🖷 1800-804-843
🌐 www.captaincook.com.au
◉ 海港故事
时 环形码头 No.6 每天 10:00~12:00、14:15~16:15
成人 $45 儿童 $29/ 升级版海港故事 成人 $55 儿童 $35
● Hop On Hop Off 悉尼港特快游船
时 环形码头 No.6 每天 9:45~17:15 之间，每隔 45 分钟一班
成人 $45 儿童 $25
◉ 海鲜自助午餐游船
时 环形码头 每天 12:30~14:20/ 国王大街码头 12:00~13:45
费 成人 $85 儿童 $55
◉ 晚餐游船 Dinner Cruise
时 环形码头 每天 19:00~21:30（周五·周六~22:30）/国王大街码头 19:30~22:00（周五·周六~22:00 或 23:00）
费 库克船长号晚餐 成人 $149 儿童 $89/ 黄金天空甲板·奔富葡萄酒晚餐 1 人 $205/ 靠窗座位额外收取 $25

悉尼的经典游船
库克船长号游船
Captain Cook Cruises

悉尼最大的游船公司，有多种游船航行。除了学校假期期间和周末之外，其他时间的夜间游船均不需要预约，游船往返于环形码头（Circular Quay）的 No.6（午餐游船、晚餐游船可以在达令港的国王大街码头上下船）。如果没有提前预约，需要在出航 30 分钟前到码头进行申请。

从船上眺望悉尼的美景

● 海港故事 Harbour Story
巡游悉尼港东部和北部的游船之旅。可以欣赏到海港大桥、悉尼歌剧院、岸边茂密的森林以及可以俯瞰海湾的一排排住宅，景色十分宜人。上午的游船时间约为 2.5 小时，下午的游船时间约为 1.5 小时。还赠送咖啡、红茶、饼干。另外升级版海港故事游船之旅还会额外赠送一杯起泡酒。

● Hop On Hop Off 悉尼港特快游船
Hop On Hop Off Sydney Harbour Express
巡游悉尼港沿岸的大部分景点（环形码头、屈臣氏湾、曼利、丹尼森堡、鲨鱼岛、悉尼月神公园、达令港），时间约为 1.5 小时。在 24 小时之内中途可以随时下船。30~45 分钟便有一班，利用价值很高。

● 海鲜自助午餐游船
Seafood Buffet Lunch Cruise
游览悉尼港西部和帕拉马塔河（Parramatta River），行程大约 1.5 小时，途中可以看到普通民居。旅途中包含了海鲜自助午餐。

● 晚餐游船 Dinner Cruise
根据晚餐的内容有多种类型的游船。其中最为特别的是在顶层天空甲板上的黄金晚餐，你可以品尝到 6 道西洋风格的怀石料理，均采用最新鲜的澳大利亚食材，十分正宗美味。此外还特别提供奔富酒庄的严选葡萄酒来搭配精美的料理。

晚餐游船上浪漫的氛围

悉尼港 EcoHopper 号

☎ （02）9583-1199

🌐 www.sydneyharbourecohopper.com.au

※ 达令港、环形码头 No.6 往返

🕐 达令港出发：7:35~19:05（线路因日期·时间有所不同，请提前在时刻表上确认）

💰 (成人) $45 (儿童) $25 (家庭) $110

■ 悉尼游船餐厅

☎ （02）8296-7362

🌐 www.cruisingrestaurantsofsydney.com.au

● 悉尼演出船

🕐 国王大街码头每天 19:30~22:00

💰 1 人 $150

● 正义号午餐游船

🕐 国王大街码头每天 12:15~14:00

💰 1 人 $110

■ Oz 快艇

☎ （02）9808-3700

🌐 www.ozjetboating.com

※ 环形码头的东浮桥往返

● 惊险之旅

🕐 每天：11:00~16:00（夏季为 15:00），每小时一次（所需时间 30 分钟）

💰 (成人) $85 (儿童) $49 (家庭) $219

※ 身高 130 厘米以上

■ 港口快艇

📠 1300-887-373

🌐 www.harbourjet.com

※ 达令港往返

● 喷气快艇

🕐 每天 11:00、13:00、14:00、15:00 出发（所需时间 35 分钟）

💰 (成人) $80 (儿童) $50 (家庭) $195

● 悉尼港冒险

🕐 每天 12:00 出发（所需时间 50 分钟）

💰 (成人) $95 (儿童) $65 (家庭) $275

没有额外费用也能前往曼利

悉尼港 EcoHopper 号
Sydney Harbour EcoHopper

EcoHopper 号游船

　　巡游悉尼沿岸风景（达令港、派尔蒙特湾、米尔森角、环形码头、塔龙加动物园、屈臣氏湾、曼利、南岬角旧检疫站），24 小时内可以自由搭乘。

乘坐著名的演出船

悉尼游船餐厅
Cruising Restaurant of Sydney

外观独特的演出船

　　在国王大街码头还有 2 艘特别的游船在航行，一艘是明轮船式的演出船，还有一艘是充满游船氛围的庄严 2 号。

● 悉尼演出船 Sydney Showboats

　　在船上可以品尝到正宗的西式大餐，还有歌舞、魔术表演等，还有国际化的卡巴莱舞台剧。另外在甲板上也可以慢慢地欣赏悉尼的美丽夜景。可以根据餐食的内容和座位来决定价格。

● 正义号午餐游船 Magistic Lunch Cruise

　　欣赏悉尼港美景的同时享受海鲜自助大餐。

惊险刺激的喷射快艇

Oz 快艇 / 港口快艇
Oz Jet Boating/Harbour Jet

高速行驶的快艇使得水花四溅

　　与高雅的游艇截然相反，这是可以体验惊险刺激的快艇之旅。快艇时速最高可达 80 公里 / 小时，在悉尼港内行驶。途中还有急转弯，可以感受全身湿透的畅爽快感。目前有 2 家船公司运营此类项目。

悉尼的酒店
Accommodation

环形码头 & 岩石区

悉尼港青年旅舍
Sydney Harbour YHA

平价酒店

◆ 悉尼人气最佳的背包客旅舍。位于岩石区高地，从屋顶可以眺望到悉尼歌剧院和海港大桥。一层的部分区域是历史建筑物的发掘现场，二层是酒店前台和旅游咨询台，三层以上是客房。

地理位置优越

岩石区唯一的背包客旅舍　　Map p.209/2A

🌐 www.yha.com.au

🏠 110 Cumberland St., The Rocks, 2000

☎ 8272-0900

📶 免费　**💰** Ⓓ＄48~50、Ⓦ $168~188

※ 非 YHA 会员需支付附加费用

💳 M V

悉尼洲际酒店
Hotel InterContinental Sydney　　高档酒店

◆酒店位于环形码头附近。由旧财政部大楼改建而成的酒店充满了历史感，经典的酒店气氛也吸引了许多游客入住于此。客房的内部装饰整洁明亮，令人备感舒心。

由历史建筑改建而成	Map p.209/2B

- URL www.icsydney.com.au
- 住 117 Macquarie St.，2000
- ☎ 9253-9000　Free 1800-593-932
- WiFi 收费（IHG 会员免费）
- 费 ⓉⓌ $395~685
- CC A D J M V

市区

悉尼中央青年旅舍
Sydney Central YHA　　平价酒店

◆客房主要分为标间和 4 人间，酒店内有旅游咨询台、娱乐室、图书馆、洗衣房等设施，还有小超市、餐馆，各项设备都十分齐全。

紧邻悉尼中央站	Map p.214/3A

- URL www.yha.com.au　住 11 Rawson Place，Cnr.Pitt & Rawson Sts.（Opp. Central Station），2000　☎ 9218-9000
- WiFi 免费　费 Ⓓ $35~41、ⓉⓌ $109~125　※非 YHA 会员需支付附加费用
- CC M V

海德公园宋氏酒店
Song Hotel Hyde Park　　平价酒店

◆面朝海德公园，地理位置绝佳。大部分房间均为淋浴。所有房间都配备了安全箱。酒店的所有区域禁烟。

交通便利，独身女性也可安心出游	Map p.214/3B

- URL songhotels.com.au　住 5-11 Wentworth Ave.，2000　☎ 9264-2451
- Free 1800-994-994　WiFi 收费　费 ⓉⓌ $131~219　※含早餐　CC A D J M V

悉尼美居酒店
Mercure Sydney　　高档酒店

◆位于悉尼中央站背后，可以步行到达唐人街。顶层设有市内泳池，此外还有健身房、2 个餐馆，设施齐全。

位于悉尼中央站附近	Map p.214/3A

- URL www.mercuresydney.com.au
- 住 818-820 George St.，2000
- ☎ 9217-6666　WiFi 收费
- 费 ⓉⓌ $269~359　CC A D J M V

悉尼坦克溪酒店
The Tank Stream　　高档酒店

◆位于澳大利亚广场旁，步行即可到达温耶德、环形码头、马丁广场等车站，地理位置极佳。酒店于 2016 年开业，因此房间设施等都是全新的，整体呈现出现代化的风格。客房的面积虽然与其他位于悉尼中心地区的酒店相比并不算大，但是客房的设施非常齐备。全部房间放置了雀巢 Nespresso 咖啡机和人气的红茶品牌 T2。另外冰箱内的全部软饮均可免费饮用。当然还有高速 Wi-Fi、42 寸液晶电视（提供免费电影）等设备，无论是商务还是度假均可在这里尽情地放松享受。在酒店二层的主餐厅 Le Petit Flot Restaurant and Wine Bar 还可以品尝到正宗的法式大餐。1 层大堂旁还有快餐店和咖啡馆。

现代化的全新酒店	Map p.214/1A

- URL stgiles.com　住 97 Pitt St.，2000
- ☎ 8222-1200　WiFi 收费
- 费 ⓉⓌ $299~399　CC A D M V

（左上）大堂很时尚
（左下）客房看起来很明亮
（右）雀巢 Nespresso 咖啡机，设备非常齐备

喜来登公园酒店
Sheraton on the Park　　高档酒店

◆位于海德公园附近，地理位置便于购物、旅游观光。酒店大堂使用大理石，充满奢华感。宽敞的房间也令人感到舒适。

尽显奢华气息	Map p.214/2B

- URL www.sheratonontheparksydney.com
- 住 161 Elizabeth St.，2000
- ☎ 9286-6000　WiFi 免费
- 费 ⓉⓌ $335~1157　CC A D J M V

希尔顿悉尼酒店
Hilton Sydney　　高档酒店

◆悉尼的老牌高档酒店。室内现代感极强，均采用最新的设备。另外悉尼知名的人气餐厅 Glass Brasserie 和充满历史感的 Marble Bar 也均位于酒店内。

建于城市中心	Map p.214/2A

- URL www.hiltonsydney.com.au
- 住 488 George St.，2000
- ☎ 9266-2000　WiFi 收费
- 费 ⓉⓌ $489~2869　CC A D J M V

悉尼威斯汀酒店
The Westin Sydney
高档酒店

◆酒店共有两栋大楼，一栋是由位于马丁广场的旧 G.P.O.（19 世纪后期修建的砂岩建筑）改建而成的历史翼楼，其旁边是现代化的高层塔翼楼。客房内均使用最新的设施，沿用了 20 世纪 50 年代的设计风格，内部充满经典氛围。

利用旧 G.P.O. 改建而成，充满厚重感　Map p.214/1A
- URL www.westinsydney.com
- 住 1 Martin Pl., 2000
- ☎ 8223-1111　FAX 8223-1222
- WiFi 收费　费 T/W $385~692
- CC A D J M V

悉尼旅行者酒店
Travelodge Sydney
高档酒店

◆酒店距离博物馆站步行仅需 5 分钟，前往市区和沙梨山区也是徒步即可。房间现代明亮，浴室仅配有淋浴。餐馆只提供早餐。另外酒店内设有健身房。

干净整洁的客房环境

价格合理，整洁舒适的四星级酒店　Map p.214/3B
- URL www.tfehotels.com
- 住 27 Wentworth Ave., 2010
- ☎ 8267-1700　WiFi 收费
- 费 T/W $290~320
- CC A D M V

达令港和唐人街

诺富特悉尼达令港酒店
Novotel Sydney on Darling Harbour
高档酒店

◆港口内侧建有两家雅高酒店集团旗下的酒店大楼，其中诺富特酒店更为高档。酒店整体采用统一的精美内饰装修，客房为现代化风格。

便于游览达令港的酒店

可充分感受达令港的魅力　Map p.219/1A
- URL www.novoteldarlingharbour.com.au
- 住 100 Murray St., Darling Harbour, 2000　☎ 9288-7180
- WiFi 收费　费 T/W $349~459
- CC A D J M V

悉尼凯悦酒店
Hyatt Regency Sydney
高档酒店

◆悉尼规模最大的酒店，客房数量最多，共有 892 间房，酒店内还有开放式厨房餐厅 Sailmaker，以及顶层的 Zephyr 酒吧、24 小时开放的健身中心等，各种设施十分齐全。地理位置也利于游览达令港周边场所。

悉尼首屈一指的大型酒店

可以俯瞰达令港的绝佳位置　Map p.219/1B
- URL sydney.regency.hyatt.com
- 住 161 Sussex St., 2000
- ☎ 8099-1234
- FAX 8099-1299
- WiFi 收费　费 T/W $329~659
- CC A D J M V

英皇十字 & 伍尔卢莫卢

悉尼方克家背包客酒店
Funk House Backpackers
平价酒店

◆免费的早餐和 Wi-Fi 令人心动。另外屋顶的 BBQ 区非常宽敞整洁。22:00 酒店大门会上锁，安全方面也有保障。大床房配有电视和冰箱。

位于英皇十字的正中央

安全、便利　Map p.221/2B
- URL thefunkhouse.com.au
- 住 23 Darlinghurst Rd., Potts Point, 2011　☎ 9358-6455　WiFi 免费
- 费 D $34~36、W $90　※ 含早餐
- ※ VIP 可享受优惠

限时入住
悉尼的
度假酒店

位于高档住宅区的优雅度假酒店
悉尼双湾洲际酒店
InterContinental Sydney Double Bay

悉尼双湾洲际酒店位于悉尼市民憧憬的双湾地区一角。度假村内气氛优雅，距离市中心也仅有 10 分钟车程。在顶层的泳池 & 酒吧可以欣赏到悉尼湾的美景，餐馆、酒吧也极具格调。房间宽敞明亮，内饰充满现代感。客房带有阳台，同样可以观赏到双湾地区的景色。酒店周围有多家精致的商店、咖啡馆和餐馆。悠闲入住的同时，不妨在周边散步游览。

屋顶的泳池 & 酒吧
Map p.225

海湾景观房

DATA
- URL www.icsydneydoublebay.com
- 住 33 Cross St., Double Bay, 2028
- ☎ 8388-8388　WiFi 免费　费 T/W $430~1030
- CC A D J M V
- Free 0120-677-651

拉维西斯酒店
Ravesi's on Bondi Beach　　　　　高档酒店

◆ 建于邦迪海滩前的一家殖民风格精品酒店（共有 12 间客房）。室内装饰现代化，透过拱形窗户可以直接眺望到邦迪海滩。一层的澳大利亚现代菜餐馆融合了中南美、地中海的美食，广受大众好评。

可以眺望邦迪海滩　　Map p.227/1A
URL www.hotelravesis.com
住 118 Campbell Pde., Bondi Beach, 2026 ☎ 9365-4422
WiFi 免费　费 ⓉⓌ $315~455
CC A D J M V

蓝山

蓝山国际青年旅舍
Blue Mountains YHA　　　　　高档酒店

◆ 步行 6 分钟即可到达车站。酒店由 20 世纪 30 年代的建筑改建而成。大部分的房间为淋浴。

可以体验高原乐趣的 YHA

紧邻卡通巴站　　Map p.231/A
URL www.yha.com.au
住 207 Katoomba St., Katoomba, 2780
☎ 4782-1416　WiFi 免费　费 Ⓓ $25~32、ⓉⓌ $76~96　※ 非 YHA 会员需支付附加费用　CC M V

飞狐酒店
The Flying Fox　　　　　高档酒店

◆ 酒店组织蓝山的冒险之旅，房客可享受一定优惠。另外，每天从酒店出发前往丛林漫步起点的巴士。

组织冒险旅行　　Map p.231/A
URL www.theflyingfox.com.au　住 190 Buthurst Rd., Katoomba, 2780　☎ 4782-4226
WiFi 免费　费 Ⓓ $26~28、ⓉⓌ $72~74
※ 含早餐　※ VIP、YHA 会员可享受优惠　CC M V

卡林顿酒店
The Carrington Hotel　　　　　高档酒店

◆ 客房采用优雅的装饰艺术，工作人员服务周到细心，早餐餐厅环境良好。客房共分为传统房、殖民风格房、豪华殖民风格房、豪华房、套房、豪华套房 6 种房型。

被称作"老妇人"的卡林顿酒店

酒店本身还是观光景点　　Map p.231/A
URL www.thecarrington.com.au
住 15-47 Katoomba St., Katoomba, 2780　☎ 4782-1111
FAX 4782-7033　WiFi 免费
费 Ⓓ $255~380　※ 含早餐
※ 周末有附加费用　CC A D J M V

想体验入住蓝山地区的酒店

高原上的奢华度假胜地
莉莉安费尔斯度假酒店
Lilianfels Blue Mountains Resort & Spa

酒店由 19 世纪后期的建筑改建而成，原本是 NSW 州法官的避暑胜地，紧邻回声角。所有客房装饰均为维多利亚风格，酒店内充满了奢华之感。此外 Darley's 餐馆也是岚山地区数一数二的美食餐馆。餐馆装潢同样十分豪华，菜品也是极其美味。酒店内的泳池、健身房、水疗等设施也十分完备。

Darley's 餐馆

豪华房的床上还带有华盖

DATA　　Map p.231/A
URL www.lilianfels.com.au
住 5-19 Lilianfels Ave., Katoomba, 2780
☎ 4780-1200　WiFi 免费
费 ⓉⓌ $347~447　※ 含早餐和瓦拉达原住民文化中心门票　CC A D J M V

澳大利亚地区指南　●新南威尔士州　悉尼

悉尼的其他主要酒店

酒店名称	住 /URL	TEL / FAX	参考价格
市区			
平价酒店			
悉尼铁路广场青年旅舍 Sydney Railway Square YHA ☎ p.214/3A / www.yha.com.au	8-10 Lee St., 2000	☎ 9281-9666	Ⓓ$35~39 ⓉⓌ$110~124.50
悉尼贝斯青年旅舍 Base Backpackers Sydney Hostel ☎ p.214/2A / stayatbase.com	477 Kent St., 2000	☎ 9267-7718	Ⓓ$30~41 Ⓦ$125~165
诺玛兹西点背包客酒店 Nomads Westend Backpacker ☎ p.214/3A / nomadsworld.com	412 Pitt St., 2000	☎ 9211-4588	Ⓓ$26~29 Ⓦ$70~100
迷宫背包客 CB 酒店 Maze Backpackers CB Hotel ☎ p.214/3A / www.mazebackpackers.com	417 Pitt St., 2000	☎ 9211-5115	Ⓓ$25~36 Ⓦ$58~100
公寓式酒店			
悉尼达令港城市酒店 Metro Apartments on Darling Harbour ☎ p.214/2A / www.metrohotels.com.au	132-136 Sussex St., 2000	☎ 9290-9200 ℻ 9262-3032	⑱ $176~379
悉尼丽笙套房酒店 Radisson Hotel & Suites Sydney ☎ p.214/3A / www.radisson.com	72 Liverpool St., 2000	☎ 8268-8888 ℻ 8268-8889	Studio $259~ ⑱ $309~
高档酒店			
悉尼市中心瑞吉斯公园酒店 Park Regis City Centre Sydney ☎ p.214/2A / www.parkregiscitycentre.com.au	27 Park St., 2000	☎ 9267-6511 ℻ 9264-2252	ⓉⓌ$224~324
海德公园酒店 Hyde Park Inn ☎ p.214/3B / www.hydeparkinn.com.au	271 Elizabeth St., 2000	☎ 9264-6001 ℻ 9261-8691	ⓉⓌ$165~242 Studio $176~259
宜必思世界广场酒店 ibis World Square ☎ p.214/3A / www.ibissydneyworldsquare.com.au	382-384 Pitt St., 2000	☎ 9282-0000	ⓉⓌ$289~369
悉尼港万豪酒店 Sydney Harbour Marriott ☎ p.214/1A / www.marriott.com.cn	30 Pitt St., 2000	☎ 9259-7000 ℻ 9251-1122	ⓉⓌ$359~509
悉尼铂尔曼海德公园 Pullman Sydney Hyde Park ☎ p.214/2B / www.pullmansydneyhydepark.com.au	36 College St., 2000	☎ 9361-8400	ⓉⓌ$299~849
悉尼丽笙广场酒店 Raddison Blu Plaza Sydney ☎ p.214/3A / www.radisonblu.com	27 O'Connell St., 2000	☎ 8214-0000 ℻ 8214-1000	ⓉⓌ$312~562
索菲特悉尼温特沃什酒店 Sofitel Sydney Wentworth ☎ p.214/1B / www.sofitelsydney.com.au	61-101 Phillip St., 2000	☎ 9228-9188 ℻ 9228-9133	ⓉⓌ$349~599
悉尼雷吉斯世界广场酒店 Rydges World Square Sydney ☎ p.214/3A / www.rydges.com	389 Pitt St., 2000	☎ 8268-1888 ℻ 9283-5899	ⓉⓌ$269~489
英皇十字 & 伍尔卢莫卢			
平价酒店			
悉尼中心背包客旅舍 Sydney Central Backpackers ☎ p.221/1B / sydneybackpackers.com.au	16 Orwell St., Potts Point, 2011	☎ 9358-6600	Ⓓ$31~33 Ⓦ$75~95
悉尼秦格背包客旅舍 Zing Backpackers ☎ p.221/2A / zingbackpackershostel.com.au	156 Victoria St., Kings Cross, 2011	☎ 9380-2044	Ⓦ$27~29 Ⓦ$69~79
海菲尔德酒店 Highfield Hotel ☎ p.221/2A / highfieldhotel.com	166 Victoria St., Potts Point, 2011	☎ 9326-9539	Ⓦ$95~149
悉尼奥瑞吉诺背包客酒店 Original Backpackers ☎ p.221/2A / originalbackpackers.com.au	160 Victoria St., Kings Cross, 2011	☎ 9356-3232	Ⓓ$31~33 Ⓦ$89~99
公寓式酒店			
悉尼华尔伍尔卢莫卢水畔酒店式公寓 Woolloomooloo Waters Waldorf Apartment Hotel ☎ p.221/1A / www.woolloomooloo-waldorf-apartments.com.au	88 Dowling St., Woolloomooloo, 2011	☎ 8837-8000 ℻ 8837-8001	Studio $203~239
高档酒店			
悉尼斯普林菲尔德酒店 Springfield Lodge ☎ p.221/2B / www.springfieldlodge.com.au	9 Springfield Ave., Potts Point, 2011	☎ 8307-4000	ⓉⓌ$81~135
帕兹角客思酒店 Quest Potts Point ☎ p.221/2A / www.questapartments.com.au	15 Springfield Ave., Potts Point, 2011	☎ 8988-6999 ℻ 8988-6998	Ⓦ$220~449 ㉘ $350~550
邦迪 & 沙滩山			
悉尼邦迪海滩青年旅舍 Bondi Beachhouse YHA ☎ p.227/2A / www.yha.com.au	Cnr. Fletcher & Dellview Sts., Bondi Beach, 2026	☎ 9365-2088	Ⓓ$27~29.50 ⓉⓌ$72~90
库吉海滨背包客旅舍 Coogee Beachside Backpackers ☎ 地图外 / www.coogeebeachside.com.au	178 Coogee Bay Rd., Coogee, 2034	☎ 9315-8511 ℻ 9315-8974	Ⓓ$40 Ⓦ$90
曼利			
曼利海滨背包客酒店 Manly Backpackers Beachside ☎ p.229/A / www.manlybackpackers.com.au	24-28 Raglan St., Manly, 2095	☎ 9977-3411	Ⓓ$32~35 Ⓦ$82~159
格里布 & 新市镇			
莱德芬松恩酒店 Song Hotel Redfern ☎ 地图外 / www.songhotels.com.au	179 Cleveland St., Chippendale, 2008	☎ 8303-1303	ⓉⓌ$105~125
格里布青年旅舍 Glebe Point YHA ☎ 地图外 / www.yha.com.au	262-264 Glebe Point Rd., Glebe, 2037	☎ 9692-8418	Ⓓ$29~37.50 ⓉⓌ$81~83
阿利珊国际旅舍 Alishan International Guest House ☎ 地图外 / alishan.com.au	100 Glebe Point Rd., Glebe, 2037	☎ 9566-4048 ℻ 9660-1001	Ⓓ$45 Ⓦ$110~$145
悉尼澳大利亚朝阳旅舍 Australian Sunrise Lodge ☎ 地图外 / www.australiansunriselodge.com	485 King St., Newtown, 2042	☎ 9550-4999	ⓉⓌ$129~149
寄宿家庭			
全球寄宿家庭 Homestay Worldwide ☎ 地图外 / www.homestayworldwide.com	P.O.Box 137, Caringbah, 1495	☎ 9544-0126 ℻ 9544-0511	一周 $210~

从中国往悉尼拨打电话
00＋61（国家代码）+2（去掉前面第一个 0 的区号）+ 对方的电话号码

阿联酋 One & Only 沃尔甘山谷酒店
Emirates One & Only Wolgan Valley 高档酒店

◆ 由阿拉伯联合酋长国的阿联酋集团打造的一家豪华度假村。位于蓝山北部州立森林保护区附近，酒店内建有 40 栋独立别墅房型，均带有私人游泳池（室内＆室外）。房间内使用桉树的古木设计，充满了自然气息。餐食均使用有机食材，还有水疗中心，带有导游服务的徒步旅行、四驱车之旅、骑马等，可以在这里尽情地享受大自然的乐趣。

（上）大自然之中的度假村
（下）别墅的客厅区域

蓝山地区最高档的度假村

URL www.oneandonlyresorts.com
住 2600 Wolgan Rd., Wolgan Valley, 2790 ☎ 6350-1800
FAX 6350-1801
WiFi 免费
费 ⓉⓌ $2500
※ 包含入住期间所有餐食，以及部分娱乐项目费用
CC A D J M V

中央海岸

美居库英达水域中央海岸酒店
Mercure Kooindah Waters Central Coast

◆ 酒店位于距离戈斯福德 10 分钟车程的怀昂镇。酒店内有 18 洞高尔夫球场，室内外有泳池、健身房、水疗中心等，设施完备。

在中央海岸充分体验度假气氛

URL www.mercurekooindahwaters.com.au
住 40 Kooindah Blvd., Wyong 2259
☎ 4355-577700 WiFi 收费 费 ⓉⓌ
$249〜、①B $299〜、②B $349〜 CC A D J M V

斯蒂芬斯港

斯蒂芬斯港拉曼德海岸宜必思尚品酒店
ibis Styles Salamander Shores

◆ 酒店地处从尼尔森湾与纽卡斯尔之间的沙滩旁。泳池、游戏房、餐馆、酒吧等设施齐全。部分房间还带有浴缸。

悠闲地享受度假生活 Map p.234/B

URL www.salamander-shores.com.au 住 147 Soldiers Points Rd., Soldiers Point, 2317
☎ 4982-7210 Free 1800-655-029 WiFi 收费 费 ⓉⓌ $119〜189 CC A D J M V

猎人谷

猎人谷度假村
Hunter Valley Resort

◆ 度假村内有酒庄、精酿酒厂、餐馆、葡萄酒剧场、骑马、平衡车等娱乐设施，项目丰富。客房从标准房型到别墅房型共分为 3 种类型。

最普通的的客房房型

娱乐设施完备 Map p.238

URL www.hunterresort.com.au
住 Hermitage Rd., Mistletoe Lane, Pokolbin, 2320 ☎ 4998-7777
WiFi 免费 费 ⓉⓌ $245〜345、②B $465
CC A M V

悉尼的餐馆
Restaurant

环形码头 & 岩石区

菲利普富特餐馆
Phillip's Foote

◆ 岩石区的老牌烧烤店。可以和在肉铺一样点肉（牛柳、牛脊），然后自己在店内的炭火区进行烧烤（根据肉的种类、部位，价格在 $29〜38 不等）。价格中包含了沙拉和土豆等小食，是家庭聚餐的不二之选。

可以自己选肉烧烤的澳式餐馆

享用澳式风格的 BBQ 烧烤 Map p.209/2A

URL www.phillipsfoote.com.au
住 101 George St., The Rocks, 2000
☎ 9241-1485 营 周一〜周六 12:00〜24:00、周日 12:00〜22:00
CC A J M V
酒 许可经营

悉尼咖啡馆
Cafe Sydney

◆ 餐馆位于环形码头站前的旧海关大楼顶层，店内的装饰风格与建筑外观截然相反，充满了现代气息。这里是悉尼顶级的澳大利亚现代菜餐馆，从靠窗的座位可以直接欣赏到海港大桥和悉尼歌剧院。生牡蛎半打 $27、前菜 $28〜29、主菜 $37〜39。推荐的主菜有烤塔斯马尼亚海鳟鱼、尖吻鲈和牛里脊等。

人气菜品之一的烤塔斯马尼亚海鳟鱼

视野极佳的超人气餐馆 Map p.209/2B

URL cafesydney.com
住 5th Floor, Customs House, 31 Alfred St., Circular Quay, 2000
☎ 9251-8683
营 周一〜周五 12:00〜22:00、周六 17:00〜22:00、周日 12:00〜16:00
CC A D J M V
酒 许可经营

悉尼港牡蛎餐馆
Sydney Cove Oyster Bar

◆ 餐馆位于环形码头与悉尼歌剧院的沿海步道旁，是悉尼知名的牡蛎餐馆。坐在室外一边品尝美味的牡蛎，一边眺望海上交错行驶的游船，很是惬意享受。牡蛎半打 $24。以牡蛎为主的各种海鲜大餐也同样非常美味。

美味的生牡蛎配上一杯葡萄酒

在参观悉尼歌剧院时顺道品尝 Map p.209/2B
URL sydneycoveoysterbar.com
住 Lot 1，Circular Quay East，2000
☎ 9247-2937
🕐 每天 11:00~23:00
CC A D J M V
酒 许可经营

市区

金斯利澳大利亚牛排馆
Kingsleys Australian Steakhouse

◆ 如果想品尝美味的牛排，不用犹豫，选择这里就对了。餐馆装饰复古，专营牛排，可以品尝到来自澳大利亚各个产地的牛排。必点的安格斯牛臀肉 300g 为 $29.90，熟牛排 400g 为 $58.90，最高级的和牛排 300g 为 $79.90。

品尝分量十足的牛排大餐

美味可口的牛排大餐 Map p.214/2A
URL kingsleysauststeak.com.au
住 29A King St.，2000 ☎ 9295-5080
🕐 周一~周五 12:00~15:00、周一~周六 17:30~22:00
休 周日 CC A D J M V
酒 许可经营

O 酒吧 & 餐馆
O Bar & Dining

◆ 餐馆位于澳大利亚广场塔楼 47 层，是世界最大的旋转餐厅。旋转一周需 105 分钟，可以一边欣赏悉尼美景，一边享用美食。晚餐时段本套餐，2 道菜 $90、3 道菜 $115。

在旋转餐厅享受美食 Map p.214/1A
URL www.obardining.com.au
住 Level 47，Australia Sq.，264 George St.，2000 ☎ 9247-9777
🕐 周五 12:00~15:00、每天 17:00~22:30
CC A D J M V 酒 许可经营

悉尼塔餐馆
Sydney Tower Dinning

◆ 悉尼塔共有 3 家餐馆，二层为自助餐馆，一层为套餐定制餐馆和 360 酒吧 & 餐馆（360Bar & Dining）。因为视野极佳，因此有着超高的人气，一定要提前预约。自助餐厅午餐周一~周四 $60、周五~周日及节假日为 $65，晚餐周一~周四 $75、周五~周日及节假日为 $85。儿童午晚餐均为 $27.50。360 酒吧 & 餐馆除单点外，还准备了套餐菜单（午餐 2 道式 + 一杯葡萄酒 $60/晚餐 2 道式 $85、3 道式 $95）。

景色绝佳的餐馆

在欣赏景色的同时品尝美食 Map p.214/2A
URL www.sydneytowerbuffet.com.au
URL www.360dining.com.au
住 Westfield Sydney，Between Pitt & Castlereagh St.，2000
☎ 8223-3800（悉尼塔自助餐）
☎ 8223-3883（360 酒吧 & 餐馆）
🕐 自助餐：每天 11:30~14:00、17:00~21:00/360 酒吧 & 餐馆：每天 12:00~14:00、17:30~21:00
CC A D J M V 酒 许可经营

达令港 & 唐人街

尼克海鲜餐馆
Nick's Seafood

◆ 餐馆位于科克湾，在当地好评如潮。新鲜的牡蛎、大龙虾、青蟹都十分美味。其中海鲜拼盘（2 人份 $175）味道、菜量都很令人满足。

店员在仔细地处理海鲜

Map p.219/1B
URL www.nicks-seafood.com.au 住 The Promenade，Cockle Bay Wharf，Darling Park，2000 ☎ 1300-989-989 🕐 周一~周六 11:30~15:00、周一~周四 17:30~22:00、周五·周六 17:30~23:00、周日 11:30~22:00 CC A D J M V 酒 许可经营

我是安格斯牛排馆
I'm Angus Steakhouse

◆与前面的尼克餐馆属于同一集团旗下，两家店铺也是紧邻在一起的。在开放式厨房制作的炭烤牛排十分美味。所有肉类均来自指定的牧场。牛腰肉排 220g 为 $34，肉眼牛排 300g 为 $40。最高级的澳大利亚和牛里脊 200g 为 $65。

分量十足的牛腰肉排

有人气的牛排餐馆　Map p.219/1B
URL www.nicks-seafood.com.au/venue/im-angus/　住 The Promenade, Cockle Bay Wharf, Darling Park, 2000　☎ 1300-989-989　營 周一～周六 11:30~15:00、周一～周四 17:00~22:00、周五·周六 17:00~23:00、周日 11:30~22:00
CC A D J M V　酒 许可经营

悉尼滚石咖啡餐馆
Hard Rock Cafe Sydney

◆餐厅位于海港购物中心，一层为咖啡馆，二层为正餐馆。正餐馆分为室内区和可以观赏到海港大桥的阳台区。店内装饰着许多音乐家的大事记，新颖有趣。

当地的人气餐馆　Map p.219/1B
URL www.hardrock.com/cafes/sydney　住 Level 1&2, Harbourside, Darling Harbour, 2000　☎ 9280-0077　營 1层咖啡馆：每天 10:00~21:00/2层餐馆：周一～周五 11:30~22:00、周六·周日 11:00~22:00　CC A D J M V　酒 许可经营

金唐海鲜餐馆
Golden Century Seafood

◆店内摆放着几个大水槽，里面有各种澳大利亚产的鱼贝类生鲜产品。必点菜有炒大虾 $39.50、XO 酱炒贝类 $39.50 等。午餐时段提供茶点（各种点心 $7.50~14.80）。

品尝美味的中式海鲜菜　Map p.219/2B
URL www.goldencentury.com.au　住 393-399 Sussex St., Haymarket, 2000　☎ 9212-3901　FAX 9211-6292　營 每天 12:00~次日 4:00（茶点 12:00~15:00）
CC A D J M V　酒 许可经营

达令赫斯特＆沙梨山＆帕丁顿

比尔斯餐馆
bills

◆是一家全球知名的连锁店，其总店位于悉尼。必点的有加蜂蜜和香蕉的里科塔奶酪烤饼（$22.50）、炒鸡蛋（$15）、甜玉米饼（$23.50），还有多种意面、鱼类咖喱等，菜品种类非常丰富。如今在悉尼共有 3 家店铺，每到周末都会排起长队。

非常可口的里科塔奶酪烤饼

品尝传闻中的烤薄饼和炒鸡蛋　Map p.199/3B
URL www.bills.com.au　CC A J M V
●总店　住 433 Liverpool St., Darling-hurst, 2010　☎ 9360-9631　營 周一～周六 7:30~15:00、周日 8:00~15:00
●沙梨山店（bills Surry Hills）
Map p.214/3B　住 359 Crown St., Surry Hills, 2010　☎ 9360-4762　營 周一～周五 7:00~22:00、周末 7:30~22:00
●邦迪店（bills Bondi Beach）
Map p.227/1A　住 79 Hall St., Bondi Beach, 2026　☎ 8412-0700　營 每天 7:00~22:00

Longrain
Longrain

◆该餐馆是由一个上百年的仓库改建而成，主营泰式、中式创意菜。猪肉、虾、炒蔬菜卷鸡蛋（前菜 $23、主菜 $34）味道都不错。

必点的炒蔬菜卷鸡蛋

时尚现代的亚洲餐馆　Map p.214/3B
URL www.longrain.com.au/sydney　住 85 Commonwealth St., Surry Hills, 2000　☎ 9280-2888
營 周五 12:00~14:30、周一～周五 18:00~23:00、周六·周日 17:30~23:00
CC A D J M V　酒 许可经营

Kogaroo
Kogaroo
值得推荐的澳大利亚纪念品

◆ 店内的澳大利亚商品琳琅满目、应有尽有。高人气的 UGG 雪地靴、Robin Ruth 背包、拜伦湾产咖啡、Ecoya 香薰 & 护肤品等都可以在这里找到。此外巧克力、牛肉干等食品类也有出售。在这里还能租到随身 Wi-Fi。

UGG 雪地靴的种类也很多

BUSH 牌的袋鼠皮高档挎包

在 Kogaroo 还能买到悉尼当地限定的 HelloKitty 商品

澳大利亚产的咖啡是很好的礼物

店铺紧邻希尔顿酒店

不知道买什么纪念品就来这里　Map p.214/2A

🌐 www.kogaroo.com.au
🏠 231-247 Pitt St., 2000
☎ 9262-9286
🕐 周一～周六 10:00~19:00、周日及节假日 10:00~18:00
💳 A J M V

海伦·卡明斯基
Helen Kaminski
值得推荐的澳大利亚纪念品

◆ 世界知名的生产拉菲草帽的品牌海伦·卡明斯基，深受妮可·基德曼、希拉里·克林顿等世界名人的喜爱。品牌诞生地正是澳大利亚，Q.V.B. 的旗舰店陈列了所有种类的帽子和近期人气包包。另外在岩石区的四季酒店一层的大卫·琼斯商场内也设有店铺。

高人气的拉菲草帽

购买憧憬许久的拉菲草帽吧　Map p.214/2A

🌐 www.helenkaminski.com.au
💳 A D J M V　●Q.V.B. 旗舰店
🏠 Shop 21-23, Level 1, Q.V.B., 455 George St., 2000 ☎ 9261-1200 🕐 周一～周三·周五·周六 10:00~18:00、周四 10:00~21:00、周日及节假日 11:00~17:00
●四季店 🗺 p.209/2A 🏠 Shop 3, 199 George St., 2000 ☎ 9251-9850
🕐 每天 10:00~18:00

R.M. 威廉姆斯商场
R.M. Williams
值得推荐的澳大利亚纪念品

◆ 极具人气的 Outback 时装店。品牌以制作牛仔的骑行靴而闻名，此外也有都市鞋，以及速干衣等，种类齐全。市内有多家分店，其中悉尼 CBD 店（韦斯特菲尔德大街）和乔治大街店的商品比较齐全。

澳大利亚传统时尚聚集地　Map p.214/2A

🌐 www.rmwilliams.com.au 💳 A D J M V
●悉尼 CBD 店 🏠 Shop 3037, Level 4, Westfield Sydney, 188 Pitt St., 2000
☎ 9223-7978 🕐 周一～周三·周五·周六 9:30~19:00、周四 9:30~21:00、周日 10:00~19:00
●乔治大街店 🗺 p.214/2A
🏠 389 George St., 2000 ☎ 9262-2228 🕐 周一～周三·周五 9:00~18:00、周四 9:00~21:00、周六 9:00~17:00、周日 10:00~17:00

The Strand Hatters
The Strand Hatters
值得推荐的澳大利亚纪念品

◆ Akubra（原住语中意为"遮盖头部的东西"）是澳大利亚最具代表性的牛仔帽品牌。毛毡使用的兔子皮摸起来非常柔软，在世界各地有许多忠实客户。Akubra 的帽子种类多达上百种，这家店通常有 60 种以上的库存存货。在悉尼几乎没有一家店跟这家店有一样多的库存量。

令人爱不释手的帽子店

深受世界各地人喜爱的牛仔帽　Map p.214/2A

🌐 www.strandhatters.com.au
🏠 Shop 8, The Strand Arcade, 412 George St., 2000
☎ 9231-6884
🕐 周一～周三·周五 9:00~17:30、周四 9:00~20:00、周六 9:30~16:30、周日 11:00~16:00
🚫 圣诞节
💳 A J M V

悉尼 DFS 环球免税店
DFS Galleria Sydney

免税店·购物中心

在这里采购礼品再合适不过　Map p.209/2A

◆位于悉尼的世界连锁品牌 DFS 免税店。奢侈品、化妆品、香水、酒类、最新时尚商品，以及澳大利亚特产、纪念品等种类繁多，应有尽有。路易·威登、古驰、罗意威、巴宝莉、菲拉格慕、芬迪、蒂芙尼、迪奥、卡地亚、宝格丽、拉尔夫·劳伦、欧米茄等知名奢侈品牌位于 1 层，各种箱包在 3 层，化妆品、珠宝、手表、酒类在 4 层，巧克力、毛绒玩具、蜂胶等物品位于 5 层。大部分商家都有中文导购。

URL www.dfs.com.cn
住 155 George St., The Rocks, 2000
☎ 8243-8666
营 每天 11:30~19:00
CC A D J M V

DFS 免税店内聚集了各种品牌和纪念商品

韦斯特菲尔德商场
Westfield Sydney

免税店·购物中心

人气品牌汇聚　Map p.214/2A

◆位于皮特商业街的大型购物中心，普拉达、菲拉格慕、范思哲、香奈儿、古驰、芬迪、ZARA、GAP 等人气品牌，还有以 Oroton 为首的多家澳大利亚当地人气品牌都入驻在购物中心内。5 层的美食广场还有多家悉尼知名的餐馆。购物中心与悉尼塔连接，是一栋综合大楼，既可以购物，也能够满足观光的需求。

URL www.westfield.com.au/sydney
住 Cnr.Pitt & Market Sts., 2000
☎ 8236-9200
营 周一~周三·周五·周六 9:30~18:30、周四 9:30~21:00、周日 10:00~18:00
CC A D J M V

悉尼市中心最不容错过的购物中心

DFO Homebush
DFO Homebush

免税店·购物中心

分店遍布澳大利亚各个地区

◆位于奥林匹克公园附近的霍姆布什。从拉尔夫·劳伦、思捷、古驰、巴宝莉等国际品牌，到澳大利亚当地的 Oroton，冲浪品牌 RIP CURL、Billabong，汇聚了众多澳大利亚热门品牌商家。从奥林匹克站、史卓菲站乘坐 525 路、526 路、X25 巴士均可直达。

URL www.dfo.com.au/homebush
住 3-5 Underwood Rd., Homebush, 2140　☎ 9748-9800
营 每天 10:00~18:00
CC 各个商家不同

帕丁顿集市
Paddington Markets

自由市场

甚至成了旅游景点　Map p.224/B

◆集市最早始于 1973 年，是悉尼历史最久远的自由市场，每周六在牛津大街和纽科姆大街（Newcombe St.）交会处的联合教堂举办。过去曾是流行时尚的发祥地，如今成了悉尼的著名旅游景点之一。集市内共有 150 多家摊铺，出售旧衣服、新进设计的服饰、手工艺品、各种首饰、香薰物品等。教堂内有快餐，室外有泰国菜、中东美食、国际快餐店的摊位。

URL www.paddingtonmarkets.com.au
住 Uniting Church, 395 Oxford St., Paddington, 2021
☎ 9331-2923
营 周六 10:00~16:00

帕丁顿集市出售的物品都很有个性

帕迪集市
Paddy's Market

自由市场

唐人街的标志性市场　Map p.214/3A

◆集市在唐人街市场城举办，时间是从周三~周日。出售蔬菜、水果等生鲜食品，还有服装、杂货、植物、宠物等，共有 800 多家摊铺聚集于此。服装几乎都是新品，可以用一半的价格买到和市区高档精品店一样的皮革制品。毛绒玩具、羊皮等纪念品也比免税店或纪念品商店要便宜不少。

URL paddysmarkets.com.au
住 Ground Fl., Market City, 9-13 Hay St., Haymarket, 2021
☎ 9325-6288
营 周三~周日及节假日 10:00~18:00

岩石区集市
The Rocks Markets

自由市场

在商场的气氛中寻找心仪的纪念品　Map p.209/2A

◆集市从悉尼商人酒店前一直延伸到悉尼旧城假日酒店。在路旁支起的大帐篷下，共有超过 150 家店铺。其中有许多出售杂货和手工艺品的摊位。

URL www.therocks.com/thing-to-do-the-rocks-markets　住 66 Harrington St., The Rocks, 2000　☎ 9240-8717
营 周五 9:00~15:00（仅菜市场）、周六·周日 10:00~17:00

帐篷下排列的多家店铺

伍伦贡、南部海岸和南部高地

Wollongong & South Coast, Southern Highlands

交通方式

● 伍伦贡
　　从悉尼乘坐城铁伊拉瓦拉线直达，约需1.5小时。但如果从伍伦贡出发，前往南部海岸和南部高地推荐自驾游。开车前往伍伦贡的途中，在南部大门中心（Southern Gateway Centre）设有游客信息中心。另外在伍伦贡市中心也设有游客信息中心（iHub），可以从这里获取旅游咨询。

■ 伍伦贡游客信息中心
☎（02）4267-5910
🖥 www.visitwollongong.com.au
■ 南部大门中心 🖥 p.259/A
🏠 9 Princes Hey., Bulli Top, 2516
🕐 每天 9:00~17:00
❌ 圣诞节
● 伍伦贡 iHub 🖥 p.259/B
🏠 93 Crown St., 2500
🕐 周一～周六 9:00~17:00、周日及节假日 10:00~16:00
❌ 新年、耶稣受难日、圣诞节

■ 伊拉瓦拉博物馆
🖥 p.259/B
🏠 11 Market St., 2500
☎（02）4228-7770
🖥 www.illawarramuseum.com
💰 免费
🕐 周三·周末 12:00~15:00
❌ 周一、周二、周四、周五

在伍伦贡的介绍中经常出现的海崖大桥

在悉尼以南 30~50 公里范围之内，是皇家国家公园（Royal NP），有着大片郁郁葱葱的温带雨林。继续往南，从斯坦威尔峰（Stanwell Tops）开始到杰罗（Gerroa）之间，是伊拉瓦拉休闲海岸（Illawarra's Leisure Coast），这一带共分布着 29 个沙滩和 4 个国家公园，连接这一带城镇的公路是蓝色海洋路（Grand Pacific Drive）。

这一地区的中心是拥有 29 万人口的伍伦贡市。其观光资源并不突出，但是伍伦贡大学是知名的留学、英语研修学校。从伍伦贡往南，一直到维多利亚州州境边都被称为南部海岸。每到夏季的周末，总会有大批人群从悉尼前往这里度假休息。另外从伍伦贡往西可以攀登大分水岭和南部高地地区。在美丽的大自然中，分布着几个乡村小镇，还有多个酒庄，喜欢自然和美食的人一定不要错过。

伍伦贡　　　　　　　　　　　　　　　　Wollongong

　　伍伦贡在原住民语中意为"波浪拍打在沙子上的声音"（Wal Lun Yuh），于 1826 年正式命名。19 世纪初期，这一带作为煤炭港口繁荣起来——如今这一重任正转移至距离南方 20 公里远的肯布拉港（Port Kembla）。如今伍伦贡因美丽的沙滩和历史建筑物吸引着游客前来观光。

皇冠大街是伍伦贡最繁华的街道

　　城镇中心是从车站向东延伸的皇冠大街（Crown St.）。路段其中的一部分是商业街和大型购物中心，伍伦贡中央购物中心（Wollongong Central）就位于这里。在这片地区周围有许多历史建筑物。其中比较著名的有 1859 年的石造教堂、圣米迦勒英国国教大教堂（St Michael's Anglican Cathedral）和 1855 年建造的公理教堂（Congregational Church）。另外在伊拉瓦拉博物馆（The Illawarra Museum）可以回顾殖民地时期的样貌，这里在 1982 年之前都是作为

伍伦贡第一灯塔和炮台

邮局在使用，并且还是马车的往返地点。

此外在弗拉格斯塔夫山公园（Flaghstaff Hill Park）也保留着一些历史建筑。北侧的防波堤灯塔（Breakwater Lighthouse）是澳大利亚最早的组合式建筑物（1872年），南侧的伍伦贡第一灯塔（Wollongong Head Lighthouse）则是澳大利亚首个全自动电力照明灯塔（1937年），灯塔前还摆放着3台黑色的大炮。这是1880年10月为守护伍伦贡港而设置的。另外以弗拉格斯塔夫山公园的海岬为中心，北侧是伍伦贡北沙滩（Wollongong North Beach），南侧是伍伦贡沙滩（Wollongong Beach）。

从城镇向西4公里，位于伍伦贡大学对面的是伍伦贡植物园（Wollongong Botanic Gardens）。植物园占地面积达27公顷，在西侧山丘上还有一座建筑，是1938~1939年澳大利亚钢铁公司的持有人悉尼·思金斯一家的住宅——格里尼佛布雷（Gleniffer Brae），很有参观价值。

砖造的格里尼佛布雷

自驾胜地——伍伦贡北部景点

从伍伦贡至皇家国家公园一带的海岸沿线上是接连的几座度假城镇。在风光明媚的蓝色海洋公路路段上，尤其沿悬崖蜿蜒曲折的海崖大桥（Sea Cliff Bridge）如今已成了著名的观光景点。另外斯坦威尔峰上的巴尔德山观景台（Bald Hill Lookout）风景秀丽宜人，值得一看。

从巴尔德山观景台可以眺望到蓝色海洋公路

■ 伍伦贡植物园
　　　　p.259/B 外
住 9 Murphys Ave.，Keiraville，2500
☎ （02）4227-7667
URL www.wollongong.nsw.gov.au/botanicgarden
開 植物园：每天 7:00~17:00（夏令时期间周一~周五 7:00~18:00、周六·周日 7:00~18:45）
休 耶稣受难日、圣诞节
● 交通方式
　从伍伦贡市中心有免费的摆渡车运营

伍伦贡周边
Around Wollongong

0　　　5km

西姆比欧野生动物园
Symbio Wildlife Park

巴尔德山观景台
Bald Hill Lookout

斯坦威尔峰
Stanwell Tops

达拉瓦尔国家公园
Dharawal NP

B69

海崖大桥
Sea Cliff Bridge

科崖
Coalcliff

Clifton

Scarborough

庄严角观景台
Sublime Point Lookout

M1

南部大门中心
伍伦贡游客信息中心

B65

B888

贝拉比
Bellambi

南太平洋
Southern Pacific Ocean

凯拉维尔
Keiraville

伍伦贡
Wollongong

N

▷右图

A

伍伦贡
Wollongong

0　　　500m

N

诺曼底汽车旅馆
Normandie Motel

BOURKE ST

PRINCES HWY

博宁斯家庭中心

伍伦贡植物园方向

EDWARD ST

惠灵顿公园王子高速出口
Beaton Park

GIPPS ST

KEIRA ST

THROSBY DRV

CAMPBELL ST

CHURCH ST

KEMBLA ST

CORRIMAL ST

SMITH ST

CLIFF RD

伍伦贡北沙滩
Novotel Wollongong North Beach

防波堤灯塔
Breakwater Lighthouse

旧法庭大楼
Old Court House

弗拉格斯塔夫山
Flagstaff Hill Park

伍伦贡第一灯塔
Wollongong Head Lighthouse

伍伦贡青年旅舍
Wollongong YHA

圣米迦勒英国国教大教堂
St Michael's Anglican Cathedral

伍伦贡中央购物中心
Wollongong Central

MARKET ST

伍伦贡背包客凯拉利旅舍
Wollongong Backpackers
Kieraleigh House

公理教堂
Congregational Church

SC　SC

皇家大街

Adina Wollongong

CROWN ST

BURELLI ST

Woolworth

伍伦贡iHub
游客信息中心

伍伦贡站

伍伦贡Quest酒店
Quest Wollongong

STEWART ST

市巴士站

WIN体育场
WIN Stadium

伊拉瓦拉博物馆
The Illawarra Museum

麦凯布公园
McCabe Park

B

诺富特酒店

●南部海岸

从悉尼中央车站出发，在悉尼~伍伦贡~凯马~瑙拉之间城铁线路发车频繁。但是当地的交通并不发达，建议采取自驾游的方式。

■凯马游客信息中心
Kiama Visitor Information Centre
住 Blowhole Point Rd., Kiama, 2533
☎（02）4232-3322
📠 1300-654-262
🖥 www.kiama.com.au
开 每天 9:00~17:00
休 圣诞节

■肖尔黑文游客信息中心——瑙拉
Shoalhaven Visitor Information Centre-Nowra
住 Shoalhaven Entertainment Centre, 42 Bridge Rd., Nowra, 2541
☎（02）4421-0778
📠 1300-662-808
🖥 www.shoalhaven.com.au
开 周一～周四·周六 9:00~17:00、周五 9:00~18:00、周日 10:00~14:00
休 圣诞节

■杰维斯湾出发的海豚游船之旅
Dolphin Watching Cruises
☎（02）4441-6311
🖥 www.dolphinwatch.com.au
时 出发日期、时间根据季节而定
费 成人 $35 儿童 $22 家庭 $92/5~11 月有观鲸游船 成人 $65 儿童 $32 家庭 $165

南部海岸 South Coast

伍伦贡以南的南部海岸地区，如今还是新南威尔士州一块鲜为人知的好地方。在沿岸分布的各个小镇上都有着美丽的冲浪海滩，另外在沿岸与内陆之间散落的国家公园，还有袋鼠和野鸟的乐园。

凯马 Kiama

从伍伦贡往南 40 公里，是人口约 1.6 万的凯马镇，这里保留着许多古老的建筑。著名景点是在灯塔附近的喷水洞（Blowhole）。此处于 1797 年被发现，最高喷水高度可达 5 米。

喷水洞周边被改造成了公园

百瑞 Berry

从凯马镇沿王子高速路以南行驶约 10 公里便是百瑞镇。如今这里还保留着许多 19 世纪后期至 20 世纪前期的建筑。其中大多数如今都作为咖啡馆、餐馆、小酒吧、商店、酒店正常经营。

瑙拉（肖尔黑文）
Nowra（Shoalhaven）

这里是南部海岸观光的中心城镇。瑙拉镇前，从博马德里 Bomaderry 到海岸线，可以看到 7 英里沙滩（Seven Mile Beach）、肖尔黑文角（Shoalhaven Heads）和延绵的美丽海岸。再往南走，是面朝杰维斯湾（波特里）[Jervis Bay（Booderee）]的哈斯基森镇（Huskisson）。从这里几乎每天都有游船出发前往杰维斯湾，观赏栖息在这一带的宽吻海豚。

百瑞镇主街两旁精致的建筑

阿勒达拉 Ulladulla

阿勒达拉镇位于瑙拉以南约 40 公里，也是一座海岸沿线城镇，背后是莫顿国家公园（Morton NP）。这里有多家背包客旅舍设施，也是南部海岸观光的中心城镇之一。

巴特曼斯湾 Batemans Bay

巴特曼斯湾位于阿勒达拉镇以南约 50 公里的地方，是一处冲浪胜地。

在城镇北侧海岸沿线的科龙国家森林（Kioloa State Forest）一角的卵石海滩（Pebbly Beach）地区，可以近距离观察到野生的袋鼠。

瑙拉周边有许多适合休闲放松的沙滩

南部高地
Southern Highlands

伍伦贡西部，大分水岭的高原地区便是南部高地。这一地区除莫顿国家公园（Morton NP）外，还有多个国家公园和自然保护区，城镇颇有英国田园风格，凉爽的气候适宜生产葡萄酒，观光之地充满魅力，是悉尼市民们周末休闲度假的好去处。比较重要的城镇有米塔贡（Mittagong）、鲍勒尔（Bowral）、贝里马（Berrima）、莫斯韦尔（Moss Vale）、罗伯逊 Robertson（米塔贡镇设有游客信息中心）。这些城镇中都建有民宿和庄园风格的酒店，一定要住上一晚，感受一下这里的魅力。

早晚与野生动物相遇

南部高地至今还保留着许多原始的自然生态环境，因此早晚时段都有很高的概率可以看到袋鼠、袋熊等野生动物。尤其是在南部高地以南的袋鼠谷（Kangaroo Valley）可以看到大量袋鼠和袋熊。

另外在菲兹洛伊瀑布（Fitzroy Falls）则可以欣赏到壮美的自然风光。瀑布位于莫斯韦尔和罗伯逊之间的莫顿国家公园附近，落差达100米。如果运气好的话，早晚在与瀑布相连的小溪还能够看到鸭嘴兽。另外森林中的伊拉瓦拉树顶冒险（Illawarra Fly Treetop Adventures）也是充满了乐趣。

高品质葡萄酒产地

南部高原共分布有60多家葡萄酒庄园，其中20家左右向普通游客开放。这一地区凉爽的气候十分适合黑皮诺、长相思等葡萄品种的生长。喜爱美酒的话一定不要错过这里。

米塔贡、鲍勒尔周边都有大片的葡萄园

壮观的菲兹洛伊瀑布

交通方式

● 南部高地
考虑到当地交通建议自驾游。距离伍伦贡有1小时的车程。

■ 南部高地游客信息中心
Southern Highlands Visitor Information Centre
住 62-70 Main St., Mittagon, 2575
☎ (02) 4871-2888
FAX 1300-657-559
URL www.southern-highlands.com.au
开 周一～周五 9:00~17:00，周六·周日及节假日 9:00~16:00
休 耶稣受难日、圣诞节、节礼日

■ 伊拉瓦拉树顶冒险
住 182 Knights Hill Rd., Knights Hill, 2577
☎ (02) 4885-1010
FAX 1300-362-881
URL www.illawarrafly.com
营 每天 9:00~17:00
费 成人 $25 儿童 $15 家庭 $75/索道 成人 $75 儿童 $45

南部海岸&南部高地
South Coast & Southern Highlands

0   20km

Richlands
纳泰国家公园
Nattai NP
米塔贡
Mittagong
南部高地
Southern Highlands
伍伦贡
Wollongong
M1

克鲁克韦尔
Crookwell

贝里马
Berrima
M31
鲍勒尔
Bowral

肯布拉港
Port Kembla

塔尔洛河国家公园
Tarlo River NP

莫斯韦尔
Moss Vale
罗伯逊
Robertson
A48

HUME HWY
休姆高速公路

菲兹洛伊瀑布
Fitzroy Falls

凯马
Kiama

古尔本
Goulburn
M31

Gunning

袋鼠谷
Kangaroo Valley
贝瑞
Berry

M23

伊拉瓦拉树顶冒险
Illawarra Fly Treetop Adventures

瑙拉
Nowra

Culburra

莫顿国家公园
Morton NP

哈斯基森
Huskisson

Tarago

杰维斯湾（波特里）
Jervis Bay (Booderee)

布达旺国家公园
Budawang NP

Doughboy

南部海岸
South Coast

昆比恩
Queanbeyan

布雷德伍德
Braidwood
B52

PRINCES HWY
公主高速公路
A1

阿勒达拉
Ulladulla

Captains Flat

马拉马冉国家公园
Murramarang NP
卵石滩
Pebbly Beach
贝特曼湾
Batemans Bay

N

德乌阿国家公园
Deua NP

塔斯曼海
Tasman Sea

莫鲁亚 Moruya

伍伦贡、南部海岸和南部高地的酒店
Accommodation

伍伦贡

伍伦贡背包客凯拉利旅舍
Wollongong Backpackers Keiraleigh House

◆酒店由古建筑改建而成。从酒店可以徒步前往市中心的皇冠大街和海边沙滩。

伍伦贡的平价酒店	Map p.259/B

- URL www.backpack.net.au
- 住 60 Kembla St., Wollongong, 2500
- ☎ 4228-6765　WiFi 免费
- 费 ⑩ $25~30、Ⓦ $80~110

伍伦贡青年旅舍
Wollongong YHA

◆位于市中心附近的青年旅舍,共有 3 层。宿舍为 4 人间,各个房间都有冰箱(并且大部分房间都有洗手间、淋浴)。庭院有 BBQ 设备。

设施完备	Map p.259/B

- URL www.yha.com.au　住 75-79 Keira St., Wollongong, 2500　☎ 4229-1132
- WiFi 收费　费 ⑩ $31、Ⓣ$83　※ 非 YHA 会员需支付附加费用　CC M V

诺富特酒店伍伦贡北沙滩
Novotel Wollongong Northbeach

◆从酒店可以直接眺望到北部沙滩,大部分房间均为海景房。这里的 Windjammers 餐厅也是一家高人气的自助餐厅。

可充分享受沙滩生活	Map p.259/B

- URL novotelnorthbeach.com.au
- 住 2-14 Cliff Rd., North Wollongong, 2520　☎ 4224-3111　WiFi 收费
- 费 ⓉⓌ $199~799　CC A D J M V

南部海岸

阿勒达拉小屋酒店
Ulladulla Lodge

◆从酒店步行至餐馆、商店云集的港口和沙滩仅需 5 分钟。酒店还可以安排冲浪课程。

阿勒达拉的背包客酒店

- URL www.ulladullalodge.com.au
- 住 63 Princes Hwy., Ulladulla, 2539
- ☎ 4454-0500　WiFi 免费　费 ⑩ $35、Ⓦ $80~85　CC M V

柳林假日公园贝特曼斯湾青年旅舍
Batemans Bay YHA Shady Willows

◆在种植有椰树的庭院中设有泳池和 BBQ 设备。另外酒店还会安排佩布利沙滩旅游。

贝特曼斯湾平价酒店

- URL www.yha.com.au　住 Cnr.Old Princes Hwy. & South St., Batemans Bay, 2536
- ☎ 4472-4972　WiFi 免费　费 ⑩ $25~27、Ⓦ $51　※ 非 YHA 会员需支付附加费用
- CC M V

南部高地

道儿米房屋酒店
Dormie House

◆酒店位于莫斯韦尔郊区,由 20 世纪 30 年代的建筑改建而成。酒店的装饰十分考究,客房干净整洁。此外还有包含旁边高尔夫场地费的套餐。

紧邻高尔夫球场

- URL www.dormiehouse.com.au
- 住 38 Arthur St., Moss Vale, 2577
- ☎ 4868-1800　WiFi 免费
- 费 周日~周四 ⓉⓌ $179~219、周五·周六 ⓉⓌ $209~249　※ 含早餐　CC M V

佩博斯克雷格本度假酒店
Peppers Craigieburn

◆酒店由 1887 年建造的奢华庄园改建而成,从入口到酒店有林荫道,精致的庭院,建筑本身就很有参观价值。客房的装饰复古,但使用的都是现代全新的设备。酒店内的孟菲斯餐馆使用来自南部高地的食材,提供澳大利亚现代菜品。酒店旁是高尔夫球场。

入住历史庄园

- URL www.peppers.com.au
- 住 Centennial Rd., Bowral, 2576
- ☎ 4862-8000　WiFi 收费
- 费 ⓉⓌ $260~310
- CC A D J M V

从中国往伍伦贡、南部海岸和南部高地的酒店拨打电话
00 + 61(国家代码)+ 2(去掉前面第一个 0 的区号)+ 对方的电话号码

假日海岸 *Holiday Coast*

拜伦湾人气的瓦特戈冲浪沙滩

从悉尼北上，经过猎人谷区，从麦夸里港周边至昆士兰州边界为止这一带通称为假日海岸，是澳大利亚当地的热门度假胜地。这里全年气候温暖，沿海有数个白色沙滩，在大分水岭区则有大片茂密的亚热带雨林（其中大部分被列为了世界自然遗产）。此处建有多家高档度假酒店，许多想充分感受当地气氛的游客都会选择到这里来游玩。

麦夸里港　　Port Macquarie

休闲的度假小镇

麦夸里港是位于纽卡斯尔以北约 270 公里的哈斯丁河（Hasting River）河口的一座城镇。有很多适合游泳、冲浪的海滩，酒店、青年旅舍、背包客酒店等住宿设施也十分齐全。

1821 年城镇便开始建设，历史悠久，在位于市中心克拉伦斯大街（Clarence St.）的麦夸里港博物馆（Port Macquarie Museum）中，可以追忆历史，回顾过去。另外这一地区还是澳大利亚数一数二的考拉栖息地。在距离市中心 2 公里远的桉树林中是考拉医院（Koala Hospital），主要救助、治疗在交通事故和山林大火中受伤的考拉，帮助它们回归野生大自然。医院由民间志愿者组织运营，参加医院内的导游团还可以看到康复中的考拉。

正在给受伤的考拉喂食的工作人员

科夫斯港　　Coffs Harbour

从麦夸里港向北 150 公里，位于悉尼和布里斯班正中间的便是科夫斯港，这里也是假日海岸最具代表性的，充满热带风情的度假小镇之一。

科夫斯港还是知名的香蕉产地。其中最具代表性的是大香蕉游乐园（The Big Banana）门口高 5 米、长 13 米的雕塑。游乐园内有溜冰场、雪橇、4 个水滑梯等各种水上娱乐设施。此外还可以参加剧场 & 种植园之旅，能够观看到香蕉农场的历史影像，并参观香蕉农场。

港口附近的海豚海洋魔术公园（Dolphin Marine Magic）也是不容错过的。在表演期间可以和海豚、海狮进行游戏。你可以参加终极海豚游泳（Ultimate Dolphin Swim），与海豚、海狮一起在水池中游泳；也可以参加海豚体验（Dolphin Experience），在浅滩抚摸海豚；还有海豹游泳（Seal Swim）项目，活动丰富多彩。

科夫斯港海面上的孤岛海洋公园（Solitary Islands Marine Park）是由

新南威尔士州　伍伦贡、南部海岸和南部高地／假日海岸

交通方式

● 麦夸里港

可以乘坐灰狗长途公司运营的悉尼～布里斯班班线路，途经麦夸里港，利用起来十分方便。

■ 麦夸里港游客信息中心
Greater Port Macquarie Visitor Information Centre

　Glasshouse Port Macquarie, Cnr, Clarence & Hay Sts., Port Macquarie, 2444

　1300-303-155

　www.portmacquarieinfo.com.au

　周一～周五 9:00～17:30、周六・周日及节假日 9:00～16:00

　圣诞节

■ 麦夸里港博物馆

　22 Clarence St., Port Macquarie, 2444

　(02) 6583-1108

　www.portmuseum.org.au

　周一～周六 9:30～16:30

　周日及节假日

　$7 　$3 　$15

■ 考拉医院

　Roto House, Cnr.Roto Place & Lord St., Port Macquarie, 2444

　(02) 6584-1522

　www.koalahospital.org.au

　每天 8:00～16:00/ 给考拉喂食 & 医院导游团 15:00 开始

　圣诞节

　参加导游团 1 人 $2

交通方式

● 科夫斯港

可以乘坐灰狗长途公司运营的悉尼～布里斯班班线路，途经科夫斯港。另外从悉尼和布里斯班可以乘坐城铁，每天 2 班。另外从悉尼、墨尔本出发，可以乘坐澳洲航空支线 QantasLink，或者从布里斯班乘坐澳洲航空飞往科夫斯港机场（CFS）。

■大香蕉
住 351 Pacific Hwy., Coffs Harbour, 2450
☎（02）6652-4355
URL www.bigbanana.com
开 周一～周四 9:00~17:00、周五～周日 8:30~17:30
※ 各个娱乐设施营业时间不同，入园时请自行确认
休 圣诞节、耶稣受难日
费 入园门票免费 / 溜冰场（1天数次，1 个时段累计 1.5 小时）：1 个时段 成人 $14.50 儿童 $12 家庭 $48/ 雪橇：1 次 $6、2 次 $10/ 水滑梯（1 天数次，1 个时段累计 1.5 小时）：1 个时段 成人 $19.50 儿童 $16.50 家庭 $66、半天（2 个时段）成人 $29.50 儿童 $26.50 家庭 $106/ 剧场 & 种植园之旅：成人 $12 儿童 $9.50 家庭 $38

■海豚海洋魔术公园
住 65 Orlando St., Coffs Harbour, 2450
☎（02）6659-1900
Free 1300-547-737
URL www.dolphinmarinemagic.com.au
开 每天 9:00~15:00
费 成人 $38 儿童 $20 家庭 $105/ 终极海豚游泳（12 岁以上）：1 人 $330（NSW 学校假期期间 1 人 $370）/ 海豚体验：1 人 $195（NSW 学校假期期间 1 人 $220）/ 海豹游泳（8 岁以上）：1 人 $210（NSW 学校假期期间 1 人 $260）

■防波堤潜水中心
Jetty Dive Centre
☎（02）6651-1611
URL jettydive.com.au
时 观鲸：6~10 月每天 9:00、11:00（所需时间 1.5 小时）
费 孤岛海洋公园潜水体验：2 个氧气瓶 $299/ 潜水旅行：2 个氧气瓶 $175（包含全部装备）/ 观鲸：成人 $59 儿童 $49

前往海豚海洋魔术公园，与海豚亲密接触

寒暖流交汇海域的几座小岛相连而成，这也是众所周知的潜水胜地。在 6~10 月可以看到鲸鱼，1~6 月可以看到蝠鲼，海豚则是一年四季都栖息于此。在科夫斯港的防波堤前是马顿鸟岛（Mutton Bird Is.），常有短尾鹱迁徙至此。这座岛冬季还是观赏鲸鱼的绝佳地点。

著名的大香蕉雕塑

科夫斯港以西 60 公里的多里戈国家公园（Dorrigo NP），是世界自然遗产冈瓦纳雨林的一部分。在公园入口处的雨林中心展示了国家公园内栖息的 120 余种鸟类和爬行类动物的相关资料，喜爱自然的话一定要前去参观。可以眺望国家公园的空中步道也非常有趣。

拜伦湾
Byron Bay

总是十分热闹的梅恩沙滩

澳大利亚本土最东侧的拜伦角，位于拜伦湾地区，这里也因此被大众熟知。城镇仅有5000人口，如今这里仍是假日海岸最美丽的沙滩度假地，也是澳大利亚最具代表性的观光胜地。

20世纪70年代人们发现这里的海浪十分适合冲浪，吸引来了大批冲浪爱好者。这里除了城镇前的梅恩沙滩（Main Beach）之外，一直延伸至最东端拜伦角的瓦特戈沙滩（Watego's Beach）、城镇东南岸的塔劳沙滩（Tallow Beach）也都是非常适合冲浪的。另外从20世纪70年代后期开始，深受嬉皮士运动影响的人们移民居住至此，城市充满了波希米亚风貌。这样的艺术氛围使得许多艺术家、设计师、手工艺大师纷纷在这里建造工作室，因此逐渐成了现如今的时尚度假小镇。

城镇的娱乐方式有很多。除了冲浪外，还可以体验潜水、皮划艇、丛林漫步等，娱乐活动丰富多彩。另外按摩、芳香美容机构、瑜伽等休闲设施也很齐全。如果是自驾游的话，可以前往近郊的多座国家公园游览（有很高的概率可以遇到野生考拉）。

休闲舒适的度假小镇

■ 多里戈国家公园
Dorrigo Rainforest Centre
⊞ Dome Rd., Dorrigo, 2453
☎（02）6657-2309
🖥 www.nationalparks.nsw.gov.au
🕐 周一～周五 8:30~16:30、周六·周日 9:00~16:30
休 圣诞节

拜伦湾城镇入口

交通方式

● 拜伦湾
乘坐灰狗长途公司运营的悉尼~布里斯班线路，经停拜伦湾。也可以从悉尼、布里斯班乘坐城铁，均在拜伦湾站下车。乘坐飞机的话，可以降落在拜伦湾南部巴利纳（Balina）的巴利纳机场（BNK）。如果自驾的话，可以选择航班较多的黄金海岸机场（OOL）。

■ 拜伦游客中心
Byron Visitor Centre
🗺 p.266
⊞ Old Stationmaster's Cottage, 80 Jonson St., Byron Bay, 2481
☎（02）6680-8558

拜伦湾
Byron Bay

0   1km

拜伦湾
BYRON BAY

拜伦角
Cape Byron

贝隆吉尔沙滩
Belongil Beach

瓦特戈沙滩
Watego's Beach
●观景台

拜伦湾艺术工业区
Byron Bay Art & Industry Estate

拜伦角灯塔
Cape Byron Lighthouse

BAYSHORE DRV

EWINGS RD

SHIRLEY ST

MELALEUCA DRV

贝隆吉尔溪
Belongil Creek

梅恩沙滩
Main Beach ▶p.266

BAY ST

LAWSON ST

JONSON ST

BYRON ST

LIGHTHOUSE RD

MASSINGER ST

SKINNERS SHOOT RD

拜伦湾站
拜伦湾游客中心

RUSKIN ST

阿拉克尔国家公园
Arakwal NP

拜伦湾火烈鸟酒店
Flamingo Byron Bay

BANGALOW RD

●观景台

塔劳沙滩
Tallow Beach

斯金纳舒特
Skinners Shoot

绿洲公寓特里托普酒店
The Oasis Apartments & Treetop Houses

OLD BANGALOW RD

BANGALOW RD

N

拜伦湾度假酒店&水疗
Byron at Byron Resort & Spa

去拜伦湾的话，一定不要错过这里的特产拜伦湾饼干

■ www.visitbyronbay.com
開 周一～周六 9:00～17:00、周日 10:00～17:00
休 耶稣受难日、圣诞节

■ 拜伦角灯塔

▶ p.265

圏 停车费 $8/ 前往灯塔途中的停车场收 $4，从这里步行至灯塔需 5 分钟左右的时间

●拜伦角灯塔之旅 **Cape Byron Lighthouse Tours**
可以参观灯塔内部。
☎ （02）6620-9300
■ www.byronbaylighthouse.com
■ www.nationalparks.nsw.gov.au
時 每天 10:00～15:00，20 分钟一次
圏 1 人 $2

■ 拜伦湾的娱乐活动

●风情冲浪学校 **Style Surfing School**
☎ （02）6685-5634
■ www.stylesurfingbyronbay.com
圏 3.5 小时课程 $60、2 日课程 $115、3 日课程 $165、5 日课程 $250

●拜伦角皮划艇 **Cape Byron Kayaks**
游览拜伦角的皮划艇之旅。
☎ （02）6680-9555
■ capebyronkayaks.com
時 9 月～次年 4 月 8:30～11:30、13:00～16:00/5～8 月 10:00～13:00、13:30～16:30
圏 (大) $69 (小) $59（含小吃）

■ 水晶城堡

住 81 Monet Drv., Mullumbimby, 2482
☎ （02）6684-3111
■ www.crystalcastle.com.au
開 每天 10:00～17:00
休 耶稣受难日、圣诞节、节礼日
圏 (大) $28 (小) $22 (家庭) $68

■ 考拉护理＆研究中心

住 23 Rifle Range Rd., East Lismore, 2480
☎ （02）6622-1233
■ www.friendsofthekoala.org
開 每天 9:00～16:00
時 导游服务周一～周五 10:00、14:00，周六 10:00（所需时间 30 分钟）
圏 导游服务 $5

拜伦湾中心地区
Central Byron Bay

0 ——— 400m

由库克船长命名

拜伦角
Cape Byron

Map p.265

　大陆最东端的拜伦角是由库克船长命名的，他与英国诗人拜伦的祖父颇有渊源。18 世纪 60 年代，拜伦的祖父与库克船长一起乘坐奋进号出海航行。城镇标志性的白色灯塔就建于此，从这里中途经最东端，一直到瓦特戈沙滩都铺设了整齐的步道。最东端的海岬角立有木板，也是热门的拍照胜地。另外一年四季从步道都可以望到海中成群的海豚，冬季还可以看到座头鲸。

　一般前往拜伦角都会选择从市中心的灯塔路（Lighthouse Rd.）向东，然后穿过森林便到目的地（步行约 30 分钟）。另外从瓦特戈沙滩到拜伦角的步道风景同样十分美丽。

建于拜伦角的灯塔

最东端海岬角是人气拍照胜地

拜伦湾近郊

Around Byron Bay

　拜伦湾近郊的景点很多。因沃宁山（Mt.Warning）火山喷发而形成的南半球最大规模的破火山口，以及这一带的国家公园，大部分都被列为了世界自然遗产。在国家公园外还分布着大片亚热带森林和桉树林，是野生动物的宝库。

水晶城堡庭园内摆放的佛像

从拜伦湾驱车20分钟开往内陆地区，可以到达马伦宾比（Mullumbimby）山中的水晶城堡（Crystal Castle），是一处充满亚洲风格的建筑设施。庭园内，以亚洲为中心，摆设了各个国家的水晶、佛像、尼泊尔佛塔、植物等。从水晶商店的咖啡馆可以眺望庭园，在澳大利亚当地也有着很高的人气。

在这一带中心地区的利斯莫尔（Lismore）南十字星大学旁，是考拉护理&研究中心（Koala Care & Research Centre）。利斯莫尔周边是澳大利亚数一数二的考拉栖息地。由于考拉数量较多，许多考拉在这里曾遭遇事故。

在中心内主要做的就是保护考拉，帮助受伤和生病的考拉进行康复，重新回归大自然，而没有能力重返自然的考拉，则会被留在中心内继续进行照顾。研究中心内还组织有导游观光服务，如果时间允许不妨参加。另外这里的员工都很热情，还会告诉你一些可以看到野生考拉的地方。

沃宁山国家公园生长茂密的亚热带雨林

身处宁宾仿佛置身于另一个时代

从利斯莫尔前往沃宁山山脚的默威伦巴（Murwillumbah）途中，会经过宁宾村（Nimbin），这里至今还保留着嬉皮士的风格。村庄醒目的建筑十分有特色，充满魅力，很有参观价值。另外村外的宁宾石景观同样不容错过。如果要前往宁宾村，可以在拜伦湾参加旅游团，或者乘坐摆渡车自行游览。

默威伦巴是沃宁山的观光中心。城镇入口的世界遗产雨林中心（World Heritage Rainforest Centre）同时也是游客信息中心。这里有沃宁山周边的世界自然遗产和澳大利亚冈瓦纳雨林的迷你展厅。

考拉护理&研究中心的导游服务

■蚱蜢（宁宾摆渡车）
Grass Hoppers
（Nimbin Shuttle Bus）
每天都有前往艺术&手工之地宁宾（Nimbin）的摆渡车。
☎ 0413-217-153
URL www.grasshoppers.com.au
時 拜伦湾 11:00 出发，12:30 到达宁宾 / 宁宾 15:00 出发，17:00 到达拜伦湾
费 往返 $30

■世界遗产雨林中心
住 Cnr.Tweed Valley Way & Alma St.，Murwillumbah，2484
☎ (02) 6672-1340
Free 1800-118-295
URL destinationtweed.com.au
時 周一～周六 9:00~16:30，周日 9:30~16:00

假日海岸的酒店
Accommodation

麦夸里港

奥齐波茨背包客 - 麦奎利港国际青年旅舍
Port Macquarie Ozzie Pozzie Backpackers YHA
◆酒店周边有多家超市、咖啡馆和夜店等设施，十分便利。酒店内不仅有厨房、洗衣房、BBQ 等设施，还有泳池、游戏房的，设备齐全。

酒店设施齐全
URL www.yha.com.au　住 36 Waugh St.，Port Macquarie，2444　☎ 6583-8133
WiFi 免费　费 ⓓ $30~31.50、ⓉⓌ $72~86
※ 非 YHA 会员需支付附加费用　CC M V

麦夸里港背包客旅舍
Port Macquarie Backpackers
◆酒店位于太平洋高速公路，距离城镇 1 公里。酒店在长途车站有接送服务。

充满复古气息
URL www.portbackpackers.com.au　住 2 Hastings River Drv.，Port Macquarie，2444　☎ 6583-1791　Free 1800-688-882
WiFi 免费　费 ⓓ $26~31、ⓉⓌ $70~90
※ VIP 可享受优惠　CC M V

科夫斯港

科夫斯港青年背包客旅舍
Coffs Harbour YHA Backpackers Resorts
◆酒店距离长途巴士站 1 公里，距离火车站 2 公里。还可以租借冲浪趴板、冲浪板，每天都提供往返沙滩的接送车服务。

可以安排各种旅游活动
URL www.yha.com.au　住 51 Collingwood St.，Coffs Harbour，2450　☎ 6652-6462
WiFi 免费　费 ⓓ $25~27、Ⓦ $72　※ 非 YHA 会员需支付附加费用　CC M V

霍伊莫海滩背包客旅舍
Hoey Moey on the Beach Backpackers

◆各个房间都有淋浴和洗手间。可以免费租借冲浪板。酒店内的餐馆每天都变换着菜单，肉菜仅 $7.50。还可以观赏娱乐表演。

喜欢大海的话就选择这里吧
URL hoeymoey.com.au 住 84-90 Ocean Pde., Coffs Harbour, 2450 ☎ 6652-3833 FAX 6651-4434 WIFI 免费 费 D $27~32、TW $69~94 ※ YHA、VIP 会员可享受优惠 CC A D J M V

诺富特科夫斯太平洋港海湾酒店
Novotel Pacific Bay Resort

◆酒店距离市中心 3 公里，沿海岸建设。占地面积大，内部建有高尔夫球场、餐馆、商店、美容院、网球场、排球场、3 个泳池等，度假设施非常完备。

科夫斯港的高档度假村
URL www.pacificbayresort.au 住 Cnr. Pacific Hwy.& Bay Drv., Coffs Harbour, 2450 ☎ 6659-7000 Free 1300-363-360 WIFI 收费 费 TW $180~、1B $260~ CC A D J M V

拜伦湾

拜伦湾青年背包客旅舍
Byron Bay YHA Backpackers Hostel

◆从酒店步行至长途车站、海滩、超市均在 3 分钟左右。可以租借自行车、冲浪板。

设施完善，整洁舒适　　　　　Map p.266
URL www.yha.com.au 住 7 Carlyle St., Byron Bay, 2481 ☎ 6685-8853 Free 1800-678-195 WIFI 免费 费 D $30.50~34、W $95~105 ※ 非 YHA 会员需支付附加费用 CC M V

拜伦角青年旅舍
Cape Byron Hostel YHA

◆酒店距离车站、超市都很近，十分便利。提前预约的话，可以派车将你到巴士车站接送到酒店。酒店内还有潜水商店，喜欢潜水的话不妨选择入住这里。

城镇内的人气酒店

可以免费租借冲浪板、自行车　　Map p.266
URL www.yha.com.au 住 Cnr.Byron & Middleton Sts., Byron Bay, 2481 ☎ 6685-8788 Free 1800-652-627 WIFI 免费 费 D $28~30、W $90~110 ※ 非 YHA 会员需支付附加费用 CC M V

海滩背包客旅舍
Backpackers Inn on the Beach

◆从酒店出来便可直接到达沙滩。酒店内还设有泳池、露天电影院、庭院内有吊床，充满了度假气氛。此外楼内还有网络休息室，配有 4 台电脑。

紧邻沙滩　　　　　　　　　　　Map p.266
URL backpackersinnbyronbay.com.au 住 29 Shirley St., Byron Bay, 2481 ☎ 6685-8231 Free 1800-817-696 FAX 6685-5708 WIFI 免费 费 D $24~26、TW $60 CC M V

拜伦湾火烈鸟酒店
Flamingo Byron Bay

◆从城镇沿班加罗路驱车 5 分钟即可到达酒店，装饰现代时尚。快捷房型的房间宽敞明亮，带有简易的厨房。另外还有别墅房型，更是充满了度假气息。酒店整体以白色为基调，时尚简洁。

充满度假氛围　　　　　　　　　Map p.265
URL www.flamingobyronbay.com.au 住 32 Bangalow Rd., Byron Bay, 2481 ☎ 6680-9577 FAX 6680-9511 WIFI 免费 费 TW $290~1200 CC M V

海滩度假酒店
Beach Hotel Resort

◆建于梅恩沙滩前，是拜伦湾有代表性的高档酒店。酒店同时设有沙滩酒吧和餐馆，不在酒店住宿的人也常常到这里用餐，十分热闹。酒店其他设施同样十分齐全，房间宽敞舒适，服务周到。

酒店前的沙滩酒吧也深受当地市民喜爱

梅恩沙滩前的高档酒店　　　　　Map p.266
URL beachhotel.com.au 住 1 Bay St., Byron Bay, 2481 ☎ 6685-6402 FAX 6685-8758 WIFI 免费 费 TW $480~750 CC A J M V

拜伦湾度假酒店 & 水疗
Byron at Byron Resort & SPA

◆酒店远离市区，占地面积达 45 英亩，是拜伦湾数一数二的高档度假酒店。度假村与自然相融合，酒店用地内铺设了游步道，可以欣赏亚热带雨林、桉树林、湿地等自然景观。早晚还能看到许多野鸟。数间客房分为一个区，每个房间都是公寓式风格。客厅、浴缸、卧室都很大，充满高级感。另外还设有专业的水疗中心。餐馆是选用当地食材制作的澳大利亚现代菜。

房间现代时尚，并且十分宽敞

拜伦湾首屈一指的高档度假村　　Map p.265
URL www.thebyronatbyron.com.au 住 77-97 Broke Head Rd., Byron Bay, 2481 ☎ 6639-2000 Free 1300-554-362 WIFI 免费 费 TW $407~479 CC A J M V

考拉 *Cowra*

距离悉尼以西 320 公里内陆地区的考拉，是澳大利亚主要的葡萄酒产区之一。该地区与海岸的最短距离约为 230 公里。考拉的酿酒历史源远流长，可以追溯到 19 世纪 60 年代。20 世纪 70 年代，考拉开始正式发展葡萄种植业，并于 1973 年建立了第一个葡萄园。在 20 世纪 70 年代至 80 年代，该产区主要栽培的葡萄品种是霞多丽，考拉也因此变成了"霞多丽的国度"，并因出产一些优质的霞多丽品种酒而获得无数赞誉。

考拉 漫步

可以在考拉地区的葡萄酒产区漫步，这里的葡萄园面积有 2000 公顷。考拉地区的海拔在 300 米左右，气候温暖干燥。葡萄园的葡萄通常在每年的 3 月上旬到 4 月上旬收获。向游客推荐一下，这里的红葡萄酒有 2004 年、2008 年的，白葡萄酒有 2003 年的。该地区的葡萄酒味道醇厚，风味十足。红葡萄酒口感柔软，品尝起来带有纯正的果香味。红葡萄酒包括西拉子、赤霞珠和梅洛。这里也存在 GSM 混酿酒和一些西拉子、维安妮娅的混酿酒。其他的白葡萄酒包括赛美蓉、白苏维浓、华帝露、雷司令等。

每年 11 月，考拉会举办美酒美食周末（Food and Wine Weekend），7 月会有考拉葡萄酒展览（Cowra Wine Show），4 月时还会有热气球节（Balloon Fiesta）。要是在这些时间去考拉的话，别忘了去参观。

美丽的考拉

●交通方式

●考拉

从悉尼自驾前往考拉市是最方便的（所需时间 4.5 小时）。另外也可以从悉尼乘坐 NSW Trainlink 火车＋巴士前往考拉市。可以选择悉尼～巴瑟斯特～考拉、或悉尼～库萨山～考拉两种线路（所需时间 5~6 小时）。巴士站位于城市中心。

■考拉游客信息中心
Cowra Visitor Information Centre
住 Cnr.Mid Western Hwy., Young & Boorowa Rds., Cowra 2794
☎（02）6342-4333
URL cowratourism.com.au
开 周一～周五 9:00~17:00
休 圣诞节

澳大利亚地区指南

新南威尔士州 假日海岸／考拉

考拉的酒店
Accommodation

布莱克奥特汽车旅馆
Breakout Motor Inn & Serviced Apartments
◆酒店的外观是澳大利亚复古风格，客房内则充满现代感，干净整洁。酒店内有带浴缸的房型，还有 2 间卧室的公寓式房型。

殖民时期风格
URL breakoutmotel.com.au 住 181-183 Kendal St., Cowra 2794 ☎6342-6111
WiFi 免费 费 ⓉⓌ $150~260
CC A M V

考拉汽车旅馆
Cowra Motor Inn
◆价格适中，房间舒适整洁，床很大，冬季还准备了电热毯。

位于市中心，十分便利
URL www.cowramotorinn.com.au
住 3 Macquarie St., Cowra 2794
☎ 6342-2011 WiFi 免费 费 ⓉⓌ $150~200 CC A M V

大分水岭山脉南部，以澳大利亚最高峰科修斯科山（2228米）为中心建有许多滑雪场，是澳大利亚首屈一指的滑雪度假胜地。从金德拜恩镇（Jindabyne）可以前往斯雷德博、派瑞舒尔·蓝、夏洛特帕斯等滑雪场，十分方便。

去雪山滑雪吧！

斯雷德博 Thredbo

澳大利亚知名滑雪场，最大落差 700 米，最长雪道 5700米。另外这里还是澳大利亚唯一一个举办过滑雪世界杯的场地。滑雪场的各种设施也是这附近最好的。场内约有 80 座小屋，有多家餐厅、酒吧和纪念品商店。

派瑞舒尔·蓝 Perisher Blue

派瑞舒尔·蓝是由派瑞舒尔山谷（Perisher）、史米金洞（Smiggin Holes）、蓝牛山（Mt.Blue Cow）、古塞加（Guthega）四个滑雪场组成的大型滑雪区域，整体规模堪称南半球之最。爬山电梯券在整个区域内通用，无论是初学者还是滑雪达人都可以找到适合自己的雪道。带有住宿等设施的阿尔卑斯村位于派瑞舒尔山谷、史米金洞和古西贾。共有酒店、小屋的 40 多家。

夏洛特帕斯 Charlotte Pass

从金德拜恩镇可以去往滑雪场，这是规模最小的一个。90% 的雪道都是比较适合初、中级滑雪爱好者的。

斯雷德博的滑雪村

派瑞舒尔·蓝的长 126 米的 U 形池

DATA

●前往雪山的交通方式
雪季期间，在堪培拉可以选择穆雷教练（Murrays Coaches）、Sno特快（SnoExpress）等多家公司的摆渡车前往各个滑雪场。另外也可以从悉尼乘坐灰狗长途公司的巴士前往。

●雪山信息
URL snowymountains.com.au

●斯雷德博
URL www.thredbo.com.au

●派瑞舒尔·蓝
URL www.perisher.com.au

●夏洛特帕斯
URL www.charlottepass.com.au

270

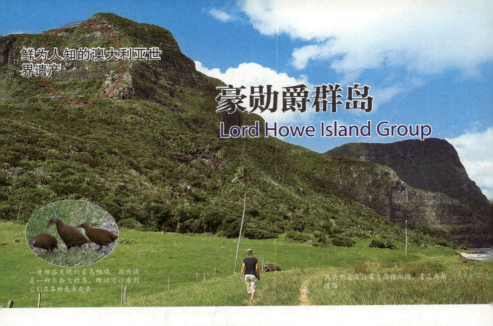

豪勋爵群岛
Lord Howe Island Group

一度濒临灭绝的豪勋秧鸡，因为这是一种不会飞的鸟，所以可以看到它们在各处走来走去

岛南侧高耸的莱吉伯德山顶，俯瞰岛的灯塔

豪勋爵群岛是一座典型的孤立的海洋群岛，是由约 700 万年前的海下火山喷发而形成的。群岛中最大的岛是豪勋爵岛，是由海上的柏尔金字塔岛等 28 个岛屿组成。岛屿于 1788 年被发现，在 19 世纪人类居住至此之前，一直是鸟类和植物的乐园。如今这里仍生长着 241 种植物中的 113 种特有品种，另外还有 130 多种鸟类仅栖息于豪勋爵岛。沿岸处是世界最南端的珊瑚礁群，珊瑚海暖流和塔斯曼海寒流的交汇海域，从热带鱼到洄游鱼共有约 500 种鱼类，以及 90 余种珊瑚栖息于此。

因为这里独特的地形和生态体系，1982 年豪勋爵群岛被列入了《世界自然遗产名录》。

令人惊叹的岛屿

从克里尔角可以看到柏尔金字塔岛

从悉尼乘坐澳洲航空，容纳 38 人的小型飞机 DASH400，往东北方向飞行 2 小时（约 700 公里），就来到了一个被蔚蓝的大海包围的城市。首先映入眼帘的是翠绿陡峭的高尔山（Mt. Gower）和利奇伯德山（Mt.Lidgbird）。从机场乘车出来，可以看到道路两旁茂盛的棕榈树。

豪勋爵群岛拥有着独特多变的自然资源，而它的魅力绝不仅于此。岛上的人口近 350 人，每天最多接待 400 名游客。许多人被岛上的生活方式所吸引，每年都会到此旅游。

令人羡慕的生活方式

岛上至今仍保留着城市里已经消失的交流方式。岛上的人们被称作"岛民"，他们在路上与别人相遇时会挥手致意，或送上问候。即便是对陌生的游客也不例外。岛上的道路完全不会拥挤，但车速最高也不能超过 25 公里 / 小时。以这个速度司机可以从容地和路人挥手问好。

无论是普通百姓家还是酒店的房间都不会上锁，这是岛上的习俗。因为这里离澳大利亚本土很远，岛上的人彼此都十分熟悉。岛上的警察主要工作就是负责办理关税手续等一些行政类工作。来到豪勋爵群岛，走进大自然的怀抱，和这里友善的人们接触，自己也会变得温柔起来。在岛上，你能以最质朴的方式与人和大自然接触，欣赏这里特有的物种。如果想体验澳大利亚深度游的话，一定不能错过这里。

在这里一定要体验浮潜

畅享豪勋爵群岛自然风光的户外运动

为了让人们可以更加丰富多样的享受自然风光，岛上为游客准备了各式各样的户外活动。但是潜水、划艇游、登山等运动由于受到天气、潮汐等条件的影响，不一定会在每天指定的时间里开始，请一定要提前确认好时间。如果想要在最佳时间段享受岛上的各种乐趣，建议在这里多停留些时日。

登山健走

共有按照从 1~10 级划分的多条健走线路，游客需要凭借地图和路标自行完成线路。道路既没有经过铺装也没有架设栈道，而是最自然的状态。注意健走时不要错过沿途的路标。高尔山的登山线路也是其中之一。

攀登高尔山

从这条线路上山需要 4 小时，返程也需要 4 小时，全程共 14 公里。登山者需要拽着绳索攀登断崖绝壁，虽然登顶非常辛苦，但是在天气晴朗的日子里登上 875 米高的山顶，可以将豪勋爵岛的全貌尽收眼底。只有在持证的专业登山导游的带领下才可以攀登高尔山。

北海湾·海龟之路 & 大自然之旅

乘坐玻璃底小船去往北海湾的半日游项目。可以浮潜、在北海滩享受完茶饮后，听导游进行相关讲解，之后解散自由活动。

海龟之旅时乘坐的玻璃底小船

潜水

这里是五大洋流交汇处，有丰富的鱼类和珊瑚在此栖息。周边共有 60 多处适合潜水的地方，方式也是多种多样的，有岸潜、船潜等。柏尔金字塔是著名的潜水点（需要资格证），不过在其他地方也可以看到天使鱼、小丑鱼、苏眉同种的鱼类等。

钓鱼

整座岛可以说是一个大鱼礁，也是垂钓爱好者的天堂。在这里可以钓到黄尾鰤、黄鳍金枪鱼（黄鳍鲔）、刺鲅（交吹）等鱼类。可以租船出海钓鱼。还可以在耐得海滩（Ned's Beach）喂鱼，届时鱼儿们都会游到游客投喂食物的附近。

富有个性的住宿设施

岛上共有 18 个度假村，既有包含餐饮、接送等全部费用的高档酒店，也有附带厨房的公寓式酒店等多种形式。小编为大家挑选了下列几家有代表性的进行介绍。

阿拉吉亚度假屋 Arajilla

URL www.arajilla.com.au
Free 1800-063-928　费 ⓉⓌ$1500~2600

每天都会进行更新维护，总是以崭新的状态迎接客人的时尚度假村。这里的菜肴可口美味、服务人员热情周到。内设印度水疗馆。

阿拉吉亚度假屋的客房

卡佩拉酒店 Capella Lodge

URL lordhowe.com
☎（02）6563-2008
费 ⓉⓌ$1500~2900

这里是豪勋爵岛上具有代表性的高档环保度假小屋。从餐馆可以眺望高尔山风景。有水疗。

可以观海景的卡佩拉酒店客房

常青树酒店 Pinetree

URL www.pinetrees.com.au
☎（02）6563-2177
Free 1800-226-142
费 ⓉⓌ$600~2469

历史悠久的古典度假村。房型的种类丰富，从单人间到 4 人间选择范围广。有网球场、台球厅等设施。地处礁湖海滩前，可以尽情地享受海滨度假时光。

常青树酒店的客房拥有一种高雅的氛围

琳达公寓酒店 Leanda Lei

URL www.leandalei.com.au　☎（02）6563-2195
费 ⓉⓌ$230~450

所有房型都是附带厨房的公寓式酒店。

DATA
● 交通
从悉尼、布里斯班到达这里需要 2 小时。从悉尼是每天；布里斯班是每个周末；麦夸里港是 2~6 月、9~12 月的旺季时，澳洲航空有飞往豪勋爵岛机场（LDF）的航班。乘客行李限重 14 千克。
● 豪勋爵岛
URL www.lordhoweisland.info

国家行政中心
完全按规划建设的城市、地区

澳大利亚首都领地

观光 POINT

 POINT 1 参观由大理石搭建而成的现代化的联邦议会大厦，这里是堪培拉的观光热点。从议会大厦的屋顶可以俯瞰堪培拉的城市风景。

 POINT 2 国立博物馆、战争纪念馆、首都展示馆等，可以加深对澳大利亚认识的公共设施不容错过。

 POINT 3 环绕堪培拉周边的小山丘上建有几座观景台。从这里可以眺望这座由人为规划的秩序井然的城市风貌。

旧联邦议会大厦也保留了下来，现在作为博物馆对外开放

基本信息

面积	堪培拉周边 2280 平方公里 / 杰维斯湾 77 平方公里
人口	约 38 万
特区	堪培拉（人口约 38 万）
时差	澳大利亚东部标准时间（比中国提前 2 小时） 澳大利亚采取了夏令时，通常是从 10 月最后的一个周日开始～次年 4 月第一个周日结束，在此期间时间需要调快 1 小时（比中国提前 3 小时）
电话	长途区号 02

主要的节日（2018 年 7 月～2019 年 6 月）

●●● 2018 年 ●●●

9 月 25 日	家庭与社区日 Family & Community Day
10 月 1 日	劳动节 Labour Day
12 月 25 日	圣诞节 Christmas Day
12 月 26 日	节礼日 Boxing Day

●●● 2019 年 ●●●

1 月 1 日	新年 New Year's Day
1 月 26 日	澳大利亚国庆日 Australia Day
3 月 12 日	堪培拉日 Canberra Day
4 月 12 日	耶稣受难日 Good Friday
4 月 20 日	复活节前日 Easter Saturday
4 月 22 日	复活节周一 Easter Monday
4 月 25 日	澳新军团日 Anzac Day
6 月 10 日	女王日 Queen's Birthday

澳大利亚首都领地
简介

澳大利亚首都领地
Australian Capital Territory
0   20km

澳大利亚有 6 个拥有高度自治权的州以及自治权与州相当的联邦直属北领地。这 7 个独立区域受澳大利亚首都领地管辖。该领地面积仅有 2000 多平方公里，但与新南威尔士州属于完全不同的行政区。与美国的华盛顿DC一样，这里也是一个独立的行政区，领地的中心城市堪培拉为澳大利亚的首都（除了堪培拉附近地区，新南威尔士州以南的杰维斯湾部分地区作为飞地也归属于首都领地）。

联邦制国家的特点是各州的独立性很强。有多个州长曾到堪培拉宣扬"本州要实现独立"。澳大利亚的州长的英文其实为"首相"，很多外国人总是搞不清楚这个职位与"联邦政府首相"的区别。

堪培拉出现于何时？这个问题很难回答。悉尼与墨尔本曾为首都设置问题而争执不下，堪培拉因位于这两个城市的中间，所以最终作为一个折中方案被选为首都所在地。1911 年堪培拉从新南威尔士州分出，曾暂时设置于墨尔本的首都被迁至堪培拉。1929 年联邦议会首次在堪培拉开会。到了 1960 年首都建设基本完成，但直到 28 年后的 1988 年联邦议会大厦才告落成，首都建设也才最终完成。城市设计者伯利格里芬既不是澳大利亚人也不是英国人，而是一名美国的建筑师，著名的人工湖伯利格里芬湖就是以他的名字命名的。

这座城市完全按设计规划在荒野中建成，建设中很好地利用了澳大利亚独特的地貌与自然环境，成了一座"完美的自然城市"。但是另一方面，居住在这里的主要是澳大利亚联邦政府职员、各国外交官以及国际化的澳大利亚国立大学的学生，所以也被称为最没有澳大利亚特色的城市。澳大利亚人一听到堪培拉，都会耸耸肩膀，可能就是因为这座城市完全出自人工设计。

整个城市围绕伯利格里芬湖而建

联邦议会大厦大门上的澳大利亚国徽

澳大利亚首都领地的平均气温与降水量

堪培拉	1月	2月	3月	4月	5月	6月	7月	8月	9月	10月	11月	12月
平均最高气温（℃）	28.0	27.1	24.5	20.0	15.6	12.3	11.4	13.0	16.2	19.4	22.7	26.1
平均最低气温（℃）	13.2	13.1	10.7	6.7	3.2	1.0	-0.1	1.0	3.3	6.1	8.8	11.4
平均降水量（mm）	58.5	56.4	50.7	46.0	44.4	40.4	41.4	46.2	52.0	62.4	64.4	53.8

堪培拉 *Canberra*

澳大利亚首都领地 Australian Capital Territory　　区号（02）

实用信息

■堪培拉 & 地区游客中心
**Canberra & Region
Visitors Centre**
　　　p.276/2A
住 Regatta Point，Barrine
Drv.，Parkes，2600
☎（02）6205-0044
FAX 1300-554-114
URL visitcanberra.com.au
开 周一～周五 9:00～17:00，
周六·周日及节假日 9:00～
16:00
休 圣诞节

■中国驻澳大利亚大使馆
**Embassy of the people's
republic of China**
住 15 Coronation Drive，
Yarralumla，ACT 2600
☎（02）6228-3999
FAX（02）6228-3990
URL au.china-embassy.org/chn/
开 周一～周五 9:00～12:00（大
使馆公布的节假日除外）

主要医院
●堪培拉医院
Canberra Hospital
　　　地图外
住 Yamba Drv.，Garren，2605
☎（02）6244-2222
URL health.act.gov.aul
开 每天 6:00～21:00（接诊）
●卡尔瓦利医院
Calvary Hospital
　　　地图外
住 Mary Cres.，Bruce，2617
☎（02）6201-6111
URL www.calvarycare.org.au

主要航空公司联系方式
●澳洲航空
Qantas Airways
☎ 13-13-13
●维珍澳洲航空
Virgin Australia
☎ 13-67-89
●老虎航空 Tigerair
☎ 1300-174-266

　　游览堪培拉，重点不在"欣赏自然风光"，而在"更好地了解澳大利亚"。据说，当地的教育水平居澳大利亚之首，有许多研究机构。所以也就不难理解为什么这里有很多跟学术有关的景点。这座城市完全按照事先的规划建造，在此基础上出现了一些与众不同的景点，都值得仔细游览。

　　来到堪培拉，最不能错过的就是澳大利亚战争纪念馆。里面展出着澳大利亚参加的历次战争的相关历史资料，向人们讲述了战争的悲惨。为英国而战的第一次世界大战、受日本攻击不得不参加的第二次世界大战以及朝鲜战争、越南战争，等等。这些澳大利亚参加过的战争的相关历史记录、纪念物、绘画、全景模型、坦克、战斗机，在馆内都能见到。其中包括第一次世界大战中日本海军护卫澳大利亚军舰的绘画作品。不过，旁边的画作描绘的就是第二次世界大战中达尔文遭受日本空袭后的惨状。与日本有关的展示很多，历史永远不会忘记日本曾经的侵略行为给其他国家带来的痛苦。

　　伯利格里芬湖是一座在河上筑坝后形成的人工湖，湖的南岸是澳大利亚联邦政府所在地及使馆区。联邦政府的大楼位于公园之中，置身于环境如此优美的地方，让人不禁会想在政府门前的草坪上睡一个午觉。使馆区位于一个丘陵公园的散步道旁。该地区也有观光巴士经过，体现了堪培拉这座城市的特色。

　　另外，伯利格里芬湖畔还建有国家博物馆，展示着澳大利亚的过去、现在以及未来。参观时可以测试一下自己对澳大利亚的了解程度，看看能认出多少展品。

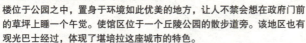

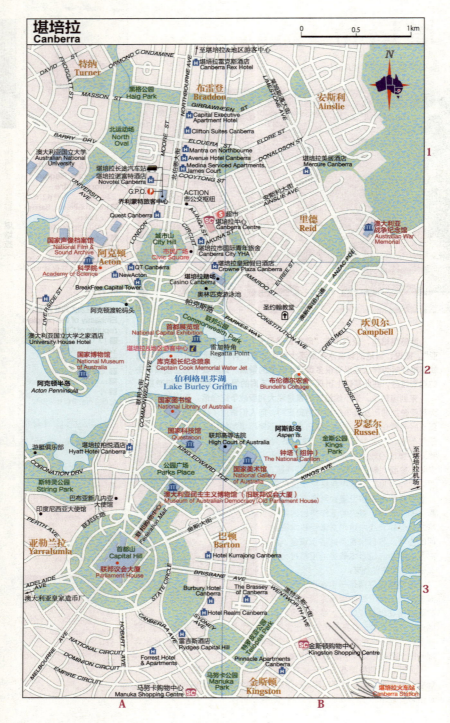

堪培拉
Canberra

0   0.5   1km

特纳 Turner

布雷登 Braddou

至堪培拉&地区游客中心

堪培拉雷克斯酒店
Canberra Rex Hotel

安斯利 Ainslie

黑格公园 Haig Park

Capital Executive
Apartment Hotel

Clifton Suites Canberra

北运动场 North Oval

Mantra on Northbourne

澳大利亚国立大学
Australian National
University

Avenue Hotel Canberra

堪培拉美居酒店
Mercure Canberra

Medina Serviced Apartments,
James Court

1

堪培拉长途汽车站
堪培拉诺富特酒店
Novotel Canberra

ACTION
市公交枢纽

里德 Reid

G.P.O.

乔利蒙特旅客中心

澳大利亚
战争纪念馆
Australian War
Memorial

Quest Canberra

城市山
City Hill

超市
Canberra Centre

国家声像档案馆
National Film &
Sound Archive

市民广场
Civic Square

堪培拉市国际青年旅舍
Canberra City YHA

阿克顿 Acton

QT Canberra

堪培拉皇冠假日酒店
Crowne Plaza Canberra

科学院
Academy of Science

NewActon

堪培拉赌场
Casino Canberra

BreakFree Capital Tower

奥林匹克游泳池

阿克顿渡轮码头

坎贝尔 Campbell

圣约翰教堂

联邦公园
Commonwealth Park

澳大利亚国立大学之家酒店
University House Hotel

首都展览馆
National Capital Exhibition

国家博物馆
National Museum
of Australia

堪培拉&地区游客中心

雷加特角
Regatta Point

库克船长纪念喷泉
Captain Cook Memorial Water Jet

2

阿克顿半岛
Acton Penninsula

伯利格里芬湖
Lake Burley Griffin

布伦德尔农舍
Blundell's Cottage

罗瑟尔
Russel

游艇俱乐部

国家图书馆
National Library of Australia

阿斯彭岛
Aspen Is.

金斯公园
Kings
Park

国家科技馆
Questacon

联邦高等法院
High Court of Australia

堪培拉柏悦酒店
Hyatt Hotel Canberra

钟塔（组钟）
The National Carillon

斯特灵公园
Stirling Park

公园广场
Parks Place

国家美术馆
National Gallery
of Australia

至堪培拉机场

巴布亚新几内亚
大使馆

印度尼西亚大使馆

澳大利亚民主主义博物馆（旧联邦议会大厦）
Museum of Australian Democracy (Old Parliament House)

亚勒兰拉 Yarralumla

巴顿 Barton

Hotel Kurrajong Canberra

首都山
Capital Hill

3

联邦议会大厦
Parliament House

Burbury Hotel
Canberra

The Brassey
of Canberra

澳大利亚皇家造币厂

Hotel Realm Canberra

Rydges Capital Hill
雷吉斯酒店

Forrest Hotel
& Apartments

Pinnacle Apartments
Canberra

金斯顿购物中心
Kingston Shopping Centre

马努卡公园
Manuka
Park

金斯顿 Kingston

马努卡购物中心
Manuka Shopping Centre

堪培拉火车站
Canberra Station

A   B

276

堪培拉 交通方式

前往方式

➡从中国出发

没有从中国直飞堪培拉的航班，需要到澳大利亚其他大城市换乘。也可以从新加坡等亚洲城市换乘。

➡从澳大利亚国内出发

澳洲航空有从悉尼、墨尔本、布里斯班、阿德莱德、珀斯出发飞往堪培拉的航班，维珍航空、澳洲航空有从布里斯班、墨尔本、阿德莱德等地出发的航班。

堪培拉长途汽车站（Canberra Coach Terminal）是澳大利亚灰狗巴士等长途巴士和默里长途巴士等观光巴士的始发站和终点站。每天有2趟列车从悉尼出发可以到达堪培拉。堪培拉火车站位于市区外，车站前有去往市区的巴士。

机场⬌市内

堪培拉国际机场（Canberra International Airport，CBR）位于市区以东7公里处。

●公交车（ACTION）

堪培拉市公交车（ACTION）的Route11、11A路是连接机场和市区的线路。车次较多，比较方便，而且价格便宜，值得推荐。

●机场巴士

大红色的机场快线巴士（Airport Express）连接机场到市区之间。市内的发车地点位于市区巴士枢纽。约需25分钟车程。

●出租车

如果2~3人一起乘坐的话，出租车也是比较便捷的。到堪培拉市中心大约需要花费$50。

堪培拉 市内交通

堪培拉的市公交叫作ACTION（Australian Capital Territory Internal Omnibus Network）。市中心、阿林加街（Alinga St.）和东街（East Row）的交会处是市公交总站（City Bus Station）。公交车的车次大约是早高峰时每20分钟一趟车，其他时间是30分钟~1小时1趟车。每张车票每次限乘90分钟，期间可以自由上下车。车票原则上使用的是充值IC卡式，叫作MyWay Card。如果准备长期逗留的话这种充值卡比较方便，短期旅行的话可以购买普通的纸质车票（Daily Ticket会比较划算）。不过，使用MyWay Card可以享受票价40%~50%的折扣。

堪培拉 漫 步

堪培拉的中心城区被伯利格里芬湖分成了南北两个区域，北部以城

■堪培拉国际机场
🖥www.canberraairport.com.au
■堪培拉长途汽车站
📖 p.276/1A
🏠Jolimont Centre，Northbourne Ave. 2601
■ACTION的Route 11、11A
🕐周一~周五6:48~21:40 期间每小时2~3趟车、周六·周日7:55~18:55 每小时1趟车
💰🅰$4.80、🅲$2.40 如果购买ACTION一日通票（🅰$9.20 🅲$4.60），之后的市内观光也可以使用
■机场快线
☎1300-368-897
🖥www.rideondemand.com.au
🕐周一~周五7:50~18:25、周六9:15~17:15 期间每隔40~50分钟一趟车
💰机场至城市山：单程每人$12、往返每人$20
■堪培拉火车站↔市内的交通
ACTION的Route80、200、251、252、255、259路公交车都可以从堪培拉火车站到市内的公交枢纽。
■堪培拉的出租车
Canberra Elite：☎13-22-27
🖥www.canberracabs.com.au
■堪培拉的汽车租赁公司
●赫兹 Hertz
☎（02）6280-4524
●安飞士 Avis
☎（02）6219-3000
●百捷乐 Budget
☎（02）6219-3055
●苏立夫提 Thrifty
☎（02）6247-7422
●欧洛普卡 Europcar
☎（02）6284-5170
■市公交 ACTION
☎13-17-10
🖥www.action.act.gov.au
💰纸质车票价格：
单程🅰$4.80、🅲$2.40
1日通票：🅰$9.20、🅲$4.60

市中心的步行街是步行者的天堂

市山（City Hill）为中心，南侧以首都山（Capital Hill）为中心，呈放射状展开。首都山地区以联邦议会大厦为中心，有主要政府机关、各国大使馆；而另一侧的城市山地区则以居民住宅、大型商场、剧院等为主，是一片井然有序的生活区。

乔利蒙特旅客中心是游览整座城市的起点

乔利蒙特旅客中心（Jolimont Tourist Centre）位于城市山附近的北伯恩大街（Northbourne Ave.）上，是长途巴士和旅游大巴的始发站，内设小型的旅游信息咨询问讯处（详细的信息需要去位于北伯恩大街以北2公里处的堪培拉 & 地区游客中心）。建议你从这里出发开始游览整座城市。最热闹的大街是城市步道（City Walk），这里是购物街区。道路两旁的商店鳞次栉比，可以享受橱窗购物的乐趣。

虽说主要景点都集中在城市山和首都山附近，但如果可能在这里多停留些时日的话，也可以去周边的区域逛一逛。尤其是位于城市山北侧的餐饮一条街迪克逊街（Dickson）、卡金顿小人国公园（Cockington Green Gardens）和国家恐龙博物馆所在的甘加林旅游区（Gungahlin Tourist Area），以及城市山西侧拥有大型的购物中心的贝尔康纳（Belconnen）地区等地。

堪培拉 主要景点

城市山周边　　　　　　　　　　　　　　　　　　City Hill

去看看堪培拉著名景观人工喷泉

伯利格里芬湖及其周边　　Map p.276/2A·B
Lake Burley Griffin & Around

堪培拉是由美国建筑家沃尔特·伯利格里芬设计的完全人为规划的城市。市区被由使用建筑师名字命名的湖分割成行政区和生活区。湖边的景点较多，还有环湖游船。

●库克船长纪念喷泉
Captian Cook Memorial Water Jet

这座喷泉是为了纪念库克船长发现澳大利亚 200 周年而建造于湖中的，最高喷射极限为152 米。最佳观景点是位于联邦公园内的雷加特角（Regatta Point）。

堪培拉的著名景观——库克船长纪念喷泉

●首都展览馆 National Capital Exhibition

馆内通过模型、照片、视觉听觉装置等向人们展示了堪培拉如何从荒无人烟之地变成一个现代化都市的过程。主要展览部分有中文的语音讲解。

●布伦德尔农舍 Blundell's Cottage

1858 年罗伯特．堪培拉为他曾经雇佣的农夫威廉·金建造的农家。3间屋子的陈设保留了开拓时代的遗风。

●钟塔（组钟）The National Carillon

在伸向伯利格里芬湖的阿斯彭岛（Aspen Island）上，有一座为纪念

方便的市公交 ACTION 线路 Tourist Loop Route 81/981

绕主要景点一圈的便利巴士。在周一~周五的10:20~16:20 从市公交总站发车。

线路（主要站点）：市公交总站→澳大利亚战争纪念馆→雷加特角→联邦议会大厦→国家博物馆→植物园→市公交总站

城市步道上的咖啡馆和餐馆总是很热闹

弗洛里亚德春天庆典 Floriade Spring Festival

在每年的 9 月中旬~10月中旬，伯利格里芬湖畔的联邦公园内会举办澳大利亚规模最大的春季盛典。庆典期间公园内的郁金香、玫瑰等各式花卉竞相开放，五彩斑斓，届时还会有小型的游园会、嘉年华等。

🌐 www.floriadeaustralia.com

库克船长纪念喷泉

🌐 p.276/2A
🌐 www.nationalcapital.gov.au
🕐 喷泉开放时间 每天 11:00~14:00

首都展览馆　🌐 p.276/2A
☎（02）6272-2902
🌐 www.nationalcapital.gov.au
🕐 周一~周五 9:00~17:00、周六·周日 10:00~16:00
🚫 节假日
💰 免费

布伦德尔农舍　🌐 p.276/2B
☎（02）6272-2902
🌐 www.nationalcapital.gov.au

钟塔　　　　　🌐 p.276/2B
☎（02）6272-2902
🌐 www.nationalcapital.gov.au
🕐 演奏：周三、周日 12:30~13:20

堪培拉奠基 50 周年，由英国赠送的钟塔。共由 53 座钟塔组成，大钟在 6 吨以上，小的只有 7 千克，整齐划一地排列着，可以奏出动人的音乐。

展示澳大利亚曾经参与过的战争的珍贵资料

澳大利亚战争纪念馆
Australian War Memorial　　Map p.276/1B

展览馆以庄严肃的追悼大厅为中心展开

　　从湖的北侧至战争纪念馆之间的道路叫作澳新军团大道（Anzac Pde.）。在每年的 4 月 25 日，为了纪念澳大利亚和新西兰两国军队协同作战，都会在这条大道上举行游行活动。战争纪念馆内，祭奠了从苏丹战争至马来西亚战争中阵亡的士兵。从正门入口处进入后，首先经过的便是追悼大厅（Hall of Memory）。展厅围绕着大厅而建，展品有战车、飞机、澳大利亚士兵的日记、军服等。

如果对复古的音响设备感兴趣请来这里

国家声像档案馆
National Film & Sound Archive　　Map p.276/1·2A

　　馆内对外公开展示收藏的老式收音机、唱片、电影、电视机、录像资料等方面的展品。尤其是针对老式收音机、留声机等音响设备的收藏非常丰富。

澳大利亚的各种文化遗产

国家博物馆
National Museum of Australia　　Map p.276/2A

　　这座国家博物馆是为了纪念澳大利亚联邦成立 100 周年而建造的。馆内的藏品涉猎颇为广泛，从澳大利亚历史性的遗物、照片、原住民使用的工具以及艺术品，到具有文化价值的制品、作品、书籍等。给人感觉是这个国家的历史、文化、动物、自然、气候、交通、工业等所有的各个方面的相关内容都汇集在这里展出。

首都山周边　　Capital Hill

身处首都塔培拉的感觉

联邦议会大厦及其周边
Parliament House & Around　　Map p.276/3A

建于首都山中心位置的联邦议会大厦

　　首都山地区的中心是联邦议会大厦。大厦的设计采用了公开招标的方式，共有来自世界 28 个国家，329 名设计师参选，其中来自美国的米歇尔/吉乌尔古拉的方案和来自澳大利亚的理查德·索普入选。整栋建筑呈扁平形，与地面垂直耸立的高 81 米的旗杆和旗杆上飘扬的旗帜十分醒目。正门入口前院的部分，是由澳大利亚原住民阿波利基尼族的艺术家创作的精美的马赛克花纹图案。内部的 Foyer

■澳大利亚战争纪念馆
住 Treloar Cres., Campbell, 2612
☎（02）6243-4211
URL www.awm.gov.au
開 每天 10:00～17:00
休 圣诞节
料 自愿捐赠 $2～5
●导游团（免费）
時 用时 90 分钟的亮点导览团：每天 10:00、10:30、11:00、11:30、12:00、12:30、13:30、14:30
用时 60 分钟的亮点导览团：15:00
第一次世界大战 60 分钟导览团：10:45、14:00
第二次世界大战 90 分钟导览团：10:15
1945 年以后的战争 60 分钟导览团：11:15、13:00

■国家声像档案馆
住 1 McCoy Circuit, Acton, 2601
☎（02）6248-2000
FAX 1800-067-274
URL www.nfsa.gov.au
開 周一～周五 9:00～17:00
休 周六·周日·节假日
料 免费

■澳大利亚国立大学
MAP p.276/1A
　　校园占地面积约 130 公顷，内有喷泉、雕刻等，就像一座公园。位于校园南侧的科学院（Academy of Science）是一栋椭圆形的圆顶建筑，也是堪培拉的地标建筑之一。

■国家博物馆
住 Lawson Cr., Acton Peninsula, 2601
☎（02）6608-5000
FAX 1800-026-132
URL www.nma.gov.au
開 每天 9:00～17:00
休 圣诞节
料 免费
●交通方法
　　乘坐 ACTION 的 Tourist Loop 比较方便。

■联邦议会大厦
住 Capital Hill, 2600
☎（02）6277-7111
URL www.aph.gov.au
開 每天 9:00～17:00
休 圣诞节
●导览团（免费）
時 每天 9:30、11:00、13:00、14:00、15:30 出发。所需时间 35 分钟（议会期间是 30 分钟）

■**交通方法**
可以乘坐 ACTION 的 Tourist Loop、Route 1（周末 Route 934）。

■**澳大利亚民主主义博物馆** 📖p.276/3A
🏠 18 King George Tce., 2600
☎（02）6270-8222
💻 moadoph.gov.au
🕐 每天 9:00~17:00
🚫 圣诞节
💰 成人$2 儿童$1 家庭$5

■**国家科技馆** 📖p.276/2A
🏠 King Edward Tce., 2600
☎（02）6270-2800
💻 www.questacon.edu.au
🕐 每天 9:00~17:00
🚫 圣诞节
💰 成人$23 儿童$17.50 家庭$70

■**国家美术馆** 📖p.276/2B
🏠 Parkes Pl., Parkes, 2600
☎（02）6240-6411
💻 www.nga.gov.au
🕐 每天 10:00~17:00
🚫 圣诞节
💰 免费（特展收费）

■**国家图书馆** 📖p.276/2A
🏠 Parkes Pl., Parkes, 2601
☎（02）6262-1111
💻 www.nla.gov.au
🕐 周一~周四 10:00~20:00、周五·周六 10:00~17:00、周日 13:30~17:00
🚫 耶稣受难日、圣诞节

■**澳大利亚皇家造币厂**
📖p.276/3A 外
🏠 Denison St., Deakin, 2600
☎（02）6202-6999
💻 www.ramint.gov.au
🕐 周一~周五 8:30~17:00、周六·周日·节假日 10:00~16:00／导览团：周一~周五 10:00、14:00、周六·周日·节假日 11:00、13:00、14:00 开始
🚫 耶稣受难日、圣诞节
💰 免费

■**甘加林旅游区**
●**交通方法**
平时可以乘坐 ACTION 的 Route 251。周末的时候可以乘坐从城市山至贝尔康纳的 Route900、932、934、940、980，然后换乘 Route 951、952。

■**卡金顿小人国公园**
🏠 11 Gold Creek Rd., Nicholls, 2913
☎（02）6230-2273

（前大厅）、大厅、众议院、参议院等可供游客参观。澳大利亚的众议院共有 148 位议员，参议院共有 76 位议员。此外，来到联邦议会大厦，一定不要忘了乘坐电梯去旗杆正下方位置的屋顶露台看一看哦。站在这里可以以首都山为中心，全方位 360°地欣赏山景、湖景和城市街景。

从屋顶露台处眺望的景观

●**澳大利亚民主主义博物馆**
Museum of Australian Democracy
从联邦议会大厦沿着联邦购物中心（Federation Mall）一直往下走，便可以到达介绍澳大利亚民主发展历史的博物馆。新的联邦议会大厦建成之前，在 1927~1988 年期间这里曾经是澳大利亚联邦议会大厦。在每天的 10:45~14:45 期间，每隔 1 小时就会有一个馆内导览团。

●**国际科技馆 Questacon**
深受孩子们喜爱的自然科学馆。可以在滑梯上体验自由落体的感觉，还可以亲眼见证龙卷风和雷击的发生机制。

●**国家美术馆 National Gallery of Australia**
馆内的藏品主要以包含阿波利基尼艺术在内的澳大利亚艺术为中心，同时收藏了众多国内外知名的艺术作品，共有 11 个画廊常设展，此外还有特别展。

●**国家图书馆 National Library of Australia**
这是一座大型的图书馆，共有 500 万册藏书，尤其是库克船长的日记等重要的文献所藏甚多。

●**澳大利亚皇家造币厂 Royal Australia Mint**
澳大利亚的所有货币都是由这家造币厂铸造的。可以参加免费的导览团，在导游的带领下参观制造硬币的过程。

联邦议会大厦内部的会议厅

民主主义博物馆的外观建筑是古典风格的

堪培拉周边　　　　　　　　　　　　Around Canberra

汇集了许多景点
甘加林旅游区　　　　　　　　　Map 地图外
Gungahlin Tourist Area

这一区域位于从城市山向北驱车约 15 分钟的地方。到达这里之后首先必逛的是卡金顿小人国公园（Cockington Green Gardens），这里是按照实物的 1/2 打造的小人国。

另外，这一区域还有国家恐龙博物馆（National Dinosaur Museum）、艺术画廊、陶艺馆、餐馆、咖啡馆等设施。

堪培拉 观景点

所有的观景点都没有通公交车。只能租车前往、参加团体游或乘坐出租车前往。

● 安斯利山 Mt. Ainslie

这座山坐落在战争纪念馆背后，海拔842米，站在山上可以俯瞰从澳新军团大道至联邦议会大厦的景色。如果开车前往，从市区很快就可以开到山顶。也可以从澳大利亚战争纪念馆的后侧步行登山前往。

● 黑山 Black Mountain

黑山位于澳大利亚国立大学西侧，海拔812米。山顶上有一座高195米的澳大利亚电讯塔（Telstra Tower），从这里可以俯瞰整座堪培拉城。塔上有观景台、旋转餐厅、咖啡馆、纪念品商店等。

从黑山的山脚下到国立大学之间是澳大利亚国家植物馆（Australian National Botanic Gardens）。沿着箭头所指的散步路径可以在温带雨林和桉树林中漫步。

可以享受绝美风景的澳大利亚电讯塔观景台

● 红山 Red Hill

红山是位于南堪培拉的一座小山丘（722米）。从首都山沿着墨尔本大街（Melbourne Ave.）一直走便可到达。山顶上有观景台、商店、餐馆等设施。

堪培拉 的观光和娱乐活动

乘坐热气球从空中感受这座人工城市的黎明

热气球之旅
Balloon Aloft

可以从空中悠闲地俯瞰这座人工城市。由于这里的气候非常适合热气球飞行，因此热气球之旅很受欢迎。黎明时分出发，可以在空中迎接堪培拉的日出。

🌐 www.cockingtongreen.com.au
🕐 每天 9:30~17:00（入园截至～16:15）
🚫 圣诞节、节礼日
💰 成人 $19.50、儿童 $11.50、家庭 $56

■ 国家恐龙博物馆
🏠 6 Gold Creek Rd., Barton Hwy., Nicholls, 2913
☎ （02）6230-2655
🌐 nationaldinosaurmuseum.com.au
🕐 每天 10:00~17:00
🚫 圣诞节
💰 成人 $16、儿童 $9.90、家庭 $45

从安斯利山俯瞰的景观

■ 澳大利亚电讯塔
🏠 100 Black Mountain Drv., Acton, 2601
☎ 1800-806-718
🌐 www.telstratower.com.au
🕐 每天 9:00~22:00
💰 成人 $7.50、儿童 $3、家庭 $17

■ 热气球之旅
☎ （02）6249-8660
🌐 balloonaloftcanberra.com.au
💰 周末 成人 $380 儿童 $280
平时 成人 $330 儿童 $240
追加周末 成人 $60、平时 成人 $40（儿童 $20）可以附带早餐。
※ 儿童 指的是 6~12 岁的孩子

堪培拉的酒店
Accommodation

堪培拉市国际青年旅舍
Canberra City YHA　　　　　　　　　　廉价酒店

◆ 附近有 City Walk 和 ACTION 的市公交枢纽，交通十分方便。旅舍的地下楼层有水疗和桑拿，屋顶上有 BBQ 设备。厨房的面积也比较宽敞，使用起来十分顺手，甚至还有酒吧区域。另外，还有租借自行车等服务业。

位于堪培拉市中心　　　　　Map p.276/1A
🌐 www.yha.com.au　🏠 7 Akuna St., 2601　☎ 6248-9155　📶 免费
💰 D$33.50~36.50、T$112~125.50
※ 非 YHA 会员需加收附加费用
💳 M V

澳大利亚国立大学之家酒店
University House Hotel
星级酒店

◆酒店位于澳大利亚国立大学辖区内，是由大学生的宿舍改建而成的。透过客房的窗子可以望见大学校园，会有一种仿佛自己就是澳大利亚国立大学学生的感觉。房型的种类齐全，有单人间、双人间、家庭房、还有双床房等，可以应对各种类型的游客需求。餐馆、酒吧、咖啡馆等设施也比较齐全。

感受当地大学生氛围的酒店　Map p.276/2A
- URL unihouse.anu.edu.au/hotel-accommodation
- 住 Australian National University, 1 Balmain Cres., 2601
- ☎ 6125-5275
- Free 1800-814-864　WiFi 免费
- 费 ⑤$112、①Ⓦ$159~186、②B$207
- CC A D J M V

堪培拉雷克斯酒店
Canberra Rex Hotel

◆从市中心沿着北伯恩大街向北步行 10 分钟便可到达该酒店。客房给人的感觉很舒服。个别客房内还附带按摩淋浴房的独立桑拿房。游泳池、健身房、餐馆、酒吧等设施齐全。

价格适中　Map p.276/1A
- URL www.canberrarexhotel.com.au
- 住 150 Northbourne Ave., 2612
- ☎ 6248-5311　FAX 6248-8357
- WiFi 免费
- 费 ①Ⓦ$335~365
- ※ 含早餐　CC A D J M V

堪培拉诺富特酒店
Novotel Canberra

◆连接长途汽车站和 G.P.O 之间的 4.5 星级酒店。客房的色调明快、房间宽敞、非常舒适。酒店内各有一个餐馆（只在早餐和晚餐时开放）和酒吧。酒店周边也有不少的餐馆，十分方便。

建于市中心的酒店

位于乔利蒙特旅客中心楼上　Map p.276/1A
- URL novotelcanberra.com.au
- 住 65 Northbourne Ave., 2600
- ☎ 6245-5000
- WiFi 付费
- 费 ①Ⓦ$309~319、①B$349
- CC A D J M V

堪培拉美居酒店
Mercure Canberra

◆位于战争纪念馆附近一片安静闲适的土地上，从市中心步行至酒店约需 10 分钟。由 1927 年建造的国家信托基金指定的建筑物改造而成的遗产楼（3.5 星级）和现代风格的新馆（4 星级）组成。

环境静谧悠闲　Map p.276/1B
- URL www.mercurecanberra.com.au
- 住 Cnr. Ainslie & Limestone Ave., Braddon, 2612　☎ 6243-0000
- FAX 6243-0001　WiFi 付费
- 费 ①Ⓦ$280~457
- CC A D J M V

堪培拉皇冠假日酒店
Crowne Plaza Canberra

◆这家 4.5 星的酒店位于 City Walk 附近，紧邻赌场。酒店大堂气派的天井给人留下的深刻印象，客房宽敞明亮。可以品尝到现代澳大利亚菜肴的餐馆 Redsalt Restaurant 和种类丰富的自助餐吧 Brinara One 等餐饮设施非常完备。

位于赌场旁的酒店　Map p.276/2A
- URL www.crowneplazacanberra.com.au
- 住 1 Binara St., Civic Square, 2601
- ☎ 6247-5500　Free 1800-593-932
- WiFi 付费　费 ①Ⓦ$238~518
- CC A D J M V

堪培拉柏悦酒店
Hyatt Hotel Canberra

◆堪培拉一流的五星级酒店。古典的装修风格和高雅的感觉给人留下深刻的印象。酒店内的 Promenade cafe 提供非常美味的自助餐。

宽敞的客房

堪培拉最豪华的酒店　Map p.276/2A
- URL canberra.park.hyatt.com
- 住 120 Commonwealth Ave., Yarralumula, 2600
- ☎ 6270-1234
- FAX 6273-0633　WiFi 免费
- 费 ①Ⓦ$290~ 1190
- CC A D J M V

英伦风情的墨尔本与植被茂盛的苍翠大地

维多利亚州

亚拉河谷葡萄酒庄巡游非常有趣

观光 POINT

POINT 1
乘坐有轨电车游览墨尔本。市中心地区有免费的观光有轨电车，可以先乘坐这趟车观光。透过车窗欣赏一下城市的风光，也是一件非常愉悦的事情。

POINT 2
墨尔本的郊区有不少自然风光景点。菲利普岛的企鹅大游行是观察成群结队的小企鹅归巢的好地方，乘坐可爱的蒸汽火车帕芬比利号穿越丹顿农的原始森林，亚拉河谷和莫宁顿半岛是著名的葡萄酒产地，拥有广阔的葡萄种植园，还有保留了开拓时期移民毫宅的维拉比公园等，上述项目都是可以进行一日游的景点。

POINT 3
可以享受浩瀚大自然景观的大洋路也是非常值得一去的地方，虽说从墨尔本出发可以一日往返，但是途中的景点较多，建议如果可能的话在沿途住上1~2个晚上。

基本信息			
面积	23 万 7600 平方公里	州动物	利德比特负鼠
人口	约 603 万	州花	粉石榴
州府	墨尔本 Melbourne（人口约 464 万）	电话	长途区号 03
时差	澳大利亚东部标准时间（比中国提前 2 小时）澳大利亚采取了夏令时，通常是从 10 月最后的一个周日开始～次年 4 月第一个周日结束，在此期间时间需要调快 1 小时（比中国提前 3 小时）		

主要的节日（2018 年 7 月~2019 年 6 月）

● ● ● 2018 年 ● ● ●

9 月	澳大利亚橄榄球决赛前日 The Day before AFL Grand Final
11 月 6 日	墨尔本杯赛马节 Melbourne Cup Day
12 月 25 日	圣诞节 Christmas Day
12 月 26 日	节礼日 Boxing Day

● ● ● 2019 年 ● ● ●

1 月 1 日	新年 New's Year's Day
1 月 26 日	澳大利亚国庆日 Australia Day
3 月 11 日	堪培拉日 Canberra Day
4 月 12 日	耶稣受难日 Good Friday
4 月 20 日	复活节前夜 Easter Saturday
4 月 22 日	复活节周一 Easter Monday
4 月 25 日	澳新军团日 Anzac Day
6 月 10 日	女王日 Queen's Birthday

维多利亚州主要地区的平均气温、降水量

	1月	2月	3月	4月	5月	6月	7月	8月	9月	10月	11月	12月
墨尔本												
平均最高气温（℃）	26.4	26.6	24.1	20.3	16.6	13.7	13.1	14.5	16.7	19.3	22.0	24.5
平均最低气温（℃）	13.7	14.2	12.7	10.2	8.3	6.2	5.4	5.9	7.1	8.5	10.4	12.0
平均降水量（mm）	40.1	43.6	37.2	43.7	39.5	39.9	35.1	45.7	46.9	54.0	62.6	48.4
菲利普岛												
平均最高气温（℃）	23.7	23.8	22.3	19.8	16.8	14.4	13.7	14.5	16.1	17.9	19.9	21.7
平均最低气温（℃）	13.9	14.0	12.9	10.7	9.0	7.7	6.9	7.3	8.3	8.9	10.6	12.0
平均降水量（mm）	33.6	34.0	49.5	63.6	69.3	81.3	76.5	80.9	69.8	68.4	61.5	49.2
瓦南布尔（大洋路）												
平均最高气温（℃）	24.5	24.9	23.0	20.1	16.6	14.2	13.5	14.5	16.2	17.8	20.4	22.4
平均最低气温（℃）	11.7	12.4	10.7	8.8	7.4	5.9	5.6	5.9	6.8	7.2	9.0	10.1
平均降水量（mm）	35.8	29.7	49.3	53.8	66.6	79.7	82.4	97.1	68.3	63.2	53.0	48.7
巴拉腊特（金矿区）												
平均最高气温（℃）	25.1	25.1	22.2	17.7	13.6	10.8	10.1	11.4	13.9	16.6	19.6	22.6
平均最低气温（℃）	10.9	11.5	10.0	7.5	5.7	4.0	3.2	3.7	4.8	6.2	7.8	9.4
平均降水量（mm）	39.4	44.3	42.4	51.3	64.1	63.0	66.4	74.6	71.3	66.7	56.1	50.3
伊丘卡												
平均最高气温（℃）	30.9	30.6	27.2	22.3	17.6	14.2	13.5	15.3	18.3	22.1	26.1	29.0
平均最低气温（℃）	15.1	15.2	12.9	9.4	6.6	4.7	3.8	4.7	6.3	8.6	11.2	13.4
平均降水量（mm）	27.7	26.6	30.9	32.2	40.5	42.9	40.9	42.1	39.2	42.2	32.5	29.3

维多利亚州概况

大约在 1835 年的时候，居住在塔斯马尼亚岛上的殖民者从捕鲸者和探险者的口中得知"有一片更加富饶、植被更加茂盛的地方"，便渡海到达了亚拉河畔，并且在这里定居了下来。当时的新南威尔士州的州长认为这是违法侵占土地，十分的气愤，但随着殖民者数量不断地增加，在 1851 年这里作为维多利亚州被合法承认。之所以起这个名字也是为了迎合当时的维多利亚女王，也许就是这个原因，这一地区是全澳大利亚最具英国风情的地区。

皇家展览馆是澳大利亚最初的世界博览会会场

维多利亚州是继塔斯马尼亚州之后，面积第二小的州，但是在堪培拉建成之前墨尔本一直都是澳大利亚的临时首都，直至 1927 年。并且在 1880 年的时候，这里还举办了澳大利亚的第一次世界博览会，1956 年举办了南半球第一次奥运会。

维多利亚州 Victoria

0　100　200km

新南威尔士州 NEW SOUTH WALES

维多利亚州 VIVTORIA

米尔迪拉 Mildura
Ouyen
斯旺希尔 Swan Hill
Kerang
奥尔伯里 Albury
沃加东 Wodonga
Nhill
伊丘卡 Echuca
Charlton
Shepparton
Wangaratta
比奇沃思 Beechworth
贝纳拉 Benalla
布赖特 Bright
Dimboola
本迪戈 Bendigo
曼斯菲尔德 Mansfield
Horsham
霍尔斯加普 Halls Gap
西摩 Seymour
格兰屏国家公园 The Grampians NP
戴尔斯福德 Daylesford
维多利亚阿尔卑斯山脉 The Victorian Alps
巴拉腊特 Ballarat
亚拉河谷 Yarra Valley
哈密尔顿 Hamilton
墨尔本 MELBOURNE
丹德农丘陵 Dandenongs Ranges
Bairnsdale
Orbost
韦里比 Werribee
莫伊 Moe
莱克斯恩特伦斯 Lakes Entrance
瓦南布尔 Warrnambool
吉朗 Geelong
丹德农 Dandenong
Sale
Morwell
波特兰 Portland
坎贝尔港 Port Campbell
莫宁顿半岛 Mornington Peninsula
阿波罗湾 Apollo Bay
菲利普岛 Phillip Is.
大洋路 Great Ocean Road
柏拉瑞半岛 Bellarine Peninsula
威尔逊半岛国家公园 Wilsons Promontory NP

这一年的F1首战是在墨尔本举行的

维多利亚州经常举办澳大利亚具有代表性的赛事，例如弗莱明顿赛马场的墨尔本杯、世界四大网球公开赛之澳大利亚网球公开赛、据说起源于维多利亚州的澳式橄榄球决赛、澳大利亚一级方程式国际公开赛等。墨尔本体育场是经常举办这些国际赛事的主要场地之一。国营的澳大利亚电视台、广播电台（ABC）的大本营也都位于墨尔本。

类似上述的以墨尔本为中心的产业资本和墨累河流域富饶的农牧产业是支撑维多利亚州发展的基础。大型企业都以将公司总部设在墨尔本为荣。富人们都喜欢在墨尔本建造自己的豪宅和庭园。现如今是澳大利亚著名观光景点的科莫历史宅邸，其奢华壮美的程度在澳大利亚其他城市很难见到；南亚拉和图拉克住宅区也是富人们的居住区。

维多利亚州的居民每5个人中就有一位是出生在海外的新移民。据说居住在墨尔本的希腊人口仅次于希腊本国的雅典、塞萨洛尼卡，位居世界第三。其他还有意大利人、南斯拉夫人等。墨尔本的唐人街也是全澳大利亚最大规模的，最近这里的越南人数量也在逐渐增多。

垦荒时代的富豪农场主的宅邸——科莫历史宅邸

交通方式

州外交通方式

飞机 墨尔本与悉尼都是澳大利亚的工商业中心城市。因此，每天都有许多航班从这里出发，飞往其他州以及主要城市（去往墨尔本的交通方法→ p.287、291）。

长途巴士 墨尔本～塔培拉～悉尼、墨尔本～阿德莱德之间的长途线路是由以灰狗巴士公司为首的一些长途巴士公司运行的。上述干线巴士都是每天发车。不过，这些干线巴士沿途很少经过维多利亚州的主要景点，因此沿途下车游览这种方法很难实施。只能先返回墨尔本，然后再去州内的其他景点。

火车 悉尼～墨尔本之间共有两趟车（悉尼/墨尔本XPT号），分别是在每天的白天和夜间。墨尔本～阿德莱德之间有一趟叫作The overland号的火车通行。长途列车的始发站位于墨尔本市中心西部，面朝斯潘塞大街的南十字星站。

州内的交通方式

飞机 地区快运航空（REX）拥有以墨尔本为中心飞往奥尔伯里、米尔迪拉、波特兰等城市的航班。不过维多利亚州本身面积不大，乘坐巴士就可以在一天内到达的地区较多，所以乘坐飞机的可能性不大。

长途巴士 & 火车 在州内移动的主要交通工具是巴士和火车。现在，维多利亚州铁路的V线（V Line）将铁路和巴士连接起来，线路之丰富几乎遍布整个州。主要的线路有：墨尔本～吉朗～瓦南布尔、墨尔本～巴拉腊特～斯塔维尔～霍尔斯加普、墨尔本～本迪戈、本迪戈～斯旺希尔、本迪戈～伊丘卡、墨尔本～奥尔伯里、墨尔本～莱克斯恩特伦斯。澳大利亚灰狗巴士的墨尔

渗透到州内各个地区的V线巴士

本~阿德莱德线路，途经巴拉腊特。持有维多利亚州巴士通票的游客，去往州外时可以顺便前往上述地方游览一番。

租车自驾 维多利亚州的面积本身并不是很大，除墨尔本中心城区以外，类似大洋路、格兰屏国家公园这样风光明媚的景点非常多。公路的状况也是非常好。绝对可以称得上是澳大利亚最适合租车自驾的州了。

旅行计划要点

旅行的起点设在墨尔本

墨尔本市区至今仍保留有不少历史性建筑

墨尔本是一座有历史的城市，在这里游客可以进行城市漫步、巡游美术馆和博物馆或者逛逛公园等。除了乘坐免费的有轨电车，还可以有效地利用有轨电车1日通票去到更远的地方。城市漫步要是累了的话可以找一家露天咖啡馆坐下来小憩一会儿。此外，墨尔本还以拥有众多移民街而闻名。唐人街、希腊街、意大利街、越南街等，在这里可以品尝到不输给本国的美味菜肴。

还有许多从墨尔本出发的一日游项目，例如菲利普岛、丹德农丘陵、亚拉河谷、巴拉腊特、大洋路等。参加这些短途旅游团，可以享受"城市魅力＋自然风光"的墨尔本之路。

位于墨尔本市中心地区路边上的露天咖啡馆

驰骋在丹德农丘陵上的蒸汽火车帕芬比利号，可以坐在车窗上

周游维多利亚

乘坐公共交通周游维多利亚州，到达目的地后如果没有汽车会非常不方便。考虑到这一点，还是租车自驾比较方便。此外，如果准备去大洋路和格兰屏国家公园等风光明媚的景点相对比较集中的地区游览，可以乘坐旅游公司的移动巴士团体游，有多家公司有这个项目。许多背包客都喜欢这种形式，价格便宜，如果觉得租车有顾虑，可以选择这种方式。

● Autopia Tours
☎ （03）9393-1333
🔗 autopiatours.com.au

维多利亚州交通图

巴士
火车
飞机

内的数字是所需时间：单位是小时

米尔迪拉
4.0
斯旺希尔
1.5
2.0　2.0
伊丘卡
斯塔维尔　本迪戈　4.0　奥尔伯里
1.0
格兰屏　1.5　2.5　2.0　3.0　2.5
国家公园　2.0　亚拉河谷
巴拉腊特　1.0
1.5　丹德农丘陵　维多利亚阿尔卑斯山脉
哈密尔顿　墨尔本
2.5　3.0　3.0
3.0　4.0
菲利普岛
大洋路
威尔逊半岛国家公园

澳大利亚数一数二的绝景胜地——大洋路

286

墨尔本 *Melbourne*

维多利亚州 Victoria

区号（03）

墨尔本是澳大利亚第二大城市，拥有 464 万的人口。在堪培拉建成之前，这里一直都是澳大利亚的首都。市中心呈棋盘状，随处可见维多利亚式的建筑，各式各样的行人也非常有特点，有行走在街上的绅士、淑女，还有身着制服头戴礼帽的名校学生们。有轨电车作为墨尔本的门面，与市民们的关系最为密切。这些电车在街上行驶的样子和时不时发出的"叮叮"的声音，早已成了墨尔本这座城市的一道亮丽风景线。

另外，墨尔本也是一座著名的移民城市，居住着来自世界各地各民族的移民。因此，这里饮食文化的多样性也是澳大利亚数一数二的。使用新鲜食材烹制而成的现代澳大利亚菜、英国菜、法国菜，以及口味地道到可以与母国媲美的意大利菜、希腊菜、中国菜等，对于饕客来说是一座顶级的美食城市。

沿着市内最繁华的斯旺斯顿大街一直走到亚拉河，过了河便是弗林德斯火车站和联邦广场。弗林德斯火车站是威风凛凛的英式建筑，而联邦广场的抽象超现实建筑群是 21 世纪墨尔本的新象征。

墨尔本这座城市在重视移民、美食、有轨电车、建筑……文化的同时也积极地接受新鲜事物，在一代代人的传承中创造出了自身独具特色的文化。让我们在这特别的墨尔本文化氛围之下，漫步于城市之中享受接下来的旅途吧。

有用信息

■ 墨尔本游客中心
Melbourne Visitor Centre
🔗 p.297/2D
📍 Federation Sq.，Cnr. Swanston & Flinders Sts.，3000
📞（03）9658-9658
🌐 www.visitvictoria.com.au
🕐 每天 9:00～18:00
休 圣诞节

■ 中国驻墨尔本总领事馆
📍 534 Toorak Road，Toorak，VIC 3142
📞（03）9804-3683
紧急联系 📞 0417114584
📠（03）9824-6340
📧 melbourne.china-consulate.org/chn/
🕐 周一～周五 9:00～12:00

主要航空公司联系方式

● 澳洲航空
Qantas Airways
📞 13-13-13
● 捷星航空 Jetstar
📞 13-15-38
● 维珍澳洲航空
Virgin Australia
📞 13-67-89
● 老虎航空 Tigerair
📞 1300-174-266
● 新加坡航空
Singapore Airlines
📞 13-10-11
● 国泰航空
Cathay Pacific Airways
📞 13-17-47
● 马来西亚航空 Malaysia Airlines
📞 13-26-27
● 亚洲航空 X Air Asia X
📞（02）8188-2133
● 中国国际航空
Air China
📞 001-800-860-999
● 中国南方航空
China Southern
📞 1300-889-628

墨尔本 交通方式

◎ 前往方式

➡ 从中国出发

国航有从北京直飞墨尔本的航班，东航有从上海直飞墨尔本的航班，南航有从广州直飞墨尔本的航班，也可以选择便宜的换乘航班。具体可以到各航空公司官网进行查询。

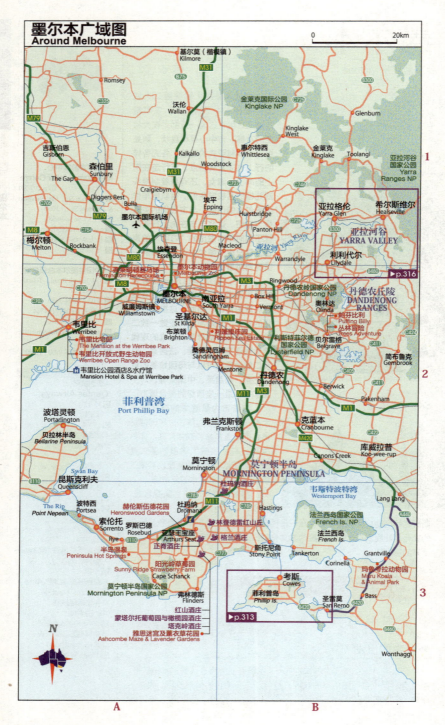

墨尔本广域图
Around Melbourne

0   20km

基尔莫（楷模镇）
Kilmore

罗姆西
Romsey

沃伦
Wallan

M31

B75

B300

金莱克国际公园
Kinglake NP

格兰本
Glenburn

吉斯伯恩
Gisborn

M79

森伯里
Sunbury

The Gap

迪格斯雷斯特
Diggers Rest 布拉
Bulla

Kalkallo

Woodstock

惠尔特西
Whittlesea

金莱克西
Kinglake
West

金莱克
Kinglake

图朗基
Toolangi

亚拉河谷
国家公园
Yarra
Ranges NP

1

克雷吉耶姆
Craigieburm

埃平
Epping

M31

C727

M79

墨尔本国际机场

C705

M8

梅尔顿
Melton

C703

Rockbank

C702

M80

埃森登
Essendon

墨尔本动物园
Melbourne Zoo

C724

亚拉格伦
Yarra Glen

B300

希尔斯维尔
Healseville

亚拉河谷
YARRA VALLEY

利利代尔
Lillydale

B460

▶p.316

赫斯特布里奇
Hurstbridge

Panton Hill

Macleod

亚拉河 Yarra

Warrandyte

Ringwood

丹德农岭国家公园
Dandenong NP

奥林达
Olinda

丹德农岭
DANDENONG
RANGES

C424

2

M8

韦里比
Werribee

韦里比宅邸
The Mansion at the Werribee Park

韦里比开放式野生动物园
Werribee Open Range Zoo

韦里比公园酒店及水疗馆
Mansion Hotel & Spa at Werribee Park

M1

弗莱明顿赛马场
Flemington Racecourse

威廉姆斯镇
Williamstown

墨尔本
MELBOURNE

南亚拉
South Yarra

圣基尔达
St Kilda

布莱顿
Brighton

桑德灵厄姆
Sandringham

圣雷蒙庄园
Ripon Tea Estate

M3

Box Hill

Vermont

利斯特菲尔德
国家公园
Lysterfield NP

贝尔雷格
Belgrave

帕芬比利
Puffing Billy

丛林冒险
Trees Adventure

简布鲁克
Gembrook

C405

M1

Mentone

丹德农
Dandenong

Berwick

Pakenham

C411

M11

M3

克蓝本
Cranbenong

C422

库威拉普
Koo-wee-rup

波塔灵顿
Portadington

贝拉林半岛
Bellarine Peninsula

菲利普湾
Port Phillip Bay

弗兰克斯顿
Frankston

Canons Creek

M420

昆斯克利夫
Queenscliff

Swan Bay

B110

The Rip
Point Nepean

波特西
Portsea

索伦托
Sorrento

Rye

莫宁顿
Mornington

莫宁顿半岛
MORNINGTON PENINSULA

杜玛纳酒庄

C763

M11

C78?

Hastings

韦斯特波特湾
Westernport Bay

Lang Lang

A440

赫伦斯伍德花园
Heronswood Gardens

杜玛纳
Dromana

B110

罗斯巴德
Rosebud

半岛温泉
Peninsula Hot Springs

亚瑟宝王座
Arthurs Seat

正肯酒庄

林登雷德红山丘

格兰酒庄

法兰西岛国家公园
French Is. NP

法兰西岛
French Is.

阳光岭草莓园
Sunny Ridge Strawberry Farm

Cape Schanck

莫宁顿半岛国家公园
Mornington Peninsula NP

弗林德斯
Flinders

红山酒庄

蒙塔尔托葡萄园与橄榄园酒庄

塔克岭酒庄

雅思迷宫及薰衣草花园
Ashcombe Maze & Lavender Gardens

斯托尼角
Stony Point

Tankerton

Corinella

考斯
Cowes

菲利普岛
Phillip Is.

圣雷莫
San Remo

B420

B420

Grantville

玛鲁考拉动物园
Maru Koala
& Animal Park

Bass

B460

3

Wonthaggi

▶p.313

N

B

288

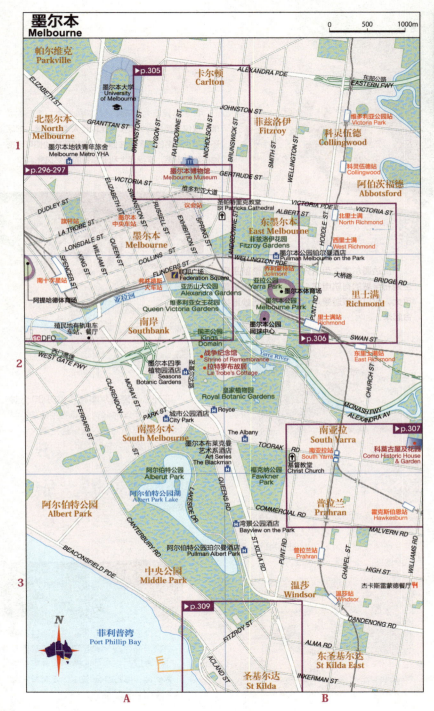

墨尔本
Melbourne

0   500   1000m

帕尔维克
Parkville

▶ p.305

卡尔顿
Carlton

ALEXANDRA PDE

东部公路
EASTERN FWY

维多利亚公园站
Victoria Park

ELIZABETH ST

墨尔本大学
University
of Melbourne

JOHNSTON ST

菲兹洛伊
Fitzroy

科灵伍德
Collingwood

GRANTTAN ST

北墨尔本
North
Melbourne

SWANSTON ST

LYGON ST

RATHDOWNE ST

NICHOLSON ST

BRUNSWICK ST

SMITH ST

WELLINGTON ST

科灵伍德站
Collingwood

1

墨尔本地铁青年旅舍
Melbourne Metro YHA

▶ p.296-297

墨尔本博物馆
Melbourne Museum

GERTRUDE ST

维多利亚大道

阿伯茨福德
Abbotsford

VICTORIA ST

DUDLEY ST

ELIZABETH ST

SWANSTON ST

圣帕特里克教堂
St Patricks Cathedral

议会站

VICTORIA PDE

ALBERT ST

HODDLE ST

VICTORIA ST

北里士满
North Richmond

旗杆站

LA TROBE ST

RUSSELL ST

EXHIBITION ST

SPRING ST

墨尔本
中央车站

墨尔本
Melbourne

东墨尔本
East Melbourne

菲茨洛伊花园
Fitzroy Gardens

西里士满
West Richmond

LONSDALE ST

WILLIAM ST

QUEEN ST

COLLINS ST

WELLINGTON PDE

墨尔本公园铂尔曼酒店
Pullman Melbourne on the Park

里士满
Richmond

SPENCER ST

KING ST

南十字星站

FLINDERS ST

联邦广场
Federation Square

弗林德斯
火车站

乔利蒙特站
Jolimont

亚拉公园
Yarra Park

PUNT RD

大桥路

BRIDGE RD

阿提哈德体育场

亚拉河

亚历山大公园
Alexandra Gardens

维多利亚女王花园
Queen Victoria Gardens

墨尔本体育场

里士满站
Richmond

南岸
Southbank

殖民地有轨电车
车站·餐厅

墨尔本公园
Melbourne Park

▶ p.306

SWAN ST

SC DFO

墨尔本公园
网球中心

东里士满站
East Richmond

2

WEST GATE FWY

西门高速

国王公园
Kings
Domain

Yarra River

CLARENDON ST

MORAY ST

战争纪念馆
Shrine of Remembrance
拉特罗布故居
La Trobe's Cottage

MONASH FWY

墨尔本四季
植物园酒店
Seasons
Botanic Gardens

皇家植物园
Royal Botanic Gardens

ALEXANDRA AV

FERRARS ST

PARK ST

城市公园酒店
City Park

Royce

▶ p.307

南亚拉
South Yarra

科莫古屋及花园
Como Historic House
& Garden

南墨尔本
South Melbourne

墨尔本布莱克曼
艺术系酒店
Art Series
The Blackman

TOORAK

南亚拉站
South Yarra

基督教堂
Christ Church

RD

CHURCH ST

阿尔伯特公园
Alberut Park

阿尔伯特公园湖
Albert Park Lake

QUEENS RD

福克纳公园
Fawkner
Park

ST KILDA RD

PUNT RD

普拉兰
Prahran

霍克斯伯恩站
Hawkesburn

MALVERN RD

WILLIAMS RD

阿尔伯特公园
Albert Park

LAKESIDE DR

COMMERCIAL RD

CHAPEL ST

HIGH ST

杰卡斯雷蒙德餐厅

CANTERBURY RD

湾景公园酒店
Bayview on the Park

普拉兰站
Prahran

BEACONSFIELD PDE

阿尔伯特公园铂尔曼酒店
Pullman Albert Park

3

中央公园
Middle Park

▶ p.309

温莎
Windsor

温莎站
Windsor

DANDENONG RD

N

FITZROY ST

菲利普湾
Port Phillip Bay

ACLAND ST

ALMA RD

东圣基尔达
St Kilda East

圣基尔达
St Kilda

INKERMAN ST

A   **B**

289

墨尔本之 **必看！必行！**

墨尔本是澳大利亚国内欧洲风情最为浓郁的城市。仅仅只是在市区漫步就足以让人欢欣鼓舞。郊区还有不少知名的葡萄酒庄园，只需稍稍移动便可亲密地接触大自然，享受澳大利亚独特的自然风光。

乘坐有轨电车在城市中漫步

抵达墨尔本之后首先要做的事情就是乘坐遍布全城的有轨电车。市中心的面积不算很大，可以将旅游景点和有轨电车巧妙地结合起来。

有环绕市中心一周的免费有轨电车

摇摇摆摆向前走的企鹅们

企鹅大游行

菲利普距离墨尔本有 1 小时 30 分钟的车程，因傍晚时分有可爱的企鹅成群结队地拥上海滨而闻名。这里的企鹅大游行是来到墨尔本不容错过的旅游项目。

大洋路

在大洋路沿途可以欣赏到充满澳大利亚风情的绝美景色。虽说可以选择一日游或者开车自驾当天往返，但如果时间充裕的话最好还是能沿途住上一个晚上比较好。

大洋路的代表性景观——十二使徒岩

酒庄巡游之旅

墨尔本周边有辽阔的葡萄种植园

位于墨尔本近郊的亚拉河谷和莫宁顿半岛是澳大利亚知名的葡萄酒产地。可以选择参加旅游团或者租车自驾前往，多逛几家酒庄，找到自己喜爱的葡萄酒。

➡澳大利亚国内出发

澳洲航空、捷星航空、维珍航空、老虎航空都有从澳大利亚国内主要城市飞往墨尔本的航班。

从悉尼、阿德莱德等城市出发的澳洲灰狗巴士，从维多利亚州内各地出发的V线巴士等中长途巴士和从其他州出发的长途列车都会停靠在面朝斯潘塞大街的南十字星站（Southern Cross Station）。这座车站的1层是火车站，地下是长途汽车站。

◎ 机场↔市内

墨尔本机场（Melbourne International Airport，MEL）（因其所在地也被称为塔拉梅林机场Tullamarine Airport）位于市区西北部25公里处，是一座现代化的机场。主体结构是中央的国际航线航站楼和两旁按航空公司划分的国内航线航站楼。由于国际航线和国内航线都位于一栋楼内，因此办理换乘时十分方便快捷。每个航站楼的一层都是到达大厅，二层是出发大厅。

●机场穿梭巴士

从机场去往市区最常用的交通工具是天空巴士（Skybus）。巴士站位于航站楼前，上下车很方便。从机场到市区的南十字星站地下长途汽车站（Coach Terminal）大约需要2分钟。如果已经订好了酒店可以从长途汽车站乘坐去往市区酒店的小巴，或者乘坐酒店的送迎巴士。

●出租车

从机场至市区乘坐出租车需要花费$40~50，至市中心约需20分钟的车程。三个人乘坐出租车的价钱与乘坐天空巴士几乎没什么差别。

●阿瓦隆机场的交通

捷星航空的部分航班是从位于墨尔本西南部大约55公里的阿瓦隆机场（Avalon Airport，AVV）起降的。可以乘坐天空巴士到市中心的南十字星站，大约需要50分钟。

客流较少的阿瓦隆机场

◎ 转运中心↔市内

中长途巴士、其他城市到达此地的火车站转运中心，与机场巴士的停靠车站都在同一个地方——南十字星站。地下是长途汽车站。站前是斯潘塞大街，街上有有轨电车车站。

墨尔本 市内交通

墨尔本市及其周边地区的交通均是由维多利亚公交公司（简称PTV）管理的。车票是充值智能卡myki。持有此卡可以乘坐墨尔本的巴士、有轨电车、电车等，此外还可以乘坐维多利亚州主要城市的巴士、连接城市之间的V线巴士等，几乎涵盖了所有的公共交通。

短期滞留的游客如果没有myki是不能乘坐公共交通工具的，因此

■墨尔本国际机场
🌐 melbourneairport.com.au

■天空巴士 Skybus
☎（03）9600-1711
☎ 1300-759-287
🌐 www.skybus.com.au
※ 酒店送迎巴士的运行时间是 周一～周五 6:00~22:30、周六·周日 7:30~17:30
从市内去往机场时，可以提前预约，车子可以到主要的酒店来接客人
●墨尔本国际机场线
⏰ 24小时运行 /6:00~24:00
每10分钟一班车；0:00-1:00
每15分钟一班车；1:00~5:00
每30分钟一班车；5:00~6:00
每15分钟一班车
💰 单程：(成人)$19 (儿童)（16岁以下）$9 (家庭)$38
●阿瓦隆机场
⏰ 阿瓦隆机场出发 9:00~23:55、南十字星站出发4:00~18:20，配合各班车出发
💰 单程：(成人)$22 (儿童)（16岁以下）$10 (家庭)$44

连接市区与墨尔本国际机场、阿瓦隆国际机场的天空巴士

■城市路段 City Link 的追加费用
墨尔本的公路包含部分叫作城市路段（City Link）的收费区间。如果选择租车自驾，从机场提车后沿着标识走就会进入收费道路。还车之后租车公司会将过路费汇总通过信用卡自动扣除。

■阿瓦隆机场
🌐 www.avalonairport.com.au

长途列车、长途汽车出发和到达的车站——南十字星站

291

■ **汽车租赁公司**
● 赫兹 Hertz
☎ 13-30-39
● 安飞士 AVIS
☎ 13-63-33
● 百捷乐 Budget
☎ 13-27-27
● 苏立夫耀 Thrifty
☎ 13-61-39
● 欧洛普卡 Europcar
☎ 13-13-90

■ **维多利亚公交公司**
☎ 1800-800-007
🖥 www.ptv.vic.gov.au
● myki 纪念套餐包
🎫 成人 $14 儿童 $7
※ 可以在墨尔本国际机场、南十字星站的天空巴士售票窗口、联邦广场的墨尔本游客中心购买

■ **myki 充值的金额只需够用即可**
　　剩余金额退款手续十分的烦琐，因此在为 myki 充值的时候只需要够用即可。如果需要办理退款，需要将不使用的 myki 装入信封邮寄给 PTV。

■ **周末有特价票**
墨尔本地区，到了周六·周日和法定假日公共交通的车票会开启特价票模式，在区间 1+2 无论如何移动票价都不会超过 $6。

■ **关于一周通票和一日通票**
　　充值时必须选择 mykipass 的充值方式，否则无效。

在墨尔本滞留期间不可或缺的 myki

一定要购买一张。可以在机场、联邦广场的墨尔本游客中心、南十字星站、弗林德斯火车站等地购买（新卡需要 $6 手续费）。墨尔本游客中心同时还在售面向游客的 myki 纪念套餐包（myki Visitor Value Pack）。套餐中包含 myki（内有充值金额 成人 $8 儿童 $4）、装 myki 的卡套、有轨电车和电车的线路图、主要景点门票的优惠券等。小编推荐购买这个套餐包之后再开始旅行。各个车站、墨尔本中心地区的有轨电车站、在线（需要信用卡）都可以对卡进行充值（Top-up）。

　　市内交通票价是区间制的，市区以及周边地区是第一区间，墨尔本郊区是第二区间。市中心地区是有轨电车的免费区（Free Tram Zone），只要是在市中心范围内都可以免费乘坐任何一辆有轨电车。票价是根据乘客移动的区间来决定的，共分为两种类型。这两种类型中各自都包含 2 小时票价（2 Hour Fare）、全日票价（Daily Fare）、一周通票（Weekly Pass），而且还有一种针对滞留超过 28 天以上的游客群体的一日通票（Daily Pass）[1 天的票价 ×28~365 中的任意天数]。乘坐公共交通工具时最后结算是按照最便宜的票价扣款，只要 myki 中的剩余金额超过全日票价的金额就可以放心乘坐。

有轨电车内设置了许多 myki 的读卡器

墨尔本公交价格表	区间	myki 的车票类型					
		2 小时票价		全日票价		1 周通票	
		成人	儿童	成人	儿童	成人	儿童
	1 + 2	$4.10	$2.05	$8.20	$4.10	$41.00	$20.50
	2	$2.80	$1.40	$5.60	$2.80	$28.00	$14.00

随着时间推移，可能会发生改变

　　区间地图以及中心城区的有轨电车、巴士、电车图，可以从游客中心领取免费的旅游信息杂志中参考。

◎ 有轨电车

　　在墨尔本如果想要节省脚力，就需要合理灵活地乘坐有轨电车。车辆几乎都是最新型的无障碍有轨电车，过去老式的木质结构车厢的电车很少见了。

　　有轨电车的线路在方圆 2 公里的中心城区纵横交错。向南去的电车从市中心的北部出发，向东去的电车从中心街区的西部出发，十分方便。有轨电车站叫 Tram Stop，中心街区的各大十字路口几乎都设有车站（位于轨道的正中央）。可以参考有轨电车车站处的线路图，确认自己需要乘坐的有轨电车的号码和需要下车的站点号码。然后到有这条线路经过的最近的十字路口等即可。越是远离中心城区有轨电车发车的间隔时间就会越长，而且只在比较大型的十字路口停车，车站也转移到了步行道一侧。

　　如果看到远方有电车驶来，在确认好车号和最终目的地之后便可以上车了，进入车厢内需要将 myki 置于读卡器上一下。在郊外乘坐有轨电车原则上需要招手示意，车才会停下来，不过即便是在市中心，除了

无障碍的新型有轨电车

有轨电车线路图
（墨尔本市内区间1）

免费有轨电车
火车站&有轨电车站
有轨电车站
火车站
109 有轨电车终点站

滨海城（港区）
Waterfront City (Docklands)

阿提哈德体育场
Etihad Stadium
※只在周一～周五期间通车
※只在周一～周五期间通车
※只在高峰期通车

维多利亚港（港区）
Victoria Harbour (Docklands)

墨尔本大学
Melbourne University
※只在周六·周日期间通车

旗杆站

南十字星站
Southern Cross Station

墨尔本中央车站
Melbourne Central

议会站

弗林德斯大街
Flinders St Station

伊丽莎白大街（城）
Elizabeth St (City)

墨尔本港
Port Melbourne

南墨尔本海滩
South Melbourne Beach

圣基尔达（菲兹洛伊大街）
St Kilda (Fitzroy St)

月神公园/圣基尔达海滩
Luna Park / St Kilda Beach

圣基尔达海滩
St Kilda Beach

区域交通枢纽
Domain Interchange

拉施欧尔站
韦斯特嘎特站
克利夫顿山

墨尔本博物馆
Melbourne Museum

圣文森特广场
St Vincent's Plaza
※只在周一～周五期间通车

鹤德尔大街
Hoddle St

北里士满
North Richmond

乔布蒙特站
里士满站
东里士满站

霍松站
邦利站
SWAN ST

南亚拉站

图拉克
Toorak

普拉兰站
托拉克站

温莎站

阿玛迪尔站

巴拉克拉瓦站
※只在周一～周五期间通车

普拉兰
Prahran

艾斯特维克站

交通高峰期之外，如果没有招手示意，不停车的情况也时有发生，需要特别注意。

靠近需要下车的站点前，需要按下车按钮通知司机。停车后如果不按车门附近的"Press to open the door"按钮，车门是不会自动打开的，千万不要忘记哦。另外，需要注意的是因为有些地方是在车道的正中央下车，一定要小心来往的车辆。

环城有轨电车

免费环城有轨电车（City Circle Tram）（No. 35）的线路是围绕免费有轨电车区域的外围行驶一圈，车辆使用的是老式的木质车厢。每站都会报站名，对于想要了解墨尔本中心城区外围的游客来说非常方便。车内有免费的小册子可以领取，其中记载了行车线路中经过的景点介绍。

电车与巴士

去往郊外一般来说乘坐电车和巴士比较方便。市中心的电车站有弗林德斯火车站、南十字星站、旗杆站、墨尔本中央车站、议会站，这些车站都位于一条叫作 City Loop 的环状线上，换乘有轨电车也十分方便，如果合理安排电车与有轨电车之间的换乘可以高效地在市内与周边地区

■ 环城有轨电车
ptv.vic.gov.au
顺时针方向：周一～周四 9:14~20:26、周五 9:15~20:26、周六 9:13~20:26、周日 9:14~17:26 期间，每 12 分钟一趟车
逆时针方向：周一～周四 9:35~20:47、周五·周六 9:47~20:47、周日 9:35~17:47 期间，每 12 分钟一趟车

环城有轨电车是深棕色的木质结构车厢，十分醒目

去郊外时乘坐比较方便的电车

■ 耶稣受难日、圣诞节
■ 墨尔本的出租车
　　每天 9:00~17:00 期间起步价是 $4.20、每公里 $1.622、等待时间每分钟加收 57￠。此外，周五、周六的 22:00~次日 4:00 期间属于特殊时段，起步价是 $6.20、每公里 $1.986、等待时间每分钟加收 70￠。上述时间段以外的时间起步价是 $5.20、每公里 $1.804、等待时间每分钟加收 63￠。电话叫车的时候需要将自己的名字和候车的具体地点告知预约中心。约车需要加收 $2 的服务费。
🌐 www.taxi.vic.gov.au
Sliver Top：　☎ 13-10-08
13Cabs：　　☎ 13-22-27

位于联邦广场上的游客中心

■ 墨尔本无限景点通票
Melbourne Unlimited Attractions Pass
　　持此卡可以免费参观墨尔本及其周边的主要景点。在购物、就餐、住酒店时也可以享受折扣。可以提前在网上购买，然后去位于联邦广场上的游客中心领取。
☎ 1300-366-476 /（02）9928-0000
🌐 www.iventurecard.com
🎫 3 天票：（成人）$210 （儿童）$119/
7 天票：（成人）$225 （儿童）$135

■ 墨尔本共享单车
Melbourne bike Share
　　目前在欧美以及我国比较流行的共享单车在墨尔本也很受欢迎。市区内共有 50 处自行车租赁站，可以在任意站点租借，在任意站点还车。每个自行车租赁站都会要求租车者进行登记（需要用信用卡担保），有一天用车、一周用车等形式，之后利用登记号码就可以用车了（根据使用的时间不同，可能会有追加费用）。值得注意的是，在澳大利亚骑自行车需要佩戴安全帽，可以在南十字星车站或者各个租赁站附近的便利店等地花费 $5 购买。
📞 1300-711-590
🌐 www.melbournebikeshare.com.au

294

以东切换。墨尔本郊外的巴士线路十分密集。乘坐电车到达交通枢纽站，然后再换乘巴士去往郊外，也是一种值得推荐的方法。

◎ 出租车

　　可以在车站或者酒店前的出租车等候区按顺序候车，也可以沿街招手上车。TAXI 的指示灯亮着就说明是空车。

墨尔本 漫 步

首先去游客中心
　　墨尔本游客中心（Melbourne Visitor Centre）位于与弗林德斯大街站一街之隔的斯旺斯顿大街（Swanston St.）对面。这一带被称为联邦广场（Federation Square），是著名的景点。游客中心内有许多关于维多利亚州和墨尔本的旅行信息，也可以预订酒店和报名参加短途旅行。
　　墨尔本的市中心是一个方圆约 2 公里的四方形，分别被西侧的斯潘塞大街（Spencer St.）、南侧亚拉河沿岸的弗林德斯大街（Flinders St.）、东侧的州议会大厦和旧财政大厦等建筑林立的斯普林大街（Spring St.），以及北侧的维多利亚大街（Victoria St.）所环绕。对于游客来说，这种宛如棋盘一般的街道划分非常简单易懂。这个四方块区域内也是所谓的 CBD。

以斯旺斯顿大街为起点了解这座城市
　　墨尔本城区共有 4 条主街，分别是斯旺斯顿大街、伊丽莎白大街（Elizabeth St.）、伯克大街（Bourke St）和柯林斯大街（Collins St.）。纵贯市中心的斯旺斯顿大街就好比是整座城市的屋脊，只要记住与这条大街相交叉的几条道路，最起码是不会迷路的。

有轨电车穿行在伯克大街步行街中

　　其中从横跨斯旺斯顿大街与伊丽莎白大街之间的伯克大街到位于西北侧四个街区之外的巨型购物中心——墨尔本中央购物中心（Melbourne Central）之间这一带是整座城市最繁华的商业区。

在各族裔街区享受边走边吃的乐趣
　　市中心另一个值得关注的街区是唐人街。墨尔本的唐人街是澳大利亚最大规模的唐人街，与繁华的商业区之间仅隔着一条斯旺斯顿大街。中心街区是小伯克大街，大路两旁有许多中餐馆。
　　方圆 2 公里的市区东侧和北侧是新移民居住的区域。菲兹洛伊公园东侧的东墨尔本区（East Melbourne）是希腊裔、越南裔的街区。北侧的卡尔顿（Carlton）也被称为小意大利，居住的大都是意大利裔移民，与旁边的菲兹洛伊（Fitzroy）（多为希腊裔、西班牙裔）共同构成了南欧风格的城区。这些地区中的许多餐馆烹制的异国风味的菜肴与本土的正宗味道不相上下。

遍布唐人街内的亚洲餐馆

城南是高档住宅区

接下来介绍一下位于城南亚拉河对岸的南墨尔本。

这一区域拥有内设赌场的大型娱乐和购物综合设施皇冠逍遥之都和与之相连接的索斯盖特购物中心（Southgate Shopping Complex），还有国王公园（Kings Domain）、皇家植物园（Royal Botanic Gardens）等大型公园。从这里继续南下是以图拉克路（Toorak Rd.）为中心的时尚高级住宅街区南亚拉（South Yarra）和图拉克（Toorak），还有普拉兰这里有个大型市场，最后是海滨城圣基尔达（St Kilda），这里有墨尔本最大的娱乐街、便宜的旅馆、时尚的餐馆。

周末大量的墨尔本人会来到圣基尔达海滩度假

墨尔本 市内主要景点

城区 　　　　　　　　　　　　　　City

墨尔本是澳大利亚最具英伦风格的城市，这里的城市规划是在1837年开始的。墨尔本这个名称，是为纪念英国首相威廉·兰姆——第二代墨尔本子爵。1851年维多利亚内务部发现了这里的金矿，从而使城市得到了飞速的发展，淘金热潮退却之后，这里又开始作为工业城市继续发展。

墨尔本中心城区的街道分布酷似棋盘，而许多的公园、花园、美丽的景观都在这副棋盘的网格中。大街两旁种满了绿植，高层建筑与淘金热时期庄严的建筑混搭在一起。

主要街道是斯旺斯顿大街、伊丽莎白大街、伯克大街、柯林斯大街，这四条街道是主要的购物街区，分布有百货商场、专卖店等。柯林斯大街两旁多为比较厚重的历史建筑，银行和保险公司大多把办公区设在这条街上，此外这里还有不少国际知名大品牌的精品店和格调高雅的店铺，如果你想体验别致的购物环境可以来这条街区逛一逛。弗林德斯大火车站面朝弗林德斯大街而建，是一栋文艺复兴风格的建筑，屋顶是模仿伦敦圣保罗大教堂的拱形屋顶而建，这座车站是墨尔本城区与郊区之间的车辆的交通枢纽。1854年，墨尔本第一辆蒸汽机车就是从这座火车站发车的。小伯克街一带是澳大利亚规模最大的唐人街，这里有大量亚洲系餐馆，还有博物馆、杂货铺、食品店、电影院等。

墨尔本的中心地带
联邦广场 　　　　　　　　　　Map p.297/2D
Federation Square

联邦广场是位于弗林德斯火车站前、亚拉河沿岸的广场，这里有游客中心、个性的美术馆、商店、咖啡馆、餐馆、音乐厅等。广场内的建筑由伦敦的 Lab 建筑工作室与澳大利亚 Bates Smart 建筑设计事务所合作设计，建筑样式都是崭新的。可以容纳一万人的 The Square，石头路面选材是来自于西澳大利亚金伯利开采的砂岩。这里经常会有露天表演，还会举办因季节而不同的各种活动。

●伊恩波特中心：澳大利亚国家美术馆 NGV
The Ian Potter Centre：NGV Australian

国家美术馆的建筑共有3层，内有20个展厅，馆内藏品主要以澳

费 1天：$3/1周：$8/使用时长追加费用：30分钟免费，1小时$2，1小时30分钟$7、之后每30分钟$10

CC M V

※ 只要在30分钟内还车，1天中无论使用多少次，产生的费用都不会超出1天的费用

墨尔本的地标建筑弗林德斯火车站

交通方式

●城区

墨尔本的有轨电车在斯旺斯顿大街、伊丽莎白大街、威廉姆大街、斯潘塞大街、柯林斯大街、伯克大街、拉特罗布大街都设有线路。免费的有轨电车还可以环城一圈。

■ 白夜节

每年2月中旬的一个晚上将会举办的灯光秀。届时弗林德斯火车站、联邦广场、圣帕罗大教堂、维多利亚图书馆等建筑物都会披上漂亮的灯光外衣（具体日期可以通过下述官网确认）。

🔗 whitenightmelbourne.com.au

■ 联邦广场

🏠 Cnr. Flinders & Swanston Sts., 3000
☎ (03) 9655-1900
🌐 www.fedsquare.com
※ 广场内有免费的 Wi-Fi 信号

墨尔本市民喜欢在联邦广场集会

■ 伊恩波特中心：澳大利亚国家美术馆 NGV
🏠 Federation Square, Cnr. Russell & Flinders Sts., 3000
☎ (03) 8620-2222
🌐 www.ngv.vic.gov.au
开 每天 10:00~17:00
休 耶稣受难日、圣诞节
费 免费

墨尔本中心城区
Central of Melbourne

维多利亚大街

SILK ST

MILLER ST

斯潘塞大街

IRELAND ST

伯克大街

阿达力大街

RAILWAY PLACE

CURZON ST

ERROL ST

LEVESON ST

CHETWYND ST

HOWARD ST

CAPEL ST

PEEL ST

VICTORIA ST

麦克斯背包客旅馆
MAX Backpacker

拉波谢特餐厅

Miami Hotel
Melbourne

圣玛丽海洋之星教堂
St Mary Star of the Sea
Catholic Church

WILLIAM

维多利亚女王市场
Queen Victoria Market

SC

北墨尔本站
North Melbourne

HAWKE ST

RODEN ST

STANLEY ST

罗斯林大街

圣詹姆斯老教堂
St James Old Cathedral

DUDLEY ST

停车场

QUEEN

西墨尔本
West Melbourne
The Spencer Backpackers

ROSSLYN ST

达力大街

帕特曼大街

JEFFCOTT ST

旗杆花园大街

墨尔本丽笙
旗杆花园酒店
Radisson on
Flagstaff Gardens

H

旗杆花园
Flagstaff
Gardens

比力力大街

墨尔本好市场

SC

BATMAN ST

ADDERLEY ST

SPENCER ST

LA TROBE ST

拉特罗布大街

小朗斯代尔街

旗杆站
Flagstaff

寅巴克大街

墨尔本之星观景摩天轮
Melbourne Star Observation Wheel

DOCKLANDS DRV

小朗克布街

LONSDALE ST

小伯克街

墨尔本海港城
Harbourtown Melbourne

SC

新码头
New Quay

餐厅

WURUNDJERI WAY

墨尔本连结旅行者旅馆
The Melbourne Connection
Travellers Hostel

墨尔本宜必思酒店
Ibis Melbourne
Lit.Bourke

小伯克街

KING ST

伯克大街

小伯克街

King St. Backpackers

阿提哈德体育场
Etihad Stadium

Ibis Style Kingsgate

韦伯萨伏依酒店
Vibe Savoy

夹林德斯街

港区
Docklands

维多利亚港
Victoria Harbour

HARBOUR ESPLANADE

BOURKE ST

AURORA LANE

VILLAGE ST

奎斯特港区酒店
Quest Docklands

H

港区旅客
之家酒店
Travelodge
Docklands

南十字星站
Southern Cross
Station

柯林斯大街

柯林斯蝙蝠侠山品质酒店
Quality Hotels Batman's Hill on Collins

H

夹林德斯街

弗林德斯假日酒店
Holiday Inn
on Flinders

伯克大街

KERRA WAY

MERCHANT ST

Docklands Park

COLLINS ST

BATMANS HILL DRV

西罗科餐馆
Sirocco Restabrant & Bar

全世界背包客旅馆
Nomads All Nations Backpackers

墨尔本中央青年旅舍
Melbourne Central YHA

洛里默大街

海角公园
Point Park

亚拉河

DOCKLANDS HWY

港区公路

SIDDELEY ST

墨尔本皇冠假日酒店
Crowne Plaza

H

皇冠娱乐之都
Crown Entertainment
Complex

Yarra River

墨尔本南码头
希尔顿酒店
Hilton Melbourne
South Wharf

H

Bistro Guillaume餐馆

CLARENDON ST

LORIMER ST

南码头奥特莱斯
DFO South Wharf

SC

墨尔本会展中心
Melbourne Convention
& Exhibition Centre

航海博物馆

殖民电车餐馆
The Colonial Tramcar
Restaurant乘车地点

WEST GATE FWY

韦斯特盖特高速

A

B

0　　　　　500m

1

2

3

C

D

N

卡尔顿 Carlton

非兹洛伊 Fitzroy

南岸 Southbank

北岸 North Bank

亚拉河

墨尔本博物馆 Melbourne Museum

皇家展览馆 Royal Exhibition Bldg.

卡尔顿花园 Carlton Gardens South

St Vincent's Private Hospital

The Royal Victorian Eye & Ear Hospital

维多利亚女王市场 Queen Victoria Market

Dracula's Cabaret Restaurant

Hotel Ibis Melbourne

旧墨尔本监狱 Old Melbourne Gaol

圣帕特里克大教堂 St Patricks Cathedral

维多利亚州议会大厦 Parliament House of VIC

嘉柏酒店 Jasper

富兰克林大酒店

Discovery Melbourne

RMIT大学

维多利亚州图书馆

墨尔本中央车站 Melbourne Central

墨尔本中央购物中心 Melbourne Central

QV

柏悦酒店 Park Hyatt

议会站 Parliament

温莎酒店 The Windsor

旧财政大厦 Old Treasury

财政花园 Treasury Gardens

Mercure Treasury Gardens

The Hardware Societe

Shanghai Street

日本桥餐厅

Grossi Florentino

餐厅

墨尔本美臣酒店 Mercure Welcome

墨尔本百货中心 Emporium Melbourne

优衣库

美捷 Myer

龙肪

Dessert Story

餐厅

Paramount Clinic

Pellegrini's Espresso Bar

巴黎区 Paris End

柯林斯广场 Collins Place

Brother Baba Budan

墨尔本邮政总局 Melbourne's G.P.O.

H&M

墨尔本旺斯顿君悦喜来酒店 The Swanston Grand Mercure

大卫 琼斯百货商场 David Jones

Hairy Canary餐厅

墨尔本市市政厅 Town Hall

Midtown Medical Clinic

索菲特墨尔本柯林斯酒店 Sofitel on Collins

乾山

皇家拱廊 Royal Arcade

Lane Café区 (Block Place)

Australia on Collins

墨尔本君悦酒店 Grand Hyatt

Chin Chin

GAZI餐馆

维多利亚州最高法院

墨尔本柯林斯诺富特酒店 Novotel on Collins

墨尔本威斯汀酒店 The Westin on Regent Place

街区拱廊 The Block Arcade

小柯林斯街

City Square

Lane Café区 (Centre Place)

Greenhouse Backpackers

圣保罗大教堂 St Paul's Cathedral

画满涂鸦的小巷（霍希尔巷Hosier Lane）

澳大利亚动态影像中心 Australian Centre for the Moving Image

澳大利亚JTB

Alluvial Restaurant

墨尔本希尔顿逸林酒店 DoubleTree by Hilton

Lane Café区 (Degraves St.)

United Backpackers

墨尔本游客中心

伊恩波特中心：澳大利亚国家美术馆 The Ian Potter Centre: NGV Australia

墨尔本希尔顿酒店

Rendezvous

弗林德斯火车站 Flinders St. Station

联邦广场 Federation Square

五船坞广场 Birrarung Marr Park

BATMAN AVE

移民博物馆 Immigration Museum

墨尔本克莱伦套房酒店 Clarion Suites Gateway

索斯盖特购物中心 Southgate Shopping Complex

哈默厅

Quay West Suite

墨尔本朗廷酒店 The Langham

亚历山大公园 Alexandra Gardens

墨尔本公园网球中心 Melbourne Park Tennis Centre

玛格丽特球场 Margaret Court Arena

墨尔本海洋生物水族馆 Sealife Melbourne Aquarium

餐厅

Travelodge Southbank

尤利卡88层观景台 Eureka Sky Deck88

维多利亚艺术中心

罗德拉沃竞技场 Rod Laver Arena

墨尔本皇冠度假酒店 Crown Towers Melbourne

维多利亚国家美术馆（NGV）国际馆 NGV International

维多利亚女王公园 Queen Victoria Gardens

国王公园 Kings Domain

悉尼迈尔音乐碗 Sidney Myer Music Bowl

维多利亚艺术学院

维多利亚营房

ALEXANDRA AVE

LINLITHGOW AVE

297

在澳大利亚国家美术馆可以鉴赏到高品质的艺术作品

■ 澳大利亚活动影像中心
住 Federation Square，3000
☎ （03）8663-2200
🖥 www.acmi.net.au
开 每天 10:00～17:00
休 圣诞节
票 免费

■ 圣保罗大教堂
住 Cnr. Flinders & Swanston Sts.，3000
☎ （03）9653-4333
🖥 cathedral.org.au
开 周日～次周周五 8:00～18:00、周六 9:00～16:00、节假日 11:00～15:00／唱诗班合唱：周二～周五 17:10～17:50
票 免费

威风凛凛的圣保罗大教堂

■ 3月的第二周是墨尔本的夏季蒙巴狂欢节
Moomba Festival
　　狂欢节期间亚拉河上将会有水上表演和水上比赛项目，还有小丑曲艺表演等各类嘉年华盛典。活动的具体内容可以参考官网。
🖥 moomba.melbourne.vic.gov.au

霍希尔巷的涂鸦壁画经常发生变化

大利亚的艺术作品为中心，共有 2 万多件。展厅是按照原住民艺术、殖民地初期、海德堡派、近代艺术以及各个年代的澳大利亚艺术等条件来划分的。

●澳大利亚活动影像中心
Australian Centre for the Moving Image（ACMI）
　　这是一座专门展示动画作品的展览馆。观众可以欣赏到从最早期的电影到最新式的数字媒体，以及艺术家们的视觉图像设计作品等。展品内容几乎每个月都会更新一次，使观众有最新的体验。

城市的地标建筑
圣保罗大教堂　　　Map p.297/2C
St Paul's Cathedral

教堂的宏伟程度令人震惊

　　在电车满街跑的墨尔本市区，教堂的尖塔似乎完全没有违和感。这座城市有多座教堂，但坐落于联邦广场对面，建于 1891 年的圣保罗大教堂是最为醒目的。这座教堂与维多利亚州具有代表性的英国国教派的圣帕特里克大教堂、位于南亚拉的圣约翰圣公会教堂并称"墨尔本的三大哥特式建筑"。阳光透过美丽的教堂玻璃照射进圣厅有一种格外庄严的气氛感。周二～周五的傍晚可以听到唱诗班的合唱。

墨尔本的 soho
弗林德斯巷　　　Map p.297/2C·D
Flinders Lane

在 Lane Café 亲身感受墨尔本的咖啡文化

　　弗林德斯大街与柯林斯大街之间有一条狭窄的小巷子，酷似纽约的 soho。这条小巷子的两旁挤满了时尚的咖啡馆、餐馆、精品酒店、爵士吧、葡萄酒吧和众多的艺术画廊。
　　另外，弗林德斯大街与弗林德斯巷、弗林德斯巷与柯林斯大街之间还有迪格拉夫街（Degraves St.）、中央广场（Centre Place）等小巷子，这些小巷子的两旁也都是充满个性的咖啡馆。这些咖啡馆通常被墨尔本人称为 Lane Café，这一片咖啡馆聚集的区域可以说是墨尔本咖啡文化的发祥地。
　　另外，圣保罗大教堂附近的霍希尔巷（Hosier Lane，又称为"涂鸦小巷"）也是不容错过的小巷子。巷子两侧的建筑物外墙上都是涂鸦作品，受到了市民的批判。后因成了韩剧《对不起，我爱你》的拍摄地而知名。

在市中心享受巡游拱廊的乐趣
皇家拱廊和街区拱廊　　　Map p.297/2C
Royal Arcade & The Block Arcade

　　在斯旺斯顿大街、柯林斯大街、伊丽莎白大街、伯克大街环绕下的地带是墨尔本商业中心地带。大量的商铺汇聚于此，在皇家拱廊和街区拱廊

可以感受到古老的墨尔本气息，仅仅只是为了那种地道的墨尔本氛围和品位也是非常值得去逛一逛的。皇家拱廊是墨尔本最古老的拱廊，于1870年开业。这里一直保持着建造当初的华丽的样子，拱廊内有高级珠宝店和古董店等。街区拱廊是在1892年开业的，由于拱廊实在是太美丽了，因此也被人们亲切地称为"柯林斯大街上的宝石"，这里还被指定为国家文化遗产。拱廊内主要以珠宝商店和古董店为主，另外还有高档成衣店、咖啡馆等。

街区拱廊是墨尔本最精美的建筑

了解移民的历史

移民博物馆
Immigration Museum Map p.297/3C

通过各种展示向人们介绍了澳大利亚从拓荒时代到现如今的移民历史。有在拓荒初期作为渡航工具使用的船只的内部情景再现，还有关于移民文化方面的丰富展品，十分有趣。另外，还有关于跟随船只一起登陆的一些害虫、动植物等的相关介绍。

在格调优雅的街区中漫步

巴黎区
Paris End Map p.297/2D

从柯林斯大街东部至与斯普林大街（Spring St.）的交会处一带被称为巴黎区。道路两旁是古典的欧式建筑，有高档的酒店、与众不同的咖啡馆……整条街给人一种置身于巴黎大街上的感觉。巴黎区末端的十字路口是政府办公一条街——斯普林大街。旧财政大厦（Old Treasury）位于这条街的中心位置。建成于1862年的这栋老财政部办公大楼，是墨尔本最精美的青石建筑（Blue Stone）。如今这里成了博物馆，主要展出与这栋建筑有关的史料和维多利亚淘金热的相关资料。

旧财政大厦内通过视频进行的展出十分有趣

维多利亚州议会大厦（Parliament House of VIC）建于老财政大厦的北侧。自从1851年维多利亚州从新南威尔士州分裂出来之后，1856年便开始在这里建设殖民地议会的议会大厦。从1901~1926年堪培拉被定为首都为止，联邦议会都是在这里召开的。1926年以后这里又恢复成了维多利亚州的议会大厦，并且一直延续至今。

澳大利亚最大的天主教堂

圣帕特里克大教堂
St Patricks Cathedral Map p.297/1D

这座巨大的哥特式教堂，尖塔高105.8米，纵深达92.25米。历经90年的修建于1939年才竣工。
1970年教皇保罗六世授予这座教堂为乙级宗座圣殿，与罗马的七大教堂为统一级别。进入教堂之后，宛如瞬间置身于中世纪的色彩斑斓之中。大型而精美的教堂玻璃和巨大的管风琴都非常值得一看。

庄严耸立的哥特式建筑圣帕特里克大教堂

■ 皇家拱廊
住 335 Bourke St. Mall，3000
☎ 0438-891-212
URL royalarcade.com.au
開 周一～周四 9:00~18:00、周五 10:00~20:00、周六 9:00~17:00、周日 10:00~17:00

■ 街区拱廊
住 282 Collins St.，3000
☎ （03）9654-5244
URL theblock.com.au
開 周一～周四 8:00~18:00、周五 8:00~20:00、周六 8:00~17:00、周日 9:00~17:00

■ 移民博物馆
住 400 Flinders St.，3000
☎ 13-11-02
URL museumvictoria.com.au/immigrationmuseum
開 每天 10:00~17:00
休 耶稣受难日、圣诞节
費 成人 $14、儿童 免费

■ 旧财政大厦
住 20 Spring St.（top end of Collins St.），3000
☎ （03）9651-2233
URL www.oldtreasurybuilding.org.au
開 周日～次周周五 10:00~16:00
休 周六、耶稣受难日、圣诞节、节礼日
費 免费

■ 维多利亚州议会大厦
住 Spring St. East Melbourne，3002
☎ （03）9651-8911
URL www.parliament.vic.gov.au
● 导览团
時 1小时参观团：9:30、10:30、11:30、13:30、14:30、15:30 开始 / 20分钟浓缩参观团：13:00、16:00 开始
※ 上述导览团的出团时间都是在议会召开以外的周一～周五（节假日除外）
費 免费
※ 最多25人，如果有6人以上一起参加需要预约

■ 圣帕特里克大教堂
住 1 Cathedral Place，East Melbourne，3002
☎ （03）9662-2233
URL www.cam.org.au/cathedral
費 免费

■ **菲兹洛伊花园**

🌐 www.fitzroygardens.com

● 交通方法

可以从市内步行，或者乘坐有轨电车 Route 48、75 在乔利蒙特路站 Jolimont Rd. 下车。

■ **库克船长小屋**

🏠 Fitzory Gardens，East Melbourne, 3002

☎ （03）9658-9658

📧 whatson.melbourne.vic.org.au

🕐 每天 9:00~17:00

🚫 圣诞节

💰 成人 $6.50 儿童 $3.50 家庭 $18

● 温室

🕐 夏季：每天 9:00~17:30 / 冬季：每天 9:00~17:00

💰 免费

■ **乘坐马车巡游教堂！**

巡游教堂，可以乘坐最近在墨尔本十分流行的 2-4 头的马车（Horse-drawn Carriages）。天气晴朗的日子里在夕阳西下的时候经常可以在街头见到这种马车。马车的种类也有很多种，有皇家马车风格的，还有驿站马车风格的，每辆车的乘车时间是 30 分钟，票价是 $100（最多可以乘坐 6 人）。这些马车通常是在斯旺斯顿大街、伯克大街和柯林斯大街的街角拉客。

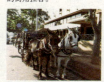
坐上马车逛墨尔本

■ **旧墨尔本监狱**

🏠 377 Russell St.，3000

☎ （03）9663-7228

📧 www.oldmelbournegaol.com.au

🕐 每天 9:30~17:00

🚫 耶稣受难日、圣诞节

💰 成人 $25 儿童 $13.5 家庭 $55/ 还有如夜间幽灵导览团等多种导览团活动（具体日期需要官网确认／预约）：成人 $38 儿童 $35

■ **维多利亚女王市场**

🏠 Cnr. Elizabeth & Victoria Sts.，3000

☎ （03）9320-5822

📧 www.qvm.com.au

🕐 周二·周四 6:00~14:00、周五 6:00~17:00、周六 6:00~15:00、周日 9:00~16:00

🚫 周一、周三

"公园之都"墨尔本的代表

菲兹洛伊花园
Fitzroy Gardens

Map p.289/1B

具有历史价值的库克船长小屋

菲兹洛伊花园位于墨尔本公园的北侧。早年间这里曾经是切割青石的场所，后来经詹姆斯·辛克莱尔的设计，成了模仿英国国旗进行布局的庭园。必看的景点有库克船长小屋（Cook's Cottage）。据说这座房子是库克船长父母居住的房子，幼年时期的库克船长也曾在此小屋口居住过。这座小屋是为了纪念墨尔本市建成 100 周年，于 1934 年从英国的约克郡搬运至此地复原的。小屋内展示了关于库克船长的一些资料和这座小屋搬运、复原的相关资料。此外，每个季节都会有鲜花盛开的温室（Conservatory）也是这里的一大特色景点之一。

因内德·凯利在此被处刑而知名

旧墨尔本监狱
Old Melbourne Gaol

Map p.297/1C

牢房展示了犯人们是如何在监狱中生活的

旧墨尔本监狱建于 1845 年，直到 20 世纪 20 年代才终止使用。以前这座监狱的占地面积非常宽广，被拉特罗布大街、斯旺斯顿大街、拉塞尔大街、富兰克林大街所环绕。现在只剩下入口处的门和单人牢房等。内部展品有实际使用过的刑具、处刑用的工具等。绿林大盗内德·凯利被称为澳大利亚版的比利小子，他就是在这座监狱被执行的绞刑。展品中有他亲手打制的铠甲、头盔等物品，以及他被执行死刑后的死亡面具等。

热闹、淘宝、美食……各种旅游要素应有尽有

维多利亚女王市场
Queen Victoria Market

Map p.296/1B

维多利亚女王市场也被称作是"市民的厨房"

维多利亚女王市场是墨尔本的人气景点，有着 100 多年的历史，同时也深受市民的喜爱。市场内有肉类、鱼类、生鲜食材，还有服装、玩具等百货用品，可以说是应有尽有。主楼内主要经营鱼类、肉类等生鲜食材的店铺，主楼旁主要是熟食店，最里面有出售水果和食材的店铺。隔着一条路，再往里走是出售生活日杂、服装、纪念品等商品的地方。

市场周围全天都特别热闹，街头艺人随处可见，各种精彩的表演令人目不暇接。

了解维多利亚州的历史

旗杆花园
Flagstaff Gardens

Map p.296/1B

这里曾经是埋葬白人殖民者的墓地，因此也被称作"墓地山"（Burial Hill）。由于从这里可以眺望到进出墨尔本港的船只，所以1840年在这里建造了信号塔，用以给进出港的船只发送信号。殖民者们每天翘首期盼着从故乡英国过来的船只，每次有故乡的船只进出港都会在这里的旗杆上升起祖国的国旗，公园也因此而得名。1850年宣告维多利亚殖民地诞生（从新南威尔士州独立出来）也是在这座公园。另外，在公园的西侧便是墨尔本最早的教堂——圣詹姆斯大教堂。

备受瞩目的新兴餐饮休闲区

港区
Docklands

Map p.296/2A

港区位于南十字星车站的西侧，是利用再生资源打造的新兴地区。这里拥有与城区（CBD）相同的土地面积，达200公顷，有8000多居民，是一座有38000多人就业的商业、住居相结合的大型综合区域。北侧的新码头（New Quay）地区建有高层公寓，餐馆、咖啡馆、商店等设施也比较齐全。另外，这里还有奥莱购物街墨尔本海港城（Harbourtown Melbourne）、墨尔本好市场（Costco Melbourne）、墨尔本之星观景摩天轮（Melbourne Star Observation Wheel）等，每到周末的时候当地人都喜欢来这里休闲娱乐。

阿提德体育场（Etihad Stadium）也位于港区，这座多功能体育场可以容纳45000名观众，澳大利亚足球联盟AFL、板球和橄榄球比赛等比较受欢迎的赛事都会在这里举办。平时可以参加体育场内的导览团进行内部参观。参观内容包含看台、选手休息室、赛后新闻发布会会场等。

乘坐墨尔本之星观景摩天轮欣赏美丽的景色

"芭蕾舞裙"是墨尔本的地标建筑

维多利亚艺术中心
The Arts Centre

Map p.297/3C·D

从弗林德斯火车站出发，过了公主桥，右手边便是维多利亚州文化、艺术中心集合的区域。哈默尔厅（Hamer Hall）主要用于交响乐的演出，可容纳2600人。表演艺术博物馆（Peforming Arts Museum）汇集了大量澳大利亚的文化作品。剧院大厦（Theatres）位于正中心。内部由专供歌剧、芭蕾舞、音乐会等演出使用的州立剧院厅（State Theatre）、专供戏曲等表演使用的戏院厅（Playhouse）和演播室（Studio）构成。

令人印象深刻的维多利亚艺术中心的建筑

还有一栋建筑是维多利亚国家美术馆（NGV）国际馆。联邦广场的NGV主要展出澳大利亚国内的作品，而这里主要收藏了来自世界各地的高水准艺术作品。

澳大利亚地区指南

维多利亚州 ● 墨尔本

■ 旗杆花园
● 交通方法
可以从市内步行前往，或者乘坐有轨电车。乘坐免费的城市环线有轨电车也可以到达。

■ 港区
www.docklands.com

■ 墨尔本之星观景摩天轮
101 Waterfront Way, Docklands, 3008
☎（03）8688-9688
www.melbournestar.com
5~8月：每天11:00~19:00/9月~次年4月：每天11:00~22:00
费 $36 $22 $90/昼夜通票（30天内有效，可以在白天和晚上各乘坐一次）：$46 $32 $130

■ 阿提哈德体育场
740 Bourke St., Docklands 3008
☎（03）8625-7277
etihadstadium.com.au
● 体育场导览团
☎（03）8625-7700
时 在游客服务中心集合/周一~周五11:00、13:00、15:00※出发（所需时间1小时）
※体育场有活动的时候15:00这一团取消
费 $15 $8 $39

■ 维多利亚州国家美术馆（NGV）国际馆
180 St Kilda Rd., 3004
☎（03）8620-2222
www.ngv.vic.gov.au
休 耶稣受难日、圣诞节
费 免费（特展除外）

■ 皇冠逍遥之都
8 Whiteman St., Southbank, 3006
☎（03）9292-8888
www.crownmelbourne.com.au
24小时（商店是每天11:00~21:00）
休 圣诞节
※赌场的汇率还不错。入场需要持有身份证明，须18岁以上

■ 尤利卡88层观景台
Level 88, 7 Riverside Quay, Southbank, 3006
☎（03）9693-8888
www.eurekaskydeck.com.au

南岸
SouthBank

`Map p.296/3B-297/3C·D`

从亚拉河南岸，音乐厅旁开始至斯潘塞大街一带再开发利用的一片区域是南岸。河边是美丽的河畔栈道，旁边是索斯盖特购物中心（Southgate Shopping Complex）、皇冠逍遥之都（Crown Entertainment Complex）（包含五星级酒店、澳大利亚最大型的赌场、高档购物中心、餐饮街的综合设施）、墨尔本会展中心（Melbourne Convention & Exhibition Centre）、奥特莱斯购物中心 DFO 墨尔本等设施。可以一边沿着河边散步一边购物，还可以在能眺望河景的餐馆享受美食。

亚拉河畔的索斯盖特购物中心是集娱乐和购物为一体的综合设施

来到尤利卡摩天大厦一定要体验一下边缘地带（The Edge）

索斯盖特购物中心的后面是尤利卡摩天大厦（Eureka Tower），这是世界上罕见的高层住宅（共有92层，约300米高）。尤利卡88层观景台（Eureka Sky Deck88）位于这栋大厦的88层，是南半球最高的观景台。可以将墨尔本的大全景尽收眼底。边缘地带（The Edge）是悬空的玻璃厢房，追求刺激的人不妨试一试。

国王公园和墨尔本公园
Kings Domain & Melbourne Park

`Map p.289/2A·B`

联邦广场东侧，亚拉河畔一带是巨大的公园群。以国王公园为中心的公园群位于亚拉河南侧，从王子桥开始分别是亚历山大公园（Alexandra Gardens）、维多利亚女王公园（Queen Victoria Gardens）、国王公园和皇家植物园（Royal Botanic Gardens）。

公园内草坪郁郁葱葱，随处可见修剪得十分细致的植物和花草。祭奠之火永不熄灭的战争纪念馆（Shrine of Remembrance）是必看的景点。在战争中死亡的人的名字被刻在了巨大的纪念碑上，为的是让人们感受到战争带来的伤害和损失。纪念碑的南侧是拉特罗布故居（La Trobe's Cottage），在维多利亚州从新南威尔士州独立出来之前是这里的总督拉特罗布曾经居住过的小木屋。

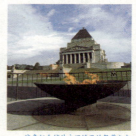

战争纪念馆外永不熄灭的祭奠之火

亚拉河的北侧是大型的运动公园。1956年南半球最早的奥林匹克运动会是在这里举办的。可容纳10万人，现在经常举办板球比赛和澳大利亚足球比赛的墨尔本板球场（Melbourne Cricket Ground，MCG），澳大利亚网球公开赛的比赛场地墨尔本公园网球中心（Melbourne Park Tennis Centre），以及全世界为数不多的不受天气影响的网球场—罗德拉沃竞技

每天 10:00~22:00

🎫 大人 $20 小人 $11.50 家庭 $46 / 太阳 & 星辰组合（1天可以进场2次的票种）大人 $25.50 小人 $17 / The Edge：需要单独收费 大人 $12 小人 $8

■ 墨尔本河上游船
Melbourne River Cruises

在亚拉河上巡游的游船。逆流而上的 Up River（B航线）可以去往奥林匹克公园、皇家植物园方向，顺流而下的 Down River（A航线）可以去往皇冠逍遥之都、港区方向。

🏠 Vault 11 Banana Alley, 365 Flinders St., 3000
☎ (03) 8610-2600
🌐 www.melbcruises.com.au
🕐 A航线：每天 10:30、11:30、12:10、13:30~15:30 期间每小时一班船
B航线：每天 11:00、13:00~15:00 期间每小时一班船
※ 根据季节的不同班次会有所调整
🎫 A航线或B航线：大人 $23 小人 $11 家庭 $50
A航线和B航线联票：大人 $29 小人 $16 家庭 $75
※ 出发地点位于弗林德斯火车站前的公主桥下

■ 拉特罗布故居

🏠 Cnr. Birdwood Ave. & Dallas Brook Drv., The Domain, 3000
☎ (03) 9656-9800
🌐 www.nationaltrust.org.au/places/la-trobes-cottage
🕐 10月~次年4月期间每周日 14:00~16:00
🎫 大人 $5 小人 $4 家庭 $12

拉特罗布故居的小木屋

■ 墨尔本板球场

🏠 Yarra Park, Jolimont, 3002
☎ (03) 9657-8888
🌐 www.mcg.org.au
● 导览团
在奥运会主会场 Gate3集合 / 没有赛事时每天 10:00~15:00 期间，30分钟一团（所需时间75分钟）
🎫 大人 $24 小人 $13 家庭 $57

场 Rod Laver Arena 等体育场馆都集中在公园内。墨尔本公园网球中心在没有赛事的日子里，对外开放，任何人都可以在这里打网球。

卡尔顿与菲兹洛伊 Carlton & Fitzroy

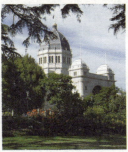

卡尔顿花园与皇家博物馆交相辉映的景色，让人感受到了墨尔本古色古香的味道

城市的北侧是被称为小意大利的卡尔顿地区和流行文化发源地菲兹洛伊。第二次世界大战之后意大利移民开始居住在卡尔顿地区。主街莱贡街两旁是意大利风格的咖啡馆、餐馆、精品店等。而菲兹洛伊地区则多为新式咖啡馆、精品店，这里还是流行元素的发祥地。原本这里是西班牙裔移民的社区中心，至今约翰斯顿大街（Johnston St.）也有不少西班牙系的餐馆和弗拉明戈酒吧。建筑家和高级知识分子喜欢居住在这一区域，往小巷子的深处走，可以见到不少由殖民时代的阶梯式老房子改造而成的新式住宅建筑。

南半球最大的博物馆
墨尔本博物馆 Map p.305/2A·B
Melbourne Museum

卡尔顿花园附近有一栋前卫的建筑，便是南半球最大规模的博物馆——墨尔本博物馆了。这座博物馆与其相邻的皇家展览馆（详情见→p.304）以及博物馆内的宽银幕立体电影院（IMAX Theatre）共同构成了一个景点集合圈。

博物馆必看的内容有：森林馆，主要以环境为主题，用维多利亚州的82种、100棵以上的植物再现了森林生态系统，并且将25种生物投放在里面生活；原住民文化中心（Bunjilaka），主要以介绍原住民文化、艺术、历史为目的的展厅。馆内并设的宽银幕立体电影院，屏幕高达8层楼，宽31米，是世界上最大的巨屏。这里经常上映与大自然和动物相关的主题纪录片。

与皇家展览馆共同被列入《世界文化遗产名录》
卡尔顿花园 Map p.305/2A·B
Carlton Gardens

这里是与皇家展览馆共同被列为世界文化遗产的占地面积26公顷的庭园。1839年，与菲兹洛伊公园和财政花园一起开始整修，1856年正式归由墨尔本市管理。花园内有澳大利亚特有的洋槐，还有从欧洲引进的树种橡木和白杨等，林荫路、古典喷泉、四季鲜花、散发着清爽感的池塘等美丽的景色是这座花园的魅力所在。

卡尔顿花园是市民的休闲场所

■ 墨尔本公园网球中心
🏠 Olympic Blvd., 3000
☎ 1300-836-647
🌐 www.tennisworld.net.au
（预约球场）
🕐 标准：周一～周五 6:30～17:00、周六·周日·节假日 9:00～18:00／顶级：周一～周四 17:00～23:00、周五 17:00～21:00
💰 每小时的费用
● 室内场馆（4个）
标准 $35、顶级 $45
● 室外场馆（22个）
标准 $30、顶级 $40

交通方式

● 卡尔顿与菲兹洛伊
从市区的斯旺斯顿大街乘坐有轨电车 Route1、8路可以到达卡尔顿地区。从柯林斯大街乘坐 Route 11 路或者从公园大街乘坐 Route86、96路有轨电车可以到达菲兹洛伊。

■ 墨尔本博物馆
🏠 11 Nicholson St., Carlton Gardens, Carlton, 3053
☎ （03）8341-7777/ 13-11-02
🌐 museumvictoria.com.au/melbournemuseum
🕐 每天 10:00～17:00
🚫 耶稣受难日、圣诞节
💰 成人 $14　儿童 免费
※ 特殊需要另收费

■ IMAX Theatre
🏠 Rathdowne St., Carlton Gardens, Carlton south, 3053
☎ （03）9663-5454
🌐 imaxmelbourne.com.au
🕐 每天 10:00～21:30
💰 成人 $14～32　儿童 $14～24／
与墨尔本博物馆组合通票：
成人 $27　儿童 $14　家庭 $74

■ 卡尔顿花园
可以乘坐环城有轨电车，或者有轨电车 Route86、96路。电车站位于尼克尔森大街一侧的入口处。

※ 关于澳大利亚网球公开赛的详情可以参见 p.51~52

皇家展览馆
Royal Exhibition Building

墨尔本屈指可数的大型建筑群

象征爱与和平的维纳斯像

中国人面部浮雕

原住民面部浮雕

以拱形屋顶为中心的十字架形建筑

皇家展览馆是 1880 年为了举办墨尔本国际博览会而修建的会场，1888 年纪念殖民化 100 周年的博览会也是在这里举办的。当时在仅 6 个月的时间里，就有超出墨尔本人口 2 倍的共计 200 多万名观众来此观展。这里也是 19 世纪举办过大型博览会的会场中唯一保留至今的，因此在 2004 年被列为世界文化遗产（当时的博览会会场大都是临时建筑）。最可贵的是现如今这里也经常举办各种博览会。

参观皇家展览馆

这座建筑与位于市区的市政厅一样都是由当时著名的建筑家约瑟夫·利德（Joseph Read）设计建造的，由一栋拜占庭式建筑、一栋罗马式建筑和一栋文艺复兴式建筑组合而成，也是当时比较典型的展览馆建筑风格。每天有一次附带英语导游讲解的导览团出团，如果有时间一定要参加，参观一下展览馆的内部。

进入馆内首先经过的是令人非常震撼的宽敞十字架形大厅和中央的拱形屋顶。拱形屋顶和大堂相交叉的各角分别绘有代表爱与和平的维纳斯像、代表智慧的墨丘利像、代表热情与活力的马尔斯像和代表热心助人的丘比特像。在一旁的柱子上还有象征着原住民和不断增加的亚洲移民的中国人面部浮雕。

这里还是 1901 年召开第一次澳大利亚联邦会议的会场。澳大利亚的第一面国旗就是在拱形屋顶的旗杆上被升起的。二层可以看到描绘这次会议场景的绘画，与会者共有 343 位，每一个人都被清楚地描绘了出来。

直到 1990 年位于南岸的墨尔本会展中心建成为止，这里一直都是墨尔本规模最大可容纳人数最多的会展场所，墨尔本大学的入学考试以及与学校有关的庆典长期在这里举办。现在这里也经常举办各种车展、旅行博览会等商展。

DATA
9 Nicholson St., Carlton Gardens, Carlton, 3053
museumvictoria.com.au/reb
●导览团
☎ 13-11-02
时 每天 14:00~15:00
费 成 $10 儿 $7

时尚个性的意大利街

莱贡大街
Lygon St.

`Map p.305/1·2A`

莱贡大街位于卡尔顿的中心位置。宽敞的道路两侧是绿树，旁边有精品店、杂货店、意大利餐馆、熟食店等。每年的 11 月这里会举行莱贡大街游行，4 天的时间里，人们会在街上举办派对，边吃边喝边跳舞。

想要吃意大利菜，不妨到莱贡大街找找看

应有尽有的杂货街

布伦瑞克大街
Brunswick St.

`Map p.305/1·2B`

这条街是充满个性的，深受墨尔本年轻人的喜爱，道路两旁都是由

■ **莱贡大街**

可以乘坐从朗斯代尔大街到拉塞尔大街、莱贡大街的 Route 200、203、207 路巴士。另外，从斯旺斯顿大街出发的有轨电车 Route 8 路也会经过莱贡大街的北部。

■ **布伦瑞克大街**

可以乘坐从柯林斯大街出发的有轨电车 Route 11 路。布伦瑞克大街最热闹的地区是 13~17 号电车站。

卡尔顿与菲兹洛伊
Carlton & Fitzroy

●里士满
　　去往希腊街——斯旺大街，可以乘坐从伊丽莎白大街出发的有轨电车 Route 70 路。去越南街——维多利亚大街可以乘坐从柯林斯发车的有轨电车 Route 109 路。也可以乘坐电车在西里士满站下车。

■ 大桥路
www.bridgerd.com.au
●交通方法
　　从弗林德斯大街乘坐有轨电车 Route 48 或者 75 路，有 10 分钟车程便可到达大桥路。

个人经营的杂货店、时装店、家具用品店、化妆品店等。学生和艺术家们喜欢居住在这附近，街上的人看起来都非常有个性。就连这里的餐馆都非常有民族特色，这里有马来西亚餐馆、孟加拉餐馆，甚至还有非洲餐馆、阿富汗餐馆等比较少见的异国风情餐馆，哪怕只是在这里漫步也会瞬间激起无数的好奇心。店铺比较分散，从约翰斯顿街开始往北的区域比较集中一些。

里士满　　　　　　　　　　　　　Richmond

　　里士满位于市区的东侧，主要以大桥路（Bridge Rd）为中心，在此区域内有不少个性化的商店、咖啡馆和餐馆。这一地区本来是劳动阶层居住的街区，后来有很多希腊裔的移民定居，慢慢地就形成了热闹的希腊街。最近大量的越南裔移民来此定居，因此最近这里又形成了越南街。斯旺大街仍旧保留着希腊移民街的氛围，有希腊餐馆、咖啡馆等。越南街的中心地带是北里士满的维多利亚大街。街上走的也大都是黑头发黄皮肤的亚系人种，还经常可以听到越南语。店铺名、街道的招牌也都是用越南语写的。当然，这里还有不少越南菜馆，可以吃到既好吃又便宜的越南菜。

喜欢购物的话不妨到大桥路上去逛一逛

这里的时尚商品价格实惠
大桥路　　　　　　　　　　　　Map p.306
Bridge Rd.

　　大桥路上有不少澳大利亚品牌的直营店和折扣店，例如 Country Road 、Cotton On、Sportsgirl 等。里士满购物广场（Richmond Plaza）是中心地带，内有各式各样的店铺。道路两侧有珠宝店、礼品店、家具店、古董店等，喜欢购物的游客一定要来这条街逛一逛。

东墨尔本与里士满
East Melbourne & Richmond
0　　　　400m

里士满购物广场内有 Country Road 的奥特莱斯工厂店

南亚拉与普拉兰　　　　　　　South Yarra & Prahran

　　墨尔本的时尚区位于以图拉克路（Toorak Rd.）和教堂大街（Chapel St.）为中心的南亚拉和普拉兰一带。南亚拉是"墨尔本最时尚的街区"，图拉克则是"墨尔本最高级的住宅街区"。

　　图拉克路沿线有许多高档品牌的专卖店和高档餐馆。与这条路相交会的教堂大街也是一条令人瞩目的大街。既有澳大利亚本土设计师的精品店、饰品店、鞋店、古董店等，还有独立的精品店服装店、咖啡馆、酒吧、各国风味的餐馆等，深受年轻人的喜爱。街区的中心地带是商业路（Commercial Rd.），附近的店铺与图拉克的完全是两个世界的感觉，橱窗中展示的服装时尚大胆而前卫。这一地区也是墨尔本同性恋文化的中心地。

汇聚大量时尚商铺的教堂大街

由旧果酱工厂改造而成的购物中心
果酱工厂　　　　　　　　　　　Map p.307/2B
Jam Factory

　　这家购物中心位于教堂大街，是利用旧果酱工厂改造而成的，外观建筑是红砖墙风格，十分有个性。屋顶使用了教堂玻璃，有自然光可以照射进来，果酱工厂时期遗留下来的大型果酱罐也融入到了内装修中，

交通方式

●南亚拉与普拉兰

从斯旺斯顿大街乘坐Route 8 路有轨电车，或者从弗林德斯大街乘坐呈车在南亚拉站下车。去往普拉兰可以乘坐经过商业路的Route 72 路有轨电车。

建于图拉克路上的基督教堂也值得一看

■ 果酱工厂
田 500 Chapel St., South Yarra, 3141
☎ （03）9860-8500
図 thejamfactory.com.au
圏 每天10:00~23:00（根据商店而不同）

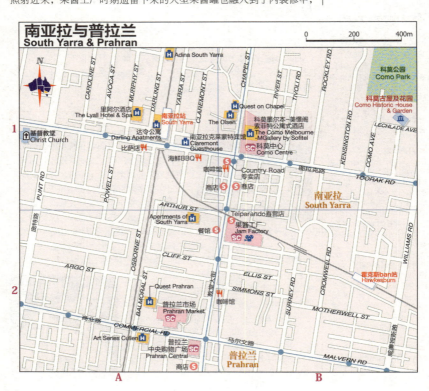

南亚拉与普拉兰
South Yarra & Prahran

0　　200　　400m

成了一道亮丽的风景线。中心是复合电影院的威秀影院，此外还有商店、咖啡馆、餐馆等设施。

每天客流量都很大，十分热闹

澳大利亚建筑的典型——联排公寓的原型

科莫古屋及花园

Map p.307/1B

Como Historic House & Garden

科莫古屋被认为是联排公寓的原型。科莫（Como）是意大利北部一座湖泊的名字。从1840年建成至1959年国民托管组织购买之前，这栋房子一直都是由墨尔本上流社会阶层人士交替所有。整栋房子的内部还保留着当时的原貌，通过内饰、摆件都可以使人联想到当时奢华的生活。虽说参观这里需要预约，但还是非常值得一看的。馆内只能在讲解员的带领下参观。参观完之后可以在占地面积约有2公顷的美丽花园内散步。

在科莫古屋可以了解到殖民时代上流社会阶层生活的景象

时尚街区的传统市场

普拉兰市场

Map p.307/2A

Prahran Market

普拉兰市场开业于1864年，是墨尔本最古老的市场。现存建筑是1891年建造的，1981年耗费650万美元又重新开放整修。在主市场大厅（Main Market Hall）内有蔬菜店、水果店，两侧是服装店、藤编制品店、化妆品店、杂货店等。大厅的隔壁是出售肉类、鱼类的拱廊商业街，旁边是出售杂货类的多功能拱廊。

圣基尔达与湾区 St Kilda & Bayside

圣基尔达是墨尔本十分受欢迎的海滩度假地

圣基尔达拥有面朝菲利普港的美丽海滩，也是墨尔本市民的度假胜地。尤其是每到夏季的周末，除了海滩之外，就连每周日在海岸边的滨海广场（The Esplanade）举办的周日集市也会聚集大量的人群，十分热闹。滨海广场附近的游乐园月神公园（Luna Park）内也都是全家出动来度假的市民。主街菲兹洛伊大街两旁有不少时尚的咖啡馆和餐馆。午餐和晚餐时间还会有露天座席可供就餐。

从圣基尔达再往南被称为湾区。湾区主要是从布莱顿（Brighton）到博马里斯（Beaumaris）之间约17公里海滩的总称，这一带有不少海滨浴场，距离城区比较近，是有人气的高档住宅区、别墅区、度假地。

另外，夹在湾区与菲利普港之间的亚拉河河口霍普森湾一带的海滩也是深受墨尔本人喜爱的度假胜地。

月神公园是比较怀旧的游乐场

■ **科莫古屋及花园**
住 Cnr. Williams Rd. & Lechlade Ave., South Yarra, 3141
☎（03）9656-9889
URL www.nationaltrust.org.au/places/como-house-and-garden
开 馆内：可以参加周六·周日 11:00、12:30、14:00 开始的导览团进行参观 / 花园：周一～周六 9:00~17:00、周日 10:00~17:00
费 成人 $15 儿童 $9 家庭 $35 / 花园免费参观

■ **普拉兰市场**
住 163 Commercial Rd., South Yarra, 3141
☎（03）8290-8220
URL www.prahranmarket.com.au
营 周二·周四·周五·周六 7:00~17:00、周日 10:00~15:00
休 周一、周三

■ **同性恋的盛典“同性恋节”**
商业路每年的1月都会举办同性恋的盛典“同性恋节”大游行。
URL www.midsumma.org.au

交通方式

●**圣基尔达**
可以乘坐从伯克大街、斯潘塞大街出发的有轨电车 Route 96 路。或者乘坐从斯旺斯顿大街出发的 Route 3a、16 路，从弗林德斯大街出发的 Route 12 路（约需 20 分钟）。

■ **月神公园**
住 18 Lower Esplanade St., St Kilda, 3182
☎（03）9525-5033
URL lunapark.com.au
营 9月中旬~次年4月末：周五 19:00~23:00、周六 11:00~23:00、周日 11:00~20:00 / 4月末~9月中旬：周六 11:00~18:00
※上述营业时间仅供参考。学校假期期间每天开放
休 圣诞节
费 免费入园 / 乘坐各种游乐设施的1日通票 成人 $49.95 儿童 $39.95、3岁以下 $17.50 家庭 $179.80
※费用依季节而变化

■ **湾区**
URL www.bayside.vic.gov.au

港区的中心
布莱顿
Brighton

`Map p.288/2A`

布莱顿海滩上拥有许多色彩斑斓的海滨小屋，海滩沿线还有小公园和自行车环道，夏季里即便是平日也有不少来此悠闲散步的人。从中布莱顿站一直延伸的教堂路两旁，有咖啡馆、餐馆、艺术画廊等，十分热闹。

海滩上有五颜六色的海滨小屋

维多利亚风格的大豪宅和花园
利篷里庄园
Rippon Lea Estate

`Map p.288/2A`

可以悠闲地在庭园和宅邸里漫步

这栋宅邸和花园是由19世纪60年代末期的企业家F.T.萨古德建造的。利篷里是萨古德母亲的旧姓氏。最初只有15个房间，后来随着萨古德事业的不断成功和发展进行了增建，到了1903年成了一栋拥有30多个房间的大豪宅。1972年这里由国民托管组织管理并作为博物馆对外开放。可以参观拥有炫彩古董家具的宅邸内部、美丽的花园和舞蹈房等。

■ 布莱顿
乘坐从弗林德斯大街出发的Sandringham线，在中布莱顿站下车，需要15~20分钟。

■ 利篷里庄园
住 196 Hotham St., Elsternwick, 3185
☎ (03) 9523-6095
🔗 www.ripponleaestate.com.au
开 每天 10:00~16:00（入园截至~15:30）
休 耶稣受难日、圣诞节
费 成人$15 少$9 家庭$35／只参观花园：成人$10 少$4 家庭$20
● 交通方法
从弗林德斯火车站乘坐电车，在利篷里站下车，步行5分钟可达。

■ 威廉姆斯镇
🔗 www.williamstowninfo.com.au
推荐乘坐从南岸出发的威廉姆斯镇渡轮。

圣基尔达
St Kilda

●威廉姆斯镇渡轮（墨尔本
游船）
☎（03）8610-2600
🖥 www.melbcruises.com.au
🚢 南门～威廉姆斯镇：单程
（成人）$23 （儿童）$11 （家庭）$50／往返
（成人）$29 （儿童）$16 （家庭）$75

交通方式

●莫宁顿半岛
　　游客一般都选择租车自
驾。如选择乘坐公共交通工
具，可先乘火车前往弗兰
克斯顿（Frankston），然后
换乘波特西客运服务系统
（Portsea Passenger Service）
的巴士（Route 788 路）沿内
皮恩角公路前往波特西。非
节假日每 45 分钟有一班巴
士，但周六、周日的发车班
次非常少，需要注意。
●波特西客运服务系统
🏠 17-19 Colchester Rd.,
Rosebud, 3939
☎（03）5986-5666
■莫宁顿半岛旅游信息服
务及预订中心
**Mornington Peninsula
Visitor Information &
Booking Centre**
🏠 359B Point Nepean Rd.,
Dromana, 3936
☎（03）5987-3078
📠 1800-804-009
🖥 www.visitmorningtonpe-
ninsula.org
🕐 每天 9:00～17:00
🚫 耶稣受难日、圣诞节
■渡轮
　　从索伦托到对岸贝拉林半
岛上的昆斯克利夫（Queens-
cliff）有渡轮开行。如果开车
自驾沿大洋路游览的话，推
荐第一天去莫宁顿半岛，然
后乘渡轮前往吉朗。
●昆斯克利夫索伦托客货渡轮
☎（03）5257-4500
🖥 www.searoad.com.au
🚢 每天 7:00～18:00 每小时一班
🎫 单程：（成人）$11 （儿童）$8 （家庭）$33、
汽车 $64、摩托车 $35
※ 汽车的费用根据季节、车
辆种类及乘坐人数会发生变化

可以眺望墨尔本摩天大楼群的度假地

威廉姆斯镇 Map p.288/2A
Williamstown

　　威廉姆斯镇位于亚拉河口。自 1835 年殖民者来到此地开始，这里作
为帆船的停靠港口而十分热闹，主街两旁的住宿设施也是墨尔本郊外各
镇中数量最多的。尼尔逊街（Nelson Place）还保留着当时的影子，街道
两旁是咖啡馆、餐馆、古董商店等。

墨尔本 郊外的城镇

莫宁顿半岛 Mornington Peninsula

　　莫宁顿半岛位于墨尔本附近，与墨尔本一起将菲利普湾环抱其中。
这个半岛也是墨尔本市民在休假时喜欢光顾的旅游景区。有很多葡萄酒
庄、花园、咖啡馆，海边还有非常适合游泳的海水浴场。有观看海豚及
游泳、冲浪、钓鱼等休闲活动可供游客选择，健走、高尔夫、骑马等运
动也很受欢迎。

　　主要城镇包括设有旅游信息服务中心的德罗马纳（Dromana）、拥有
美丽海滩的罗斯巴德（Rosebud）及莱
伊（Rye）、观看海豚游船的出发地索伦
托（Sorrento）、半岛顶端的小镇波特西
（Portsea），均位于环菲利普湾延伸的内
皮恩角公路（Point Nepean Hwy.）沿线。
这些城镇都有住宿设施、餐馆、超市，
沿途住宿休息非常方便。

莫宁顿半岛上有很多美丽的海滩

葡萄酒爱好者可以品尝黑皮诺

莫宁顿半岛的葡萄酒庄 Map p.288/3A·B
Mornington Peninsula Wineries

　　半岛上的葡萄酒庄数量超过 50 个，是
维多利亚州仅次于亚拉河谷的葡萄酒产地。
这里受海风影响，气候凉爽，可以种植出优
质的黑皮诺葡萄及霞多丽葡萄，获得的评价
也非常高。多数酒庄位于半岛中央名为红山
（Red Hill）的小高地上，有的酒庄里还设有
很好的餐馆。几乎所有酒庄都允许试饮，建
议游客前往参观并品尝，找到自己喜欢的葡
萄酒品种。

丘陵地带的美丽葡萄园

	酒庄名	住宿／URL	电话号码	营业时间
莫宁顿半岛的主要葡萄酒酒庄	蒙塔尔托葡萄园与橄榄园酒店 Montalto Vinyard & Olive Grove	33 Shoreham Rd., Red Hill South, 3937 🖥 montalto.com.au	(03)5989-8412	每天 11:00～17:00
	红山丘酒庄 Red Hill Estate	53 Shoreham Rd., Red Hill South, 3937 🖥 www.redhillestate.com.au	(03)5989-2838	每天 11:00～17:00
	主岭酒庄 Main Ridge Estate	80 William Rd., Red Hill, 3937 🖥 mre.com.au	(03)5989-2686	非周末 12:00～16:00、 周末 11:00～17:00
	林登德雷红山酒庄 Lindenderry at Red Hill	142 Arthur Seat Rd., Red Hill, 3937 🖥 www.lancemore.com.au/indenderry	(03)5989-2933	周六·周日 11:30～17:00
	塔克岭酒庄 Tuck's Ridge	37 Shoreham Rd., Red Hill South, 3937 🖥 www.tucksridge.com.au	(03)5989-8660	每天 11:00～17:00
	格兰特酒庄 T'Gallant Winemakers	1385 Mornington-Flinders Rd., Main Ridge, 3928 🖥 www.tgallant.com.au	(03)5931-1300	每天 10:00～17:00

最受欢迎的是蒙塔尔托葡萄园与橄榄园酒庄（Montalto Vinyard & Olive Grove）及红山酒庄（Red Hill Estate）。每个酒庄里都有环境良好的餐馆，可以观赏美丽的葡萄园。另外蒙塔尔托还生产橄榄油，可以买到特级初榨橄榄油。

莫宁顿半岛的观景点

亚瑟王宝座
Arthurs Seat
Map p.288/3A

登上亚瑟王宝座可以将莫宁顿半岛尽收眼底。那里是半岛的最高点（海拔 300 米），可以从山脚下乘坐缆车（Arthurs Seat Eagle）或驾车登上山顶。缆车单程用时约 14 分钟。山顶有观景餐厅、咖啡馆、迷宫花园等设施。天气晴朗的时候，可以远眺半岛顶点内皮恩角，甚至能够看到位于海湾对面墨尔本的高层建筑。

美丽香草花园

赫伦斯伍德花园
Heronswood Gardens
Map p.288/3A

位于亚瑟王宝座附近的赫伦斯伍德建于 1866~1871 年，是墨尔本大学首位法学博士威廉·赫恩（William Hearn）的宅邸。建筑风格为哥特复兴式，钟形的石板屋顶很有特色。不能进入建筑内部，但可以参观花园。花园面积达 2 公顷，种植着适合在澳大利亚生长的植物，包括各种香草及无农药蔬菜（出售各种植物苗）。另外，园内的餐馆有使用无农药蔬菜和香草制作的菜品及蛋糕。

在赫伦斯伍德可漫步游览花园

美丽的迷宫花园

雅思迷宫及薰衣草花园
Ashcombe Maze & Lavender Gardens
Map p.288/3A

澳大利亚历史最悠久的迷宫花园。在面积达 25 英亩（约 0.1 平方公里）的范围内，有十几个主题花园，包括由 1200 多棵玫瑰花组成的圆形迷宫、薰衣草园、喷泉园等，很适合散步。园内咖啡馆的英式奶油茶点很受欢迎。

在莫宁顿半岛采摘草莓

阳光岭草莓园
Sunny Ridge Strawberry Farm
Map p.288/3A

是澳大利亚规模较大的草莓园，可以采摘草莓。与大棚内采摘不同，是在蓝天下享受采摘的乐趣，草莓的种类很多，在不同的季节可以摘不同的草莓。另外，草莓冰激凌、草莓酱、草莓起泡酒也很值得品尝。

仿外国温泉而建

半岛温泉
Peninsula Hot Springs
Map p.288/3A

这里的老板对外国温泉颇有研究，他对世界 30 多个国家的温泉进行研究之后，建造了这里。温泉水取自 637 米的地下，水温调整为适合人体的 38~43℃，有大型露天温泉、私人露天温泉等设施。要注意在这里泡

■ 亚瑟王宝座
住 1085 Arthurs Seat Rd., Dromana, 3936
☎ (03) 5987-0600
URL www.aseagle.com.au
营 每天 10:00~17:00
费 单 程 成人 $17.50 儿童 $11、往返 成人 $24 儿童 $15

■ 赫伦斯伍德花园
住 105 Latrobe Pde., Dromana, 3936
☎ (03) 5984-7321
☎ (03) 5984-7318（餐馆）
URL www.diggers.com.au
营 每天 9:00~17:00（餐馆的午餐为 11:30~15:00）
费 花园 成人 $10 儿童 免费

■ 雅思迷宫及薰衣草花园
住 15 Schoreham Rd., Shoreham, 3916
☎ (03) 5989-8387
URL ashcombe.com.au
营 每天 9:00~17:00
休 圣诞节
费 成人 $18.50 儿童 $10 家庭 $52

■ 阳光岭草莓园
住 244 Shands Rd., Main Ridge, 3928
☎ (03) 5989-4500
URL www.sunnyridge.com.au
营 11 月~次年 4 月每天 9:00~17:00、5~10 月的周末 11:00~16:00/ 草莓采摘 11 月~次年 4 月 9:00~16:30
休 5~10 月的非节假日、新年、耶稣受难日、圣诞节
费 草莓采摘：成人 $9（最多可摘 0.5 公斤）儿童 $4（最多可摘 250 克）家庭 $22/ 超过规定重量的草莓 1 公斤 $12
※ 最适合草莓采摘的季节为 11 月~次年 4 月

体验草莓采摘

■ 半岛温泉
住 140 Springs Lane, Fingal, 3939
☎ (03) 5950-8777
URL www.peninsulahotsprings.com
营 每天 7:30~22:00 / SPA 是每天 8:00~21:00
休 圣诞节
费 露天温泉池：成人 $35~45 儿童 $20~30

※ 9:00 以前进场是 🅐 $25
🅒 $20

■ 海豚巡游船
● Polperro Dolphin Swims
☎（03）5988-8437
🌐 www.polperro.com.au
📅 9 月最后的周末~次年 4
月末 每天 8:00~11:30、12:00~
15:30
※ 需要预约。根据天气的变
化可能会有变更
💰 游泳每人 $145/ 观察
🅐 $62.50 🅒 $42.50
● Moonraker Dolphin &
Seal Swims
🏠 7 George St., Pier, Sorrento,
3943
☎（03）5984-4211
🌐 www.moonrakercharters.
com.au
📅 11 月~次年 4 月期间每天
9:00~12:00、13:00~16:00
※11~12 月上半期有可能只
在周末出团
※ 节礼日~1 月末期间每天
8:00~11:00、12:00~15:00、
16:00~19:00
💰 只观察：🅐 $65 🅒 $45 /
附带游泳（10 月~次年 4 月）：
🅐 $165 🅒 $135

■ Gunnamatta 骑马线路
🏠 150 Sandy Rd., Fingal,
3939
☎（03）5988-6755
🌐 www.gunnamatta.com.au
📅 50 分钟丛林骑马体验：周
一~周五 12:00、周六·周日·
节 假 日 9:00、15:00 开 始 /2
小时海滩＋丛林：周一~周
五 13:00、周六·周日·节假
日 9:30、12:00、14:30 开始
※ 夏季、学校假期期间出团
的次数会相应地增加
💰 50 分钟丛林骑马体验：1
人 $70（6 岁以上）/ 2 小时
海滩＋丛林：1 人 $140（10
岁以上）

交通方式

● 菲利普岛
　公共交通较少，一般
选择租车自驾或者跟随巴
士旅游团前往（旅游团
→ p.322）。

■ 乘坐公共交通前往菲利
普岛
　从墨尔本乘坐 V 线至考
斯镇，有电车＋巴士的套票
（单程 2 小时 30 分钟~3 小
时）。或者乘坐电车至 Stony
Point，然后从这里乘坐岛际
渡轮前往（每天 3~4 班船）
考斯镇。

露天的温泉池

温泉是需要穿着泳衣的。除了温
泉之外，还有土耳其浴哈马姆和
正宗的水疗设施。水疗设施使用
的按摩膏是引入原住民草药概念
的 "Li'ya"。

和友好的海豚一起游泳
索伦托海豚观察与游泳
Sorrent Dolphin Watch & Swim

　澳大利亚有许多可以与海豚共舞的地方，在墨尔本周边最著名的是
索伦托。这里的近海栖息着宽吻海豚和澳大利亚海狗。想要出海观察海
豚和海狗，或者和它们一起游泳，可以参加团体游项目，有多家公司都
专门设有类似的项目。游览时间约 3 小时。可以免费租借潜水服、浮潜
装备等。但不要忘记自行携带泳衣、毛巾和照相机。

在海滩上享受骑马的乐趣
Gunnamatta 骑马线路
Gunnamatta Trail Rides

　可以在海滩上或者丛林里体验骑马的乐趣。尤其是海滩骑马体验，
在澳大利亚得到许可允许在海上骑马的区域并不多，这可以说是十分珍
贵的体验。最受欢迎的是 2 小时骑行体验。可以骑马穿越沙滩远眺美丽
的海滩。此外，还有适合初学者和儿童的 50 分钟丛林骑行，有半天、一
天的骑行出游等。

在海边登山
莫宁顿半岛国家公园　　Map p.288/3A
Mornington Peninsula NP

　莫宁顿半岛的前端面朝巴斯海峡一侧的海岸线被指定为国家公园。
公园内有很多地方是不能驾车前往的。因此需要在步行健走一段时间后
才可以欣赏到一望无际的寂静大海。尤其是步行至波特西再往前的内皮
恩海角的线路非常值得推荐。公园的入口处有游客中心，普通车辆可以
入内。步行至半岛前端单程大约需要 1 小时 30 分钟。

菲利普岛　　Phillip Is.

　菲利普岛位于墨尔本东南 137 公
里处，是墨尔本市民夏季周末度假的
好去处。岛上的企鹅大游行是最著名
的游览项目，可以说是来墨尔本旅游
必去的地方。菲利普岛的中心是考斯
镇（Cowes）。小镇上有超市、咖啡
馆、酒店、房车营地等，虽说镇子不
大，但是设施非常齐全。岛的东南端

考斯镇拥有比较平稳的海滩
是通往乌拉迈海岬（Cape Woolamai）的海岸线，也是专业冲浪爱好者进
行循环赛的场所。
　菲利普岛还因每年 10 月举办的备受世界瞩目的世界摩托车大奖赛

GP——米其林澳大利亚摩托大奖赛而知名。循环赛道除了是 GP 的赛场之外，还经常承接其他赛事，是澳大利亚摩托车手们向往的赛道。如果你准备从墨尔本租车前往菲利普岛，不妨在途中顺道拜访一下玛鲁考拉动物园（Maru Koala & Animal Park）（→ p.321）。

不禁感慨这里就是南极附近的岛屿

企鹅大游行
Penguin Parade

Map p.313/A

可爱的企鹅们

在夕阳西下，夜幕快要降临的时候，身高 30 厘米，外出捕鱼的小企鹅（也被人们称仙女企鹅）会成群结队地返回岸边。可以观察企鹅回巢的海滩有萨摩兰海滩（Summerland Beach）、小企鹅观测中心（Little Penguin Watching Visitor Centre），此外还有许多关于小企鹅生态圈的展览（还可以观察企鹅巢穴内部的模样）。

观看企鹅大游行，需要从游客中心沿着木栈道步行 5 分钟至沙滩前的阶梯状看台。众多企鹅从海上上岸后沿着照明设备照亮的沙滩一扭一扭地排队前行。在 Penguin Plus 可以更近距离地观察企鹅，但是需要加收费用，不过依然很火爆。企鹅归巢的线路沿途设有观察席，可以看着企鹅从自己的眼前走过。Penguin Plus 还可以自由选择 Underground Gallery，可以在观众席的地下透过玻璃窗，与企鹅同一视角观察它们走路的姿势。

◆ 岛际渡轮 Inter-Island Ferry
☎ （03）9585-5730
🖥 www.interislandferries.com.au
💰 单程：(成人)$13 (儿童)$6

■ 菲利普岛游客中心
Phillip Island Information Centre
🏠 895 Phillip Is. Rd. Newhaven, 3925
☎ 1300-366-422
🖥 www.visitphillipisland.com
🕐 每天 9:00~17:00（夏季学校放假期间 ~18:00）
🚫 圣诞节

■ 在菲利普岛停留期间的实用通票
企鹅大游行、考拉保护中心、丘吉尔岛 3 处景点的组合套票 3 ParkPass，还可以追加诺比司中心南极之旅、生态小船冒险项目。可以在各个景点的入口处购票
💰 3 ParkPass：(成人)$43.60 (儿童)$21.70 (家庭)$108.90/3 ParkPass（+Penguin Plus）：(成人)$67.90 (儿童)$33.90 (家庭)$169.70 / 3 ParkPass+ 南极之旅：(成人)$58 (儿童)$28.90 (家庭)$144.90/3 ParkPass（+Penguin Plus）+ 南极之旅：(成人)$82.3

Penguin Plus 的观众席

从 Underground Gallery 与企鹅同等高度的视线观察企鹅

游客中心内有小型的博物馆和纪念品商店

ⓢ $41.10 ⓕ $205.70 / 3
ParkPass + 南极之旅 + 生态
小船冒险：ⓐ $135.30 ⓒ
$90.95 ⓕ $360.50

■ 企鹅大游行
🏠 1019 Ventnor Rd., Phillip
Is., 3922
☎（03）5951-2800
🖥 www.penguins.org.au
🕐 展览馆：每天 10:00~ 企
鹅大游行结束
💰 ⓐ $25.70 ⓒ $12.80
ⓕ $64.20 / Penguin Plus：
ⓐ $50 ⓒ $25 ⓕ $125 /
Underground Gallery：ⓐ $65
ⓒ $32.50 ⓕ $162.50

■ 诺比司中心
☎（03）5951-2800
🖥 www.penguins.org
🕐 每天 11:00~17:00（夏季~
20:00、冬季~16:00）
💰 免费
●南极之旅
💰 ⓐ $18 ⓒ $9 ⓕ $45

在诺比司海岬周边出没的小袋鼠

■ 考拉保护中心
☎（03）5951-2800
🖥 www.penguins.org
🕐 每天 10:00~17:00（夏季~
17:30）
💰 ⓐ $12.80 ⓒ $6.40
ⓕ $32

■ 赏海狗游船
●生态小船巡游
☎（03）5951-2800
🖥 www.penguins.org
🕐 3~4 月 15:00~16:00 / 5~9
月 13:00~14:00 / 10 月 ~2018
年 3 月 15:00~16:00、17:00~
18:00（12 月 27~30 日期间
13:00~14:00 也开放）
※ 从考斯的栈桥码头出发
💰 生态小船探险
ⓐ $85 ⓒ $65 ⓕ $235

使用的是生态小船

一定有许多人都想将这一时刻拍摄下来，但是由于有不少游客不遵守规定，频繁地使用闪光灯（有可能会导致从黑暗的大海中上岸的企鹅失明），因此禁止拍照和录像。另外，企鹅回巢的时间是在黄昏时分，届时会有从南极吹过来的冷风，即便是夏季也需要准备保暖的衣服。也可以从入住的酒店租借毛毯来取暖。

与南极有关的展览
诺比司中心
The Nobbies Centre
Map p.313/A

菲利普岛向西突出的海岬是诺比司海岬。从可以观看企鹅大游行的萨摩兰海滩乘车约需 10 分钟可达，一路上都是小袋鼠出没的地区。另外，沿海一侧还有小企鹅的巢穴。诺比司海岬最外侧有木栈道，如果运气好的话，在这里可以观察到等待父母回巢的小企鹅的身影。

木栈道的终点是诺比司中心（有纪念品商店、餐馆等设施）内的南极之旅（Antarctic Journey）。这里关于南极的互动展品非常新颖，尤其是使用最新科技的"南极野外生活"，仿佛自己真的置身于南极的冰床上一般。

在南极之旅区域体验来到南极的感觉

想要看野生考拉来这里
考拉保护中心
Koala Conservation Centre
Map p.313/B

菲利普岛上栖息着大量的野生考拉。不过真想要碰到野生考拉还是有些难度。考拉保护中心是一个与野生考拉生活环境一样专供考拉们生活的桉树林，在这里会比较容易观察到野生考拉。保护区内铺设有木质栈道，可以近距离地观察生活在树上的考拉。不过，即便是运气好，刚好有近在咫尺的考拉可以用手触摸到，也绝对不要打扰它们的生活。

运气好的话可以近距离地观察考拉

出海去看野生海狗
赏海狗游船
Seal Rocks Cruise

菲利普岛的周边是野生海狗（Fur Sea）的栖息地。在诺比司海岬的近海栖息着 16000 多头野生海狗。有从考斯出发的赏海狗游船。有多家公司的航海线路都可以观赏海狗，其中最受欢迎的是可以与其他项目组合购买的生态小船巡游（EcoBoat Tours）线路。海狗的好奇心十分旺盛，有船靠近的时候，它们会游过来观察，时而与浪花嬉戏时而会跃起身来。雄性海狗比雌性海狗大了近 3 倍，有时候它们还会成群结队地向游客拥来，十分值得一看。

海狗岩附近有大量的海狗

毛鼻袋熊也是放养的

菲利普岛野生动物园
Philip Is. Wildlife Park

`Map p.313/A`

除了袋鼠、鸸鹋（澳大利亚鸵鸟）等常见动物是放养之外，还有鹿、毛鼻袋熊等也是放养式的。这里所有的动物都与人和善，非常可爱。可以在入口处购买饵料，并且在游玩过程中投喂给动物们。考拉和袋獾也比较常见。

体验古老的农场

丘吉尔岛
Churchill Island

`Map p.313/B`

丘吉尔岛上的土地是维多利亚州中最早（1801 年）被欧洲人利用的农耕用地，也是欧洲移民者在维多利亚州最早的定居点。现在整座岛整体保留着 1850 年开拓时代的模样，作为丘吉尔岛文化遗产农场向人们讲述着她的故事。游客可以参观岛上开拓时代的农场建筑物，还可以体验挤牛奶、甩鞭子、欣赏剪羊毛表演、牧羊犬表演等。

人气很高的剪羊毛表演

丹德农丘陵
Dandenong Ranges

位于墨尔本以东约 35 公里、海拔 663 米的丹德农丘岭周围的丘陵地带是墨尔本市民在周末时经常去驾车兜风及散步的地方。这条旅游线路的起点是帕芬比利观光火车始发站所在地贝尔格雷夫（Belgrave）。

成人与儿童都很喜欢的观光火车

帕芬比利
Puffing Billy

`Map p.288/2B`

火车鸣笛待发

红色的帕芬比利观光火车冒着烟驰骋在丹德农丘陵上。在该地区旅游，一定要乘车体验一下。从贝尔格雷夫出发，经孟席斯溪（Menzies Creek）、艾美拉尔德（Emerald）、湖滨（Lakeside），开往简布鲁克（Gembrook），用时约 2 小时。1900 年轨宽 76 厘米的窄轨铁路开通了，在 20 世纪 50 年代因山体滑坡而关闭。不过，希望恢复运行的呼声很高，在一些志愿者的推动下，现在作为历史遗迹得以保留并再次开行。英国现存最古老、制造于 1813 年的蒸汽机车就被命名为帕芬比利，意为"冒着烟的药罐"。

从贝尔格雷夫出发，一路上的风景宛如图画。可以看到桉树林中的蕨类植物、草地以及三座木桥，景色美不胜收。在天气晴朗的日子，行车途中还能看到菲利普湾，返程时可以面朝列车行进方向坐在车厢靠右的座位。特别喜欢蒸汽火车的游客可以选择坐在紧靠机车的车厢内，感受机车发出的声音。不过，会有煤烟飘出，需要做好准备。

往返简布鲁克（只在周末开行）需要 1 天的时间。如果参加从墨尔本出发的团体游，可以在火车运行的中途上车（详情参见团体游的介绍→p.322），游览的效率更高。还可在中途的孟席斯溪及湖滨下车，步行游览周边区域。

■ 菲利普岛野生动物园
🏠 2115 Phillip Is. Rd.，Cowes，3922
☎ (03) 5952-2038
🖥 www.piwildlifepark.com.au
開 每天 10:00～17:00
※ 闭园时间根据季节有所区别
休 圣诞节
費 (大人) $18 (儿童) $9 (家庭) $48

■ 丘吉尔岛
🏠 246 Samuel Amess Drive，Churchill Island，Newhaven 3925
☎ (03) 5951-2800
🖥 www.penguins.org
開 周一～周五 10:00～17:00、周六 9:00～17:00（演出均在下午）
費 (大人) $12.80 (儿童) $6.40
(家庭) $32

被桉树林与温带雨林覆盖的丘陵地区

交通方式

● 丹德农丘陵
前往贝尔格雷夫可从墨尔本乘坐由弗林德斯火车站发车的轻轨列车（区间 1+2）。

■ 帕芬比利
除了帕芬比利之外，还有托马斯及铃铛等不同的蒸汽列车开行。详情如以下内容。
☎ (03) 9757-0700
🖥 puffingbilly.com.au
時 从贝尔格雷夫出发的开往湖滨的列车：每天 10:30、11:10 (*1)、12:30、14:30 (*2)
(*1) 周末行至简布鲁克
(*2) 在艾美拉尔德折返
費 从贝尔格雷夫出发的往返票：至孟席斯溪 (大人) $32 (儿童) $17/至艾美拉尔德或湖滨 (大人) $54 (儿童) $28 (家庭) $108/至简布鲁克 (大人) $71.50 (儿童) $36 (家庭) $143
※ 为防止山火，有时会发出"Total Fire Ban"的警报，禁止一切动火使用。此时蒸汽列车停运，改为内燃机列车。

乘坐帕芬比利时大家喜欢把身体伸出车窗外

丛林冒险

■ **丛林冒险**
- Old Monbulk Rd., Belgrave, 3160
- ☎（03）9752-5354
- 🔗 treesadventure.com.au
- 🕐 周一～周五 11:00~17:00、周六·周日·节假日 9:00~17:00（末班车发车时间 15:00）
- 🚫 新年、圣诞节
- 💰（成人）$45（儿童）8~17岁 $35、4~7岁 $25

交通方式

● **亚拉河谷**
在广阔的土地上分布着许多酒庄，所以建议租车自驾。

在森林中体验滑索冒险

丛林冒险
Trees Adventure

`Map p.288/2B`

惊险刺激的滑索

将各种运动与滑索（在澳大利亚被称为 Flying Fox）结合到一起的滑索冒险很受欢迎。在墨尔本，可以到贝尔格雷夫的帕芬比利站附近的格伦哈罗公园（Glen Harrow Park）体验。共有 15 条滑索及 70 个运动设施，可以根据自己的水平选择线路。完成最普通的线路需要 2 小时。

亚拉河谷 　　　　　　　　　　　Yarra Valley

亚拉河谷位于墨尔本以东、大分水岭的山脚下。在广阔的丘陵上有成片的葡萄园，是澳大利亚著名的葡萄酒产地。1837 年，赖利兄弟从悉尼步行 900 公里到达这里。第二年，他们在这里种植了 600 多棵葡萄树，为这里成为葡萄酒产地打下了基础。现在这里有 80 多家酒庄。其中不少

广阔的葡萄园成为一道美丽的风景 　　人气酒庄裏桐酒庄的绿点试饮室

■ 亚拉河谷旅游信息服务中心
Yarra Valley Visitor Information Centre
🏠 The Old Courthouse, Harker St. Healesville, 3777
☎ （03）5962-2600
🌐 visityarravalley.com.au
开 每天 10:00～16:00
休 圣诞节

酒庄还设有餐馆及咖啡馆，可以同时品尝美食与美酒。有的酒庄甚至设有乳酪或巧克力作坊，这里可以说是墨尔本郊外的美食集中地。

　　旅游中心城镇为利利代尔（Lilydale）、亚拉格伦（Yarra Glen）、希尔斯维尔（Healesville）。酒庄与景点都在城镇的郊外，可以参加从墨尔本或当地出发的团体游或租车自驾。参加团体游，导游会为游客介绍亚拉河谷地区的酒庄、葡萄树种类、主要景点以及值得推荐的商店。在酒庄内的餐馆一般都可以品尝到当地的葡萄酒以及美食。自驾前往的话，可以在环境优良的民宿或小旅馆住宿，非常方便。

■ 酒庄团体游
　　下面介绍主要的英语导游项目
● 亚拉河谷酒庄团体游
Yarra Valley Winery Tours
☎ 1300-496-766
📠 （03）5966-2466
🌐 www.yarravalleywinery-tours.com.au
时 每天 10:30～15:30/墨尔本出发并到达每天 9:30～16:30
费 1 人 $110/墨尔本出发并到达 1 人 $140

● 澳大利亚葡萄酒团体游
Australian Wine Tour
☎ （03）9419-4444
📠 1800-996-414
🌐 www.austwinetour.co.au
时 墨尔本出发并到达 9:00～17:00
休 新年、圣诞节、节礼日
费 1 人 $130

每个酒庄都会提供优质的葡萄酒

推荐酒庄 Map p.316
Wineries

橡木岭酒庄的试饮室

裏桐酒庄（Domaine Chandon）是以生产香槟王而闻名的法国香槟企业酩悦香槟在澳大利亚设立的酒庄。这里出产的特级初榨葡萄酒在世界上享有很高的声誉。每天有 3 次（11:00、13:00、15:00）免费的酒庄团体游活动。餐馆与葡萄酒都获得了很高评价的酒庄是德保利酒庄（De Bortoli Winery）和橡木岭酒庄（Oakridge Wines）。优伶酒庄（Yering Station）的葡萄园是当年赖利兄弟种植葡萄的地点之一。在餐馆不仅可以观赏到美丽的景色，还能品尝到美食。

清晨，热气球飘过优伶庄园的上空

酒庄名	住宿 /URL	电话号码	营业时间
德保利酒庄 De Bortoli Winery	58 Pinnacle Lane, Dixons Creek, 3775 🌐 www.debortoli.com.au	(03)5965-2271	每天 10:00～17:00
裏桐酒庄 Domaine Chandon	727 Maroondah Hwy., Coldstream, 3770 🌐 www.chandon.com.au	(03)9738-9200	每天 10:30～16:30
罗富酒庄 Rochford's Wines	878-880 Maroondah Hwy., Coldstream, 3770 🌐 www.rochfordwines.com.au	(03)5957-3333	每天 9:00～17:00
橡木岭酒庄 Oakridge Wines	864 Maroondah Hwy., Coldstream, 3770 🌐 www.oakridgewines.com.au	(03)9738-9900	每天 10:00～17:00
塔拉瓦拉酒庄 Tarra Warra Estate	311 Healesville-Yarra Glen Rd., Yarra Glen, 3775 🌐 www.tarrawarra.com.au	(03)5957-3511	周二～周日 11:00～17:00
优伶酒庄 Yering Station	38 Melba Hwy., Yarra Glen, 3775 🌐 www.yering.com	(03)9730-0100	周一～周五 10:00～17:00 周六·周日·节假日 10:00～18:00
圣休伯特酒庄 St Huberts	10 St Huberts Rd., Coldstream, 3770 🌐 www.sthuberts.com.au	(03)5960-7096	每天 10:00～17:00
冷溪山酒庄 Coldstream Hills	31 Maddens Lane, Coldstream, 3770 🌐 www.coldstreamhills.com.au	(03)5960-7000	每天 10:00～17:00
长沟酒庄 Long Gully Estate	100 Long Gully Rd., Healesville, 3777 🌐 longgullyestate.com	(03)5962-3663	周六·周日·节假日 11:00～17:00

■ 热气球团体游
● 全球热气球
Global Ballooning
☎（03）9428-5703
📠 1800-627-661
🌐 www.globalballooning.
com.au
🎫 成人 $405 儿童 $325/ 带早餐
成人 $435 儿童 $340

▓ 交通方式

● 韦里比
　　可以从墨尔本乘坐轻轨
列车（区间 1+2）前往韦里
比，但下车后去往旅游景点
的巴士很少，所以建议租
车自驾或者乘坐韦里比公
园接送巴士（Werribee Park
Shuttle）。
● 韦里比公园接送巴士
☎（03）9748-5094
🌐 werribeeparkshuttle.com.au
🕐 从 NGV 国际馆前出发：
每天 9:30/ 到达 NGV 国际馆
前：每天 15:00~16:00
🎫 成人 $35 儿童 $10~14 岁 $25，
4~10 岁 $10

■ 宅邸（韦里比公园）
🏠 K Rd.，Werribee，3030
☎ 13-19-63
🌐 www.werribeepark.com.au
🕐 10 月～次年 3 月：每天
10:00~17:00、4~9 月：周一～
周五 10:00~16:00、周六·周
日·节假日 10:00~17:00
🎫 成人 $9.80 儿童 $7.30 家庭
$31.30/语音导览设备 1 台 $6.20/
有导游的团体游（11:30、14:00
出发）1 人 $9.80

▓ 交通方式

● 吉朗
　　从墨尔本前往吉朗，每
隔 1 小时有一班 VLine 城际
列车。用时约 1 小时。
● V Line 城际列车
📠 1800-800-007
🌐 www.vline.com.au

帆船码头是很受欢迎的散步
地点

清晨的空中散步
乘坐热气球
Ballooning Tour

　　亚拉河谷的天气状况比较稳定，很适合热气球飞行。全球热气球公司（Global Ballooning）提供乘坐热气球的服务。天亮前约 1 小时热气球升空飞行，游客还可以选择在热气球降落后享用香槟早餐。

韦里比 　　　　　　　　　　　　　　　　　Werribee

　　韦里比位于墨尔本以西约 30 公里处。除了美丽的海滩与富豪的宅邸，还有澳大利亚为数不多的野生动物园——韦里比开放式野生动物园（→ p.322）等景点。可以从墨尔本出发花半天时间游览，或者在前往大洋路时顺便游览。

宫殿般的豪宅与美丽的庄园
韦里比宅邸 　　　　　　　　　　　　　Map p.288/2A
The Mansion at the Werribee Park

美丽奢华的宅邸

　　澳大利亚最豪华的 19 世纪宅邸。于 1877 年完工，意大利宫殿式建筑风格，是当时因经营畜牧业而取得巨大成功的切恩塞德家族（Chirnside Family）的私人宅邸。仅建筑占地面积就有 10 公顷，有 60 个房间，是澳大利亚最大的私人宅邸。如果加上庄园，这座宅邸的面积达到 140 公顷，完全可以称得上是一座宫殿。

　　规模宏大的宅邸内部有起居室、大厅、图书室、早餐厅、正餐厅、卧室等，摆放的家具、陈设都极为奢华。通过这座豪宅就能看出过去澳大利亚畜牧业的兴盛程度。宅邸建筑的周围是得到精心维护的英式大花园。其中的玫瑰园美得令人惊叹。即便大致参观一下建筑及庄园也需要 2 小时。

吉朗 　　　　　　　　　　　　　　　　　Geelong

　　澳大利亚维多利亚州第二大城市吉朗（人口约 20 万）距离墨尔本约 75 公里，面对科里奥湾（Corio Bay）。吉朗也是去往贝拉林半岛及大洋路的必经之地。市中心位于穆拉布尔街（Moorabool St.）与马洛普街（Malop St.）的交会处，有购物中心、港湾城市广场（Bay City Plaza）、集市广场（Market Square）等诸多商业设施。

　　从穆拉布尔街朝海滨方

海边有很多救生员以及当地名人的塑像

向走过一个街区，就是海滩路（Beach Rd.）。海滩路旁有餐馆、咖啡馆、公园、慢跑路、帆船俱乐部，每到休息日都有很多市民会聚到该地区。

从吉朗车站向与市中心相反的方向望去的地方是帕金顿大街（Pakington St.），这条街上有不少时尚的餐馆和咖啡馆，是一处新兴的休闲娱乐场所。

了解澳大利亚羊毛的历史

澳大利亚国家羊毛博物馆
National Wool Museum

在澳大利亚国家羊毛博物馆内可以了解澳大利亚畜牧业发展的历史

这家博物馆与游客中心位于同一栋建筑内，里面展示着与澳大利亚羊毛产业相关的历史展品。简单易懂地将羊毛是如何从羊身上被剪下来、经过加工成为纺织品的过程进行了展示。还可以通过实际的触摸，了解不同品种羊生产的不同羊毛的不同触感。中央的位置摆着一台地毯织机（Carpet Loom），人们不禁会为其巨大而震惊。时间合适的话，还可以赶上编织表演秀。博物馆内设有澳大利亚羊毛制品商店。

贝拉林半岛
Bellarine Peninsula

Advance Mussel Supply 的牡蛎拼盘 $20

从吉朗向东突出的半岛便是贝拉林半岛了。如果你准备自驾周游墨尔本近郊，那么这座有着许多美食的半岛一定会让你觉得不虚此行。这里与莫宁顿半岛之间有往来的渡轮，昆斯克利夫（Queenscliff）还有游客中心，面朝菲利普湾的波塔灵顿（Portarlington）渔业十分发达，位于半岛南侧面朝巴斯海峡的格罗夫海岸（Ocean Grove）、巴望头（Barwon Heads）等是半岛上的主要城镇。

贝拉林半岛因养殖牡蛎而闻名，在墨尔本的餐馆吃到的牡蛎基本上都是产自这里的。在波塔灵顿饲养并且直营牡蛎的公司（Advance Mussel Supply），设有咖啡餐馆。有空的话不妨到这里来尝一尝既便宜又新鲜的牡蛎。

备受瞩目的贝拉林半岛的苹果酒 & 葡萄酒

巡游酿酒厂与酒庄
Brewery & Winery

贝拉林半岛共有 18 家葡萄酒庄。部分酒庄除了酿造葡萄酒之外，还生产苹果酒和精酿啤酒，并且这些酒的味道在墨尔本人当中深受好评。

最受欢迎的可以试饮苹果酒的酒庄是飞砖葡萄园（Flying Brick-Yes Said The Seal Vineyard）。酒庄内有可以观赏葡萄种植园美景的餐馆和试饮间，可以品尝各种口味的苹果酒和葡萄酒。

在 Flying Brick 酒庄可以对比品尝一下苹果酒

■ **吉朗游客中心**
Geelong Visitor Information Centre
🏠 26 Moorabool St., Geelong, 3220
☎ （03）5222-2900
📠 1800-755-611
🌐 www.visitgeelongbellarine.com.au
🕐 每天 9:00～17:00
休 圣诞节

游客中心与澳大利亚国家羊毛博物馆位于同一栋建筑内

■ **澳大利亚国家羊毛博物馆**
🏠 26 Moorabool St., Geelong, 3220
☎ （03）5272-4701
🌐 www.geelongaustralia.com.au/nwn
🕐 周一～周五 9:30～17:00、周六·周日·节假日 10:00～17:00
休 耶稣受难日、圣诞节、节礼日
💰 成人 $9 儿童 $5 家庭 $30

交通方式

● **贝拉林半岛**
公共交通非常稀少，自驾前往比较方便。

■ **Advance Mussel Supply**
🏠 230-250 Portarlington-Queenscliff Rd., Bellarine, 3223
☎ （03）5259-1377
🌐 www.advancemussel.com.au
🕐 周三～周日 10:00～17:00
休 周一～周三、耶稣受难日、圣诞节、节礼日

■ **飞砖葡萄园**
🏠 1251-1269 Bellarine Hwy., Wallington, 3222
☎ （03）5250-6577
🌐 www.flyingbrickciderco.com.au
🌐 www.yessaidtheseal.com.au
🕐 每天 10:00～17:00
休 耶稣受难日、圣诞节

■ **杰克兔葡萄园**
🏠 85 McAdams Ln, Bellarine, 3221
☎ （03）5251-2223
🌐 www.jackrabbitvineyard.com.au
🕐 每天 10:00~17:00
🚫 耶稣受难日、圣诞节

杰克兔葡萄园内的咖啡馆

最适合午餐时间造访的是杰克兔葡萄园（Jack Rabbit Vineyard）。这家酒庄的黑皮诺和解百纳最受欢迎，在酒庄内开设的咖啡馆和餐馆内就都可以将菲利普湾的景色尽收眼底，享受一个舒适的午餐时光。

墨尔本的主题公园
Theme Parks in Melbourne Area

想要与澳大利亚可爱的动物们邂逅不妨去动物园和水族馆看一看。墨尔本市内就不用说了，还有很多在郊外而且交通便利的人气设施。但是根据州的法律，无论哪个动物园都禁止抱考拉。

充满大自然的气息

墨尔本动物园
Melbourne Zoo (Royal Melbourne Zoological Gardens)

`Map p.288/2A`

■ **墨尔本动物园**
🏠 Elliott Ave., Parkville, 3052
☎ （03）9285-9300
☎ 1300-966-784
🌐 www.zoo.org.au/melbourne
🕐 每天 9:00~17:00
💰 成人 $32.50 儿童 $16.30（周六・周日、学校假期期间儿童免费）
● **交通方法**
从市内的威廉姆大街乘坐 Route 55 路有轨电车。或者从弗林德斯火车站乘坐 Upfield Line /Gowrie Line 在皇家公园站下车。

在世界蝴蝶园内可以体验蝴蝶落在身上的感觉

澳大利亚最早，世界第三古老，历史悠久的动物园。动物园建立于 1862 年，也就是菲利普港刚刚成为殖民地的第 27 个年头。动物园占地面积约有 22 公顷，共有 320 多种动物，采用的是尽可能地接近大自然状态的饲养方法。完全没有一提到"动物园"就会浮现在脑海中的水泥墙、铁栅栏之类的设施，这里更多的是绿地、泥土和一派自然的风格。

澳大利亚考拉中体型最大的南部考拉

展示澳大利亚本土动物的区域位于从主门进来之后的最里侧。再现了灌木丛的一角处有袋鼠、小袋鼠、鸸鹋等动物。毛茸茸的大型维多利亚考拉（南部考拉）、毛鼻袋熊、拟熊树袋鼠、鸭嘴兽（在专门的鸭嘴兽小屋内饲养）都是不容错过的珍稀动物。此外，还有大家比较常见及熟悉的动物，如长颈鹿、狮子、老虎、鸵鸟、大象、大猩猩、红猩猩、黑猩猩等。堪称世界稀有的"世界蝴蝶园"也值得一看。进入到湿度为 95% 的蝴蝶房内，眼镜和相机瞬间就会蒙上一层雾。这间温室内共有 20 多种蝴蝶，让人仿佛进入了南国乐园一般，仙气十足。

Ｃolumn

准备前往澳大利亚最南端的游客必读

去往大陆最南端的健走者

澳大利亚大陆（本岛）的最南端位于距离墨尔本东南约 230 公里的威尔逊半岛国家公园（Wilsons Promontory NP），俗称"威角"国家公园（The Prom）。游客集散中心是位于国家公园内的游客中心和泰德尔河（Tidal River）河畔的露营地。有多条健走线路是以这里为起点的，还可以从这里出发步行走到大陆最南端（South Point）。单程约有 15 公里，一般会在中途的露营地住宿一晚。

威角的门户城镇是福斯特（Foster），不过从这里开始就没有任何公共交通工具了。一般可以到达这里的游客，都是自驾前往的。

这一地区有不少可以住宿的设施，除了可以健走之外，还可以玩皮划艇、钓鱼等。可以在泰德尔河的游客中心领取详细的信息资料。具体内容可以参考下述官网。

● Prom Country
🌐 www.visitpromcountry.com.au
● Parks Victoria
🌐 parkweb.vic.gov.au

再现南海的水族馆

墨尔本海洋生物水族馆

Sealife Melbourne Aquarium

`Map p.297/3C`

这家水族馆内展示了澳大利亚近海的海洋生物。最受欢迎的是海洋水族箱，游客可以在亚克力隧道中一边行走一边观看墨尔本近海鱼类在海中遨游的模样。还可以近距离地观察鲨鱼、鳐鱼悠闲遨游的姿态。另外还有可以观察小丑鱼的珊瑚湾，可以近距离地观察帝企鹅、巴布亚企鹅（白眉企鹅）的企鹅乐园，深受小朋友喜爱的冰河时代 4D 电影等。

可以与鲨鱼共舞的潜水活动

备受争议的特别节目——在海洋水族箱内体验潜水和休闲潜水也可以挑战一下。没有经验者也可以参加，想要留下旅行纪念的游客不妨试一试。

在非常接近大自然的氛围中邂逅澳大利亚的动物们

希尔斯维尔野生动物保护区

Healesville Sanctuary

`Map p.316/1B`

这座位于丛林中的动物园距离希尔斯维尔城区约 4 公里远。原本这里是澳大利亚动物学家萨·科林·马刺坎基在 1934 年为了自己的学术研究而建的园区。现在这里已经成了占地面积 33 公顷，拥有 200 多种澳大利亚动物的保护区。

其中对于鸭嘴兽的饲养是澳大利亚比较知名的。可以看到精力旺盛的鸭嘴兽在水中来回游动的展示活动最受欢迎。此外可以近距离地观察考拉和毛鼻袋熊的展示活动，可以操控以秃鹫为首的大型猛禽类在空中飞翔的自由飞行表演等也是必看的项目。入园的时候最好拿一份中文版的园内简介，同时确认好表演时间。

园内还有一家专门救治受伤野生动物的医院，可以参观。

（上）不容错过的鸭嘴兽展示活动
（右）希尔斯维尔野生动物保护区内的动物医院

去往菲利普岛的途中可以顺路游览的公园

玛鲁考拉动物园

Maru Koala & Animal Park

`Map p.288/3B`

这座动物园位于格兰特维尔（Grantville）的郊外，靠近菲利普岛的位置。占地面积广阔，放养区域还可以给动物们喂食（说不定还可以看到白袋鼠），放养区内有考拉、毛鼻袋熊、袋獾、澳大利亚野狗等澳大利亚特有的动物。另外还有可以观看剪羊毛秀的区域和迷你高尔夫球场。

■ 墨尔本海洋生物水族馆
住 Cnr. King St. & Flinders St., 3000
☎（03）9923-5925
📠 1800-026-576
🌐 www.melbourneaquarium.com.au
开 每天 9:30~18:00（1/1~1/26 期间~21:00）/ 鲨鱼潜水：周五~下周一 11:00、14:30、15:30、16:30 开始（需要预约）
费（成人）$41.50（儿童）$28（家庭）$133/ 鲨鱼潜水：体验潜水 $299、休闲潜水（包含所有器材）$299

从眼前缓缓游过的鳐鱼

■ 希尔斯维尔野生动物保护区
住 Badger Creek Rd., Healesville 3777
☎（03）9340-2788
☎ 1300-966-784
🌐 www.zoo.org.au/Healesville
开 每天 9:00~17:00
费（成人）$32.50（儿童）$16.30（周六·周日、学校放假期间免费）
● 交通方法
推荐自驾前往或者参加短途旅游团。如果选择乘坐公共交通，需要从墨尔本乘坐电车至利利代尔，然后从这里乘坐 Route 685 路巴士至希尔斯维尔，接着换乘 Route 686 路巴士。所需时间 2~3 小时。

■ 玛鲁考拉动物园
住 1650 Bass Hwy., Grantville, 3984
☎（03）5678-8548
🌐 www.marukoalapark.com.au
开 每天 9:30~18:00

这家动物园的与动物合影活动深受游客的喜爱，尤其是可以跟考拉合影的企划项目备受好评（开园期间随时可以）。此外还可以跟澳大利亚野狗的幼崽、小袋鼠、蜥蜴和蛇等动物合影留念。

可以喂食白袋鼠

很受墨尔本孩子们欢迎的野生动物园
韦里比开放式野生动物园
Werribee Open Range Zoo
Map p.288/2A

动物园位于韦里比知名景点宅邸的旁边。园内大部分都是澳大利亚比较罕见的野生动物园形式的园区，游客需要乘坐专用的动物园巴士进行历时45分钟的观光游览。在占地面积约200公顷的园区内按照各种动物的栖息区域划分为澳大利亚区、北美区、亚洲区和非洲区。最受欢迎的区域是拥有大型兽类的非洲区，不过这一区域位于游览的最后部分。乘坐动物园巴士可以看到的动物都是草食性动物，没有狮子和老虎等猛兽。当地人比较喜欢观看犀牛、河马、长颈鹿、斑马、羚羊等动物。另外，在野生动物园区以外，还可能看到猎豹、猴子等动物。

看到在草原上的斑马仿佛置身于非洲一样

墨尔本 的观光和娱乐活动

墨尔本郊外的观光景点大都位于比较偏远的地方，考虑到公共交通的不便和在当地的移动，参加短途旅游团还是比较方便的。

Gray Line、AAT Kings、Great Sights 等大型的巴士公司都有巴士旅游团的业务。旅游团的导游使用英语讲解，首先到各个酒店接上当天出团的游客，然后在位于联邦广场的墨尔本一日游中心（Melbourne Day Tour Centre）将游客集结在一起，从这里将游客分配到去往各个不同目的地的巴士。因为这种短途旅游团接的都是散客，有来自世界各地的游客，因此有一种非常国际化的感觉。

可以直接通过旅游公司预订，也可以通过互联网预订。通过互联网预订可以仔细地查看团体游项目的内容，可能还会有一定的折扣，非常值得推荐。

来墨尔本必去的景点
菲利普岛企鹅大游行之旅
Phillip Is. Penguin Parade Tours

墨尔本最受欢迎的半日游。主要是去菲利普岛（→ p.313）观察企鹅大游行，还可以去考拉保护中心，还能与袋鼠等动物亲密接触。

● **JMG 旅行／企鹅大游行与动物亲密接触之旅**

最普通的常规线路内容。顺道参观的动物园是玛鲁考拉动物园。根据晚餐的不同价格也有所不同。

● **GoGo 旅行社／企鹅大游行与野生动物园之旅**

注重环保旅行的公司组织的观看企鹅之旅项目。主要内容除了传统

成人 $20 儿童 $11 家庭 $54：与动物合影（与考拉、澳大利亚野狗、小袋鼠的宝宝、蜥蜴、蛇等一起合影）：每人 $20、双人 $30

● **交通方法**

乘坐公共交通前往几乎不可能，建议选择租车自驾或者参加去往玛鲁或者菲利普岛的团体游项目。

■ **韦里比开放式野生动物园**
🏠 K Rd., Werribee, 3030
☎ (03) 9340-2788
📠 1300-966-784
🌐 www.zoo.org.au/Werribee
🕐 每天 9:00~17:00
💰 **成人 $32.50 儿童 $16.30**（周六·周日、学校放假期间免费）

● **交通方法**

可以乘坐韦里比公园接送巴士 Werribee Park Shuttle（→ p.318 边栏）。

乘坐动物园巴士出发

■ **主要英语旅行社**
● **Gray Line**
📠 1300-858-687
🌐 www.grayline.com.au
● **AAT Kings**
☎ (02) 9028-5180
🌐 www.aatkings.com
● **Great Sights**
☎ 1300-850-850
🌐 www.greatsights.com.au

现在已经成为墨尔本常规旅游线路的企鹅大游行

■ **观看菲利普岛企鹅大游行之旅**
● **JMG 旅行／企鹅大游行与动物亲密接触之旅**
☎ (03) 9570-9406
🕐 每天 14:45~23:15（冬季是 14:15~22:30）
💰 **成人 $155 儿童 $95**：附带牛排晚餐：**成人 $205 儿童 $120**；附带龙虾晚餐：**成人 $220 儿童 $120**
● **GoGo 旅行社／企鹅大游行与野生动物园之旅**
☎ (03) 8390-7178
🌐 www.gogotours.com.au

的观看企鹅之旅之外，还可以与诺比司海岬的海港漫步相组合。一边散步一边参观企鹅的巢穴（冬季没有散步项目）。在企鹅的繁殖期 12 月～次年 3 月期间还可以见到企鹅宝宝。在该旅行社的自选项目中还可以升级成 Penguin Plus 或者 Underground Gallery。

参加 Penguin Plus 与 Underground Gallery 可以近距离地观察企鹅

上午可以参加的半日游

帕芬比利蒸汽火车之旅
Puffing Billy Tour

可以乘坐丹德农丘陵的特色帕芬比利蒸汽火车一号的体验之旅。如果是个人单独前往，由于受到交通关系的限制需要往返乘坐，耗费时间。如果参加半日游则只需在景色最美的区间乘坐单程，这样可以大大地提高旅行的效率。

● JMG 旅行 / 森林浴！蒸汽机车与丹德农丘陵

乘坐帕芬比利蒸汽火车享受从贝尔格雷夫至孟席斯溪（Menzies Creek）这段最美的线路，约需 30 分钟的车程。在风景优美的咖啡馆享受早茶时间也是一件很惬意的事情。在这段半日游的基础上再加入亚拉河谷红酒庄巡游的 1 日游项目（帕芬比利＋酒庄游）也是非常热销的。

外形可爱的帕芬比利蒸汽火车

● 约翰先生旅行社 / 丹德农

除了乘坐帕芬比利蒸汽火车之外，还可以去国家公园喂食野生鸟类、享受边饮尤加利茶边品尝可康饼的茶歇时刻、去丹德农丘陵的山顶眺望风景等。

● GoGo 旅行社 / 丹德农与希尔斯维尔野生动物保护区之旅 / 丹德农半日游 / 丹德农与亚拉河谷之旅

线路的沿途会经过美丽的桉树林

不仅可以乘坐帕芬比利蒸汽火车从贝尔格雷夫至孟席斯溪，还可以去丹德农丘陵的观景台欣赏风景，去可爱的小村庄撒萨弗拉斯散步，尽情地享受德农的魅力所在。之后前往维多利亚州的特色肉馅饼店吃午餐，午餐后前往希尔斯维尔野生动物保护区。除了可以在保护区内散步，还可以观看鸟类表演秀。另外还有不包含希尔斯维尔野生动物保护区游览的丹德农半日游，和将希尔斯维尔野生动物保护区换成在亚拉河谷的酒庄巡游之旅（襄桐酒庄和优伶酒庄）的丹德农与亚拉河谷之旅项目。

拜访维多利亚州数一数二的葡萄酒产地

亚拉河谷葡萄酒庄巡游
Yarra Valley Vineyard Tour

亚拉河谷（→ p.316）距离市区比较近，相对来说交通比较方便，但还是参加酒庄巡游的团体游效率较高一些。除了必去的襄桐酒庄之外，根据旅行社的不同，到访的葡萄酒酒庄也各有不同，数量也会有所不同。

时 4～9 月期间每天 13:00～22:30、10 月～次年 3 月期间每天 14:30～23:00
费 成人 $160 儿童 $130、含餐 $230 / 升级 Penguin Plus：成人 $195 儿童 $165、含餐 成人 $290 儿童 $270/ 升级 Underground Gallery：成人 $230 儿童 $195、含餐 成人 $320 儿童 $290

■ 帕芬比利蒸汽火车之旅
● JMG 旅行 / 森林浴！蒸汽机车与丹德农丘陵
电 (03) 9570-9406
时 每天 8:15～13:15 / 帕芬比利＋酒庄游：周三～次周周一 8:10～16:40
费 成人 $140 儿童 $85 / 帕芬比利＋酒庄游：含午餐 成人 $210 儿童 $105

● 约翰先生旅行社 / 丹德农
电 (03) 9399-2334
网 www.mrjohntours.com
时 每天 9:00～14:30
费 成人 $140 儿童 $90

● GoGo 旅行社 / 丹德农与希尔斯维尔野生动物保护区之旅 / 丹德农半日游 / 丹德农与亚拉河谷之旅
电 (03) 8390-7178
网 www.gogotours.com.au
时 丹德农与希尔斯维尔野生动物保护区之旅：每天 8:40～17:00 / 丹德农半日游：每天 8:40～14:10 / 丹德农与亚拉河谷之旅：每天 8:40～17:00
费 丹德农与希尔斯维尔野生动物保护区之旅：含午餐 成人 $190 儿童 $170 / 丹德农半日游：含午餐 成人 $150 儿童 $130 / 丹德农与亚拉河谷之旅：成人 $190 儿童 $170

■ 亚拉河谷葡萄酒庄巡游
● 约翰先生旅行社 / 酒庄巡游之旅
电 (03) 9399-2334
网 www.mrjohntours.com
时 每天 9:20～14:30
费 含简餐 成人 $150 儿童 $90

肯尼特河河畔栖息着众多的
野生考拉

从利德观景台望去的上古森林

● 约翰先生旅行社 / 酒庄巡游之旅

拜访亚拉河谷人气较高的 4 家酒庄。分别是冷溪山酒庄、布特酒庄、襄桐酒庄、优伶酒庄或德保利酒庄。在襄桐酒庄还可以去参观葡萄酒工厂。

● JMG 旅行 / 酒主巡游之旅

拜访襄桐酒庄和其他 2 家酒庄。在优伶莎托还会吃一些奶酪和冷餐等简餐。

● GoGo 旅行社 / 亚拉河谷半日游

在襄桐酒庄、优伶酒主进行葡萄酒试饮，然后在罗富酒庄享受美酒和午餐。

尽情欣赏雄伟的自然风光

大洋路一日游
Great Ocean Road 1 Day Tour

大洋路（→ p.332）是可以欣赏具有澳大利亚特色风景的线路。如果时间充裕，最好可以在沿途住上 1~2 晚，慢慢地享受这段公路之旅，但是对于日程安排比较紧凑的游客来说 1 日游也是一个不错的选择。一日游会去到贝尔斯海滩、奥特韦国家公园、十二使徒岩等风景名胜。大海位

在大洋路沿途欣赏艳美的景色

于道路的左侧，如果你想要欣赏风景建议坐在巴士的左侧。路途比较蜿蜒曲折，容易晕车的人一定要坐在靠前的位置。

● 约翰先生旅行社 / 大洋路

可以在贝尔斯海滩享受早餐时光，同时还有足够的时间去探寻野生袋鼠和考拉。因为这是比较小型的团，人数较少，所以只要时间允许可以尽可能多地去很多景点。

● JMG 旅行 / 雄伟的！大洋路之旅与探寻考拉

参观肯尼特河时，探寻考拉。在参观完十二使徒岩、洛克阿德大峡谷之后，回程还会去克拉克享受下午茶时光。

● GoGo 旅行社 / 大洋与萤火虫生态之旅

线路内容包含在肯尼特河观察野生考拉，在十二使徒岩观赏日落，还有夜间探访梅尔巴峡谷国家公园，观察只有在大洋洲才能看到的萤火虫。虽然返回墨尔本的时间会稍微晚一些，但是对于喜爱澳大利亚大自然的人来说，是一次非常有意义的旅行。

享受澳大利亚雄伟的大自然

格兰屏国家公园之旅
Grampians NP Tour

格兰屏国家公园（→ p.346）位于大分水岭的南端，园内有自冈瓦纳大陆时代保留至今的森林，还有众多可以观景的观景台等，是一处人气较高的景点。如果没有汽车，个人想来这里参观是很困难的，但是参加从墨尔本出发的短途旅行可以当天往返。

● GoGo 旅行社 / 格兰屏国家公园大自然之旅

游客可以在利德观景台的大露台上，或者麦肯齐瀑布等享受丛林健走的乐趣。

享受澳大利亚最南端地区雄伟的大自然

威尔逊半岛国家公园之旅
Wilsons Promontory NP Tour

威尔逊半岛国家公园（Wilsons Promontory NP）位于澳大利亚大陆的最南端，距离墨尔本东南约230公里。这里栖息着大量的野生动物和各式各样的植物，而且没有被过度开发，仍然保留着自然质朴的感觉，这也正是这里一大魅力之所在。

● GoGo 旅行社 / 威尔逊半岛国家公园生态之旅

前往位于威尔逊半岛国家公园内的奥伯伦山健走的生态之旅，可以与大自然亲密接触。

乘坐热气球欣赏天空美景

环球热气球
Global Ballooning

这家热气球公司（亚拉河谷之旅 → p.317 边栏）的热气球旅行分别从墨尔本和亚拉河谷（因拥有众多酒庄而知名）出发。墨尔本市区的飞行是在早上，日出的时候，热气球迎着朝阳缓缓升起，在光芒万丈之时俯瞰眼下的高层楼宇建筑群，这是在澳大利亚其他城市所无法感受到的刺激的热气球体验的（飞行时间1小时）。飞行之后还可以选择在希尔顿酒店享用自助早餐。

■ 威尔逊半岛国家公园之旅
● GoGo 旅行社 / 威尔逊半岛国家公园生态之旅
☎（03）8390-7178
URL www.gogotours.com.au
时 每天 8:30~20:00
费 ⒶⒺ $185 ⒸⒾ $165

■ 环球热气球
☎（03）9428-5703
FAX 1800-627-661
URL www.globalballooning.com.au
时 公园内的希尔顿酒店出发：日出前
费 ⒶⒺ $480 ⒸⒾ（7~12岁）$380、含早餐 ⒶⒺ $510 ⒸⒾ $395

可以眺望城市风景的热气球之旅

墨尔本的酒店
Accommodation

城区

墨尔本中央青年旅舍
Melbourne Central YHA　　廉价旅馆

◆这家青年旅舍位于南十字星站附近，旅舍旁边就是有轨电车站，地理位置十分方便。虽然外观看上去非常古典，但是内部被改造得很时尚，也非常干净。前台24小时开放，这也是比较少见的。

便捷舒适　　Map p.296/3B
URL www.yha.com.au 住 562 Flinders St.
3000 ☎ 9621-2523 WiFi 免费
费 ⒟ $30~36、ⓉⓌ $93.50~110 ※ 非 YHA 会员需加收附加费用 CC M V

墨尔本地铁青年旅舍
Melbourne Metro YHA

◆前台和公共空间布置得跟一星级酒店一样。还有可以吃早餐的小餐厅和带有台球桌的游戏室。

设施齐全的墨尔本地铁青年旅舍

步行至维多利亚女王市场仅需 5 分钟！ Map p.289/1A
URL www.yha.com.au
住 78 Howard St., North Melbourne,
3051 ☎ 9329-8599 WiFi 免费
费 ⒟ $25~29、ⓉⓌ $90~ 106.50
※ 非 YHA 会员需加收附加费用 CC M V

麦克斯背包客旅馆
MAX Backpacker　　廉价旅馆

◆步行 5 分钟便可以抵达维多利亚女王市场或者市中心，交通十分方便。旅馆的工作人员很热情，房间比较干净，即便是女生也可放心地入住。有免费的储物柜，还提供免费租借自行车的服务。

很有家庭氛围　　Map p.296/1B
住 448 Victoria St., North Melbourne,
3051 ☎FAX 9329-9816 WiFi 免费
费 ⒟ $25~、Ⓢ $60~、ⓉⓌ $70~
※ 住宿一周以上有折扣 CC 不可

全世界背包客旅馆
Nomads All Nations Backpacker　　廉价旅馆

◆步行可至南十字星站，地理位置优越。有欢迎酒水和免费早餐（松饼）（9:00~11:00）。旅馆隔壁并设有酒吧，每天营业到深夜。

市中心的平价旅馆　　Map p.296/3B
URL nomadsworld.com 住 2 Spencer St.,
3000 ☎ 9620-1022 FAX 1800-666-237
WiFi 免费 费 ⒟ $26~31、Ⓦ $80~90 ※ 附带早餐 CC M V

嘉柏酒店
Jasper Hotel　　　　　　　　　　　星级酒店

◆ 这家精品酒店共有 65 间客房，所有房间禁烟。家具和摆设比较时尚，价格实惠，适合商务人士入住。餐馆在每周一～周六的早餐和午餐时间开放，周日的午餐时间也开放。酒店内并设健身房和游泳池。

人气酒店，需要尽早订房　　Map p.297/1C
URL www.jasperhotel.com.au
住 489 Elizabeth St.，3000
☎ 8327-2777　Free 1800-468-359
WiFi 免费　费 T W $159~309
CC A D J M V

柯林斯蝙蝠侠山品质酒店
Quality Hotels Batman's Hill on Collins　星级酒店

◆ 房间虽然不算宽敞，但是功能齐全。地处南十字星站前，对于乘坐火车或者巴士出游的游客来说非常方便。位于酒店一层的餐吧，不仅就餐环境很好，味道也是备受好评的。

快捷舒适的标准间

建于南十字星站前的酒店　Map p.296/3B
URL www.batmanshill.com.au
住 623 Collins St.，3000
☎ 9614-6344
Free 1800-335-308
FAX 9614-1189
WiFi 免费　费 T W $148~244、1B $262、
2B $279　CC A D J M V

弗林德斯假日酒店
Holiday Inn Melbourne on Flinders　星级酒店

◆ 位于南十字星站附近，无论是观光还是购物都十分方便。客房敞亮舒适，家具摆设时尚。有室外游泳池、小型健身房、国际美食餐馆。

现代感十足的客房

地理位置超群的四星级酒店　Map p.296/3B
URL www.holidayinnmelbourne.com.au
住 575 Flinders Lane，3000
☎ 9629-4111
FAX 9629-7027
WiFi 付费（IHG 会员免费）
费 T W $170~280
CC A D J M V

墨尔本皇冠假日酒店
Crowne Plaza Melbourne　　　　　星级酒店

◆ 酒店位于亚拉河畔，正对着墨尔本会展中心。宽敞明亮而又整洁舒适的客房让人觉得很惬意。酒店内有餐馆、酒吧、游泳池、健身房等设施。城市环线有轨电车的车站就位于酒店旁，观光旅游也十分方便。

可以眺望南岸景色　　　　Map p.296/3B
URL www.melbourne.crowneplaza.com
住 1-5 Spencer St.，3000
☎ 9648-2777　Free 1800-593-932
WiFi 付费（IHG 会员免费）
费 T W $265~465
CC A D J M V

墨尔本其他的主要酒店

酒店名	住宿 /URL	TEL / FAX	参考价格
	城区		
廉价酒店			
The Spencer Backpackers p.296/1B	475 Spencer St. West, 3003 www.spencerbackpackers.com.au	☎ 9329-7755	D $29 W $65~80
Greenhouse Backpackers p.297/2C	Level 6, 228 Flinders Lane, 3000 www.greenhousebackpacker.com.au	☎ 9639-6400 FAX 9639-6900	D $31~37 W $80~98
King St. Backpackers p.296/2B	197-199 King St., 3000 kingstreetbackpackers.com.au	☎ 9670-1111 FAX 9670-9911	D $25~32 W $78~90
Discovery Melbourne p.297/1C	167-175 Franklin St., 3000 www.hoteldiscovery.com.au	Free 1800-645-200	D $26~31 W $88~120
City Square Motel p.297/2C	67 Swanston St., 3000 www.citysquaremotel.com.au	☎ 9654-7011	T W $98~123
Miami Hotel Melbourne p.296/1B	13 Hawke St., West Melbourne, 3003 www.themiami.com.au	☎ 9321-2444 FAX 9328-1820	T W $159~199
Ibis Style Kingsgate p.296/2B	131 King St., 3000 www.kingsgatehotel.com.au	☎ 9629-4171	T W $109~144
星级酒店			
Hotel Ibis Melbourne p.297/1C	15-21 Therry St., 3000 www.ibismelbourne.com.au	☎ 9666-0000	T W $159~ 1B $189~ 2B $289~
Mercure Treasury Gardens p.297/2D	13 Spring St., 3000 www.mercuremelbourne.com.au	☎ 9205-9999	T W $169~259
	南亚拉		
达令公寓 Darling Apartments p.307/1A	4 Darling St., South Yarra, 3141 www.darlingapartments.com.au	☎ 9820-0377 FAX 9864-6123	1B $124~151 2B $147~195

墨尔本里奥多洲际酒店
InterContinental Melbourne the Rialto
星级酒店

◆酒店是由建于 1891 年的仓库改建而成，过去这里曾经是储藏羊毛和面粉的仓库以及仓库管理处。可以在拥有通透天井的大厅的咖啡馆里享受惬意的时光，透过玻璃天井照射进来的阳光令人感觉甚是愉悦。在最顶层还有游泳池、桑拿房和健身房等。

| 威尼斯风格，外观厚重的酒店 | Map p.297/2C |

URL www.melbourne.intercontinental.com
住 495 Collins St., 3000
☎ 8627-1400
FAX 8627-1412
WiFi 付费（IHG 会员免费）
费 ⊤Ⓦ$299~1799
CC A D J M V

宽敞舒适的客房

墨尔本柯林斯诺富特酒店
Novotel Melbourne on Collins
星级酒店

◆建于柯林斯大街上的 4.5 星级酒店。客房的窗户很大，采光极好，住得非常舒适。游泳池、健身房等设施也比较完备。

| 地理位置极好的酒店 | Map p.297/2C |

URL www.novotelmelbourne.com.au
住 270 Collins St., 3000
☎ 9667-5800 WiFi 付费
费 ⊤Ⓦ$265 ~ 465
CC A D J M V

墨尔本皇冠度假酒店
Crown Towers Melbourne
星级酒店

◆位于皇冠逍遥之都内的酒店。客房布置比较豪华，面积也是墨尔本数一数二的。游泳池、健身房、网球场、SPA 等设施非常充实完善。

| 并设有赌场 | Map p.297/3C |

URL www.crownmelbourne.com.au
住 8 Whiteman St., Southbank, 3006
☎ 9292-6868 Free 1800-811-653
FAX 9292-6299 WiFi 免费
费 ⊤Ⓦ$338~1418
CC A D J M V

与亚拉河谷颇有渊源的宅邸
优伶庄园城堡酒店
Chateau Yering Historic House Hotel

非常想要入住的亚拉河谷庄园主人的宅邸

乳白色的房子和大椰子树非常醒目

华丽的大床带有华盖

可以在大堂旁的公共空间享受下午茶的乐趣

（上）可以在环境优雅的 Eleonore 餐馆享受下午茶时光
（右）十分受欢迎的主菜——澳大利亚和牛牛排

DATA
Map P.316/1A

URL www.chateauyering.com.au
住 42 Melba Hwy., Yering, 3770
☎ 9237-3333 Free 1800-237-333 WiFi 免费
费 Ⓦ$375~935 ※ 含早餐 CC A D J M V

这家酒店是利用 19 世纪后半叶亚拉河谷酿酒行业的中心人物保罗·蒂·卡斯特拉的庄园改建而成的，是一栋庄园主风格的古典酒店。整座庄园内最大限度地保留了当时的空间，显得十分优雅。所有客房都是套间形式的，家具为维多利亚风格。部分房间的浴缸还是按摩浴缸。晚餐可以在亚拉河谷首屈一指的 Eleonore 餐馆就餐。4 品套餐的价格是 $120，虽说价格偏贵，但是绝对可以让你享受一顿难忘的美餐。早餐和午餐可以在阳光明媚的 Sweetwater Café 就餐，周末的时候还可以在公共区域享受下午茶的乐趣。

南亚拉

南亚拉克莱蒙特宾馆
Charemont Guesthouse South Yarra

◆酒店位于南亚拉的中心街区，是利用一栋建于 1886 年的老建筑改建而成的民宿形式的酒店。在酒店内随处可见维多利亚时代风格的古典设计。

南亚拉最棒的民宿　Map p.307/1B
URL www.hotelclaremont.com
住 189 Toorak Rd., South Yarra, 3141
☎ 9826-8000　☎ 1300-301-630
FAX 9827-8652　WiFi 免费　费 D$44、W$90~132　※附带早餐　CC J M V

圣基尔达

墨尔本圣基尔达贝斯背包客旅馆
Base Backpackers Melbourne

◆所有客房都带有空调。前台 24 小时开放。旅馆内并设的酒吧经常举办各种活动。

步行 5 分钟便可到达圣基尔达海滩 Map p.309/2B
URL www.stayatbase.com　住 17 Carlisle St., Kilda, 3182　☎ 8598-6200
WiFi 付费　费 D$24~36、W$89~100
CC M V

菲利普岛

阿玛鲁公园
Amaroo Park

◆这个房车营地距离考斯镇中心不远，步行几分钟便可以到达。酒店房间形式的客房位于前台旁边。这里还接受预订各种菲利普岛上的团体游项目，如果住宿和团体游一起申请的话，还可以享受优惠。

菲利普岛上比较受欢迎的房车营地　Map p.313/A
URL amaroopark.com
住 97 Church St., Cowes, 3922
☎ 5952-2548　WiFi 免费
费 T W$95~190、露营地 $45
CC M V

韦里比

韦里比公园酒店 & 水疗馆
Mansion Hotel & Spa at Werribee Park

◆位于韦里比公园内的度假酒店。共有 92 间客房，所有房间内部都统一设计装修。在酒店内的 Joseph's Restaurant，还可以享受这家酒店拥有的 Shadowfax 酒庄酿造的美味葡萄酒。

位于墨尔本郊区的高档酒店　Map p.288/2A
URL www.lancemore.com.au/mansion-hotel-and-spa　住 K Rd., Werribee, 3030　☎ 9731-4000
WiFi 免费　费 T W$399~549
CC A D J M V

　# 墨尔本的餐馆
Restaurant　

城区

殖民电车餐馆
The Colonial Tramcar Restaurant

◆使用墨尔本地标有轨电车的车厢作为餐馆，为了让这节车厢的餐馆可以正常运行，维多利亚州甚至修改了法案。食谱是法式正餐的形式，味道也蛮不错。因为非常受欢迎，所以需要提前很长时间预约。

可以一边欣赏车外的风景，一边享受美食

墨尔本有轨电车餐馆　Map p.296/3B
URL tramrestaurant.com.au
住 125 Normanby Rd.,（near cnr. Clarendon St.）, 3205　☎ 9695-4000
时 费 4 道菜午餐套餐 13:00~15:00：$90 / 3 道菜傍晚餐套餐 17:45~19:15：$85 / 5 道菜晚餐套餐 20:35~23:30；周日~次周周四 $130、周五·周六 $145
CC A D J M V　酒 有许可

Bistro Guillaume 餐馆
Bistro Guillaume

◆ 这家餐馆在墨尔本和珀斯都非常受欢迎，是吉约姆·布拉海姆开办的。在餐馆优雅的氛围下你可以品尝到美味的晚餐。食谱主要是法式大餐，烤蜗牛、牡蛎的价格是 $24，比较受欢迎的主菜是炭火烤三文鱼（$38）和牛排（$42）。

炭火烤三文鱼非常值得一试

亚拉河畔的人气餐馆　　Map p.296/3B
URL bistroguillaumemelbourne.com.au
住 Crown Entertainment Complex, Southbank, 3006
☎ 9292-4751
营 每天 12:00~22:00
CC A D J M V　酒 有许可

西罗科餐馆
Sirocco Restaurant & Bar

◆ 餐馆位于假日酒店一层，阳光可以透过巨大的玻璃窗直射进来，让人感觉非常舒服敞亮。早餐是自助式的，午餐和晚餐是按照食谱点餐的模式。小编推荐各种网格烤牛排（$32~36）。另外，使用 200 克的澳大利亚和牛肉馅制成的牛肉汉堡（$28）也十分受欢迎。

安格斯牛排也非常美味

在轻松的环境中品尝澳大利亚和牛　Map p.296/3B
URL www.holidayinnmelbourne.com.au
住 Holiday Inn Melbourne, 575 Flinders Lane, 3000
☎ 9629-4111
营 每天 6:30~10:30、12:00~15:00、18:00~22:00
CC A D J M V
酒 有许可

Alluvial 餐馆
Alluvial Restaurant

◆ 位于墨尔本里奥多洲际酒店大型天井之下的时尚餐馆。早餐是自助餐厅形式，午餐和晚餐是时尚的澳大利亚菜，可以单独点菜的餐馆。晚餐的拼盘（$17~25）是融合了亚细亚菜系的形式菜肴。主菜的肉类有牛肉、羊肉、鸡肉，鱼类有三文鱼、澳洲龙鱼等（$32~42）。另外，周日还有散发着优雅气息的下午茶时光。

使用澳大亚龙鱼烹制的鱼类菜品是套餐中的主菜

在古典的氛围中享受澳大利亚美食　Map p.297/2C
URL www.melbourne.intercontinental.com
住 InterContinental Melbourne The Rialto, 495 Collins St., 3000
☎ 8627-1400
营 周一～周五 6:30~10:30、周六·周日 6:30~11:00、周一～周六 12:00~15:00、每天 18:00~22:00/ 下午茶：周六·周日 14:30~17:00　CC A D J M V　酒 有许可

GAZI 餐馆
GAZI Restaurant

◆ 这家希腊大街边的餐馆是由澳大利亚著名的美食栏目《顶级厨师》（Master Chef）中的一位明星厨师乔治·卡隆帕里斯一手创办的。因为餐馆生意十分火爆，如果晚餐不提前预约需要等较长的时间。小编推荐多人一同前往，AA 制的方式，7 道菜的分享食谱每人 $49、10 道菜的分享食谱每人 $69。

陶质的杯子被装点在屋顶上

靠近市中心的人气希腊菜餐馆 Map p.297/2D
URL gazirestaurant.com.au
住 2 Exhibition St., 3000
☎ 9207-7444
营 每天 12:00~22:00
CC M V
酒 有许可

Hairy Canary 餐馆
Hairy Canary

◆ 位于小柯林斯街的一家不起眼的餐馆，是西班牙巴黎风格的。因为这里营业至深夜，因此深受年轻人的喜爱。小吃的种类比较多，可以搭配一起喝的啤酒、葡萄酒、鸡尾酒等酒精饮料的种类也十分丰富。

一起分享小菜

营业至深夜的西班牙菜馆　Map p.297/2C
URL www.hairycanary.com.au
住 212 Little Collins St., 3000
☎ 9654-2471
营 周日～次周周六 15:00~次日 1:00、周三～周六 15:00~次日 3:00
CC A D J M V
酒 有许可

龙舫
Dragon Boat Restaurant

◆ 位于唐人街的老字号中餐馆。尤其是每天从早上到傍晚的茶饮食谱，种类丰富，口味正宗。装满了各种点心的小推车会在各桌之间来回移动，价格分为小份 $4.80、中份 $5.80、大份 $6.80、特大份 $8.80 四种。大多数点心都是中份和大份的价格。

龙舫的茶点非常受欢迎

茶饮备受好评的餐馆　　Map p.297/2C
URL www.dragonboat.com.au
住 201 Lit. Bourke St., 3000
☎ 9662-2733
FAX 9654-6280
营 每天 8:00~23:00（茶点时间 8:00~17:00）CC A D J M V
酒 有许可

Dessert Story
Dessert Story

◆ 这家店在墨尔本市中心的唐人街和斯旺斯顿大街都拥有店铺。店内有许多在中国台湾、香港地区比较流行的甜品，还有中式的布丁、果冻等与水果组合的甜品。最受欢迎是杧果雪冰激凌（$9.90）。

🌐 www.dessertstory.co
🏠 195 Little Bourke St.，3000
☎ 9650-7776
🕐 周一~次周周四 11:30~24:00、周五·周六 11:30~次日 2:00
CC M V

想在中华街吃点小吃就选这家

The Hardware Societe
The Hardware Societe

◆ 深受墨尔本人喜爱的法式咖啡馆，早餐时间总是客满。加入小器皿中的班尼迪克蛋（$18）是这里最有人气的，此外还有蛋包饭（$20）、功封鸭（$22）等。当然，咖啡的味道也是不错的。

🏠 118-120 Hardware St.，3000
☎ 9078-5992
🕐 周一~周五 7:30~15:00、周六·周日 8:00~15:00
CC A D J M V
🍷 有许可

最受欢迎的班尼迪克蛋

Pellegrini's Espresso Bar
Pellegrini's Espresso Bar

◆ 这家咖啡馆开业于1954年，作为可以品尝到正宗意式浓缩咖啡的咖啡馆，深受墨尔本意大利裔移民的喜爱。这也是现在墨尔本咖啡馆中最古老的一家。店铺面积不大，只有吧台座席和几张小桌子。整体氛围也是仍旧保留着年代的气息。店内的招牌——意式浓缩咖啡味道好极了，可以搭配咖啡一起食用的蛋糕（首推苹果派）也非常美味。另外，还有意式千层面等意式简餐。

🏠 66 Bourke St.，3000
☎ 9662-1885
🕐 周一~周二 8:00~23:30、周日 12:00~22:00
🈺 节假日
CC A D J M V
🍷 无

店内的服务一看便知是意大利裔

卡尔顿与菲兹洛伊

德拉库拉卡巴莱餐馆
Dracula's Cabaret Restaurant

◆ 以吸血鬼为主题的喜剧歌舞表演餐馆，共有三种套餐可供选择。这是将合成特效、化妆、服装融合在一起的表演秀，既幽默又惊悚。只包含表演秀和晚餐的B预约的价格是周二~周四$89，周五、周六$99（12月的周二~周日期间是$95）；附带开演前香槟和礼物的A预约的价格是周二~周四$109，周五、周六$119（12月的周二~周日期间是$119）。需要预约。周六的座位十分紧俏，需要尽早预约。

🌐 www.draculas.com.au
🏠 100 Victoria St.，Carlton，3053
☎🖨 9347-3344
🕐 周二~周六 18:30~23:00、12月的周日 18:30~23:00（A 预约：18:30 进店 / B 预约：19:00~19:30 进店）
CC A D J M V
🍷 有许可

Piccolo mondo
Piccolo mondo

◆ 利用老房子改建而成的意大利餐馆，红色桌布给人留下了深刻的印象。有室内座席、露台座席和露天座席。傍晚的时候所有座席都会坐得满满的，非常火爆。最有人气的菜肴是意大利面，店铺首推意式宽面、意式细面等（价格都是$27.50）。使用具有意式特色的花蛤、长脚虾烹制的海鲜、小牛肉菜肴、牛排等也都非常美味。

🌐 piccolomondo.com.au
🏠 240 Lygon St.，Carlton，3053
☎ 9650-9064
🕐 周二~周四 11:30~22:00、周五·周六 11:30~23:00
CC A M V
🍷 有许可 & BYO（只限葡萄酒）

海鲜丰富的特色意大利面

墨尔本的购物
Shopping

墨尔本中央购物中心
Melbourne Central

◆ 位于市中心的大型购物中心（拉特罗布大街一侧与电车站相互连接）。购物中心的建筑物分为朗斯代尔大厦和拉特罗布大厦。中心有 MIMCO、OROTON、R.M. Williams 等澳大利亚品牌，还有 TOMMY HILFIGER、GAP、耐克、KOOKAI 等国际知名的休闲品牌。

购物中心的内部看起来很气派

墨尔本的地标性建筑　Map p.297/1C
- URL www.melbournecentral.com.au
- 住 Cnr. La Trobe & Swanston Sts., 3000
- ☎ 9922-1100
- 营 周六～次周周三 10:00~19:00、周四·周五 10:00~21:00
- CC 依店铺而异

墨尔本百货中心
Emporium Melbourne

◆ 这家购物中心是在 2015 年，将 75 年前建于朗斯代尔大街上的古建筑改造而成的。内有优衣库（澳大利亚 1 号店），国际化妆品品牌 Aesop、AVEDA，澳大利亚第一的雪地靴品牌 UGG Australia，非常适合做伴手礼的红茶 T2，澳大利亚特有的户外品牌 R.M. Williams，澳大利亚高端品牌 MIMCO、OROTON，冲浪品牌 RipCurl、澳大利亚人气时尚品牌 Saba，还有国际知名品牌香奈儿、蔻驰等共 50 多家店铺。

有许多个性店铺的商店　Map p.297/2C
- URL www.emporiummelbourne.com.au
- 住 287 Lonsdale St., 3000
- ☎ 8609-8221
- 营 周六～次周周三 10:00~19:00、周四、周五 10:00~21:00
- CC 依店铺而异

墨尔本邮政总局
Melbourne's G.P.O

◆ 利用建于 1859 年的古老建筑——墨尔本邮政总局改造而成的购物休闲中心，其中大部分是 H&M。店内以白色为主，时尚的内装尽显奢华之感。

内有时尚品牌的商店

建筑本身拥有欣赏价值　Map p.297/2C
- URL www.melbournesgpo.com
- 住 350 Bourke St., 3000
- ☎ 9290-0200
- 营 周一～周四·周六 10:00~18:00、周五 10:00~20:00、周日 11:00~17:00 / H&M：周一～周三 9:30~19:00、周四·周五 9:30~21:00、周六 9:30~20:00、周日 10:00~19:00
- CC 依店铺而异

大卫·琼斯百货商场
David Jones

◆ 百货商场被帕克大街分成两个部分，分别为男士馆和女士馆，女士馆的北侧地下是家居服的卖场，女士馆内化妆品品牌一应俱全。

澳大利亚的老牌百货商店　Map p.297/2C
- URL www.davidjones.com.au
- 住 310 Bourke St., 3000
- ☎ 9643-2222
- 营 周日～次周周三 9:30~19:00、周四·周五 9:30~21:00、周六 9:00~19:00
- CC A D J M V

南码头奥特莱斯
DFO South Wharf

◆ 紧邻墨尔本会展中心的奥特莱斯购物中心。内有阿迪达斯、耐克、彪马、匡威等运动品牌，还有 Cotton、ESPRIT 等澳大利亚品牌，冲浪品牌 Billabong、RipCurl，澳大利亚的雪地靴 UGG Australia 等，在这里游客可以以划算的价格购物。

墨尔本高人气的奥特莱斯　Map p.296/3B
- URL www.dfo.com.au/SouthWharf
- 住 20 Convention Centre Place, South Wharf, 3006
- ☎ 9099-1111
- 营 周六～次周周四 10:00~18:00、周五 10:00~21:00
- CC 依店铺而异

大洋路 *Great Ocean Road*

坎贝尔港国家公园内的胜景——十二使徒岩

交通方式

● **大洋路**

　　前往大洋路，建议从墨尔本乘坐旅游巴士或租车自驾。

　　有从墨尔本出发的一日游项目。如果想在环游澳大利亚的途中游览大洋路，建议参加移动型团体游，可以在从墨尔本前往阿德莱德的途中游览景点并住宿（背包客旅馆）。Autopia Tours 公司有为期数日的团体游。最方便的还是租车自驾。驾车行驶在风光明媚的公路上，非常惬意。但如果是从墨尔本出发的一日往返行程，即便只到到十二使徒岩就折返，全程也有 540 公里。值得游览的景点非常多，所以最好还是选择中途住宿一晚或两晚。如果打算前往大洋路西端的瓦南布尔，可以从墨尔本乘坐 V Line。

■ **大洋路移动型团体游公司**

● **Autopia Tours**
☎（03）9393-1333
✉ autopiatours.com.au
🕐 周一、周四、周六（11月～次年4月为周一、周二、周四、周六）出发的1晚2日墨尔本～阿德莱德（大洋路 & 格兰屏国家公园）1人住宿青年旅舍 $340、住宿酒店标准间 $400；周日（11月～次年4月为周三、周日）出发的2晚3日墨尔本～阿德莱德（大洋路 & 格兰屏国家公园）1人住宿青年旅舍 $450、住宿酒店标准间 $570

■ **V Line**
📠 1800-800-007
🌐 www.vline.com.au

　　在大洋路沿线，可以看到海陆相交的美景。这条海岸公路起自墨尔本西南的托基（Torquay），经过洛恩（Lorne）、阿波罗湾（Apollo Bay）、坎贝尔港（Port Campbell），最终延伸至瓦南布尔（Warrnambool）东部，正式终点为亚伦斯福特（Allansford），全长约250公里，一路上风光明媚。由参加了第一次世界大战的澳大利亚复原军人修建，1932年建成，因沿途风景秀丽而成为著名的旅游资源。

　　大洋路大致可以分成三段。第一段是托基至洛恩的冲浪海岸（Surf Coast）。该地区为重要的海上休闲娱乐地，有许多休闲的度假村。接下来的洛恩至坎贝尔港路段，多为温带雨林地区，被称为奥特威威腹地（Otways Hinterland）。风景最美的就是坎贝尔港至瓦南布尔的沉船海岸（Shipwreck Coast）路段。可以看到"十二使徒岩"等众多奇石，值得一去。

托基　　　　　　　　　　　　　　　　Torquay

　　托基是大洋路的起点，从墨尔本开车约1小时可以到达托基。从吉朗斯冲浪海岸公路行驶，可以去往开设有许多冲浪用品店的冲浪城市广场（Surf City Plaza）。托基是著名的冲浪小镇，有来自世界各地的冲浪爱好者。在冲浪城市广场的冲浪用品店中可以购买到冲浪板、冲浪衣、泳衣等与冲浪有关的物品。

　　在冲浪城市广场后面的是旅游信息中心及澳大利亚国家冲浪博物馆（Australia National Surfing Museum）。馆内展示内容丰富，向游客介绍海浪的形成原理、冲浪板的历史变迁并放映相关的影视资料。

　　小镇的中心位于冲浪城市广场旁边的前沿海滩（Front Beach）的休闲大街（The Esplanade）。那周围有许多商铺及住宿设施。

　　适合冲浪的区域从托基一直延伸到洛恩，其中最有名的是贝

旅客信息中心兼澳大利亚国家冲浪博物馆

贝尔斯海滩是冲浪者们向往的冲浪地点

尔斯海滩（Bells Beach）。冲浪用品的著名品牌 Quicksilver、Rip Curl 就诞生在这里。每年 3 月末，这里还会举办世界冲浪大赛，是一个冲浪胜地。几乎所有游览大洋路的团体游项目中都把这里纳入游览线路之中。

洛恩 Lorne

洛恩是大洋路上最受欢迎的度假地。有很多餐馆、咖啡馆、商店、服饰店、度假酒店分布在大洋路（在洛恩区域内，路名变为蒙特乔伊路 Mountjoy Pde.）沿线。当地的地标建筑为坎伯兰洛恩度假酒店（Cumberland Lorne），酒店旁边就是洛恩游客中心（Lorne Visitor Centre）。

位于安格尔西与洛恩之间的大洋路纪念雕塑

虽然洛恩是海滨度假地，但周围有繁茂的温带雨林。从洛恩向内陆方向前行 9 公里左右，就是大奥特韦国家公园（Great Otway NP）所在的安噶胡克地区（Angahook Lorne Part），那里的厄斯金瀑布（Erskin Falls）非常值得一看。在郁郁葱葱的森林之中，落差达 30 米的瀑布倾泻而下，非常美丽，被称为"大奥特韦国家公园的宝石"。

能让人感到空气充足的厄斯金瀑布

洛恩一带还有很多瀑布，建议去游览一下幽灵瀑布（Phantom Falls）及亨德森瀑布（Henders on Falls）。

肯尼特河 Kennett River

大洋路沿线的森林是重要的考拉栖息地。肯尼特河是一个小村庄，位于洛恩与阿波罗湾的中间地点，因很容易见到考拉而闻名。位于墨尔本以南的法兰西岛，因考拉繁殖过多，部分考拉被转移到了这里。由于当地没有天敌，所以考拉数量增长很快，使得这片不大的区域内有大量的考拉栖息。

考拉经常会待在人伸手可触及的地方

■ 托基游客信息中心
Torquay Visitor Information Centre
🏠 Surf City Plaza, 77 Beach Rd., Torquay, 3228
☎ （03）5261-4219
🖥 www.visitgreatoceanroad.org.au
开 每天 9:00~17:00
休 圣诞节

● 澳大利亚国家冲浪博物馆
☎ （03）5261-4606
🖥 www.surfworld.com.au
费 成人 $12 儿童 $8 家庭 $25

■ 大洋路观光飞行
从托基起飞，在空中观赏冲浪湾与坎贝尔港周围奇石群的观光项目。
● 虎蛾世界冒险园
Tiger Moth World Adventure Park
🏠 Torquay Airport, 325 Blackgate Rd., Torquay, 3228
☎ （03）5261-5100
🖥 www.tigermothworld.com
费 十二使徒岩观光飞行 $460（约 1.5 小时）

■ 洛恩游客中心
🏠 15 Mountjoy Pde., Lorne, 3232
☎ （03）5289-1152
🖥 www.visitgreatoceanroad.org.au
开 每天 9:00~17:00
休 圣诞节

■ 大奥特韦国家公园安噶胡克地区
🖥 parkweb.vic.gov.au

大洋路
Great Ocean Road

0 — 40km

莫特莱克 Mortlake
特朗 Terang
坎普尔顿 Camperdown
Hesse HAMILTON HWY
吉朗 Geelong
菲利普港 Port Phillip Bay

Narrawong
克拉克 Colac
HWY
托基 Torquay
昆斯克利夫 Queenscliff

仙女港 Port Fairy
塔山保护区 Tower Hill Reserve
PRINCES
安格尔西 Anglesea
索伦托 Sorrento

波特兰 Portland
瓦南布尔 Warrnambool
岛屿湾 Bay of Islands
伦敦桥 London Bridge
Timboon
大奥特韦国家公园安噶胡克地区 Great Otway NP Angahook Lorne Part
厄斯金瀑布 Erskine Falls
洛恩 Lorne
贝尔斯海滩 Bells Beach

彼得伯勒 Peterborough
2 英里海湾 2 Mile Bay
坎贝尔港 Port Campbell
Otway Fly Tree Top Walk

十二使徒岩 Twelve Apostles
洛克阿德峡谷 Loch Ard Gorge
吉布森石阶 Gibson Steps
王子镇 Princetown
雷文斯山 Lavers Hill
肯尼特河 Kennett River
玛茨雷斯特 Maits Rest

十二使徒岩国家海洋公园 Twelve Apostles Marine NP
梅尔巴峡谷 Melba Gully
大奥特韦国家公园 Great Otway NP
奥特韦角灯塔
阿波罗湾 Apollo Bay

A   B

阿波罗湾大洋路游客信息中心

■阿波罗湾大洋路游客信息中心

🏠 100 Great Ocean Rd., Apollo Bay, 3233

☎ （03）5237-6529

☎ 1300-689-297

🖥 www.visitgreatoceanroad.org.au

🕐 每天 9:00~17:00

🚫 圣诞节

从冷温带雨林茂密的树丛穿过的木质栈道

■奥特韦角灯塔

📄 p.333/B

🏠 Lighthouse Rd. via Great Ocean Rd., Cape Otway, 3233

☎ （03）5237-9240

🖥 www.lightstation.com

🕐 每天 9:00~17:00（1月及维多利亚州学校假期期间~18:00）

※ 有导游带领的团体游。具体时间需要查询（用时 50 分钟）

💰 成人 $19.50 儿童 $7.50
家庭 $49.50

■奥特韦树顶步道

📄 p.333/B

🏠 360 Phillips Track, Weeaproniah, 3237

☎ （03）5235-9200

☎ 1300-300-477

🖥 www.otwayfly.com

🕐 每天 9:00~17:00

🚫 圣诞节

💰 成人 $25 儿童 $15 家庭 $70；高空滑索生态游（包含公园门票）：成人 $120 儿童 $85
家庭 $375

在梅尔巴峡谷观赏萤火虫

■坎贝尔港游客信息中心

🏠 26 Morris St., Port Campbell, 3269

☎ 1300-137-255

🖥 visit12apostles.com.au

🕐 每天 9:00~17:00

🚫 圣诞节

阿波罗湾 — Apollo Bay

洛恩至阿波罗湾的大洋路区间是最适合欣赏海景的路段。阿波罗湾有各种住宿设施、餐馆、咖啡馆以及水疗馆，便于游客在此停留。

从阿波罗湾向前约17公里处，有大奥特韦国家公园的梅茨雷斯特（Maits Rest），这是一片冷温带雨林，很值得一看。铺设有木质栈道，绕行一周需要20分钟左右，周围有茂密的桉树、山毛榉、蕨类等树木，可以仔细地观察。

从梅茨雷斯特继续向前，离开大洋路后转向南就是奥特韦角（途中也很容易遇到考拉）。海角的顶端有奥特韦角灯塔（Cape Otway Lightstation），建于1848年，这是澳大利亚本土最古老的灯塔。另外，澳大利亚最早的海底通信电缆也铺设于奥特韦角与塔斯马尼亚之间，之后霍巴特与墨尔本之间的现代化通信才得以实现。可以进入灯塔内部参观，站在塔上眺望大海会让人感到心情十分愉悦。

具有历史意义的灯塔

雷尔斯山周边 — Around Lavers Hill

从阿波罗湾前往坎贝尔港的途中，温带雨林所在的山丘上，有一个名为雷尔斯山的小村庄。从这个村庄向东，可以到达名为奥特韦树顶步道（Otway Fly Tree Top Walk）的景点，非常值得一看。这一带紧邻大奥特韦国家公园，有以南青冈科的山毛榉桃金娘（Beech Myrtle）为主的常绿树森林。在森林中，可以走过距离地面高约25米、长约600米的吊桥，近距离观赏树冠。中途会经过一个距离地面高约45米的观景台，可以眺望奥特韦的壮丽美景。森林中，有名为高空滑索生态游（Zipline Eco Tour）的冒险体验项目。钢索架设在桉树丛中，游客可以沿钢索滑下并观赏周围的景色。

在奥特韦树顶步道上漫步并观赏美丽的桉树林

在梅茨雷斯特小镇外的大洋路沿线上的温带雨林是梅尔巴峡谷（Melba Gully）——大奥特韦国家公园的一部分。有木质栈道环绕森林，走上一圈要15分钟左右。瀑布对面的区域可在夜间观赏萤火虫。不过，那里夜间十分昏暗，而且人迹罕至，建议多人结伴前往。当然手电筒是必不可少的。

坎贝尔港 — Port Campbell

十二使徒岩、伦敦桥等大洋路上的主要景点都集中在十二使徒岩海洋国家公园（Twelve Apostles Marine NP）。该旅游线路的起点就在坎贝尔港。如果想仔细地观赏这些富于变化的美景，建议在当地住宿一晚。

在海上观赏奇石

吉布森石阶 — Map p.333/A

Gibson Steps

如果从墨尔本方向前来，这里是距离奇石群最近的观景地点。可以沿着石阶下到海滩上，在沙质的吉布森海滩（Gibson Beach）前行一段，就能看到伸向海面的奇石。坎贝尔港一带的景点，可以在海滩上游览观

可以下到海边的吉布森石阶

大洋路上最适合拍照的景观

从观景台上看到的景色

赏的并不多。建议一定要去这片海滩，因为站在海平面的高度上平视这些景点，会感到景色气势更加恢宏。还要注意，从十二使徒岩的观景台无法下到海滩，只能从高处观赏风景。

大洋路的主要景点

十二使徒岩
Twelve Apostles
Map p.333/A

该景点位于坎贝尔港以东约 10 公里处，有陡峭的断崖以及伸向海面的十二块巨石，被称为"十二使徒岩"。这里也是大洋路上最重要的景点，这是由来自南极的寒冷洋流与猛烈的大风不断侵蚀海岸而形成了独特的景观。每块巨石都有各自的表情，有一些逼真得很像人的面部。由于无法在同一地点观赏到所有"使徒"，因此需要走到各个观景台从不同的角度进行观赏。

另外，如果想给十二使徒岩拍照的话，建议在清晨或傍晚前往。在这两段时间里，大海、太阳与使徒岩交相辉映，景色最美丽。租车自驾前往的话，停车场（可停 190 辆乘用车）在十二使徒岩对面，中间隔着大洋路。那里有厕所及信息板等。去往十二使徒岩，需步行穿过大洋路下面的隧道然后前行。

在空中俯瞰大洋路会有不同的感觉

十二使徒岩停车场旁边，有直升机旅游公司的十二使徒直升机（12 Apostle Helicopter），游客可乘机在空中观赏十二使徒岩及周边美景，能看到洛克阿德峡谷等在观景点无法看到的景观。

■十二使徒直升机
☎（03）5598-8283
🌐 www.12apostleshelicopters.
com.au
🚁 伦敦桥 & 十二使徒岩之旅（15 分钟）$145；伦敦桥 & 十二使徒岩 & 岛屿湾（25 分钟）$235
💳 M V
※ 停机坪在十二使徒岩停车场

■二里湾 2 Mile Bay
有从坎贝尔港海湾对岸的观景台到二里湾的步道，名为坎贝尔港探索步道，往返需 1 小时 30 分钟。沿途可以看到最能显现出大洋路风貌的海岸线，非常值得一去。

讲述海难悲剧的故事

洛克阿德峡谷
Loch Ard Gorge
Map p.333/A

来到海滩可以欣赏到洛克阿德峡谷的壮丽景色

与十二使徒岩一样，是坎贝尔港地区不能错过的重要景点。从观景台可下到海滩，小海湾内也可游泳。

洛克阿德是在附近海域沉没的一艘船只的名字。1878 年 6 月 1 日，清晨 4:00 刚过，因大雾遮住了奥特韦角灯塔的灯光，从伦敦驶往墨尔本的最后一艘澳大利亚移民船洛克阿德号在这一带触礁沉没。船上共有 54 人，幸存的仅有 18 岁的水手汤姆·皮尔斯及与 7 位家人一同乘船的 17 岁的伊娃·卡迈克尔（Eva Carmichael）。在洛克阿德峡谷的入口处，有海难的纪念碑以及 52 名遇难者的坟墓。

洛克阿德号海难遇难者的墓地

另外，在洛克阿德峡谷的散步路旁也有许多景点。例如形似大拱门的拱门岛（The Island Archway）、像一面墙壁一样的奇石剃刀鲸（The Razorback）、还有因没有狐狸和猫等天敌而栖息着数万只短尾鹱的短尾鹱岛（Mutton Bird Island）、有潮水喷出的喷水洞（Blowhole）、海中洞窟雷神洞（Thunder Cave）以及可远望海边断崖绝壁的伤心石（Broken Head）等。转遍所有景点需要 2 小时。

气势恢宏的剃刀鲸奇石

澳大利亚地区指南

● 维多利亚州 大洋路

单侧的拱桥因常年被侵蚀最终崩塌的伦敦桥

可以亲身体验海浪侵蚀

伦敦桥
London Bridge
Map p.333/A

　　位于坎贝尔港与彼得伯勒（Peterborough）之间正中央的位置。这里是向海面突出的海岬的一部分，这里的礁石因海浪的侵蚀而形成了双拱桥，因此而得名。大约 10 年前还可以看到美丽大自然鬼斧神工造就的双拱桥，今年来侵蚀在逐渐加剧，最终拱桥从中间落入海底，因此形成了现在的样子。

夕阳映照下的奇特岩石和远处的海景

岛屿湾
Bay of Islands
Map p.333/A

　　从彼得伯勒往前是马特湾（Bay of Martyrs，又名沉船湾）、岛屿湾（Bay of Islands）等胜地。从墨尔本出发向瓦南布尔方向航行的游船沿途可以欣赏到奇岩怪石等绝景，这里是整个行程中的最后一个景点。

瓦南布尔 Warrnambool

　　瓦南布尔位于大洋路以西的位置，约有 33000 人。李比希大街（Liebig St.）位于镇子的中心，道路两旁有一些商店。沿着这条路一直向大海的方向前行会经过一座叫作坎农山（Cannon Hill）的小山丘，夏季的时候站在这里可以望到女士湾海滩（Lady Bay Beach）。

　　还可以选择去距离镇子东南 2 公里的罗根海滩（Logan's Beach）看一看。这片海滩因每年 5~9 月期间可以看到南露脊鲸（Southern Right Whales）而闻名。南露脊鲸不像座头鲸那么霸气经常为我们人类"表演"一些动作，因此行踪难觅。但只要将视线专注于波浪之间，便会逐渐看到黑色尾鳍和喷起的水柱。

再现了 19 世纪的港口城市

旗杆山海事博物馆
Flagstaff Hill Maritime Museum

　　再现 19 世纪瓦南布尔的一座主题公园。内有当时的教堂、医院、银行、造船工匠的厂房、出售绳索和滑轮等航海器具的商店等。

　　公园内最有欣赏价值的是洛克阿德孔雀（Loch Ard Peacock），这座孔雀形状的瓷器大约有 1.5 米高，是在 1878 年遇难的"洛克阿德号"漂浮上岸的遗物中发现的。同样在之后遇难的"朔姆贝格号"（Schomberg）遗物中发现了豪华的钻石朔姆贝格钻石（Schomberg Diamond）。

　　博物馆在夜间还有一个通过光影和声音以沉船为主题的表演秀——沉船表演秀（Shipwrecked Show）。这个表演秀使用最新的激光技术和立体的印象再现了洛克阿德号的悲剧。

殖民开发时期镇子的模样

在夜间举行的海难表演秀——维多利亚州大洋路

突然出现在眼前的野生动物的乐园

塔山保护区（沃古吉）

Tower Hill Reserve (Worn Gundidj)

Map p.333/A

距离瓦南布尔以西约 15 公里的地方有一座火山岛和湖泊，是由约 25000 年前大规模的火山喷发而形成的。四周围被小山丘环绕的塔山与周边的风景截然不同。这里简直就是野生动物的乐园，保护区内有多条可以在 1 小时之内徒步完成的健走线路，可以近距离地观察考拉、鸸鹋、袋鼠等动物。

仙女港　　　　　　　　　　　　　　Port Fairy

仙女港是维多利亚州自 1835 年开始作为殖民地以来屈指可数的历史名城。镇子的面积虽然不大，但是被指定为国家文化遗产的使用青石建造的建筑还保留着当时的影子。进入小镇首先映入眼帘的是格里菲斯岛（Griffiths Island），这里是只在澳大利亚繁殖的红嘴海燕（Mutton Bird，学名短尾鹱）的聚集地。环岛一周大约需要 1 小时的时间，这里还有专门参观红嘴海燕的徒步小路。

波特兰　　　　　　　　　　　　　　Portland

波特兰是 1843 年维多利亚州最早一批移民居住的地方，至今还保留着 200 多座以海关大楼（Custom House）为首的 19 世纪初期建筑。在波特兰游客信息中心（Portland Visitor Information Centre）内有许多巡游历史性建筑物的徒步线路图和资料。游客信息中心所在的大楼是波特兰海洋探索中心（Portland Maritime Discovery Centre），里面还有博物馆、咖啡馆、纪念品商店等。如果想要眺望波特兰湾，建议去第二次世界大战纪念碑观景台（World War Ⅱ Memorial Lookout）。

在波特兰周边的景点有尼尔逊角（Cape Nelson）和桥水角（Cape Bridgewater）。在尼尔逊角上有灯塔。桥水角有一个被称作海豹洞（Seal Cave）的地方，这里是澳大利亚海豹聚集的地方，有专门来此地观察海豹的团体游项目。

■塔山保护区（沃古吉）
📍 Tower Hill Lake, Towre Hill 3283
☎（03）5565-9202
URL www.towerhill.org.au
🕐每天 10:00～16:00

■仙女港游客信息中心
Port Fairy Visitor Information Centre
📍 Railway Pl., Bank St., Port Fairy, 3284 ☎（03）5568-2682
URL www.visitportfairymoyneshire.com.au 🕐每天 9:00～17:00
🚫圣诞节

■红嘴海燕
红嘴海燕是一种在澳大利亚与堪察加半岛、阿拉斯加近海一加利福尼亚近海之间来回飞行的候鸟，每年 9 月后半期返回澳大利亚筑巢。

■波特兰游客信息中心
Portland Visitor Information Centre
📍 Lee Breakwater Rd., Portland, 3305 ☎1800-035-567
URL www.visitportland.com.au
🕐每天 9:00～17:00 🚫圣诞节

●波特兰海洋探索中心
💰成人$7 儿童 免费

■第二次世界大战纪念碑观景台
📍 212 Bentinck St., Portland, 3938 ☎（03）5523-3983
🕐每天 9:00～16:00
💰成人$4 儿童 免费

■尼尔逊角灯塔
Cape Nelson Lighthouse
📍 Cape Nelson Lighthouse Rd., Portland West, 3305
☎（03）5523-5119
URL www.capenelsonlighthouse.com.au 🕐每天 10:00～17:00
💰成人$15 儿童$10 家庭$40

●观察海豹团体游
●观察海豹海上之旅
Seals by Sea Tours
☎（03）5526-7247
URL www.sealsbyseatours.com.au
💰成人$40 儿童$25

大洋路的酒店
Accommodation

洛恩

大洋路农舍小屋 & 背包客旅馆
Great Ocean Road Cottages & Backpackers

◆虽说距离镇中心稍微远了一些，但是也在 10 分钟的步行范围之内。这处设施的辖地内有多栋农舍小屋，其中大部分被用来当作背包客旅馆的多人间来使用。这里距离海滩很近，无论是去做海上运动还是去海边健走都非常方便。

步行瞬间可至海滩
URL www.greatoceanroadcottages.com
📍 10 Erskine Ave., Lorne, 3232
☎5289-1070 WiFi 无
💰背包客：D$35／农舍小屋：T W$260-280 CC A D M V

坎伯兰洛恩度假村
Cumberland Lorne Resort

◆洛恩首屈一指的度假酒店。多间房间都带有厨房和洗衣房。度假村内有餐馆、游泳池、SPA、冲浪板租赁处、山地车租借处等设施。

可以悠闲地在度假村内享受生活
URL www.cumberland.com.au
📍 150 Mountjoy Pde., Lorne, 3232
☎5289-4444 Free 1800-037-010
FAX 5289-2256 WiFi 免费
💰1B $207-274、2B $266-403 CC J M V

冲浪海滩背包客旅馆
Surfside Backpacker

◆ 地理位置很好的住宿设施，距离镇中心、冲浪海滩、钓鱼码头都不远。

最适合冲浪的酒店	
URL	surfsidebackpacker.com
住	7 Gambier St., Apollo Bay, 3233
☎ 5237-7263　WiFi 付费	
费 Ⓓ$30、Ⓦ$85~95　CC M V	

阿波罗湾滨海汽车旅馆
Apollo Bay Waterfront Motor Inn

◆ 从靠近大洋路一侧的房间可以望到大海。步行可以到达附近的餐馆、咖啡馆、海滩。

房间既宽敞又干净的汽车旅馆	
URL	apollobaywaterfront.com.au
住	173 Great Ocean Rd., Apollo Bay, 3233
☎ 5237-7333　WiFi 付费	
费 ⓉⓌ$140~460　CC A D J M V	

大洋路生态旅馆
The Graet Ocean Road Ecolodge

◆ 位于奥特韦角灯塔附近的一家只有 5 间客房的生态旅馆。旅馆还在进行虎斑袋鼬的保护活动，在此住宿期间可以跟随团体游去观察虎斑袋鼬。

如果喜爱大自然选择这里不会错	
URL	www.greatoceanecolodge.com.au
住	P.O. Box 296, Apollo Bay 3233
☎ 5237-9297　WiFi 免费	
费 ⓉⓌ$380~410　※ 附带早餐、团体游项目，至少入住 2 晚　CC M V	

坎贝尔港旅舍
Port Campbell Hostel

◆ 旅馆位于坎贝尔港游客信息中心附近，距离海滩也比较近。步行至餐馆和商店也都不远。

坎贝尔港附近的旅馆	
URL	portcampbellhostel.com.au
住	18 Tregea St., Port Campell, 3269
☎ 5598-6305　WiFi 免费　Ⓓ$32~38、	
Ⓣ Ⓦ$60~100　CC J M V	

洛克阿德汽车旅馆与公寓酒店
Loch Ard Motor Inn & Apartments

◆ 汽车旅馆式的客房面朝坎贝尔港而建，从小阳台上可以望到大海的景色。

有公寓房	
URL	www.lochardmotorinn.com.au
住	18 Lord St., Port Campbell, 3269
☎ 5598-6328　WiFi 免费	

南洋度假别墅
Southern Ocean Villas

◆ 位于坎贝尔港入口处的别墅式公寓酒店。每栋别墅都非常宽敞，有一种在自己的庄园中度假的感觉。

适合家庭旅行和团体旅行的游客入住	
URL	www.southernoceanvillas.com
住	2-6 McCue St., Port Campbell, 3269
☎ 5598-4200　WiFi 免费　费 ②B $320、	
③B $280~300　CC A M V	

瓦南布尔海滩背包客旅馆
Warrnambool Beach Backpackers

◆ 地理位置优越且价格便宜的住宿设施。内有带台球厅的酒吧，营业至深夜。

瓦南布尔价格较便宜的住宿设施	
URL	www.beachbackpackers.com.au
住	17 Stanley St., Warrnambool, 3280
☎ FAX 5562-4874　WiFi 付费	
费 Ⓓ$26~30、Ⓦ$80~90　CC A M V	

坎布鲁尔深蓝品质酒店
Quality Suites Deep Blue Warrnambool

◆ 距离港口码头非常近的酒店。客房宽敞明亮。酒店建于地下矿泉水层之上，因此这里的日间水疗中心使用的是纯正的地下矿泉水。

带有日间水疗中心的度假酒店	
URL qsdb.com.au	住 Worm Bay Rd.,
Warrnambool, 3280　☎ 3559-2000	
FAX 5559-2111　WiFi 免费　ⓉⓌ$215~	
279、①B$244~、②B$615~　CC A D J M V	

巴拉腊特、本迪戈与金矿区

Ballarat & Bendigo. Gold Field

19世纪50年代开始的淘金热是澳大利亚历史的一个重要节点，它带来了巨大的人口迁移和增加。那些抱着淘金梦，想一夜暴富的人们，从世界各地奔赴澳大利亚。

淘金热留下了深深印记的巴拉腊特市区风貌

此时维多利亚州的内陆地区也开始了淘金热潮。尤其是距离墨尔本西北112公里处的巴拉腊特，及其以北100公里处的本迪戈一带，拥有多座金矿，俗称"金矿区"（Gold Field）。黄金的挖掘在巴拉腊特一直持续到1918年，本迪戈则一直持续到1954年。这两座城市都有可以观察淘金热时城市风貌的设施，吸引着众多的游客前来此地参观。

巴拉腊特   Ballarat

巴拉腊特位于金矿区的入口处，是受淘金热影响最大的城市。在1851年发现金矿之前，巴拉腊特就是一个名不见经传的小镇，此后由于受到淘金热的影响，仅仅数年时间，人口就增长到了4万。直至黄金采

巴拉腊特 / Ballarat

温德瑞湖 Lake Wendouree

HUMFFRAY ST NTH

VICTORIA ST

0　　　　　　4km

MAIR ST

Lake Inn Ballarat

DOVETON RD

LYDIARD ST

巴拉腊特站

孟席斯居庭酒店 Quality Inn & Suites The Menzies Ballarat

巴拉腊特美术馆 Ballarat Fine Art Gallery

巴拉腊特游客中心

QUEEN ST

尤里卡纪念公园 Eureka Memorial Park

尤里卡城堡 Eureka Stockade

Ballarat Mid City Hotel

G.P.O.

施塔科大街

市政厅

购物中心 Safe Way

利迪亚大街

Ballarat Central City Motor Inn

PLEASANT ST

DANA ST

Quality Inn Heritage on Lydiard

奥斯卡酒店 Oscar's Hotel

利迪亚德海瑞特酒店

安索尼利亚酒店 The Ansonia on Lydiard

EUREKA ST

澳大利亚尤里卡民主博物馆 Museum of Australian Democracy at Eureka

EYRE ST

GRANT ST

克雷格皇家酒店 Craig's Royal Hotel

ALBERT ST

Best Western Bakery Hill Motel

尤里卡大街

YORK ST

LYONS ST

DAWSON ST

元首公园汽车旅馆 Sovereign Park Motor Inn

OTWAY ST

WILSON ST

MAIN RD

Comfort Inn Main Lead

BRADSHAW ST

MAGPIE ST

黄金博物馆 Gold Museum

GLADSTONE ST

COBDEN ST

HUMFFRAY ST

疏芬山 Sovereign Hill

疏芬山青年旅舍 Sovereign Hill Lodge YHA

MAIN RD

巴拉腊特美居酒店暨会议中心 Mercure Ballarat Hotel

至墨尔本

至巴拉腊特野生动物园

A　　　　　　B

Ballarat Transit 的公共巴士共有 19 条以城区中心为起点，去往各地的巴士线路。游客经常乘坐的是去往疏芬山、尤里卡纪念公园以及巴拉腊特野生动物园方向的 Route 8、9 路，还有去往温德瑞湖和巴拉腊特温室方向的 Route 16 路。

■ **巴拉腊特游客中心**　📖 p.339/A
🏠 Town Hall, 225 Sturt St., Ballarat, 3550
☎ (03) 5337-4337
📠 1800-446-633
🌐 www.visitballarat.com.au
🕐 每天 9:00~17:00
🚫 圣诞节

■ **疏芬山**
🏠 39 Magpie St., Ballarat, 3350
☎ (03) 5337-1199
🌐 www.sovereignhill.com.au
🕐 每天 10:00~17:00
🚫 圣诞节
💰 成人 $55.50 儿童 $25 家庭 $140 / 矿山之旅 成人 $7.50 儿童 $4 家庭 $20 / 乘坐马车 成人 $5.50 家庭 $17

● **黄金博物馆**
🕐 每天 9:30~17:30
🚫 圣诞节
💰 包含在疏芬山门票内（黄金博物馆单票 成人 $15 儿童 $8 家庭 $37）

● **喋血南十字星（需要预约）**
🕐 根据落日时间调整，每晚 2 场演出
💰 只观看表演秀：成人 $59.50 儿童 $31.80 家庭 $162 / 疏芬山门票＋表演秀：成人 $115 儿童 $56.80 家庭 $302 / 疏芬山门票＋表演秀＋晚餐：成人 $150 儿童 $76 家庭 $400 / 表演秀＋晚餐：成人 $95.50 儿童 51.50 家庭 $267

掘结束，这里一共产出了 640 吨黄金，相当于维多利亚州产金总占比的 28%。现在这座城市约有 9.6 万人，中心城区仍旧保留有淘金热时期的很多建筑。

复原淘金热时代的城市风貌

疏芬山
Sovereign Hill
Map p.339/B

（上）疏芬山的主街
（右）有人气的金沙淘金全体验活动

　　这座主题公园再现了 1851~1861 年期间淘金热全盛时期金矿山城市的风貌。从入口开始便有介绍巴拉腊特历史的展板，展板是从第一条发现金矿的新闻开始介绍的，一直到为了实现自己一攫千金的梦想而逐渐会集于此的人们，伴随着历史介绍还会有相关的电影上映。

　　参观完室内展厅之后，便会进入到再现了红山溪矿区淘金现场（1851~1855 年）的金矿小城。游客只需将自己的名字写在模仿 1854 年淘金许可证制作的许可证上，便可以在小河边挑战取金沙淘金了。不过能不能淘到金子那就要看你的运气了。园内的中国村是 1850 年占整座小城 1/4 人口的中国人生活的村落。接下来可以参观采矿博物馆，还有可以参观地下采掘现场的矿山之旅（Mine Tour）项目（另付费）。乘坐采矿车潜入地下，身处再现搭建的坑道内边走边参观黄金是如何被采掘的。此外，主街（Main St.）中有各式各样的店铺，都是按照当时的方式在经营着，在街上漫步也是一件非常有乐趣的事情。如果想要将整座小城逛一个遍，最少需要 4 小时的时间。

　　疏芬山对面的黄金博物馆（Gold Museum）是"金城"巴拉腊特的标志。这里展示了淘金热时期的情景和实际使用过的淘金工具等。必看的是在巴拉腊特金矿采掘的 44 个金块，其巨大程度令人吃惊。位于博物馆里侧的展厅还有使用黄金制成的钱币和各种各样的装饰品等展品。

　　如果在巴拉腊特住宿，那么晚上一定要去疏芬山观看气势恢宏的室外声光表演"喋血南十字星"（Blood on the Southern Cross），该剧以疏芬山为舞台，讲述了在南十字星旗帜下的战役（尤里卡暴乱→p.341）。故事是通过声音来讲述的，并伴有灯光、配乐、烟雾、火焰等逼真的特效。

黄金博物馆内展示着巨大的金块

非常有震撼力的"喋血南十字星"表演

宛如进入灌木丛一般

巴拉腊特野生动物园

`Map p.339/B 外`

Ballarat Wildlife Park

　　园内放养着多种澳大利亚特有的动物，例如袋鼠、小袋鼠、鸸鹋等。13:30~16:00期间每隔30分钟便会有一场由饲养员讲解说明的有关于动物生态方面的动物表演秀，出演的动物有考拉、毛鼻袋熊、袋獾等。在表演秀之后，还可以跟考拉、毛鼻袋熊一起合影留念。另外，这座动物园内有一只饲养史上年纪最长的毛鼻袋熊，名字叫巴德里克（2019年8月28日年满34岁）。

有许多具有历史意义的景点

尤里卡纪念公园

`Map p.339/B`

Eureka Memorial Park

尤里卡澳大利亚民主主义博物馆最醒目的标志是一面大型的尤里卡旗帜

　　这里是尤里卡暴乱发生的地方，1854年淘金矿工由于对英国政府不合理的开采税以及开采权抱有不满而爆发了大规模的动乱。这场暴乱也是澳大利亚历史上最大规模的武装起义，一共造成了警察和军队方5人、矿工方30人死亡的惨剧。当时使用的南十字星旗帜，至今也仍旧作为罢工、游行等活动时使用的标志。这面特殊的旗帜（宽4米×高2.6米）现在归巴拉腊特美术馆（Ballarat Fine Art Gallery）所有，目前在尤里卡纪念公园内的澳大利亚尤里卡民主博物馆（Museum of Australian Democracy Eureka）内展出。这座博物馆通过绘画、历史记录展示、展板演示等对巴拉腊特因淘金热而繁荣，直至暴乱的历史进行了详细的说明。

巴拉腊特市民的休闲场所

温德瑞湖与巴拉腊特植物园

`Map p.339/A`

Lake Wendouree & Ballarat Botanical Gardens

　　位于城西的温德瑞湖是1956年墨尔本奥运会皮划艇的比赛场地。如今仍有许多年轻人喜欢在这里玩皮划艇或者划艇等。另外，还可以经常看到黑天鹅悠闲地在湖面上滑水的身影。巴拉腊特植物园紧邻温德瑞湖，占地面积约40公顷。这座开业于1858年的植物园历史悠久，园内还设有玫瑰园和秋海棠阳光房。每年的2~3月期间是秋海棠盛开的季节，届时会举办秋海棠节。

植物园内一年四季都有不同的花朵竞相开放

戴尔斯福德与赫本温泉　Daylesford & Hepburn Springs

　　戴尔斯福德是画家、陶艺家、家具工匠等艺术家们云集的小城，并且因此而知名，城内有不少展示艺术家们作品的画廊和工艺品商店。其中位于戴尔斯福德城外袋熊山丘（Wombat Hill）上的卡文特画廊（Convent Gallery）是必看的景点之一，这家画廊是由一栋古老的修道院改建而成的。画廊的一层是古董商店，二层以上是巧妙地利用建筑结构布置而成的

■ 巴拉腊特野生动物园
住 Cnr. York & Fussell Sts., Ballarat, 3350
☎ (03) 5333-5933
🖳 wildlifepark.com.au
开 每天 9:00~17:00
休 圣诞节
时 导览员：11:00开始
费 成人 $33 儿童 $18.50 家庭 $90

亲密接触　在野生动物园内可以和动物们

■ 巴拉腊特美术馆　p.339/A
住 40 Lydiard St. North, Ballarat, 3350
☎ (03) 5320-5858
🖳 www.balgal.com
开 每天 10:00~17:00
休 圣诞节
费 免费（特展另付费）

■ 澳大利亚尤里卡民主博物馆　p.339/B
住 102 Stawell St. South (Cnr. Eureka St.), Ballarat, 3350
☎ 1800-287-113
🖳 made.org
开 每天 10:00~17:00
休 圣诞节
费 成人 $12 儿童 $8 家庭 $35

■ 巴拉腊特植物园
住 Gillies St. North, North Ballarat, 3355
☎ (03) 5320-5500
🖳 www.ballarat.vic.gov.au

可以从戴尔斯福德的游客中心获取关于温泉乡的信息

`交通方式`

● 戴尔斯福德与赫本温泉
　　虽然有公共交通（V line）可以到达这里，但是到达当地之后就没有移动工具了，所以建议租车自驾前往。

■ 戴尔斯福德游客中心
Daylesford Visitor Information Centre
住 98 Vincent St., Daylesford, 3460

☎（03）5321-6123
🖳 visitdaylesford.com
开 每天 9:00~17:00
休 圣诞节

■ 卡文特画廊
住 Cnr. Hill & Daly Sts., Daylesford, 3460
☎（03）5348-3211
🖳 conventgallery.com.au
开 每天 10:00~16:00
费 画廊门票：成人 $5 儿童 免费

■ 瑞士意大利薰衣草农场
住 350 Hepburn-Newstead Rd., Shepherds Flat via Daylesford, 3461
☎（03）5476-4393
🖳 www.lacandula.com.au
开 周五～次周周二 10:30~17:30（6~8 月期间只限周六·周日）
休 周三、周四、平安夜、圣诞节
费 成人 $4 儿童 $1

交通方式

●莫尔登
虽然有公共交通（V line）可以到达这里，但是到当地之后就没有了移动工具，所以建议租车自驾前往。

■ 莫尔登游客中心
Maldon Visitor Centre
住 Shire Gardens, 93 High St., Maldon, 3463
☎（03）5475-2569
🖳 www.maldoncastlemaine.com.au
开 每天 9:00~17:00
休 圣诞节

■ 维多利亚金矿铁路
☎（03）5470-6658
🖳 www.vgr.com.au
时 莫尔登出发：周三·周六·周日·节假日 10:30、14:30 / 卡斯尔梅恩出发：周三·周日·节假日 11:45、15:45
※ 根据时期的不同周六会有停运的情况
费 成人 $45 儿童 $20
家庭 $95 / 单程 成人 $30 儿童 $10
家庭 $75

■ 卡曼隧道金矿
住 Parkins Reef Rd., Maldon 3463 ☎（03）5475-2656
🖳 www.maldon.org.au
时 周六·周日·节假日 13:30、14:30、15:30 开始，所需时间 40 分钟（学校假期期间每天出团）
费 成人 $7.50 儿童 $2.50

赫本温泉汇集并有多家超级度假酒店

现代艺术画廊，内部有大量的古董首饰。画廊内并设氛围时尚前卫的咖啡馆。

赫本温泉位于距离戴尔斯福德以北约 3 公里的小镇上。这一带因有大量天然涌出的温泉而被人们称为"温泉乡"。镇子上有水疗馆、按摩馆和芳香疗法馆等。住宿设施也大都为客人提供 SPA 或者按摩服务。从赫本温泉驱车大约 10 分钟可以到达一处叫作瑞士意大利薰草农场（Lavendula Swiss Italian Farm）的地方，在每年的 12 月~次年 1 月都可以来这里欣赏盛开的薰衣草。

莫尔登 Maldon

仅有 3000 人口的莫尔登至今依然保留着 140 年前淘金小镇时候的模样。1966 年这里被国民托管组织指定为澳大利亚第一座"具有历史意义的值得关注的城市"。踏入这座小镇的一瞬间，马上就会有一种时光倒流的感觉。在木质房屋的屋檐下是各种店铺，有古董店、面包房（使用古老的柴火窑烤制面包）

莫尔登仍旧保留着古老淘金小镇的原貌

等。茶馆也有一种似乎是在某一部老电影中似曾相识的感觉。可以在游客信息中心领取小镇地图，也可以选择游览小镇历史性建筑的徒步线路。

老铁路保留线路让人仿佛回到了过去
维多利亚金矿铁路
Victorian Goldfields Railway

在这段老铁路的保留线路上可以乘坐复古蒸汽火车巡游金矿区。这条人气较高的线路是莫尔登至卡斯尔梅恩路段。起点是 1910 建造的莫尔登火车站。乘坐在一辆保持原貌的古老列车中，宛如自己就置身于老电影的某一场景中，透过车窗欣赏惬意的景色，在美丽的牧草场和森林中穿行，整个行程大约需要 45 分钟。如果你计划到莫尔登就一定要抽时间体验一下这小小的火车之旅。

深受家庭旅行者喜爱的老铁路之旅

时间仿佛就停留在了老金矿时代
卡曼隧道金矿
Carman's Tunnel Goldmine

如果想要了解在莫尔登实际是如何进行黄金采掘的，不妨到距离城区 2 公里远的卡曼隧道金矿去参观一番。这里是将一条 19 世纪 80 年代采掘金矿用的长 570 米的隧道保留下来，专门供游客参观。

本迪戈　Bendigo

本迪戈位于墨尔本西北150公里处，约有7.5万人，是维多利亚州第四大的城市。与巴拉腊特同为著名的淘金城市。中心城区保留了不少淘金热时代残留下来的历史建筑。车站、教堂、市政厅、酒店、图书馆、学校等都保持原貌，被后人们所利用。

游客信息中心位于邮局大楼内

市中心亚历山大喷泉（Alexandra Fountain）周边是历史建筑比较集中的地区，优雅的建筑沙姆洛克酒店（Hotel Shamrock）一至二层是殖民地风格建筑，三层以上是巴洛克风格建筑）；带有庄严钟楼的邮局大楼（Historic Post Office，内有游客中心）等历史性建筑都是游客来这里必看的景点。

复古的本迪戈电车（Bendigo Tramway）是往返于中央黛博拉金矿与位于城市北部的中国寺庙之间的路面观光电车，在亚历山大喷泉附近的高街沿线设有车站。乘坐电车享受当下有节奏的摇摆，看着车窗外缓缓而过的历史性建筑，仿佛时间倒流回了那个年代。途中经过的有轨电车博物馆内珍藏着历代著名的有轨电车。

100年前矿工们的生活状况是什么样子呢？

中央黛博拉金矿
Central Deborah Gold Mine

带上矿灯安全帽下到矿山的地底下去

本迪戈的金矿是在1954年彻底关闭的，在众多金矿中中央黛博拉金矿是坚持到最后才关闭的。1970年，这里被市政府购买，复原成了淘金热时代的模样，并且面向大众开放。可以在这里参观矿山地下体验游（Mine Experience Tour）。头戴带有矿灯照明的安全帽，跟随导游一起乘坐钢丝网电梯潜入到漆黑的地下61米。沿着矿道缓缓前行，可以亲手触摸含有黄金的石英矿脉，导游还会亲自为游客展示当时挖掘工具的使用方法。另外，地面上还有机械室等博物馆展厅，可以了解矿山的一些历史。

中国人是本迪戈历史中不可或缺的元素

金龙博物馆
Golden Dragon Museum

Map p.344/B

淘金热时代的1854年6月，维多利亚州大约有3500名中国人。其中有2000人在本迪戈的金矿淘金。同年，在本迪戈金矿发生了澳大利亚第一次大规模的反华暴乱，随后澳大利亚政府在1855年颁布了《华人移民法案》，用法律手段来规范华人移民。导致后来澳大利亚施

具有历史意义的博物馆

行的"白澳政策"。这家博物馆展示了华人社会的历史和生活状态。每年复活节大游行时使用的长100米的巨龙也是这里的一大看点。另外，在城外还有维多利亚州全境仅存的3座寺庙之一的中国寺庙（Chinese Joss House）。

交通方式

● 本迪戈

VLine电车平时每天有6班车，周末有4班车从墨尔本的南十字星站出发开往这里（所需时间约2小时）。另外，还有从墨尔本国际机场直通本迪戈的Bendigo Airport Service巴士通车。

● Bendigo Airport Service
☎（03）5444-3939
💻 bendigoairportservice.com.au
💰 单程：成人 $45 / 儿童 $22
家庭 $112/ 往返：成人 $83
儿童 $44 家庭 $210

本迪戈的市内交通

Christian's Bus 连接着市中心与郊区。无论是哪一条线路平时都是每30分钟一班车。周末的时候车次非常少，周日、节假日的时候经常停运，需要格外留意。

● Christian's Bus
☎ 1300-734-441
💻 www.christiansbus.com.au

复古的本迪戈电车在城市中穿行

■ 本迪戈游客信息中心
🗺 p.344/A
📍 Historic Post Office，51-67 Pall Mall，Bendigo，3550
☎（03）5434-6060
📞 1800-813-153
💻 www.bendigotourism.com
🕐 每天 9:00～17:00
🚫 圣诞节

■ 本迪戈电车
📍 1 Tramway Ave.，Bendigo，3550
☎（03）5442-2821
💻 www.bendigotramways.com
🕐 每天 10:00、11:00～16:00 期间每30分钟一趟
🎫 2天有效车票
成人 $17.50 儿童 $11 家庭 $51

■ 中央黛博拉金矿
📍 76 Violet St.，Bendigo 3550
☎（03）5443-8255
💻 www.central-deborah.com
🕐 每天 9:30～16:30
🚫 圣诞节
💰 园内自由游览：成人 $6.50
儿童 $4 家庭 $19 / 矿山地下体验游 Mine Experience Tour（75分钟）：成人 $30 儿童 $16
家庭 $83 / 矿山地下探险游 Underground Adventure Tour

(2 小时 30 分钟)：〈大〉\$85
〈小〉\$52.50 〈家庭〉\$245
※ 含午餐。也有含早茶或者
下午茶的团体游项目

■本迪戈体验票
Bendigo Experience Pass
　　包含有轨电车票、中央
黛博拉金矿门票（矿山地下
体验游）、金龙博物馆门票、
本迪戈陶器厂博物馆门票的
套票套餐。可以在各景点的
入口处购买。
〈园〉〈大〉\$56.50〈小〉\$31.50〈家庭〉\$155
■金龙博物馆
〈住〉1-11 Bridge St., Bendigo, 3550
〈电〉（03）5441-5044
〈网〉www.goldendragonmuse-
um.org
〈开〉周二～周日 9:30~17:00
〈休〉周一、圣诞节
〈费〉〈大〉\$11 〈小〉\$6 〈家庭〉\$28
■本迪戈美术馆
〈住〉42 View St., Bendigo, 3550
〈电〉（03）5434-6088
〈网〉www.bendigoartgallery.
com.au
〈开〉每天 10:00~17:00
〈休〉圣诞节
〈费〉免费（随意捐赠\$2 左右）
■本迪戈陶器厂
〈住〉146 Midland Hwy., Epsom,
3551
〈电〉（03）5448-4404
〈网〉www.bendigopottery.com.au
〈开〉每天 9:00~17:00
〈休〉圣诞节
〈费〉Interpretive Museum 博物馆
门票：〈大〉\$8 〈小〉\$4 〈家庭〉\$20

位于市中心的大公园

罗莎琳德公园
Rosalind Park

Map p.344/A·B

　　位于市中心，占地面积约有 60 公
顷的罗莎琳德公园是本迪戈市民休闲
娱乐的好地方，园内有仿佛瀑布一般
的喷泉——卡斯卡德喷泉（Cascades）、
玫瑰花盛开的温室花园（Conservatory
Gardens）等景点，还可以将整座城
市尽收眼底的观景台（Lookout）。
　　本迪戈美术馆（Bendigo Art Gallery）

罗莎琳德公园的温室花园

位于罗莎琳德公园内的高台上。馆内是现代化的装修，珍藏了自殖民时
代至今描绘澳大利亚的绘画，另外还有 19 世纪英国以及欧洲的一些绘画
和雕刻作品，以及澳大利亚各式各样的艺术品。

澳大利亚最古老的陶器制作工厂

本迪戈陶器厂
Bendigo Pottery

Map 地图外

　　本迪戈陶器厂位于城区以北 6.5 公里处的爱普森小镇上，这是澳大利
亚现存最古老的陶器制作工厂。外观建筑和道路都是由红砖铺设而成的。
这家工厂是在 1858 年由苏格兰年轻的陶器工匠乔治·丹卡·格斯黎所创
办的。自创办 130 多年以来，一直从事
陶器的生产。其中尤为著名的产品是
被称为爱普森外套的红褐色陶器。此
外，陶器厂内还有一座叫作 Interpretive
Museum 的博物馆，里面展示有自 1858
年建厂以来至今的陶器生产技术的变
迁以及古窑、生产工具等展品。

建于高台之上的近现代感觉的本迪戈美
术馆

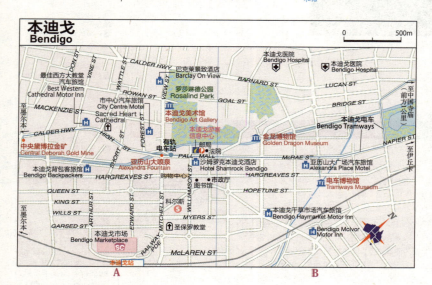

本迪戈
Bendigo

0　　　　　500m

金矿区的酒店
Accommodation

巴拉腊特

疏芬山青年旅舍
Sovereign Hill Lodge YHA

◆ 这里是一栋位于疏芬山小山丘旁的政府用建筑物，现在对外开放，并且改建成了住宿设施。

在疏芬山 130 年前的城区度过不一样的一夜	Map p.339/B

URL www.yha.com.au
URL www.sovereignhill.com.au
住 Magpie St., Ballarat, 3350
YHA：☎5537-1159 / 一般客房：☎5537-1100　WiFi 免费
费 YHA：Ⓓ$45 / 一般客房（含早餐）：
Ⓣ Ⓦ $159~240　CC M V

利迪亚德安索尼亚酒店
The Ansonia on Lydiard

◆ 巴拉腊特人气较高的精品酒店。酒店内的餐馆也是备受好评。

餐馆备受好评	Map p.339/A

URL www.theansoniaonlydiard.com.au
住 32 Lydiard St.South, Ballarat, 3350
☎5332-4678　FAX 5332-4698
WiFi 免费
费 Ⓣ Ⓦ $160~170、①Ⓑ $195、②Ⓑ $235~265
CC A D J M V

中央温泉酒店
Central Springs Inn

◆ 酒店共由 3 栋建筑组成，其中 2 栋是由建于 19 世纪 80 年代的老房子改建而成的。共有 16 间客房，部分房间有按摩浴缸。

国民托管组织指定的建筑物	

URL www.centralspringsinn.com.au
住 6 Camp St., Daylesford, 3460
☎5348-3388　WiFi 免费
费 Ⓣ Ⓦ $190~270
CC M V

本迪戈

本迪戈背包客旅馆
Bendigo Backpackers

◆ 这家旅馆是由一栋古老的装饰派艺术风格的建筑改建而成的。馆内有互联网设施和 BBQ 设备。

位于安静的地方	Map p.344/ A

URL www.bendigobackpacker.com.au
住 33 Creek St. South, Bendigo, 3550
☎5443-7680 / 0429-078-955
WiFi 免费
费 Ⓓ$35、Ⓣ Ⓦ $56~79　CC M V

沙姆罗克本迪戈酒店
Hotel Shamrock Bendigo

◆ 酒店的外观看上去宛如一座宫殿，这种建筑也被评价为淘金热时代最杰出的建筑。自 1854 年修建以来共进行过 2 次改建，现在所呈现的是 1897 年改建后的结果。内部的基调是洛可可风格的。客房内的摆设是 19 世纪家具和装饰品的味道，复古而不失豪华气质。

外观优雅的酒店

令人怀旧的感觉	Map p.344/ A

URL www.hotelshamrock.com.au
住 Cnr. Pall Mall & Williamson St.,
Bendigo, 3550
☎5443-0333
WiFi 免费
费 Ⓣ Ⓦ $140~285、①Ⓑ $270
CC A D J M V

格兰屏国家公园

The Grampians NP

可以了解原住民文化的布朗巴克

维多利亚州最大的国家公园，位于巴拉腊特西北部约 150 公里处，距离墨尔本约 260 公里。公园非常广阔，面积达 16 万 7000 公顷，属于大分水岭西端的山脉，有三座砂岩山峰，南北长 90 公里，东西宽 50 公里。这一带有从冈瓦纳大陆时代繁衍至今的桉树林及雨林，非常繁茂，还有在数百万年风雨侵蚀下形成的形状奇特的岩石以及水流清澈的瀑布，景色很美。有 40 多处岩画，是 3 万年前生活在这里的澳大利亚原住民所绘。可以近距离地观赏考拉、袋鼠、负鼠等野生动物，同时这里也是野生花卉的宝库。

格兰屏国家公园周边有斯托尔（Stawel）、大西部（Great Western）、亚拉腊（Ararat）、霍舍姆【Horsham）等小镇及村庄，从位于公园中心的霍尔斯加普（Halls Gap）出发游览格兰屏是最好的线路。

交通方式

● **格兰屏国家公园**
　墨尔本至霍尔斯加普，每天有一班经由巴拉腊特、斯托韦尔的 V Line 通车。不过，考虑到下车后的交通方式，最好还是参加团体游或租车自驾。

■ **旅游季节**
　冬季很冷，有时还会下雪，降雨也很多。考虑到这些情况，建议选择适合当地旅游的春季至秋季，也就是 10 月~次年 5 月前往。最佳季节是野花开放的 10~12 月，届时每到周末，霍尔斯加普的酒店往往都会客满。

■ **霍尔斯加普旅游信息服务中心**
🏠 117 Grampians Rd., Halls Gap, 3381
☎ （03）5361-4444
📞 1800-065-599
🖥 visithallsgap.com.au
🕐 每天 9:00~17:00
🚫 圣诞节

■ **布朗巴克国家公园与文化中心**
🏠 277 Grampians Rd., Halls Gap, 3381
☎ （03）5361-4000
🖥 www.brambuk.com.au
🕐 每天 9:00~17:00；加里维德梦幻剧场：9:30~16:30 期间每小时一场，用时约 35 分钟
🎫 户外运动与团体游以外免费；加里维德梦幻剧场：
🧑 $5 👶 $3 👨‍👩‍👧 $15

霍尔斯加普　　　　　　　　　　Halls Gap

　霍尔斯加普是格兰屏国家公园周围的一个小镇。小镇不大，只有一条很小的商业街，自然环境很好，在早上与傍晚都能看到袋鼯出没。霍尔斯加普旅游信息服务中心（Halls Gap Information Centre）位于小镇的中心地带，可以

在霍尔斯加普，早上与傍晚都能见到野生袋鼠的身影

从那里获取主要的旅游信息，但如果想体验真正的健走运动，可以前往小镇以南 2.5 公里处的布朗巴克国家公园与文化中心（Brambuk The NP & Cultural Centre）。那里是一个原住民文化设施，里面有国家公园的办公室，布朗巴克是栖息于格兰屏的一种白鹦鹉（葵花凤头鹦鹉）的名字。可以从该设施了解到国家公园内健走线路的信息以及获取必要的建议。在建筑内有原住民工艺品的展览，还有介绍各种户外运动。其中，通过语音及视频设备介绍当地远古神话传说的加里维德梦幻剧场（Gariwerd Dreaming Theatre，加里维德是该地的原住语名称）非常值得一看。另外，室外舞台上的原住民舞蹈、采集并品尝院子内的植物等体验活动也很值得参加。

从霍尔斯加普小镇驾车 10 分钟左右可以到达的霍尔斯加普动物园（Halls Gap Zoo），环境很好。在面积达 8 公顷的园内，放养着鸸鹋、孔雀、袋鼠、鹿等动物。另外，在园内的桉树林，可以见到接近野生状态的考拉与袋熊。

在从霍尔斯加普驾车 45 分钟左右可以到达的格兰屏野外骑行马场（Grampians Horse Riding Adventures），可以体验参加人数较少的真正的

骑马游览（无经验者也可以参加）。骑行途中可以见到袋鼠、鸸鹋、其他鸟类以及各种野花，充分地亲近当地的大自然。

接触格兰屏的大自然

健走
Bush Walking

格兰屏国家公园内风景最好的顶峰观景台

如果想尽情游览格兰屏的大自然，最好的方式就是沿着园内的人工步道行走。有多条线路，这里仅介绍普通游客都能完成的线路。

●仙境山步道 Wonderland Range
从霍尔斯加普出发，经过 4 公里的山路来到仙境停车场，从那里前行 2.1 公里可以到达海拔 280 米的绝壁上的顶峰观景台 The Pinnacle（往返约 2 小时 30 分钟）。中途有很多自然景观，例如裸露的岩石耸立于两边的大峡谷（Grand Canyon）、由天然石板构成的寂静路（Silent St.）等。顶峰观景台位于仙境山顶峰的悬崖边。从那里俯瞰霍尔斯加普以及人工建造的贝尔菲尔德湖，非常震撼人心。

●阳台步道 The Balconies Walk
介绍格兰屏的书籍都会提到阳台步道。陡峭的山崖看上去像是张开大嘴的猛兽。阳台步道往返 1.8 公里，海拔高度差 50 米，全程往返用时约 40 分钟，是当地难度最低的一条步道，起点利德观景点（Reed Lookout）距离霍尔斯加普约 10 公里。

●麦肯基瀑布步道
McKenzie Falls Walk
麦肯基瀑布是格兰屏国家公园内最大的瀑布，落差达 100 米。可以从瀑布顶端沿人工开凿的石阶下到瀑布底部，往返距离 2 公里，用时 1 小时 20 分钟。

清凉的麦肯基瀑布

寻找不为人知的名酒

格兰屏酒庄
The Grampians Wineries

格兰屏周边的丘陵地带，葡萄酒的酿造始于 1863 年。现在该地区共有 9 家葡萄酒酒庄，被统称为格兰屏酒庄。酒庄大多集中在大西部地区。那里也是澳大利亚第一个起泡酒的生产地。

●贝斯酒庄 Best's Wines
于 1866 年创业的古老酒庄。现在仍使用建于 1866~1920 年期间的木结构建筑，游客可以在试饮服务台领取小册子，按照小册子的介绍自由参观。

■霍尔斯加普
住 4061 Ararat-Halls Gap Rd., Halls Gap, 3381
☎（03）5356-4668
网 hallsgapzoo.com.au
开 每天 10:00~17:00
休 圣诞节
费 成人 $28 儿童 $14 家庭 $70

■格兰屏野外骑行马场
住 430 Schmidt Rd., Brimpaen, 3401
☎ FAX（03）5383-9255
网 www.grampianshorseriding.com.au
时 骑行 2 小时 30 分钟：每天 10:00、14:00 开始；骑行 4 小时：每天 14:00 开始
费 骑行 2 小时 30 分钟：1 人 $100；骑行 4 小时：1 人 $200

■格兰屏国家公园内健走
该地区没有公共交通工具，要前往各条步道的起点只能驾车。没有车的游客，可以在霍尔斯加普乘出租车或者参加健走团体游。

■从霍尔斯加普出发并到达的团体游
如果想深入了解这一带的自然环境，建议参加从墨尔本出发并到达的团体游。下面介绍的这些公司有开展相关的业务。
●格兰屏个性化团体游与冒险体验
Grampians Personalised Tours & Adventures
☎（03）5356-4654
网 www.grampianstours.com
费 4WD 大自然团体游：半日游 $100、一日游 $175

■阳台步道
吉卜力电影《幽灵公主》中，有阿席达卡接受珊照料的画面。有人说那个场景就是以这里为蓝本而创作的，但是吉卜力官方网站否定这个说法。

格兰屏最著名的景点——天然阳台

■贝斯酒庄
住 111 Best's Rd., Great Western, 3374
☎（03）5356-2250
网 www.bestswines.com

开 周一~周六·节假日
10:00~17:00、 周日 11:00~
16:00
休 圣诞节

■ 赛佩尔特大西部酒庄
住 36 Cemetery Rd., Great
Western, 3377
☎ 1300-761-649
URL www.seppelt.com.au
开 每天 10:00~17:00
休 圣诞节
● 团体游
附 每天 11:00~16:00 期间每
小时一次
费 A $15 B $10

● 赛佩尔特大西部酒庄
Seppelt Great Western Winery

南半球最大的起泡酒生产地。创建于 1965 年。酒庄地下保存着 19 世纪 60 年代~19 世纪 70 年代期间挖掘的藏酒库 The Drives，长度达 3 公里，仍在使用。参加团体游，在导游的带领下参观地下藏酒库是大西部地区最重要的旅游项目。

赛佩尔特酒庄的 The Drives

格兰屏国家公园的酒店
Accommodation

顶峰假日小屋
Pinnacle Holiday Lodge
◆ 位于纪念品店、餐馆集中的 Stony Creek Stores 的后面。有带取暖设备及温泉浴室的套间、带厨房及普通浴室的单床或双床房等多种房间。院子里设有 BBQ 区域，还有室内温水泳池以及网球场等设施。在早上及傍晚经常能见到袋鼠。

舒适、万便的最佳选择
URL pinnacleholiday.com.au
住 21 Heath St., Halls Gap, 3381
☎ 5356-4249　Free 1800-819-283
WiFi 免费　费 TW $167~187、1B $132-159
CC A J M V

笑翠鸟汽车旅馆
Kookaburra Motor Lodge
◆ 建筑为平房，几乎所有的房间都面向牧场。牧场里，早上与傍晚都有袋鼠、鸸鹋等动物出没，非常适合喜欢动物的游客。房间不算大，但空调、电视、淋浴、厕所等设备齐全。

房间旁有袋鼠出没
URL www.kookaburralodge.com.au
住 179 Grampians Rd., Halls Gap, 3381
☎ 5356-4395　FAX 5356-4490
WiFi 免费　费 TW $119~180
CC A J M V

国家广场凯富酒店
Comfort Inn Country Plaza
◆ 位于小镇中心以南 500 米处的 Best Western 系酒店。每个房间的环境都很舒适，带温泉浴室的房间尤其受欢迎。室外有温水泳池，全年都可以游泳。另外，酒店的餐馆在霍尔斯加普也有很高的评价。

酒店的美丽花园

霍尔斯加普最受欢迎的高级酒店
URL www.countryplazahallsgap.com.au
住 141-149 Grampians Rd., Halls Gap, 3381
☎ 5356-4344
FAX 5356-4442　WiFi 收费
费 TW $130~165
CC A D J M V

格兰屏生态国际青年旅舍
Grampians YHA Eco-Hostel
◆ 安装有太阳能热水系统，装修多用木质材料，看上去很有质感。这里是霍尔斯加普为数不多的廉价酒店，夏季时住宿的客人非常多。

位于霍尔斯加普中心区
URL www.yha.com.au
住 Cnr. Grampians & Buckler Rds., Halls Gap, 3381　☎ 5356-4344　WiFi 免费
费 D $27.50~29.50、TW $85.50
※ 非 YHA 会员需多付部分费用
CC M V

从中国向格兰屏国家公园拨打电话的方法
61（澳大利亚的国际电话区号）+3（维多利亚州区号去掉 0）+ 要拨打的电话号码

位于大分水岭山脉最南端的维多利亚阿尔卑斯山是很受欢迎的滑雪地，每到周末都有很多游客从墨尔本前往这里滑雪。有布勒山、福尔斯克里克等规模在澳大利亚名列前茅的大型滑雪场，很适合待上一段时间逐一体验每条雪道。周末有从墨尔本出发前往各个滑雪场的团体游。

在维多利亚
阿尔卑斯山滑雪

布勒山阿尔卑斯村
Mt. Buller Alpine Village

这里是澳大利亚最大的滑雪场，同时距离墨尔本也很近，周末有很多当天往返的游客来此滑雪。住宿设施多样，从青年旅舍到高端酒店都有，最多可容纳5000名游客住宿，滑雪场有滑雪用品租赁店、邮局、纪念品店、餐馆、酒吧等设施。另外，距离滑雪场47公里处的曼斯菲尔德（Mansfield）有不少价格比较便宜的住宿设施，有接送巴士开往滑雪场。雪道的数量很多，从初级到高级都有，能满足不同水平游客的需求。

在布勒山附近还有越野滑雪场、斯特灵山阿尔卑斯度假村（Mt. Stirling Alpine Resort）。

可以在布勒山
体验高山速降

福尔斯克里克阿尔卑斯村
Falls Creek Alpine Village

与布勒山滑雪场一样都是维多利亚著名的滑雪场。墨尔本、悉尼、阿德莱德有飞往奥尔伯里（Albury）的航班，然后乘坐接送巴士前往滑雪场。旅游服务设施很多，有20家客栈及7家度假公寓，还有超市、餐馆、酒吧。滑雪场分为两个区域，一个是高难度雪道较多的Village Bowl Slopes，另一个是适合初级、中级滑雪者的Sun Valley Slopes。60%的雪道为中级难度的雪道。

霍瑟姆山阿尔卑斯村
Mt. Hotham Alpine Village

维多利亚州的滑雪度假地中海拔最高（1840米）的一个，滑雪旺季可以体验在粉状雪质的雪道上滑雪。滑雪场位于山的高处，大部分雪道的坡度都很陡。适合中级、高级水平滑雪者的雪道较多，但也有面向初学者的较为平缓的长距离雪道。

维多利亚阿尔卑斯山
The Victorian Alps

0　　　　　100km

DATA

● 布勒山

🖥 www.mtbuller.com.au

从墨尔本前往曼斯菲尔德可乘坐 V Line 的巴士（约3小时30分钟）。之后换乘开往滑雪场的巴士（约1小时）。在滑雪季节，有 AAT Kings 举办的当日往返或住宿多日的滑雪团体游。

● 福尔斯克里克

🖥 www.fallscreek.com.au

从墨尔本乘火车、巴士或飞机前往奥尔伯里，之后换乘巴士。周末有从墨尔本出发的直达巴士。

● 霍瑟姆山

🖥 www.mthotham.com.au

在滑雪季节每天都有从墨尔本出发的直达巴士。

墨累河流域

Murray River Region

交通方式

● 沃东加与奥尔伯里
墨累本每天都有开往沃东加的列车。另外，区域快线航空、黑兹尔顿航空有从悉尼、墨尔本飞往奥尔伯里机场（ABX）的航班。

■ 墨累艺术博物馆
🏠 546 Dean St., Albury, NSW 2640
☎ （02）6043-5800
💻 www.mamalbury.com.au
🕐 周一～周五 10:00~17:00、周四 10:00~19:00、周六·周日·节假日 10:00~16:00
🚫 圣诞节
💰 免费

交通方式

● 伊丘卡
从墨尔本或本迪戈出发，可以乘坐 VLine 与 Dyson's 共同运营的巴士，也可以乘坐澳大利亚灰狗巴士的直达巴士。墨尔本每天发车 1~2 班，用时 3 小时 30 分钟。

■ 伊丘卡莫阿马游客信息中心
Echuca Moama Visitor Information Centre
🏠 2 Heygarth St., Echuca, 3564
☎ （03）5480-7555
📠 1800-804-446
💻 www.echucamoama.com
🕐 每天 9:00~17:00
🚫 圣诞节

■ 伊丘卡港探索中心
🏠 74 Murray Esplanade, Echuca, 3564
☎ （03）5481-0500
📠 1300-942-737
💻 www.portofechuca.org.au
🕐 每天 9:00~17:00
🚫 圣诞节
🎫 伊丘卡港探索中心 +1 小时明轮蒸汽船之旅：(成人)$35.50~46.50 (儿童)$17 (家庭)$99
※ 根据具体乘坐的游船价格会有所不同

伊丘卡著名的明轮蒸汽船

　　墨累河发源于澳大利亚阿尔卑斯山脉的派洛特山（Mt. Pilot）腹地，澳大利亚大陆上海拔 1800 米以上的水源都汇集到该河流中。中途流经大小相当于 6 个悉尼港的大型人工湖休姆湖，然后在新南威尔士州与维多利亚州之间流过，成为两个州的界线。在新南威尔士州境内的富河平原（Rich River Plains）上流过 640 公里，之后流向亚历山德里娜湖，最后注入大海。1824 年，探险家休姆与霍贝尔发现了这条大河，6 年后，斯图亚特采用了当时新南威尔士殖民地官员乔治·墨累的名字，把这条河命名为墨累河。

　　19 世纪中叶~20 世纪初，有很多明轮蒸汽船在墨累河上航行。这些船大多是负责把羊毛从内陆的畜牧业地区运出。但是随着铁路的修建，河流航运的作用就逐渐降低了，到了 20 世纪 30 年代，航行船只的数量减少到几艘。保存下来的船只，现在作为游船，装载游客在河上航行。可以在船上观赏两岸的美景，细细品味澳大利亚这个"骑在羊背上的国家"的历史。

沃东加与奥尔伯里　　　　　　Wodonga & Albury

　　位于墨累河上游的沃东加，人口为 2.5 万人，是墨累河流域较大的城镇。河对岸是新南威尔士州的奥尔伯里，两地共同进行开发建设，农业和商业都很发达。另外，两地也是新南威尔士州与维多利亚州之间的交通要塞。奥尔伯里的机场是两个州前往墨累河上游的重要交通基地。

澳大利亚规模较大的人工湖——休姆湖

沃东加一带没有什么景点，不过奥尔伯里有墨累艺术博物馆（Murray Art Museum，MAMA）、植物园（Botanic Garden）等景点。另外，在这两个城镇的东边是由墨累河水注入而形成的休姆湖。

伊丘卡　Echuca

伊丘卡在澳大利亚原住民的语言中意为"水交汇的地方"。正如这个名字所描述的那样，墨累河与坎帕斯皮河（Campaspe River）在这里汇合。借助地理上的这一优势，19世纪后半叶，这里一直非常繁荣，是数百艘明轮蒸汽船的母港。

古朴的建筑是大栈桥与探索中心的入口

游览伊丘卡，主要就是参观那些反映该地区过去面貌的历史建筑。大部分建筑都集中在河流沿岸的墨累散步路（Murray Esplanade）一带。大栈桥（Echuca Wharf）由赤桉树的木材建造而成，与往来于河流之上的明轮蒸汽船一样是伊丘卡的标志。自1865年建成以来，经过多次扩建，规模最大时长度超过1公里。另外，为了应对墨累河大幅度的水位变化（超过7米），栈桥被设计为多层结构，高度达12米。参观完大栈桥后，如果还想去旁边的博物馆伊丘卡港探索中心（Port of Echuca Discovery Centre）参观以了解当地辉煌的历史，可以购买与乘坐伊丘卡明轮蒸汽船（Echuca Paddlesteamers）及墨累河明轮蒸汽船（Murray River Paddlesteamers）共

从大栈桥起航的堪培拉号

同使用的通票。

斯旺希尔　Swan Hill

斯旺希尔与伊丘卡一样都是明轮蒸汽船航线上的重要城镇，而且因此而繁荣一时。现在，这里因保持良好的历史风貌、乡村风光以及澳大利亚内陆地区不多的垂钓地而闻名。

最重要的景点是利用殖民地时代的街区而建的户外博物馆——先驱定居点博物馆（Pioneer Settlement）。

巴拉腊特的沙弗林希尔是按照过去的样子重新建造的小镇，而这里的建筑则全部是真实的历史建筑。墨累河沿岸保存着建于18~19世纪的住宅、学校、教堂、商店。部分建筑现在被辟为展览馆。在先驱定

非常值得参观的先驱定居点博物馆

■伊丘卡明轮蒸汽船
☎（03）5482-4248
🖳www.echucapaddlesteamers.net.au
🕐1小时游船：10:15、11:30、13:30、14:45出发
休 圣诞节
费 乘坐明轮蒸汽船：成人$24.50 儿童$10 家庭$64

■墨累河明轮蒸汽船
☎（03）5482-5244
🖳www.murrayriverpaddlesteamers.com.au
●堪培拉号 P.S. Canberra 或墨累骄子号 P.S. Pride of the Murray
时 1小时游船：10:15、11:30、13:15、14:30出发
费 成人$25 儿童$11 家庭$66
●埃米卢号 P.S. Emmylou
时 1小时游船：9:45、15:30出发；2小时午餐游船：11:00、13:15出发
费 1小时游船：成人$28.50 儿童$18 家庭$78；2小时午餐游船：成人$75 儿童$36

●斯旺希尔
墨尔本的南十字星站每天有2~4班VLine列车（也有从本迪戈出发的巴士）。还有从伊丘卡出发的巴士。从墨尔本出发时约4小时20分钟。

■斯旺希尔地区游客信息中心
Swan Hill Region Information Centre
🏠 Cnr. McCare & Curlewis Sts.，Swan Hill，3585
☎（03）5032-3033
📠1800-625-373
🖳www.visitswanhill.com
开 每天 9:00~17:00
休 圣诞节

■先驱定居点博物馆
🏠1 Monash Drv.，Horseshoe Bend，Swan Hill，3585
☎（03）5036-2410
📠1800-981-911
🖳www.pioneersettlement.com.au
开 每天 9:30~16:30
休 圣诞节、节礼日
费 门票（2日有效）：成人$30 儿童$22 家庭$82；门票＋明轮蒸汽船1小时之旅：成人$46.50 儿童$35 家庭$125；门票＋明轮蒸汽船1小时之旅＋墨累脉动演出：成人$75 儿童$55.50 家庭$200

斯旺希尔站前的大鳕鱼

居点可以乘坐明轮蒸汽船。先驱
定居点的门票有效期为两天。天
黑以后有墨累脉动（Heartbeat of
the Murray）演出，通过现代声光
手段介绍墨累河地区的历史文化，
非常值得一看。门票费用另计，
而且即便当天买票也需要预订。

　　另外，在斯旺希尔还有一个
水稻种植地，这个种植水稻地位
于斯旺希尔以西20公里处的基尼
费拉村（Jinifera）附近，从斯旺希尔沿墨累河前行可以到达。

澳大利亚首个水稻种植地从斯旺希尔驾车约20
分钟可达

米尔迪拉　　　　　　　　　　　　Mildura

交通方式

●米尔迪拉
　　墨尔本的南十字星站每
晚有VLine运营的夜间巴
士发车。白天出发的话，可
乘火车前往本迪戈，然后换
乘Vline的巴士。用约8
小时。另外，澳洲连接航空
公司、维珍澳洲航空公司有
从墨尔本飞往米尔迪拉机场
（MQL）的航班。

■蒙哥湖国家公园团体游
●哈利南亚团体游
Harry Nanya Tours
☎（03）5027-2076
✉harrynanyatours.com.au
🕐一日游：4~10月每天8:15~
16:15；日落团体游：11月~
次年3月每天14:15~22:30
💰成人$180 儿童$110 家庭$490

保存着旧时街区的米尔迪拉

米尔迪拉著名的明轮蒸汽船——墨尔本号

　　距离南澳大利亚州很近的米尔迪
拉，人口超过2万，是维多利亚州墨累
河地区最大的城镇。同时这里位于悉
尼、墨尔本至阿德莱德的中间地点，是澳大利亚的交通要塞。另外，该
地区的土地非常肥沃，郊外有大片的橘子园及葡萄园，也是著名的葡萄
酒产地。

　　与19世纪后半叶为米尔迪拉的建设奠定基础的查菲兄弟（Chaffey
Brothers）有关的老米尔迪拉家园（Old Mildura Homestead）以及可
以给袋鼠、袋熊喂食的黄金河动物园（Golden River Zoo）是当地的
主要景点。当然，在这里也能乘坐明轮蒸汽船在墨累河上游览。其
中最受欢迎的游船是墨尔本号（P.S. Melbourne）及罗斯伯里号（P.V.
Rothbury）。晚上还有阿沃卡号演出游船（Showboat Avoca）夜航，游
客可以一边品尝晚餐，一边观赏演出。

蒙哥湖国家公园内的"中国墙"景观

　　米尔迪拉也是前往新南威尔士州的世界
遗产威兰德拉湖区的蒙哥湖国家公园（Lake
Mungo NP）的起点城镇。早已干涸的湖区被
风沙按一定方向侵蚀了200万年，形成了仿佛
外星空间的世界。在这里还发现了目前已知的
世界上最早的火葬遗迹与被火葬的女性遗骨以
及珍贵化石。如果自由行的话，需要四驱越野
车，所以还是建议在米尔迪拉报名参加团体游
前往。

伊丘卡

博德罗酒店 & 酒吧
Bordello Hotel & Wine Bar

◆伊丘卡虽然有很多民宿，但这里仍然非常受欢迎。酒店由建于 1862 年的建筑改造而成，内部装修、家具、陈设都保持着过去的风格。所有房间都有淋浴及厕所，部分房间还有豪华的水疗浴缸。

令人产生怀旧之感
URL www.rivergalleryinn.com.au
住 578 High St.，Echuca，3564
☎ 5480-6902　WiFi 免费
费 Ｗ$250~320　※ 双人间带早餐
※ 周末需住宿 2 晚以上　CC M V

斯蒂姆帕克特酒店
Steam Packet Inn

◆酒店建筑建于 19 世纪 70 年代，现在已获得国民托管组织的认可。面朝墨累河，风景极好。

河岸上的古老酒店
URL www.steampacketinn.com.au
住 37 Murray Esplanade，Echuca，3564
☎ 5482-3411　FAX 5482-3408
WiFi 无　费 ＴＷ$129~350　※ 含早餐
CC A J M V

佩文西汽车旅馆
Pevensey Motor Lodge

◆距伊丘卡中心区域很近。有游泳池及 BBQ 设备。

以蒸汽船为标志
URL www.pevenseymotorlodge.com.au
住 365 High St.，Echuca，3564
☎ 5482-5166　FAX 5480-6913
WiFi 免费　费 ＴＷ$140~160、2B $175
CC A D J M V

伊丘卡花园酒店
Echuca Gardens

◆用 130 年前的木屋改建而成的酒店。有吉卜赛大篷车、Guest House、Cottage 等住宿设施。

具有浓厚的历史氛围
URL www.echucagardens.com
住 103 Mitchell St.，Echuca，3564
☎ 0419-881-054　WiFi 无
费 Ｗ$120~165　CC M V

斯旺希尔

天鹅山宜必思尚品度假酒店
ibis Styles Swan Hill Resort

◆家庭出游的游客很喜欢的度假村，设备在斯旺希尔数一流。部分房间有水疗浴缸。还有迷你高尔夫球场、半场网球场、水疗、桑拿浴以及游泳池。

先驱定居点
URL www.swanhillresort.com.au
住 405-415 Campbell St.，Swan Hill，3585
☎ 5032-2726　Free 1800-034-220
FAX 5032-9109　WiFi 免费
费 ＴＷ$142~162　CC A D J M V

天鹅山坎贝尔凯富酒店
Comfort Inn Campbell Swan Hill

◆可步行前往位于城镇中心的先驱定居点。有游泳池、BBQ 场所以及餐馆等设施。

交通便利
URL www.comfortinncambell.com
住 396 Campbell St.，Swan Hill，3585
☎ 5032-4427　Free 1800-037-090
FAX 5032-9110　WiFi 免费　费 ＴＷ$132~160、2B $152　CC A D J M V

穆雷河金链汽车旅馆
Golden Chain Murray River Motel

◆位于城镇的南部边缘。步行 5 分钟可到达先驱定居点。

既便宜又舒适
URL www.murrayrivermotel.com
住 481 Campbell St.，Swan Hill，3585
☎ 5032-2217　Free 1800-008-300
WiFi 免费　费 ＴＷ$103~128、1B $105、2B $130　CC A D J M V

从中国向墨累河流域拨打电话的方法
61（澳大利亚的国际电话区号）+3（去掉 0 的州区号）+ 电话号码

塔斯马尼亚州

整体给人感觉酷似一座
国家公园——"苹果之岛"

观光 POINT

POINT 1
塔斯马尼亚全岛约有 36% 是国家公园和自然保护区，其中大部分是被列为世界自然遗产的塔斯马尼亚荒原。塔斯马尼亚观光也主要是在这一片丰富的荒原巡游。游客可以在摇篮山、圣克莱尔湖国家公园、费尔德山国家公园或者菲欣纳国家公园内享受健走、登山的乐趣，还可以乘坐游轮巡游于戈登河之上，沉浸于大自然之美中。

POINT 2
由澳大利亚全境 11 个囚犯流放遗址联合组成了世界文化遗产"澳大利亚囚犯史遗址群"，其中有 5 座遗址位于塔斯马尼亚州。特别是具有"监狱岛"之称的阿瑟港历史遗址，是不容错过的景点。

POINT 3
朗塞斯顿近郊的塔马河谷是近年来备受关注的塔斯马尼亚葡萄酒的主要产区。有多家酒庄可供游客试饮葡萄酒，如果时间允许一定要来看一看。

基本信息	
面积	68000 平方公里
人口	约 52 万
州府	霍巴特（人口约 22.1 万）
时差	澳大利亚东部标准时间（比中国提前 2 小时）。澳大利亚采取了夏令时，通常是从 10 月最后的一个周日开始～次年 4 月第一个周日结束，在此期间时间需要调快 1 小时(比中国提前 3 小时)
州兽	塔斯马尼亚袋獾（没有官网定论，但是通常都用这个）
州花	塔斯马尼亚蓝桉
电话	长途区号 03

主要的节日（2018 年 7 月～2019 年 6 月）

●●● **2018 年** ●●●

10 月 26 日	皇家霍巴特农展会 Royal Hobart ShowDay （只在霍巴特周边）
11 月 6 日	休闲节 Recreation Day （只在塔斯马尼亚北部）
12 月 25 日	圣诞节 Christmas Day
12 月 26 日	节礼日 Boxing Day

●●● **2019 年** ●●●

1 月 1 日	新年 New Year's Day

1 月 26 日	澳大利亚国庆日 Australia Day
2 月 12 日	皇家霍巴特帆船赛 Royal Hobart Regatta （只在塔斯马尼亚南部）
3 月 12 日	八小时日 8 Hours Day
4 月 12 日	耶稣受难日 Good Friday
4 月 22 日	复活节周一 Easter Monday
4 月 25 日	澳新军团日 Anzac Day
6 月 10 日	女王日 Queen's Birthday

塔斯马尼亚州主要地区的平均气温、降水量

	1月	2月	3月	4月	5月	6月	7月	8月	9月	10月	11月	12月
霍巴特												
平均最高气温（℃）	21.7	21.7	20.2	17.3	14.5	12.0	11.7	13.1	15.1	17.0	18.7	20.3
平均最低气温（℃）	11.9	12.1	10.9	9.0	7.0	5.2	4.6	5.2	6.4	7.8	9.3	10.8
平均降水量（mm）	47.6	39.9	44.9	51.1	46.2	53.9	52.5	53.6	53.2	61.7	54.8	56.3
朗塞斯顿												
平均最高气温（℃）	24.3	24.6	22.5	18.9	15.8	13.1	12.6	13.8	15.6	18.0	20.5	22.4
平均最低气温（℃）	12.3	12.3	10.2	7.5	5.1	2.9	2.3	3.7	5.2	6.9	9.0	10.7
平均降水量（mm）	44.4	30.8	39.3	52.8	61.9	67.4	77.3	88.4	66.6	50.2	52.9	46.7
摇篮山／圣克莱尔湖国家公园												
平均最高气温（℃）	19.4	19.5	16.6	13.0	10.2	7.7	7.3	8.2	10.2	12.7	15.6	17.3
平均最低气温（℃）	6.3	6.1	4.4	2.9	1.7	0.3	0.0	0.2	1.0	2.0	3.6	5.0
平均降水量（mm）	105.0	78.5	112.0	137.3	158.1	168.4	203.4	240.7	218.0	183.8	134.8	131.4

塔斯马尼亚州概况

　　塔斯马尼亚州是由西方人发现的，但发现这里的并不是库克船长，而是由荷兰人亚伯·塔斯曼在 1641 年时发现的。由于当时荷兰人没有在此地发现香辛料和黄金，因此直到后来这里成了英国的殖民地（1803 年），期间一直没有殖民开拓活动。

夏季时可以在户外见到野生的塔斯马尼亚袋獾

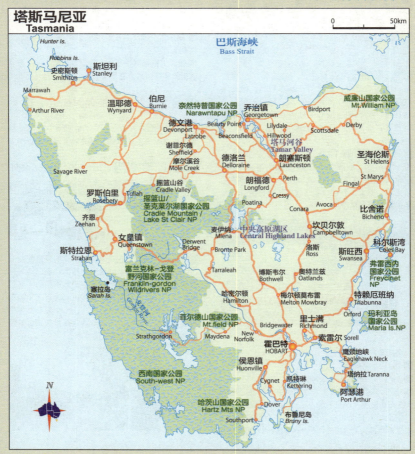

塔斯马尼亚
Tasmania

0　　　　　50km

巴斯海峡
Bass Strait

Hunter Is.
Robbins Is.
史密斯顿 Smithton　斯坦利 Stanley
Marrawah
Arthur River
温耶德 Wynyard　伯尼 Burnie
奈然特普国家公园 Narawntapu NP　乔治镇 Georgetown　Birdport
德文港 Devonport　Beauty Point　Lilydale　Scottsdale　Derby　威廉山国家公园 Mt.William NP
Latrobe　Beaconsfield　Hillwood
谢菲尔德 Sheffield　塔马河谷 Tamar Valley
摩尔溪谷 Mole Creek　德洛兰 Deloraine　朗塞斯顿 Launceston　圣海伦斯 St Helens
Savage River
摇篮山谷 Cradle Valley　朗福德 Longford　Perth　St Marys
摇篮山／圣克莱尔湖国家公园 Cradle Mountain / Lake St Clair NP　Cressy　Fingal
罗斯伯里 Rosebery　Tullah　Poatina　Conara　Avoca　比舍诺 Bicheno
齐恩 Zeehan　麦伊纳 Miena　中央高原湖区 Central Highland Lakes　坎贝尔敦 Campbelltown
女皇镇 Queenstown　Derwent Bridge　Bronte Park　洛斯 Ross　斯旺西 Swansea　科尔斯湾 Coles Bay
斯特拉恩 Strahan　Tarraleah　博斯韦尔 Bothwell　奥特兰兹 Oatlands　弗雷西内国家公园 Freycinet NP
富兰克林-戈登野河国家公园 Franklin-gordon Wildrivers NP
塞拉岛 Sarah Is.　哈密尔顿 Hamilton　梅尔顿莫布雷 Melton Mowbray　特赖厄班纳 Triabunna
菲尔德山国家公园 Mt.field NP　Bridgewater　里士满 Richmond　Orford　玛利亚岛国家公园 Maria Is.NP
Strathgordon　Maydena　New Norfolk　索雷尔 Sorell
霍巴特 HOBART　鹰颈地峡 Eaglehawk Neck
侯恩镇 Huonville　塔纳拉 Taranna
西南国家公园 South-west NP　Cygnet　凯特琳 Kettering
哈茨山国家公园 Hartz Mts NP　Dover　阿瑟港 Port Arthur
Southport　布鲁尼岛 Bruny Is.

N

塔马尼亚州全境覆盖着本土大陆少有的茂盛的雨林。其中大部分被列为世界文化遗产，雨林内栖息着以塔马尼亚袋獾为代表的大量野生动物。由于岛上属于四季分明的冷温带气候，因此这里盛产美味的苹果。此外，这里还成功地栽培了荞麦。

塔马尼亚州的历史有许多悲惨的故事。首先，这里曾经是英政府输送犯人的"监狱岛"。至今仍残留在岛上的阿瑟港历史遗址、玛利亚岛缓刑囚犯观察所等，都被列为了世界遗产。此外，岛上的原住民由于受到殖民者炮火的攻击，以及伴随着文明而到来的疾病，1876 年最后一个塔斯马尼亚人倒下了。珍稀动物塔斯马尼亚虎也因过度猎杀而濒临灭绝。通过了解这些澳大利亚的负面历史，也是塔马尼亚州旅游的内容之一。

阿瑟港历史遗址被称为监狱中的监狱，现在被列入了世界文化遗产

交通方式

州外交通方式

飞机 从墨尔本飞往这里的航班最多，澳洲航空有从霍巴特、朗塞斯顿、德文港飞往这里的航班。另外还有从悉尼、布里斯班飞往霍巴特和朗塞斯顿的航班，从黄金海岸也有直飞霍巴特的航班。

船 T Tline 的塔斯马尼亚之魂号（Spirit of Tasmania）通航于墨尔本港（Port Melbourne）的车站码头（Station Pier）与德文港之间。德文港有红线和塔吉环线的巴士可以直通朗塞斯顿和霍巴特。

乘坐塔斯马尼亚之魂号去往塔斯马尼亚

● **塔斯马尼亚之魂号**
☎ 1800-634-906
🖳 www.spiritoftasmania.com.au
🕐 墨尔本～德文港：墨尔本、德文港两港之间每天 19:30 发船～次日 6:00 抵达（旅游旺季和部分日期会增发日间班次。届时时间表会发生变化，墨尔本与德文港两港之间是 9:00 发船~18:00 抵达，

21:00 发船～次日 6:00 抵达。）
🚢 墨尔本～德文港：成人 $99~290 儿童 $39~100
※ 可以搭乘汽车和自行车
※ 船票价格根据季节、客舱位置有所不同。有往返折扣和酒店组合套票折扣

州内的交通方式

飞机 Sharp Airline 拥有从朗塞斯顿至伯尼之间等多条航线。但是对于游客来说多有不便。

长途巴士 巴士主要有红线（Redline）和塔吉环线（Tassie Link）两家公司，线路涉及主要城市和观光景点。但是，车次比较少。

塔吉环线拥有覆盖塔斯马尼亚全境的线路巴士

租赁汽车 在风景优美的塔斯马尼亚州旅行，租车自驾还是十分值得推荐的。在塔斯马尼亚开车兜风可以欣赏到与本土截然不同的丰富自然景观。另外，州内的主要城市都设有连锁租车公司的办事处，可以异地还车，完全没有不方便的旅行体验。不过，在塔斯马尼亚州开车自驾经常会遇到野生动物，需要格外小心。

在比舍诺附近要注意有企鹅穿行的警示牌

旅行计划要点

游览国家公园的入园通票

参观塔斯马尼亚州的国家公园必须要持有入园通票。可以在各个国家公园的游客中心处购买。

● Parks Wildlife Sercive Tasmania
☎ 1300-827-727　URL www.parks.tas.gov.au
费 1 日通票：每人 $12、每辆车（限乘 8 人）$24 / 摇篮山限定 1 日通票：成人$16.50 儿童$8.25 家庭$41.25 / 假日通票（8 周内有效）：每人 $30、每辆车（限乘 8 人）$60/ 年票：每辆车（限乘 8 人）$96

塔斯马尼亚旅游通票

这种通票可以从塔斯马尼亚州各地的共 35 个景点中挑选 3~7 个景点进行游览。其中包含阿瑟港监狱门票、霍巴特出发去往里奇蒙德的半日游、戈登河游船等项目，如果选择得当不仅可以节省许多旅费还能尽情地游览塔斯马尼亚州。可以从霍巴特、朗塞斯顿、德文港的塔斯马尼亚游客信息中心，或者德文港的塔斯马尼亚之魂号的游轮中心内的柜台购票。

冈瓦纳古陆时代一直保存至今的原始森林

Free 1300-366-476
URL www.iventurecard.com
费 3 景点票：成人$109 儿童$69 / 5 景点票：成人$150 儿童$90 / 7 景点票：成人$190 儿童$108

参加团体游项目或者租车自驾是最方便的

塔斯马尼亚州的公共交通车次较少，对于游客来说还是租车自驾或者参加旅游团比较稳妥。旅游团的主要起点大都位于霍巴特、朗塞斯顿，从一日游项目到一周游项目，可以随意挑选。

● AJPR
☎ （03）6272-0224
URL www.ajpr.com.au
● Adventure Tours Australia
☎ 1300-654-604
URL www.adventuretours.com.au

12 月~次年 1 月期间同可以去拜访薰衣草农场

塔斯马尼亚州 交通图

斯坦利 / 伯尼 / 德文港 / 乔治镇 / 圣海伦斯 / 朗塞斯顿 / 摇篮山/圣克莱尔湖国家公园（摇篮山景区）/ 德洛兰 / 齐恩 / 摩尔溪谷 / 比舍诺 / 斯特拉恩 / 女皇镇 / 洛斯 / 哈密尔顿 / 摇篮山/圣克莱尔湖国家公园（圣克莱尔湖景区）/ 科尔斯河&弗雷西内国家公园 / 弗雷西内国家公园 / 里士满 / 索雷尔 / 霍巴特 / 金斯顿 / 阿瑟港

● 巴士
● 圈内数字表示所需时间：单位为小时

在很多地方都可以亲眼看到野生的毛鼻袋熊

布鲁尼岛周边栖息着大量的澳大利亚海豹

Walking in Tasmanian Wilderness

塔斯马尼亚森林漫步

　　塔斯马尼亚是浮于澳大利亚南部的一座岛屿。

　　全岛约 36% 的面积都被国家公园、州保护林、自然保护区等原始森林所覆盖，其中有 4 座国家公园被列为世界文化遗产"塔斯马尼亚荒原"。

　　为了可以让游客在这片浓密的原始森林中尽情地享受自然的乐趣，这里设置有各式各样的步行远足设施。

　　这里的空气含氧量极高，游客可以在这片寂静的世界里尽情地享受地球的丰盈与大自然的美好。

需要了解的知识!
塔斯马尼亚森林的特征

　　塔斯马尼亚岛与澳大利亚本土同样都是由冈瓦纳大陆分离运动所形成的岛屿，因其分离后没有与其他大陆相连，因此保持了特殊的自然景观，也因此而闻名于世。

　　其自然环境大致可以分为三个种类。首先是冷温带雨林，默特尔海滩上覆盖着大量属于冈瓦纳大陆植物区系的木生蕨类（蕨类植物链）和山毛榉，此外这里还有许多固有针叶类植物比利王松、芹叶顶松等，各式各样的苔藓类植物也非常茂盛；其次是在比冷温带雨林降水量少但湿度高的地区所孕育的桉树林（其中还有桉树属中个头最高的木山桉）；最后是多单宁的牡丹草场和草原地带。

　　更有意思的是上述三种不同的自然环境，并不是存在于不同的区域内，而是相邻而生，时而还混合在一起。例如塔斯马尼亚的代表性植物之一露兜桦（世界最高的石南科植物），原本应该生长在冷温带雨林中，但在这里的草原地带等地也经常可以见到。

从蜜月湾望到的哈泽德（弗雷西内国家公园）

随处可见平时比较少见的露兜树（摇篮山）

358

摇篮山 / 圣克莱尔湖国家公园

正文→p.392

摇篮山 / 圣克莱尔湖国家公园是塔斯马尼亚最受欢迎的国家公园。这里是由 1.65 亿年前形成的粗粒玄武岩台地被冰川侵蚀而逐渐形成的山岳地带。公园占地面积广阔，共有 16 万公顷，其中包含多座海拔 1300 米以上的山峰和众多的湖泊。在其北部的摇篮山景区，可以欣赏到雄伟的自然景观和原始森林，还可以邂逅到众多的野生动物。公园内还设置了多条徒步线路，可以根据停留时间挑选适合自己的线路。

摇篮山景区拥有雄伟的自然景观

菲尔德山国家公园

正文→p.371

游览菲尔德山国家公园可以从霍巴特当天往返，这里因可以观察到丰富多样的植物群而知名，既有生长在低海拔的桉树林，又有冷温带雨林至海拔 1000 米以上的高山植物地带。早晚还经常可以与针鼹和小袋鼠等各类野生动物邂逅。

冷温带雨林内的罗素瀑布（菲尔德山国家公园）

弗雷西内国家公园

正文→p.378

弗雷西内国家公园是塔斯马尼亚东海岸最具代表性的国家公园。公园位于半浮于塔斯马尼亚海上的火山岩半岛之上，有美丽的白沙滩、大量的桉树林和充满戏剧色彩的景观，在澳大利亚游客当中也非常受欢迎。

从观景台望向葡萄酒杯海湾方向（弗雷西内国家公园）

■ 国家公园入园通票

想要游览塔斯马尼亚州的国家公园必须要持有入园通票。入园通票所收取的费用一般用于国家公园的保护和维护。在各条徒步线路入口处的停车场会有管理人员检票，因此一定要购买通票。

票 1 日通票（摇篮山除外）：每人 $12、每辆车（限乘 8 人）$24 / 摇篮山限定 1 日通票（包含区间车）：成人 $16.50 儿童 $8.25 家庭 $41.25 / 假日通票（8 周内有效）：每人 $30、每辆车（限乘 8 人）$60 / 年票：每辆车（限乘 8 人）$96（更新换票是 $70）
※ 在各国家公园的游客中心处均可购买

如果是开车进入园区，购买国家公园通票时要将票贴在挡风玻璃上

● 塔斯马尼亚国家公园详情
Parks & Wildlife Service Tasmania
URL www.parks.tas.gov.au

■ 方便在塔斯马尼亚国家公园内徒步的旅游指南

在主要国家公园的游客中心内都有一本叫作《Discover Tasmania 60 Great Short Walks》的旅游指南。该书从数量众多的徒步线路中，精选了 60 条线路，大都是一小时至半天脚程的线路，可以让游客切身体验塔斯马尼亚的大自然。

■ 徒步时需要注意的事项

大多数的徒步线路的入口处都设有签到处。入园者需要在签到处的本子上登记开始徒步的时间和目的地，在徒步结束时需要签字并注明结束时间。基本上只要不是走很长的线路，一般是不容易迷路的。但是为了防止有人走失，可以通过登记的内容进行搜救。

在河鳟栖息胜地塔斯马尼亚
钓鱼

1864 年 5 月 4 日，从英国送到塔斯马尼亚的鱼卵中孵化出了 300 条河鳟。此后在塔斯马尼亚野生孵化的河鳟变成了以新西兰为首的南半球河鳟的祖先。现在，完全不通过孵化野生放养的河鳟只有在英国的部分河流与塔斯马尼亚才能见到。世界各国的钓鱼爱好者都非常向往在塔斯马尼亚钓河鳟。

预约钓鱼

原则上塔斯马尼亚的钓鱼季是在 8 月的第一个周日~次年 4 月最后一个周六。虽然可以以个人名义取得钓鱼资格，但是如果就这么莽撞的只身前往很可能是无果而归。因此，一般情况下要想在塔斯马尼亚享受钓鱼的乐趣，一定要跟随这里的钓鱼向导一同出行。除了溪钓之外，在塔斯马尼亚湖钓也是非常受欢迎的。根据不同的季节和想要钓到的鱼的大小，是按照湖钓和河钓来分的。去往钓鱼地点的道路大都是土路（一般来说是不可以开车自驾的），湖钓的话必须要乘坐小船前往，如果是河钓的话需要获得私有地主人的许可才可以进入。

一旦确定了钓鱼之旅的日期，请尽早联系钓鱼向导，同时也请对方帮忙预订好相应日期的钓鱼小屋的住宿。塔斯马尼亚的钓鱼地点分布在各个地区，如果是自己提前订好了住宿，可能会存在住宿地点与钓鱼地点之间距离很远的风险，这样一来移动就需要花费很长的时间。一般来说钓鱼向导的费用包含从住宿地点到钓鱼地点的移动费用、钓鱼许可证费用（48 小时 $22、7 天 $37）、进入私人领地的许可费、鱼竿鱼线、鱼饵等钓鱼用具、服装（钓鱼专用

至腰部以上的雨靴）等租赁费用。

比较受欢迎的钓鱼向导早在钓鱼季解禁之前就几乎被预订满了。请尽可能提早预约。塔斯马尼亚有鳟鱼钓鱼协会 TGALT（Trout Guides And Lodges Tasmania），不妨咨询一下这里。

● TGALT
URL troutguidestasmania.com.au/information
费 根据导游的不同价格也会有所不同，通常是每天 $700~900（最多可带 3 人）

塔斯马尼亚的钓鱼地点和可以钓到的鱼

塔斯马尼亚是野生河鳟的宝库，所以钓鱼首选河鳟。中央高原湖区周边是湖钓地点比较集中的地区，全季都可以在湖边的各处看到蜉蝣等各种昆虫孵化和羽化，通过昆虫飞钓（使用羽化后的昆虫模型模仿其在水面飞行并进行钓鱼的行为）有时甚至可以钓到超过 50 厘米的庞然大物。另外，流经塔斯马尼亚的中北部海拔较低地区的马克奥利河和南艾斯克河都是最适合溪钓河鳟的地方。虽然河里的鳟鱼比湖

湖钓需要乘坐小船移动到最佳的钓鱼地点然后开始钓鱼

里的个头要小一些，但可以以数量取胜。部分湖区和河里还栖息着大量的虹鳟鱼。此外，还可以钓河鳟入海后的变形体鲑鱼。每年的 9~11 月是钓鲑鱼的最佳时节，届时会有大量的鲑鱼因捕食猎物海白条（一种类似小沙丁鱼的鱼类）而从海里追到气泡水域。

钓鱼一日行程

蜉蝣孵化、羽化最活跃的时间段是 10:00~16:00，也是最适合钓鱼的时间，一般来说都会在早上 7:30~8:00 左右从所住的钓鱼小屋出发。根据当天钓鱼的实际情况，向导会在合适的时间选择风景好的地点吃午餐。午餐包含在向导费中，一般会尽量提供客人所喜好的餐食。在塔斯马尼亚钓鱼之旅中享受午餐也是乐趣之一。钓鱼结束返回小屋的时间大约是在

钓鱼之旅提供的午餐

晚餐品尝到自己钓上来的河鳟真是美味

18:00~19:00（夏季的塔斯马尼亚过了 20:00 天还是亮的）。

钓到的小鱼一般是会当场放生的。当然，如果钓到的鱼超过了规定的大小还是可以带走的。如果晚餐想要吃自己钓到的河鳟，一定要提前告知向导。

初学者也不用担心

TGALT 的钓鱼向导大都是经验丰富的钓鱼老手。向导用英语和身体语言指导钓鱼者握竿、甩竿（将鱼饵投掷到适当的方位）的方法，等鱼上钩之后还会用心地指导钓鱼的技巧。因此，就算在国内一点钓鱼经验也没有，

也完全可以期待自己钓鱼的成果。如果你是经验丰富的钓鱼爱好者，可以在预订时提出要求，届时钓鱼向导会按照要求准备行程。

夏季也需要注意着装

可以钓到河鳟的中央高原湖区的海拔约有1000 米。即便是钓鱼旺季的盛夏季节，气温高达 30℃左右，也会突然下起小雪。这里的天气变幻莫测，一天中经常是时晴时雨。因此需要携带的服装必须是应对所有季节的。帽子、手套也是必需品。

湖钓

中央高原湖区有包括澳大利亚最大的淡水湖格雷特湖、阿瑟湖等大大小小 3000 多座湖泊（其中大部分是人工湖）。根据湖的不同，蜉蝣等水上生物的最佳孵化时节也不同，因此可以长期多季节的享受飞钓乐趣也是这一地区湖钓的一大特点。

在塔斯马尼亚湖钓原则上需要乘坐小船。湖钓者需要乘坐小船前往蜉蝣的孵化地，大多数时候是选择干饵在河鳟飞跃起身咬钩的瞬间进行湖钓。当然有时候也会选择湿饵（将蜉蝣幼虫或蛹的模型沉入水下）或者荤饵（将水生昆虫模型沉入水下）对在水下寻找猎物的河鳟进行垂钓。

溪钓

在中央高原湖区和塔斯马尼亚世界遗产地区水源地的溪流上进行溪钓也是塔斯马尼亚旅游的一大魅力所在。在这里溪钓几乎不会遇到除自己团队以外的其他钓手。穿着连体雨衣进入比较浅的溪水中溪钓也是一大乐趣，一般来说使用干饵或者荤饵钓河鳟是最普遍的方法。

河溪中的鳟鱼大都是这种大小的

361

霍巴特 *Hobart*

塔斯马尼亚州 Tasmania　　　　　区号（03）

　　塔斯马尼亚的面积是 6.8 万平方公里。夏季气温最高不超过 30℃，即便是深冬，除山区和林区之外平均气温在 7.9℃左右，非常舒适宜人。霍巴特位于岛的东南部，是一座坐落于德温特河入海口处的港口城市。

　　1804 年，仅仅比悉尼晚开始 16 年，这是澳大利亚历史第二悠久的城市。现有人口约 22 万，虽说城市规模类似于我国的中小型城市，但却是一座充满历史韵味的城市。例如，位于港口南端防波堤上的萨拉曼卡码头，就是一座捕鲸盛行时代遗留下来的古迹，由石材搭建的仓库让人联想到了殖民时期。萨拉曼卡码头后方的山丘被称为炮台岬，这里有许多 19 世纪风格的古老房屋，在这里漫步有一种置身于电影场景中的感觉。

　　霍巴特最热闹的季节当然还是要数夏季了。尤其是每年圣诞节第二天早上从悉尼出发的悉尼～霍巴特帆船比赛的赛船，在 12 月 31 日前后相继到达霍巴特港的时候，这座宁静的小城一下子变得热闹非凡。参赛的帆船手们豪爽的互相祝福、大声欢呼，人们伴随着教堂的钟声和汽船的汽笛声迎来新的一年。

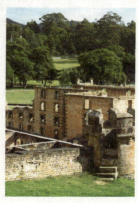

　　霍巴特还是塔斯马尼亚州之旅的起点城市。在城市漫步结束之后，不妨去位于阿瑟港的监狱或者凝结了塔斯马尼亚大自然精华的菲尔德山国家公园等近郊的众多景点游览一番。还可以乘坐巴士或者开车自驾去美丽的森林中畅享大自然。

霍巴特 交通方式

◎ 前往方式

➡从中国出发

中国没有直飞霍巴特的航班。如果想要从国内直接飞往霍巴特推荐乘坐从北京、上海出发的澳洲航空的航班，然后在墨尔本或者悉尼同日换乘澳洲航空、捷星航空的航班飞往霍巴特。

在塔斯马尼亚州本岛上移动也有很严格的可携带食物的规定

➡从澳大利亚国内出发

澳洲航空有从悉尼、墨尔本出发的航班，捷星航空有从悉尼、布里斯班、墨尔本、黄金海岸出发的航班，澳大利亚维珍航空有从悉尼、墨尔本出发的航班。另外，乘坐从墨尔本至德文港的渡轮——塔斯马尼亚之魂号（Spirit of Tasmania），然后在德文港换乘红线（Redline）或者塔吉环线（Tassie Link）的巴士也是一种比较受欢迎的交通方式。

◎ 机场⬌市内

霍巴特机场（Hobart Airport，HBA）距离市区17公里，机场内有货币兑换处。如果是从国内直接前往霍巴特，建议在墨尔本、悉尼、布里斯班等国际机场换乘的时候兑换一些澳元。

● 机场巴士

红线的巴士会根据飞机到达和出发的时间发车。如果没有按时登上这一班的巴士，恐怕要花很长的时间等下一班。

● 出租车

最方便的还是出租车。如果是2~3人以上乘坐出租车最经济实惠。只需要花费 $40 左右，便可以到达霍巴特的市中心。车程大约20分钟。

◎ 客运中心⬌市内

从机场出发的巴士，或者从德文港、朗塞斯顿等其他塔斯马尼亚州的城市开往霍巴特的巴士，都会到达霍巴特客运中心（Hobart Transit Centre）。客运中心距离市中心稍微偏远一些，步行至游客信息中心大约需要10分钟。

霍巴特 市内交通

游览霍巴特市区只需要步行就可以，如果需要到郊外去逛一逛可以乘坐 Metro Tasmania（俗称 Metro）巴士。

中央邮局内有 Metro Shop，在这里可以获得巴士的发车信息，另外还可以领取一份《Metro Travel News》，里面记载了郊外一些景点的内容，还有交通路线图等。

大多数的巴士都是从中央邮局（G.P.O）前的伊丽莎白大街（Elizabeth St.）或者 G.P.O. 斜对面的富兰克林广场（Franklin Square）周

在霍巴特机场搭乘飞机需要乘坐舷梯

■ 塔斯马尼亚之魂号
（详情 → p.356）

■ 霍巴特机场
🌐 hobartairport.com.au

■ 机场巴士
☎ 1300-385-511
🌐 www.airporterhobart.com.au
💰 单程：(成人)$19 (儿童)$15 / 往返：(成人)$35 (儿童)$25
可以在霍巴特市中心内的指定地点下车。终点是霍巴特客运中心。

连接霍巴特机场与市区的机场巴士

■ 霍巴特客运中心
🗺 p.365/2A
🏠 230 Liverpool St.，7000
☎ 1300-360-000
这里除了有去往塔斯马尼亚州各大主要城镇的巴士，还是旅游观光巴士等的集散地。有纪念品商店、餐馆、红线的办公室等设施。

■ Metro Tasmania
☎ 13-22-01
🌐 www.metrotas.com.au

■ Metro Shop
🗺 p.365/1A
🏠 22 Elizabeth St.，7000
☎ 13-22-01
🕐 周一～周五 8:00~18:00、夏令时时期的周六 9:30~14:00
🚫 周日、节假日、通常时期的周六

方便的 Metro Bus

霍巴特 Metro Bus 车票价格表（随着时间可能会变更）				
区间	Greencard		Single	
	成人	儿童	成人	儿童
1 区间	$2.64	$1.36	$3.30	$1.70
2 区间	$3.68	$1.36	$4.60	$1.70
3 区间	$5.52	$1.36	$6.90	$1.70

■ Metro Bus 车站

总的来说去往北部、东部郊区的巴士是在伊丽莎白大街的巴士站上下车的，去往西部和南部的巴士是在富兰克林广场周边上下车的。另外，还有从阿盖尔大街发车的巴士。具体的时间表刊登在 Metro Travel News 等地图中。

■ Greencard

购卡是需要支付🅐$10、🅒$5 的费用。然后充值一定额度，每次使用时会自动从卡内扣款。

每天有扣款上限金额（即便是次使用也不会超出上限金额），第一次乘车周一～周五 9:00 以前的情况🅐$9.20、🅒$3.40、周一～周五 9:00 以及周六·周日·节假日全天🅐$4.60、🅒$3.40。

大红色车身的城市环线是市区的一道亮丽的风景线

■ Red Decker（Australian Explorer）

☎（03）6236-9116
🌐 theaustralianexplorer.com.au
🕐 游客信息中心发车：周日～次周五 10:00～15:00，每 1 小时一趟车（冬季车次会减少）
🎫 24 小时：🅐$35 🅒$20 🏠$90 / 48 小时：🅐$40 🅒$25 🏠$100

■霍巴特的出租车

各公司通用 ☎ 13-10-08
Yellow Cabs ☎ 13-19-24

■霍巴特的汽车租赁公司
● 赫兹 Hertz
☎（03）6237-1111
● 安飞士 AVIS
☎（03）6214-1711
● 百捷乐 Budget
☎（03）6234-5222

边发车的。霍巴特市中心被分成了几个区间，车票的价格共分成 3 种类型，分别是在同一区间内移动（1 区）、2 个区间之间移动（2 区域）、2 个区间以上移动（所有区域）。同一价格车票，最开始上车后 90 分钟之内，可以多次上下车。

巴士的车票共有 2 种形式，可以在上车的时候跟司机购买 Single Ticket，或者使用交通卡 Greencard（需要收取制卡费 $10）。使用 Greencard 乘车比购买 Single Ticket 便宜 20%，而且还有当日封顶金额，使用得当的话还是很划算的。在 Metro Shop 或者塔斯马尼亚州游客信息中心都可以购买面向游客出售的 Prepaid Greencard（$20）。附带简易的巴士路线图以及霍巴特周边景点指南等需要充值 $10。

◎ 探险者巴士

可以高效周游霍巴特景点的巴士是 Red Decker（Australian Explorer）公司运营的 City Loop 巴士。从游客信息中心前出发每天环绕市内运行 4 圈。巴士站共有 20 个，虽然很多地方可以步行前往，但如果选择类似炮台岬、休息站、酒店、赌场、卡斯卡特啤酒酿造厂、塔斯马尼亚皇家植物园这样的线路组合会高效很多。

霍巴特 漫 步

霍巴特是一座建在德温特河（Derwent River）入海口处的美丽城市。市内共有 90 多处被指定为国际文化遗产的建筑物，也被誉为是澳大利亚历史气息最浓郁的城市。

首先前往游客信息中心收集信息

塔斯马尼亚州游客信息中心（Tasmanian Travel & Information Centre）位于市中心，戴维大街（Davey St.）与伊丽莎白大街交会的一角处。在这里可以获得各种地图、旅游手册等。

游客信息中心也有出售塔斯马尼亚州的国家公园门票。准备游览 3 座以上国家公园的游客，可以在这里购买 8 周有效的假日通票（→ p.357）。

在游客信息中心内可以获得塔斯马尼亚州内旅行的相关信息

以购物中心为起点大致掌握整座城市的概况！

市中心的轮廓大概以伊丽莎白大街的一部分，即柯林斯大街（Collins St.）与利物浦大街（Livepool St.）之间这一段的伊丽莎白大街购物中心为中心。购物中心主要以购物为主，即便是平日里也会聚了很多人流。

从购物中心以东与德温特河入海口相交汇的地方是沙利文湾（Sulivans Cove）。从这里向西眺望可以看到惠灵顿山（Mt. Wellington）。

沙利文湾的南侧是王子码头（Princes Wharf），正对面是富兰克林码头（Franklin Wharf），北侧是麦夸里码头（Macquarie Wharf）。位于富兰克林码头一角处的宪法码头（Constitution Dock）是曾经昌盛一时的捕鲸船母港。周围还保留着许多当时的古建筑。从布鲁克大街栈桥（Brooke St. Pier）还有德温特河观光船和去往布鲁尼岛的观光船出发。

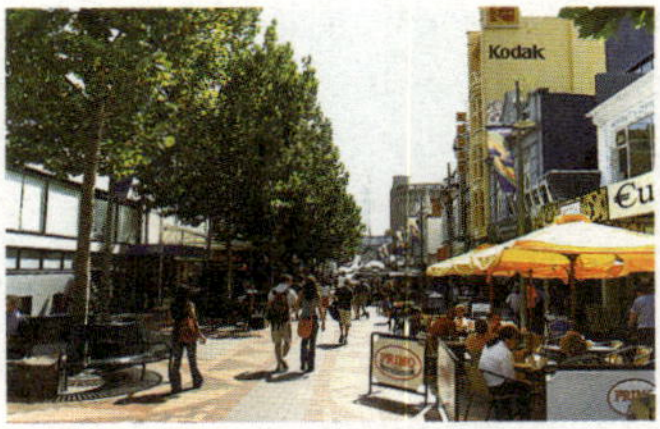
Kodak
PRIMO

位于市中心的伊丽莎白大街购物中心

王子码头一带保留着比较浓郁的殖民地时代气息的区域。其中最具代表性的建筑要数建于1840年的，塔斯马尼亚州现存最古老的砂岩建筑之一——TAS州议会大楼（Parliament House TAS）。州议会大楼南侧是19世纪30~40年代建造的古老仓库群。这条路被称为萨拉曼卡广场（Salamanca Place），至今仍旧保留着捕鲸全盛时期港口的风情面貌。萨拉曼卡广场的南侧，有一座可以俯瞰沙利文湾的小山丘，连同周边地区

●苏立夫提 Thrifty
☎（03）6234-1341
●欧洛普卡 Europcar
☎（03）6231-1077

■在游客中心领取《*Tasmanian Travelways*》

查询酒店信息和团体游信息非常方便。相同内容网上也有登载。

URL www.examiner.com.au/lifestyle/travel/travelways

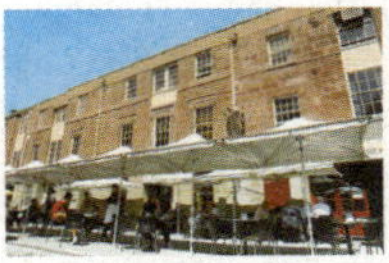

萨拉曼卡广场上有不少咖啡馆和商店

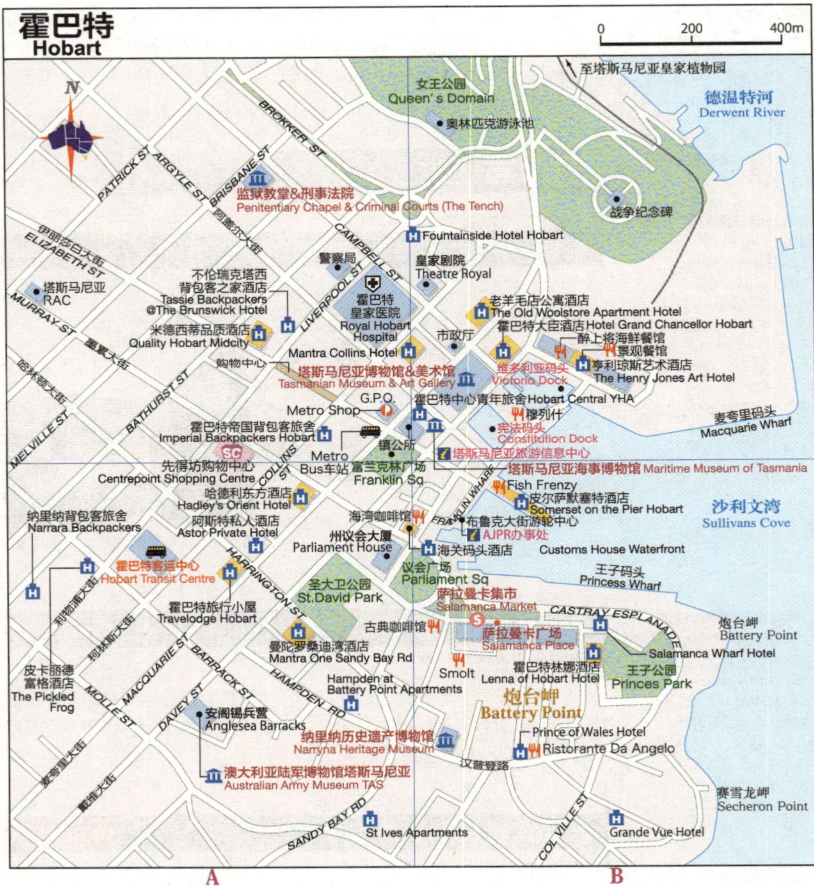
霍巴特
Hobart
0 200 400m
N
至塔斯马尼亚皇家植物园
德温特河
Derwent River
女王公园
Queen's Domain
奥林匹克游泳池
战争纪念碑
BROKKER ST
PATRICK ST
ARGYLE ST
BRISBANE ST
阿盖尔大街
监狱教堂&刑事法院
Penitentiary Chapel & Criminal Courts (The Tench)
Fountainside Hotel Hobart
伊丽莎白大街
ELIZABETH ST
CAMPBELL ST
警察局
皇家剧院
Theatre Royal
塔斯马尼亚
RAC
不伦瑞克塔西背包客之家酒店
Tassie Backpackers @The Brunswick Hotel
LIVERPOOL ST
霍巴特皇家医院
Royal Hobart Hospital
MURRAY ST
墨累大街
米德西蒂品质酒店
Quality Hobart Midcity
市政厅
老羊毛店公寓酒店
The Old Woolstore Apartment Hotel
霍巴特大臣酒店 Hotel Grand Chancellor Hobart
醉上将海鲜餐馆
景观餐馆
亨利琼斯艺术酒店
The Henry Jones Art Hotel
哈林顿大街
Mantra Collins Hotel
购物中心
塔斯马尼亚博物馆&美术馆
Tasmanian Museum & Art Gallery
维多利亚码头
Victoria Dock
BATHURST ST
G.P.O.
霍巴特中心青年旅舍 Hobart Central YHA
Metro Shop
穆列什
麦夸里码头
Macquarie Wharf
MELVILLE ST
霍巴特帝国背包客旅舍
Imperial Backpackers Hobart
宪法码头
Constitution Dock
SC
镇公所
塔斯马尼亚旅游信息中心
先得坊购物中心
Centrepoint Shopping Centre
COLLINS ST
Metro Bus车站
富兰克林广场
Franklin Sq
塔斯马尼亚海事博物馆 Maritime Museum of Tasmania
FRANKLIN WHARF
Fish Frenzy
皮尔萨默塞特酒店
Somerset on the Pier Hobart
哈德利东方酒店
Hadley's Orient Hotel
沙利文湾
Sullivans Cove
纳里纳背包客旅舍
Narrara Backpackers
阿斯特私人酒店
Astor Private Hotel
海湾咖啡馆
布鲁克大街游轮中心
AJPR办事处
州议会大厦
Parliament House
海关码头酒店
Customs House Waterfront
霍巴特客运中心
Hobart Transit Centre
HARRINGTON ST
议会广场
Parliament Sq
王子码头
Princess Wharf
利物浦大街
圣大卫公园
St.David Park
萨拉曼卡集市
Salamanca Market
CASTRAY ESPLANADE
霍巴特旅行小屋
Travelodge Hobart
古典咖啡馆
萨拉曼卡广场
Salamanca Place
炮台岬
Battery Point
柯林斯大街
曼陀罗桑迪湾酒店
Mantra One Sandy Bay Rd
Salamanca Wharf Hotel
MACQUARIE ST
BARRACK ST
Smolt
霍巴特林娜酒店
Lenna of Hobart Hotel
王子公园
Princes Park
皮卡丽德富格酒店
The Pickled Frog
MOLLE ST
HAMPDEN RD
Hampden at Battery Point Apartments
炮台岬
Battery Point
DAVEY ST
安阁锡兵营
Anglesea Barracks
Prince of Wales Hotel
纳里纳历史遗产博物馆
Narryna Heritage Museum
Ristorante Da Angelo
汉普登路
麦夸里大街
澳大利亚陆军博物馆塔斯马尼亚
Australian Army Museum TAS
戴维大街
赛雪龙岬
Secheron Point
SANDY BAY RD
St Ives Apartments
COL VILLE ST
Grande Vue Hotel
1
2
A
B

一起并称炮台岬（Battery Point）。继续往南，是知名的高级住宅街区——桑迪湾（Sandy Bay）。这一区域的中心是在 1973 年开业的，是澳大利亚首个公认的赌场——西点酒店和赌场（Wrest Point Hotel Casino）。从这里继续向靠近市区的方向移动就到了桑迪湾的购物街。这条街拥有漂亮的屋檐，两旁有精品店和咖啡馆。尼尔逊山（Mt. Nelson）矗立于桑迪湾的南侧，与惠灵顿山同样，从这里也可以眺望市区至德温特河的美丽风景。

向城市北部移动

伊丽莎白大街北侧有不少值得一看的博物馆（塔斯马尼亚博物馆＆美术馆、塔斯马尼亚海事博物馆）和澳大利亚最古老的剧场——建于 1937 年的皇家剧院（Theatre Royal）等历史悠久的建筑物。

继续向北前行 2 公里便是女王公园（Queen's Domain）。其中包括于 1818 年开放的塔斯马尼亚皇家植物园（Royal Tasmanian Botanical Gardens）。占地面积约有 13.5 公顷，虽说属于小规模的植物园，但是园内有蕨类植物馆（Fern House），馆内有茂盛的侯恩松（Huon Pine）和革木树等植物再现的密林，可以将塔斯马尼亚特有的植物尽收眼中。另外还有植物探索中心、温室、花草园、玫瑰园等。

在植物园的东侧有一座连接德温特河西岸帕韦利安角（Pavilion Ponit）与东岸蒙塔古湾（Montagu Bay）的大桥叫作塔斯曼大桥（Tasman Bridge）。这座漂亮的拱形大桥，夜间在灯光的照射下宛如打上天空的一颗礼花一般绚丽多彩。

■塔斯马尼亚州的购物塔
周一~周三、周五 9:00~18:00、周六 9:00~12:00、周四营业至夜间 9:00~21:00

■塔斯马尼亚曾经被称为范门门岛 Van Diemen
1641 年荷兰的航海家阿贝尔·塔斯曼发现塔斯马尼亚岛的时候，这里已经被荷兰东印度公司总督范第门命名为范门门岛。后来这里变成英国的领地就更名为塔斯马尼亚。

■塔斯马尼亚博物馆＆美术馆
🏠 Dunn Place，7000
☎ （03）6165-7000
💻 www.tmag.tas.gov.au
🕐 周二~周六 10:00~16:00（4 月~12 月 24 日）/ 每天 10:00~16:00（12 月 26 日~次年 3 月）
🚫 周一、耶稣受难日、澳新军团日、圣诞节
🎫 免费

■塔斯马尼亚海事博物馆
🏠 16 Argyle St.，7000
☎ （03）6234-1427
💻 www.maritimetas.org
🕐 每天 9:00~17:00
🚫 耶稣受难日、圣诞节
🎫 成人 $10 儿童 $5（13~15 岁 / 未满 13 岁免费）家庭 $20

霍巴特　市区主要景点

了解塔斯马尼亚之魂
塔斯马尼亚博物馆＆美术馆　　Map p.365/1B
Tasmanian Museum & Art Gallery

馆内共有 4 个大展厅，其中展示了关于塔斯马尼亚的文化、艺术、历史、自然等方面的相关展品。关于塔斯马尼亚是如何被白人灭绝的、塔斯马尼亚虎的标本、以 Island to Ice 为主题的南极与南极冰洋相关的展出等，都是非常值得一看的。

塔斯马尼亚博物馆＆美术馆有许多值得一看的展览

船舶爱好者不容错过的博物馆
塔斯马尼亚海事博物馆　　Map p.365/1B
Maritime Museum of Tasmania

馆内展示了从殖民地时代初期、捕鲸时代至现代塔斯马尼亚航海沿革。还可以看到大型帆船、捕鲸船、客船等相关的照片、模型、绘画和船只实际的部分展品等。

讲述了曾为监狱岛的塔斯马尼亚的故事
监狱教堂＆刑事法院　　Map p.365/1A
Penitentiary Chapel & Criminal Courts（The Tench）

建于 1831 年的监狱教堂＆刑事法院作为历史遗物现在被改建成了博

物馆。钟楼是这里的地标建筑，教堂遗址使用到 1961 年，直至 1983 年刑事法院仍在被实际使用。内部有旧监狱，可以参加时长 90 分钟的参观导览活动。此外，这里还有夜间参观导览活动。

Map p.365/2B

萨拉曼卡广场
殖民地时代初期的港口风情
Salamanca Place

想要在萨拉曼卡集市淘淘宝

萨拉曼卡广场是在捕鲸鼎盛时期 19 世纪 30~40 年代建造于港口沿岸的仓库群。这里的建筑大都是由砂岩建造而成，如今被改造成了画廊、精品店、美术品工艺品店、纪念品商店、古董店、酒吧、餐馆等设施。纪念品商店里出售的使用侯恩松、黑檀木、山毛榉等木材制成的工艺品，苹果形状的盆景、壁挂小饰物等都非常有特色。萨拉曼卡广场上最热闹的活动还要数每周六开办的萨拉曼卡集市（Salamanca Market）。届时将会有 300 个以上的摊位，出售新鲜的蔬菜水果、旧衣服、首饰、各种工艺品、民间手工艺品等。最近还有许多专门出售使用选自塔斯尼亚大自然中的材料制作而成的肥皂、化妆品、香熏用品等，买上一份作为伴手礼送给朋友们，朋友们一定会喜欢的。

炮台岬
宛如进入了童话世界一般
Battery Point

Map p.365/2B

萨拉曼卡广场以南，可以俯瞰沙利文湾小山坡一带的是霍巴特的老城区——炮台岬。1804 年霍巴特殖民开拓便是从这里开始的。地名的由来是，1818 年为了防御在这里修建了炮台（Battery of Guns）。整体的建筑风格是乔治式（乔治王朝时代 1714~1830 年的建筑样式）的古建筑群。主街是汉普登路（Hampden Rd.），这一带有不少优雅的建筑，但大多被改成了咖啡馆、餐馆、古董店、画廊、民宿等设施。

纳里纳历史遗产博物馆
由殖民时代的建筑改建而成的博物馆
Narryna Heritage Museum

Map p.365/2B

纳里纳这栋房子本身也非常有魅力

博物馆所在的建筑位于汉普登路，是殖民开拓者在 1836 年建造的一栋房屋。厨房、餐馆、卧室等都保留着当时的原貌。博物馆的正式名称应该是范门尼岛民俗纪念博物馆（Van Diemen's Land Folk Museum），由于这栋建筑自身叫作"纳里纳"，所以这个叫法更为人们所熟悉。

安阁锡兵营（塔马斯尼亚澳大利亚军事博物馆）
澳大利亚最古老的兵营
Anglesea Barracks (Australian Army Museum TAS)

Map p.365/2A

博物馆位于炮台岬西侧戴维大街上。这座兵营建于 1814 年，是澳大

■监狱教堂 & 刑事法院
住 Cnr. Brisbane & Campbell Sts.，7000
电（03）6231-0911
网 www.nationaltrust.org.au/places/The-Tench
● 导览团
时 周一・周二・周四・周五 10:00、11:30、13:00、14:30，周六・周日 13:00、14:30 开始／所需时间 75 分钟
休 周三、元旦、耶稣受难日、圣诞节、节礼日
费 成人$15 儿童$10
● 幽灵之旅
时 周一・周五 21:00 开始（冬季是 20:00）
费 每人$25（15 岁以上）

■萨拉曼卡广场
网 www.salamanca.com.au
● 萨拉曼卡集市
时 每周六 8:00~15:00 左右

炮台岬的汉普登路沿途有许多非常可爱的建筑

■纳里纳历史遗产博物馆
住 103 Hampden Rd.，Battery Point，7004
电（03）6234-2791
网 www.narryna.com.au
开 周二~周六 10:00~16:30、周日・节假日 12:00~16:30
休 周一、元旦、澳新军团日、耶稣受难日、圣诞节、节礼日、7 月的全天
费 成人$10 儿童$4

■安阁锡兵营（塔马斯尼亚澳大利亚军事博物馆）
住 Davey St.，7000
电（03）6237-7160
网 armymuseumtasmania.org.au
开 周二~周六 9:00~13:00／导览团：周二 11:00~
※ 根据季节开闭馆的日期有所不同
费 成人$5 儿童 免费 家庭$10

■**制弹塔**
住 Channel Hwy.，Taroona，7053
☎（03）6227-8885
URL taroona.tas.au/history/shot-tower
开 每天 9:00~17:00（冬季 ~16:00）
休 圣诞节
费 成人 $8 儿童 $4 家庭 $20
●**交通方法**
从富兰克林广场乘坐 Metro Route56、61~63、65 路均可到达。
■**卡斯卡特啤酒厂**
住 140 Cascade Rd.，7000
☎（03）6224-1117
URL www.cascadebrewery.com.au
开 每天 10:00~17:00
●**导览团**
时 啤酒厂之旅：每天 11:00、12:30、14:15/ 遗址之旅：周一·周三·周五 14:30
※每个团所需时间 1 小时 30 分钟
费 啤酒厂之旅：成人 $30 儿童 $15/ 遗址之旅：成人 $25 儿童 $15
●**交通方法**
从富兰克林广场乘坐 Metro Route46、47、49 路巴士。
■**MONA**
住 655 Main Rd.，Berriedale，Hobart，7011
☎（03）6277-9900
URL www.mona.net.au
开 周三～次周周一 10:00~17:00（夏季 ~18:00）
费 成人 $20~28 儿童 免费
※ 入场费根据季节而不同
●**交通方法**
霍巴特的布鲁克大街栈桥有前往 MONA 的渡轮（每天有 7~8 趟往返 / 单程每人 $22）和巴士（每天往返 3 趟车 / 往返每人 $22）。另外还可以乘坐 Metro Route36、37、42、X1 路巴士。
■**信号站咖啡馆**
住 700 Nelson Rd，Mt. Nelson 7007
☎（03）6223-3407
营 周一～周五 10:00~16:00、周六·周日 9:00~16:00
●**交通方法**
从富兰克林广场乘坐 Metro Route 57、58 路巴士。
■**惠灵顿山穿梭巴士服务 Mt. Wellington Shuttle Bus Service**
☎ 0408-341-804
URL www.hobartshuttlebus.com
时 周日～次周周五 10:15、每天 13:30 发车（12 月～次年 4 月期间的 16:30 也有一班车发车）
费 往返：成人 $30 儿童 $20

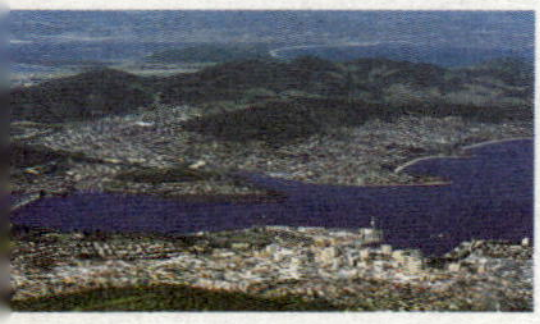
从惠灵顿山眺望

利亚现在仍被使用的军营中最古老的一座。建筑物禁止入内，不过每周二的 11:00 有在兵营内漫步的导览团出发。

可以登到塔顶吗？
制弹塔 Map p.370/1B
Shot Tower

高塔位于桑迪湾南侧，可以眺望德温特河的住宅街区塔鲁纳（Taroona）。该塔高 48 米，建设于 1870 年。爬上 259 级台阶便可以到达塔顶，站在这里可以将德温特河的入海口与周边闲适的田园风光尽收眼底。塔的一层是纪念品商店和博物馆，还可以通过影像了解子弹的制作过程。

澳大利亚最古老的啤酒厂
卡斯卡特啤酒厂 Map p.370/1B
Cascade Brewery

卡斯卡特（Cascade）是塔斯马尼亚当地产啤酒，啤酒厂可以参观。这座工厂建造于 1832 年，是澳大利亚最古老的啤酒厂，但是使用石头建造的建筑物非常吸引人眼球。工厂内有专门的参观导览团。与此仅一路之隔的对面则是卡斯卡特博物馆，隔壁是美丽的伍德斯托克花园。

引人注目的美术馆展示了特别的现代艺术
MONA Map p.370/1A
MONA (Museum of Old & New Art)

这家世界绝无仅有的美术馆位于从霍巴特去往布莱顿的途中，是澳大利亚富豪大卫·沃尔什（David Walsh）建造的私人美术馆，他为了将财富回馈给社会，将自己用独特的眼光和洞察力收集而来的艺术品面向社会公开展览，并建成了美术馆。在美术馆地上一层、地下三层的时尚空间内摆放着个性化的艺术品，也有荒诞过激的艺术品，还有关于性的艺术品等各式各样的作品。来到这里会使人重新思考“艺术”这一词汇的含义。

欣赏如画般的风景
尼尔逊山 Map p.370/1B
Mt. Nelson

从位于霍巴特正南方的尼尔逊山（海拔 340 米）上可以眺望整座城市、港口、德温特河入海口的风景。1811 年为了给从德温特河进入港口的船只发信号，在山上修建了信号站（Signal Station），当时信号员所居住的房子现在已经成了信号站咖啡馆（Signalstation Braserie）。

可以将霍巴特的美景尽收眼底的地方
惠灵顿山 Map p.370/1A
Mt. Wellington

惠灵顿山是一座矗立于霍巴特以西 20 公里、海拔 1270 米的山峰，从市内开车前往这里大约需要 30 分钟。从山顶可以将霍巴特市区及其周边、德温特河入海口至风暴湾（Storm Bay）一带的风景尽收眼底，这里也是霍巴特最有人气的观景胜地。通常人们都是从市区乘坐穿梭巴士来的。

里士满 — Richmond

里士满大桥是澳大利亚最古老的石桥

里士满位于霍巴特的东北方向大约24公里处，19世纪20年代殖民开拓时期初期这里作为谷物仓库的中心地带被逐渐开发建设，这里也是一座历史名城。据说悉尼和墨尔本都曾经从这里购买过小麦。市内随处可见乔治样式

的建筑，整座城市弥漫着一种19世纪20~30年代的氛围。

在主街布里奇大街（Bridge St.）的尽头是凌驾于煤河（The Coal River）之上的澳大利亚最古老的石桥——里士满大桥（Richmond Bridge）。殖民开拓时期初期从河堤发现了煤炭，因此命名此河为煤河，而这座桥是在1823年由流放至此的囚犯们所建。相传在修建大桥时，有一个非常恶毒的监工，犯人们都非常憎恨他。有一天河流涨水，移民囚犯把监工推入河内淹死了，此后这一带就经常出现幽灵。大桥的附近还有一座澳大利亚最古老的天主教堂圣约翰天主教堂（St John Catholic Church），建造于1837年。

此外，小镇内还有一座修建于1825年的里士满监狱（Richmond Goal），这是在阿瑟港历史遗址建成的5年前完成的。主要以单人牢房为主，此外还有厨房用过的大锅、设计精巧的手动式洗衣机、室外还有鞭刑用的刑台等，有很多值得一看的内容。另外，老霍巴特城模型村（Old Hobart Town Model Village）等景点也可以去参观一下，是按照19世纪20年代霍巴特城当时规划的城市方案而制作的精巧模型世界。

霍巴特近郊非常受欢迎的酒庄

蛙溪酒庄 — Frogmore Creek Winery Map p.370/1B

品尝塔斯马尼亚限定的稀有葡萄酒

蛙溪酒庄位于霍巴特与里士满之间，是塔斯马尼亚最具代表性的酒庄。因其在寒冷地带制造的葡萄酒而享誉世界，黑皮诺、霞多丽、雷司令、起泡酒等多款葡萄酒都曾获过大奖。除了可以试饮葡萄酒之外，酒庄内并设的餐馆口碑也非常好。一边享用午餐一边品尝葡萄酒是一件非常享受的事情。

邂逅塔斯马尼亚特有的动物们

博诺龙野生动物保护区 — Bonornog Wildlife Sanctuary Map p.370/1A

保护区位于布莱顿（Brighton），从霍尔顿驱车前往约需25分钟，从里士满约需15分钟。在这里可以看到塔斯马尼亚袋獾、毛鼻袋熊、袋鼠、小袋鼠、考拉等动物。如果参加夜间导览团，还可以观察夜行性动物们

交通方式

●里士满 ▒ p.370/1B
从霍巴特参加团体游项目或者租车自驾前往比较方便。

■里士满旅游巴士 Richmond Tourist Bus
提供霍巴特~里士满的穿梭巴士服务。
☎ 0408-341-804
▒ www.hobartshuttlebus.com
时 周日~次周周五，从霍巴特发车12:15／每天从里士满发车15:50
费 往返 成人 $30 儿童 $20

里士满的街景

■里士满监狱
住 37 Bathurst St.，Richmond，7025
☎（03）6260-2127
▒ www.richmondgoal.com.au
开 每天9:00~17:00
休 圣诞节
费 成人 $9 儿童 $4 家庭 $22

■老霍巴特城模型村
住 21A Bridge St.，Richmond，7025
☎（03）6260-2502
▒ www.oldhobarttown.com
开 每天9:00~17:00
休 圣诞节
费 成人 $15 儿童 $5 家庭 $34

■蛙溪酒庄
住 699 Richmond Rd.，Cambridge，7170
☎（03）6274-5844
▒ www.frogmorecreek.com.au
开 每天10:00~17:00／餐馆：每天11:30~16:00
休 圣诞节
费 试饮每人 $5

■博诺龙野生动物保护区
住 593 Briggs Rd. Brigton，7030
☎（03）6268-1184
▒ bonorong.com.au
开 每天9:00~17:00（园内免费导览团11:30~、14:00~）／夜间导览团（预约制）：夏季18:00~20:30、冬季17:00~19:30

ⓐ $28 ⓒ $14 ⓕ $77／夜
间导览团：ⓐ $156.50 ⓒ $83
●交通方法
参加团体游览比较方
便。夜间导览团有接送服务，需
要花费 $140～175（根据人数
决定）。

交通方式

●阿瑟港　　　　　　📖p.370/2B
最方便的游览方法是参
加从霍巴特出发的一日游项
目。虽然塔吉环线巴士也有
车可以到达这里，但是车次
较少，而且至少需要在阿瑟
港住宿一晚。

■阿瑟港历史遗址
🏠 Port Arthur Historic Site，
Port Arthur, 7182
☎（03）6251-2310
📠 1800-659-101
🌐 portarthur.org.au
🕐 每天 8:30～17:30（夏季～
17:30）
休 圣诞节

的夜间活动。

阿瑟港及其周边地区　　　Port Arthur and Around

阿瑟港是一座监狱之城，位
于霍巴特东南约100公里处。
1830~1877 年期间这里作为"监狱
中的监狱"，主要关押已经被发配
到殖民地而后再犯罪的犯人。因此
一旦进入到这座监狱，严刑拷打是
家常便饭。这座监狱的存在是继塔
斯马尼亚虎灭绝事件之后塔斯马

广阔的辖区内有多座废墟

尼亚州的又一大丑闻，当局曾经竭力想要阻止此事曝光。如今时过境迁，
这座监狱依旧在我们眼前讲述着当年的历史。

阿瑟港历史遗址（Port Arthur Historic Site）是"澳大利亚囚犯史遗
址群"中的一处遗址，同时也被列为世界文化遗产。遗址区的占地面积
广阔，现在作为历史保护区被人们保护起来，内部包含监狱、狱警宿舍、
囚犯们建造的教堂等 30 多处历史性建筑物。

在游客中心购买入场门票后便可以开始参观了。门票是 2 天内有效
的，如果想要仔细地参观学习，可以在阿瑟港周边预订酒店，第二天接
着来参观。这里也确实有花费 2 天时间参观学习的价值。

霍巴特近郊
Around Hobart

0　　　　　　　20km

游客中心内部有一座博物馆，展示了这里以往的样子，一定不要错过。室外的监狱遗址个人也可以自由参观，但是参加9:00~17:00期间每1小时1次的英语导览团，可以更加详细地了解这里的历史故事。门票可以自由选择包含监狱遗址前玛圣湾（Mason Cove）、卡那封湾（Carnarvon Bay）的游船，如果选择游船，小编推荐去位于玛圣湾内的小岛亡者之岛（Isle of Dead）上看一看。这座小岛上有1833~1877年在阿瑟港监狱死亡的1000多人的墓地。另外与主监狱隔玛圣湾而望的是普尔

在导游的带领下参观遗址

角（Point Puer），在1834~1849年期间这里曾经是关押少年犯的地方。参观少年犯监狱的导览团也可在选择的范围之内。

如果你准备在阿瑟港住宿，那么不妨参加夜间举办的历史幽灵之旅（Historic Ghost Tour）。

到了阿瑟港不妨顺路去看看
塔斯马尼亚袋獾保护园
Tasmanian Devil Unzoo　　　Map p.370/1B

这里是一处动物饲养园区，到达阿瑟港前会经过这里。这个园区内几乎没有栅栏，仿佛就置身于大自然之中（因此园区的名字是"非动物园Unzoo"而不是"动物园Zoo"）。尤其是针对塔斯马尼亚袋獾的饲养，这里共有4个展示袋獾的区域，开始喂饲料的时候会有一种特定的笛声响起，届时便可以看到袋獾们开始相互抢食的模样。除了袋獾这里还饲养了小袋鼠、袋鼠、沼泽袋鼠等动物，有时甚至还可以见到野生的毛鼻袋熊、负鼠、袋狸等动物。还可以参加追踪袋獾探险之旅（Devil Tracker Adventure）（限12人），乘坐四驱车进去园区后方真正的森林中去，探寻野生塔斯马尼亚袋獾的身影。

自然造物
塔斯曼拱门
Tasman Arch　　　Map p.370/1B

包含阿瑟港遗址在内的塔斯曼半岛上拥有众多令人惊叹不已的自然景观。在相当于塔斯曼半岛入口的鹰颈地峡（Eaglehawk Neck）周边，有塔斯曼拱门（Tasman Arch）、魔鬼的厨房（The Devils Kitchen）、喷水洞（The Blowhole）等风景名胜，如果你是租车自驾不妨靠近看一看。另外，位于塔斯曼拱门前方的非凡洞穴（Remarkable Cave）可以观看与南极相连的汪洋大海。

菲尔德山国家公园　　　Mt. Field NP

菲尔德山国家公园距离霍巴特约75公里，是塔斯马尼亚州最古老的国家公园。这座公园拥有塔斯马尼亚最丰富多彩的自然风光，也是来霍巴特旅游期间必看的景点之一。最便捷的方法是租车自驾，当然也有许多团体游项目可以到达这里（→p.374）。

游客中心位于菲尔德国家公园的入口处，内有详细的国家公园徒步线路说明，还有一座小型的以透视画展示为主的博物馆。游客可以先在这里收集旅游信息，然后去国家公园内散步。漫步的途中很有可能与塔

費 成人$39 小孩$17 家庭$99/
包含亡者之岛游船项目：
成人$59 小孩$27 家庭$144/
包含普尔角少年犯监狱：
成人$59 小孩$27 家庭$144/包
含亡者之岛游船＋普尔角少年犯监狱：成人$69 小孩$37
家庭$179
※ 入场券包含导览图、中文解说图、参观博物馆、导游导览、阿瑟港历史游船（8月变更为海岸之旅）

● 历史幽灵之旅
时 6、7月：每天17:30、19:30/8月：每天18:00、20:00/4、5、9月：每天18:30、20:30/10月～次年3月：每天20:45、21:00
※ 所需时间1小时30分钟
休 圣诞节
費 成人$26.50 小孩$15 家庭$75/2日游＋杯装葡萄酒 每人$79

■ 塔斯马尼亚袋獾保护园
住 5990 Port Arthur Hwy., Taranna, 7180
📞 1800-641-641
🌐 www.tasmaniandevilunzoo.com.au
开 每天9:00~17:00（夏季~18:00）
休 圣诞节
費 成人$35 小孩$19.50 家庭$85/追踪袋獾探险之旅（所需时间1.5小时）：成人$99 小孩$55 家庭$249

塔斯马尼亚袋獾相互嬉戏的模样

在喷水洞可以看到海浪喷涌而上令人激动的场面

■ 塔斯曼拱门
● 交通方法
去往塔斯曼半岛可以参加团体游项目，或是租车自驾前往。从霍巴特出发大约需要90分钟的车程，非常适合自驾一日游。夜间道路上经常会有野生动物突然闯入，所以要尽可能地避免夜间驱车。

从霍巴特出发沿德温特河向新诺福克（New Norfolk）方向北上。然后从新诺福克进入 Route B62 行驶至布希公园（Bushy Park），之后转入 Route B61。从霍巴特出发约需 1 小时 30 分钟车程。

■菲尔德山国家公园
🏠 66 Lake Dobson Rd., National Park, 7140
☎ （03）6288-1149
🖥 www.parks.tas.gov.au

桉树林步道上举头可见的高大桉树

●布鲁尼岛 █ p.370/2A・B
参加团体游或者租车自驾前往。如果是租车自驾从霍巴特出发驱车 30 分钟至南侧的凯特琳（Kettering），从这里有去往布鲁尼岛的汽车摆渡渡轮（Buruny Island Ferry），每天 10~12 班次，所需时间 20 分钟
☎ （03）6273-6725
🖥 brunyislandferry.com.au
🚗 车每辆 $33~38，摩托车及自行车 $6
※ 夏季的周末客流量较大，请提前确认好发船的时间，比出发时间提前 30 分钟到达凯特琳的码头

斯马尼亚沼泽袋鼠、针鼹邂逅，如果在河边走还可能会遇见鸭嘴兽等野生动物。

●以游客中心为原点开始徒步

在树生蕨类走廊中出现的罗素瀑布

菲尔德山国家公园的徒步线路主要分为两个起点。最受欢迎的是以游客中心为起点的各种徒步步道。其中，人气最高的是从游客中心往返需要花费 20~30 分钟的罗素瀑布步道（Russell Falls Walk）。穿过茂盛的桉树林，一条潺潺流水的小溪便会出现在眼前。小溪的两侧是长满青苔的冷温带雨林。沿着小溪前行，穿过由树生蕨类搭造出的梦幻走廊，便可到达呈阶梯状分布的罗素瀑布。这条步道被整修得非常好，连轮椅都可以顺利通过，这也是一条令人身心愉悦的徒步步道。

如果不从罗素瀑布直接返回游客中心，继续向丛林深处前行便可走一走桉树林步道（Tall Trees Walk）。从这条步道可以沿着菲尔德国家公园中个头最高的卵叶桉（桉树的一种）的丛林中的步道漫步，仰望着高 70 多米的巨树散步也是一件非常有趣的事情（据说最高的树有 98 米），步道的终点是距离游客中心 5 分钟车程的多布森湖路（Lake Dobson Rd.）。从游客中心出发途经罗素瀑布的桉树林步道大约用时 1 小时。

脚力较好的游客还可以选择继续横穿位于南侧冷温带雨林，然后去观看阶梯状的瀑布——巴伦小姐瀑布（Lady Ballon Falls），然后从这里返回游客中心，这条步道名曰 Lady Ballon Falls Circuit（全长约 6 公里，所需时间 1 小时 45 分钟~2 小时）。

●多布森湖周边的步道

徒步线路的另一个起点是多布森湖（Lake Dobson）。从游客中心出发沿着多布森湖路驱车向高处行驶 16 公里（30 分钟车程），便可到达海拔 1000 米的这处起点。

多布森湖沿岸有大量的露兜树

这条线路主要是沿着多布森湖以及周边的沼泽地（Eagle Tarn）步行，步道名曰露兜树林环线步道（Pandani Grove Circuit），全程约 1.5 公里，所需时间 40 分钟。步道沿途的风景与游客中心一带截然不同，由于这里海拔较高，树木也开始变得低矮起来，在这里除了可以看到世界上最大的石楠植物——露兜树簇生在一起，还可以看到山莓、银毛茶树等众多塔斯马尼亚特有的高山植物。此外，这里冬季的时候还会有积雪，还是塔斯马尼亚为数不多的滑雪场（不定期）之一。

布鲁尼岛　　　　　　　　　　Bruny Is.

布鲁尼岛浮于霍巴特以南的顿卡斯特海峡（D'entrecasteau Channel）与塔斯曼海之间的海面上，是一座融自然与美食为一体的美丽小岛，也

是从霍巴特出发一日游的热门景点。这座小岛南北狭长，连接北侧岛与南侧岛细长陆地被称为The Neck，也是阳光明媚的观光胜地。

从 The Neck 欣赏到的壮丽风景

如果想要充分地享受布鲁尼岛的大自然风光，小编推荐参加从南岛的探险湾（Adventure Bay）出发的布鲁尼岛游船（Bruny Is. Cruises）活动。乘坐在海上漂流行驶的船沿着布鲁尼岛南岛东侧海岸线巡游。沿途有断崖绝壁等生猛景观，还有被海浪冲刷而形成的深海洞穴、澳大利亚海豹的聚集地、在海面上优雅飞行的信天翁、追逐着簇拥着小船的海豚群体……冬季的时候说不定还可以碰到南露脊鲸的鲸群。由于这座岛南端附近是塔斯曼海向南极海过渡的区域，经常会有从南极吹过来的冷风。

岛上还有许多值得饕客们打卡的景点。其中最著名的要数可以品尝到刚刚打捞上岸的生蚝味道的牡蛎养殖场（Get Shucked Oyster Farm）。

此外还有备受好评的布鲁尼岛奶酪（Bruny Is. Cheese），可以试吃；如果赶上草莓成熟的季节，还可以去布鲁尼岛浆果农场（Bruny Is. Berry Farm）体验采摘草莓的乐趣，之后还可以享用浆果分量十足的松饼；当然巧克力工厂、葡萄酒庄、威士忌

（右）浆果农场内非常受欢迎的松饼
（左）在牡蛎养殖场品尝最新鲜的生蚝

酒厂等也都不错。

侯恩谷　　　　　Huon Valley

塔斯马尼亚东南方侯恩河沿岸被称为侯恩谷。侯恩镇（Huonville）和吉贝斯顿（Geeveston）是这一带的中心，这一地区主要盛产苹果、樱桃等水果，同时种植口蘑、养殖塔斯马尼亚三文鱼等产业也比较发达。

而且这一带还保留有塔斯马尼亚原生态的大自然，因此也备受人们的关注，从霍巴特出发的一日游时间充裕。这里拥有大片的冷温带雨林同时也被划为了州立保护林，丛林里有侯恩松、桉树等特有植物，还设有多条徒步步道。另外被列为世界遗产的哈茨山国家公园（Hartz Mountains NP）内的原始森林也是观光热点。这里大部分的景点从霍巴特出发都需要2小时的车程，可以选择自驾前往或者跟随旅游团前往，这里的自然风光还是非常有欣赏价值的。

体验观察塔斯马尼亚森林中树冠的乐趣
塔胡恩空中步道　　　Map p.370/1A
Tahune Airwalk

在侯恩众多步道中最受欢迎的要数从吉贝斯顿进入内陆一带的塔胡恩森林（Tahune Forest）中的步道了。距离霍巴特大约90公里的侯恩河沿岸是广袤的森林地带，而塔胡恩空中步道刚好位于其中心地区。在革

■ 布鲁尼岛游船
承办方：Pennicott Wilderness Journeys
☎ （03）6234-4270
🌐 www.brunycruises.com.au
● 3小时野外探险游船
🕐 探险湾发船 每天 11:00~14:00（旺季时 14:00~17:00 期间也有开船）
💰 成人 $135 儿童 $85 家庭 $430
※ 有从霍巴特出发的野外探险游船＋布鲁尼岛观光的套餐团体游项目。成人 $225 儿童 $165

乘坐布鲁尼岛游船沿途可以看到澳大利亚海豹聚居区

■ 牡蛎养殖场
🏠 1735 Main Rd.，Great Bay，Bruny Is.，7150
☎ 0497-268-841
🌐 www.getshucked.com.au
🕐 每天 9:30~17:00

■ 布鲁尼岛奶酪
🏠 1807 Main Road，Great Bay，Bruny Is.，7150
☎ （03）6260-6353
🌐 www.brunyislandcheese.com.au
🕐 每天 9:30~17:00

■ 布鲁尼岛浆果农场
🏠 550 Adventure Bay Rd.，Adventure Bay，Bruny Is.，7150
☎ （03）6293-1055
🌐 www.brunyislandberryfarm.com.au
🕐 夏季每天 10:00~17:00（冬季歇业）

　　　交通方式

● 侯恩谷（侯恩镇、吉贝斯顿）
🗺 p.370/1・2A
只能开车自驾或者参加团体游项目前往。

■ 塔胡恩空中步道
🏠 Tahune Reserve，Geeveston，7116
☎ （03）6251-3903
📠 1300-720-507
🌐 tahuneairwalk.com.au
🕐 10月~次年3月：每天 9:00~17:00 / 4~9月：每天 10:00~16:00

■ 黑斯廷洞穴与温泉
住 754 Hastings Cave Rd.,
Hastings, 7109
(03) 6298-3209
网 www.parks.tas.gov.au
● 泡温泉
开 2~4 月：每天 10:00~16:00 /
5~9 月：每天 10:30~16:00 /
10~12 月 25 日：每天 10:00~
16:00 / 12 月 26 日~次年 1 月：
每天 9:00~17:00
费 成人 $5 儿童 $2.50 家庭 $12
● 黑斯廷洞穴导览团
时 2~4 月 & 10 月份~12 月
25 日：每天 11:15~15:15 期
间每 1 小时一团 / 5~9 月：
每天 11:30、12:30、14:15、
15:15 / 12 月 26 日~次年 1 月：
每天 10:00~16:00 期间每 1
小时一团
费 成人 $24 儿童 $12 家庭 $60

■ 阿瑟港之旅
● AJPR / 世界遗产阿瑟港、
塔斯曼半岛与里士满
(03) 6272-0224
网 www.ajpr.com.au
时 每天 9:00~17:00
费 成人 $200 儿童 $140
※ 最少成团人数 3 人

■ 灰线 / 阿瑟港历史遗址
(03) 6234-3366
1300-858-687
网 www.grayline.com.au
时 周日~次周周五 8:15~17:00
（5~9 月期间 9:15 出发）
休 周六
费 成人 $145 儿童 $72.50

■ 菲尔德山国家公园之旅
● AJPR / 游览世界遗产菲
尔德山国家公园和动物公园
(03) 6272-0224
网 www.ajpr.com.au
时 每天 9:00~17:00
费 成人 $200 儿童 $140
※ 最少成团人数 3 人
● 灰线 / 罗素瀑布一日游含
午餐
(03) 6234-3366
1300-858-687
网 www.grayline.com.au
时 11 月~次年 4 月：周二·
周日 9:15~16:00 / 5~10 月：周
日 9:15~16:00
含午餐 / 也有不含午餐的团
成人 $165 儿童 $82.50
成人 $135 儿童 $67.50

木松、芹叶顶松、类山毛榉、澳大利亚桉树、树生蕨类等植物茂盛的森林上方搭建吊桥，游客可以一边漫步一边观察森林的林冠，还可以欣赏脚下广阔的森林景观。空中步道距离侯恩河水面约 45 米，全长 619 米，如果认真观察，全程大约需要 50 分钟。如果胆子够大想要更加刺激，还可以体验林间滑翔。

穿梭于树与树之间的空中步道

位于世界遗产之内的钟乳洞和温泉

黑斯廷洞穴与温泉
Hastings Caves & Thermal Springs

Map p.370/2A

　　黑斯廷洞穴是澳大利亚极为少见的白云石钟乳洞，洞穴位于侯恩谷南部的南港（Southport）近郊附近。在 4000 万年前形成的洞穴内可以看到形态各异的石笋。可以跟随讲解导游参加导览团（所需时间 45 分钟）对洞内进行观察。另外，洞穴附近还有一涌出 29℃ 温泉水的温泉池，可以供游客使用。

霍巴特 的观光和娱乐活动

　　游览霍巴特市内或者近郊景点的半日游、一日游旅游团大都是由灰线公司（Gray Line）组织的。

从霍巴特出发的一日游常规团

阿瑟港之旅
Port Arthur Tour

● AJPR / 世界遗产阿瑟港、塔斯曼半岛与里士满
　　周游霍巴特周边人气较高的里士满与阿瑟港。还可以参观塔斯曼拱门、魔鬼的厨房等塔斯曼半岛的景点。
● 灰线 / 阿瑟港历史遗址
　　游览塔斯曼半岛的风景名胜，然后去阿瑟港历史遗址参加导览团，最后乘坐湾内游船。

享受霍巴特近郊的大自然风光

菲尔德山国家公园之旅
Mt. Field NP Tour

● AJPR / 游览世界遗产菲尔德山国家公园和动物公园
　　上午游览菲尔德山国家公园，在罗素瀑布步道漫步。下午去往博诺龙野生动物保护区，与塔斯马尼亚袋獾、毛鼻袋熊等动物亲密接触。
● 灰线 / 罗素瀑布一日游含午餐
　　一边眺望德温特河沿岸的小村镇一边去往菲尔德山国家公园。到达公园之后在园内的罗素瀑布步道悠然漫步。最后前往南半球最古老的三文鱼和河鳟养殖场。

塔斯马尼亚罕见的美丽瀑布——罗素瀑布

Column

在塔斯马尼亚看极光！

　　在国内可能人知道的人不多，塔斯马尼亚也是具备看极光（南极光 Southern Lights）的条件的。尤其是霍巴特以南城镇光线比较暗的地区，看到极光的可能性极大。不过塔斯马尼亚的极光一般来说没有北欧或者加拿大的极光那么光芒四射，仿佛要吞噬整个夜空般雄伟，这里的极光基本上都是把天空南方的一角渲染到很美的程度。因为我们看到的只是极光的上半部分，所以颜色从红色到黄色、绿色呈渐变状。有一个叫作澳大利亚极光预报（Aurora Australia Forcast）的网站会及时更新极光的发生概率（5级以上看到极光的可能性较高），不妨参考一下。

DATA
●澳大利亚极光预报
URL www.aurora-service.net

运气好的话可以看到极光

可以轻松地在冷温带雨林中漫步

侯恩谷之旅
Huon Vally Tour

● AJPR / 世界遗产哈茨山国家公园与空中步道

　　在世界自然遗产哈茨山上漫步，在塔胡恩森林里的空中步道中漫步于侯恩松林之间。

● 灰线 / 侯恩谷与塔胡恩空中步道

　　前往侯恩谷的人气观光胜地塔胡恩空中步道。根据季节可以在步道沿线的水果店购买浆果，还可以顺道参观苹果博物馆。

从霍巴特出发前往弗雷西内国家公园

弗雷西内国家公园与塔斯马尼亚洛斯村一日游
Freycinet NP & Ross 1 Day Tours

　　AJPR 的团体游项目。步行前往东海岸最受欢迎的观光胜地弗雷西内国家公园内的红酒杯湾观景台，接下来可以拜访历史悠久的村落洛斯村，游览洛斯桥、洛斯村面包房、塔斯马尼亚羊毛中心等地。

游览人气观光地

弗雷西内国家公园企鹅与塔斯马尼亚洛斯村两日游
Freycinet NP & Ross 2 Day Tours

　　AJPR 的团体游项目。第一天游览东海岸的人气观光地弗雷西内国家公园，在红酒杯湾观景台漫步，参加比舍诺企鹅之旅。第二天拜访游洛斯村面包房、博诺龙野生动物保护区、里士满等地。

■侯恩谷之旅
● AJPR / 世界遗产哈茨山国家公园与空中步道
☎（03）6272-0224
URL www.ajpr.com.au
時 每天 9:00~17:00
費 成人 $200 儿童 $140
※ 最少成团人数 3 人

● 灰线 / 侯恩谷与塔胡恩空中步道
☎（03）6234-3336
☎ 1300-858-687
URL www.grayline.com.au
時 10 月~次年 4 月的周一 ·周三·周五 8:15~16:30、5~9 月的周一·周三 9:15~16:30
費 成人 $160 儿童 $80 含午餐

■弗雷西内国家公园与塔斯马尼亚洛斯村一日游
承办方：AJPR
☎（03）6272-0224
URL www.ajpr.com.au
時 每天 9:00~18:00
費 成人 $200 儿童 $150
※ 最少成团人数 3 人

■弗雷西内国家公园企鹅与塔斯马尼亚洛斯村两日游
承办方：AJPR
☎（03）6272-0224
URL www.ajpr.com.au
時 每天 9:00~ 次日傍晚
費 成人 $1010（单人间需要追加 $82.50）※ 最少成团人数 2 人

霍巴特的酒店
Accommodation

霍巴特

霍巴特中心青年旅舍
Hobart Central YHA　　　　廉价酒店

◆设备充实，在多人间的屋内每张床头都带有独立的台灯，公共起居室可以提供免费的 Wi-Fi 等。

位于市中心的背包客旅馆　　Map p.365/1B
URL www.yha.com.au　住 9 Argyle St.，7000
☎ 6231-2660　WIFI 无　費 D$27.50~32、W$110.50~128.50　※ 非 YHA 会员需支付附加费用　CC M V

霍巴特帝国背包客旅舍
Imperial Backpackers Hobart 　廉价酒店

◆ 距离霍巴特客运中心和伊丽莎白大街购物中心都比较近。一层是酒吧。

地处市中心，十分方便！ Map p.365/1A
URL www.backpackersimperialhobart.com.au
住 Level 2, 138 Collins St., 7000
☎ 6223-5215　WiFi 免费
费 D$27~32、T/W$76~99　CC M V

海关码头酒店
Customs House Waterfront 　星级酒店

◆ 酒店的一层是酒吧和餐馆，二至三层是住宿设施，是典型的澳大利亚风格。开业于 1846 年，由于酒店旁边是海关（Customs House）（现在是州议会大厦）而得名。

物美价廉的酒店　Map p.365/2A
URL www.customshousehotel.com
住 1 Murray St., 7000　☎ 6234-6645
WiFi 免费　T/W$150~290　※含早餐
CC A D M V

老羊毛店公寓酒店
The Old Woolstore Apartment Hotel 　星级酒店

◆ 这家快捷舒适的酒店是由过去储藏羊毛的历史建筑改建而成的，客房内的装修风格现代简约。有酒店客房式的房间，也有公寓式的房间，适合情侣出游、家族旅行等各种客人的需求。

宽敞舒适的老羊毛店公寓酒店的客房

酒店内还设有餐馆、酒吧、健身房等设施，十分方便。

可以应对多国语言　Map p.365/1B
URL oldwoolstore.com.au
住 1 Macquarie St., 7000
☎ 6235-5355　Free 1800-814-676
FAX 6234-9954　WiFi 免费
费 T/W$150~190、公寓房 $170~230、
1B $190~300、2B $270~429
CC J M V

霍巴特大臣酒店
Hotel Grand Chancellor Hobart 　星级酒店

◆ 面朝维多利亚码头而建的酒店。酒店内有室内游泳池、健身房、桑拿房、按摩室、餐馆、酒吧等设施。

霍巴特最高档的酒店　Map p.365/1B
URL www.grandchancellorhotels.com
住 1 Davey St., 7000　☎ 6235-4535
Free 1800-753-379　FAX 6223-8175
WiFi 免费　费 T/W$269~409
CC A D J M V

瑞斯特角赌场酒店
Wrest Point Hotel Casino 　星级酒店

酒店地处桑迪湾，是澳大利亚最早拥有赌场的酒店。共分为 4.5 星级的 Tower，4 星级的水景房和 3 星级的山景房。

并设有赌场的酒店
URL www.wrestpoint.com.au
住 410 Sandy Bay Rd., Sandy Bay,
7005　☎ 6221-1888　WiFi 免费
费 T/W$169~279　CC A D J M V

霍巴特其余的主要酒店

酒店名称	住宿 /URL	TEL / FAX	参考价格
纳里纳背包客旅舍 Narrara Backpackers Map p.365/2A	88 Goulburn St., 7000 URL www.narrarabackpackers.com	☎ 6234-8801 FAX 6234-8802	D$26~30 T/W$79
皮卡丽德富格酒店 The Pickled Frog Map p.365/2A	281 Liverpool St., 7000 URL www.thepickledfrog.com	☎ 6234-7977	D$26~32 W$79
不伦瑞克塔西背包客之家酒店 Tassie Backpackers@The Brunswick Hotel Map p.365/1A	67 Liverpool St., 7000 URL tassiebackpackers.com	☎ 6234-4981	D$19~26 W$69~89
阿斯特私人酒店 Astor Private Hotel Map p.365/2A	157 Macquarie St., 7000 URL www.astorprivatehotel.com.au	☎ 6234-6611 FAX 6234-6384	T/W$93~140

里士满

塔拉斯里士满农场酒店
Taras Richmond Farmstay

◆ 如果想要体验农场寄宿，推荐位于里士满塔拉斯的这家农场酒店。在这里既可以和农场里的羊、马、小兔子等动物亲密地接触，又可以品尝使用农场现摘的瓜果食材烹制的美味早餐。客房是现代风格的装修，十分宽敞。还有简单的烹饪设备。

可以亲密接触可爱动物的酒店　Map p.370/1B
URL www.tarasfarmstay.com.au
住 31 Ogilvie Lane，Richmon，7025
☎ 6281-8286 / 0431-966-065
WiFi 免费　⊤Ⓦ$140~160
※ 含早餐
CC M V

阿瑟港

阿瑟港假日公园
Port Arthur Holiday Park

◆ 位于阿瑟港海岸线沿岸 2 公里处的房车营地。

推荐给露营者或者背包客
URL www.portarthurhp.com.au　住 Lot 1，Garden Point，Port Arthur，7182　☎ 6250-2340
Free 1800-607-507　FAX 6250-2509　WiFi 免费
费 Ⓓ$28、⊤Ⓦ$95~170　CC M V

霍巴特的餐馆
Restaurant

穆列什
Mures

◆ 一层是休闲餐馆和生蚝吧，二层是高档餐馆。一层可以吃到价格比较便宜的，从塔斯马尼亚近海附近打捞上来的新鲜鱼类。

霍巴特海鲜老店　　　　Map p.365/1B
URL mures.com.au
住 Victoria Dock，7000　☎ 6231-1999
营 1 层：每天 7:00~21:00 / 2 层：每天 11:00~14:00、17:30~21:00
休 耶稣受难日、圣诞节
CC A D J M V　酒 有许可

景观餐馆
Landscape Restaurant & Grill

◆ 餐馆位于维多利亚码头对面的老仓库建筑群、亨利琼斯艺术酒店的一层。在 1830 年建造的古典气息十足的店内品尝美味的美食是一件非常享受的事情，食材选用新鲜的塔斯马尼亚食材，烹饪方法是新式澳大利亚菜，味道和口感都非常值得回味。

霍巴特人气精致美食餐馆　Map p.365/1B
URL www.thehenryjones.com
住 25 Hunter St.，7000
☎ 6210-7700　营 每天 18:00~21:30
CC A D J M V
酒 有许可

Ristorante Da Angelo
Ristorante Da Angelo

◆ 位于炮台岬的一家老字号意大利餐馆。入口处的盘边有一个大型的比萨窑令人印象深刻。比萨（S Size$16.50~、M Size$19~、L Size$23.50~）可以外卖，意大利面（普通 $21.50~、大号 $14.50）的味道也是备受好评。

当地人气意大利餐馆　　Map p.365/2B
URL www.daangelo.com
住 47 Hampden Rd.，Battery Point，7004
☎ 6223-7011
营 周五 12:00~15:00、每天 17:00~22:00
CC M V　酒 有许可

Smolt
Smolt

◆ 位于萨拉曼卡广场里侧面朝 Salamanca Square 的一家专营海鲜的餐馆。菜肴的味道高出一般水平，就餐环境比较简陋。使用地中海菜的烹饪方法来烹制塔斯马尼亚牡蛎、三文鱼、扇贝等海鲜。

比较受欢迎的烤塔斯马尼亚三文鱼

去尝尝美味的海鲜！　　Map p.365/2B
URL smolt.com.au
住 2 Salamanca Square，7000
☎ 6224-2554
营 周一～周五 11:30~22:00、周六·周日 8:30~22:00
CC A D J M V　酒 有许可

Fish Frenzy
Fish Frenzy

◆ 位于萨拉曼卡广场一角伊丽莎白大街入口处的一家餐馆，专营鱼和薯条。人气商品是炸鱼、炸薯条、炸鱿鱼圈，还有薯条装得满满的疯狂炸鱼、鱼头天妇罗等。

在轻松的环境下就餐　　Map p.365/2B
URL www.fishfrenzy.com.au
住 Elizabeth St.，Pier，Sullivans Cove，7000
☎ 6231-2134　营 每天 11:00~21:00
CC A J M V　酒 有许可

交通方式

● 塔斯马尼亚东海岸

　　环游塔斯马尼亚东海岸最好的方法是租车自驾。如果选择公共交通，塔吉环线有连接霍巴特与东海岸各个小镇之间的巴士，除周六以外几乎每天有1~2班车次。

● 塔吉环线
☎（03）6235-7300
☎1300-300-520
🖥 www.tassielink.com.au

交通方式

● 科尔斯湾与弗雷西内国家公园

　　由于科尔斯湾与塔斯曼公路不在一条线路上，因此拜访这里需要从比舍诺出发。从比舍诺到达这里需要30~40分钟车程，Bicheno Coach Service的穿梭巴士在周一～周五期间每天有4班车通车。从科尔斯湾去往弗雷西内国家公园需要靠脚力步行前往。

● Bicheno Coach Service
☎（03）6257-0293
🖥 www.freycinetconnections.com.au

■ 国家公园入园通票
→ p.359

■ 弗雷西内国家公园游客信息中心　　🔖 p.379
🏠 Freycinet NP Entrance，Coles Bay Rd.，7215
☎（03）6256-7000
🖥 www.parks.tas.gov.au
🕐 11月~次年4月：每天8:00~17:00 / 5~10月：每天9:00~16:00

（上）弗雷西内国家公园游客信息中心
（下）丛林漫步时经常会遇见红颈小袋鼠

弗雷西内国家公园与塔斯马尼亚东海岸
Freycinet NP & East Coast of Tasmania

拥有美丽大海和梦幻森林的弗雷西内国家公园（蜜月湾）

　　东海岸被称为"假日海岸"（Holidaycoast），是塔斯马尼亚的度假胜地。A3号塔斯曼公路（Tasman Hwy.）是一条沿着海岸线而修建的公路，沿线分布着几座人口在200~800人的小镇，每当到了夏季，所有的小镇都会变得热闹起来，大量追逐美丽大海、新鲜海鲜和灿烂阳光的游客会拥到这里来度假。而假日海岸最著名的观光景点就是弗雷西内国家公园。半浮于海面的宛如火山岩盘一般的弗雷西内半岛（Freycinet Peninsula）仿佛被大牡蛎湾（Great Oyster Bay）环抱，半岛的大部分区域属于国家公园。这座国家公园与摇篮山／圣克莱尔湖国家公园齐名，同为塔斯马尼亚州的人气国家公园。这里有白沙滩、绿森林、美丽名胜等，游客可以在这里享受丛林漫步，并且与大自然亲密接触。

科尔斯湾与弗雷西内国家公园　　Coles Bay & Freycinet NP

　　位于弗雷西内国家公园入口处附近的科尔斯湾是东海岸著名的度假小镇。对于想要周游弗雷西内国家公园的游客来说，推荐一定要在这里住宿1~2个晚上。小镇的面积不大，但却有好几个度假村和多家度假公寓。即便这样到了夏季也是经常客满，如果没有提前预订房间，找到空房的概率不大。此外，这里餐馆的数量比较少，如果准备入住度假公寓的游客，还是自己动手做饭比较方便。

体验丛林漫步的乐趣
弗雷西内国家公园　　　　　　　　　　Map p.379
Freycinet NP

　　1802年，为了绘制塔斯马尼亚东海岸的地图，曾经在这一海域航海的尼古拉斯·博登船长用其一等秘书路易·德·弗雷西内（Louis de Freycinet）的名字命名了这座半岛，从此以后这里便被称为弗雷西内半岛。半岛上拥有由火山岩形成的美丽山峰，山峰之间有冷温带雨林，森林内栖息着红颈小袋鼠、负鼠、针鼹等野生动物，还有海鹰、蜜鸟、黑鹦鹉等野生鸟类。

　　公园内还设有多条徒步步道，如果想要更好地体验国家公园的魅力之所在，一定要抽出时间健走一圈。

　　从科尔斯湾进入到国家公园之后马上就可以看到弗雷西内国家公园游客信息中心（Freycinet NP Visitor Information Centre），在这里游客可以

领取带有徒步线路图标记的地图。这里还兼作是弗雷西内国家公园的博物馆，所以一定要顺道来这里看一看。

最为普遍的徒步线路是从旅行者停车场步行至红酒杯湾观景台（Wineglass Bay Lookout）的线路，往返约需 1 小时 30 分钟。形状宛如红酒杯般的海湾，还有从观景台望去弧度很大的白沙滩的景色都经常出现在塔斯马尼亚旅游手册的封

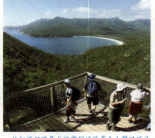

从红酒杯观景台欣赏到的风景令人赞叹不已

面上。这条线路的沿途被修整得很好，去程大都是上坡路，需要耗费一些体力。如果时间比较宽裕，不妨从观景台下来到红酒杯湾看一看，然后经由哈泽德海滩（Hazards Beach），绕过梅森山（Mt. Mayson）返回停车场，这一大圈大约需要 3 小时 30 分钟，强烈推荐。

比舍诺　　　　　　　　　　　　　　　Bicheno

比舍诺是东海岸与科尔斯湾齐名的人气度假胜地。1803 年作为捕鲸港口而兴建的小镇，自第二次世界大战以后因其年降水量约 700 毫米且日照充足，逐渐发展成了度假小镇。

■旅行者停车场
停车从距离弗雷西内国家公园游客信息中心大约 4 公里。如果没有车，只能选择从理查德海滩（Richardsons Beach）或者蜜月湾（Honeymoon Bay）步行至此（单程约需 1 小时）。另外，从科尔斯湾的部分酒店有送客人至此地的区间车。

■体验观光直升机
●弗雷西内空中畅游
Freycinet Air Scenic Flights
用 30 分钟就可以将弗雷西内国家公园里的美丽大海与半岛风景尽收眼底。
☎（03）6375-1694
🌐 www.freycinetair.com.au
🕐 每天 8:30～17:00
💰 30 分钟飞行：每人 \$130 / 45 分钟飞行：每人 \$175
※2 人以上

科尔斯湾与弗雷西内国家公园
Coles Bay & Freycinet NP

0　　　　　2km

宾汉姆湾
Binghams Bay

库尔兰湾
Courland Bay

伊鲁卡度假中心・滨海青年旅舍
Iluka Holiday Centre・Esplanade YHA

科尔斯湾
Coles Bay

弗雷西内国家公园游客信息中心

卡普湾
Carp Bay

弗雷西内旅馆
Freycinet Lodge
蜜月湾
Honeymoon Bay

沉睡湾
Sleeping Bay

友好海滩
The Friendly Beaches

博丁山
Mt.Baudin

帕森山
Mt.Parsons

谢奥克民宿 Sheoaks B&B
边缘海湾度假村
Edge of the Bay
弗雷西内莎菲尔度假村
Safire Freycinet

旅行中停车场

红酒杯湾观景台
Wineglass Bay Lookout

鸽子山
Mt.Dove

阿魔斯山
Mt.Amos

索因湾
Thouin Bay

科尔斯湾
Coles Bay

梅森山
Mt.Mayson

红酒杯湾
Wineglass Bay

雷曼纳观景台
Lemana Lookout

红酒杯湾步道
WINEGLASS BAY TRAIL

红酒杯湾
Wineglass Bay

伊斯萨姆斯步道
ISTHMUS TRACK

哈泽德湖
Hazards Lagoon

普罗米斯湾
Promise Bay

普罗米斯湾
Promise Bay

哈泽德海滩
Hazards Beach

弗雷西内国家公园
Freycinet NP

半岛步道
PENINSULA TRACK

弗雷西内国家公园
Freycinet NP

▶右图

斯科藤岛
Schouten Is.

格林汉姆山
Mt.Graham

N

■比舍诺小企鹅之旅
🏠 Shop 1, Tasman Hwy.,
Town Centre, Bicheno, 7215
☎📠（03）6375-1333
🖥 www.bichenopenguintours.
com.au
🕐 每天日落之后
🚫 耶稣受难日、圣诞节、元旦
💰 (大人) $35 (小人) $15 ※ 要预约

■东海岸自然世界
🔖 p.380/1
🏠 18356 Tasman Hwy.,
Bicheno, 7215
☎（03）6375-1311
🖥 www.natureworld.com.au
🕐 每天 9:00～17:00
🚫 圣诞节
💰 (大人) $25 (小人) $12 (家庭) $65

比舍诺最受欢迎的活动要数每天傍晚举行的观察比舍诺小企鹅之旅（Bicheno Penguin Tours）。届时游客可以观察从大海中回巢的小企鹅横渡海滩的样子。

除此之外，小镇上还有非常适合海水浴的美丽沙滩，位于郊外的东海岸自然世界（East Coast Nature World）可以近距离地观察放养的袋鼠。另外，从小镇中心步行可达的两座观景台也很不错。从这里可以俯瞰比舍诺的街景和海岸线的美丽风景。小镇外还有重达 80 吨的摇滚岩（Rocking Rock）和由海浪侵蚀而成的孔洞（Blowhole）。

比舍诺因可以观察野生小企鹅而知名

斯旺西　　　　　　　　　　　　　　　Swansea

塔斯马尼亚东海岸
East Coast of Tasmania
0　　　　　　5km

圣海伦斯历史陈列馆
St Helens History Room
圣海伦斯
St Helens
A3

斯卡曼德
Scamander

圣玛丽斯
St Marys
A4

大象光
Elephant Pass

芬戈尔
Fingal

A3

东海岸自然世界
East Coast Nature World
比舍诺
Bicheno

格拉摩根斯普林湾
历史协会
Glamorgan Spring Bay
Historical Society

克兰布鲁克
Cranbrook
B34

碾皮机酒馆&面包房
The Barkmill Tavern
& Bakery

斯旺西
Swansea

科尔斯湾
Coles Bay

思派吉石桥
Spikey Bridge

弗雷西内国家公园
Freycinet NP

大牡蛎湾
Great Oyster Bay

红酒杯湾
Wineglass Bay

小斯旺波特
Little Swanport

特赖厄班纳
Triabunna

路易斯维尔
Louisville

达林顿
Darlington

奥福德
Orford

玛利亚岛国家公园
Maria Is. NP

N

斯旺西这座小镇是因 19 世纪 20 年代后半叶在这里修建的大型监狱而逐渐开始发展起来的。现在仍旧保存了大量 19 世纪后半叶的古建筑，因此也成了小镇的亮点之一。其中最著名的古建筑是位于镇中心富兰克林大街（Franklin St.）上的格拉摩根斯普林湾历史协会（Glamorgan Spring Bay Historical Society）。这是一座建于 1860 年的学校建筑。同样建在这条路上的三层建筑莫里斯商店，也是一家从 1838 年便开始营业的老店。

镇外的碾皮机酒馆 & 面包房（The Barkmill Tavern & Bakery）也是不容错过的景点之一。其中一部分现在被改成了博物馆，游客可以亲眼看到碾皮机实际开动时的样子。

以前这里曾经作为专门粉碎黑槐树树皮的据点，然后将这些粉碎后的粉末出售给世界各地的鞣革商人。自驾游的游客还可以驾车前往位于斯旺西镇 8 公里以外的思派吉石桥（Spikey Bridge）去看看。这座石桥是 19 世纪 40 年代由当时的囚犯们用数千块小石头堆砌而成的。

位于斯旺西镇中心的格拉摩根斯普林湾历史协会

特赖厄班纳与玛利亚岛国家公园　　　　Triabunna & Maria Island NP

特赖厄班纳是19世纪20年代为了安置监管玛利亚岛监狱的驻军而开辟的小镇。现在这里作为养殖贻贝的地区以及玛利亚岛国家公园的集散地而知名。

玛利亚岛的最北端以及从特赖厄班纳出发的公路船的停泊码头达林顿（Darlington），至1850年一直都是监狱。在最多的时期这里曾经关押了492名囚犯，据说他们被强迫从事重体力劳动来开垦这片荒地。包含这座监狱在内的周边一带，现在作为"澳大利亚监狱史群遗址"被列为世界文化遗产。

玛利亚岛的游客中心也是历史悠久的建筑

监狱废弃之后，20世纪前半叶这里曾经因水泥业而盛极一时，最多的时候有500多人在这里居住。现在这座岛基本上都成了国家公园，因美丽的风景和茂密的森林而吸引了众多的户外爱好者。可以从位于达林顿的国家公园游客中心获取各种徒步信息，要是时间允许的话一定要健走看看。

玛利亚岛上除了露营地之外，没有任何其他的住宿设施和店铺，一般来说都是在特赖厄班纳预订住宿的地方。

圣海伦斯　　　　St Helens

圣海伦斯是塔斯马尼亚著名的渔港，同时也是东海岸最大的城镇。这附近可以打捞的海产品主要是刺龙虾（Crayfish）和鲍鱼等。除了渔业加工之外，还有大量来此参加钓鱼比赛、游船出海、潜水等户外项目的游客，因此旅游业也是这里的重

自然资源丰富的玛利亚岛

要产业之一。镇子内的主要景点是历史博物馆——圣海伦斯历史陈列馆（St Helens History Room），位于镇外的海岸沿线有许多值得一看的景点。从位于圣海伦斯以北11公里的宾纳龙湾（Binalong Bay）开始，绵延数十公里的火焰湾（Bay of Fire）被称为塔斯马尼亚最美丽的海岸。另外，距离圣海伦斯以北约50公里的威廉山国家公园（Mt. William NP）和以西约40公里的瀑布——圣哥伦巴瀑布（St Columba Falls）等也是值得徒步的地方。

■格拉摩根斯普林湾历史协会
p.380/2
住 22 Franklin St.，Swansea，7190
☎（03）6256-5077
URL www.glamorganhistory.org.au
开 周二、周五 10:00~16:00

■碾皮机酒馆 & 面包房
p.380/2
住 96 Tasman Hwy.，Swansea，7190
☎（03）6257-8094
URL barkmilltavern.com.au
开 每天 10:00~16:00
休 圣诞节
费 成人$10 儿童$6 家庭$23

■特赖厄班纳～玛利亚岛的高速船
● Encounter Maria Island
☎（03）6256-4772（特赖厄班纳游客信息中心）
URL www.encountermaria.com.au
时 特赖厄班纳出发：5~8月的周一·周三·周五·周六·周日 10:30、12:00、14:45；9月~次年4月每天 9:00、10:30、12:00、14:45、16:15
玛利亚岛出发：5~8月的周一·周三·周五·周六·周日 11:15、14:00、15:30；9月~次年4月每天 9:45、11:15、14:00、15:30、17:00
※9~11月期间需要咨询详细时间
费 往返 成人$35 儿童$25

■特赖厄班纳游客信息中心
Triabunna Visitor Information Centre
住 Cnr. Charles St. & Esplanade，Triabunna，7190
☎（03）6256-4772
URL www.discovertasmania.com.au
开 每天 9:00~17:00（冬季是10:00~16:00）

■圣海伦斯历史陈列馆
p.380/1
住 61 Cecilia St.，7216
☎（03）6376-1479
URL www.sthelenshistoryroom.com
开 每天 9:00~17:00
休 节假日 费 成人$5

塔斯马尼亚东海岸的酒店
Accommodation

科尔斯湾与弗雷西内国家公园

伊鲁卡度假中心—滨海青年旅舍
Iluka Holiday Centre -Esplanade YHA
◆位于小镇的入口处，度假村内同时还设有超市和面包房。

位于科尔斯湾中心地区的住宿设施　Map p.379

URL www.ilukaholidaycentre.com.au
住 Reserve Rd.，Coles Bay，7215
☎ 6257-0115　FAX 1800-786-512
WiFi 免费　费 D$27~30、TW$70、Cabin $120~155　CC M V

弗雷西内旅馆
Freycinet Lodge

◆位于弗雷西内公园内的一家别墅式的度假酒店。每栋别墅都是木质感十足的时尚设计风格。从并设的餐馆可以眺望到大牡蛎湾、理查德海滩的风景。

弗雷西内旅馆的大堂区域

弗雷西内国家公园内的度假村　　Map p.379
URL www.freycinetlodge.com.au
住 Freycinet National Park, Cloes Bay, 7215　☎ 6256-7222　FAX 6257-0278
WiFi 免费
费 ⑪Ⓦ$349~459 ※含早餐
CC A D J M V

边缘海湾度假村
Edge of the Bay

◆酒店距离科尔斯湾小镇稍微有些距离，但周围是海滩，而海湾的对面便是弗雷西内国家公园。酒店辖地内从傍晚到清晨经常会有小袋鼠、针鼹等野生动物出现，非常原生态。客房内有简易的厨房，是设施完备的现代化风格装饰。并设餐馆的口味也备受好评。

客房内使用的家具风格统一

游览弗雷西内国家公园非常方便　　Map p.379
URL www.edgeofthebay.com.au
住 2308 Main Rd., Coles Bay, 7215
☎ 6257-0102
FAX 6257-0437
WiFi 免费
费 Ⓦ$205~395
CC M V

谢奥克民宿
Sheoaks Bed & Breakfast

◆这家民宿距离科尔斯湾镇稍有些偏远，但是从房间的窗户可以望见弗雷西内国家公园。另外，在明媚而清澈的早上享用这里豪华的早餐也是一件乐事。如果提

豪华早餐

前预约，还可以享受这里含葡萄酒的晚餐（单独付费）。酒店还可以为住客准备弗雷西内健走时需要的午餐盒饭（$15）。

风景很好的民宿　　　　　　　　Map p.379
URL www.sheoaks.com
住 47 Oyster Bay Court, Coles Bay, 7215
☎ 6257-0049
WiFi 免费
费 Ⓢ$150、Ⓦ$200
CC M V

弗雷西内莎菲尔度假村
Saffire Freycinet

◆建于边缘海湾度假村旁边，是澳大利亚比较有代表性的豪华度假村之一。所有房间都是平层建筑大套间，从露台可以眺望弗雷西内国家公园。还有专门从度假村出发的弗雷西内国家公园徒步线路和周边游览的导览团。此外，酒店还有日间水疗设施。

可以眺望弗雷西内国家公园的豪华度假村 Map p.379
URL www.saffire-freycinet.com.au
住 2352 Coles Bay Rd., Coles Bay, 7215　☎ 6256-7888　Free 1800-723-347
WiFi 免费　费 Ⓦ$2100　※含住宿期间所有饮食　※至少入住2晚以上
CC A D J M V

比舍诺

比舍诺海景度假村
Bicheno Ocean View Retreat

◆度假村距离企鹅登陆的海滩很近，店主苏格兰人夫妇十分热情。共有4间公寓房和含早餐的酒店客房。

建于高处的公寓房

建于山丘上的可爱酒店
URL www.bichenooceanviewretreat.com
住 18067 Tasman Hwy.（P.O.Box 222）, Bicheno 7215
☎ 6375-1481
WiFi 免费　费 ⑪Ⓦ$175~195
CC M V

斯旺西

梅雷迪斯楼
Meredith House & Mews

◆殖民地风格的民宿。酒店内使用的家具和装饰品几乎都是真正的古董。

在斯旺西优雅地度假
URL www.meredithhouse.com.au　住 15 Noyes St., Swansea, 7190　☎ 6257-8119
FAX 6257-8123　WiFi 免费　费 Ⓦ$180~250
※含早餐　CC A D J M V

塔斯马尼亚中部

Central Tasmania

塔斯马尼亚中部地区是在 19 世纪前半叶开始陆续进行殖民开拓的，现在也有许多主要从事乳制品生产的历史悠久的小镇。尤其是连接霍巴特与朗塞斯顿之间的国道 1 号线，也被称为"历史遗产之路"（Heritage Hwy.），沿途有许多必看的景点。另外，在霍巴特被北布里奇沃特与"历史遗产之路"分道向西的莱尔公路上 Lyell Hwy.（A10 号线）以及从梅尔顿莫布雷横穿中央高原湖区的 A5 号公路的沿线也有许多充满魅力的小镇。

哈密尔顿与博斯韦尔园　　　　　Hamilton & Bothwell

哈密尔顿是塔斯马尼亚中南部地区的交通要塞。通往莱尔公路和 A5 号公路的 B110 号线经过这座小镇，主干道沿线保留有不少 19 世纪风格的建筑。在这座小镇郊外的艾丽嘉农场（Curringa Farm）可以为游客展示塔斯马尼亚畜牧业的样子。如果参加农场的导览团，可以参观牧羊犬追赶羊群以及剪羊毛等项目。另外，这里还是农场寄宿的热门景点，农场内有独栋别墅可供住宿。

博斯韦尔也是塔斯马尼亚中部的交通要镇，B10 号线和 A10 号线都经过此地。位于小镇郊外的纳索农场（Ratho Farm）内拥有澳大利亚最古老的高尔夫球场。这是 1822 年建造的高尔夫球场，这个球场的有趣之处在于牧场的羊群经常到这里来吃草。纳索农场内有开拓时代保留下来的寄宿旅馆，还有餐馆，因此这里还是非常受欢迎的住宿设施。许多钓鱼向导们经常会带客人来这里住宿。另外，博斯韦尔还有一座生产高品质单一麦芽威士忌的酿酒厂——南特酿酒厂（Nant Distlling），游客可以在酒厂试饮和参观。

参加艾丽嘉农场的农场导览团可以观看剪羊毛

经常可以看到在纳索农场的高尔夫球场果岭山悠然吃草的羊群

交通方式

● **塔斯马尼亚中部**
　虽然可以乘坐公共交通到达这里，但是并没有连接各个景点之间的公共交通，因此租车自驾是最理想的出行方式。需要注意的是中央高原湖区的海拔比较高，即便是夏季路面也有结冰的可能，因此请尽可能租借四驱车。

■ **艾丽嘉农场**
住 5831 Lyell Hwy., Hamilton, 7140
☎（03）6286-3333
URL curringafarm.com.au
營 9 月～次年 4 月 10:00～16:00
（农场导览团需要至少提前一天电话咨询并预约）
費 含早餐的农场导览团（10:00 开始／最少出团人数 2 人）大人 $75 小孩 $35／含 BBQ 午餐的农场导览团（11:00 开始／最少出团人数 6 人）大人 $110 小孩 $65

■ **纳索农场**
住 2122 Highland Lakes Rd., Bothwell, 7030
☎（03）6259-5553
URL www.rathfarm.com
費 高尔夫：18 洞 $40／住宿设施：1B $135～，2B $175～

澳大利亚著名的南特威士忌是在博斯韦尔生产的

■ **南特酿酒厂**
住 254 Nant Lane, Bothwell, 7030
☎（03）6218-3105
FREE 1800-746-453
URL www.nant.com.au
營 周三～周日 10:00～16:00／导览团 & 试喝 11:00、13:30、15:00 开始
費 导览团 & 试喝 每人 $35／导览团 & 试喝＋2 品午餐（只限夏季）$85

澳大利亚地区指南

塔斯马尼亚州
弗雷西内国家公园与塔斯马尼亚东海岸／塔斯马尼亚中部

卡林顿磨坊兼游客信息中心

■卡林顿磨坊
🏠 1 Mill Lane, Oatlands, 7120
☎ (03) 6254-1212
🌐 www.callingtonmill.com.au
🕐 每天 9:00~17:00 / 风车之旅：每天 10:00~15:00 期间1小时1团
💰 风车之旅 成人 $15 儿童 $8 家庭 $40

■洛斯女囚劳改监狱
🌐 www.parks.tas.gov.au
🕐 每天 9:00~17:00

■洛斯乡村面包房和酒馆
🏠 15 Church St., Ross, 7209
☎ (03) 6381-5246
🌐 www.rossbakery.com.au
🕐 周三~次周周一 9:00~16:00
🚫 周二

吉卜力粉丝大爱的洛斯乡村面包房和酒馆

■塔斯马尼亚羊毛中心
🏠 48 Church St., Ross, 7029
☎ (03) 6381-5466
🌐 www.taswoolcentre.com.au
🕐 周一~周五 9:30~17:00，周六·周日 10:00~17:00
🚫 耶稣受难日、圣诞节

历史遗产之路　　　Heritage Hwy.

历史遗产之路的沿线有许多有重要历史意义的小镇。从霍巴特出发首先经过的是奥特兰兹（Oatlands），距离霍巴特84公里。这里是霍巴特最早开始进行殖民开拓的重镇之一，是从1821年开始建设的。1837年在这座小镇上建

石头质地的洛斯桥

造了一座为了磨粉用的风车卡林顿磨坊（Callington Mill），历经风雨之后在2010年小镇复原了这座风车，并且成了小镇的地标建筑。同时这里还兼作游客信息中心，顺路来这里游览一番的同时还可以收集历史遗产之路的相关信息。

位于奥特兰兹以北约30公里处，麦夸里河（Macquarie River）沿岸的小镇洛斯（Ross）是历史遗产之路的中心地带。1811年这座小镇以当时塔斯马尼亚总督麦夸里的名字命名，从1847~1854年小镇上设有一座洛斯女囚劳改监狱（Ross Female Factory），约有1.2万人受刑者在此从事轻工业劳动。小镇的入口处有一座叫作洛斯桥（Ross Bridge）的古桥，修建于1936年，是澳大利亚第三古老的桥梁。另外，小镇在吉卜力粉丝中甚是知名，相传这里的洛斯乡村面包房和酒馆（Ross Village Bakery & Barkery Inn）是电影《魔女宅急便》中面包房兼旅馆的原型（只是坊间传说，吉卜力官方持否认态度）。这一带还是盛产世界最高品质羊毛的产地，位于小镇上的塔斯马尼亚羊毛中心（Tasmania Wool Centre）也是必去的景点之一。

中央高原湖区　　　Central Highland Lakes Area

中央高原湖区地区有大量的水库湖

塔斯马尼亚的中央位置，是海拔在1000米左右的山岳地带，周边分布着大大小小3000多座湖泊。其中大部分是水库湖，有部分湖泊位于世界自然遗产"塔斯马尼亚原始森林"内。塔斯马尼亚州的电力是100%靠水利发电的，其供电源就在这一带。当然，这一带的自然风光也是相当优美的，电影《猎人》（威廉·达福主演 / 2011年）就是在这一带拍摄的。每当到了傍晚的时候，经常可以看到毛鼻袋熊、负鼠、小袋鼠等野生动物出没。

另外，这一带还是世界飞钓爱好者非常向往的地方。每年春季至秋季长期有大量水生的昆虫孵化，以此为契机可以钓河鳟和虹鳟等野生鳟鱼。在这里飞钓基本上都是乘坐小船到湖上寻找适合钓鱼的地点，初学者建议与钓鱼向导一同出行。

朗塞斯顿与塔斯马尼亚北海岸

Launceston & North Coast of Tasmania

布莱德斯托董衣草园内的薰衣草田

塔马河（Tamar River）是塔斯马尼亚北部一条不规则的河湾。围绕着这条宽广的河流一带被称为"塔马河谷"，自古以来这里就因盛产苹果和梨而知名。现在，这片肥沃的土地上大量种植着葡萄，已经成为塔斯马尼亚首屈一指的葡萄酒产地。此外，塔斯马尼亚具有代表性的风景之一——一大片的薰衣草田也是在这一带。朗塞斯顿位于塔马河谷的中心地带，是继悉尼、霍巴特之后澳大利亚第三历史悠久的城市。在这座约有9万人的城市，最值得骄傲的是保存完整的古城原貌以及公园。这座兴建于19世纪前半叶的英国田园风格的小城，一直保留着她素朴而优雅的城市风貌。

以朗塞斯顿为起点游览面朝巴斯海峡的北海岸沿岸地区是最好的选择，沿途有不少绝美的景观，非常值得一看。除了海岸线沿线之外，稍微靠近内陆的地区也有不少的景观，例如溪谷、瀑布、钟乳洞等自然景观，这一带几乎没有被旅游开发，依然保留着原始的氛围。可以乘坐从墨尔本出发的游船，以德文港为起点，按照伯尼、温耶德、斯坦利的顺序来游览海岸沿线的小城。每个小城的住宿设施都非常完备，可以悠闲地度过假期。

朗塞斯顿　　　　　　　　　　　Launceston

朗塞斯顿游客信息中心（Launceston Visitor Information Centre）位于客运中心的斜对面。市中心位于游客信息中心以南的另一个街区，主要是指从市民广场（Civic Sq.）至布里斯班购物中心（Brisbane St. Mall）一带。

位于市中心的维多利亚女王博物馆＆美术馆（Queen Victoria Museum & Art Gallery）是来到这

朗塞斯顿的市中心地区保留有众多历史性的建筑

里必看的景点。这里共分为两个区域，一部分是位于市中心附近皇家公园内的古典美术馆，美术馆所在的建筑物已经有100多年的历史了；另一部分是位于市区北侧的因弗雷斯克（Inversk）的近代博物馆，这里主要展示科学、生物、历史等内容广泛的相关展品，在因弗雷斯克馆内还设有天文馆。

市中心附近还有塔斯马尼亚州的特色啤酒——詹姆士勃啤酒厂（J.Boag & Son Brewery），工厂专门为游客设立了包含试饮环节的参观工厂导览团。

交通方式

●朗塞斯顿

澳洲航空、捷星航空、澳大利亚维珍航空有从墨尔本直飞朗塞斯顿机场（LST）的航班，捷星航空、维珍蓝航空有航班从悉尼直飞朗塞斯顿机场（LST）。另外，还可以从墨尔本乘坐塔斯马尼亚之魂号游轮，从德文港进入，然后乘坐塔吉环线、红线的巴士到达朗塞斯顿。塔吉环线、红线的巴士还有从霍巴特、摇篮山等地前往此地的巴士。巴士总站位于Cornwall Sq.的客运中心（Transit Centre）。

●塔吉环线
☎ 1300-300-520
🖥 www.tassielink.com.au

●红线
☎ 1300-360-000
🖥 www.tasredline.com

■朗塞斯顿机场
🖥 www.launcestonairport.com.au

■机场巴士
根据航班起降的时间，通行于朗塞斯顿机场至朗塞斯顿市内之间。
☎ 1300-385-522
🖥 www.airporterlaunceston.com.au
🚌 单程：(成人)$18 (儿童)$14／往返：(成人)$32 (儿童)$25

■朗塞斯顿游客信息中心
🏠 68-72 Camelon St.（Under the Tower Clock），7250
📠 1800-651-827
🖥 www.destinationlaunceston.com.au
🕐 周一～周五9:00～17:00，周六・周日・节假日9:00～13:00（12月～次年4月的周六・周日・节假日～15:00）
🚫 耶稣受难日、圣诞节

朗塞斯顿的市内交通

与霍巴特同样，有被称为Metro的巴士在市区内穿行，费用和票价也与霍巴特一样。市中心地区至因弗雷斯克之间有3条线路的免费巴士，每天早晚每15分钟一趟车，白天每30分钟一趟车，巴士的名称是Free Tiger Bus。

■维多利亚女王博物馆＆美术馆
☎ （03）6323-3777
🖥 www.qvmag.tas.gov.au
🕐 每天10:00～16:00／天文馆：周二～周六12:00、14:00
🚫 耶稣受难日、圣诞节
💰 免费／天文馆：
(成人)$6 (儿童)$4 (家庭)$16

●皇家公园
住 2 Wellington St., 7250
●因弗雷斯克 & 天文馆
住 2 Invermay Rd., 7250

■詹姆士勃啤酒厂
住 39 William St., 7250
☎ (03) 6332-6300
URL www.jamesboag.com.au
●参观工厂导览团（需预约）
时 每天 11:00、13:00、15:00 开始
休 圣诞节
费 成人 $33 儿童 $15

■卡塔莱特溪谷
园内的游步道卡塔莱特主路在日落之后会点灯。4~10 月期间 ~22:00、11 月 · 3 月 ~22:30、12 月 ~ 次年 2 月 ~23:00。
●缆椅
☎ (03) 6331-5915
URL www.launcestoncataract-gorge.com.au
开 每天 9:00~ 冬季 ~16:30、春秋 ~17:00、夏季 ~18:00
费 单程：成人 $12 儿童 $8 / 往返：成人 $15 儿童 $10

■乌尔梅斯庄园 Map p.387
住 658 Woolmers Lane, Longford
☎ (03) 6391-2230
URL www.woolmers.com.au
开 每天 10:00~16:00 / 馆内导览团 10:00、11:15、12:30、14:00、15:30 开始
费 成人 $14 儿童 $3.50 家庭 $32 / 含馆内导览团：成人 $20 儿童 $7 家庭 $45

■塔马游客信息中心
Tamar Visitor Information Centre
住 81 Main Rd., Exeter, 7275
Free 1800-637-989
URL www.wtc.tas.gov.au
开 周一 ~ 周五 8:30~17:00、周六 · 周日 · 节假日 9:00~17:00
休 耶稣受难日、圣诞节

城市西部的南艾斯克河（South Esk River）两岸是卡塔莱特溪谷（Cataract Gorge），这里是市民们休闲娱乐的好去处。以溪谷中心地区的宽广河湾地带第一盆地（First Basin）为中心，设立了多条健走线路。第一盆地的南侧是拥有游泳池的大型公园和咖啡馆聚集的休闲区；北侧是鹰巢观景台（Eagle Eyrie Lookout）。从这里可以俯瞰溪谷的风景。公园内有一家叫作 The Gorge Restaurant 的餐馆。另外，连接北侧与南侧第一盆地的缆椅也是这里的一道亮丽的风景线，全长约 457 米，中间支柱的间隔距离号称是世界最长的，约有 308 米。

架于卡塔莱特溪谷之上的空中缆椅

乌尔梅斯庄园（Woolmers Estate）是以前的豪华农舍，建造于 1816 年，也是必看的景点之一。庄园位于距离朗塞斯顿以南约 20 公里的朗德富（Longford）。这里同时也是世界文化遗产“澳大利亚囚犯史遗址群”中房屋建筑的一部分，这里简直可以说是一座古董博物馆，拥有众多古老的文物。游客可以跟随导览团参观建筑物的内部。

塔马河谷 Tamar Valley

塔马河谷上辽阔的葡萄园

拥有肥沃土壤和优良地形的塔马河谷，是近几年来备受瞩目的塔斯马尼亚葡萄酒的一大产地。这片流域共拥有 20 多家葡萄酒酒庄，因其气候比较凉爽，所以很适合种植黑皮诺和苏维翁，这一地区生产的起泡酒也备受好评。几乎所有的酒庄都对外销售，还可以现场试饮。其中最具代表性的酒庄是，塔斯马尼亚最大的酒庄，在国内也比较知名的笛手溪酒庄（Pipers Brook Vineyard）、同系列的九岛庄园（Ninth Island Vineyard），圣栎酒庄（Holm Oak Vineyards）、赫罗米酒庄（Josef Chromy）的起泡酒也是备受好评。

除了酒庄巡游之外，还有许多其他值得一游的景点。不过这些景点大都不通公共交通，因此只能依靠租车自驾的形式前往。

首先，拜访位于塔马河东岸的布莱德斯托薰衣草园（Beidestowe Lavender Farm）。这里是世界上最大的薰衣草农场，占地约 260 英亩（约 1.05 平方公里），共种植着约 65 万棵薰衣草。每年 12 月左右开花，1 月末收割。

从朗塞斯顿出发的团体游主要线路

线路名称	发团日期	游览时间	费用 成人	费用 儿童
McDermott's Coaches ☎(03)6330-3717 URL www.mcdermotts.com.au				
摇篮山国家公园一日游	周一、周三、周五、周日	8:00~17:30	$150	$83
Gray Line ☎1300-858-687 URL www.grayline.com.au				
摇篮山国家公园	周一、周三、周五、周日	8:30~17:00	$168	$84
Tamar River Cruises ☎(03)6334-9900 URL www.tamarrivercruises.com.au				
卡塔莱特溪谷游船	每天	9:30~16:30 期间每 1 小时一班船 / 约 50 分钟 ※6~8 月期间只在 11:30、12:30、13:30 发船	$29	$12
探索之旅游船	周二、周四、周五、周日 周二、周四、周五、周日	10:00~12:30（只限 9 月 ~ 次年 5 月期间） 13:30~16:00（只限 10 月 ~ 次年 4 月期间） 15:00~17:30（只限 10 月 ~ 次年 4 月期间）	$79	$35
蝙蝠侠桥午餐游船	周一、周三、周六	10:00~14:00（只限 9 月 ~ 次年 5 月期间）	$125	$60

在这里全年都可以购买使用薰衣草制成的各种商品。推荐在这里购买旅行纪念品，当然也可以品尝一下薰衣草口味的冰激凌。

塔马河东岸的另一个值得关注的景点是位于东岸北侧的小镇落黑德（Low Head）。这里每天傍晚都会举办落黑德企鹅之旅（Low Head Penguin Tour）。届时可以近距离地观察小企鹅归巢的样子。还有专门的讲解员进行详细解说。

位于塔马河西岸美丽角（Beauty Point）的鸭嘴兽中心（Platypus House）也是必看的

在鸭嘴兽中心可以近距离地观察鸭嘴兽及其生态环境

■ 布莱德斯托薰衣草园
　　　　　 MAP p.387
住 296 Gillspie Rd.，Nabowla，7260
☎（03）6352-8182
URL bridestowelavender.com.au
開 每天 9:00~17:00（5~8月 10:00~16:00）
休 圣诞节
費 只限 12月~次年 1月期间，每人 $10

■ 落黑德企鹅之旅
　　　　　 MAP p.387
☎ 0418-361-860
URL penguintourstasmania.com.au
費 成人 $20 儿童 $10
※ 可以从朗塞斯顿接送游客（需要预约）。成人 $70 儿童 $35

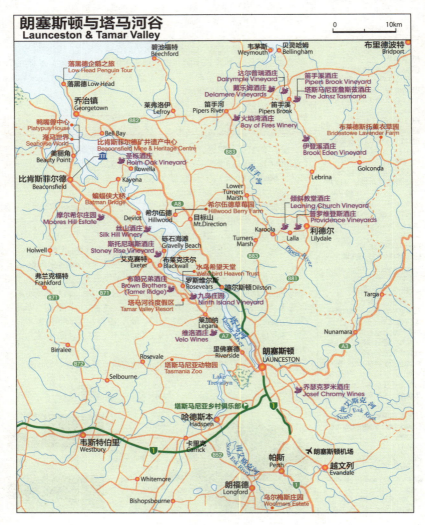

朗塞斯顿与塔马河谷
Launceston & Tamar Valley

0　　　　10km

碧池福特 Beechford
韦茅斯 Weymouth
贝灵哈姆 Bellingham
布里德斯波特 Bridport
落黑德企鹅之旅 Low Head Penguin Tour
落黑德 Low Head
达尔普瑞酒庄 Dalrymple Vineyard
戴尔姆酒庄 Delamere Vineyards
笛手溪酒庄 Pipers Brook Vineyard
塔斯马尼亚詹斯兹酒庄 The Jansz Tasmania
乔治镇 Georgetown
莱弗洛伊 Lefroy
笛手河 Pipers River
笛手溪 Pipers Brook
火焰湾酒庄 Bay of Fires Winery
鸭嘴兽中心 Platypus House
海马世界 Seahorse World
Bell Bay
比肯斯菲尔德矿井遗产中心 Beaconsfield Mine & Heritage Centre
布莱德斯托薰衣草庄园 Bridestowe Lavender Farm
美丽角 Beauty Point
圣栎酒庄 Holm Oak Vineyard
Rowella
伊登溪酒庄 Brook Eden Vineyard
比肯斯菲尔德 Beaconsfield
Kayena
Lebrina
Golconda
蝙蝠侠大桥 Batman Bridge
希尔伍德 Hillwood
Deviot
Lower Turners Marsh
希尔伍德草莓园 Hillwood Berry Farm
目标山 Mt.Direction
倾斜教堂酒庄 Leaning Church Vineyard
普罗维登斯酒庄 Providence Vineyards
摩尔希尔庄园 Moores Hill Estate
丝山酒庄 Silk Hill Winery
砾石海滩 Gravelly Beach
Turners Marsh
Karoola
Lalla
利德尔 Lilydale
Holwell
斯托尼尼瑞斯酒庄 Stoney Rise Vineyard
艾克赛特 Exeter
布莱克沃尔 Blackwall
水鸟希望天堂 Waterbird Heaven Trust
弗兰克福特 Frankfort
布朗兄弟酒庄（Tamar Ridge）Brown Brothers (Tamar Ridge)
罗斯维尔 Rosevears
迪尔斯顿 Dilston
Targa
塔马河谷度假区 Tamar Valley Resort
九岛庄园 Ninth Island Vineyard
莱加纳 Legana
Nunamara
维洛酒庄 Velo Wines
Birralee
Rosevale
里佛赛德 Riverside
朗塞斯顿 LAUNCESTON
塔斯马尼亚动物园 Tasmania Zoo
Lake Trevallyn
Selbourne
乔瑟克罗米酒庄 Josef Chromy Wines
塔斯马尼亚乡村俱乐部
哈德斯本 Hadspen
韦斯特伯里 Westbury
卡里克 Carrick
帕斯 Perth
朗塞斯顿机场
越文列 Evandale
Whitemore
朗福德 Longford
Bishopsbourne
乌尔梅斯庄园 Woolmers Estate

酒庄名称	住宿 /URL	电话号码	营业时间
布朗兄弟酒庄(塔马山脊) Brown Brothers (Tamar Ridge)	1A Waldhorn Drv., Rosevears, 7277 🖥 www.brownbrothers.com.au	(03)6330-0300	每天 10:00~17:00
圣标酒庄 Holm Oak Vinyards	11 West Bay Rd., Rowella, 7270 🖥 holmoakvineyards.com.au	(03)6394-7577	每天 11:00~17:00 ※6~8 月 ~16:00
伊登溪酒庄 Brook Eden Vineyard	167 Adams Rd., Lebrina, 7254 🖥 www.brookeden.com.au	(03)6395-6244	每天 11:00~17:00 ※(6~9 月期间只限周四~ 次周周一)
笛手溪酒庄 Pipers Brook Vineyard	1216 Pipers Brook Rd., Pipers Brook, 7254 🖥 kreglingerwineestates.com	(03)6382-7527	每天 11:00~16:00
塔斯马尼亚詹姆兹酒庄 The Jansz Tasmania	1216B Pipers Brook Rd., Pipers Brook, 7254 🖥 www.jansz.com.au	(03)6382-7066	每天 10:00~16:30
乔瑟克罗米酒庄 Josef Chromy Wines	370 Relbia Rd., Relbia, 7258 🖥 www.josefchromy.com.au	(03)6335-8700	每天 10:00~17:00

塔马河谷主要酒庄

■鸭嘴兽中心　　p.387
住 Inspection Head Wharf, 200 Flinders St., Beauty Point, 7270
☎（03）6383-4884
🖥 www.platypushouse.com.au
开 每天 9:30~16:30（5~10 月期间是 10:00~15:30）
休 圣诞节
费 成人$25 儿童$10 家庭$59

■海马世界　　p.387
住 Shed 1A, Inspection Head Wharf, 200 Flinders St., Beauty Point, 7270
☎（03）6383-4111
🖥 seahorseworld.com.au
开 12 月~次年 4 月每天 930~1600, 5~11 月每天 1000~1500
休 圣诞节
费 成人$22 儿童$9.50 家庭$55

■比肯斯菲尔德矿井遗产中心　　p.387
住 Weat St., Beaconsfield, 7270 ☎（03）6383-1473
🖥 www.beaconsfieldheritage.com.au
开 每天 9:30~16:30
费 成人$15 儿童$5 家庭$38

交通方式

●塔斯马尼亚北海岸
　红线巴士每天都有多趟从霍巴特出发经由朗塞斯顿去往德文港、伯尼的巴士。塔吉巴士有配合塔斯马尼亚之魂号到港时间出发前往霍巴特、朗塞斯顿的巴士。塔斯马尼亚北海岸沿线一带有红线巴士，伯尼至史密斯顿的巴士平日通车。不过车次比较少，一般来说游客还是会选择租车自驾。

■德文港游客中心
Devonport Visitor Centre
住 92 Formby Rd., Devonport, 7310
☎（03）6424-4466
📞 1800-649-514
🖥 www.devonporttasmania.travel
开 周一~周五 7:30~15:30、周六·周日·法定假日 7:30~18:00

景点之一。平时很少见的野生鸭嘴兽，在这里可以尽情地观察，既可以看到它们在水中捕食的模样，又能看到鸭嘴兽的卵。另外，这里还培育与鸭嘴兽同属单孔目的针鼹，游客可以观察喂食针鼹的场景。在鸭嘴兽中心的隔壁是海马世界（Seahorse World）。

此外，过去繁荣一时的淘金小镇比肯斯菲尔德（Beaconsfield）也是值得一看的景点。这座小镇的中心地区仍旧保留着淘金小镇时期的模样，景点名称是比肯斯菲尔德矿井遗产中心（Beaconsfield Mine & Heritage Centre）。此外，再现了瑞士田园风光的塔马河谷度假区（Tamar Valley Resort）也是一个不错的景区。

德文港　　　　　　　　　　Devonport

　　人口约有 2 万的德文港是跨越巴斯海峡的渡轮塔斯马尼亚之魂号（Spirit of Tasmania）的靠岸码头。这艘船的停靠码头以及客运中心位于默西河（Mersey River）的东岸。德文港的市中心则位于河对岸，需要从位于东岸码头客运中心北侧的船场码头乘坐摆渡船前往。

　　在德文港可以搜集到很多旅游信息，非常适合从澳大利亚本土乘坐渡轮前来此地旅游的预算派游客。沿着河边的弗姆比路（Formby Rd.）一直走，看见麦当劳之后转弯，道路的左侧便是德文港游客中心。距离这里以西的一个街区是贯穿城市南北的鲁克大街（Rooke St.），也是这座城市的主街。

　　如果喜欢乘坐火车，可以选择乘坐顿河铁路（Don River Railway）。从史密斯顿经由德文港往南有一条货运专用的铁路，后来人们修复了其支线顿河（Don River）沿岸的铁路，专门供观光使用。始发站是距离河口约 3 公里的上游车站，这里还兼作博物馆。终点站位于面朝巴斯海峡的寇斯海滩（Coles Beach）。那些曾经活跃在 19 世纪后半叶至 20 世纪初期的蒸汽机车（周日、节假日运行）、柴油机车（平时运行）和客车，由志愿者们负责修复和运行。

　　德文港以东约 30 分钟车程、面朝巴斯海峡一带是奈然特普国家公园

周末飞驰在顿河铁路上的蒸汽机车

在奈然特普国家公园观察野生动物

塔斯马尼亚北海岸
North Coast of Tasmania

0　　　　　　10km

大坚果岩
The Nut
斯坦利
Stanley

史密斯顿
Smithton

巴斯海峡
Bass Strait

N

洛基角国家公园
Rocky Cape NP

姐妹海滩
Sisters Beach

船港
Boat Harbour

泰布尔角
Table Cape

艾伦达尔花园&雨林步道
Allendale Gardens
& Rainforest Walks

化石崖
Fossil Bluff

温耶德
Wynyard

迪普瀑布
Dip Falls

巨树
Big Tree

迪普保护区
Dip Range
Regional Reserve

萨默塞特
Somerset

伯尼
Burnie

奈然特普国家公园
Narawantapu NP

企鹅镇
Penguin

伯尼地区博物馆
Burnie Regional Museum

德文港
Devonport

小企鹅观测中心
Little Penguin Observation Centre

乌尔弗斯顿
Ulverstone

顿河铁路
Don River Railway

顿河镇
Don

费恩格拉德
Fernglade

唐纳森河自然保护区
Donaldson
River
Nature Reserve

萨维奇河国家公园
Savage River NP

冈斯平原山洞
Gunns Plains Caves

拉特罗布
Latrobe

A

B

（Narawantapu NP.）。这座国家公园是毛鼻袋熊的一大栖息地，但现在由于传染病的原因毛鼻袋熊的数量减少了不少。尽管如此，在这里还是能够近距离地观察野生的毛鼻袋熊、袋鼠、小袋鼠等动物。

此外，位于德文港以南 30 公里处的谢菲尔德（Sheffield）是著名的壁画之城。这里的商店、餐馆、公共厕所等，各种建筑的外墙上都画有壁画。绘画的题材有塔斯马尼亚历史、殖民开拓初期的生活场景、动物、植物等各式各样。进入到这里有一种置身于巨型的室外美术馆的感觉，令人很容易迷失方向。

伯尼　Burnie

伯尼距离德文港以西约 50 公里，是塔斯马尼亚的第四大城市，人口约有 1.9 万人。

来到这座城市，必去的景点是伯尼地区博物馆（Burnie Regional Museum）。通过参观这里可以了解伯尼，乃至塔斯马尼亚西北海岸从殖民开拓时期至今的样子。此外，伯尼还有可以观看小企鹅的小企鹅观测中心（Little Penguin Observation Centre）、以可以观看鸭嘴兽而知名的费恩格拉德（Fernglade）、位于郊外的钟乳洞冈斯平原山洞（Gunns Plains Caves）等景点。

伯尼以西 12 公里的温耶德（Wynyard）周边有不少自然景观。在泰布尔角（Table Cape）可以参观塔斯马尼亚人曾经居住过的洞穴，在化石崖（Fossil Bluff）发现了澳大利亚最古老的有袋类动物化石，在洛基角国家公园（Rocky Cape NP）拥有数不清的洞穴。

斯坦利　Stanley

斯坦利位于伯尼以西 78 公里的地方，这座港口小镇刚好坐落于大坚果岩（The Nut）的山脚下。这座梯形的岩山高 152 米，俗称"塔斯马尼

────

耶稣受难日、圣诞节

■顿河铁路

住 Forth Main Rd., Don Devoport, 7310

☎ (03) 6424-6335

URL www.donriverrailway.com. au

时 每天 9:00~15:00 期间每 1 小时一趟车（冬季是周三~周日）

※ 博物馆的开馆时间是 9:00~17:00

休 耶稣受难日、圣诞节

费 往返 大人 $19 小孩 $14 家庭 $40

■伯尼游客信息中心
Visitor Information Centre Burnie

住 2 Bass Hwy., Burnie, 7320

☎ (03) 6430-5831

URL www.discoverburnie.net

开 每天 9:00~17:00

■伯尼地区博物馆

住 Little Alexander St., Burnie, 7320

☎ (03) 6430-5746

URL www.burnieregionalmuseum. net

开 周一~周五 10:00~16:30、周六·周日·节假日 13:30~16:00

费 往返 大人 $8 小孩 $3 家庭 $16

■小企鹅观测中心

住 Pasonage Point, West Beach, Burnie, 7320

☎ 0437-436-803

URL www.discoverburnie.net

开 9 月~次年 3 月期间日落后，有免费的导览团

澳大利亚地区指南

塔斯马尼亚州 朗塞斯顿与塔斯马尼亚北海岸

389

塔斯马尼亚数一数二的风景胜地——大坚果岩

🆓 免费

■ 冈斯平原山洞
🏠 Gunns Plains, 7315
☎ （03）6429-1388
🖥 gunnsplainscaves.com.au
🕐 导览团：每天 10:00、11:00、12:00、13:30、14:30、15:30 出发
💰 🧑 $15 🧒 $6.50 👪 $40

■ 斯坦利游客信息中心
Stanley Visitor Information Centre
🏠 45 Main Rd., Stanley, 7331
☎ 1300-138-229
🖥 www.stanley.com.au
🕐 每天 10:00~17:00

■ 大坚果岩缆椅
The Nut Chairlift
☎ （03）6458-1482
🖥 thenutchairlift.com.au
🕐 每天 9:30~17:00（冬季 9:00~16:00 ）
💰 单程 🧑 $10 🧒 $5 👪 $30／往返 🧑 $16 🧒 $10 👪 $45

亚给艾尔斯岩石的回答（Tasmania's Answer To Ayers Rock）”。可以乘坐缆椅，或者徒步登山（约需15分钟）到达山顶。小镇是从 1826 年开始殖民开拓的。最初是在英国国王乔治四世的许可之下而设立的畜牧业公司邦廸曼斯兰德公司，在这里培育优良品种的羊。后来这里又作为捕鲸船的母港而逐渐发展起来，到了淘金热时代，这座港口还是专门往维多利亚州运送粮食的货船停泊的港口。小镇至今仍旧保留有当时的古建筑。

朗塞斯顿与塔斯马尼亚北海岸的酒店
Accommodation

朗塞斯顿

艺术剧院背包客旅馆
Arthouse Backpacker Hostel

◆ 这座旅馆是由建于 1888 年的殖民地风格建筑改建而成的。店内仍旧保留有当时的氛围，干净整洁，非常舒适。步行 10 分钟便可到达小镇中心地区。

由历史建筑改建而成的
🖥 www.arthousehostel.com.au
🏠 20 Lindsay St., Launceston, 7250
☎ 6333-0222 📞 1800-041-135
📶 免费 💰 ⒟ $24~29、Ⓣ Ⓦ $65~69
💳 M V

朗塞斯顿背包客旅馆
Launceston Backpackers Hostel

◆ 从约克大街向巴萨斯特大街以南步行 3 个街区便是这家旅馆了。有储物柜、厨房、洗衣房等设施。

城市漫步非常方便
🖥 www.launcestonbackpackers.com.au
🏠 103 Canning St., Launceston, 7250
☎ 6334-2327 📶 付费 💰 ⒟ $25、Ⓣ $58、Ⓦ $60~70 💳 M V

派帕斯海港酒店
Peppers Seaport Hotel

◆ 酒店建于游船停靠的海港沿岸。客房共有公寓房和双人间两种形式。

位于海港旁的豪华度假酒店
🖥 www.peppers.com.au
🏠 28 Seaport Blvd., Launceston, 7250
☎ 6345-3333 📶 免费 Ⓣ Ⓦ $219~314、2Ⓑ $483~553 💳 A D J M V

皮尼皇家休闲酒店公寓
Leisure Inn Penny Royal Hotel

◆ 酒店靠近塔马河，内部还有皮尼皇家磨粉风车，外观建筑是复古的英式建筑风格。酒店旁直通卡塔莱特溪谷和正在建设中的同系列的主题公园。

酒店的外观建筑本身就是一个景点

仿佛时间倒流的酒店
🖥 www.leisureinnpennyroyal.com.au
🏠 147 Paterson St., Launceston, 7250
☎ 6335-6600 📶 免费
💰 Ⓣ Ⓦ $115~139、2Ⓑ $141~ 💳 A D J M V

查尔斯曼特拉酒店
Mantra Charles Hotel

◆ 从市中心步行约需 10 分钟。餐馆以及其他设施齐全，客房内的摆设和用品也都十分时尚。客房的屋顶挑高很高，显得十分开阔。

时尚明快
🖥 www.mantra.com.au 🏠 287 Charles St., Launceston, 7250 ☎ 6337-4100
📶 付费 💰 Ⓣ Ⓦ $189~219、1Ⓑ $269、2Ⓑ $373~418 💳 A D J M V

塔斯马尼亚乡村俱乐部
Country Club Tasmania

◆ 紧邻朗塞斯顿郊外人气高尔夫球场的度假村。有普通酒店客房和带有 1~2 张床的别墅客房。各种餐馆和赌场等设施也比较齐全。

设有赌场、高尔夫球场的高档酒店

URL www.countryclubtasmania.com.au
住 Country Club Ave., Prospect Vale, 7250
☎ 6335-5777　Free 1800-635-344
WiFi 免费　费 ①W$169~249 / 别墅栋
1B $119~ 、2B $229~　CC A D J M V

德文港

塔斯马尼亚背包客旅馆
Tasman Backpackers

◆ 从市中心步行约需 15 分钟。很多背包客都喜欢选择来这里入住，这家旅馆的规模也比较大。

最适合作为塔斯马尼亚旅行的起点

URL www.tasmanbackpackers.com.au
住 114 Tasman St., Devonport, 7310
☎ 6423-2335　WiFi 免费
费 ⒟$21~23 、W$52~54　CC M V

伯尼

魏乐汽车旅馆
Weller's Inn Motel

◆ 从这里可以眺望伯尼和巴斯海峡的风景。客房内带有简易厨房。酒店内并设的餐馆是伯尼数一数二的海鲜餐馆。

建于高台之上的酒店

URL www.wellersinn.com.au
住 36 Queen St., Burnie, 7320
☎ 6431-1088　FAX 6431-6480
WiFi 免费　费 ①W$99~190
CC A D J M V

海滨旅行者汽车旅馆
Beachfront Voyager Motor Inn

◆ 建于海滨的酒店，客房十分宽敞。酒店内的餐馆口碑非常好，可以为客人提供海鲜、牛肉等使用塔斯马尼亚当地食材烹制的菜肴。

面朝海滩而建

URL beachfrontvoyager.com.au
住 9 North Tce., Burnie, 7320
☎ 6431-4866　Free 1800-355-090
FAX 6431-3826　WiFi 免费
费 ①W$159~198　CC A D J M V

 朗塞斯顿的餐馆 *Restaurant*

斯蒂尔沃特
Stillwater

◆ 位于塔马河畔一座老风车旁的高档餐馆。提供各种海鲜、牛肉、羊肉等塔斯马尼亚食材特色的菜肴。

位于河畔的氛围极好的餐馆

URL stillwater.com.au　住 Ritchie's Mill, 2 Bridge Rd., 7250　☎ 6331-4153
营 每天 8:30~15:00、周二～周六 17:30~21:30　CC A D J M V　酒 有许可

黑牛餐馆
Black Cow Bistro

◆ 在这家餐馆里可以品尝到使用塔斯马尼亚最高级的牛肉（产自塔斯马尼亚西北部指定牧场）烹制的牛排。各种牛排的价格是 300 克 $41 起。

品尝塔斯马尼亚牛肉的绝美味道

URL blackcowbistro.com.au
住 70 George St.（Cnr.Paterson St.）, 7250
☎ 6331-9333　营 每天 17:30~22:30
CC A D J M V　酒 有许可

特勒斯餐馆
Terrace Restaurant

◆ 位于乡村俱乐部内的是塔斯马尼亚具有代表性的餐馆。这里烹制全新美味的菜肴，曾经获得过多项大奖。推荐品尝 $55 的 3 道菜套餐（2 位起）。

朗塞斯顿最高级的餐馆

URL www.countryclubtasmania.com.au
住 Country Club Tasmania, Country Club Ave., Prospect Vale, 7250
☎ 6335-5777　营 周一～周六 18:00~22:00
CC A D J M V　酒 有许可

摇篮山 / 圣克莱尔湖国家公园

Cradle Mountain / Lake St Clair NP

交通方式

●摇篮山 / 圣克莱尔湖国家
公园 摇篮山景区
　　可以乘坐塔吉环线巴士
从朗塞斯顿出发的车。不过
每周只有 3~5 趟车（依季节
而不同），从现实来看还是
租车自驾比较方便。有从朗
塞斯顿出发的一日游项目可
以前往摇篮山景区，还有从
霍巴特出发的多日游项目。

■塔吉环线
☎ 1300-300-520
💻 www.tassielink.com.au

可以眺望鸽子湖和摇篮山的冰川岩

　　摇篮山 / 圣克莱尔湖国家
公园地区是塔斯马尼亚众多国
家公园中风景最优美的一处，
从朗塞斯顿出发向西北方向行
驶约需 2 小时，从德文港出发
向西南方向行驶约需 1 小时
30 分钟。这座国家公园占据了
被指定为世界自然遗产的塔斯
马尼亚原始森林中最核心的部
位，公园内有摇篮山（海拔 1545 米）、塔斯马尼亚最高峰奥萨山（Mt.
Ossa）等诸多 1500 米以上的山峰。无数钩湖泊散布在茂密的丛林中，
空气中都充斥着大自然神秘之美。尤其是北部的摇篮山景区，无论是住
宿设施还是健走线路都非常完善，堪称塔斯马尼亚最能与大自然亲密接
触的景区。由于周边拥有众多的湖泊，因此这里还是垂钓胜地。每当到
了夏季的时候山里会有数十种野花盛开，那场面简直是美不胜收。如
果想要尽情地享受塔斯马尼亚的大自然，这里绝对是不容错过的一个
重量级景点。

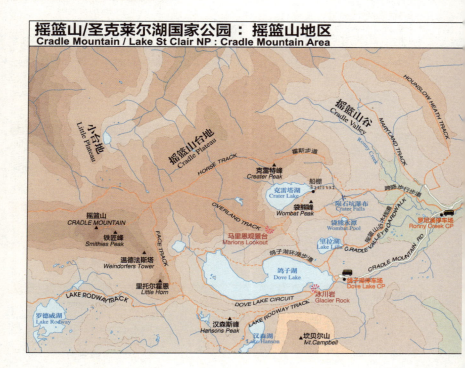

摇篮山 / 圣克莱尔湖国家公园 摇篮山景区
Cradle Mountain / Lake St Clair NP- Cradle Mountain Section

摇篮山游客信息中心内还设有咖啡馆

观光的重点是位于北部的摇篮山景区。这一景区的旅游集散地是摇篮山游客中心（Cradle Visitor Centre）。

有从朗塞斯顿出发的旅行巴士到达此地。这里距离公园约 2.5 公里，除了游客信息中心之外，还有咖啡馆、户外用品店、加油站以及飞行游览用的简易机场。

可以在这里领取简易的徒步旅行线路图，还可以购买塔斯马尼亚国家公园的入园通票。进入国家公园之后，马上还会有一个摇篮山护林站和解说中心（Cradle Mountain Ranger Station & Interpretation Centre）同时也兼作资料馆。

从傍晚开始毛鼻袋熊会频繁地出现在游客的视线里

开车自驾的游客可以把车开到健走步道起点附近的停车场，此外还可以乘坐每天从清晨至傍晚运行的穿梭巴士，大约是每 15 分钟一趟车，线路是摇篮山游客信息中心～摇篮山护林站和解说中心～蛇山（Snake Hill）～罗尼溪停车场（Ronny Creek CP）～鸽子湖停车场（Dove Lake CP），乘坐巴士时需要出示公园通票。如果是自驾前往，也可以乘坐穿梭巴士来往于各个停车场之间，这样一来就可以尝试各种不同的健走线路。

■国家公园入园通票
→ p.357

■摇篮山信息游客中心
☎（03）6492-1100
URL www.parks.tas.gov.au
开 每天 8:30～16:30

■摇篮山护林站和解说中心
☎（03）6492-1110
URL www.parks.tas.gov.au
开 每天 9:30～16:00

■摇篮山旅游旺季
　最适合的旅游季是在夏季。届时住宿设施全部被预订完了，因此一定要提早计划。另外，天气方面也需要注意，虽说是夏季，但也很可能会变天下雪。所以即便是盛夏季节前往，最好也准备上防寒用具（最好是秋羽绒服）、雨具、登山鞋等必备品。
　冬季的时候群山会被冰雪所覆盖，呈现出一幅梦幻般的画面。届时来此观看雪景的游客也为数不少，不过大多数的健走步道都处于关闭状态，所以如果来考虑这个季节来摇篮山游览，还是需要谨慎一些。

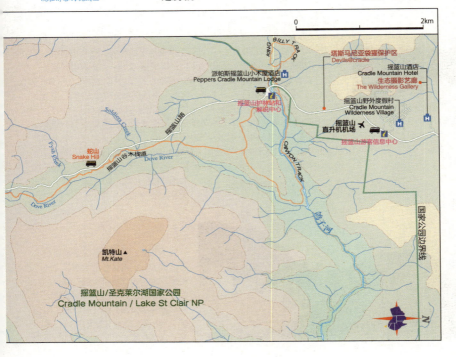

塔斯马尼亚袋獾保护区
Devils@cradle

派帕斯摇篮山小木屋酒店
Peppers Cradle Mountain Lodge

摇篮山酒店
Cradle Mountain Hotel

生态摄影艺廊
The Wilderness Gallery

摇篮山护林站和解说中心

摇篮山野外度假村
Cradle Mountain Wilderness Village

摇篮山直升机机场

摇篮山游客信息中心

蛇山
Snake Hill

摇篮山谷木栈道

Soldiers Creek

Pysh Creek

Dove River

Dove River

凯特山 ▲
Mt.Kate

摇篮山路

KING BILLY TRACK

CANYON TRACK

国家公园边界线

摇篮山 / 圣克莱尔湖国家公园
Cradle Mountain / Lake St Clair NP

0　　　　　　　　2km

N

早晚经常冒头的小袋鼠

开车自驾的游客在驾驶的时候一定要注意随时可能横穿马路的毛鼻袋熊、小袋鼠等野生动物。除了健走步道以外，夜间或者气温较低的白天野生动物也会频繁地出现在公路上。

充分享受世界自然遗产的魅力

丛林漫步
Bush Walking

公园内有多条健走步道，每一条都有着各自的魅力所在。下面小编在这里介绍几条有代表性的步道。

●鸽子湖环湖步道 Dove Lake Circuit

环绕摇篮山山脚下的鸽子湖环湖步道

鸽子湖位于摇篮山的山脚下，这条步道是环绕鸽子湖一周的徒步线路（所需时间2小时30分钟）。步道的起点位于鸽子湖停车场，沿途可以欣赏到经常在摇篮山宣传彩页或者绘画中出现的风景。这

从鸽子湖停车场开始走起

条线路本身没有很大的起伏，任何人都可轻松地健走。途中经过冰川岩（Glacier Rock），从这里望出去的景色格外壮观。

●陨石湖与袋熊水潭步道
Crater Lake & Wombat Pool

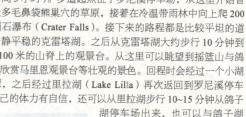

这条线路虽然需要爬山，但是可以看到绝美的风景，因此也非常有人气（所需时间3小时）。步道起点位于罗尼溪停车场，从这里开始首先穿过有着众多毛鼻袋熊巢穴的草原，接着在冷温带雨林中向上爬200米左右登上陨石瀑布（Crater Falls）。接下来的路程都是比较平坦的道路，目标是宁静平稳的克雷塔湖。之后从克雷塔湖大约步行10分钟到达位于海拔1100米的山脊上的观景台。从这里可以眺望到摇篮山与鸽子湖，还可以欣赏马里恩观景台等壮观的景色。回程时会经过一个小湖名叫袋熊水潭，之后经过里拉湖（Lake Lilla）再次返回到罗尼溪停车场。如果对自己的体力有自信，还可以从里拉湖步行10~15分钟从鸽子湖停车场出来，也可以与鸽子湖环湖步道相组合。

●马里恩观景台步道
Marions Lookout

天气好的情况下，这条线路推荐给脚力好的游客。前半程与上述的陨石湖与袋熊水潭步道一致，然后从海拔1100米的山脊继续向上攀爬至海拔1223米的观景地（山峰），沿途都是比较陡的坡路，需要一口气登顶。

海拔1100米的山脊，最适合小憩一会儿

因单宁溶解而被染红的陨石湖

仔细观察塔斯马尼亚袋獾

塔斯马尼亚袋獾保护区
Devils @cradle

Map p.393

保护区以近乎野生的方式对塔斯马尼亚袋獾、袋猫进行饲养。游客可以参加保护区内的导览团，每天3次，在工作人员的带领下参观袋獾的生态环境，了解困扰袋獾的怪病等。此外，这里还有夜间导览团，因为袋獾在夜间的活动比较频繁，如果准备在摇篮山景区住宿，建议一定要参加看看。

想要了解塔斯马尼亚袋獾的生活习性

从空中俯瞰摇篮山国家公园

摇篮山直升机
Cradle Mountain Helicopters

Map p.393

从摇篮山信息中心旁出发的直升机游览项目。在飞行游览的过程中，飞行员会为乘客讲解景点。天气好的时候经常被约满，请提早预约。

摇篮山 / 圣克莱尔湖国家公园 圣克莱尔湖景区
Cradle Mountain / Lake St Clair NP - Lake St Clair Section

原住民称这座湖为"静眠之水"

圣克莱尔湖景区位于摇篮山 / 圣克莱尔湖国家公园的南部。圣克莱尔湖是由冰川侵蚀而形成的冰川湖，湖水最深处达167米，也是澳大利亚最深的湖泊。平静的湖面上倒映着周围森林的景色，看到此景的原住民将此湖命名为"利奥乌丽娜"（静眠之水）。

德文特桥（Derwent Bridge）是国家公园的入口，附近有圣克莱尔湖公园中心（Lake St Clair Park Centre）兼作咖啡馆和迷你博物馆，在这里可以获得周边健走步道的相关信息。

圣克莱尔湖周边也有多条健走步道，其中最受欢迎的是沃特斯米特生态步道（Watersmeet Nature Trail），往返约需45分钟。这条步道需要在桉树林和长满纽扣草的密林中步行，然后继续走到居维叶河（Cuvier River）——这条河最终会注入圣克莱尔湖——与雨果河（Hugel River）汇合之地的桥上，最后从这里返回。如果不想走回头路，可以选择回程走鸭嘴兽湾步道（Platypus Bay Track）、拉玛亚奈美原住民文化之路（Larmairrenemer Tabelti Aboriginal Cultural Walk）。

如果时间比较宽裕，可以在公园前的月亮湾（Cynthia Bay）栈桥乘坐游船。一边欣赏湖周围耸立的群山风景，一边泛舟于湖水之上。

对自己的体力比较有自信的游客，可以在水仙湾（Narcissus Bay）下船，然后走上一段接摇篮山景区与圣克莱尔湖景区的跨程步行步道（Overland Track），最后返回到游客信息中心（约13公里，用时5~6小时）。

居维叶河与雨果河汇合之地

■塔斯马尼亚袋獾保护区
🏠 3950 Cradle Mountain Rd., Cradle Mountain, 7306
☎ （03）6492-1491
🌐 www.devilsatcradle.com
🕐 每天 10:00~16:00（10:30、13:00、15:00有导览团）/ 夜间导览团：每天 17:30~19:00（夏季时 20:30~22:00也有团）
💰 成人 $18 儿童 $10 家庭 $50 / 夜间导览团：成人 $29.50 儿童 $15 家庭 $80

■摇篮山直升机
☎ （03）6492-1132
🌐 cradlemountainhelicopters.com.au
💰 10分钟（鸽子湖周边）：2~3人 $270 / 20分钟（摇篮山 & 富丽溪谷）：成人 $250 儿童 $150（最少参加人数2人）

交通方式

●摇篮山 / 圣克莱尔湖国家公园 圣克莱尔湖景区
可以乘坐从霍巴顿去往斯特拉恩方向的塔吉环线巴士。但这条线路车次较少，每周只有3~5趟车。一般来说还是租车自驾比较方便。不过，如果准备走跨路步行步道（Overland Track）（全长65公里）还是乘坐巴士比较方便。

■圣克莱尔湖公园中心
🏠 Lake St Clair, Derwent Bridge, 7140
☎ （03）6289-1137
🌐 www.parks.tas.gov.au
🕐 每天 8:00~17:00

澳大利亚地区指南

塔斯马尼亚州 摇篮山 / 圣克莱尔湖国家公园

395

■特罗瓦那野生动物公园
住 1892 Mole Creek Rd.,
Mole Creek, 7304
☎ (03) 6363-6162
URL www.trowunna.com.au
開 每天 9:00~17:00
費 成人 $26 儿童 $16 家庭 $75
● 团体游
時 11:00、13:00、15:00(冬季
是 11:00、14:00）
■摩尔溪谷钟乳洞
☎ (03) 6363-5182
URL www.parks.tas.gov.au
●所罗门王洞穴、马拉库帕
洞穴导览团
時 所罗门王洞穴：10:30~
12:30、14:30~16:30 期 间 每
1 小时一团／马拉库帕洞穴：
10:00~12:00、14:00~16:00期
间每 1 小时一团。
費 各洞穴分别为 成人 $19 儿童
$9.50 家庭 $46.50

摩尔溪谷　Mole Creek

摩尔溪谷是位于从朗塞斯顿往摇篮山途中的一座小镇（距离朗塞斯顿约70公里）。小镇的郊外有一座特罗瓦那野生动物公园（Trowunna Wildlife Park），这里使用接近自然生态的方法饲养袋鼠、小袋鼠、毛鼻袋熊、考拉、塔斯马尼亚袋獾等野生动物。如果参加园内的导览团，还可以亲手抱一抱毛鼻袋熊，或者亲密接触塔斯马尼亚袋獾。

参加特罗瓦那野生动物公园的导览团可以亲手抱一抱毛鼻袋熊

另外，摩尔溪谷周边有200座以上的洞穴都是3000万年前所形成的。其中距离摩尔溪谷约10分钟车程的所罗门王洞穴（King Solomon Cave）和马拉库帕洞穴（Marakoopa Cave）这两座钟乳洞是可以在导游的带领下参观的。在马拉库帕洞穴还可以看到萤火虫。

摇篮山／圣克莱尔湖国家公园的酒店
Accommodation

朗塞斯顿

摇篮山野外度假村
Cradle Mountain Wilderness Village
◆位于摇篮山游客信息中心对面的别墅式住宿设施。别墅内有整体厨房设备。

适合团队入住的酒店　Map p.393
URL www.cradlevillage.com.au
住 Cradle Mountain Rd., Cradle Mountain.
7310　☎ 6492-1500　FAX 6492-1076
WiFi 免费　費 T W $190~320　CC A D M V

派帕斯摇篮山小木屋酒店
Peppers Cradle Mountain Lodge
◆摇篮山山区最高档的别墅酒店。带有露台的山野别墅星星点点地分布在森林中。套间以上的房间内还带有温馨舒适的大壁炉。酒店辖地内还有正宗的水疗设施。从傍晚至早晨，辖地内经常能见到毛鼻袋熊和小袋鼠、负鼠等野生动物的身影，夏季的时候还有专门观察这些野生动物的夜游导览团。此外，还有多个跟随导游一起徒步摇篮山人气步道的项目。

比利国王套间内的氛围舒适且温暖

摇篮山豪华山地度假酒店　Map p.393
URL www.cradlemountainlodge.com.au
住 4038 Cradle Mountain Rd., Cradle
Mountain. 7310
☎ 6492-2100
FAX 6492-1309
WiFi 付费
費 T W $439~889 ※含早餐
CC A D J M V

摇篮山酒店
Cradle Mountain Hotel
◆酒店辖地内有徒步步道，夜间还可以跟随导游观察野生动物。客房非常宽敞。餐厅是自助式的，分为休闲自助餐厅和环境优雅的高档自助餐厅。

舒适恬静的酒店
URL www.cradlemountainhotel.com.au
住 3718 Cradle Mountain Rd., Cradle
Mountain. 7310
☎ 6492-1404　WiFi 免费
費 T W $189~269　CC A D J M V

泵房酒店
Pumphouse Point
◆这家酒店是20世纪40年代的时候，由为了使用圣克莱尔湖的水进行水力发电而实际使用过的建筑物改建而成的。设计师对于细节的注重让人惊叹，整体给人感觉是一座现代化的复古酒店。酒店分为泵站内部房间和圣克莱尔湖上的滨湖栋。

圣克莱尔湖最高档的住宿设施
URL www.pumphousepoint.com.au
住 1 Lake St Clair Rd., Lake St Clair. 7140
☎ 0428-090-436　WiFi 免费　費 滨湖栋
T W $280~420、泵房栋 T W $460~570
※含早餐　※15岁以下儿童不可入住
CC A D J M V

塔斯马尼亚西海岸

West Coast of Tasmania

塔斯马尼亚西海岸有富兰克林一戈登野河国家公园（Franklin-Gordon Wild River NP），该国家公园是世界遗产塔斯马尼亚原生林的一部分。那里交通不便，所以并没有成为一个引起游客广泛关注的地区。但其实那里有很多充满魅力的旅游项目，游客们可以在麦夸里湾（Macquarie Harbour）体验各种水上户外运动，可以乘坐游船沿着流向侯恩松原生林的戈登河游览或者在森林中健走，也可以乘坐在冷温带雨林中穿行的蒸汽火车，还可以参观铜矿遗址。

关于游览线路，游客一般都会选择从摇篮山出发，途经西海岸城镇，最后去往圣克莱尔湖的俗称"西海岸荒野路"（West Coast Wilderness Way）的线路。

齐恩   Zeehan

塔斯马尼亚西海岸是一片尚未被开发的地区，游客也很难前往。该地区有险峻的河谷以及陡峭的海岸线，矿产资源丰富，有多座因矿山而发展起来的城市。齐恩就是矿山城市中的一座，有着浓厚的矿山城市的氛围。那里的主要景点是西海岸文化遗产中心（The West Coast Heritage Centre）。可以了解各种矿石以及矿山城市的历史。

斯特拉恩   Strahan

斯特拉恩是一座面向麦夸里湾的天然良港，在1932年高等级公路开通之前，这里一直是澳大利亚西海岸的门户城市。

最终流入麦夸里湾的戈登河（Gordon River）两岸是生长着大量侯恩松（Huon Pine）的广阔的冷温带雨林，这种树是塔斯马尼亚特有的树种。以侯恩松采伐为主的林业是斯特拉恩的重要产业之一。而且近年来，这里还成了西海岸地区著名的景点，游客数量众多。

交通方式

● 塔斯马尼亚西海岸

塔吉环线（Tassielink）公司有从霍巴特出发，经圣克莱尔湖、女皇镇去往斯特拉恩的巴士，还有从朗塞斯顿出发，经德文港、摇篮山去往斯特拉恩的巴士，各条线路每周有几个车次。

● 塔吉环线
☎ 1300-300-520

■ 西海岸文化遗产中心   p.398
🏠 114 Main St., Zeehan, 7469
☎ （03）6471-6225
🌐 wchzeehan.com.au
🕐 每天 10:00~16:30
🚫 耶稣受难日、圣诞节
💰 成人 $25 学生 $20 家庭 $55

■ 西海岸游客中心
🏠 The Esplanade, Strahan, 7468
☎ （03）6472-6800
☎ 1800-352-200
🌐 www.westernwilderness.com.au
🕐 每天 10:00~17:00
🚫 耶稣受难日、圣诞节

乘游船在雨林中游览美丽的戈登河

■ 戈登河游船
● 戈登河游船

Gordon River Cruises

☎ （03）6471-4300
🌐 www.gordonrivercruises.
com.au
🕐 戈登河游船：每天 8:30～
14:15；戈登河亮点游船（仅
在 12 月 27 日～次年 1 月 20
日期间开行）：每天 15:30～
19:00
💰 戈登河游船：普通座位
（船内中央区域）[成人]$115
[儿童]$62 [家庭]$280、高级座位
（靠窗）[成人]$140 [儿童]$84、头
等座位（2 层）1 人 $230；
戈登河亮点游船：普通座
位（船内中央区域）[成人]$75
[儿童]$50、高级座位（靠窗）
[成人]$85 [儿童]$68、头等座位
（2 层）1 人 $120
※ 所有座位均有自助午餐。
头等座位还提供零食、饮
料、旅行日程

● 世界遗产游船

World Heritage Cruises

☎ （03）6471-7174
🌐 www.worldheritagecruises.
com.au
🕐 世界遗产游船每天 9:00～
15:00（夏季 15:15～20:30 也
有游船开行）
💰 普通座位（船内中央区域）：
[成人]$115 [儿童]$60 [家庭]$290；高级
座位（靠窗）[成人]$140 [儿童]
$80 [家庭]$370；头等座位（靠
窗）：[成人]$160 [儿童]$90
※ 所有座位均有自助午餐

斯特拉恩的中心区域位于戈登河游船码头旁边的海滨大道（The Esplanade）一带。从那里向西约 150 米处，有兼为博物馆与西海岸游客信息中心（West Coast Visitor Information Centre）的斯特拉恩码头中心（Strahan Wharf Centre）。

斯特拉恩的港口边有很多古老的建筑

斯特拉恩旅游的最大亮点当数戈登河游船。被列入世界遗产的森林中生长着一种叫作纽扣草的植物，这种植物会渗出单宁，将戈登河的颜色染成像红茶一般，游船就是在这样的河面逆流而上。天气好的时候，河面会像镜子一样倒映出周围的景色。中途，游船会靠岸，游客可以上岸游览由树龄在 600~2000 年的侯恩松以及南山毛榉、蕨类植物组成的

塔斯马尼亚西海岸
West Coast of Tasmania

可以参加登陆世界遗产徒步游来游览侯恩松森林

世界自然遗产境内的塞拉岛上也有值得一看的文化遗产

冷温带雨林（遗址登陆点生态步道 Heritage Landing Nature Walk）。

游客还可以在塞拉岛（Sarah Is.）登陆，那里曾是澳大利亚的犯人流放地，导游会带领游客在岛上参观游览。有乘坐水上飞机的游览项目，很值得推荐。从空中俯瞰在复杂的地形中蜿蜒流淌的戈登河及其支流，更能感受到景色的美丽。飞机会在群山之间的河流上游降落，之后游客可以沿河岸的步道前行去参观瀑布等景点。

白得耀眼的亨蒂沙丘

在齐恩至斯特拉恩的公路旁有亨蒂大沙丘（Henty Sand Dunes）。那里是塔斯马尼亚地区景色最好的地点之一。站在沙丘上，能看到大海，白色与蓝色交相辉映着，十分美丽。

女皇镇 Queenstown

女皇镇建立于 100 年前，因采矿业而闻名。1994 年，矿山曾一度关闭，第二年 Copper Mines of Tasmania 接手矿山的业务，重启开采。有

行驶在密林之中的荒野列车

实地参观矿山的团体游，感兴趣的游客可以前往。另外，在女皇镇至斯特拉恩的保留铁路上有名为西海岸荒野列车（West Coast Wilderness Railway）的蒸汽火车通行。一周之内每天的运行安排不尽相同，有从中途车站德比尔巴里尔站开往女皇镇或斯特拉恩的，也有往返于斯特拉恩与女皇镇之间的。

■矿井参观团体游
举办方：Queenstown Heritage Tours
☎ 0407-049-612
URL www.queenstownheritage-tours.com
●旧矿井团体游
Lost Mines Tours
時 每天 9:00~11:30、13:30~16:00
※12 岁以上
費 大人 $65 小孩 $35 家庭 $220

■西海岸荒野列车
☎ （03）6471-0100
URL www.wcwr.com.au
時 车次安排一周之内的每一天都可能不同，不同季节也会做出相应调整
費 Rock & Gorge（女皇镇~德比尔巴里尔往返）：大人 $100~165 小孩 $50~95 家庭 $240/River & Rainforest（斯特拉恩~德比尔巴里尔往返）：大人 $100~165 小孩 $50~95 家庭 $240/Queenstown Explorer（斯特拉恩~女皇镇往返）：大人 $165~225 小孩 $75~125 家庭 $360

塔斯马尼亚西海岸的酒店
Accommodation

斯特拉恩

斯特拉恩乡村酒店
Strahan Village

◆客房位于斯特拉恩的码头及高地上，每个房间都很舒适。这里的地理位置优越，便于乘坐游船及用餐。

斯特拉恩一流的酒店
URL www.strahanvillage.com.au
住 41 The Esplanade, Strahan, 7468
☎ 6471-4200 FAX 6471-4389
WiFi 免费 費 T W $129~225
CC A D J M V

奥米斯顿之家
Ormiston House

◆在殖民地建筑风格的民宿，可以远眺麦克里湾。这是由建于 1899 年的建筑改建而成的，5 间客房都带有浓郁的 19 世纪的气息，给人以非常优雅的感觉。

保留着殖民开拓时期的氛围
URL www.ormistonhouse.com.au
住 1 The Esplanade, Strahan, 7468
☎ FAX 6471-7077 WiFi 免费
費 5~8月 W $180~230/9 月~次年 4 月 W $220~270 ※含早餐 CC M V

拥有众多乐趣的州，可以享受艺术、红酒以及观察野生动物

南澳大利亚州

观光 POINT

POINT 1
阿德莱德周边拥有以巴罗萨谷为首的众多葡萄酒产地。可以在这巡游葡萄酒酒庄，享受试饮的乐趣，同时还能领略到澳大利亚葡萄酒的精髓。

POINT 2
袋鼠岛是澳大利亚少有的可以近距离地观察野生动物的地方。可以从阿德莱德出发在这里住上1~2个晚上，在大自然中邂逅海狮、海狗、考拉、袋鼠等动物！

POINT 3
内陆的景点也有不少。可以在艾尔半岛的贝尔德湾与海狮一起游泳，还可以去参观巨大的盐湖。在世界上最大的欧泊（Opal，又称"蛋白石"）出产地库伯佩迪，可以体验在"防空洞"内居住，或者试着自己挖掘欧泊等，在其他地方是感受不到这样独一无二的旅行体验的。

在袋鼠岛与澳大利亚海狮近距离接触

基本信息

面积	984000 平方公里	州兽	毛鼻袋熊
人口	约 170 万	州花	沙漠豌豆花
州府	阿德莱德（人口约 132 万）	电话	长途区号 08
时差	澳大利亚东部标准时间（比中国提前 2 小时）		
	澳大利亚采取了夏令时，通常是从 10 月最后的一个周日开始～次年 4 月第一个周日结束，在此期间时间需要调快 1 小时（比中国提前 3 小时）		

主要的节日（2018 年 7 月~2019 年 6 月）

●●● 2018 年 ●●●

10 月 1 日	劳动节 Labour Day	3 月 12 日	3 月公共假日 March Public Holiday
12 月 24 日	平安夜（19:00~24:00）Christmas Eve（19:00~24:00）	4 月 12 日	耶稣受难日 Good Friday
12 月 25 日	圣诞节 Christmas Day	4 月 20 日	复活节前夜 Day after Good Friday
12 月 27 日	宣言日 Proclamation Day	4 月 22 日	复活节周一 Easter Monday
12 月 31 日	新年前夜 New Year Eve	4 月 25 日	澳新军团日 Anzac Day

●●● 2019 年 ●●●

1 月 1 日	新年 New Year's Day	6 月 10 日	女王日 Queen's Birthday
1 月 26 日	澳大利亚国庆日 Australia Day		

南澳大利亚州主要地区的平均气温、降水量

	1月	2月	3月	4月	5月	6月	7月	8月	9月	10月	11月	12月
阿德莱德												
平均最高气温（℃）	29.4	29.5	26.4	22.7	19.0	16.1	15.3	16.7	19.1	22.0	25.3	27.1
平均最低气温（℃）	17.2	17.3	15.3	12.5	10.3	8.2	7.5	8.2	9.8	11.5	14.0	15.6
平均降水量（mm）	19.4	15.4	26.4	39.9	60.0	80.0	76.5	68.0	58.0	41.8	30.1	28.0
巴罗萨谷												
平均最高气温（℃）	30.0	29.6	25.7	21.9	17.5	14.0	13.4	14.8	18.0	21.1	25.2	27.1
平均最低气温（℃）	14.5	14.7	11.8	9.1	6.9	5.2	4.6	5.0	6.9	8.1	11.0	12.3
平均降水量（mm）	15.8	26.8	28.1	34.8	47.1	57.0	55.5	53.4	56.2	36.0	31.7	35.2
袋鼠岛												
平均最高气温（℃）	26.6	26.6	24.5	21.6	18.6	16.1	15.4	16.1	18.0	20.1	23.0	24.8
平均最低气温（℃）	13.2	13.6	11.1	8.7	7.9	6.8	6.0	5.7	6.5	7.1	9.6	10.9
平均降水量（mm）	14.4	16.2	25.8	27.1	46.9	67.2	66.0	56.3	45.0	30.0	22.0	19.3

南澳大利亚州概况

圣文森特湾建立殖民地是从 1836 年开始的。与澳大利亚的其他殖民地不同，这里的殖民地不接收流放的犯人。19 世纪初期，以斯图尔特为首的众多探险家，从阿德莱德出发前往内陆地区进行考察。内陆地区开发的据点城市阿德莱德至达尔文之间的公路是以斯图尔特的名字命名的。

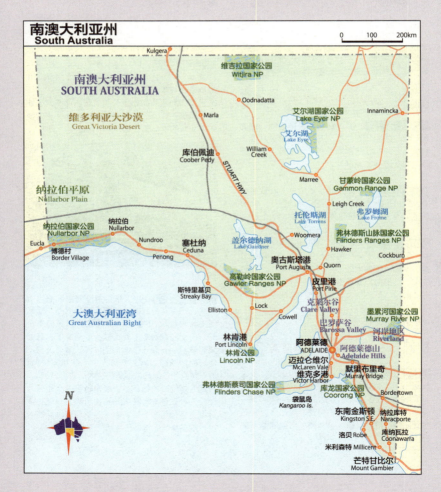

如今南澳大利亚州最值得骄傲的要数葡萄酒和艺术了。阿德莱德托伦斯河畔的阿德莱德庆典中心（Adelaide Festival Centre）是阿德莱德艺术节的主会场，也是音乐、芭蕾舞、舞台剧的中心地。这座庆典中心无论是音响效果还是内部的豪华程度都堪比悉尼歌剧院，甚至更胜一筹。

巴罗萨谷是澳大利亚葡萄酒产量最高的地区，每逢奇数年都会举办盛大的葡萄酒节。这里虽被称为谷，但却不是河谷，而是由被天主教驱赶的来自德国的新教徒搭建的葡萄种植园所覆盖的丘陵和高地。谷地一带分布着多家酒庄，还可以享受试饮的乐趣。虽说这里的葡萄田是德系移民一手创建的，但现在收获的葡萄大都是法国

阿德莱德至今仍保留有欧式的拱廊购物街

品种。

世界范围内备受好评，知名度很高的奔富酒庄的葛兰许就是在巴罗萨谷酿造的。

沿着拜访这里的葡萄酒庄，在散发着欧洲田园气息的小酒馆或者餐馆举杯对饮，享受美食。然后再体验一下这里秋季的葡萄酒节，让人有种置身于欧洲的感觉。

被酿酒用的葡萄田覆盖的巴罗萨谷

交通方式

洲际间的交通方式

飞机 澳洲航空、捷星航空、澳大利亚维珍航空、老虎航空等航空公司有从澳大利亚各个州飞往阿德莱德机场的航班（至阿德莱德的交通 → p.407）

长途巴士 澳大利亚灰狗巴士有从墨尔本、艾丽斯斯普林斯至阿德莱德的巴士。也有从悉尼或者布里斯班出发经由墨尔本的巴士。

火车 从悉尼、珀斯开往阿德莱德的"印度洋太平洋"号列车每周2趟，从墨尔本出发的"跨越大陆"号列车每天发车，从达尔文、艾丽斯斯普林斯出发的"汗"号列车每周2趟车（从达尔文出发的列车根据季节的不同可能会变为1趟）。

州内各地之间的交通方式

飞机 雷克斯航空（REX）等多家航空公司提供以阿德莱德为中心的多条航线。一般来说，游客比较常用的线路有：阿德莱德～袋鼠岛、阿德莱德～库伯佩迪、阿德莱德～芒特甘比尔、阿德莱德～林肯港、阿德莱德～塞杜纳。

长途巴士 以阿德莱德的中央巴士总站为起点，有开往外内各地的多条巴士线路。如果准备去往库伯佩迪、奥古斯塔港等方向，请乘坐澳大利亚灰狗巴士公司的车。如果是去往其他城市，可以乘坐 Premire Stateliner 等南澳大利亚州的中小型巴士公司的车。

阿德莱德中央巴士总站

租赁汽车 如果想要游览阿德莱德周边地区（巴罗萨谷、阿德莱德山、袋鼠岛、墨累河下游等地），最便捷的方法还是选择租车自驾。巴士的车次本来就比较少，而且下车后如果想要前往景点还要参加团体游，多少有些不便。阿德莱德市内有各种大中小型租车公司。值得注意的是，如果准备前往内陆或者袋鼠岛，沿途有未铺装的道路，一般车辆是没有这部分保险的。如果准备在未铺装的道路上行驶，最好事先通知租车公司，租借一辆四驱车，或者对一般车辆的保险进行增项处理。

旅行计划要点

从阿德莱德出发的旅程

奇异景观非凡巨石是袋鼠岛上最著名的景点

南澳大利亚州具有代表性的景点巴罗萨谷、阿德莱德山、墨累河下游均可从阿德莱德出发游览并当日往返。不过选择一日游的话，只能草草地游览一下著名的景点，如果时间允许，还是建议住一到两晚，好有充足的时间来仔细游览各个景点。另外，有很多一日游项目可以前往被誉为野生动物宝库的袋鼠岛，但实际上还是应该选择从阿德莱德出发然后在当地住上一两晚。

南澳大利亚州环游之旅

前往阿德莱德近郊旅游，租车自驾会比较方便，但去其他地方的话，首先路程较远，而且离开公路之后，很多路都很难走，驾车会非常辛苦。移动型巴士团体游可以解决这个问题。游览距离与维多利亚州交界处很近的纳拉库尔特以及库纳瓦拉、芒特甘比尔的话，可以乘坐阿德莱德至墨尔本的巴士，游览弗林德斯山脉国家公园、库伯佩迪的话，可以乘坐阿德莱德至艾尔斯岩石的巴士，游览艾尔半岛及弗林德斯山脉国家公园的话，可以乘坐阿德莱德至珀斯的巴士。主要团体游公司如下所示。

澳大利亚内陆地区常见的西部灰袋鼠

● Adventure Tours Australia
1300-654-604　www.adventuretours.com.au

● Nullabor Traveller
1800-816-858　☎（08）8687-0455
nullabortraveller.com.au

南澳大利亚州 交通图

- 库伯佩迪
- 弗林德斯山脉公家公园
- 7.0
- 2.0
- 纳拉伯
- 奥古斯塔港
- 布罗肯希尔
- 6.5
- 塞杜纳
- 2.5
- 3.0
- 巴罗萨谷
- 4.0
- 1.5
- 2.0
- 1.5 阿德莱德山
- 5.5
- 1.0 默里布里奇
- 4.5
- 林肯港
- 1.0
- 0.5 阿德莱德
- 2.0
- 袋鼠岛
- 6.5
- 芒特甘比尔

- ● 巴士
- ● 火车
- ● 飞机
- ● 船

● 内的数字表示所需时间：单位是小时

在艾尔半岛可以体验与海狮同游

维克多港（弗勒里厄半岛）的马拉有轨电车很有人气

阿德莱德 *Adelaide*

南澳大利亚州 South Australia　　　　　　　区号（08）

　　阿德莱德是南澳大利亚州的首府。1836 年殖民者进入该地区，阿德莱德根据威廉·莱特上校的城市设计方案而建，街道像棋盘一样整齐划一。这座城市虽然面积不大，但城市风貌与英国的城市保持了极高的一致性，与澳大利亚其他各州的首府相比，这里显得更加清净。很多到访澳大利亚的亚洲游客都很喜欢这里。有不少游客认为这里是"自己最喜欢的澳大利亚城市"。这里全年气候宜人，城市面积适中，没有什么过于拥挤的地区，可以说清新、舒适是阿德莱德的城市特征。

　　阿德莱德还是一座美食之城，人均餐馆数量居澳大利亚之首。美食街总是非常热闹，会集了大量到此品尝美食的游客。也许是因为这里距离澳大利亚著名葡萄酒产地巴罗萨谷很近。德国移民因这里的环境与莱茵河流域相似便定居下来在此种植葡萄，所以巴罗萨山谷中的村庄，建筑风格为德国式，每年 2~4 月是葡萄的收获期，整个山丘都会变成紫红色。除了巴罗萨山谷，阿德莱德地区还有阿德莱德山、麦克拉伦谷、克莱尔谷等众多葡萄酒产地。特别是有胡椒口味的设拉子（Shiraz）及半干型雷司令的声誉很高。

　　阿德莱德是一座区域旅游中心城市，可以游览周围的酒庄，可以前往有小澳大利亚之称的袋鼠岛，也可以沿陆路去往珀斯及红土中心。

阿德莱德 交通方式

◎ 前往方式

➡ 从中国出发

　　南方航空有从广州直飞阿德莱德的航班，每周有 5 个班次。其他城

阿德莱德周边
Around Adelaide

0   10   20km

马拉伊阿
Mallaia

克莱尔谷

弗里灵
Freeling

努里乌特帕
Nuriootpa

塔南达
Tanunda

安格斯顿
Angaston

翰斯科酒庄

巴罗萨谷
BAROSSA VALLEY

肯尼顿
Keyneton

Two Wells

高勒
Gawler

林道
Lyndoch

威廉姆斯镇
Williamstown

▶p.418

伊顿谷
Eden Valley

高勒河
Gawler River

耳语墙
Whispering Wall

斯普林顿
Sprinngton

Blakeview

One Tree Hill

托伦斯谷
TORRENS VALLEY

帕默
Palmer

伊丽莎白
Elizabeth

萨利斯比利
Salisbury

玩具工厂
The Toy Factory

Kersbrook

卡莫拉卡
Gumeracha

伯德伍德
Birdwood

芒特普莱森特
Mt.Pleasant

至曼纳姆方向

南澳大利亚
海事博物馆
SA Maritime Museum

国家铁路博物馆
National Railway Museum

阿德莱德港
Port Adelaide

卡迪克里克
Cuddlee Creek

峡谷野生动物园
Gorge Wildlife Park

罗巴索
Lobethal

Henley Beach

▶p.406

阿德莱德
ADELAIDE

诺顿峰
Norton Summit

阿德莱德山
ADELAIDE HILLS

海港城
SC

格莱内尔格
Glenelg

阿德莱德
国际机场

卡里克山
Carrick Hill

克莱兰德野生动物园
Cleland Wildlife Park

洛夫蒂山
Mt.Lofty

伍德赛德 Woodside

奥克班克 Oakbank
巴汉娜 Balhannah

沙朗酒庄
忘忧草酒庄
大道酒庄

布莱顿
Brighton

斯特灵
Stirling

Aldgate

汉多夫
Hahndorf

里诺
Marino

风点
Windy Point

风点餐馆&咖啡馆

哈利特湾
Hallett Cove

艾崇伽
Echunga

芒特巴克
Mt.Barker

卡林顿
Callington

莫纳托动物园
Monaeto Zoo

Christies Beach

哈利特湾
保护公园
Hallett Cove
Conservation Park

翁卡帕林伽河
Onkaparinga River

默里布里奇
Murray Bridge

诺朗加港
Port Noarlunga

莫阿纳
Moana

梅多斯
Meadows

伍德切斯特
Woodchester

麦克拉伦谷
McLaren Vale

斯特拉萨尔宾
Strathalbyn

马林海滩
Maslin Beach

哈迪酒庄（廷穆纳）
休·汉密尔顿酒庄
皮拉敏码酒庄
六翼天使酒庄

阿什本
Ashbourne

贝尔维迪尔
Belvidere

兰霍恩克里克
Langhorne Creek

阿丁格海滩
Aldinga Beach

威朗加
Willunga

Mulgundawa

芒特康帕斯
Mt. Compass

Lake Plains

弗勒里厄半岛
FLEURIEU PENINSULA

麦彭伽
Myponga

库伦西克里克
Currency Creek

米朗
Milamg

至杰维斯角
（袋鼠岛渡轮码头）

亚历山德里娜湖
Lake Alexandrina

至杰维斯角
（袋鼠岛渡轮码头）

古尔瓦
Goolwa

埃利奥特港
Port Elliot

Middleton

欣德马什岛
Hindmarsh Is

维克多港
Victor Harbour

格拉尼特岛
Granite Is.

罗塞塔海德（断崖）
Rosetta Head (The Bluff)

库龙国家公园
Coorong NP

A   B

1

2

3

澳大利亚地区指南

南澳大利亚州   阿德莱德

阿德莱德
Adelaide

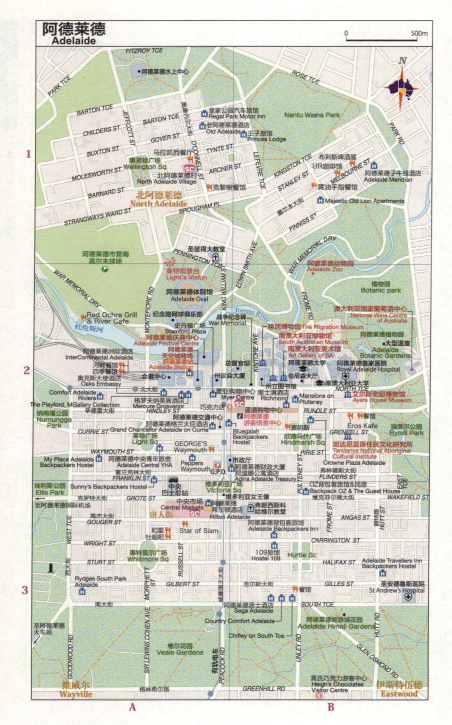

0   500m

N

FITZROY TCE

●阿德莱德水上中心

ROSE TCE

PARK TCE

JEFFCOTT ST

PARK RD

皇家公园汽车旅馆
Regal Park Motor Inn

Nantu Waima Park

BARTON TCE

BARTON TCE

O'CONNELL ST

TYNTE ST

GOVER ST

CHILDERS ST

老阿德莱德酒店
Old Adelaide

王子旅馆
Princes Lodge

BUXTON ST

马拉凯西餐厅

布利斯啤酒屋
UR咖啡馆

STANLEY ST

KINGSTON TCE

MELBOURNE ST

阿德莱德子午线酒店
Adelaide Meridian

MOLESWORTH ST

惠灵顿广场
Wellington Sq

LEFEVRE TCE

ARCHER ST

黄油手指餐馆

北阿德莱德村
North Adelaide Village

克黎街餐馆

BARNARD ST

北阿德莱德
North Adelaide

Majestic Old Lion Apartments

STRANGWAYS WARD ST

BROUGHAM PL

FINNISS ST

圣彼得得大教堂

阿德莱德市营南
高尔夫球场

PENNINGTON TCE

WAR MEMORIAL DRV

莱特观景台
Light's Vision

KING WILLIAM RD

EDWIN SMITH AVE

WAR MEMORIAL DRV

阿德莱德动物园
Adelaide Zoo

阿德莱德体院馆
Adelaide Oval

FROME RD

植物园
Botanic park

MONTEFIORE RD

纪念路网球俱乐部

Torrens River

战争纪念碑
War Memorial

澳大利亚国家葡萄酒中心
National Wine Centre
of Australia

Red Ochre Grill
& River Cafe

四月福广场
Stanford Plaza

阿德莱德节庆中心
Adelaide Festival Centre

移民博物馆 The Migration Museum

阿德莱德植物园

托伦斯河

阿德莱德洲际酒店
InterContinental Adelaide

阿德莱德
天空城赌场
Adelaide Station

南澳大利亚博物馆
South Australian Museum

大型温室

KINTORE AVE

河畔餐馆
四季餐厅

阿德莱德站

南澳大利亚美术馆
Art Gallery of SA

阿德莱德植物园
Adelaide
Botanic Gardens

奥克斯大使酒店
Oaks Embassy

会展中心

阿德莱德大学

NORTH TCE

阿德莱德皇家医院
Royal Adelaide Hospital

Comfort Adelaide
Riviera

总督官邸

伯尼森大厅

南澳大利亚大学

艾尔斯宅邸博物馆
Ayers House Museum

The Playford, MGallery Collection

麦亚购物中心
Myer Centre

州立图书馆

曼斯菲尔
Mansions on
Pluteney

纳南娿公园
Nunmungga
Park

圣彼雷大街

州立博物馆
Richmond

RUNDLE ST

餐馆

瑞美尔公园
Rymill Park

格罗夫纳美居酒店
Mercure Grosvenor

HINDLEY ST

阿德莱德交通中心

巧克力店

蓝道购物中心

Eros Kafe

CURRIE ST

阿德莱德格兰大臣酒店
Grand Chancellor Adelaide on Currie

Light Sq

阿德莱德
游客信息中心

GRENFELL ST

坦达尼亚原住民文化研究所
Tandanya National Aboriginal
Cultural Institute

WAYMOUTH ST

GEORGE'S
Waymouth

Bluegalah
Backpackers
Hostel

欣德马希广场
Hindmarsh Sq

裴明斯

PIRIE ST

My Place Adelaide
Backpackers Hostel

阿德莱德中央青年旅舍
Adelaide Central YHA

Peppers
Waymouth

市政府

阿德莱德财政大厦

Crowne Plaza Adelaide

弗林德斯大街
FLINDERS ST

富兰克林大街
FRANKLIN ST

Sunny's Backpackers Hostel

阿迪娜公寓酒店
Adina Adelaide Treasury

OZ背包客旅馆&民宿
Backpack OZ & The Guest House

埃利斯公园
Ellis Park

中央
巴士总站

G.P.O.

维多利亚广场
Victoria Sq

维多利亚女王像

维克菲尔德大街
WAKEFIELD ST

EAST TCE

至阿德莱德国际机场

GROTE ST

中央市场
Central Markets

唐人街

阿德莱德
希尔顿酒店
Hilton Adelaide

弗朗西斯科
哈维尔教堂

阿德莱德背包客旅馆
Adelaide Backpackers Inn

ANGAS ST

FROME ST

HUTT ST

GOUGER ST

高杰大街

Star of Siam

和菜
牡蛎吧

CARRINGTON ST

WRIGHT ST

惠特莫尔广场
Whitmore Sq

STURT ST

RUSSELL ST

109旅馆
Hostel 109

Hurtle Sc

HALIFAX ST

阿德莱德旅客旅馆
Adelaide Travellers Inn
Backpackers Hostel

WEST TCE

西大街

Rydges South Park
Adelaide

MORPHETT ST

GILBERT ST

吉尔斯大街

GILLES ST

圣安德鲁斯医院
St Andrew's Hospital

3

南大街

至阿德莱德
火车站

GOODWOOD RD

SIR LEWINS COHEN AVE

PEACOCK RD

阿德莱德赛士酒店
Sega Adelaide

Country Comfort Adelaide

SOUTH TCE

餐馆

阿德莱德姬路城花园
Adelaide Himeji Gardens

LINLEY RD

HUTT RD

GLEN OSMOND RD

Chifley on South Tce.

有轨电车

维尔花园
Veale Gardens

黑氏巧克力游客中心
Haigh's Chocolates
Visitor Centre

伊斯特伍德
Eastwood

维威尔
Wayville

格林希尔路

GREENHILL RD

A

B

市没有可以直飞阿德莱德的航班，需要从悉尼、布里斯班、凯恩斯、黄金海岸、墨尔本等澳大利亚其他主要城市换乘。也可以从新加坡、中国香港等亚洲城市换乘。

位于阿德莱德国际机场到达大厅的信息中心

➡从澳大利亚国内出发

澳洲航空有从各州州府以及艾丽斯普林斯出发的航班，捷星航空有从凯恩斯、黄金海岸出发的航班，澳大利亚维珍航空有从各州州府以及黄金海岸、艾丽斯普林斯出发的航班，老虎航空有从布里斯班、悉尼、墨尔本出发的航班。

富兰克林大街中央巴士总站（Central Bus Terminal）是澳大利亚灰狗巴士的长途巴士始发站和终点站。另外，还有"汗"号、"印度洋太平洋"号、"跨越大陆"号等连接各州之间的火车通车，火车站是位于西区西部的阿德莱德火车站（Adelaide Parklands Terminal），又称凯斯维克车站（Keswick Station）。距离城区北大街沿线的阿德莱德站乘坐电车仅需1个区间。

◎ 机场↔市内

阿德莱德国际机场（Adelaide International Airport，ADL）位于市区以西约7公里处。国际航线与国内航线都在同一座航站楼内，十分方便。

●机场巴士

可以乘坐公共交通机构Adelaide Metro公司运行的JET Bus（Route J1、J1 、J3），车次多且价格便宜。J1、J3路巴士运行的是从阿德莱德~阿德莱德国际机场~格莱内尔格之间的线路，期间每站都会停靠；J1X（Jet Express）是快车，连接阿德莱德国际机场与阿德莱德市中心地区，期间不停车（停靠市中心的主要巴士站）。Adelaide Airport Flyer的巴士可以到市内的酒店直接接送客人，而且这趟车会经过阿德莱德火车站，乘坐火车的旅客也可利用（所需时间30分钟）。不过这趟车的费用不是很便宜。

●出租车

从机场到市区打车需要$20~30，所以如果3人以上乘坐会比较划算。所需时间10~15分钟。

阿德莱德 市内交通

阿德莱德市区不是很大，步行便可游览。不过如果准备去郊外或者海滩，还是乘坐巴士比较方便。阿德莱德市区各条大街与郊外之间的巴士线路十分密集。

■中央巴士总站　　　p.406/3A

位于市中心的中央巴士总站

■阿德莱德国际机场
www.adelaideairport.com.au

■ Adelaide Metro
1300-311-108
www.adelaidemetro.com.au
机场→市区：周一~周五 5:03~23:29 期间约每30分钟一趟车，周六·周日·节假日 4:59~23:14 期间约每30分钟一趟车（J1X 是周一~周五 7:15~19:45 期间每30分钟一趟车）/市区→机场：周一~周五 4:36~23:36 期间约每30分钟一趟车，周六·周日·节假日 4:37~20:50 期间约每30分钟一趟车（J1X 是周一~周五 6:50~14:50、15:13~19:43 期间每30分钟一趟车）
机场至市区/格莱内尔格：成人$3.40~5.30 儿童$1.30~2.70（根据时间段不同，价位也不同）

阿德莱德国际机场的机场巴士站

■ Adelaide Airport Flyer
1300-856-444
adelaideairportflyer.com
基本上是按照飞机的起降时间发车
※市区出发需要预约
机场~市区单程：1~2人 $35

车票价格表	区间：2小时内有效（可换乘）双路段：3公里内有效（可换乘）		纸质车票		充值卡		1日通票	
			成人	儿童	成人	儿童	成人	儿童
	高峰期	区间	$5.30	$2.70	$3.54	$1.75	$10	$5
		双路段	$3.30	无	$1.92	无		
	非峰期 周一~周五 9:01~15:00	区间	$3.40	$1.30	$1.94	$0.94		
		双路段	$2.50	无	$1.48	无		

（随着时间推移，可能会发生改变）

■ 阿德莱德交通中心
p.406/2A
Cnr. Currie & King William Sts., 5000
1300-311-108
www.adelaidemetro.com.au
周一～周五 8:00～18:00、周六 9:00～17:00、周日 11:00～16:00

■ 游客观光卡
可以在阿德莱德交通中心、阿德莱德站、阿德莱德机场到达大厅的 WHSmith、Shakespeare Backpackers International Hostel 等部分酒店内购买车票。
www.adelaidemetro.com.au/Visitor-Pass-Campaign/Home
费 AA \$26
※ 包含充值卡手续费 \$5

■ 城市环线／市区与北阿德莱德环线
时 城市环形：周一～周五 8:15~19:15 期间每 30 分钟一趟车／市区与北阿德莱德环线：周一～周四 7:00、8:00~19:00 期间每 30 分钟一趟车，周五 7:00~21:00 期间每 30 分钟一趟车，周六 8:00~19:00 期间每 30 分钟一趟车，周日·节假日 9:30~19:00 期间每 30 分钟一趟车

■ 有轨电车
时 市区发车的时间：周一～周五 5:45~、周六·周日 7:20~ 开始每 10~30 分钟一趟车。末班车是深夜 24:30。

■ 汽车租赁公司
●赫兹 Hertz
☎ (08) 8231-2856
●安飞士 Avis
☎ (08) 8114-3111
●百捷乐 Budget
☎ (08) 8418-7300
●苏立夫提 Thrifty
☎ (08) 8410-8977
●欧洛普卡 Europcar
☎ (08) 8114-6350

■ 阿德莱德的出租车公司
Yellow Cabs：☎ 13-22-27
Suburban Taxis：☎ 13-10-08
Adelaide Independent Taxi Service：☎ 13-22-11
费 1 公里以内在周一～周五的 6:00~19:00 期间为 \$3.70、之后每公里 \$1.84、周一～周五的 19:00~次日 6:00 及周六、周日全天起步之后 1 公里以内为 \$4.90、之后每公里 \$2.03。打表之后等待

巴士线路非常充实

巴士、电车、有轨电车都可以使用 Adelaide Metro 公司的公交通票。车票有可供短途旅行游客使用的纸质车票（metroticket）和长期居住的市民使用的带有折扣的充值卡式车票（metrocard）。纸质车票有需要每次购买的单次票和 1 日通票（Daytrip Ticket）。充值卡在购买时需要交 \$5 的手续费，但如果需要频繁地乘坐公共交通，建议还是购买一张比较实惠。另外，如果准备在阿德莱德逗留数日，建议购买一张游客观光卡（Metrocard Visitor Pass）。持有这种观光卡可以在 3 日内随便乘坐阿德莱德的公共交通，这比连续 3 天购买 1 日通票划算。如果逗留 4 天以上，再往卡里储值还可以当普通的充值卡式车票使用。

乘车前可以在便利店或者报亭购买车票或者充值卡。还可以在阿德莱德交通信息中心（Adelaide Metoro Info Centre）领取市内以及郊外的相关行车线路图。

可以在有这种小旗子的店铺购买车票或者充值卡

从柯里大街（Currie St.）至郊区的茶树广场（Tee Tree Plaza）之间，有一趟时速可达 100 公里的欧邦公车（O-Bahn）运行，这种巴士比较罕见，有机会要坐坐。

◎ 免费巴士

阿德莱德市内共有两条免费巴士。一条是环绕市中心西部地区的城市环线（City Loop），通常被称为"Route 99"（顺时针方向是 99C、逆时针方向是 99A）；连接城市环线之后可以一直覆盖到北阿德莱德的市区与北阿德莱德环线（City & North Adelaide Loop）被称为"Route 98"（顺时针方向是 98C、逆时针方向是 98A）。这两条线路几乎可以覆盖市中心内的主要观光景点。

◎ 有轨电车

去往海滩乘坐有轨电车比较方便

从娱乐中心出发，经由西大街、北大街、维多利亚广场到格莱内尔格的海滩之间有一趟有轨电车通行（从娱乐中心～南大街之间和格莱内尔格的布莱顿路至终点之间是免费的）。所需时间 25 分钟，可以使用巴士车票。

阿德莱德 漫 步

为了方便了解当地的街区布局，最好选择从市中心的维多利亚广场（Victoria Square）出发。广场上的喷泉很特别，模仿流经南澳大利亚州的三条河流（托伦斯河、昂卡帕林加河、墨累河）设计而成，有很多市民都在广场上休息。街区布局像一个"棋盘"，有 4 条道路贯穿城市，分别以东西南北冠名。这些道路的周围全部为公园，这也是阿德莱德的一大特色。

保存着许多历史建筑的市中心

阿德莱德的主要街道是维多利亚广场南北两侧的威廉国王大街（King William St.），街道两旁有 G.P.O 及市政厅等外形庄严的历史建筑。市内最繁华的街道是蓝道购物中心（Rundle Mall）与辛德雷大街（Hindley St.）。蓝道购物中心是白天的购物中心，有很多纪念品店、百货商场、超市、外卖店。与此相对，辛德雷大街则适合夜间前往，这里有很多餐馆、咖啡馆及酒吧。

市政厅是当地的历史建筑

北大街（North Tce.）位于蓝道购物中心北边，紧邻蓝道购物中心，那里相对比较安静，保持着过去的风貌。林荫道两旁有博物馆、美术馆等众多景点，非常适合散步。从北大街向北进入威廉国王大街，有阿德莱德庆典中心（Adelaide Festival Centre），那里每逢双数年份的 3 月，都会举办"阿德莱德艺术节"（Adelaide Festival of Art）。中心内有包括可容纳 2000 人的音乐厅在内的三个剧场以及室外演出场地。另外，在维多利亚广场附近，格罗特大街（Grote St.）与高杰大街（Gouger St.）之间的区域内，有历史长达 120 年的中央市场。在市场内可以买到便宜的纪念品、杂货及各种新鲜食材。唐人街也在该区域内，有很多中餐馆及其他亚洲国家的餐馆。

位于市中心的蓝道购物中心

阿德莱德游客信息中心位于蓝道购物中心以南与蓝道购物中心相连的詹姆斯大街（James Place）。

市区的北部与南部是当地的商业区

托伦斯河以北的区域是阿德莱德的高级住宅区北阿德莱德（North Adelaide）。沿威廉国王大街向北，街道名称变为奥康内尔大街（O' Connell St.），那里就是北阿德莱德地区的主街道。这条街道非常繁华，有很多餐馆及商店。在东边不远处的墨尔本大街（Melbourne St.）是更热闹的商业街，有很多利用老建筑改建而成的咖啡馆、餐馆及服装店。

如果沿威廉国王大街向南，则是用石板铺成的威廉国王路（King William Rd.）。那里有很多咖啡馆、高级服装店以及艺术品商店，游客大多是喜欢追求最新时尚的年轻人及女性。

阿德莱德	市内的主要景点

景点众多

北大街
North Terrace

Map p.406/2A·B

北大街位于威廉国王大街东侧，路边有成排的树木，很适合散步。走过战争纪念碑（War Memorial）之后就能见到许多景点。

● 南澳大利亚博物馆 South Australia Museum

入口大厅处摆放着巨大的鲸鱼骨骼，非常值得一看。展示的物品包

时间的费用以 1 小时 $39.30 的价格按分钟计算。

■ 维多利亚广场
📖 p.406/3A

■ 维多利亚广场上的铜像
广场正中央有维多利亚女王的铜像。除此之外，广场东北、西北、西南各角也有三座铜像。尤其值得注意的是立于东北角的探险家约翰·麦克杜阿尔·斯图尔特（John Mcdouall Stuarrt）的铜像。从阿德莱德至达尔文的斯图尔特公路就是以这位探险家的名字命名的。

■ 阿德莱德庆典中心
📖 p.406/2A
🏠 Festival Drv., off King William St., 5000
☎ (08) 8216-8600
🖥 www.adelaidefestivalcentre.com.au

■ 阿德莱德游客信息中心
📖 p.406/2B
详情参见→ p.404

游客信息中心位于购物中心外的小路内

■ 阿德莱德的深夜购物
阿德莱德城区的深夜购物日在周五，格莱内尔格等郊区则在周四。

■ 海港城 Harbour Town 奥特莱斯
📖 p.405/2A
黄金海岸最有人气的奥特莱斯购物中心海港城位于阿德莱德国际机场与格莱内尔格之间。国际品牌的商品较少，但澳大利亚品牌的商品种类丰富。
🏠 727 Tapleys Hill Rd., West Beach, 5950
☎ (08) 8355-1144
🖥 www.harbourtownadelaide.com.au
🕐 周一~周三·周五 9:00~17:30、周四 9:00~21:00、周六 9:00~17:00、周日·节假日 11:00~17:00
🚫 耶稣受难日·圣诞节
● 交通
从阿德莱德市中心乘 Route J1、J3 巴士（用时约 15 分钟）。

澳大利亚地区指南

● 南澳大利亚州 阿德莱德

409

括原住民相关藏品（据说规模为
世界第一）、新几内亚相关藏品、
美拉尼西亚相关藏品，还有澳大
利亚珍稀动物的模型。另外，立
于博物馆门前院子里的圆柱据说
是距今 3000 年前的埃及法老拉美
西斯二世下令建造的，参观时不
要错过。

南澳大利亚博物馆入口大厅内的巨大
鲸鱼骨骼

● 南澳大利亚美术馆 Art Gallery of SA

　　除了部分常设展品，其他展品每隔几个月就要更新一次。藏品涉及
领域广泛，其中尤以澳大利亚原住民相关的藏品、澳大利亚艺术家作品、
欧洲绘画以及东南亚陶器等最为有名。

● 阿德莱德大学
Adelaide University

　　在博物馆、美术馆后面就是
阿德莱德大学。校园坐落于托伦斯
河畔，绿化良好，有很多学术气息
浓郁的建筑。校内的博奈森讲堂
（Bonython Hall）是著名的景点。

阿德莱德大学的博奈森讲堂

● 移民博物馆
The Migration Museum

　　利用过去的移民收容所建立的博物馆。介绍澳大利亚接收世界各
国移民的历史以及移民的内心世界、生活现状，展出内容全部紧密围
绕主题。

● 艾尔斯宅邸博物馆
Ayers House Museum

　　曾为南澳大利亚州州长的住
宅，建于 19 世纪中叶。建筑的外
形优雅，由灰色石材建成，内部
还设有餐厅。住宅包括豪华的餐
室、起居室、儿童房及卧室，每个房间

造型优美的艾尔斯宅邸博物馆

都很值得参观。在博物馆开放日，从 10:00 开始，每隔 1 小时有一次导游
带领的导览团。

● 阿德莱德植物园
Adelaide Botanic Gardens

　　面积达 16 公顷的植物园。尤其以睡莲而闻名。园内有 1989
年为纪念澳大利亚建国 200 周年而建的南半球最大的大型温室
（Bicentennial Conservatory）。大型温室内是
一个由电脑控制的热带雨林环境，屋顶上安
装有 942 个喷嘴，可以喷出云雾，制造出热
带雨林中云蒸雾罩的效果。

● 澳大利亚国家葡萄酒中心
National Wine Centre of Australia

　　位于植物园东侧一角。该中心介绍葡萄
的种类以及葡萄酒的酿造方法，还有大型酒
窖（游客无法进入内部），里面贮藏着来自
澳大利亚各地的葡萄酒。游客可以在中心的
酒吧里付费品尝澳大利亚各地的葡萄酒。还

中心内最吸引人的当数规
模巨大的酒窖

有与酒搭配的小吃可供选择，很适合在这里小憩。

● 阿德莱德动物园 Adelaide Zoo

在澳大利亚仅次于墨尔本动物园。除了有考拉、袋鼠这些澳大利亚特有的动物，还有大熊猫、红毛猩猩等来自亚洲的动物以及狮子、长颈鹿等来自非洲的动物，动物的种类超过1400种。

动物园内最有人气的动物大熊猫

● 阿德莱德天空城赌场
Skycity Adelaide Casino

阿德莱德火车站的二至三层是豪华的赌场。即便穿着普通的休闲服装也不会被禁止入场（不过不能穿T恤）。除了周五、周六的晚上，其他时间可穿运动鞋。赌博项目有常见的轮盘赌、二十一点、比大小、基诺，还有澳大利亚特有的Tow-up Coin等玩法。

赌场暴为阿德莱德车站

欣赏原住民艺术
坦达尼亚原住民文化研究所　　Map p.406/2B
Tandanya National Aboriginal Cultural Institute

设有艺术展厅及出售原住民艺术品、工艺品商店的文化设施。艺术品展厅会经常更新主题，能欣赏到许多艺术家的作品。经常举办原住民传统乐器迪吉里杜管的演奏，有兴趣的话，可以前往欣赏。

对原住民文化感兴趣的游客可以前往参观

可以远眺市内景色
莱特观景台　　Map p.406/1A
Light's Vision

莱特观景台位于阿德莱德市北部的蒙特菲奥里山（Montefiore Hill），从这里可远眺整座城市。观景台有手指指向城市中心的威廉·莱特上校的铜像。铜像背面刻有"我选择的建都之地是否合适，交由后人评说"的文字（实际内容更长），游览时一定要看一看。

观赏完景色之后，沿佩宁顿大街（Pennington Tce.）下山，前往圣彼得大教堂（St Peter's Cathedral）。该教堂为雄伟的哥特式建筑，其规模在阿德莱德市内的教堂中名列前茅。

雄伟的圣彼得大教堂

五 8:00～21:00、周六 9:00～21:00、周日·节假日 9:00～18:00/试饮每天 10:00～17:00/免费团体游 11:30 开始
休 元旦、耶稣受难日、圣诞节、节礼日
费 免费

■ 阿德莱德动物园
住 Frome Rd.，5000
☎（08）8267-3255
URL www.adelaidezoo.com.au
开 每天 9:30～17:00
费 成人 $35 儿童 $19.50 家庭 $89.50

■ 阿德莱德天空城赌场
住 North Tce.，5001
☎（08）8212-2811
URL www.adelaidecasino.com.au
营 24 小时
休 耶稣受难日、圣诞节

■ 坦达尼亚原住民文化研究所
住 253 Grenfell St.，5000
☎（08）8224-3200
URL www.tandanya.com.au
开 周一～周六 9:00～17:00/咖啡馆：周一～周六 10:00～15:00
休 周日、节假日
费 免费

■ 圣彼得大教堂
地图 p.406/1A
住 27 King William Rd.，North Adelaide，5006
☎（08）8267-4551
URL www.stpeters-cathedral.org.au
开 周一 9:30～13:00、周二～周六 9:30～16:00、周日 12:00～16:00（根据季节多少会有变动）/团体游：周三 11:00、周日 12:30（用时约 45 分钟）
费 免费（提供捐款 $2）

■ 可免费品尝巧克力的团体游
地图 p.406/3B
位于蓝道购物中心入口处的人气巧克力店黑氏巧克力（Haigh's Chocolates）。在城市南部的 South Parkland 附近有游客信息中心及巧克

从莱特观景台远眺城市

力工厂，周一～周六有免费的团体游，可以品尝到巧克力。

🏠 154 Greenhill Rd., Parkside, 5000

☎ (08) 8372-7070

🖥 www.haighschocolates. com.au

🕐 周一～周五 9:00~15:00 期间，周六 9:00~13:30 期间（需要预约 / 用时约 20 分钟）

💰 免费

■奔富马格尔庄园

🏠 78 Penfold Rd., Magill, 5072

☎ (08) 8301-5569

🖥 www.penfolds.com

（上）作为度假地，这里的气氛非常欢乐
（下）在海滩旁的公园里可以骑骆驼

🕐 每天 9:00~18:00/ 文化遗产团体游：每天 10:00、13:00 开始 / 奔富无限制体验 11:00 开始（需要预约）

🚫 圣诞节、节礼日

💰 文化遗产团体游 1 人 $20/ 奔富无限制体验 1 人 $150

●**交通**
从市内的卡里街乘 Route H22 巴士约 40 分钟可到达。驾车的话需 15 分钟左右。

各个时期生产的葛兰许

交通方式

●**阿德莱德港**
从北大街乘 Route 118、252、230、232、254 路巴士。用时约 30 分钟。

■南澳大利亚海事博物馆

🏠 126 Lipson St., Port Adelaide, 5015

☎ (08) 8207-6255

🖥 maritime.history.sa.gov.au

🕐 每天 10:00~17:00

乘坐有轨电车前往海滨度假地

格莱内尔格
Glenelg

Map p.405/2A

阿德莱德市内有轨电车的终点在美丽的海滨度假地格莱内尔格。有轨电车最终到达杰蒂路（Jetty Rd.）。那里有很多商铺&餐馆，周末还有自由市场，非常热闹。有轨电车站前立有开拓者纪念碑（Pioneer's Memorial），再往前是很长的栈桥。栈桥两侧是白色的沙滩。

黑氏工厂位于城市的边缘地带

杰蒂路北面是停泊着许多帆船的霍尔德法斯特海岸码头（Holdfast Shores Marina）。码头周围有高级的公寓式酒店、餐馆、咖啡馆、商店，是喜欢流行文化的阿德莱德当地人经常光顾的地方。

停泊于城市北侧的巴法罗号帆船（HSM Buffalo）也非常值得一看。1836 年 12 月 28 日，269 名自由移民在欣德马什总督的率领下乘坐这艘帆船到达阿德莱德。现在展示的船只为复制品。

高级葡萄酒葛兰许产自这里

奔富马格尔庄园
Penfolds Magill Estate

Map p.405/2A

奔富是澳大利亚最著名的葡萄酒生产企业。现在在巴罗萨谷也设有酒庄，不过最初的厂址在阿德莱德马格尔。医生克里斯多弗·罗森·奔富于 1844 年移居到阿德莱德并开办诊所，他为药用而开始酿造葡萄酒。现在，奔富公司在这里生产闻名于世的葛兰许等（其他种类的葡萄酒在巴罗萨谷生产）顶级葡萄酒（珍藏系列）。因此，对于喜欢葡萄酒的游客来说，这里自然是必去之地，如果对澳大利亚葡萄酒有一定的兴趣，也很值得前往。

带着传统气息的葡萄酒工厂

这里有现代化的酒窖、餐馆以及由历史建筑改建而成的葡萄酒工厂，还保存着克里斯多弗·罗森·奔富的故居。在酒窖内可以试饮，还有可参观葡萄酒工厂的文化遗产团体游（Heritage Tour），很受欢迎（陈年优质葡萄酒的展示尤为吸引人）。游客还可以选择参加名为奔富无限制体验（Unlimited Penfolds Experience）的团体游，能品尝普通游览项目中不能试饮的葛兰许等顶级葡萄酒。

参加文化遗产团体游可以参观葡萄酒工厂的内部

南澳大利亚的出海口

阿德莱德港
Port Adelaide

Map p.405/2A

位于阿德莱德郊外的阿德莱德港历史悠久，这里保留着许多 19 世纪的建筑。有参观当地历史建筑的游览线路，游客可以步行仔细游览。在历史建筑之一的南澳大利亚海事博物馆（SA Maritime Museum），可以通过展板的介绍及当时使用的各种工具来了解移民船的情况。

还有利用旧铁路仓库改建而成的澳大利亚规模最大的铁路博物馆——国家铁路博物馆（National Railway Museum），里面展示了印度洋太平洋号、汗号等旧火车以及车站的复原模型，对铁路特别有兴趣的游客一定要去参观。9月~次年4月的每个周末，博物馆还会开行迷你蒸汽机车。

另外，在阿德莱德港的渔人码头，每周日都有集市，还有观赏海豚的游船。

阿德莱德港保存着许多老建筑

想要一览阿德莱德之美的话

风点 `Map p.405/2A`
Windy Point

位于阿德莱德南部山上的观景台。从这里可以远眺阿德莱德市区及海岸线。夜景尤其迷人。

从风点看到的夜景

阿德莱德的夜景看上去非常整齐划一，仿佛有许多宝石被整齐地摆放在那里。观景台的特等座位区有高级的餐馆，不过在停车场也完全可以观赏到夜景。正如景点名称所示，这里的风很大，即便是在夏季，夜间的温度也很低，需要穿着保暖的服装。

有美丽绿色庭园的宅邸

卡里克山 `Map p.405/2A`
Carrick Hill

位于阿德莱德市中心以南约7公里处的斯普林菲尔德。这座建于1935年的英式庄园主宅邸，环境非常幽雅，在历史建筑众多的阿德莱德也不多见。在面积达40公顷的英式庭园里，植物被修剪得非常整齐，景色优美。

阿德莱德 近郊的城镇

阿德莱德山区 Adelaide Hills

公园内有可参观地层的健走线路

从阿德莱德东部延绵至东北部的丘陵地带被称为阿德莱德山区。那里有热门的阿德莱德地区一日游景点，游客可以观赏到许多小镇以及溪谷、湖泊、葡萄园、苹果园、梨园等富于变化的景观。如果想在一天之内游览阿德莱德山区的主要景点，可以在阿德莱德参加团体游，或者租车自驾。如果时间比较充裕，则可以乘坐公交巴士从阿德莱德出发，前往各个景点。

美景与野生动物园

洛夫蒂山 `Map p.405/2A`
Mt. Lofty

洛夫蒂山是进入阿德莱德山区的入口地带。中心城镇是斯特灵

休 元旦、耶稣受难日、圣诞节
费 成人 $12.50 儿童 $6
家庭 $29.50

■国家铁路博物馆
住 76 Lipson St., Port Adelaide, 5015
电 (08) 8341-1690
网 www.natrailmuseum.org.au
开 每天 10:00~16:30/ 乘坐迷你蒸汽机车：10月~次年4月的周日、节假日及学校假日期间每天开行
休 圣诞节
费 成人 $12 儿童 $6 家庭 $32
乘坐迷你蒸汽机车：成人 $8 儿童 $5 家庭 $20

■风点
住 Windy Point Lookout, Belair Rd., Belair, 5052
网 windypoint.com.au
●交通
如乘坐巴士，可从威廉国王大街乘 Route 195、196 路。在贝莱尔路的 Stop 21 路下车。

■卡里克山
住 46 Carrick Hill Drv., Springfield, 5062
电 (08) 8433-1700
网 www.carrickhill.sa.gov.au
开 周三~周日及节假日 10:00~16:30/ 团体游：11:30、14:30
休 周一、周二・耶稣受难日・圣诞节
费 宅邸内部（包含团体游费用）：成人 $17 儿童 $12 家庭 $36
●交通
周六、周日及节假日可从威廉国王大街乘 Route 171 路巴士。用时约 15 分钟。

■有地层曾与南极大陆相连的哈利特湾保护公园 Hallet Cove Conservation Park　地图 p.405/2A
可以看到过去曾与南极大陆相连的 2.8 亿年前的地层。从阿德莱德乘火车约 30 分钟可到达哈利特湾站。可以去海边散步，顺便参观一下冰河期的地层。

交通方式

● 洛夫蒂山

前往斯特灵，可从市区乘 Route 865、864 路巴士。前往洛夫蒂山顶峰观景台、克莱兰德野生动物园，在斯特灵附近的克拉佛斯（Crafers）下车后，换乘 Route 823 路巴士。

■ 洛夫蒂山植物园

🏠 Mt. Lofty Summit Rd., Crafers, 5051
☎ （08）8370-8370
🌐 www.botanicgardens.sa.gov.au
🕐 开 周一~周五 8:30~16:00、周六·周日·节假日 10:00~17:00（夏令时期间 8:30~18:00）
💰 免费

■ 克莱兰德野生动物园

🏠 365 Mt. Lofty Summit Rd., Crafers, 5152
☎ （08）8339-2444
🌐 www.clelandwildlifepark.sa.gov.au
🕐 开 每天 9:30~17:00（入园截至 16:30）
🚫 休 圣诞节
💰 成人 $25 儿童 $12 家庭 $56

● 接触考拉的体验活动

🕐 时 每天 11:00~12:00、14:00~16:00/ 抱考拉拍照：每天 14:00~15:30、周日及节假日 11:00~12:00
💰 抱考拉拍照：1 人 $30/ 抚摸考拉拍照：免费

还可以给袋鼠喂食

交通方式

● 汉多夫与昂卡帕林加谷

前往汉多夫，从阿德莱德中央巴士枢纽站乘 Route 841F、860F、864、864H、T843 路巴士（用时约 50 分钟）。前往昂卡帕林加谷，从市区乘 Route 830F 路或从巴克山乘 Route 835 路。建议参加团体游或租车自驾。

■ 阿德莱德山区游客信息中心

Adelaide Hills Visitor Information Centre
🏠 68 Mount Barker Rd., Hahndorf, 5245
☎ （08）8388-1185
📞 1800-353-323
🌐 www.adelaidehills.org.au
🕐 开 周一~周五 9:00~17:00、周六·周日·节假日 10:00~16:00
🚫 休 耶稣受难日、圣诞节

（Stirling）。在洛夫蒂山顶峰观景台（Mt. Lofty Summit）设有餐馆，可以远眺阿德莱德市区至海岸线一带的景色。如果租车自驾前往可以顺路游览附近的洛夫蒂山植物园（Mt. Lofty Botanic Garden）。

另外，在洛夫蒂山被山林覆盖的山坡上，有克莱兰德野生动物园（Cleland Wildlife Park）。动物园的环境非常接近自然状态，在这样的环境里饲养着考拉、袋鼠、澳大利亚野狗、鸸鹋、袋熊、袋獾等澳大利亚特有的动物。在动物园范围之内，动物基本上都处于被散养的状态。在动物园入口处可购买饵料，拿着饵料走在园内，动物们会马上聚拢过来。在接触考拉的体验活动（Koala Experience）中（每天 1~2 次），可以免费触摸考拉并自行拍照，还可以选择付费项目，能抱着考拉拍照留念。动物园占地面积广阔，如果仔细游览的话，需要 2 个多小时。在入口处的建筑旁边有爬行动物馆、美食广场、餐馆以及纪念品商店。

可以远眺阿德莱德市区的洛夫蒂山顶峰观景台

在接触考拉的体验项目中可以免费触摸考拉

汉德莱德地区最美的小镇

汉多夫及昂卡帕林加谷

Hahndorf & Onkaparinga Valley

Map p.405/2A

汉多夫是阿德莱德最著名的观光地之一。与巴罗萨谷一样，在 19 世纪 30 年代为谋求宗教自由从普鲁士东部（现德国境内）迁移至此的移民建起了这座小镇。汉多夫意为"汉镇"，源自率领移民定居于此的汉队长的名字。

主街道（Main St.）两侧排列着许多造型优美的老建筑，看上去像是德国的乡村小镇，有纪念品店、古玩店、咖啡馆、餐馆、酒店等设施。这些设施大多建于 19 世纪后半叶至 20 世纪初。另外，在主街道的中段有路德学校旧址（Old Lutheran School），现为游客信息中心，游客可以从那里获取阿德莱德山区的相关信息及汉多夫的地图。

汉多夫德国村里有不少德国风格的小酒吧

昂卡帕林加谷位于汉多夫以北的昂卡帕林加河畔。该地区为丘陵地带，有许多果园及牧场，奥克班克（Oakbank）、伍德赛德（Woodside）、查尔斯顿（Charleston）等村庄散布其间。这一带也很适合驾车。

另外，这里还有很多酒庄。包括澳大利亚著名的酒庄——秀和史密斯酒庄（Show & Smith）、内潘斯酒庄（Nepenth Wine）、葡萄园路酒庄（The Lane Vineyard）等，其中不少酒庄还设有餐馆，可以品尝美食及美酒。

在秀和史密斯酒庄既可以品尝乳酪又可以试饮葡萄酒

保存着许多老建筑

芒特巴克
Mt. Barker

Map p.405/2B

该地为阿德莱德山区历史非常悠久且面积较大的城镇之一。整个小镇因地形而建，与自然环境完美地融合。可以沿街漫步，参观被国民托管组织列入保护名单的火车站、旧市政厅以及住宅、院落等建筑。有许多建筑被改建为酒店、商铺、餐馆、咖啡馆，整个小镇看起来就像一座大博

位于城镇边缘的沃利斯旅馆

物馆。当地的游客信息中心位于小镇的主街道高勒街（Gawler St.）。

景点众多

托伦斯谷
Torrens Valley

Map p.405/1·2B

这个美丽的河谷位于阿德莱德山区北部的托伦斯河旁边，谷内植被茂密。卡迪克里克（Cuddle Creek）有面积达 14 英亩（约64749平方米）的峡谷野生动物园（Gorge Wildlife Park）。游客可以免费抱考拉。除此之外，那里还有 160 多种鸟类及 50 多种其他的动物。

可体验怀抱考拉的峡谷野生动物园

玩具工厂（The Toy Factory）位于卡莫拉卡（Gumeracha）的郊外，生产木质玩具。工厂的标志是世界上最大的木马（18.3 米）。游客可以参观木工玩具制作车间，还可以购买刚刚做好的玩具。玩具工

厂后面为动物园（Animal Park），有孔雀、鸸鹋、袋鼠等动物。

此外还可以参观酒庄，或者在伯德伍德（BirdWood）、芒特普莱森特（Mt. Pleasant）等小镇走访一下古老的殖民地风格建筑，这一地区可以参观游览的景点还是有不少的。

世界上最大的木马是玩具工厂的地标

巴罗萨谷
Barossa Valley

巴罗萨谷位于阿德莱德东北约 55 公里的位置，这是澳大利亚著名的葡萄酒产地。

1842 年，来自德国的路德派信徒为了追求宗教自由移居到此地。他们发现这里的地形与祖国的莱茵河流域非常相似，因此开始种植葡萄，现在这里已经一跃成了葡萄酒的知名产地。在这片平缓的丘陵地带，覆盖着大片的葡萄田，还有近 160 家酒庄。其中有 80 多家酒庄提供葡萄酒试饮和直销，有些甚至可以参观工厂和车间。这一地区与澳大利亚的其他葡萄酒产地一样都种植着各式各样的葡萄品种，但这个产区最著名的还是要数设拉子（Shiraz）。使用这种设拉子酿造的葡萄酒不仅是澳大利亚最好喝的酒，浓厚富有层次的口感也绝不输给法国的罗纳河谷，其中不乏高档酒甚至窖藏数十年以上的好酒。

■汉多夫周边的著名酒庄

●秀和史密斯
住 136 Jones Rd., Balhannah, 5242
☎（08）8398-0500
💻 www.shawandsmith.com
🕐 每天 11:00~17:00
🍷 葡萄酒试饮并带乳酪 1 人 $18

●内潘谷酒庄
住 Jones Rd., Balhannah, 5242
☎（08）8398-8899
💻 www.nepenthe.com.au
🕐 每天 10:00~16:00

●葡萄园路酒庄
住 5 Ravenswood Lane, Hahndorf, 5245
☎（08）8388-1250
💻 www.thelane.com.au
🕐 每天 10:00~16:00
🍷 带简餐的试饮：$20~35（只试饮 $5）

交通方式

●芒特巴克
从阿德莱德的中央巴士总站乘 Route 840、864、T840、T842、T843 路等巴士。用时约 50 分钟。

交通方式

●托伦斯谷
当地没有公共交通工具，所以建议租车自驾。

■峡谷野生动物园 🗺 p.405/2B
住 30 Redden Drv., Cudlee Creek, 5232
☎（08）8389-2206
💻 gorgewildlifepark.com.au
🕐 每天 9:00~17:00
休 圣诞节
🕐 可体验抱考拉的时间：每天 11:30、13:30、15:30
🎫 成人 $17 儿童 $10 家庭 $46

■玩具工厂 🗺 p.405/2B
住 452 Torrens Valley Rd., Gumeracha, 5233
☎（08）8389-1085
💻 thetoyfactory.com.au
🕐 每天 9:00~17:00
🎫 免费／登木马 每人 $2／动物园 每人 $1

交通方式

●巴罗萨谷
去往巴罗萨谷，可以从阿德莱德的中央巴士总站乘坐 SA LinkSA 的巴士。周一~周六每天 2 趟车，周日 1 趟车。也有许多从阿德

莱德出发的一日游巴士，乘
坐这些车辆也比较方便（→
p.423）。

● Link SA
☎（08）8562-1999
🖥 www.linksa.com.au

■ **巴罗萨谷游客信息中心**
Barossa Valley Information Centre
🗺 p.418/1A
🏠 66-68 Murray St., Tanunda, 5352
☎（08）8563-0600
☎ 1300-852-982
🖥 www.barossa.com
🕐 周一～周五 9:00~17:00、
周六 9:00~16:00、周日·节
假日 10:00~16:00
🚫 耶稣受难日、圣诞节

■ **巴罗萨谷葡萄酒节**
Barossa Valley Vintage Festival
每逢奇数年都会举办的
盛会，为了庆祝葡萄丰收而
进行的狂欢。届时会有歌
舞、葡萄采摘大赛等活动，
盛会持续一周的时间。

■ **出租车**
● Barossa & Light Cab Service
☎ 0400-631-631
🖥 barossaandlightcabservice.com.au
● Barossa Taxis
☎ 0411-150-850
🖥 www.barossataxis.com.au

■ **巴罗萨谷奔富酒庄**
🗺 p.418/1B
🏠 30 Tanunda Rd., Nuriootpa, 5355
☎（08）8568-8408
🖥 www.penfolds.com
🕐 每天 9:00~17:00
🚫 圣诞节、节礼日
● **试饮葛兰许**
🕐 每天 14:00~15:00
💰 $150（需要预约/2人以上）
※ 含购买葛兰许时可使用的
$100 优惠券
● **制造属于自己的混酿酒**
🕐 每天 10:30~11:30、14:00~15:00
💰 $65（需要预约/2人以上）

此外，这一地区还有不少殖民开拓时代残留下来的民居、农舍等优雅的历史建筑，现在大都被改造成了酒店、餐馆或者艺术画廊等。因为这里距离阿德莱德仅有1小时的车程，因此来此地一日游的游客很多，当然在酒店住上几晚，悠闲地巡游酒庄也是一番别有洞天的感受。

虽然这里被称为巴罗萨谷，但实际上这里是广阔的丘陵地带，村庄与酒庄都散布在20公里见方的广阔范围之内。主要的村落有林道（Lyndoch）、塔南达（Tanunda）、努里乌特帕（Nuriootpa）、安格斯顿（Angaston）。游客信息中心位于塔南达的主街上，首先到这里来领取巴罗萨谷全图、酒庄地图和住宿指南等相关的旅游信息手册。

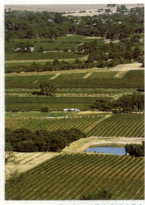
从蒙格勒山观景台看到的景色

酒庄巡游推荐参加的巴罗萨谷团体游

如果想要高效地巡游巴罗萨谷的葡萄酒酒庄，可以参加酒庄巡游团体游项目。这里既有从阿德莱德出发的团，也有从巴罗萨谷当地出发的团。最常见的是乘坐小巴巡游的团，一天可以转5家酒庄，而且还会顺路去游览巴罗萨谷的景点。

位于塔南达的游客信息中心

在酒庄试饮的时候，导游还会给游客讲解许多葡萄酒的知识和试饮建议，对于不是很了解葡萄酒的游客来说会很受益。此外，还有乘坐大巴或者古典老爷车进行酒庄巡游的团，这些团适合情侣或者团体出游

参加团体游项目可以去主要的酒庄参观和试饮

的客人。在巴罗萨谷上空乘坐热气球俯瞰广阔的葡萄田也是人气较高的游览项目。

骑自行车巡游酒庄

开车自己巡游酒庄对于想要试饮的游客来说有些残酷，不妨考虑一下骑自行车巡游。不过，由于各个酒庄之间分布比较零散，而且巴罗萨谷属于丘陵地带，地势跌宕起伏，因此最好将想逛的酒庄集中在一个区域内。可以从努里乌特帕的 Barossa Double D'vin、塔南达的 Tanunda Caravan & Tourist Park 处租借自行车。

必游之地
巴罗萨谷的人气酒庄
Popular Winery in Barossa Valley

大多数的酒庄都可对外直销，游客可以随心所欲地逛是最好不过的

酒庄名称	住宿／URL	电话号码	营业时间
塔南达地区			
格兰特伯爵酒庄 Grant Burge Wines	279 Krondorf Rd., Tanunda, 5352 🖳 www.grantburgewines.com	(08)8563-7675	每天 10:00~17:00
彼德利蒙酒庄 Peter Lehmann Wines	Para Rd.,Tanunda, 5352 🖳 peterlehmannwines.com	(03)8565-9599	周一～周五 9:30~17:00、 周六,周日,节假日 10:30~16:30
圣哈利特酒庄 St Hallett Wines	Lot 100, St Hallett Rd., Tanunda, 5352 🖳 www.sthallett.com.au	(08)8563-7070	每天 10:00~17:00
贝丝妮酒庄 Bethany Wines	378 Bethany Rd., Tanunda, 5352 🖳 www.bethany.com.au	(08)8563-2086	周一～周六 10:00~17:00、 周日 13:00~17:00
努里乌特帕地区			
凯斯勒酒庄 Kaesler Wines	Barossa Valley Way, Nuriootpa, 5352 🖳 kaesler.com.au	(08)8562-4488	每天 11:00~17:00
林道地区			
凯乐美酒庄 Kellermeister Wines	1561 Barossa Valley Way, Lyndoch, 5351 🖳 kellermeister.com.au	(08)8524-4303	每天 9:30~17:30
安格斯顿地区			
御兰堡酒庄 Yalumba Wines	40 Eden Valley Rd., Angaston, 5353 🖳 www.yalumba.com	(08)8561-3200	每天 10:00~17:00
索莱葡萄酒庄园 Saltram Wine Estates	Murray St., Angaston, 5353 🖳 www.saltramwines.com.au	(08)8561-0200	每天 10:00~17:00

事情了。有些酒虽然国内也有进口，但到访巴罗萨谷一定不要错过这里知名的葡萄酒园。

●巴罗萨谷奔富酒庄
Penfolds Barossa Valley Winery

这里有许多只有在澳大利亚本地才有的酒，一定要来看一看。提到奔富酒庄最著名的是葛兰许（Grange），这是一款在世界范围内评价很高的，具有澳大利亚特色的，由设拉子酿造的葡萄酒，根据年份的不同有些甚至价值超过了 $1000。当然也有 $20 左右的价格便宜的红酒。

除了一般的试饮活动之外，奔富酒庄还提供以葛兰许为首的酒庄经典红酒试饮活动——试饮葛兰许（A Taste of Grang），可以尝试着将设拉子、歌海娜、幕尔维德这 3 种葡萄酒按照自己喜爱的口味混酿的活动，制造属于自己的混酿酒等活动。

●沙普酒庄 Seppeltsfield Wines

沙普酒庄位于努里乌特帕以西 8 公里处，建于 1851 年，是巴罗萨谷众多酒庄中历史比较悠久的。这里有参观历史建筑的活动——Heritage Tour。

酒庄设施比较齐全，还有便利店和烧烤设施，除了发挥酒庄的功能之外，也是观光度假的好景点之一。

●杰卡斯酒庄
Jacob's Creek

杰卡斯酒庄位于林道与塔南达之间，是澳大利亚最大的葡萄酒酒庄。酒庄内的现代建筑内设有游客信息中心、试饮厅、展示巴罗萨谷历史的展区、可以一边欣赏葡萄园一边优雅就餐的餐馆。此外，酒庄还有多种类型的团体游项目，可以跟随导游边听讲解边漫步于游客信息中心周围的葡萄田里，之后在餐馆享用正式的午餐，对于红酒迷来说这样的团体游再好不过了。

在工作人员的指导下混酿属于自己的葡萄酒

■沙普酒庄
🖳 p.418/1A
🏠 730 Seppeltsfield Rd.,
Seppeltsfield, 5355
☎ (08) 8568-6200
🖳 www.seppeltsfield.com.au
🕘 每天 10:30~17:00
🚫 元旦、耶稣受难日、圣诞节
● Heritage Tour
🕘 每天 11:30、15:30开始
（所需时间 45 分钟）
💰 成人$15 儿童 免费

沙普酒庄的外观建筑看上去就非常有历史感

杰卡斯酒庄的游客信息中心

■杰卡斯酒庄　🖳 p.418/2A
🏠 Barossa Valley Way,
Jacob's Creek, Rowland Flat,
5352
☎ (08) 8521-3000
🖳 www.jacobscreek.com
🕘 每天 10:00~17:00
🚫 耶稣受难日、圣诞节
●酒庄巡游＋2 道菜午餐
💰 1 人$65(午餐含一杯红酒)

■ 禾富酒庄　　　▷ p.418/1B
住 97 Sturt Hwy., Nuriootpa,
5355 ☎（08）8568-7311
▤ www.wolfblass.com
☒ 每天 10:00～16:30
休 圣诞节

■ 雅达若酒庄　　▷ p.418/2A
住 Hermann Thumm Drv.,
Lyndoch, 5351
☎（08）8524-0200
▤ 1847wines.com
☒ 每天 10:00～17:00
休 耶稣受难日、圣诞节、节
礼日
● 导览团（含乳酪饼干和葡
萄酒试饮）
時 需要提前确认
▨ 每人 $20

禾富酒庄的试饮解说员

● 禾富酒庄 Wolf Blass
　　澳大利亚著名的葡萄酒制造商，在南澳
大利亚各地都拥有自己的葡萄种植园。巴罗
萨谷的酒庄位于努里乌特帕村旁的施塔特公
路以东。酒庄内是现代式的建筑，里面有试
饮厅。

● 雅达若酒庄 Chateau Yaldara
　　雅达若酒庄位于林道村，以起泡酒而闻名。
酒庄内拥有气派的欧式城堡，葡萄酒酒窖和馆
内的家具、摆设都是古董，有专门的团体游项
目可以参观。跟随导览团参观时不禁会为酒窖
内的藏酒数量而感叹。可以说这里是巴罗萨谷
数一数二的景点，许多游客都是跟随一日游团
来到这里参观的。酒庄内并没有设有餐馆。

拥有豪华庄园城堡的雅达若酒庄

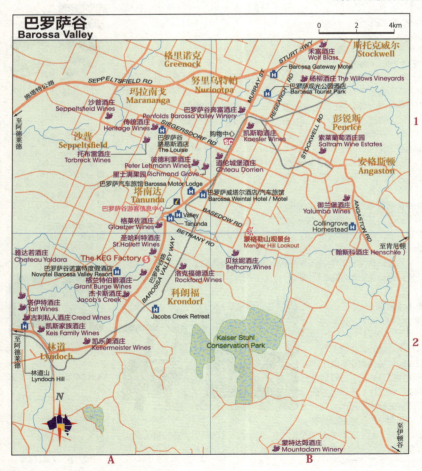

●托布雷酒庄 Torbreck Wines

托布雷酒庄是澳大利亚备受瞩目的酿酒厂，创始人是大卫·鲍威尔（David Powell）。悉尼的著名餐馆等也会选用这家酒庄的酒作为适合配菜的酒使用。试饮厅所在的小房子建于1830年，非常有观光价值。

托布雷酒庄的老房子，试饮厅就位于这里

●翰斯科酒庄 Henschke

翰斯科酒庄位于巴罗萨谷中心外侧以东的肯尼顿地区。这里专门酿造高品质的葡萄酒，其中翰斯科神恩山干红葡萄酒（Hill of Grace）堪比奔富酒庄的葛兰许。酒庄设有VIP葡萄田巡游＆试饮导览团（VIP Tour & Tasting）项目，可以在参观完葡萄田后，进入私密的试饮厅品尝神恩山、玫瑰干红等翰斯科酒庄的顶级葡萄酒的味道。

巴罗萨谷的其他景点

位于安格斯顿的克林格沃民宿（Collingrove Homestead）是一座被指定为国家文化遗产的古老农舍。虽说是农舍，但四周被美丽的庭园所环绕。民宿为住客提供住宿和早餐。还有部分作为展示古董家具等展品的博物馆对外开放，还可以在这里享受德文郡茶的乐趣。

塔南达还有一座麦克斯韦尔工艺品艺廊（Maxwell's Craft Gallery），艺廊位于一栋殖民地风格的居民内。店内有皮革制品、玻璃、木材等手工艺品，还有装饰品等，并设有茶室。The KEG Factory是专门制作盛葡萄酒的容器橡木桶的工厂。不仅可以参观制作橡木桶的车间，工厂还有专门售卖橡木桶周边产品的区域。巴罗萨水库（Barossa Reservoir）是世界上最早的全水泥浇筑的大坝，位于距离塔南达10分钟车程的地方，这里也被称为"耳语墙"（Whispering Wall），即便是分别站在大坝的两端也可以低声对话，初次体验会令人十分震惊。

可以参观生产橡木桶的工厂

在大坝两侧低声私语

克莱尔谷 　　　　　　　Clare Valley

从巴罗萨谷向北驱车约1小时便是克莱尔谷，这里是葡萄酒产地的总称，北起克莱尔（Clare）依次是七山（Sevenhill）、便士山（Penwortham）、米塔罗（Mintaro）、沃特维尔（Watervale）、丽星（Leasingham）、奥本（Auburn）约绵延30公里。

这一地区开始酿造葡萄酒的历史要追溯到1851年。但是耶稣会的修

■托布雷酒庄 📖 p.418/1A
住 Lot 51, Roennfeldt Rd., Marananga, 5355
☎ （08）8568-8123
🖥 www.torbreck.com
🕐 每天 10:00～17:00
休 元旦、圣诞节

■翰斯科酒庄 📖 p.418/2B 外
住 1428 Keyneton Rd., Keyneton, 5353
☎ （08）8564-8223
🖥 henschke.com.au
🕐 周一～周五 9:00～16:30、周六 9:00～12:00、节假日 10:00～15:00
休 周日、元旦、耶稣受难日、圣诞节
● VIP Tour & Tasting
时 周四·周五 10:00&14:00、周六·节假日 10:00 开始
费 每人 $180（2人以上成团）

■Collingrove Homestead 📖 p.418/1B
住 450 Eden Valley Rd., Angaston, 5353
☎ （08）8564-2061
🖥 www.collingrovehomestead.com.au
●博物馆
开 周三～周五 12:00～15:00、周六·周日 12:00～16:00（需要预约）
费 每人 $10／德文郡茶 $10

■The KEG Factory 📖 p.418/2A
住 25 St Hallett Rd., Tanunda, 5352
☎ （08）8563-3012
🖥 www.thekegfactory.com.au
🕐 周一～周五 8:00～16:00、周六 11:00～16:00
休 周日、节假日

■■■ 交通方式 ■■■
●克莱尔谷
从阿德莱德参加团体游或者开车自驾前往比较现实。

■克莱尔谷葡萄酒、美食＆游客信息中心
Clare Valley Wine, Food & Tourism Centre
住 8 Spring Gully Rd., Clare, 5453
☎ （08）8842-2131
🖷 1800-242-131
🖥 www.clarevalley.com.au
开 周一～周四·周六·周日 9:00～17:00、周五 9:00～19:00
休 圣诞节

七山酒庄

- 111C College Rd., Sevenhill, 5453
- （08）8843-4222
- www.sevenhill.com.au
- 每天 10:00～17:00
- 元旦、复活节、圣诞节、节礼日

斯基罗加里酒庄

- Trevarrick Rd., Sevenhill, 5453
- （08）8843-4311
- www.skillogalee.com.au
- 每天 7:30～17:00
- 圣诞节

凯瑞山酒庄

- 12 Main North Rd., Clare, 5453
- （08）8842-4087
- www.kirrihillwines.com.au
- 每天 10:00～16:00

交通方式

- **弗勒里厄半岛**
  有从阿德莱德出发的高端州际巴士，每周一～周五每天 4 趟车，周六 2 趟车、周日 1 趟车。至麦克拉伦谷约需 1 小时，至维克多港大约 2 小时。不过下车以后当地几乎没有公共交通，推荐还是参加团体游项目，或者租车自驾比较方便。

- **麦克拉伦谷 & 弗勒里厄游客信息中心**
- 796 Main Rd., McLaren Vale, 5171
- （08）8323-9944
- mvlarenvale.info
- 周一～周五 9:00～17:00、周六·周日·节假日 10:00～16:00
- 耶稣受难日、圣诞节

- **主要酒庄**
- **休·汉密尔顿酒庄**
- 94 McMurtrie Rd., McLaren Vale, 5171
- （08）8323-8689
- hughhamiltonwines.com.au
- 每天 11:00～17:00
- 圣诞节

享受试饮的乐趣

道士们在七山开始酿造葡萄酒，之后从欧洲来此地的移民开始陆续来酿酒。现在这里已经成为澳大利亚

克莱尔谷内雷司令小径的指路牌

七山酒庄的品酒会

最大的干型雷司令产地。此外，由于这里优质的土壤、气候条件与巴罗萨谷比较接近，因此也可以酿造出美味的设拉子。克莱尔谷有超过 50 家酒庄，其中 30 多家都可以对外直销。

酒庄巡游还是租车自驾比较方便，如果准备在克莱尔谷留宿，骑自行车巡游也是一个不错的选择。在克莱尔酒庄至奥本酒庄之间有一条叫作雷司令小径（The Riesling Trail）的自行车专用道，沿途有多家酒庄。自行车可以从克莱尔附近的大多数酒店租借。

克莱尔谷的酒在国内不是很常见，一定要在这里多品尝几款，挑选几瓶心仪的酒。下面介绍几家比较知名的酒庄。

七山酒庄 Sevenhill Cellars

这座酒庄始建于 1851 年，最初是由耶稣会的修道士们一手打造的，这里也是克莱尔谷历史最悠久的酒庄。酒主辖地内有圣阿罗依修斯教堂（St Asloysius' Chruch）和博物馆可以参观。

斯基罗加里酒庄 Skillogalee Wines

酒庄内并设有餐馆，由于可以一边欣赏葡萄种植园的风景一边享用美食，因此十分受欢迎。推荐在临近午餐时间造访这里（餐馆还是提早预约一下比较稳妥）。

凯瑞山酒庄 Kirrihill Wines

克莱尔谷内比较少见的现代派风格的酒庄。由年轻的酿酒师酿造的设拉子备受好评。

弗勒里厄半岛 　　　　　　Fleurieu Peninsula

弗勒里厄半岛是一座位于阿德莱德南部半浮于海面的半岛，属于阿德莱德一日游范围内。可游览的项目有很多，酒庄巡游、观看企鹅、赏鲸、在库龙国家公园内游河等，全年会有许多游客来到这里。建议开车自驾，如果只是想游览主要景点，也可以参加从阿德莱德出发的旅游团。

因名庄而知名
麦克拉伦谷
McLaren Vale

从阿德莱德驱车约 30 分钟便可到达与巴罗萨谷齐名的南澳大利亚另一著名的葡萄酒产地——麦克拉伦谷。自 1839 年约翰·麦克拉伦移居至此以来，这里的葡萄酒产业就逐渐发展壮大。现在已经拥有 50 多家酒庄，大多数的酒庄提供试饮和直销。可以在进入麦克拉伦谷后先去麦克拉伦谷 & 弗勒里厄游客信息中心（McLaren Vale & Fleurio Visitor Centre），这里也

有一家酒庄，提供试饮，还可以获取酒庄指南。

这一地区的著名酒庄，有从1837年便开始在阿德莱德的格莱内尔格酿造葡萄酒的，之后为了追求更好的环境在麦克拉伦谷创

麦克拉伦谷周边都是美丽的葡萄种植园

办酒庄的休·汉密尔顿酒庄（Hugh Hamilton）；自1876年开始便在麦克拉伦谷开始酿造葡萄酒、旅游团经常造访的历史悠久的哈迪酒庄（廷塔纳）（Tintara）；1892年创办的同样也是历史悠久的皮拉米玛酒庄（Pirramimma）等。

历史悠久的哈迪酒庄

另外，还因这里气候温暖，杏仁、橄榄、薰衣草等的栽培与种植也十分盛行。橄榄的周边产品如橄榄油、手工皂等，还有各种口味的杏仁都非常适合作为伴手礼。

因马拉有轨电车和观赏企鹅而大受欢迎的地方

维克多港
Victor Harbor

Map p.405/3A

维克多港位于阿德莱德以南约80公里处，开车约需30分钟，紧邻因康特湾（Encounter Bay），与格拉尼特岛（Granite Is.）隔海相望。可以乘坐马拉有轨电车（Horse Draw）穿过栈桥到达岛上，也可以步行前往。每天傍晚至夜间大约有2000只神仙企鹅会返回到岛上。参加带有导游的导览团，可以近距离地观察企鹅。值得注意的是冬季（6~8月）期间座头鲸时常会出现在近海附近，建议带上一个望远镜进行观看。这里还有一座专门展示与鲸鱼有关的资料展厅（SA Whale Centre）。

非常想尝试着乘坐一次的马拉有轨电车

维克多港近海还有一座栖息着澳大利亚海狮和新西兰海狗的岛屿——海狗岛（Seal Is.），可以从去往格拉尼特岛的栈桥途中乘木筏前往（Big Duck Boat Tours）。这个旅游项目有很高的概率可以看到海狮和海狗。

乘坐快艇出海观看海狮、海豹、海豚

如果想要欣赏海景，可以去城区以西3~4公里的罗塞塔海德

海狗有时候会靠近快艇

看见海豚的概率也很高

（Rosetta Head，俗称 The Bluff），登上这座断崖欣赏美丽的海景。

此外还有从维克多港至古尔瓦之间通行的观光用蒸汽机车（Steam Ranger）。

了解墨累河河湾
古尔瓦与库龙国家公园　　Map p.405/3A·B
Goolwa & Coorong NP

古尔瓦紧邻亚历山德里娜湖（Lake Alexandrina），这里也是澳大利亚最大的河流墨累河的河湾。曾经因其重要的交通地位而繁盛一时，当时往返内陆的物资都需要从这里装上蒸汽机车，而从海上运输过来的货物则需要到这里卸货。现在这座城市是一座名副其实的旅游城市，因库龙国家公园而知名，这座国家公园位于墨累河的河湾处，占地面积约5万公顷。

库龙国家公园是由墨累河入海口常年堆积而成的大沙丘和海滩（实际长度达145公里），以及仿佛夹在沙丘、大海、河流之间的潟湖构成的，拥有独特的自然景观。沙丘地带生长着275种植物，而靠近水边的地方则栖息着以鹈鹕为首的200多种水鸟。游览库龙国家公园最好的方法是参加库龙游船之旅（Spirit of the Coorong Cruises）。内容包含在行舟与潟湖之上、与生态导游一起在墨累河河湾以及大沙丘漫步、到水鸟聚集的岸边观察水鸟。在灌木丛漫步的时候还可以尝试着吃一些可以食用的植物。参加游船之旅需要从古尔瓦港乘坐专车前往游船停靠的欣德马什岛（Hindmarsh Is.），然后从这里启程。

乘坐游船巡游库龙国家公园

阿德莱德 的观光和娱乐活动

从阿德莱德出发的团体游项目主要有游览阿德莱德山、巴罗萨谷、弗勒里厄半岛等地的一日游和去往袋鼠岛的1~2日游。

乘坐公共交通游览十分不便
阿德莱德山之旅
Adelaide Hills Tours

●阿德莱德灰线 / 阿德莱德午后亮点
Gray Line Adelaide / Afternoon Adelaide Highlights

主要游览可爱的德国风情小镇汉多夫与阿德莱德山的半日游项目。

阿德莱德山的中心是汉多夫小镇，镇子上有许多德国风情的小店

●阿德莱德观光 / 阿德莱德山与汉多夫半日游
Adelaide Sightseeing / Adelaide Hills & Hahndorf Half Day

沿途可以透过车窗欣赏斯特灵、阿尔盖特等可爱村庄的风景，阿德

莱德山景区可以从洛夫蒂山的山顶俯瞰山下的美景。在汉多夫则是饮下午茶和自由漫步。

拜访澳大利亚最大的红酒产区
巴罗萨谷之旅
Barossa Valley Tours

●阿德莱德观光 / 巴罗萨谷与哈多夫之旅 | 巴罗萨美食与美酒之旅
Adelaide Sightseeing / Barossa Valley & Hahndorf | Barossa Food & Wine Experience

　　根据出发日期的不同，有两条线路的团。巴罗萨谷与哈多夫之旅去的酒庄是杰卡斯酒庄和索莱葡萄酒庄园，回程顺路去哈多夫，逛一逛手工艺品店和精品葡萄酒商店（可以试饮）。巴罗萨美食与美酒之旅的游览内容包含去迪亚罗斯蒂德酒庄、本达利艾酒庄品尝葡萄酒，在玛吉斯啤酒农场品尝葡萄酒和果酱，然后在朗巴酒庄吃午餐，感受美酒与美食的完美结合。

●阿德莱德灰线 / 大巴罗萨与汉多夫之旅
Gray Line Adelaide / Grand Barossa & Hahndorf

　　参加大巴罗萨与汉多夫之旅会花上一整天的时间巡游巴罗萨谷的酒庄。将会在比较受欢迎的沙普酒庄、禾富酒庄试饮葡萄酒。午餐是在奔富酒庄就餐，在这里可以感受美酒与美食搭配后的完美体验。午餐过后去往阿德莱德山最受欢迎的小镇汉多

在汉多夫的自由时间非常充裕

夫。对于想要仔细品味巴罗萨谷乐趣的游客，还有可以住宿1晚2天的团体游项目（入住在巴罗萨谷诺富特度假酒店）。

酒庄与海滩的愉快之旅
弗勒里厄半岛之旅
Fleurieu Penninsula Tours

●阿德莱德观光 / 维克多港、麦克拉伦谷亮点
Adelaide Sightseeing / Victor Harbor，McLaren Vale Highlights

　　这条线路能够充分感受阿德莱德郊外的美丽，可以去与巴罗萨谷齐名的葡萄酒产地麦克拉伦谷试饮美味的葡萄酒，还可以在维克多港乘坐马拉车（另付费）、在格拉尼特岛上散步等。除了普通的团之外，还有含3道菜的豪华大餐的团、乘坐Big Duck Boat去海狗岛的团等。

●阿德莱德灰线 / 维克多港与麦克拉伦谷之旅
Gray Line Adelaide / Victor Harbour & McLaren Vale

　　游览位于弗勒里厄半岛的美丽小镇斯特拉萨尔宾（Strathalbyn）及海边小镇古尔瓦，然后前往维克多港。在维克多港可乘坐马拉有轨电车（收费），可以在花岗岩岛散步，回来的路上在麦克拉伦谷还可以品尝葡萄酒。

■巴罗萨谷之旅
●阿德莱德观光
☎（08）8413-6199
1300-769-762
www.adelaidesightseeing.com.au
时 巴罗萨谷与哈多夫之旅：周一~周二、周五 每天9:15~17:15 / 巴罗萨美食与美酒之旅：周三、周四、周五、周六、周日 9:15~17:15
费 巴罗萨谷与哈多夫之旅：成人 $139 儿童 $85 / 巴罗萨美食与美酒之旅：成人 $145 儿童 $90

●阿德莱德灰线
☎（08）8410-8800
www.grayline.com.au
时 每天 9:15~17:15
费 大巴罗萨与汉多夫之旅：成人 $139 儿童 $69.50 / 巴罗萨谷1晚2天：成人 $595 儿童 $295

■弗勒里厄半岛
●阿德莱德观光 / 维克多港、麦克拉伦谷亮点
☎（08）8413-6199
1300-769-762
www.adelaidesightseeing.com.au
时 周三、周六 9:15~17:15
费 成人 $109 儿童 $56 / 含3品豪华套餐 成人 $134 儿童 $74 / Big Duck Boat 成人 $147 儿童 $84 家庭 $144

●阿德莱德灰线 / 维克多港与麦克拉伦谷之旅
☎（08）8410-8800
www.grayline.com.au
时 周三、周六 9:15~17:15
费 含午餐：成人 $134 儿童 $67 / 不含午餐：成人 $110 儿童 $55 / Big Duck Boat 成人 $146 儿童 $80

在袋鼠岛尽情玩乐

用一天时间游览袋鼠岛主要景点

袋鼠岛一日游
Kangaroo Island 1 Day Tour

袋鼠岛上的主要景点有海豹湾、观察考拉、弗林德斯蔡司国家公园、非凡石、旗舰拱门等。阿德莱德观光和灰线等公司都设有与上述游览景点大致相同的团体游项目。普通的团都是乘坐海上渡轮往返的。也可以升级成单程 / 往返乘坐飞机。

袋鼠岛的人气景点海豹湾

在袋鼠岛尽情玩乐

袋鼠岛 1 晚 2 日游
Kangaroo Island 2 Day Tour

袋鼠岛上拥有众多的景点。如果想要玩得尽兴，建议参加阿德莱德旅行社举办的为期两天的团体游。最常见的是 2day Best of Kangaroo Is.，除了会去一日游常规的景点海豹湾、非凡石、旗舰拱门、在汉森湾观察考拉之外，还会去一日游时一般不会到达的克里弗德蜜蜂农场（Clifford's Honey Farm）试饮蜂蜜，去树油提炼场参观尤加利油的提炼，去袋鼠岛野生动物园与动物们亲密接触，观看飞禽猛鸟秀，去金斯科特喂鹈鹕等地方。此外，还有 2Days Kangroo Is. Wilderness Explorer，除了会拜访海豹湾、非凡石、旗舰拱门之外，还会在背包客旅馆住宿，在周边进行漂流、骑行、丛林漫步等项目。

邂逅可爱的海豚

看海豚并与其共泳
Dolphin Watch & Swim Cruise

在格莱内尔格近海观察宽吻海豚，或者与其一起畅游的旅行项目。虽说是与海豚共泳，但是指的是穿上潜水服，抓住船后部的绳子，在海中以相对比较近的距离观察海豚游泳。船是双体船。如果只选择观察海豚则可以更加悠闲地享受海风。

海豚会游到船只的附近

阿德莱德的酒店
Accommodation

阿德莱德市中心

阿德莱德中央青年旅舍
Adelaide Central YHA   廉价旅馆

◆距离巴士总站仅有 200 米，前台 24 小时有人值班，即便是晚上到达也可以安心地入住。旅舍内还能上网，还设有旅行社的服务台。

穷游者最喜欢选择的阿德莱德中央青年旅舍

靠近巴士总站	Map p.406/2A

URL www.yha.com.au
住 135 Waymouth St.，5000
☎ 8414-3010   WiFi 免费
费 Ⓓ$27~31.50、Ⓣ Ⓦ$85.50~103.50
※ 非 YHA 会员需支付附加费用
CC M V

109 旅馆 & 阿德莱德青年旅馆
Hostel 109 & Adelaide Backpackers Inn   廉价旅馆

◆109 旅馆和背包客旅馆分别位于道路两侧。在公共休息区可以免费上网。咖啡和红茶也是免费的。同时还提供免费的车站、巴士站接送服务。

可为旅行者提供很多建议	Map p.406/3B

URL www.hostel109.com
URL www.abpi.com.au
住 109 Carrington St. & 112 Carrington St.，5000
Free 1800-099-318（通用） ☎ 8223-1771（通用）
WiFi 免费   费 Ⓓ Ⓦ$29~35、Ⓦ$80~104
※YHA、VIP 会员有折扣 CC M V

OZ 背包客旅馆 & 民宿
Backpack OZ & The Guest House   廉价旅馆

◆地理位置非常方便，步行至维多利亚广场仅需 5 分钟。一层是酒吧，非常适合驴友之间互相交换旅行信息。早餐和每周二的 BBQ 晚餐是免费提供的。

工作人员都非常热情	Map p.406/3B

URL backpackoz.com.au
住 144 Wakefield St.，5000
☎ 8223-3551
Free 1800-633-307
WiFi 免费
费 Ⓓ$26~27、Ⓣ Ⓦ$70~85 ※ 含早餐

阿德莱德财政大厦阿迪娜公寓酒店
Aedina Adelaide Treasury   公寓

◆使用约 160 年前建造的原财政大厦改建而成的豪华公寓。馆内设有餐馆、游泳池、水疗馆、健身房等设施。

由旧财政大厦改装的公寓酒店	Map p.406/2B

URL www.adinahotels.com.au
住 2 Flinders St.，5000
☎ 8112-0000   WiFi 免费
费 1Ⓑ $219~255、2Ⓑ $345~370
CC A D J M V

阿德莱德贤士酒店
Sage Adelaide   星级酒店

◆建于南大街上的高档酒店，共有 11 层的大厦非常醒目。酒店内有游泳池、客人洗衣房、餐馆、免费停车场等设施。

眼前是一座非常漂亮的公园	Map p.406/3B

URL www.snhotels.com/sega/adelaide
住 208 South Tce.，5000
☎ 8223-2800
WiFi 免费
费 Ⓣ Ⓦ$155~215
CC A D J M V

格罗夫纳美居酒店
Mercure Grosvenor Hotel 星级酒店

◆ 位于阿德莱德站前，拥有古典风格外观的酒店。酒店内从早营业至深夜的国际餐馆备受好评。

无论去哪儿都十分方便　Map p.406/2A
URL www.mercuregrosvenorhotel.com.au
住 125 North Tce.，5000　☎ 8407-8888
WiFi 仁费　费 T W $239~259
CC A D J M V

阿德莱德格兰大臣酒店
Hotel Grand Chancellor Adelaide on Currie 星级酒店

◆ 邻柯里大街而建的新乔治亚风格酒店。从侧面的小路还可以直通到辛德雷大街，地理位置极其便利。客房十分宽敞舒适。有温水游泳池和健身房、餐馆等设施。

客房十分宽敞

建于市中心的酒店　Map p.406/2A
URL www.grandchancellorhotels.com
住 18 Currie St.，5000
☎ 8112-8888
WiFi 免费
费 T W $199~219
CC A D J M V

阿德莱德希尔顿酒店
Hilton Adelaide 星级酒店

◆ 面朝维多利亚广场而建的五星级酒店。时尚现代感氛围十足的酒店大厅的一角处是 COAL CELLAR + GRILL 餐馆，主要选用南澳大利亚的食材烹制成新式澳大利亚菜，葡萄酒的酒单也是非常专业，深受当地美食家们的推崇。客房宽敞明亮。室外游泳池、健身房等设施也非常齐备。而且，酒店紧邻中央市场，无论是畅享美食还是购物都十分方便。

紧邻维多利亚广场　Map p.406/3A
URL www.adelaide.hilton.com
住 233 Victoria Square，5000
☎ 8217-2000
FAX 8217-2001
WiFi 付费（希尔顿会员免费）
费 T W $179~379
CC A D J M V

（上）希尔顿酒店是阿德莱德的地标建筑
（下）品位优雅，格调舒适的客房设计和家具摆设

格莱内尔格

阿德莱德斯坦福格兰德酒店
Stamford Grand Adelaide

◆ 建于格莱内尔格海滩栈桥前的大型古典风格酒店，共有 241 间客房。入口处有酒吧和咖啡馆。

格莱内尔格的地标建筑
URL www.stamford.com.au/sga
住 Mose ey Square（2 Jetty Rd.），Glenelg，5405　☎ 8376-1222
WiFi 付费　费 T W $145~395　CC A D J M V

阿德莱德中心地区其他主要酒店

酒店名	住宿／URL	TEL／FAX	参考价格
廉价酒店			
Adelaide Travellers Inn Backpackers Hostel p.406/3B	220 Hutt St, 5000 www.adelaidebackpackers.com.au	☎ 8224-0753 FAX 8224-0788	D $28~34 W $80~100
My Place Adelaide Backpackers Hostel p.406/2A	257 Waymouth St, 5000 backpackers hosteladelaide.wordpress.com	☎ 0411-404-646	D $27 T W $115 ※ 含早餐
Sunny's Backpackers Hostel p.406/2・3A	139 Franklin St, 5000 www.sunnys.com.au	☎ 8231-2430	D $24 ※ 含早餐
Bluegalah Backpackers Hostel p.406/2A	1st Fl., 62 King William St, 5000 bluegalah.com.au	☎ 8231-9295 FAX 8231-9258	D $27~35 T W $85 ※ 含早餐
星级酒店			
Mansions on Pulteney p.406/2B	21 Pulteney St, 5000 www.mansionsonpulteney.com.au	☎ 8232-0033	Studio $127~ 1B $133~
Majestic Old Lion Apartments p.406/1B	9 Jerningham St, North Adelaide, 5006 www.majestichotels.com.au	☎ 8334-7799 FAX 8334-7788	1B $170~ 2B $220 ~ 3B $305~

阿德莱德山

阿德莱德洛夫蒂山脉索菲特美憬阁酒店
Mount Lofty House – MGallery by Sofitel
◆ 这座厚重感十足的酒店建于 1852 年，共有 29 间客房，所有房间的设计都十分豪华。由于酒店建于洛夫蒂山半山腰，所以景观也不错。

想要奢华地度假可以选择这里
URL www.mtloftyhouse.com.au
住 74 Mount Lofty Summit Rd.，crafers，5152 ☎ 8339-6777 WiFi 免费
费 ⊤W$219~449 CC A D J M V

巴罗萨谷

巴罗萨谷诺富特度假酒店
Novotel Barossa Valley Resort
◆ 位于高尔夫球场旁的度假酒店。由于酒店位于高台之上，因此眺望的风景也相当不错。餐馆的水平也非常高，备受好评。

巴罗萨谷有名的度假酒店

建于山丘之上的度假酒店　Map p.418/2A
URL www.novotelbarossa.com
住 42 Pioneer Ave.，Rowland Flat，5532
☎ 8524-0000 Free 1300-657-369
WiFi 付费 费 ⊤W$359~369
CC A D J M V

弗勒里厄半岛 / 麦克拉伦谷

麦克拉伦谷汽车旅馆 & 公寓
McLaren Vale Motel & Apartments
◆ 拥有 25 间客房的汽车旅馆，花园被整修得非常漂亮。酒店前是一片辽阔的葡萄田，非常适合葡萄酒庄巡游时入住。

巡游酒庄时适合入住的酒店
URL www.mclarenvalemotel.com.au
住 Cnr. Main Rd. & Caffrey St.，McLaren Vale，5171 ☎ 8323-8265
FAX 8323-9251 WiFi 免费
费 ⊤W$133~200，2B$212~310
CC J M V

弗勒里厄半岛 / 维克多港

维克多酒店
Hotel Victor
◆ 酒店位于维克多港的中心地带，是一家可以眺望到大海的景观酒店。提前一天的晚上订好早餐，可以直接放到房间的冰箱内保存。酒店并设有深受当地人喜爱的酒吧。

风景好
URL hotelvictor.com.au
住 1Albert Pl.，Victor Harbor，5211
☎ 8552-1288 Free 1800-802-808
WiFi 免费 费 ⊤W$130~230
CC A D J M V

阿德莱德的餐馆
Restaurant

贾明斯
Jasmin
◆ 该餐馆位于蓝道购物中心附近，是一家开业于 1980 年的老店。主营传统的北印度菜，备受食客们的好评。拼盘 $12~15.50、咖喱 $25.50~28.50。此外牛肉、鸡肉、虾、鱼类等咖喱的种类也很丰富。

正宗的印度菜馆　Map p.406/2B
URL jasmin.com.au
住 31 Hindmarsh Square，5000
☎ 8223-7837
营 周四·周五 12:00~14:30、周二～周六 17:30~23:00
休 周日、周一、节假日
CC A J M V
酒 有许可

Eros Kafe
Eros Kafe

◆ 每晚几乎都会客满，连露台座席甚至都会坐满。慕莎卡（Moussaka）、烤肉串（Souvalaki）、油炸乳酪（Saganaki）等希腊经典菜式都非常美味。非常适合与大家共同分享的小盘菜每盘 $10~32，价格也很亲民。

位于蓝道大街的人气希腊餐馆　Map p.406/2B

URL www.eroskafe.com.au
住 275 Rundle St., 5000
☎ 8227-0677
营 周六·周日 9:00~11:30、每天 11:30~23:00
CC ADJMV
酒 有许可 &BYO（只限葡萄酒）

既美味摆盘又精致的 Eros 咖啡馆美食

河畔餐馆
Riverside Restaurant

◆ 洲际酒店内值得一提的餐馆，位于酒店的大堂。餐馆的装潢虽然给人感觉高大上，但是绝对没有那么触不可及，可以轻松愉快地就餐。菜谱上有生蚝（半打 $21）、主菜三文鱼（$38）、使用指定农场饲养的羊肉与牛肉制成的烤肉（$40~）、那不勒斯意大利面（$32）等品种相当丰富，味道也很不错。强烈推荐 5 道菜主厨套餐（$75）。此外，葡萄酒的种类也很丰富。

可以眺望托伦斯河风景的餐馆　Map p.406/2A

URL www.icadelaide.com.au/dining/riverside-restaurant
住 Inte-Continantal Adelaide, North Tce., 5000
☎ 8238-2384
营 每天 6:30~10:00、12:00~14:00、18:00~21:00
CC ADJMV
酒 有许可

烤三文鱼无论是味道还是品相都很赞

Red Ochre Grill & River Cafe
Red Ochre Grill & River Cafe

◆ 这家餐馆的烤肉中加入了原住民经常食用的果实、种子和香草等材料，并且选用澳大利亚最具特色的食材，味道也是全澳大利亚屈指可数的。最具代表性的菜式是袋鼠的沙龙肉排 $35、金合欢籽意面 $29.50 等。充分利用河畔地理位置的优势河畔咖啡馆，推荐来这里吃午餐。生蚝 10 个 $29、各种意面 $29.90~33.90、菲力牛排 $39.90 等菜谱的内容也很丰富。

澳大利亚知名的餐馆　Map p.406/2A

URL www.redochre.com.au
住 War Memorial Drv., North Adelaide, 5006
☎ 8211-8555 FAX 8212-4855
营 烧烤：周一~周六 18:00~22:00 / 河畔咖啡馆：周一~周五 12:00~15:00、周一~周六 18:00~22:00
休 周日、节假日
CC ADJMV
酒 有许可

风点餐馆 & 咖啡馆
Windy Point Restaurant & Cafe

◆ 餐馆位于风点（Windy Point），分为上层的高档餐馆和下层的咖啡馆。如果坐在靠窗的位子还可以欣赏到绝美的夜景。

一边欣赏美丽的夜景一边品尝美食　Map p.405/2A

URL www.windypointrestaurant.com.au
住 Windy Point Lookout, Belair Rd., Belair, 5052
☎ 8278-3255
营 餐馆：周一~周六 18:00~22:00 / 咖啡馆：周日 11:30~16:00、周二~周六 18:00~22:00
CC AJMV
酒 有许可

在浪漫的氛围下享用晚餐

袋鼠岛 *Kangaroo Is.*

袋鼠岛最具代表性的景点——非凡岩

● 袋鼠岛
● 渡轮
可以从阿德莱德的中央巴士总站乘坐 Sealink 公司运行的巴士＋渡轮。乘坐巴士大约 1 小时便可到达杰维斯角（Cape Jervis），然后从这里换乘渡轮前往袋鼠岛东端的彭纳肖（所需时间 45 分钟）。通常每天 3 班船，旅游旺季时最多 12 班船。

● 飞机
从阿德莱德到金斯科特机场（KGC）之间有 Regional Express 通航（所需时间 30 分钟）。Kangaroo Is. Transfers 公司有从金斯科特机场去往袋鼠岛主要城镇之间的巴士。

最受欢迎的交通工具 Sealink 渡轮

袋鼠岛位于阿德莱德以南 113 公里的海面上，仿佛就是澳大利亚大陆的缩小版。这里既有被侵蚀得看上去十分沧桑的岩壁，又有美丽浪漫的沙丘；既有干燥荒凉的沙漠和荒野，又有茂密的桉树林。野生的袋鼠和考拉、针鼹、袋貂等小动物们在这座岛上自在地生活，企鹅们在海边筑巢。在海滨的沙滩上、岩石上还经常有悠闲地晒太阳的海狮和海狗，近海附近还有海豚、鲸鱼等海洋生物。可以说这里就是野生动物的天堂。

袋鼠岛的面积是 4405 平方公里，是澳大利亚继塔斯马尼亚本岛、北部地区的梅尔维尔岛之后的第三大岛。为了尽量避免对岛上生态环境的破坏，除了主干道之外，其余道路都没进行铺装。驾车行驶在尘土飞扬的红土道路上，仿佛有种荒野求生的感觉。由于这里特殊的土质，再加上受到气候和海流的影响，使得这里拥有无数的名胜。如果可能的话，建议在岛上多住上几日，充分感受其中的魅力。

袋鼠岛 漫 步

袋鼠岛上的主要城镇有：从杰维斯角乘坐渡轮上岛的港口所在地彭纳肖（Penneshaw）、岛上的中心区域金斯科特（Kingscote）和位于彭纳肖和金斯科特中间位置的亚美利加里弗（American River）。受到住宿设施等因素的影响，大多数游客都会选择在金斯科特或者彭纳肖逗留。

岛上约有 4400 人，其中 2000 人都居住在金斯科特。镇子上有游客信息中心、银行、超市等设施，很有活力。彭纳肖则是一个规模很小的镇子，青年旅舍、房车营地、酒店、纪念品商店等商业设施大都汇集在渡轮码头周边。

空中口岸——金斯科特机场

参加袋鼠岛旅游观光团比较方便

由于袋鼠岛上的景点比较分散，而且各个景点之间没有相互连接的公共交通工具，因此除了自驾游等自行移动的方法之外，参加从岛上出

■ Sealink
☎ 13-13-01
📠 （08）8202-8688
🖳 www.sealink.com.au
🎫 杰维斯角至彭纳肖之间的渡轮 单程：🅰$49 🅻$25、汽车（限 5 米以内）$98／阿德莱德至杰维斯角接送 单程：🅰$28 🅻$15／彭纳肖至即金斯科特接送 单程：🅰$19.50 🅻$9.75／彭纳肖至亚美利加里弗接送 单程：🅰$16.50 🅻$8.25
※ 海上风浪大，如果有晕船的游客，请提前服用晕船药

■ Regional Express
☎ 13-17-13
🖳 www.rex.com.au

■ Kangaroo Is. Transfers
☎ 0427-887-575
🖳 www.kitransfers.com.au
● 金斯科特机场出发
🚌 至袋鼠岛内的酒店 单程每人 $45（提前 24 小时预约）

发的各种团体游项目是最方便的。岛上有多家旅游公司有这种团体游项目。其中最受欢迎的要数 Sealink 公司的团体游项目，该公司同时运营着渡轮。除了英语导游之外，在各个景点还可以领取带有中文说明的小册子。团体游项目如下，当然也可以从阿德莱德出发然后与下列团体游项目相结合，自己 DIY 组合一条 1~2 天的线路。

● **感受袋鼠岛之旅 Kangaroo Island Experience**

用一天时间游览袋鼠岛主要的景点。游览景点包含海豹湾、考拉路、弗林德斯蔡司国家公园（非凡岩、旗舰拱门）。

● **海豹湾发现之旅 Seal Bay Discovery**

用一天时间游览袋鼠岛东部的主要景点。游览景点包含斯托克斯湾、潘达纳野生动物园、海豹湾、克里弗德蜜蜂农场（Clifford's Honey Farm）。

● **非凡的荒野之旅 Remarkably Wild Tour**

主要游览弗林德斯蔡司国家公园的旅游团。游览景点包含鸸鹋岭、凯利山洞穴、非凡岩、旗舰拱门、羊奶酪厂（（Island Pure Sheep Dairy and Cheese Factory）。

在小镇附近就可以看到企鹅

彭纳肖企鹅中心　　Map p.430/B
Penneshaw Penguin Centre

袋鼠岛是小企鹅（仙女企鹅）的巢穴所在地。每当到了晚上，便可以看到企鹅们从海上返回巢穴的样子。虽然个人也可以参观，但是严禁使用强光照射企鹅。所以最好还是跟随生态导游一起，在不会伤害企鹅眼睛的红光手电的指引下，沿着海岸线观察企鹅。

可爱的小企鹅

近距离接触野生海豹

海豹湾　　Map p.430/A
Seal Bay

袋鼠岛的西侧是甘托姆角保育公园（Cape Gantheaume Conservation Park）。公园的西侧（海豹湾自然保护区）是野生澳大利亚海狮（Australia Sea Lion）

晒着太阳懒洋洋地躺在海滩的海狮们

跟随管理员一起在海滩
上边散步边观察海狮

栖息的海滩，在这里游客可以近距离地观察海狮们可爱的样子。

海狮的活动范围仅限于自己的领地内，因此它们栖息的地方并不多。海豹湾大约栖息着 600 头海狮，据说这已经占据了世界上海狮总数的 5% 了。可以一次性近距离地观察如此多数量的海狮，全世界恐怕也只有海豹湾了。游客需要参加海豹湾游客信息中心（Seal Bay Visitor Centre）组织的团体游项目来到这里。带队的是国家公园的管理员们，因此可以听到许多关于海狮的详细说明。此外，为了不惊扰到在陆地上的海狮们，园内制定了严格的规定，一定要按照管理员的指示行动。

体验充满震撼力的猛禽秀

猛禽救助中心
Raptor Domain
`Map p.430/A`

猛禽救助中心位于海豹湾附近，这里有飞鹰、猫头鹰、猎鹰等猛禽的表演秀。巨大的猎鹰从眼前滑翔而过，飞向工作人员喂饵的位置，这场景十分的震撼。

猛禽秀让人兴奋不已

耀眼的洁白沙滩

小撒哈拉
Little Sahara
`Map p.430/A`

小撒哈拉是位于海豹湾西北部约 15 公里的一处沙丘地带（距离海岸大约有 3 公里）。这座沙丘有 4～5 平方公里，起伏跌宕，在上面行走稍微有些吃力。风比较大的日子里一定要做好相机的防沙预防工作，否则沙子可能会损坏相机。

巨大的钟乳洞

凯利山洞穴
Kelly Hill Caves
`Map p.430/A`

凯利山洞穴是位于袋鼠岛南部的钟乳洞，只能跟随公园管理员一同随团进洞参观。洞内是钟乳洞特有的景观，由石笋、钟乳石等缔造的梦幻世界。

凯利山洞穴内充满了梦幻的神奇色彩

袋鼠岛的著名景观，野生动物的天堂

弗林德斯蔡司国家公园
Flinders Chase NP
`Map p.430/A`

弗林德斯蔡司国家公园是位于袋鼠岛南部的国家公园。公园内有岛

■ 袋鼠岛旅游通票
Kangaroo Island Tour Pass

如果想在袋鼠岛内多玩上几座国家公园，那么这张旅游通票还是相当有必要入手的。通票的内容包含了海豹湾、凯利山洞穴、弗林德斯蔡司国家公园等的门票和参加公园内导览团的费用（有效期 12 个月）。可以在游客信息中心或者各公园内购买。

🚌 袋鼠岛旅游通票：成人 \$70
🧒 \$43 家庭 \$191

■ 海豹湾
☎ （08）8553-4463
🖥 www.environment.sa.gov.au
🕐 每天 9:00～17:00（南澳大利亚州学校放假期间是 9:00～19:00）
● 导览团
🕐 每天 9:00～16:00 每隔 30～35 分钟一团。所需时间 45 分钟
💰 成人 \$35 🧒 \$20 家庭 \$85

■ 猛禽救助中心
🏠 Lot 51, Seal Bay Rd., Seal Bay, 5223
☎ （08）8559-5108
🖥 www.kangarooislanbird-sofprey.com.au
● 猛禽秀
🕐 每天 11:30～12:30、14:30～15:30
💰 成人 \$20 🧒 \$15 家庭 \$60

猛禽救助中心内的猛禽表演秀，客人们也有机会与鸟类亲密接触

■ 凯利山洞穴
☎ （08）8553-4464
🖥 www.environment.sa.gov.au
🕐 5-8月的周五～次周周一 10:30、9月～次年4月每天 10:30 与每天 11:00～16:00 期间每1小时一团（所需时间 40 分钟）/学校假期期间团体游的次数会增加
💰 成人 \$18 🧒 \$10 家庭 \$45

旗舰拱门附近的岩石上有海狗群

■袋鼠岛赏鲸
6~10 月期间，南露脊鲸（Southern Right Whale）为了繁殖后代会来到袋鼠岛的南岸附近。届时如果运气好的话，从彭纳肖的海岸就可以看到它们的身影。

斯托克斯湾虽然不大却非常美丽

固有的袋鼠种类——岛袋鼠，此外还有考拉、针鼹等野生动物。游览弗林德斯蔡司国家公园，首先应该前往位于洛基河（Rocky River）的弗林德斯蔡司游客信息中心（Flinders Chase Visitor Centre）。这里有简易的博物馆，如果运气好的话还可以在中心后面的森林里健走，还能见到鸭嘴兽。弗林德斯蔡司国家公园内还有许多袋鼠岛上的著名景点。

●旗舰拱门 Admirals Arch

旗舰拱门位于弗林德斯蔡司国家公园的南侧。海岬的中腰被海浪常年侵蚀，因此形成了一座拱门的形状。在这一带的岩石上，栖息着大量的新西兰海狗（New Zealand Fur Seal）。

旗舰拱门令人不得不感叹大自然的鬼斧神工

●非凡岩 Remarkable Rock

距离旗舰拱门约 6 公里，东侧的海岬边缘，有一座巨大的天然岩石，被人们称为非凡岩。这一带的植物受到从南极吹来的冷风的影响，生长高度一般不会超过腰间。非凡岩也是受到这股冷风和冬季大量降雨的侵蚀而逐渐形成的岩石的集合体。每当到了傍晚时分，岩壁会被染成红色，背后是碧蓝的大海作为背景，显得格外炫目。

海岬边缘处耸立的庞然大物——非凡岩

●汉森湾野生动物保护区 Hanson Bay Wildlife Sanctuary

汉森湾野生动物保护区位于弗林德斯蔡司国家公园之外，游客信息中心以东 7 公里处。保护区内有一条叫作考拉路的道路，经常会有野生考拉出没。这里还有专门观察保护区内夜间比较活跃的考拉、袋鼠等野生动物的导览团。

可以观察到最真实的野生考拉

通向天然隧道的耀眼沙滩

斯托克斯湾 Stokes Bay
Map p.430/A

斯托克斯湾位于袋鼠岛北海岸的中心地带。乍一看这里只是一片到处是礁石的海滩，但如果穿过右侧的岩石隧道，美丽的海滩瞬间就会呈现在眼前。由于这片海滩从外围完全看不到，因此也被称作"秘密海滩"。

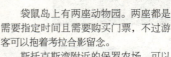

可以拥抱考拉

保罗农场 / 袋鼠岛野生动物园 Paul's Place / Kangaroo Is. Wildlife Park
Map p.430/A

袋鼠岛上有两座动物园。两座都是需要指定时间且需要购买门票，不过游客可以抱着考拉合影留念。
斯托克斯湾附近的保罗农场，可以

袋鼠岛野生动物园内有许多活泼可爱的考拉

在导游的带领下参观。可以给袋鼠喂食，还可以拥抱考拉和负鼠。袋鼠岛野生动物园比保罗农场的规模要大一些。在这里可以看到考拉、小袋鼠、针鼹、鸸鹋和各种类型的鹦鹉，还可以给袋鼠喂食。

克利福德蜜蜂农场
适合做伴手礼的蜂蜜
Clifford's Honey Farm

Map p.430/B

利古里亚蜜蜂（Ligurian Bee）原本是意大利特有的物种，如今世界上唯一还饲养此蜜蜂的便是克利福德蜜蜂农场。农场内有参观团，可以在导游的带领下参观利古里亚蜜蜂的习性、制作蜂蜜的过程等。农场内并设的商店里出售多种蜂蜜，还有使用蜂蜜制成的饮料和蜂蜜冰激凌。这些都是可以试吃的。

品质上乘的蜂蜜非常适合当作伴手礼

鸸鹋岭
尤加利精油厂
Emu Ridge

Map p.430/B

使用 100 年以前的古法制作桉树油的工厂，可以参观制作过程。虽说叫作工厂，但也只是放有蒸桉树叶子的蒸炉和收集蒸发后油脂的管子的一个地方而已。这里提炼的油是从袋鼠岛上固有的桉树（Kangaroo Island Narrow Leaf Malee）叶中提取的。桉树油是南澳大利亚州最早生产的产品，也是 19 世纪 90 年代袋鼠岛上最大的产业。不过现存的仅有这家工厂了。

并设的商店内出售有桉树蜡烛、桉树油和桉树肥皂等礼盒

■袋鼠岛野生动物园
住 4068 Playford Hwy., Seddon, 5220
☎（08）8559-6050
URL www.kiwildlifepark.com
开 每天 9:00～17:00
费 成人 $25 儿童 $15 家庭 $70 / 抱考拉 每人 $3（夏季时没有抱考拉活动）

■克利福德蜜蜂农场
住 1157 Elsegood Rd., Haines, 5223
☎（08）8553-8295
URL www.cliffordshoney.com.au
开 每天 9:00～17:00
休 圣诞节

■袋鼠岛上原本没有蜜蜂？
以前欧洲人从意大利带来的利古里亚蜜蜂是袋鼠岛上唯一的蜜蜂种群。1885 年这里被指定为"蜜蜂保护区"，这座岛屿上的利古里亚蜜蜂从未与其他种类的蜜蜂杂交过。

■鸸鹋岭
住 691 Willson Rd., Section 101, MacGillvray, 5223
☎（08）8553-8228
URL www.emuridge.com.au
开 每天 9:00～16:00
休 圣诞节
费 导览观：成人 $7 儿童 $4.50 / 自主游览 成人 $4.50 儿童 $2.50

袋鼠岛的酒店
Accommodation

金斯科特

袋鼠岛海滨酒店
Kangaroo Island Seaside Inn

◆酒店是一座 2 层楼的建筑，共有 20 间客房，虽然规模不大，但设施是袋鼠岛上数一数二的。酒店辖区内有使用太阳能的温水游泳池，还有半场网球等设施。套间客房内还带有水疗浴缸。

袋鼠岛上最受欢迎的星级酒店
URL www.kiseasideinn.com.au
住 7 Cygnet Rd., Kingscote, 5223
☎ 8553-2707 WiFi 免费
费 ⓣⓦ$135～199 CC A D J M V

袋鼠岛海景汽车旅馆
Kangaroo Island Seaview Motel

◆位于海滨的旅馆 & 汽车旅馆。旅馆内并设有澳大利亚菜餐馆和酒吧。旅馆前的海滩上还经常会有企鹅出没。

眼前的海滩上有企鹅出没
URL Seaview.net.au 住 51 Chapman Tce., Kingscote, 5223 ☎ 8553-2030
FAX 8553-2368 WiFi 免费
费 ⓣⓦ$110～180 CC A D J M V

奥罗拉新鲜空气酒店
Aurora Ozone Hotel

◆ 金斯科特最好的酒店，建于大海的正前方。有古典的酒店客房楼和仅有一条马路之隔的联排公寓楼。酒店的一层是可以观赏海景的餐厅和酒吧。除了住客之外，当地人也很喜欢来这里就餐。

宽敞的酒店房间

金斯科特最舒适的星级酒店
URL www.ozonehotelki.com.au
住 67 Chapman Tce., Kingscote, 5223
☎ 8553-2011
WiFi 免费
费 ⓉⓌ$175~365、2B $345
CC A D J M V

彭纳肖

袋鼠岛背包客旅馆
Kangaroo Island Backpackers Hostel

◆ 所有房间都带有空调，是一家设备比较完备的背包客旅馆。住客可以免费使用洗衣房。距离直升机机场仅需爬坡200米。

彭纳肖的背包客旅馆
URL kangarooislandbackpackers.com
住 Lot 43, North Tce., Penneshaw,
5222 ☎ 0439-750-727 WiFi 免费
费 Ⓓ$28、ⓉⓌ$58~80 CC M V

袋鼠岛海滨度假酒店
Kangaroo Island Seafront Resort

◆ 可以根据住宿人数和成员的构成来选择住普通酒店客房或者别墅等房型。

有包含团体游项目的住宿套餐
URL www.seafront.com.au 住 Lot 49
North Tce., Penneshaw, 5222
☎ 8553-1028 Free 1800-624-624
FAX 8553-1204 WiFi 免费
费 ⓉⓌ$172~、Villa$158~ CC A J M V

KI 大篷车公园与房车营地
KI Showers-Caravan Park & Camping

◆ 位于直升机机场旁边，地理位置方便。是上述袋鼠岛海滨度假酒店旗下的房车营地。

彭纳肖的人气房车营地
URL www.seafront.com.au/Accommodation/
caravancamping.aspx 住 Lot 501,
Talinga Tce., Penneshaw, 5222
☎ 8553-1028 WiFi 免费 费 房车营地
2人 $20~、帐篷营地 $28~ CC M V

弗林德斯蔡司国家公园

南太平洋木屋别墅酒店
Southern Ocean Lodge

◆ 酒店位于凯利山洞穴与弗林德斯蔡司国家公园之间，建于海岸沿线的高台之上，也是澳大利亚屈指可数的豪华别墅酒店。这里的别墅建筑与大自然融为一体，面向大海的一侧是一整块大玻璃墙，因此可以尽情地享受海景。无论是优雅的房间布置，还是精致的菜肴、日间水疗设备等，都是最高档的配置。

袋鼠岛上的豪华木屋别墅酒店
URL southernoveanlodge.com.au
住 Hanson Bay, via Kingscote, 5223
☎ 8559-7347 FAX 8559-7350
WiFi 免费 费 ⓉⓌ$2400~4400
※ 最少2晚起订
CC A J M V

袋鼠岛荒野度假酒店
Kangaroo Island Wilderness Retreat

◆ 位于弗林德斯蔡司国家公园附近，酒店的整体风格是建于森林中的感觉。客房有小木屋、汽车旅馆式等多种房型。辖区内有餐馆和加油站。经常可以在辖区内看到负鼠等野生动物。

木质的建筑给人一种十分原生态的感觉

开车自驾的游客可以考虑这里
URL www.kiwr.com
住 Lot 1, South Coast Rd., Flinders
Chase via Kingscote, 5223
☎ 8559-7275
FAX 8559-7377
WiFi 无 费 ⓉⓌ$139~259
CC A J M V

墨累河下游地区
Murray River Region

在默里布里奇的河畔经常可以看到周末垂钓的人们

墨累河是澳大利亚最大的河流。依靠澳大利亚阿尔卑斯源源不断的雪水供给，水流十分充沛，流经维多利亚州、新南威尔士州，并且在南澳大利亚州形成了巨大的大河流域，最后经由亚历山德里娜湖（Lake Alexandrina）注入大澳大利亚湾（Great Australian Bay）。由于这一地区有着充沛的水量和肥沃的土壤，因此这里也是澳大利亚著名的农业中心。参观游览墨累河下游地区的主要方法是乘坐墨累河游船在河面上畅游，或者巡游周边散布的葡萄酒庄。此外，在河流流域周边的小镇上还保留有不少19世纪后半期的建筑，以参观历史建筑为主题的行程也是非常有趣的。

默里布里奇　　　　　　　　Murray Bridge

默里布里奇是墨累河下游最大的城镇，人口约1.9万人。1879年，因在这里修建了第一座架于墨累上的大桥而得名。在这座只有1公里见方的河畔小镇里，保留有不少19世纪后半叶的建筑。游客可以从默里布里奇游客信息中心（Murray Bridge Visitore Information Centre）领取标注了历史遗址的地图，并且参考这张地图进行游览。

距离小城1公里以外的地方，还有一座船长小屋博物馆（Captain's Cottage Museum），展示着殖民开拓时代农家的样子。也有从墨累河栈桥出发的游船，但是时间比较固定，周末和学校假期期间会有所调整，建议提前确认好时间。此外，距离默里布里奇以西20公里处的地方，有一座在澳大利亚比较少见的野生动物园——莫纳托动物园（Monarto Zoo）。

曼纳姆　　　　　　　　　　Mannum

曼纳姆是明轮蒸汽船的发祥地。第一艘明轮蒸汽船"玛丽·安娜号"（Mary Ann）是由曼纳姆的兰德尔船长建造的，这也正是这座小镇历史的起点。现在河上仍旧保留着明轮蒸汽船PS Murray Princes号，每月会举办数次3~7天的巡航活动。

在地图上可以看到曼纳姆有一条横跨墨累河的道路，但实际上无论是人还是汽车，都是通过缆绳渡轮搬运到对岸的（24小时提供服务）。类似这样的渡河服务，在墨累河流域还有许多地方都有。

墨累王子号渡轮是一艘集豪华与优雅于一身的世界知名游船

交通方式

● 墨累河下游
　　有从阿德莱德的中央巴士总站去往流域主要城镇的巴士。SA Link 的 SA 巴士可以去往默里布里奇，每周一~周五每天4趟车、周六2趟车、周日1趟车。Premier Stateliner 有去往河岸地区的怀克里、巴梅拉、洛克斯顿、贝里、伦马克的巴士。另外，还可从阿德莱德的凯斯威尔乘坐火车前往默里布里奇。
● **Link SA**
☎ （08）8532-2663
🖳 www.linksa.com.au
● **Premier Stateliner**
☎ 1300-851-345
🖳 premierstateliner.com.au

在默里布里奇栈桥附近保留的明轮蒸汽船

■ 默里布里奇游客信息中心
住 3 South Tce., 5253
☎ （08）8539-1142
📠 1800-442-784
🖳 www.murrayriver.com.au
开 周一~周五 9:00~17:00、周六·周日·节假日 10:00~16:00
休 圣诞节

■ 船长小屋博物馆
住 12 Thomas St., 5253
☎ （08）8531-0049
🖳 community.history.sa.gov.au
开 周六·周日·节假日 10:00~16:00（平时需要预约）
💲 成人$3.50 儿童$1 家庭$7

■ 莫纳托动物园
📖 p.405/2B
住 Old Princes Hwy., Monarto, 5254
☎ （08）8534-4100
🖳 www.monartozoo.com.au
开 每天 9:30~17:00 / 动物园巴士：10:30~15:30 期间运行
💲 成人$35 儿童$19 家庭$89.50
※ 从阿德莱德出发的 SA 巴士在莫纳托动物园有站

■ 曼纳姆出发的游轮
● **PS Murray Princess**
☎ 1300-729-938
🖳 www.captaincook.com.au
开 周五 16:30~次周周一~9:00
💲 3 晚河上之旅 $803
※ 包含阿德莱德接送

■酒庄
●安格瓦家族酒庄 Angove Family Winemaker
🏠 Bookmark Ave., Renmark, 5341
☎ (08) 8580-3148
🖥 www.angove.com.au
🕐 周一～周五 9:00～17:00、周六 10:00～16:00、周日 10:00～15:00

■橄榄树农场
🏠 Cnr., Renmark Ave. & 21 st St., Renmark, 5341
🖥 www.murrayriver.com.au
☎ (08) 8586-6175
🕐 周四～次周周一 10:00～16:00
休 周二、周三
💰 成人 $7 儿童 $3 家庭 $15

河岸地区 Riverland

墨累河下游地区，尤其是与维多利亚州相接壤的边境地区，被称为河岸地区。这一带的墨累河蜿蜒曲折，流域内还有众多支流（小河）和湖泊。从下游开始沿岸分别是摩根（Moragan）、怀克里（Waikerie）、巴梅拉（Barmera）、洛克斯顿（Loxton）、贝里（Berri）、伦马克（Renmark）这几座小镇。这一地区保留着许多自然风光，被指定成为墨累河国家公园（Murray River NP）。

游览这一地区可以在怀克里的近郊哈特潟湖（Hart Lagoon）观察鸟类，在洛克斯顿、伦马克周边酒庄巡游。伦马克是河岸地区观光游览的中心地带，除了酒庄巡游之外，还有定期的游船在墨累河上通航，为墨累河开发耗尽毕生精力的查弗里先生设计的博物馆——橄榄树农场（Olivewood Homestead）等也都是值得参观的景点。

墨累河下游地区的酒店
Accommodation

默里布里奇

默里布里奇欧瓦尔汽车旅馆
Murray Bridge Oval Motel
◆ 距离中心城区约 1 公里，并设有房车营地。

位于安静的环境中
🖥 www.ovalmotel.net.au
🏠 4 Le Messurier St., Murray Bridge, 5253
☎ 8532-2388　FAX 8531-1101　WiFi 免费
💰 T W $95～125、2B $165　CC A D J M V

阿德莱德路汽车旅馆
Adelaide Road Motor Lodge
◆ 游泳池、儿童娱乐设施、餐馆等设施比较完善的大型汽车旅馆。客房比较宽敞，内有电视、冰箱、咖啡红茶用具等。

适合家庭旅游
🖥 www.adelaiderdmotorlodge.com
🏠 212 Adelaide Rd., Murray Bridge, 5253
☎ 8532-1144　FAX 8531-3033
WiFi 免费　💰 T W $99～150、2B $235
CC A D J M V

曼纳姆

曼纳姆汽车旅馆
Mannum Motel
◆ 并设的餐馆非常适合观景，可以一边欣赏墨累河的风景，一边享受美食。

景观餐馆的风景绝佳
🖥 mannummotel.com.au　🏠 76 Cliff St., Mannum, 5238　☎ 8569-1808
📠 1800-635-803　FAX 8569-1453
WiFi 免费　💰 T W $105～155
CC M V

伦马克

伦马克酒店
Renmark Hotel Motel
◆ 酒店是利用一栋 100 多年前的古建筑改建而成的。并设的餐馆在当地也是备受好评。

非常有住宿的价值
🖥 www.renmarkhotel.com.au
🏠 Cnr., Murray Ave. & Para St., Renmark, 5341　☎ 8586-6755
FAX 8566-6186　WiFi 免费
💰 W $110～160　CC A D J M V

石灰岩海岸
Limestone Coast

从库龙国家公园以南至与维多利亚州相接壤的边境海岸一带，是一片布满石灰岩的地方，因此也被人们称为"石灰岩海岸"。这里有美丽的海滩与自然景观，也是澳大利亚知名的葡萄酒产地，还有发现了珍贵哺乳类化石的纳拉库特世界自然遗产地区等，有众多的景点。虽然这里并不被国内游客所熟知，但确实是一个充满南澳大利亚魅力的地方，有时间的话一定要走一走。

纳拉库特洞穴可以参观学习钟乳洞

东南金斯顿 — Kingston S.E.

著名的大龙虾指路牌

面朝拉斯佩德湾（Laceped Bay）的港口城市——东南金斯顿周围被美丽的海滩所环绕。位于王子公路（Princes Hwy.）沿线的餐馆前有一个巨型龙虾路标是这座小镇的地标建筑。东南金斯顿盛产龙虾，在这里可以用很便宜的价格吃到新鲜美味的龙虾（打捞龙虾的季节是10月～次年5月）。

东南金斯顿必看的景点还有杰法角灯塔（Cape Jaffa Lighthouse）。1872年在东南金斯顿南杰法角海域马格雷特鲁奇礁石上修建了这座灯塔，直到1973年在距离这里25公里的南罗布（Robe）修建了新的灯塔之前，杰法角灯塔一直都承担着保障航海安全的任务。1976年这座灯塔被完整地移至东南金斯顿中心城区，现在作为历史博物馆对外开放。

芒特甘比尔 — Mount Gambier

石灰岩海岸的中心城镇是芒特甘比尔，俗称"蓝湖城"，顾名思义这里最大的看点便是蓝湖。蓝湖的附近还有许多其他湖泊，这一地区是著名的野餐胜地。市中心有利用巨大的洞窟改造而成的洞穴花园（Cave Gardens），还有恩格尔布雷奇洞穴（Engelbrecht Cave）等景点。在纳尔逊夫人游客与探索中心（The Lady Nelson Visitor & Discovery Centre）可以领取周边景点的相关资料，馆内的电影院还免费播放观光游览视频。准备前往库纳瓦拉的游客可以在这里收集相关资料。

交通方式

● 石灰岩海岸
阿德莱德的中央车站有Premierstateliner公司的巴士线路可以到达石灰岩海岸的主要城市（阿德莱德～芒特甘比尔，所需时间6小时）。Regional Express有航班可以到石灰岩海岸，从阿德莱德、墨尔本至芒特甘比尔，每天通航。
不过到达当地之后移动非常不便，建议从芒特甘比尔等地租车自驾。

● Premierstateliner
☎ (08) 8415-5500
☎ 1300-851-345
🖥 www.premierstateliner.com.au

● Regional Express
☎ 13-17-13
🖥 www.rex.com.au

■ 杰法角灯塔
🏠 32 Marine Pde., Kingston S.E., 5275
☎ (08) 8667-2033 / 0427-854-175
🖥 www.nationaltrustsa.org.au
🕐 学校假期期间：每天10:00～16:00（参观内部需要提前预约）
💰 成人 $4 儿童 $2

■ 恩格尔布雷奇洞穴
🏠 26 Chute St., Mount Gambier, 5290
☎ (08) 8723-5522
🖥 engelbrechtcave.com
🕐 每天9:30～15:30（5～9月～14:00），每1小时一组参观洞穴的导览团
💰 成人 $12.50 儿童 $8 家庭 $35

■ 纳尔逊夫人游客与探索中心
🏠 35 Jubilee Hwy. East, Mount Gambier, 5290
☎ 1800-087-187
🖥 www.mountgambier.sa.gov.au

开 周一～周五 9:00~17:00、
周六·周日·节假日 10:00~
16:00
休 圣诞节

■蓝湖导览团
● Aquifer Tours

住 Cnr. Bay Rd. & John Watson
Drv., Mount Gambier, 5290
☎ (08) 8723-1199
🔗 www.aquifertours.com
时 11 月～次年 1 月间每
天 9:00~17:00、夜间
导览团从 19:00 开始／2~5
月、9~10 月间是每天
9:00~14:00／6~8 月期间是每
天 9:00~12:00
※ 每 1 小时 1 团，所需时间
45 分钟
费 成人 \$10 儿童 \$5 家庭 \$29

■潘娜拉库纳瓦拉游客信息中心

住 27 Arthur St., Penola,
5277
☎ (08) 8737-2855
📠 1300-045-373
🔗 www.wattlerange.sa.gov.au/
tourism
开 周一～周五 9:00~17:00、
周六·周日·节假日 10:00~
16:00
休 圣诞节

■ 酒庄
● 赖米尔酒庄 Rymill
从酒庄内的建筑观景最
为壮观。内部的酿酒工厂也
可以参观。

住 Riddoch Hwy., Coonawarra,
5263
☎ (08) 8736-5001
🔗 www.rymill.com.au
时 周一～周六 11:00~17:00、
周日·节假日 12:00~17:00
休 圣诞节

● 威力狮库纳瓦拉酒庄
Wynns Coonawarra Estate
库纳瓦拉最古老的酒庄。

住 1 Memorial Drv, Coonawarra,
5263
☎ (08) 8736-2225
🔗 www.wynns.com.au
营 每天 10:00~17:00
休 圣诞节

变为奇妙蓝色的火山湖

蓝湖
Blue Lake

蓝湖距离市中心约 5 分钟
车程，是位于休眠火山口的火
山口湖。之所以称之为蓝湖是
因为每年 11 月份左右，湖水会
从混浊的蓝色变为透彻的天蓝
色，到了 3 月份又会变为原本
混浊的蓝色。对于为什么会变
色，有多种说法，目前尚未有
明确的解释。湖畔设有步行步

根据季节的不同向人们展示不同的蓝色魅力

道，有不少在此慢跑或者散步的人。湖区有一个抽水站，参加导览团可
以乘坐升降梯到湖面上游览。如果时间允许的话一定要试看看。此外，
如果想要拍照或者去更加适合观湖景的地方，可以去百年塔（Centenary
Tower）。从蓝湖驱车前往瞬间就可以抵达，不过到达塔所在的位置需要
步行十几分钟。

库纳瓦拉 Coonawarra

从芒特甘比尔沿着力多克公
路（Ridoch Hwy.）向北驾车约 1
小时（约 50 公里），过了潘娜拉
（Penola），道路的两旁开始出现一
大片的葡萄田。这一带便是库纳瓦
拉的葡萄酒产区。这一地区的土质
是位于石灰质地层之上的红土地，
因土壤肥沃极其适合种植酿酒用的

小镇的四周被美丽的葡萄种植园所环绕

葡萄。尤其是这里酿造的赤霞珠、梅洛、设拉子等红葡萄酒的品种，在
澳大利亚众多红酒产地中独树一帜。

从交通方面考虑，这里并没有像巴罗萨谷和阿德莱德山那样被开
发成旅游景点，只有真正喜欢红酒，喜欢酒庄巡游的资深爱好者才会
来这里。可以在潘娜拉镇上的潘娜拉库纳瓦拉游客信息中心（Penola
Coonawarra Visitor Information Centre）领取酒庄地图和明细介绍。住宿设
施和商店等也都位于潘娜拉镇上。

纳拉库特 Naracoorte

从潘娜拉沿着力多克公路向北行驶 50 公里，便可以到达纳拉库特。
这里是由苏格兰移民一手打造的城市，现在因世界自然遗产纳拉库特洞
穴的观光热潮而备受瞩目。

了解澳大利亚哺乳类动物的进化史

纳拉库特洞穴国家公园
Naracoorte Caves NP

洞穴群位于距离纳拉库特镇以南 5 公里的地方。这里与昆士兰州内
陆地区的里弗斯利（Riversleigh）一同被联合国教科文组织认定为"澳大
利亚哺乳类动物化石地区"世界的自然遗址。在里弗斯利发掘的化石大

维多利亚化石洞内展示有袋狮化石模型

沃纳姆比化石中心展示的身长2.5米的袋狮复原模型

都是 1500 万~2500 万年前（新生代第三纪）的化石，而在纳拉库特发掘的大都是 20 万~50 万年前（新生代第四纪）的化石。在这里发掘的化石包括已经灭绝的袋狮的一种 Thylacoleo carnifex 的完整骨骼化石、大型袋鼠 Procoptodon

■ 纳拉库特洞穴国家公园
URL www.environment.sa.gov/au/naracoorte./Home
● 沃纳姆比化石中心
☎（08）8760-1210
开 每天 9:00~17:00
票 成人 $13 儿童 $8 家庭 $36
● 维多利亚化石洞
时 每天 10:15~11:15、14:15~15:15
票 成人 $30 儿童 $15 家庭 $75
※ 需要在沃纳姆比化石中心购票

goliah、卡拉和毛鼻袋熊的先祖 Diprotodon australis 等众多珍贵的化石。

　　首先去沃纳姆比化石中心（Wonambi Fossil Centre）了解一下澳大利亚更新世的哺乳类都有哪些动物。参观洞穴的话，发现化石数量最多的维多利亚化石洞（Victoria Fossil Cave）是最不容错过的。可以参加导览团，在导游的带领下参观钟乳洞，最后会去到化石的采掘现场，一边观看复原的袋狮等化石模型，一边听导游讲解远古时代哺乳类动物的相关知识。

石灰岩海岸的酒店
Accommodation

芒特甘比尔

蓝湖假日公园
Blue Lake Holiday Park
◆ 位于蓝湖畔的宿营地。度假小屋可以为家庭提供各种度假设施。距离野生动物园、高尔夫球场也比较近。

在蓝湖悠闲地享受假期
URL www.bluelakeholidaypark.com.au
住 Lotl 100，Bay Rd.，Mount Gambier，5290
☎ 8725-9856　WiFi 免费
费 T W $109~239、露营地 $40~46
CC M V

库纳瓦拉

库纳瓦拉汽车旅馆
Coonawarra Motor Lodge
◆ 位于潘娜拉镇的汽车旅馆，共有 2 层。并设的兰迪卜餐馆是利用一栋建于 1860 年的历史建筑物改建而成的，主营时尚的澳大利亚菜。

适合酒庄巡游
URL www.coonawarraml.com.au
住 114 Church St.（Riddoch Hwy.），Penola，5277　☎ 8737-2364
WiFi 免费　费 T W $140~155　CC M V

纳拉库特

纳拉库特假日公园
Naracoorte Holiday Park
◆ 距离纳拉库特中心城区不远的宿营地。游戏室、迷你高尔夫、适合儿童玩耍的迷你火车公园、游泳池等设施比较完善。

设施非常好的宿营地

宽广的宿营地
URL www.naracoorteholidaypark.com.au
住 81 Park Tce.，Naracoorte，5271
☎ 8762-2128　Free 1800-999-899
WiFi 免费　费 T W $100~155、露营地 $28~35　CC M V

艾尔半岛 *Eyre Peninsula*

交通方式

●林肯港

　　康塔斯公司每天有2~4班从阿德莱德出发的航班，Regional Express每天有5~7班航班（所需时间1小时）。从机场去往市区需要搭乘出租车或者租车自驾。如需搭乘出租车，请在从阿德莱德出发前提前预约好。林肯港市区内没有公共交通工具，因此游览市区也只能靠走路、打车或者自驾。

■林肯港游客信息中心

🏠 3 Adelaide Pl., Port Lincoln, 5606
☎ 1300-788-378
💻 www.visitportlincoln.net
🕐 周一~周六 9:00~17:00、周日·节假日 10:00~16:00
休 耶稣受难日、圣诞节

　　艾尔半岛是位于南澳大利亚州西部呈倒三角形的一个巨大半岛。虽然这里的外国游客并不是很多，但却拥有美丽的自然环境和与各种海洋生物亲密接触的机会，而且这里的海产品相对便宜又好吃，因此深受澳大利亚本土游客的喜爱。另外，这里还是世界上知名的金枪鱼

汇集了许多渔船的林肯港

养殖基地，每年都会有许多与渔业相关的人士来此考察。

　　不过这里的观光游览设施有待完善。半岛内没有公共交通工具，如果准备在这里游览只能通过租车自驾或者参加旅游团。

林肯港　　　　　　　　　　　　　　　　　　Port Lincoln

　　林肯港位于艾尔半岛突出的前端，人口约有1.5万，也是这一地区最大的城市。这里拥有波士顿湾（Boston Bay）沿岸美丽的海滩，海滩周边

艾尔半岛
Eyre Peninsula

0　　　50km

塞杜纳 Ceduna
斯莫基贝 Smorky Bay
Wirrulla
佩鲁比海滩
呼啸石
斯特里基贝 Streaky Bay
拉巴特角
贝尔海贝 Baird Bay
Port Kenny
Poochera
Minnipa
管风琴
高勒岭国家公园 Gawler Ranges NP
袋鼠露营地（高勒岭荒岛游猎露营）
伍丁纳 Wudinna
Kyancutta
平卡威力尼保护区 Pinkawillinie CP
金巴 Kimba
盖尔德纳湖 Lake Gairdner
盖尔德纳湖国家公园 Lake Gairdner NP
奥古斯塔港 Port Augusta
Iron Knob
怀阿拉 Whyalla
皮里港 Port Pirie
埃利斯顿 Elliston
弗林德斯岛 Flinders Is.
洛克 Lock
Cleve
考厄尔 Cowell
阿诺贝 Arno Bay
沃拉鲁 Wallaroo
卡迪纳 Kadina
大澳大利亚湾 GREAT AUSTRALIAN BIGHT
Mt.Hope
Cummins
坦比贝 Tumby Bay
斯潘塞湾 Spencer Gulf
科芬湾国家公园 Coffin Bay NP
Wangary
科芬贝 Coffin Bay
林肯港 Port Lincoln
锡斯尔岛 Thistle Is.
BRADSEYE HWY
FLINDERS HWY
TOD HWY
EYRE HWY
LINCOLN HWY
N

在游客信息中心获取艾尔半岛的相关信息

汇集了商店、餐馆、游客信息中心等设施。

另外，城市南侧的博塔湾是天然的优质港口，打捞金枪鱼、龙虾、大虾等的渔船都停靠在这里的林肯角码头（Lincoln Cove Marina）。

林肯港另一个吸引游客的项目是游泳和潜水，可以参加导览团以这里为出发点到近海与海狮共泳（近海的 Seal Cove），或者参加在海中观察大白鲨的潜水团（位于距离林肯港约 2 小时的海王星岛 Neptune IS 周边）。尤其是大白鲨潜水团，可以近距离地观察大白鲨这头庞然大物，对于喜爱冒险的游客来说是再刺激不过的。Adventure Bay Charter 和 Calypso Star Charter 这两家公司都有上述旅游项目。

艾尔半岛西海岸 · West Coast of Eyer Peninsula

艾尔半岛西海岸面朝大澳大利亚湾，沿岸分布有科芬贝（Coffin Bay）、斯特里基贝（Streaky Bay）、斯莫基贝（Smorky Bay）等度假小镇。这一带还有生蚝、鲍鱼、扇贝的养殖厂，在部分工厂可以参观。

在贝尔德贝与海狮一起在大海中遨游

这一地区最受欢迎的活动是在斯特里基贝南侧的度假小镇贝尔德贝（Baird Bay）上举办的观看海狮 & 海狮共游（由 Baird Bay Ocean Eco Experience 举办）。贝尔德贝的一角是澳大利亚海狮的巢穴，在这里看到海狮的概率为 100%。如果海面比较平静，还可以戴上浮潜装备下

非常靠近海狮巢穴的位置

海与海狮共游。有时候在坐船前往的途中还会有海豚在船的周围游动，运气好的话还可以与海豚们一起游泳。

塞杜纳 · Ceduna

塞杜纳是位于艾尔半岛的西侧的小镇，约有 3800 人。塞杜纳在原住语中是"休息之地"的意思。这一带是养殖生蚝比较集中的地方，因此现在被人们称为南澳大利亚牡蛎之都。在每年 9 月末这里会举办牡蛎节，届时会有众多的观光客会聚于此。

塞杜纳最著名的旅游项目是冬季的赏鲸活动。游客可以从陆地上观察每年冬季游到大澳大利亚湾的南露脊鲸鲸群。

■ **Adventure Bay Charter**
☎ （08）8682-2979
📧 adventurebaycharters.com.au
● 与海狮共泳半日游
🕐 8:00~12:30（具体日期需要确认）
💰 成人 $205 儿童 $145 / 只参观 成人 $175 儿童 $115
● 大白鲨之旅
💰 参观：成人 $395 儿童 $285（4~11 月淡季时的费用是 成人 $285 儿童 $175）/ 在海中观察室观看或者潜水 每人追加 $125

■ **Calypso Star Charter**
☎ （08）8682-3939
📧 www.sharkcagediving.com.au
● 与海狮共泳半日游
🕐 7:45~12:45 或者 13:00~18:00（具体日期需要确认）
💰 成人 $190 儿童 $130 家庭 $540
● 大白鲨浮潜
🕐 6:30~18:30（具体日期需要确认）
💰 成人 $495 儿童 $395 / 只观看：成人 $395 儿童 $245
※ 6 人以上成团

交通方式
● 艾尔半岛西海岸
这里没有公共交通工具，从林肯港或者塞杜纳租车自驾比较方便。

■ **Baird Bay Ocean Eco Experience**
☎ （08）8626-5017
📧 www.bairdbay.com
🕐 每天 9:30~12:00、13:00~15:30
💰 游泳 成人 $160 儿童 $80 / 只观察 成人 $130 儿童 $80
※ 水温很低，即便是盛夏水温也只有 20℃~21℃，一定要租借潜水服

交通方式
● 塞杜纳
Regional Express 有从阿德莱德出发的航班，每天 2 班（所需时间 1 小时 30 分钟）

■ 塞杜纳游客信息中心
🏠 58 Poynton St., Ceduna, 5690
☎ （08）8625-3343
📧 www.ceduna.sa.gov.au
🕐 周一~周五 9:00~17:30、周六·周日·节假日 9:30~17:00
🚫 耶稣受难日、圣诞节

这座小镇还是纳拉伯平原的入口处。从塞杜纳以西一直到西澳大利亚州的卡尔古利沿途没有大型的城镇，全是荒漠。

高勒岭国家公园与盖尔德纳湖国家公园
Gawler Ranges NP & Lake Gairdner NP

高勒岭国家公园位于艾尔半岛的内陆地区，占地面积约有1660平方公里。公园内栖息着以毛鼻袋熊、侏儒负鼠为首的众多珍贵的有袋类动物，还是林肯港鹦鹉和巨型鸳等140多种鸟类的栖息地。公园的景点比较分散，其中最著名的是位于国家公园西北部被称为"管风琴"的景观。这里是由一种叫作流纹岩的熔岩形成的岩壁，经过常年的风化侵蚀，逐渐形成了酷似管风琴音管排列的模样。

从盖尔德纳湖一直到地平线都是洁白的盐湖

在高勒岭国家公园内的北侧是澳大利亚第四大的湖泊——盖尔德纳湖。其面积有4349平方公里（参考：青海湖的面积约4436平方公里）。这一带还有众多的盐湖，湖面被洁白的盐所覆盖，景象十分梦幻。

美丽岩石层——"管风琴"

艾尔半岛的酒店
Accommodation

林肯港

码头酒店 & 公寓
The Marina Hotel & Apartments

◆ 酒店面朝林肯码头而建，是林肯港数一数二的高级酒店。所有客房的起居室和卧室都是分开的，可以在入住期间享受轻松的度假氛围。酒店内并设的赛尔斯餐馆也是远近闻名的海鲜餐馆。餐馆分为精致的室内座席和休闲的室外座席。

面朝港口而建的现代公寓酒店

品味港口城市
🌐 www.marinahotel.com.au
🏠 13 Jubilee Drv., Lincoln Cove, Port Lincoln, 5606
☎ 8682-6141
📶 免费
💰 Ⓣ Ⓦ $170~180、1Ⓑ $220~240
💳 A D J M V

塞杜纳

塞杜纳东西汽车旅馆
Ceduna Motel East West

◆ 这家一流的汽车旅馆位于城区与机场的中间位置。虽然房间的设计简单，但是功能性强，使用起来比较方便。并设有餐馆、酒吧、游泳池、洗衣房等设施。

地理位置优越
🌐 www.eastwestmotel.com.au
🏠 66-76 McKenzie St., Ceduna, 5690
☎ 8625-2101
📶 付费 Ⓣ Ⓦ $79~119
💳 A J M V

弗林德斯岭国家公园
Flinders Ranges NP

海拔 1000 米的弗林德斯岭山脉

弗林德斯岭国家公园距离阿德莱德约 430 公里，前来这里的亚洲游客目前还不多。但此地的自然环境面积非常广大且独具特色，已成为南澳大利亚具有代表性的景区。

距今 4.5 亿年前，澳大利亚还是冈瓦纳大陆的一部分，该区域出现了造山运动，从而形成了弗林德斯岭山脉。当时这座山脉的高度曾与喜马拉雅山脉差不多，之后因长期的风雨侵蚀，高度降到了 1000 米左右。经过造山运动及侵蚀，不同年代的地层露出地表，现在看到这些地层，可以马上让人想到远古时代。另外，该区域也是袋鼠、大袋鼠以及非常珍稀的黄足岩袋鼠、鸸鹋等野生动物的宝库。

交通方式

●弗林德斯岭国家公园
　因为当地没有公共交通工具，所以游客基本上都要租车自驾。或者选择参加阿德莱德至珀斯及阿德莱德至艾尔斯岩石的移动型巴士团体游，可以更高效地游览弗林德斯岭。

■从威尔潘纳盆地度假村出发的团体游
☎（08）8648-0004
📠1800-805-802
🌐www.wilpenapound.com.au/touring
●游览飞行
⏱20分钟 (大)$169 (儿)$129/30
分钟 (大)$199
(儿)$149
●半日四驱越野车游 & 豪华峡谷游
⏱(大)$189 (儿)$152
※ 游客人数在 4 人以上即可成行
●观赏日落
⏱(大)$58 (儿)$32

威尔潘纳盆地　　　　Wilpena Pound

　位于弗林德斯岭国家公园南部的威尔潘纳盆地因侵蚀而形成。四周是海拔 1000 米的群山，盆地最大半径约 11 公里，最小半径约 8 公里，面积约 80 平方公里。乘游览飞机从空中俯瞰，盆地宛如"天然的圆形剧场"。在威尔潘纳盆地入口处有威

乘坐四驱越野车可以深入国家公园腹地

尔潘纳盆地度假村，这是弗林德斯岭地区的旅游信息中心。有国家公园旅游信息服务中心、度假酒店及宿营地等设施，健走线路也有很多。另外，还有从度假村出发前往弗林德斯岭国家公园的四驱越野车团体游，很值得体验。

早上及傍晚，在国家公园内随处都能遇到野生动物

威尔潘纳盆地的酒店
Accommodation

威尔潘纳盆地度假村
Wilpena Pound Resort

◆度假村内有多个住宿设施，内部设有餐馆及游泳池。客房多为汽车旅馆标准或豪华帐篷，内部较为宽敞。到达后，可向前台负责接待的工作人员咨询该如何制订在当地的游览计划。

位于弗林德斯岭地区旅游中心
🌐 www.wilpenapound.com.au
🏠 Wilpena Rd., via Hawkwe, 5434
☎ 8648-0004　📠 1800-805-802
 收费　🎫 Ⓣ Ⓦ $193~320 ※ 带早餐、晚餐
💳 A J M V

库伯佩迪 *Coober Pedy*

从阿德莱德沿斯图尔特公路向西北方向行驶 960 公里，在南澳大利亚内陆地区广阔的荒野中，有因开采欧泊而闻名的库伯佩迪。2006 年上映的澳大利亚电影《波比和丁刚》(出产欧泊的小镇上一对心地善良的兄弟及其家人的故事)曾在这里拍摄。

1915 年首次在这里发现了欧泊。之后，这里成了世界上著名的欧泊宝石开采及筛选回收(从开采出的矿渣中挑选出矿石)的小镇。现在小镇上也有众多来自希腊、前南斯拉夫、意大利等地的移民从事欧泊的开采。而华裔移民则凭借其雄厚的资金实力，在此积极地从事商贸活动并获得了巨大的成功。小镇上的移民来自 56 个国家，由此可以看出澳大利亚是一个非常多元的移民国家。库伯佩迪在原住语中意为"白人进入的洞穴"。

库伯佩迪给人感觉非常平坦

小镇一带有许多提醒人们注意地穴的指示牌

库伯佩迪 漫 步

已成为旅游资源的地穴式房屋

库伯佩迪夏季白天气温会超过40℃，冬季夜间气温会降至10℃以下，属于典型的沙漠性气候。因此，人们会在岩壁上凿穴而居，或者挖地穴，形成独特的居住形式。这种居住形式被称为地穴式房屋(Dugouthouse)，利用了地下冬暖夏凉的特性。所以小镇也有"地下之城"的别名。不过现在随着空调的普及，仍然居住在地穴式房屋的人已经很少了。游客可以通过现在仍在使用的老教堂、酒店及餐馆等设施来了解地穴式房屋的样子。

可进一步了解小镇历史及欧泊的相关知识

沙漠洞穴酒店
The Desert Cave Hotel

库伯佩迪为数不多的高级酒店之一，位于小镇中心。该酒店的地下历史展厅(Underground Historic Display)很值得一去。在可以让人联想到地穴式房屋的岩壁上设有展示牌，向游客介绍库伯佩迪的历史、曾到达过这里的探险家以及欧泊的种类、开采方法等。

参加团体游游览周边景点

欧泊矿场游
Opal Field Tour

小镇周边有很多欧泊矿场，自行随意进入是非常危险的。因为随处都有开采留下的洞穴，游客可能会不慎跌入洞穴。建议参加团体游。接

交通方式

● **库伯佩迪**

可从阿德莱德的中央巴士总站乘坐澳大利亚灰狗巴士公司开往艾丽斯斯普林斯的巴士。从阿德莱德出发，用时约 10 小时，从艾丽斯斯普林斯出发，用时约 8 小时。区域快线航空每周 6 天有从阿德莱德飞往库伯佩迪机场(CPD)的航班。用时约 2 小时。

● 澳大利亚灰狗巴士
☎ 1300-473-946
🖥 www.greyhound.com.au
● 区域快线航空
☎ 13-17-13
🖥 www.rex.com.au

■ **库伯佩迪游客信息中心**
Coober Pedy Visitor Information Centre
🏠 Lot 773 Hutchison St., Coober Pedy，5723
☎ (08) 8672-4617
📠 1800-637-076
🖥 www.cooberpedy.sa.gov.au/tourism
🕐 周一~周五 8:30~17:00，周六·周日·节假日 10:00~13:00

■ **非常缺水，注意节约用水**

库伯佩迪年平均降水量仅为 153 毫米。每月至多有两天下降水，所以水在这里非常宝贵。这里的水费极高。每个酒店都要求客人注意节约用水。

■ **苍蝇非常多**

澳大利亚内陆地区的苍蝇都比较多，这里尤其如此。比较介意的游客可以去纪念品商店购买防蝇用品。

■ **地下历史展厅**
🏠 The Desert Cave Hotel，Lot 1 Hutchison St.，5723
☎ (08) 8672-5688 (The Desert Cave Hotel)
🖥 www.desertcave.com.au
🕐 每天 6:30~11:30
💰 免费

游客可以在团体游中体验寻找欧泊

露天开采的欧泊矿

下来介绍一下团体游的一般线路。

离开库伯佩迪，去往欧泊矿场。可以实地参观开采现场，也可以自己试着寻找欧泊。体验完寻找欧泊后，去往布加维斯保护区（Breakaway Reserve）。那里是电影《疯狂的麦克斯3》的外景地，还有为防止澳大利亚野狗南进及野兔北进而建的长达5322公里的丁格栅栏（也被称为狗栅栏或防兔栅栏），团体游会带游客参观这些景点。参观结束后回到小镇。有的团体游项目在上述游览线路的基础上还会增加地下墓地教堂（建于1977年的英国国教教堂）、鳄鱼哈里的地穴式房屋（由曾在北澳大利亚捕猎鳄鱼的哈里建造的地下房屋）、地下陶艺作坊以及大绞车等景点。

另外，还有四驱越野车游以及骑乘骆驼的探险游等项目。

■游览欧泊矿场的团体游
●布加维斯保护区团体游
☎（08）8672-5223
URL radeckadownunder.com.au
时 每天13:00～17:00
费 成A $65 儿B $32.50
※ 另有用时1小时30分钟的短时间团体游（每天2次，8:00～10:00期间及日落时分举行）。成A $50 儿B $25

■老矿场
　原样保存了1918年时的开采现场，游客可以进入巷道。这里因出产高品质的欧泊而闻名。
住 Crowders Gully Rd., 5723
☎（08）8672-5555
URL www.oldtimersmine.com
开 每天9:00～17:00
费 成A $15 儿B $5 家庭 $40

将澳大利亚大陆分成两部分的丁格栅栏

库伯佩迪的酒店
Accommodation

Radeka's Downunder
Radeka's Downunder

◆将开采欧泊的矿坑直接改建成客房，有背包客房间及汽车旅馆式房间（地上）。会组织去往欧泊矿场的团体游。

客房为开采欧泊的矿坑
URL radekadownunder.com.au
住 1 Oliver St.（Cnr. Hutchison St.），Coober Pedy，5723 ☎ 8672-5223
Free 1800-633-891 WiFi 收费
费 D $30～35、T W $85～165、2B $270～305 ※ VIP 可享优惠 CC A J M V

沙漠洞穴酒店
The Desert Cave Hotel

◆设施齐全的高档酒店。地下还设有历史回顾展和酒吧，还可以跟各种团体游项目组合使用享受一定折扣。

库伯佩迪的高级酒店
URL www.desertcave.com.au
住 Lot 1，Hutchison St.，Coober Pedy，5723
☎ 8672-5688 FAX 8672-5198 WiFi 收费
费 T W $159～199
CC J M V

感受最真实的大自然之雄伟、壮观、严峻

北部地区（北领地）

观光 POINT

POINT 1 艾尔斯岩石（乌卢鲁）是世界上最大的单体岩石，被认定为世界文化和自然双遗产。这里也是澳大利亚的地标景点，来到澳大利亚必看艾尔斯岩石。根据时间的不同，巨石的表面会变换多种颜色，山脚下的泉水和岩石坑流传着许多关于原住民的传说，还可以靠近巨石亲身体验一下其巨大的震撼力，总之这里是非常值得花时间游览的。游览艾尔斯岩石的同时还可顺便游览周边的奥尔加岩群（卡塔楚塔）、国王峡谷（瓦塔尔卡国家公园）。

POINT 2 北领地的北部是被列为世界遗产的卡卡杜国家公园，这里是了解澳大利亚原住民与澳大利亚大自然之间关联的最佳场所。国家公园的占地面积十分宽广，内有狩猎时代遗留下来的数量众多的岩壁画，湿地上有数不清的野生鸟类和鳄鱼，还有矗立于草原之上比人还高的蚁穴，以及袋鼠、澳大利亚野狗等野生动物，建议安排1~2天的住宿。

POINT 3 乘坐横贯澳大利亚大陆的"汗"号，游览凯瑟琳溪谷和艾丽斯斯普林斯，体验澳大利亚大陆雄伟的大自然风光。

基本信息

面积	1346200 平方公里	州动物	红袋鼠
人口	约 24 万 4000 人	州花	沙漠玫瑰
州府	达尔文（人口约 142000 ）	电话	长途区号 08
时差	澳大利亚中部标准时间（比中国提前 1 小时 30 分钟）		

主要的节日（2018 年 7 月～2019 年 6 月）

● ● ● 2018 年 ● ● ●

7 月 7 日	艾丽斯斯普林斯农展会日 Alice Springs Show Day （只限艾丽斯斯普林斯地区）
7 月 21 日	凯瑟琳农展会日 Katherine Show Day （只限凯瑟琳地区）
7 月 28 日	达尔文农展会日 Darwin Show Day（只限达尔文地区）
8 月 7 日	野餐日 Picnic Day
12 月 25 日	圣诞节 Christmas Day
12 月 26 日	节礼日 Boxing Day

● ● ● 2019 年 ● ● ●

1 月 1 日	新年 New Year's Day
1 月 26 日	澳大利亚国庆日 Australia Day
4 月 12 日	耶稣受难日 Good Friday
4 月 20 日	复活节前日 Easter Saturday
4 月 22 日	复活节周一 Easter Monday
4 月 25 日	澳新军团日 Anzac Day
5 月 6 日	劳动节 May Day
6 月 10 日	女王日 Queen's Birthday

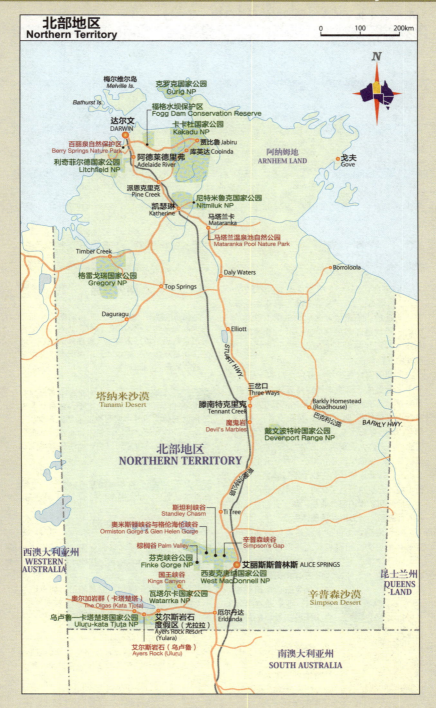

北部地区
Northern Territory

0   100   200km

N

梅尔维尔岛
Melville Is.

克罗克国家公园
Gurig NP

福格水坝保护区
Fogg Dam Conservation Reserve

Bathurst Is.

达尔文
DARWIN

卡卡杜国家公园
Kakadu NP

百丽泉自然保护区
Berry Springs Nature Park

阿德莱德里弗
Adelaide River

贾比鲁 Jabiru

阿纳姆地
ARNHEM LAND

戈夫
Gove

利奇菲尔德国家公园
Litchfield NP

库英达 Cooinda

派恩克里克
Pine Creek

凯瑟琳
Katherine

尼特米鲁克国家公园
Nitmiluk NP

马塔兰卡
Mataranka

马塔兰温泉池自然公园
Mataranka Pool Nature Park

Timber Creek

格雷戈瑞国家公园
Gregory NP

Top Springs

Daly Waters

Borroloola

Daguragu

Elliott

塔纳米沙漠
Tanami Desert

STUART HWY.

三岔口
Three Ways

滕南特克里克
Tennant Creek

Barkly Homestead
(Roadhouse)

巴克利公路
BARKLY HWY.

魔鬼岩
Devil's Marbles

戴文波特岭国家公园
Devenport Range NP

北部地区
NORTHERN TERRITORY

斯坦利峡谷
Standley Chasm

Ti Tree

奥米斯顿峡谷与格伦海伦峡谷
Ormiston Gorge & Glen Helen Gorge

辛普森峡谷
Simpson's Gap

棕榈谷 Palm Valley

芬克峡谷公园
Finke Gorge NP

西麦克唐纳国家公园
West MacDonnell NP

艾丽斯斯普林斯 ALICE SPRINGS

国王峡谷
Kings Canyon

瓦塔尔卡国家公园
Watarrka NP

奥尔加岩群（卡塔楚塔）
The Olgas (Kata Tjuta)

乌卢鲁—卡塔楚塔国家公园
Uluru-kata Tjuta NP

艾尔斯岩石
度假区（尤拉拉）
Ayers Rock Resort
(Yulara)

厄尔丹达
Erldanda

辛普森沙漠
Simpson Desert

昆士兰州
QUEENS
-LAND

西澳大利亚州
WESTERN
AUSTRALIA

艾尔斯岩石（乌卢鲁）
Ayers Rock (Uluru)

南澳大利亚州
SOUTH AUSTRALIA

北部地区（北领地）主要地区的平均气温、降水量

	1月	2月	3月	4月	5月	6月	7月	8月	9月	10月	11月	12月
艾尔斯岩石（乌卢鲁—卡塔楚塔国家公园）												
平均最高气温（℃）	38.5	36.9	34.3	29.9	24.3	20.3	20.5	23.7	28.9	32.2	34.9	36.5
平均最低气温（℃）	22.7	22.1	19.2	14.4	9.3	5.5	4.4	5.8	10.8	14.8	18.3	20.8
平均降水量（mm）	26.7	38.4	25.3	15.9	12.9	18.1	18.8	4.4	7.7	21.4	35.5	40.6
艾丽斯斯普林斯												
平均最高气温（℃）	36.4	35.1	32.7	28.2	23.1	19.8	19.7	22.7	27.4	31.0	33.7	35.4
平均最低气温（℃）	21.5	20.7	17.5	12.6	8.2	5.0	4.0	6.0	10.3	14.8	17.9	20.2
平均降水量（mm）	40.7	43.3	31.4	17.3	18.7	13.5	15.5	8.9	8.2	20.8	28.5	36.8
卡卡杜国家公园												
平均最高气温（℃）	33.6	33.2	33.6	34.5	33.5	31.7	31.9	33.7	36.2	37.6	36.9	35.1
平均最低气温（℃）	24.6	24.5	24.4	23.5	21.9	18.6	19.1	21.6	23.9	24.9	24.9	
平均降水量（mm）	356.8	359.2	317.2	88.5	15.8	1.1	2.9	2.6	6.8	39.2	143.3	233.6
达尔文												
平均最高气温（℃）	31.8	31.4	31.9	32.7	32.0	30.6	30.6	31.4	32.6	33.3	33.3	32.6
平均最低气温（℃）	24.8	24.7	24.5	24.0	22.1	19.9	19.3	20.3	23.0	24.9	25.3	25.3
平均降水量（mm）	427.1	374.3	317.9	102.2	21.2	1.8	1.2	4.9	15.3	69.9	142.1	248.9

北部地区概况

北部地区包含被称为"大北角"（Top End）的地区。对于生活在澳大利亚大陆东部、南部的人们来说，这里是地图上最北的顶端，也就是北部的尽头。这片大北角地区和澳大利亚大陆中央地带的沙漠地带组成了现在的北部地区。

当初这里曾经是新南威尔士州的一部分，后来又曾经属于南澳大利亚州管辖，1911年借着首都迁移到堪培拉的契机，这里才成了联邦政府直属的领地。不过，实际上直到1978年自治政府才被公认。州内居民中原住民所占的比例较大。大北角地区是澳大利亚重要的出口资源——铀的矿产地，原住民是这片矿区的土地主。随着原住民的主权逐渐被恢复，他们的土地所有权也获得了认可，从而也获得了土地占用费和矿山的部分收益。每年有数亿元的收入都被用于提高原住民整体生活水平。

观光旅游方面，这里是最能体验澳大利亚特色的地方，同时也最充满野性和冒险的色彩。除了澳大利亚最具代表性的艾尔斯岩石（乌卢鲁）之外，这里还有壮美的尼特米鲁克国家公园（凯瑟琳溪谷）、野生动物丰富的卡卡杜国家公园等以大自然为主题的众多景点。驾驶着四驱车在各个景点之间穿行，可以尽情地享受澳大利亚大陆严酷大自然的感觉。

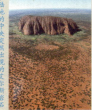

在陆地的中央突然出现的艾尔斯岩石

交通方式

州外交通

飞机　达尔文和艾丽斯斯普林斯作为大陆北部和中部的聚散城市，拥有从各个州府以及凯恩斯等旅游城市飞来此地的航班。此外，还有从悉尼、墨尔本、凯恩斯直飞艾尔斯岩石的航班。

长途巴士　有从南澳大利亚州的阿德莱德出发至艾丽斯斯普林斯的巴士，还有从昆士兰州的芒特艾萨经由斯利维斯前往达尔文／艾丽斯斯普林斯的巴士，西澳大利亚州有从布鲁姆至凯瑟林、达尔文的巴士，上述长途巴士都是由灰狗公司运营的。

火车　有从阿德莱德出发经由艾丽斯斯普林斯至达尔文的豪华列车"汗"号通车。

州内交通

飞机　澳洲航空拥有达尔文～艾丽斯斯普林斯～艾尔斯岩石之间的航班。

长途巴士　澳大利亚灰狗巴士拥有达尔文～凯瑟琳～滕南特克里克～艾丽斯斯普林斯，达尔文～卡卡杜国家公园之间的长途巴士。

团体游项目　想要体验北领地雄伟的大自然风光，小编推荐参加移动型的团体游项目。从1～2天的短程团到为期2周的旅游团，种类繁多。

旅行计划要点

游览北领地最好跟团

州内的各个景点之间都相距较远，个别景点的周边是无人区，因此参加移动型的团体游项目是最方便的。有从艾丽斯斯普林斯至艾尔斯岩石方向，需要住宿1~3晚的旅游团；也有从艾丽斯斯普林斯至达尔文方向，需要住宿5~12天的团。此外，从达尔文或者艾丽斯斯普林斯至西澳大利亚州、南澳大利亚州的需要住宿数日的长期团也有多种选择。艾尔斯岩石周边，或者达尔文近郊的一日游或者住宿1晚的团体游项目也有不少，对于行程安排比较紧张的游客来说，在各个城市之间移动选择乘坐飞机比较高效，或者乘坐"汗"号列车，抵达目的地后再选择跟团游。

● Adventure Tours Australia
☎ 1300-654-604
🖥 www.adventuretours.com.au
● Intrepid travel
☎（03）8594-3904 ☎ 1300-797-010
🖥 www.intrepidtravel.com/au/australia
● AAT kings
☎（02）9028-5180 ☎ 1300-555-339
🖥 www.aatkings.com
● Kimberley Wild
☎ 1300-738-870
🖥 kimberleywild.com.au

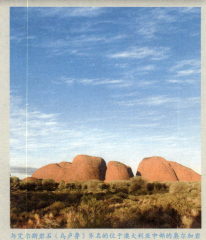

与艾尔斯岩石（乌卢鲁）齐名的位于澳大利亚中部的奥尔加岩群（卡塔楚塔）

艾尔斯岩石旅行的起点

从国内出发的旅游团大都只在艾尔斯岩石（乌卢鲁）停留1晚。但是如果想要观察艾尔斯岩石朝夕颜色的变化，游览步行线路丰富的奥尔加岩群，或者游览国王峡谷（瓦塔尔卡国家公园）最少需要住宿2晚，如果可能安排3晚会比较合适。

卡卡杜国家公园保留有许多珍贵的原住民壁画

在内陆地区和北大角地区早晚会有许多袋鼠、小袋鼠出没

北部地区 交通图

449

艾尔斯岩石（乌卢鲁）及其近郊

Ayers Rock（Uluṟu）& Around

北部地区 Northern Territory　　　　　　　　　长途区号（08）

艾尔斯岩石位于澳大利亚大陆正中央的位置，在四周都是红土的荒漠中突然出现一座庞大的岩石。这是世界最大的单体岩石，周长约9.4公里，海拔863米（距离地面高度346米）。因此人们也亲切地称之为"地球的肚脐"，一提到澳大利亚就不由得使人联想起这座岩石。

艾尔斯岩石是在1872年由西方人发现的。当时探险家威廉姆·高斯在澳大利亚内陆进行探险时发现了这座岩石，并且用时任南澳大利亚总督亨利·艾尔斯的名字命名。现在这里已经被划为了国家公园，周边的土地是政府向原住民借用的。对于原住民来说这里是重要的圣地，对这块岩石的称呼也正式更名为附近居住的阿南古族人祖祖辈辈沿用

天刚蒙蒙亮时的乌卢鲁显得格外神秘

乌卢鲁—卡塔楚塔国家公园
Uluṟu-Kata Tjuṯa NP

的叫法"乌卢鲁"。

除了岩石之外，艾尔斯岩石的周边也有许多重要的景点。其中与艾尔斯岩石一起被列为世界遗产的奥尔加岩群（卡塔楚塔）、位于艾尔斯岩石与陆地中央城市艾丽斯斯普林斯之间的国王峡谷（瓦塔尔卡国家公园）都是澳大利亚中部地区必看的旅游景点。

艾尔斯岩石（乌卢鲁）及其近郊 交通方式

前往方式

● **飞机**

捷星航空和澳大利亚维珍航空有从悉尼出发飞往这里的航班，澳洲航空有从凯恩斯、艾丽斯斯普林斯直飞这里的航班。

● **长途巴士**

AAT Kings 公司有从艾丽斯斯普林斯、国王峡谷出发的长途巴士。

● **参加旅游团**

一般都会选择参加在艾丽斯斯普林斯住宿多晚的团体游。澳大利亚探险旅行社（Adventure Tours Australia）、内陆荒漠观赏野生动物旅行社（Wayoutback Desert Safari）等公司都很受欢迎。一般的行程是早上从艾丽斯斯普林斯出发，中途在卡梅尔农场休息，之后入住艾尔斯岩石度假区的酒店。下午可以游览奥尔加山、奥尔加峡谷并观赏艾尔斯岩石的日落。第二天一早从酒店出发，观赏艾尔斯岩石的日出（包括登山），参加艾尔斯岩石底的团体游，之后返回艾丽斯斯普林斯。如果是 2 晚 3 日的行程，还可以在返回途中游览国王峡谷。

● **租车自驾**

虽然也可以考虑从艾丽斯斯普林斯租车自驾，但是根据行驶的距离会收取部分的追加金额，核算下来花销比较大。单程大约有 400 公里，而且途中只有 3 个加油站。一定要携带好备用轮胎和足够的饮用水。如果想要考虑租车自驾，到达艾尔斯岩石度假区后租车最为方便。

机场 ⟷ 艾尔斯岩石度假区

康奈蓝机场（Connellan Airport，AYQ）被称为是艾尔斯岩石的空中玄关，距离艾尔斯岩石度假区仅 5 公里。AAT Kings 公司有从康奈蓝机场出发至艾尔斯岩石度假区的区间巴士。

艾尔斯岩石（乌卢鲁）及其近郊 漫 步

艾尔斯岩石度假区

艾尔斯岩石度假区（Ayers Rock Resort）是艾尔斯岩石的旅游集散地。乌卢鲁—卡塔楚塔国家公园内是不能住宿的，所有游客都入住在度假区内。度假区为了不破坏周边的景观，几乎所有的建筑物都使用了特殊的涂料，看上去与沙漠的颜色一样。盛夏时节的正午时分，这里的气

■ **澳洲航空**
☎ 13-13-13

■ **捷星航空**
☎ 13-15-38

■ **澳大利亚维珍航空**
☎ 13-67-89

■ **AAT Kings**
☎（08）8956-2021
☎ 1300-555-339
🖥 www.aatkings.com
● **艾尔斯斯普林斯 ~ 艾尔斯岩石度假区**
时 艾尔斯斯普林斯出发：每天 7:30、13:00 抵达艾尔斯岩石度假区 / 艾尔斯岩石度假区出发（4～9 月）：13:00、19:30 抵达艾尔斯斯普林斯 / 艾尔斯岩石度假区出发（10 月～次年 3 月）：12:30、19:00 抵达艾尔斯斯普林斯
费 成人 $175 儿童 $88

■ **Adventure Tours Australia**
🖂 1300-654-604（预约）
🖥 www.adventuretours.com.au
● **乌卢鲁 3 日游**
艾丽斯斯普林斯往返。2晚 3 天的行程，游览景点包含国王峡谷、艾尔斯岩石、奥尔加岩群。
费 每人 帐篷住宿 $695、酒店房间 $840

■ **Way Out Back Safari**
☎（08）8300-4900
☎ 1300-551-510
🖥 www.wayoutback.com.au
● **荒野四驱 3 日游**
费 成人 $860 家庭 $3265
※YHA、VIP 有折扣

■ **机场区间车**
Airport Shuttle Bus
费 免费
※ 只有住宿在艾尔斯岩石度假区的游客才可以乘坐

AAT Kings 公司有区间巴士去往艾尔斯岩石度假区

从艾尔斯岩石度假区可以远眺艾尔斯岩石

■艾尔斯岩石度假区 🔲p.452
🌐 www.ayersrockresort.com.au

方便出行的区间巴士

■度假区区间车
在各酒店、购物中心之间运行。运行时间为10:30~18:00、18:30~次日0:30期间每20分钟一班车。

■汽车租赁公司
●赫兹 Hertz
☎（08）8956-2081
●安飞士 AVIS
☎（08）8956-2266
●苏立夫提 Thrifty
☎（08）8956-2030
■乌卢鲁—卡塔楚塔国家公园门票
🎫 (成人) $25 (儿童) $12.50 (家庭) $65
（3天有效）
※ 可以跟巴士司机购买

■乌卢鲁—卡塔楚塔国家公园大门开放时间
🕐 12月~次年2月：5:00~21:00/3月：5:30~20:30/4月：5:30~20:00/5月：6:00~19:30/6~7月：6:30~19:30/8月：6:00~19:30/9月：5:30~19:30/10月：5:00~20:00/11月：5:00~20:30

温通常都在40℃以上，日光的照射也十分强烈，因此度假区使用了68块瑞士产的防晒帆来反射这些阳光，这一场面也是度假区有特色的景观。
艾尔斯岩石度假区总的来说就是几家酒店和购物中心等商业设施聚集的地方。度假区内有步行道，还有免费的区间车，无论住在哪一家酒店都不会觉得交通不便。
度假区内有不少活动，例如：在购物中心前的草坪广场上有可以体验原住民文化的商店，还有花园漫步活动等户外项目。温吉利艺廊与博物馆（Wintjiri Art & Museum）内展示了与原住民的文化相关的展品，此外还有与艾尔斯岩石附近的地质、动植物、原住民文化、生活相关的展板。
度假区内的高级酒店——乌鲁鲁沙漠风帆酒店（Sails in the Desert Hotel）内有多国语言服务窗口，在这里可以获取中文信息。

购物中心广场位于度假区的中心位置

艾尔斯岩石的游览方法

从度假区到艾尔斯岩石或者奥尔加岩群都有20公里以上的距离，一般来说游客都是参加从艾尔斯岩石度假区出发的团体游项目。如果准备开车自驾，需要准备充足的汽油和水，因为国家公园内没有加油站和可以补充水、食物的地方。所有观光游览线路都是铺设道路，可以让人放心驾驶。参观拥有艾尔斯岩石、奥尔加岩群等景点的乌卢鲁—卡塔楚塔国家公园，需要在国家公园的入口处购买公园门票。

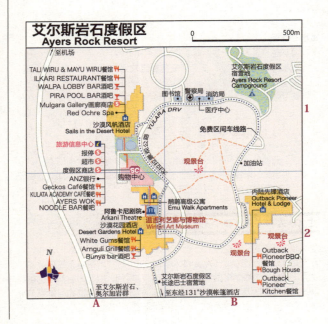

艾尔斯岩石（乌卢鲁）　Ayers Rock（Uluṛu）

矗立于广漠大地之上的乌卢鲁

艾尔斯岩石周长 9.4 公里，高 346 米（海拔 863 米）。该岩石为砂岩，说明这一带在 6 亿~9 亿年前曾为广阔的内陆海域。大约在 5.5 亿年前的前寒武纪，这里是因地壳隆起而形成的，之后又经过多次大规模地壳运动，在距今 7000 年前时成了现在的模样。据推测，艾尔斯岩石的地上部分仅为整个岩石的 1/4~1/3。

登上艾尔斯岩石，眺望大地
攀登艾尔斯岩石　Map p.454
Ayers Rock Climbing

艾尔斯岩石是澳大利亚原住民的圣地。这里不仅是珍贵的自然遗产，也是重要的文化遗产。因此有很多禁忌需要注意。不能像在其他地方登山那样随意。登山虽未被禁止，但是一定要理解原住民对有人登上他们的圣地这件事情是不会太高兴的。

在此登山非常辛苦，而且有危险，所以登山者要对自己的安全负责。登山入口只有一个，位于巨石西侧，最初的路程比较陡峭，路旁安装有锁链，可手扶锁链前行。当走到没有锁链处时，高度为巨石总高度的 2/3，走过的距离为全程的 1/3。之后沿白色油漆前往山顶。经过几次起伏后可到达山顶。有标记山顶位置的指示牌。在山顶可以看见西边的奥尔加岩石群、东边的康奈山以及广阔的地平线。普通游客登山往返需要 1 小时 30 分钟~2 小时。

建议在早晨登山，以避免在酷热下消耗过多的体力。不过，从 2019 年起这里将永久禁止游客攀爬。现在，12 月~次年 2 月的 8:00 以后、有高温预报（36℃以上）时、预报山顶风速会超过 25 节时、预报会有降雨时以及原住民举行仪式或考虑到原住民的风俗习惯时，从日出到日落期间将封闭登山入口。最近几年的可登山日数为 100~150 天。想体验登山的游客，应在决定停留天数时留出余地。

了解原住民传说中的世界
岩石底部步道　Map p.454
Base Walk

艾尔斯岩石所在的区域内有多个原住民的圣地（Sacred Site），这些圣地对原住民们来说具有极为重要的历史意义，所以游客不能进入也不能拍照。岩石底部步道沿线有相关的指示牌，应严格遵守。

艾尔斯岩石下有环绕岩石长达 9 公里的

可租借自行车骑行

■**禁止进入的区域**

乌卢鲁—卡塔楚塔塔国家公园内有原住民的圣地。未经许可绝对不能进入该区域。而且也禁止在禁区拍照。

■**登山时的注意事项**

登山时最好戴防滑手套（普通的手套不利于抓紧锁链）。饮用水（至少 1 升）、帽子及防晒霜是必须携带的物品。最好穿着鞋底不滑的运动鞋或登山鞋。6~9 月气温较低，但登山途中会越走越热，所以应穿着便于增减的服装。可以背一个小的双肩背包，用来放水以及脱掉的衣服。夏季的白天会非常炎热。当地的最低气温纪录为 1976 年 7 月时出现的 -5℃，最高气温纪录为 1981 年 12 月出现的 50℃。

■**纪念牌**

登山入口旁有五块纪念牌。有两块是为了纪念在登山中坠亡的登山者，其他的是为纪念在登山中因中暑、心脏病发作而亡的登山者。现在已经不允许再设置纪念牌。

登山入口处有一块牌子，用多国语言记述了原住民对攀登艾尔斯岩石的看法

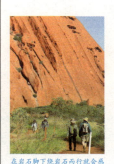

在岩石脚下绕岩石而行就会感受到岩石的规模确实非常大

坎踞峡谷附近植物较多，展现
出艾尔斯岩石的另一副面容

的步道（岩石底部步道）。走完全程需3小时，善于健走的游客可以体验。
参加团体游游览岩石底部时，可以沿属于岩石底部步道一部分的马拉步道（Mala Walk）及库尼亚步道（Kuniya Walk）游览，基本上能够参观到各主要景点。

马拉步道起于登山入口，长500米。从登山入口沿顺时针方向前行，左侧有一个不大的洞穴。洞顶有原住民留下的壁画。图案主要为袋鼠及鸸鹋的足迹。旁边有形似波浪的天然庇护所。这一带生长着茂密的灌木丛。之后会到达被称为坎踞峡谷（Kantju Gorge）的小水潭。当下雨

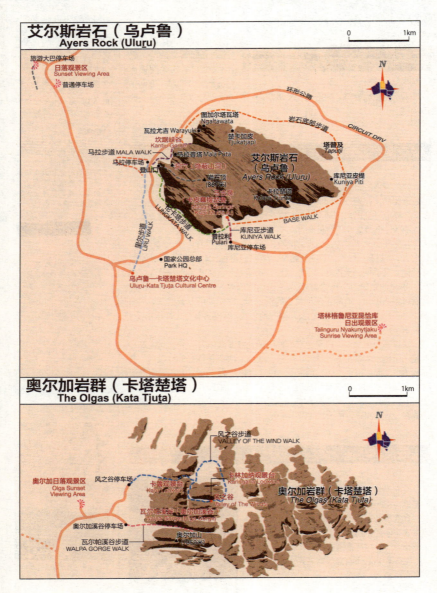

艾尔斯岩石（乌卢鲁）
Ayers Rock (Ulu<u>r</u>u)

0   1km

N

旅游大巴停车场
日落观景区
Sunset Viewing Area
普通停车场

环形公路

图加尔塔瓦塔
Ngaltawata

岩石底部步道

CIRCUIT DRV

瓦拉尤吉 Warayuki
坎踞峡谷
Kantju Gorge
马拉步道 MALA WALK
马拉停车场
登山口

楚卡加皮
Tjukat<u>j</u>api

塔普及
Tapu<u>t</u>ji

马拉普塔 Mala Pu<u>t</u>a
洞穴（隐蔽山洞）
岩石顶
(863米)

艾尔斯岩石
（乌卢鲁）
Ayers Rock (Ulu<u>r</u>u)

库尼亚皮提
Kuniya Piti

卡皮幕提泉
Kapi Mu<u>t</u>itjulu

卡拉尼提
Ka<u>t</u>iya Piti

BASE WALK

LUNGKATA WALK
LU<u>R</u>U WALK
卢尔步道
隆卡塔步道

普拉利
Pulari

库尼亚步道
KUNIYA WALK

库尼亚停车场

国家公园总部
Park HQ

乌卢鲁—卡塔楚塔文化中心
Uluru-Kata Tju<u>t</u>a Cultural Centre

塔林格鲁尼亚昆怡库
日出观景区
Talinguru Nyakunytjaku
Sunrise Viewing Area

奥尔加岩群（卡塔楚塔）
The Olgas (Kata Tju<u>t</u>a)

0   1km

N

奥尔加日落观景区
Olga Sunset
Viewing Area

风之谷停车场

风之谷步道
VALLEY OF THE WIND WALK

卡拉加纳观景台
Karingana LookOut

卡鲁观景台
Kau LookOut

风之谷
Valley of The Winds

奥尔加岩群
（卡塔楚塔）
The Olgas (Kata Tju<u>t</u>a)

瓦尔帕溪谷（奥尔加溪谷）
Walpa Gorge (Ulga Gorge)

奥尔加溪谷停车场

奥尔加山
A1 1065米

瓦尔帕溪谷步道
WALPA GORGE WALK

时，雨水会沿着岩壁落入水潭，形成壮丽的瀑布。

从艾尔斯岩石南侧的停车场出发，往返距离约1公里的步道为库尼亚步道。在原住民的传说中，毒蛇男子杀死了蟒蛇女子的侄子，蟒蛇女子在此复仇，现在的马吉泉（Maggie Springs，在原住语中被称为Kapi Mutitjulu）据说是祭祀蟒蛇女子侄子的地方。

全年有水的 Kapi Mutitjulu

Kapi Mutitjulu 旁边岩壁上的天然"爱心"

马拉步道上的天然庇护所

在艾尔斯岩石前迎接朝阳升起
艾尔斯岩石的日出
Ayers Rock Sunrise　　　　　　　　　　Map p.454

壮丽的艾尔斯岩石的日出

艾尔斯岩石的颜色在一天之中不断变化。日出前，融于昏暗之中的岩壁逐渐泛红，随着太阳的升起，又变成橙红色，之后再变成鲜艳的橙色。观看被朝阳染红的艾尔斯岩石的最佳地点是位于岩石东南的塔林格鲁尼亚昆恰库日出观景区（Talinguru Nyakunytjaku Sunrise Viewing Area），观景平台可容纳3000人观看日出。在那里还能看到艾尔斯岩石左侧远方的奥尔加岩石群，所以可以把艾尔斯岩石与奥尔加岩石群拍进同一张照片里。

火红的艾尔斯岩石
艾尔斯岩石的日落
Ayers Rock Sunset　　　　　　　　　　Map p.454

傍晚时分，艾尔斯岩石被夕阳彻底染红。观看此时景色的最佳地点是日落观景区（Sunset Viewing Area）。

当夕阳西下时，巨石表面的颜色开始逐渐变红。之后，会迎来太阳坠入地平线的瞬间。此时艾尔斯岩石的表面呈现出火红的颜色。不过，持续时间非常短暂。太阳完全落下之后，岩石表面的颜色便迅速褪去，岩石也随之消失于夜幕之中。岩石有时会红得令人惊奇，但这种情况一年之中也就能出现几次而已。美景的出现还需要一些特殊的气象条件，如果天空中没有云，岩石就不会变得特别红。

在太阳落下的瞬间岩石变成火红的颜色

艾尔斯岩石的日出及日落时刻　（每月15日的时刻，随着时间推移，可能会发生改变）

月	1月	2月	3月	4月	5月	6月	7月	8月	9月	10月	11月	12月
日出	6:09	6:32	6:47	7:01	7:16	7:29	7:31	7:14	6:43	6:12	5:50	5:50
日落	19:41	19:28	19:03	18:31	18:09	18:04	18:13	18:27	18:39	18:52	19:11	19:32

出处：Australia Government - Geoscience Australia

■乌卢鲁一卡塔楚塔文化
中心
Uluru-Kata Tjuta Cultural
Centre
　　　　　　　📖 p.454
　　位于艾尔斯岩石附近，
介绍该地区原住民阿南古族
（Anangu）的生活方式及风俗
文化。参观者可以通过展板及
影像资料了解阿南古族的实际
生活。有些团体游项目的行程
中也包括参观该中心。
☎（08）8956-1128
🕐 每天 7:00~18:00

■马鲁库艺术品及手工艺
品商店
Maruku Arts & Crafts
　　文化中心内有一家由原
住民经营的商店。出售各种
手工艺品及艺术品。
☎（08）8956-2558
💻 www.maruku.com.au
🕐 每天 7:30~17:30

朝着奥尔加岩群方向前行的途
中，可以从卡塔楚塔沙丘观景
区眺望奥尔加岩群的全貌

奥尔加岩群（卡塔楚塔）　　The Olgas（Kata Tjuṯa）

　　位于艾尔斯岩石以西约 45 公里处的岩石群。有高 546 米（海拔 1069 米）的奥尔加山及大小 36 座岩石山。在原住语中被称为卡塔楚塔，意为"很多头颅"。这个岩石群被西方人发现是在 1872 年，是一个叫欧内斯特·吉利斯的探险家发现的。"奥尔加"的名字是使用了当时西班牙王妃的名字命名的。奥尔加岩群和艾尔斯岩石都属于相同的砂岩质岩石，同样可以认为是在 7000 万年前便形成了现在的模样。

卡塔楚塔的语义充分体现了这里的地貌特征

可以很容易接触到奥尔加岩群的最深处
瓦尔帕溪谷（奥尔加溪谷）　　Map p.454
Walpa Gorge（Olga Gorge）

　　沿着奥尔加山修建的溪谷内的单程约 2 公里的步道，是奥尔加岩群最受欢迎的步道。因为是一条直路，所以也不会迷路。步道两侧是高耸

COLUMN
在艾尔斯岩石举办的艺术活动
原野之光
Field of Light

　　原野之光是以使用灯光创作大规模艺术作品而闻名全球的布鲁斯·门罗在眺望艾尔斯岩石的原野上举行的一个大型艺术展示活动。

　　在漆黑的夜晚，广阔的原野上点亮 5 万多个灯泡，灯光还会随着时间发生变化。面对如此美妙的景色，人们会不禁沉浸其中。有三个团体游项目可以带游客观看原野之光。最受欢迎的团体游是 A Night at Field of Light，与寂静之声（→ p.460）一样，游客可以观看艾尔斯岩石日落并享用露天晚餐。除此之外，还有早晨观看原野之光与艾尔斯岩石日出的 Field of Light Sunrise 以及夜晚观看原野之光的 Field of Light Pass。可在艾尔斯岩石度假

村的各酒店办理预约。
💻 www.ayersrockresort.com.au
A Night at Field of Light 🧑$245 🧒$122.50（如返回时选择骑骆驼，🧑$375 🧒$205）/Field of Light Sunrise 🧑$69 🧒$35/Field of Ligh Pass 每人 $39

的巨岩，令人非常震撼。

奥尔加岩群的观光热点
风之谷
Valley of The Winds

Map p.454

风之谷步行步道的入口

沿着风之谷可以深入到奥尔加岩群的最深处。停车场周围有大约7公里长的步行步道。距离停车场约1公里的卡鲁观景台（Karu Lookout）是第一个景点。一直向着巨大的岩石山行走，周围的景色十分壮观，继续前行步道便会分岔，周边有不少沙漠植物，还有桉树等植物。沿着南侧夹在巨岩中的狭窄道路前行，位于步道的尽头便是这里最大的看点卡林加纳观景台（Karingana Lookout），距离停车场单程约2.5公里。耸立于两侧的巨岩之间是风的通道，风吹向的方向是宽广的大地，远处还有奥尔加岩群的其他岩石分布。

身处在此景之中，仿佛令人置身于地球之外的另一空间之中。从卡林加纳观景台出发，穿出溪谷之后沿着奥尔加岩群下方的路继续前行，便可以返回到卡鲁观景台下的分岔路。这条步道走完全程大约需要4小时。往返卡林加纳观景台需2~3小时。

被夕阳染红的奥尔加岩群

可以从艾尔斯岩石的落日观景台远眺奥尔加岩群的落日景观

比较轻松的瓦尔帕溪谷

■与宫崎骏电影《风之谷》之间的关系
坊间传说奥尔加岩群的风之谷就是宫崎骏电影《风之谷》的创作背景，宫崎骏导演是因为到了此地之后才激发了创作灵感。但是，实际上只是名字恰巧雷同而已，并没有这种事实（吉卜力官方否定了上述说法）。

■风之谷摄影
从卡林加纳观景台以及从那里开始进入奥尔加岩群内部，允许个人拍照留念，但是原则上禁止登载到公共平台上（包含网页）。

国王峡谷（瓦塔尔卡国家公园）Kings Canyon（Watarrka NP）

国王峡谷位于艾尔斯岩石度假区东北方，开车约需3小时（大约305公里）。矗立于720平方公里的瓦塔尔卡国家公园中央的乔治吉尔山脉（George Gill Range）的一部分，是中澳大利亚为数不多的大溪谷——国王峡谷。这里曾经是2004年放映的日剧《在世界的中心呼唤爱》、澳大利亚著名电影《沙漠妖姬》（1994年）的取景地。溪谷两侧的岩壁高270米，岩石外壁的颜色从奶白色渐变成深紫色，变化十分丰富。

峡谷内共有两条步行步道。围绕峡谷一周的谷缘环道（Rim Walk）步行一周需3~4小时（5.5公里），沿着峡谷谷底的步道——溪谷步道（Creek Bed Walk）步行需1小时（1公里）。强烈推荐你一定要在国王峡谷内漫步试试看。沿途既可以感受到国王峡谷的壮观，还可以欣赏被风化成圆顶形状的迷失之城（Lost City）和拥有羊齿类植物、椰树等植物的艾登花园（Garden of Eden）的景观，这些景观都是大自然造化出的神秘景观。

雄壮溪谷的美景令人十分震撼

迷失之城的奇石妙岩连绵不断

这里有多家旅行社，普通的团体游项目都是由 AAT Kings 公司策划的。与其单个申请团体游项目，不如计划好行程，打包参加多条线路的团体游项目。

■ AAT Kings
☎ 1300-555-339
🖷（08）8956-2021
🖳 www.aatkings.com
※ 可以通过上述官网下载艾尔斯岩石团体游的相关项目内容（PDF 格式）

参加团体游项目，可以享有各种服务（AAT Kings 的乌卢鲁日落团提供的起泡酒服务）

从日出观景区欣赏朝阳在乌卢鲁缓缓升起

参加团体游项目去看日落，可以一边畅饮香槟一边欣赏日落，还可以透过香槟杯观看倒置的乌卢鲁，并且拍照留念

团体游项目组合范例

到达艾尔斯岩石度假区的时间大都是下午。如果计划是 1 晚 2 天的行程，推荐到达当天的下午参加卡塔楚塔（奥尔加岩群）、瓦尔帕溪谷与乌卢鲁落日 & 南空 BBQ 行程，第二天一早参加乌卢鲁（艾尔斯岩石）日出 & 登山 & 基地游。当然最好可以安排 2 晚 3 天的行程。到达当天的下午参加卡塔楚塔、瓦尔帕溪谷 & 日落行程（4~10 月期间是卡塔楚塔、风之谷 & 日落行程），第二天一早参加乌卢鲁日出 & 登山 & 基地游，傍晚的时候参加时尚的室外晚餐寂静之声（Sounds of Silence）露天晚宴（→ p.460）。如果第三天需要返回艾丽斯斯普林斯，可以搭配国王峡谷的团体游。可以选择参观完国王峡谷返回艾丽斯斯普林斯的行程。

在熟悉周边自然环境的导游的陪同下游览峡谷

AAT Kings / 艾尔斯岩石周边主要团体游项目
AAT Kings Ayers Rock Day Tours

●乌卢鲁日出 & 登山 & 基地游
Uluru Sunrise，Climb & Base Tours

黎明前开始向观日出景区出发。早餐尽量在等待日出期间吃完。欣赏着艾尔斯岩石伴随徐徐上升的太阳逐渐变换的色彩。日出前非常冷，尤其是冬季，需要带上厚衣服。

欣赏完日出之后向登山口移动。一定要牢记这里是原住民的圣地，然后再自行判断是否登顶。登山大约需要 2 小时（夏季 3 小时）。如果不登山，可以在登山口附近的步道散步。基地游的内容是乘坐巴士周游一圈，途中导游会讲解关于原住民的传说，还会在库尼亚步道散步。

Sunset Sky BBQ 位于国家公园内，眼前就是雄伟的艾尔斯岩石

●卡塔楚塔、瓦尔帕溪谷 & 乌卢鲁日落 & 南空 BBQ
Kata Tjuṯa Walpa & Uluru Sunset & Southern Sky BBQ

由于这个团是下午出发，作为到达当天可以参加的团而深受游客欢迎。在太阳还高高挂起的时候从度假区出发，从卡塔楚塔沙丘观景区欣赏奥尔加岩群的全景，然后去瓦尔帕溪谷。一边感受奥尔加岩群的雄伟与壮大，一边在单程约 2 公里的步道中漫步。散步结束后，配合着日落

的时间向艾尔斯岩石日落观景区移动。一边举杯畅饮香槟，一边品尝着小吃欣赏被落日染得通红的艾尔斯岩石。此后移动到乌卢鲁—卡塔楚塔文化中心内设置的专用BBQ区，享用BBQ自助。晚餐之后还会有一个简单的星空讲座。

● 卡塔楚塔·日出&风之谷（英语）
Kata Tjuta Sunrise & Valley of Winds
　　清晨时分在卡塔楚塔沙丘观景台遥望奥尔加岩群的日出，之后去往风之谷。跟随导游一起步行至卡林加纳观景台，往返约5公里。

● 国王峡谷游（英语）Kings Canyon Tour
　　从艾尔斯岩石度假区出发的国王峡谷一日游（回程也可以选择返回艾丽斯斯普林斯的线路）。根据个人的体力情况选择步行谷缘环道（约3小时，有导游跟随）或者是溪谷步道（约1小时，无导游跟随）。如果返回艾尔斯岩石度假区，回程还可以去康奈山观景台眺望风景。

■ 乌卢鲁·观光巴士
　　艾尔斯岩石地区的区间车。适合不参加一般团体游项目，想要自由观光的散客。
☎ （08）8956-2019
🖥 www.uluruhoponhopoff.com.au
🕐 艾尔斯岩石度假区出发：至艾尔斯岩石，日出前1~1.5小时前出发~日落前1.5~2小时前，共有6趟车／至奥尔加岩群上午、下午各一班车
💰
● 1日巴士：成人$120 儿童$40
● 2日巴士：成人$160 儿童$60
● 3日巴士：成人$210 儿童$100
● 乌卢鲁往返：成人$49 儿童$15
● 卡塔楚塔往返：成人$95 儿童$40

澳大利亚地区指南

北部地区（北领地）艾尔斯岩石（乌卢鲁）及其近郊

AAT Kings 巴士价格表（随着时间推移可能会发生改变）				
巴士名称	包含团体游项目	费用（$）		
		成人	儿童	
英语团用巴士				
瓦尔帕溪谷之旅（3日游）	国家公园门票／乌卢鲁日出&卡塔楚塔·瓦尔帕溪谷／乌卢鲁·基地游&日落	265	133	
风之谷之旅（3日游）	国家公园门票／乌卢鲁日出&基地游／乌卢鲁／卡塔楚塔日落／卡塔楚塔日出与卡塔楚塔风之谷	439	220	

AAT Kings 艾尔斯岩石 & 奥尔加岩群 主要团体游（随着时间推移可能会发生改变）			
团体游名称	费用 $		时间
	成人	儿童	
乌卢鲁·日出团	69	35	日出前90分钟出发/7:30~8:30返回
乌卢鲁·日落团	69	35	日落前90分钟出发/日落后20分钟返回
乌卢鲁·日落&南空BBQ	213	107	日落前90分钟出发/日落后2小时返回
乌卢鲁·基地游&日落	125	63	14:30~15:30出发/日落后20分钟返回
乌卢鲁·基地游&日落&南空BBQ	269	135	14:30~15:30出发/日落后21分钟返回
乌卢鲁·日出&基地游	149	75	日出前90分钟出发/10:30~11:30返回
乌卢鲁·日出&登山&基地游	199	100	日出前90分钟出发/11:30~11:30返回
卡塔楚塔·日出&风之谷	159	80	日出前90分钟出发/12:00左右返回
卡塔楚塔·瓦尔帕溪谷&乌卢鲁·日落	189	95	日落4小时前出发/日落20分钟后返回
卡塔楚塔·瓦尔帕溪谷&乌卢鲁·日落&南空BBQ	354	178	日落4小时前出发/日落2小时后返回
卡塔楚塔·日落	95	48	日落90分钟前出发/日落45分钟后返回
乌卢鲁·日出&卡塔楚塔·瓦尔帕溪谷	139	70	日出前90分钟/10:30~11:30返回
国王峡谷游	235	118	4:00~17:00
国王峡谷游、返回艾丽斯斯普林斯	285	143	4:00~19:30

※ 国家公园门票需要另行支付

乌卢鲁·观光巴士
Uluru Hop on Hop Off

这趟观光巴士非常适合没有固定的游览行程，想要按照自己的心情游览景点的散客。例如体力稍差登山需要花费较长时间的游客，或者是绕着基地走了一圈之后需要乘车往返于登山口之间的游客等。车票包含1~3天通票等多种形式。

寂静之声 / 星空晚宴
Sounds of Silence / Tali Wiru

伴随着原住民传统乐器迪吉里杜管的浑厚音色欣赏日落，在星空下享用晚餐。跟团首先来到可以同时眺望到乌卢鲁与卡塔楚塔的小山丘，伴随着神秘的乐器迪吉里杜管的响声，手持香槟杯欣赏乌卢鲁与卡塔楚塔的夕阳美景。之后的晚餐是在沙漠中支上桌子的露天晚宴。

寂静之声的露天晚宴内容十分充实

露天晚宴首先提供葡萄酒和浓汤，主菜和甜品是自助形式的，选项十分丰富。还可以体验袋鼠肉、鳄鱼肉、尖吻鱼等澳大利亚特色野味的味道。星空晚宴（最多容纳 20 人）位于空间私密的地方，提供 4 品时尚的澳大利亚菜（提供适合各款菜肴的葡萄酒，餐后还有开胃酒和白兰地）。就餐完毕后还有专门的工作人员在寂静的星空下讲解星空故事。在满天星辉的南半球夜空下享受星空乐趣，这里是最棒的。同时附有天体望远镜，可以自由观测星空。

寂静之声的露天晚宴会场

空中畅游
Scenic Flights

乘坐直升机或者塞斯纳（小型飞机）进行空中游览的项目。从观赏风景的角度来说直升机最值得推荐。有 15 分钟、30 分钟的飞行线路，小编推荐 30 分钟线路，可以尽情地欣赏艾尔斯岩石和奥尔加岩群的壮丽景色。塞斯纳的飞行线路有 20 分钟和 30 分钟的可供选择。

■ 寂静之声 / 星空晚宴
主办：Ayers Rock Resort
☎ 1300-134-044
🖥 www.ayersrockresort.com.au
📅 日落前 1 小时开始，所需时间 4 小时
💰 寂静之声 大 $199/小 $100/星空晚宴（4 月 1 日~10 月 15 日期间举办）每人 $345

一边听飞行员的讲解，一边享受空中畅游的乐趣

■ 空中畅游
● Professional Helicopter Service
☎（08）8956-2003
🖥 www.phs.com.au
💰 15 分钟（乌卢鲁）1 人 $150、30 分钟（乌卢鲁 & 卡塔楚塔）1 人 $285
● Ayers Rock Scenic Flights
☎（08）8956-2345
🖥 new.helicoptergroup.com/arsf-index/
💰 20 分钟（乌卢鲁）$115、40 分钟（乌卢鲁 & 卡塔楚塔）$230

从空中俯瞰的艾尔斯岩石，更能彰显其巨大

可以从空中俯瞰卡塔楚塔的全貌

骑骆驼远眺艾尔斯岩石

乌卢鲁骆驼之旅
Uluru Camel Tours

从艾尔斯岩石度假区旁骑着骆驼出发去往各个景点。有骑骆驼去红土大地的特快之旅，还有去艾尔斯岩石欣赏日出、日落的行程。欣赏日出、日落的行程包含简餐。另外还有可以与寂静之声往返行程组合的骆驼之旅套餐。

日落前排好队向观景点出发

体验车手的感觉，游览艾尔斯岩石

乌卢鲁摩托车之旅
Uluru Motorcycle Tours

坐在哈雷摩托的后座上，周游艾尔斯岩石或者奥尔加岩群。如果想要骑着摩托在中澳大利亚的大地上撒点野，这个行程是再合适不过的了。可以选择的线路和内容比较丰富，既有普通的艾尔斯岩石观光，也可以根据日出和日落的时间出发。可以按照自己希望的时间预订。

乘坐哈雷游览艾尔斯岩石绝对是一次难忘的旅行

■ **乌卢鲁骆驼之旅**
☎（08）8950-3333
URL ulurucameltours.com.au
费 骆驼特快之旅：1人$80（每天10:30和4~10月的14:00出发，所需时间1.5小时）/ 骆驼日出：1人$129（日出前1小时出发，所需时间2.5小时）/ 骆驼日落：1人$129（日落前1小时，所需时间1.5小时）

这里的骆驼被调教得很好，非常友善

■ **乌卢鲁摩托车之旅**
☎（08）8956-2019
URL ulurucycles.com
费 乌卢鲁·日出（1.5小时）：$229 / 乌卢鲁·日落（1.5小时）：$229 / 卡塔楚塔之旅（2.5小时）：$229 / 速度之旅（30分钟）：$139
※ 参加年龄：5岁以上

艾尔斯岩石的酒店
Accommodation

艾尔斯岩石度假区内共有5间酒店和宿营地，在乌卢鲁—卡塔楚塔国家公园旁有最高档的沙漠酒店——东经131°沙漠帐篷酒店，瓦塔尔卡国家公园内还有国王峡谷度假村。除国王峡谷度假村外，其余都是由Voyages hotels & Resorts公司运营的，可以在Voyages Travel Centre进行预约。

● Voyages Travel Centre
☎（02）8296-8010 / 1300-134-044　URL www.voyages.com.au

艾尔斯岩石度假区

除东经131°沙漠帐篷酒店之外，艾尔斯岩石度假区的总机电话号码、Wi-Fi有无、可以使用的信用卡如下。
☎（02）8296-8010　☎1300-134-044（02）9299-2103　WiFi 免费　CC ADJMV

内陆先锋酒店
Outback PioneerHotel & Lodge　　　　　青年旅舍

◆所有房间都带有空调。分为背包客用的小木屋和星级酒店式的酒店客房。同时设有小卖部、餐馆、BBQ设施、游泳池等。

酒店客房的房间　　　清洁整齐并且舒适的多人间

拥有多人间、酒店客房等多种房型 Map p.452/2B

☎8957-7605
费 小木屋：D$38~46、TW$225~265 / 酒店：TW$300

艾尔斯岩石度假区宿营地
Ayers Rock Resort Campground　　　　　　宿营地

◆除了宿营地之外，还有可供住宿的小木屋，房间内有空调、简易厨房和冰箱。营地内有游泳池。

可以在这里露营　　　　　　Map p.452/1B
☎ 8957-7001
费 小木屋 $174~179（可容纳 6 人），宿营地 $39~50（每人）

鸸鹋高级公寓
Emu Walk Apartments

◆公寓式的客房带有宽敞的起居室和设备齐全的厨房。浴室内还配有洗衣机和烘干机。适合家庭出游。

适合多人住宿的设施　　　　Map p.452/2A
☎ 8957-7799
费 1B $380、2B $470

如果想要住得宽敞不妨选择鸸鹋公寓

沙漠花园酒店
Desert Gardens Hotel

◆建于艾尔斯岩石度假区入口处的四星级酒店。辖地内种植有桉树和灌木林，到了这里不会想到自己是置身于沙漠之中。游泳池、餐厅等设施也比较齐全。尤其是主餐厅 White Gums，自助早餐、单品下单的晚餐、自助晚餐都十分受欢迎。

客房的装修十分有档次

沙漠花园酒店的泳池区十分宽敞

从有些房间可以看到艾尔斯岩石 Map p.452/2A
☎ 8957-7714
费 T W $350~440

沙漠风帆酒店
Sails in the Desert Hotel

◆这里是一家五星级的酒店，拥有度假村最好的泳池区、地道的水疗馆、原住民艺术品汇集的画廊和精品店，还可以提供中文服务，入住这里可以有更好的旅行体验。酒店内共有 2 家餐馆。ILKARI RESTAURANT 餐馆早晚都提供豪华的自助餐，这里也是艾尔斯岩石度假区最有名气的餐馆。自助餐的种类从地中海菜到亚洲菜系，品种丰富齐全。餐馆隔壁的 WALPA LOBBY BAR 酒吧，午餐时间会提供泰式咖喱等餐食。

客房宽敞明亮，还附带小露台

泳池区优雅舒适，是度假区内最棒的

度假区内最高档的酒店　　　Map p.452/1A
☎ 8957-7888
费 T W $420~940

东经 131° 沙漠帐篷酒店
Longitude 131°

◆豪华的沙漠帐篷式度假村，共有 15 间客房，从所有房间都可以欣赏到艾尔斯岩石的美景。费用包含入住期间的所有餐食、饮品、住宿客人专享的艾尔斯岩石四驱车之旅、生态之旅等内容。

备受世界瞩目的豪华度假酒店

所有都是最高档的　　　　　Map p.450/B
URL longitude131.com.au
☎ 8957-7131
费 S $2400、W $2700
※ 入住期间供应全餐
CC A D J M V

<h2 style="text-align:center">瓦塔尔卡国家公园</h2>

国王峡谷度假村
Kings Canyon Resort

◆距离国王峡谷只有 7 公里。拥有四星级酒店客房、背包客旅馆客房和宿营地。还可以预订从酒店出发的国王峡谷漫步团、骆驼之旅、直升机飞行游览等旅游项目。

最适合参观国王峡谷的游客入住
URL www.kingscanyonresort.com.au
住 Luritja Rd., Watarrka NP, 0872
☎ 8956-7442　Fee 1800-837-168
费 宿营地：1 人 $20~25 / 背包客旅馆：T W 134~144 / 酒店客房：T W $332~390
CC A D J M V

艾丽斯斯普林斯 *Alice Springs*

周日的时候会在 Todd Mall 举行集市

艾丽斯斯普林斯是一座几乎位于澳大利亚大陆正中央的城市，拥有约 2.5 万人口。1871 年，约翰·罗斯一行人为了架设连接奥古斯塔港与达尔文之间的电话线，对澳大利亚大陆进行了内陆调查。途中在这里发现了泉水，因而使用当时电信局总监查尔斯·托德之妻艾丽斯之名冠以泉水，取其意"艾丽斯的泉水"，现在音译为"艾丽斯斯普林斯"。

如今，这座规模不大的小城区内拥有购物中心、餐馆、咖啡馆和多家舒适的住宿设施。对于乘坐巴士或者火车来此地旅行的游客来说，艾丽斯斯普林斯简直就是沙漠中的绿洲和甘泉。

市中心是 Todd Mall。这里是步行街，景点、餐馆、纪念品店等相对比较集中，游客信息中心也在附近。

与飞行医生制度的发起者约翰·弗林有渊源的地方

阿德莱德屋博物馆　Map p.464/ 2B
Adelaide House Museum

利用约翰·弗林医生在艾丽斯斯普林建造的第一家医院改造而成的博物馆，使用展板展示着 20 世纪 20 年代当时的模样，还有一些约·弗林医生的私人物品展示等。旁边是 1956 年为了纪念约翰·弗林医生的功绩而修建的约翰·弗林纪念教堂（John Flynn Memorial Church）。

阿德莱德屋博物馆

约翰·弗林纪念教堂

至今仍活跃着的飞行医生基地

皇家飞行医生服务基地游客信息中心　Map p.464/ 3B
Royal Flying Doctor Service Base Visitor Centre

飞行医生制度是疆域广阔，人烟稀少的澳大利亚的特色。这一制度是医生平时通过远程联系的方式与生活在边远地区的患者取得联系，定期开具处方药，万一出现疾病和重症患者，医生乘坐轻型飞机迅速前往该地进行医疗服务。在这里不仅可

非常有参观价值的皇家飞行医生服务基地

交通方式

●艾丽斯斯普林斯

澳洲航空拥有从悉尼、凯恩斯、布里斯班、墨尔本、阿德莱德、达尔文、珀斯飞往此地的航班。艾丽斯斯普林斯机场（ASP）位于市区以南 15 公里处。市区内有配合航班起降时间发车的机场巴士 Alice Wanderer Airport Transfer。

陆路交通方面，这里作为从达尔文至阿德莱德的中间地，既有豪华列车"汗"号，也有澳大利亚灰狗巴士公司的长途车。

■艾丽斯斯普林斯机场
🖥 www.alicespringsairport.com.au

■ Alice Wander Airport Transfer
☎ （08）8952-2111
📠 1800-722-111
🖥 www.alicewanderer.com.au
💰 单程 双人 $16，以后每人追加 $11

■从机场至市区的出租车费用
💰 约 $40

■阿德莱德屋博物馆
🏠 Todd Mall，0870
☎ （08）8952-1856
🖥 www.flynntrail.org.au
🕐 周一～周六 10:00～16:00
🚫 周日、节假日、12 月～次年 2 月
💰 随意捐赠（每人 $5 左右）

■皇家飞行医生服务基地游客信息中心
🏠 8-10 Stuart Tce.，0870
☎ （08）8952-1129
🖥 www.rfdsalicesprings.com.au
🕐 周一～周六 9:00～17:00，周日·节假日 13:00～17:00
🚫 元旦、圣诞节
💰 成人 $16 儿童 $9 家庭 $42
※ 每隔 30 分钟有一次跟随导游的参观活动

展示了真实的医用飞机内的模样

以通过展板了解这一制度从开始至今的历史沿革，还可以跟随导游参观实际进行远程医疗的现场。

观察中澳大利亚稀有的爬行动物

艾丽斯斯普林斯爬行动物中心 Map p.464/ 2A

Alice Springs Reptile Centre

这里展示了栖息在中澳大利亚以及北部地区的蛇类、蜥蜴类等约 100 种爬行动物。蜥蜴、巨蟒和沙漠中的毒蛇都是不容错过的。

馆内每天还有 3 次表演秀，届时将会配合专业人员的讲解为游客展示爬行动物。小编建议配合表演秀的时间出发。

苏尼蜥蜴是人气较高的爬行动物

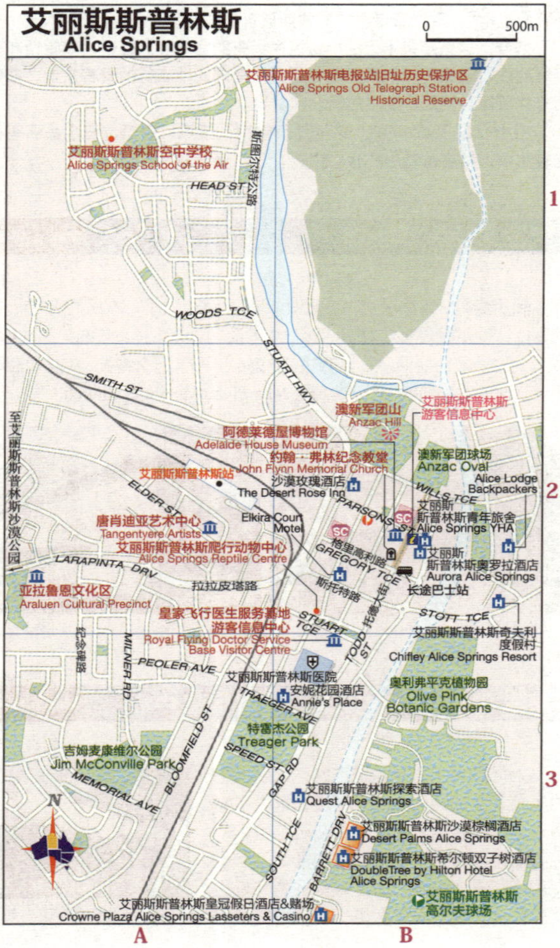

艾丽斯斯普林斯
Alice Springs
0
500m
艾丽斯斯普林斯电报站旧址历史保护区
Alice Springs Old Telegraph Station Historical Reserve
艾丽斯斯普林斯空中学校
Alice Springs School of the Air
HEAD ST
斯图尔特公路
WOODS TCE
STUART HWY
SMITH ST
至艾丽斯斯普林斯沙漠公园
澳新军团山
Anzac Hill
艾丽斯斯普林斯游客信息中心
阿德莱德屋博物馆
Adelaide House Museum
约翰·弗林纪念教堂
John Flynn Memorial Church
澳新军团球场
Anzac Oval
艾丽斯斯普林斯站
沙漠玫瑰酒店
The Desert Rose Inn
Alice Lodge Backpackers
ELDER ST
WILLS TCE
PARSONS ST
艾丽斯斯普林斯青年旅舍
Alice Springs YHA
唐肖迪亚艺术中心
Tangentyere Artists
Elkira Court Motel
艾丽斯斯普林斯爬行动物中心
Alice Springs Reptile Centre
格里高利路
GREGORY TCE
艾丽斯斯普林斯奥罗拉酒店
Aurora Alice Springs
LARAPINTA DRV
拉拉皮塔路
亚拉鲁恩文化区
Araluen Cultural Precinct
斯托特路
托德大街
长途巴士站
皇家飞行医生服务基地游客信息中心
Royal Flying Doctor Service Base Visitor Centre
STUART TCE
STOTT TCE
艾丽斯斯普林斯奇夫利度假村
Chifley Alice Springs Resort
TODD ST
纪念路
MILNER RD
PEOLER AVE
艾丽斯斯普林斯医院
安妮花园酒店
Annie's Place
奥利弗平克植物园
Olive Pink Botanic Gardens
TRAEGER AVE
特雷杰公园
Treager Park
吉姆麦康维尔公园
Jim McConville Park
BLOOMFIELD ST
SPEED ST
GAP RD
MEMORIAL AVE
艾丽斯斯普林斯探索酒店
Quest Alice Springs
N
SOUTH TCE
BARRETT DRV
艾丽斯斯普林斯沙漠棕榈酒店
Desert Palms Alice Springs
艾丽斯斯普林斯希尔顿双子树酒店
DoubleTree by Hilton Hotel Alice Springs
艾丽斯斯普林斯高尔夫球场
艾丽斯斯普林斯皇冠假日酒店&赌场
Crowne Plaza Alice Springs Lasseters & Casino
1
2
3
A
B

■**艾丽斯斯普林斯爬行动物中心**

住 9 Stuart Tce.，0870

☎（08）8952-8900

URL www.reptilecentre.com.au

开 每天 9:30~17:00 / 表演秀是每天 11:00、13:00、15:30 开始

费 成人 $17 儿童 $9 家庭 $44

■**艾丽斯斯普林斯游客信息中心**

Map p.464/ 2B

住 Cnr. Todd Mall & Parsons St.，0870

☎（08）8952-5800

Free 1800-645-199

URL discovercentralaustralia.com

开 周一～周五 8:30~17:00、周六·周日·节假日 9:30~16:00

位于市中心的游客信息中心

■**艾丽斯斯普林斯的汽车租赁公司**

● 赫兹 Hertz

☎（08）8952-2644

● 安飞士 AVIS

☎（08）8953-5533

● 百捷乐 Budget

☎（08）8952-8899

● 苏立夫提 Thrifty

☎（08）8952-9999

● 欧洛普卡 Europcar

☎（08）8953-3799

■**艾丽斯斯普林斯出租车公司 Alice Springs Taxi**

☎ 13-10-08

☎（08）8952-1877

艾丽斯斯普林斯的市中心 Todd Mall

登高望远是了解这座城市最好的办法！

澳新军团山
Anzac Hill

Map p.464/ 2B

从澳新军团山眺望到的城市全貌

澳新军团山是位于市区外北侧的一座小山。山顶上的观景台建有战争纪念碑（War Memorial）。这里是俯瞰艾丽斯城绝好的位置，可以清楚地看到市区外围被麦克唐纳岭（Macdonnell Range）所环绕，海弗翠峡谷（Heavitree Gap）就位于远方山脉的断裂处，而整座被绿色植被所环绕的城市仿佛被吸入了山谷一般呈倒三角形排列。

艾丽斯斯普林斯的发祥地

艾丽斯斯普林斯电报站旧址历史保护区
Alice Springs Old Telegraph Station Historical Reserve

Map p.464/ 1B

这个景点位于市中心以北约 2 公里处。在 1895~1905 年期间，这里曾经作为从阿德莱德至达尔文的大陆电信网中转基站被使用，至今仍保留有当时的石造建筑物。建筑物内有当时实际使用过的器材，还复原再现了当时所长家的模样。景区内有英文导览团，有机会的话一定要参加。此外，在电报站旧址的旁边，位于托德河干涸的河床上的泉水，便是"艾丽斯泉"。

可以观摩网络授课

艾丽斯斯普林斯空中学校
Alice Springs School of the Air

Map p.464/ 1A

工作人员会结合实际上课的情形进行讲解

在人口密度较低的内陆地区，对于一些居住在国家公园管理员宿舍、原住民居住区内的孩子来说，学校的距离过于遥远，因此为他们提供网络授课。艾丽斯斯普林斯的这座设施可以覆盖 130 万平方公里，学生大约有 150 名。与卡瑟琳的设施同为"全世界最宽敞的教室"。

学校会将网络授课用的卫星天线和电脑借给对象家庭，孩子们和老师通过 Skype 等互联网可视电话进行对话和授课。可以参观孩子们上课的实际情况。

位于澳新军团山上的战争纪念碑

■ 艾丽斯斯普林斯电报站旧址历史保护区

🏠 2km north of Alice Springs, Herbert Heritage Drv., 0870
☎ (08) 8952-3993
🖥 alicespringstelegraphstation.com.au
🕐 每天 9:00~17:00
🚫 圣诞节
💰 (成人) $13.75 (儿童) $8.50 (家庭) $32
※ 英语导游团是 9:30~15:30 期间，每 2 小时一趟

展示有实际使用过的通信设备

■ 艾丽斯斯普林斯空中学校

🏠 80 Head St., 0870
☎ (08) 8951-6834
🖥 www.assoa.nt.edu.au
🕐 周一~周六 8:30~16:30 周日・节假日 13:30~16:30
🚫 耶稣受难日、12/25~1/1
💰 (成人) $11 (儿童) $8.50 (家庭) $25

老师通过网络视频为学生们授课

COLUMN

有许多艺术表演的节日
艾丽斯沙漠节
Alice Desert Festival

每年 9 月前后举办的为期 1~2 个月的艺术与文化庆典。艺术节期间在艾丽斯斯普林斯的各个角落都会举行音乐会、舞蹈表演等艺术活动，还有室外的艺术展。其中最后一天召集名厨们举办的色彩晚宴非常值得一试，接受一般人预订。

● 艾丽斯沙漠节
🖥 desfest.com

沙漠节期间还可以在城区看到羊毛艺术作品

■亚拉鲁恩文化区
🏠 Memorial Ave., 0870
☎ （08）8951-1120
🖥 artandmuseums.nt.gov.au/
araluen_Cultural_Precinct
📅 周一～周五 10:00~16:00、
周六·周日 11:00~16:00
🚫 12/25～次年 1/1
● 中澳大利亚博物馆
☎ （08）8951-1121
🖥 www.magnt.net.au/museum-
of-central-australia
💰 成人 $15 学生 $10 家庭 $40
● 中澳大利亚航空博物馆
☎ （08）8951-1120
💰 免费
● 亚拉鲁恩艺术中心
💰 免费

■艾丽斯斯普林斯沙漠公园
🏠 871 Larapinta Drv., 0871
☎ （08）8951-8788
🖥 www.alicespringsdesertpark.
com.au
📅 每天 7:30~18:00 / 夜行
性动物之旅：周一～周五
19:30~21:00 🚫 圣诞节
💰 成人 $32 学生 $16 家庭 $87 /
夜行性动物之旅：成人 $44
儿童 $28

园内的小型博物馆

了解中澳大利亚的历史与文化

亚拉鲁恩文化区　　　　　Map p.464/ 2A
Araluen Cultural Precinct

　　这里是为了了解中澳大利亚历史、艺术、文化而修建的主题公园，距离中心城区以西约 1.5 公里。内有中澳大利亚博物馆（Museum of Central Australia）、展出飞行医生服务使用的 DC3 等实际机型的中澳大利亚航空博物馆（Central Australia Aviation Museum）、展出原住民艺术与现代艺术的亚拉鲁恩艺术中心（Araluen Art Centre）。

亲密接触中澳大利亚的大自然

艾丽斯斯普林斯沙漠公园　　Map p.464/2A 外
Alice Springs Desert Park

　　从艾丽斯斯普林斯沿着拉拉皮塔路驱车 10 分钟便可到达这座自然公园。园内共有 3 个自然环境分区，拥有 120 多种动物，都是在接近自然的状态下饲养的，此外还有超过 350 种的植物。游客可以在全长 1.6 公里的步道自由漫步，也可以参加各

放养的红袋鼠，不是很亲近人

个区域定期举办的解说团，一边听工作人员讲解相关的知识，一边在园内参观。园区内几乎没有阴凉的地方，请务必带上帽子和充足的饮用水。
　　公园内会举办专门观察夜行性动物的夜行性动物之旅（Nocturnal Tour）的活动，夜间可以跟随导游一起观察兔耳袋狸、猫头鹰、针鼹等夜行性动物，全程约 1 小时。

艾丽斯斯普林斯近郊
Around Alice Springs

0　　　50　　　100km

辛普森峡谷
Simpson's Gap
西麦克唐纳国家公园
West Macdonnell NP
特雷菲纳峡谷自然公园
Trephina Gorge
Nature Park
奥米斯顿峡谷与格伦海伦峡谷
Ormiston Gorge & Glen Helen Gorge
艾丽斯斯普林斯
ALICE SPRINGS
罗斯里弗
Ross River
原住民居留地
ABORIGINAL LAND
纳马吉吉大道
赫曼斯堡
Hermannsburg
斯坦利峡谷
Standley Chasm
原住民居留地
ABORIGINAL LAND
棕榈谷
Palm Valley
拉拉皮塔路
国王峡谷
Kings Canyon
芬克峡谷国家公园
Finke Gorge NP
Deep Well
辛普森沙漠
Simpson Desert
瓦塔尔卡国家公园
Watarrka NP
PALMER RIVER
Roding
阿马迪厄斯湖
LAKE AMADEUS
Waller Ranch
斯图尔特公路
STUART HWY
Maryvale Station
钱伯斯皮拉
Chambers Pillar
乌卢鲁—卡塔楚塔国家公园
Uluru-kata Tjuta NP
Angas Downs
LASSETER HWY
艾尔斯岩石度假区
Ayers Rock Resort
科廷斯普林斯
Curtin Springs
厄尔丹达
Erldunda
艾尔斯岩石
（乌卢鲁）
Ayers Rock(Uluru)
奥尔加岩群（卡塔楚塔）
The Olgas(Kata Tjuta)
▲康奈山
Mt.Conner

N

以前去往内陆地区最重要的交通工具"汗"号老列车展

"汗"号列车保存协会博物馆
Ghan Preservation Society Museum

架设于阿德莱德至艾丽斯斯普林之间的铁路，在1929~1980年期间一直都是窄轨铁路，列车使用的是蒸汽机车，车厢也不算豪华。当时的列车大都是针对开拓者或者充满冒险精神的旅行者们设计的。展示有"汗"号老列车的地方，同时还有被移建过来的当时的艾丽斯斯普林斯火车站。隔壁是展示公路列车的肯沃斯经销商博物馆（Kenworth Dealer Museum），当地人称之为"运输博物馆"。博物馆位于艾丽斯斯普林斯以南10公里，机场的附近。

展示有"汗"号老列车

■ "汗"号列车保存协会博物馆
住 10kms South of Alice Springs, 1 Norris Bell Ave., off Stuart Hwy., 0870
☎ (08) 8955-7161
网 www.roadtransporthall.com/museums/old-ghan
开 每天 9:00~16:00
休 元旦、耶稣受难日、圣诞节
费 成人 $8 儿童 $5 家庭 $23

艾丽斯斯普林斯 近郊

西麦克唐纳国家公园　　　West MacDnnell NP

西麦克唐纳国家公园是从艾丽斯斯普林斯以西22公里的地方向西延伸的山脉地带。可以从艾丽斯斯普林半日游或者一日游，这里可以尽情享受狂野的大自然，无论是当地人还是游客都很喜欢来这里游玩。

斯坦利峡谷是岩壁山之间的大裂缝

辛普森峡谷（Simpson's Gap）是西麦克唐纳国家公园的入口。这里有国家公园游客信息中心，可以获取步行远足相关的各类信息。辛普森峡谷是山脉之间常年被溪水冲刷的巨大溪谷，景色十分壮美。岩石缝之间栖息着稀有的黑足蜥蜴，运气好的话说不定能碰到。

距离辛普森峡谷以西30公里的斯坦利峡谷（Standley Chasm）也是一处非常受欢迎的步行远足景区。不过这一带是原住民的管辖地，所以需要单收费。境内有一条往返约需1小时的步行步道，步道的折返点刚好是岩壁大裂缝，令人十分震撼。步道沿途植被丰富，两旁的绝壁悬崖还会根据时间而变换颜色，让人不禁感叹大自然的奇妙。

位于国家公园西部的奥米斯顿峡谷与格伦海伦峡谷（Ormiston Gorge & Glen Helen Gorge）也是不容错过的景点。奥米斯顿峡谷是一片神奇的池地，平时是干涸的峡谷，每当雨后便会储水，更加神奇的是还会有鱼出现。

交通方式

● 西麦克唐纳国家公园
主要游览线路都是比较好走的铺装路，个人也可以开车自驾游。另外还有许多从艾丽斯斯普林斯出发的半日游或者一日游项目。游客选择跟团出游的比较普遍。

■ 辛普森峡谷游客中心
☎ (08) 8955-0310
网 www.nt.gov.au/westmacs/places/simpsons-gap

■ 斯坦利峡谷
☎ (08) 8956-7440
网 www.standleychasm.com.au
费 成人 $12 儿童 $7 家庭 $30

芬克峡谷国家公园　　　Finke Gorge NP

芬克峡谷国家公园是位于斯坦利峡谷西南方，更加荒野的区域。由于公园位于北领地历史最悠久的释教村赫曼斯堡（Hermannsburg）以南，而且又与詹姆斯岭（James Range）相连，因此十分受游客青睐。最主要的景点是距离赫曼斯堡12公里远的棕榈谷（Palm Valley）。高25米的红棕榈是这一带特有的植物，世界上也只有这里可以见得到红棕榈。

辛普森峡谷内的景色雄伟而壮观

交通方式

● 芬克峡谷国家公园
公园内大都是荒路野路，不建议个人旅行。可以参加从艾丽斯斯普林斯出发的一日游。

■暮邦托瓦晚宴之旅 / RT
之旅
☎（08）8952-0327
📠0438-532-118
🌐rttoursaustralia.com.au
🕐晚宴：16:00~21:00／午宴：
8:00~15:00
※ 具体出团日期需要咨询
💰晚宴 每人 $160／午宴 每
人 $150

■ Tailormade Tours
☎（08）8952-1731
🌐tailormadetours.com.au
●西麦克唐纳国家公园半日游
🕐每天 8:30~13:00
💰（成人）$82（儿童）$58
●西麦克唐纳国家公园一日游
🕐每天 8:40~17:00
💰（成人）$199（儿童）$85

■ Alice Wanderor
☎（08）8952-2111
📠1800-722-111
🌐www.alicewanderer.com.au
●西麦克唐纳国家公园一日游
🕐每天 8:00~17:30
💰（成人）$132（儿童）$80
●棕榈谷一日游
🕐每天 7:30~17:30
💰（成人）$152（儿童）$81

艾丽斯斯普林斯 的观光和娱乐活动

从艾丽斯斯普林斯出发的团体游项目中最常见的是去往艾尔斯岩石和奥尔加岩群、国王峡谷的 1~3 日游（详情参考艾尔斯岩石→ p.451）。这里介绍一下上篇没有涉及的项目。

艾丽斯斯普林斯的夜游之旅
暮邦托瓦晚宴之旅
Mbantua Dinner Tour

由原住民大厨波布·特拉主厨的大陆烧烤晚宴。地点位于辛普森峡谷一角处，波布大厨亲自使用焰火烤制的菜肴，充分融入了原住民取之于自然用之于自然的理念。菜肴全都是充分发挥了食材本身特色的美味佳肴。在满天星斗之下，大家

围绕在篝火旁享用晚餐是旅行中最难忘的环节

围坐在篝火旁一边了解原住民的文化、风俗，一边品尝美食，真是旅途中一件非常难忘的事情。波布大厨还会举办附带午餐的团体游项目。如果是参加白天的午宴，还可以顺便在辛普森峡谷里体验一下约 2 公里的步道。

半日游也是完全可以的
西麦克唐纳国家公园之旅
West MacDonnell NP Tour

旱季的辛普森峡谷内完全呈干涸状态，可以在上面行走

游览西麦克唐纳国家公园的团体游项目有半日游（由 Tailormade Tours 公司主办）和一日游（由 Tailormade Tours 公司或者 Alice Wanderor 公司主办）。半日游将会游览辛普森峡谷、斯坦利峡谷；一日游是在半日游的基础上加上艾丽斯斯普林斯沙漠公园（Tailormade Tours 公司的一日游项目）、奥米斯顿峡谷与格伦海伦峡谷（Alice Wanderor 公司的一日游项目）等景点。

依靠个人力量很难前往的景点
芬克峡谷国家公园之旅
Finke Gorge NP Tour

由 Alice Wanderor 公司策划的游览项目。游览内容是跟随生态导游在被称为沙漠绿洲的棕榈谷中漫步，观赏远古植物。当然还包含在赫曼斯堡村漫步的时间。

从高空欣赏沙漠中的黎明

热气球之旅
Ballooning Tours

　　乘坐早晨的热气球，从天空中欣赏朝阳从地平线缓缓升起的美景。飞行结束后可以一边喝着香槟一边享用早餐。还可以领取一份飞行证明。这类行程多家旅行公司都有策划。小编提示旅途中很容易被沙土弄脏衣服，尽量不要穿着白色或者不易清洗的服装。

■**热气球之旅**
年龄限制：6 岁以上
※ 航空保险 $ 25 另行支付
● Out back Ballooning
☎（08）8952-8723
Free 1800-809-790
URL www.outbackballooning.com.au
费 30 分钟：A $ 295　L $ 242
/60 分钟：A $ 390　L $ 318
● Spinifex Ballooning
☎（08）8953-4800
Free 1800-677-893
URL www.balloonflights.com.au
费 30 分钟：A $ 270　L $ 222

艾丽斯斯普林斯的酒店
Accommodation

长途区号（08）

廉价旅馆

艾丽斯斯普林斯青年旅舍
Alice Springs YHA

◆ 位于帕森斯街与托德河河畔道路莱卡特路相交会的一角处。大多数房型都是 4 人间，所有客房都带有空调。

建于城中心的青年旅舍，交通十分方便

位于购物中心前　　Map p.464/2B
URL www.yah.com.au
住 Cnr. Parsons St. & Leichhardt Tce., 0870
☎ 8952-8855　WiFi 免费
费 D $24.50~31.50、T W $81
※ 非 YHA 会员需支付附加费用
CC M V

沙漠玫瑰酒店
The Desert Rose Inn

◆ 客房内有空调和电视。部分廉价客房中还带有淋浴房、卫生间。有游泳池和客用洗衣房。

走 2~3 分钟可达购物街　Map p.464/2B
URL www.desertroseinn.com.au
住 15 Railway Tce.（P.O.Box 7885），0871
☎ 8952-1411　FAX 8952-3232　WiFi 免费
费 S $55~95、T W $60~95
CC A J M V

星级酒店

艾丽斯斯普林斯奥罗拉酒店
Aurora Alice Springs

◆ 酒店后侧离距托德购物中心非常近，十分方便。客房明快舒适。有室外游泳池、客用洗衣房，还有人气很高的餐馆 Red Ochre Grill。

位于市中心的酒店　　Map p.464/2B
URL www.alicespringsaurora.com.au
住 11 Leichhardt Tce., 0871
☎ 8950-6666　WiFi 免费
费 T W $149~229　CC A D M V

艾丽斯斯普林斯奇夫利度假村
Chifley Alice Springs Resort

◆ 位于托德河河畔的高档度假村，步行 5 分钟可至市中心。度假村内有游泳池、餐馆、酒吧等设施。

艾丽斯斯普林斯的高档度假村 Map p.464/2B
URL www.snhotels.com/chifley/alice-springs
住 34 Stott Tce., 0870
☎ 8951-4545　FAX 8953-0995
WiFi 免费　T W $139~169
CC A D J M V

艾丽斯斯普林斯皇冠假日酒店 & 赌场
Crowne Plaze Alice Springs Lasseters & Casino

◆ 酒店位于高档酒店林立的街区，距离市中心稍微有些偏远。酒店并设有赌场，当地人也很喜欢来这里。房间十分宽敞，入住很舒适。除了赌场之外，酒店内还有餐馆、室外游泳池、健身房，还提供租借自行车服务。

皇冠假日酒店的泳池区

设施齐全的五星级度假村！ Map p.464/3B
URL www.lasseters.com.au
住 93 Barrett Drv., 0870
☎ 8950-7777　Free 1800-808-975
FAX 8953-1680　WiFi 免费
费 T W $155~230、2B $380
CC A D J M V

从红土中心到大北角

Red Centre to Top End

红色大地之上的红土中心，只有三齿稃等沙漠植物生长。从那里的中心城市艾丽斯斯普斯出发，沿纵贯大陆中部的斯图尔特公路北上。一路上的景色基本一样，即便过了南回归线也没有什么变化，由此可知澳大利亚是世界上气候最干燥的大陆。但是，当逐渐接近大陆的大北角时，植被由灌木丛开始变为森林，有许多比人还高的蚁巢（被称为白蚁墩 Termite Mounds），河流及湿地也陆续出现。整个旅途从生命稀少的地区出发，最终来到生机勃勃的绿色大地，沿途可以感受澳大利亚的广阔。

交通方式

● 滕南特克里克与魔鬼岩
澳大利亚灰狗巴士公司开往艾丽斯斯普斯～三岔口～达尔文的巴士都经过这里。

■ 巴克利游客信息服务中心
Barkly Tourism Information Centre

🏠 Battely Hill Mining Centre，Peko Rd.，Tennant Creek 0860
☎ (08) 8962-1281
📠 1800-500-879
🌐 www.barklytourism.com.au
🕐 每天 9:00～17:00
✖ 10 月～次年 4 月期间、耶稣受难日、圣诞节

滕南特克里克与魔鬼岩　Tennant Creek & Devil's Marbles

距艾丽斯斯普斯约 500 公里。滕南特克里克位于向北延伸的斯图尔特公路与向东海岸延伸的巴克利公路（Barkly Hwy.）的交会处（实际上交会处位于小镇以北 24 公里处的三岔口 Three Ways）。在 20 世纪 30 年代的淘金热中，这座小镇曾繁荣一时，现在，小镇东面 2 公里处有金矿博物馆的巴特利山采矿中心（Battery Hill Mining Centre）供游客参观。

不过，绝大部分游客到此的目的是为了游览小镇以南约 100 公里处的魔鬼岩怪石群。

魔鬼岩是天然形成的景观，属于达文波特山脉（Davenport Range）的一部分。巨大的岩石耸立于大地之上，让人觉得这似乎不是地球上的风景。在停车场旁有步道通往魔鬼岩，很值得一走。

魔鬼岩奇石群

马塔兰卡温泉自然公园　Mataranka Pool Nature Park

从滕南特克里克继续北上。经过戴利沃特斯（Daly Waters）之后，灌木的数量逐渐增多，感觉距离大北角越来越近了。进入大北角地区之后的第一个城镇是滕南特克里克，马塔兰卡（Mataranka）距

热带雨林中清澈的温泉

滕南特克里克约550公里。马塔兰卡东南8公里处有马塔兰卡温泉自然公园，公园内有北领地区为数不多的温泉，很适合在此小憩。这里的温泉并非人们印象中的温泉洗浴设施，而只是丛林中涌出的温热泉水。阳光透过树丛照进温泉，茂密的枝叶倒映在水面上并随波摇曳。泉水十分清澈，阳光可照到水底。泉水看上去很浅，可是入水后立即会发现其实水很深，人根本无法站立。水温在34℃左右。人闭上眼睛浮在水面上，马上就会有鱼游过来。

这一带有牧场风格的马塔兰卡乡村民宿（Mataranka Homestead），可以骑马，还可以在旅馆前面的沃特豪斯河（Waterhouse River）划皮艇。

■ 巴特利山采矿中心
※ 与游客信息中心地址相同
住 Peko Rd., Tennant Creek 0860
☎ (08) 8962-1281
开 每天 9:00~17:30/ 地下团体游：每天 9:30 及周一～周五的 15:00 开始 / 巴特利团体游每天 11:00 及周一～周五的 16:30 开始
费 博物馆：成人 $11 儿童 $5.50/ 地下团体游：成人 $29 儿童 $15/ 巴特利团体游：成人 $23 儿童 $12

交通方式

● 马塔兰卡温泉自然公园
往返于艾丽斯普林斯与达尔文之间的长途巴士均在马塔兰卡乡村民宿前停车。

从红土中心到大北角的酒店
Accommodation

滕南特克里克

埃尔多拉多汽车旅馆
Eldorado Motor Inn

◆ 从巴士总站沿斯图尔特公路向北步行 1 公里可至，有游泳池及餐馆。

室内设施较好
URL Eldoradomotorinn.com.au
住 217 Paterson St., Tennant Creek 0860
☎ 8962-2402　WiFi 免费
费 ⓉⓌ $140~165　CC M V

滕南特克里克游客度假酒店
Tourists Rest Tennant Creek

◆ 滕南特克里克很有人气的背包客旅舍，从小镇中心步行 5 分钟左右可至。设施齐全，有游泳池及电视厅。旅行手册中有详细的旅行信息。巴士总站有免费的接送巴士。

提供旅行手册
URL www.touristrest.com.au
住 Leichhardt St.（Cnr. Windly St.), Tennant Creek 0861　☎ 8962-2719
WiFi 无　费 Ⓓ $27~29、ⓉⓌ $58
※ 有 VIP 折扣　※ 含早餐

马塔兰卡温泉自然公园

马塔兰卡乡村民宿度假村
Mataranka Homestead Tourist Resort

◆ 建议想深度游览马塔兰卡温泉的游客可以选择入住乡村民宿。度假村内有餐馆、小酒馆、酒吧，还有皮艇及自行车的租赁业务。

有多种形式的住宿设施
URL matarankahomestead.com.au
住 Homestead Rd., Mataranka 0852
☎ 8975-4544　FAX 8975-4580 WiFi 无
费 ⓉⓌ $89~115、露营 $26~30
CC A J M V

从中国往滕南特克里克及马塔兰卡温泉自然公园拨打电话的方法
（国家代码）+8（去掉当地区号首位的 0）+ 电话号码

澳大利亚地区指南 ● 北部地区（北领地）从红土中心到大北角

471

凯瑟琳与尼特米鲁克国家公园
Katherine & Nitmiluk NP

位于马塔兰卡以北 105 公里、达尔文以南 320 公里处。起于西澳大利亚的维多利亚公路与纵贯澳大利亚南北的斯图尔特公路在凯瑟琳交会。在北部地区，这里是仅次于达尔文、艾丽斯斯普林斯的第三大城镇，不过这座城镇并不大，人口只有 1 万多人。该地受到游客关注是因为在小镇东边 30 公里处有凯瑟琳河谷。整个河谷由 13 个小峡谷组成，总面积 3000 平方公里，现为尼特米鲁克国家公园，自然环境受到保护，与卡卡杜国家公园一样，这里都是当地著名的景点。

壮丽的尼特米鲁克国家公园

交通方式
● 凯瑟琳与尼特米鲁克国家公园

澳大利亚灰狗公司的达尔文～艾丽斯斯普林斯、达尔文～布鲁姆的巴士均经过凯瑟琳。凯瑟琳交通枢纽（Katherine Transit Centre）位于小镇的中心，斜对面就是当地的游客信息中心。另外，运行于达尔文与艾丽斯斯普林斯之间的"汗"号列车也在凯瑟琳停车（车站位于小镇以西 6 公里处）。乘坐"汗"号列车的游客还可以选择乘坐游船及旅游飞机来游览凯瑟琳河谷（在列车内报名）。

另外，如果乘坐长途巴士到达凯瑟琳，则没有公共交通工具去到凯瑟琳以东 30 公里处的凯瑟琳河谷。所以，建议选择参加游览也包括凯瑟琳河谷的从达尔文出发的大北角地区团体游或者长途巴士团体游。如果不愿意参加团体游的话，也可以租车自驾。

■ 凯瑟琳的汽车租赁公司
● 赫兹 Hertz
☎（08）8971-1111
● 百捷乐 Budget
☎（08）8971-2178
● 苏立夫提 Thrifty
☎（08）8972-3183

凯瑟琳 Katherine

小镇的主要设施都集中在凯瑟琳路（Katherine Tce.，斯图尔特公路的一部分）两旁。在交通枢纽站的对面是凯瑟琳游客信息中心（Katherine Visitor Information Centre）。

了解凯瑟琳的历史与自然环境
凯瑟琳博物馆 `Map p.472/A`
Katherine Museum

利用原来的机场航站楼改建而成，通过照片、展板及农具等实物的形式介绍凯瑟琳的历史。

另一个展馆内有热爱飞行的克利

殖民地建筑风格的凯瑟琳博物馆

凯瑟琳近郊
Around Katherine

派恩克里克 Pine Creek
尼特米鲁克国家公园 Nitmiluk NP
艾迪丝瀑布（雷林）Edith Falls (Leliyn)
凯瑟琳溪谷 Katherine Gorge
尼特米鲁克游船 Katherine School of the Air
凯瑟琳 Katherine
凯瑟琳博物馆 Katherine Museum
凯瑟琳车站
斯普林贝尔农庄民宿
卡塔卡塔溶洞 Cutta Cutta Caves
STUART HWY
VICTORIA HWY
Katherine River

A

凯瑟琳
Katherine

O'SHEA TCE
FOURTH ST
THIRD ST
棕榈阁经济型汽车旅馆 Palm Court Budget Motel & Backpackers
Beagle Motor Inn
FIRST ST
SECOND ST
GILES ST
可可之家 Coco's House
松树汽车旅馆 Pine Tree Motel
LINDSAY ST
咖啡俱乐部
KATHERINE TCE
RAILWAY TCE
MURPHY ST
P.O.
凯瑟琳汽车旅馆 Katherine Motel
乌隆瓦斯商店
科贝斯商店
标点商店
购物中心
凯瑟琳交通枢纽
凯瑟琳游客信息中心

B

夫·芬顿医生曾驾驶过的哈维兰舞毒蛾型飞机（Havilland Gypsy Moth）。

了解澳大利亚内陆地区的独特教育方式

凯瑟琳远程教育学校
Katherine School of the Air

Map p.472/A

在人口稀少的地区，无法设立正常的小学，所以采用了远程教育的方法。小镇上的凯瑟琳远程教育学校被称为"世界上最大的教室"（World's largest classroom），覆盖了130万平方公里的土地。游客可以参加团体游，参观互联网授课的情形。

欣赏美丽的钟乳石

卡塔卡塔溶洞
Cutta Cutta Caves

Map p.472/A

从凯瑟琳沿斯图尔特公路南行27公里可以到达这里。溶洞形成于5亿年前，是澳大利亚最大的溶洞。每天接待6批参观洞内的团体游。

神秘的卡塔卡塔溶洞

尼特米鲁克国家公园
Nitmiluk NP

凯瑟琳河流入尼特米鲁克国家公园（凯瑟琳河谷），从那里沿河向东北方向逆流而上约200公里的是卡卡杜国家公园，凯瑟琳河就发源于卡卡杜国家公园的南端。凯瑟琳河的下游与戴利河（Daly River）汇合，流淌500公里后，最终注入安森湾（Anson Bay）。凯瑟琳河谷共有13个小河谷，但这段水域只有50公里，仅仅是凯瑟琳河很短的一部分而已。

在河谷内，河水流速很慢，河道像蛇一样曲曲折折。河水很宽，两岸均为高达数十米的断崖绝壁。因此，河谷中的日照不充足，生长着许多蕨类植物。

凯瑟琳河谷的游船

这里还有许多原住民的壁画，从壁画可知，该地区曾是原住民非常重要的生活之地。

步行或乘船游览凯瑟琳河谷之前，应前往尼特米鲁克游客信息中心（Nitmiluk Visitor Centre）。那里可以向游客提供必要的旅游信息，还设有小型博物馆。

领略河谷的魅力

尼特米鲁克游船
Nitmiluk Cruises

● 航行2小时的游船

最普通的游船项目，可到达第二河谷。第一河谷与第二河谷间距离

■凯瑟琳游客信息中心
　p.472/B
住 Cnr. Lindsay St. & Katherine Tce., 0850
☎ (08) 8972-2650
🖷 1800-653-142
🌐 www.visitkatherine.com.au
开 周一～周五 8:30～17:00、周六·周日·节假日 10:00～14:00（5～9月每天 8:30～17:00）

■凯瑟琳博物馆
住 Lot 2922, Gorge Rd., 0850
☎ (08) 8972-3945
🌐 www.katherinemuseum.com
开 每天 9:00～16:00
休 圣诞节
费 大人 $10 小人 $4

■凯瑟琳远程教育学校
住 101 Giles St., 0850
☎ (08) 8972-1833
🌐 ksa.nt.edu.au
开 参加4～10月的周一～周五 9:00、10:00、11:00开始的团体游
休 周六·周日·节假日及11月～次年3月期间
费 大人 $15 小人 $ 免费

■卡塔卡塔溶洞
☎ (08) 8972-1940
时 团体游：每天 9:00、10:00、11:00、13:00、14:00、15:00
休 12月～次年4月
费 大人 $23 小人 $11

■尼特米鲁克游客信息中心（Nitmiluk Tours）
　p.474/1
☎ 1300-146-743
🌐 www.nitmiluktours.com.au
开 每天 7:00～18:00（会因季节而调整）

尼特米鲁克国家公园内的所有团体游均由 Nitmiluk Tours 举办。

●住宿设施
办理住宿也在这里。在露营地住宿，帐篷区价格为大人 $18.50 小人 $10.50、有电源的区域 $38.50～$49.50、常设野外帐篷 $143～159。度假酒店风格的尼特米鲁克小木屋 1B $218～223.50、2B $275～282、高级度假酒店 Cicada Lodge 的价格为 $595～。

凯瑟琳溪谷 （尼特米鲁克国家公园）
Katherine Gorge (Nitmiluk NP)

尼特米鲁克旅馆
宿营地
停车场
尼特米鲁克游客信息中心
至凯瑟琳（29公里）
LOOKOUT WALK
观景地
尼特米鲁克游船码头
尼特米鲁克皮艇
第一溪谷
WINDOFF WALK
BUTTERFLY GORGE WALK
1
南岩洞
Southern Rockhole
帕茨观景点
Pat's Lookout
原住民艺术区
杰达岩
Jedda's Rock
纳罗斯
The Narrows
翩翩溪谷
Butterfly Gorge
第二溪谷
LILY PONDS WALK
空中花园
Hanging Gardens
第三溪谷
SMITT'S ROCK WALK
丽丽池
Lily Ponds
原住民艺术区
宿营地
黄金峡
Golden Gorge
第四溪谷
检票处
沃特克斯洞穴
The Vortex Holes
2
斯米特岩
Smitt's Rock
第五溪谷
宿营地
EIGHT GORGE WALK
罗克巴斯
Rock Bars
第六溪谷
桑迪滩
Sandy Beach
第七溪谷
JAWOYN VALLEY WALK （环路）
宿营地
第八溪谷
3
JAWOYN VALLEY WALK
第九溪谷
墙壁
The Walls
第十溪谷
原住民艺术区
第十一溪谷
第十二溪谷
第十三溪谷

凯瑟琳河谷的美景在澳大利亚非常著名

为 800 米，游客需下船步行，途中能看到原住民的壁画。

● 航行 4 小时的游船

可前往第三河谷。到达第三河谷后，有自由活动的时间，可以到河里游泳。步行距离为 1.5 公里。提供早茶或下午茶。

● 澳大利亚游船

早晨乘游船游览凯瑟琳河谷。只在第一河谷航行，游客可以听着清晨的鸟鸣在船上享用早餐。

划皮艇游览河谷

尼特米鲁克皮艇租赁
Nitmiluk Canoes Hire

溪谷里，有多样的自然风光，水流平缓，初次尝试者也可以放心体验划皮艇的乐趣。

在码头（Boat Ramp）可以租借皮艇，很值得一试。

喜爱户外运动的游客一定要体验一下划皮艇

对体力有自信的游客还可以沿步道步行游览

南部步道
Southern Walks

这条健走线路经过帕茨观景点

（Pat's Lookout）、蝴蝶谷（Butterfly Gorge）、丽丽池（Lily Ponds）、斯米特岩（Smittt's Rock）等景点。走到蝴蝶谷的话，半日时间可往返，很值得一试。从山上俯瞰河谷，能看到与乘船游览时完全不同的景色。

从空中俯瞰凯瑟琳峡谷
尼特米鲁克直升机飞行
Helicopter Flight

非常推荐体验直升机飞行。河谷广阔，周围有茂密的植被，美景令人陶醉。

凯瑟琳隐居之地
艾迪丝瀑布（雷林） Map p.472/A
Edith Falls（Leilyn）

该景点是由艾迪丝河的河水流下而形成的瀑布及水潭。水潭为椭圆形，长轴长190米，短轴长150米，潭水中心较浅，有沙地，人能在水中站立。另外，还有起于露营地的雷林环形步道（Leilyn Loop Walk，走完全程大约需要1小时30分钟）。需折返回位于尼特米鲁克国家公园西北部的凯瑟琳才能前往该地。

很适合休闲的艾迪丝瀑布地区

■尼特米鲁克游船
●航行2小时的游船
时 每天9:00、11:00、13:00、15:00出发（11月～次年3月期间9:00、14:00出发）
费 成人 $89 儿童 $44.50
●航行4小时的游船
时 4-7月：每天9:00出发/8月：每天9:00、11:00、13:00出发
费 成人 $129 儿童 $63.50
●澳大利亚游船
时 5～10月中旬每天7:00出发
费 成人 $94 儿童 $48（提供简餐）
■尼特米鲁克皮艇体验
●半日体验
时 6～11月8:00～12:00、12:30～16:30
费 单人艇 $57、双人艇 $91
●1日体验
时 6～11月：8:00～16:00
费 单人艇 $77.50、双人艇 $130
※押金均为 $50
■尼特米鲁克直升机飞行体验
时 每天8:30～18:00
费 第三河谷10分钟：$103.95/至第八河谷15分钟：$166.95/全部十三个河谷20分钟：$225.75
■艾迪丝瀑布（雷林）
从凯瑟琳沿斯图尔特公路向北行驶约35公里进入右侧通往艾迪丝瀑布的道路。继续前行20公里可达目的地。

凯瑟琳的酒店
Accommodation

棕榈阁经济型汽车旅馆
Palm Court Budget Motel & Backpackers
◆客房内有空调、淋浴设施、厕所。院子里还有游泳池。

凯瑟琳的人气住宿设施　Map p.472/B
URL www.palmcourtbudgetmotel.com
住 11 Third St.，0850
☎ 8972-2722　WiFi 免费
费 单人 $27～、双人/双床 $95～　CC D M V

可可之家
Coco's House
◆所有房间均带空调。制造并出售迪吉里杜管是这里的一大特色。院子里有加工原木的场地，可以参观加工过程。对购买的商品提供打包服务。

制造并出售迪吉里杜管　Map p.472/B
URL www.cocos-house.com.au
住 21 First St.，0850
☎ 8971-2889　WiFi 免费
费 单人 $30、整栋房屋 $100～、露营地 $20

凯瑟琳汽车旅馆
Katherine Motel
◆面向街道的小酒馆是这里的标志。有游泳池及 BBQ 等设施。

位于小镇中心的舒适酒店　Map p.472/B
URL www.katherinemotel.com
住 3 Giles St.，0850
☎ 8972-1622　FAX 8972-3213
WiFi 免费　费 双人/双床 $110～140
CC A D J M V

松树汽车旅馆
Pine Tree Motel
◆中央处有游泳池，四周为客房。有餐馆、客用洗衣房等设施。

椰林之中酒店　Map p.472/B
URL www.pinetreemotel.com.au
住 3 Third St.，0850
☎ 8972-2533　FAX 8972-2920
WiFi 免费　费 双人/双床 $90～320
CC A D J M V

卡卡杜国家公园 *Kakadu NP*

交通方式

●卡卡杜国家公园

　　参加从达尔文出发的1~2日游是最普遍的方法。可以在达尔文（p.481）的大北角（Tourism Top End）观光，收集相关的旅游信息，寻找适合自己行程的团体游项目。此外，如果是参观一般的景点，租车自驾也是一个不错的选择。需要注意的是雨季的时候河流涨水，经常有道路被淹没的情况。如果准备在雨季开车自驾的游客，一定要向租车公司获取最新的道路信息。

■ 卡卡杜国家公园门票

5~10 月：(大人) $40 (小孩) $20 (家庭) $100 / 11 ~ 次年 4 月：(大人) $25 (小孩) $12.50 (家庭) $65（14天内有效）

※ 可以在卡卡杜国家公园入园管理处、布瓦里游客信息中心等地购票

■ 布瓦里游客信息中心

地图 p.477

Kakadu Hwy., Kakadu NP, Jabiru, 0886

(08) 8939-1120

www.parksaustralia.gov.au/kakadu

开 每天 8:00~17:00 / 咖啡馆：11 月 ~ 次年 3 月期间每天 9:00~15:00、4~10 月期间每天 8:00~17:00

休 圣诞节

交通方法

距离贾比鲁约 5 公里。如果步行前往有 2.5 公里的近路（步行步道）。

■ 获取卡卡杜游客指南

　　如果准备个人游览卡卡杜国家公园，一定要获取一份《卡卡杜游客指南》（Kakadu Visitor Guide）。这本免费的旅游指南从书内记载了卡卡杜国家公园内的详细地图和与自然相关的解释。可以在布瓦里游客信息中心或者卡卡杜极光酒店（→p.480）、玛丽河路之屋（地图 p.477）等地领取。

黄水河湿地

　　大北角观光最主要的景点是卡卡杜国家公园。在这片广阔的园区内散布着原住民的壁画和以往生活过的痕迹，因此这里也被列为世界自然和文化双重遗产保护地。公园辖区大约有 2 万平方公里。注入帝汶海的三条河流（东阿利盖特河、南阿利盖特河、西阿利盖特河）和无数的支流在这片大地上缔造了溪谷、湿地、红树林等地质景观，而另一侧则是澳大利亚大陆茂盛的热带桉树林，无数的蚁冢树生长于林中。隐匿在河中的鳄鱼、聚集在河畔的 280 多种野生鸟类、在陆地上奔跑跳跃的袋鼠……到处都彰显着这片土地的富饶和大自然之严峻，也正是这片土地养育了这里的原住民。

　　通过游览自然风光和参观壁画，可以使我们对澳大利亚的奇妙大自然有更加深刻的了解，也可以让我们对原住民文化有一个再认识再思考的过程。

卡卡杜国家公园　漫　步

　　贾比鲁（Jabiru）的英文意思是裸颈鹳，因为这一带栖息着澳大利亚唯一的裸颈鹳，因此而得名。虽然这里只有酒店、餐馆、购物中心等设施，但贾比鲁就算是卡卡杜周边唯一一座有城镇氛围的地方了。如果是个人旅行的话，建议先到位于贾比鲁入口处的布瓦里游客信息中心（Bowali Visitor Centre）去看一看。中心是兼作公园管理办公室的游客信息中心，并没有博物馆。中心内有关于卡卡杜国家公园的自然、地貌、原住民文化等相关的影片上映，还有各种展览。另外，雨季的时候也可以来这里了解卡卡杜国家公园内道路的状况。

　　位于贾比鲁以东 6.5公里的东贾比鲁（Jabiru East）有一座贾比鲁机场（Jabiru Airport, JAB），有用于飞行游览或者从达尔文飞来的小型飞机在此起降。此外，从贾比鲁沿着卡卡杜公路下行 60 公里的地方有一座旅游小镇——

可以在布瓦里游客信息中心咨询与旅行相关的信息

库英达（Cooinda），这里有酒店、宿营地等设施。有从这里出发的黄水河游船，还有去往吉姆吉姆瀑布与双子瀑布等景点的团体游项目。

有成群水鸟栖息的大湿地
马姆卡拉鸟类保护区
Mamukala Bird Sanctuary `Map p.477`

野生水鸟数量众多，令人惊叹

卡卡杜最具代表性的大湿地。可以从入口处的观鸟小屋观察栖息在湿地上的水鸟。聚集而来的有白鹭、大白鹭等鹭科鸟类、鹊鹅、树鸭等野鸭类，还有鹈鹕类等。

岩石艺术的宝库
乌比尔
Ubirr `Map p.477`

位于东阿利盖特河河畔的岩石地区，岩壁上保留有许多原住民的岩石艺术（岩壁画）。

其中必看的是 Mabuyu、Main Art Gallery、Rainbow Serpent Gallery。Mabuyu 最著名的是使用细线条描绘猎人狩猎的壁画。

Main Art Gallery 的岩壁上画满了澳大利亚肺鱼、乌龟、蜥蜴等动物的图案。证明过去塔斯马尼亚虎曾经在这里栖息的岩壁画也被保存了下来（据推算这是大约 2000~3000 年前的绘画）。壁画的绘画大多使用细线条将人类或者动物的骨骼用 X 线画法呈现出来。

■ 马姆卡拉鸟类保护区
○ 交通方法
　　从贾比鲁出发沿着阿纳姆公路向达尔文方向行驶大约 30 公里。然后再进入岔路大约行驶 1 公里。所需时间 30 分钟。

■ 乌比尔
🕐 4~11 月：8:30~日落 / 12 月~次年 3 月：14:00~日落
● 健走团
　　旱季期间每天会有数次由公园管理员带领的免费健走活动。具体时间可以在布瓦里游客信息中心确认。
● 交通方法
　　位于贾比鲁以北约 40 公里。道路都是铺装道路，大约 30 分钟的车程可达。

Mabuyu 岩壁画还被印成了明信片

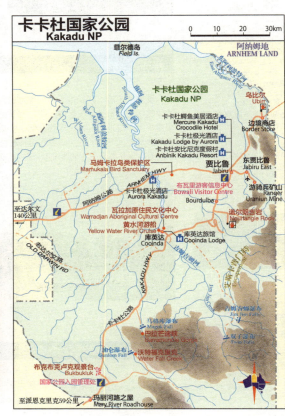

卡卡杜国家公园
Kakadu NP

0　10　20　30km

菲尔德岛
Field Is.

阿纳姆地
ARNHEM LAND

卡卡杜国家公园
Kakadu NP

乌比尔
Ubirr

South Alligator River
East Alligator River

卡卡杜鳄鱼美居酒店
Mercure Kakadu Crocodile Hotel
卡卡杜极光酒店
Kakadu Lodge by Aurora
卡卡杜安比尼克度假村
Anbinik Kakadu Resort

边境商店
Border Store

马姆卡拉鸟类保护区
Mamukala Bird Sanctuary

贾比鲁
Jabiru

东贾比鲁
Jabiru East

ARNHEM HWY

阿纳姆公路

卡卡杜极光酒店
Aurora Kakadu

布瓦里游客信息中心
Bowali Visitor Centre

布尔杜巴
Bourdulba

游骑兵矿山
Ranger
Uranium Mine

至达尔文
140公里

瓦拉加原住民文化中心
Warradjan Aboriginal Cultural Centre

黄水河游船
Yellow Water River Cruise

诺尔朗岩
Nourlangie Rock

库英达
Cooinda

库英达旅馆
Cooinda Lodge

老达尔文路
OLD DARWIN RD

KAKADU HWY

卡卡杜公路

吉姆吉姆路

青姆吉姆瀑布
Jim Jim Falls

卡卡杜公路

玛格布瀑布
Magum Fall

巴拉加迪峡
Barramundie Gorge

双子瀑布
Twin Falls

加仑瀑布
Gunlon Fall

沃特福克里克
Water Fall Creek

布克布克卢卢克观景台
Bukbukluk

国家公园入园管理处

至派恩克里克59公里

玛丽河路之屋
Mary River Roadhouse

在乌比尔的观景台欣赏落日

Rainbow Serpent Gallery 保留有一幅名曰梦幻时代的岩壁画，画中的内容是原住民关于开天辟地时代的传说。

从 Main Art Gallery 可以一直爬到观景台。从这里可以望到一望无际的阿纳姆地。而且，这里还是卡卡杜国家公园内最棒的落日观景点。

雷公壁画

诺尔朗吉岩
Nourlangie Rock
Map p.477

■诺尔朗吉岩

● 健走团

　　旱季期间每天会有数次由公园管理员带领的免费健走活动。具体时间可以在布瓦里游客信息中心确认。

● 交通方法

　　从贾比鲁沿着卡卡杜公路南下约 20 公里，然后再转入向东的岔路上（大约 12 公里）便可到达。从贾比鲁出发大约需要 30 分钟可达。

　　诺尔朗吉岩位于贾比鲁与库英达之间，卡卡杜公路以东。这里的 Anbangbang Gallery 的壁画，画有雷公（原住语是"namarrgon"），这里的壁画非常独特，别具一格。从岩山上（Gunwarddehwardde Lookout）还可以观看卡卡杜的全景风光。

登顶后可以眺望到壮观的风景

根据雷公的传说绘制的壁画

邂逅数不清的水鸟与震撼力十足的鳄鱼

黄水河游船
Yellow Water River Cruise
Map p.477

■黄水河游船

☎（08）8979-1500（预约：Cooinda Lodge）

🌐www.kakadutourism.com

🕐2 小时航程出发：6:45、9:00（只限 4~10 月期间）、16:30／1.5 小时航程出发：11:30、13:15／星空下的黄水河之旅：6 月期间的 19:45~

💰2 小时航程：6:45 出发（含早餐）成人 $99 儿童 $70、9:00 & 16:30 出发：成人 $90 儿童 $62／1.5 小时航程：成人 $72 儿童 $50/星空下的黄水河之旅：成人 $90 儿童 $60

　　黄水河游船可以说是卡卡杜观光的亮点之一。船只在莲花盛开的湿地中缓缓前行，也是旅途中一件非常惬意的事情。航行中可以近距离地观察生活在湿地中的野生动物，例如鹳鸟、澳大利亚亚鹳、鹊鹅、大白鹭等多种野生鸟类，甚至能看到身长超过 3 米的江鳄。小编推荐在湿地风景最美，鸟类最多的清晨或者黄昏时分乘坐游船。

湿地内栖息着大量的野生江鳄

泛舟于美丽的湿地之中

感受原住民文化

瓦拉加原住民文化中心
Warradjan Aboriginal Cultural Centre
Map p.477

■瓦拉加原住民文化中心

☎（08）8979-1500

🌐www.kakadutourism.com

🕐11 月~次年 3 月期间 每天 10:00~15:00、4~10 月期间每天 9:00~17:00

💰免费

● 交通方法

　　从库英达小镇步行约 10 分钟可达。

　　这里是生活在卡卡杜地区的原住民们为了可以让更多的人了解他们的文化以及风俗自行运营的设施。中心内展示有岩壁画、船体画等艺术

作品，还有狩猎采摘用的手工包、使用藤条编的筐，同时还有介绍狩猎、打猎等方法的说明展示，总之内容十分丰富。

有关于原住民文化的展品非常多样

卡卡杜屈指可数的胜景地

吉姆吉姆瀑布与双子瀑布　Map p.477
Jim Jim Falls & Twin Falls

　　吉姆吉姆瀑布位于库英达东南方 72 公里处，瀑布落差有 150 米以上。即便是旱季的初期，水量也十分充沛，景象十分壮观。在瀑布下的水潭可以游泳，千万不要忘记携带泳衣哦。双子瀑布距离吉姆吉姆瀑布还有 10 公里路程。沿着陡峭的溪谷流淌而下的两条瀑布，犹如形影不离的亲兄弟一般。需要注意的是，吉姆吉姆瀑布和双子瀑布在旱季的中间时段会出现断流的情况。

　　雨季时周边的道路是禁止通行的，因此不能参观。道路状况即便是在旱季也令人非常堪忧，建议跟团来此地。旱季期间 Spirit of Kakadu Adventure Tours 公司会有从贾比鲁、库英达出发的一日游项目（雨天中止）。

如果赶上旱季一定要来这里看看

马格库瀑布与巴拉芒迪峡　Map p.477
Maguk Fall & Barramundie Gorge

　　巴拉芒迪峡位于巴拉芒迪河的上游，这里有一条马格库瀑布。瀑布下的坛池可以游泳。由于这条瀑布的落差不是很大，因此可以从一端游到瀑布脚下，然后从这里沿着岩石向上攀登直至瀑布顶端。

从高空欣赏宽广的卡卡杜大自然风光

空中畅游
Scenic Flight

从空中俯瞰的景色别有一番韵味

　　Kakadu Air Service 公司的小型飞机接受私人预订，可以从东贾比鲁机场出发在空中游览卡卡杜。在广袤的湿地、草原、河流与被称为"逃脱之路"的断崖绝壁的上空俯瞰是一件非常令人心旷神怡的事情。世界上罕见的铀矿——阿盖尔矿山等风景也能尽收眼底。

■吉姆吉姆瀑布与双子瀑布
● 交通方法
　　位于卡卡杜公路以外 60 公里处，虽然距离不算远，但是道路都是没有经过铺设的野路，尤其是最后几公里的路况十分不堪。从库英达乘坐四驱车前往单程约需 2 小时。从吉姆吉姆瀑布或者双子瀑布的停车场到达景点还需步行 1 公里。

■ Spirit of Kakadu Adventure Tours
☎（08）8979-1500
URL www.kakadutourism.com
🕐 5~10 月期间每天 7:30（贾比鲁出发 6:45）~17:00
💰 大$219 小$159
※ 含午餐

即使是旱季来此地也一样要去吉姆吉姆瀑布看一看

■马格库瀑布与巴拉芒迪峡
● 交通方法
　　位于库英达以南约 60 公里处，通往这里的道路是卡卡杜公路以外的支线，而且都是未铺装的土路，所以只限四驱车行驶。从停车场步行至瀑布还需 15 分钟。

■ Kakadu Air Service
☎（08）8941-9611
📠 1800-089-113
📠（08）8941-9577
URL www.kakaduair.com.au
💰 30 分钟 大$150 小$120、1 小时 大$250 小$200

卡卡杜国家公园的酒店
Accommodation

库英达旅馆
Cooinda Lodge

◆ 旅馆客房内有空调、电视、淋浴、卫生间。此外，还有游泳池、SPA、洗衣房、餐馆、BBQ 区域等设施。

乘坐黄水河游船非常便利　Map p.477
URL www.kakadutourism.com
🏠 Kakadu Hwy., via Jim Jim Creek, Cooinda（P.O. Box 696, Jabiru），0886
☎ 8979-1500　WiFi 无
💰 ①Ｗ$219~249、宿营地 $41
CC A D J M V

卡卡杜鳄鱼美居酒店
Mercure Kakadu Crocodile Hotel

◆位于贾比鲁的四星级酒店，参加空中畅游项目时可以从空中俯瞰到整个酒店酷似一只鳄鱼的形状。鳄鱼的腹部就是酒店的中庭。

外观酷似一只鳄鱼

知名的鳄鱼酒店　　Map p.477
- URL www.accorhotels.com.au
- 住 1 Flinders St., Jabiru, 0886
- ☎ 8979-9000
- WiFi 付费
- 费 ①Ⓦ$299~319
- CC A D J M V

卡卡杜极光旅馆
Kakadu Lodge by Aurora

◆位于贾比鲁城区外围的中档酒店。

可以容纳大型团体入住的酒店　　Map p.477
- URL www.auroraresorts.com.au
- 住 Jabiru Drv., Jabiru, 0886
- ☎ 8979-2422　Free 1800-811-154
- FAX 8979-2254　WiFi 无
- 费 ①Ⓦ$160~270、1B$290
- CC A D J M V

卡卡杜安比尼克度假村
Anbinik Kakadu Resort

◆由原住民经营的别墅或丛林小木屋式的度假村。

贾比鲁的廉价住宿设施　　Map p.477
- URL www.kakadu.net.au
- 住 27 Lakeside Drv., Jabiru, 0886
- ☎ 8979-3144　FAX 8979-2716
- WiFi 无　费 ①Ⓦ$125~250　CC M V

卡卡杜极光酒店
Aurora Kakadu

◆位于卡卡杜国家公园入口附近的南阿利盖特地区。酒店占地面积大，除了住宿楼宇之外，还有游泳池、餐馆等设施。周边自然环境优美，可以看到无数的野生鸟类飞舞。

自然生态的住宿设施　　Map p.477
- URL www.auroraresorts.com.au
- 住 Arnhem Hwy., South Alligator 0822
- ☎ 8979-0166　Free 1800-818-845
- FAX 8979-0147　WiFi 无　费 ①Ⓦ$204~238
- CC A D J M V

瓦尔德曼瓦尔德斯旅舍
Wildman Wilderness Lodge

◆旅舍位于可以眺望玛丽河国家公园湿地的地方。房型有豪华的帐篷房和高级的木屋房。旅舍辖区内还有许多小袋鼠出没。推荐自驾游的游客来此入住。

豪华的帐篷客房

立于大自然之中的酒店　　Map p.490/1B
- URL www.wildmanwildernesslodge.com.au
- 住 Point Stuart Rd., Mary River Wetland NP, 0801
- ☎ 8978-8955　WiFi 无
- 费 沙漠帐篷 ①Ⓦ$615、环保小屋 ①Ⓦ$769　※含早餐　CC A J M V

Column

阿纳姆地的游览方法

　　原住民们为了保护自己民族的传统文化都会在特定区域内生火。他们居住的土地被称为原住民居留地（Aboriginal Land），除在此居住的人以外进入这里的人，可能会给在这里生活的人们带来影响，同时从环保等角度考虑也对外部人员进入这里进行了严格的控制，必须要获得北部地区许可证（Northern Land Council）（申请10日后可以获得）。

　　位于卡卡杜国家公园的东阿纳姆地（Arnhem Land）（约96000平方公里，相当于我国浙江省的面积）也是原住民居留地，这里有远古时期遗留下来的景观，是一片拥有众多胜地的原住民居留地。值得庆幸的是有专门来此地观光的团体游项目，报名参加的游客不用单独申请许可证。Lord's Kakadu & Arnhemland Safari公司有从贾比鲁、达尔文出发的团，Kakadu Cultural Tours公司的一日游项目可以从贾比鲁出发。如果你对原住民文化感兴趣不妨参加。

● Lord's Kakadu & Arnhemland Safari
- ☎ 0438-808-548
- URL www.lords-safaris.com

● Kakadu Cultural Tours
- Free 1800-525-238
- URL www.kakaduculturaltours.com.au

达尔文 *Darwin*

北部地区 Northern Territory　　　　　　　　长途区号（08）

　　北部地区的最北部一带被称为大北角。达尔文这座城市以提出进化论的达尔文的名字命名，是大北角的中心城市，也是北部地区的首府（准确来说是准首府）。这里是面向帝汶海的热带城市，同时也是去往大北角地区重要景点卡卡杜国家公园、利奇菲尔德国家公园及尼特米鲁克国家公园的门户。另外，在历史上，这里是铺设连接澳大利亚与海外的海底电缆时的重要基地。

　　达尔文市曾遭受过两次毁灭性打击。第一次是第二次世界大战期间的1942年遭受日军空袭（澳大利亚本土首次受到外敌攻击），第二次是发生于1974年的强烈热带低气压。所以达尔文的新建筑较多，而且城市区划也比较整齐。全市随处都能见到热带植物，全年都不缺少绿色。

　　虽然地处热带，但达尔文的旅游季节却并不长。这里每年只有两个季节，即5~11月中旬的旱季和11月下半段至来年4月的雨季。尤其是1月到3月期间，月降水量会超过300毫米（北京降雨最多的7、8月，月降水量一般也不会超过200毫米）。雨季中，郊外道路完全被水淹没的情况也并不少见，这会给旅行带来诸多不便，制订旅行计划时应充分考虑到这一点。

AREA GUIDE

澳大利亚地区指南

●北部地区（北领地）卡卡杜国家公园／达尔文

有用信息

■大北角观光
Tourism Top End
🗺 p.485/2B
🏠 6 Bannett St.（G.P.O.Box 4392），0801
☎（08）8980-6000
☎ 1300-138-886
🌐 www.tourismtopend.com.au
🕐 周一～周五 8:30~17:00、周六·周日 9:00~15:00、节假日 10:00~15:00

主要医院
●达尔文皇家医院
Royal Darwin Hospital
🗺 p.482/1B 外
🏠 105 Rocklands Drv., Casuarina 0810
☎（08）8922-8888
🌐 www.health.nt.gov.au/hospitals/Royal_Darwin_Hospital
●达尔文日间诊所 Darwin Day Surgery
🗺 p.482/1B 外
🏠 Level 1，7 Gsell St.，Wanguri 0810
☎（08）8920-2899
🌐 www.darwindaysurgery.com.au

主要航空公司的联络方式
●澳洲航空
Qantas Airways
☎ 13-13-13
●澳洲维珍航空
Virgin Australia
☎ 13-67-89
●捷星航空 Jet star
☎ 13-15-38
●老虎航空
Tigerair
☎ 1300-174-266
●马来西亚航空
☎ 1800-627-474
Malaysia Airlines
●菲律宾航空 Philippen Airlines
☎ 1800-737-725
●胜安航空 Silk Air
☎ 13-10-11
●亚洲航空 X Air Asia X
☎（02）8188-2133

达尔文国际机场到达大厅机场
巴士柜台

■ 达尔文国际机场
🗺 p.482/1B
🖥 www.darwinairport.com.au
■ 达尔文机场巴士服务
☎（08）8947-3979
※ 从市内至机场的预约时间
是 7:00~20:00
🖥 darwincityairportshuttleserv
ice.com.au
💰 单程 每人 $17.50

◎ 前往方式

➡ 从中国出发

因为没有直飞的航班，所以需要转机。可以从北京、上海、广州乘坐新加坡航空的航班至新加坡换乘，或者乘坐菲律宾航空公司的飞机在马尼拉换乘。

➡ 从澳大利亚国内出发

澳洲航空、捷星航空、澳大利亚维珍航空有从布里斯班、悉尼出发至达尔文的航班，澳洲航空、捷星航空有从凯恩斯、阿德莱德出发的航班，澳洲航空、澳大利亚维珍航空有从珀斯出发的航班，老虎航空有从布里斯班出发的航班。不过根据航路的不同，起飞的时间也会有相应的变化，请提前确认。

另外，澳大利亚灰狗公司也有长途巴士从艾丽斯斯普林斯、汤斯维尔、布鲁姆出发至此的长途车线路。此外，还可以乘坐纵贯澳大利亚大陆的"汗"号列车，从阿德莱德出发。

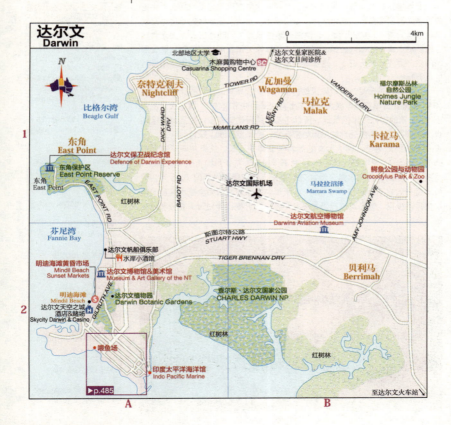

机场↔市内

达尔文国际机场（Darwin International Airport，DRW），位于城市的东北部约 15 公里处。国际航线和国内航线都使用同一座航站楼，到达大厅内有赫兹、安飞士、百捷乐、苏立夫提、欧洛普卡等租车公司的窗口，还有货币兑换处和旅游服务台等设施。

连接机场与市区之间的达尔文机场巴士

● 机场巴士

去往市区一般都是乘坐达尔文机场巴士（Darwin City Airport Shuttle Service）。所有航班都有相连接的巴士，可以去往市内任何的指定场所（高峰期是每 30 分钟一班车）。从市区去往机场时需要电话预约，然后车子会去各个酒店接人。

● 出租车

乘坐出租车至达尔文市中心约需 $30。如果是 3 人以上乘坐出租车会比较划算。

交通枢纽↔市区

长途巴士都会停靠在位于市中心米切尔大街（Mitchell St.）上的米切尔大街旅游集散地（Mitchell St. Tourist Pricinct）内的达尔文交通枢纽内（Darwin Transit Centre）。周边有从廉价到高档的各类住宿设施。

达尔文火车站↔市区

长途豪华列车"汗"号在达尔文停靠的车站位于近郊的博瑞玛路（Berrimah Rd.）上，可以乘坐配合火车到达时间而运行的火车站观光巴士去往市区。享受白金服务和黄金服务的乘客，如果准备乘坐火车站观光巴士去往达尔文市区，在预约的时候需要告知下榻酒店的名称。享受红色服务的乘客都是在交通枢纽内上下车。如果准备乘坐出租车到达市区大约需要 $50（所需时间 15 分钟）。

达尔文 市内交通

租车自驾

由于大多数景点都位于郊外，因此租车自驾比较方便。租车公司大都集中在从机场向市区方向行驶的斯图尔特公路沿线。另外，部分租车公司可以在电话预约后到酒店接送客人。

市内巴士

达尔文巴士（Darwinbus）可以覆盖市内大部分地区。车票可以在乘

■ **达尔文交通枢纽**
　　 p.485/1A

■ **达尔文的出租车**
● Blue Taxi Company
☎ 13-82-94
● Radio Taxis
☎ 13-10-08
費 周一～周五 6:00~17:59 期间，1 公里起步价 $4.40、之后每公里 $1.54、等待时间是每分钟 $0.92；周一～周五 18:00~次日 5:59 期间和周六・周日・节假日全天，1 公里起步价 $5.50、之后每公里 $1.89、等待时间是每分钟 $0.92。电话预约免费。

■ **"汗"号火车站旅游巴士**
☎ 1800-703-357
🌐 www.greatsouthernrail.com.au
時 周三 8:00 左右，从达尔文市内的酒店出发（预约时需要告知下榻酒店的名称）
費 "汗"号乘客免费乘坐

"汗"号出发的车站位于东阿姆

■ **达尔文的汽车租赁公司**
● 赫兹 Hertz
☎（08）8941-0944
● 安飞士 Avis
☎（08）8936-0600
● 百捷乐 Budget
☎（08）8981-9800
● 苏立夫提 Thrifty
☎（08）8981-5599
● 欧洛普卡 Europcar
☎（08）8941-0300

达尔文郊外限速 130 公里

■ **达尔文巴士**
☎ (08) 8924-7666
🌐 nt.gov.au/driving/pubic-transport-cycling/
🕐 大多数线路都是在周一～周五的 6:30~21:00 期间，每30分钟一趟车。周末时车次极少，需要注意。
💰 3小时车票：(成人)$3 (儿童)$1 / 1日通票：(成人)$7 (儿童)$2 / 10次卡（Tap & Ride Card）(成人)$20 (儿童)$7 / 7日卡（Tap & Ride Card）(成人)$20 (儿童)$7

● **达尔文巴士信息中心**
🗺 p.485/2B

●■ **大北角观光**
Tourism Top End
🗺 p.485/2B
🏠 6 Bennett St.（G.P.O. Box 4392），0801
☎ (08) 8980-6000
📞 1300-138-886
🌐 www.tourismtopend.com.au
🕐 周一～周五 8:30~17:00、周六·周日 9:00~15:00、节假日 10:00~15:00

位于市中心的史密斯大街购物中心

早晚来东角逛一逛可以看到许多野生的沙漠袋鼠

车时购买，然后在车内盖上时间印章。计入时间之后3小时内可以自由上下车。对于准备频繁乘坐巴士的游客可以购买1日通票（Daily Ticket）。如果准备长期滞留的话购买充值卡式的 Tap & Ride Card 比较方便。可以给10次卡（FlexiTrip）或者7日卡（Weekly）中的任意一张进行充值。这种充值卡可以在巴士中心、游客信息中心（大北角观光）、超市等地购买。

平日里车次较多的、出行方便的达尔文巴士

城市巴士中心位于从史密斯大街拐入哈利陈大街（Harry Chan Ave.）的入口处。这里有达尔文巴士信息中心，可以领取线路图和时间表。

达尔文 漫步

中心地区可以步行游览

达尔文城区包括住宅区在内比较广泛，但是中心城区仅有 1.5 公里（纵）×0.7 公里（横）见方大小。史密斯购物中心（Smith St. Mall）刚好处于市中心的位置。里面汇集了购物拱廊、银行、货币兑换公司、旅行公司等。大北角观光（Tourism Top End）就位于从史密斯大街前往班奈特大街的路边。这里是最适合收集旅游信息的地方，除了达尔文市内的观光信息，还有卡卡杜国家公园、利奇菲尔德国家公园，甚至还有凯瑟琳、大北角相关的旅游信息。还可以在这里咨询与预订跟团旅行或者预约酒店。

位于米切尔大街与诺基大街一角处的米切尔中心

从史密斯大街的购物中心拐向诺基大街（Knuckey St.），向海边的方向步行一个街区是米切尔大街（Mitchell St.），再继续向海边方向步行一个街区是滨海大道（The Esplanade），这里是游客比较集中的地方。上至高端酒店，下至背包客旅馆，住宿设施比较齐全，此外还有餐馆、酒吧，以及内有超市、餐饮区的购物中心——米切尔中心（Mitchell Centre），包含交通枢纽的米切尔大街旅游集散地也在这一带附近，这一地区游客每天都络绎不绝。

从大北角观光可以获取大北角详细的游览信息

汇聚在芬尼湾沿线的景点

芬尼湾（Fannie Bay）是美丽南国的海滩。市内的主要观光景点大都汇集在芬尼湾沿岸的东角路（East Point Rd.）上。平日的时候有从达尔文

至此的多趟巴士，车次也比较多，交通很方便。

充满野性的景点

在达尔文停留期间，游览被热带大自然所环抱的景点也是一个不错的选择。从位于斯图尔特公路以南约 46 公里的奴纳马镇（Noonamah）向西南行驶约 20 公里处的百丽泉（Berry Springs）周边或者向卡卡杜国家公园方向行驶的阿纳姆公路（Arnhem Hwy.）沿线的福格水坝保护区（Fogg Dam Conservation Reserve）内有几处可以游览的景点。如果参加卡卡杜国家公园或者利奇菲尔德国家公园、尼特米鲁克国家公园的团体游项目，会顺路到这些景点来游览。如果没有跟团游览，因为没有可以到达这些地点的公共交通，只能开车自驾前往。

福格水坝保护区内盛开的睡莲

达尔文市中心
Central Darwin

485

鳄鱼粉的胜地

鳄鱼湾

Crocosaurus Cove

Map p.485/1A

位于达尔文中心部地区的大型人气观光景点，这里的爬虫类相关展品在世界上也是数一数二的。尤其是达尔文的名物鳄鱼，有珍贵的白化鳄鱼身长6米，据推算这只名为Chopper的鳄鱼年龄大约80岁，还有其他鳄鱼，真是强者云集。这里还有一

惊险刺激的"死亡之笼"

个非常刺激的体验活动"死亡之笼"（The Cage of Death Experience），游客可以进入一个八角形的强化玻璃罩内进入到饲养鳄鱼的巨大水槽中观察鳄鱼。还有饲养员喂养鳄鱼的表演秀（11:30、14:30），还可以亲自如钓鱼一般给鳄鱼投喂诱饵的活动——投喂大鳄鱼活动（Big Croc Feeding Experience），和亲手抱着小鳄鱼合影

与小鳄鱼一起合影留念

的体验活动。除了鳄鱼之外这里还有许多澳大利亚淡水鱼观赏水槽，还有各种蛇类、蜥蜴类的展馆等。

大快人心的喂鱼活动

喂鱼场

Aquascene

Map p.485/1A

鱼的数量之多让人为之震惊

从20世纪50年代后半期开始，当地人就开始给生活在道客特湾（Doctors Gully）里的鲻鱼投喂食物。此后有大量的鱼类汇集到此地寻觅食物，现如今这里已经成为达尔文的一道风景线。这里便是喂鱼场。

除了鲻鱼之外，还有80厘米以上的虱目鱼、鲇鱼等数以百计。等待你手中面包的鱼类。尤其是虱目鱼的数量多得令人震惊。喂鱼的地点在海滨尽头，Banyan View Lodge 前下坡的地方。

去看美丽的珊瑚

印度太平洋海洋馆

Indo Pacific Marine

Map p.482/2A

深受小朋友喜爱的触摸池

码头区（Wharf Precinct，斯托克斯山码头 Stokes Hill Wharf）作为周末的购物区和餐饮区而被开放建设。印度太平洋海洋馆就建在码头的入口处。这里只是一座比较小型的水族馆，内容可能会让人感觉有些乏味。不过，在炎热的达尔文看

■鳄鱼湾
住 58 Mitchell St.（Cnr. Peel St.），0801
☎（08）8981-7522
网 www.crocosaurscove.com
开 每天 9:00~18:00 / 体验死亡之笼：9:30~10:30、12:00~13:30、15:00~17:00 期间每30分钟一次
休 圣诞节
费（成人）$35（儿童）$23（家庭）$110.20 / 体验死亡之笼（需要预约）：1 人 $170，双人 $260 / 投喂大鳄鱼活动：（成人）$79（儿童）$48

投饵喂鳄鱼的表演不容错过

■喂鱼场
住 28 Doctors Gully Rd.，0800
☎（08）8981-7837
FAX（08）8941-8844
网 aquascene.com.au
开 每天开放 2 小时左右。根据潮汐的时间不同会有很大的不同，请提前在官网确认。
休 圣诞节
费（成人）$15（儿童）$10（家庭）$43

着色彩鲜艳的鱼儿们在珊瑚中穿梭遨游，多少都会感觉有一丝丝的凉爽。水族馆内还有触摸池，深受小朋友们的喜爱。每周三、周五、周日的晚上还会举办专门观察珊瑚生态的珊瑚之夜（Coral Reef By Night）活动，非常受欢迎。

■ 印度太平洋海洋馆
住 Darwin Wharf Precinct, 29 Stokes Hill Rd., 0800
☎（08）8981-1294
🖥 www.indopacificmarine.com.au
开 4~10月：每天 10:00~14:00 / 11月~次年3月：需要咨询
休 元旦、耶稣受难日、圣诞节、节礼日
费 大人 $27 小孩 $12 家庭 $66
● 珊瑚之夜
开 周三·周五·周日 18:30~
费 含晚餐：大人 $120 小孩 $60

城市附近的热闹海滩
明迪海滩
Mindil Beach

Map p.482/2A

明迪海滩上悠闲度假的人们

芬尼湾一带都是美丽的海滩。这片海滩的最南端便是明迪海滩。因赌场酒店而闻名的达尔文天空之城赌场就在海滩的一角处，而且因为这里离市区也不远，周末的时候会有大量的游人会拥到这里来。海滩前的公园明迪海滩保护区（Mindil Beach Reserve）内有卫生间和淋浴房等设备。

每逢旱季的周四和周日这里都会举办明迪海滩黄昏市场（Mindil Beach Sunset Markets），尤其是周四的市场会有很多店铺出摊。届时会有衣服、民间手工艺品、首饰等摊位，大约有 300 家以上，还有澳大利亚、亚洲、意大利、希腊、中东等地的特色餐饮摊位 60 家以上在市场上出摊。公园的正中央还有现场的乐队表演、街头艺人进行的各种街头表演等。除了当地人之外，游客也非常喜欢来这里游览。

■ 明迪海滩
● 交通方法
　　乘坐达尔文巴士 Route4、6 路，在达尔文天空之城前站下车。从达尔文市中心乘出租车大约需要 $10（约3公里）

■ 明迪海滩黄昏市场
☎（08）8981-3454
🖥 www.mindil.com.au
开 4月最后的周四~10月最后的周四 17:00~22:00、周日 16:00~21:00

许多人都来海滩上欣赏落日

旱季期间，达尔文每周都会举办两次明迪海滩黄昏市场

在市场上淘一淘具有达尔文特色的小礼物

领略北部地区的自然风光
达尔文植物园
Darwin Botanic Gardens

Map p.482/2A

　　位于明迪尔海滩附近的植物园，园内生长着 400 多种椰子树以及许多来自世界各个热带地区的植物。另外，在植物园与植物园路（Gardens Rd.）之间还有植物园墓地（Gardens Cemetery）。

植物园中挺拔的椰子树

达尔文博物馆 & 美术馆

住 19 Conacher St., The Gardens, 0800

☎ (08) 8999-8264

🖥 www.magnt.net.au

开 周一~周五 9:00~17:00，周六·周日·节假日 10:00~17:00

休 元旦、耶稣受难日、圣诞节、节礼日

票 免费

●交通
乘坐达尔文巴士 Route 4、6，在科纳彻街（Conacher St.）与吉尔斯路（Gilruth Ave.）交会处下车。从市内至此需 10 分钟左右。

东角保护区

●交通
不驾车的话很不方便。如选择达尔文巴士，可乘 Route 4、6 路在芬尼湾下车。之后步行 10 分钟可到达景点入口，去往观看日落的达德利角，步行大约需要 30 分钟。

达尔文保卫战纪念馆

住 543 Alec Fong Lim Drv., East Point 0820

☎ (08) 8981-9702

🖥 www.magnt.net.au

开 5~10 月：每天 9:30~ 17:00/11 月~次年 4 月：每天 10:00~15:30

休 元旦、耶稣受难日、圣诞节、节礼日

票 成人 $18 儿童 $8 家庭 $40

●交通
从东角保护区入口步行 30 分钟左右可至。最好租车自驾前往。

达尔文航空博物馆

住 557 Stuart Hwy., Winnellie 0821

☎ (08) 8947-2145

🖥 www.darwinaviationmuseum.com.au

开 每天 9:00~17:00

休 元旦、耶稣受难日、圣诞节、节礼日

票 成人 $15 儿童 $7 家庭 $35

●交通
乘坐达尔文巴士 Route 8 路从市中心出发，大约 20 分钟可达。

了解达尔文地区的自然环境及风土人情

达尔文博物馆 & 美术馆
Museum & Art Gallery of the NT
Map p.482/2A

面朝芬尼湾而建的博物馆。展品十分丰富，有原住民艺术品、关于澳大利亚近海生物及达尔文地区动植物的模型展示、恐龙骨骼化石以及关于 1974 年的强热带气旋（特蕾西）的展板，还有长度超过 5 米的巨鳄标本（被命名为 Sweet Heart）。

深受市民喜爱的休闲场所

东角保护区
East Point Reserve
Map p.482/1A

东角保护区位于芬尼湾北侧，是一个占地面积超过 200 公顷的大型公园，每逢周末都有很多当地人携全家到此游玩。另外，这里也是著名的观看日落的地点。尤其是在最北端的达德利角（Dudley Point），可以看到达尔文地区最美的日落景象。早晨与傍晚，在园内随处都能见到野生的沙大袋鼠。

东角保护区是著名的观看日落的地点

了解第二次世界大战时期达尔文地区的样子

达尔文保卫战纪念馆
Defence of Darwin Experience
Map p.482/1A

第二次世界大战时期的文物

来到东角保护区，一定要参观这里。位于最北端附近。第二次世界大战初期的 1942 年，达尔文遭到日军 64 次空袭，有 243 人在空袭中死亡。这座战争博物馆通过文物、照片、报刊资料、影像资料向人们介绍当时的情况。来这里参观，能够对和平的意义有更深刻的理解。室外展示的飞机、大炮记录了当时的情景。

展出 B52 轰炸机

达尔文航空博物馆
Darwins Aviation Museum
Map p.482/2B

位于达尔文机场的边缘，靠近斯图尔特公路。博物馆建筑风格类似巨型机库，进入博物馆，首先看到的是全长近 50 米的大型轰炸机 B52，在美国境外，被展出的 B52 型轰炸机仅有两架。另外，这里还有 B25 型轰炸

展出着巨大的 B52 轰炸机

机、喷火式战斗机、零式战斗机（达尔文保卫战中被击落）等著名的老式军用飞机以及幻影式战斗机、CAC佩刀式战斗机（F-86），也包括用于民航的德哈维兰飞鸽型客机，共13架实物飞机，另有各种航空发动机、仪器仪表等。每天10:00与14:00有英语导游的团体游。

体验给鳄鱼喂食

鳄鱼公园与动物园

Map p.482/1B

Crocodylus Park & Zoo

动物园内饲养着大小200多只鳄鱼。较大的水池非常接近野生环境，里面有湾鳄（河口鳄）。除此之外，还有一片区域，很多种类的鳄鱼被按照年龄及性别区隔开来。除了鳄鱼，动物园内也有红大袋鼠、沙大袋鼠、大袋鼠、鸸鹋、鹤鸵等澳大利亚特有的动物以及狮子、老虎、猴子等来自世界各地的动物，种类非常丰富。每天10:00、12:00、14:00有给鳄鱼喂食的体验活动及园内团体游。给鳄鱼喂食的体验活动，可以近距离地观看到鳄鱼撕咬食物的场景，非常刺激。

给鳄鱼喂食的体验活动很值得一试

■鳄鱼公园与动物园
🏠815 McMillans Rd.，Berrimah 0828
☎（08）8922-4500
💻www.crocodyluspark.com
📅每天9:00~17:00
休圣诞节
💰(成人)$40 (儿童)$20 (家庭)$105

●交通
　乘坐达尔文巴士Route 5、9路，下车后还需步行800米。

●百丽泉自然公园
通常都会租车自驾前往。从达尔文市中心出发大约40分钟可达。

■百丽泉自然公园旅游信息服务中心
Berry Springs Nature Park Visitor Centre
☎（08）8999-4555
💻dtc.nt.gov.au
📅每天8:00~18:30/售货亭：4~11月每天11:00~17:00

达尔文 近郊的城镇

百丽泉自然公园　　　Berry Springs Nature Park

位于达尔文以南约60公里处。在热带雨林之中有一个美丽的泉水叫百丽泉。这一带就是百丽泉自然公园，园内有步道，旱季时可以在泉水中游泳。自然公园的入口处设有游客信息中心，可从那里获取公园地图，然后步行游览。游客信息中心内还有介绍当地动植物的展示区。

北部地区最大的动物园

北领地野生动物园

Map p.490/2A

Territory Wildlife Park

该动物园紧邻百丽泉，占地面积约400公顷。园内饲养着各种北部地区的动物，栖息环境接近野生环境。动物园分为几个区域，从一个区域移动至另一个区域需要乘坐动物园的汽车，在某一区域内可以自由步行参观。在模拟夜间环境而建的夜行动物馆内，可以看到在夜间活动的鳄鱼以及猪鼻龟、尖吻鲈等动物。还有鸟类表演、有关爬行动物的讲解、有关蝙蝠的讲解等园内活动，进入动物园时最好事先了解这些活动的具体时间。

■北领地野生动物园
🏠Cox Peninsula Rd.，Berry Springs，0838
☎（08）8988-7200
📠（08）8988-7201
💻www.territorywildlifepark.com.au
📅每天9:00~17:00
※入园截至~16:00
休圣诞节
💰(成人)$32 (儿童)$16 (家庭)$87

●交通
　通常都会租车自驾前往。

●福格水坝保护区周边
通常都会租车自驾前往。从达尔文市中心出发大约1小时可达。

福格水坝保护区周边　　Fogg Dam Conservation Reserve

从达尔文沿斯图尔特公路南下，进入阿纳姆公路后行驶25公里左右，可以看见路左边的福格水坝保护区的标识。驶出阿纳姆公路约6公里，会出现广阔的湿地。在这片因阿德莱德河下游而形成的全世界著名的湿地上，可以观察成群的水鸟，所以这里可谓是观鸟爱好者的天堂。有4

条悬浮步道，走完一周大约需要 1 小时，可以观察湿地的生态环境，很值得去走一走。在旱季，每天 7:30 开始有管理员带领的团体游，用时约 1 小时。

Map p.490/2B

达尔文著名的喂食鳄鱼游船

跳跃鳄鱼游船
Jumping Crocodile Cruise

从水中跃起并扑向食物的鳄鱼

来到达尔文，一定不能错过的是观看跳跃鳄鱼。在距离福格水坝保护区不远的阿德莱德河（Adelaide River）上，有多家旅行社经营该旅游项目（距离达尔文约 65 公里）。最有名的是在阿纳姆公路旁的栈桥出发并到达的阿德莱德河女王（Adelaide River Queen）。从达尔文方面前往的话，进入阿德莱德河女王栈桥前的道路，栈桥旁就是阿德莱德河游船（Adelaide River Cruise）、壮观的跳跃鳄鱼游船（Spectacular Jumping Crocodile Cruise）。各游船的游览内容都大致相同。

现在大北角地区栖息着大约 6 万只鳄鱼。几乎所有的河流里都有鳄鱼，其

■ 跳跃鳄鱼游船
● 阿德莱德河女王
☎（08）8988-8144
📠 1800-888-542
🌐 www.jumpingcrocodilecruises.com.au
🕐 每天 9:00~11:00、13:00~15:00 期间每隔 1 小时开行一班（航行时间约 1 小时）
※ 时间安排有可能出现变化
💰（大人）$45~50 （小孩）$25
● 阿德莱德河游船
☎（08）8983-3224
🌐 www.adelaiderivercruises.com.au
🕐 5~11 月每天 9:00、11:00、13:00、15:00 出发（航行时间约 1 小时）
※ 12 月~次年 4 月期间需要事先查询
💰（大人）$45 （小孩）$20 （家庭）$110
● 壮观的跳跃鳄鱼游船
☎（08）8978-9077
🌐 jumpingcrocodile.com.au
🕐 每天 9:00、11:00、13:00、15:00 出发（航行时间约 1~1.5 小时）
🚫 12/24~次年 1/1
💰（大人）$40 （小孩）$25 （家庭）$100

达尔文近郊
Around Darwin

0   20km

森林保护区 Forestry Reserve

钱伯斯湾 Chambers Bay

肖尔湾 Shoal Bay

Swim Creek

Lake Finnis

Woolner

玛丽河国家公园 Mary River NP

Koolpinyah

1 达尔文 DARWIN
✈ 达尔文国际机场
霍华德斯普林斯 Howard Springs

Shady Camp

帕默斯顿 Palmerston

达尔文鳄鱼农场 Darwin Crocodile Farm

福格水坝保护区 Fogg Dam Conservation Reserve

Melaleuca

达尔文港 Port Darwin Channel Island

福格水坝 Fogg Dam

中间点 Middle Point

瓦尔德曼瓦尔德斯旅舍 Wildman Wilderness Lodge

Opium Creek

奴纳马镇 Noonamah

汉普蒂杜 Humpty Doo

鸟类保护区

跳跃鳄鱼游船

百丽泉自然保护区 Berry Springs Nature Park

阿德莱德河女王栈桥（赏鳄鱼游船）

玛丽河国家公园（湿地保护区）Mary River NP (Wetland Reserve)

北领地野生动物园 Territory Wildlife Park

斯图尔特公路 Acacia Store

阿德莱德河游船（跳跃鳄鱼游船）

Corroboree Park Inn

2

STUART HWY

Adelaide River

ARNHEM HWY

Bark Hut Inn

利奇菲尔德观光公园酒店 Litchfield Tourist Park

拉姆丛林 Rum Jungle

巴彻勒 Batchelor

利奇菲尔德汽车旅馆 Litchfield Motel

利奇菲尔德国家公园 Litchfield NP

A   **B**

中还有会攻击人类的湾鳄。这种鳄鱼在咸水及淡水中都可生存，习性异常凶猛。阿德莱德河中大概有1600只湾鳄。

起航后不久，就能看见鳄鱼向游船游来。用绳子将肉拴好，从船的二层吊向水面，鳄鱼就会游到肉的下面。然后，看准时机将肉拉起，鳄鱼就会跟着从水中跃起。湾鳄在眼前跃起的景象极具震撼力。除了鳄鱼之外，黑鸢也会聚集到游船周围，游客可以给黑鸢喂食，运气好的话，还能看到鱼鹰（澳大利亚白腹海雕）、裸颈鹳（澳大利亚具有代表性的鹳类）。

体验给鸢喂食也很刺激

阿德莱德河女王栈桥前的可爱鳄鱼像

利奇菲尔德国家公园　　　　Litchfield NP

位于达尔文以南约115公里处。利奇菲尔德国家公园紧邻原住民保留地，自然环境极佳。虽然没有卡卡杜国家公园有名，但景观更富于变化，并且栖息着许多野生动物。

这里离达尔文比较近，如果想在短时间内领略到大北角自然风光的风采，这里是非常好的选择。如果游览时间比较充裕，可以在到达利奇菲尔德国家公园前距离公园20公里处的巴彻勒（Batchelor）寻找住宿设施入住。

利奇菲尔德最著名的景点

万盖瀑布
Wangi Falls

利奇菲尔德国家公园内有许多瀑布。万盖瀑布的水潭水面开阔，形成了一个巨大的天然游泳池，非常适合游泳。停车场旁边有小型的游客信息中心。

在达尔文，与万盖瀑布齐名的另外一个瀑布就是佛罗伦萨瀑布（Florence Falls）。从停车场沿台阶而下，在热带雨林中步行约10分钟可以到达瀑布下的水潭。水潭被森林环抱，风景非常美丽，很适合游泳或戏水。另外，还有托尔马瀑布（Tolmar Falls）也很值得一去，可以沿步道步行游览并观赏古老的铁树及热带植物。

可以游泳的万盖瀑布水潭

很受年轻人喜欢的佛罗伦萨瀑布

交通方式

● 利奇菲尔德国家公园

基本上需要参加从达尔文出发的团体游。用2~3天的时间，游览利奇菲尔德国家公园、卡卡杜国家公园、尼特米鲁克国家公园（凯瑟琳河谷）等景区的团体游项目也很多。如果选择租车自驾，从达尔文出发大约2小时可达。如果只去万盖瀑布（Wangi Falls）和大型蚁巢的话，普通汽车就可以，但如果要去Lost City等较为偏僻的地方，则一定要驾驶四驱越野车。

■ 栖息于利奇菲尔德的动物

这里栖息着许多白天很难见到（如果野外露营的话，有时动物会靠近）的夜行性动物。有北澳袋鼬、北澳棕色袋鼯、刷尾袋貂等小型哺乳动物以及彩虹鹦鹉（五色鹦鹉）、北澳玫瑰鹦鹉（木槿花鹦鹉）等鸟类，还有伞蜥蜴、澳大利亚巨蜥、淡水鳄（澳大利亚鳄）等爬行动物。

澳大利亚地区指南

● 北部地区（北领地）达尔文

491

由白蚁创作的艺术品

磁性白蚁冢
Magnetic Termite Mounds

非常稀有的磁性白蚁冢

国家公园入口附近有颜色发黑的扁平形巨大土墩，那就是磁性白蚁冢（磁性白蚁的巢穴）。所有白蚁墩都竖着朝向南北方向（扁平土墩较窄的面指向南北方向）。在气候炎热的热带地区，这种

教堂白蚁冢的高度十分惊人

形式的蚁巢可以减少阳光照射带来的热量。只有在这里才能见到如此形式的蚁巢。

在磁性白蚁墩的参观入口，有高度超过5米的教堂白蚁墩。

宛如外星空间的

迷失之城
Lost City

进入公园深处，可以见到迷失之城的奇景。从普通汽车可以行驶的园内道路进入只有四驱越野车才能通行的小路，行驶约10公里，眼前会出现许多塔状的砂质岩石。这些岩石让这片寂静的区域显得更加神秘。

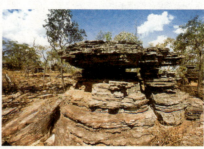

迷失之城的神秘景象

达尔文的观光和娱乐活动

AAT Kings 和 Greyline Australia 这两家公司有多种游览达尔文近郊或者卡卡杜国家公园等地的团体游项目。如果没有特别的要求，下述这两家公司的主要团体游项目完全可以满足普通游览。两家公司的游览项目基本相同。

想要看投喂野生鳄鱼秀

午后的鳄鱼之旅
Afternoon Jumping Crocodile Cruise

对于行程比较紧张但又想看鳄鱼进食的游客来说，这条线路比较值得推荐。乘船之后还会顺路去福格水坝保护区，还可以观察那一带的湿地。

■ **AAT Kings**
☎ （02）9028-3555
🖶 1300-7555-339
🖂 www.aatkings.com
● 鳄鱼之旅 & 文化探险
🕐 4~10 月期间的每天＆11 月～次年 3 月期间 周一·周二·周四·周六 13:15~18:30
🎫 (大) $105 (小) $53
● 利奇菲尔德国家公园
🕐 每天 7:15~18:00
🎫 (大) $185 (小) $93
● 凯瑟琳溪谷与艾迪丝瀑布
🕐 周一·周三·周六 6:15~20:30
🎫 (大) $259 (小) $130
● 卡卡杜国家公园一日游
🕐 4~11 月期间每天＆12 月～次年 3 月期间的周二·周四·周五·周六·周日 6:30~19:30
🎫 (大) $259 (小) $130
※ 不含国家公园门票
● 卡卡杜两日游 & 东阿尔盖特河
🕐 4~11 月期间每天＆12 月～次年 3 月期间的周一·周四 6:30～次日 19:30
🎫 1 人 $615~735（双人间）
※ 含国家公园门票
● 卡卡杜三日游 & 凯瑟琳之旅
🕐 4·11·3 月期间的周一·周四 6:30～次日 20:30、5~10 月期间的周二·周六 7:15～次日 18:00
🎫 1 人 $950~1159（双人间）
※ 含国家公园门票

大北角一日游

利奇菲尔德国家公园一日游
Litchfield NP 1 Day Tour

可以在利奇菲尔德国家公园内的佛罗伦斯瀑布、托尔马瀑布、旺吉瀑布尽情地享受游泳的乐趣。还可以去参观巨大的蚁冢。

从达尔文也可以去凯瑟琳溪谷观光

凯瑟琳溪谷游船与艾迪丝瀑布
Katherine Gorges & Edith Falls 1 Day Tour

对于周游大北角的时间不是很充裕，但又想去凯瑟琳溪谷的游客来说，这条游览线路非常值得推荐。去程参观阿德莱德河畔的小镇，然后去凯瑟琳溪谷玩。在凯瑟琳溪谷乘游船游览 2 小时，之后拜访艾迪丝瀑布，最后返回达尔文。

内容丰富

卡卡杜国家公园之旅
Kakadu NP Tours

● **Greyline Australia**

卡卡杜国家公园一日游（卡卡杜冒险之旅）。可以参观诺尔朗吉岩的原住民壁画，乘坐非常受欢迎的景点黄水河游船，还可以在瓦拉加原住民文化中心了解原住民文化。

● **AAT Kings**

一日游的线路与 Greyline Australia 公司的线路基本一样。如果参加两日游，除了会去上述的景点之外，还包含去乌比尔参观壁画、在原住民导游的带领下在东阿尔盖特河上体验原住民文化之旅项目。三日游是卡卡杜国家公园＋凯瑟琳溪谷。在凯瑟琳溪谷可以体验 1.5 小时的游船项目，还可以在艾迪丝瀑布畅游。

● **澳大利亚探险之旅**
Adventure Tours Australia

这是一条非常受欢迎的从达尔文出发至卡卡杜的三日游项目，也是专门针对背包客设计的旅行线路。观赏鳄鱼游船之旅是在玛丽河国家公园包船游览。此外，还会游览大多数旅游团几乎不会前往的吉姆吉姆瀑布、双子瀑布和马格库瀑布。

向卡卡杜国家公园行驶的途中看到的巨大蚁冢

追溯历史

达尔文空袭史之旅
Bombing of Darwin World War II Heritage Tour

达尔文在第二次世界大战中遭受了日军为时 2 年，共 64 次的空袭。第一次空袭是在 2 月 19 日，每年达尔文都会在此日举办空袭纪念追悼会。参加这条旅游线路将会去空袭遗址、博物馆等地方。希望通过这次旅行可以告诫人们不要再重蹈第二次世界大战的覆辙，维护世界和平。

■ **Grayline Australia**
📠 1300-858-687
🌐 www.grayline.com.au
● 午后的鳄鱼之旅
🕐 4~10 月期间每天 & 11 月 ~ 次年 3 月的周一 · 周二 · 周四 · 周六 13:30~18:30
💰(大) $108 (小) $55
● 利奇菲尔德国家公园一日游
🕐 每天 7:20~18:00
● 凯瑟琳溪谷
🕐 周一 · 周三 · 周六 6:20~20:30
💰(大) $261 (小) $131
● 卡卡杜冒险之旅
🕐 4~12 月期间每天 & 1~3 月期间的周二 · 周三 · 周五 · 周六 · 周日 6:20~19:30
💰(大) $301 (小) $151
※ 含国家公园门票

■ **澳大利亚探险之旅 / 卡卡杜国家公园之旅**
☎ 1300-654-604
🌐 www.adventuretours.com.au
● 四驱车卡卡杜三日游
🕐 5~10 月期间周一 · 周三 · 周六
💰 1 人 $630

■ **达尔文空袭史之旅**
📱 0432-041-132
📧 www.bombingofdarwin.com.au
🕐 每天 8:30~12:30（旱季以及空袭纪念追悼会期间出团）
💰(大) $95 (小) $50

达尔文的酒店
Accommodation

达尔文米切尔青年旅舍
Darwin YHA Melaleuca on Mitchell
廉价酒店

◆ 除了单间之外，多人间内也配有淋浴房和卫生间，空调设备也比较完善。旅舍内有两座游泳池，还有水疗、大型酒吧、网吧、旅行社服务窗口等设施。交通枢纽也位于旅馆附近。

崭新快捷舒适的酒店

地理位置、设备一流	Map p.485/1B
URL www.yha.com.au	
住 52 Mitchell St.，0800	
☎ 8941-7800　☎ 1300-723-437	
WiFi 付费	
费 Ⓓ$27.90~30.60、ⓉⓌ$67.50~76.50	
※ 除 YHA 以外需要支付手续费	
CC M V	

达尔文小辣椒背包客之家
Chilli's Backpackers Hostel Darwin
廉价酒店

◆ 位于米切尔中心与交通枢纽之间的热门旅馆。所有客房都带有空调设备，旅馆还附带简单的早餐。此外还有游泳池、网吧、旅行社窗口等。

位于市中心，的老牌旅馆

紧邻交通枢纽	Map p.485/1B
URL www.chillis.com.au	
住 69 A Mitchell St.，0800	
☎ 8941-9722	
Free 1800-351-313	
WiFi 免费	
费 Ⓓ$27、ⓉⓌ$60	
CC M V	

价值酒店
Value Inn
廉价酒店

◆ 房间内有一张大床和一张单人床，最多可入住 3 人。酒店内还有一座小游泳池。

位于市中心，价格适中的酒店

3 人入住比较便宜	Map p.485/1B
URL www.valueinn.com.au	
住 50 Mitchell St.，0801	
☎ 8981-4733	
WiFi 付费	
费 ⓉⓌ$67~77	
CC A M V	

达尔文希尔顿酒店
Hilton Darwin
星级酒店

◆ 位于市中心，无论观光还是购物、就餐都非常方便。酒吧、餐馆的数量也比较多。酒店内还有酒店、医务室、旅行社窗口、纪念品商店等设施。

达尔文市中心首屈一指的酒店	Map p.485/2B
URL www.3.hilton.com	
住 32 Mitchell St.，0800	
☎ 8982-0000　FAX 8981-1765	
WiFi 付费（希尔顿会员免费）	
费 ⓉⓌ$259~559、①Ⓑ$694	
CC A D J M V	

达尔文曼特拉伊斯莆兰德度假村
Mantra on the Esplanade Darwin
星级酒店

◆ 位于交通枢纽旁的酒店，也是达尔文最具代表性的公寓式酒店。内有餐馆、酒吧、游泳池、水疗馆等设备。

地理位置极佳的酒店

可以望海的精美酒店	Map p.485/1A
住 88 The Esplanade，0800	
☎ 8943-4333	
FAX 8943-4388	
WiFi 免费	
费 Hotel Room $179~299、①Ⓑ$269~489、	
②Ⓑ$369~669	
CC A D J M V	

达尔文 CBD 诺富特酒店
Novotel Darwin CBD

星级酒店

◆酒店走走廊大厅是高挑的天窗，大厅内还种植着热带植物。客房内宽敞明亮，而且很整洁。

位于市中心的哑白色酒店　Map p.485/1A
URL www.accorhotels.com
住 100 The Esplanade，0800
☎ 8941-0755
FAX 8981-9025
WIFI 免费
费 ① Ⓦ $229~254、2B $279~304
CC A D J M V

达尔文米拉姆本纳度假旅游宾馆
Travelodge Resort Darwin

星级酒店

◆靠近达尔文中心城区，同时还可以享受度假的气氛。拥有 2 个游泳池、水疗馆、健身房、迷你高尔夫球场、餐馆、酒吧等设施。

度假感十足的酒店　Map p.485/1B
URL www.tfhotels.com
住 64 Cavenagh St.，0800
☎ 8946-0111
WIFI 付费
费 ① Ⓦ $169~199、1B $229
CC A D J M V

利奇菲尔德国家公园

利奇菲尔德观光公园酒店
Litchfield Tourist Park

◆位于利奇菲尔德国家公园入口附近的灌木丛中。还有专门针对没有帐篷的游客可以入住的小木屋。

便于观光的公园酒店　Map p.490/2A
URL www.litchfieldtouristpark.com.au
住 2916 Litchfield Park Rd.，Rum Jangle 0845
☎ 8976-0070
FAX 8976-0037
WIFI 无
费 ① Ⓦ $84~337、2B $254~274、宿营地 $38　CC M V

利奇菲尔德汽车旅馆
Litchfield Motel

◆出了巴彻勒中心城区马上就可以看到这座汽车旅馆。所有客房都带有淋浴、卫生间、冰箱、电冰箱、电视等设施。

巴彻勒的人气酒店　Map p.490/2A
URL www.litchfieldmotel.com.au
住 49 Rum Jungle Rd.，Batchelor 0845
☎ 3456-7890
WIFI 免费
费 ① Ⓦ $150~215
CC M V

西澳大利亚州

保留有众多奇异的自然景观，不可不知的旅游资源宝库

观光 POINT

POINT 1 可以乘坐巴士一日游的景点非常丰富。这里拥有美丽的大海、短尾小袋鼠栖息的罗特内斯特岛、西澳大利亚州最具特色的奇景尖峰石阵、奇妙的巨岩波浪岩、葡萄酒庄散布的斯旺谷等众多人气的景点。此外，每逢初春珀斯的郊外都会被各种野花所覆盖。如果选在这个时候去游览尖峰石阵或者波浪岩，还可以顺路去欣赏美丽的大自然花海。

波浪岩

POINT 2 可以在世界著名的野生海豚喂食点芒基米亚、罗金厄姆以及班伯里等地与海豚一起嬉戏，类似这样的可以与海豚一起嬉戏的景点众多，这也是西澳大利亚州的一大特色。

POINT 3 世界知名的葡萄酒产地在玛格丽特河一带。这一地区拥有南半球最长的栈桥——巴瑟尔顿栈桥、美丽海岸线沿线的国家公园和溶洞，还有位于内陆地区的红桉树大森林地带等众多景点。有从珀斯出发的一日游，当地的住宿设施也比较齐全，如果时间允许的话小编推荐安排 1~3 晚的行程，尽情地享受西澳大利亚州南部的乐趣。

基本信息			
面积	2525500 平方公里	州动物	袋食蚁兽
人口	约 261 万	州花	袋鼠爪花
州府	珀斯（人口约 206 万）	电话	长途区号 08
时差	澳大利亚西部标准时间（与北京时间一样）		
	与南澳大利亚州相连的边境地区是个例外，这里采取的是南澳大利亚州和西澳大利亚州的中间时间。		

主要的节日（2018 年 7 月~2019 年 6 月）

●●● 2018 年 ●●●	●●● 2019 年 ●●●
9 月 24 日 英女王寿辰 Queen's Birthday	1 月 1 日　新年 New Year's Day
12 月 25 日 圣诞节 Christmas Day	1 月 26 日 澳大利亚国庆日 Australia Day
12 月 26 日 节礼日 Boxing Day	3 月 4 日　劳动节 Labour Day
	3 月 30 日 耶稣受难日 Good Friday
	4 月 2 日　复活节周一 Easter Monday
	4 月 25 日 澳新军团日 Anzac Day
	6 月 4 日　西澳大利亚日 Western Australia Day

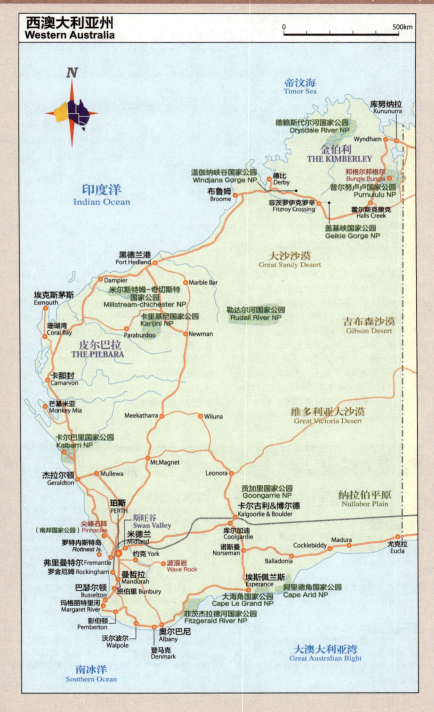

西澳大利亚州
Western Australia

0   500km

帝汶海
Timor Sea

库努纳拉
Kununurra

德赖斯代尔河国家公园
Drysdale River NP

Wyndham

金伯利
THE KIMBERLEY

温伽纳峡谷国家公园
Windjana Gorge NP

德比
Derby

邦格尔邦格尔
Bungle Bungle

布鲁姆
Broome

普尔努卢卢国家公园
Purnululu NP

菲茨罗伊克罗辛
Fitzroy Crossing

霍尔斯克里克
Halls Creek

印度洋
Indian Ocean

盖基峡国家公园
Geikie Gorge NP

大沙沙漠
Great Sandy Desert

黑德兰港
Port Hedland

Dampier

Marble Bar

埃克斯茅斯
Exmouth

米尔斯特姆-奇切斯特
国家公园
Millstream-chichester NP

勒达尔河国家公园
Rudall River NP

吉布森沙漠
Gibson Desert

珊瑚湾
Coral Bay

卡里基尼国家公园
Karijini NP

Paraburdoo

Newman

皮尔巴拉
THE PILBARA

卡那封
Carnarvon

芒基米亚
Monkey Mia

Meekatharra

Wiluna

维多利亚大沙漠
Great Victoria Desert

卡尔巴里国家公园
Kalbarri NP

Mt.Magnet

杰拉尔顿
Geraldton

Mullewa

Leonora

贡加里国家公园
Goongarrie NP

纳拉伯平原
Nullabor Plain

珀斯
PERTH

斯旺谷
Swan Valley

卡尔古利&博尔德
Kalgoorlie & Boulder

尖峰石阵
(南邦国家公园) Pinnacles

米德兰
Midland

库尔加迪
Coolgardie

Cocklebiddy

Madura

尤克拉
Eucla

罗特内斯特岛
Rottnest Is.

约克 York

诺斯曼
Norseman

弗里曼特尔 Fremantle
罗金厄姆 Rockingham

波浪岩
Wave Rock

Balladonia

曼哲拉
Mandurah

班伯里 Bunbury

埃斯佩兰斯
Esperance

阿里德角国家公园
Cape Arid NP

巴瑟尔顿
Busselton

大海角国家公园
Cape Le Grand NP

玛格丽特里河
Margaret River

菲茨杰拉德河国家公园
Fitzgerald River NP

彭伯顿
Pemberton

沃尔波尔
Walpole

奥尔巴尼
Albany

登马克
Denmark

大澳大利亚湾
Great Australian Bight

南冰洋
Southern Ocean

497

西澳大利亚州主要地区的平均气温、降水量

	1月	2月	3月	4月	5月	6月	7月	8月	9月	10月	11月	12月
珀斯												
平均最高气温（℃）	31.2	31.7	29.6	25.9	22.4	19.3	18.4	19.1	20.3	23.3	26.5	29.1
平均最低气温（℃）	18.1	18.4	16.6	13.8	10.6	8.5	7.6	8.3	9.6	11.4	14.2	16.4
平均降水量（mm）	15.4	8.8	20.5	35.7	90.5	127.9	146.7	122.8	89.6	39.5	23.8	9.9
玛格丽特河												
平均最高气温（℃）	26.5	27.3	25.8	22.7	19.9	17.5	16.4	16.8	17.4	19.5	22.7	24.8
平均最低气温（℃）	13.9	14.5	13.0	11.1	9.8	8.8	8.0	8.2	8.8	9.2	10.9	12.4
平均降水量（mm）	10.4	8.5	23.6	65.0	138.7	177.2	193.2	150.2	116.9	61.1	38.2	14.2
埃斯佩兰斯												
平均最高气温（℃）	26.2	26.2	25.2	23.2	20.5	18.0	17.2	18.0	19.4	21.2	23.1	24.6
平均最低气温（℃）	15.7	16.2	15.1	13.3	11.1	9.2	8.3	8.6	9.5	10.8	12.8	14.4
平均降水量（mm）	26.6	23.0	29.8	45.4	72.2	79.1	97.2	82.7	61.2	47.2	34.5	19.1
埃克斯茅斯												
平均最高气温（℃）	38.0	37.5	36.3	33.2	28.5	24.8	24.2	26.4	29.3	32.7	34.5	36.9
平均最低气温（℃）	23.0	24.1	23.0	20.4	16.2	13.1	11.4	12.2	13.8	16.4	18.5	20.9
平均降水量（mm）	32.1	41.5	42.8	18.3	42.8	42.0	21.6	12.1	2.0	1.6	1.9	6.4
布鲁姆												
平均最高气温（℃）	33.3	33.0	33.9	34.3	31.6	29.1	28.8	30.3	31.8	32.9	33.6	33.9
平均最低气温（℃）	26.3	26.0	25.4	22.6	18.3	15.2	13.7	14.9	18.5	22.4	25.1	26.5
平均降水量（mm）	181.6	178.8	100.1	26.2	27.1	19.6	7.0	1.7	1.4	1.5	9.3	57.7

西澳大利亚州概况

　　西澳大利亚州是澳大利亚面积最大的州，这里民众的优越感也最强。州民们通常称呼自己州以外的人是"东部佬"，而从墨尔本或者悉尼过来的航班和列车被称为"东边来的"，从东部来的产物都当作是"进口商品"。这里出产黄金、铀矿、铁矿石、天然气（LNG）等自然资源，产量占澳大利亚总产量的1/3，创造了很大一部分的外汇收入。甚至会对联邦政府扬言："我们在为澳大利亚创造利润，不要总对我们指手画脚的，否则我们就独立。"

　　1829年，詹姆斯·斯塔林上校开始往斯旺河的河口处移民。所以这里的人们可以自负地说："这里并不是流放犯殖民地，这里的每一片土地都是由勤劳善良的劳动人民开垦的。"从那个时候开始，当地人就有一种与强迫囚犯劳动的东部不一样的优越感。这里的游客不算多，但是每一位来到这里的游客回去都会说："还想再来一次。"这里不仅有给人留下爽朗明快印象的州府珀斯，还有奇观异景尖峰石阵、波浪岩、著名的葡萄酒庄巡游，喂食海豚，秘境之地金伯利等丰富的旅游资源。

交 通

州外交通

飞机
从其他州飞来的航班大多数都会在珀斯降落（去往珀斯的交通 → p.505、506）。此外还有从悉尼、墨尔本、艾丽斯斯普林斯至布鲁姆的航班。

长途巴士
澳大利亚灰狗巴士有从达尔文至布鲁姆的线路。

火车
横贯澳大利亚大陆的列车印度洋太平洋号往返于悉尼～阿德莱德～珀斯之间，全程需要3晚4天（每周2趟车）。停靠珀斯的火车站是位于距离市中心稍微有些偏远的东珀斯火车站。

州内交通

飞机
澳洲航空、澳大利亚维珍航空、队长航空（Skipper Airlines）拥有以珀斯为起点的主要飞往州内主要城镇的航班。不过乘客不算多，因此每条航线几乎每天只有1～2个班次。除珀斯以外的城镇之间几乎没有相互连接的航线，如果考虑主要以飞机为主要交通工具的话，需要先返回珀斯。游客一般经常使用的线路是珀斯～布鲁姆、珀斯～库努纳拉、珀斯～埃克斯茅斯、珀斯～德纳姆（芒基米亚）、珀斯～埃斯佩兰斯等。

长途巴士
有多家巴士公司拥有以珀斯为起点的长途巴士。TransWA的线路可以到达珀斯以南的班伯里、彭伯顿、奥尔巴尼、埃斯佩兰斯以及珀斯以北的杰拉尔顿、卡尔

巴里；Southwest Coach Lines 的线路可以到达珀斯以南的班伯里、巴塞尔顿、邓斯伯勒（Dunsborough）、玛格丽特河；Integrity Coach Lines 的线路覆盖了从珀斯至布鲁姆海岸沿线（经由卡尔巴里、卡那封、埃克斯茅斯、黑德兰港等）与内陆地区（经由纽曼、卡里基尼国家公园、黑德兰港）。有效地利用上述的巴士线路，基本可以覆盖澳大利亚州的大部分城镇。不过，到达目的地后只能参加团体游项目或者租车自驾游览景点。

火车　TransWA 公司，有从珀斯出发至内陆地区卡尔巴里的 Prospecter 号列车通行，每天有 1~2 趟车。另外，还有从珀斯至南部班伯里的 Australind 号列车通行，每天有 2 趟车往返。除此之外只有可以在珀斯近郊行驶的电车。

旅行计划要点

移动型巴士旅游团最受欢迎

Kimberley Wild 公司的四驱巴士

　　西澳大利亚最大的特点就是大。而且，旅游景点主要以自然风光为主，即便是乘坐长途巴士或者飞机，抵达当地之后也必须要参加团体游才能游览。因此，西澳大利亚旅游中最受欢迎的是移动型的巴士旅游团。从珀斯出发，经过芒基米亚、埃克斯茅斯、卡里基尼国家公园、布鲁姆、邦格尔邦格尔，直达北领地的线路和从珀斯出发去往玛格丽特河、红桉树的森林地带、奥尔巴尼、埃斯佩兰斯，然后经由波浪岩返回珀斯的线路都是游览西澳大利亚州最便捷的线路。而且上述线路并不一定要全程跟团乘车，可以随个人意愿，比如可以参加从珀

斯到芒基米亚的路段，或者从布鲁姆经由邦格尔邦格尔至库努努拉的路段等。主要旅行社如下。
- Kimberley Wild
  ☎ 1300-738-870
  kimberleywild.com.au
- Adventure tours
  ☎ 1300-654-604
  www.adventuretours.com.au
- Aussie wanderer
  ☎ (08) 9438-2070
  www.aussiewanderer.com.au
- Realaussie adventures
  realaussieadventures.com

西澳大利亚州 交通图

- 巴士
- 列车
- 飞机
- 团体游线路
- 内数字表示所需时间
  ：单位为小时

库努纳拉
霍尔斯克里克
德比　5.0
　6.5
3.0　邦格尔邦格尔
1.5　布鲁姆　1.5
8.0
黑德兰港
埃克斯茅斯
1.5
珊瑚湾
3.0　11.0
卡那封　2.5
3.5
芒基米亚　内陆路屋
2.0
卡尔巴里　阿贾纳
国家公园　1.5
2.0　1.0
杰拉尔顿　1.5
尖峰石阵
2.0
卡尔古利（黄金地带）
1.0
6.0　8.0
5.0
珀斯　12.0　1.5
3.0
班伯里
5.5　8.0　埃斯佩兰斯
2.0
玛格丽特河　3.0　奥尔巴尼

南部观光租车自驾最方便

　　珀斯以南的玛格丽特河、彭伯顿、奥尔巴尼周边，路况较好，而且城镇与城镇之间的距离也比较近，如果准备游览这些地方小编推荐租车自驾。

玛格丽特河河畔宽广的葡萄种植园

西澳大利亚
野花
观赏之旅

在自然环境中生长的花被统称为野花。澳大利亚的自然环境非常好，因此野花也很多，尤其是西澳大利亚地区，被称为野花的宝库。这里生长着 1.2 万余种野花，相当于全世界野花种类的 60%，其中有 80% 的野花是西澳大利亚特有的物种，在其他地方是见不到的。每年春季到夏季，大片盛开的野花会将大地覆盖。可以参考西澳大利亚州政府旅游局推荐的 11 条观花线路来规划自己的观花之旅。

如何观花

在珀斯线路上，每到野花开放的季节，有多家旅行社推出的从珀斯出发并到达的观花一日游项目。一日游的游览地点仅限观花线路沿线区域。如果想饱览野花的风景，则应选择 2 晚 3 天以上的英语导游团体游或者租车自驾。在 11 条观花线路中，花的种类较多且风景出众的线路为"永恒之路""北部探险之路""金矿之路"。选择这些线路的话，当日往返珀斯比较困难，所以建议用几天时间来深度游览当地的国家公园等著名的观花景点。

珀斯的国王公园每年 9 月都会举办野花节，如果只是想随意观赏一下野花，则很适合在此前往游览。园内有采集自西澳大利亚各地的 3000 多种野花，游客可以在短时间内观赏到种类繁多的野花。另外，在野花节举办期间，还有各种以野花名字命名的活动。

西澳大利亚野花之路

开普山脉之路
7月上旬~9月上旬

皮尔巴拉之路
7月上旬~9月上旬

北部探险之路
7月中旬~9月

黄岗岩之路
8~9月

金矿之路
9月

永恒之路
8~9月

珀斯之路
9月

波浪岩之路
9~10月

沙朗特之路
9~10月

南部奇迹之路
9~12月

埃斯佩兰斯之路
9~12月

每到9月国王公园就会开满绚烂多彩的野花

极具人气的永恒之路上可以看到的野花

红绿袋鼠爪
Red and Green Kangaroo Paw
西澳大利亚州的州花。花的形状很像袋鼠的爪子，因此而得名。也有其他颜色的品种。

夏季清香金合欢
Summer-scented Wattle
澳大利亚 900 多种金合欢中的一种。在道路旁经常能见到多种金合欢。

摩特鲁卡
Mottlecah
澳大利亚 700 多种桉树中的一种。花朵很大，是鲜艳的红色。有多个亚种。

雷修诺尔蒂亚花环
Wreath Lechenaultia
属于非常稀少的品种，也被直接称为花环。因为花开后看上去像一个花环，所以得名。

金光菊
Corneflower
学名为 Isopogon，原意为整齐的胡须。花的颜色有玫瑰色，按花朵形态可分为扩散式等品种。

蜡菊
Everlasting
菊科植物，花有粉色、黄色、白色等几个种类。Everlasting 意为永恒，花期很长。

棉花头
Cottonhead
触感像柔软的棉花，因此得名棉花头。虽然外观不像，但实际上与袋鼠爪为同类植物。

黄栌
Spreading Smokebush
花为淡蓝色，看上去非常柔软蓬松。也有的品种花为朦胧的白色。

有关野花的书籍

去观赏野花，如果没有相关知识，从中体验到的快乐就会大打折扣。所以接下来就介绍一下去观赏野花时应携带的书籍。均可在珀斯获取。

首先要介绍的是《YOUR HOLIDAY GUIDE TO WESTERN AUSTRALIA'S WILDFLOWERS》（每年初春时会推出新年度版），可在西澳大利亚游客信息中心免费获取。里面有 11 条观花线路的详细地图及景点介绍。对主要线路还配有大幅照片，内容通俗易懂。可在西澳大利亚州旅游局官网上阅读电子版图书（URL www.westernaustralia.com）。

对观花有帮助的书籍还有野花图鉴。如果想要阅读对西澳大利亚的野花进行全面介绍的书籍，建议购买《Guide to the Wildflowers of Western Australia》。

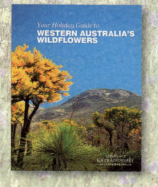

珀斯 *Perth*

西澳大利亚州 Western Australia　　　　电话区号（08）

■西澳大利亚州游客信息中心
WA Visitor Centre
　　　　　　　　p.510/2A
🏠 55 William St.（Cnr. Hay St.），6000
☎（08）9483-1111
📠 1800-812-808
🖥 bestof.com.au/wa
🌐 www.westernaustralia.com
🕐 周一～周五 9:00~17:30、周六 9:30~16:30、周日 11:00~16:30

■中国驻珀斯总领事馆
Consulate General of China in Perth
🏠 45 Brown St.，East Perth，WA 6004
☎（08）92218933
🖥 perth.china-consulate.org
🕐 周一～周五 9:00~12:30、14:30~17:30

主要航空公司联系方式
●澳洲航空
Qantas Airways
☎ 13-13-13
●捷星航空 Jet Star
☎ 13-15-38
●澳洲维珍航空
Virgin Australia
☎ 13-67-89
●老虎航空
Tiger Airways
☎ 1300-174-266
●新加坡航空
Singapore Airlines
☎ 13-10-11
●国泰航空
Cathay Pacific Airways
☎ 13-17-47
●马来西亚航空
Malaysia Airlines
☎ 13-26-27
●泰国航空
Thai Airways International
☎ 1300-651-960
●印尼鹰航空
Garuda Indonesia Airlines
☎（08）9214-5100
●亚洲航空 Air Asia X
☎（02）8188-2133

　　西澳大利亚州的面积广阔，占澳大利亚国土总面积的 1/3。州的首府设在斯旺河畔的美丽城市珀斯。市中心的新旧建筑实现了完美的融合，整个市区里有良好的自然环境，终年气候温暖，来到珀斯的游客都会被这里的舒适生活吸引，让旅行成为美好的回忆。

　　珀斯的魅力还不止于此。郊外的海滩比黄金海岸更美丽。特别是观赏夕阳西下的印度洋，就像在观看电影的慢镜头一样，让人觉得很

感动。还有"石化的原生林"尖峰石阵、形状宛如凝固的巨浪的波浪岩（Wave Rock）等澳大利亚的著名景点，均在可从珀斯当天往返的范围之内。每年 8~11 月，也就是冬季即将结束之时至初夏，在去往尖峰石阵、波浪岩的道路旁，西澳大利亚州的州花袋鼠爪（形似袋鼠爪的花）以及其他种类的野花会开放。将野花制成干花后装入画框就成为珀斯的著名纪念品。

　　珀斯既有美丽的市区又有壮美的大自然，这样的珀斯散发着迷人的魅力。

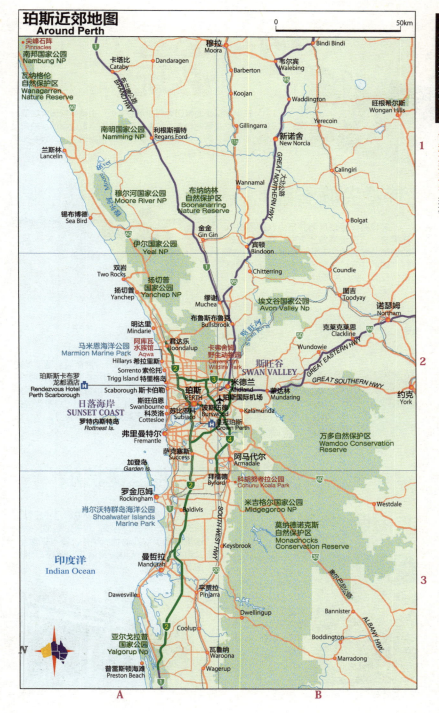

珀斯近郊地图
Around Perth

0　　　　　　　　50km

尖峰石阵
Pinnacles
南邦国家公园
Nambung NP
瓦纳格伦
自然保护区
Wanagarren
Nature Reserve

卡塔比
Cataby

Dandaragen

穆拉
Moora

Barberton

Koojan

Bindi Bindi

韦尔宾
Walebing

Waddington

旺根希尔斯
Wongan Hills

南明国家公园
Namming NP

利根斯福特
Regans Ford

Gillingarra

Wannamal

新诺舍
New Norcia

Yerecoin

Calingiri

兰斯林
Lancelin

布纳纳林
自然保护区
Boonanarring
Nature Reserve

Bolgat

穆尔河国家公园
Moore River NP

金金
Gin Gin

宾顿
Bindoon

Coundle

锡布博德
Sea Bird

伊尔国家公园
Yeal NP

Chitterring

图吉
Toodyay

双岩
Two Rocks

扬切普
国家公园
Yanchep NP

扬切普
Yanchep

缪谢
Muchea

埃文谷国家公园
Avon Valley Np

诺瑟姆
Northam

明达里
Mindarie

布鲁斯布鲁克
Bullsbrook

克莱克莱思
Clackline

马米恩海洋公园
Marmion Marine Park

君达乐
Joondalup

阿库瓦
水族馆
Aqwa

卡弗舍姆
野生动物园
Caversham
Wildlife Park

Wundowie

GREAT EASTERN HWY

希拉里斯
Hillarys

斯旺谷
SWAN VALLEY

索伦托
Sorrento

特里格岛
Trigg Island

米德兰
Midland

曼达林
Mundaring

约克
York

珀斯斯卡布罗
龙都酒店
Rendezvous Hotel
Perth Scarborough

Scaborough 斯卡伯勒

珀斯
PERTH

珀斯国际机场
珀斯五角

GREAT SOUTHERN HWY

日落海岸
SUNSET COAST

斯旺伯恩
Swanbourne

科茨洛
Cottesloe

苏比亚可
Subiaco

波斯伍德
Burswood

卡拉蒙达
Kalamunda

罗特内斯特岛
Rottnest Is.

弗里曼特尔
Fremantle

萨克塞斯
Success

星河珀斯
Crown Perth

万多自然保护区
Wamdoo Conservation
Reserve

加登岛
Garden Is.

阿马代尔
Armadale

罗金厄姆
Rockingham

拜福德
Byford

科胡努考拉公园
Cohunu Koala Park

Westdale

肖尔沃特群岛海洋公园
Shoalwater Islands
Marine Park

Baldivis

米吉格尔国家公园
Midgegoroo NP

莫纳德诺克斯
自然保护区
Monadnocks
Conservation Reserve

印度洋
Indian Ocean

SOUTH WEST HWY

Keysbrook

曼哲拉
Mandurah

Dawesvilles

平贾拉
Pinjarra

Dwellingup

Bannister

亚尔戈拉普
国家公园
Yalgorup Np

Coolup

瓦鲁纳
Waroona

Boddington

ALBANY HWY

普雷斯顿海滩
Preston Beach

Wagerup

Marradong

A　　　　　　　　　　　　　　　　B

珀斯之 必看！必玩！

珀斯是辽阔的西澳大利亚州的玄关，也是体验澳大利亚历史与大自然最好的地方。如果时间宽裕的话可以参加从珀斯出发的多日游，到大自然中去。时间比较紧张的话，可以参加一日游，景点也很丰富。

游览尖峰石阵

尖峰石阵是珀斯郊外最受欢迎的奇风异景之一。在漫漫黄沙之中，矗立着无数的岩塔，令人震撼无比。尖峰石阵周边还有广阔的沙丘，有些团体游项目还有顺路去沙丘滑沙的户外项目。

进入尖峰石阵之中，令人仿佛迷失在异度空间之内

罗特内斯特岛

从弗里曼特尔乘坐快艇，大约 45 分钟便可到达罗特内斯特岛，这里是珀斯市民引以为豪的自然海岛。这里拥有碧蓝的大海、白色的沙滩，岛上还密布着栖息有小袋鼠的同类沙袋鼠的森林。可以在岛上参加海上运动，也可以享受骑行的乐趣，还可以参加在海滩悠闲观光的巴士旅游团。

罗特内斯特岛上拥有众多美丽的海滩

游览弗里曼特尔

弗里曼特尔是珀斯的外港，是一座保留有许多古老建筑的小镇。对于珀斯市民来说这里是最受欢迎的休闲场所，既可以散步，又可以在咖啡馆里发呆聊天，还可以逛逛市场。

与海豚共泳

西澳大利亚州有许多可以与海豚共泳的地方，其中最受欢迎的要数位于珀斯以南的罗金厄姆的海豚共泳景点。

可以与海豚共泳的稀有旅行线路

弗里曼特尔市场是著名的观光景点

珀斯 交通方式

前往方法

➡ 从中国出发

中国南方航空公司、厦门航空公司有从广州直飞珀斯的航班，飞行时间8小时左右。如果从北京或者上海出发，需要在中国香港、新加坡等地换乘；或者直飞到澳大利亚其他城市再换乘澳大利亚国内航线。

■ 珀斯国际机场

www.perthairport.com.au

澳洲航空拥有多条从其他州飞往珀斯的航线，维珍航空公司也拥有多条珀斯与其他州之间的航线，当然西澳大利亚州内的航线也比较多

西澳大利亚州 珀斯

珀斯
Perth

0   1km

文森特大街
VINCENT ST

海德公园
Hyde Park

福雷斯特公园
Forrest Park

女巫帽子酒店
The Witch's Hat

Northbridge Backpackers

海格特
Highgate

罗伯逊公园
Robertson Park

澳大利亚
桉树背包客旅舍
Coolibah Lodge Backpackers

背囊旅舍
The Shiralee

东珀斯站
East Perth

城市西站
City West

Quest on James

Viet Hoa

珀斯橄榄球场
Perth Oval

北桥
Northbridge

城市公寓酒店
City Stay
Aprtment Hotel

娱乐中心

珀斯巴士港

Newcastle Backpackers

珀斯福朋喜来登
Four Points by Sheraton Perth

DOME

西澳大利亚博物馆

西澳大利亚
美术馆

克莱斯布鲁克站
Claisebrook

东珀斯
East Perth

州议会大厦

MATSURI
餐厅

珀斯车站
珀斯地下车站

麦克莱佛车站
McIver

惠灵顿广场

芒特韦假日公寓
Mountway Holiday
Apartment

西澳大利亚州
游客信息中心

圣玛丽教堂

珀斯铸币厂
The Perth Mint

珀斯舒心酒店
Comfort Hotel
Perth City

国王公园
Kings Park

花钟

弗雷泽斯餐厅

贝斯特韦斯特普米尔酒店
Bestwestern Premier
the Terrace

珀斯帕米利彼尔顿酒店
Parmelia Hilton Perth

伊丽莎白码头
巴士站

音乐厅

The
Grosvenor
Hotel

阿尔德尼
西部星辰酒店
Alderney on Hay
Starwest Apartments

▷p.510

Goodearth

植物园

战争纪念碑

前往罗特内斯特岛、弗里曼特尔方向的渡轮

Langley
Park

RIVERSIDE DRIVE

巴拉克大街
栈桥

特拉法路

华特兹城市公寓酒店
City Waters Lodge

珀斯诺富特酒店
Novotel Perth Langley

兰花公园
Pan Pacific Perth

珀斯泛太平洋
酒店
Quality Ambassador Perth

珀斯皇冠假日酒店
Crowne Plaza Perth

Gusti餐厅

珀斯凯悦酒店
Hyatt Regency Perth

珀斯公交

栈桥

斯旺谷渡轮

斯旺河
Swan River

南珀斯
South Perth

詹姆斯米切尔先生公园
Sir James Mitchell Park

珀斯动物园
Perth Zoo

N

A   B

■**中长途汽车公司**
● Integrity Coach Lines
☎ （08）9274-7464
🖥 www.integritycoachlines.com.au
● TransWA
☎ 1300-662-205
🖥 www.transwa.wa.gov.au
● Southwest
🖥 www.southwestcoachlines.
com.au
■ **TransPerth 的机场巴士**
💰 区间 2 票价，成人 $4.60
儿童 $1.90
● Route 380
🕐 机场出发：每天 6:10~
22:10 每 30 分钟一趟车，
23:10~次日 1:10 每 1 小时一
趟车；周一～周五 5:10、5:40
也发车 / 伊丽莎白码头巴士
站出发：每天 5:25~21:25
每 30 分钟一趟车，22:25、
23:25 也发车；周日～下周五
期间 4:25、4:55 也发车
● Route 40
🕐 机场出发：周一～周五
5:32~24:11 每 30 分钟一趟
车，周六 6:17~23:23 每 30
分钟一趟车，周日·节假日
7:02~22:04 每 1 小时一趟车 /
伊丽莎白车站出发：周一～
周五 5:55~23:30 每 30 分钟
一趟车，周六 7:00~19:00 每
30 分钟一趟车，19:40~23:40
每 1 小时一趟，周日·节假
日 7:10~8:40 每 30 分钟一趟，
9:20~23:30 每 1 小时一趟
■ **TransPerth**
请提前在游客信息中心领取
巴士区间地图。
Transperth InfoCentre
☎ 13-62-13（只限 WA 内）
🖥 www.transperth.wa.gov.au
● 珀斯站   🖥 p.510/1B
🏠 Perth Station，Wellington
St.，6000
🕐 周一～周五 7:00~18:30、
周六 7:00~18:00、周日·节
假日 8:30~18:00
🚫 圣诞节
● 珀斯地下车站   🖥 p.510/1A
🏠 Perth Underground Station，
Murray St.，6000
🕐 周一～周五 7:00~18:00、
周六 9:00~17:00、周日·节
假日 11:00~15:00
🚫 耶稣受难日、圣诞节
● 珀斯巴士港   🖥 p.510/1A
🏠 Yagan Square，6000
🕐 周一～周五 7:30~17:30、
周六 8:00~13:00
🚫 周日、节假日
● 伊丽莎白码头巴士站
              🖥 p.510/2A
🏠 Mounts Bay Rd.，6000
🕐 周一～周五 7:30~17:30、
周 六 10:00~14:00、 周 日
12:00~16:00 🚫 节假日

➡ **从澳大利亚国内出发**

澳洲航空有从澳大利亚各州州府以及艾丽斯斯普林斯至珀斯的航班，捷星航空有从凯恩斯、黄金海岸、悉尼、墨尔本、阿德莱德至珀斯的航班。澳大利亚维珍航空拥有从悉尼、布里斯班、墨尔本、阿德莱德至珀斯的航班。此外，澳洲航空所属的 Qantaslink、澳大利亚维珍航空也拥有西澳大利亚州内的航线网。

Integrity Coach Lines 拥有从布鲁姆等北部地区至珀斯的线路，TransWA 和 Southwest 公司拥有从西澳大利亚州西南部出发的中长途巴士。Integrity Coach Lines 的车站位于珀斯车站旁惠灵顿大街的巴士站，Southwest 的巴士线路埃斯普拉奈特巴士站（部分车站位于珀斯国际机场大厅），TransWA 的巴士站位于距离中心城区稍微远一些的东珀斯车站（East Perth）。横断澳大利亚大陆的火车印度洋太平洋号、连接珀斯与卡尔古利之间的勘探者号也都是在东珀斯车站停靠。

◎ 机场↔市区

珀斯国际机场（Perth International Airport，PER）共有四个航站楼。所有国际航班和澳大利亚维珍航空的主要航班都是在 T1 航站楼起降，与之相邻的 T2 航站楼主要有澳大利亚维珍航空的州内航班和老虎航空的所有航班在此起降。T3 航站楼主要是捷星航空和澳洲航空的部分航班起降，与 T3 相邻的是 T4 航站楼，澳洲航空的主要航班在此起降。T1、T2 与 T3、T4 之间每隔 20 分钟会有区间巴士运行，车程 15 分钟。乘坐飞机前往珀斯时虽然不会迷路，但是如果从珀斯出发前往各个航站楼千万不要走错。

● **公共巴士**

珀斯国际机场与珀斯市中心（伊丽莎白码头巴士站）之间，每天有从早上至深夜的公共交通 TransPerth（→ p.507）的巴士通车，车票价格便宜，小编首推。所需时间 35~40 分钟。从 T1、T2 出发可以乘坐 Route 380 路，从 T3、T4 出发可以乘坐 Route 40 路。中心城区会经过四五星级酒店汇集的阿德莱德大街，非常方便。

● **出租车**

从 T1、T2 至珀斯市中心需要 $35~40、从 T3、T4 出发需 $40~45。如果是 2~3 人乘坐出租车也非常方便。

◎ 东珀斯站↔市内

从东珀斯站至珀斯站可以乘坐 TransPerth 的电车，3 站地（每隔 15~20 分钟运行一次）。车票可以在站台上的自动售票机上购买（区间 1）。从东珀斯站、珀斯站、西澳大利亚游客信息中心也可以预约列车。

珀斯 **市内交通**

珀斯市内以及郊外是由 Transperth（珀斯交通局管辖）的巴士、电车、渡轮来连接的。车票是区间制，共分为 0~9 个区间。其中在珀斯市中心的区间 0 区域内（参考→ p.508 地图的"CAT 免费巴士线路 & 免费下车区域"）乘坐 Transperth 的巴士、电车均可免费。区间 1 是珀斯市内，区间 2 是以珀斯市中心为圆心半径 20 公里（包含弗里曼特尔）以内向郊区延伸的区域，区间 9 包含距离珀斯市区 50 公里以上的地区（→ p.507）。

票价根据跨区间的数量来决定。

巴士、电车、渡轮之间的票是通用的。2段车票是单程 3.2 公里以内，区间 1~4 是 2 小时通票（2 小时以内可以使用同一张车票自由上下车），区间 5 是 3 小时通票。

划算的优惠票

● 当日票 Day Rider

推荐准备在一天之内多次乘坐巴士的游客购买。可以在平日 9:00 以后，或者周六·周日·节假日的全天在区间 1~ 区间 9 之间使用。另外，

■ 珀斯市中心的汽车租赁公司
● 赫兹 Hertz
☎（08）9321-7777
● 安飞士 AVIS
☎（08）9237-0022
● 百捷乐 Budget
☎（08）9480-3111
● 苏立夫提 Thrifty
☎（08）9225-4466
● 欧洛普卡 Europcar
☎（08）9226-0026

珀斯近郊电车线路图与区间图

君达乐线 Joondalup Line
弗里曼特尔线 Fremantle Line
阿马达尔线 Armadale Line
米德兰线 Midland Line
曼哲拉线 Mandurah Line

克拉克森 Clarkson
卡龙宾 Currambine
君达乐 Joondalup
Edgewater
Hillarys
Whitfords
Sorrento
Greenwood
沃里克 Warwick
Karrinyup
Scarborough
Mirrabooka
斯特灵 Stirling
格兰达洛 Glendalough
West Leederville
Subiaco
Leederville
City West
珀斯 PERTH
Esplanade
McIver
Claisebrook
斯巴可
Daglish
Shenton Park
Karrakatta
Loch Street
Showgrounds
Swanbourne
Grant Street
科茨洛 Cottesloe
Mosman Park
Victoria Street
North Fremantle
Clarendon
弗里曼特尔 Fremantle
Coogee
Henderson
Bayswater
Meltham
Maylands
Mount Lawley
East Perth
Belmont Park
波斯伍德 Burswood
Victoria Park
Carlisle Lathlain
奥茨街 Oats Street
Welshpool
Queens Park
Cannington
Beckenham
Kenwick
Maddington
Thornlie
戈斯内尔斯 Gosnells
Seaforth
Kelmscott
Challis
Sherwood
阿马代尔 Armadale
Wungong
拜福德 Byford
摩烟 Mundijong
Canning Bridge
Bull Creek
Murdoch
Cockburn Central
Kwinana
Wellard
罗金厄姆 Rockingham
旺布罗/曼哲拉 Warnbro / Mandurah
East Guildford
Success Hill
Bassendean
Ashfield
West Midland
East Guildford
South Guildford
米德兰 Midland
Middle Swan
Kalamunda
区间 1
区间 2
区间 3
区间 4

TransPerth 的巴士

TransPerth 价目表（可能改变）		
	成人	儿童
2 段车票	$2.10	$0.80
区间 1	$3.00	$1.20
区间 2	$4.60	$1.90
区间 3	$5.50	$2.20
区间 4	$6.50	$2.60
区间 5	$8.10	$3.20
区间 6	$9.10	$3.70
区间 7	$10.70	$4.30
区间 8	$11.60	$4.60
区间 9	$12.40	$5.00
当日票	$12.40	$5.00
充值卡	$12.40	……

便捷且免费的 CAT 巴士

■ **珀斯的出租车公司**
Black & White：☎ 13-32-22
Swan Taxi：☎ 13-13-30

珀斯市中心的珀斯车站

还有同种类最多可供 7 人使用的家庭票，可以在周一～周四 18:00 以后、周五的 15:00 以后、周六·周日·节假日全天使用。

◎ 智能卡 Smart Rider

充值卡式的车票（购买时需要支付 $10），使用这种车票可以比纸质车票便宜 15%~25%。适合长期滞留的游客。可以在主要车站购买或者充值。

◎ 市内巴士

去往城市北侧可以在珀斯车站旁的洛大街巴士站（Roe St. Bus Station）乘车，去往南侧可以在惠灵顿大街的滨海大道车站旁的伊丽莎白码头巴士站（Elizabeth Quay Bus Station）。第二次再乘车时，需要向司机出示第一张车票。

◎ CAT

珀斯市中心有一种叫作 CAT（The Central Area Transit）的免费巴士（银色的车身带有猫的图案）。蓝猫巴士（Blue CAT）是南北线，红猫巴士（Red CAT）是东西线，黄猫巴士（Yellow CAT）是去往东珀斯方向的，绿猫（Green CAT）是连接市中心与国王公园、城西车站之间的线路。

◎ 电车

共有 5 条线路，分别是以珀斯车站为起点连接南侧穆炯（Mundjong）与北侧克拉克森（Clarkson）之间的阿马代尔线、琼达拉普线，还有连接西侧弗里曼特尔（Fremantle）与东侧米德兰（Midland）的弗里曼特尔

CAT免费巴士线路&自由上下车区域

● **红猫巴士**
周一～周四 6:00~18:45 期间 每 5 分钟
周五 6:00~19:00 期间每 5 分钟与 19:10-20:00 期间 10~15 分钟
周六·周日·节假日 8:30~18:00 期间 每 10 分钟

● **蓝猫巴士**
周一～周五 6:52~18:52 期间 每 7~8 分钟
周五 19:00～次日 0:15 期间 每 15 分钟
周六 8:36~19:06 期间 每 10 分钟
周日·节假日 8:36~18:26 期间 每 10 分钟

● **黄猫巴士**
周一～周五 6:00~6:30 期间 每 15 分钟
周一～周四 6:37~18:38 期间 每 8 分钟
周五 6:37~19:00 期间 每 8 分钟
周六·周日·节假日 8:30~18:00 期间 每 10 分钟

● **绿猫巴士**
周一～周五 6:00~6:40 期间 每 10~15 分钟
周一～周五 6:48~19:04 期间 每 8 分钟
※ 澳新军团日、耶稣受难日、圣诞节 CAT 巴士停运

线、米德兰线，还有从珀斯车站地下至南侧度假地罗金厄姆（Rockingham）、曼哲拉（Mandurah）的曼哲拉线。每条线路都是间隔20分钟发一趟车。主要车站都设有巴士换乘站。如果灵活地运用电车与巴士，几乎可以到达珀斯市区的每一个地方。

渡轮

连接隔斯旺河而望的城区（伊丽莎白码头）与南珀斯之间的渡轮。班次很多，作为市民的出行工具十分便利。

珀斯 漫 步

珀斯的都市风景无论全貌还是每条街道都非常整齐美丽。蔚蓝的天空和令人心旷神怡的绿色公园，再加上英国城市风格的街景，形成了一种独特的风情。而且还有斯旺河（Swan River）流经城市，这给整座城市又增添了一抹色彩。河水把城南的郊区和市区分成两个部分。整座城市的街道构造十分简单，是由沿着这条河东西走向的四条大街和与之交会的南北走向的大街构成。即便是一整天都在珀斯市内漫步，也不会让人迷路。

西澳大利亚州游客信息中心是旅游信息的宝库

西澳大利亚州游客信息中心（WA Visitor Centre）除了珀斯地区，还有西澳大利亚州全境的各类信息。游客信息中心位于威廉姆大街（William St.）与干草大街（Hay St.）交会的一角处。到达珀斯之后，一定要先到这里来看一看。

以两条购物街为中心开始城市漫步

市中心是由墨累大街（Murray St.）、干草大街、威廉姆大街、巴拉克大街（Barrack St.）这4条大街构成的区域，尤其是墨累大街和干草大街是购物街区，从这里开始直至珀斯车站的广场——福雷斯特广场（Forrest Place），是珀斯最热闹的地方。这里有多条购物拱廊，是购物的好出处。另外，穿过干草大街以南的一个街区圣乔治大街（St George's Tce）的古典购物拱廊——伦敦巷（London Court）也非常值得关注。购物广场的内部充斥着欧洲中世纪的氛围，一步跨入其中，让人感觉仿佛时间倒流回到了过去。

圣乔治大街的风景与购物街周边的风景截然不同，这是一条写字楼林立的街区，还有几座去往郊外方向的巴士站。再穿过绿植茂盛的海滨大道（The Esplanade），便可以到达斯旺河游船码头——伊丽莎白码头（Elizabeth Quay）和巴拉克大街栈桥（Barrack St. Jetty）。

时尚餐馆、廉价旅馆密集的北桥

北桥（Northbridge）位于珀斯车站以北，是这座城市的餐饮娱乐一条街。在詹姆斯大街（James St.）的周围不仅有中餐馆、越南餐馆和泰

■ 中央邮局 G.P.O
🗺 p.510/1A
🏠 Shop 3，3-7 Forrest Pl.，6000
☎ （08）9322-7862
📠 13-13-18
🕐 周一～周五 8:30~17:00，周六 9:00~12:30
休 周日、节假日

■ 西澳大利亚州游客信息中心 WA Visitor Centre
🗺 p.510/2A
🏠 55 William St.（Cnr. Hay St.），6000
☎ （08）9483-1111
📠 1800-812-808
✉ bestof.au/wa
🌐 www.westernaustralia.com
🕐 周一～周五 9:00~17:30，周六 9:00~16:30、周日 11:00~16:30

■ 珀斯晚间营业
每周五店铺都营业至21:00。

干草大街络绎不绝的人群

国餐馆等亚洲系餐馆，还有意大利菜、希腊菜等南欧风格的餐馆，选择余地很宽范。而且这里还有许多游戏厅和夜店，是珀斯年轻人非常喜欢的地方。

此外，这一地区还汇集了许多背包客旅馆等廉价的住宿设施，对于想要"便宜且舒适"地在珀斯度过假期的游客来说，这里是最好的选择。

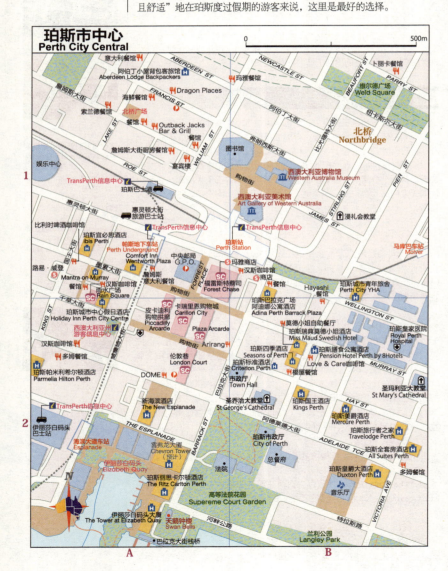

珀斯市中心
Perth City Central

0　　　　　　　　　　500m

意大利餐馆
阿伯丁小屋背包客旅馆
Aberdeen Lodge Backpackers
ABERDEEN ST
NEWCASTLE ST
BEAUFORT ST
卜丽卡餐馆
PARRY ST
维尔德广场
Weld Square
玛雅餐馆
Dragon Places
海鲜餐馆
FRANCIS ST
詹姆斯大街
索兰德餐馆
北桥广场
餐馆
Outback Jacks
Bar & Grill
WILLIAM ST
LAKE ST
图书馆
阿伯丁大街
弗朗西斯大街
纽卡斯尔大街
PIER ST
北桥
Northbridge
詹姆斯大街厨房餐馆
宴宾楼
ROE ST
购物街
西澳大利亚博物馆
Western Australia Museum
STIRLING ST
娱乐中心
TransPerth信息中心
珀斯巴士港
JAMES ST
西澳大利亚美术馆
Art Gallery of Western Australia
漫礼会教堂
1
惠灵顿大街
惠灵顿大街
旅游巴士站
比利时啤酒咖啡馆
珀斯宜必思酒店
ibis Perth
TransPerth信息中心
TransPerth信息中心
帕斯地下车站
Perth Underground
Comfort Inn
Wentworth Plaza
珀斯车站
Perth Station
马库巴车站
Molver
路易·威登
星悦大街
中央邮局
G.P.O.
玛雅商店
汉斯咖啡馆
Mantra on Murray
汉斯咖啡馆
意大利餐馆
餐馆
福雷斯特蔡司
Forest Chase
商店
餐馆
Hayashi
餐馆
珀斯城市青年旅舍
Perth City YHA
雨水广场
Rain Square
购物街
FORREST PLACE
卡瑞里恩购物城
Carillon City
珀斯巴拉克广场
Adina Perth Barrack Plaza
WELLINGTON ST
珀斯城市中心假日酒店
Holiday Inn Perth City Centre
皮卡迪利
购物拱廊
Piccadilly
Arcade
Plaza Arcade
莫德小姐自助餐厅
珀斯瑞典莫德小姐酒店
Miss Maud Swedish Hotel
珀斯皇家医院
Royal Perth
Hospital
KING ST
西澳大利亚州
游客信息中心
Arirang
伦敦巷
London Court
珀斯四季酒店
Seasons of Perth
珀斯标准酒店
Criterion Perth
珀斯膳食公寓酒店
Pension Hotel Perth by 8Hotels
Love & Care咖啡馆
楼屋餐馆
MURRAY ST
汉斯咖啡馆
多姆餐馆
干草大街
DOME
珀斯帕米尔希尔顿酒店
Parmelia Hilton Perth
市政厅
Town Hall
珀斯国王酒店
Kings Perth
圣玛利亚大教堂
St Mary's Cathedral
BARRACK ST
THE ESPLANADE
新海滨酒店
The New Esplanade
圣乔治大教堂
St George's Cathedral
德雷莱大街
珀斯美爵酒店
Mercure Perth
HAY ST
2
伊丽莎白码头
巴士站
海滨大道车站
Esplanade
雪弗龙大厦（预计）
Chevron Tower
珀斯市政府
City of Perth
总督府
ADELAIDE TCE
珀斯旅行者之家
Travelodge Perth
珀斯全套房酒店
All Suites Perth
N
伊丽莎白码头
Elizabeth Quay
伊丽莎白码头大厦
The Tower at Elizabeth Quay
珀斯丽思卡尔顿酒店
The Ritz Carlton Perth
法院
高等法院花园
Supereme Court Garden
天鹅钟楼
Swan Bells
音乐厅
珀斯皇爵大酒店
Duxton Perth
多姆餐馆
VICTORIA AVE
特拉斯路
河畔公路
兰利公园
Langley Park
巴拉克大街栈桥
A
B

可眺望斯旺河及珀斯市区的美丽公园

国王公园
Kings Park

`Map p.505/1·2A`

已经步行游览过珀斯市区的游客可以去往国王公园，在远处眺望珀斯街景。能看到斯旺河、高层建筑区及南珀斯，别有一番情趣。

国王公园非常广阔，从伊莱扎山（Mt. Eliza）的山脚一直延续到山顶，面积达404公顷。从市内驾车5分钟就能到达。在天然林中生长着250多种植物，还有100多种动物也栖息在这里，这些都得到了

园内路边的树木

可看到斯旺河的地方建有战争纪念碑

很好的保护。沿着两旁生长着桉树的步道游览，你会被眼前的景色深深地吸引。在8~11月，野花会开遍公园。公园内，还有战争纪念碑（War Memorial）、植物园（Botanic Gardens）、网球场、BBQ区、运动场等设施，让公园充满乐趣。还有山地自行车租赁服务。

发出优美声音的塔

天鹅钟楼
Swan Bells

`Map p.510/2A`

巴拉克大街栈桥前的塔就是天鹅钟楼。钟楼内有17个音色不同的钟，每天会鸣响一次，演奏悦耳的乐曲。这些钟诞生于18世纪，具有很高的文物价值，最初被安放在位于伦敦特拉法加广场的圣马丁教堂里。1988年，为纪念澳大利亚建国200周年，由英国方面赠送给澳大利亚。

钟楼内有观景台，可以俯瞰美丽的斯旺河及珀斯市。

珀斯的标志性建筑——天鹅钟楼

观赏澳大利亚现代美术

西澳大利亚美术馆
Art Gallery of Western Australia

`Map p.510/1B`

西澳大利亚美术馆位于北桥地区入口附近，是了解澳大利亚艺术变迁的最佳场所。馆内有多个展厅，展览基本上都是在一定时间段内举办的特别展。只有百年纪念展厅（Centenary Gallery）有常设展。馆内展出19世纪后半叶至20世纪前半叶澳大利亚及其他国家画家的作品。

■国王公园
●游客信息中心
☎（08）9480-3600
www.bgpa.wa.gov.au
开 每天 9:30~16:00
休 圣诞节
●交通
前往国王公园，一般都乘坐免费巴士 Green Cat。

■国王公园内的免费团体游
时 每天 10:00、12:00（仅限9月~次年6月期间）、14:00 在游客信息中心前出发，用时约90分钟
休 圣诞节
费 免费

国王公园也是著名的观看夜景的地方

■天鹅钟楼
住 Barrack Square，Riverside Drv.，6000
☎（08）6210-0444
www.thebelltower.com.au
开 每天 10:00~16:45（冬季期间~15:45）/鸣钟演奏：周一·周四·周六·周日 12:00~13:00、周三·周五 11:30~12:30
休 耶稣受难日、圣诞节
费 A $9 C/L $7 家庭 $25/参观钟楼（可以亲自鸣钟）A $18 C $9 家庭 $44

■西澳大利亚美术馆
住 Perth Cultural Centre，James St.，6000
☎（08）9492-6600
www.artgallery.wa.gov.au
开 周三~次周周一 10:00~17:00
休 周二、耶稣受难日、澳新军团纪念日、圣诞节
费 免费（但最好捐赠 $5 左右的捐款）

有澳大利亚艺术家的绘画以及照片、现代艺术、雕刻作品，可以在特别展上欣赏这些作品。馆内设有艺术品商店，可以购买明信片等作为纪念。美术馆开放时，13:00 或 14:00 开始有志愿者的免费讲解（用时约 1 小时）。

可以领略澳大利亚艺术神韵的美术馆

可以为自己制造硬币

珀斯铸币厂
The Perth Mint
Map p.505/2B

澳大利亚国内历史最久的铸币厂。在淘金热时代，这里是英国王室铸币厂的分支机构，现在里面展示着关于矿工、金矿历史的展品以及在此制造的硬币。每隔 1 小时有一次讲解，同时还进行铸币演示。

澳大利亚历史最久的珀斯铸币厂

还可以为自己制造硬币（Personalised Medallions），将自己的名字或喜欢的话留在硬币上。制造硬币时，要事先将想留在硬币上的文字内容写到一张名为 "Perth Mint Personalised Medallions" 的纸上。不过文字只能为英语，所以最好提前准备好要写的内容。硬币有铝青铜币、镀金铜币、纯银币三种，可随意选择。时间充裕的游客一定要前往参观，即便只去纪念品店也会大有收获。

南半球最大的赌场

皇冠珀斯
Crown Perth
Map p.503/2A

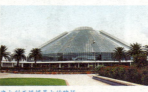

澳大利亚规模最大的赌场

从珀斯市向东，过了斯旺河就是波斯伍德地区，那里有大型娱乐中心。赌场 24 小时营业，有各种餐馆、酒吧、剧场以及皇冠度假酒店、皇冠大都会酒店、皇冠大道酒店等高级住宿设施，还有水疗馆。该赌场为南半球最大的赌场，共有 123 张赌台。可玩的项目非常多，有二十一点、轮盘赌、纸牌、百家乐、双骰以及澳大利亚特有的赌双硬币等。也有赌博机（纸牌、二十一点、基诺）。

赌场与豪华酒店

日落海岸
Sunset Coast

Map p.503/2A

珀斯北部面向印度洋海岸，落日景色非常美丽，因此被称为日落海岸。这条保持着自然状态的海岸很长，始于弗里曼特尔以北的科茨洛（Cottesloe），一直到君达乐（Joondalup）以北、从珀斯乘火车20分钟可至的明达里奇斯（Mindarie Keys）。其间有很多各具特色的海滩，相信每个人都能找到自己最喜欢的那个。

日落海岸很受帆板爱好者们欢迎

科茨洛海滩非常安全，适合全家同游的游客。斯旺伯恩（Swanbourne）海滩是天体海滩。游客最多的海滩是斯卡布罗（Scarborough）海滩。斯卡布罗海滩也很适合冲浪及帆板运

日落海岸的冲浪海滩非常美丽

动，白色沙滩上有很多悠闲地享受日光浴的游客。从斯卡布罗海滩至特林岛海滩（Tring Island Beach）的步道旁，有许多餐馆和咖啡馆。在步道最北端的希拉里斯港（Hillary's Harbour）有购物中心索伦托码头（Sorrento Quay）、游乐场、餐馆以及阿库瓦水族馆（→ p.528），周末游客非常多。

■日落海岸
●前往科茨洛的方法
乘坐弗里曼特尔线的列车，在科茨洛站下车。
▶前往斯卡布罗的方法
乘君达乐线列车前往斯特灵，然后换乘 Route 410、421 路巴士，在终点站下车。
●前往希拉里斯港的方法
乘君达乐线列车前往斯特灵，然后换乘 Route 423 路巴士，在终点站下车。

Column

珀斯的高级蜂蜜
红柳桉树蜂蜜

红柳桉树蜂蜜（Jarrah Honey）因具有良好的抗菌能力，所以在全世界受到关注。其抗菌能力甚至优于新西兰的麦卢卡蜂蜜。一般用 TA（Total Activity）来表示抗菌能力，数值越接近20、30，说明效果越好。这种蜂蜜采自红柳桉树的花，这种桉树原产于西澳大利亚州。红柳桉树两年才开花一次，所以红柳桉树蜂蜜也非常珍贵。另外，具有较强抗菌能力的蜂蜜一般都有一种类似药物的苦味，但红柳桉树蜂蜜的味道却类似红糖，非常好吃。

福斯特农场的老板吉姆先生

红柳桉树蜂蜜最大的生产企业是福斯特农场（Fewsters Farm）。农场在珀斯北部的缪谢（Muchea）设有加工厂，如事先预约，还可进入工厂参观（蜂蜜采集在西澳大利亚南部进行）。可以在工厂直接购买蜂蜜，不过如果住在珀斯市内的酒店，也可以在网上订货，然后工厂会把蜂蜜送到酒店。市内的部分纪念品商店也出售这种蜂蜜，很多来西澳大利亚旅行的游客都会购买。

●福斯特农场
🖳 ffhoney.com
🏠 887 Brand Highway，Muchea，6501
☎ 0427-252-829

● 弗里曼特尔

从珀斯市内乘坐市巴士需要 30~40 分钟。如果从珀斯车站乘坐电车弗里曼特尔线仅需 25 分钟。也可以从城区的巴拉克大街栈桥乘坐渡轮来到这里。

■ **弗里曼特尔游客信息中心**
Fremantle Visitor Centre

🗺 p.514/1A
🏠 Kings Square, 8 William St., Fremantle, 6160
☎ （08）9431-7878
🖥 www.visitfremantle.com.au
开 周一～周五 9:00~17:00、周六 9:00~16:00、周日·节假日 10:00~16:00
休 耶稣受难日、圣诞节

■ **弗里曼特尔 CAT**

☎ 13-62-13
🖥 www.transperth.wa.gov.au
时 红猫巴士：周一～周四 7:30~18:15、周五 7:30~19:45、周六·周日·节假日 10:00~18:15 期间每 15 分钟一趟/蓝猫巴士：周一～周四 7:30~18:10、周五 7:30~19:40、周六·周日·节假日 10:00~18:00 期间每 10 分钟一趟
休 耶稣受难日、圣诞节、节礼日

珀斯 近郊的主要景点

弗里曼特尔 Fremantle

建于市中心的市政厅

弗里曼特尔位于斯旺河注入印度洋的入海口，珀斯西南方约 19 公里处。市民们亲切地称这座美丽的海港小城为"弗雷欧"（Freo）。1986~1987 年，在这里举办了世界知名的美洲杯游艇赛，这里是第一次在美国以外的城市举办比赛的场所，并且因此而闻名。

这座港口城市的历史要追溯到 1829 年弗里曼特尔船长发布殖民宣言时开始。至今仍旧保留有许多由囚犯们所修建的精美建筑，在其间漫步仿佛置身于老电影中的某个场景一般。因此，小城中有许多家氛围很好的咖啡馆和酒吧。尤其是市场大街（Market St.）与南大街（South Tce.）相交的周边地区，被统称为卡布奇诺大街（Cappuccino Strip），这一带散布着许多咖啡馆。每逢周末，喜欢咖啡的人们会聚集在自己喜爱的咖啡馆里，细细地品味咖啡，享受休闲的时光。

渔船港附近有许多海鲜餐馆，晚餐时间这一带十分热闹。一边吹着海风，一边喝着当地的啤酒，用鱼和薯条当下酒菜，是一件非常惬意的事情。

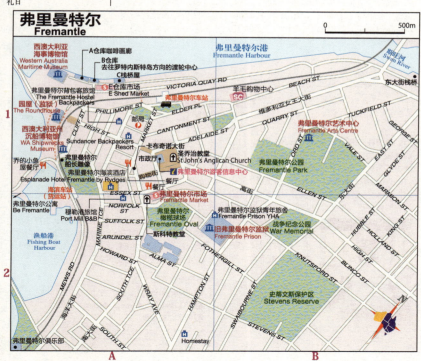

弗里曼特尔
Fremantle

西澳大利亚海事博物馆 Western Australia Maritime Museum
A仓库咖啡画廊
B仓库
去往罗特内斯特岛方向的渡轮中心
往栈桥屋
E仓库市场 E Shed Market
弗里曼特尔港 Fremantle Harbour
弗里曼特尔背包客旅馆 The Fremantle Hostel Backpackers
弗里曼特尔车站
羊毛购物中心
东大街栈桥
斯旺河 Swan River
园屋（监狱）The Roundhouse
西澳大利亚州沉船博物馆 WA Shipwrecks Museum
Sundancer Backpackers Resort
卡布奇诺大街
市政厅
圣乔治教堂 St John's Anglican Church
弗里曼特尔艺术中心 Fremantle Arts Centre
弗里曼特尔公园 Fremantle Park
弗里曼特尔游客信息中心
乔的小鱼屋餐厅
弗里曼特尔船长雕像
弗里曼特尔海滨酒店
Esplanade Hotel Fremantle by Rydges
餐厅
餐厅
弗里曼特尔市场 Fremantle Market
海滨车站（货运站）
弗里曼特尔公园 Be Fremantle
穆勒港旅馆 Port Mill B&B
弗里曼特尔橄榄球场 Fremantle Oval
旧弗里曼特尔监狱 Fremantle Prison
弗里曼特尔监狱青年旅舍 Fremantle Prison YHA
战争纪念公园 War Memorial
一斯科教堂
史蒂文斯保护区 Stevens Reserve
渔船港 Fishing Boat Harbour
弗里曼特尔俱乐部
Homestay

0 500m

位于市政厅旁的弗里曼特尔游客信息中心

弗里曼特尔的红猫巴士拥有橘色的车身，非常醒目

前往罗特内斯特岛的渡船码头前的 E-SHED MARKETS

游览弗里曼特尔步行就完全可以，不过也可以乘坐从弗里曼特尔车站前发车的 2 条免费巴士，弗里曼特尔 CAT（Fremantle CAT）。红猫巴士去往城区的北侧，去西澳大利亚海事博物馆或者游客信息中心等地可以乘坐。蓝猫巴士去往城区的南侧，去弗里曼特尔市场或者沉船博物馆可以乘坐。

乘坐有轨电车游览弗里曼特尔
弗里曼特尔有轨电车
Fremantle Tram

乘坐有轨电车模样的巴士，周游主要的景点

乘坐可爱的有轨电车游览弗里曼特尔最合适，因为这里的街区到处都是美丽的复古风格建筑。这趟车每天从市政厅前出发，游览线路共有 3 种：Hop on、Hop off 主要从市政厅出发周游历史建筑、港口等 6 个景点；Ghostly Tour 周五夜间造访旧弗里曼特尔监狱和园屋（监狱）；Triple Tour 是游览弗里曼特尔与斯旺河游船、珀斯的观光组合套餐。

非常值得一看
旧弗里曼特尔监狱
Fremantle Prison `Map p.514/2A`

直至最近还在使用的监狱

这座旧监狱也属于"澳大利亚囚犯史遗址群"之一。监狱建于可以俯瞰弗里曼特尔的山丘之上，一直被使用至 1991 年。这座庄严的建筑物于 136 年间一直都高高耸立于小山丘之上。期间共有 9000 名囚犯在此服刑，在重获自由之前，犯人们一直都在这里进行劳改。这里与热闹的港口截然不同，阴森得让人不寒而栗。

每 30 分钟会有一拨导览团出发。在导游的带领下，游览监狱，游览时间为 1 小时 15 分钟，有提供讲解的语音导览。可以参观从英国流放至

■ **周末最适合去弗里曼特尔**

每到周末的时候，可能是由于这里有市场的原因，有许多人到来，非常热闹。如果准备去弗里曼特尔，小编推荐安排在周末。另外，每周四所有店铺都营业~21:00。

■ **巡游仓库**

维多利亚码头沿线有许多大型仓库，现在都被改建成了商店和博物馆。

● **E 仓库市场**
E-SHED MARKETS

有许多装饰花园的用品、家具、装饰品与家具用品等。顾客中以家庭为单位的居多（仅限周五~周日）

● **A 仓库咖啡画廊 A Shed Café Gallery-The Docks**

这是一个可以看见大海的咖啡馆和工艺中心。

■ **弗里曼特尔有轨电车**
☎ (08) 9473-0331
🖳 www.fremantletrams.com
● **Hop on Hop off**
💰 9月~次年 4 月期间每天 9:45~15:10，一天 7 趟；5~8 月期间每天 9:45~15:00，一天 5 趟；从市政厅出发，所需时间 45 分钟
💰 成人 $28 学生 $5 家庭 $60/含旧弗里曼特尔监狱门票：成人 $49 儿童 $16.50
● **Ghostly Tour**
🕐 周五 18:45~22:30
💰 成人 $85 儿童 $65
（含鱼和薯条）
● **Triple Tour**
🕐 弗里曼特尔始发站为珀斯：9:45 或者 10:45 出发
💰 成人 $86 儿童 $33

■ **旧弗里曼特尔监狱**
🏠 1 The Terrace, Fremantle, 6160
☎ (08) 9336-9200
🖳 fremantleprison.com.au
🕐 每天 9:00~17:00
休 耶稣受难日、圣诞节
💰 成人 $20 儿童 $11 家庭 $57

令人毛骨悚然的囚房

弗里曼特尔的犯人们的狱中生活，比如单人牢房内的犯人画的壁画，44人同时执行绞刑的行刑现场等。

※ 含参观导览团。导览团是10:00开始，每30分钟一团，最后一团的时间16:30。
每周三、周五18:30开始有夜间导览团（需要预约）
成人$26 儿童$16 家庭$76

■ 西澳大利亚海事博物馆
住 Victoria Quay, Fremantle, 6160
电 1300-134-081
网 museum.wa.gov.au/muse-ums/wa-maritime-museum
开 每天9:30~17:00
休 元旦、耶稣受难日、圣诞节、节礼日
费 成人$15 免费 家庭$30
● 欧文号潜水艇
费 成人$15（$25）儿童$7.50（$7.50）家庭$35（$55）
※（）内的价格是与海事博物馆的组合套票价格

■ 园屋（监狱）
住 15 Captains Lane, Fremantle, 6160
电 (08) 9336-6897
网 www.fremantleroundhouse.com.au
开 每天10:30~15:30（咖啡馆：周一～周五8:00~17:00、周六·周日9:30~18:00)/平时10:00~15:30期间有志愿者讲解
休 耶稣受难日、圣诞节
费 免费（随意捐赠$2）

■ 西澳大利亚沉船博物馆
住 Cliff St., Fremantle, 6160
电 1300-134-081
网 museum.wa.gov.au/muse-ums/wa-shipwrecks-museum
开 每天9:30~17:00
休 元旦、耶稣受难日、圣诞节、节礼日
费 免费（随意捐赠$5）

通过丰富的展品了解西澳大利亚州的海事历史

西澳大利亚海事博物馆
Western Australia Maritime Museum
Map p.514/1A

实际被使用过的各式各样的船只在这里展出

博物馆位于面朝弗里曼特尔港维多利亚码头（Victoria Quay）的尽头。馆内通过丰富的展品，展示了从贸易商至移民者，经由印度洋来到西澳大利亚的"大洋旅人"们的历史。另外，还有1983年在美洲杯中第一次战胜美国，获得游艇比赛第一名的澳大利亚Ⅱ号游艇，以及有关渔业和海军方面的展示，内容相当丰富。

在博物馆的旁边还展示了海军曾经使用过的潜水艇"欧

文号"（Submarine Ovens）。每隔30分钟会有从海事博物馆前出发的，带有导游的参观导览团出发。

欧文号非常值得一看

西澳大利亚最古老的公共建筑

园屋（监狱）
The Roundhouse
Map p.514/1A

建于海边的历史性建筑

建于高街（High St.）尽头海滨的建筑物，是1831年斯旺河殖民地最早的监狱。里面展示有当时的照片，从中可以感受到这座建筑物曾经历过的风雨。

沉船中发现的钻石非常值得一看！

西澳大利亚沉船博物馆
WA Shipwreck Museum
Map p.514/1A

使用1850~1860年流放犯或者后勤兵（专门补给食物、衣服等的部队）的仓库改建而成的博物馆。馆内展示了原住民的船、沉船上的物品等各式各样关于航海的展品。尤其是从比库克船长登陆澳大利亚还要早一个世纪的，漂泊、沉没至此的荷兰东印度公司的船（4艘）中发现的宝藏，非常值得一看。复原的1629年遇难的"巴达维亚号"部分船体，也是世界上唯一该时期的船体。

非常值得一看的沉船博物馆

每逢周末热闹非凡
弗里曼特尔市场
Fremantle Market

Map p.514/2A

　　市场位于亨德森大街（Henderson St.）与南大街交会的一角处，只在周末的时候开放。这里共有140多家露天店铺，从食材店至古董店品种繁多。国内比较受欢迎的美体用品商店也比较多，品种比国内丰富，价格也便宜，挑选作为伴手礼送给朋友非常合适。除了享受在市场淘宝的欢乐时光，还可以欣赏弗里曼特尔市场的街头艺人表演。艺人们大都技艺超群，谈吐也非常幽默。转眼之间就会聚集很多观众。

弗里曼特尔市场已经成为这里的知名景点

市场内有许多个性的小店

■ 弗里曼特尔市场
圃 Cnr. South Tce. & Henderson St., Fremantle, 6959
☎ （08）9335-2515
✉ www.fremantlemarkets.com.au
🕐 周五 8:00~20:00、周六·周日·节假日 8:00~18:00

罗特内斯特岛　　　　　　　Rottnest Is

　　罗特内斯特岛是漂浮于印度洋上的小岛。位于弗里曼特尔近海18公里处，人们亲切地称这里为"罗托"（Rotto）。
　　罗特内斯特岛的名字是由以前来到这座岛上的荷兰探险家命名的，他们错误地以为这里有很多令人肉麻的老鼠，因此而命名。但实际上他们看到的老鼠应该是小袋鼠的一种，属于有袋类的短尾矮袋鼠（Quokka）。这种短尾矮袋鼠的嘴角是上扬的，看到它们的时候总是在微笑的感觉。因此也被人们称为"世界上最幸福的动物"，与它们合影也非常安全。

前往罗特内斯特岛的高速船

在岛上随处可见的短尾矮袋鼠

交 通

● 罗特内斯特岛
　　乘坐从珀斯的巴拉克大街栈桥或者弗里曼特尔出发的渡轮（由罗特内斯特快运营）。还有班次较少的从希拉里船港出发的罗特内斯特福斯特渡轮。
● 罗特内斯特特快
Rottnest Express
☎ 1300-467-688
✉ www.rottnestexpress.com.au
🚢 从珀斯往返：当天返回 🔵$81 🔴$45.50、住宿 🔵$82 🔴$50.50/ 弗里曼特尔往返：当天返回 🔵$61 🔴$35.50、住宿 🔵$62 🔴$40.50
※ 进岛费：当天往返 🔵$18 🔴$6.50、住宿 🔵$23 🔴$8
● 罗特内斯特福斯特渡轮
Rottnest Fast Ferries
☎ （08）9246-1039
✉ www.rottnestfastferries.com.au

罗特内斯特岛
Rottnest Is.

罗特内斯特岛游客信息中心
至希拉里斯
巴斯特灯塔
Bathurst Lighthouse
汤姆森湾
Thomson Bay
乔迪湾
Geordie Bay
Longreach
Bay
汤姆森湾
Thomson Bay
Little
Armstrong
Bay
乔迪湾
Geordie Bay
罗特内斯特卡玛林木小屋
Karma Rottnest Lodge
巴雷山
Bare Hill
弗拉明戈观景台
Vlamingh's Lookout
瓦杰马普灯塔
Wadjemup Lighthouse
斯塔克湾
Stark Bay
机场
金斯顿
Kingstown
奥利弗山
Oliver Hill
Rocky Bay
Narrow
Neck
Bickley Bay
锥子山
Conical Hill
奥利弗山火车
Oliver Hill Train
金斯顿兵营酒店
Kingstown Barracks
Eagle Bay
Porpoise Bay
布拉明海角
Cape
Vlamingh
鲑鱼湾
Salmon Bay
帕克角
Parker Point
斯特里克兰湾
Strickland Bay
Wilsons Bay
Fish Hook
Bay
小鲑鱼湾
Little Salmon
Bay

0　　　1　　　2km

N

A　　　　　　　　　　B

澳大利亚地区指南
●西澳大利亚州　珀斯

517

罗特内斯特岛渡轮时间表（可能改变）

罗特内斯特特快 Rottnest Express								
去往罗特内斯特岛		每天	每天	每天	每天	每天	每天	周五
珀斯	巴拉克大街大栈桥			8:30				
弗里曼特尔	B仓库	7:15	9:30		11:30		15:15	17:45
	北港	↓	↓	10:00	↓	13:45	↓	18:15
罗特内斯特岛	渡轮中心	8:00	10:15	10:45	12:15	14:30	16:00	19:00
罗特内斯特岛出发		每天	每天	每天	每天	每天	周六‧假日	周五	周五
罗特内斯特岛	渡轮中心	8:25	10:40	11:40	14:10	15:55	16:25	16:25	19:10
弗里曼特尔	北港	9:00		12:15	14:45	16:30	17:15		20:00
	B仓库	9:15	11:15		15:00	16:45	17:00	17:00	19:45
珀斯	巴拉克大街大栈桥					17:45			

罗特内斯特岛上拥有多座美丽的海滩（小鲑鱼湾）

■罗特内斯特特岛游客信息中心

Rottnest Is. Visitor & Information Centre　🔲 p.517/B
☎（08）9372-9732
🌐 www.rottnestisland.com
🕐 周六～次周周四 7:30～17:00、周五 7:30～19:30

●岛内探险巴士
🕐 每天 8:45～16:15 期间每隔 30～45 分钟出发
💰（大）$20（小）$15（家）$50

●岛屿发现之旅
🕐 每天 11:00～12:30
💰（大）$45（小）$22

●奥利弗山火车之旅
🕐 每天 13:30 出发
💰 仅乘坐奥利弗山火车：
（大）$20（小）$13（家）$41／含高射炮＋地下密道之旅：（大）$29
（小）$16.50（家）$62

● Adventure Boat Tour
🕐 9月中旬～次年4月下旬期间每天，具体时间需要提前确认
💰（大）$59（小）$29

■罗特内斯特岛上的自行车租赁 Bike Hire

📍 Bedford Ave., Rottnest Is., 6161
☎（08）9292-5105
🕐 每天 8:30～17:00
💰 普通自行车：1小时
（大）$13（小）$10.50、1天（大）$30
（小）$23／电动自行车：1天
（大）$60（小）$23／安全帽＆钥匙：每人$3

花上一天的时间在岛上骑车巡游

岛上除了可以看到短尾矮袋鼠之外，还有孔雀等动物。漫步在柔软的白沙滩之上，脚下的细沙在海浪的拍打下沙沙作响。不妨躺下来，面朝蓝天在海浪间隙倾听鱼儿们的对话。当然，还可以在大海中畅游。

在岛内移动大都需要依靠自行车（岛上也可以租借自行车，或者提前租借好，申请与渡轮一起上岛）。悠闲地在岛内转悠，找到一片自己喜欢的海滩晒晒太阳，或者懒懒地发呆，是在这座岛上最好的度假方式（沿途可以碰到许多短尾矮袋鼠）。这里的海水透明度非常高，夏季的时候不妨租借浮潜用具到海里面看一看。

岛上除了渡轮码头汤姆森湾（Thomson Bay）之外，购买食物和水比较困难，出发前最少准备1升水和简单的零食。环绕岛内修建的道路虽然是铺装道路，但有些路段也是跌宕起伏的。提前做好心理准备就可以出发了。比较受欢迎的海滩是小鲑鱼湾（Little Salmon Bay）、鲑鱼湾（Salmon Bay）、斯塔克湾（Stark Bay）周边。

利用价值相当高的岛内探险巴士

如果觉得骑车周游比较辛苦，也可以选择每隔30分钟~1小时一趟的岛内周游巴士——岛内探险巴士（Island Explorer）。岛上共有19个巴士站，一日之内随便上下车，可以乘坐巴士去往任何一个海滩。

罗特内斯特岛上有趣的团体游项目

岛屿发现之旅（Island Discovery Tour）是花上90分钟巡游岛上主要景点的团体游项目。大多数景点都是透过车窗欣赏，到了瓦杰马普灯塔（Wadjemup Lighthouse）和岛屿最西端的弗拉明戈海角（Cape Vlamingh），可以下车游览。

岛屿发现之旅会下车参观的瓦杰马普灯塔

还可以乘坐能够享受岛上的大自然风光的奥利弗山火车（Oliver Hill Train）。这趟列车之旅是乘坐复古的火车从汤姆森湾所在的小村落外出发，去往位于岛中央的奥利弗山（Oliver Hill）。车上还有志愿者导游为游客们讲解这座岛的大自然和历史。奥利弗山内有地下要塞，现在还保留有第二次世界大战中准备的 9.2 英寸高射炮和秘密的地下通道，还有发电机。

如果喜欢冒险，还可以乘坐皮划艇巡游岛屿周边；Adventure Boat Tour 也很有趣，可以去观看海狮和海豚。

斯旺谷 — Swan Valley

距离珀斯仅有 30 分钟车程的葡萄酒产地斯旺谷

斯旺谷因发现了 4 万年前原住民部落在此居住的痕迹而被人们所知悉。根据原住民的传说，斯旺河里有带着巨大翅膀的蛇形鳄鱼怪兽出没，每当怪兽从陆地向大海移动的时候就会变成这副模样。斯旺谷是斯旺河沿岸宽广的河谷，主要由米德兰（Midland）、吉尔福德（Guildford）、卡弗舍姆（Caversham）、亨利布鲁克（Henley Brook）、赫恩山（Herne Hill）、中斯旺（Middle Swan）等地构成，这一带分布着 30 多家葡萄酒酒庄。也是西澳大利亚州最大的葡萄酒产地。斯旺谷拥有良好的地理条件，在这里酿造的葡萄酒有一种独特的果香味，备受好评。

此外，斯旺谷还有建于 19 世纪 80 年代的维多利亚风的历史建筑，这栋名叫木桥屋（Woodbridge House）的老房子，曾经是殖民开拓者们的居所。这里还有许多艺术画廊、餐馆和咖啡馆。在卡弗舍姆野生动物园（Caversham Wildlife Park，→ p.527）内还可以与动物们亲密接触。

非常值得一去的游客信息中心

位于斯旺谷门户城镇吉尔福德的斯旺谷 & 东部地区游客信息中心（Swan Valley & Eastern Region Visitor Centre）可以提供斯旺谷一带的旅游信息。游客信息中心所在的建筑是建于 1866 年的法院，整个街区是梅多大街（Meadow St.），街上保留有许多建于 19 世纪后半期的古老建筑。游客信息中心内除了旅游信息服务台，还有斯旺谷的开拓历史博物馆。后院还保存着建于 1841 年的殖民地时期监狱（The Colonial Gaol）和建于 1880 年的泰勒斯小屋（Taylors Cottage）。

游客信息中心内还有博物馆

交通

● 斯旺谷

租车自驾最方便。如果乘坐公共交通，可以乘坐米德兰线的电车在米德兰站下车，然后打车前往。也可以参加从珀斯出发的半日游。

斯旺谷内有连绵的葡萄田

■ 木桥屋

住 Ford St., Woodbridge, 6056
☎ （08）9274-2432
URL www.nationaltrust.org.au/places/woodbridge
开 周四～周日 13:00~16:00
休 周一～周三、7月
费 成人 $5 儿童 $3 家庭 $12

■ 斯旺谷 & 东部地区游客信息中心

住 Historic Guildford Courthouse, Cnr. Meadow & Swan Sts., Guildford, 6055
☎ （08）9207-8899
URL www.swanvalley.com.au
开 每天 9:00~16:00
休 圣诞节
※ 馆内有部分房间是斯旺谷历史博物馆

■山度富酒庄
住 3210 West Swan Rd., Caversham, 6055
☎ (08) 9374-9343
URL www.sandalford.com
营 每天 10:00~17:00 / Sandalford Experience：每天 12:00~13:15 / 餐厅：每天 12:00~14:45
费 Sandalford Experience 每人 $25
休 元旦、耶稣受难日、圣诞节、节礼日

■霍顿酒庄
住 148 Dale Rd., Middle Swan, 6056
☎ (08) 9274-9540
URL www.houghton-wines.com.au
营 每天 10:00~17:00
休 元旦、耶稣受难日、圣诞节、节礼日

■拉蒙特酒庄
住 85 Bisdee Rd., Millendon, 6056
☎ (08) 9296-4485
URL lamonts.com.au
营 周五~周日 10:00~17:00 / 餐馆：周六·周日 10:00~17:00
休 周一~周四

在拉蒙特酒庄的咖啡餐吧享用葡萄酒和简餐

■斯特雅酒庄
住 100 Barrett St., Herne Hill, 6056
☎ (08) 9296-2600
URL www.sittella.com.au
营 周二~周日 11:00~16:00 / 餐馆：周二~周日咖啡时间 10:00~11:30、14:30~16:00；午餐时间 12:00~14:30
休 周一

■玛格丽特河巧克力公司
住 5123 West Swan Ed., West Swan, 6055
☎ (08) 9250-1588
URL chocolatefactory.com.au
营 每天 9:00~17:00
休 圣诞节

寻找自己喜欢的葡萄酒

酒庄巡游

Visiting Winery

既然来到斯旺谷，就一定要前往葡萄酒庄看一看。如果时间比较宽裕，推荐根据心情挑选酒庄，如果准备从珀斯出发一日游，小编推荐去比较著名的酒庄参观。有些酒庄内还并设有餐馆和咖啡馆。可以一边品尝美味葡萄酒，一边享用美食，度过一段优雅的度假时光。

●山度富酒庄 Sandalford Caversham Estate

山度富酒庄还可以参观葡萄酒酿酒厂

山度富酒庄是斯旺谷规模最大的酒庄，游客既可以参观酒庄也可以参观葡萄种植园。酒庄内并设餐馆。想要体验正宗试饮活动的游客，还可以同时参观酿酒厂和试饮的“Sandalford Experience”。

●霍顿酒庄 Houghton Wine Company

霍顿酒庄与山度富酒庄齐名，也是西澳大利亚州具有代表性的酒庄（并设有咖啡馆）。酒庄拥有宽敞的院子，每逢周末有许多家庭来这里野餐，举杯畅饮。试饮间除了可以品尝葡萄酒之外，还有许多跟葡萄酒有关的周边产品。在咖啡馆旁边的建筑物内放置着一尊大型的橡木桶，这里还是一个小型的博物馆和画廊。非常值得一看。

●拉蒙特酒庄 Lamont's

拉蒙特酒庄位于上斯旺，除了斯旺谷之外，酒庄还在玛格丽特河一带拥有葡萄种植园（珀斯和珀斯郊外的科泰斯勒也有试饮室）。酒庄并设的咖啡餐馆区域每逢周末就会人满为患。

●斯特雅酒庄 & 餐馆 Sittella Winery & Restaurant

在斯特雅酒庄的餐馆享用午餐

斯旺谷内少有的附带餐馆的酒庄。坐在开放式的露台座席上，可以眺望葡萄种植园的美景。餐馆的菜肴味道也不错，葡萄酒的种类也比较丰富。

试吃巧克力活动非常受欢迎

玛格丽特河巧克力公司

The Margaret River Chocolate Company

有许多美味的巧克力

总店是位于玛格丽特河的巧克力工厂兼商店。除了可以参观巧克力的实际制作过程之外，还可以试吃各种巧克力。

小编推荐在这里寻找自己喜欢的巧克力，买下来作为伴手礼送亲朋好友。这里还设有咖啡馆，在斯旺谷巡游的途中，不妨来这里坐一下喝上一杯热巧克力，稍事休息。

探寻自己喜欢的葡萄酒

蜂蜜屋
The House of Honey

位于上斯旺的蜂蜜制品专卖店和咖啡馆。可以试吃多种蜂蜜。除了可以选购蜂蜜作为伴手礼之外，还可以挑选蜂蜜肥皂等。这里的咖啡馆最受欢迎的是足量蜂蜜的冰激凌。一定要尝尝看。

可以试喝各种口味的蜂蜜

罗金厄姆   Rockingham

罗金厄姆位于珀斯以南约50公里处，是一个面向印度洋的度假胜地。这里有科克本湾（Cockburn Sound）、肖尔沃特湾（Shoalwater Bay）、旺布罗（Warnbro Sound）三个海湾，海湾的岸上是由白沙覆盖的美丽海滩。海面很平静，海水的透明度也很高，是著名的潜水地。

罗金厄姆的美丽海滩

海水中没有鲨鱼出没，这在西澳大利亚是比较少见的。因此这一带栖息着一个瓶鼻海豚群，数量超过100只，有时海豚会游到沙滩附近比较浅的水域。从珀斯出发并到达的团体游项目中有观看海豚的团体游（同游及观赏），也会去往罗金厄姆海豚之旅（→ p.530）。还有栖息着海豹和企鹅的岛屿，游客可以登岛近距离观察。这是一个可以同时见到海豚、海豹、企鹅三种海洋生物的地方，即便在澳大利亚也只有在罗金厄姆可以。

肖尔沃特湾的海洋公园

企鹅岛与海豹岛
Penguin Is. & Seal Is.

肖尔沃特湾内有7座小岛，共同组成了肖尔沃特群岛海洋公园（Shoalwater Islands Marine Park）。其中最受游客欢迎的是企鹅岛（为了保护企鹅窝及自然环境，仅在9月15日～次年6月前半段期间可以登岛）。从肖尔沃特岛南端的默西点（Mersey Pt.）乘渡轮，约10分钟就能到达该岛。

乘坐游船可以见到多种海洋生物

■蜂蜜屋
🏠867 Great Northern Hwy., Herne Hill, 6056
☎（08）9296-3635
🌐www.thehouseofhoney.com.au
🕐周二～周日·节假日 10:00～17:00
休 周一、耶稣受难日、圣诞节、节礼日

交 通
●罗金厄姆
从珀斯乘坐曼哲拉线的列车。也可从弗里曼特尔乘坐 Transperth 的巴士，或者从珀斯乘坐 South West Coachlines 的巴士。

■罗金厄姆游客信息中心
Rockingham Visitor Centre
🏠19 Kent St., Rockingham, 6168
☎（08）9592-3464
🌐www.rockinghamvisitorcentre.com.au
🕐周一～周五 9:00～17:00、周六·周日·节假日 9:00～16:00
休 耶稣受难日、圣诞节、节礼日

■斯库巴瑙蒂克斯潜水学院
Scubanautics Diving Academy
罗金厄姆的潜水用品商店。
🏠Shop2, 33 Dixon Rd., Rockingham, 6168
☎（08）9527-4447
🌐www.scubanautics.com.au
🕐每天 8:30～17:30

■企鹅岛探索中心
☎（08）9591-1333
🌐www.penguinisland.com.au
🌐parks.dpaw.wa.gov.au/site/penguin-island-discovery-centre
🕐每天 10:00～15:30（时间可能会改变）/ 给企鹅喂食 10:30、12:30、14:30
休 圣诞节
💰 成人 $25 儿童 $19 家庭 $75（含往返的渡轮费用）

■罗金厄姆野生动物区
☎（08）9591-1333
🌐 www.penguinisland.com.au
●企鹅岛往返渡轮
时 从默西点出发：每天
9:00~15:00 每小时一班 / 从
企鹅岛出发：每天 10:10~
15:10 每小时一班及 16:00
费 成 $16 儿 $13.50 家庭 $52
**●观看企鹅与海豹的游船 /
观看海豹、企鹅与海豹的游
览项目（包含探索中心的门
票）**
时 从默西点出发：每天
9:00~/ 从企鹅岛出发：每天
10:15、11:15、13:15 各有一
班（旅游旺季 12:15、14:15、
15:00 也有游船开行）
费 观看企鹅与海豹的游
船：成 $39 儿 $30/ 观看海
豚、企鹅与海豹的游览项目：
成 $85 儿 $60

■里弗高德
☎（08）9259-0749
🌐 www.rivergods.com.au
**●海豹岛及企鹅岛海上皮艇
一日游**
费 成 $179 儿 $125（仅在企
鹅岛开放的 9 月 15 日～次
年 6 月上旬期间举办）
※ 包括午餐、至珀斯接送及
所有器材

交 通
●曼哲拉
从珀斯乘坐曼哲拉线列车在
终点站下车（约 50 分钟）。
车站位于小镇的郊外，需乘
坐巴士（588、589 路）前
往城区。另外，South West
Coachlines 与 Trans WA 每天
也有巴士往来这里。

■曼哲拉游客信息中心
Mandurah Visitor Centre
住 Boarwaik Precinct, 75
Mandurah Tce., Mandurah,
6210
☎（08）9550-3999
🌐 www.visitpeel.com
开 每天 9:00~17:00
休 耶稣受难日、圣诞节、节
礼日

退潮后水深至成人的大腿左右，可以步行登岛。每年 3 月末～次年 1 月中旬小企鹅在此筑巢。不过小企鹅白天会去海上捕食，所以很难见到野生的小企鹅。岛上设有探索中心（Discovery Centre），里面饲养着失去父母的企鹅。每天在 10:30、12:30、14:30 有三次喂食时间，可以根据此时间安排调整自己的旅行计划。岛上还有野餐设施，海滩也很美，完全可以在岛上悠闲地度过一整天。

栖息在海豹岛上的海豹

另一座颇具人气的岛屿是海豹岛。有大量澳大利亚海豹云集在岛上，游客虽然不能登岛，但可以乘船至岛屿附近，很多时候，海豹会主动游过来。在罗金厄姆野生动物区（Rockingham Wild Encounters），可以乘坐每天三班的玻璃海底船前往海豹岛附近，还有观看企鹅与海豹的游船以及观看海豚、企鹅与海豹的游览项目。当然，在企鹅岛上的游览时间也是很充裕的。里弗高德（Rivergods）在肖尔沃特群岛海洋公园内举办海上皮艇团体游，也很受游客欢迎。澳大利亚海豹及海豚经常会游到皮艇旁边。体验完在海上划皮艇后，还有时间的话可以在岛上仔细地游览。

曼哲拉   Mandurah

位于曼哲拉路的游客信息中心

从珀斯乘火车或巴士大约 1 小时可以到达曼哲拉，这里是深受珀斯当地人喜欢的度假胜地。曼哲拉河口（Mandurah Estuary）是一片内海，海湾内有配置私人船架的高级住宅。水面平静的内海中栖息着海豚，乘游船游览时经常能看见。小镇的面积不大，码头区域的开发建设正在进行，有剧场、音乐厅、餐馆、商店等设施，今后还会有更大的发展。面向曼哲拉河口的曼哲拉路（Mandurah Tce.）是这里的主街道，有餐馆、咖啡馆、商店以及超市。靠步行就能转遍小镇，如果想去更远一些的地方游览，可以租自行车骑行。

可见到海豚
1 小时观看海豚游船与曼哲拉运河游船
1 Hours Dolphin & Mandurah Waterway Cruises

游船从靠近游客信息中心的水边木板路旁出发（由曼哲拉游船公司 Mandurah Cruises 经营）。

可在船上观赏曼哲拉河口的景色，还能看到岸上的豪宅。而且在航行中基本上都能见到野生海豚游过，十分有趣。有的海豚会跟随游船掀起的波浪

曼哲拉有多种游船游览项目

在水中嬉戏，有时海豚还会在游客眼前跳出水面。对于喜欢海豚的游客来说，整个旅程都充满了惊喜。

约克　　York

　　珀斯以东的埃文河畔有一个美丽的埃文谷（Avon Valley），从那里可以看到英国式的田园风光。这一带有多个充满魅力的小镇，其中位于珀斯以东97公里的约克，移民在此的生活始于1831年，是西澳大利亚内陆地区历史最悠久的城镇。至今仍保存着许多被国民托管组

值得仔细参观的圣三一教堂

织列为历史遗迹的老建筑，游客置身其中，会感觉像是回到了过去。在约克旅游，主要就是沿街漫步，欣赏这些古老的建筑。在主街道埃文路（Avon Tce.）两侧有许多建于19世纪50年代的酒店及餐馆，至今仍然保持营业。游客信息中心（York Visitor Centre）所在的市政厅大楼建于1853年，也是当地著名的历史建筑。

埃文路上保存着许多老建筑

　　这里还有约克汽车博物馆（York Motor Museum），展品包括老爷车及F1赛车，种类丰富，数量近100辆。

从约克到波浪岩　　From York to Wave Rock

　　西澳大利亚的内陆地区被称为黄金内陆区。从约克向东，一直到波浪岩所在的海登（Hyden），麦田及牧场绵延不断，因此被称为小麦带区（Wheatbelt）。6~10月，野花盛开之时，很适合驾车在此兜风。

　　这一带有几个比较特别的景点。电影《末路小狂花》中的代表性景物金属隔离网将西澳大利亚内陆分成两部分，被称为防兔围栏（也被称为野狗围栏或Dingo围栏）。该景点位于奎勒丁（Quairading）至科里金（Corrigin）的公路旁。位于科里金郊外的犬墓地（Dog Cemetery），最初只是1974年一只名为斯特莱克的狗被埋葬于此，

约克汽车博物馆内展出着许多老式汽车

■ 1小时观看海豚游船与曼哲拉运河游船
经营：Mandurah Cruises
☎（08）9581-1242
🌐 mandurahcruises.com.au
時 每天11:00~16:00期间每小时一班
休 圣诞节
费 成人 $30 儿童 $15 家庭 $76

●约克
　　可从珀斯乘Trans WA的巴士，每天都有车次开行。用时约1小时30分钟。另外，也可参加从珀斯至波浪岩的团体游。

■ 约克游客信息中心
住 Town Hall，81 Avon Tce.（Cnr. Joaquina St.），York，6302
☎（08）9641-1301
🌐 visit.york.gov.au
🌐 www.avonvalleywa.com.au
開 每天9:30~13:00、14:00~15:30
休 耶稣受难日、圣诞节

■ 约克汽车博物馆
住 116 Avon Tce.，York，6302
☎（08）9641-1288
🌐 www.yorkmotormuseum.com
開 每天9:30~14:00
费 成人 $9 儿童 $4 家庭 $25

■中央小麦带区游客信息中心
Central Wheatbelt Visitor Centre
🏠 85 Barrack St., Merredin, 6415
☎ (08) 9041-1666
🌐 www.wheatbelttourism.com
🕐 周一～周五 8:30～16:30
🚫 周六、周日、耶稣受难日、圣诞节

交 通

●波浪岩
　　前往波浪岩，一般都选择参加从珀斯出发的团体游（→ p.529）。如租车自驾，因路途较远，单程用时就需要 5 小时，应做好充分的准备。

■波浪岩游客信息中心
🏠 Wave Rock Rd.（opp. Wave Rock），Hyden
☎ (08) 9880-5182
🌐 www.australiasgoldenoutback.com
🌐 waverock.com.au
🕐 每天 9:00～17:00
🚫 圣诞节

看过电影《末路小狂花》的游客看到这里的防兔篱笆会感慨万千

之后许多人都将自己去世的爱犬埋葬在这里，于是便形成了现在的规模。在科里金举行的用皮卡车载狗行进的活动（Dog in a Ute）还被列入《吉尼斯世界纪录》。创造该项纪录是在 1998 年，当时共使用了 699 辆车，行进了大约 7 公里。

波浪岩　　　　　　　　　　　Wave Rock

令人惊叹的波浪岩

非常形象的河马嘴巨岩

　　波浪岩位于海登的郊外，完全天然形成。"波浪"高达 15 米，宛如真正的波浪被瞬间定住，实在令人惊叹。岩石表面有许多纵向延伸的条纹，这让该景观看上去更加栩栩如生，就好像时间已经停止。这座奇岩由花岗岩构成，因同一方向吹来的风以及被风吹来的沙石不断侵蚀着岩石，加上雨水及高温的作用，逐渐成了今天的样子。不过，这个过程是非常漫长的。岩石表面条纹的形成，经历了数百万年的时间，是雨水中所含的化学物质渗入倾斜的岩石表面后形成的。岩石的一端有阶梯，游客可以沿阶梯上到岩石顶部并观赏周围的景色。

　　在波浪岩附近还有河马嘴巨岩（The Hippo's Yawn），形似一只河马正在打哈欠。除此之外，玛鲁卡洞穴（Mulka's Cave）也是这一带的著名景点，洞内有原住民的壁画。

尖峰石阵与蓝绿色海岸　　The Pinnacles & Turquoise Coast

　　珀斯近郊落日海岸以北是碧蓝的大海，因此该地区也被称为"蓝绿色海岸"。海岸沿线有许多自然景观，内陆地区有不少保持着殖民地时代风貌的小镇。旅游的中心城镇为兰斯林（Lancelin）、塞万提斯（Cervantes）及朱利恩湾（Jurien Bay），虽然没有高级度假酒店，但可供选择的住宿设施很多，从背包客旅舍到汽车旅馆都有。

朱利恩湾的美丽海滩

尖峰石阵
Pinnacles

南邦国家公园位于珀斯以北约 250 公里处，其中有一处奇特的景观，那就是尖峰石阵。尖峰石阵是西澳大利亚具有代表性的自然景观，有从珀斯去往那里的一日游。

远古时期这一带为沿海地区，由贝壳等物质堆积形成了石灰岩质的土层。曾经生长于此的原生林消失后，土地逐渐风化、流失，只有树根之间的石灰岩层得以保存，就形成了一个个塔状石柱，也就是现在的尖峰石阵。不过，风化仍在继续，所以这片景观正以很快的速度走向消亡。

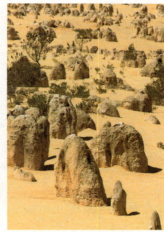
尖峰石阵被称为荒野中的墓碑

在布满黄沙的土地上，耸立着许多比人高的石灰岩塔，让人感觉似乎到了世界末日一般。这里也被称为"荒野中的墓碑"，虽然不知道是谁想到的这个名字，但确实真实地反映了这里的地貌。

步行仔细游览

尖峰石阵的最佳游览方式是在沙漠上步行观赏一座座石灰岩塔。进入国家公园后，有汽车也可通行环形道路。如租车自驾到此，可在行车线路上随时下车，然后步行游览周围的景观。

驾车行驶途中有观景点，可远眺国家公园

尖峰石阵的黄昏

●**尖峰石阵**
前往尖峰石阵，可以在珀斯参加团体游（→ p.529）或者租车自驾。如租车自驾，可沿 1 号国道布兰德公路（Brand Hwy.）北上。行驶约 200 公里后，在巴金加拉（Badgingarra）转向西，继续行驶 50 公里左右，可到达塞万提斯（Cervantes）。塞万提斯有住宿设施，想在清晨或傍晚游览尖峰石阵的话，可在塞万提斯住宿一夜。

■**南邦国家公园**
parks.dpaw.wa.gov.au/park/nambung
1 日有效门票：每辆车（不超过准乘人数 / 最多准乘人数 12 人）\$12
※ 假日公园通票（Holiday Park Pass）4 周有效，可进入西澳大利亚所有国家公园。每辆车 \$44

●**尖峰石阵沙漠探索中心与纪念品店**
Pinnacles Desert Discovery Interpritive & Gift Shop
(08) 9652-7913
每天 9:30〜16:30
圣诞节

■**可以看到美丽野花的勒苏尔国家公园 Lesueur NP**
从朱利恩湾向内陆方向移动（驱车约 20 分钟）就能到达勒苏尔国家公园。该国家公园位于勒苏尔山脚下，是著名的观赏野花的地点。可以看到黄栌、草树、袋鼠爪、猫爪等植物。在清晨与傍晚还能看到许多野生动物。通往该国家公园的道路有一段是未铺装道路，所以租车时最好选择四驱越野车。

最好在野花开放的季节前往勒苏尔国家公园

游客一定会对千姿百态的岩石感到惊叹。另外，公园入口附近有被一些游客称为"龙猫"的石灰岩塔（因岩石的形状很像动画片《龙猫》中的龙猫）。

尖峰石阵的黄昏

白得炫目的兰斯林大沙丘

从尖峰石阵背后向南至兰斯林（Lancelin），沿海岸线有一片广阔的沙丘地带（兰斯林大沙丘 Lancelin Sand Dunes）。

虽然普通车辆也能到达部分沙丘入口，但如果想在沙丘上体验各种户外运动，建议还是参加从珀斯出发的团体游。

沙丘上的户外运动中，最有人气的是滑沙（Sand Boarding）和寻找贝壳。尤其是滑沙，不管是大人还是孩子都非常喜欢（不过，滑下之后还要步行登上沙丘顶部，非常消耗体力）。

除此之外，在南邦国家公园，还可以游览塞提斯湖（Lake Thetis），这是一个盐湖（距离塞万提斯不远），里面有世界上已知最古老的生物叠层石，观看袋鼠及鸸鹋等野生动物也十分有趣。

去塞提斯湖看叠层石

■新诺舍
New Norcia Benedictine Community, Great Northen Hwy., New Norcia, 6509
☎（08）9654-8018
www.newnorcia.wa.edu.au
市内团体游：每天 11:00、13:30
圣诞节、节礼日
$25 $15 $60（市内团体游＋博物馆与美术馆）

西澳大利亚唯一一个由本笃会开辟的小镇
新诺舍
New Norcia

新诺舍的建筑全部为本笃会所建

新诺舍位于珀斯以北 132 公里处，是蓝绿色海岸内陆地区的一个小镇。19 世纪 40 年代，本笃会的宗教人士建立了这个小镇，现存的街区仿佛就是一座博物馆。每天有两次市内团体游，游客可以参加，通过游览来了解小镇的历史。小镇上还有博物馆与美术馆，里面展出着小镇兴建时期的各种宗教服饰及宗教题材的绘画。

■扬切普国家公园
Cnr. Wanneroo & Yanchep Beach Rds., Yanchep, 6035
☎（08）9303-7759
parks.dpaw.gov.au/park/yanchep
每天 8:30~17:00
每辆汽车（不超过准乘人数/最多准乘人数 12 人）$12

珀斯市民的休闲场所
扬切普国家公园
Yanchep NP

位于蓝绿色海岸的最南部，从珀斯驱车 30 分钟（约 50 公里）可达的国家公园。在马克奈斯湖（Loch McNes）周围有大片的草坪，很多人从珀斯到这里野餐。园内在近乎野生环境的条件下饲养着考拉及袋鼠等动物。除了观赏动物之外，游客还可以参观溶洞。

早晨与傍晚有很多袋鼠出没

珀斯 的主题公园

珀斯的主题公园主要有动物园和水族馆。这里并没有过度开发，可以在相对轻松的氛围下观察动物和鱼。

大人小孩都可以愉快地玩耍

珀斯动物园
Perth Zoo
Map p.505/2A

乘坐电动车出发游览动物园

珀斯动物园是一家历史悠久的动物园，开业于 1898 年，与珀斯城区隔斯旺河相望。动物园尽可能少地设置栅栏，可以在近乎自然的状态下观察动物。

园内是按照模拟各地环境而建的亚洲雨林区、非洲热带大草原区、澳大利亚散步区来划分的。最受国内游客欢迎的区域还是澳大利亚散步区。这里除了可以看到袋鼠、考拉、毛鼻袋熊之外，还可以看到其他动物园很难见到的食蚁兽。很受欢迎的狮子、长颈鹿、大象等动物也有许多。进入动物园的时候还可以顺便确认一下喂食的时间，可以看到动物们活跃的一面。

此外，还可以参加高效游览动物园的 1 小时导览团。乘坐在斑马模样的电动车内，在动物园里缓缓前行。

■珀斯动物园
住 20 Labouchere Rd., South Perth, 6151
☎（08）9474-0444
网 perthzoo.wa.gov.au
开 每天 9:00~17:00
费 成人$29 儿童$14 家庭$75.20／1 小时导览团：成人$5 儿童$4
●交通方法
从伊丽莎白码头乘坐 TransPerth 的渡轮去往南珀斯的门兹大街栈桥站，所需时间 10 分钟。从这里再步行 10 分钟便可到达动物园。

可以近距离地观察食蚁兽

跟毛鼻袋熊和考拉合影留念

卡弗舍姆野生动物园
Caversham Wildlife Park
Map p.503/2A

动物园位于斯旺谷地区的怀特曼公园（Whiteman Park）一角边。园区内充分利用自然景观，占地面积约有 4300 公顷，有考拉、袋鼠、毛鼻袋熊、塔斯马尼亚袋獾、针鼹等个性又可爱的动物。

可以与毛鼻袋熊合影留念

园内最受欢迎的活动是可以与珍贵的毛鼻袋熊和考拉一起合影（还可以抚摸）。还可以给袋鼠和鸸鹋喂食，每天在农场里有 3 次剪羊毛表演。可以说在这所动物园里可以体验到最有澳大利亚特色的表演。所有表演秀和与动物们亲密接触的时间，可以在入园时领取的小册子上确认。

喂食区聚集了大量的红袋鼠

■卡弗舍姆野生动物园
住 Whiteman Park, Whiteman, 6028
☎（08）9248-1984
网 www.caversham wildlife. com.au
开 每天 9:00~17:30／喂食考拉：每天 9:00、11:30、14:30、16:00 开始／喂食毛鼻袋熊：每天 9:30、11:00、14:00、15:45 开始／农场表演秀：10:00、13:00、15:00 开始
休 圣诞节
费 成人$28 儿童$12.50
●交通方法
租车自驾前往或者参加团体游。团体游项目可以与尖峰石阵组合。

科胡努考拉公园

■**科胡努考拉公园**

🏠 Lot 103, Nettleton Rd., Byford, 6122

☎ （08）9526-2966

💻 cohunu.com.au

🕐 每天 10:00~16:00 / 考拉活动：10:00~16:00

💰 (大)$15 (小)$5 / 考拉活动：自带相机摄影 $30 / 迷你小火车：每人 $4

※ 身高 140 厘米以上的游客才可以抱考拉

● **交通方法**

　从珀斯乘坐阿马代尔线，在拜福德站（Byford）下车。从这里乘出租车大约 10 分钟可以到达动物园。不过必须通过电话叫车。

阿库瓦是希拉里斯港的人气设施

可以抱考拉的动物园

科胡努考拉公园
Cohunu Koala Park

Map p.503/3B

给袋鼠喂食很有趣　　　　西澳大利亚州唯一可以抱考拉的动物园

　科胡努考拉公园位于珀斯东南方的近郊拜福德（Byford），约 35 分钟车程可达，这里是西澳大利亚州唯一一处可以拥抱考拉的动物园。还可以将拍的照片制作成 CD。园内放养了袋鼠和鸸鹋，可以自由地投喂食物。还有可以惟妙惟肖地模仿各种声音的冠毛白鹦鹉，可以和它们对话或者抚摸头顶。园内还有可以周游的迷你小火车（运气好的话可以赶上迷你蒸汽火车）可以乘坐，小朋友们非常喜欢。由于动物园位于山里，游客不是很多，所以可以尽情地玩耍，还可以悠闲地在这里野餐。

■**阿库瓦水族馆**

🏠 Hillary's Boat Harbour, 91 Southside Drv., Hillary's, 6025

☎ （08）9447-7500

💻 www.aqwa.com.au

🕐 每天 10:00~17:00

休 圣诞节

💰 (大)$30 (小)$18 (家庭)$79

● **Dive / Snorkel with the Shark**

🕐 每天 13:00、15:00

💰 每人 $195（需要预约）

※ 含阿库瓦水族馆门票

● **Treasure Hunter**

🕐 10 月~次年 4 月的周四~周日，随时

💰 每人 $95（需要预约）

● **Snorkel Discovery**

🕐 10 月~次年 4 月周四~周日，随时

💰 (大)$59 (小)$49（需要预约）

● **交通方法**

　从珀斯车站乘坐琼达普线，在沃里克（Warwick）站下车。从这里乘坐 Route 423 路巴士至希拉里斯港，大约 10 分钟车程。从巴士站步行至阿库瓦需要 6~8 分钟。

因可以投喂鲨鱼、观看海豚秀而大受欢迎的海洋馆

阿库瓦水族馆
Aqwa

Map p.503/2A

鲨鱼、鳐鱼在水槽里自由地遨游

在触摸池摸一摸真正的海星和海参

　阿库瓦水族馆位于希拉里斯港（→ p.513），是一座可以尽情地欣赏海洋生物的水族馆。在巨大的水槽中间有一个透明的隧道，鲨鱼、鳐鱼和海龟等海洋生物在头顶上悠闲地游来游去。还有再现珊瑚礁海的巨大水槽，可以观察到许多多色彩鲜艳的热带鱼。每天 12:00 和 15:00 会有潜水员进入水槽中喂食的表演秀。除了大型的水槽之外，还有可以在显微镜下观察海中微小生物的微观世界（其中与海藻很相似的被称为叶海龙的海马不容错过）。在触摸池还可以亲手摸一摸海龟、海星、海参等性情比较温柔的海生动物。

　喜欢探险的游客还可以参加能与鲨鱼和鳐鱼一起潜水的 Dive / Snorkel with the Shark；在西澳大利亚鱼类汇集的大水槽内探险的体验潜水活动 Treasure Hunter 和浮潜 Snorkel Discovery 等项目。不过这些活动都有人数限制，建议提早预约。

珀斯 的观光和娱乐活动

西澳大利亚州的公共交通不是很发达，如果个人想要周游这里需要花费一些时间。因此，很多游客都选择参加团体游，而且这里团体游项目的种类也比较丰富。可以根据自己的日程表和预算，选择适合自己的团。

巡游珀斯周边的人气团体游项目

珀斯最受欢迎的团体游

尖峰石阵一日游
The Pinnacles 1 Day Tours

游览珀斯近郊最具人气的著名景点尖峰石阵，很多旅行社都开设有各式各样的团。这里小编仅介绍一些比较有代表性的团体游。

● Adams 尖峰石阵之旅／四驱车、尖峰石阵、考拉、滑沙冒险

这条线路是从珀斯出发的最受欢迎的尖峰石阵之旅（含英语导游）。游客需要乘坐大型四驱车前往尖峰石阵。上午游览卡弗舍姆野生动物园，在这里与考拉亲密接触，在兰斯林大沙丘上乘坐四驱车狂野地奔跑，还可以滑沙；下午尽情地欣赏尖峰石阵的自然景观。

珀斯周围最受欢迎的景点尖峰石阵

在扬切普国家公园的考拉步道寻找考拉

与白天时的风景截然不同的尖峰石阵黄昏风景

尽情地游览罗特内斯特岛

罗特内斯特岛一日游
Rottnest Island 1 Day Package Tours

花上一天时间，可以尽情地游览罗特内斯特岛。有许多线路可以选择，小编推荐选择带有中文导游的团体游项目。从珀斯出发

拥有白沙滩和透明度极高的海面的罗特内斯特岛

在兰斯林尽情地享受滑沙的乐趣

■ 尖峰石阵一日游
● Adams 尖峰石阵之旅／四驱车、尖峰石阵、考拉、滑沙冒险
☎（08）6270-6060
📠 1300-551-687
🌐 www.adamspinnacletours.com.au
🕐 每天 7:00～19:30
💰 成人 $215 儿童 $120（含龙虾午餐的团费 成人 $240 儿童 $145）

■ 罗特内斯特岛一日游
主办公司：Rottnest Express
☎ 1300-467-688
🌐 www.rottnestexpress.com.au
● 英语导游
🎫 Experience Rottnest：成人 $119 儿童 $59.50／Discovery Rottnest：成人 $142 儿童 $71／Historic Rottnest：成人 $142 儿童 $71
● 赏鲸游轮之旅
🕐 巴拉克大街栈桥起始：赏鲸季每天 8:45～17:45
💰 成人 $70 儿童 $35

至弗里曼特尔，在这里乘坐斯旺河游船，然后在罗特内斯特岛由中文导游的带领下，乘坐岛内巴士绕岛一周。之后享受美味的自助午餐，然后大约2小时的活动时间。自由活动期间，可以去潜水或者骑行。除此之外还有许多带有英语导游的团，例如：包含了山地车租赁和潜水器具的Experience Rottnest、只包含乘坐巴士游览的Discovery Rottnest、拜访罗特内斯特岛历史遗址的Historic Rottnest。另外，9月中旬~11月末期间，还有赏鲸游轮之旅。

■ **罗金厄姆海豚之旅**
主办公司：Rockingham Wild encounters
☎ （08）9591-1333
🖥 www.dolphins.com.au
🕐 海豚共泳：9/1~次年5/31期间每天7:00出发，13:00~16:00返回/观看海豚：每天7:45~12:00
从珀斯市区的惠灵顿大街旅游巴士站发车
💰 海豚共泳：每人$215（含所有器材、含午餐）/观看海豚：每人$95
※ 如需要到珀斯市内的酒店接送需要加收$20

与野生海豚共泳的人气团体游项目
罗金厄姆海豚之旅
Rockingham Dolphins Tour

从罗金厄姆的科克本湾出发，在多个海豚群体中挑选一个比较喜欢的，然后佩戴潜水装置入水，工作人员随身携带了水中助力器，即便是不会游泳的人也不必担心。入水之后，好奇心旺盛的海豚会靠近，甚至会出现在触手可及的距离之内。在大海中还可以听到海豚的声音。在大约3小时的出海航行中，实际上可以与海豚共泳的时间根据当天的天气条件大约有30分钟~1小时。不过也不能保证，因为毕竟是野生海豚。实际上可以一起共泳的概率约90%。同一公司还有提供可以观看海豚的观海豚之旅。

抓住导游一起入海与海豚共泳

备受葡萄酒爱好者好评的
珀斯著名葡萄酒庄游轮之旅
Perth's Famous Wine Cruise

乘坐宽敞舒适的游轮，畅饮美味的葡萄酒。早上从珀斯出发沿着斯旺河逆流而上航行的目的地是上游地区。到达斯旺谷大约需要2小时，船长还会在沿途讲解斯旺河沿岸美景的故事，一边听讲解，一边品尝船内准备的葡萄酒。船上准备多种葡萄酒和小吃，随意喝不限量。下船后会去拜访拥有斯旺河栈桥的名庄之一——山度富酒庄。可以参观酒庄内

造型宽敞的葡萄酒游轮之旅所使用的游轮

（左）船内可以试饮各式各样的葡萄酒
（右）可以同时享用美食和美酒的旅程

的酿酒工厂，还可以在并设的餐馆中享用2道菜的午餐套餐，还有与菜肴搭配的葡萄酒提供。餐后还可以体验山度富庄园的试饮活动。返回珀斯时还可以在船上享受葡萄酒时光。此外，船上还准备了甜品、咖啡和红茶。船上还有工作人员的现场表演，气氛非常愉快。这趟游轮之旅对于葡萄酒爱好者来说可以一整天都沉浸在葡萄酒的美味之中。

在甲板上悠闲地吹着风
斯旺河游轮
Swan River Cruises

珀斯是位于斯旺河沿岸的城市，沿河有几座码头，还有建于河畔的豪宅。乘坐斯旺河游轮可以以不同视角欣赏珀斯的城市风景。库克船长游轮是一边饮茶一边沿着斯旺河航行欣赏沿途名胜的风景游轮，此外还有去往弗里曼特尔的游轮、欣赏珀斯夜景并且享用自助晚餐的晚宴游轮等。

斯旺谷半日游
澳大利亚动物 & 酒庄半日游
Aussie Animal & Winery Half Day Tour

游览珀斯附近斯旺谷的团体游项目。首先在卡弗舍姆野生动物园与袋鼠亲密接触，还可以近距离观察考拉和毛鼻袋熊。之后拜访斯旺谷的人气酒庄，并且在那里试饮葡萄酒。回程还会去拜访巧克力工厂。中午便会返回到珀斯，这样如果选择合理还可以参加一个下午出发的团体游项目。

可以与袋鼠亲密接触

值得一看的奇岩
波浪岩一日游
Wave Rock 1 Day Tour

● Adams 尖峰石阵之旅 / 波浪岩、约克、原住民文化

去往与尖峰石阵齐名的奇观波浪岩的一日游。包含在约克自由活动的时间，和去周边的 **Corrigin** 参观狗公墓的内容。在波浪岩游览时，可以跟随导游一起登上岩顶，还可以顺道去参观附近的河马嘴巨岩和保留有原住民壁画的玛鲁卡洞穴。

波浪岩奇观总是让人看得入迷

● Western Travel Bug / 波浪岩与河马嘴巨岩之旅

这条游览波浪岩的线路是深受背包客喜爱的英语导游线路。除了游览波浪岩、河马嘴巨岩之外，还会游览牧羊农场和参观狗公墓。

■ **库克船长游轮 Captain Cook Cruises**
🏠 Pier 3, Barrack Square, Jetty, 6000
☎ （08）9325-3341
🌐 www.captaincookcruises.com.au
● 帕斯著名葡萄酒庄游轮之旅
🕐 每天 9:45~17:00
💰 成人 $169 儿童 $123
● 斯旺河风景游轮
🕐 每天 9:45~12:30、11:15~14:00、14:15~17:00
💰 成人 $40 儿童 $23 家庭 $111
● 弗里曼特尔游轮之旅
🕐 每天 9:45~12:45、11:15~15:45
💰 成人 $40 儿童 $23
● 晚宴游轮
🕐 周四～周六 19:30~22:30
💰 成人 $128 儿童 $99

■ **澳大利亚动物 & 酒庄半日游**
主办公司：Australian Touring
☎ （08）9221-9033
🕐 每天 8:30~12:30、12:30~17:30
💰 成人 $107 儿童 $55

■ **波浪岩一日游**
● Adams 尖峰石阵之旅 / 波浪岩、约克、原住民文化
☎ （08）6270-6060
📞 1300-551-687
🌐 www.adamspinnacletours.com.au
🕐 每天 8:00~20:30
💰 成人 $215 儿童 $120
● Western Travel Bug / 波浪岩与河马嘴巨岩之旅
☎ （08）9486-4222
🌐 www.travelbug.com.au
🕐 周二・周四・周六 7:00~17:30
💰 成人 $185 儿童 $135

玛格丽特河 & 溶洞一日游

主办公司: ADAMS Pinnacle Tour

☎ (08) 6270-6060

☎ 1300-551-687

🖥 www.adamspinnacletours.com.au

🕐 9月~次年4月期间每天及5~8月期间的周一·周二·周四~周六 8:00~21:30

💰 一日游: 🚌 $215 🚌 $120/两日游: 1人 🚌 $698~748 🚌 $498~564(双人)

拜访西澳大利亚州南部的热门区域

玛格丽特河 & 溶洞一日游
Margaret River & Caves 1Day Tour

拜访拥有大海、森林、酒庄等许多看点的西澳大利亚西南部地区。可以在玛格丽特河周边的葡萄酒庄试饮,还可以顺路去参观马默斯溶洞。之后在巨型桉树林里散步,最后还会去海边转一圈。这条线路还有可以在玛格丽特河住宿一晚的两日游,可以品尝葡萄酒。

珀斯的户外运动

与众多海洋生物邂逅

深潜 & 浮潜
Diving & Snorkeling

西澳大利亚州还因拥有众多的潜水点儿而闻名。珀斯周边的罗特内斯特岛、罗金厄姆、肯纳克岛等都是比较受欢迎的潜水点。潜水的时候经常可以看到鲷鱼、石斑鱼、舌头鱼、龙虾,运气好的话还可以与叶海龙、海豚、海狮等动物相遇。珀斯的大部分潜水用品商店,都有专门前往这些地点的深潜 & 浮潜团体游项目。此外,珀斯还是一个可以以低价获得潜水资格证的地方。主要的潜水用品商店都有专门针对游客的潜水证教室。

C⃝oluMn⃝

去往西澳大利亚州北部
请乘坐从珀斯出发的移动型旅游巴士!

对于移动距离较长的西澳大利亚之旅来说,小编推荐参加一边住宿一边游览周边各景点的团体游项目。Aussie Wonderer Tours & Safaris 公司拥有多条从珀斯出发(或者返回珀斯)的团体游线路。其中最受欢迎的是四日游,游览尖峰石阵、卡尔巴里国家公园、芒基米亚之后返回珀斯;还有从芒基米亚继续北上去黄金海岸、埃克斯茅斯的五日游(在埃克斯茅斯解散);还有从埃克斯茅斯继续移动至卡里基尼国家公园、布鲁姆的9日游(在布鲁姆解散)等。另外,Kimberley Wild Expeditions 公司还有时间更长的线路。有从珀斯至布鲁姆的移动巴士十日游(在尖峰石阵、卡尔巴里国家公园、芒基米亚、黄金海岸、埃克斯茅斯、卡里基尼国家公园等景点滞留的时间比较充裕);22 日游是从珀斯至达尔文的移动巴士团体游(拜访普尔努卢卢国家公园、北部地区的尼特米鲁克国家公园、卡卡杜国家公

园等地)。

● Aussie Wonderer Tours & Safaris

🔗 www.aussiewanderer.com.au

💰 价格: 4 日游珀斯~芒基米亚~珀斯(周五出发 / 11 月~次年 5 月期间追加周二出发团)$645~935 / 5 日游珀斯~布鲁姆(周二、周五出发)$875~1275 / 9 日游珀斯~布鲁姆(3~12 月期间周六出发)$1545~2305

● Kimberley Wild Expeditions

🔗 kimberleywild.com.au/

☎ 1300-738-870

💰 价格: 10 日游珀斯~布鲁姆(周六出发)$1795 / 22 日游珀斯~达尔文(4 月中旬~10 月初的周六出发)$3990

珀斯的酒店
Accommodation

珀斯市内

珀斯城市青年旅舍
Perth City YHA
廉价酒店

◆接待区域和公共休息区域十分宽敞，还带有设备齐全的厨房，客房内带有空调。可以说这里是珀斯地区最好的背包客旅馆。

青年旅馆的外观建筑是古典建筑风格

珀斯最受欢迎的旅馆　Map p.510/1B

- URL www.yha.com.au
- 住 300 Wellington St.，6000
- ☎ 9287-3333
- WiFi 免费
- 费 ⑩$26~29、⑪Ⓦ$79~89
- ※ 非 YHA 会员需支付附加费用
- CC M V

澳大利亚胶树背包客旅舍
Coolibah Lodge Backpackers
廉价酒店

◆位于北桥区边缘，比较安静的布里斯班大街上，旅舍的外观建筑是利用古老的殖民地风格建筑物改造而成的。双人间内有冰箱和简易的厨房。可以免费去或者在巴士站接送客人。

充满殖民风格　Map p.505/1B

- URL www.coolibahlodge.com.au
- 住 190-194 Brisbane St.，Northbridge，6000　☎ 9328-9958
- FAX 9227-6231　WiFi 免费
- 费 ⑩$21~27、⑪Ⓦ$55~68
- ※VIP 有折扣　CC M V

华特兹城市公寓酒店
City Waters Lodge
公寓酒店

◆厨房、浴室、卫生间、电视等市内设施齐全。是眺望兰利公园和斯旺河风景绝好的地方。

地理位置绝佳的酒店

位于斯旺河畔的酒店　Map p.505/2B

- URL citywaters.com.au
- 住 118 Terrace Rd.，6000
- ☎ 9325-1566　Free 1800-999-030
- FAX 9221-2794
- WiFi 免费
- 费 ①B $90~140、②B $200~214
- CC J M V

城市公寓酒店
City Stay Apartment Hotel
公寓酒店

◆从城西车站步行约需 5 分钟可达。内部设施较好，有洗衣机和烘干机，厨房内有微波炉。

西珀斯的公寓酒店　Map p.505/1A

- URL www.citystay.com.au
- 住 875 Wellington St.，West Perth，6005
- ☎ 9215-1515　Free 1800-819-191
- FAX 9322-7348　WiFi 免费
- 费 ①B $132~142、②B $142~159
- CC A D J M V

新海滨酒店
The New Esplanade
星级酒店

◆位于斯旺河附近的酒店，透过客房大窗望去的风景绝佳。客房内的面积非常宽敞，还带有浴缸等设施。

风景绝佳的酒店　Map p.510/2A

- URL www.newesplanade.com.au
- 住 18 The Esplanade，6000
- ☎ 9325-2000　FAX 9221-2190
- WiFi 付费
- 费 ⑪Ⓦ$175~195
- CC A D J M V

珀斯舒心酒店
Comfort Hotel Perth City
星级酒店

◆位于干草大街外，从市中心步行至此仅需 10 分钟。

平价的星级酒店　Map p.505/2B

- URL www.comforthotelperthcity.com.au
- 住 200 Hay St.，6000　☎ 9220-7000
- Free 1800-888-678　WiFi 付费
- 费 ⑪Ⓦ$130~165
- CC A D J M V

珀斯城市中心假日酒店
Holiday Inn Perth City Centre
星级酒店

◆休息区、餐馆、酒吧等地的家具和饰品都十分美观，营造出了一种沉稳而又端庄的美感。酒店内有桑拿、SPA、健身房、室内温水游泳池等设备。三层是客人专用的洗衣房，可以免费使用这里的洗衣机、烘干机、洗衣液。

客房的宽敞程度也很令人满意

珀斯旅行者之家
Travelodge Perth
星级酒店

◆装修时尚的酒店，客房明快休闲。并设的餐馆 Armada 提供自助式早餐，午餐和晚餐是点餐式的。周五的 17:00~18:00 期间是"Happy Time"优惠时段，比萨仅需 $10。

珀斯皇冠假日酒店
Crowne Plaza Perth
星级酒店

◆面朝兰利公园而建，可以望到斯旺河景观的高档酒店。有从阿德莱德大街出发的免费巴士到达市中心，沿着公园漫步 20 分钟便可到达。客房内使用了现代化的家具，内饰也都是高端上档次，入住体验很舒适。20 米的户外泳池、健身中心、商务中心等设施也比较完善。餐馆 Gusti Restaurant 夏季的时候还会设有室外的露台座席，在当地备受好评。

客房显得很高档

从泳池区望出去的风景也很不错

皇冠珀斯
Crown Perth
星级酒店

◆酒店建于与珀斯城区隔斯旺河相望的东侧。这里还是南半球最大的赌场娱乐城，内部有餐馆、水疗馆等设施。整个赌城内共设有 3 个酒店，珀斯皇冠度假酒店是 2016 年末刚刚开业的豪华五星级酒店（最小的客房也有 47 平方米），珀斯皇冠大都会酒店是老牌的五星级酒店，可以直通赌场；珀斯皇冠江滨大酒店是四星级的高雅酒店。

珀斯市内豪华的皇冠度假酒店

珀斯达勒姆旅馆
Durham Lodge
星级酒店

◆位于住宅街区仅有 3 间客房的旅馆（其中有两间客房带有完善的按摩浴缸设备）。早餐是在带有钢琴和沙发的宽敞起居室里就餐。

弗里曼特尔

弗里曼特尔背包客旅馆
The Fremantle Hostel Backpackers

◆这座背包客旅馆位于弗里曼特尔市中心，是利用一栋历史悠久的老房子改建而成的。还有免费提供早餐（每天早上 8:00~10:00）等服务。旅馆并设有咖啡馆，简餐的食谱也比较丰富。

使用历史建筑改建而成的旅馆　Map p.514/1A
- URL www.fremantlehostel.com.au
- 住 15 Pakenham St., Fremantle, 6160
- ☎ 9430-6001
- WiFi 免费
- 费 ⒟$26~30、ⓉⓌ$95~120　※含早餐
- CC M V

弗里曼特尔监狱青年施舍
Fremantle Prison YHA

◆这家青年旅舍位于旧弗里曼特尔监狱的一角处，是用旧女子监狱改建而成的，多人间的客房就是以前的牢房，虽说这里是刚刚重新装修过的，淋浴、卫生间、厨房等设施齐全的住宿设施，但是氛围还是有些特殊。单人间在另外一栋建筑内，同样淋浴房、卫生间齐备。

位于世界文化遗产之中的 YHA　Map p.514/2A·B
- URL www.yha.com.au
- 住 6A The Terrace., Fremantle, 6160
- ☎ 9433-4305
- WiFi 免费
- 费 ⒟$22~27、ⓉⓌ$62~180
- CC M V

穆勒港旅馆
Port Mill B&B

◆位于埃塞克斯大街（Essex St.）的旅馆。旅馆所在的建筑是一栋带有露台的莱姆斯顿历史性建筑。早餐提供谷物、吐司、水果拼盘等。

地理位置优越　Map p.514/2A
- URL www.portmillbb.com.au
- 住 3/17 Essex St., Fremantle, 6160
- ☎ 9433-3832
- WiFi 免费　费 ⓉⓌ$220~250
- ※含早餐　CC M V

珀斯的其他主要酒店

酒店名	住宿 /URL	TEL/FAX	参考价格
珀斯市中心			
廉价酒店			
女巫帽子酒店 The Witch's Hat ▶p.505/1A	148 Palmerston St., Northbridge, 6000 witchs-hat.com	9228-4228 9228-4229	⒟$22~24 Ⓦ$65
阿伯丁小屋背包客旅馆 Aberdeen Lodge Backpackers ▶p.510/1A	79-81 Aberdeen St., Northbridge, 6000 www.aberdeenlodgebackpackers.com	9227-6137	⒟$22~ Ⓦ$65
背囊旅舍 The Shiralee ▶p.505/1B	107 Brisbane St., Northbridge, 6000 www.theshiralee.com	9227-7448	⒟$30 Ⓦ$70
公寓式酒店			
阿尔德尼西部星辰酒店 Alderney on Hay Starwest Apartments ▶P.505/2B	193 Hay St., East Perth, 6004 www.starwest.com.au	9225-6600	①B$99~ ②B$164~199
珀斯巴拉克广场阿迪娜公寓酒店 Adina Perth Barrack Plaza ▶p.510/1B	138 Barrack St., 6000 www.tfehotels.com	9267-0000	①B$229~259 U$269~309
芒特韦假日公寓 Mountway Holiday Apartment ▶p.505/1A	36 Mount St., 6000 www.mountwayaparments.com.au	9321-8307 9324-2147	①B$80~175
星级酒店			
珀斯皇爵大酒店 Duxton Hotel Perth ▶p.510/2B	1 St George's Tce., 6000 www.perth.duxtonhotels.com	9261-8000 9261-8020	ⓉⓌ$279~454
珀斯四季酒店 Seasons of Perth ▶p.510/2B	37 Pier St., 6000 www.sahg.com.au	9421-3000 9325-7383	ⓉⓌ$125~174
珀斯宜必思酒店 ibis Perth ▶p.510/1A	334 Murray St., 6000 www.ibis.com	9322-2844 9481-6084	ⓉⓌ$199~239
珀斯膳食公寓酒店 Pension Hotel Perth by 8Hotels ▶p.510/2B	70 Pier St., 6000 www.8hotels.com	9325-2133 9221-2936	ⓉⓌ$109~169
落日海滩			
珀斯斯卡布罗龙都酒店 Rendezvous Hotel Perth Scarborough ▶p.503/2A	148 The Esplanade, Scarborough, 6019 www.tfehotels.com	9245-1000	ⓉⓌ$179~479

罗特内斯特卡玛山林小屋
Karma Rottnest Lodge

◆罗特内斯特岛上设备最齐全的度假酒店，房型的种类也非常丰富，有标间、家庭房等。餐馆、酒吧、游泳池等设施也比较完善。

游泳池周边有餐馆

尽情地享受假期　Map p.517/B

URL karmagroup.com
住 Kitson St., Rottnest Is., 6161
☎ 9292-5161
WiFi 免费
费 ⓉⓌ$250~350
CC A J M V

龙虾旅舍
Lobster Lodge

◆无论去往海滩还是去购物区都步行可至。旅馆内并设有塞万提斯知名的意大利餐馆。这里距离尖峰石阵有17公里，黎明时分去看日出也比较方便。还可以在酒店申请尖峰石阵的团体游项目。

院子宽敞，是一家设备优良的背包客旅馆

漂亮舒适的背包客旅馆

URL lobsterlodge.com.au
住 91 Seville St., Cerwantes, 6511
☎ 9652-7377
Free 1800-245-232
WiFi 免费
费 Ⓓ$35、Ⓦ$95~135
CC M V

珀斯的餐馆
Restaurant

莫德小姐自助餐厅
Miss Maud

◆珀斯最好的自助餐厅。共有各种沙拉、各种海鲜、牛排、甜品等约65种菜肴。还有食物＋葡萄酒的饮料放题套餐。

时尚的自助餐厅　Map p.510/2B

URL www.missmaud.com.au
住 97 Murray St., 6000　☎ 9325-3900
营 每天 6:45~10:00（周六·周日·节假日~10:30）、12:00~14:00（周六·周日·节假日~14:30）、17:15~21:00（周五·周六 17:00~21:30）
费 早餐：周一~周五 Ⓐ$27.95 Ⓒ$15.95、周六·周日·节假日 Ⓐ$29.95 Ⓒ$16.95／午餐：周一~周五 Ⓐ$38 Ⓒ$19.95，周六 Ⓐ$39.95 Ⓒ$19.95、周日·节假日 $44.95 Ⓒ$21.95／晚餐：周日~次周周五 Ⓐ$49.95 Ⓒ$24.50、周六 Ⓐ$59.95 Ⓒ$26
CC A D J M V　酒 有许可

DOME
DOME

◆珀斯市中心除上述店铺外还有崔尼蒂拱门店（Trinity Arcade, St Georges Tce.）、阿德莱德大街店（Shop 1, Ground Fl., 256 Adelaide Tce.），DOME 是在西澳大利亚与东南亚开设的连锁咖啡餐吧。仅珀斯市中心就有3家分店。所有店铺都是从早上开始顾客就川流不息。包含班尼迪克蛋、松饼、培根鸡蛋沙拉、吐司的早餐食谱非常丰富。此外，还有比萨、汉堡类、三明治等。咖啡是澳式咖啡，冰咖啡中还加入了足量的奶油。

桃心形的班尼迪克蛋

珀斯的人气咖啡馆　Map p.510/2A

URL www.domecoffees.com
住 Shop 5, Westralia Plaza, 167 St Georges Tce., 6000
☎ 9322-4614
营 周一~周四 6:00~22:00、周五 6:00~21:00、周六·周日 6:00~19:00
CC J M V

比利时啤酒咖啡馆
Belgian Beer Cafe

◆ 这家古典风格的酒吧位于墨累大街。除了可以喝到鲜榨的比利时啤酒，这里的酒吧餐食的味道也不错。有可以当作下酒菜的鱼和薯条（$22），还有袋鼠肉排（$29），250g 菲力牛排（$28）等正式的菜肴。

油炸食品的绝佳拍档——比利时啤酒

市中心营业至深夜的餐馆　　Map p.510/1A

URL www.belgianbeer.com.au
住 Cnr. King & Murray Sts., 6000
☎ 9321-4094 周日～次周周四 11:00~
24:00（就餐 12:00 开始，周日 ~21:00，
周一～周四营业 ~21:30），周五·周六
11:00~ 次日 1:00（就餐 12:00~22:00）

The Grosvenor Hotel
The Grosvenor Hotel

◆ 这家开业于 1886 年的历史悠久的酒吧，仅酒吧所在的二层建筑就已经非常有历史价值了。酒馆的菜肴种类也非常多。古典风格的鱼和薯条 $26、肉排三明治 $24、牛肉汉堡 $24 等午餐的食谱比较值得推荐，晚餐食谱推荐烤三文鱼排 $32、350g 的苏格兰风味鱼排 $36 等。酒吧必有的啤酒、葡萄酒等酒类的品种也非常丰富。

每晚都会有大量的当地人汇集于此

酒馆菜单丰富　　　　　　　Map p.505/2B

URL www.thegrosvenorperth.com.au
住 339 Hay St., 6000
☎ 9325-3799
营 周一～周六 11:00~深夜、周日 11:00~
22:00
CC A D J M V
酒 有许可

北 桥

Outback Jacks Bar & Grill
Outback Jacks Bar & Grill

◆ 澳大利亚全境共有 19 家店铺的连锁肉排餐馆。天井上一只倒挂的巨型鳄鱼令人十分震撼。无论点哪一款，肉排的分量都很足，作为副菜的还会有沙拉、薯片或者土豆沙拉等。最受欢迎的菜是西冷牛排 $29.95。

可以填饱肚子，菜量很大的肉排

想吃大肉的可以考虑这里 Map p.510/1A

URL www.outbackjacks.com.au/northbridge
住 124 James St., Northbridge WA 6003
☎ 9227-7346
营 每天 11:30~23:59
CC M V
酒 有许可

Dragon places
Dragon Places

◆ 使用海鲜烹制的美味中餐备受食客们好评。尤其是白天提供的点心茶饮，种类丰富，味道好。店员推着装有点心的小车在店内循环提供服务。点心的价格是小份 $4.90、中份 $5.90、大份 $6.20、特大份 $6.50。中份和大份的品种比较多。

来这里可以品尝美味的中华茶饮

茶饮备受好评的餐馆　　　　Map p.510/1A

URL www.dragonpalace.com.au
住 66 Francis St., Northbridge, 6000
☎ 9228-2888
营 周一～周五 10:30~15:00、周六·周
日 10:00~15:00、每天 18:00~22:00
CC J M V
酒 有许可

西澳大利亚南部 *South of WA*

交通

●班伯里

TransWA 公司和 South West Coach 公司每天都有从珀斯出发的巴士。所需时间 2 小时 15 分钟，终点是旧班伯里车站。另外还有从珀斯车站出发的列车——澳大利亚大陆号（每天 2 趟车）。列车到达的车站是位于城外的班伯里车站，如果出示车票还可以换乘连接市区的巴士，巴士会在带有游客信息中心的旧班伯里车站停靠。

西澳大利亚州南部的巨型红桉树森林

这里是位于澳大利亚大陆南部最前端的地区，也是居住在珀斯周边的人们休闲度假的胜地。对于想要来澳大利亚尽情地享受度假氛围的游客来说，这里同时可以欣赏山景、海景等自然风光，还可以体验冲浪、皮划艇等户外运动的乐趣。

■班伯里游客信息中心
Bunbury Visitor Centre
Old Railway Station, Haley St., Bunbury, 6230
☎（08）9792-7205
📠 1800-286-2879
💻 visitbunbury.com.au
🕐 周一~周五 9:00~17:00、周六 9:30~16:30、周日·节假日 10:00~14:00
休 耶稣受难日、圣诞节

班伯里　　　　　　　　Bunbury

班伯里是小澳大利亚州最著名的木材运输港口，也因此为人们所熟知。这座城市历史悠久，城市始建于 19 世纪 30 年代，与珀斯开始殖民开拓的时间相同。从 19 世纪后半期至 20 世纪初期，人们在西澳大利亚

西澳大利亚州南部
South of WA

0　　　　100km

班伯里 Bunbury
邓斯伯勒 Dunsborough
巴瑟尔顿 Busselton
玛格丽特河 Margaret River
露纹纳多鲁列斯国家公园 Leeuwin Naturaliste NP
楠纳普 Nannup
奥古斯塔 Augusta
彭伯顿 Pemberton
沃伦国家公园 Warren NP
当特尔卡斯托国家公园 D'entrecastreaux NP
诺斯克利夫 Northcliff
沃尔波尔 Walpole
沃尔波尔-诺纳鲁普国家公园 Walpole-nornalup NP
南冰洋 Southern Ocean
BUSSEL HWY
SOUTH WESTERN HWY
Bridgetown
曼吉马普 Manjimup
钻石树 Diamond Tree
火箭树 Gloucester Tree
弗兰克兰山 Mt.Frankland
巨人谷 Valley of the Giants
SOUTH COAST HWY
登马克 Denmark
山峡&天然桥 The Gap & Natural Bridge
Arthur River
Wagin
Katanming
Kojonup
Gnowangerup
ALBANY HWY
斯特灵岭国家公园 Stirling Range NP
布拉夫山 Bluff Knoll
巴克山 Mount Barker
奥尔巴尼 Albany
双人湾 Two Peoples Bay
N

A　　　　　　　　B

州的内陆地区发现了大量的金矿，班伯里也因其重要的地理位置（通往内陆的门户港口）被卷入了淘金热浪之中，至今仍旧保留有许多反映当时风貌的古建筑。

班伯里的游客信息中心位于市巴士的客运中心内

悠闲地在海滩上等待海豚的到来

海豚发现中心
Dolphin Discovery Centre

在库姆巴纳海滩与海豚共泳

海豚发现中心是位于城外库姆巴纳海滩（Koombana Beach）上的一座设施，这里有专门可以与游到岸边的海豚同游的活动。不过，因为是野生海豚，所以何时出现不可预测。所以游览的时候请放松心态，运气好的话才能与海豚共舞。在发现中心内有一座小型博物馆，里面展示了志愿者救治受伤海豚的展板。此外，还有出海看海豚的游轮之旅、与海豚共舞的游轮之旅等。

巴瑟尔顿　　　　　　　　　　　Busselton

巴瑟尔顿位于玛格丽特河流域的入口处，是一座面朝地理学家湾（Geographe Bay）的度假小镇。而且这里还有全球最长的栈桥——巴瑟尔顿栈桥（Busselton Jetty）。

以前这一带曾经是专门用于运输木材的港口，现如今已经成了拥有白沙滩和美丽浅滩的度假小镇。以前因为需要运输木材，因此需要在浅滩上修建栈桥，但是这里的潮汐每天只有1米左右的落差，所以需要修建距离比较长的栈桥。后来又根据船只往来数量的增加不断扩建栈桥，直到1960年栈桥的实际长度已经达到1841米。为了方便运输木材，栈桥上还铺设了铁轨。直至1971年栈桥终于完成了自己的使命，现在这里已经成了著名的旅游景点。

栈桥的尽头有一座水下观测台（Underwater Observatory），可以观察栖息在吉奥格拉菲湾的300多种鱼类。还可以跟随由馆内导游带领的观光团参观这里。

（左）巴瑟尔顿栈桥是西澳大利亚南部的著名景点
（下）在栈桥尽头的水下观测台可以看到各式各样的鱼

■ **海豚发现中心**
🏠 Lot 830, Koombana Drv., Bunbury, 6230
☎ （08）9791-3088
🌐 dolphindiscovery.com.au
🕐 10月～次年4月：每天8:00~16:00 / 5~9月：每天9:00~14:00
休 圣诞节
　　2017年5月馆内进行了大规模的改建工程，只有部分展示内容和游轮之旅可以参加。
● **观海豚游轮之旅**
🕐 10月15日～次年4月30日期间11:00出发，5月1日～10月14日期间12:00出发
💰 成人$54 儿童$40 家庭$168
● **与海豚共泳游轮之旅**
🕐 10月15日～次年4月30日期间7:30出发（12月20日～次年2月2日期间是11:30出发）
💰 每人$165（不下海只观察的船票 成人$85 儿童$65）

交　通

● **巴瑟尔顿**
　　参加从珀斯出发的旅游团或者租车自驾到此比较方便。如果乘坐公共交通，可以从珀斯乘坐South West Coach Line的巴士，每天发车。所需时间4小时。

■ **巴瑟尔顿栈桥**
🏠 Busselton Beachfront, Busselton, 6280
☎ （08）9754-0900
🌐 www.busseltonjetty.com.au
🕐 9月～次年4月：每天8:30~17:00 / 5~8月：每天9:00~17:00 / 水下观测站：9月～次年4月期间9:00~15:00，5~8月期间10:00~15:00每逢整点有观光团出发。
休 圣诞节
💰 栈桥门票：成人$3 儿童免费 / 栈桥有轨电车票：成人$13 儿童$6.50 / 水下观测站：成人$33 儿童$16.50 家庭$88

玛格丽特河　　　　　　　　Margaret River

　　参加从珀斯出发的旅游团或者租车自驾到此比较方便。如果准备乘坐公共交通，South West Coach线每天都有从珀斯出发的车次。所需时间5小时。

■玛格丽特河游客信息中心
Margaret River Visitor Centre
住 100 Bussell Hwy., Margaret River, 6285
☎（08）9780-5911
网 www.margaretriver.com
开 每天 9:00~17:00
休 圣诞节

■参观酒庄
●露纹酒庄 Leeuwin Estate
（参考 p.541 表格）
☎（08）9759-0000
网 leeuwineatate.com.au
时 每天 10:00~17:00 / 包含试饮的导览团 11:00 开始
费 含导游的导览团 成人 \$25
儿童 \$8

■溶洞展厅
☎（08）9780-5911
网 www.margaretriver.com
开 每天 9:00~17:00
时 马默斯溶洞：每天 9:00~17:00（入场截至 16:00）/ 恩吉里基溶洞：每天 9:30~16:00 期间跟团进洞，30分钟一团/湖泊溶洞 & 宝石溶洞：每天 9:30~15:30 期间跟团进洞，1小时一团
费 各溶穴：成人\$22.50 儿童\$12.50
家庭\$58 / 双洞穴通票（可参观 2 个洞穴）：成人\$41 儿童\$21
家庭\$105 / 三洞穴有效（可参观 3 个洞穴）：成人\$54 儿童\$26
家庭\$140 / 四洞穴有效（可参观 4 个洞穴）：成人\$67.50
儿童\$32 家庭\$165

玛格丽特河畔连绵的葡萄种植园

　　玛格丽特河位于珀斯以南约 280 公里处。这里是玛格丽特河从绿油油的西澳大利亚大陆注入印度洋的入海口，也是西澳大利亚南部的旅游集散地。这里不仅被称为"澳大利亚的波尔多"的世界知名葡萄酒著名的产地，同时还是露纹纳多鲁列斯国家公园（Leeuwin Naturaliste NP）的所在地，公园内有断崖绝壁、美丽海滩、奇妙的溶洞。北端的纳多鲁列斯海角（Cape Naturaliste）、南端的露纹海角（Cape Leeuwin）附近也是著名的旅游胜地，在海岬之上还建有具有历史价值的灯塔。此外，面朝印度洋的海滩是西澳大利亚州冲浪的著名场所，尤其是位于玛格丽特河入海口附近的冲浪者角（Surfers Point）是各种冲浪大赛的热门场地。

美丽大自然中连绵的葡萄田
玛格丽特河葡萄酒庄巡游
Margaret River Wineries

　　玛格丽特河沿岸拥有适合生产高品质葡萄酒的土地，这里自 1967 年便开始酿造葡萄酒了。之后，葡萄酒产业便开始逐渐兴盛起来，发展至现在已经有 150 多家酒庄。这一地区盛产霞多丽、苏维翁等品种，与巴罗萨谷（→p.415）、猎人谷（→p.237）、亚拉河谷（→p.316）同为澳大利亚主要的葡萄酒产地。

人气较高的露纹酒庄的试饮吧台

　　大多数的酒庄还兼作对外直销的商店，提供试饮服务。有些是免费的试饮，有些则只需要花上 \$5 左右便可以试饮 5~10 种葡萄酒。还有一些酒庄并设有餐馆，除了可以品尝美味的葡萄酒，还可以享用美食。此外，玛格丽特河畔的主要酒庄，每年夏季的时候还会举办室外音乐会。其中最著名的是露纹

航海家酒庄拥有美丽的庭园和复古风格的建筑物

建于纳多鲁列斯海角的灯塔

酒庄（Leeuwin Estate）的室外音乐会，届时会邀请世界上知名的乐队和艺术家参加。酒庄并设的餐馆在西澳大利亚的评价也是相当高的。

玛格丽特河的主要酒庄

酒庄名称	住址	电话号码	营业时间
山度富酒庄 Sandalford Wines	777 Metricup Rd., Wilyabrup, 6280 www.sandalford.com	(08)9755-6213	每天 10:00~17:00
博克兰谷酒庄 Brookland Valley Vineyard	Caves Rd., Wilyabrup, 6284 www.brooklandvalley.com.au	(08)9755-6042	每天 10:00~17:00 （冬季~ 16:00）
夏南度酒庄 Xanadu Wines	Boodjidup Rd., Margaret River, 6285 www.xanaduwines.com	(08)9758-9500	每天 10:00~17:00
浮木酒庄 Driftwood Estate Winery	3314 Caves Rd., Wilyabrup, 6280 www.driftwoodwines.com	(08)9755-6323	每天 10:00~17:00
埃文斯酒庄 Evans & Tate	Cnr. Caves & Metricup Rds., Wilyabrup, 6280 evansandtate.com.au	(08)9755-6244	周四～次周一 10:30~17:00
露纹酒庄 Leeuwin Estate	Stevens Rd., Margaret River, 6285 www.leeuwinestate.com.au	(08)9759-0000	每天 10:00~17:00
红门酒庄 Redgate Wines	659 Boodjidup Rd., Margaret River, 6285 redgatewines.com.au	(08)9757-6488	每天 10:00~16:30
菲历士酒庄 Vasse Felix	Cnr. Tom Cullity Drv. & Caves Rd., Margaret River, 6285 Vassefelix.com.au	(08)9756-5000	每天 10:00~17:00
航海家酒庄 Voyager Estate	Lot1, Stevens Rd., Margaret River, 6285 www.voyagerestate.com.au	(08)9757-6354	每天 10:00~17:00

巡游个性鲜明的 3 座溶洞

溶洞展厅
Cave Works

　　从邓斯伯勒至玛格丽特河、奥古斯塔（Augusta）的洞穴路（Caves Rd.）沿途有几座有趣的溶洞，这些溶洞面向公众开放。从北开始依次是恩吉里基溶洞（Nigilgi Cave）、马默斯溶洞（Mammoth Cave）、湖泊溶洞（Lake Cave）、宝石溶洞（Jewel Cave）。如果准备参观溶洞，首先要去位于湖泊溶洞的溶洞展厅。这里有关于溶洞的一些详细的介绍。

　　每个溶洞都各有特色，如果时间允许，当然是所有洞穴都去参观看看比较好，不过如果时间比较紧张，推荐热门的湖泊溶洞和宝石溶洞。湖泊溶洞是半圆球体的洞穴，内部有地下湖。洞内的面积虽然不大，但却有澳大利亚唯一的桌子形状的悬空钟乳石。宝石溶洞是最受欢迎的溶洞。在灯光映衬下的洞内仿佛宝石一般美丽。马默斯溶洞位于湖泊溶洞附近，这里也是唯一一处可以个人自由参观的洞穴。巨大的溶洞内保留有已经灭绝的动物化石。

位于湖泊溶洞内的悬空桌子形状的钟乳石

交通

●彭伯顿
　　参加从珀斯出发的旅游团或者租车自驾到此比较方便。如果准备乘坐公共交通，TransWA 有从珀斯、班伯里、奥尔巴尼出发的巴士通车。从珀斯出发约需 5 小时，每天发车，需要注意的是有些班次是会绕远的。

■彭伯顿游客信息中心
Pemberton Visitor Centre
住 Brockman St., 6260
☎（08）9776-1133
网 www.pembertonvisitor.com.au
开 周一～周五 9:30～16:30、周六·周日 9:30～16:00
休 圣诞节
● Pioneer Museum
　　并设于彭伯顿游客信息中心内的博物馆。可以通过道具和照片了解这片地区在开拓殖民时代的模样。

■彭伯顿值得推荐的团体游项目
●彭伯顿发现之旅 Pemberton Discovery Tours
　　游览沃伦国家公园、当特尔卡斯托国家公园的半日游项目
☎（08）9776-0484
网 www.pembertondiscoverytours.com.au
时 每天 9:00～13:0、14:00～18:00
费 海滩 & 森林 & 生态探险：大人 $125 儿童 $55 家庭 $330

彭伯顿

彭伯顿游客中心兼博物馆

　　彭伯顿是红桉树之乡（Karri Country）的中心，可以在世界上比较罕见的红桉树巨木林中散步。彭伯顿的附近还有沃伦国家公园（Warren NP）、比德鲁普国家公园（Beedelup NP）等几处拥有美丽森林的国家公园。另外，沿海岸绵延 131 公里的当特尔卡斯托国家公园（D'Entrecastreaux NP）内有亚加拉普大沙丘（Yeagarup Dunes），要想前往这座大沙丘只能乘坐四驱车，在这里才可以真正体验到澳大利亚雄伟的大自然景观。

　　有许多从彭伯顿出发的周游这些景点的旅游团，可以去游客信息中心询问详细内容。彭伯顿周边还有不少酒庄。

可以在周围广阔的红桉树森林里开车兜风

挑战攀登 60 米高的巨树
巨型红桉树林
Giant Karri Forest

　　彭伯顿的近郊有三棵巨型的红桉树，分别是火警树（Gloucester Tree）（高 61 米）、大卫埃文斯纪念树（Dave Evans Bicentennial Tree）（高 68 米）、钻石树（Diamond Tree）（高 52 米），每棵树的树冠上都建有小型的观景台，可以攀登。观景台的高度大约在 60

注意脚下安全，每一步都扎扎实实地往上踩

米上下，本来是用于监视森林火灾而建的，实际用于 1930~1940 年期间。距离彭伯顿中心约 3 公里处的火警树观景台是攀登起来最容易的观景台。

　　为了方便攀登，围绕着树干安装了螺旋形的铁蹬，但实际攀登的时候给人感觉是直上直下的，一旦踩空就非常危险。脚蹬的旁边竖有"Own Your Risk"（自己负责）的牌子。如果一切顺利，5 分钟便可登顶，从这里可以 360° 无死角欣赏绵延的红桉树林。

穿行于红桉树林之中

彭伯顿有轨电车
Pemberton Tramway

乘坐可爱的有轨电车在森林中巡游

如果想要在红桉树林中悠闲地漫步，小编推荐先乘坐有轨电车试试看。电车一直可以开到丛林深处，两侧都是密林，坐在车上慢悠悠地摇晃着，令人心情舒畅。车子一直会行驶到沃伦河（Warren River）然后折返回了，整个旅程大约需要 2 小时。中途会在森林中心的一些景点停车，可以下车步行 10~20 分钟。

沃尔波尔 & 登马克 　　　　 Walpole & Denmark

　　这两座小镇都是位于南海岸公路（South Coast Hwy）沿线的小镇。两座小镇的中间夹着西澳大利亚东南部的热门景点之一——树顶步道（Tree Top walk）。此外，登马克郊外的威廉姆湾国家公园（William Bay NP）也有很多风景优美的景点，既有美丽的沙滩，又有巨石连绵的大象岩（Elephant Rocks）。

俯瞰巨树森林

巨人谷 / 树冠步道
Valley of the Giants / Tree Top Walk

漫步于树冠步道之上

　　沃尔波尔—诺纳鲁普国家公园（Walpole-Nornalup NP）距离沃尔波尔大约 20 分钟车程，距离登马克约 50 分钟车程，在巨人谷里可以看到红桉树、丁戈树（Tingle）等珍贵的巨型树。这里最著名的项目就是树冠步道。游客可以穿梭于树冠之上的高 40 米，全长 600 米的步道中漫步，感受鸟儿飞翔一般俯瞰身下的树林的感觉。走在步道上会感觉微微地摇晃，可能会有些心慌，不过抓牢扶手多少可以令人安心一些。此外，从这里可以看到被称为古老帝国（Ancient Emprie）的巨型丁戈树（Tingle Trees）。这条步道也非常值得一试，风景不容错过。

奥尔巴尼 　　　　 Albany

　　奥尔巴尼位于珀斯东南 409 公里处，是一座夹在克拉伦斯山（Mt. Clarence）与梅尔维尔山（Mt. Melville）之间的港口城市。城市的历史可以追溯到 1826 年，这里是西澳大利亚最早被白人开拓的地方，

■ 国家公园门票
　　西澳大利亚州大多数的国家公园是需要门票的。可以在各公园的入口处购票。
🔗 parks.apaw.wa.gov.au
💰 一天有效：一辆车（每辆车最多乘坐 12 人）$12
※ Holiday Park Pass 是可以游览西澳大利亚州所有国家公园的通票，有效期为 4 周。每辆车 $44

■ 彭伯顿有轨电车
🏠 Railway Cres., Pemberton, 6260
☎ (08) 9776-1322
🔗 www.pemtram.com.au
● 沃伦河桥往返
🕐 周一～周六 10:45、14:00 出发（所需时间 1 小时 45 分钟）
💰 成人 $28 儿童 $14

交 通
● 沃尔波尔 & 登马克
　　租车自驾比较方便。如果乘坐公共交通，TransWA 每天都有从奥尔巴尼、班伯里出发的巴士。

■ 登马克游客信息中心 Denmark Visitor Centre
🏠 73 South Coast Hwy., Denmark, 6333
☎ (08) 9848-2055
🔗 www.denmark.com.au
🕐 每天 9:00~17:00
休 圣诞节

■ 巨人谷 / 树冠步道
🏠 Between Walpole & Denmark
☎ (08) 9840-8263
🔗 parks.dpaw.wa.gov.au
🔗 www.calleyofgiants.com.au
🕐 每天 9:00~17:00 / 年末年初 8:00~19:00
休 圣诞节、天气不好时
💰 成人 $21 儿童 $10.50 家庭 $52.50

●奥尔巴尼

TransWA 共有从珀斯出发的直达巴士,还有经由班伯里的巴士。从珀斯出发的直达巴士每天都有班次,车程约 6 小时;从班伯里出发的巴士大约需要 5 小时 30 分钟。另外,澳大利亚维珍航空每天有 2~3 个班次,连接珀斯与奥尔巴尼之间,航程为 1 小时。

■奥尔巴尼游客信息中心
Albany Visitors Centre
🏠 Old Rail Station, 55 Proudlove Parade, Albany, 6330
☎ (08) 6820-3700
🌐 www.amazingalbany.com.au
🕐 周一~周六 9:00~17:00、周日・节假日 9:00~13:30
🚫 圣诞节

■"和睦"号双桅船
Albany Historical Precinct, off Princess Royal Drv., Albany, 6330
☎ (08) 9841-4844
🌐 m u s e u m . w a . g o v . a u / museums/Albany/brig-amity-0
🕐 每天 9:30~16:00
🚫 耶稣受难日、圣诞节
💲 成人 $5 儿童 $2 家庭 $12

■大南部博物馆
🏠 Residency Rd., Albany, 6330
☎ (08) 9841-4844
☎ 1300-134-081
🌐 m u s e u m . w a . g o v . a u / museums/museum-of-the-great-southern
🕐 周四~次周周二 10:00~16:30、周三 10:00~19:00
🚫 元旦、耶稣受难日、圣诞节、节礼日
💲 免费(任意捐赠 $5)

■奥尔巴尼流放犯监狱博物馆
🏠 267 Stirling Tce., Albany. 6330
☎ (08) 9841-5403
🌐 www.historicalbany.com.au
🕐 每天 10:00~16:00
🚫 耶稣受难日、圣诞节
💲 成人 $5 儿童 $2.50 家庭 $12

因此这里有许多古建筑和博物馆,整座城市被美丽大海和森林所环绕,既美丽而又有故事。许多景点都分布在海岸线的沿岸,租车自驾游览最方便。如果准备在这里住宿,推荐米德尔顿海滩(Middleton Beach)。海滩距离市中心不远且拥有美丽的沙滩,这里除了高端的度假酒店之外,还有各种形式的住宿设施。

感受奥尔巴尼的历史
历史漫步
Historical Walk

最早到达这里的"和睦号"双桅船

如果想要更好地了解奥尔巴尼的故事,推荐走一走游客信息中心推荐的历史漫步线路。首先从奥尔巴尼的地标"和睦号"双桅船(Brig Amity)出发,这艘船是仿照 1826 年第一批白人殖民者登陆时所乘坐的船复原的。然后从这里去到大南部博物馆(Museum of The Great Southern)、奥尔巴尼流放犯监狱博物馆(Albany Convict Gaol Museum)。建于游客信息中心前的红砖建筑非常气派,这里曾经是旧邮局(Old Post Office),现在是殖民地博物馆,也是最不容错过的景点。

令人震撼的天然断崖
山峡 & 天然桥   Map p.544/A
The Gap & National Bridge

距离奥尔巴尼 10 公里左右的托蒂拉普国家公园(Torndirrup NP)内有一处被称作"山峡 & 天然桥"的断崖绝壁。距离海面 25~30 米。汹涌的波涛拍打着岩石,飞溅起高高的浪花,场景十分震撼。如果是开车自驾还可以到附近的吹蚀穴(Blowholes)、可以眺望奥尔巴尼城的斯托尼山(Stony Hill)去看一看。

山峡就是一个断崖绝壁

拥有白沙滩和美丽海面的小海滩

最适合野餐的地方
双人湾

Map p.538/B

Two Peoples Bay

　　从奥尔巴尼驱车 30 分钟便可到达双人湾，这里还是噪薮鸟（Noisy Sacubbird）的保护区，1961 年重新开放奥尔巴尼之前人们一直以为这种鸟类已经灭绝了。这里还有信息中心，展示了与这一带动植物相关的内容。位于双人湾上的小海滩（Little Beach）虽说是个不大的海滩，但是这里的海很美、沙滩洁白，可以说是周边最好的海滩。夏天的时候一定要来这里游泳。

世界上最大的捕鲸博物馆
发现湾捕鲸站

Map p.544/B

Discovery Bay Whaling Station

捕鲸基地原封不动地变成了博物馆

　　位于西澳大利亚最南端的奥尔巴尼，过去是一座繁荣的捕鲸港湾城市。在最繁盛时期一个捕鲸季就可以捕获 850 头鲸鱼。鲸鱼世界是利用直至 1978 年还在被实际使用的捕鲸基地而规划成的捕鲸博物馆，保留了当时的模样。这里还有面朝大海的咖啡馆，冬季的时候坐在这里可以看到鲸鱼出没。

观看精力旺盛的鲸鱼们嬉戏
赏鲸

Whale Watching

　　鲸鱼之城奥尔巴尼是西澳大利亚州的赏鲸胜地。每年 5 月末~10 月末期间，南露脊鲸会游到奥尔巴尼近海，有时甚至还能看到座头鲸的身影。每逢赏鲸季，游客信息中心内都会挂出赏鲸信息栏，从此可以得知当日有哪些鲸群进入海湾。这一时期举行的赏鲸游轮之旅，可以近距离地观赏遨游在大海中的鲸鱼。在冬季以外的季节，可以看到海狮，还可以体验钓鱼的乐趣。

埃斯佩兰斯

Esperance

　　澳大利亚的很多地名都是用原住民的语言、殖民统治时期英国的地名或者人名等命名的。但这座距离珀斯东南约 720 公里的小城埃斯佩兰斯却是来自法语 "希望" 的意思。1792 年有两艘法国军舰在澳大利亚南海岸航行时遇到了暴风雨，于是来到这里（实际上是在埃斯佩兰斯以西的观景台岛 Observatory）避难。于是这座城市便使用当时的一艘军舰的名字 "埃斯佩兰斯" 来命名。

　　不过想要更加准确地描述这座城市之美，还是用原住民给这里起的 "古巴凯尔"（Gabba-Kyle）（意思是水面如回旋镖一般环绕的地方）的名称更为贴切。因为这里拥有西澳大利亚州首屈一指的美丽的海滩和大海。

到达埃斯佩兰斯最先去的地方
埃斯佩兰斯的海滩

Esperance Beaches

　　埃斯佩兰斯的海岸线蜿蜒曲折变化多，每个入海口都有美丽的海滩。

■发现湾捕鲸站

🏠 81 Whaling Station Rd., Frenchman Bay, 6330
☎ （08）9844-4021
🖥 www.discoverybay.com.au
开 每天 9:00~17:00
休 圣诞节
费 5~8 月：成人 $29 儿童 $12 家庭 $66 / 9 月 ~ 次年 4 月：成人 $32 儿童 $12 家庭 $75
※10:00~15:00 期间每 1 小时有一次为时 30 分钟的导览团

■赏鲸游轮之旅

　　每年 6~10 月通航。
●奥尔巴尼赏鲸之旅
Albany Whale Tours
☎ 0422-441-484
🖥 www.albanywhaletours.com.au
时 每年 5 月末 / 月初 每天 9:30~12:30（高峰期 13:30~16:30 也有）
费 成人 $95 儿童 $65 家庭 $280

交 通

●埃斯佩兰斯

　　澳大利亚维珍航空有从珀斯出发的航班（所需时间 1 小时 30 分钟）。陆地交通方面 TransWA 有从珀斯出发的长途巴士，每周 6 趟车（所需时间 10 小时）；还有从奥尔巴尼出发的巴士，每周 2 趟车；从卡尔古利出发的巴士，每周有 3 趟车。

■埃斯佩兰斯游客信息中心
Esperance Visitors Centre
🏠 Museum Village, Dempster St., Esperance, 6450
☎ （08）9083-1555
☎ 1300-664-455

visitesperance.com
开 周一・周二・周四 9:00～
17:00、周三、周五 8:00～
17:00、周六 9:00～14:00、周
日 9:00～12:00
休 圣诞节

■ 勒谢什佩兰斯岛名字的由来
　　与埃斯佩兰斯号一起避难
的另一艘军舰的名字是勒谢什。

■ 乘坐游轮去看海狮
Esperance Island Curises
　　乘坐巡游勒谢什群岛的
游轮，可以看到野生的海狮
和巨大的海鹰，根据季节有
时还能看到鲸鱼等。
☎ （08）9071-5757
www.esperancecruises.com.au
时 每天 9:00～13:00
费 (成人) $100 (儿童) $65 (家庭) $290

■ 去看希勒湖的游览飞行
● 埃斯佩兰斯直升机之旅
Esperance Heli Tour
☎ 0428-761-106
※ 出行日期不定，需要提前
通过电话确定
● 埃斯佩兰斯包机
Esperance Air Charter
☎ 0（08）9071-1467
※ 出行日期不定，需要提前
通过电话确定

眼前的大海是南冰洋，这里的
蓝色大海清澈透明，与珀斯近
郊的大海相比别有一番韵味。
另外这里还非常适合进行冲浪、
游泳、钓鱼、潜水等各种户外
运动。近海还有包含埃斯佩兰
斯号曾经避难过的岛屿——勒
谢什群岛（Recherche Group），
有专门巡游群岛的游轮。距离
城区 56 公里的大海角国家公园（Cape Le Grand NP）也非常值得一看。幸
运湾（Lucky Bay）有鸣沙现象，这也是埃斯佩兰斯所有海滩中最美丽的
一处。

埃斯佩兰斯拥有美丽的海滩

看上去是粉色的水面
希勒湖 & 粉红湖
Lake Hiller & Pink Lake

　　埃斯佩兰斯附近有水面
看上去是粉色的湖泊。据说是
因为这座盐湖的浓度较高，使
粉色的微生物大量繁殖造成
的。位于勒谢什群岛中的中岛
（Middle Island）内全长 600 米
的希勒湖，因其出众的美景曾
被欧美的旅行杂志《世界绝景》

希勒湖拥有梦幻般的令人难以置信的粉红色湖面

介绍过。中岛是不能上岛的岛屿，因此只能从埃斯佩兰斯参加游览飞行
的项目。另外，距离埃斯佩兰斯经由 5 公里的地方有一座名字就叫粉红
湖的湖泊。以前这里的湖水看上去也是粉色的，但现在已经很难看到呈
粉色的状态。

西澳大利亚南部的酒店
Accommodation

班伯里

班伯里旺德背包客旅馆
Wander Inn Bunbury Backpackers
◆ 旅馆位于从市中心步行 7～8 分钟可
至的安静住宅区内。客房、厨房、起
居室都非常干净整洁。早餐、小点心、
咖啡都可以免费享用。可以到海滩接
送客人。

班伯里的老牌背包客旅馆

海豚爱好者的据点
URL bunburybackpackers.com.au
住 16 Clifton St.，Bunbury，6230
☎ 9721-3242　Free 1800-039-032
WIFI 免费
费 D$27～29、T W$69 ※ VIP 有折扣
CC M V

班伯里海豚度假酒店
Dolphin Retreat Bunbury YHA
◆ 旅馆拥有休闲的庭园和完善的 BBQ 设施。可以免费租借小船和
自行车。通过网络预订价格更便宜。

无论去市区还是海滩交通都非常方便
URL www.yha.com.au　住 14 Wellington
St.，Bunbury，6230　☎ 9792-4690
WIFI 免费　费 D$28、T W$73
※ 非 YHA 会员需支付附加费用
CC M V

克利夫顿格汽车旅馆
The Clifton Motel
◆ 旅馆距离沙滩仅有 50 米，外观建筑是一栋殖民风格的房子。带有游泳池、SPA、桑拿等设施，可以享受度假的感觉。而且这里距离市中心也比较近，十分方便。

建筑物看上优雅而别致

玛格丽特河

玛格丽特河旅馆
Margaret River Lodge
◆ 旅馆距离玛格丽特河中心城区仅有 1.5 公里。庭院里有香草花园，自炊或者 BBQ 的时候可以直接从这里摘香草作为辅料。这里除了带有游泳池、游戏室、排球场之外，还可以免费租借自行车和小船。

玛格丽特河背包客旅馆
Margaret River Backpackers YHA
◆ 位于玛格丽特河市中心的旅馆，也是玛格丽特河旅馆的姊妹店。共有 52 张床位。

城内背包客旅馆
Inne Town Backpackers
◆ 步行可至市中心。免费提供早餐、咖啡 / 红茶，还可以租借山地车。

玛格丽特河品质酒店
Quality Inn Margaret River
◆ 从玛格丽特河市区驱车 5 分钟可达。外观建筑是一栋优美的殖民风格的建筑，四周被占地面积 5 英亩（约 0.02 平方公里）的漂亮花园所环绕。客房内的家具和内饰风格沉稳舒适。

古典式客房的装修风格

山顶公寓
Hilltop Studios
◆ 酒店建于玛格丽特河城外的小山丘之上，有时酒店辖地内还会出现袋鼠。客房是独栋别墅式建筑，十分宽敞。水疗浴房的窗户都是开放式的。可以披着浴巾欣赏满天的星空。

彭伯顿

彭伯顿青年旅舍
Pemberton YHA
◆ 距离彭伯顿市中心较近，步行可至游客信息中心。可以租借山地车。

奥尔巴尼背包客旅馆
Albany Backpackers

◆ 这家背包客旅馆位于旧邮局的正前方，地理位置方便。还为住客提供免费的早餐、蛋糕等。在每月的最后一个周六还可以免费享用这里的晚餐。

URL albanybackpackers.com.au
住 Cnr. Stirling Tce. & Spencer St., Albany, 6330 Free 1800-260-130
WiFi 免费　费 ⑩$27~28、⑪Ⓦ$69~73
※ 含早餐　CC M V

奥尔巴尼湾景背包客旅馆
Albany's Bayview Backpackers YHA

◆ 旅馆建于高台之上，可以俯瞰大海，风景甚好。距离市中心也比较近。工作人员也都非常热情友好。有自行车可以租借。

URL www.yha.com.au　住 49 Duke St.,
Albany, 6330　☎ 9842-3388 WiFi 免费
费 ⑩$27~28、⑪Ⓦ$69　※ 非 YHA 会员需加收额外费用　CC M V

奥尔巴尼海滩住宿
Albany Foreshore Guest House

◆ 酒店建于旧火车站前大街的旁边，外观建筑是建于 1866 年的殖民风格建筑。共有 5 间客房，装修风格复古优雅。还提供英式早餐服务。

殖民地风格的建筑

URL www.albanyforeshoreguesthouse.com.au
住 86 Stirling Tce., Albany, 6330
☎ 9842-8324　FAX 9842-8325
WiFi 免费　费 Ⓢ$100~120、⑪Ⓦ$120~140
※ 含早餐　CC A D J M V

湾畔海滩酒店
The Beach House at Bayside

◆ 这座酒店是建于米德尔顿海滩上的地中海风格的五星级酒店。只有 7 间客房。也正因为如此在这里入住的客人可以享受最上乘的服务。还有豪华早餐、下午茶、晚间红酒等免费的服务。客人们共用的起居室内有壁炉，家具和饰品都是欧式的。客房的内装修沉稳大方，还有花园和水疗浴缸。因为这里是专门为成熟人士提供服务的酒店，因此 12 岁以下的孩子不可以入住。

URL www.thebeachhouseatbayside.com.au
住 33 Barry Court., Bayside Link,
Albany, 6330
☎ 9844-8844　FAX 9844-8222
WiFi 免费
费 ⑪Ⓦ$236~308
CC A D J M V

蓝色海域青年旅舍
Blue Waters Lodge YHA

◆ 从埃斯佩兰斯市中心步行至此需要 20 分钟。旅舍占地面积宽广，外观建筑是一栋带有烟囱的殖民地风格的建筑。客房数量充足。距离大海只有 20 米远。

URL www.yha.com.au
住 299 Goldfields Rd., Esperance, 6450
☎ 9071-1040　WiFi 免费
费 ⑩$26~30、⑪Ⓦ$68　※ 非 YHA 会员需支付附加费用　CC M V

码头度假村
The Jetty Resort

◆ 度假村距离游客信息中心仅 600 米，位于经过海岸的栈桥前，共有 35 间客房。这栋红色屋顶配白墙的建筑与周围大海的景色非常搭调。房间是全木质的感觉，共有 3 种房型，标准间、带有水疗浴缸的套间、双床公寓房。度假村内有游泳池、洗衣房等设施。

URL www.thejettyresort.com.au
住 1 The Esplanade, Esperance, 6450
☎ 9071-3333　WiFi 免费
费 ⑪Ⓦ$121~224、②B$262
CC A J M V

杜德鲁普旅馆
The Doo Drop Inn

◆ 位于埃斯佩兰斯城外的公寓式酒店。厨房等设施比较完善，而且价格便宜。中院还带有凉亭，可以悠闲地在这里休息。

URL www.doodropinn.com.au
住 3 Norseman Ed., Esperance, 6450
☎ 9071-5043
WiFi 免费
费 ②B$150~160
CC M V

金矿区 *Goldfields*

西澳大利亚的城镇卡尔古利&博尔德（Kalgoorlie & Boulder）有现在仍在开采的世界最大规模的露天金矿 Supper Pit。这座城镇及距此50公里的库尔加迪一带被称为金矿区，自1890年发现金矿后，这里出现了淘金热。但是，这座小镇曾经面临着"如何获得水源"的严峻问题。据说，当时的矿工就像寻找黄金一样寻找水源。

1903年，给水工程师奥康纳（O'Conner）提出方案，建议从珀斯铺设管道直至卡尔古利，管道长度达556公里。之后用了10年时间，工程得以竣工。但是当人们拧开水龙头时，发现根本没有水流出，于是人们便把奥康纳视为笑柄。奥康纳羞愧难当，最终自杀身亡。在他死之后，大约过了几周的时间，水龙头却突然出水了。原来，珀斯与卡尔古利之间有400米的落差，距离超过500公里，因此水流到卡尔古利是要花很长时间的。奥康纳铺设的管道至今仍在使用。

金矿区 漫 步

卡尔古利&博尔德人口有3万，是西澳大利亚内陆地区最大的城镇，现在仍有大规模的金矿开采。小镇上保存着许多19世纪的建筑。有当地游客信息中心推荐的历史风貌游览线路，全长约4公里，很值得一走。另外，介绍当地金矿开采历史的金矿博物馆（Museum of the Goldfields）以及位于库尔加迪的金矿展览馆（Goldfield Exhibition）也很值得参观。

交 通

● 澳大利亚
　维珍航空有从珀斯往返的卡尔古利的航班。勘探者号列车从珀斯东站开往卡尔古利。豪华列车印度洋太平洋号也在卡尔古利停车。

■ 卡尔古利&博尔德纯金（游客信息中心）Kalgoorlie Boulder Pure Gold
🏠 316 Hannan St., Kalgoorlie, 6430 ☎ (08) 9021-1966
URL www.kalgoorlietourism.com
開 周一～周五 8:30～17:00、周六·周日·节假日 9:00～14:00 休 圣诞节

■ 库尔加迪游客信息中心 Coolgardie Visitors Centre
🏠 62 Bayley St., Coolgardie, 6429 ☎ (08) 9026-6090
URL www.coolgardie.wa.gov.au
開 周一～周五 9:00～16:00、周六·周日·节假日 10:00～15:00

■ 金矿博物馆
🏠 17 Hannan St., Kalgoorlie, 6430 ☎ (08) 9021-8533
URL museum.wa.gov.au
開 每天 10:00～15:00
費 免费（需要$5左右的捐款）

■ 金矿展览馆（游客信息中心内）
☎ (08) 9026-6090
開 周一～周五 9:00～16:00、周六·周日·节假日 10:00～15:00 費 成人 $5 儿童 $2.50

金矿区的酒店
Accommodation

金粉背包客旅馆
Golddust Bakcpackers YHA
◆ 有夏季用的空调机和冬季用的取暖设备。这里距小镇中心500米左右。

舒适
URL www.yha.com.au
🏠 192 Hay St., Kalgoorlie, 6430
☎ 9091-3737　WiFi 免费
費 D$29.70、S$40.50　CC M V

艾尔宾山姆洛克酒店汽车旅馆
Albion Shamrock Hotel Motel
◆ 从博尔德的巴士总站乘出租车约5分钟可达。房间内有空调、厨房及微波炉。

有设备齐全的厨房
URL www.albionshamrock.com.au
🏠 60 Burt St. (Cnr. Lane St.), Boulder, 6432　☎ 9093-1399
WiFi 免费　費 T W$95~140
CC A D M V

Coolgardie Goldrash Motels
Coolgardie Goldrash Motels
◆ 共27间客房，卫生良好。有游泳池、BBQ设备及餐厅。

在库尔加迪住宿推荐这里
URL www.coolgardiemotels.com.au
🏠 47-53 Bayler St., Coolgardie, 6429
☎ 9026-6080　FAX 9026-6300
WiFi 免费　費 T W$95~　CC A D M V

珊瑚海岸 *Coral Coast*

交通

●杰拉尔顿

　　Intrgrity Coach Lines、和 Trans WA 公司每天都有从珀斯出发的巴士（所需时间 7 小时）。另外澳洲航空、澳大利亚维珍航空每天都有从珀斯直飞杰拉尔顿机场（GET）的航班。

■杰拉尔顿游客信息中心
Geraldton Visitor Centre
🏠 246 Marine Tce., Geraldton, 6530
☎（08）9956-6670
🖥 www.visitgeraldton.com.au
🕐 周一～周五 9:00~17:00、周六·周日·节假日 10:00~13:00
休 耶稣受难日、圣诞节

■杰拉尔顿博物馆
🏠 2 Museum Pl., Batavia Coast Marina, Geraldton, 6530
☎（08）9431-8393
🖥 museum.wa.gov.au/museums/museum-of-geraldton
🕐 每天 9:30~15:00
休 元旦、耶稣受难日、圣诞节、节礼日
💰 免费（随意捐赠 $5 左右）

杰拉尔顿游客信息中心所在的建筑是殖民地时期的医院

交通

●卡尔巴里

　　TransWA 有从珀斯至卡尔巴里的巴士线路。如果乘坐 Intrgrity Coach Lines 的巴士，可以在杰拉尔顿以北的 Ajana（小镇）下车。然后从这里乘坐小型巴士去往卡尔巴里。

■卡尔巴里游客信息中心
Kalbarri Visitor Centre
🏠 70 Grey St., Kalbarri, 6536
☎（08）9937-1104
🖥 www.kalbarri.orh.au
🕐 周一～周六 9:00~17:00、周日 10:00~13:00（旺季时~17:00）
休 圣诞节

　　从尖峰石阵（南邦国家公园）附近的朱利恩湾（Jurien bay），至位于埃克斯茅斯的西北角（North West Cape），沿印度洋 1100 公里的海岸及其周边被称为珊瑚海岸。沿着海岸地区有许多美丽的海滩，还有可以投喂野生海豚的芒基米亚、可以与鲨鱼共泳的埃克斯茅斯等人气度假小镇。因为这里距离珀斯比较远，属于干燥的沙漠气候，另外这一地区的旅游开发也不到位。各个景点之间也没有相互连接的公共交通，因此大多数游客都会选择参加珀斯～埃克斯茅斯之间住宿数日的移动型团体游项目。

芒基米亚附近的野生海豚会游到海边来

杰拉尔顿 　　　　　　　　　　Geraldton

　　杰拉尔顿是距离珀斯以北 420 公里的度假城市。这里年平均每天的日照时间是 8 小时，因此也被称为"阳光城"。海岸线旁延绵的海滩非常适合帆板运动和霍比式帆船运动，每逢周末都会有许多五颜六色的帆船在波涛中摇曳。此

面朝港口而建的杰拉尔顿博物馆

外，这里还是世界知名的捕捞龙虾的港口，在市内的餐馆可以品尝到比珀斯还便宜、还新鲜的龙虾美食。

　　市区最不容错过的景点是杰拉尔顿博物馆（Museum of Geraldton）。17 世纪荷兰东印度公司的轮船从欧洲出发经由非洲的好望角，前往印度尼西亚的巴达维亚（现如今的雅加达）进行航海活动。不同时期分别有四艘船在沿着西澳大利亚沿岸北上期间，于杰拉尔顿近海遇海难沉船。博物馆内展示了这些沉船中的遗物。除了博物馆之外，还有旧火车站（Old Railway Building）、女王公园剧院（Queens Park Theatre）等景点也值得一看。

卡尔巴里 　　　　　　　　　　Kalbarri

　　从杰拉尔顿以北约 50 公里的北安普顿（Northampton）驶出国道 1 号线，向着大海的方向行驶，经过格雷戈里港（Port Gregory）附近樱花色的粉红湖后继续行驶 100 公里，便会到达这座位于海边的小镇卡尔巴里。这座小镇大约有 1500 人，是默奇森河（Murchison River）的入海口。也是拥有美丽河谷的卡尔巴里国家公园的门户城市。

　　这里有许多美丽的海滩和溪谷。其中位于默奇森河入海口处的华人海滩（Chinamans Beach）最受欢迎，距离市中心步行仅需 5 分钟，而且

风浪平稳，很多父母喜欢带孩子来这里玩耍。雅克角（Jacques Point）距离城区稍微有些距离，这里拥有印度洋豪爽的波浪，每逢假日许多冲浪爱好者都会聚集到这里。

大自然的鬼斧神工

卡尔巴里国家公园
Kalbarri NP

俯瞰默奇森河谷

这片砂岩大地经过默奇森河 100 多万年的冲刷，形成了现如今的大溪谷，这一带就是卡尔巴里国家公园。国家公园占地面积约 18 万公顷，连绵不断的溪谷约有 80 公里长。溪谷两岸的岩壁默默诉说着 4 亿年的沧桑岁月与地壳变迁。

游客可以到达的景点共有 3 处。首先是国家公园中央位置的 Z 形湾（Z-Bend），默奇森河流经这里时呈 Z 字形曲折蜿蜒，因此形成了现在的溪谷，两侧的断崖绝壁垂直高度有 150 米。早季的时候河水的水流比较平缓，可以下到山崖下的河岸去，甚至有可能游泳（距离停车场单程 500 米，需要穿过丛林）。下一个景点是位于国家公园北侧的大回圈（The Loop），在断崖绝壁之上大约有 800 米的环形步道，可以将卡尔巴里国家公园的雄伟景观尽收眼底。大回圈的尽头，是被风雨常年侵蚀形成的天然石窗（Nature's Window），这也是一个非常适合拍照留念的景点。

从天然石窗眺望到的景色

霍克斯角与罗斯格雷姆观景台（Hawk's Head & Ross Graham Lookout）位于国家公园南侧。在这两处都可以将溪谷的美景尽收眼底。

卡尔巴里国家公园内的道路大都是没有铺装的土路，而且还有许多陡坡急弯，小编推荐跟团游览这里。如果不满足仅仅在这里步行游览，还可以体验皮划艇、攀岩等户外运动的乐趣。

卡尔巴里的气候是夏季气温在 40℃ 左右，干燥风大；冬季在 10℃~20℃，非常舒适。野花开始盛开的季节是在 7 月份左右。这里最好的观光季节还是凉爽舒适的冬季。

芒基米亚与沙克湾　　　Monkey Mia & Shark Bay

沙克湾是位于珀斯以北约 830 公里处卡那封（Carnarvon）南面的海滩。这里还是澳大利亚最早被列为世界自然遗产的地方。沙克湾最著名的景点是芒基米亚，在这里可以给野生的海豚喂食。层叠石和传说中的美人鱼——儒艮等丰富的海洋生物，也是沙克湾成为世界遗产的重要原因，这些海洋生物吸引了众多游客来此观赏。想尽情游览沙克湾的游客，可以住宿在德纳姆（Denham）或者芒基米亚，细细品味周边景点的味道。

■ 卡尔巴里国家公园
🌐 parks.dpaw.wa.gov.au
🎫 有效期一天：一辆车（车内最多乘坐 12 人）\$12
　Holiday Park Pass 是可以游览西澳大利亚州所有国家公园的通票，有效期为 4 周。每辆车 \$44。
※ 卡尔巴里国家公园内非铺装道路较多，如果准备租车自驾必须是四驱车

华人湾是非常适合海滨浴的沙滩

■ 卡尔巴里往返的卡尔巴里国家公园旅游团
● Kalbarri Adventure Tours
☎ 0419-943-795
🌐 www.kalbarritours.com.au
🕐 天然石窗 & Z 形湾：7:45~12:00（夏季 6:45~11:00）/ 皮划艇之旅：半日 7:45~13:30（夏季 6:45~12:30）、1 日游 7:45~15:30（夏季 6:45~14:30）
※ 需要询问开始日期
💰 天然石窗 & Z 形湾：成人 \$55 儿童 \$30 / 皮划艇之旅：半日 成人 \$75 儿童 \$50、1 日游 \$90 儿童 \$70 家庭 \$310
※ 还会定期举办露营活动

Z 形湾的步道

交　通

● 芒基米亚与沙克湾
　Intrgrity Coach Lines 每周有 3 班车从珀斯出发，在杰拉尔顿以北 250 公里的 Overlander Roadhouse 换乘迷你小巴，90 分钟便可到达德纳姆，从德纳姆到芒基米亚还需要大约 20 分钟车程。Skippers 航空拥有从珀斯直飞沙克湾机场（MJK）的航班（🌐 www.skippers.com.au ☎ 1300-729-924），每周 4 个班次。沙克湾机场有根据飞机着陆时间运行的穿梭巴士，可以到达芒基米亚、德纳姆（至德纳姆每人 \$10、芒基米亚 \$15）。

■沙克湾世界遗产发现与
游客信息中心
Shark Bay World He-
ritage Discovery & Vis
itor Centre
🏠 55 Knight Tce., Denham,
6537
☎ (08) 9948-1590
🌐 www.sharkbayvisit.com.au
🕐 周一~周五 9:00～17:00、
周六·周日 10:00～16:00

■芒基米亚游客信息中心
Monkey Mia Visitor Centre
　　位于海滩旁，有关于海
豚的资料、照片和录像。
☎ (08) 9948-1366
🌐 parks.dpaw.wa.gov.au
🕐 每天 7:30～16:00
✦ 从芒基米亚进入海滩的费
用
🎫 1天通票：成人$12 儿童$4.50
家庭$28.50 / 4周通票：成人$18
儿童$7.50 ※ 住宿2
天以上可以获得 4 周通票
■ **Monkeymia Wild Sights**
☎ (08) 9948-1481
📞 1800-241-481
🌐 www.monkeymiawild sig-
hts.com.au
● **Mermaide Myth Cruise**
🕐 每天 10:00～13:00
🎫 成人$99 儿童$49.50
● **Sunset Cruise**
🕐 12月~次年2月 17:45-19:15、
3·11月 17:15-18:45、10月
17:00-18:30、4·8·9月 16:45~
18:15、5-7月 16:30~18:00

与海豚邂逅的感动时刻

芒基米亚海豚度假村
Monkey Mia Dolphin Resort

给海豚喂食是一种珍贵的体验

　　芒基米亚最常见的海豚是宽吻海豚。每天从清晨到下午海豚们会多次游到度假村前栈桥的浅滩来。只要海豚来了，工作人员就会马上来到海豚身边。客人可以根据他们的指示与海豚进行交流。进入浅滩走到膝盖深度，静静站在那里等待海豚游过来。只能抚摸海豚的腹部周围，千万不要摸眼睛、头部、背鳍、胸鳍和尾巴。涂抹了防晒霜或者生病的人不能近距离接触海豚，因为海豚们对人类的疾病没有抵抗力。

　　海豚通常会一次来 5～8 只。工作人员会按照来的海豚数量让相应人数的游客来喂海豚。上午通常会有很多游客在这里等待投喂海豚，能否喂海豚只能靠运气。此外，海滩上还有不少鹈鹕。与海豚亲密接触后，可以体验观察鹈鹕。

　　沙克湾拥有世界上 1/8 的海牛，是世界上海牛数量最多的海牛栖息地。参加从芒基米亚海豚度假村栈桥出发的游艇——美人鱼传说巡航（Mermaide Myth Cruise），去亲眼看看"美人鱼"的华丽泳姿。

　　3 小时的航行，除了可以看到儒艮之外，还可以碰到海豚（相遇率很高），如果运气好说不定还可以看到虎鲸等鲸鱼类海洋生物。如果乘坐欧巴号游艇出海，还有观看落日的航程。

乘船出海去看儒艮

沙克湾与芒基米亚齐名的景点

贝壳海滩　　　　Map p.552/2
Shell Beach

　　贝壳海滩是位于德纳姆以东 40 公里的海岸地带，这里的海滩是由像花瓣一样的白色贝壳堆积而成的，总长度约 110 公里。据说 1 厘米左右的双壳贝从距今 4000 年前就开始在这里堆积了。尽管由于高温和风力的影响，海水盐度增高，但

由这些小型的双壳贝堆积而成的贝壳海滩

它们还是顽强地生存着，并且被暴风雨带到了这里。大风把海滩上的砂砾吹走，留下的贝壳逐渐堆积成了石灰石，后来又经过了雨水的反复冲刷，碳酸钙逐渐溶解并形成结晶沉淀。贝壳海滩也正是由这些结晶与贝壳所形成的海滩。海滩上的贝壳厚度达 10 米之深，仿佛在向人们讲述着它们漫长的历史故事。

沙克湾
Shark Bay

0 ━━━━ 50km

Bernier Is.
卡那封
Carnarvon
加斯科因周河
Gascoyne River
NORTH WEST HWY
Dorre Is.
沙克湾
Shark Bay
德克·哈托格岛
Dirk Hartog Is.
芒基米亚
Monkey Mia
Faure Is.
德纳姆
Denham
贝壳海滩
Shell Beach
南戈
Nanga
哈美林池海洋保护区
Hamelin Pool Marine Nature Reserve
Carranrang
城际线路屋
Overlander Roadhouse
1
2
N

栖息着世界上最古老的生物

哈美林池海洋保护区　　Map p.552/2
Hamelin Pool Marine Nature Reserve

　　据说早在 35 亿年前的前寒武纪时期，这些叠

层石（Stromatolite）就已经在这里生存了。叠层石是由蓝细菌等低等微生物的生命活动所引起的周期性矿物沉淀、沉积物的捕获和胶结作用，而形成的叠层状的生物沉积构造。现存可以观察得到的层叠石，在世界上只有西澳大利亚州，而类似哈美林池这样数量之多，面积之广泛的也是绝无仅有的。主要原因是这里特殊的地貌，这片海湾的海底是隆起的，在涨潮和落潮的时候海水不能得到充分替换，从而使水温上升，水分蒸发，因此这里的海水盐分比普通的海水要高2倍以上。也就说这种自然条件是叠层石的天敌贝类和海蚕无法生存的环境。

产生了地球大气中约21%氧气的世界上最古老生物——叠层石

叠层石从外观看上去就是一块上部平顶的大石头，实际上现在它仍以每年约0.3毫米的速度在缓慢生长。根据这些叠层石的大小来推算，至少生存了数千年以上，可以说它们是地球上最古老的生物。

卡那封　Carnarvon

卡那封位于沙克湾以北约100公里处，正好位于南回归线稍微以南、加斯科因河（Gascoyne River）河口的位置。这座围绕着河口开拓的小镇充满了热带氛围，周边的农场盛产香蕉和杧果，人口约7000人。

卡那封的地标建筑是被称为卡那封大盘子（Big Dish）的巨大地面卫星天线（直径29.5米）——美国海外电信委员会碟式跟踪站（OTC Station）。这座接收站从1966年开始从人工卫星接收信号，也是澳大利亚最早的卫星天线。美国阿波罗计划时期这里是火箭轨道的追踪据点（阿波罗11号登月后通信、TV影像接收都改为位于NSW的Parks的大天线接收）。此外，1986年还用于追踪哈雷彗星（在天文爱好者中引起了大骚动）。现在这里作为卫星天线的使命已经结束，变为了介绍阿波罗计划的博物馆。此外还有长1500米的栈桥——一英里栈桥（1Mile Jetty）（许多钓鱼爱好者都喜欢来这里钓鱼）伸向印度洋等景点。

另外，距离卡那封以东约450公里的地方，还有目前被推定为世界上最大的单体岩石——奥古斯特山（Mt. Augustus），这座巨石比艾尔斯岩石（乌卢鲁）要大2倍。去往奥古斯特山的路都是内陆的野路，因此一般都是跟团前往。

珊瑚湾　Coral Bay

珊瑚湾位于卡那封以北230公里，埃克斯茅斯以南150公里，西北角（Cape Northwest）则位于珊瑚湾的尽头。这里还是被指定为世界自然遗产的宁格罗海洋公园（Ningaloo Marine Park）的门户城市，虽然地方不大，却是度假胜地。坐在海湾旁，眼前是美丽的白沙滩和珊瑚礁海。在澳大利亚本土基本上很难见到陆地附近有这么美丽的珊瑚礁。也正是因为这片美景，使得

拥有远海和浅海的美丽入海口小镇珊瑚湾

（成人）$49 （儿童）$24.50
■贝壳海滩
　开车前往或者参加旅游团前往。有从芒基米亚、特纳姆出发的 Shark Bay Coaches & Tours（包含参观叠层石）。
● Shark Bay Coach & Tour
☎ 0429-110-104
🌐 www.sharkbaycoaches.com
💬 这个团有最少的出团人数要求，出发前一定要确认能否出发
💰 贝壳海滩半日游：每人$80 / 叠层石 & 贝壳海滩一日游：每人$160
■哈美林池海洋保护区
　参加团体游项目或者跟团游览。Shark Bay Coach & Tour 公司有从芒基米亚、特纳姆出发的团体游项目（参考贝壳湾页边信息）。
☎ （08）9948-2226
🌐 parks.dpaw.wa.gov.au
🕐 周一～周五 8:20～16:30

交　通
●卡那封
Intrgrity Coach Lines 有从珀斯出发的巴士，每天3趟，车程约12小时。另外，Skippers航空还有从珀斯出发至卡那封的机场（CVQ）的航班，每天通航。
■卡那封游客信息中心
Carnarvon Visitor Centre
🏢 Civic Centre, 21 Robinson St., Carnarvon, 6701
☎ （08）9941-1146
🌐 www.carnarvon.org.au
🕐 周一～周五 9:00～17:00、周六·周日·节假日 9:00～12:00（11月～次年4月期间周日、节假日休业）
■ Blow Holes
　位于卡那封以北约75公里的海岸沿线。这是由于印度洋的侵蚀而形成的气孔，每当浪涛拍打这里的时候就会有冲天水从气孔中喷出，最大时可达20米高。
■奥古斯塔山之旅
● Casey Australian Tours
　从珀斯出发的8日游，游览奥古斯塔山、珊瑚湾、埃克斯茅斯、卡尔巴里国家公园等景点。
☎ （08）9399-4291
🌐 www.caseytours.com.au
💰 每人$2190～2250

交　通
●珊瑚湾
　乘坐 Intrgrity Coach Lines 从珀斯～埃克斯茅斯的巴士（每周3趟）。从珀斯出发约需15小时，从埃克斯茅斯

出发约需 2 小时。另外，还
有从珀斯直飞利埃蒙斯机
场（LEA）的航班，然后从
这里乘坐 Coral Bay Airport
Transfers（需要预约）或者
租车前往珊瑚湾。

● Coral Bay Airport Transfers
☎ 044-861-9999
🌐 www.cbairport transfers.com.
au
💰 成$95 儿$48（1~4 人）

■ 海底探险之旅
☎ 0477-778-520
🌐 www.subseaonningaloo.
com.au
🕐 赏珊瑚之旅：每天 9:00、
10:00、11:00、14:00 出发（约
1 小时）/ 浮潜之旅：每天
12:00~14:00
💰 赏珊瑚之旅 成$45 儿$25
家$120 / 浮潜之旅：成$60
儿$32 家$160

■ 与鲸鲨、蝠鲼、座头鲸
共泳
● Ningaloo Reef Dive
☎（08）9942-5824
🌐 www.ningalooreefdive.com
💰 与鲸鲨共泳：成$380 儿
$260 / 与蝠鲼共泳半日游：
$130 儿$90；一潜成人 $180/
与鲸鱼共泳：成$260 儿$225
（只观察$160 $125）
● Ningaroo Experience
☎（08）9942-5877
🌐 www.ningalooexperience.com
💰 与鲸鲨共泳：成$395 儿
$320 / 与蝠鲼共泳：成$165
儿$95 家$450
● Coral Bay Ecotours
☎（08）9942-5855
🌐 www.coralbayecotours.
com.au
💰 与鲸鲨共泳：成$395 儿
$275 家$1190 / 与蝠鲼共泳：
成$175 儿$100
家$499 / 与鲸鱼共泳：每人
$270（只观察成$165 儿$130
家$490）

■ 沙滩摩托之旅
主办公司：Coastal Adventure
Tours
☎（08）9948-5190
🌐 www.coralbaytours.com.au
💰 浮潜之旅 每人 $135 / 落
日之旅 每人 $115
※ 需要国际驾照

乘坐沙滩摩托在沙丘上狂奔

这里不仅是西澳大利亚人，还是所有来澳大利亚旅行的人盛赞的度假
海滩。

宁格罗海洋公园中的宁格暗礁群（Ningaloo Reef）仅次于大堡礁，
是澳大利亚第二大的大型珊瑚礁（全长 260 公里）。这里有 200 多种珊瑚，
栖息着 300 多种鱼，与大堡礁不相上下。珊瑚所在的小镇前的入海口
是浅滩，退潮的时候可以沿着浅滩一直走到珊瑚群生长的地方。如果提
前准备了浮潜装备，可以随时进行浮潜。

珊瑚湾还是与埃克斯茅斯齐名的可以与鲸鲨共泳的城镇。每年 3 月
中旬~7 月下旬，许多潜水爱好者都会为了可以与鲸鲨共泳来到这里，准
备在这一时期来游览珍珠湾的游客需要提早预订酒店。另外，每年的
8~10 月初座头鲸也会北上来此，届时会有出海赏鲸之旅或者与鲸鱼共泳
的活动举行。

可以从海滩直接参加
海底探险之旅
Sub-Sea Explorer Tour

可以直接从海滩出
发的海底探险团有很多
种，如乘坐玻璃底小船
的出海等，小编推荐半
潜水艇之旅。除了可以
近距离观察美丽的宁格
罗礁群，还可以参加潜
水团，去到从海滩很难
直接到达的美丽潜水点
潜水。

乘坐半潜水艇去观察珊瑚的世界

可以与大型鱼和鲸鱼共泳的人气之旅
与鲸鲨、蝠鲼、座头鲸共泳
Whaleshark，Manta Ray，Humpack Whale Swin

每年的 3 月下旬~6
月上旬最著名的是与鲸
鲨共泳，8 月上旬~10
月中旬最著名的是与座
头鲸共泳（详情请参照
→ p.555 埃克斯茅斯的
与鲸鲨、座头鲸共泳的
项目）。而且珊瑚湾附
近有蝠鲼的"清理站"，
通常可以来这里与蝠鲼

与蝠鲼相遇的可能性很大

共泳。通常在宁格罗珊瑚礁浮潜和在海中与蝠鲼活动可以组合在一起，
一日游或者半日游都可以。

在沙滩上撒点野
沙滩摩托之旅
Quad-Treks

珊瑚湾周边比较热门的项目还有骑沙滩摩托 ATV 在海滩上飞驰。可
以与骑摩托组合的项目有许多种，可以组合浮潜、观赏落日等种类。

埃克斯茅斯 Exmouth

从埃克斯茅斯游客信息中心可以获得许多关于宁格罗海岸的信息

埃克斯茅斯是一座位于西澳大利亚西北部、伸向印度洋的海岬前端的小镇，共有2400人。这一地区的中心地带是进行宁格罗珊瑚礁潜水、浮潜等海上运动的集散地，尤其是每年3~8月期间与鲸鲨共泳，以及8~10月期间赏鲸和与鲸鱼共泳的旅游旺季，许多游客都会选择住在埃克斯茅斯。鲸鱼共泳项目是从2016年刚刚开始的新项目。可以与座头鲸共泳的地区，在全世界也比较罕见，因此这个项目现在备受各界的关注。

埃克斯茅斯因游钓而知名，就连街灯的设计中也带有金枪鱼

埃克斯茅斯本来是为了建设澳军与美军共用的通行基地而建造的小镇。因此这里既没有海滩也没有度假氛围。即便是这样，这里的酒店数量和各种基础设施还是比珊瑚湾要齐全一些。此外，从这里去往世界遗产宁格罗海岸的组成部分——凯普山脉国家公园的交通也比较方便，12月~次年2月期间还可以观察海龟产卵，因此住在这里还是方便很多的。

使得埃克斯茅斯一举成名的活动

与鲸鲨、座头鲸共泳
Whaleshark & Humpack Whale Swim

与巨大的鲸鲨共泳

鲸鲨最大体长可达18米，体重40吨，是世界上最大的鱼类，英文是Whaleshark（在埃克斯茅斯比较常见的是7~12米的）。鲸鲨在世界各个海域洄游，一般来说相遇的概率很低，但是每年3月中旬~7月下旬一定会游到宁格罗珊瑚礁群一带。鲸鲨的主食是浮游生物，每年3~4月是珊瑚礁的产卵期，届时会有许多浮游生物会集到这里进食，而处于食物链顶端的鲸鲨也正是瞄准这一时期来此饱享美餐。赏鲸鲨游轮之旅在这一时期每天都会举行。为了环保起见，船只必须要保持距离鲸鲨50米以外的地方，但是如果从鲸鲨前进方向的附近下海浮潜，便可以很容易地看到它们的身影。

另外，每年冬季的时候座头鲸会从南极近海沿着澳大利亚沿岸北上，

交通

● 埃克斯茅斯

Intrgrity Coach Lines 每周有3趟巴士从珀斯出发，每周有2趟车从布鲁姆出发。澳洲航空每天有1~2班从珀斯出发的航班。到达的机场是距离埃克斯茅斯37公里的利尔蒙斯机场（Learmonth Airport）（LEA）。机场有根据起降航班时间出发的穿梭巴士（所需时间35分钟）（成人）$35（儿童）$25）。乘坐出租车大约需要$80。

■ 埃克斯茅斯游客信息中心
Exmouth Visitor Centre
🏠 8 Murat Rd. 6707
☎（08）9949-1176
🖥 www.visitningaloo.com.au
🕐 每天9:00~17:00
🚫 元旦、澳大利亚国庆日、耶稣受难日、劳动节、圣诞节、节礼日

■ 主要与鲸鲨共泳 & 座头鲸共泳的活动
● 3 Islands Whale Shark Dive
☎ 1800-138-501
🖥 www.whalesharkdive.com
💰（成人）$385（儿童）$265（家庭）$1130 / 与座头鲸共泳:（成人）$325 （儿童）$295
● Exmouth Diving Centre
☎（08）9949-1201
🖥 www.exmouthdiving.com.au
💰（成人）$399（儿童）$245（家庭）$1200/ 与座头鲸共泳:（成人）$399（儿童）$330 （只观察（成人）$175（儿童）$115）
● Kings Ningaloo Reef Tour
☎（08）9949-1764
🖥 kingsningalooreeftours.com.au
💰（成人）$395: $270（家庭）$1130 / 与座头鲸共泳:（成人）$285（儿童）$210（家庭）$800

游到温暖的海域。宁格罗珊瑚礁群刚好是折返点，也是它们产子育儿的海域。

为了不给座头鲸带来压力和侵扰，具体有许多细则和相关规定，从2017年开始有一些指定的旅行社（→ p.554~555边栏等）推出了可以浮潜与座头鲸共泳的项目（每个公司限定30分钟）。当然也可以只观察不浮潜。

■ **朱拉比海龟中心**
☎（08）9947-8000（Ningaloo Turtle Programma）
☎（08）9949-1176（埃克斯茅斯游客信息中心）
🌐 www.ningalooturtles.org.au
● 观察海龟产卵之旅
📅 每天出发的时间都有所不同，请在埃克斯茅斯游客信息中心确认时间
💰 大人 $20 小孩 $10

■ **Ningaloo Safari Tour**
☎（08）9949-1550
🌐 www.ningaloosafari.com
📅 Top off the Range Safari：周一·周三·周五 8:00~18:00 / Yardie Creek：周二·周四·周六 10:00~18:00
💰 Top off the Range Safari：大人 $220 小孩 $165 / Yardie Creek:$170 小孩 $140

観察海龟产卵
朱拉比海龟中心
Jurabi Turtle Centre

在 Vlamingh Head Lighthouse 灯塔欣赏夕阳

距离埃克斯茅斯约20公里的朱拉比角（Jurabi Point）附近是著名的海龟产卵地。在此上岸产卵的海龟有红海龟、蓝海龟、玳瑁三种。通常产卵的季节是从11月初~3月上旬，适合观察海龟产卵的时期是12月上旬~次年2月初。在这期间每天晚上都会有许多海龟上岸产卵。位于朱拉比角附近的朱拉比海龟中心会组织由导游带领的观察海龟产卵的团体游项目。因为这里距离埃克斯茅斯还是有一段距离，因此除了开车自驾的游客之外，只能跟团来这里参观。详细内容请到埃克斯茅斯游客信息中心咨询。

在朱拉比角最前端的山丘上还有一座灯塔——Vlamingh Head Lighthouse。这里是欣赏印度洋夕阳的最佳场所。

享受丛林漫步与浮潜的乐趣
凯普山脉国家公园
Cape Range NP

Yardie Creek 的美丽景色

凯普山脉国家公园距离埃克斯茅斯约100公里。这里是世界遗产的一部分，拥有绝美的喀斯特地形和美丽的白沙滩，还是适合浮潜的好地方，因此深受游客喜爱。

国家公园的总占地面积约5万公顷，其中最受游客喜爱的是路况较好、全程铺装道路的崖地溪谷（Yardie Creek）。在这里可以一边观察随时有可能出现的袋鼠、岩石沙袋鼠、鸸鹋等野生动物，也可以一边欣赏沿途美丽的景色。如果准备浮潜推荐在绿松石湾（Turquoise Bay），近海有珊瑚礁，非常美丽。

Ningaloo Safari Tours 公司有从埃克斯茅斯出发来此地游览的团体游项目，没有租车自驾的游客可以参加上述旅游团来此地参观游览。

黑德兰港 Port Hedland

城市入口处附近有由盐矿堆积而成的巨大盐港

黑德兰港是依靠铁矿石、羊毛、盐的运输而逐渐发展起来的港口城市。至今仍然在坚持做这些业务的运输，铁矿石主要是从皮尔巴拉各地区汇集于此，盐是从位于郊外的巨型盐田生产出来的。这里还有澳大利亚大型钢铁集团BHP的钢铁厂。对于游客来说，黑德

兰港是前往卡里基尼国家公园的门户城市，此外往布鲁姆方向250公里处的80英里海岸（80 Miles Beach）也是去往公园的一个旅游集散地。

80英里海岸上宽广的浅海海岸

卡里基尼国家公园 Karijini NP

汉考克溪谷的卡米茨池

　　卡里基尼国家公园位于黑德兰港的内陆，约300公里处。公园内有20亿年以前形成的地层，还有很多非常适合体验大自然的健走线路。不过园内的道路大都是非铺装道路，路况很差，而且没有公共交通可以到达这里，除非是参加团体游项目，否则很难来这里游览。
　　卡里基尼国家公园内比较受欢迎的项目是哈默斯利溪谷（Hamersley Gorge）、瓦艾诺溪谷（Waeno Gorge）、汉考克溪谷（Hancock Gorge）等风景优美的溪谷（部分线路除非是脚力好的，否则还是不要轻易体验）。美丽的阶梯状瀑布——福特斯库瀑布（Fortescue Falls）等景点也非常值得一看。

交 通

● 黑德兰港
　　Intrgrity Coach Lines 有从珀斯至埃克斯茅斯的长途巴士，经由海岸线（每周2趟车，大约39小时），经由纽曼的内陆线（每周一趟车，大约22小时）。另外，澳洲航空和澳大利亚维珍航空每天都有从珀斯直飞黑德兰机场（PFE）的航班。

■ **黑德兰港游客信息中心**
Port Hedland Visitor Centre
🏠 13 Wedge St., Port Hedland, 6721
☎ (08) 9173-1711
🌐 www.visitportland.com
🕐 周一～周五 9:00～17:00、2～12月的周六 9:00～14:00、5～9月的周日 9:00～14:00

交 通

● 卡里基尼国家公园
　　参加移动巴士（→p.532）的团体游项目来此地参观比较现实。如果准备从黑德兰港租车前往，一定要选择四驱车。

福特斯库瀑布的休息区

珊瑚海岸的酒店
Accommodation

杰拉尔顿

冠军海湾旅馆
Champion Bay Bed & Breakfast

◆ 这家旅馆位于可以俯瞰杰拉尔顿城的高地上，被评价为景观最好的住宿设施。无论外观建筑还是客房都是可爱风格的。

拥有最美景观的旅馆
URL www.championbay.com.au
住 31 Snowdon St., Geraldton, 6530
☎ 9921-7624
WiFi 免费
费 Ⓢ$120~180、Ⓦ$140~200
CC M V

卡尔巴里

卡尔巴里棕榈度假酒店
Kalbarri Palm Resort

◆ 距离购物中心仅有几分钟路程，距离海滩步行 5 分钟可达。酒店的建筑是平房，客房内干净整洁。有游泳池、温水泳池、网球场、BBQ 区域。

想要在这里常住
URL www.palmresort.com.au
住 8 Porter St., Kalbarri, 6536
☎ 9937-2333 Free 1800-819-029
FAX 9937-1324 WiFi 免费
费 ⓉⓌ$79~155、2B $165~219
CC A D J M V

芒基米亚与沙克湾

RAC Monkey Mia Dolphin Resort
RAC Monkey Mia Dolphin Resort

◆ 面朝海豚经常靠近的海滩而建的酒店。酒店辖地内有网球场、排球场、游泳池、水疗馆等设施。另外，在海滩上还可以钓鱼、浮潜。

芒基米亚唯一的酒店
URL parksandresorts.rac.com.au/park/monkey-mia
住 1 Monkey Mia Rd., Monky Mia, 6537 ☎ 9948-1320
Free 1800-871-570
FAX 9948-1034 WiFi 免费
费 Hostel：Ⓓ$22.50~30、ⓉⓌ$125 /
Resort：ⓉⓌ$240~310
CC A D J M V

海湾旅馆
Bay Lodge

◆ 建于海滩上的酒店。中院里有游泳池、台球桌。旅馆里还饲养了鹦鹉和金刚鹦鹉。

德纳姆的廉价酒店——海湾旅馆

非常完善的住宿设施
URL baylodge.info
住 113 Knight Tce., Denham, 6537
☎ 9948-1278
Free 1800-812-780
FAX 9948-1031
WiFi 免费
费 Ⓓ$36、ⓉⓌ$80~195
CC M V

珊瑚湾

珊瑚湾宁格罗俱乐部酒店
Ningaloo Club at Coral Bay

◆ 建于购物中心旁，是比较新式廉价的住宿设施。地理位置极佳，步行即可至海滩。

海滩附近的廉价住宿设施
URL www.ningalooclub.com
住 Robinson St., Coral Bay, 6701
☎ 9948-5100
FAX 9948-5070
WiFi 无
费 Ⓓ$29~34、ⓉⓌ$95~120
CC M V

珊瑚湾湾景酒店
Bayview Coral Bay

◆位于珊瑚湾最中央的海滩附近。辖地范围十分宽广，内有游泳池、儿童游乐场、只有在晚餐时才开放的餐馆和酒吧。内部还有别墅和小木屋零星分布，旅馆建筑位于最里侧。前厅的一个角落里有旅游咨询服务台，可以在这里咨询相关的旅行信息。

地理位置优越，无论做什么都非常方便

汽车旅馆与房车营地
URL www.coralbaywa.com.au
住 Robinson St.，Coral Bay，6701
☎ 9385-6655
FAX 9385-6867
WiFi 无
费 Lodge：ⓉⓌ$195~210 / Villa：①B$245、②B$295、③B$315 / Cabin：ⓉⓌ$135~185
CC M V

Ningaloo Reef Resort
Ningaloo Reef Resort

◆拥有游泳池、餐馆、酒吧，设施完善的度假村。客房是时尚的装修风格，还有公寓房。

家庭出行最放心的住宿设施

珊瑚湾最棒的酒店
URL www.ningalooreefresort.com.au
住 1 Robinson St.，Coral Bay，6701
☎ 9942-5934
WiFi 付费
费 ⓉⓌ$220~395
CC J M V

埃克斯茅斯

波夏特酒店
Potshot Hotel Resort & Excape YHA

◆巨大的入口处给人留下深刻的印象。时尚舒适的客房虽然缺乏豪华感，但是十分舒适。度假村内有酒吧和餐馆等设施。在设施内还有 Excape Backpackers。

设施完善的老牌酒店

受欢迎的星级酒店
URL www.potshotresort.com
URL www.yha.com.au
住 1 Murat Rd.，Exmouth，6707
☎ 9949-1200
FAX 9949-1486
WiFi 付费
费 ⓉⓌ$145~245、②B$270 / Hostel：Ⓓ$30~32、ⓉⓌ$72~81
※ YHA 会员、VIP 有折扣
CC A D J M V

埃克斯茅斯凯普假日公园
RAC Exmouth Cape Holiday Park

◆这里是埃克斯茅斯的老字号度假公园，小木屋类型的住宿设施比较齐全。共用的厨房、卫生间、淋浴房等设施也比较洁净。还有专门为背包客提供的住宿设施。

设施齐全的度假公园（户外宿营区）
URL parksandresorts.rac.com.au/park/exmouth
住 3 Truscott Cres.，Exmouth，6707
☎ 9949-1101 Fax 1800-871-570
WiFi 免费
费 Cabin ⓉⓌ$118~302 / Backpackers：Ⓓ$34、Ⓦ$105~150
CC M V

埃克斯茅斯宁格罗卡那封假日度假村
Exmouth Ningaloo Caravan & Holiday Resort

◆除了帐篷和多功能住宿设施以外，还有小木屋和房车营地等住宿设施。另外，辖地内还有 Winstons Backpackers 等廉价住宿设施。在多人间、双人间等所有房型内都带有空调。此外，设施内还带有游泳池、BBQ 区域等。

位于游客信息中心附近
URL www.exmouthresort.com
住 1112 Murat Rd.，Exmouth，6707
☎ 9949-2377
Fax 1800-652-665
FAX 9949-2577
WiFi 付费
费 Studio Chalets：$205、②B$230~245 / Hostel：Ⓓ$40、ⓉⓌ$84~94
CC A D J M V

布鲁姆与金伯利

Broome & The Kimberley

交通

●布鲁姆

Integrity Coach lines 每周有 2
班从珀斯开往布鲁姆。达尔文
每天都有灰狗巴士公司的车次
开往珀斯。乘坐飞机的话，澳
洲航空有从珀斯、悉尼、墨尔
本、布里斯班飞往布鲁姆国际
机场（BME）的航班，澳大利
亚维珍航空有从珀斯、墨尔本、
达尔文起飞的航班。

●布鲁姆国际机场

Broome International Airport
🖥 www.broomeair.com.au

布鲁姆的市内交通

从布鲁姆市中心至凯布
尔海滩有公交巴士（Town
Bus Service）开行。购买 1 日
乘车票（$10）会比较方便。

●公交巴士

☎ (08) 9193-6585
🖥 www.broomebus.com.au

■布鲁姆游客信息中心

Broom Visitor Centre
📖 p.562/1B

📍 1 Hamersley St.，6725
☎ (08) 9192-2220
🖥 visitbroome.com.au
🕐 周一～周五 8:30~17:00、
周六・周日・节假日
8:30~16:30（雨季时会有调整）

从布鲁姆到与北部地区接壤的西澳大利亚最北部被称为金伯利。这
里有许多峡谷、火山口以及世界上著名的地质奇观——邦格尔邦格尔等
自然景观。不过，进入雨季之后，通往各主要景点的道路会被水淹没，
基本上无法游览。应在每年 5~10 月的旱季前往。

布鲁姆 — Broome

布鲁姆是去往金伯利的门户
城市。这里曾是世界上的珍珠养
殖中心，20 世纪初有很多外国人
来此从事珍珠养殖。但是在第二
次世界大战期间，这里遭到了日
军空袭，整个城市化为废墟。现
在，布鲁姆也有很多华裔、日裔
居民。

布鲁姆道路旁的酒瓶树会给人留下深刻的印象

设施完备的市中心

位于市中心的卡纳文街（Carnarvon St.）、丹皮尔路（Dampier Tce.）
一带，有充满着亚洲气息的唐人街、半室外的阳光影院（Sun Pictures），
以及向人们讲述过去历史的采珍珠船（Pearl Luggers）等景点。在唐
人街，每年 8~9 月期间会举办珍珠节（Shinju-Matsuri），设有活动
的主会场。法院（Court House）位于从市中心向南延伸的哈默斯利
街（Hamersley St.），其建筑为 1889 年铺设布鲁姆至爪哇岛的海底电
缆时所建，建筑风格为高架式殖民地建筑。
在建筑旁边，每周六（夏季为周六、周日）
8:00~18:00 会举办露天市场，如果正好赶上了
不妨去看看。

小镇的南面有贝德福德公园（Bedford
Park），里面有猴面包树（当地人称之为伯阿
布）。面对公园的马次奥咖啡酒馆（Matso's
Cafe & Brewery）由建于 1900 年的高架式殖民
地风格建筑改建而成，是布鲁姆著名的餐馆兼

布鲁姆
Broome

0 —— 2km

凯布尔海滩俱乐部
度假水疗酒店
Cabel Beach Club Resort & Spa

凯布尔海滩背包客旅舍
Cabel Beach Backpackers

鳄鱼公园
Crocodile Park

骑骆驼

凯布尔海滩
Cable Beach

布鲁姆
国际机场

CABLE BEACH RD

▶ p.562

印度洋
Indian Ocean

GANTHEAUME POINT RD

PORT DRV

甘西姆角
Gantheaume Point

赛马场

恐龙足迹

🛈 布鲁姆高尔夫俱乐部

罗巴克湾
Roebuck Bay

N

Reddell Point

深水点

深水点
Deep Water Point

法院前的市场每到周末就会开放

酒吧。这里有多种自制啤酒，可以试饮。

布鲁姆历史博物馆（Broome Historical Society Musume）也很值得一去。馆内通过各种展品对布鲁姆的历史进行介绍。

在布鲁姆每个月月圆前后可以看到一种奇妙的自然现象——通向月亮的阶梯（Statircase to the Moon）。夜晚退潮时，月亮出现在水平线上，月光照在水面，看上去像是有阶梯通向月亮。这种景观虽然每个月都会出现，但3~4月及8~9月时最好，建议在市内海滩或红树林酒店前观看。另外，可在布鲁姆游客信息中心获取相关信息，了解什么时候会出现通向月亮的阶梯。

西澳大利亚著名的凯布尔海滩

在夕阳下骑骆驼

凯布尔海滩位于布鲁姆以西约6公里处，面向印度洋，有美丽的白色沙滩。澳大利亚至爪哇岛的海底电缆就是从这里入海，因此这里得名凯布尔（Cable）。这里的海滩非常适合冲浪，全年都有大批冲浪爱好者聚集于此。有很多团体游项目，时间从30分钟到1天都有。最值得推荐的是落日团体游。可以骑着骆驼观赏太阳落入海面，非常有趣。

在凯布尔海滩旁边有鳄鱼公园（Crocodile Park）。每天15:00开始有园内团体游及给鳄鱼喂食的表演，可以看到身长达5米的鳄鱼吞吃鸡肉的场面。

在凯布尔海滩南端的甘西姆角（Gantheame Point），红色的岩石与蓝色的印度洋交相辉映，形成美丽的画面，经常出现在各种风景图片中。这里还有许多恐龙的脚印（距今1.2亿年）。在红色岩石之中能看到一些恐龙脚印的复制品，除此之外，在退潮后，海边也会显现出一些恐龙脚印。

奇妙的自然现象，通向月亮的阶梯

恐龙脚印其实并不大

德比 Derby

德比距离布鲁姆220公里，人口5000人，是游览吉布里弗路（Gibb River Rd.）沿线峡谷景观的中心城镇。小镇旁边的国王湾（King Sound），

元旦、圣诞节、节礼日

■珍珠节
shinjumatsuri.com.au

■阳光影院 ▶p.562/1B
27 Carnarvon St., 6725
☎（08）9192-1077
www.broomemovies.com.au

■采珍珠船 ▶p.562/1B
31 Dampier Tce., Chinatown, 6725 ☎（08）9192-0022
www.pearlluggers.com.au
团体游：每天9:00、11:00、13:00、15:00开始（约1小时）
成人 $25 儿童 $12.50 家庭 $60

■马次奥咖啡酒馆 ▶p.562/2B
60 Hamersley St., 6725
☎9193-5811 www.matsos.com.au 每天7:00~22:30

■布鲁姆历史博物馆 ▶p.562/2B
Opp. Seaview IGA, 67 Robinson St., 6725
☎（08）9192-2075
www.broomemusem.org.au
5~9月：周一~周五10:00~16:00、周六·周日10:00~13:00/10月~次年4月：每天10:00~13:00
成人 $6 儿童 $1、12岁以下免费

■骆驼骑行
● Broome Camel Safaris
☎041-991-6101
www.broomecamelsafaris.com.au
清晨45分钟骆驼骑行：
成人 $70 儿童 $50/黄昏30分钟骆驼骑行：成人 $50 儿童 $35/黄昏1小时骆驼骑行：成人 $90 儿童 $70

■鳄鱼公园
Cable Beach Rd., Cable Beach, 6726 ☎（08）9193-6580 www.malcolmdouglas.com.au 每天14:00~17:00/给鳄鱼喂食15:00
成人 $35 儿童 $20 家庭 $90

■甘西姆角 ▶p.560
从布鲁姆市中心出发，只有早上第一班开往凯布尔海滩的公交巴士会经过甘西姆角。之后没有可以乘坐的巴士，只能步行6公里左右去凯布尔海滩。建议租车自驾。

● Broome Sightseeing Tours
☎（08）9192-0000
布鲁姆市内半日游：每天8:30~11:00
成人 $80 儿童 $35 家庭 $195

交通

●德比
从布鲁姆开往达尔文的巴士均经过德比。有澳大利亚灰狗巴士及德比巴士的车次。乘飞机飞往德比机场（DRB）的话，有

澳大利亚维珍航空的航班。

■德比游客信息中心
Derby Visitor Centre
🏠 30 Loch St., Derby, 6728
☎ (08) 9191-1426
🖥 www.derbytourism.com.au
🕐 6~8月：周一~周五 8:30~
16:30、周六·周日 9:00~15:00/
11月~次年3月：周一~周五
9:00~16:00、周六 9:00~12:00/
4~5月及9~10月：周一~周五
8:30~16:30、周六·周日 9:00~
13:00
🚫 10月~次年3月的周日

■温伽纳峡谷国家公园
没有公共交通工具，且
道路未铺装，建议参加团
体游前往。温伽纳旅行社
（Windjana Tours）有从德比
去往温伽纳峡谷、唐奈尔
河、盖基峡等地的团体游。
● 温伽纳团体游［德比巴士］
☎ (08) 9193-1550
🖥 www.derbybus.com.au
🕐 11月~次年3月：周日
7:15 出发/4~5月及9~10月：
周二·周日/周日 8:15 出发
/6~8月：每天 8:15 出发
※ 其他时间需事先查询

涨潮与退潮时的水位差非常大。其差
值达到 10.8 米，仅次于加拿大的新
斯科舍海域的 11.3 米，是世界上第
二大的涨落潮水位落差。在小镇以南
7公里处有监狱树（Prison Tree），其
实就是较大的伯阿布（猴面包树），
据说，在 19 世纪 80 年代被殖民者抓
到的原住民奴隶曾被锁在这些树下。

德比近郊的温伽纳峡谷

从德比向北部的河谷地带延伸并通往库努纳拉的未铺装道路为吉布
里弗路。位于这条道路沿线上的温伽纳峡谷国家公园（Windjana Gorge
NP）在远古时代曾被珊瑚礁环绕，继续向南还有唐奈尔河国家公园、位
于菲茨罗伊克罗辛近郊的盖基峡国家公园，这三个地方合称泥盆纪珊瑚
礁峡谷群（Devonian Reef Gorges）。由珊瑚堆积而成的石灰岩质断崖沿河
流耸立，河流中有澳大利亚鳄鱼出没。还有健走线路，能见到各种化石。

菲茨罗伊克罗辛与盖基峡国家公园 Fitzroy Crossing & Geikie Gorge NP

菲茨罗伊克罗辛是去往盖基峡国家公园的门户。从这里向东约 18
公里就是盖基峡，可以乘坐游船（有公园管理员带领的盖基峡游船团体
游 Geiki Gorge Boat Tour 与原住民向导带领的当库历史文化游带团体游
Darngku Heritage Cruises）观赏河谷中的美景。可以看到耸立于河边的断

布鲁姆中心地区
Broome Central

0　　　　　500m

562

崖清晰地分为两种颜色，这是雨季时降水量增多所致。两种颜色的交界处距离地面大概有17米高。雨季时河流的水位会升至这里。乘船游览时，经常能看到澳大利亚鳄鱼及鳐鱼（据推测这些鳐鱼是从海中沿河而上来到这里的）。

乘船游览澳大利亚三大峡谷之一的盖基峡

霍尔斯克里克 Halls Creek

自1885年发现金矿后，霍尔斯克里克开始受到关注，之后周边出现了许多广阔的牧场并不断发展。在郊外，有酷似万里长城的天然石墙，被称为中国墙（China Wall）。还有淘金热时代的遗迹——老霍尔斯克里克（Old Halls Creek）。向南150公里处，是世界上第二大的沃尔夫克里克陨石坑（Wolfe Creek Meteorite Crater），直径835米，深50米，坑内面积14平方公里。

天然形成的中国墙令人不可思议

普尔努卢卢国家公园 Purnululu NP

金伯利旅游的最大亮点是邦格尔邦格尔（Bungle Bungle）。在霍尔斯克里克与库努纳拉之间，沿大北公路行驶60公里的地方就是普尔努卢卢国家公园的一部分，是由砂岩构成的起伏山脉（邦格尔邦格尔在原住语中意为"砂岩"）。3.5亿年前，山脉西部的沙石被冲积至

此，堆积成砂岩，之后经过2000万年的风雨侵蚀，形成了现在的地质奇观。外形圆润的山峰被称为Bee Hive（蜂巢），岩石表面的纹理是由苔藓和硅石创造的天然艺术品。

游览邦格尔邦格尔，基本上都要参加团体游。如果自己驾驶越野

早季时皮卡尼河干涸的河床会成为人们步行游览的线路

乘飞机从空中观赏邦格尔邦格尔的美景

費 成人$195 儿童$95

■菲茨罗伊克罗辛游客信息中心 Fitzroy Crossing Visitor Centre

🏠 Cnr. Forest Rd. & Flynn Drv., Fitzroy Crossing, 6765

☎ （08）9191-5355

🖥 www.fitzroycrossingtourism.com.au

🕐 4-9月：周一～周五8:30-16:00、周六9:00-13:00 10月～次年3月：周一～周五8:30-16:00

■盖基峡国家公园

没有公共交通工具，只能租车自驾或参加团体游。

●盖基峡团体游

☎ （08）9195-5500

🖥 parks.dpaw.wa.gov.au

🕐 5～10月：8:00、9:30、15:00出发（用时约1小时）

費 成人$40 儿童$10 家庭$90

●当库历史文化游船

☎ （08）9191-5552

🖥 www.darngku.com.au

🕐 1小时游船：5～9月8:00、16:00出发 /2小时游船：4～12月：8:00、14:00出发

費 1小时游船：成人$35 儿童$7.50/2小时船：成人$70 儿童$60

■霍尔斯克里克旅行与团体游 Halls Creek Travel & Tourism

🏠 2 Hall St., Halls Creek, 6770

☎ （08）9168-6262

🖥 www.hallscreektourism.com.au

🕐 每天7:00～17:00（雨季会有调整）

■邦格尔邦格尔的团体游

●金伯利野外探险 Kimberley Wild Expeditions

在布鲁姆出发并到达的5日团体游，乘坐四驱越野车。

☎ 1300-738-870

🖥 www.kimberleywild.com.au

🕐 4～10月每周二从布鲁姆出发，周六返回布鲁姆

費 成人$1695~1995 儿童$1595~1895

●澳大利亚探险之旅 Australia Adventure Travel

在库努纳拉出发并到达的1晚2天野营团体游，乘坐四驱越野车。

☎ 0434-923-274 🖥 www.safaris.net.au 🕐 5月中旬～10月上旬每周三出发

費 1晚2天 成人$550 儿童$530

●阿维艾尔 Aviair

☎ （08）9166-9300

☎ 1800-095-500

🖥 www.aviair.com.au

費 邦格尔邦格尔及阿盖尔湖游览飞行（约2小时）：成人$399 儿童$379/邦格尔邦格尔飞行及乘车1日游（往返游览飞行及乘四驱越野车游览邦格尔邦格尔）：成人$789 儿童$769

■**普尔努卢卢国家公园的游览飞机**
●**海利斯皮里特 Helispirit**
📠 1800-180-085
🔗 www.helispirit.com.au
💰 18分钟 $289、30分钟 $399

交 通

●**库努纳拉**
　　从布鲁姆开往达尔文的巴士均经过库努纳拉。可以乘飞机飞往库努纳拉机场（KNX），北方航空有从珀斯、布鲁姆、达尔文起飞的航班。

■**库努纳拉游客信息中心**
Kununurra Visitor Centre
🏠 75 Coolibah Drv.，Kununurra，6743　☎ (08) 9168-1177
📠 1800-586-868
🔗 www.visitkununurra.com
🕐 周一～周五 8:30~16:30，周六・周日 9:00~13:00（雨季同一～周五 9:00~16:00）

■**奥德河游船**
经营：Triple J Tours
☎ (08) 9168-2682
🔗 triplejtours.com.au
🕐 4～10月每天 11:30~17:30
💰 🧍$185 🧒$145

右栏

车前往，因这里路况非常差，所以需要较高的驾驶技术及一定的汽车修理技术。参加团体游前往，从布鲁姆出发的话一般为4晚5天以上，从库努纳拉出发的话，一般为2晚3天以上。从库努纳拉还有到达这里的一日游项目，可以乘坐飞机。普通的团体游，游客可乘大型四驱越野车在国家公园内游览皮卡尼河（Piccaninny Creek）、教堂峡谷（Cathedral Gorge）、大象岩（Elephant Rock）等景点。乘飞机游览也很值得推荐，可在空中俯瞰美景。

　　进入雨季后，大北路禁止通行，届时无法到此旅游，需要注意。

库努纳拉　　　　　　　　　　　　　　Kununurra

　　库努纳拉是金伯利北方的门户。世纪遗产普尔努卢卢国家公园位于小镇以南约300公里处，可以从库努纳拉参加团体游前往，所以这里的游客很多。小镇周围有奥德河（Ord River）与大坝湖——库努纳拉湖（Lake Kununurra），水资源充足，因此这里成了澳大利亚最大的网纹瓜产地。奥德河中栖息着鳄鱼，有游船在河上航行。在小镇以南70公里处的阿盖尔湖（Lake Argyle）附近有阿盖尔钻石矿，这是世界上唯一出产粉色钻石的地方。

布鲁姆与金伯利的酒店
Accommodation

布鲁姆

布鲁姆拉斯特度假村
Broome's Last Resort
◆ 位于巴格特街的背包客旅舍，靠近游客信息中心。有游泳池、酒吧等设施。

| 背包客的乐园 | Map p.562/1B |
🔗 www.broomeslastresort.com.au
🏠 2 Bagot St.，Broome，6725
☎ 9193-5000
📶 免费
💰 Ⓓ$25~45、Ⓦ$75
💳 M V

金伯利克鲁博青年旅舍
Kimberley Klub YHA
◆ 有游泳池、羽毛球场、排球场、乒乓球桌等各种运动设施。

| 长期入住也不会无聊 | Map p.562/1B |
🔗 www.kimberleyklub.com
🔗 www.yha.com
🏠 62 Frederick St.，Broome，6725
☎ 9192-3233　📠 1800-004-345
📶 免费　💰 Ⓓ$17~22.50、ⓉⓌ$65~80
※ 非 YHA 会员者需支付附加费用
💳 A D J M V

凯布尔海滩背包客旅舍
Cable Beach Backpackers
◆ 距离凯布尔海滩很近，酒店内有游泳池、篮球场等设施。还提供冲浪板及卧式冲浪的租借服务。

| 凯布尔海滩的廉价旅馆 | Map p.560 |
🔗 www.cablebeachbackpackers.com
🏠 12 Sanctuary Rd.，Cable Beach，6725
☎ 9193-5511
📠 1800-665-011
📶 免费
💰 Ⓓ$22~30 ※ 有 YHA、VIP 优惠

月光湾度假村
Moonlight Bay Suites

◆ 所处的位置很好，在院内能观看"通向月亮的阶梯"。为公寓式酒店，房间较大，即便是普通房间也有厨房。

市中心最高级的度假酒店   Map p.562/2B
URL www.moonlightbaysuites.com.au
住 51 Carnarvon St., Broome, 6725
☎ 9195-5200 WiFi 免费
费 1B$239~264、2B$264~332
CC A D J M V

红树林酒店
The Mangrove Hotel

◆ 中档酒店，所在位置适合观看"通向月亮的阶梯"。有空调、电视、淋浴等必要的设备。

位置极佳的酒店   Map p.562/1B
URL www.mangrovehotel.com.au
住 47 Carnarvon St., Broome, 6725
☎ 9192-1303 FAX 9193-5169
WiFi 免费 费 T W$184~429
CC A D J M V

布鲁姆美居酒店
Mercure Broome

◆ 位于市中心南部贝德福德公园对面的高级酒店。有游泳池、餐馆、酒吧等设施。

交通便利   Map p.562/2B
URL www.accorhotels.com
住 1/79 Weld Str., Broome, 6725
☎ 9195-5900 FAX 9192-1715
WiFi 收费 费 T W$169~239
CC A D J M V

凯布尔海滩俱乐部度假水疗酒店
Cable Beach Club Resort & SPA

◆ 位于凯布尔海滩旁的高级度假酒店。酒店院内有游泳池、水疗中心、热带植物园，环境幽雅。

凯布尔海滩高级度假酒店   Map p.560
URL www.cablebeachclub.com
住 1 Cable Beach Rd., Broome, 6725
☎ 9192-0400
FAX 9192-2249
WiFi 免费
费 T W$359~995、Villa $1289~1489
CC A D J M V

客房环境优雅

库努纳拉

金伯利鳄鱼背包客青年旅舍
Kimberley Croc Backpackers YHA

◆ 位于市中心的背包客旅舍。院子里有游泳池。

设备齐全的背包客旅舍
URL www.yha.com.au
住 120 Konkerberry Drv., Kununurra, 6743 ☎ 9168-2702 WiFi 免费
费 D$31~38.50、T W$90~99
※ 非 YHA 会员需加收额外费用
CC M V

库努纳拉背包客旅馆
Kununurra Backpackers

◆ 所有房间均有空调。有游泳池、BBQ 设备。

有价格便宜的团体游
URL www.kununurrabackpackers.com.au
住 24 Nutwood Cres., Kununurra, 6743
☎ 9169-1998 Free 1800-641-998
WiFi 收费
费 D$25~29、T W$65
CC M V

库努纳拉酒店
Hotel Kununurra

◆ 有游泳池、餐馆，是库努纳拉设备最完备的酒店。

舒适的市区酒店
URL www.hotelkununurra.com.au
住 37 Messmate Way, Kununurra, 6743
☎ 9168-0400
WiFi 收费
费 T W$159~250
CC A D J M V

金伯利
5 天探险之旅

普尔努卢卢国家公园内的皮卡尼河步行游览线路

普尔努卢卢国家公园教堂峡谷的壮丽自然景观

普尔努卢卢国家公园内的露营地

金伯利保持着远古时代澳大利亚的风貌，参加探险团体游，乘坐大型越野车游览是效率最高的游览方式。接下来介绍一下金伯利野外探险旅游公司经营的从布鲁姆出发的4晚5天团体游。按照这个日程安排，包括从国内出发，大概用8天就能完成金伯利的游览。

盖基峡国家公园内的远古珊瑚礁

第1天，从布鲁姆在遍布猴面包树的大地上行驶约400公里，目的地是泥盆纪珊瑚礁峡谷群中的一个——盖基峡国家公园。可乘船游览石灰岩大峡谷，你会被壮丽的景色深深吸引。途中还能见到许多澳大利亚鳄鱼。

在菲茨罗伊克罗辛可以入住设备齐全的房车营地。普通费用的住宿设施为帐篷，如果愿意支付更多的费用，则可入住带冰箱、淋浴、厕所的常设旅行帐篷。

普尔努卢卢国家公园的两日行程

第2天，在霍尔斯克里克游览完中国墙及老霍尔斯克里克之后，前往全程的亮点之一、世界自然遗产普尔努卢卢国家公园（邦格尔邦格尔）。国家公园内设有高级露营地。有固定的带床铺的帐篷，用餐区也很宽敞。还提供包括啤酒在内的免费饮料。

在普尔努卢卢国家公园，可以游览大象岩，前往皮卡尼地区沿步行线路游览皮卡尼河观景台、教堂峡谷，太阳落山前到针鼹鼠峡谷步行游览，最后在奥斯曼德观景台观赏落日。还有乘坐直升飞机游览的项目可供游客选择。总之普尔努卢卢国家公园的主要景点都能转遍。

在难得一去的景点感受大自然的魅力

在返回布鲁姆的途中，会去游览泥盆纪珊瑚礁峡谷群中的景点。在敏皮洞，可以在原住民导游的带领下游览溶洞。还能看到原住民壁画。在唐奈尔河景区，游客可乘小船沿河流游览洞窟，洞中即便是夏季温度也很低，此外还可以到小河中游泳。在温伽纳峡谷国家公园，可步行游览。除了壮美的河谷景色，游客还能近距离见到澳大利亚鳄鱼的身影。

●金伯利野外探险
Kimberley Wild Expedition
URL www.kimberleywild.com.au
※ 团体游费用及举行日期等事项参见 p.563。

Wine Tasting
Brokenwood Wines, Hunter Valley, New South Wales

澳大利亚
旅行的准备与技巧

收集旅行信息

澳大利亚国家旅游局的官网

  为了让旅途更加愉快，更加高效，在出发前收集澳大利亚的旅行信息是非常有必要的。尤其是通过互联网查找有效的旅行攻略是最简便的方法。澳大利亚国家旅游局官网有中文界面，此外各州的旅游局开设有中文的界面，基本介绍了主要景点的详细情况。另外，出发前还需要确认主要航空公司、巴士公司、旅行社、演艺公司、酒店、餐馆等的官网最新信息，一定要在出发前获取最新更新的信息。本书中尽可能详细地登载了各个设施的官网网址，可供参考。

  另外，为了让整个旅程更加有趣，可以在出发前多读一些关于澳大利亚的旅游指南图书，像《走遍全球澳大利亚》。

方便的网站

澳大利亚综合信息
- 中国驻澳大利亚大使馆
- ▣ au.china-embassy.org/chn（中文）
- 澳大利亚驻华使馆
- ▣ china.embassy.gov.au/bjngchinese/home.html

澳大利亚旅游信息
- 澳大利亚国家旅游局
- ▣ www.australia.com/zh-cn（中文）
- 昆士兰州旅游局
- ▣ www.queensland.com.cn（中文）
- 新南威尔士州旅游局
- ▣ www.sydney.cn/（中文）
- 维多利亚州旅游局
- ▣ cn.visitmelbourne.com（中文）
- 塔斯马尼亚州旅游局
- ▣ www.discovertasmania.net.cn（中文）
- 南澳大利亚州旅游局
- ▣ cn.southaustralia.com（中文）
- 北部地区旅游局
- ▣ northernterritory.cn/（中文）
- 西澳大利亚州旅游局
- ▣ www.westernaustralia.com/cn（中文）

航空公司
- 澳洲航空
- ▣ www.qantas.com（可以选择语种）
- 中国国际航空公司

- ▣ www.airchina.com.cn（中文）
- 中国南方航空公司
- ▣ www.csair.com/cn（中文）
- 捷星航空
- ▣ www.jetstar.com/cn/zh（中文）
- 澳大利亚维珍航空
- ▣ www.virginaustralia.com（中文）
- 老虎航空
- ▣ tigerair.com.au

长途巴士、铁路
- 澳大利亚灰狗巴士
- ▣ www.greyhound.com.au

澳大利亚当地信息
- 澳大利亚生活网
  华人在澳大利亚生活信息网
- ▣ www.auliving.com.au/（中文）

电话号码/住所检索
- 澳大利亚电讯黄页
- ▣ www.yellowpages.com.au
- 澳大利亚电讯白页
- ▣ www.whitepages.com.au

澳大利亚气象信息
- 澳大利亚气象厅
- ▣ www.bom.gov.au

旅行季节

　　地处南半球的澳大利亚，季节与地处北半球的中国相反。但是，澳大利亚的国土南北纵深很长，到了冬季也并非所有地方都会冷。有很多地方即便在冬季，气温也会超过30℃，与此相反，即便在夏季有的地方温度也在20℃以下。所以，我们首先应该明确自己的旅行目的，要知道去澳大利亚究竟是要做什么、看什么。然后，根据自己的旅行目的来选择合适的旅行地点及季节。

每年秋季至第二年春季，蓝山的清晨常会被雾气笼罩

达尔文

凯恩斯

艾尔斯岩石

布里斯班

珀斯

阿德莱德

悉尼

墨尔本

霍巴特

- 🟥 热带雨林气候
- 🟧 亚热带雨林气候
- 🟩 地中海气候
- 🟦 温带湿润气候
- ⬜ 沙漠气候
- 🟪 热带半干旱气候
- 🟧 温带半干旱气候

■ 澳大利亚的旅行季节简介

　　每年11月～次年3月是澳大利亚最佳的旅行季节。在此期间，公共交通工具及廉价酒店的客流量都很大。尤其是在12月～次年2月初，正值圣诞假期和学校假期，最好提前预订住宿设施及交通工具。另外，4月的复活节及学校假期期间，游客也很多，需提前做好准备。各州具体的学校假期安排不同，但一般都在8、9月及4月（参见介绍各州情况的内容）。

旱季在大堡礁体验潜水

澳大利亚南部四季分明

　　一年之中，四季分明的地区是澳大利亚南部。在悉尼及墨尔本等地，一般来说可体验各个季节的户外活动，夏季能下海游泳，冬季可以滑雪。不过在城市，冬季的温度也不会很低，例如悉尼的冬季，白天温度基本上不会低于15℃。

澳大利亚的春季是野花盛开的季节

澳大利亚北部只有两个季节

　　澳大利亚北部季节分为雨季和旱季两季。旱季从4月中下旬～11月中旬，雨季从11月中下旬～次年4月中旬。不过，所谓的雨季，其实降水较多的是在1~2月期间，其他时间基本上每天只有短暂的阵雨而已。

　　如果想在大堡礁（G.B.R.）体验潜水，建议在旱季前往，因为那时海水的透明度较高。大堡礁南北延绵很长的距离，越往南受雨季的影响越小。

　　雨季时想潜水，建议前往南部的赫伦岛及埃利奥特夫人岛。

　　另外，要游览卡卡杜国家公园及尼特米鲁克国家公园的游客，最好选择换季时前往。雨季期间，道路很可能被洪水淹没，从而影响旅行，

旱季的卡卡杜国家公园很适合观看日落

9月时内陆地区很适合步行游览

到了旱季，河流、瀑布会干涸，让景色少了许多情趣。

到内陆地区旅行建议选择 4~11 月期间

到内陆地区（Outback）旅行，最好避开盛夏季节。因为澳大利亚的内陆基本上都是沙漠和戈壁。盛夏季节气温经常会超过40℃，而且天气非常干燥，这会让旅行变得十分辛苦。而 4 月及 9~10 月期间，白天的气温一般都在 30℃ 之下，比较适合旅行。5~8 月期间，白天温度在 22℃ 左右，非常舒适。不过，夜间温度会降到 10℃ 以下，所以应带上毛衣和卫衣。

澳大利亚各主要城市的平均气温、降水量

		1月	2月	3月	4月	5月	6月	7月	8月	9月	10月	11月	12月
QLD	**凯恩斯**												
	平均最高气温（℃）	31.5	31.2	30.6	29.2	27.6	26.0	25.7	26.6	28.1	29.6	30.7	31.4
	平均最低气温（℃）	23.7	23.8	23.1	21.6	19.9	17.9	17.1	17.4	18.7	20.6	22.3	23.4
	平均降水量（mm）	391.8	451.8	421.7	197.4	91.4	45.6	29.2	26.7	33.4	46.0	93.7	175.9
	布里斯班												
	平均最高气温（℃）	30.2	29.9	28.9	27.1	24.4	21.9	21.9	23.2	25.7	27.1	28.0	29.3
	平均最低气温（℃）	21.5	21.3	20.0	17.3	13.5	11.7	10.1	10.7	13.7	16.3	18.7	20.3
	平均降水量（mm）	153.9	142.5	109.2	65.8	58.5	57.6	24.7	42.1	28.8	72.5	106.6	138.7
	黄金海岸												
	平均最高气温（℃）	28.7	28.6	27.8	25.9	23.4	21.3	21.1	21.9	23.9	25.3	26.7	27.8
	平均最低气温（℃）	21.9	21.8	20.8	18.3	15.3	13.1	12.0	12.5	14.8	16.9	18.9	20.5
	平均降水量（mm）	139.9	177.7	110.8	125.8	112.2	112.8	48.8	62.6	44.4	91.5	119.0	139.3
NSW	**悉尼**												
	平均最高气温（℃）	25.9	25.8	24.8	22.4	19.5	17.0	16.3	17.8	20.0	22.1	23.6	25.2
	平均最低气温（℃）	18.7	18.8	17.6	14.7	11.6	9.3	8.1	9.0	11.1	13.6	15.6	17.5
	平均降水量（mm）	101.6	117.6	129.2	127.1	119.9	132.0	97.4	80.7	68.3	76.9	83.9	77.6
ACT	**堪培拉**												
	平均最高气温（℃）	28.0	27.1	24.5	20.0	15.6	12.3	11.4	13.0	16.2	19.4	22.7	26.1
	平均最低气温（℃）	13.2	13.1	10.7	6.7	3.2	1.0	-0.1	1.0	3.3	6.1	8.8	11.4
	平均降水量（mm）	58.5	56.4	50.7	46.0	44.4	40.4	41.4	46.2	52.0	62.4	64.4	53.8
VIC	**墨尔本**												
	平均最高气温（℃）	26.4	26.6	24.1	20.3	16.6	13.7	13.1	14.5	16.7	19.3	22.0	24.5
	平均最低气温（℃）	13.7	14.2	12.7	10.2	8.3	6.2	5.4	5.9	7.1	8.5	10.4	12.0
	平均降水量（mm）	40.1	43.6	37.2	43.7	39.5	39.9	35.1	45.7	46.9	54.0	62.6	48.4
TAS	**霍巴特**												
	平均最高气温（℃）	21.7	21.7	20.2	17.3	14.5	12.0	11.7	13.1	15.1	17.0	18.7	20.3
	平均最低气温（℃）	11.9	12.1	10.9	9.0	7.0	5.2	4.6	5.2	6.4	7.8	9.3	10.8
	平均降水量（mm）	47.6	39.9	44.9	51.1	46.2	53.9	52.5	53.6	53.2	61.7	54.8	56.3
SA	**阿德莱德**												
	平均最高气温（℃）	29.4	29.5	26.4	22.7	19.0	16.1	15.3	16.7	19.1	22.0	25.3	27.1
	平均最低气温（℃）	17.2	17.3	15.3	12.5	10.3	8.2	7.5	8.2	9.8	11.5	14.0	15.6
	平均降水量（mm）	19.4	15.4	26.4	39.9	60.0	80.0	76.5	68.0	58.0	41.8	30.1	28.0
NT	**艾尔斯岩石（乌卢鲁—卡塔楚塔塔国家公园）**												
	平均最高气温（℃）	38.5	36.9	34.3	29.9	24.3	20.3	20.5	23.7	28.9	32.2	34.9	36.5
	平均最低气温（℃）	22.7	22.1	19.2	14.4	9.3	5.5	4.4	5.8	10.8	14.8	18.3	20.8
	平均降水量（mm）	26.7	38.4	35.3	15.9	12.9	18.1	18.8	4.4	7.7	21.4	35.5	40.6
	达尔文												
	平均最高气温（℃）	31.8	31.4	31.9	32.7	32.0	30.6	30.6	31.4	32.6	33.3	33.3	32.6
	平均最低气温（℃）	24.8	24.7	24.5	24.0	22.1	19.9	19.3	20.3	23.0	24.9	25.3	25.3
	平均降水量（mm）	427.1	374.3	317.9	102.2	21.2	1.8	1.2	4.9	15.3	69.9	142.1	248.9
WA	**珀斯**												
	平均最高气温（℃）	31.2	31.7	29.6	25.9	22.4	19.3	18.4	19.1	20.3	23.3	26.5	29.1
	平均最低气温（℃）	18.1	18.4	16.6	13.8	10.6	8.5	7.6	8.3	9.6	11.4	14.2	16.4
	平均降水量（mm）	15.4	8.8	20.5	35.7	90.5	127.9	146.7	122.8	89.6	39.5	23.8	9.9

QLD：昆士兰州 /NSW：新南威尔士州 /ACT：澳大利亚首都领地 /VIC：维多利亚州 /TAS：塔斯马尼亚州 /SA：南澳大利亚州 /NT：北部地区 /WA：西澳大利亚州

经典旅行线路

需要宽松的行程

如果只到一个城市旅行的话，可以不考虑这个问题，但如果前往多个城市旅行，则一定要考虑到澳大利亚是一个国土面积很大的国家。而且如果移动方式以陆路为主的话，就更要让行程留有充裕的时间。最近，澳大利亚国

从墨尔本出发沿大洋路行驶距离较远，中途需要住宿一晚

内的航班价格下降了不少，如果去往的目的地较多，选择出行方式时应根据需要合理利用陆路交通与航空。

如果旅行时间在一周以内，应事先确定行程

如果旅行时间非常充足，则完全可以不在出发前制订出详细的旅行计划，而是到达当地之后，根据实时信息灵活地调整旅行时间、旅行线路。但是，如果旅行时间在一周以内，则不适合这样的旅行方式。因为很可能出现自己想去的地方最终没有去成的情况。

如果想在一周之内游览多个城市，则应在出发前把可以确定的事情全部办好。随着互联网技术的发展，从交通工具到住宿以及各个城市的团体游项目都可以在网上预订。如果英语水平有限，也可以委托旅行社预订机票及报名参加团体游。

在乌鲁鲁观日出是澳大利亚内陆观光的亮点之一

制订富有个性的旅行计划

接下来介绍几条澳大利亚的旅行线路。读者可以此为参考，制订适合自己的旅行计划。旅行的乐趣始于制订旅行计划。希望每一个人都能完成一次只属于自己的富有个性的旅行。

经典线路

一周以内

双城游

如旅行时间在一周以内，原则上旅行目的地应限制在一到两个城市。只去一个城市旅行的话，比较有人气的地方是凯恩斯、黄金海岸、悉尼、墨尔本、珀斯。前往两个城市的话，可从凯恩斯、黄金海岸、悉尼、墨尔本中任选两地，或者在凯恩斯、悉尼、墨尔本中选一地，然后加上艾尔斯岩石，也可以选择悉尼加珀斯或悉尼加墨尔本。

一到两周

东海岸游

　　包括凯恩斯、大堡礁的哈密尔顿岛以及黄金海岸、悉尼的最具代表性的线路。可以在凯恩斯和哈密尔顿岛饱览大堡礁的风情，还能游览凯恩斯和黄金海岸的原始森林，并且前往悉尼，游览澳大利亚的现代化城市。行程中还有6处世界遗产。

一到两周

度假地 + 塔斯马尼亚游

　　塔斯马尼亚加人气度假地黄金海岸及凯恩斯的线路。从黄金海岸前往塔斯马尼亚，可从悉尼、布里斯班乘坐飞往霍巴特的航班或者在有较多飞往塔斯马斯特航班的墨尔本中转。如果时间充裕，建议在游览塔斯马尼亚之前或之后花几天的时间游览悉尼和墨尔本。该线路可去往7处世界遗产。

一周以内 / 一到两周

澳大利亚精简游

　　可在短时间内大致领略澳大利亚各地的风采。虽然用一周时间也基本上可以转遍该线路上的旅行目的地，但是考虑还要停留、游览，所以最好还是把旅行的时间定在一周以上。如果有10天时间，可以在旅行目的地中加入墨尔本。行程中可游览大堡礁、昆士兰湿热带地区、艾尔斯岩石、蓝山、悉尼歌剧院、澳大利亚监狱遗址6处世界遗产。

两到三周

大陆半周游

　　有两周时间的话，应全程乘坐飞机。有三周左右的时间的话，可乘坐艾尔斯岩石（艾丽斯斯普林斯）~阿德莱德~墨尔本的"汗"号及"跨越大陆"号高级卧铺列车，很有乐趣。可在凯恩斯、黄金海岸住三晚，在其他地方住两晚，能逐一游览线路上的各个城市。

两周到三周

内陆地区游

　　行程纵贯澳大利亚，可以充分地游览内陆地区。旅行时间超过两周，除了达尔文至凯恩斯的行程，均选择陆路交通。在内陆地区，除了艾尔斯岩石，还能游览尼特米鲁克国家公园、卡卡杜国家公园等拥有壮丽自然风光的地方，可以感受到澳大利亚的广阔。

两周到三周

西澳大利亚 + 东海岸

　　所有行程都乘坐飞机，需要两周时间。先到悉尼，游览后乘飞机横跨澳大利亚大陆前往珀斯（如果时间充裕，建议前往珀斯前先去墨尔本）。游览尖峰石阵、罗特内斯特岛。之后，前往艾尔斯岩石、奥尔加斯岩石群、国王峡谷、凯恩斯以及哈密尔顿岛等大堡礁区域的度假地，还可以去黄金海岸体验各种水上运动并游览亚热带雨林，享受丰富多彩的旅行。

一个月以上

大陆深度游

　　如果想花一个月时间畅游澳大利亚，建议选择这条线路。可以以凯恩斯或黄金海岸为起点，完成全部行程后最终回到出发的地方。不过考虑到需要乘坐飞机，所以最好选择以布里斯班为起点，最后到达悉尼的线路（当然也可选择反向的线路），这样的话可以使用澳大利亚航空的Airpass。从墨尔本至塔斯马尼亚的行程可以乘船，在塔斯马尼亚地区游览，租车自驾会更便捷。

一个月以上

大陆环游

　　巡游澳大利亚各主要景点。旅行时间只有一个月的话，几个距离较远的行程需要乘坐飞机，不然时间可能会不够用。最好能有两个月时间。可以从阿德莱德乘坐印度洋太平洋号列车，横跨澳大利亚大陆，前往珀斯，然后北上。或者从达尔文前往艾尔斯岩石，然后南下，游览东海岸各城市，也是不错的选择。

旅行预算与货币

旅行预算

　　在一个城市停留根据周游项目、是住宿高档酒店还是背包客旅馆等因素的不同，预算也会有很大的差异。这里小编按照不同类别介绍基本的消费标准。大家可以根据自己的行程，估算大约需要多少费用。另外，如果从国内跟团出发，也可以看看付费项目（当地的一些自费项目）、餐费等的价格标准。

● 中国至澳大利亚的机票

　　根据旅行的目的地、出行的季节、航空公司（澳洲航空、中国国际航空、中国南方航空、捷星航空、国泰航空等）的不同，价格的浮动比较大。从北京、上海、广州等大城市直飞澳大利亚的航班在便宜的季节往返需 4000~5000 元，旅游旺季需 7000~10000 元。如果需要在澳大利亚国内换乘建议订澳洲航空，或者捷星航空的航班。当然，国航、南航等国内航班的特价机票的价格会便宜一些。

● 当地交通费用

　　如果准备去多座城市，可以通过澳洲航空、捷星航空的官网购买机票。有早鸟折扣价，如果提早预订会很便宜。当然如果预算紧张，也可以乘坐长途巴士或者参加移动型旅游团会更划算一些。

● 当地观光费用

　　在澳大利亚旅游最大的亮点就是享受大自然，离开城市去大自然中体验各种户外运动。当然也可以参加从当地出发的半日游项目（$70~100）或者一日游项目（$100~200）。

● 住宿费用

　　背包客旅馆的多人间一般是每晚 $25~40。中档以上的酒店通过互联网预约价格会便宜一些。悉尼、墨尔本等大城市的四星级酒店是 $150~200、五星级酒店是 $200~300。凯恩斯、黄金海岸等度假城市的酒店价格会比大城市便宜一些。

● 餐费

　　餐费会比国内的消费要高一些。尤其是大城市。连锁快餐的价格大约比国内价格高 30%，在餐馆等地吃午餐每人需要花费 $15~30、晚餐需要 $30~70。如果要点酒精类饮品花费会更高。

货币兑换

　　货币兑换的汇率每时每刻都在变动，可以在国内先兑换部分澳元，也可以带着人民币到当地兑换，或者使用信用卡在当地的 ATM 取现、消费。当然上述方法各有利弊，不过出于安全考虑，应尽可能地减少携带现金的金额，使用信用卡、银联卡在海外还是非常方便的。在当地的银行也可以兑换货币。银行的营业时间是工作日，但是很多货币兑换窗口

在周六・周日或者夜间也是照常营业的。

信用卡

　　澳大利亚的酒店、餐馆、百货商店、纪念品商店、旅行公司等，几乎所有游客可能会到达的地方都可以使用信用卡。使用信用卡消费时有时会被加收 2%~5% 的手续费，但是考虑到安全性、有些信用卡附带境外旅行保险、境外消费积分优惠、航空里程服务等功能，使用信用卡的优势还是比现金要大很多。

　　各种信用卡的普及程度依次如下：VISA、Master、AMEX、Diners、JCB。携带比较普及的VISA 或者 Master 最方便。

　　另外，现在大多数的银行都提供可以在境外取现的服务，即便不从国内携带大量现金，到了当地再取现也是非常方便的。

可以使用信用卡取现的 ATM，在机场、购物中心等地都有设置

　　除了信用卡之外，银联卡在境外许多城市也是可以取现的。可以取现的 ATM 除了机场之外，市区也设有许多站点，可以 24 小时取现，非常方便。根据所属银行的不同，ATM 的操作方法也不同。大体可以参考下图中介绍的操作方法。

ATM 的使用方法

　　具有代表性的 ATM 的操作方法。其他机器的操作方法也大致雷同。

①插入信用卡开始操作。需要输入数字时使用键盘，需要选择项目类别的时候按屏幕两侧的按钮

②PIN 要求输入密码。输入信用卡密码

③选择需要的服务。取现的英文是 Withdrawal

④会出现是否需要打印小票的提示，要求选择 Yes / No

⑤因为是使用信用卡取现，在这里选择 Credit

⑥输入所需金额

⑦最后显示需要向信用卡公司支付的金额，如果没有疑问，按 Accept

出发前需要准备的手续

护照

出发前往澳大利亚之前，首先需要取得护照。护照是公民在国际间通行所使用的身份证明和国籍证明，也是一国政府为其提供外交保护的重要依据。所以在旅行中一定要随身携带护照，务必要小心保管。

我国的因私普通护照有效期16岁以上为10年，不满16岁为5年。首次申请需要支付人民币220元，其中200元为工本费，20元为照相费用。如果你已经持有护照，请确认自己的护照是否在有效期内。护照末页的签名，无论是英文还是中文必须是自己写的比较顺手的签名。信用卡上的签名也需要与护照签名一致。在当地经常会有刷卡后要求确认ID签名的事情发生。

申请护照与领取护照

公民因私出国申领护照，须向本人户口所在地市、县公安局出入境管理部门提出申请，具体事宜可登录户口所在地区的公安局官网查询，也可以网上预约申请。需申请人本人到出入境办证大厅提交申请，不得委托代办。提交申请资料后，需在指定期限内领取护照，或者选择速递服务。办理期限10个工作日，通过网上预约申请办理的为8个工作日（自递交申请后第二个工作日开始计算）的办证进度。

普通护照

■ **北京澳大利亚签证申请中心**

🏠 北京市东城区东直门外斜街小关56号1号楼1层102室

邮编：100027

📧 info.ausch@vfshelpline.com

💻 www.vfsglobal.cn/australia/china/

☎ 在中国境内请拨打：020-29106150

在中国境外拨打：0086-20-29106150

提交申请时间：
7:30~15:00（周一～周五，公共假日除外）

护照领取时间：
7:30~17:00（周一～周五，公共假日除外）

电话咨询时间：
8:00~17:00（周一～周五，公共假日除外）

签证

中国公民去往澳大利亚是需要办理签证的。澳大利亚签证申请中心(AVACs)现向中国的访客签证（600类别）旅游系列申请人提供可选择的中文在线填表服务。申请人可以在线中文填表并完成申请，无须去澳大利亚签证申请中心递交。申请表会被翻译成英文并递交给移民和边境保卫部评审。从VFS Global的网站可以在线申请：www.vfsglobal.cn/australia/china。

这是中国旅客赴澳一系列签证选择之一。通过在线申请能极大地方便申请者，同时还可以节约纸张，简化手续，也能避免个人隐私泄露。

● 600类别访客签证在中国试行快速评审服务

在中国大陆的某个签证申请中心（北京、上海、广州或成都）申请600类别访客签证（包括旅游细类和商务访客细类）的中国申请人若满足一定条件，可以选择快速评审服务，此服务需支付1000元澳币（5051.9元人民币）的额外费用。

自2017年7月1日起，持有中国、印度或阿拉伯联合酋长国护照的申请人可以在Immi Account在线申请600类别访客签证（旅游细类或商务访客细类）的申请表中选择快速评审服务。

境外旅行保险

购买海外旅行保险是给自己一份安心

海外旅行保险是针对国民境外旅游、探亲访友、公干在境外面临的意外、医疗等风险联合推出的 24 小时全天候、综合性的紧急救援服务及意外、医疗、救援服务费用保险保障。如果没有加入旅行保险，在旅行目的地突发疾病得住院需要支付巨额的费用。所以出发前一定要加入海外旅行保险。

保险的种类与选择

目前国内境外旅游意外险种类主要有五种：一是旅游意外伤害险；二是旅游人身意外伤害险；三是住宿游客旅游意外险；四是旅游意外救助保险；五是旅游紧急救援保险。

主要内容包含针对海外旅行度身定制的，提供境外紧急援助和医疗服务、境外人身保障、住院医疗赔付、旅行证件遗失赔付、旅程延误赔付等多项服务。

请结合自身的实际情况选择合适的保险公司和险种。

关于海外自驾时使用的机动车驾驶证

在海外驾驶机动车，需要持有当地认可的、能证明具有相应驾驶资格的文件。应注意的是，中国未签署《联合国道路交通公约》，所以中国公民无法取得国际驾照（International Driving Permit，IDP）。不过，一些国家允许外国游客直接使用游客自己国家的机动车驾驶证，只需附一份翻译资质得到认可的机构出具的驾驶证翻译件即可。各国的具体规定不一，需要事先确认。

国际学生证（ISIC）

学生身份的游客如果持有联合国教科文组织承认的国际学生证（ISIC 卡），除了可以在海外证明自己的学生身份，在参观美术馆、博物馆以及乘坐公共交通工具时还可以享受票价优惠。另外，持有该学生证者还能通过"DreamSpark"系统免费下载微软公司的一些软件，或者加入学生援助计划以及享受一些优惠服务。办理国际学生证需要缴纳手续费，具体情况可咨询相关办理机构。

国际学生证分为两种，即大学本专科学生、研究生、高等职业院校学生可持有的"STUDENT"与初中生、高中生、中专生可持有的"SCHOLAR"。有效期最长可达 16 个月。即便不是学生，只要是年龄在 12~31 岁范围内，就可以办理国际青年证（IYTC）。有效期为自发证之日起 1 年。

■ 保险公司咨询电话
● 美亚保险
🔗 mall.aig.com.cn
☎ 400-820-8858
● 中国平安
🔗 baoxian.pingan.com
☎ 95511

购买机票

■ **主要航空公司（中国国内的联系方式）**
● 中国国际航空
☎ 95583
🖥 www.airchina.com.cn
● 中国南方航空
☎ 95539
🖥 www.csair.com/cn
● 中国东方航空
☎ 95530
🖥 www.ceair.com
● 澳洲航空
🖥 www.qantas.com/cn
● 新加坡航空
✉ cs@agoda.com
🖥 www.singaporeair.com

■ **去往澳大利亚的航班全面禁烟**

无论国航、南航还是澳航都是全面禁烟的。

可以跟团出游或者购买机票 + 酒店的组合产品

如果准备在澳大利亚游览 1~2 周时间，或者是想住高档一些的酒店，不想太辛苦的游客，小编推荐跟团出游或者购买机票 + 酒店组合产品。澳大利亚地广人稀，各个城市分布得比较稀松，有些景点的公共交通也不是很方便，而且旅游旺季的时候酒店往往非常抢手。综上所述，如果是短期旅行，最好提前做好旅行前的一切准备，包括预订酒店、购买当地公共交通的车票等。如果在出发前由个人全部完成这些预订，也是需要一定时间和成本的。但跟团出行或者购买组合产品，就可以帮你解决一切问题。此外，高端酒店对旅游团有一定的优惠政策，会比个人预订的价格便宜很多。对于想要住高端酒店的游客来说，还是跟团出行比较经济实惠。

2 周以上行程的游客选择自由行

如果准备在澳大利亚游玩 2 周以上，或者 2 周以内但不准备去过多的地方，可以选择自由行的模式。自由行的最大优势就是可以自己支配各地的停留时间，制订自己的计划。如果是跟团出行，可能刚刚开始喜欢这座城市就要马上赶往下一个地点，自由行的话则可以在喜欢的地方多停留一些日子。

澳大利亚境内的航线

中国国际航空、中国南方航空、中国东方航空、海南航空、厦门航空、澳大利亚航空都有从国内直飞澳大利亚各大城市的航班。此外，国泰航空、马来西亚航空、泰国航空、新加坡航空等也有飞往澳大利亚的航班。

澳大利亚的行业龙头——澳洲航空

旅行必备物品

出门旅行原则上来讲是行李越轻便越好。但是如果想要在有限时间内使得旅行更加高效，有些物品还是必不可少的。可以参考以下清单，根据季节、目的、时间等因素打包自己的行李吧。

	必备物品	核对	备注
必需	护照		最重要。确认有效期。提前办好签证。如果有复印件和证件照就更方便了。
	机票（电子机票）		为了以防万一最好打印一份行程单，随身携带。
	现金		可以持有少量人民币，在当地也可以兑换成外币，也可作为回国后从机场回家的交通费用。
必备	信用卡		澳大利亚是信用卡比较普及的国家。即便是很小的商店也可以使用信用卡消费，刷卡的汇率可能会比兑换外币的汇率还要划算。而且，信用卡也是身份证明，方便租车。为了以防万一，请记录好信用卡的报失电话。
	境外旅行保险		出发时可以在机场申请。也可以咨询信用卡公司是否有相关的境外旅行保险。
	常备药		必备感冒药、腹泻药。境外的药效与平时所持的不一样，可能会对胃造成伤害。如果需要，防蚊虫药、漱口药也可以携带。
	驾照／英文翻译件		如果准备在当地租车自驾，需要携带驾照原件和翻译件。如果在国内提前预订了车，需要带上确认函。
如果有最好	洗漱用品		牙膏、牙刷、刮胡刀是必备品。即便是高档酒店，出于环保的考虑也基本没有配备。中档酒店以上大都带有肥皂、洗发水、护发素等，如果有自己习惯的品牌可以自行携带。
	化妆品		唇膏、保湿水＆霜。女性的生理用品，推荐从国内携带。
	隐形眼镜用品		清洗液、眼镜保存盒等一定要准备充分。
	电源转换插头、变压器		手机、笔记本、平板电脑、数码相机等各种需要充电的设备需要插上电源转换插头才能充电（O型）。如果携带的电器中有不能对应240V电压的，需要使用变压器。
	数码相机		如果准备携带数码相机，千万不要忘记给电池充满电。内存卡也要准备充足。也可以用手机代替数码相机拍摄。
	智能手机		可以代替照相机，也可以上网，还能与国内保持联系。不要忘记携带充电器。
	拖鞋		有些高档酒店也未必带有拖鞋。如果想要舒服地休息，建议携带。
	闹钟		有些酒店的闹钟设定起来很烦琐。也可以拜托酒店叫早。手机也有闹钟功能。
	泳衣		如果准备参加海上运动必备。在酒店的泳池游泳也需要。也可以在当地购买。
	外套		有些景点即便是夏季早晚也会很凉。带上一件长袖的外套比较方便。抓绒或者软壳外套轻便不起褶。
	便携烟灰缸		很多地方都禁烟，而且烟灰缸放在哪里也很难发现。
	湿纸巾		当地很难买到。在不能洗手的地方使用很方便。
	防晒用品		澳大利亚日照强烈，即便是冬季也需要防紫外线。防晒霜是必备品。太阳镜最好也带着。

■ 牢记重要信息

将下列内容写个便笺随身携带，一旦出现紧急情况方便求助。

- 旅行社电话
- 住宿的酒店
- 航空公司
- 中国大使馆·领事馆
- 信用卡公司
- 保险公司
- 报警电话／火警／急救电话
- 行李的重量

切记国际航班和国内航线托运行李的重量不同，如果需要在澳大利亚国内转机，请提前咨询航空公司托运事宜。例如，澳洲航空国际航班托运行李重量在30公斤以内，国内是20公斤以内，随身行李10公斤。

■电器产品

澳大利亚电压是220V/240V、50Hz，中国国内电器可以直接使用，不需要电压转换器。澳大利亚的插座与国内一样是三孔插座，国内的三孔扁插可以正常使用，国内的两孔插头则需插头转换器。插头转换器可以直接向酒店前台索要，也可在国内大型商店购买。

■刀具需要装入行李箱托运

机场的安检比较严格，所有刀具都必须放入行李箱中，包括剪子、瑞士军刀，一经发现会被没收。

■贵重物品放入手提行李

托运行李与手提行李一定要区别开来。现金、贵重物品、易碎物品、药品、相机、手机、笔记本电脑等都应该作为手提行李带入机内。

出入境手续

机内托运行李的规格

● 飞往澳大利亚的国际航线

澳洲航空的经济舱可以免费托运一件30公斤（行李箱的三边之和在158厘米以内）的行李，冲浪板等大型的行李需要单独收费，请提前通知澳洲航空。国航、南航的经济舱可以免费携带23公斤的托运行李，三边之和在158厘米以内。

● 澳大利亚国内航线

澳洲航空的国内航线经济舱可以免费托运一件23公斤以内的行李，三边之和在140厘米以内。捷星航空、澳大利亚维珍航空、老虎航空根据所购的机票种类不同托运行李的限制也不同。

※澳大利亚国内航线根据机型的不同，对托运行李、手提行李等的容量要求也有所不同

■ 禁止携带

关于食品、动植物等有非常严格的规定。下面列举一些比较有代表性的禁止携带入境的物品，详细内容还要去查询澳大利亚检验检疫局的官网。部分物品申报后，也存在可以入境的可能性。

- 鸡蛋（生、煮）（有时经过加工的也可以）
- 所有蔬菜水果
- 有生命的动物（猫、狗如果接受一定期间的动物检验，是可以接受入境的。导盲犬需要确认细则）
- 肉类（保质期超过6个月以上的加工肉制品可以携带）
- 鲑鱼科的鱼类（罐头可以）
- 种子，或者使用种子制成的工艺品或者伴手礼
- 坚果类（部分可以）
- 有繁殖能力的植物等
- 土壤或沙子

■ 澳大利亚检验检疫局（AQIS）

🔍 www.agriculture.gov.au/biosecurity

出境手续

a）出发到达机场　国际航班办理登机手续通常要提前3小时到达机场，尽量把时间安排得宽裕一些。

b）办理登机手续　首先找到乘坐航班的航空公司柜台，办理登机手续。出示护照、电子机票等证件。同时将托运行李放入行李台上称重。办理完成后，会拿到登机牌和行李托运单。

c）海关检查　到出境窗口时，工作人员会在护照上盖章通行，然后检查手提行李

d）登机　按照登机牌的提示找到相应的登机口，等待登机。

到澳大利亚为止的机内活动

飞机起飞后空乘人员会发放入境卡（Incoming Passenger Card）（同时也是海关、检验检疫的调查问卷，着陆前一定要填写完毕（→ p.581）。澳大利亚是检验检疫比较严格的国家，一定要注意不要携带食物。

澳大利亚入境手续

● 入关

飞机到达后，沿着 Passport Control 的指示牌进入入境检查窗口。澳大利亚目前入境有两种方法：一种是通过人工窗口；另一种是通过自助系统。

悉尼、墨尔本等都有自助入境系统

人工窗口：拿本人签证、护照、入境卡去到海关人员那里核实信息，工作人员会询问一些问题。被询问的时候要如实回答，否则海关人员有权禁止你入境。

自助系统：目前澳大利亚的主要机场都有自助通关系统，包括：阿德莱德、布里斯班、凯恩斯、达尔文、黄金海岸、墨尔本、珀斯、悉尼。只要你是16周岁以上并且持有电子护照就可以使用自助通关，主要步骤如下。

第一步：将护照插入通关柜机，确认接受隐私声明，回答几个问题，如果符合要求，机器会打印出一张通关小票（SmartGate Ticket）。

第二步：来到自助检验门。

第三步：将通关小票插入机器，摘下帽子、眼镜、围脖，抬头直视前方摄像头，此时将拍摄头像并将其与电子护照上的照片进行对比。

如果成功，闸门将自动打开，小票也会重新弹出，取回小票保存好。如果不成功，可以改走人工窗口。

● 提取行李

请按照指示牌显示的提取台去提取托运行李。如果出现行李丢失或者损毁，需要到一旁的窗口申诉。之后去海关和检验检疫窗口寻找。将出境卡交给工作人员，一般来说如果没有申报，就可以直接去出口了。

入境卡（橙色）

正面

反面

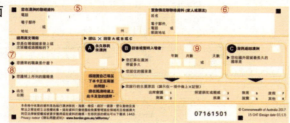

从国内出发的航班都会发放中文版的入境卡，填写起来不会很难。不过需要使用英文填写。

①填写预订入住酒店名称、城市名称

②州的英文缩写

昆士兰州 =QLD / 新南威尔士州 = NSW / 北部地区 =NT / 维多利亚州 =VIC / 塔斯马尼亚州 = TAS / 南澳大利亚州 =SA / 西澳大利亚州 = WA / 澳大利亚首都领地 =ACT

③诚实回答检验检疫、海关提出的问题

④签名（与护照签名相同）。这里可以是中文签名

⑤如果有在当地使用的电话号码、邮箱，请填写。如果没有可不填写

⑥填写在国内的家庭成员姓名、电话号码、邮件

⑦如果是从中国国内搭乘的飞机，填写/China

⑧职业栏的英语范例

公司职员 =OFFICE WORKER / 家庭主妇 = HOUSE WIFE / 学生 =STUDENT / 无业 =NIL

⑨游客填写 B 栏

澳大利亚的出境手续

● 办理登机手续

请在登机前 3 小时办理登机手续。得到登机牌后，工作人员会将出境卡（Outgoing Passenger Card）顺便一起发放。

● 出境边检与 GST 退税手续

出境边检也可以自助办理。将护照插入机器，信息读取完成之后闸门会自动打开。如果购买了免税产品，需要将免税产品给海关人员验收，并且将相关的手续证明交回海关（保证免税产品是未开封的状态）。GST（消费

可以办理退税的柜台 TRS（凯恩斯机场）

税）与 WET（葡萄酒平衡税）的退税手续需要向 TRS（Tourist Refund Scheme）柜台办理，将所购商品与退税发票、护照、登机牌出示给工作人员。返还的税金会打入信用卡中。

● **去往登机口**

出发前 30 分钟需要到达登机口附近。

中国入境手续

请在机舱内填写好中国入境卡及海关申报卡。无论是否持有需要申报的物品都必须要填写。飞机落地后首先通过检验检疫。如果有任何身体上的不适请到检验检疫办公室进行进一步的检查。入境检查时需要出示护照。

入境检查通过后，在提取托运行李的大厅到指定的传送台上提取自己的托运行李。之后通过海关。如果有需要申报的物品需要在海关窗口缴纳关税。

当地的交通工具

飞机

　　澳大利亚的疆土广阔，想要高效地移动还是搭乘飞机比较便捷。主要城市之间、旅游景点之间都会有许多航线，还是很方便的。澳洲航空（Qantas Airways）（澳大利亚国内的航线是 Qantaslink，QF）及其旗下的地方航线捷星航空（Jetstar，JQ），还有澳大利亚维珍航空（Virgin Australia，VA）运营着澳大利亚国内大部分航线，线路非常丰富。另外，廉价航空老虎航空（Tigerair，TT）也在逐年增加线路。

价格低廉的人气航空

　　捷星航空、澳大利亚维珍航空、老虎航空拥有大城市之间的航线、旅游景点之间的航线等会有大量乘客乘坐的航线，而且价格便宜。机票价格会根据购买的时间和季节等出现大幅度的变化，基本上价格很低廉。例如，捷星航空的最廉价的机票定价是从凯恩斯～悉尼单程 $167、黄金海岸～悉尼单程 $74（托运行李单要收费）。如果想要乘坐廉价航空，可以通过互联网购买机票（用信用卡支付）。不过廉价航空大都有苛刻的条件，例如不能退费、不可以更改航班信息等，购买时需要确认好详细的注意事项。

乘坐澳大利亚国内航线的注意事项

●带上飞机的手提行李有大小和重量限制

　　在各航空公司的候机室内，都摆放着可以测量手提行李大小和重量的仪器。虽然检查得不是很严格，但是如果行李太大、太明显就会被工作人员拦下测量。澳洲航空的是每人可以携带 2 件手提行李，三边之和在 105 厘米以内，重量在 7 公斤以内。捷星航空、澳大利亚维珍航空、老虎航空是每人可以携带 1 件手提行李。

●乘坐国际航线在澳大利亚国内飞行时

　　澳洲航空、捷星航空都有在澳大利亚国内各城市之间飞行，最后再经由悉尼、墨尔本等大城市中转返回国内的航班。在乘坐澳大利亚国内航线这一航程的时候有些需要注意的事项。办理登机手续和登机的时候需要从国际航站楼办理和出发。另外在办理登机手续时领取的登机牌上会贴上带有 D（表示国内航线旅客）字的标志。通过海关的时候只要出示这样贴有 D 标志的登机牌可以免检。因此，在最后一站通关结束之前这张登机牌是不能扔掉的。

与捷星航空一样受欢迎的 LCT（澳大利亚维珍航空）

受欢迎的廉价航空——捷星航空

■ 澳大利亚国内航线航空公司的联系方式
● 澳洲航空
　www.qantas.com
　13-13-13
● 捷星航空
　www.jetstar.com
　13-15-38
● 澳大利亚维珍航空
　www.virginaustralia.com
　13-67-89
● 老虎航空
　www.tigerair.com.au
　1300-174-266

■ 乘坐廉价航空时托运行李的相关信息
　　捷星航空、澳大利亚维珍航空、老虎航空的机票价格标准，在只有手提行李的情况和还有托运行李的情况时价格是不同的。预订机票时如果购买只有手提行李的机票（价格最便宜），到了机场如果有托运行李则需要额外支付高额的手续费，对于有托运行李的乘客来说，一定要购买"包含托运行李（Checked Baggage Include）"的机票。

■ 使用澳洲航空国际航站楼的航线
　　航班号为 QF001~QF399 的航班，都是从国际航站楼出发的。

澳洲航空航路图

- 澳洲航空
- 捷星航空
- 快达链接

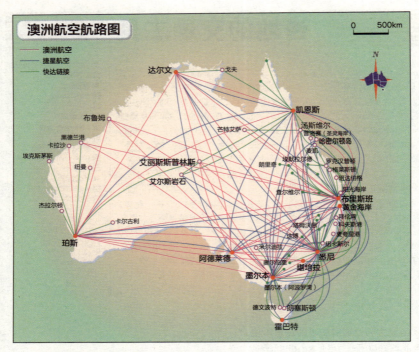

0   500km

N

达尔文　戈夫
凯恩斯
布鲁姆
黑德兰港　汤斯维尔
卡拉沙　芒特艾萨　普洛赛（圣灵海岸）
埃克斯茅斯　哈密尔顿岛
纽曼　麦凯
艾丽斯斯普林斯　埃默拉尔德　罗克汉普顿
格莱斯顿
杰拉尔顿　艾尔斯岩石　朗里奇　班达伯格
音尔维尔　阳光海岸
卡尔古利　布里斯班
珀斯　塔姆沃思　黄金海岸
达博　拜伦湾
米尔迪拉　科夫斯港
阿德莱德　奥尔伯里　麦夸里港
奥尔伯里　纽卡斯尔
墨尔本　堪培拉　悉尼
墨尔本（阿波罗湾）
德文波特　朗塞斯顿
霍巴特

澳大利亚维珍航空/老虎航空航路图

- 澳大利亚维珍航空
- 老虎航空

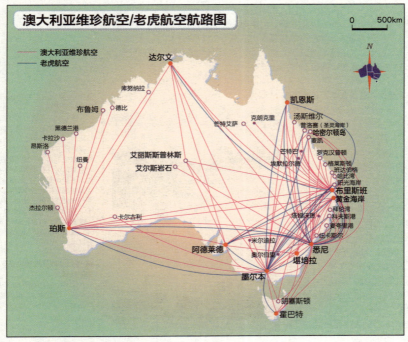

0   500km

N

达尔文
库努纳拉
布鲁姆　德比　凯恩斯
黑德兰港　克朗克里　汤斯维尔
卡拉沙　芒特艾萨　普洛赛（圣灵海岸）
昂斯洛　哈密尔顿岛
纽曼　麦凯
艾丽斯斯普林斯　罗克汉普顿
格莱斯顿
艾尔斯岩石　班达伯格
芒特巴　哈比湾
杰拉尔顿　埃默拉尔德　阳光海岸
卡尔古利　布里斯班
珀斯　黄金海岸
拜伦湾
米尔迪拉　科夫斯港
阿德莱德　奥尔伯里　麦夸里港
奥尔伯里　纽卡斯尔
墨尔本　堪培拉　悉尼
朗塞斯顿
霍巴特

租车自驾

以城市为起点驾车游览

澳大利亚幅员辽阔，各城市之间的距离非常远。例如，凯恩斯与黄金海岸相隔1800公里，黄金海岸距离悉尼900公里。驾车行驶如此远的距离，对于驾驶者的体力有很高的要求，而且乡村道路的路况并非总是很好，还有撞上野生动物的风险。

东海岸有许多提示注意考拉的标识，驾车时应留意

所以，租车自驾基本上只限于以某一城市为中心，在其周边游览时。游览多个城市时，建议选择乘飞机与自驾相结合的方式。在澳大利亚，即便是位于城市附近的景点，也基本上没有可以乘坐的公共交通工具。租车自驾可以大大提高旅行的便利程度。

另外需要注意的是，澳大利亚的汽车方向盘位于右侧。车流量较大的只有悉尼及墨尔本等大城市的市中心，在其他地方道路上的车辆很少，易于驾驶。可以说澳大利亚是一个非常适合驾车的国家。

到较大的租车公司租车

在国外租车，最好选择规模较大的租车公司。因为车况会更好一些，出现故障、事故时的紧急救援及保险等相关制度也更让人放心。在全世界拥有营销网络的赫兹租车公司（Hertz Car Rental）、安飞士（AVIS Rent a Car）、百捷乐（Budget Rent a Car）、苏立夫提（Thrifty Car Rental）、欧洛普卡（Europcar）这五家租车公司是澳大利亚规模最大的租车公司。这些公司在全澳大利亚都设有网点，租车人可以异地还车（One-way Rental）。

到大型租车公司租车可在中国国内预约

租车费用因租车地点、租车天数以及季节而异，即便是同一租车公司也会有很大的差别。到达当地之后，可能会遇到租车费用极为便宜的情况，也可能赶上租车费用非常高昂的情况。另外，在澳大利亚，如果赶上节假日及周末又没有提前预约的

在野外行驶时有时能看见道路旁有袋鼠、小袋鼠出没（菲利普岛诺比司海岬）

话，很可能就租不到自己想要的车型。

所以，当行程确定之后，应在启程前就办理好租车预约。只要是有官网的租车公司，基本上都可以在线预约。如果英语不太好，也可以在赫兹、安飞士、百捷乐等公司的中文官网上预约。虽然不能保证一定是"最低价格"，但预约时可以使用网站的"最低价格"的筛选功能来挑选合适的汽车。可在预约时就支付保险费用，也可以到达当地后在提车时支付。

租车费用的优惠

●通过航空公司租车可以享受优惠

澳洲航空、捷星航空、澳大利亚维珍航空三家航空公司与租车公司

■ **部分较大的租车公司的网站**
- ● 苏立夫提租车公司
  📖 www.thrifty.com.au
- ● 欧洛普卡租车公司
  📖 www.europcar.com.au

■ **乘飞机并自驾的游客可到航空公司网站预订**

澳洲航空、捷星航空、澳大利亚维珍航空的官网上都有租车公司网站的链接，可以为打算乘飞机并自驾的游客提供方便。通过这些链接进入租车系统，很多时候可以享受一定的优惠，比直接进入租车公司网站可能更划算。

■ **租车资格**

在澳大利亚租车，一般需要驾驶者的年龄在25岁以上。部分租车公司规定21岁以上即可。

■ **租车时需提供的证件**
- ● 中国驾照的英文翻译件
  在澳大利亚短期驾驶汽车，需要本国驾照的英文翻译件。
- ● 中国驾照
  大部分租车公司要求租车人在提供本国驾照英文翻译件的同时，还要提供本国驾照原件。有的州还要求驾车时也必须同时携带本国驾照及其英文翻译件。
- ● 信用卡
  需要信用卡作为租车时的担保。虽然没有信用卡也可租车，但要支付每天$200的押金。
- ● 护照
  用于确认租车人的身份。

■燃油费用

在澳大利亚，即便只以某一城市为中心在城市周边驾车游览，通常一天也会行驶200公里以上。所以燃油费用是游客们关心的事情。城市附近的地区，燃油价格比较便宜；越远离城市，燃油价格越贵。另外，因各州的燃油税税率不同，所以油价也会有差异。

■有儿童乘车时必须使用安全座椅

法律规定，儿童乘车必须根据年龄使用相应的安全座椅。带着孩子租车自驾的游客，一定要事先向租车公司预订自己需要的安全座椅。租金大约为每天＄5。不按规定使用安全座椅，会被处以＄100～150的罚款。

■在未铺装道路上行驶

澳大利亚原则上禁止租借普通车辆在未铺装道路上行驶（保险的理赔范围也不包括在未铺装道路上出现的事故）。在内陆地区驾车旅行，如果一定要经过未铺装道路，应租借四驱越野车。越野车能通过的未铺装道路会受到车型的限制，所以应事先了解路况，根据路况租借合适的越野车。

在北部地区，卡卡杜国家公园能见到如此巨大的蚁冢。租车自驾可按照自己的意愿停车拍照

高速公路上的标识非常容易看懂

进行合作，向乘坐本公司航班的乘客提供租车服务。实际上，即使不乘坐飞机，也可以通过航空公司预约租车，非常方便。

在航空公司网站上选择租车预约，然后选好租车地点（基本上都为机场，但也可选择在市区）、租车时间，网站就会显示在该段时间内各租车公司可提供的车型。之后，选择想要的车型并办理租车预约手续。与航空公司合作的租车公司有很多，澳洲航空的合作伙伴有赫兹、安飞士、百捷乐、苏立夫提，捷星航空的合作伙伴有安飞士、百捷乐，澳大利亚维珍航空的合作伙伴有赫兹、苏立夫提、欧洛普卡。

租车、还车时的注意事项

●预约

一般都需要提前几日通过电话或网站预约。如果想当天租车，应先打电话，确认是否还能租到自己要租的车型。

●预订异地还车时的注意事项

异地还车（One-way Rental），例如在黄金海岸市内租车，最后想在布里斯班机场还车，应向租车公司明确提出自己的要求。在大城市及主要景点异地还车，如果是在大型租车公司租到的车，大多数情况不需要额外支付费用。但是，如果在乡村地区租车，则有可能需要支付金额较高的异地还车费用，也有可能遇到无法异地还车的情况。

●前往租车公司

机场都有大型租车公司的服务台，如果想下飞机就开始驾车，在预约租车时指定提车地点为所乘航班到达机场即可。即便不在机场，大型租车公司也会在容易找到的地方设立营业网点。部分租车公司，只要顾客打电话说自己要租车，就会派车到顾客所在的酒店接送。

●确认合同内容

提车时，一定要对车型是否与合同规定的一致以及合同中的租车天数（以租车开始时间为起始点，每过24小时为1天）、还车地点等事项进行确认。还要核对租车所需的费用。在租车费用之外，如在机场提车及还车，则可能需要另行支付一定的设施使用费，异地还车也可能需要支付额外费用。在悉尼、墨尔本、布里斯班等地安装的ETC系统收费的道路行驶时，也应事先弄清楚付费的方法。

驾驶者有多人时，一定要向租车公司申明并提交增加驾驶者（Additional Driver）的申请。在澳大利亚，租车合同中规定的费用一般都包含基本的保险费，不过在自己并不熟悉的地方驾车，风险会相对高一些，所以如果愿意的话，最好再单独购买一些保额更高的保险。这里会对部分保险进行介绍。

机场到达大厅内有各租车公司的服务台（悉尼国际机场）

◆ **车辆损坏保险 CDW/LDW**（Collison Damage Waiver/Loss Damage Waiver）：当车辆受损时可免于支付车损赔偿金的保险种类。租车费用中一般都包含该保险，但在澳大利亚，保险公司可免除部分责任（免费金额因车型而异，一般为 \$3000 左右，也就是说个人承担的赔偿金额最高可达 \$3000）。

◆ **车辆损坏减少免责保险 ER**（Excess Reduction）：减少车辆损坏时保险公司免责金额的保险种类。购买后，保险公司的免责金额，也就是个人承担的赔偿金额，可减至 \$300 左右。在赫兹、安飞士、百捷乐租车，还可以选择保险公司免责额为零的零免责保险（Zero Excess Reduction）。根据车型，大概每天的保险费用为 \$30~40，并不便宜，但考虑到可能出现的风险，建议一定要购买。

● **还车时的注意事项**

还车时只需要在营业时间内将车开到还车点即可。不要忘记将油箱加满。如果油箱不满，租车公司会按规定价格收取所差油量的燃油费（其价格一般会比加油站高一些）。另外，如果乘坐早晨或夜间起飞的航班，机场的租车公司服务台往往会处于关闭的状态。遇到这种情况，可按租车公司的要求把车还到指定地点，然后将车钥匙放入租车服务台的返还箱即可。如果车辆出现损坏，需将损坏状况及损坏经过填入租车服务台的专用表格并交给工作人员。

澳大利亚的租车费用存在地区差异

在澳大利亚，各地的租车费用有所不同。一般来说，租车费用按大城市（Metropolitan）、乡村（Country）、偏远地区（Remote Area）的顺序递减（→见下表）。在乡村及偏远地区租车，不仅基本租车费用较高，而且还有行驶距离上的限制，需要格外注意。如果在乡村 1 天的行驶距离超过 200 公里或在偏远地区 1 天的行驶距离超过 100 公里，超过的里程还需收费。

租房车旅行

有多家公司提供租赁房车（在澳大利亚被称为 Motorhome 或 Campervan）的服务，其中规模最大的为毛伊房车公司（Maui Motorhome Rental）、布里茨房车公司（Britz Campervan Hire，一般与毛伊公司在同

■ **可租借便携式导航仪**
在各主要租车公司，只要支付相应的费用，就能租借便携式导航仪（在澳大利亚称之为 GPS 导航系统）。每台的租金为 \$10~12。但与高性能的车载导航设备不同，便携式导航仪的功能非常简单。

■ **在大公司租车的好处**
赫兹、安飞士等公司在某些地区，会向顾客赠送可在主题公园、动物园、游乐设施以及餐馆享受打折优惠的优惠券。这种优惠券能使旅行节省很多费用。另外，大型租车公司一般会免费借给顾客当地的交通地图，便于顾客在陌生区域驾驶。

■ **大型租车公司有在乡村、偏远地区不对行驶距离设置限制的收费方式**
越是在乡村，越是在偏远地区驾车，每天行驶的距离就越远，一般都会达到数百公里。最近，随着租车自驾游客人数量的增加，在北部地区的达尔文、艾丽斯斯普林斯以及西澳大利亚州的布鲁姆等地，很多租车公司推出了不按行驶距离收费的租车项目。租车时应事先了解行程的长度，然后对是否选择按距离计费的方案还是不按距离计费的方案进行判断。

	州名	大城市	乡村	偏远地区
租车费用的地域划分	QLD	布里斯班 / 黄金海岸 / 阳光海岸 / 凯恩斯 / 汤斯维尔 / 道格拉斯港	大城市及偏远地区之外的所有地区	芒特艾萨 / 罗马 / 布莱克沃特 / 查尔维尔 / 戴萨特 / 埃默拉尔德 / 朗里奇 / 米德尔芒特 / 莫兰巴等内陆地区
	NSW	悉尼 / 纽卡斯尔 / 戈斯福德 / 伍伦贡	大城市及偏远地区之外的所有地区	布罗肯希尔 / 科巴 / 德尼利昆 / 莫里 / 纳拉布赖等内陆地区
	ACT	所有地区		
	VIC	墨尔本 / 吉朗 / 巴拉腊特 / 莫宁顿半岛	大城市及偏远地区之外的所有地区	米尔迪拉
	TAS	所有地区		
	SA	阿德莱德	怀阿拉	大城市及偏远地区之外的所有地区
	NT			所有地区
	WA	珀斯	阿尔巴尼 / 班伯利 / 巴瑟尔顿 / 科利	大城市及偏远地区之外的所有地区

■房车的租赁费用
个别车型有最低租车天数的规定，需要注意。租车费用会因季节而异，4人乘坐（两张床）的房车每天＄150~450。

■房车的变速器
毛伊公司提供的房车基本上都是自动挡车，布里茨公司、阿波罗公司提供的房车多为手动挡车。租车时不要忘记确认车型。

一地点办公）及阿波罗房车公司（Apollo Motorhome）。房车的车体比普通车辆大很多，需要有较大的停车空间，所以房车租赁公司的所在地一般位于市郊。有的公司还会负担顾客从市内到租车地点的打车费用，顾客需提供乘坐出租车的发票。

●租房车
只要在中国国内通过租车代理公司或各大租车公司的网站完成预约，到达当地后的租车手续就会变得非常简单。与租借普通车辆不同的是，租借房车时，租车公司会对如何使用房车进行详细的介绍。特别是燃气、用电、排水、污水处理等事宜非常重要，租车者要认真听取介绍。

●到达房车营地后应做的事情
有房车营地（在澳大利亚被称为 Holiday Park 或 Tourist Park）可供房车停车露营。里面为房车提供的停车空间（有电源的停车区，每辆房车 $30~35）很大。前后左右都很宽敞，在车旁边搭起遮阳棚也绝对不会让人感到不方便。在各个有电源的车位，除了电源插座，还有自来水管道、排放废水的排水沟。到达房车营地之后，不要忘记给车接通电源，还要把车上的排水管接到排水沟中。出发前，应通过自来水管道给房车补充车载用水。
房车营地还有游泳池、便利店、公共浴室、厕所、BBQ 等设备。除了有电源的停车位，营地也有普通的房车停车位以及供其他车辆使用的停车位。

●归还房车时的注意事项
归还房车时，必须将车上的废水、污水全部排净。车载的餐具要全部清洗干净并放回原处。所以，应在租车最后一天从营地出发前，把这些事情全部做好。另外，在毛伊公司、布里茨公司还车，需赶在16:00 之前。总之应该清楚，最后一天旅程应该没有太多的时间可供游玩。

驾驶房车在大洋路上旅行

澳大利亚驾驶常识

● 右侧车辆优先通过

在澳大利亚的交通规则中，右侧车辆具有优先通过的权利。在十字路口，优先通过的顺序为直行车、右转车、左转车。

● 交通环岛（Roundabout）

这种交通设施在中国也很常见。交通环岛一般用于十字路口（→见下图）。澳大利亚的乡村小镇以及城市郊外的十字路口，一般都没有信号灯，而是设有交通环岛。先进入环岛的车辆具有优先通过的权利（即右侧优先）。

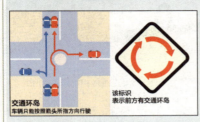

交通环岛
车辆只能按照箭头所指方向行驶

该标识
表示前方有交通环岛

● 注意野生动物

在澳大利亚只要离开城市就能见到许多注意袋鼠的标识

在乡村地区，袋鼠、考拉、鸸鹋、袋熊等野生动物有时会横穿公路。出现此种情况较多的地区，会有用动物图案的交通标识来提醒驾驶者。澳大利亚的动物基本上都是夜行性的，所以只要不在夜间行车，一般不会出现什么问题。但在早晨及傍晚还是应该多加注意。尤其是在较为偏僻的乡村，风险就会更高。如撞到红袋鼠、灰袋鼠、鸸鹋等大型动物，车辆也会严重损坏（即便购买了保险，也需要支付由个人承担的赔偿金额）。

另外，与动物发生碰撞时，应确认动物是否死亡，如果没有死亡，或者动物为雌性（可能怀着小动物），应联系 RSPCA（Royal Society for the Prevention of Cruelty to Animals），要求兽医到场施救。如果死亡的动物为雄性，为了不影响其他车辆通行，也应把动物搬到路边。
RSPCA www.rspca.org.au

● Highway 不是高速公路

Highway 大致相当于中国所说的"高等级公路"。机动车专用的高速公路在澳大利亚被称为

Motorway 或 Freeway。悉尼、墨尔本、布里斯班、阿德莱德的部分高速公路实行收费，通行费用为 50 ¢ ~ $3。收费系统为 E-TAG（相当于中国的 ETC），通行费用会从租车时登记的信用卡账户中自动扣除。一些中小型租车公司的车上没有安装 E-TAG 设备，租车者需要在驶入高速公路前去指定地点缴纳通行费用。指定地点通常为连锁加油站。也可以在网上付费。

● 限速

在远离城镇的地方，即便是道路状况一般，限速也往往高达 100~110 公里。在西澳大利亚州甚至有没有限速规定的地区。需要注意的是，很多情况下，路况都非常不理想。所以驾驶时一定要控制车速，在不习惯给车速快的车辆让路的海外地区行驶，如果不注意车速的话，很容易出现问题。另外，警察会经常查处超速车辆，所以一定要谨慎驾车。

● 关于停车

在大城市的市中心，可以停车的道路有很多。现在基本上都是通过停车收费表来收取停车费用。也有大型的室内停车场。到了乡村地区，在路边停车基本上都无须缴纳费用。

● 加油方式基本上都是自助式

澳大利亚的加油站基本上全为自助式。租车自驾的话，应加无铅汽油（加油机上有标识，加油前先确认）。在澳大利亚自助加油，加完油后，将使用的加油机号码告诉工作人员，然后支付油费（部分加油站也可在加油机上直接使用信用卡付费）。加油方法很简单。从加油机上取下油枪，将其插入汽车油箱的加油口，扳动开关就可加油。油加满后，开关会自动跳起，停止加油。

● 在内陆的沙漠地带要格外小心驾驶

澳大利亚的内陆地区基本上都是沙漠、戈壁地带。红色的大地非常广阔，道路在大地之上直线延伸。每隔几十公里才能见到人烟。路面温度很高，路上经常能见到爆裂的废轮胎、橡胶碎片以及被车撞死的袋鼠，有时还能见到交通事故后的汽车残骸。在这样的环境中驾驶，一定要带好备用的燃油以及轮胎，还要准备充足的饮用水。另外，为了避免出现因燃油用光而在路上抛锚的情况，应及时加油。

■澳大利亚灰狗巴士
www.greyhound.com.au
（07）4690-9850
1300-473-946

■ 如果准备使用各种折扣卡
可以在当地购买 Buspass
　　如果持有 YHA 会员证、
VIP 卡（→p.599）、国际学生
证（→p.577），在当地的柜
台购买 Buspass 可以享受 10%
的折扣。在国内提前购买的
话不能享受此优惠。享受折
扣后的金额绝对可以抵扣会
员卡的年会费。如果准备购
买 Buspass，还是提前办一
张上述的卡比较合适。

长途巴士

澳大利亚灰狗巴士覆盖全境

灰狗巴士红色的车身非常醒目

　　澳大利亚疆土辽阔，而且大部分土地都是荒地和牧草地，相比之下有人类居住的城市面积只占一小部分。现在各个主要城市之间的移动都是乘坐既快捷又廉价的飞机出行，但是如果要去没有机场的小城镇，或者大城市之间的景点旅行，还是乘坐长途巴士比较方便。

　　澳大利亚的长途巴士公司中最具代表性的就是车身为红色的澳大利亚灰狗巴士（Greyhound Australia），一般简称为灰狗巴士。行车线路覆盖澳大利亚东半部以及西澳大利亚北部（布鲁姆～北领地的达尔文），除西澳大利亚与艾尔斯岩石的主要景点外，其他的大都可以乘坐灰狗巴士前往。另外像悉尼～墨尔本、悉尼～布里斯班这样的干线，每天有 4~6 趟车通车，使用起来非常方便。除了灰狗巴士之外，还有许多小型的巴士公司，运行在特定的线路，是民众出行的强有力助手。不过对于游客来说，乘坐灰狗巴士以外的其他巴士的机会比较小。灰狗巴士有很多种优惠 Buspass 卡，对于考虑以长途巴士作为主要移动手段的游客来说，应该好好组合线路。

Hop On Hop Off Pass / Short Hop Pass 价格表（可能会改变）	
线路	成人票价（$）
凯恩斯往返	
凯恩斯～布里斯班／黄金海岸	345
凯恩斯～拜伦湾	345
凯恩斯～悉尼	435
凯恩斯～墨尔本	529
凯恩斯～艾丽斯斯普林斯	385
布里斯班往返	
布里斯班～悉尼	139
布里斯班～墨尔本	235
悉尼往返	
悉尼～拜伦湾	115
悉尼～墨尔本	105
阿德莱德往返	
阿德莱德～艾丽斯斯普林斯	229
达尔文往返	
达尔文～艾丽斯斯普林斯	225

※ 主要为以线路中的一座城市为出发和到达而制成的表格

Buspass 的种类

　　想要乘坐长途巴士周游澳大利亚大陆，一定要购买灰狗巴士的 Buspass。共分为几种，可以挑选适合自己线路的组合。

● Hop On Hop Off Pass / Short Hop Pass

　　在主要城市之间，固定的线路内单向乘车，上下车自由，6 个月内有效。长途线路是 Hop On Hop Off Pass，短途线路是 Short Hop Pass。如果有适合自己旅行计划的 Pass，还是比较划算的。

凯恩斯															
370	汤斯维尔														
655	285	艾尔海滩													
1600	1230	945	哈比湾												
1785	1415	1130	185	努萨（阳光海岸）											
1925	1555	1270	325	160	布里斯班										
2515	1635	1350	405	240	80	黄金海岸									
2945	2575	2290	1310	1150	1025	945	悉尼								
3210	2840	2555	1610	1445	1320	1240	300	堪培拉							
3835	3465	3180	2235	2105	1910	1865	925	625	墨尔本						
4625	4255	3970	3025	2895	2735	2655	1545	1415	790	阿德莱德					
2915	2545	2830	3775	3960	4100	4180	3595	3465	2775	2050	乌卢鲁（艾尔斯岩石）				
2440	2070	2355	3300	3485	3625	3705	3120	2990	2300	1575	475	艾丽斯斯普林斯			
2930	2560	2845	3890	3725	3565	3645	4800	4500	3875	3085	2000	1525	达尔文		
6630	6260	6345	5530	5345	5185	5265	4450	4235	3770	2980	6015	6490	4340	珀斯	
4260	3890	4175	5210	5055	4895	4975	5965	5670	5203	4415	4225	3750	1970	2370	布鲁姆

● Kilometer Pass

根据距离设定的周游车票，分为 1000 公里、2000~1 万 5000 公里（以每 2500 公里为单位）、1 万 5000 公里、2 万公里、2 万 5000 公里。有效期为 12 个月，价格也很便宜。购买时如果不知道买多少公里的票，可以先购买能够覆盖部分行程的线路，这样可以避免浪费。

巴士前面装有防袋鼠保险杠

当然，多出来的公里数也可以在旅途中继续考虑如何使用。途中有些区间也可以搭乘飞机或者火车，这也是这种里程票的好处之一。

● Integrity Coachlines Hop On Hop Off WA Pass

在没有灰狗巴士覆盖的西澳大利亚州的珀斯至布鲁姆之间，可以乘坐 Integrity Coachlines 公司的巴士。Integrity Coachlines 公司的 Pass 是可以在固定的距离内任意乘坐的，珀斯至埃克斯茅斯之间刚好是 1500 公里，珀斯至布鲁姆刚好是 3000 公里。这种 Pass 的有效期也是 12 个月。

移动与观光组合的移动型旅游巴士

包含观光、住宿、食物的移动型团体游项目在背包客中十分受欢迎。尤其是想要游览灰狗巴士车次较少的北领地，州内没有灰狗巴士的西澳大利亚州、阿德莱德~珀斯之间，还有适合移动游览的维多利亚州大洋路、乌卢鲁—卡塔楚塔国家公园周边利用这种移动旅游巴士的游客数量非常多。根据住宿设施的不同，可以选择不同的旅游团，从背包客旅馆到中档酒店，品

Contiki Holidays 公司使用的全是大型巴士

距离（公里）	费用
1000	$189
2500	$415
5000	$785
7500	$1125
10000	$1435
15000	$1965
20000	$2375
20005	$2675

（可能会改变）

Kilmometer Pass

■ Integrity Coachlines

🖥 www.integritycoachlines.com.au

☎ （08）9274-7467

🚌 1500 公里（珀斯~埃克斯茅斯）$ 265 / 3000 公里（珀斯~布鲁姆）$ 395

■ 长途巴士内带有卫生间

大多数巴士的卫生间都位于车尾。卫生间门前一般都会带有饮用水龙头和纸杯。

■ 巴士前安装的结实的保险杠是什么？

这是防袋鼠的保险杠，夜间行车的时候如果从突然撞到了袋鼠，保险杠可避免车身破损。

面向背包客的移动型旅游团的迷你巴士

种丰富。

　　拥有澳大利亚全境移动型团体游项目的公司，适合背包客参加的 Adventure Tours Australia、Real Aussie Adventures、Contiki Holidays，入住中档酒店或高端酒店的 AAT Kings、Australian Pacific Touring 等。

　　西澳大利亚的 Kimberley Wild Expeditions 和 Aussie Wanderer Tours & Safaris 公司的旅游项目比较多，也有移动型巴士旅游团。拥有从阿德莱德~珀斯之间移动型巴士团体游项目的公司仅有 Nullarbor Traveller 公司一家，这家公司的主营线路是在南澳大利亚与西澳大利亚之间广阔的纳拉伯平原上展开的。

参加移动型巴士旅游团可以认识许多来自世界各地的朋友

澳大利亚长途巴士线路图

- 澳大利亚灰狗巴士及其旗下子公司所运营的线路
- Integrity Coachlines公司
- Nullarbor Traveller公司
- AAT Kings公司
- V Line

除了纳拉伯平原的线路之外，还有游客个人比较难以到达的南澳大利亚州的弗林德斯山脉国家公园、艾尔半岛（考拉岭国家公园和贝尔德湾）、西澳大利亚的埃斯佩兰斯，甚至还有人文观光地的玛格丽特河等线路。对于想要切身感受澳大利亚大陆之宽旷的陆地移动派游客来说，巴士之旅是最合适不过的。

除了普通的移动型巴士旅游团之外，**Oz Experience** 公司还推出了可以游览澳大利亚东半部的一定期间内的巴士团体游项目，中途可以离团。线路有多种选择，有效期最短 6 个月，最长 12 个月。对于至少有一个月的旅行时间，而且只想在澳大利亚大陆东半部深度游的游客来说，这也是一个不错的选择（但是巴士的车次较少，移动只在白天进行）。

乘坐长途巴士的注意事项

● 关于预约

长途巴士大多数的线路基本上是每天一趟车，连接墨尔本～悉尼～布里斯班～凯恩斯之间的干线是每天 4～5 趟车。因此，在澳大利亚假期的时候基本上都是满座状态。尽可能在乘车前 1～2 天预订座位。另外从艾丽斯普林斯～艾尔斯岩石这段观光线路常年都很热门。如果准备预订这样的线路建议在行程确定之后，尽早预约。可以通过互联网、电话或者巴士中心的柜台、各旅行社等方式预订。

● 巴士总站的客运中心

主要城市的巴士总站都位于巴士与火车共同使用的客运中心（Transit Centre）内。客运中心内为旅客提供了淋浴房等设施。非大城市的长途巴士站也大都设在游客中心、加油站、出售长途巴士车票的旅行社前等地。乘坐巴士时需要把大背包或者行李放在巴士下方的行李箱内。大多数的背包客旅馆都会配合巴士的出发和到达时间来接送客人。

● 长途巴士移动中的注意事项

长途巴士每隔 2～4 小时有 1 次停车休息就餐的时间。休息的地方大都是兼作服务区的加油站。车内原则上是禁止饮食的（瓶装水或者果汁等可以饮用）。司机会在休息前通知出发时间，一定要遵守时间。人数不齐车子是不能出发的。

位于黄金海岸城外的客运中心

途中休息的加油站服务区大都是这样的

铁路

奢华的大陆移动方式

铁道之旅并不是很受欢迎的。州与州之间的移动需要花费 1 天以上的时间，不适合商务用途。也就是说点对点之间的移动，如果乘坐火车显得有些不快不慢。不过如果想要欣赏沿途车窗外的风光，铁路之旅倒

■ **Oz Experience**
详细线路和车票信息可以通过官网查询。
🖳 www.ozexperience.com

■ **各州之间移动的注意事项**
在澳大利亚除了人境有植物检疫之外，各州之间也有严格的植物检疫。尤其是北领地和西澳大利亚州严禁从其他州携带植物进入，有时检验检疫员可能会翻箱子进行确认。一定要尽量避免携带水果等植物类在不同州之间移动。（州边境的检疫站，会设有专门的垃圾桶用来回收禁止携带的植物和水果）

■ **灰狗巴士的最新车型**
目前只有部分投入使用，在新型的灰狗巴士座位旁有 USB 充电端口，车内还带有免费的 Wi-Fi 信号。今后所有长途巴士，都将配置上述配置。

澳大利亚最具代表性的纵贯澳大利亚大陆的"汗"号

连接新南威尔士州内各地与悉尼之间的列车

是很合适。乘坐火车是了解澳大利亚大陆的大自然与荒凉内陆的最好方式。一般会选择乘坐火车的人有普通游客、抱着枕头出行的澳大利亚年轻人、退休的老人等。经过长时间的旅程，大家同处一个车厢便会产生些交流和沟通。还有部分列车带有舒适的空间和移动的会客厅等豪华的设施。这些可以与人交流、还能享受奢华移动的体验是飞机之旅和巴士之旅所不能体验的。

澳大利亚的铁路公司

澳大利亚的铁路共由 5 家公司运营。

运营着州内线路的各铁路公司有新南威尔士州的 NSW Trainlink、维多利亚州的 V/Line、昆士兰州的 Queensland Rail、西澳大利亚州的 Trans WA。另外，还有运营连接州与州之间的州际列车的公司 Great Southern

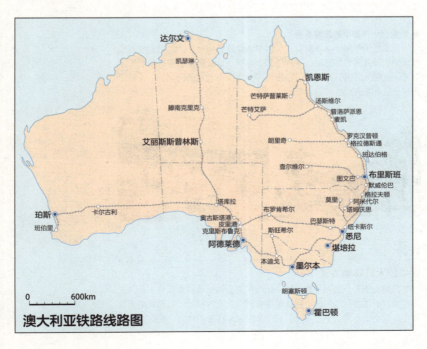

澳大利亚铁路线路图

0　600km

达尔文
凯瑟琳
滕南克里克
艾丽斯斯普林斯
珀斯
班伯里
卡尔古利
塔库拉
奥古斯塔港
皮里港
克里斯布鲁克
阿德莱德
本迪戈
芒特萨普莱斯
芒特艾萨
朗里奇
查尔维尔
布罗肯希尔
斯旺希尔
凯恩斯
汤斯维尔
普洛萨派恩
麦凯
罗克汉普顿
格拉德斯通
班达伯格
图文巴
布里斯班
默威伦巴
格拉夫顿
阿米代尔
塔姆沃思
莫里
巴瑟斯特
纽卡斯尔
悉尼
堪培拉
墨尔本
朗塞斯顿
霍巴顿

连接布里斯班~罗克汉普顿之间的列车

布里斯班~罗克汉普顿之间的列车车厢内

■ 澳大利亚铁路公司的官网
● Great Southern Railway
🔗 www.greatsouthernrail.com.au
● NSW Trainlink
🔗 www.nswtrainlink.info
● V/Line
🔗 www.vline.com.au
● Queensland Rail
🔗 www.queenslandrail.com.au
● Trans WA
🔗 www.transwa.wa.gov.au

Railway（GSR），比较受欢迎的"汗"号和"印度洋太平洋"号就是由这家公司运营的。上述这5家公司之间有着紧密的关系，都属于Rail Australia联盟，在澳大利亚全国的所有火车站都可以进行车票的预约。

市中心的火车站与长途列车站不一定是同一个车站

历史悠久的悉尼中央车站

以前火车只是在州内运行的交通工具，因此火车站都设在市中心，但这些车站大都没有可以容纳10节或20节车厢的长途列车。其实直至1953年实行澳大利亚统一铁轨标准以前，州与州之间的铁轨宽度是不一样的，因此各州之间是没有通火车的。"印度洋太平洋"号第一次通车是在1970年。

因此，长途列车的车站大都设在郊外，只有个别设在市中心。尤其是阿德莱德火车站（Adelaide Parklands Terminal），距离市中心非常远。悉尼的悉尼中央车站、墨尔本的南十字星站、布里斯班的罗马大街站都是位于城区的火车站，但是除了悉尼的中央车站之外，其他的几座车站称不上是市内最大型的车站（现在都是该城市具有代表意义的车站）。

便捷的铁路通票

澳大利亚共有3种铁路通票。不过并没有可以全国通用的类型。对于主要想进行东海岸铁路之旅的游客来说，购买通票还是很实惠和便捷的。

Discovery Pass是可以任意乘坐NSW Trainlink全线（连接悉尼~墨尔本、悉尼~布里斯班之间的XPT列车也可以使用）列车的通票，按照头等座、优选座、经济座分类。追缴费用之后在悉尼~墨尔本之间的卧铺车等可以使用优选座通票。

■ 使用铁路通票的注意事项
无论是哪种通票乘车都需要预约。通常需要提前24小时预约，到了火车站之后需要出示通票，然后是相应的车票。通票中不包含卧铺票，如果准备乘坐卧铺车需要另行支付（根据列车不同价格也不同）。

连接悉尼~墨尔本、悉尼~布里斯班之间的XPT号

Discovery Pass			Queensland Costal Pass		Queensland Explorer Pass	
有效期	优选座	经济座	有效期	票价	有效期	票价
14 天	$ 300	$ 232	1 个月	$ 209	1 个月	$ 299
1 个月	$ 350	$ 275	2 个月	$ 289	2 个月	$ 389
3 个月	$ 400	$ 298			（时间可能发生改变）	
6 个月	$ 550	$ 420				

■ **各铁路通票的详情**
● Australia Rail Pass（各铁路 Pass 的说明）
🖥 www.australiarailpass.com
● Discovery Pass
🖥 www.nswtrainlink.info/deals/discovery
● Queensland Coastal Pass
🖥 www.queenslandrailtravel.com.au

■ **通过互联网购买铁路通票**
可以通过下述网站购买铁路通票，或者火车票。
📠 1800-0150-016
🖥 www.australia-train.com

　　如果准备在昆士兰州进行铁路之旅，建议购买 Queensland Coastal Pass。可以乘坐沿着在昆士兰沿岸行驶的列车 Tilt Train 的经济座和 Spirit of Queensland 号的优选经济舱。如果想要乘坐昆士兰州所有列车，可以购买 Queensland Explorer Pass（Queensland Rail 公司的所有长途列车都可以乘坐）。

　　铁路通票只适用于居住在澳大利亚以外的人士。购买时需要出示护照。除了可以网络购票之外，还可以在澳大利亚的新威尔士州、昆士兰州的主要火车站购买。

乘坐火车的注意事项

● **比较重的行李需要托运**

　　与乘坐飞机相同，把必需的物品作为手提行李，其他行李需要托运。出发 45 分钟前需要到车站的 Luggage Check Countre 办理手续。每人可以托运 2 件重量 25 公斤的行李。提取行李时需要出示托运单（Claim Tag），注意不要丢掉。

● **根据移动的距离慎重选择座位的类型**

把大件行李托运后卧铺间会变得宽敞一些

即使是 Red Service，座位间距也很宽敞（Great Southern Railway）

金袋鼠的公共休息空间（Great Southern Railway）

　　长途列车基本上有头等座（Great Southern Railway 是 Gold Service）、经济座（Great Southern Railway，只有横跨大陆号才有 Red Service）这两种仓位（需要住宿时，带有各自的卧铺 Sleeping Berth）。另外在昆士兰州行驶的 Tilt Train 列车，有商务座。

　　卧铺车的头等座有单人使用（Roomette）和双人使用（Twinette）的两种。两种房间都带有卫生间、洗手台等。除了 Queensland Rail 以外，Twinette 带有专用的淋浴房。Roomette 的淋浴房位于车厢后部。经济座的卧铺车厢是 2~3 人共用的小隔间。每个隔间内带有简易的洗手台。

C OLUMN

澳大利亚两列著名的火车

"印度洋太平洋"号列车的线路东西横跨澳大利亚大陆,"汗"号列车的线路南北纵贯澳大利亚大陆。乘坐这两趟列车本身就是旅行目的的一部分,有很多游客专门从世界各地来到澳大利亚,就是为了乘坐这两趟列车。列车之旅非常适合那些想安静、优雅地感受澳大利亚大陆之美的游客。

汗号的红色车头非常引人注目

笑容可掬的乘务员迎接乘客登车

车内设施基本一样

女王阿德莱德餐馆

两趟列车均由大南方铁路公司运营,车内设备基本一样。车内铺位分三个等级,有白金服务的双人间豪华卧铺及黄金服务的卧铺(双人间/单人间)。还有被命名为女王阿德莱德餐馆的餐车以及名为内

陆公共休息区和玛蒂尔达咖啡馆的车厢。一日三餐(自助餐)的费用也包含在车票之中。

"印度洋太平洋"号
Indian Pacific

在太平洋沿岸的悉尼与印度洋沿岸的珀斯之间行驶。沿途的最大亮点是澳大利亚西南部的纳拉伯平原(Nullarbor Plain)路段。可以体验在480公里长、被称为世界上距离最长的直线铁路上乘车疾驰。列车车身上的标志图案是在内陆地区的天空中飞翔的楔尾雕。

"汗"号 The Ghan

世界上唯一一条纵贯大陆的铁路线。列车从南澳大利亚州首府阿德莱德出发,开往乌卢鲁(艾尔斯岩石)旅游的中心城镇艾丽斯普林斯,之后继续行进,到达终点站达尔文。列车车身上的标志图案是曾被用于内陆探险的骆驼及骑着骆驼的阿富汗人(在澳大利亚,这样的探险队曾被称为阿富汗)。"汗"就是对阿富汗的省略。

(左)很受欢迎的黄金服务双人间卧铺
(右)夜间将床放下的黄金服务双人间卧铺

车票种类 白金服务卧铺:PL/黄金服务双人间卧铺单人票:GT/黄金服务单人间卧铺:GS/GT、GS提前6个月以上预订可享受打车优惠

● "印度洋太平洋"号

🕐 悉尼 周三 15:00 出发→阿德莱德 15:15 到达,21:40 出发→珀斯 周六 15:00 到达/珀斯 周日 10:00 出发→阿德莱德 周二 7:20 到达,10:15 出发→悉尼 周三 11:30 到达

💰 悉尼~珀斯:平时 PL $4349、GT $2689、GS $2399/旺季(9/3~11/28)PL $4499、GT $2899、GS $2599/淡季(11/29~次年3/1)PL $3689、GT $2349、GS $2099

● "汗"号

🕐 阿德莱德 周日 12:15 出发→艾丽斯普林斯 周一 13:45 到达,18:15 出发→达尔文 周二 17:30 到达/达尔文 周三 10:00 出发→艾丽斯普林斯 周四 9:10 到达,12:45 出发→阿德莱德 周五 11:00 到达

💰 阿德莱德~达尔文(2晚3天):平时 PL $3769、GT $2529、GS $2269/旺季(5/7~8/28)PL $3989、GT $2599、GS $2329/淡季(11/29~12/5、7/21~3/1)PL $3149、GT $2119、GS $1889/达尔文→阿德莱德(3晚4天):5/3~10/25 PL $5239、GT $3499、GS $3139

酒店的基础知识

■ **主要背包客旅馆的信息**
　　加盟 VIP（→ p.599 专栏）的背包客旅馆的信息，可以参考下述的网页。部分旅馆还可以在这个网站预订房间。
　　www.vipbackpackers.com

■ **可以通过互联网获得 YHA 的信息、预约房间**
　　YHA 加盟的各个旅舍，可以通过下述官网进行预订。
　　www.yah.com.au

■ **WWOOF 是什么?**
　　WWOOF 是 World-Wide Opportunities on Organic Farms 的缩写，通过帮助有机农场主工作，获得免费食宿。澳大利亚全境共有 2200 多家 WWOOF 的签约农场。因为农场的位置大都位于偏远地区，最好租车自驾前往，也有些农家可以到附近的城镇接送。

郊外的房车营地经常会有袋鼠出没

黄金海岸的 Q1 假日公寓，拥有宽敞的起居室

豪华的公寓式酒店

　　澳大利亚有各式各样的住宿设施。可以根据自己的旅行预算选择合适的住宿设施。而且根据目的地的不同，可以快捷舒适地度过假期的酒店类型也不同。下面小编系统地介绍一下澳大利亚有哪些种类的住宿设施，方便旅行者制订旅行计划时挑选适合自己的类型。

澳大利亚的住宿设施

● 背包客旅馆 & 青年旅舍（YHA）

多人间的样子

　　背包客旅馆和青年旅舍（YHA：Youth Hostel Association）是面向背包客旅行的廉价住宿设施。房间基本上是大车店式的多人间（Domitory，也有些地方叫作 Dorm），也会有少量的双人间和大床房。卫生间、淋浴房等设施一般都是共用的。大多数都带有可供自炊的共用厨房。很多旅馆的多人间是不分男女住客的。对此有抵触的人，可以在办理入住的时候提前确认清楚。费用大概是多人间每晚 $25~40、双人间或者大床房每间房 $70~120。很多旅馆都可以去巴士站或者火车站接送客人。

● 房车营地 & 宿营地

　　房车营地可以为房车提供停车位，同时还提供可以与房车连接的供电设施和上下水等。营地内除了配有共用的淋浴房、洗衣房等设备之外，有些度假公园里的营地内还带有游泳池等设施。每个车位每晚是 $30~35（宿营地是 $25~40）。很多营地内还同时设有小木屋式的住宿设施。

● 汽车旅馆

　　因为澳大利亚是汽车普及率很高的国家，因此汽车旅馆也是这里最为常见的住宿设施，每个房间都有停车位。一般来说汽车旅馆的入口处都会有 [VACANCY（有空房）][NO VACANCY（满房）] 的标识。带有浴缸的房间比较少，大都是淋浴。价格是每晚 $100~150。

● 星级酒店 & 度假村

　　星级酒店或者度假村，设施完善、条件优越。也有许多世界连锁的豪华酒店和度假酒店。
　　星级酒店的双人间一般是每晚 $100~，高档酒店是 $200。悉尼或者墨尔本等地就是 $300 也不稀奇。

● 公寓酒店（假日公寓）

　　除了度假区之外，大城市也有许多可供游客住宿的公寓酒店。房间内部带有厨房，一般是 1~3 个房间，还带有起居室、餐厅等（澳大利亚也称这些酒店为假日公寓）。一般的公寓酒店内带有游泳池、健身房等设备，高端一些的公寓则带有日间水疗和餐馆等，设施的齐备程度完全不

输给星级酒店。费用是一间房每晚 $150~300。住宿一周以上可以得到相应的优惠，准备长期入住的游客可以考虑选择公寓酒店。

● **其他住宿设施**

澳式民宿（缩写的 B&B），一般都是利用乡村民居改建而成的住宿设施，有提供早餐。如果想要体验郊外的乡间住宿，推荐选择民宿（双人间或者大床房每晚 $100~150）。另外，比较常见的住宿设施还有位于酒吧二楼的旅馆。以前澳大利亚法律规定禁止给非住宿的客人在 18:00 以后提供酒精类饮品，因此很多酒吧都带有住宿设施，部分设施现在还在继续营业（双人间或者大床房每晚 $50~100）。

农场住宿被评为最能体验澳大利亚风情的住宿设施。在牧场能体验骑马、钓鱼等户外运动，还能与野生动物亲密接触，期间会一直与农场的人一起生活（住宿中含全餐，每晚 $100~200）。

澳大利亚最大规模的酒店预订网站

墨尔本普尔曼酒店的豪华客房

酒店预约

如果有 1~2 周的行程，确定了行程之后，可以从国内提前预订酒店。对于短期旅行的人来说，到了当地再找酒店是对旅行时间最大的浪费。背包客旅馆、青年旅舍、民宿等可以直接通过官网或者电子邮件预订。星级酒店可以通过代理旅行社或者旅行代理公司预订。

● **利用互联网预订酒店**

灵活运用互联网酒店代理商来预订酒店，可以大幅度地节约旅费。例如澳大利亚最大型的酒店预订网站 Wotif，还可以使用 Booking.com、Hotels.com 等来预订。

没有预订也可以找到快捷舒适的酒店

巴士总站、火车站等地一定会设有信息中心或兼作信息中心的旅行社服务台。可以在这里把自己的预算告诉工作人员，就会有相关的酒店介绍。领取相关住宿设施的资料，确定入住就可以预约了。另外，主要城市的机场到达大厅都设置有直通酒店的免费电话专线，可以通过专线直接预订。

COLUMN

想要节约旅费可以加入 YHA / VIP

澳大利亚的背包客旅馆没有正式统一的组织机构，其中大多数都实行使用 VIP 卡即可享受折扣的政策。另外，非 YHA 会员的住宿费用会高一些。如果准备入住青年旅舍或者背包客旅馆，一定要加入 YHA 或者 VIP 会员。加入会员之后，除了住宿旅馆以外，很多从当地出发的旅游团、长途巴士、铁路等也可以享受优惠（很多优惠政策比较接近，加入一个会员即可）。如果是加入 YHA，可以从国内出发之前登录国内的青年旅舍

协会官网办理入会。VIP 卡可以在到达当地主要城市后，在 VIP 旅行中心申请，或者出发前通过互联网申请。

● **中国国际青年旅舍**
　www.yhachina.com　E-Mail：service@yhachina.com
　广州市天河区体育西路 103 号维多利广场 A 塔 3606 室
● **VIP 卡**
　www.vipbackpackers.com
　1 年有效 $ 37 / 邮寄至中国 $ 10

餐馆的基础知识

■ **携带酒精进入餐馆的费用**

带酒进餐馆的费用名称非常有趣，叫作"Cokage"，意思就是开瓶费。

■ **BYO 餐馆的附近会有酒类商店**

BYO 餐馆的附近一定会有销售酒类的商店。澳大利亚的酒类商店共分为只买酒的商店和并设有酒吧的 Bottle Shop 两种。一般来说纯买酒的商店价格会便宜一些，但是酒的种类比较少，大都在郊外。一般都可以开车前往，买上几打。

■ **搜索美味餐馆必不可少的网址**

推荐下述网站

● **best restaurant of Australia**

主要以介绍获奖餐馆为主的，介绍澳大利亚全国口碑较好的餐馆的网站。

🔲 www.bestrestaurants.com.au

使用新鲜的海鲜、肉类烹制的美食

澳大利亚是一个移民国家，会集了来自世界各国家多民族的移民。因此，在这里可以品尝到来自世界各地的美食。而且这里国土广阔，海产丰富，所有的食材都可以在本国内获取。除了可以品尝到使用新鲜食材烹制的世界各国菜肴，还有将各国菜肴融合形成的新式澳大利亚菜。来澳大利亚品尝美食绝不会后悔。

需要了解的餐馆规章制度

澳大利亚有严格的酒类销售许可制度，获取许可证需要经过严格的审查，而且需要花费一定的金额。因此，不是所有的餐馆都可以饮酒。由此衍生出的制度是 BYO（Bring Your Own "欢迎自带酒水"）的制度。很多餐馆出于如果把大量资金投入到去申请酒类销售许可，不如用菜式的口味来决定胜负的考虑，客人可以随意将自己喜爱的酒精饮品带入店内。自带酒水进餐厅每瓶需要收取几澳元的费用。可以提供酒精类饮品的餐馆是 Licenced。不过在有许可证的餐馆里，也不一定有符合客人口味的葡萄酒。所以，有些餐馆即便有酒类销售许可证，也兼容 BYO 模式。

午餐外卖居多

澳大利亚人的午餐一般都是外卖。午餐时间在公园的长凳上、海边等地经常可以看到在吃外卖的白领。从外卖午餐的内容也可以看出这里是一个多民族国家，比较受欢迎的有汉堡、三明治、鱼和薯条、中餐、泰国菜、越南菜、印度菜、阿拉伯菜，寿司也比较受欢迎。在很多购物中心内都有大型的美食城，可以购买各式各样的外卖。

好吃的餐馆在哪里找？

城市漫步的时候不妨留意一下所经过餐馆的客满状况。客人比较多的餐馆大都是味道好，价格便宜的。如果有特别想要品尝的食物，可以在通过信息中心领取的当地信息杂志上寻找餐馆。虽然有很多是广告，但也不妨做一下参考。如果想要查找真正美味的餐馆，可以通过专门的美食杂志或者美食网站。例如悉尼的《good food guide》是值得信赖的专业美食杂志。

摆盘也很精美的新式澳大利亚菜

购物的基础知识

尺码规格不同

很多游客喜欢购买澳大利亚的服装或者鞋子。普通的休闲服饰使用S.M.L来表示尺码，但如果是连衣裙、套装等女士服装会使用数字尺码来表示。另外，鞋子的号码也与我国有所不同。可以参考下述的尺码对照表。购买时一定要试穿。

勿忘办理退税（消费税 GST10%）手续

澳大利亚是 UGG 鞋的发祥地

澳大利亚的所有商品售价中都包含了 10% 的消费税（内置税形式）。游客在 30 天之内离境，而且作为手提行李未进行开封、使用，并且在同一家店铺消费 $300 以上，满足上述条件可以享受免税政策。退税手续是在离境前机场的出发大厅内的 TRS（Tourist Refund Scheme）柜台办理。办理时需要出示所购买的商品、从消费 $300 以上的店铺领取的退税发票（Tax Invoice）、护照、登机牌。切记购买的免税商品和退税发票不要装进托运行李中（一定要作为手提行李）。不过，如果是化妆品、液体、啫喱等不可以带入机舱内的商品，需要在办理登记手续之前在机场制定的 TRS 柜台办理退税，之后再办理托运。退还的税金原则上是打入信用卡之中。在 TRS 柜台还可以办理葡萄酒平衡税（14.5%）的退税。办理葡萄酒的退税手续，与化妆品、液体、啫喱等的TRS 退税手续相同。

请保持免税商品未开封的状态

在主要城市的免税店购买免税商品时，需要出示护照、离境日期、离境时的航班号。请在免税店的服务台出示上述内容，然后办理购物卡，之后才可以购物。所购买的商品会被严密地包装起来，之后外面还会被贴上免税商品证明。免税商品作为可以带入机舱内的手提行李，需要向位于各机场通过边检之后的海关柜台提交包装好的免税商品的证明。直到提交证明之前，免税商品是不能被开封的。

■ 与我国不同，周末不适合购物

澳大利亚的周六、周日基本上是与家人团聚的日子，几乎所有的商店都不营业。因此，购物还是平时比较方便些。悉尼、墨尔本、布里斯班等大城市的市中心地区，或者凯恩斯、黄金海岸等度假区周六、周日营业的店铺虽然也很多，但是营业时间会缩短。

■ 主要城市的晚间购物日

大多数的商店都会在傍晚闭店，这也是澳大利亚的一大特色。不过主要的大城市每周会有一天是晚间购物日，届时店铺会延长营业时间。在这一天几乎大多数店铺都是营业至 21:00，人们可以享受夜间购物的乐趣。大城市的夜间购物日如下：

- 凯恩斯：周四
- 布里斯班市中心：周五
- 黄金海岸：周四
- 悉尼市中心：周四
- 墨尔本市中心：周四、周五
- 阿德莱德市中心：周五
- 珀斯市中心：周五

澳大利亚服装尺码换算表					
澳大利亚	8	10	12	14	16	18
中国	7	9	11	13	15	17

澳大利亚鞋子尺码换算表（女性）					
澳大利亚	5.5	6	6.5	7	7.5	8
中国	22	22.5	23	23.5	24	24.5

澳大利亚鞋子尺码换算表（男性）					
澳大利亚		6	6.5		7	7.5
中国	24	24.5	25	25.5	26	26.5

小费与礼仪

澳大利亚有许多人都喜欢在公园或者海滩等地散步。如果在上述的场所与散步的行人擦肩而过，即便是互相不认识也会打个招呼说声 "Good Morning" 或者 "Hello"。在森林步道步行的时候也是一样。

■ **不从大自然中带走任何东西**

大堡礁无人岛的沙子和珊瑚碎片，或者在丛林中发现的小野花等，都让人很想作为旅行的纪念品带回家。但是澳大利亚人认为大自然还是要保持大自然的样子。尤其是规定作为国家公园的地方，一定不要随便带走任何东西。唯一可以带走的就是拍照留念的照片。请切记。

关于小费

澳大利亚原则上没有支付小费的习惯。购物缴费基本上和国内一样。不过也有部分例外的场所。

首先，在高档餐馆就餐时，一般来说在结账时需要支付相当于餐费 10%~15% 的小费。如果是使用信用卡消费，需要在账单中 "Tip" 一栏写上想要支付小费的金额，或者在 "Total" 一栏写上包含小费的合计金额，然后签字。当然如果对餐馆的食物不满意，或者对提供的服务不满意，也可以不支付小费。另外入住高档酒店时，如果请服务生搬运行李，一般会支付 $1~2 的硬币作为小费。乘坐出租车到达酒店后，如果司机帮忙搬运行李，也可以支付 $1~2 的小费。

关于礼仪

● **穿着适合 TPO "时间（Time）、地点（Place）和场合（Ocasion）" 的服装**

虽说澳大利亚是一个比较休闲自由的国家，但是着装也是有最低要求的。尤其是在悉尼、墨尔本等大城市，更加注重这方面的细节。在凯恩斯、黄金海岸等地的高档餐馆就餐穿着 T 恤、短裤、运动鞋虽然没有太大问题，但如果在悉尼、墨尔本的餐馆就餐就需要穿着带有领子的衬衫、长裤等。晚餐时间也不太适合穿运动鞋，最低也要准备一双 "船鞋"。

● **排队不是按窗口排，而是统一排成一队**

在银行、邮局、快餐店等需要排队等候的场所，不是按照窗口排队而是统一排成一队，按照顺序去窗口办理。去卫生间也是一样。

乘坐扶梯时需要站在左侧一边，右侧是给赶时间的人让出来的位置（Keep Left）。

很多出租车司机非常健谈，要积极地与他们交流

● **饮酒、吸烟**

澳大利亚可以饮酒的地方是有规定的，不是在任何地方都可以喝酒。当然在餐馆和酒店的房间里饮酒没有问题，但是在户外 BBQ 的时候是否可以饮酒需要提前确认一下。另外，澳大利亚可以吸烟的场所也是有相关规定的，基本上在机场、酒店大厅、购物中心、餐馆等公共场所、公共交通工具中都是禁烟的。

在海滩上散步的人很多，不妨轻松地试着打个招呼吧

电话、互联网与邮政

电话与互联网

● 澳大利亚的免费 Wi-Fi

很多人会担心从国内带去的手机或者平板电脑在澳大利亚能否使用互联网呢。近年来无线互联网 Wi-Fi 的使用率在逐渐增加，电脑用的网线酒店也有提供，大可不必担心。通过手机上网的方法更是多种多样，可以加入中国电话公司的海外漫游业务，也可以直接购买澳大利亚当地的电话卡。而且最近澳大利亚提供免费 Wi-Fi 信号的地方也在逐渐增多。

而且快餐店、咖啡馆、购物中心等地都提供限时的免费 Wi-Fi 信号，酒店、背包客旅馆也都有提供免费 Wi-Fi 信号的公共区域。一些高档的酒店会针对会员免费开放 Wi-Fi（登录会员后可以享受免费 Wi-Fi）。如果需要付费，每天需 $5~30（越是高级的酒店越贵）。很多旅行公司的旅行大巴车里也提供免费的 Wi-Fi 信号（流量不大，不能看视频或者语音通话）。

如果可以连接 Wi-Fi，也可以使用免费的互联网电话，例如微信、Skype、Facetime 等给国内打电话。

● 随时随地都想使用流量

如果想要随时随地都使用流量，可以购买澳大利亚当地的电话卡，如果出行的人多，在国内租赁好可以携带的随身 Wi-Fi 比较好。购买途径可以通过某宝，或者去机场的电话公司柜台直接付钱租赁。如果选择从国内租境外随身 Wi-Fi，可以出发前在机场领取设备，价格是每天 29~32 元。也可以咨询自己所使用的电话公司，开通境外漫游，费用会稍微贵一些，但是电话可以保持通畅，不耽误接打国内电话。

下图是 Optus 公司的电话卡费用明细。

如果租借当地的电话卡，需要在柜台听取工作人员介绍使用方法

澳大利亚 Optus 卡	包月套餐（Optus Monthly）	单日套餐（Optus Daily Plus）
费用	$30	$2
有效期	28 天	1 天
流量	3GB	500MB
通话时间	不限	不限
短信	不限	不限

● 除手机之外的电话

除了手机之外，游客还可以使用澳大利亚最大的电话公司 Telstra 公司设置的公用电话（当地人称为 Payphone），或者使用酒店房间内的电话。公用电话大致可以分成两种，分别是插卡式和投币式。公用电话卡叫做 Telstra Phonecard，可以在邮局、电话局、报亭等地购买。大多数的公用电话都是既可以拨打澳大利亚国内电话，也可以拨打国际长途电话。

澳大利亚国内电话的通话费市话是 50 ¢，没有时间限制。长途通话有时间和距离方面的限制，需要先拨打长途区号。如果从酒店客房拨打电话，需要在拨打电话号码前加拨直通外线的号码（大多数的高档酒店是拨打 9）。

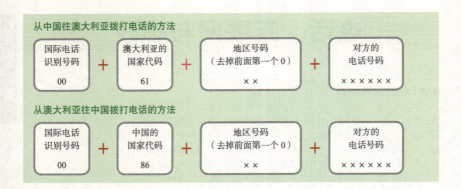

从中国往澳大利亚拨打电话的方法

| 国际电话
识别号码

00 | + | 澳大利亚的
国家代码

61 | + | 地区号码
（去掉前面第一个 0）

×× | + | 对方的
电话号码

× × × × × × |

从澳大利亚往中国拨打电话的方法

| 国际电话
识别号码

00 | + | 中国的
国家代码

86 | + | 地区号码
（去掉前面第一个 0）

×× | + | 对方的
电话号码

× × × × × × |

■**关于免费电话**

　　基本上以 1800 开头的 10 位电话号码都是免费电话。以 1300 开头的 10 位电话号码，有免费的也有需要支付市话费的。另外还有以 13 开头的 6 位电话号码，是只需要支付市话费的。上述的这些电话从国内拨打是不能接通的。

关于邮政

　　寄往中国的邮件多为航空件，通常需要 4 天~1 周的时间。邮票、明信片、小包裹用的纸箱、航空信封等都可以在邮局内的商店购买。

从澳大利亚寄往中国的邮费		（可能改变）
明信片 Postcard	50g 以内	$ 2.10
航空信封 Aerogrammes		$ 2.40
航空信 Airmail Letter	50g 以内	$ 2.10
	50g~250g	$ 5.75
	250g~500g	$ 13.00
邮政经济小包裹（2kg 以内）Parcel Post Economy Air	500g 以内	$ 14.39
	500g~1kg	$ 29.79
	1kg~1.5kg	$ 45.35
	1.5kg~2kg	$ 57.45
邮政普通小包裹（2kg 以内）Parcel Post StandardAir	500g 以内	$ 22.26
	500g~1kg	$ 37.65
	1kg~1.5kg	$ 51.35
	1.5kg~2kg	$ 63.45
邮政特快小包裹（2kg 以内）Parcel Post Express Air	500g 以内	$ 41.06
	500g~1kg	$ 53.26
	1kg~1.5kg	$ 61.35
	1.5kg~2kg	$ 69.45

旅行中的突发事件与安全对策

虽然澳大利亚可以说是一个治安比较好的国家，但是也不能放松警惕。为了可以愉快地旅行，还是要做好安全管理和健康管理。

遗失护照时

如果护照丢失，应去中国驻外使领馆办理护照补发或申请旅行证。需提交的材料有《中华人民共和国护照／旅行证／回国证明申请表》、本人的证件照片（一般为三张）、丢失护照的复印件（一般需要带照片的资料页，如有延期或加注信息的情况，还需要相关的资料页）以及护照丢失经过的详细说明等。需缴纳一定的手续费。

遗失信用卡时

应立即联系发卡公司，办理挂失手续。只要办理了失窃或遗失的相关手续，即便信用卡遭人无端使用，保险也会赔付，所以要记下卡号以及发卡公司的紧急联系方式，并与卡分开保管。

如果希望在国外办理新卡，还要提交相关材料。各发卡公司的具体办理程序与所需时间可能不同，需要用户提供信用卡号、有效期以及护照等身份证件。办理时间大概需要两天到一周。

防晒与健康管理

澳大利亚的日照强度非常强烈，尤其是正午前后紫外线特别强烈。如果长时间滞留在室外，最好准备好帽子、太阳镜，涂抹好防晒霜。为了防止中暑、晒伤等情况发生，要及时补充水分。还要从国内带一些感冒药、头疼药、胃药等以备万一。在澳大利亚就医时需要收取诊疗费，建议加入境外旅行保险。加入保险后就可以在当地保险员的协助下就医，同时可以报销。

另外，参加澳大利亚当地的旅游团提供的行程，有很多都需要一定的体力。在紧张的行程中，一定要注意身体健康。

■ **中国驻澳大利亚使领馆**
● 堪培拉
☎（02）6273-4780
● 悉尼
☎（02）8595-8029
● 墨尔本
☎（03）9804-3271
● 珀斯
☎（08）9222-0302
● 布里斯班
☎ 0406 318 178

■ **如何在使领馆申领证件申请补发护照**
①《中华人民共和国护照／旅行证／回国证明申请表》1 张
②证件照片（外廓 48mm×33mm，头部宽度 21~24mm，头部长度 28~33mm）3 张
③护照及赴澳大利亚签证的复印件（如有）
④手续费 $ 33~40
⑤办理时间为 15 个工作日以上。

■ **遭遇失窃事件**
遇到盗窃事件要去警察局报警，要求警方出具被盗证明。向保险公司申请理赔的时候需要。因此，需要有一定的英语沟通能力。

旅行会话

澳大利亚的城市地区一般都是用英语交流的，发音比较接近英式英语，使用拼写方法也是英式的。而且每个单词的发音都比较清楚，听习惯的话比美语听起来容易一些。而且，澳大利亚是一个移民国家，所有澳大利亚人已经听习惯了各国英语的发音习惯，也不会笑话对方英语不好，而是会努力理解对方想要表达的意思。所以不要不好意思开口，不要在乎说法是否正确，大胆地说出口才是正解。

一般来说经常使用的英语有"Thank you""Please""Excuse me."。受到帮助之后要说"Thank you"，请求帮助是要说"Please"。在请求帮助之前，需要以"Excuse me."开头。道歉的时候说"Sorry"。

■ **生病·紧急情况时的英语**
I feel sick.
我感觉不舒服。

I have a fever.
我发烧了。

Can you call a doctor?
请帮我叫医生。

Help!
救命！

I've been robbed!
我遭遇了强盗。

I've left my purse in the taxi.
我把钱包忘在出租车里了。

My bag was stolen.
我的包被抢了。

I've lost my passport.
我护照丢了。

A lost theft report,please.
请帮我开具被盗证明。

Do you have any Chinese speakers?
这里有会讲中文的人吗？

Please call the Chinese Embassy.
请联系中国大使馆

基本短语

请 ~ ■ 名词，please

记得对话后面 +Please

（例）Exchange，please（请帮我兑换货币）在货币兑换处、银行

Receipt，please（请给我收据）在商店

我想 ~ ■ I would like to + 动词 / I would like + 名词，please

动词前需要加 to。最后如果加上 Please，会感觉很有礼貌。

（例）I would like to check-in，please.（请我办理入住手续）在酒店

Iwould like room service，please.（我想要客房服务）在酒店

我可以 ~ 吗？ ■ Can I + 动词 ~?

澳大利亚人经常使用 can。没有 I would like to~ 正式，为了寻求对方的许可。

（例）Can I try this on?（我可以试试吗？）在商店

Can I smoke?（我能吸烟吗？）询问对方时

请帮我 ~ ■ Please 动词

拜托对方时，把 please 放在前面，之后说需要拜托的事情。

（例）Please go to Marriott Hotel.（请去万豪酒店）乘坐出租车时

Please give me a discount.（打个折好吗）在市场购物时

何时、何地、谁、什么、怎样

记住 5W1H，可以轻松提问。

When	（例）When is the pick-up time?（什么时候来接我？） 与 What time~ 意思一样
Where	（例）Where is a toilet?（卫生间在哪？）
Who	（例）Who is the guide?（谁是导游？）
What	（例）What is this?（这是什么？）
Which	（例）Which is the platform for Bondi?（去邦迪的站台在哪里？）
How	（例）How much is this?（多少钱？） How can I go to the rocks?（去巨石怎么走？）

应答短语

No，thanks.	（不用，谢谢。）推荐购物时拒绝的短语
Thanks,anyway.	（无论如何，谢谢了。）询问问题时，对方也无法作答时的回答
No worries!	（不用担心！）如果是回答 Thank you. 意思是"不用谢"

黄 页

驻澳大利亚使领馆

● 中华人民共和国大使馆（堪培拉）

🏠 15 Coronation Drive, Yarralumla, ACT 2600

☎ （02）6228 -3999　　　　　　　　FAX （02）6228-3990

● 驻悉尼总领馆

🏠 39 Dunblane Street, Camperdown, NSW 2050 ☎ （02）8595-8002

FAX （02）8595-8021

● 驻墨尔本总领馆

🏠 75-77 IRVING ROAD, TOORAK, MELBOURNE, VICTORIA 3142

☎ （03）9824-6450　　　　　　　　FAX （03）9822-0606

● 驻珀斯总领馆

🏠 45 Brown Steet, East Perth, W.A. 6004

☎ （08）9222-0333　　　　　　　　FAX （08）9221-6144

● 驻布里斯班总领馆

🏠 Level 9, 79 Adelaide St., Brisbane QLD 4000

☎ （07）3210-6509　　　　　　　　FAX （07）32106517

● 驻阿德莱德总领馆

☎ （08）8268-8807　　　　　　　　FAX （088268-8800

主要航空公司

● 澳洲航空　　　Quantas Airways　　☎ 13-13-13
● 捷星航空　　　Jetstar　　　　　　☎ 13-15-38
● 维珍澳洲航空　Virgin Australia　　☎ 13-67-89
● 老虎航空　　　Tigerair　　　　　☎ 1300-174-266
● 新加坡航空　　Singapore Airlines　☎ 13-10-11
● 国泰航空　　　Cathay Pacifiv Airways　☎ 13-17-47
● 马来西亚航空　Malaysa Airlines　☎ 13-26-27
● 亚洲航空　　　X Air Asia X　　☎ （02）8188-2133
● 中国国际航空　Air China　　　☎ 001-800-860-999
● 中国南方航空　Chian Southern　☎ 1300-889-628

主要汽车租赁公司

● 赫兹 Hertz　　　　　☎ 13-30-39
● 安飞士 AVIS　　　　☎ 13-63-33
● 百捷乐 Budget　　　☎ 13-27-27
● 苏立夫提 Thrifty　　☎ 13-61-39
● 欧洛普卡 Europcar　☎ 13-13-90

紧急时

● 紧急时的联系电话　　　Free 000

※ 拨通电话后告知需要救护车（ambulance）、消防（Fire），警察（Police），就会被送到最近的地方。

信用卡的紧急联系电话

● AMEX　　　　　Free 1800-553-155
● Diner Club　　　Free 1300-360-060
● Master card　　　Free 1800-120-113
● VISA　　　　　Free 1800-555-648

澳大利亚的历史

原住民的世界

墨尔本菲茨罗伊花园内的库克船长像

据推定，澳大利亚原住民的祖先是在大约4万年前，也就是第四冰河期时首次到达澳大利亚大陆并在此定居的。当时的海平面比现在要低200米左右，这就缩短了航海的距离，从而帮助原住民跨海登陆澳大利亚。但是2万年前，冰盖开始融化，海平面随之上升，越洋在大陆间往来变得非常困难。之后，澳大利亚原住民的祖先处于与其他大陆完全隔绝的状态。这使得大约始于1万年前的农耕文化没有传入澳大利亚。原住民在澳大利亚大陆各地一直过着狩猎、采集的生活。历史上最繁荣的时期，人口曾达到25万~30万人。

巴布亚人到达约克角城之后，改变了澳大利亚大陆上只有原住民的状况。后来，在阿纳姆地区开始有了与印度尼西亚人的贸易，中国人也开始出现在澳大利亚近海。就这样，澳大利亚原住民才逐渐被世人所知。

白人的到来

历史上第一个到达澳大利亚的白人是葡萄牙人门多萨。1521~1532年，门多萨在澳大利亚东部地区探险，因为没有在当地发现香木等有价值的植物，所以澳大利亚大陆并未引起人们的注意。1606年，荷兰人扬松、西班牙人托雷斯都曾驾船通过澳大利亚与新几内亚之间的海域（现在被称为托雷斯海峡）。

白人到澳大利亚进行真正的调查活动，始于1616年。将雅加达作为东方贸易起点的荷兰，在1616年、1619年、1622年分别对澳大利亚大陆的西北海岸、西海岸、西南海岸进行了勘察，还把这片新大陆命名为"新荷兰"。1641年，塔斯曼到达了今塔斯马尼亚岛的南岸，并以当时荷兰东印度公司总督的名字把那里命名为"范迪门斯地"。但是，荷兰人对澳大利亚大陆没有产生什么兴趣。因为他们断定这片土地

上没有欧洲人需要的香料和黄金。

英国宣布拥有澳大利亚

1770年4月29日，乘坐努力号帆船的库克船长一行在植物湾（现在的悉尼郊外）登陆。之后，他们驾船沿东海岸北上，在位于托雷斯海峡的特维奈德岛登陆并宣布澳大利亚东海岸为英国王室所有。

英国政府于1785年2月6日将库克船长宣布划归英国所有的土地命名为新南威尔士（NSW）并开始进行殖民统治。1788年1月26日，首任总督亚瑟·菲利普率领的船队（The First Fleet）到达杰克逊港，780名流放犯人以及海军陆战队协同家属1200人登陆。白人对澳大利亚的统治由此开始，原住民被殖民者视为英王领土的非法占据者。现在，1月26日被定为澳大利亚的建国纪念日。

英国殖民地的扩张

1802年，法国开始觊觎塔斯马尼亚岛，对该岛的海岸线进行了勘察。英国的第三任新南威尔士总督菲利普·金得知此事后，于第二年宣布塔斯马尼亚岛属于新南威尔士（1825年脱离新南威尔士）。之后，第六任总督布里斯班在任时期（19世纪20年代），新南威尔士殖民地的范围扩大，北至莫顿湾（今布里斯班），南至墨累河附近。1826年，殖民者开始进入位于大陆另一端的西澳大利亚地区。1829年宣布正式将该地划为英属殖民地。1833年，政治家韦克菲尔德提议建设与之前的流放殖民地不同的普通殖民地。该提案得到认可，1836年，南澳大利亚殖民地便在墨累河口附近诞生。

维多利亚州也大致在这一时期出现。1835年，为了跟在塔斯马尼亚饱受白人欺凌的原住民建立友好关系，巴特曼开始在菲利普港（今墨尔本郊外）一带建立新的殖民地。

各殖民地获得自治权

随着各殖民地的壮大，殖民地人开始希望实现殖民地的独立发展，与此同时，殖民地与宗主国之间的利益冲突也逐渐凸显。于是，英国开始任命在当地出生的人为殖民地总督，并赋予殖民地有限的自治权。但是，独立、自治的要求并没有因此消失。

殖民地总督只不过是执行英王命令的代理

人。1824年，新南威尔士出现了议会，负责对总督的工作提出建议。基于两院制的责任政府，则一直到1855~1860年期间才逐渐在各殖民地出现。

淘金热导致的社会混乱

1851年，在新南威士州的巴瑟斯特发现了金矿，随之出现了淘金热。在这一时期，澳大利亚接受了大量为黄金而来的移民。1850年代初，澳大利亚的人口只有40万，仅仅10年后就增加到115万。

在同一时期的维多利亚也发现了许多金矿。挖掘金矿者大量涌入维多利亚。但是，在最大的金矿巴拉腊特，发生了澳大利亚历史上规模最大武装起义——尤里卡暴动，黄金遭到抢劫，各种治安事件不断。仅仅持续了10年的淘金热对澳大利亚的治安及经济产生了很大的破坏。

构想建立联邦制国家

淘金热过后，各殖民地的政治、经济逐渐趋于安定。因此，很多政治家开始主张澳大利亚应该成为太平洋地区的霸权国家。关税问题、移民的大量涌入以及防御德国、俄罗斯、法国、日本等国人侵的问题成为了各殖民地共同关心的问题。另外，也有人提出，由一个中央政府来管理邮政等业务的话，会提高这些业务的效率并降低成本。由此，组成澳大利亚联邦的想法开始出现。

澳大利亚联邦成立

第一次商讨建立联邦的会议于1891年在悉尼召开。参加会议的除了现在已成为州的六个殖民地的代表，还有来自新西兰的代表，成立了"澳大利亚国民协议会"。在这次会议上，各殖民地都表示不希望建立英国式的中央集权政府，而是要引入瑞士、加拿大、美国等国采用的联邦制。到了1897~1898年时，召开了第二次会议。此时，新西兰已经决定走独自建国的道路，所以没有参加会议。会议上起草的宪法草案，在全民公决中获得支持，随后英国议会通过立法的形式予以确认。澳大利亚联邦就这

样诞生了。1901年1月1日，澳大利亚联邦宪法生效。

两次世界大战的影响

1914年，第一次世界大战爆发，英国对德国宣战，澳大利亚随英国参战。澳大利亚军队占领了德国在太平洋上的殖民地，并与新西兰军队一起组成澳新军团奔赴欧洲战场。澳大利亚在第一次世界大战中投入了33万兵力，有6万军人战死。付出了如此高的代价，澳大利亚也因此得到各国的同意，加入了国联，成了受到国际社会认可的独立国家。

在第二次世界大战中，澳大利亚的战死人数虽然只有第一次世界大战的一半，但澳大利亚本土遭到日本攻击，损失惨重。通过这次战争，澳大利亚政府认识到为了巩固国防及推动经济发展，拥有一定规模的人口数量是非常必要的。所以战后澳大利亚放弃了之前的"白澳政策"，开始逐渐接受白人以外的人种移民到澳大利亚。

多元文化国家澳大利亚

现在的澳大利亚生活着原住民、来自英国的移民以及第二次世界大战后来到这里的新移民。战后70年以来，澳大利亚一直在探索如何将各民族的文化融合在同一个国度并不断让其获得发展。政府单方面将某一种文化作为国家正统文化的做法，在实践多元文化共生的澳大利亚是行不通的。但是，新移民与原住民的社会经济地位与英国移民相比还存在一定差距，这也是现在的实际情况。今后，在建设真正的多元文化国家的路上，澳大利亚还有许多需要解决的问题。

维多利亚州巴拉腊特有再现淘金时期风貌的小镇索夫林山

项目策划：王欣艳　翟　铭
统　　筹：北京走遍全球文化传播有限公司　http://www.zbqq.com
责任编辑：王佳慧　林小燕
责任印制：冯冬青

图书在版编目（CIP）数据

　　澳大利亚 / 日本《走遍全球》编辑室编著；马谦，
王启文译. -- 2版. -- 北京：中国旅游出版社，2019.1
　　（走遍全球）
　　ISBN 978-7-5032-6164-0

　　Ⅰ.①澳… Ⅱ.①日… ②马… ③王… Ⅲ.①旅游指
南—澳大利亚 Ⅳ.①K961.19

　　中国版本图书馆CIP数据核字（2018）第292176号

北京市版权局著作权合同登记号　图字：01-2018-1450
审图号：GS（2018）6164号　本书插图系原文原图

本书中文简体字版由北京走遍全球文化传播有限公司独家授权，全
书文、图局部或全部，未经同意不得转载或翻印。
GLOBE-TROTTER TRAVEL GUIDEBOOK
Australia 2017 ~ 2018 EDITION by Diamond-Big Co., Ltd.
Copyright © 2017 ~ 2018 by Diamond-Big Co., Ltd.
Original Japanese edition published by with Diamond-Big Co., Ltd.
Chinese translation rights arranged with Diamond-Big Co., Ltd.
Through BEIJING TROTTER CULTURE AND MEDIA CO., LTD.

书　　名：澳大利亚

作　　者：日本《走遍全球》编辑室编著；马谦，王启文译
出版发行：中国旅游出版社
　　　　　（北京市建国门内大街甲9号　邮编：100005）
　　　　　http://www.cttp.net.cn　E-mail：cttp@cnta.gov.cn
　　　　　营销中心电话：010-85166503
排　　版：北京中文天地文化艺术有限公司
经　　销：全国各地新华书店
印　　刷：北京金吉士印刷有限责任公司
版　　次：2019年1月第2版　2019年1月第1次印刷
开　　本：889毫米×1194毫米　1/32
印　　张：19.5
印　　数：1-7000册
字　　数：874千
定　　价：128.00元
Ｉ Ｓ Ｂ Ｎ　978-7-5032-6164-0